中国情报学发展的重要篇章——包昌火情报工作论著集萃

INTELLIGENCE

中国情报工作和情报学研究

包昌火　包　琰◎著

科 学 出 版 社
北　京

图书在版编目(CIP)数据

中国情报工作和情报学研究/包昌火，包琰著.—北京：科学出版社，2014.2

ISBN 978-7-03-039475-0

Ⅰ.①中…　Ⅱ.①包…②包…　Ⅲ.①科技情报-情报工作-中国-文集
Ⅳ.①G359.2-53

中国版本图书馆 CIP 数据核字（2013）第 315877 号

责任编辑：邹　聪　刘巧巧/责任校对：包志虹　彭　涛
责任印制：赵　博/封面设计：无极书装
编辑部电话：010-64035853
E-mail：houjunlin@mail.sciencep.com

科学出版社 出版
北京东黄城根北街 16 号
邮政编码：100717
http://www.sciencep.com

北京凌奇印刷有限责任公司印刷

科学出版社发行　各地新华书店经销

*

2014 年 2 月第　一　版　开本：787×1092 1/16
2025 年 3 月第十一次印刷　印张：43 3/4
字数：1 012 000

定价：238.00 元

（如有印装质量问题，我社负责调换）

《中国情报工作和情报学研究》
编辑委员会

序

《中国情报工作和情报学研究》一书的编纂出版令我十分高兴和感激，这是我毕生心血的结晶和升华。

我于1935年9月17日出生于山明水秀的东海之滨——浙江省三门县亭旁镇，被称为“两山亭立如天马，二水旁流若地龙”的人杰地灵之地，深受江南文化的熏陶。作为佃农家庭出身的我，曾先后就读于亭旁镇包家村小学、亭山联立小学、三门县初级中学、省立台州中学，历任学生会主席兼团总支宣传委员等职。其间，1948年小学毕业后辍学。1949年1月到1951年8月任村农会副主席，投身于减租减息和土地改革运动。1950年12月入团，1953年11月入党。1957年7月考入北京大学化学系，攻读有机化学专门化，学制6年。1963年7月分配至中国兵器工业情报研究所，从事国防科技情报工作，迄今已达50年。

在这半个世纪中，我一直工作于常规兵器和情报科学两大领域，前者是我的主要职业，从事过火炸药、弹药、兵器系统和情报管理的研究，历时32年，曾任中国兵器工业部火箭推进剂配方鉴定组成员和中国兵器工业部预研规划专家组成员，历任化工研究室、弹药研究室、武器系统研究室、科学技术委员会主任等职；后者是我的业余爱好，涉猎了情报研究、竞争情报、信息分析和中国情报学学科建设等方面，历任中国科技情报学会情报研究专业委员会主任、情报研究暨竞争情报专业委员会主任、竞争情报分会（对外亦称中国竞争情报研究会，Society of Competitive Intelligence of China，SCIC）理事长、名誉理事长，北京科技咨询业协会监事长，《情报杂志》编委会主任等职，发表过情报学领域的论文100多篇，主编了《情报研究方法论》、“竞争情报丛书”“信息分析丛书”等学术专著，约900万字。曾获国家级、部委级科技进步奖14项，两次获兵工情报事业先进工作者、中国兵工学会先进工作者和国防科技信息事业50周年优秀工作者光荣称号，享受国务院特殊津贴。

我对常规兵器关键技术和发展战略研究的主要贡献有：任内完成了《世界坦克装甲车辆手册》《世界火炮手册》《世界制导兵器手册》《世界弹药手册》《世界轻武器手册》《世界爆破器材手册》等大型系列兵器工具书的编纂，总计16 109.56万字；合著《能源火炸药在工农业中的应用——气体发生剂和气体发生器》；参与潜地导弹用复合改性双基推进剂的研制，获国防科工委重大科技成果二等奖；参与大口径炮用三基发射药的研究，获兵器工业科技进步奖二等奖；参与2000年兵器发展预测及我国兵器发展对策研究，获兵器工业科技进步奖二等奖；参与海湾战争研究，获兵器工业科技进步奖二等奖；参与常规兵器发展战略研究，获全国科技信息系统优秀成果二等奖；参与编纂的《世界坦克装甲车辆手册》和《世界弹药手册》，分获兵器工业科技进步奖二等奖等。

我对情报科学关键技术和发展战略研究的主要贡献有：建立了中国情报研究的基本程序和方法论体系，推进了定量化分析在我国情报研究工作中的应用；组建了中国竞争情报专业组织，系统、持续地开展了竞争情报理论研究和实践活动，提出了建设由组织网络、信息网络和人际网络构成的竞争情报系统和率先将人际网络理论引入中国情报界；提出了intelligence与中国情报学研究的重大命题，推动了我国情报学研究向intelligence方向回归，促进了中国情报界intelligence学派的形成。作为主要完成者，“情报研究定量化分析”获全国科技进步奖三等奖；“竞争情报的研究及推广应用”获全国科技信息系统优秀成果一等奖；“情报研究的国内外比较研究”获兵器工业科技进步奖三等奖；“基于分析和网络的现代信息服务理论、技术与应用研究”获教育部科技进步奖二等奖；“现代分析技术的理论和应用研究”获北京市科技进步奖二等奖；《情报研究方法论》一书获全国优秀科技图书奖二等奖等。

中国是情报学研究的故乡，早在2560多年前，在孙武所著的《孙子兵法》中就对情报做过精辟的论述，被奉为经典。但也没有一个国家像中国情报界这样对“情报”一词存在着这么多的曲解和争论。information乎，intelligence乎？困扰了中国情报界半个多世纪。这样的纷争似乎还将继续下去。

我认为，情报是一个组织和个人对外部环境变化的感知和响应，是一切组织和个人的生存之道，是国家和企业的大计，不可不察和或缺。

我主张，中国情报学的英文表述不应是information science，而应是intelligence studies。中国情报学应当建立在information和intelligence两大基石上，并把information的intelligence化，即把信息转化为情报和谋略作为我国情报工作和情报学研究的核心任务，而非信息和知识的组织，后者是图书馆学的世袭领地。

总结我一生在情报科学方面的工作和贡献，可归结为在我国情报界从事和推进information的intelligence化活动，促进我国情报工作和情报学研究向intelligence方向发展。

我坚信，随着我国经济市场化和情报需求社会化的发展，中国情报学一定会摆脱information science的迷思，走向intelligence studies的坦途。一个屹立于世界情报界之林的中国情报界一定会发展出无愧于源远流长的中华文化、中国情报工作的伟大实践和风云多变的时代风貌的中国情报论。在中国，情报工作必将成为一项受人尊敬的职业，将会是国家和企业生死攸关的大事。

我十分欣赏电视剧《乔家大院》的主题曲：留住所爱，留住所想，留住一梦相伴日月长。我期盼，我梦想，中国情报界的春天一定会到来。

包昌火

2013年1月

前言

我国著名情报学家包昌火的情报工作论著是中国情报学百花园中的一簇奇葩，在中国情报工作发展进程中发挥了重要的作用。这些论著虽然只是他的“业余爱好”，但100多篇学术论文和约900万字的学术专著是他一生勤奋耕耘的结晶和情报思想的闪光。50年来，他在情报研究的现代化、竞争情报的推广、中国情报学学科方向的引领等方面做出了不可磨灭的贡献。据统计，他的发文量和被引率都位居我国情报界的前列，这是他辛勤劳作的写照和褒奖。例如，1988年3月，他参与为国家科委执笔撰写的“情报研究工作展望”（《情报工作和情报科学发展战略——2000年的中国研究》）提出了我国情报研究工作现代化的构想；1990年7月，他参与国家科委和国防科工委联合召开的“全国情报研究工作会议”，撰写了《国家科委和国防科工委关于加强情报研究工作的意见》；1990年9月，他主编的《情报研究方法论》，推进了量化分析在情报研究工作中的应用和情报研究学科的形成；1996年11月，他提出了“intelligence与中国情报学研究”这一重大命题，是中国情报学研究intelligence范式的主要创导者之一，推进了我国情报学研究向intelligence方向的演进；1998年11月，他发表的《加强竞争情报工作，提高我国企业竞争能力》一文，提出了建立人机结合的，具有三大网络、三个系统、一个中心和六大功能的竞争情报系统，连同国家自然科学基金项目“企业竞争情报系统的模式和运行机制研究”，代表了当时国际上关于竞争情报系统研究的重要进展；2003年6月，他在我国情报界首次发表的《人际网络分析》一文，推动了人际网络理论和人际情报网络在情报工作中的应用；2007年2月，他发表的《情报缺失的中国情报学》一文，提出了重构中国情报学的基本构想，勾画出以intelligence为纲的中国情报学的未来蓝图；2010年7月，在《中国情报学百科全书》的“情报研究方法”词条中，他指出，随着计算机分析技术的不断发展，一个由人类智能和人工智能融合的情报研究新阶段正呈现在人们的面前；2012年1月，他发表的《论竞争情报学科的构建》，在国际上首次提出了把竞争理论、情报理论、博弈理论、人际网络理论和信息转化理论作为竞争情报学科的基础理论，构建了以竞争情报循环为主线，以竞争情报生产为核心，以理论研究为主导、管理研究为杠杆、方法研究为手段、教育研究为侧翼、应用研究为基础的，由五大模块构成的竞争情报学科体系，促进了竞争情报学科的建立。岁月如歌，这些论著的发表无疑是我国情报研究工作的重要事件，是我国情报学发展的重要篇章。

值得一提的是，自1979年北京科技情报学会组建时起，他就与北京情报学会结下了不解之缘，建立了亲密无间的合作关系，曾任学会的常务理事、情报研究专业委员会主任、北京竞争情报研究会主任等职，1985年为学会编写了《情报研究的程序与方法》培训教材，1992年参与编辑了《北京信息优势和利用指南》，2008年参与组建了北京科学技术研究院竞争情报与创新评估重点实验室等，为北京地区情报工作的发展尽心尽力。

“满头缀白发，一笑还童颜”的包昌火先生不断倡导并身体力行的基本点是 information 的 intelligence 化。因此，他力主情报工作应努力为领导集团的科学决策当好“耳目、尖兵和参谋”，让情报引领决策，这既是情报人员的正业，也是情报工作贡献我国社会主义四个现代化建设的支点。

值此包昌火先生从业 50 周年的契机，由北京市科学技术研究院、北京市科学技术情报研究所、北京市自然博物馆、中国科学技术信息研究所、中国林业大学、中国公安大学有关人员组成的编辑委员会编辑出版《中国情报工作和情报学研究》。本书由情报研究、竞争情报、情报科学和附录四大部分组成，包括了包昌火先生 50 年间撰写的学术论文和专著（专题）的主要内容，展示了色彩斑斓的中国情报学华丽画卷。

我们相信，本书的出版，既是对包昌火先生从业 50 周年的最好纪念和礼物，也将会对我国情报工作和情报学的发展起到促进作用，同时，也是我国年轻的情报从业者了解包昌火先生的学术思想，把握中国情报学精髓的一个入门向导。

包　球

2013 年 1 月

目 录

第二篇 竞争情报

第三篇 情报科学

第四篇 附录

第一篇

情报研究

篇首语

包昌火是我国著名的情报研究学家，从业50年来，在情报研究的理论和方法方面做出了杰出的贡献，在这个领域他的主要业绩可归结为以下几个方面。

1. 探索了情报研究的发展

1988年3月，包昌火先生在《情报工作和情报科学发展战略——2000年中国研究》一书中执笔撰写了《情报研究工作展望》一文，对情报研究的性质做出了科学的规定，他认为，情报研究是科技情报工作和科学技术工作相结合的产物，是用情报工作方法研究科学技术问题，对情报信息进行定向选择和科学抽象的一类研究活动的集合，它的基本任务是为决策科学化和民主化服务。包昌火先生指出，随着我国体制改革和情报工作的开展，我国情报研究工作将呈现研究领域扩大化、研究方式社会化、研究手段现代化、研究机构多样化、研究方向产业化的发展态势。包昌火先生的远见卓识已被中国情报研究20多年来的发展现实所证实。

2. 建立了情报研究方法论

1987～1990年，包昌火主持了国防科学技术工业委员会（简称国防科工委）“七五”重点项目“情报研究量化分析”课题，主编了《情报研究方法论》专著，阐明了情报研究的基本问题和主要特点，构建了情报研究方法论的基本框架和科学体系，提出了情报研究方法论的技术手段和数学基础，首次总结了由课题选择、情报搜集、信息整序、科学抽象、成果表达、成果评价六大步骤构成的中国情报研究程序和系统地推荐了由思维方法专家调查、文献计量、整理统计、系统分析等构成的现代化分析方法，推动了量化分析在我国情报界的应用，促进了我国情报研究的现代化发展，对我国情报工作产生的深远影响功不可没。

3. 勾画了信息分析方法体系

包昌火与时俱进，在2012年出版的《信息分析和竞争情报案例》一书中，又将信息分析划分为经济学方法、系统学方法、计量学方法、社会学方法和统计学方法五大门类和34小类，从定义、发展、流程和应用4个方面进行了深入浅出的概括，又为我国情报研究和信息分析从业者勾勒出信息分析的方法体系，并推荐了134个分析案例，为我国情报界贡献了首部信息分析和竞争情报案例。

4 提出了情报研究学科建设

建设情报研究学科是包昌火先生重要的研究目标，早在其1990年9月出版的《情报研究方法论》一书中，他就专门论述了情报研究学科的基本问题和主要特征，认为情报研究学科的形成和发展将会大大促进情报工作的开展，并使情报研究建筑在科学的基础上。然而，中国情报学的部分学者却将这个最具中国特色的情报研究工作排除在我国情报学学科分支之外，不能不认为这是中国情报学畸形发展的重要原因。2006年4月，包昌火先生在“信息分析丛书”的前言中，总结了中国情报界在情报研究学科建设中的不懈努力，并对发展中的情报研究、信息分析和软科学研究进行了界定，认为情报研究、信息分析和软科学研究都是以信息的采集和分析为基础，以现代信息技术和研究方法为手段，都是为用户的科学决策提供导向和支撑，同属咨询业的范畴；而情报研究“软化”和软科学研究“硬化”的发展，又使得这两类内涵类同、重点有别、外延模糊的科学活动出现了融合的趋势。2010年1月，包昌火先生发表了《中国情报研究发展纪实》一文，又系统地论述了情报研究学的基本含义、中国情报研究的发展历程和中国情报研究的主要经验，在创新型国家建设的历史大潮下，倡导大力发展技术竞争情报，让技术竞争情报和相关部门成为我国企业技术创新过程中的“导航塔”和“参谋部”，成为企业在制定和实施技术发展战略过程中的“中央情报局”。

从《略论火炸药专业的情报研究工作》到《中国情报研究发展纪实》，悠悠30年，或低吟浅唱，或引吭高歌，字字珠玑，语语惊人，包昌火先生的真知灼见和睿智呼声总是在中国情报界穿越和回响，历史将会记住包昌火先生在情报研究领域所做出的非凡贡献。

情报研究概论

略论火炸药专业的情报研究工作*

文献服务和情报研究是兵器工业部科技情报工作的两大基本任务。兵器工业是一个多学科、多专业的工业部门。作为兵器工业情报研究所，专业情报研究的任务是什么，怎样开展，如何处理好诸如综合与专业、战略与战术等关系问题，是有待认真总结、深入探讨的问题。现仅就火炸药专业情报研究工作的基本任务、组织方式、工作方法、表现形式、服务方式和正确处理好几个关系等问题谈谈个人的体会和看法，以供大家讨论和参考。

一、火炸药专业情报研究工作的基本任务

火炸药专业是兵器工业的重要组成部分，搞好火炸药专业的情报研究应是我部情报研究工作的重要任务之一。但从事火炸药专业情报研究的不仅有部情报所，还有基层情报室及火炸药科技人员。因此各级情报机构应当分工协作，各有侧重，形成一个有机整体，避免不必要的重复浪费。作为部情报所，火炸药专业情报研究工作的基本任务应是不断和逐步掌握国外本专业的发展动向及其趋势，揭示本专业发展的指导思想、技术政策和技术途径，研究支配和影响本专业发展的若干重大理论和技术关键问题，摸清一些先进产品、工艺、分析测试手段，以及科研、生产管理体制的基本情况，以便为领导机关和科技人员提供综合性、方向性、决策性和预测性情报。简言之，着重研究与火炸药专业发展全局有关的问题，主要为领导机关决策服务。

抓好与火炸药专业发展全局有关的问题是情报研究工作的重心和方向。所谓搞好综合性、方向性、决策性、预测性情报，就是要紧紧抓住与火炸药专业发展全局有关的问题。对于不是全局性的及对全局不产生决定性、关键性影响的问题，则不宜也不可能过多涉及，

* 本文原载《兵工情报工作》，1980，(3)：3-14。

应当根据有关规定，与基层单位搞好分工协作。作为部情报所，着重研究火炸药在常规武器中的应用、地位与作用；火炸药现有水平和发展方向；火炸药工业的机构、体制和技术政策；报道火炸药领域中出现的新产品、新材料、新结构、新工艺、新理论和新的分析测试技术；适当配合我部重大关键课题。作为基层情报室，应当了解和研究本单位产品的现有水平和发展方向；着重开展为配合本单位重点科研项目和技术关键的定题情报研究；配合好情报网的活动，从事若干共同关心或上级下达的重大课题的情报研究。当然，由于所研究的领域是一致的，所占有的资料也是一致的，所以要截然分清是不可能的，适当的重复也是不可避免的，所不同的只是侧重点不一样。我们在研究和掌握全局的时候，必须要侧重研究重要方面，基层在为重点科研项目服务的时候，也必须注意研究和掌握全局。

为领导机关决策服务，应是情报研究工作的主要任务。我们必须通过自己的情报研究工作，当好“侦察兵”和“参谋”。例如，十几年来，为了大幅度地提高现有火炮的性能，国外正在探索液体发射药的应用。它若研究成功，将会使火炮的性能和结构发生重大变革。注意这种动向与发展，并对其进行探索研究，对于改进我国常规兵器的性能具有重要意义。因此，我们不仅报道和编写了国外液体发射药火炮的潜在优点、研制简况及存在问题的专题资料，而且向有关专业会议和领导积极反映了这一情况，终于作为发射药基础研究的一部分列入了科研规划。云爆武器是 20 世纪 60 年代以来发展起来的一种用于面目标破坏的新型武器，我们不仅报道了燃料空气炸药在武器上的应用与发展，而且还编写了燃料空气炸药两相爆轰机理和燃料空气炸药武器及理论研究专题目录，积极向有关部门反映，对于我国云爆武器的解剖、试验和研制起到了一定的侦察与参谋作用。

但是，领导机关的决策，不仅需要国外情况作借鉴，而且还需要各级领导干部和广大科技人员的认识及实践。一个决策的制定，往往需要一个上下结合、反复推敲、反复实践的过程，这就是党的群众路线。各级领导和广大科技人员处在生产、科研第一线，具有比较丰富的实践经验，帮助他们了解和掌握国外火炸药发展方向及其趋势，宣传我们的情报研究成果，是为领导机关决策服务的一个非常重要的侧面。这就是为领导机关服务与为广大干部和科技人员服务的一致性。那种认为只要向有关领导机关送几份材料就是为领导决策服务的看法是片面的。

例如，随着高膛压武器的发展，国外积极研制含混合硝酸酯火药，成为十几年来枪炮发射药的重要发展动向。有关单位在了解这一情况以后，结合我国情况，开始研制含三乙二醇二硝酸酯、硝基异丁三醇三硝酸酯的太根火药，终于被作为二代 120 毫米滑膛炮穿甲弹的候选火药之一。在战术火箭导弹中广泛使用包括改性双基推进剂在内的复合固体推进剂是国外固体推进剂的重要发展方向，但这一问题，在很长时间内未能受到我部有关领导的重视。近几年来，有了科研工作的实践、广大干部和技术人员的要求、实物产品的解剖、国外的迅速发展，才逐步扭转了我部只发展压伸双基的不正常局面。如果没有我国自己的实践作依据，即便做出决策，也可能会走弯路，高能含氟化合物的普遍上马和下马就是一个很好的例证。因此，不仅要向领导机关，而且还要向广大干部和科技人员宣传情报研究成果，才能更好地起到为领导决策服务的效果。

二、火炸药专业情报研究工作的组织方式

所谓情报研究，就目前来讲，就是对国外科技资料的调查研究工作，即在详细占有资

料的基础上进行分析比较和综合研究。

火炸药是化学化工的一个分支，又是武器的一个重要部件，它包括产品性能、工艺技术、装药结构、分析测试、基础理论、污染防治等若干方面。火炸药情报工作具有工作范围比较宽、资料量比较大（每年2000篇以上）、技术性比较强、涉及学科比较多的特点。

根据火炸药情报工作的特点，做好在占有资料基础上的详细分析和综合工作，需要建立一个合理的分工体系，把人员有机地组织起来，共同完成火炸药情报研究的任务。我认为，比较好的办法是把人员的任务分成扫描报道和专题研究两个部分。扫描报道的基本任务是掌握和提供有关国家、有关专业的发展动向，建立一套能反映本专业所涉及领域及其发展状况的卡片积累和档案积累系统。专题研究的基本任务是在了解国外火炸药发展动向和国内需要、技术状况及资源情况的基础上对本专业的某些重要领域、重大问题、关键技术，以及反映本专业发展方向的产品、工艺、结构、理论和分析测试方法进行深入的分析。在扫描报道和专题研究的基础上，设专人分别负责小专业（如火药、炸药、推进剂）和大专业（整个火炸药专业）的综合研究工作，稀有文种专业人员负责本文种国家的分析和综合。一人一个专业面也不失为一种分工方式，但由于火炸药的文献量较多，一个人既搞扫描，又搞专题，难免有顾此失彼、捉襟见肘之感。由于有组织分工作保证，就有可能把面与点结合起来，全局与局部结合起来，既能对国外的资料进行全面的调查、了解和掌握，又能对若干重点问题进行深入的研究，既能对各个重要方面进行分析，又能就相互关系及其总体进行综合，在集中统一领导下分工协作，就有可能较好地完成火炸药的情报研究任务。

例如，1977年，从事扫描报道的同志除了报道与火炸药技术发展有关的80多条重要消息外，还编写了四个专业、三个国家的近几年火炸药发展动向的评述。在一定程度上把这几年国外的火炸药发展动向展示出来。在这些工作的基础上，从事专题研究的同志研究了美国火炸药生产现代化、美国火炸药工业污染防治技术、国外坦克和反坦克炮发射药及其装药结构的现状和发展、美国采用硝酸镁法制造硝化棉、改性双基推进剂在战术导弹中的应用、国外无烟推进剂的发展、梯恩梯的低温硝化、奥克托今的新法合成、密闭爆发器测试技术的发展、高压液相色谱在火炸药分析中的应用、凝胶渗透色谱在火炸药分析中的应用、国外硝化理论的发展等专题，进一步揭示了本专业发展的一些指导思想、技术政策和技术途径，摸清了一些先进产品、工艺、重大理论和分析测试手段的状况。正是在以往几年扫描报道和专题研究的基础上，编写了《国外火炸药发展现状和若干重要问题》的规划参考资料。这样的分工体系，不论面上的情况，还是点上的情况，都有可能较好地提供所需的材料；在平时持续工作的基础上，就有可能比较迅速地编写出关于火炸药发展的综合性、方向性、决策性和预测性情报来。

三、火炸药专业情报研究的工作方法

情报研究的工作方法因人、因事（对象）而异，各不相同，难以做出一般的概括，但以下几点对于搞好情报研究工作是至关重要的。

（一）建立科学的积累系统

积累工作是情报研究工作的基础，积累工作的好坏决定着情报研究的质量和效率。没有长时间的、大量的、不间断的、科学的和系统完整的积累，就没有周密的情报研究。因此必须在经常扫描的基础上建立一套基本上能反映国内外情况的科学的线索、数据、资料、图片的积累系统，以便满足情报研究和咨询服务两方面的需要。这套积累系统应包括以下几点。

1）产品装备卡。它包括现装备火炸药的型号、配方、性能数据、装药结构、生产厂商和所用武器。

2）分类卡。从这套卡片中可以粗略看出国外在发展一些什么产品、重点发展哪些产品、每种产品中重点在研究一些什么问题等，这是最重要的一套卡片。在可能的情况下，分类卡片著录格式力求完全，摘要能反映文章的基本内容。

3）机构卡。从这套卡片中可以看到从事火炸药科研和生产的主要有哪些单位、这些单位重点在干些什么、基本情况如何、有哪些重要研究人员等。这对于研究国外科研、生产机构，搞好技术引进很有帮助。

4）国内情况卡。它包括国内主要产品的型号、配方、性能、研制年代、装备年代、配用武器、会议纪要等。

5）重要产品、重要机构、重要人物及重大技术的历史演变情况档案。

这项工作应在统一规划下大家动手，专人负责，持之以恒。只有平时积累的材料既丰富又具实可靠，既全面又突出重点，才能保证在一旦需要时能很快编出有情况、有对比、有综合分析、有建议、水平较高的情报研究报告。

（二）充分了解国内的现状和需要

深入实际，调查研究，充分了解国内火炸药科研和生产的现状、存在问题、今后打算和发展动向，充分了解领导机关的指导思想、方针政策、工作部署和长远规划，以及技术状况和资源情况，是洋为中用，提高情报工作的针对性，搞好情报研究的重要条件。对国内情况了解得愈透彻，愈有助于提高对国外文献的鉴赏能力，有助于抓住关键问题。在查阅国外文献时就不是一个平面，平淡无奇；而是波澜起伏，重峦叠嶂。因此，情报研究人员，应当有机会参加一定程度的科研和生产实践；应当做一些国内的技术调查；应当参加一些重要的专业会议；应当经常与有关领导机关保持联系；应当经常了解和听取领导机关和科技人员对国外情况和资料的看法和分析。尤其是一些重要的专业会议，它往往集中了某一领域的一些重大矛盾及其解决途径，是掌握和了解国内情况的好机会。例如，与研制人员一起，在比较深入地了解了国内硝基胍火药研制中存在的问题后，与国外情况作了比较，发现我国硝基胍呈长针状，美国呈微粒状；我国用混合的低氮量棉，美国用单品号的皮罗棉；我国配方中硝基胍含量高，美国含量低；在工艺上我国无预混工序，不用丙酮作溶剂，也不作表面处理；我国在装药结构上用管状药点火，美国用中心传火管点火；我国用黑火药作点火药，美国用奔奈药条作点火药；我国用测 P-t 曲线拐点，即β值方法，美国用密闭爆发器试验测火药相对力和相对锐度方法来控制火药的质量，从而为改进我国三基药提供技术途径当了“参谋”。

（三）金字塔式的工作程序

一般来说，我们研究的某一主题所涉及的文献绝不止一两篇，尤其对火炸药来说，这个数量还可能是相当可观的。为了全面地、系统地和准确地反映国外的情况，在所研究的主题之内，掌握的线索应尽可能的全。只靠几篇文献归纳出的报告，对情况的掌握往往不深透，带有片面性，容易出问题。全，是分析和综合的基础。只有情况都掌握了，才有可能进行正确的分析和综合。正如列宁所说："要具体地认识对象，就必须把握和研究它的一切方面、一切联系和'媒介'。我们决不会完全地做到这一点；可是要求全面性，将使我们防止错误，防止僵化。"但是，在许多情况下，由于文献量很多，不可能，也没有必要每一篇文章都从头到尾看一遍。因此，要有百分之几十，例如，50%～70%的线索都译出文摘或做好摘要，通过对文摘的消化，就可以对主题做出大致的分析和构思。但通过文摘掌握的情况还是初步的、肤浅的、表面的，还必须对百分之几十，例如，20%～30%各具代表性的文章进行深入的消化，而对那些评论性、关键性、典型性的文献，则要全文译出，反复研究和琢磨。这样，以全部线索做基础，以若干关键文章为骨干，通过对大多数文献摘要的了解，对部分重要文献的深入分析，然后把掌握的情况连贯起来思索，把大量零散的资料进行分类、集中和分析，理出系统，找出它们之间的相互关系，得出一个方面、一类产品、一种技术的由来、发展和趋势，形成一个比较系统而概括的材料。

例如，在进行美国火炸药工业污染防治技术研究时，搜集了十几年来发表的500多篇文献。在处理时，以美国国家技术情报服务局1976年出版的包括131条文摘的《弹药生产的污染》文献志为基础，阅读或翻译了53篇重要文章，以20世纪70年代以来发表的美国军械协会第1～4次环境污染年会会议录中有关文章为骨干，从而编写成了有一定质量的美国火炸药工业污染防治技术概况的专题报告。

四、火炸药专业情报研究成果的表现形式和服务方式

通常，情报研究成果有简讯、动态、综述、专题研究报告等几种表现形式，通过情报刊物、专题资料、口头介绍（如专业会议）、图片展览、咨询答复等服务方式，为领导干部和科技人员服务。

实践表明，专题研究报告是系统、全面地揭示国外火炸药发展的一种很好的形式。例如，《美军火炸药生产现代化概况》的专题研究报告，在消化比较大量文献的基础上，比较系统和全面地介绍了美军弹药生产基础现代化和扩建20年规划概况，以及火炸药生产现代化方针、措施和实施情况，对于我国火炸药工业的现代化具有一定的参考价值。但是专题研究报告一般来说篇幅较大、技术性较强，通常都在《国外兵器技术》刊物上发表，不易受到有关领导机关的注意。《国外兵器科技动态》是我所向领导机关提供方向性、综合性、决策性和预测性情报的主要渠道。因此，重视动态的编写，应使重要的情报研究成果都能以动态的形式表现出来。《国外兵器科技动态》的发表，对于搞好为领导决策服务，具有重要意义。《国外兵器科技动态》系我所的综合性刊物，是向管理干部和科技人员宣传国外常规兵器的现状及其发展的重要手段。因此，应当使重要的专题情报研究成果能够通过《国外兵器科技动态》报道出来，提高《国外兵器科技动态》编写稿件的质量，更好地反映国外兵器的发展动向。

随着常规兵器现代化的进展，各种专业会议将会逐年增加。几年来，火炸药的专业会议每年都达二三十次。配合好专业会议，尤其是各种规划会议，宣传情报研究成果是情报服务（intelligence services）的良好方式。例如，1978年，为配合火炸药生产规划会议，我

们用了两天左右的时间，系统介绍了国外火炸药产品和工艺发展概况，收到了较好的效果。但如果配合会议过多，或穷于应付，影响情报的再生产，或把注意力过多地集中到一些具体产品、具体技术上去，这样就会削弱和影响对方向性、综合性、决策性和预测性情报的研究。因此，应当有所取舍，选择有重要影响的专业会议，积极配合，才能很好地发挥情报工作的侦察与参谋作用。

五、处理好几个关系

在实际工作中体会到，要做好一个专业的情报研究工作，应当注意处理好几个关系。

（一）专业分工粗与细的关系

一个专业如果有七八个人或十几个人从事情报研究，就会产生分工的问题。如何分工，关系到如何组织情报研究、发挥每个人的积极性的大问题。首先，必须要有明确的分工，分工必须要以专业为基础。分工明确，专业稳定，才能对某个领域的国内外情况有比较深入的了解和做深入细致的综合研究；才能抓住关键问题，做出有基本情况、有分析比较、有见解和建议的研究报告。但是分工过细，专业过狭，对于搞好综合性、方向性、决策性、预测性情报有不利的方面，因为它不利于从整体、从全局、从相互关系上去掌握问题和观察问题，往往只见树木，不见森林，强调某一侧面而忽视另一个侧面。此外，一些共同性的重大问题，如火炸药现代化的途径，电子计算机技术在火炸药领域中的应用，则需要靠临时组合来补充。因此，分工明确、专业稳定是相对的，随着工作时间的增加，一方面是愈搞愈深，另一方面专业面也会越搞越宽，有些同志则可以从事较大专业领域的情报研究工作。

（二）综合与分析的关系

如上所述，为了搞好综合性、方向性、决策性、预测性情报，必须在详细占有材料的基础上进行分析与综合。分析和综合是人们对客观事物加深认识的强有力的手段。分析就是把事物或现象有条理地分解为它的各个要素、部分和方面；综合就是把事物或现象的各个要素、部分和方面联系起来思索，了解和掌握事物的整体。

正确分析是正确综合的前提和基础，不分析特殊矛盾，就不能揭示普遍矛盾，没有深入，就没有浅出，没有分析，也就没有综合。例如，为配合编制规划编写的《国外火炸药发展现状和若干重要问题》一文，就当前国外火炸药的装备水平、发展方向和支配与影响火炸药发展的若干关键问题进行了综合，它在一定程度上揭示了国外火炸药发展中若干带有方向性、根本性的关键问题。当然，这种综合是否恰当，可以商榷，但这种综合之所以成为可能，关键在于近几年来我们在产品性能、工艺技术、分析测试、装药结构、基础理论和污染防治等方面进行了比较大量的、不同程度的分析的结果。如果不是对燃料空气炸药、液体发射药、贫氧推进剂进行了比较深入的分析，发现它们都能从根本上或很大程度上消除固体火炸药中高能量与相容性这一重大矛盾，从而为火炸药的应用开辟了新的途径，就很难得出新型推进和爆炸能源的研究是当前火炸药领域中的重大动向，它不仅使火炸药的发展开创了新的局面，而且也将引起常规武器的重大变革这一具有综合性的结论。事实上，对于我们所研究的对象，研究得愈深入，分析得愈彻底，就越能进行综合，综合得就越好。正像我们对一个人的各个方面了解得愈透，就越能用最简洁的语言把这个人的特征准确地描述出来。

但是，分析还不能单独地提供对事物的完整的认识，还需要综合来做补充，因为综合是根据分析的结果而把各种事物和现象作为整体来认识的。因此，正确的综合是正确分析和完成的前提。例如，近十几年来，国外积极研究硝胺火药的燃烧和奥克托今的新合成法。通过综合研究，可以看到，因为高能是火炸药发展的一个重要方向，但大多数高能化合物具有易燃、易爆、相容性差、吸湿性强、剧毒、昂贵等缺点，难以在实际中获得应用。于是，20 世纪 60 年代中期，国外把研究重点转向易处理的化合物上。而奥克托今是目前能量最高、安定性能良好的单质炸药，因此把奥克托今加到混合炸药、固体推进剂和枪炮发射药中去以提高能量就成为当前火炸药领域中的一个重大发展趋势。但是奥克托今燃烧性能不稳定和成本较高，因此改善燃烧性能和降低成本也就成为奥克托今在火炸药中广泛应用的两个关键问题。这样对奥克托今这个产品在火炸药发展中的重要地位和研究硝胺火药的燃烧与奥克托今新合成法两个技术问题的重要作用有了较全面、较完整、较深刻的认识。

（三）战略与战术的关系

战略与战术本是军事术语，战略研究带全局性的战争指导规律，战术研究带局部性的战争指导规律。因此，战略与战术的关系是全局与局部的关系。在情报研究上同样也存在着全局与局部的关系问题，即所谓战略情报和战术情报的关系问题，如何正确处理好这些关系，对于搞好情报研究关系极大。

对于火炸药专业情报研究来说，部一级情报所必须始终把着眼点放在与火炸药工业发展全局有关的问题上。不抓住全局性的问题，而把精力过多地放在一些局部性问题上，就不会抓住情报研究的重心和方向。例如，我们过去把很大的精力放在一些具体资料的翻译和出版上，而对这些资料中所包括的信息分析研究不够，没有从中抽提出一些综合性、方向性、决策性和预测性情报来，这就是一个教训。又例如，我们过去参加了不少专业会议，但通过这些专业会议认真分析总结我部火炸药发展的指导思想、技术政策、发展趋势、关键问题不够，因此情报研究工作的针对性还有待改进。在这里，思想的统一具有重大的意义，同样一篇文章，同样一个课题，指导思想不同，着眼点不同，可能就会得出截然不同的结果，“差之毫厘，失之千里”。统一思想还需要用典型来说话，要不断解剖“麻雀”，总结经验，要有行政措施来做保证，逐步克服想干什么就干什么，干成什么样子就是什么样子的无政府主义状态。然而全局性的东西，不能脱离局部而独立，全局是由它的一切局部构成的。矛盾的普遍性寓于特殊性之中。同时“还因为这种全局的东西，眼睛看不见，只能用心思去想一想才能懂得，不用心思去想，就不会懂得”。因此必须正确理解和处理全局和局部的关系问题，并善于从局部性的问题中抽提出带全局性的问题来。

在火炸药的发展过程中，复合火炸药的发展、多相混合炸药的发展、液体火炸药的发展、高能高燃速和高能无烟推进剂的发展等都是一个个产品的发展，但正是这一个个具体产品的发展构成了当前火炸药产品的发展方向。离开了对这些具体产品的、带局部性问题的研究也就无从把握火炸药发展方向这一全局性问题。

一些表面上看起来是局部性的问题，在一定情况下却可以转化为对全局有着决定性影响的问题。例如，硝基胍火药具有高能低烧蚀的特点，自 20 世纪 50 年代开始美国就陆续将其装备于大中口径的加农炮和榴弹炮上，成为远射程火炮的主装药。由于单基药能量低，双基药烧蚀大，而我国硝基胍火药主要由于低温力学性能不良，自 1967 年开始，用了近 10 年的时间未能研制成功。因此，如何使硝基胍火药迅速过关，装备部队，就成为火药乃至火炮领域中带全局性的重大关键问题。为此，如前所述，为了配合兵器工业部硝基胍火药会战，与基层单位一起，系统地调查了国外硝基胍火药研制和发展情况，分析了我国硝基胍火药在硝化棉含氮量、硝基胍粒度、工艺方法，包括中心传火管在内的装药结构等方面与美国的差异，为改进我国硝基胍火药配方和结构起到了较好的配合作用。这样的例子还可以列举出不少。总之，抓全局性问题，抓战略性情报，是我们工作的重心和方向，但什么是全局性问题，什么是战略性情报则需要从大量的局部性和战术性问题中分析和总结出来。正如毛泽东所说："学习战争全局的指导规律，是要用心去想一想才行的。"因为共性寓于个性当中，普遍性寓于特殊性之中，战略在许多情况下寓于战术之中。粗与细，综合一点还是专业一点不是问题的本质，本质是我们是否抓住了影响全局的关键问题，如果是影响全局性的问题那就要一抓到底，大声疾呼，提供系统的资料，并促其实现。例如，发展改性双基推进剂，不仅在战略导弹，而且也在战术导弹中应用是关系到改善我国火箭导弹技术、赶超世界先进水平的全局性问题。十几年来，我们一直重视这个问题，在我国导弹事业的发展中，情报工作也起到了自己的"侦察"与"参谋"作用。

正确处理专业分工粗与细的关系、综合和分析的关系、战略与战术的关系问题，也在组织机构和人员分工上体现出来，这是搞好专业情报研究工作的重要问题，不处理好这些关系，所谓提供综合性、方向性、决策性和预测性情报也是很难实现的。

试论常规兵器的情报研究工作*

常规兵器的情报研究工作已经历了 20 年的历史。在新的发展形势下，认真总结情报研究工作的经验、教训和体会，探讨情报研究工作的规律，对于进一步搞好常规兵器的情报研究工作是有裨益的。本文仅就我们工作中所遇到的一些基本问题，谈谈我们的看法，抛砖引玉，以期引起有关方面的注意和讨论。

一、情报研究工作的地位和作用

情报研究工作的出现，是科学技术工作和科技情报工作发展到一定阶段的必然产物。近二三十年来，随着科学技术的迅速发展，科学技术的综合化和相互渗透的迅速发展，科学技术情报的数量和复杂性都急剧增加。现在科学技术工作者已经没有时间和能力去阅读他所从事的哪怕是很狭窄的一个领域、专业、学科或课题方面出现的科技文献。科技成果

---

* 本文原载《兵工情报工作》，1981，(1)：16-23。

综合化和相互渗透的结果，也大大扩大了科技人员所应关心的科技范围。因此，就提出了分析综合原始文献，编写综述性文献的社会要求，产生了独立的情报研究工作，出现了以三次文献服务为主的情报研究机构，如情报分析中心。美国总统科学顾问委员会有关科学情报方面的一个小组委员会在 1963 年一篇题为“科学、政府及情报”的报告中指出：“归根到底，只有足够数量的最有天赋的代表人物密切注意编写综述和解释文献，科学才能应付得了情报爆炸问题。委员会认为，这种活动最终在未来的科学中所占据的地位可能与理论物理学在现代物理学中所处的地位相比较。”“我们认为，以大型文献收藏中心为后盾的情报分析中心完全可能成为传递情报的主要手段之一。”

另外，科学技术管理人员也越来越需要情报研究。科学的组织管理必须要有情报工作来做保证。然而组织管理人员对情报的需要与科技人员对情报的需要有着不同的特点。一般他们需要的不是原始文献，而是情报研究成果。因为他们本身既无时间也不可能对未经加工的情报进行分析和综合，从中抽出他们所需要的东西。因此，在科学技术和其他国民经济的管理部门日益需要有专门的机构来从事情报研究工作。这些情报研究成果已经成为领导机关采取组织措施和进行管理决策过程中不可缺少的前提。

在我国，从组建情报机构之日起，就把情报研究作为情报工作的重要任务之一。国家科学技术委员会（简称国家科委）领导同志早就提出要定期地、分别地评述各重要科技门类的国外水平与发展趋势，及时地、系统地介绍国外的重要科技成就的任务。后来又提出要发展情报研究工作，特别要大力开展专业性和综合性的技术经济情报研究工作。1964 年 11 月，原五机部情报所所长傅江同志在中央各专业部（局）的情报工作会议上，提出了“资、组、研、训”的主张，即以资料工作为基础，以情报研究工作为主导，把我所的情报研究工作放在一个适当的位置上。

常规兵器的情报研究工作是于 1960 年开始的，以后逐步得到加强。起初，主要是做一些情报的搜集整理、翻译报道工作，逐步面向实际，搞定题服务，发展到对方向、动态的研究。情报研究人员相应地也有所增加。

20 年来，情报所在常规兵器的管理体制、技术政策、武器系统、配套仪器、工艺材料、分析测试和基础理论等方面进行了程度不等的分析和综合，在兵器工业部长远规划的制订、专业方向的确定、新武器、新技术、新工艺、新材料的介绍、引进和研制及重大项目的论证等工作中，做了不少深入细致的工作。近年来，在常观兵器工业的长远规划制订过程中，很少有重大项目的确定是不以情报研究为基础的，很少有重大技术关键问题的解决是不继承和借鉴旁人的科研成果的，每项成果都凝结着情报人员的辛勤劳动。八年规划的制订、新一代坦克的论证、新颖弹种的研制、先进火控系统的引进、电解切削工艺的应用就是其中的一些比较典型的例子。

那么，情报研究工作在科学技术工作中所起的究竟是什么性质的作用呢？回顾 20 年来的经历，我们体会到情报研究在科学技术工作中主要是起传播知识，开阔眼界，提供情况，启发思路的作用，即我们通常所说的侦察和参谋的作用。侦察就是传播和引进新的科学技术成就，开拓管理人员和科技人员的眼界，以便高瞻远瞩，迎头赶上；参谋就是提供情况，启发思路，为科学技术决策服务，使管理决定建筑在调查研究，心中有数的基础上，使发展工作建筑在可靠的继承基础上，从而达到提高管理人员工作的可靠性和提高科技人员工作的效率的目的，多快好省地发展科技事业的目的。一般来说，情报研究工作不是直接回答科研和生产中存在的具体技术问题，具体技术问题的解决必须要依靠科技人员本身的创造性劳动；而情报研究成果只是组织管理决策的依据之一，不是它的全部依据。但是，事实上一份好的情报研究报告，它的作用绝不亚于一项重要的科研成果。例如，由于介绍了美国火炮反导弹武器的发展，促成了有关研究所的建立；报道了苏联 T72 坦克的复合装甲，促进了我国复合装甲的研制；传播了低阻力弹，研制成了新型榴弹，使原榴弹的射程提高24%左右；研究了防空武器的发展趋势，促使大口径高炮的下马，为国家节省了大量的试验经费。实践表明，情报研究主要是解决方向与道路问题，在科学技术的第一阶段，即可行性论证阶段起作用，了解情况，确定方向，选择途径都离不开情报研究，它已经成为科学技术不可分割的组成部分。

常规兵器的情报研究的作用还有它的特殊性，即掌握敌情的作用。兵器的发展除了本国的战略战术思想、经济地理、科技基础外，还必须了解对方的武器状况。如果不了解国外武器的现状和趋势，就难以制订我国武器的发展规划；反过来，国外武器的性能水平也必然要影响到我国新一代武器的设计要求，这就是所谓的知己知彼。而军工情报的保密性更增加了了解敌情的迫切性。因此分析和研究国外武器的性能、特点和发展趋势对于正确确定我国武器的发展方向就具有特别重要的意义。

总之，科技情报研究已经发展成为科学技术研究工作的重要组成部分，也是科技情报工作的主要任务之一。现在，在兵器工业中，几乎每一个规划会议或重大专业会议都要求情报人员作报告，每一项重大科研项目都需要对国外文献作调查和分析，这些事实本身就是对情报研究工作的地位和作用的充分肯定。

二、情报研究工作的基本任务和服务对象

作为部属情报所，情报研究的基本任务是什么，究竟应该为谁服务，这不仅是个工作方向问题，而且关系到工作的具体安排和方法。

我们认为，所谓情报研究，一般说来，就是对科技文献的调查研究工作，即在详细占有资料的基础上，对国内外情况进行分析和综合。分析就是把事物或现象有条理地分解为它的各个要素、部分和方面，综合就是把事物或现象的各个要素、部分和方面联系起来思索，了解和掌握事物的整体。情报研究就是运用分析和综合的手段对科技情报进行系统的概括。首先，它必须根据客观存在的事实，对文献所含的情报进行分析和综合；然后，在可能的情况下提出自己的意见，并做出适当的结论。

情报研究就是对科技文献的调查研究，其目的是为了传播知识、开阔眼界，提供情况，启发思路，因此科学技术情报研究的基本任务就是调查科学技术的现状和发展。常规兵器的现状如何？今后如何发展？这就是常规兵器情报研究始终关注的主题，这就是常规兵器情报研究所应该完成的任务。我们认为，兵器工业情报研究的基本任务应是不断和逐步掌握国外常规兵器的发展水平及其趋势，揭示兵器工业发展的指导思想、技术政策和技术途径，研究支配和影响常规兵器发展的若干重大理论和技术关键问题，摸清一些先进产品、工艺、材料、分析测试手段以及科研、生产管理体制和方法的基本情况，以便为领导机关和科技人员提供综合性、方向性、决策性和预测性情报。

为了完成这样的任务，需要全部情报人员及科学技术人员的共同努力，需要分工协作，各有侧重，形成一个有机的情报工作体系，避免不必要的重复劳动。作为部情报所，从我

们现在的实际情况出发，主要应搞好两级国外情况的调查研究工作，即整个兵器工业及重要武器系统的现状和发展，以及兵器工业各主要专业及武器子系统的现状和发展。

搞好整个兵器工业现状和发展的分析和综合是部情报所责无旁贷的任务，这不是我部别的情报机构所能替代的。例如，苏美等国兵器现代化的途径和方法、光电技术对兵器发展的作用和影响、新武器的发展与老产品改进的关系、兵器工业的军民结合问题都是部情报所应当研究的课题。部情报所是兵器工业综合科技情报中心，具有比较系统的文献资料，便于了解领导机关的意图和科研、生产的全貌，拥有专业和语种比较齐全的情报研究队伍，具有搞好兵器工业国外情况分析与综合研究的条件。1977年，呈报中央的《国内外常规兵器科研概况、主要差距和国外发展动向》、第四次中东战争武器使用情况的分析、豹Ⅱ坦克的专题研究等都起到了较好的效果，得到了有关方面的好评。但是总的说来，这方面的工作做得还很不够，适应不了形势发展的需要。尤其反映在以下几个方面：①子系统研究得多，总系统研究得少；②经济、技术，战略、战术，国内外诸方面综合起来研究不够；③一些带有突破性和全局性的理论和技术重视不够；④管理情报没有很好地展开。这些方面在我们今后的工作中应予以改进。

作为部情报所，还应当继续重视搞好兵器工业主要专业这一级国外情况的调查研究工作。因为兵器工业是一个多学科、多专业的工业部门，整个兵器工业就是由这些专业构成的。一方面，提供这些专业的国外现状和发展的情报是很多领导机关和科技人员基本的要求。另一方面，离开了对各主要专业现状和发展的分析和综合，就将对整个常规兵器国外情况的分析和综合失去了坚实的基础和丰富的内容。多年的实践证明，专业情报研究搞得比较深透正是我部情报研究工作的长处，某些综合方面的研究不足则是我们的短处，当前需要的是扬长补短，而不是否定、取消。今后我们主要的力量和人力应该仍然放在专业情报研究上。

为了搞好这两级的情报研究工作，完成情报研究的基本任务，需要注意处理好分析和综合、点和面、战术和战略的关系。

正确分析是正确综合的前提和基础，不分析特殊矛盾，就不能揭示普遍矛盾，没有深入就没有浅出，没有分析也就没有综合。例如，为配合编制规划而编写的《国外火炸药发展现状和若干重要问题》一文，就当前国外火炸药的装备水平、发展动向、支配和影响火炸药发展的若干关键问题进行了综合，它在一定程度上揭示了国外火炸药发展中若干带方向性、根本性的关键问题。这种综合之所以成为可能，关键在于近几年来我们在产品性能、工艺技术、分析测试、装药结构、基础理论和污染防治等方面进行了比较大量的、不同程度的分析的结果。但是分析还不能单独地提供对事物的完整的认识，还需要综合来补充，而综合性正是情报研究的一个重要特点。通常，科技人员总是从专业出发解决具体的技术问题，而情报研究人员则是围绕专业来搞综合的。任何一个情报研究人员，不管搞什么专业，不管这个专业范围多么小，他总是在一个面上工作。他所关心的是总体和全局的情况，他所提供的一般都是一个纵、横画面或纵横交叉的立体图像，这样才能弥补科技人员的不足，以综合取胜，起到传播知识、开阔眼界、提供情况、启发思路的作用。整体是由部分构成的，是由点组成的。在对国外情况进行调查研究时，一定要抓住重点，点面结合，重点情况搞清楚了，就有可能搞清某一方面、某一专业的全面情况。例如，在重点研究了“米兰”“霍特”“陶”“龙”和发动机、战斗部、末段制导、发射装置的基础上，才较好地把握了反坦克导弹的发展方向。在调查研究时，作为部情报所必须始终把着眼点放在与兵器工业发展全局有关的问题上，不抓住全局性的问题，而把精力过多地放在一些局部性问题上，就不会抓住情报研究的重心和方向。这种全局与局部的关系，也就是通常所说的战略与战术的关系。然而全局性的东西，不能脱离局部而独立，全局是由它的一切局部构成的，要善于从局部性的问题中抽出带全局性的问题来。例如，用于对付面目标的燃料空气炸药武器的出现，精密制导弹药的发展，发射电磁辐射能和高能粒子的定向能武器的研制，以电磁感应作动力，具有极高初速和射速的电磁炮的设计，虽然都是一些具体的产品和技术，但是它们的出现，可能孕育着武器新的变革，对武器发展的全局具有重大的战略意义，这是带有全局性的问题，应当抓好。

总之，我们认为，作为部情报所，情报研究应当侧重为常规兵器工业和各主要专业全局有关的科学技术的决策服务。

科学技术的决策是由科学技术的管理部门决定的。它们在决定的过程中需要国外情况作借鉴，使决策建立在调查研究、知己知彼的基础上。但是不同的领导机关，对于情报的需要显然是不一样的。作为部、院以上的领导人员，比较关心整个常规兵器工业和主要武器系统的发展，关心管理体制、技术政策，考虑比较宽一些、远一些的问题，而作为专业局、专业处的领导人员则比较关心本专业和子系统的发展，关心新产品、新技术、新工艺、新材料、新理论、新的测试方法，考虑比较专一些和近一些的问题。具体问题需要具体分析，区别对待。

但是领导机关在决策时还需要有各级干部和广大科技人员的参加，需要依靠他们的认识和实践。一个决策的制定，往往需要一个上下左右结合，反复推敲捉摸，不断实践的过程，这就是党的群众路线。各级干部和科技人员处在生产科研第一线，具有比较丰富的实践经验和鉴别真伪的能力，使他们了解和掌握兵器技术的现状和发展，宣传我们的情报研究成果，既为领导机关服务，也为科技人员服务，是搞好为科学技术决策服务的一个非常重要的侧面。配合重要规划会议和专业会议，就是为科学技术决策服务的一个良好的形式，并把为领导机关服务和为科技人员服务很好地结合起来。片面强调某一侧面都是有害的，例如，在战术火箭导弹中广泛使用包括改性双基推进剂在内的复合固体推进剂是国外固体推进剂的重要发展方向，但是这一问题在很长时间内未能受到我部有关领导的重视。近几年来，只是由于科研工作的实践、广大干部和科技人员的要求、实物产品的解剖、国外的迅速发展，才逐步扭转了我部在火箭推进剂发展工作中品种单调的不正常局面。这也说明，领导机关对情报的利用程度，不仅取决于情报研究成果的价值，而且还取决于领导人员的专业知识、现代化管理水平和使用情报的习惯。以为只要提供了情报就能起到“参谋”作用，往往只是一种良好的愿望。因此，不仅需要向领导机关，而且还要向广大干部和科技人员宣传情报研究成果，才能更好地起到为科学技术决策服务的效果。

由于不同的服务对象对所需情报的内容、广度和深度不同，需要认真研究，不断了解他们情报要求的特点，采取不同的提供形式。总结以往的经验，例如，《国外兵器动态》《规划参考资料》等形式比较符合部、院以上领导的需求；《专题研究报告》《国外兵器技术》《国外兵器》《手册》等形式比较符合专业处、局以下的领导和科技人员的需求。因此，对于情报部门来说，不能要求大家干一样的活，做一样广度和深度的工作，用一个模式来要求大家，这不仅限制了情报研究作用的发挥，而且会门庭冷落，使自己陷于困难的境地。

只要我们掌握国外兵器工业及其主要专业的现状和发展，摸清国外情况，就可以比较灵活多样地满足不同的需要。

三、搞好情报研究工作的几个重要问题

为了搞好部情报所的情报研究工作，我们认为应当着重抓好以下几项工作。

（一）合理组织情报研究队伍

为了搞好整个兵器工业和各重要专业这两级的国外情况的调查研究工作，就必须要有组织分工作保证，把人员有机地组织起来，建立一个合理的组织分工体系。

应当把主要力量、大多数人员配置在专业情报研究上，搞好专业组的建设。专业情报研究，相对来说范围比较狭窄，专业比较稳定，相当于“地方军”，他们应当是情报研究方面的专家。没有这样一批为数较多的各行各业的情报研究专家，综合工作就缺乏基础，不好深入，难以编写出有情况、有对比、有分析、有建议的综合研究报告来。他们的工作成果，一般以技术性较强的专题研究报告和动态为主。当然，专业稳定是相对的，随着时间的延长，技术的发展，一方面是愈搞愈深，另一方面也愈搞愈宽，有些人员则可以从事较大专业领域的情报研究工作。

应当建立一支综合研究队伍。这支队伍应由两部分人组成：专业组长和室主任或综合组。他们负责专业组和专业室内部的综合研究工作；在消化和积累专业情报研究成果和国外常规兵器发展的评论和动向的基础上考虑和研究常规兵器中一些带全局性、方向性、关键性问题。这项工作，还可以而且需要靠临时组合来补充。但这种组合活动不宜过多，否则会打乱专业情报研究的部署。他们的工作领域比较宽，专业比较多变，相当于“野战军”，是情报研究方面的杂家。他们的工作成果一般以综合性较强的专题研究报告和动态为主。

这样按一定方式建立起来的一支组织合理的情报研究队伍就有可能完成我部情报研究的基本任务，以满足不同的需要。

（二）必须重视搞好扫描积累工作

扫描积累工作是情报研究工作的基础，这一工作的好坏决定着情报研究的质量和速度。为了全面地、系统地和准确地反映国外情况，在所研究的主题内，掌握的线索和信息应尽可能的全面。只靠几篇文献归纳出的报告，对情况的掌握往往不深透，带有片面性。应当在经常扫描的基础上建立一套基本上能反映国外情况的科学的线索、数据、资料、图片、技术档案的积累系统，以便满足情报研究和咨询服务两方面的需要。具体做法可以总结研究。

积累可以通过形成动态、年评、专题索引、资料汇编，以至手册、年鉴等加以系统化。这些工作不仅为情报研究人员系统掌握全面情况，进行情报研究打下良好基础，也可以为领导机关和科技人员所利用。系统以后，就可以对原有积累进行新陈代谢。

扫描积累工作是一项长期、艰苦而又深入、细致的工作，是情报研究的一项基本建设。但这项工作自由度较大，一时不易见效，不易受到应有的重视和评价，且往往为专题研究和临时任务所冲击，因此需要有一定的计划要求，明确分工，专人负责。

（三）必须了解国内的需要，密切与服务对象的联系

深入实际，调查研究，充分了解国内兵器工业科研和生产的现状、存在的问题、今后的打算和发展动向，充分了解领导机关的指导思想、方针政策、工作部署和长远规划，以及技术状况和资源情况，即所谓吃透两头，洋为中用，提高情报工作的针对性，是搞好情报研究的重要条件。对国内情况了解得愈透彻，愈有助于提高对国外文献的鉴别、发掘能力，有助于抓住关键问题。

因此，情报研究人员应当有机会参加一定程度的科学和生产实践；做一些国内技术调查；参加一些重要的专业会议；经常与有关领导机关保持联系；经常了解和听取领导机关和科技人员对国内外情况和资料的看法和分析。尤其一些重要的专业会议，往往要集中议论某一领域的一些重大矛盾和解决途径，是掌握和了解国内情况的好机会。

对于某些技术性很强的重要专题研究还可以与有关科技和教学人员相结合，取长补短，共同完成。了解国内需要，与服务对象密切联系的根本目的是了解情报需求，提高情报工作的针对性，既不是去搞国内情报的搜集、整理和报道，也不能期望解决所有的实际问题。

（四）必须建立情报研究成果的评定方法

评定情报研究成果是实行情报工作科学管理，提高情报研究工作水平和调动情报研究人员积极性的一个重要方面；是一个急需处理而又比较复杂的问题，需要采取慎重的态度，逐步解决。

应当认为，情报研究成果也是科学研究成果的一种形式。因为研究工作基本上可以分为探索未知以扩大知识和整理已知以系统知识两大部分。而情报研究工作就是对已知知识的一种整理工作，是整理知识的高级形式，同样是一种创造性的脑力劳动。

既然情报研究成果是一种科研成果，就应当像对待一般科研成果那样进行管理，确定成果评定参数，建立质量鉴定标准。如何衡量，需要总结经验，逐步完善。我们认为，下述几个方面可以作为成果评定的主要标准。

1）选题。是否抓住了当前的需要，抓住了关键问题，重要性如何（如战略还是战术，重大还是一般，方向还是途径，远期还是近期），可能性如何（如资料是否充分，力量是否足够）。资料占有程度、搜集是否完全（如搜集范围和年代，全面系统还是零碎、片段），难度如何（公开的还是保密的，日常积累的还是临时拼凑的），是否新颖（如最新的还是过时的，一般的还是特殊的）。

2）处理加工程度。处理文献和占有文献之比即筛选率如何，不同语种文献的处理情况如何，有无中间产品，数量多少。

3）分析综合质量。分析综合的结果与客观事实相吻合的程度即准确性如何，报告中所含的情报量即信息量有多大，综合性如何，有无作者自己的预测、看法和建议。

4）编写水平。标题是否醒目，逻辑性是否强，层次是否分明，文字是否通顺简练。使用效果可视为有用信息与信息量之比，系满足服务对象需要的程度，它因人而异，视情报使用者的愿望和主动性而定。

对于不同类型的情报研究报告还需提出不同的衡量标准。我们认为，在以上的诸因素中，分析综合质量，尤其是分析综合的准确性应为衡量一个情报研究报告优劣的主要标准。

为了搞好成果评定工作，需要对情报研究的主要环节如选题、检索、整理、编写、审议制定出一定的要求和流程。

在成果评定过程中，要正确评价个人与集体的作用，处理好个人与集体的关系。充分发挥和肯定个人的作用是克服干好干坏一个样，干多干少一个样，干与不干一个样的“吃大锅饭”现象的必要措施。但是，应把个人的作用放在一个恰当的位置上。在许多情况下，一个情报研究成果往往是集体劳动的结晶，它离不开扫描积累工作，离不开有一定数量的原始文献的翻译和稀有文种的配合；离不开个人的工作成果及集体研究讨论等支援和合作。过分强调个人的作用会损害情报研究的基础工作，损害相互合作气氛，形成各干一摊，互不往来的局面，不利于情报研究水平的提高。需要考虑在情报研究成果评定的基础上对情报研究成果制定出奖励办法。从经济上估价和肯定情报研究在科技工作中的地位和作用，定会促进情报研究工作的开展，更好地搞好情报研究成果的评定工作。

（五）重视情报研究人员的培养

造就一支又红又专的情报研究队伍，是提高情报研究工作质量的根本途径，没有高水平的情报研究人员，就没有高质量的情报研究成果。光使用，不培养，听其自然，“物竞天择”，将会愈来愈适应不了新形势发展的要求。实践表明，作为一个情报研究人员，必须具有熟练的阅读和翻译外文的能力、较好的逻辑推理和中文编写能力、一专多能的科学技术知识、熟悉情报理论和方法，以及一定的政策水平和组织能力。不具备这些基本条件，就难以做好情报研究工作。因此，提高现有人员的这些基本功，尤其是技术、外文和情报业务知识水平是亟待解决的问题。

要正确处理好技术、外文和情报业务知识三者之间的关系。由于我们主要从事国外情报的研究，不熟练掌握一门或一门以上的外语，主要是英语，是无法工作的；但情报工作是科学技术工作的组成部分，情报研究本身就是科学技术工作，它所研究的对象是科学技术本身，因此科学技术知识是搞好情报研究工作的根本。情报研究人员需要通晓某一领域的知识，具有适应、接受、理解、鉴别、评价范围较宽的科学技术的能力，必须具有比较深厚、广博的基础知识，要一专多能，以博为主。现在，对于外文的学习都比较重视，这是必要的、应该的，但是如果认为只要外文过关了，情报研究工作就能搞好了，却是一种不切实际的想法。当前，不仅有些外文人员不重视学习科学技术，而且有些科技人员也不重视学习科学技术，深度不够，知识面不宽，知识老化严重，各据一隅，不越雷池，极大地妨碍了情报研究人员水平的提高。情报研究人员的培养应当要有专人负责，统筹规划。今后不论是学外语的还是学其他专业的，只要从事情报研究工作，都应有一个基本的要求，都必须进行严格的基本训练。对于现有人员，应按不同情况，给予进修提高的机会。要接收一些基础课学得比较好的理科生，逐步改变当前情报研究人员构成不合理的状况。

应当重视对骨干队伍的培养，解决好普及与提高的关系。克服干部培养上的“拉平”现象。对于有前途的情报研究人员要给予继续深造的机会；对于一些经过培养但仍不适于搞情报研究的人员可作适当的调整，情报研究人员应当经常进行新陈代谢。应当建立情报研究人员的考核办法，严格考核制度。要认真贯彻中央的有关规定，搞好技术职称的评定工作，技术职称的评定必须以贡献大小、水平高低为主要依据，防止论资排辈、按年头、一刀切和“成批生产”的错误做法。

综上所述，我们认为，正确理解情报研究工作的地位和作用，明确情报研究工作的任务和目的，并在实践中注意抓好几个关键问题，按科学办事，进行科学管理，常规兵器情报研究工作一定会在原有的基础上迅速向前发展，为兵器工业的现代化做出更大的贡献。

科技情报研究的性质和作用*

情报研究工作是我国科技情报工作的重要组成部分，迄今已有 20 多年的历史，积累了相当的实践经验。为了发展情报研究工作，提高情报研究质量，评价情报研究成果，本文试图对情报研究工作的性质和作用作一简要评述。

一、科技情报研究的性质

何谓情报研究，尚未定论，其根本分歧在于对情报研究的内涵和外延的理解上。笔者拟从归纳对情报研究性质的有关问题论述的基础上对情报研究的含义做出描述。

(一) 情报研究的内涵

概念是反映客观事物本质的思维形式，内涵是概念所反映的事物的本质。情报研究工作的本质是什么，目前基本上存在着以下三种观点。

第一种观点认为，情报研究是对已知知识的整理工作，目的是传递，因此它本质上仍然是一种科技情报工作。

持这种观点的学者认为，情报研究的主要目的不是从文献中提炼出新的事实和知识，而是对文献中明显存在的情报内容进行归纳、对比、评价和概括，以压缩的形式提供出来。如果情报人员根据情报的分析与综合得出新的观点和建议，那就属于科学研究的范围。

有的国外学者认为，“如果从事科学文献工作的目的在于对所研究的事物取得新知识，更深刻地总结这些知识，发现所研究事物特有的内在规律，那么，这一工作无疑属于研究工作的范畴而不是科学情报工作”[1]。同样的观点也见诸一些国内的学者，他们认为，情报研究就是文献资料和实地情况的定向筛选和凝集，主要起筛选机、过滤器、蒸馏塔的作用，但不产生新的信息、新的知识、新的情报，是一种整理已知、浓缩已知的工作[2]。

第二种观点认为，情报研究是对已知知识的创新，目的是为了谋策，因此它本质上是一种科学研究工作。

持这种观点的学者认为，对科技情报进行分析和综合的过程就是一个研究的过程，其主要目的是出主意，想办法，提建议，形成新的思想、观点和知识，是一种新的创造。

有的国外学者认为，“工作最出色的情报中心的活动是科学与技术的有机组成部分。这

---

* 本文原载《兵工情报工作》，1984，(4)：14-19。

样的情报中心不仅传播情报和开展情报的检索，它们还创造新的情报”[1]。国内有的学者认为，“情报研究是在大量文献资料和实地考察的基础上摸清国内外情况，编写出有依据、有分析、有对比、有建议的调研报告”。情报研究要提供新思想[3]，情报研究的精髓就是要提炼出独到的见解，它是情报研究工作质量的重要标志[4]。情报研究的宗旨在于谋策，情报研究在某种意义上也可称之为谋策研究，情报研究的成果是某种认识、建议或方案[5]。

第三种观点认为，不能笼统地谈情报研究的本质是科技情报工作还是科学研究工作，需要具体分析。探索性和创造性是科学研究工作的主要特征。情报研究是一个包括编写综述、评述、专题研究报告等多项工作的总称。编写综述基本上是一种信息压缩工作，属于科技情报工作的范畴，编写评述是情报工作转向科学研究工作的一种过渡形式，写作专题研究报告本质上则是一种科学研究工作[6]。

（二）情报研究的外延

外延是概念所反映的具体事物，即概念的适用范围。情报研究工作究竟包括哪些范围，也是众说纷纭。

一种观点认为，以情报信息为对象，对其内容进行识别、整理、分析、综合、选择、推荐或加工出新的信息来服务于社会的创造活动，都可以看做是情报研究工作，它涉及经济、军事、政治、社会各个方面。这样就把决策研究、未来研究、管理研究等软科学都包括在内，外延非常宽广，界限也比较模糊。

另一种观点认为，应把科技情报研究局限于科学技术的范畴之内，科学技术要与政治、军事、经济、社会相结合，但要以科学技术为主，离开了科学技术，也就不称其为科技情报；应把情报研究局限于情报的范畴之内，情报研究与决策研究、未来研究等既有相互交叉、相互渗透的部分，又都是独立的研究领域，不能相互混淆、相互取代[7]。

实际上，情报研究的概念在不断发展，情报研究的范围也在不断延伸，科技情报研究工作正在以科学技术为主体，逐步向着技术经济、科学管理和科技政策等方面扩展。

（三）情报研究与科学研究的关系

为了进一步确定情报研究的含义，还应当研究它与科学研究的关系。

一般认为，自然科学研究或硬科学研究的范围是自然界，而情报研究的范围是客观知识；硬科学研究的对象是自然界的本质和规律，以及这些本质和规律的应用，而情报研究的对象则是客观知识的科技内容；硬科学研究的方法主要是观察和实验，而情报研究的方法主要是理性思维，硬科学研究的成果是某种发现和发明，发现具有唯一性和抽象性，发明则具有多重性和直观性，而情报研究成果则是某种情况、知识、观点、建议或对策，具有发现的抽象性，但不具有发现的唯一性，具有发明的多重性，但不具有发明的直观性[5]。

软科学是一类新兴学科，它从整体观念出发，把包括科学技术和社会现象在内的广泛范围的对象进行跨学科的研究工作，以组织、管理、规划、协调、预测和指挥为职能的综合性科学，如决策科学、管理科学、科学学等，故亦可将软科学理解为研究指挥问题的科学，统称为指挥科学。

情报研究与软科学研究有许多共同点，如它们都以思维为主要研究手段，实际上情报研究本身也可属于软科学的范畴。但情报研究的目的是整序和传递情报信息，为科学技术决策服务；软科学研究的目的是阐明现代社会的政策问题，为决策者提供最优化的方案和谋略；情报研究是软科学研究的基础，但软科学研究的任务和范围要比情报研究广泛、深刻和复杂[8,9]。

(四) 情报研究的成果形式

由于对情报研究的性质认识不同，对情报研究成果的认识也就不完全一致。但一般认为，情报研究成果可以分为动态类、专题类和基础类三大类[10]。

动态类是关于科学技术最新动向的研究，它评价和推荐最新的科学技术成就，揭示科学技术的发展动向。

专题类是围绕着特定课题从事专题调查研究，它可以分为综述、评述和专题研究报告三个层次，不同的层次满足不同的需要。综述是将与某一专题有关的情报信息进行定向浓集编写而成的专题报告；评述是将与某一专题有关的情报信息进行定向浓集和科学抽象编写而成的专题报告；专题研究报告是针对某一特定问题（尤其是国内问题）对有关情报信息进行定向浓集和科学抽象的基础上所作的有数据、有观点、有对策的专题报告。

基础类既是情报研究的基础，也是情报研究的产物，如手册、年鉴、文档、数据库等。

(五) 关于情报研究含义的描述

综上所述，可以看出，情报研究的定义尚无定论，情报研究的概念尚在发展。过多、过早地给予限制，不一定有利于情报研究工作的开展。笔者认为，情报研究的内涵和外延是非常丰富和宽广的，它是一类科学劳动的集合，是科技情报工作和科学技术工作相结合的产物，存在着多种形式和多种层次，很难用一个明确的定义加以概括。对于专题情报研究来说，是否可以这样描述：情报研究工作是用科技情报工作的方法研究科学技术问题，对情报信息进行定向浓集和科学抽象的一种科学劳动。这种科学劳动的基本特点，是针对某一特定需要，以情报载体为主要基础，以情报内容为主要对象，以理性思维为主要手段，以书面报告为主要成果，侧重为科学技术决策服务。

所谓定向浓集，就是定向浓缩和集中。浓缩就是起蒸馏、过滤和筛选作用，包括去伪存真，择其所需，对情报进行鉴别和评价；集中就是系统化和综合化。因此浓集的过程并不是单纯的信息机械压缩和形式排列的过程，实际上也是一个分析和研究的过程。科学抽象，就是透过现象，抽取本质的思维过程，揭示研究对象的本质、规律和联系。它本身就是科学研究的一般方法，科学抽象的结果，必然会产生新的知识和观点。“源于文献，高于文献”。没有定向浓集，就缺乏情报性，没有科学抽象，就缺乏研究性，而为科学技术决策服务，则是情报研究的基本目的，因为从广义来说，人们获取情报的目的都是为了决策。它是决策的准备和基础。

但在实际工作中，我们关心的恐怕不是什么叫情报研究工作，而是情报人员、情报部门应该从事哪些类型的情报研究工作。情报研究定义的多样性，除了情报研究这个概念的复杂性以外，还由于人们都想把自己从事的工作定义为情报研究工作而排斥其他类型的情报研究工作。问题不在于情报部门应该搞什么或不应该搞什么，而主要在于需要与可能。

领导或社会需要什么，情报部门在多大程度上能够满足这种需要，并尽可能创造条件去适应这种需要，从而找出一个切实可行的方案。任何画地为牢、相互指责或空头议论的做法都是有害的。

二、科技情报研究的作用

关于情报研究的作用也是议论不一，但一般来说国内外都给予其很高的评价，认为这是情报工作发展的一个新阶段，是人类社会解决情报爆炸和情报污染的重要对策，是科学技术工作的“侦察兵”和“参谋”，对科学技术的发展起某种指导和决策作用。

例如，美国总统科学顾问委员会有关科学情报方面的一个小组委员会在 1963 年一篇名为“科学、政府及情报”的报告中指出：“只有足够数量的最有天赋的代表人物密切注意编写综述和解释文献，科学才能应付得了情报爆炸问题。委员会认为，这种活动在未来的科学中所占据的地位可能与理论物理学在现代物理学中所处的地位相比拟。”[1]有的国外学者认为，“归根到底，科学的任务是从自然界的复杂性中揭示出简单性的东西，而从文献的复杂性中恢复其简单性，比起前者来，也未必是较小的功绩”[1]。有的国内学者认为，“情报研究是科技成就通往决策管理，从而进入社会应用的桥梁”[5]。一些领导机关和领导人也认为，情报研究是“科技工作的耳目、尖兵”“科技航船的导航灯塔”“国防现代化的重要支柱”“科技情报工作要参与决策，当好参谋”[11]。

以下从情报学的角度分析情报研究的作用。

（一）从情报工作的社会功能看情报研究的作用

一般认为，整序和传递是情报工作的两大社会功能。1981 年，中国情报学会在庐山召开的学术讨论会指出：“情报工作的社会功能就是将社会分散、无序的情报流进行整序，使其有序地纳入社会，通过定向传递，便于社会吸收和利用，从而有效地控制和管理人类的知识。”[12]

情报流是在社会中不断产生、不断吸收和不断老化的情报集合，通常处于无序的运动状态中。情报的无序激增和对情报的特定需要这一基本矛盾要求情报向有序化方向发展。整序就是把社会上的情报流按一定的方式整理为有序的结构。对情报流进行整序的两个基本手段是：①编制检索工具，建立以文摘杂志和数据库为核心的文献检索系统；②编写专题报告，建立以情报分析中心和咨询服务公司为核心的情报研究系统。

但是这两种整序的性质是不同的。文摘杂志通常是将情报流以类别或主题方式定向浓缩和集中，但不作筛选、鉴别和评价，具有客观性；情报研究则是将情报流以用户需求，即以特定问题为中心定向浓集，并进行科学抽象，揭示事物的本质、规律和联系，具有一定的主观性，是情报流整序的发展和深化。因此，情报研究是解决由于情报爆炸和情报污染所造成的所谓情报危机的重要手段，是情报流整序的重要方式，是情报流整序的高级阶段。

情报研究的整序作用具体表现为以下几点[13]。

1）分散情报的定向浓缩和集中作用。即从迅速增长和高度离散的文献集合中获取、压缩和整理有关的情报内容。

2）稀释情报的过滤和筛选作用。由于科技文献迅速老化、高度稀释、冗余和杂伪的特点，需要对所需情报进行信息选择。

上述两方面的作用也可以归纳为如前所述的情报定向浓集作用。

3）知识的综合和创新作用。综合是情报研究的重要任务和特点，对情报信息进行科学抽象，尤其是从全局、系统、跨学科、多因素的情报研究，导致知识的密集、综合和创新。

4）科技成果的评价和推荐作用。研究科学技术的最新成就和发展动向是情报研究的重要任务之一，评价和推荐科技成果，将会引导和加速科学技术的转移。

5）新的思想和领域的引进和开发作用。新概念、新理论、新学科的传播和科学技术未来发展的预测，将会达到这样的先导作用。

6）情报的积累和检索作用。情报研究成果一般都附有详细的参考文献，实际上起到了有关专题的准二次文献作用。

（二）从情报的作用机理看情报研究的作用

情报研究是情报流整序的重要手段，但整序而成的情报研究成果如何发挥作用，需要进一步研究情报与用户的相互作用，即情报的作用机理问题。这可以从布鲁克斯方程和耗散结构理论获得一般的了解[14-18]。

20世纪70年代初期，著名的英国情报学家布鲁克斯（B. C. Brookes）曾为情报与知识的关系建立了一个基本方程式

$$K[S]+\Delta I=K[S+\Delta S]$$

它以一般的形式描述了知识结构 $K[S]$，通过获得情报 ΔI 变换为新的改进了的知识结构 $K[S+\Delta S]$，ΔS 表示改进的效果。这就是说，一个人在原有知识结构的基础上，由于吸收情报而使知识结构发生变化，形成新的知识结构。这一方程揭示，情报与知识在本质上是相同的，情报是使人们知识结构发生变化的那一部分知识；获得情报量 ΔI 的大小，不仅取决于客观情报 ΔI，而且还取决于人们（用户）的知识结构 $K[S]$，是两者相互作用，即客观与主观的相互作用的结果；知识的增长不是简单地叠加而是引起知识结构的某种调整甚至突变。布鲁克斯认为，情报学的主要理论问题就在于研究这个方程。因此，从布鲁克斯方程可以得出这样的一个结论：情报的基本作用就是改变人们的知识结构。

但是这种改变是如何进行的呢？近来，人们试图用耗散结构理论阐明这种机理。

有序是自然、社会和思维的普遍规律，它们都存在着从有序到无序和从无序到有序这两种过程。1969年，著名的比利时科学家普利高津（I. Pirgogine）提出的耗散结构理论从普遍的意义上解决了一个开放系统如何从无序走向有序的问题，构成了有序理论的基础。

热力学第二定律认为，对于一个与外界没有能量和物质交换的孤立系统，自发的过程总是朝着熵增加的方向发展，当熵达到最大值时，对应着一个热力学的平衡状态，即系统的最大混乱、最大无序。这种过程是不可逆的。但普利高津发现，在一个与外界有物质和能量交换的开放系统中，在远离热力学平衡态时，如果输入足够的负熵流，系统可以发生突变，由原来的无序状态转变到一种时间、空间或功能有序的新状态。普利高津把这种在非线性的远离平衡区形成的新的稳定的有序结构，称之为耗散结构。

如果我们用耗散结构理论来解释布鲁克斯方程，可以这样认为，人们的知识结构是一

个开放系统，它与外界有物质、能量和信息的交换，知识和情报的吸收是外界对系统的某种输入，各种新的见解、观点和认识是系统对外界的某种输出。它处于动态的变化之中。对于这个开放系统，总熵变可由下式表示

$$ds=des+dis$$

dis 为系统内部不可逆过程引起的熵变，根据热力学第二定律，dis≫0，它可以看做是“知识单元”的增多，知识体系的复杂，知识老化，智力衰退等。des 是系统与外界进行信息交换所引起的熵变，可正可负。因此，为使 ds＜o，则 des＜o，且 des＞－dis。也就是说，为了促进知识结构有序化，保持知识系统的功能，需要由外界向系统输入足够的熵流。人们在吸收了 ΔI 以后，出现了新的有序结构，有序化程度提高了，即 ds＜0，因而 ΔI 相当于负熵流，可使人们的知识结构成为耗散结构。由此可见，耗散结构理论从本质上阐明了知识结构的改变或知识增长的过程，实质上就是人们的知识结构由无序走向有序或从一种有序结构演变为另一种有序结构的过程，这就是情报的作用机理。

综上所述，可以认为，从情报学角度来看情报研究的基本作用就是对情报流进行整序和使知识结构有序化。笔者认为，这一认识具有重要的理论和实践意义。因为情报研究的基本作用是使情报流和知识结构有序化，它本身并不直接从事决策和科技研究，而是通过改变管理人员和科技人员的知识结构转化为一个个的决策行动和一项项的科技成就。因此，情报研究必须要整序，即以定向浓集和科学抽象为基础。情报研究应十分注意响应（即 A1/I），分析用户需求，努力为用户服务。正如布鲁克斯所言，“我的结论是：向他人提供的情报，必须适合其认识结构，因为这是使情报使用者有可能了解该情报的正确性和权威性的唯一条件”[19]。情报研究的成果是通过第三者而且主要是通过改变人们的知识结构而起作用的，有很大的间接性。它是一种精神成果，是一种客观知识。因此在研究成果的评价上，既要强调响应，又要注意这种响应的性质，不宜片面追求具体的经济效益、科研效果和用户意见。所有这些问题，都需要从理论和实践上加以总结和研究。

参考文献

[1] 米哈伊诺夫 A H，等．科学交流与情报学．北京：科学技术文献出版社，1980：266，325，337，343.
[2] 刘植惠．我对情报调研工作的几点看法．科技情报工作，1952，(7)：15-17.
[3] 佚名．全国情报调研学术讨论会侧记．科技情报工作，1952，(6)：13，15.
[4] 吴国兴．作为情报研究工作模型的人信息处理系统．情报学刊，1982，(4)：64，68.
[5] 傅秉一．科技情报研究的任务与方法．北京科技情报学会，1984.
[6] 秦铁辉．情报调研的性质及其地位．情报学刊，1953，(3)：50-53.
[7] 张德培．论我国科技情报工作的中心任务．情报学报，1983，2 (1)：10-16.
[8] 赖在勇．情报研究是一门软科学．情报学刊，1981，(4)：44-47.
[9] 王亚明，等．地方科技情报研究与软科学研究．情报学刊，1982，(4)：72-75.
[10] 苏玉英．科技情报工作成果的评选和奖励．北京情报学会通讯，1982，(4)：12-15.
[11] 钱学森．科技情报工作的科学技术．国防科技情报工作，1983，(特刊)：3-12.
[12] 黄耀煌．近两年我国情报概念争鸣的剖析．情报学刊，1983，(1)：23-27.
[13] 刘植惠．科技情报调研工作中几个问题的初步探讨//中国科技情报学会情报研究专业组．科技情报调研论文集．北京：科学技术文献出版社，1982：5-10.

[14] Brookes B C. 情报学的基础（一）. 情报科学，1983，(4)：84-94.
[15] 马费成 . 论布鲁克斯情报学的基本理论 . 情报学报，1983，2 (4)：316-324.
[16] 卢泰宏 . 论情报和情报系统的作用机理 . 情报科学，1982，(2)：15-21.
[17] 马大川 . 试论情报的有序化 . 情报学报，1983，2 (4)：325-332.
[18] 湛垦华，等 . 普利高津与耗散结构理论 . 西安：陕西科学技术出版社，1982.
[19] Brookes B C. 情报学的基础（四）. 情报科学，1984，(1)：66，77.

对科技发展战略研究的几点建议*

在新技术革命和经济管理体制改革的推动下，决策科学化已经成为各级领导机关的迫切要求，成为实现现代化管理的中心任务。因此，搞好科技发展战略和关键技术的研究应当是当前情报研究机构的两大主要任务。

几年来，情报研究工作在为部局领导机关科学技术决策服务中是有成绩的，并已明文规定科技情报研究所为我部科学技术委员会的依托单位之一。但在决策研究机构相继建立、咨询业普遍兴起和情报研究工作社会化的新形势下，如何充分利用情报部门，如何搞好发展战略的研究，还是一个值得认真研究的问题，为此建议以下几点。

一、情报部门应当成为科技发展战略研究的主要机构

发展战略研究是一个很大的课题，其目的在于谋求全局长期的主动。实际上，发展战略是由不同层次、不同侧面的政策、方针所构成的一个政策体系。我部科学技术委员会、技术经济研究所、规划研究所、系统工程研究所和科技情报研究所，都承担着一定的发展战略的研究任务，构成了兵器工业部的决策参谋层。但它们之间究竟如何扬长避短、分工合作，尚待进一步明确和研究。

科技情报研究所具有国内外科技信息集中、专业多、语种多的人才结构、100 多人的情报研究队伍和 20 多年从事情报研究工作的实践经验，具有从事科技发展战略研究的相对优势。有人认为，科技决策的秘诀是“百分之九十的情报加百分之十的直觉（预感）”。从控制论的观点看，决策本身是一个依据信息反馈来调节自身的过程，而预测和反馈正是情报研究的基本功能。因此应把情报部门作为我部科技发展战略研究的主要机构，给任务，出课题，吸收情报部门的有关领导和人员参与部局有关的重大科技决策研究和活动，从事科技政策和重要措施的科学论证工作，配备相应的研究力量，有效利用和充分发挥情报部门在科技发展战略制定中的作用。

---

* 本文原载《兵工情报工作》，1985，(5)：19，20。

二、建立科技发展战略研究基金

国家资助和有偿服务是新形势下情报研究机构的经费来源形式。但由于科技发展战略的研究成果通常只具有宏观的经济效益，而不易计算微观的经济效益，如果没有国家资助，既不利于发展战略研究的开展，也不利于研究队伍的巩固。因此国家资助是搞好发展战略研究的重要条件，也可以看做是情报研究成果商品化的一种形式。这种国家资助的研究基金应用于研究工作，也可采用有偿合同制的办法来支付。在情报机构内部，则应该实行专题拨款制度。多年来，专题研究从无专题经费，科研费绝大部分用于文献工作，很少用于研究工作，增加任务也无增加经费可言。于是造成一种错觉，似乎情报研究并不需要投资，也不创造价值。这种状况应当改变，要像科学研究一样，经费要与课题挂钩。只有有了专题经费，才能真正实行课题承包制，发展自由组合，实行横向联系，有利于调动情报研究人员的积极性、提高情报研究的速度与质量和促进情报研究工作的社会化。

三、建立专群结合的发展战略研究队伍

情报研究工作的社会化是情报研究工作的重要发展方向，而社会化的重要内容就是实行内外结合，由情报人员和科技人员协作完成或委托科技人员单独完成情报研究课题。这种协作可以发挥情报部门多专业、多语种的优势，科技人员知识专深和实践丰富的特长，弥补情报人员对国情了解不透和科技人员对信息掌握不全的缺点。建议实行客座研究员制度，聘请一些具有丰富实践经验和学术水平的管理干部和科技专家从事发展战略的研究工作。客座研究员的基本职责是充当情报研究机构的顾问、协助情报研究选题、审核情报研究论文、承担情报研究任务和参与重大的情报分析活动。这样就有可能以情报研究机构为核心，建立起一支专群结合的科技发展战略的研究队伍。

四、搞好科技发展战略研究的基础建设

科技发展战略研究是一项长期和复杂的科学研究工作，必须抓好基础建设。其核心一是建立数值型数据库，一是普及现代的情报研究方法。

数据是情报研究的基础，但以个人积累为基础的数据搜集和处理工作不能适应群体研究的需要，而公共积累的根本出路在于现代化，即建立数值型数据库。因此需要统筹规划，在搞好信息报道和手册编纂的基础上，从事国内外与兵器工业科技发展有关的经济、军事、科技、武器、设计、生产、试验等数值型数据库的建设，为科技发展战略的研究奠定坚实的基础。

发展战略的研究要求人们从对事物的研究发展到对系统的研究，从单值的研究发展到对多值的研究，从单向的研究发展到对网络的研究，即要求对科学技术进行综合的和整体的研究。因而普及和掌握作为综合和整体研究方法论的信息论、控制论和系统论，普及和掌握现代的调查研究方法、科学预测方法和计算机技术在情报分析中的应用，也是搞好科技发展战略研究的一项基本建设，是情报研究工作现代化的重要措施。光靠传统的分析与综合、归纳与演绎等逻辑思维的方法，已不能适应发展战略研究的需要。情报研究方法的现代化应当提到议事日程上来。

联邦德国和英国情报研究工作考察巡礼*

为发展国内外情报研究工作的合作和交流，促进情报研究工作的改革和发展，北方科技信息研究所组织了情报研究工作现代化考察小组，于1988年10月对联邦德国和英国有关单位进行了为时两周的考察。

一、考察的基本情况

考察小组在联邦德国的波恩、科隆、法兰克福和英国的伦敦4个城市共考察了11个单位，这些单位基本上可以分为四种类型。

1. 软科学研究机构

联邦德国的波恩经济社会研究所（Institut für Wirtschaft und Gesellschaft Bonn e. V.）、英国的政策研究所（Policy Studies Institute）。

2. 情报研究机构

联邦德国法兰克福的巴特莱欧洲研究所（Battelle Europe）技术管理和评价部、詹氏情报集团（Jane's Information Group）。

3. 科技情报机构

联邦德国的数学和数据处理中心（Gesellrchaft für Mathematik und Datenverarbeitung-mbH）的综合出版和情报系统研究所、联邦德国医学文献情报中心（Deutsehes Institut für Medizinisehe Dokumentation und Information）、联邦德国技术专业情报中心（Faehinformationszentrum Technik e. V）、英国情报管理协会（The Association for Information Management）、英国帝国化学工业公司（Imperial Chemical Industries）情报服务部。

4. 国防出版机构

联邦德国的蒙西出版集团（Mönch Publishing Group）、英国培格曼出版公司的布拉西防务出版社（Brassey's Defence Publishers Ltd.）等。

二、主要单位的简要介绍

1. 波恩经济社会研究所

该所成立于1977年，是联邦德国经济科学研究所和社会科学研究所的成员单位，系独立经营的非营利的私办研究所。它的基本任务是研究经济和社会领域内提出的一些重要问题，如人口及其素质、经济发展与结构变化、城市与住房建设、劳动市场、社会保险、未来预测

* 本文原载《情报理论与实践》，1989，(2)：39-41。

等。已出版的重要成果有《2000年技术》《1986年苏共27大后的社会经济政策》《面对新的社会挑战的企业领导》《长途通信事业的自由化》等。全所的专职工作人员有10人左右。

2. 英国政策研究所

该所成立于1978年，是英国享有盛誉的独立研究机构，基本任务是从事工业、经济、社会发展和方针政策的研究，为政府部门、社会服务机构和工业企业的决策服务。研究领域包括工业发展、就业、公共安全、社会福利、共同组织和社会医疗、运输、环境和保护、健康、艺术和娱乐等部分，已完成各种研究课题200多项。如该所有关工业发展方面正在执行项《新技术研究规划》，以便为决策者提供新技术的应用可能产生的结果、效益和问题方面的情报和有效利用新技术应采取的方针和政策。已完成的研究课题有《微电子技术的冲击》系列报告、《英国工业中的机器人》《产品制造中的微处理机》《工业中的微电子技术》《办公室自动化的进展和问题》等19篇专题报告。正在进行的研究课题有新技术在英国和国际上应用的比较研究、新技术在服务行业中的应用、新技术对职业和培训需求的影响、新技术的发展对经济的影响等，共有专职人员10人左右，资金是由独立的基金会、政府部门和社会团体提供。

3. 巴特莱欧洲研究所

该所由美国俄亥俄州工业家巴特莱组建于1927年，主要为工业部门和政府机关的技术研制、应用和工业化服务，工作范围包括概念研究、问题解决、产品与工艺开发、技术咨询和大型计划的管理。总部设在美国，该所是其重要的分支机构，位于联邦德国的法兰克福。该所的技术管理和评价部是其五大组成部分之一，总计60人左右。它的主要任务是为用户推荐适用的技术和项目，通过市场调查、技术论证、可行性研究、实际试验，从软和硬两方面对技术和项目进行评价，提供咨询，同时还为用户举办技术培训班和研讨会，类似于我国的情报研究机构。

4. 詹氏情报集团

该集团成立于1988年，是国际汤姆森有限公司的重要成员，由原詹氏出版公司、防务市场服务公司（DMS）和国际航空有限公司（Interavia S. A.）三个情报公司构成，是目前世界上最大的防务、宇航和运输方面的情报和出版商，向用户提供上述领域内容广泛的情报产品和分析服务。

詹氏情报集团由下列九大部门组成：詹氏情报服务公司、DMS、《Interavia航天评论》《Interavia空间市场》《国际防卫评论》、詹氏空运数据、詹氏防卫数据、《詹氏防卫周刊》和詹氏运输数据。总部设在伦敦郊区，专职人员100人左右，出版各种年鉴，仅1988年的出版物就达105种。

引人注目的是，对苏联防务数据、搜集和分析成为詹氏情报集团的重点工作之一。它出版了Jane's Soviet Intelligence Review月刊，并发表了为数众多的专题研究报告和书籍。

5. 联邦德国医学文献情报中心

该中心成立于1969年，由联邦德国青年、家庭、妇女和卫生部领导的一个政府研究机构，是欧洲最大的医学文献情报中心，主要任务是采用计算机收集、评价、存储和检索国内外医学、生物学及其相关学科的文献和情报。它分为医学部、数据库部和总务部三大部门，拥有两套西门子7.561数据处理设备、82个各类数据库，与联邦德国9个大型文献情报中心如ZADI、BISp、IFK等建立起合作关系，是欧洲科技情报联机网络上联邦德国六大计算机主机之一，可提供各种情报服务，如可用数据库进行引文分析。

6. 英国情报管理协会

该协会成立于1924年，前身为英国专业图书馆协会（Aslib），是由2000多个公司和企业的情报机构组成的一个联合会，为成员单位提供情报服务、非正式交流的园地及使其在情报管理科学的发展中起带头作用。该协会的情报活动（intelligence activities）领域涉及生物科学、环境科学、化学、计算机、经济与贸易、电子学、工程、运输、规划、社会科学、情报学、视听情报、科技翻译等。每年还举办各种培训班，仅1988年第四季度就举办和计划举办培训班28个。

7. 蒙西出版集团

该集团由出版商Jupp Mönch于1952年成立于科伦茨，一直从事与国防有关的杂志和书籍的编辑与出版，是一家在国际上久负盛名的防务出版机构，在美国、英国、法国、荷兰、西班牙、意大利等国都有分公司或办事处。总部设在波恩，下设生产部、编辑部、市场部和总务部，专职人员有20人左右。

8. 布拉西防务出版公司

该公司是1948年成立的培格曼出版公司的分公司，主要从事与国防有关的出版物的编辑和出版，公司设在伦敦，职工有11人。

三、国外研究机构的若干特点

从考察过的11个单位来看，国外软科学研究和情报研究具有一些与我国情报研究机构十分不同的重要特点。

（一）研究机构的开放性

这种开放性主要表现在以下两大方面。

1. 获取信息途径的多样性

文献调查和社会调查相结合，经常举办各种形式的报告会、讨论会和展览会，与军事界、工业界、科技界保持密切的联系，利用各种手段获取情报信息，尤其在零次情报获取方面狠下工夫，是它们共同的做法。例如，詹氏情报集团拥有世界上关于武器装备方面最完善的数据和图片，这与它们在世界主要国家和地区设立办事处和派驻记者是分不开的，仅《詹氏防卫周刊》就有34位记者。蒙西出版集团也在11个国家和地区设有分支机构和办事处，这就使得它们能够及时获得所需的最新信息。

2. 研究工作的社会化

两国的软科学和情报研究大都采取自行研究和组织研究相结合的方式，实行小核心、大外围的做法，能够达到固定职工少，研究周期短，研究成果多的效果，例如，联邦德国经济社会研究所和英国政策研究所的研究周期通常为3～6个月，超过半年以上的课题极少。它们采取的措施有以下几点。

1）专家征询。听取专家对选题的内容的意见。

2）合作研究。包括国内和国际合作，分别完成报告的某一部分。

3）委托研究。出资由所外的个人和单位来完成研究课题。

4）兼职研究。聘请社会上的专家，专门负责某一领域、某一国家的研究或书刊编辑。

（二）情报手段的现代化

国外情报手段的现代化给我们留下了深刻的印象。

1. 数据库生产和提供的自动化

这是国外情报机构的主要工作，也是研究工作的重要基础。例如，作为联邦德国重点专业情报中心之一的医学文献情报中心，100 人左右的职工中从事数据库生产的就达 50 人，从数据库生产到信息提供实现了自动化，就连联机检索结合的分送和信函装封都是机器来完成的。英国帝国化学工业公司是世界五大化学公司之一，公司总部的情报服务部建成本公司的情报检索系统，每个办公室都备有检索终端，既可检索本公司的科技、经济和管理信息，又可与国际联机检索系统相联系，为有关部门利用情报和研究情报提供了信息保障。

2. 编辑出版自动化

两国编辑和出版自动化都达到了很高的程度。詹氏情报集团《詹氏防卫周刊》的编辑就是一个典型的实例。编辑人员从信息获取、文章编写、编辑修改、版面编排都是依靠计算机在一个大办公室完成的，就像一条连续生产线生产物质产品一样。

3. 办公室和教学设备的自动化

研究手段现代化的重要标志是办公室自动化。例如，英国政策研究所，一个办公室内通信、打字、复印、终端等设备一应俱全，数据处理和文字编辑都用计算机来完成。它们都有定期或不定期地举行培训班和报告会，使用着设备良好、自动化程度很高的教学设施。

（三）定性和定量研究相结合

定性分析和定量研究相结合，广泛使用社会调查和统计分析的方法是它们研究工作和研究报告的重要特色。以英国政策研究所的《微电子技术的冲击——在英国工业中的应用、效益和问题》的专题报告为例，它以英国 1400 个企业的问卷调查为基础，正文的一半为 151 张统计表格，并包括调查细目、调查表设计等调查方法的附录，显示了良好的科学性。波恩经济社会研究所所长向我们所作的关于联邦德国人口增长与经济发展的关系的报告也是以图表为主轴，辅以扼要的说明，形象直观，一目了然。

（四）重视研究工作的需求分析和基础建设

在考察过的单位中，大多数是民办机构，资金来源一靠资助，二靠获利，绝大多数课题都是以合同形式完成的，如何满足用户当前和潜在的需要就成为它们生存和发展的基础。因此都设有市场调查的部门和人员从事需求分析和经营活动。这些单位大都具有现代化的信息获取手段和数据存储系统及良好的情报环境，系统的丛书、年鉴、手册、数据库为它们从事情报研究提供了丰富的信息基础，这是国内情报研究机构无法比拟的。

四、对情报研究工作的启迪和借鉴

通过考察，对于如何改进情报研究工作感触颇多，主要有以下几点。

1. 应当重视情报研究的基础工作

情报的采集和存储是情报研究的基础，以文献检索和卡片积累为主要形式的工作方式已不能很好地适应当前的需要。国外重视实地采访和抽样调查获取信息，以数据库建设为情报存储的主要手段都是我国情报研究工作的薄弱环节，要逐步转变，并注意情报研究成果的系统化，如手册、丛书、系列报告、权威刊物的生产和编辑。

2. 必须搞好情报手段的现代化建设

情报手段的现代化建设是提高情报研究速度和质量的重要环节。软科学研究和情报研究机构实际上是用情报技术装备起来的一种新型的实验室和研究中心，而我国在这方面与国外的差距颇有天壤之别。不能只注意对文献系统、出版系统资金的投入，而忽视对情报研究机构资金的投入，否则情报研究工作很难有新的发展。

3. 加强研究机构的开放性，开展国内外的合作与交流

在社会信息化的形势下，只注意自行研究不注意组织研究，只从事文献研究，不从事社会调查，不开展国内外的合作与交流，在一个封闭的思想和环境条件下，很难继续起到侦察和参谋的作用。因此，需要借鉴国外研究机构某些好的做法，转变情报研究工作模式，以求得情报研究工作的生存和发展。

美国国防部情报分析中心和从中得到的启示*

美国国防技术情报中心（DTIC）和情报分析中心（IAC）是两类性质不同的情报机构，构成美国国防科技情报系统的主体。

1987 年 7 月 30 日，M. C. Rothschild 以“美国国防部情报分析中心”为题，详尽地叙述了这些机构的发展沿革、地位作用、业务范围、组织管理和存在的问题。如实地介绍这些情况，对于我国情报研究工作的开展不无借鉴意义。

一、美国国防部情报分析中心

(一) 发展沿革

普遍认为，IAC 的产生缘于第二次世界大战以后出现的情报激增。期刊和会议论文数量的空前增长，使科学家和工程师们不可能阅读全部公开发表的相关文献，甚至不知道某些资料的存在。情报量大还不是唯一的问题，情报危机的关键在于没有能力从全部情报资源中分出有用的情报。另外，许多有用的新情报从来不发表于传统的图书和期刊之中，而是以技术报告或不供发表的形式出现。

IAC 概念的提出是对迫切需要做出专门反映，建立 IAC 的目的是克服科技情报交流中以下三个主要障碍。

1）情报来源和途径众多，不同的途径又有不同的时间差。

---

* 本文原载《情报理论与实践》，1990，(4)：40-43。

2）科学家和工程师们不可能阅读大量的文献。

3）管理人员最为关心的是了解当前的技术状况。

IAC作为一个独立实体成立于20世纪40年代；化学推进情报中心（CPIA）和冲击与振动中心（SVIC）成立于1946年；红外情报与分析中心成立于1951年。

20世纪50年代，美国国防部预先研究规划局受命建立IAC。但一直到60年代初，当科学家、工程师和管理人员在情报激增的重压下求助IAC来应付这种局面时，“情报分析中心”才作为一个明确的实体而出台。

1963年，温伯格（Weinberg）发表的《科学、管理与情报》报告和1964年7月28日，美国国防部（DoD）颁布的题为“科学与技术情报分析中心”的5100.45号指令促进了情报分析中心的发展，使人们了解到现代科学技术对国防的冲击和IAC在情报传递过程中的重要性。该指令于1985年1月17日作了修订并以DoD条例3200.12-R-2颁行。这一条例承袭了对IAC的早期认识和强有力的承诺。

技术上受过训练的管理人员、科学家和工程师们必须掌握的公开和不公开的科技情报数量的增长，导致人们日益高涨的呼声，要求有组织地对这些情报进行筛选、过滤和归纳以保证需要这些情报的人们能够得到最好、最恰当和最简洁的情报。在考虑了集中评论有关情报的优缺点之后，DoD应当进一步发展情报分析中心概念，并特别强调它在评价方面的作用。

国防研究工程局局长于1966年4月19日给负责研究与发展工作的陆军部助理部长的备忘录中提出，拟建立八个国防部情报分析中心。

尔后，有些中心在20世纪70～80年代合并，例如，战争数据情报中心（CDIC）和飞机生存力模型陈列室（ASMR）合并成立了生存力/易损性情报分析中心（SURVIAC）；根据需要，也建立新的中心，如1981年筹建的软件数据与分析中心（DACS）。

从1971年7月1日起，DoD研究工程副部长办公室（OUSDR&E）将由海军和空军管理、承包者经营的9个IAC的资金和行政管理权授予国防供应局（DSA），即现在的国防后勤局（DLA），技术管理继续由DoD的研究所和有关技术领域的领导机构负责。

1980年，国防后勤局把9家由承包者经营的IAC的管理权委托给国防技术情报中心，这样，目前国防部的21个IAC有11个由国防技术情报中心从事行政管理，由国防后勤局拨款；10个由DoD其他机构管理。由此，IAC充分利用国防技术情报中心的国防研究发展、试验和工程的联机系统（DROLS），把它们的文献输入国防技术情报中心的数据库，而IAC则利用DROLS作为自己的情报源。

（二）基本定义

迄今为止尚无一个一致同意的IAC定义，已得到普遍认同的是联邦科学技术委员会科学技术情报委员会（COSATI）在1967年举行的关于联邦政府赞助的IAC会议上提出的定义：情报中心是为了获取、选择、存储、检索、评价、分析和综合某个明确规定的专业领域内的大量情报，或者为了某种特定任务旨在以最权威、最及时、最有效的方式为同行协会和管理部门收集、消化、重组（亦即整理）和提供相关情报而专门（但不一定是唯一的）建立起来的一个正式组织机构。

1967年，在同一次会议上美国科学技术情报委员会还提出了如下定义：情报分析中心是由一个人或一批人组成的实体，他们的职责是把与某一特定领域有关的所有已知情报搜集在一起，以某种系统的形式整理这些情报以便他们和其他人知道有什么情报；分析和综合这些情报的内容，创造新的知识；并作为其职业生涯主要承担的长期义务坚持从事这些工作。

有的定义还规定，情报分析中心主要应由科学家和工程师组成，为了他们所属的科学团体的利益，根据包括情报的获取、存储、检索和传递过程的完整步骤，首先要编制索引，其次要汇编、分析、评价、浓缩、推断和/或综合某一给定方面的情报。

在建议成立 SURVIAC 的报告中提出了“什么是 IAC”的问题，从词意上分别进行了考察和分析。

一个中心，是给定的一种专业化科学技术的焦点。作为情报中心，它的责任是积累公开或不公开的科学情报，并及时地、有针对性地为需要这种情报的技术上受过训练的人员、科学家和工程师检索这些情报。而作为情报分析中心，它的责任则是筛选和归纳这些情报，以保证那些需要这种情报的人能够得到最好、最恰当、最简洁的情报，尤其侧重于概念的评价……

DoD 对 IAC 的定义表述与一般的主要区别标志是前者必须关注对 DoD 及其研究发展规划有重要利害关系的那些专业学科。DoD 条例 3200.12.R-2 中规定：“本条例适用于主要目的是给国防研究、发展和采购计划提供分析性、评价性支持及其主要活动经费用于研究、发展、试验和鉴定的那些中心。”定义为，主要任务是获取、吸收、分析、评价、综合、存储、出版，并提供有关确定专业领域或对国防部有重要意义的学科方面可得到的世界范围内的科技情报和工程数据等咨询和其他用户服务的一种正式组织。

根据上述定义可知以下几方面内容。

1. 服务对象

所有定义一致同意情报分析中心应服务于科学团体。美国科学技术情报委员会将对象扩大到同行协会和管理部门，SURVIAC 的建议指明对象是熟悉技术的管理人员、科学家和工程师，而 IAC 则建议应当支持防务计划，用户团体限于 DoD 及其合同商。

2. 收集范围

对 IAC 搜集情报的广度和深度主张各异。有的主张要有选择性；有的主张应包括与某一特定领域有关的一切东西，认为任何一个中心都应当使它所从事的专业领域的文献查全率达到 99.5%；SURVIAC 建议把 IAC 的责任看做是积累公开和不公开的情报，DoD 则希望收集可能得到的世界范围内的科学情报和工程数据。例如，DoD 规定，1985 财政年度进入金属和陶瓷情报中心数据库的 37%的条目来自国外。

3. 情报产品

IAC 除了获取、选择、评价和分析情报外，有人认为 IAC 的主要任务是编写报告和创造新知识，DoD 条例中还把出版算作 IAC 的业务活动。作为 IAC，专有业务是向 DoD 内的联合委员会或军种间委员会提供行政和技术上的支持来参与国防研究、发展、试验和工程工作。

4. 与其他情报机构的关系

有人认为，图书馆和 IAC 具有相互补充和相互支持的功能：图书馆提供文献，IAC 分析和重组这些文献，因而可以以新的情报供给图书馆。他们坚决主张图书馆应当为选择、获取、加工和审查这些资料做好准备，给 IAC 留出时间来成功地完成他们的任务。另一些人对此则持异议，认为应该让 IAC 参与获取资料和有关加工工作，因为他们是该领域中的专家，是唯一有充分知识、能恰如其分地完成这些工作的人。

然而比较一致的意见有以下几点。

1）IAC 生产手册、指南、文摘、会议录、技术期刊等特殊产品，而图书馆，即使是高度技术化的专业图书馆都不生产这些产品。

2）IAC 以情报为工作对象，而且事实上它们是情报的传播者；图书馆则以含有这些情报的资料为工作对象。换言之，IAC 加工和传递情报；图书馆则是加工和传递可以在其中找到情报的书本、杂志和其他类型的文献。

3）IAC 以关键性的揭示技术发展水平的评论、汇编和调查服务直接帮助解决实际问题；图书馆可以通过向用户提供他们能从中提取关键性情报的资料间接帮助解决问题。

4）IAC 创造新知识；图书馆则不。

DoD 是这样区分图书馆和 IAC 的：DoD 的图书馆流通资料，进行书目研究，提供参考文献和其他服务；IAC 则生产它们专业领域中的权威性技术情报。

5. 人员和选址

温伯格报告明确规定，由于科学和技术相互影响的特点，情报的传递是研究和发展工作不可分割的一部分，从各种意义上来看，IAC 的工作都是科学的一个部分。因此 IAC 的工作应当由在该领域工作的科学家和工程师来进行。学科专家是 IAC 功能有效运转的关键。然而作为 IAC 的分析人员/管理人员光有学科知识还不够，还需在能力和活力方面具有一定的声誉。

温伯格报告认为，IAC 应当设置在科学技术兴旺发达的地区，理由有以下几个方面。

1）没有一个专家是全能的。

2）从评价到研究和从研究到评价的成功反馈对每一项研究活动都具有增效作用。

3）使一些有能力的个人和专家把部分时间用于与情报有关的任务成为可能，从而达到减少 IAC 的投资和提高工作效率的目的。

4）IAC 成员在同行团体享有较好的声誉，有利于获得未公开的情报。

5）IAC 的产品易为用户团体所采用。

因此，DoD 根据温伯格报告把情报分析中心建在科学中心之中，由称职的科学家和工程师组成，辅以情报专家和文秘人员。然而 IAC 通常的做法是直接雇用专家来加强自身人员的力量。在特定情报下，IAC 常常聘用来自科学中心的工作人员和大型科技团体的全国公认的权威人士。

（三）业务范围

IAC 承担的专业活动有：

1）通过常规的和非常规的手段获取和选择科技情报。

2）分析、评价和重组所获取的情报。

3）创造新情报。

4）编制上述情报目录。

5）建立它们各自专业领域的标准。

6）技术报告文献的同行评审。

7）各自科学技术领域的跟踪。

（四）主要作用

IAC在科学技术情报的传递中起着独特而又重要的作用，具体有以下几点。

1. 获取最新信息

获得和选择处于科学技术前沿的数据，凭借它们作为专业知识中心的地位，有机会通过非常规手段接触最新的情报。

2. 剔除无用情报

IAC通过分析和评价活动剔除冗余和杂乱无章的情报，不仅提高了有用情报的密度，而且改进了所得情报的质量和可靠性，这种质量控制功能对基础科学具有决定性影响。

3. 编制标准和书目

IAC以制定它们各自专业领域的标准而闻名，例如，它们编制的各种手册成为它们工作领域中的权威性著作。IAC可以通过把特定领域中全部相关的、难以找到的、不容易获得的数据汇集到一起，对国内外文献进行有效而必要的服务。

4. 良师益友

科学家和工程师发现找到一个为他们提供情报的主要来源是非常有利的。他们可以求助于IAC获得最可行的、最新的、对口径的情报，既节省时间，又减少开支。

5. 同行评审

同行评审是确定新的科学情报的可信度而建立起来的一种办法。科学家们在专业期刊上公开发表他们的发现，借以接受同行们的严格审查。在政府技术报告中发表的科学研究成果，则不享有这样同行评审的声誉。因此这样的产品常常不被科学技术团体看做是有威望的情报源。IAC通过评价和分析职能，实际上起到了一种同行评审的作用，减轻了这种缺陷的影响。

6. 促进和监控

IAC调动已有各种资源和手段解决某些特殊问题或在用户寻求指导和最新知识时起促进作用；而IAC的监控作用则是充当解决有关用户问题的反馈机构或信息交流中心而实现的。作为该专业学科领域内消息灵通的监控机构，IAC处于一种既能对出现的新研究课题进行判断，又能动员该团体采取必要行动的地位。

IAC有着提高从事DoD科技和工程项目的科学家、工程师和技术人员的工作效率的明确任务。这些机构的目的是改善武器的可靠性、工程决策和研制周期，并通过减少重复和评价项目为提高国防科学家和工程师的劳动生产率提供一种手段。换言之。它们以解决军事和国防问题为己任，帮助DoD迅速有效地完成其任务。

DoD从IAC工作中得到的直接好处有以下几方面。

1）更多地利用科技成果提高成本效益。

2）通过将科研工作的重复劳动减到最少而降低成本。

3）研究和发展工作的质量和效率达到最高水平。

4）扩大了美国工业基础的生产能力和竞争势态。

(五) 争议问题

关于 IAC 的争论大多集中在“IAC 如何更好地完成它们的任务”这个问题上。

1. 人员配备问题

能否雇用足够的称职的科学家和工程师作为 IACs 的工作人员，这个问题已经解决。现在 DcD IAC 的人员都配备得很好。

2. 保密和交流问题

多数人认为，DoD 就获取 DoD 情报规定的“需要知道”（need-to-know，保密制度中的一种规定，即接触机密者除符合其他保密规定外还必须是工作需要方能接触该机密）是影响交流的主要障碍。但是各个中心的情况不同，保密要求也各异，譬如战术武器制导和控制情报分析中心（GACIAC）是严格限制接触的，而制造技术情报分析中心（MTIAC）则可向政府机构、合同承包商，并且在经费允许的范围内向普遍工业界厂商及大学的科研院所提供服务。

工业部门拒绝与人共享它们以很大代价和努力获得的那些情报，在取得专利保护或版权之前，它们是不会公开发表的。这也是影响情报交流的一种障碍。

3. 经费来源问题

IAC 的工作是很耗费精力的，从事这项工作的科学家和工程师应获得高薪，但是 IAC 的工作效果是通过减少科研重复，提高工作效率来体现的，然而尚无简单办法衡量真正节约了多少成本，难以像科技和工程机构那样对其成本效益比进行量化。

20 世纪 70 年代初期，DoD 规定，在 1973 年以前全部 IAC 都应从用户服务中收回其经营预算的 50%。现在，由于 IAC 积极开展有偿服务，财政收入稳定，机构不断增加，处于更加活跃的时期。

二、从中可以吸取的启示

从 20 世纪 40 年代中期开始形成并不断得到巩固与发展的 IAC 可以带给我们不少有益的启示。

1. 机构专门化

以收集、选择、评价、分析、重组科技情报和编写专题研究报告、解决军事和国防问题、提高劳动生产率为己任的 IAC 具有领域固定、业务专一的特点，而一般的国防情报工作则由国防技术情报中心等机构来负责。我国科技情报机构小而全、大而全的组织结构从某种意义上不利于情报研究工作的管理和发展。

2. 政策稳定性

DoD 一直把发展 IAC 作为加速科学技术发展、增强国防军事实力的重要措施，积极加以领导和支持，并以温伯格报告、《科学与技术情报分析中心》指令和 DoD 有关条例的形式予以政策化，召开几次有关情报分析中心的专门会议解决出现的问题，从而保证了 IAC 的稳定发展。

3. 人员高水平、高待遇

以科学家和工程师为主体，辅以必要的情报和文秘人员的人才结构保证 IAC 能够真正起到对科技情报的分析、评价、跟踪和监控作用，成为该领域的科技咨询、信息反馈和信息交流中心，而高待遇则保证了人才的来源和稳定。

4. 国内外相结合

IAC实际上是美国国防系统专业情报的搜集、研究和交流中心，从事国内外情报的搜集、评价和交流，积极参与国内重大国防科技活动，从而使IAC深深地扎根于科技机构和科研人员之中，具有很大的活力和很强的生命力。

5. 发展国内外交流

情报研究活动是一种国际性现象和现代科技发展产物，情报研究机构不仅在社会主义国家存在而且在资本主义国家也存在，日本情报学会就设有情报研究委员会，开展国内外情报研究工作的学术交流和合作研究，对于学习国外先进经验，促进我国情报研究工作的开展也具有重要意义。

值此第二届国防科技情报工作会议召开之际，希望本文对于关心我国情报研究工作及其发展的人们有所启迪和裨益。

情报研究发展

我国情报研究工作的现状和发展趋势*

一、我国情报研究工作的简要回顾

我国国家科技情报体系的组建工作始于1956年。在国家科委的统一领导下，以中国科技情报研究所为中心，从中央到地方，形成综合性和专业性两类科技情报机构，并以网站、学会的形式相联系。

在我国，从情报机构和情报体系组建开始，就把情报研究工作作为情报工作的重要任务。经过28年的发展，研究工作与文献工作、职能工作一起，已经成为我国情报机构的三大基本工作之一。

28年来，情报研究队伍已粗具规模。据1982年估算，我国现有6万人左右的专职科技情报人员。例如，按15个专业部局的统计推算，情报研究人员为12 000人左右，占情报人员总数的20.8%，占业务人员总数的26.2%。以国防科工委及其所属各部科技情报研究所为例，在情报研究人员中，具有高级职称的占5.5%，中级职称的占73.3%，具有高中级职称的合占78.8%。因此，已形成了一支具有相当规模和素质的情报研究队伍。

从我国情报研究工作的发展过程来看，大致经历了四个发展阶段。

1）编译报道阶段　传播科技消息，"通风报信"，以报道国外最新科技成就和重要动向为主。

2）专业研究阶段　研究科学技术的现状和发展，注意国内外对比分析，但以较窄的产品、技术、学科、专业为主，以单纯的科学技术为主。

3）综合研究阶段　从全局和系统出发，从事大范围、大行业、多学科（专业）、多因

* 本文原载《兵工情报工作》，1985，(1)：12，13。

素的情报研究，密切结合国内需要。

4）决策研究阶段　以问题为主要对象，为科学技术决策提供情报依据和对策，从事发展战略研究、技术政策研究等。从目前来看，中央和省市一级情报机构的情报研究工作，正由专业研究向综合研究过渡，而其中有的正向决策研究过渡。这表明，我国情报研究层次正在不断展开，情报研究工作正在不断发展。

二、我国情报研究工作的发展趋势

当前，我国情报研究战线出现了“八仙过海”“百花齐放”的局面，生机勃勃、方兴未艾，总的趋势有以下几点。

1. 情报研究领域不断延伸

现代科学技术已经渗透到经济、军事、政治、社会各个领域。十一届三中全会以来，我国经济建设正由关闭状态向开放状态迅速转化。工业部门也由单纯生产型向科研生产经营型的方向转变。由于“经济建设必须依靠科学技术，科学技术必须面向经济建设”方针的贯彻，我国情报环境正在发生重大变化。反映在情报研究工作上，主要表现在由单纯研究国外，发展到国内外研究相结合，紧密配合国内需要；由单纯考虑科技问题，发展到注意与经济、军事、政治、社会相结合；由单纯研究军品情报，发展到军民品情报相结合；由单纯研究科学技术问题，发展到研究技术经济问题、市场贸易问题、科学管理问题、技术政策问题、发展战略问题。情报研究有可能发展为管理系统的一个重要的子系统。

2. 多层次研究同时并存

如上所述，我国情报研究工作大致经历了四个阶段，表明这一工作正由低层次向高层次方向发展。就全国来说，从纵向和横向两方面，都在不同程度上形成了分工不同、层次不同的专职情报研究体系。未来的发展可能会使中央和省市一级的情报研究工作成为决策参谋层的一个重要组成部分，专业中心站和重要研究所发展成为类似国外的情报分析中心，而编译报道则会从情报研究工作中独立出来，从而形成层次更加清楚，分工更加明确的专职情报研究体系。从当前情报研究工作的实际来看，不同研究形式具有不同的服务对象和作用，它们都是情报研究体系中不可分割的组成部分，不是相互排斥、相互取代，而是相互依存、相互促进的。多层次、多形式同时并存，既是情报研究工作蓬勃发展的表现，又是情报研究工作发展的必然趋势。情报研究工作正在走向专门化。

3. 定性研究和定量研究相结合

情报研究是以思维为主要手段，通过分析、判断、联想、综合等方法，揭示研究对象的本质、规律和联系，促使有关情报信息的有序化，形成新的观点、思想和建议。但传统情报研究一般往往只作定性的说明，很少作定量的描述。然而定量分析不仅是预测研究的中心问题，也是管理决策中的中心问题。近几年来，随着情报研究任务和范围的扩大，情报研究水平的提高，我国情报界陆续引入了现代的调查研究方法，如德尔菲法和现代的数学方法，用概率论和数理统计处理随机性的情报研究，运用模糊数学评价情报研究成果，用电子计算机进行数据处理和存储等。我国情报研究工作正逐步由定性研究向定性和定量相结合的方向发展。

4. 专职研究和群众研究相结合

情报研究工作从一开始就是一项由广大群众直接参与的社会劳动，只是由于我国的科学技术水平和科技人员的外语水平所限，在相当长的一段时间内，主要局限在专职情报机构，尤其是中央和省市一级的情报机构内。20 世纪 70 年代以来，由于四化建设的需要和外语的普及，情报研究工作正由中央和省市情报机构向基层情报机构普及，由专职情报人员向科学技术人员普及，即由专职研究向专群结合的方向发展。随着科学管理的发展，一方面，情报研究工作将纳入科研管理和技术管理程序，如开题报告、方案论证都将以情报调研为基础，从而使情报研究工作成为科技工作不可分割的组成部分，成为广泛的群众活动。另一方面，专职情报研究工作如上所述将更加专门化。技术经济研究中心的建立，表明国家一级的战略情报研究中心正在形成，成为国务院的决策参谋机构之一。国防科工委及其所属各部都成立科学技术委员会作科学技术决策的参谋机构，而科技委又规定情报部门为其依托单位之一，表明也正在成为部委一级的决策参谋层之一。咨询业的兴起，也将出现专门的咨询服务机构。未来的发展将出现群众性的情报研究和专业性的情报研究相互辉映的生动局面。

浅谈情报商品化*

经济体制改革的发展，技术市场的兴起和信息热的出现，深刻地改变着情报工作的常规，有人奋起，有人徘徊，有人喧嚷，有人沉思。最敏感的问题莫过于情报商品化，已成为情报界争论的议题。为此，发表几点个人浅见，求教于同仁。

一、情报的商品属性

商品是用来交换的劳动产品，要确定情报是不是商品，关键是确定情报生产者生产情报的目的是否用于交换，有无交换价值。

情报生产者包括两部分：一部分是一次情报的生产者，如科学技术的发现和发明；另一部分是二次和三次情报的生产者及情报的传递者。通常发现的目的并不用于交换，但发表的目的直接或间接都是为交换服务的。直接的如技术贸易，间接的如新产品出售，所出售的新产品物化着科技人员的新技术。二次和三次情报的生产通常不是为了满足情报生产者本人的需要，而是为了满足社会对情报信息的需求，这种满足通常是可以通过交换来实现的。例如，文摘和杂志的出售、咨询服务的收费、专利制度的形成和情报产业的出现，都是情报商品化的例证。美国前总统卡特曾说：“我们国家一半以上的成果是来自有关的情报活动，快速的情报是我们经济中重要的物质和商品。”[1]

因此，情报可以是商品，也可以不是商品，需视情报的内容和生产的目的而定。但这并不影响情报是商品这一命题，正如粮食可以是商品，也可以不是商品，并不影响粮食是

* 本文原载《兵工情报工作》，1986，(6)：11-15。

商品这一命题一样。

情报是商品，但又不同于一般商品，它们既有相同，又有区别[2]。

1）情报商品与一般商品都是劳动产品，都具有价值和使用价值。但情报商品不是物质形态的商品，而是信息形态的商品。

2）一般商品的价值具有较大的确定性，情报商品的价值则有较大的不确定性。

3）一般商品的使用价值通常具有独占性，只能为购买者本人所使用；情报商品的使用价值则具有可分享性，并可多次重复使用。

4）情报商品和一般商品的价值构成不同。情报商品绝大部分是劳动者创造的新价值；而一般商品则包括创造的新价值和生产资料转移的旧价值。

5）情报商品和一般商品的定价方法不同。一般商品的价格由生产成本和利润构成；而情报商品则是根据成本和经济效益或社会效益而定的。

由于信息形态的商品是一种特殊的新型商品，一些问题还不能完全用经典的经济学来解释，对它的属性的运动规律的研究尚在深入，情报经济学的出现就是这种研究逐步深化的表现。

二、情报商品化与技术市场

市场是一个历史范畴，是人类社会生产力发展到一定阶段的产物。市场是随着商品交换的产生而产生的，也随着商品经济的发展而发展。市场概念也因之由原来的交换场所演变成现代的流通领域。

与物质形态的商品和信息形态的商品相对应的，也存在着物质市场和信息市场。但由于任何一种进入市场的物质商品本身或多或少总包含有一定的情报信息，其极端实例如实物情报。而绝大多数进入市场的情报信息也都是依附于某一物质载体，如科技报告。从这种意义上讲，信息市场源于物物交换时代。

技术市场通常包括软件和硬件两部分，软件部分即与该项技术有关的情报信息，硬件部分即与该项技术有关的仪器设备等。但在许多情况下，在技术市场上交易的往往是前者，后者是作为前者的载体和物化形式而出现的。因此，从某种意义来说，技术市场也就是信息市场。

可否认为，专利制度的确立是信息市场正式形成的标志。《专利法》明文规定，发表创造一类的情报信息同物质产品一样是具有使用价值和交换价值的商品，1624 年，英国颁布的《垄断法》则可以看做是《专利法》的开始。随着计算机的出现、数据库的建立和现代通信技术的发展，形成了一整套与物质流通领域相对应的信息流通系统。联合国教育、科学与文化组织（简称联合国教科文组织）也正式使用“信息市场”作为职业分类的栏目[3]。

据报道，1980 年，美国国家技术情报服务中心出售出版物、磁带、缩微照片及咨询服务、检索服务、提供文摘卡片等，总收入为 2000 万美元，为美国政府拨款的 20 倍，美国化学文摘社在财务上有偿服务已能自给[4]。

1984 年，在荷兰海牙召开的第 42 届国际文献联合会一致认为，情报是有价值的，是一种商品，是可以转让的资源，无偿服务的局面正在迅速改变。现代情报技术的发展和应用加剧了情报服务商品化的趋势。匈牙利国家情报中心和文献馆副主任巴拉兹等认为，情报正在变成商品，互利互惠的原则正在代替免费提供的实践。情报机构的发展很大程度上取决于它们的赢利[5]。

据有关统计，1985年，我国68所省（区、市）、部（委、局）科技情报研究所有偿服务工作共创收1291.31万元，相当于国家事业费6219.06万元的1/5[6]。实践证明，运用社会主义的价值规律，促进情报产品的商品化，开展情报有偿服务是我国情报事业发展的一个必然趋势。

由此可见，技术市场的出现，标志着情报业已商品化，情报商品化早已成为社会经济生活中的现实，关键是我们如何适应社会现实和发展趋势，促进情报商品化，而不应该是其他。

既然有情报商品的流通，势必有情报商品的生产。情报产业的形成和发展在很大程度上可以看做是情报商品化的结果。情报产业是情报生产（intelligence production）和流通的相关产业的总称，主要包括以下几方面[7]。

1）情报生产业。如宣传部门、出版部门、教育部门、数据库、思想库等。

2）情报服务业。如信息服务公司、计算机中心、软件公司等。

3）情报流通业。如电信电报公司、技术市场常设机构等。

4）情报机器制造业。如计算机、办公室自动化机器、通信设备、声像设备、缩微设备的制造等。

情报产业是信息社会的重要特征，它促进了情报信息的大量化、情报形态多样化、情报处理高效化、情报传递多元化、情报服务商业化和情报意识社会化。据统计，美国情报产业的从业人员已占全部从业人员的60%以上[8]。

咨询业是现代情报产业的重要组成部分。20世纪40年代开始出现，60年代以后蓬勃发展的思想库是现代咨询业的重要标志。现在美国约有3500家咨询公司，其中智囊团类型的有400～500家，仅从事管理咨询的人员就有约4万人，平均每100名管理人员就有1名咨询工程师。美国2/3的大型公司和更多的中小型公司都需要利用咨询服务。据估计，美国咨询业年营业额在300亿美元以上[9]。

在“开发信息资源，服务四化建设”的感召下，随着经济体制改革的发展，咨询业以雨后春笋之势在我国崛起。据统计，全国能进行独立活动的咨询组织已达2000个以上[9]，如中国科技咨询服务中心、中国国际工程咨询公司、技术经济研究中心、中国技术市场开发中心信息联络部等。

数据库工业是现代情报产业的另一个重要组成部分。现在国际上联机数据库已达2800多个[10]，包括书目数据库、事实数据库、全文数据库和数值数据库等，形成了各种联机检索系统，大大加速了世界科技和经济的发展。例如，美国洛克希德公司的DIALOG国际联机检索系统是当前世界上最大的联机检索系统。截至1983年年底，该系统共收录数据库207个，文献8000万篇，联机用户5万多家，遍布世界各地[11]。

1983年，我国将科技情报计算机检索系统列为国家重点项目，国家科委也成立了全国科技情报计算机检索系统领导小组，标志着我国数据库事业的发展进入了一个新阶段。声像、缩微、复制、印刷等情报技术现代化建设也取得了进展。

不难预见，随着四化建设的发展，必将形成我国自己的情报产业，从而为情报的商品化生产提供良好的社会条件和雄厚的物质基础。但促进情报产业形成和发展的决定因素是社会对情报的需求，而这种需求，在有计划的商品经济条件下，将在很大程度上以情报商品化的形式表现出来。因此可以认为，情报商品化将是情报产业发展和壮大的基本动力之一。

三、情报商品化与横向联合

政企不分、条块分割和军民分离是我国经济体制的重要弊端。发展横向联合，则可从根本上动摇条块分割的基础，创建适应社会主义商品经济要求的新的经济管理体制。在经济体制改革洪流的冲击下，我国科技情报部门也正在冲破自我封闭的格局，走向社会，走向联合。在传统的情报网站和情报学会的联合模式以外，又出现了许多新的联合。其一是不同系统的情报部门之间的联合，如北京神剑信息开发中心，它是国防部门各大系统情报机构共同组成的，以开展情报服务、开拓信息市场和探索改革的路子为主要目的联合体；其二是同一系统不同部门之间的联合，如北方化工信息中心，它是以情报部门为中心，由大专院校、研究机构、设计单位、厂矿企业共同组织的，以信息交流和信息开发为主要目的的联合体。情报商品化则是这些联合体形成和发展的重要因素，也是联合体活动的重要内容。

例如，北京神剑信息开发中心于 1985 年 6 月以独立贸易团的身份参加了“全国首届技术成果交易会”，成交 263 项交易，交易额达 6485 万元，在大会 78 个贸易团中占第二十五位，在国防口 10 个贸易团中占第八位，被授予部门级三等奖[12]。据 1955 年 10 月不完全统计，其交易项目落实达 26.3%。又如，北方化工信息中心以科研和生产单位为后盾，与开封市化工局达成了长期经济技术合作协议，为深圳南海石油开发总公司化轻公司与有关单位合作建立变色玻璃镜片生产线、玻璃钢制品生产线、活性炭制品生产线等牵线搭桥，并正在承接开封市联合收割机厂玻璃生产基地建设的可行性方案的论证工作。

发展各种形式的横向联合也是解决由于信息热引起的情报机构重复建设、互相封锁、各自为政、整体作用发挥不够的重要途径。可以预见，在国家协调和横向联合配合下，有可能使我国情报机构冲破部门所有、条块分割的局面，真正形成在国家统一领导下的科技、经济、社会三位一体的多层次、多形式、专门化和网络化的情报体系。

四、情报商品化与情报体制改革

继物质商品出现了信息商品，继物质商品市场分化出信息商品市场，是商品经济的一个重大发展。技术市场，情报产业和横向联合在很大程度上都是随着情报商品化的形成而形成的，并随着情报商品化的发展而发展的。因此，情报商品化也必将深刻影响着我国情报体制的改革。例如，南昌市将科技情报研究所组建成科技情报中心，实行“科技、经济、市场”三位一体的情报体制[13]；湖南省则把科技情报所办成服务与开发相结合的新型情报科研机构[14]。

情报商品化对情报体制改革的影响将会表现在以下几个方面。

1）情报商品化的发展，将使情报机构由大而全逐步转向大而专和小而专，因为集文献、研究、声像、出版、职能于一身的综合性情报机构不利于情报商品化和情报事业的发展，如咨询业的发展和竞争，将会促进情报研究机构的相对独立和相对集中。

2）情报商品化的发展，将使情报管理由计划协调逐步转向计划协调与市场调节相结合，用供求之间的经济关系部分代替传统的行政关系，从而使情报机构由封闭型、割据型向开放型、网络型转变。

3）情报商品化的发展，将会使情报商品的生产出现招标和竞争体制，如课题招标制和有偿合同制，改变过去那种一切无偿服务，不计成本、不计报酬、不重效益的状况，有利于打破单位吃国家“大锅饭”，职工吃单位“大锅饭”的现象。

4）情报商品化的发展，必将加速情报产业的形成，推动信息网络的建设，加速情报技术现代化的发展，为国民经济提供更多、更好的情报产品。

5）情报商品化的发展，将会促进横向联合的发展，从而使情报工作更加密切地与科技、经济、生产部门相结合，动摇条块分割、部门所有的情报体制，促进以社会需要和自身发展需要为宗旨的新型情报机构的建立和发展。

6）情报商品化的发展，也将促进社会主义精神文明的建设。社会主义商品经济从理论和实践上的确认，是社会主义发展史上重大的理论突破和实践变革。人们的思想观念，价值标准、心理状况和思维方式等都处于变动和发展的态势之中。例如，商品的“天性”就是自主、平等（等价）和竞争。等价交换是商品经济的内在要求和基本原则。商品经济正是通过等价交换、平等竞争，培养着人们的民主观和平等观，树立竞争意识、时效观念、信息观念等现代意识。而小生产的“均贫富”思想，“不患寡而患不均”的伦理观念，在“四人帮”时期甚至被贴上社会主义标签的所谓的平均主义，其实并不“平”，它掩盖着其无偿占有他人劳动成果的本质。商品经济是不承认平均主义的，它固有的气质是激勤鞭惰，优胜劣汰[15]。情报商品化的发展也终究会涤荡一切不利于商品经济发展的陈规陋习，推动着情报部门的精神文明建设。

情报商品化像一阵春风，吹皱了情报界的平静，激起了层层的波澜，必将促进情报事业的变化和发展。在它完成自我完善过程以后，赞美将代替喧嚷，躬行将代替徘徊，新的情报工作秩序将代替陈规旧俗。

参考文献

[1] 李佩君，孔伟志．情报经济学与情报商品化．情报科学技术，1986，(2)：18，19.
[2] 于雄．论情报商品化．科技情报工作，1986，(6)：5，6.
[3] 马费成，王槐．论情报信息市场的兴起．情报学报，1955，4 (1)：32-41.
[4] 刘恒昌．试论情报有偿服务．情报科学技术，1986，(2)：15-17.
[5] 陈炳刚．第42届国际文献联合会大会侧记（下）．科技情报工作，1985，(8)：19，20.
[6] 科技情报工作编辑部．要重观科技情报有偿服务．科技情报工作，1986，(4)：1-3.
[7] 罗路．知识产业和情报产业．情报科学，1985，(1)：79，81，82.
[8] 佚名．世界新的技术革命与我国现代化建设专辑．北京：中国人民大学书报资料社，1984：89，90.
[9] 于雄．咨询学略论．情报科学，1986，(1)：1-13.
[10] 韩金滕．国外电子数据库现状．情报科学技术，1986，(2)：21-24.
[11] 路晓村．美国DIALOG联机检索系统的最近五年发展．科技情报工作，1984，(5)：24，25.
[12] 北京神剑信息开发中心．北京神剑信息开发中心贸易团参加北京“首届全国技术成果交易会”小结．1985：6，11.
[13] 晓章．南昌市实行“科技、经济、市场”三位一体的情报体制．科技情报工作，1986，(3)：3，4.
[14] 李兴华，文述．湖南省科技情报所改革的初步实践和体会．科技情报工作，1985，(10)：4，6.
[15] 冯玉忠．商品经济与精神文明．人民日报，1986-07-14.

情报研究工作现代化浅议*

我国情报机构从组建之日起，就把情报研究工作作为一项重要任务，它已经历了30个春秋，为国防建设和经济发展做出了重要贡献。然而，在向新的目标迈进的过程中，被誉为科技尖兵和导航灯塔的情报研究工作，其本身却有待于现代化，否则就难以满足社会的需求和迎接情报研究工作所面临的竞争。

一、情报研究观念的现代化

观念是人们对事物的认识或看法，是一种意识形态，而新的观念则往往是开创新局面的先导。30年来，情报研究工作积累了相当丰富的实践经验，形成了一定的工作模式。但由于经济体制改革和新的技术革命，情报环境发生了重大变化，而多年形成的某些经验、模式和思维定势，却成了束缚当前情报研究工作发展的羁绊。因此，情报研究思想的变革是情报研究工作现代化的重要因素。

1）性质问题。情报研究的内涵和外延是非常丰富、宽广的，它是一类科学劳动的集合，存在着多种形式和层次。可以说，凡一切从事情报信息的定向浓集和科学抽象的科学劳动都可以看做是情报研究工作。笔者认为，情报研究本质上是一种科学研究活动。情报研究机构本质上是一种科学研究组织。以专业学科的现状和发展的研究为主要任务的情报分析中心和以对策研究为主要任务的智囊机构——咨询服务公司都是情报研究工作，都是小型的或综合的科学研究机构。我国情报界深受情报学上的科学交流学派的影响，有些同志和单位总是把自己的工作严格地局限在科学技术和信息压缩的范围之内，不太注意延伸自己的工作领域，提高自己的工作层次，从而面临着情报研究工作的阵地和影响逐渐缩小的尴尬处境。

2）任务问题。现代的管理机构，通常由决策机构、办事机构和智囊机构三套班子构成。不论处于哪一个层次的情报研究机构，就其基本作用和任务来说，都应当是决策参谋层的组成部分，是为决策机构的科学决策服务的。因此，情报研究工作者应当打破经院式的研究方式，深入到生产、科研和管理的决策过程当中去，出主意，想办法，把决策机构急需解决的近期、中期和长期问题作为自己的任务。国内外情报相结合，以解决问题为己任，开展发展战略、方针政策、可行性论证、市场预测、重点项目研制和关键技术开发等研究，才能开创情报研究工作的新局面，不能总停留在水平动向的综述上。

3）联合问题。现代情报研究机构的出现是社会化大生产和科学技术高度分工与综合的结果。现代的科学技术劳动是最先进的劳动方式，现代的情报研究也应当实行各种形式、

---

* 本文原载《情报理论与实践》，1987，(1)：20-23。

各个层次的社会化专业分工与协作。然而，由于条块分割和自我封闭，情报研究与经济研究脱节，情报人员和科技人员分离，情报研究机构各自为战，情报研究人员各自单干，严重阻碍着情报研究工作的发展。因此，在当前体制改革的形势下，对外如何突破条块分割的旧格局，实行情报研究机构之间（如北京神剑信息开发中心），情报研究机构与生产、科研机构之间（如兵器部的北方化工信息中心），情报研究人员与管理、科技人员之间的横向联合；对内实行情报研究部门与文献工作部门、情报研究人员与情报研究人员之间的横向联合，改变小生产的劳动方式，实现情报研究工作的社会化。情报研究要在联合中求生存，求发展。

4）市场观念问题。随着情报产业化和社会主义商品经济的发展，技术市场和信息市场正在蓬勃兴起。由于情报研究机构长期以来“吃皇粮”的结果，不太关心经济效益，也不够重视社会效益，不很注意用户的需求及其变化，存在着自我选题、自我评价和自我欣赏的弊端。因此，情报研究的针对性、及时性问题很难得到根本解决。实际上，情报研究成果只有在科学决策、经济建设和科技开发中发挥出实际效益，才能体现出它的价值。所谓效益问题，实际上也就是市场问题，即研究成果是否得到社会承认和应用，有没有市场。因此，实行课题合同制、开展有偿情报服务，形成情报产业，开拓信息市场，逐步做到情报研究成果的商品化，应作为情报研究工作改革的各个重要方面。

二、情报研究方法的现代化

任何一门科学技术都有它自己的一般方法和特殊方法。人类的情报活动可以追溯到遥远的古代，而科技情报工作的产生与发展也经历了上百年的历史。在长期的工作过程中既吸收和应用了科学研究的一般方法，也形成和发展了具有本身特色的情报工作方法，并在情报研究中获得了广泛的应用。例如，分类法和主题法是情报工作的重要方法，同时也是情报研究的重要手段。对情报信息逐级做出分类，不仅使复杂的问题条理化、系统化，更重要的是，在这种分类中揭示了所要研究问题的内在联系，作为进一步判断和推理的基础。文献计量学是由情报部门发展起来的一门研究文献动态特性的科学，是情报学的重要分支。利用文献计量学，可以从事核心期刊、学科动态、发展方向、人才评价和科技发展史等方面的研究，也是情报研究的重要方法。

预测是情报研究的重要功能，而许多预测方法是情报研究机构在情报研究过程中发展起来的，如德尔菲法，本身就是情报研究的一种方法。笔者认为，那种认为情报研究没有自己的方法论的观点是片面的、值得商榷的，且这种观点不利于情报研究学的建立和发展，也不利于情报研究工作的现代化。

1）方法论的建立。方法论是关于方法的规律的知识体系。如果把20世纪40年代以来逐步形成的情报分析中心、情报研究所和咨询服务公司，作为专职情报研究机构，那么现代情报研究工作也经历了近半个世纪。30年来，我国情报工作者对情报研究工作做了多层次、多方位的探索和实践，积累和总结了许多有价值的方法和经验。因此，我们完全有可能以现代科学研究方法论，如辩证法、信息论、控制论、系统论为指导，以30年的实践经验为基础，广泛吸收现代数学、科学技术和社会科学的有用方法，把理论思维、现代数学和计算机技术三者有机地结合起来，建立起情报研究方法论，这是我国情报研究工作现代化的关键。正如自然科学方法论经历了一个从零星的、局部的、分散的探索，到大量的、整体的、系统的研究的历史过程一样，现在应当把情报研究方法论的建立，提到情报管理和情报研究工作者的面前。人们已经预感到方法论的贫乏和落后所带来的紧迫感和危机感。因为没有自己的方法论和方法的现代化，就难以完成大科学、大生产、大经济和现代管理所提出的要求，难以胜任发展战略、方针政策、可行性论证和市场预测等研究课题，也难以建立起作为情报学重要分支的情报研究学。

2）定性方法的深化。情报研究要以定性分析和定量研究相结合。定性分析用以形成物理模型，定量研究用以建立数学模型，相辅相成，缺一不可。而情报研究工作中，定性分析主要是运用理论思维的方法对情报信息进行定向浓集和科学抽象，是否可以认为，在我国情报界较多重视抽象思维的应用，而较少重视对形象思维和灵感思维，以及作为这三类思维相互渗透、相互作用结果的创造性思维的研究和应用。而且思维方法的应用，对不少人来说，自发多于自觉，感性多于理性。一方面由于受情报研究不是科学研究的说法的影响，另一方面是缺乏情报研究方法论的普及和教育。实际上，思维能力和适应能力是情报研究人员区别于其他情报人员的两个特征性素质。而思维方法，不管是过去、现在和将来，都将是情报研究的重要方法之一。因此，运用思维科学的研究成果，总结、普及和深化理论思维在情报研究工作中的应用，是提高情报研究水准的重要措施。

3）定量方法的推广。马克思曾指出："一种科学只有在成功地运用数学时，才算达到了真正完善的地步。"由于经典数学、随机数学和模糊数学的发展，数学方法已被广泛应用于各门学科的研究之中，情报研究也不例外。只有用数学方法将情报研究人员武装起来，情报研究才能解决科技、经济和社会面临的或提出来的一些复杂问题。十几年来，尤其是近年来，在一些情报研究部门和情报研究人员中，对定量分析方法作了大胆的探索和实践，取得了可喜的进展。但就总体来说，还不普遍。情报研究的主要任务是为科学决策服务的，因此，用于决策研究的运筹学，如决策论、博弈论（game theory）、排队论、搜索论、可靠性分析、线性规划等，都应在情报研究工作中获得应用。情报研究所要解决的问题，实际上都是一个个的系统问题，而且情报研究工作现代化本身也是一个系统问题，因此系统工程技术的应用也是情报研究方法现代化的重要内容。情报研究面对的问题既有必然现象，也有随机现象和模糊现象，因此要搞好情报研究工作，也应当在情报研究人员中补充随机数学（如概率论）、模糊数学（如模糊集合论）的知识。

4）培训和实践。现代情报研究方法的推广主要不是理论问题，而是实践问题，除了领导重视这一重要因素外，看来一要抓培训，二要抓实践。如果像管理部门抓管理现代化的培训，情报部门抓外语的培训那样来抓现代情报研究方法的培训，使得相当一部分情报研究人员了解和熟悉现代情报研究的方法，并把它作为情报研究工作现代化的重要措施，那么推广的速度就不会像现在这样慢。国防科工委投资20万元进行定量分析方法的建设是一个很有远见的计划。虽然我们可以寄希望于新一代的情报研究人员，但重要的还是要靠实践，靠任务来带动变革。可否采取"老、中、青"三结合的办法，老同志以定性分析为主，青年同志以定量分析为主，中年同志起组织协调作用，选择几个为领导机关和国民经济迫切需要的重大课题实践几次，局面是否就会有所改观。

三、情报研究手段的现代化

既然情报研究机构是一个小型的或综合的科学研究组织，是从事情报内容的分析、综合和咨询的专职部门，就应像建设科学研究机构那样来建设情报研究机构，而不能让它总是停留在多少年前的一支笔、一杯水、一把剪刀、一瓶糨糊的状态中。应当承认，国家对情报工作现代化和情报部门对情报研究工作现代化的重视不够，是造成我国情报和情报研究工作落后的重要原因。现在办公室自动化进程已经开始，情报研究手段现代化也是刻不容缓的。

1）数据库的建设。扫描、分析和积累，即常规情报研究工作，是专题情报研究工作的基础。它决定着情报研究的速度和质量。如何建立公共积累，是情报研究工作的一项基础建设，但长期未得到妥善的解决。看来，数值型和事实型数据库的建立是公共积累的根本出路，也是情报研究工作产业化的重要内容。在这方面，有的情报部门已经着手进行，如中国国防科技信息中心，以微型机为主体，以大型机为后盾，在情报研究室建立起如采用dBASEⅢ软件的汉字坦克数据库和星球大战数据库，与文献型等其他数据库一起，计划形成一个情报管理和办公室自动化系统。数据的准备是数值型和事实型数据库建设的主体工程，但信息和数据的采集与分析正是情报研究的基础工作，只要加以组织和规划，不但可以解决情报研究工作的基本建设问题，而且还可以为建立我国自己的数据库产业做出贡献。国外的情报研究部门，如苏联专业部情报研究所就把事实型和数值型数据库的建立作为情报研究工作两大主要任务之一。借鉴国外的经验，应当把数值型和事实型数据库的建立，作为情报研究工作现代化的重要内容来抓，并逐步纳入全国科技情报计算机检索系统的规划中去。

2）计算机的应用。定量分析方法的应用离不开数学模型的建立，而复杂数学模型的仿真和求解都需要借助于计算机。一般来说，运筹学方法的实现就是通过软件（程序）如FMPS数学规划系统在计算机上求解数学模型。计算机在情报研究中的应用国外已很普遍，而我国还属少数。一些从事情报研究的同志甚至连一台普通的计算器也没有。这种现象一方面反映了定量分析在情报研究中没有得到广泛应用，另一方面也反映了我国情报研究手段的落后。在一定程度上它们互为因果，恶性循环。因此，应当用计算机和计算机科学革新情报研究工作，使其从传统的框框中解脱出来，把情报研究提高到一个新的水平。

3）研究条件的改善。文献工作和研究工作是我国情报机构的两大主要任务。但对许多情报机构来说，这两项工作的任务和目的是很不一样的。以专业部情报所为例，从文献工作角度来讲，它是本部文献收藏、检索和服务的中心，面向全部，而不单纯为本所研究工作服务。而研究工作所需的文献、信息、手段是为研究工作本身服务的，正像情报中心和情报分析中心内的资料部门的功能是不同的一样。换言之，研究工作是一个相对独立的机构，需要有自己独立的手段建设。但一般来说，由于现代化的情报手段都集中在文献工作部门，无形中就形成了情报研究工作无现代化可言的不应有的局面。不能不认为，这也是同属情报研究性质，但系形成独立部门的，如经济技术研究所、系统工程研究所能获得迅速发展，而情报所的情报研究部门却发展缓慢的重要原因。因此，应当考虑文献工作与研究工作既有相互联系，又有本质区别的事实，像建设现代化实验室那样，在研究所特需的工具书、参考书、资料存储、通信设备、复制设备、录音和照相器材等方面给予必要的保障实属必要。

为了促进情报研究工作的现代化，有必要建立情报研究发展基金，实行专题拨款制度，情报所的科研经费可否切块处理，使情报研究工作的现代化获得必要的资金保证。

如能使我国情报研究工作从观念、方法和手段上逐步实现现代化，必将开创出情报研究工作的新局面。

情报研究工作展望*

我国科技情报工作的创建已逾30周年，作为情报工作重要组成部分的情报研究工作对于我国科技进步和经济发展起到了侦察和参谋的作用。随着信息热的兴起、咨询业的出现和体制改革的全面开展，情报研究工作正面临着严峻的考验和新的抉择，因此阐述情报研究工作的地位和作用，分析它的现状和问题，探讨今后的发展和设想，对于我国情报事业的发展是会有裨益的。

一、情报研究工作的地位和作用

情报研究工作是科技工作和情报工作发展到一定阶段的产物，是人类社会解决情报激增的重要对策，是情报工作的一次大的发展。

科学组织和学术团体的出现，使情报交流逐渐由以个人为中心转移到以集体为中心；文摘杂志等的诞生，使情报工作从科学技术工作中分离出来，形成独立的专职机构，成为情报交流的主要形式；情报研究工作的兴起，也使这项工作成为由专职机构从事的一项独立工作。

可以认为，情报研究工作的出现标志着情报工作进入了一个新的阶段，即由静态服务转向动态服务，由追求速度转向追求响应，由被动地为科学技术发展服务转到能动地参与科学技术决策，为情报事业的发展开辟了广阔的前景。

从根本上讲，情报研究是科技情报工作和科学技术工作相结合的产物，是用情报工作方法研究科学技术问题，对情报信息进行定向选择和科学抽象的一类科学劳动和研究活动的集合。这种研究工作存在着多种形式和不同层次，但它的基本任务都是为各个层次的决策提供科学依据，为决策科学化和民主化服务。张爱萍同志就曾指出，情报研究工作要“参与决策，当好参谋”。从这种意义上讲，情报研究又是软科学研究的重要组成部分，也是软科学研究的重要基础。

在我国，从情报机构和情报体系组建之日起，就把情报研究工作与文献资料工作和科技交流工作都作为我国情报工作的主要内容，成为我国情报工作的重要任务。这种把情报信息的处理和研究集合于一体，把“信息库”和“思想库”联结在一起的方式，也是我国情报工作有别于西方国家的一大特色。我国情报研究机构有30年的实践经验，有一支专业和语种齐全的队伍，有丰富的国外科技信息资源为后盾，是通常的咨询机构所不及的；另

---

* 本文原载《情报工作和情报科学发展战略——2000年中国研究》，北京：科学技术文献出版社，1988，153-169。

外情报研究人员地位比较超脱，视野比较开阔，对许多科技、经济问题可能有更全面、更深刻、更客观的了解，因此它的研究工作往往优于一般的咨询机构和科技人员。

30年来，尤其是党的十一届三中全会以来，情报研究工作在跟踪世界先进的科学技术水平，反映当代科学技术和经济建设的现状和发展，引进国际上各种新学说、新概念、新思想，为各级领导机关提供科学技术决策依据，配合重点项目和关键技术的攻关，解决科学研究和生产过程中的疑难问题，为技术引进、外贸外交和国际技术交流服务，从事科学技术发展预测和规划制订等方面，提供了大量的情报信息和研究报告，产生了显著的社会效益和经济效益，对我国科技进步和经济发展做出了重要的贡献。

据1985年的统计，全国专职情报机构共进行了7741个调研课题，完成了5920个，共计3亿多字，编写各类参考资料15 605篇，共计2亿多字。北京市科技情报研究所提供的2000年北京规划设想，中国科技情报研究所为配合规划、国家重点任务及高技术发展战略研究撰写的国外科技调研报告，国防科技信息中心提供的关于我国防空武器研制发展方针的研究报告，大连市情报研究所编写的《大连市工农业生产技术水平分析和发展方向预测研究》等都受到了有关部门和领导的好评，真正起到了参谋和决策的作用。水电部长江流域规划办公室的葛洲坝工程设计的情报研究，四川省绵阳地区情报所开展的动物血利用的情报研究以及地质矿产部海洋地质调查局情报室的东海石油地质海洋地质的情报研究等产生了显著的社会效益和经济效益。为此，1985年国家首次颁发的科学技术进步奖中情报研究成果共获奖21项，占科技情报成果获奖总数28项的75.0%；1986年全国颁发的纪念科技情报事业创建30周年情报成果奖中情报研究成果共获奖171项，占获奖总数221项的77.4%，就是很好的佐证。

二、情报研究工作的现状和问题

在我国，情报工作走的是文献工作和研究工作相结合的道路，各级情报机构都在不同程度地承担着情报信息的选择提供和分析研究工作。30多年来，初步形成了综合与专业、块块与条条相结合的情报研究体系，造就了一支具有约12 000人规模和相当素质的情报研究队伍（以现有从事专职情报工作的科技人员总数47 308人的25%计）。以国防科技情报系统为例，据1984年统计，情报研究人员4300人左右，占情报人员总数的26.2%，占情报业务人员总数的30.8%；在部级以上情报机构的研究人员中，有高级职称者占5.5%，有中级职称者占77.3%。他们是情报战线上的重要力量，是科技战线上的“耳目”和“尖兵”。

我国情报研究工作的开展，大致经历了四个阶段。编译报道阶段，传播科技信息，以报道国内外科技最新成就和重要动向为主；专业研究阶段，研究科学技术的现状和发展，注意国内外对比分析，但以较窄的产品、技术、学科、专业为主，以单纯的科学技术问题为主；综合研究阶段，从全局、系统出发，从事大范围、大行业、多专业、多因素的情报研究，密切结合国内需要；决策研究阶段，以问题为主要对象，为科学技术决策提供情报依据和对策，如发展战略研究和技术政策研究等。但就全国来说，发展是很不平衡的。

从目前来看，中央和省市一级情报机构的情报研究工作正由专业研究向综合研究过渡，其中有的正向决策研究转变，而整个情报研究工作都在延伸服务领域，扩大服务对象，由封闭型向开放型转变，由无偿服务向有偿服务扩展，已在探索情报研究社会化、现代化和商品化的可行途径。这表明，我国情报研究层次正在不断深化，情报研究工作正在不断发展。

但是在对外开放、对内搞活的方针指引下，随着科技、经济和社会的迅速发展，情报研究工作面临着新的挑战。这种挑战主要表现在以下几个方面。

(一) 友邻部门的竞争

各种形式和规模的技术经济研究机构、管理科学研究机构和科技咨询公司的相继建立，显示了巨大的活力和潜力，而它们的许多研究内容又与情报研究机构相交叉。

(二) 信息优势的削弱

在对外开放的形式下，我国有大量的管理人员、科技人员、公司企业和学术团体开展了直接的国际交往和科技交流活动，获得宝贵的第一手资料和见闻，而情报研究部门在这方面的活动则显得不够活跃。

(三) 应变能力的不足

科技进步和经济发展向情报研究部门提出了扩大研究领域，结合经济建设，从事发展战略、方针政策、技术经济、可行性论证、产品开发和未来预测等的研究，情报研究原有的传统工作模式、基础建设、人才结构和现代化手段还适应不了这种要求。

上述情况给情报研究部门造成了某种危机感和急迫感，也暴露了我国情报研究工作长期以来存在着的一些严重缺陷和问题。

1. 情报研究部门地位问题

科技情报是人类社会重要的信息资源，是科学技术和社会发展的重要基础，理应是比物质部门更为重要的部门，但其重要性长期以来在组织上没有得到合理解决。科技情报的重要性和情报部门地位的不相适应是造成我国情报工作落后局面的重要原因。而情报研究机构又是作为各部委、各省市、各单位二级机构管理下情报部门的一个室（组），既不能直接与领导机关发生组织联系，又无权独立对外，这在很大程度上影响了它的社会功能的发挥。同属软科学研究性质的技术经济研究所、系统工程研究所等虽然建立较晚，但影响较大，发展很快，很大程度上归因于它们是一个独立的研究机构和它们所处的较高地位，这不能不引起情报管理部门的深思。

2. 管理体制问题

全国科技情报研究队伍分散于各部委、各省市和基层的情报机构，由行政主管单位直接领导，互不交流，缺乏联合，带有自我封闭性和割据性，整体效能差。就全国来说，还未形成多层次、有重点、多形式的管理体制。专业化的情报研究体系和专门的管理协调机构，既存在大量空白，又存在许多重复，很少开展有计划、有组织、有领导的重大课题的研究，情报研究工作的宏观管理问题亟待解决。

3. 情报研究基础问题

以国外公开文献和科学技术文献组建起来的“信息库”已不能有效地支持情报研究工作的开展，适应形势发展的需要。科技情报部门缺乏国内科技文献、基本数据和信息渠道，缺乏技术经济和市场管理等方面的情报信息是妨碍延伸情报研究领域和从事软科学研究等的重要因素。情报研究机构情报源渠道不够宽广和通畅，就难以真正起到“耳目”和“尖兵”的作用，成为名副其实的“助手”和“参谋”。

4. 情报研究队伍问题

虽然我们已经有了一支不小的情报研究队伍，但是真正精通专业、熟悉业务、通晓外语、具有相当组织活动能力和国际交流能力的情报研究专家还为数不多，大多数研究专家都缺乏科技实践经验。由于历史的原因，外语人才的比例偏高，新兴学科、经济学科和综合学科人才的比例偏低，而多数又缺乏系统的情报学教育，造成专业和知识结构的不合理性。情报研究队伍的青黄不接和不断流失的现象并未终止，如不采取适当的措施和政策，就难以稳定和发展情报研究队伍。

5. 情报研究现代化问题

长期以来，在情报界形成了这样一种偏见，似乎情报工作的现代化只是文献领域的事，而在研究领域则无现代化可言。应当认为，情报研究机构本质上是一种小型的或综合的科学研究组织，是从事情报内容的分析、综合和咨询的专职部门，应当像建设现代科学研究机构那样来建设情报研究机构，不应当让情报研究工作还停留在多少年前的一支笔、一杯水、一把剪刀、一瓶糨糊的状态中。可否认为，国家对情报工作现代化和情报部门对情报研究工作现代化重视不够，是造成我国情报工作和情报研究工作落后状态的原因之一。

三、未来发展的前瞻和构想

鉴于情报研究工作在我国情报工作、科技进步和经济发展中的重要作用，考虑到它当前面临的形势和挑战，有必要加强对自身建设的研究，探讨未来发展的趋势，提出可供选择的构想，努力开创情报研究工作的新局面。

根据我国体制改革和情报工作的开展，在未来十几年内，情报研究工作将会有下列几个发展趋势。

（一）情报研究领域的扩大化

由于科学技术已经渗透到经济、军事、政治、社会各个领域，成为社会发展的强大动力；我国经济建设正由封闭状态向开放状态转变，搞活、开放成为重要的国策；“经济建设必须依靠科学技术，科学技术必须面向经济建设”这一战略方针的贯彻，促进科技和经济的紧密结合，我国情报环境正在发生重大变化。其结果是进一步促进情报研究领域的扩大，即由单纯研究国外向国内外研究相结合的方向转变，由单纯研究科技问题向经济和社会问题延伸。从而使情报研究工作冲破封闭式和经院式的框架，紧密地结合国内发展的需要。一些省市地方情报研究所关于科技、经济、社会三位一体的呼吁、积极为“星火计划”和农村两户服务，以及许多获奖情报研究项目，如“2000 年中国海洋开发调研报告”“浙江能源调查与对策研究”“福建省人民膳食构成和农村生产初探”“综合开发利用沙棘的情报调研”都反映了这一趋势。

这种科技和经济相结合，国外和国内相结合的进一步发展将会对情报研究工作产生重大的变革，促进情报研究社会地位的提高，使情报研究真正成为科技成果应用于社会的桥梁和纽带，成为我国软科学研究领域中的一支重要力量。

（二）情报研究方式的社会化

随着情报研究领域的扩大和部分情报研究工作向软科学研究方向转变，鉴于情报研究本身的综合性和广泛性，情报研究工作的方式也将实行社会化。情报研究社会化的基本含义是吸收社会力量参与情报研究工作，实行自行研究与组织研究相结合。这样做，既可面向经济和社会发展的需要，又可发挥情报人员和科技人员的各自特长，组成合理的研究群体，提高情报研究的速度和质量，是情报研究工作发展的重要方向。这种已为国内外软科学研究机构所采用的研究方式也正引起我国情报界的重视。

近几年来，情报研究部门正在积极探索的情报部门与情报部门、情报部门与科技部门的各种横向联合，发展协作研究、委托研究和组织协调等各种形式，如长江流域规划办公室技术情报室的客座研究员制度，将为情报研究工作带来可喜的变化。

（三）情报研究手段的现代化

多年来，以情报信息有序化为基础的情报研究工作主要停留在以分析与综合、归纳与演绎等抽象思维为基础的定性分析上，缺乏运用现代化的研究设备。为了从事发展战略、可行性论证和未来预测等的研究，一些情报部门正在将某些软科学研究的方法引入到情报研究工作中来，使情报研究工作逐渐由定性分析向着定性与定量相结合的方向转变，这是我国情报研究工作的又一重大发展动向。国防科工委科技情报局着手组织编写的情报研究量化分析教材和情报界正在酝酿建立情报研究方法论体系，则是这一动向的反映。

随着现代情报技术的发展，计算机技术也正在进入情报研究领域。国际联机终端的日益普及，国内情报计算机检索系统的相继建立，以及数值型和事实型数据库的逐步形成则为情报研究工作奠定了良好的基础。例如，中国国防科技信息中心，以微型机为主体，以大型机为后盾，在情报研究室建立起如采用dBASEⅢ软件的汉字坦克数据库和星球大战信息库，与文献型等其他数据库一起，计划形成一个情报管理的办公室自动化系统。而专家系统的出现则为人工智能技术进入情报研究领域显示了诱人的前景。

（四）情报研究机构的多样化

情报需求的多样性和迫切性，将会导致情报研究机构的多样化，目前，大而全、小而全的情报部门和结构比较单一的情报研究机构将会出现分化和改组。我国情报研究工作经历的四个发展阶段，表明它正由低层次向高层次方向发展，但不同层次的情报研究有着各自不同的服务对象，都将存在和发展。

未来发展可能会使中央和省市一级的情报研究机构成为领导机关决策参谋层的一个重要组成部分，专业中心网站和重点研究所（院）发展成为类似国外的情报分析中心，甚至有的会与一般的情报机构分离，还可能出现面向社会的情报咨询机构，有的动态性和评论性的情报报道刊物则可能发展成颇具权威和独立性的杂志社，从而形成层次更加清楚，分工更加明确，形式更加多样的专职情报研究体系。

由于横向联合的发展，一些跨部门的工业公司和跨地区的经济协作区，可能率先打破部门、地域界限，出现面向社会的协作点和协作区的情报研究机构；国务院最近做出的促进科研生产一体化，推动以技术开发为主的独立科研和设计单位进入大中企业和企业集团的决定，也将会加速科技与经济的结合，出现众多的技术经济情报研究中心。

笔者认为，不同研究机构具有不同的作用和服务对象，它们都是情报研究体系中不可分割的组成部分，不是相互排斥、相互取代，而是相互依存、相互促进。多层次、多形式并存，既是我国情报研究工作蓬勃发展的表现，也是情报研究工作发展的重要趋势。

（五）情报研究工作的产业化

新的技术革命正在促进社会的信息化，信息正在成为现代社会的重要支柱，成为决定生产力、竞争力和经济成就的关键因素。为了提高决策的科学化水平和尽快把国内外科技成果转化为生产力，必将引起情报研究工作的产业化。

产业化的基本含义是情报研究工作将逐步面向社会，开展有偿服务，成为现代情报产业的重要部分。产业的基础是情报研究部门拥有满足用户需要的信息产品和实现情报商品化。

可否认为，情报研究机构主要不是公益服务单位，而是三次情报的生产和经营部门。从国际上看，咨询业已经成为情报产业的重要组成。20 世纪 40 年代开始出现，60 年代以后蓬勃发展的思想库是现代咨询业的重要标志。从国内来看，一些情报研究部门正在突破部门所有制，直接为社会广大用户服务，开展各种形式的咨询活动，从而在我国也将会形成一些相对独立和相对集中的公用情报研究中心。北京科技情报研究中心的成立就反映了这种趋势。

数据库工业是现代情报产业的另一重要部分。现在国际上联机数据库已达 2800 个，包括书目、事实、数值和全文数据库等，形成了各种联机检索系统，我国也将科技情报计算机检索系统列为国家重点项目。由于情报研究基础建设的发展和情报研究机构的专门化，在我国数值型和事实型数据库的建设过程中，情报研究机构也将会做出自己的贡献。北京市科技情报研究所建成的全国科技成果交易信息库和国外常规兵器数据库的建设就是实例。

随着计算机的出现，数据库的建立和现代通信技术的发展，世界上已经形成了一个与物质流通领域相对应的信息流通领域，情报商品化业已成为社会经济生活中的现实。美国国家技术情报服务中心出售出版物、磁带、缩微照片，以及开展咨询和检索服务等，1980 年总收入为 2000 万美元，为美国政府拨款的 20 倍。1985 年我国 68 所省（自治区、直辖市）和部委局科技情报研究所的有偿服务共创收 1291.31 万元，相当于国家事业费 6219.06 万元的1/5。因此，在有计划的商品经济条件下，情报商品化将是情报研究工作产业化的重要动力。

根据情报研究工作存在的问题和未来的发展，兹提出如下的构想。

（一）强化对情报研究的组织领导和计划管理

加强集中管理和组织协调是增强情报研究的竞争能力，是发展我国情报研究工作的重要保证。建议国家科委和国防科工委情报局设立并充实专门的情报研究管理机构，搞好全国情报研究工作的宏观管理。

应当规划并调整我国情报研究机构的体系和任务，建立起结构合理、脉络贯通、各具特色和效能显著的情报研究体系，对于重点的情报研究机构应给予经费上的充分支持。

根据现实的和可能的需要，组织有关部门和专家，制订国家重大情报研究课题规划，下达情报研究课题任务，加强研究计划的协调和管理，搞好内部和社会两方面的横向联合，出一批对科技、经济和社会发展有重大影响的情报研究成果。

各级情报研究管理部门应按时汇编情报研究项目，并由国家科委情报局责成有关部门建立进展中项目信息库，互通情报，以利于协作协调，避免重复研究。

搞好情报研究成果的管理，由相应部门进行登记、审定、评比和表彰。情报研究报告，宜形成内部和公开的系列出版物，创办情报研究报告文献，做到成果共享。

（二）发挥情报研究体系的总体功能

发挥总体功能的关键之一是把处于分散状态的情报研究机构逐步建成以纵为主、以横为辅、纵横交错、点面结合的情报研究体系。

应当在国家科委和国防科工委情报局的领导下，逐步筹建和扶植全国综合情报研究中心、国防综合情报研究中心，以及十几个或几十个各具特色的区域、行业、专业、学科、专题情报研究中心，以充分发挥情报研究机构在软科学研究和科技、经济发展中的重要作用。

可否考虑，采用一个机构、两块牌子的办法，以现在的中国科技情报研究所和国防科技信息中心的情报研究机构为基础，采取横向联合的办法，组建全国性的科技发展战略研究中心，为国民经济和国防建设的重大决策服务。这样的情报研究中心应能组织和协调各部门和各地区的情报研究力量，承接对国家发展有重大影响的研究课题。

各部委和各省市情报研究机构应当成为向本部门和本地区的科技进步和经济发展提供决策依据的智囊团和思想库型的研究机构之一，主要从事方针政策、发展战略、可行性论证、未来预测、项目攻关、产品开发、关键技术等方面的情报研究工作，组织或独立完成关键性和综合性的重大研究课题。

地市以下的情报研究所、行业情报网站，以及重点科研、生产和教学部门的情报研究机构则主要从事战术性的以及为本地区、本单位领导决策服务的情报研究工作。对于有条件的单位，则可像国外的情报分析中心那样，逐步发展成为学科性、专业性和专题性的情报研究中心，为本单位和全社会的需要服务。

（三）加强情报研究的基础和手段的建设

要逐步改变一些多年来形成的束缚情报研究工作发展的工作模式和思维方法，以适应变化了的情报环境和社会需要。做到国外情报和国内情报相结合，文献调查和社会调查相结合，定性分析和定量分析相结合，现状研究和未来研究相结合，自行研究和组织研究相结合，逐步建立起新的情报研究工作模式。

情报研究的速度和质量，很大程度上取决于情况和数据的积累及处理和分析的手段。要计划协调并组织编纂大型的数据和情况的工具书，如年鉴和手册；逐步建立起各种情报研究用的信息库，如数值型和事实型数据库，为情报研究工作产业化奠定物质基础，并逐步纳入全国情报计算机检索系统的规划中去；要积极推进将计算机等技术用于数据处理和分析研究。

要建立情报研究方法论，将现代的科学研究方法如运筹学、预测学、系统分析、计算机模拟等应用到情报研究中来，让情报研究突破传统的框框，提高到一个新的水平。

要扩大情报研究所需的情报源，广泛搜集国外政府、团体和专家的调查报告及专题报告，国内技术经济信息，领导机关、计划、经济、统计、外事及档案部门的工作报告，内部文件和基本数据，与国内外有关部门建立信息和文献的互借和交换制度，在有条件的部门和地区，可以考虑建立统一的信息中心。

（四）建立一支结构合理、素质良好的情报研究队伍

要通过国家分配、内部抽调、进修培训等多种渠道，形成一支以科技人员为主体，包括各种专业和语种构成的情报研究队伍，使人才结构多元化和知识结构合理化。可否考虑，科技人员应占研究人员总数的3/5，外语人员应占1/5，其他专业人员占1/5。中高级研究人员应是知识广博和专深相结合，笔译和口译相兼备，掌握软科学研究的方法，熟悉计算机应用的专门人才。

要努力争取从全国综合性大学、重点院校和研究生中获得一定比例的毕业生来更新情报研究队伍，防止由于部门所有制在情报研究部门造成“近亲繁殖”的现象。

对现有情报研究人员，要创造条件和机会，深入实际，调查研究，深刻了解用户需求；不断更新科技知识，充实经济、管理和软科学研究方面的知识。逐步创办情报进修学院和外语、技术、方法论等专门培训中心，通过在职自学、举办短期培训班、进入专门培训中心和情报进修学院学习等途径，提高情报研究人员素质。

逐步实行情报研究人员的双学位制，招收情报硕士研究生和博士研究生，选派有发展前途的中青年情报研究人员出国进修、考察和合作研究，造就一批高级情报研究专家。

发展横向联合，用聘请科技顾问、客座研究员，委托研究等办法，把科技界、学术界、企业界的专家学者和退居二线的有真才实学的科技人员和管理人员吸引到情报研究工作中来，提高情报研究的质量，扩大情报研究工作的影响。

（五）开展国际学术交流和合作研究

要创造条件使情报研究工作积极参加对外科学技术交流，国外科技经济发展的调查，出席重要的国际专业会议和技术展览，真正做到“面向未来、面向世界、面向现代化”，逐步扭转情报研究机构研究国外而又与国外不相往来的不正常局面。

要开拓与国外情报研究机构和学术团体的交流渠道，积极参加与情报研究有关的国际学术会议和学术组织，争取国际合作研究、人员交流和承担委托研究的任务。

兵器情报研究工作的实践和探索*

兵器工业情报研究所的情报研究工作可以在一定程度上反映我国专职科技情报研究工

* 本文原载《情报理论与实践》，1992，(6)：25-27。

作的奋斗足迹，对于总结和改进我国情报研究工作，更好地为科技进步、经济振兴和社会发展服务不无裨益。

（一）挑战与徘徊

以国外文献综述见长的兵器情报研究工作在社会信息热与软科学热的大潮流和全国情报工作重点放在文献支持与计算机检索系统时建设的小潮流的冲击下，情报研究工作究竟向何处去，这既是全国情报界面临的形势，也是兵器情报研究工作面临的困境。

在一段时间内，出现了各种不同的情报研究思想流派，酝酿着若干可供考虑的不同选择。归纳起来，就是大力压缩研究力量，加强文献工作，类似于走欧美情报中心的道路；专搞国外，专攻科技，避开与相继成立的各种软科学研究机构的竞争，在偏安中求生存；发扬优势，克服劣势，迎接挑战，开创情报研究工作的新局面。经过相当时间的上下求索，兵器情报研究工作终于逐渐走上了一条比较健康的发展道路。

（二）实践与探索

经过五六年的实践与探索，兵器情报研究工作明确了研究方向，拓宽了服务领域，改进了工作模式，加强了自身建设，更好地发挥了情报研究在领导决策和科技发展中的作用。基本做法有以下几个方面。

1. 把握研究方向

软科学和咨询研究兴起和发展的一个重要启示是，在社会信息化和管理科学化的形势下，以满足人们决策需求为目的的信息服务工作具有强大的生命力和广阔的市场。作为软科学和咨询研究重要方面军的情报研究工作如不把为科学决策服务作为它的主要任务，就会失去方向，失去继续生存和发展的基础。因此，作为部委级的兵器情报所的情报研究工作更明确地把为领导机关科学决策提供依据和论证作为自己的基本任务，努力开展发展战略和规划、重大项目论证和关键产品与技术跟踪的情报研究。

为科学决策服务的重要经验是以需求调查为基础，以回答现实问题为重点，搞好选题工作，把主动选题和被动选题结合起来，使课题的选择密切结合领导机关的实际需要。

例如，正当兵器工业开展发展战略和规划研究之际，根据原国家机械委有关部门的要求，我们组织力量于1987年开展了“二〇〇〇年国外兵器发展水平研究与中国兵器发展战略探讨”的研究，系统研究了现代战争、兵器工业、兵器装备和兵器技术的当前状况、发展方向、发展战略和方针政策，并提出了相应的建议。该项成果为制定我国“八五”兵器发展战略和规划提供了科学的依据和论证，受到了领导机关和有关专家的高度评价和欢迎，并获1990年度部级科技进步奖一等奖。

实践证明，针对决策问题的重大需要，把国外情报和国内情报结合起来，把情况研究和对策研究结合起来，情报研究所的情报研究完全可以与系统工程研究所和经济技术研究所等机构的软科学研究交相辉映，形成一种姹紫嫣红的局面。

2. 改进工作模式

不同的研究内容需要采取不同的工作模式。

从单纯的情况研究向情况研究和对策研究相结合的方向转变，必然伴随着情报思想和工作模式的重大变革，从人自为战和关门搞情报的落后和封闭的状态下解脱出来。国内外软科学研究机构的工作方式也为兵器情报研究工作提供了启示和借鉴。

经过几年的实践和探索，其间不乏思想的撞击和政策的调整，在总结自己经验和吸收旁人长处的基础上，倡导并推行国内情报与国外情报相结合、科技情报与经济情报相结合、定性研究与定量研究相结合、文献调查与社会调查相结合、自行研究和协作研究相结合的工作模式，使兵器情报研究工作走出低谷，出现了生机和活力。

例如，为推动新概念兵器在我国立项，我们开展了“超高速动能穿甲导弹可行性初步论证”的研究。该课题的重要做法是聘请技术专家参加，将国外情报与国内技术结合在一起、定性分析和定量计算结合在一起，从而提高了情报研究质量，起到了良好的效果，该项目列入了兵器“八五”预研重点项目计划。

3. 重视基础建设

与软科学研究机构相比，具有丰富的文献资源是情报研究的一大优势。如何将这种信息库与思想库结合起来，相得益彰，是增强情报研究的竞争实力，搞好情报研究的重要基础。

但应看到，情报部门的文献资料基本上以国外文献为主，缺乏对国内文献的收藏和整理，缺乏事实型和数值型的数据库，同时情报研究学理论建设和应用研究的不足也影响到我国情报研究事业的顺利发展。

几年来，兵器情报研究工作从三个方面加强了基础建设。

一是编纂和出版一整套兵器手册，如《世界坦克装甲车辆手册》《世界火炮手册》《世界弹药手册》《世界轻武器手册》《国外陆军战术 C3I 手册》等，使长期的情报研究工作的积累和数据系统化和有序化，既为情报研究工作奠定了重要基础，也受到领导机关、基层单位和有关专家的热烈欢迎。例如，组织 50 多位所内外专家、历时两年半编纂而成的共计 285 万字的《世界弹药手册》，得到了专家鉴定委员会的充分肯定：“像这样全面、大型的弹药专业工具书，不仅在国内是首次出版，在国外也没有先例，具有开创性，是一项重要的情报研究成果，填补了我国弹药行业基础技术建设中的一项空白。”

二是加强数据库的研建。例如，为了使国内兵工文献得到有效的利用和交流，1987 年开始由兵器情报所抓总、专业情报网网长单位进行专业牵头研建、由 17 个专业子库构成的兵器工业系统专业文献数据库，到目前为止，入库文献量已超过 18 万篇，预计 1987 年年底可初步建成。为了解决兵器工业军民品的重要事实和数据的应用和共享，自 1989 年开始，兵器情报研究系统着手研建军民品跟踪研究数据库系统。这些数据库的建设为情报研究工作的开展和现代化奠定了重要的基础。

三是重视方法论的建设。方法论的建设对我国情报研究工作的开展具有重要的理论和实践意义。在国防科工委情报局的倡导和支持下，兵器情报所组织完成了“情报研究量化分析”课题，编著了《情报研究方法论》学术专著，对推动定量方法在情报研究工作中的应用和情报研究方法论的建设做出了重要的贡献。国家科委政策法规司司长、国家软科学指导委员会副主任张登义高级工程师认为：“这样高层次、大范围、集国内外情报理论与方法之大成的研究成果在国内尚属首创，达到了国家先进水平，对于引导和促进我国情报研究步入现代化具有极其重要的现实意义和深远的历史意义。”中国科技大学情报系认为：“它的出版，是我国情报研究方法体系建设中的一个里程碑。”

4. 加强科学管理

情报研究工作的困境也应从管理角度去寻找原因和出路。整体效能不佳和组织管理不善也是情报研究工作发展不快的重要原因。兵器情报研究工作从以下几方面做了改进。

一是调整了组织结构，形成了较为合理的兵器情报研究体系。根据军民结合的方针和科学决策的需要，调整后的五个研究室，既分别从事军品和民品的研究，又使研究工作显出不同的层次，它们各司其职，分工协作，从而较好地满足了领导机关在不同层次上的科学决策的需要。

二是贯彻经济责任承包制，改善了管理机制。基本做法是实行课题合同制和任务有偿制，课题经费一次核定，包干使用，超支不补，节余提成。不同来源的课题按不同的比例提成；各类课题只要质量符合要求，均可申报成果奖。这样做的结果是密切了用户与研究人员的关系，提高了研究工作的针对性和研究人员的积极性。据1986～1990年5年的统计，用户提出的课题已占全部课题总数的71.6%。

三是建立各种规章制度，实行情报研究管理的制度化。几年来，制定的情报研究管理办法有《科研计划管理办法》《科研业务合同管理办法》《随机任务管理办法》《情报研究课题管理办法》《情报研究课题经费管理办法》《情报研究报告质量审定和评估办法》《合理化建议和技术改进奖励办法》《成果奖励申报办法》《获奖成果管理办法》《研究室发展基金使用管理办法》等，基本上做到有“法”可依，有章可循，促进了管理的正规化和科学化。

我国情报研究工作的回顾与展望*

我国科技信息工作已整整走完了40年的光辉历程。40年来，科技信息工作所取得的辉煌成就是与情报研究工作密不可分的，情报研究不仅是科技信息工作的重要组成，而且是科学决策的重要环节，它在我国四化建设中起到了先导和参谋作用。

(一) 我国情报研究工作的回顾[1-3]

我国科技信息工作始于1956年，由于创建初期特定的历史背景，故从创建之日起走的就是文献工作与研究工作相结合的道路，集信息库与思想库于一体，形成有别于欧美各国的特色，这固然有苏联科技信息体制的影响及老一辈革命家对情报工作本质的理解，同时也因当时中国受西方国家的全面封锁，情报研究工作成为洞悉国际科技发展主要手段这一重大国情所致。

1. 对情报研究工作的基本认识

1991年，国家科委发表的《国家科学技术情报发展政策》蓝皮书明确指出：“情报研究

---

* 本文原载《情报学报》，1996，15 (5)：344-349。

是对情报的深度加工，属思想库范畴。”“加强情报研究，为决策科学化提供可靠依据，推动科学技术进步与经济发展，是这一工作的基本方针。”简洁地阐明了情报研究的性质与任务。情报研究进行的对信息的深度加工，旨在达到以下目标。

1）对浩如烟海的高度离散的无序信息进行搜集与整理，经过分析，从中筛选与提炼出对拟解决的问题有用的信息。

2）从客观事物点滴的、局部的、不完整的信息入手，通过科学的方法，推演出能够认识该事物整体状况及发展变化规律的信息。

3）根据已掌握的客观事物过去与现在发展状况的信息，科学地预测有关其未来发展变化的信息。

4）根据所获信息的特定要求，提出解决拟研究问题的思路、方案与建议。从国际视野来看，世界发达国家及联合国等有关国际机构开展的从信息浓缩、数据分析、信息经纪、技术跟踪、情报调查、信息分析、竞争情报（competitive intelligence，CI）到专业的或综合的咨询，尽管称谓不同，重点各异，机构不一，但都与我国情报研究有异曲同工之处，这充分表明了情报研究工作的广泛性、普遍性与层次性，它是一项存在于世界各国的信息分析与研究活动。

2. 我国情报研究工作的发展过程

40年来，我国情报研究工作始终坚持为决策服务的正确方向，根据国家在不同时期的中心任务和方针政策，不断调整和改进工作，以适应形势发展的要求，其发展大体经历三个阶段。

1）初创阶段。1956年10月15日，中国科学情报研究所正式成立，随后不久，国务院各专业部委和全国绝大部分省市的科技情报研究所相继成立，标志着我国科技情报研究工作全面起步。初期的情报研究工作是以文献编译为主，其基本任务是摸清世界各国科学技术的先进水平，为社会主义建设的总路线服务，重点配合国家科学发展规划与经济发展规划的制订、科研与生产攻关项目的实施，以及提高科研、仿制和生产的能力，全面、及时、准确地反映国外科技发展的新水平、新动向。这一阶段情报研究工作主要以编辑报道为主，创办了一大批动态报道刊物。

2）提高阶段。进入20世纪60年代后，国际与国内形势的变化，对情报研究提出了新的更高的要求。1962年制订的《1963—1972年科学技术发展规划纲要》明确指出：“首先应当针对科学技术10年发展规划中的重点项目，深入系统地摸清国际上有关学科和专业的发展水平和趋势……同时深入了解国内的科学技术动态，结合国内情况，提出综合的和专业的技术经济情报和科学技术情报研究报告。”为国家规划、重点项目攻关和科技管理决策服务。这个阶段的情报研究工作以专业研究为主，主要研究科学技术的现状与发展，同时，注意国内外对比分析，出版了大量的综述、评述和专题的研究报告。

3）成熟阶段。党的十一届三中全会之后，特别是20世纪80年代以来，随着全党全国的工作重点转移到社会主义现代化建设上来，我国情报研究工作进入一个新的发展时期，面向经济建设战场，大大拓宽了服务范围，并积极为多元经济的决策主体服务。这个阶段的情报研究工作也逐步提升到以综合研究和决策研究为主，从全局、系统出发，以用户为主要对象，从事大范围、跨行业、多学科、多因素的情报研究，为科学决策提供依据和对策，如发展战略和方针政策研究，表明我国情报研究已进入成熟发展阶段，发挥了思想库的作用。1990 年 7 月，国家科委与国防科工委联合召开了“全国科技情报研究工作会议”，并提出了“国家科委和国防科工委关于加强情报研究工作的意见”，进一步推动了我国的情报研究工作。90 年代以来，竞争情报的引进与开展，又为我国情报研究工作开拓了一个新的领域。

3. 我国情报研究工作的主要成就

40 年来，我国的情报研究机构在促进科技进步、经济发展和国防建设中做出了重要的贡献，与软科学研究机构，专业咨询机构一起，已成为我国咨询业的三大劲旅之一。

1）建立了一个相当完整的情报研究体系。40 年来，我国已形成了一个从中央到地方，几乎覆盖所有科学技术与国民经济诸领域、专业与综合、条条与块块相结合的情报研究体系。造就了一支具有相当素质与规模的情报研究队伍。与软科学研究机构及其专业咨询机构相比，我国情报研究系统具有独特的信息资源优势，较强的信息处理与分析能力和相对先进的现代化信息技术。目前，我国从事情报研究的人员约 2 万人，其中具有高级技术职称的约占情报研究人员总数的 40%，已成为我国科技信息系统中的一支中坚力量。

2）成为我国科学决策的重要依托力量。40 年来，我国情报研究工作在跟踪世界先进科学技术，反映当代科学技术与经济建设的现状与发展，引进国际上各种新学说、新概念、新思想，为各级领导机关的决策主体提供科学决策依据，配合重点项目的关键技术的攻关，解决科学研究和生产过程中的疑难问题，以及为技术引进、外贸、外交和国际交流服务等方面提供了大量的重要信息和高质量的研究报告，产生了显著的社会经济效果，成为担负我国决策科学化重任的一支重要依托力量。

3）重视情报研究工作自身的基本建设。40 年来，我国情报研究机构努力加强情报研究工作的基础建设，认真探索情报研究工作的自身规律，积极建立情报研究的工作模式和管理制度，从而使情报研究工作的开展建立在一个比较稳固的基础上。研究手段和方法的现代化建设，使情报研究工作如虎添翼；国际联机和互联网的开通，网络建设的发展，尤其是计算机在信息处理中的应用及声像技术与研究工作的结合，大大提高了情报研究的质量水平和服务效果；坚持国外研究与国内研究相结合，文献调查与社会调查相结合，现状研究与预测研究相结合，定性分析与定量分析相结合，自行研究与组织研究相结合，不断改进工作方式，为情报研究的高质量提供了可靠的保证；而对情报研究理论与发展问题的深入研究和探索，则有力地推动了情报研究学科的发展。

4. 我国情报研究工作面临的问题

40 年来，我国情报研究工作有着辉煌的过去，但也存在着许多亟待解决的隐患和危机。

1）政府宏观调控乏力。受体制的制约，情报研究体系仍处于条块分割，自成体系的状态，缺乏统一管理和协调，整体效能差。尤其是基层情报研究机构力量薄弱，处境艰难，而由事业单位代行政府功能，在管理体制上存在着一些根本性的缺陷。

2）国家投入明显不足。近年来，国家对情报投入的力度明显减弱，相对经费逐年减少，全国民口科技专项费年均下降 1.5 个百分点。大多数情报研究机构的经费严重不足，致使情报研究工作难以为继，已构成对我国情报研究生存与发展的严重威胁。

3）研究手段相对落后。十多年来，我国情报研究机构现代化建设虽然取得了较大进展，但发展极不平衡，尤其是在利用国内外计算机网络获取信息；使用专用软件开展情报研究；用多媒体技术展示研究成果等方面大大落后于国际潮流和一些软科学研究机构，难以形成快速反应能力。

4）人才流失十分严重。国家关于“稳住一头，放开一片”的政策落实困难，高学历、高素质、年轻化的研究人员纷纷流向外国、外企、外贸或管理部门，导致情报研究机构后继乏人，发展受阻，严重影响到情报研究机构的生存及其竞争能力。

（二）竞争情报活动在我国的开展[4]

1. 竞争情报引入的时代背景

传统情报研究对当今社会巨大变革参与不够，对企业的生存和发展贡献较少，远离市场和市场竞争，没有迅速适应时代的变化，导致情报研究工作的总体滑坡，以至于近年来，情报研究工作一直处于低谷之中。正当我国从计划经济向市场经济转变的历史过程中，竞争情报的适时引入和实践，为我国情报研究工作通向市场，走出低谷提供了契机，在情报界引起了热烈反响。

2. 竞争情报与情报研究工作的异同

竞争情报是关于竞争环境、竞争对手和竞争策略的信息研究，是市场竞争激化和社会信息化高度发展的产物，是情报研究工作的新发展。竞争情报与我国的情报研究工作都是针对用户的特定需求，以信息的采集、评价、分析和综合等系列化加工为基本过程，以形成新的增值的情报产品，为科学决策服务为主要目的的一种智能活动。简言之，即 information 的 intelligence 化。区别在于竞争情报具有更强的专指性、针对性、时效性、增值性和信息来源的多样性，即具有强烈的对抗性，直接为集团和企业的经营战略和竞争决策服务。因此，它可以对科技信息工作如何更好地为企业发展和市场竞争服务提供突破口和方法论，也为我国情报界与国际接轨，迈向现代咨询业提供接口和机遇。

3. 竞争情报活动在我国的开展

我国情报界敏锐地抓住了 20 世纪 80 年代出现的国际情报研究工作这一新发展，开展了学术交流、业务培训、理论建设和实践研究，并于 1994 年 1 月成立了中国科技情报学会情报研究暨竞争情报委员会和北京科技情报学会竞争情报研究会。相继，上海科技情报学会和中国兵工学会情报分会也成立了相应的专业组织，同年 9 月，又在北京召开了“全国竞争情报与企业发展研讨会”，国家计委、国家科委、国防科工委、北京市有关领导，以及信息界和企业界的专家和学者 80 多人出席了会议。会议纪要认为，竞争情报是发展社会主义市场经济的重要举措，增强企业竞争力的现实选择，企业情报研究方法的新基点和信息机构求发展的重要契机。1995 年 4 月，经中国科协批准，民政部登记，又成立了包括科技信息、经济信息、商贸信息、工程咨询等研究机构、大型企业和高等院校在内的中国科技情报学会竞争情报分会。分会的成立，标志着我国竞争情报研究已从松散的个别研究阶段转入学科的群体研究阶段。分会自 1996 年 4 月实行会员登记以来，短短几个月的时间内，登记的团体会员单位已超过了 70 家，个人会员总数已突破 200 人．初步形成了涵括全国的竞争情报人才网络系统，从而为本学科建设和竞争情报研究的开展奠定了基础。

(三) 我国情报研究工作的展望[1,2]

1. 我国情报研究工作面临的机遇

十一届三中全会以来，我国科技、经济体制的改革为情报研究工作的变革和发展带来了前所未有的机遇。

1）决策主体的多元化。国家经济体制由计划经济向市场经济的转变，形成了在宏观社会决策引导下的分散决策的决策结构和以横向为主、纵横交叉的网络型的信息结构，而政企分离和现代企业制度的建立，促进了我国企业的决策自主化和经营市场化。因此，决策主体的多元化和信息来源的多元化将引起情报研究需求的多样化和扩大化，为信息的获取和分析开辟了广阔的市场。在政府对情报研究需求不断增长的同时，企业将逐渐成为情报研究的主要服务对象，成为情报研究工作的主战场。

2）管理决策的科学化。随着我国现代化建设的展开和社会主义市场经济体制的发展，我国的政府和集团决策正由经验决策向科学决策过渡，而情报研究就成为决策科学化的基础和依据。随着政府职能的转变和国有企业经营机制的转换，将会进一步加强与完善政府的宏观调控职能和企业的经营决策机制，从而为支撑科学决策的知识体系的情报研究提供了用武之地，同时也促使情报研究工作内容由面向科学、面向专业向面向任务、面向问题的方向转变。

3）科技经济的一体化。改革开放以来，我国科技与经济结合的新体制正在形成。在我国“经济和社会发展要以科技进步为主要动力，科技工作要把解决经济和社会发展中的重大问题作为首要任务，从战略目标、政策、体制、规划、计划等方面体现科技与经济的有机结合”，从而进一步推进我国科技经济一体化，为我国科技情报研究工作延伸至经济领域，为经济发展和企业振兴服务提供了重要的契机。

4）经济活动的国际化。随着科技进步和市场竞争的发展，我国也把加快对外开放的步伐，充分利用国内、国际两个市场、两种资源，优化资源配置，积极参与国际竞争与经济合作，发展开放型经济，使国内经济与国际经济实现互接互补作为重要的国策。由于对外开放和国内外合作与交流的发展，促进了我国经济与世界经济的融合，也促进了工商情报与咨询业务需求的增长，从而推动了包括情报研究在内的我国咨询业的发展。

5）信息基础设施的现代化。当前，“信息高速公路”与信息网络建设已成为世界各国政府和企业人士关注的热点。我国也把发展信息产业列为国民经济的重点，信息基础设施建设呈现出大跨越的态势。我国正在“逐步建立现代化的信息网络，加快国民经济信息化的进程，扩大先进的电子信息技术在生产、管理、服务领域的应用，努力解决交通、通信、商贸、财税、金融、保险、社会服务等领域的信息化、现代化关键技术问题”；并要“大力推进与科技进步密切相关的信息、咨询等第三产业的发展”。从而为情报研究工作的开展奠定了良好的信息环境和技术基础。

2. 我国情报研究工作发展的设想

我国情报研究工作属信息咨询业的范畴，承担着为政府部门和社会用户提供决策咨询和信息服务的历史责任，在迈向21世纪的历史进程中，应不失时机地向现代化、产业化和国际化方向发展。对于我国情报研究的发展目标和基本任务，可以作如下设想。

1）发展目标。在社会主义市场经济条件下，继续坚持“开发信息资源，服务四化建设”的总方针；面向科技进步、经济发展和企业竞争的信息需求，建立起一个适应社会主义市场经济环境，具有快速反应能力，结构合理、具有特色的情报研究体系；形成功能社会化、生产规模化、结构网络化、手段现代化的格局，使情报研究工作成为我国信息咨询业的主要构成，其发展目标主要有以下几个方面。

第一，以社会需求为导向，以信息资源建设为基础，以信息技术和网络建设为手段，以情报研究和咨询服务为中心，摆好信息需求、信息资源、信息技术和信息咨询之间的关系，继续拓宽服务领域，逐步向现代咨询业方向转变。

第二，以转变观念，深化改革为先导，进一步打破部门和区域界限，推动情报研究系统的结构调整和体系完善，加大面向社会的力度，形成具有规模的、各具特色的情报研究体系。

第三，在总结我国已有经验和吸收国外先进经验的基础上，逐步实现信息咨询的程序、方法、报告、计价与国际规范接轨，积极开拓涉外咨询业务，使相当一部分情报研究机构的业务水平和人员素质达到国际同行的水平，以实现情报研究工作的国际化。

第四，大力加强信息资源和信息网络的建设，在信息采集、处理、分析、表达和传递方面逐步实现现代化。

2）基本任务。在新的历史时期，我国情报研究工作的基本任务有以下几个方面。

第一，研究科技发展态势。各级情报研究机构都应把关键技术跟踪、重大项目论证、重大技术攻关作为主要工作来抓，把情报研究机构建设成为能进行国内外技术监视、国家和产业关键技术选择和推动企业科技进步的咨询机构，在科学技术和经济发展中起到杠杆和先导作用。

第二，做好宏观决策咨询。国家、部委、省市直属的情报研究机构应当成为我国软科学研究的重要方面军，应在国家安全、科技进步、经济振兴、社会发展等方面做好发展战略和产业政策的研究和咨询，充分发挥情报研究机构在宏观决策中的参谋和咨询作用。

第三，发展面向市场的信息咨询。面向市场、面向企业、面向社会开展环境监视、市场调查、项目咨询、竞争分析、企业诊断、知识产权和工商秘密保护、策略制定等信息咨询服务，是在社会主义市场经济条件下我国专职情报研究机构和专业情报研究中心的发展方向，也是情报研究工作产业化和国际化的重要举措。

第四，完善我国情报研究和咨询体系。加强政府的宏观调控职能，对我国情报研究机构按产业化的要求进行结构调整和优化，突破小而全、大而全的格局和条块分割的体制，发展面向需求的专门化的情报研究和咨询中心，加速信息技术和网络建设的速度，重视情报研究学科的建设和发展战略的研究，把我国情报研究系统建设成为合理、高效、富有特色的现代化的信息咨询体系。

参考文献

[1] 汪延炯．总结经验 深化改革 开拓前进——国家科委科技情报司司长汪廷炯在全国情报研究工作会议上的讲话．科技情报工作，1990，(9)：3-8.

[2] 包昌火，等．情报研究工作展望．情报工作和情报科学发展战略．北京：科学技术文献出版社，1988：153-169.

[3] 阮祖启，等．中国情报研究机构的现状和特点．情报研究的国内外比较研究．兵器工业情报研究所，1994，198-263.

[4] 包昌火．前言//缪其浩．市场竞争和竞争情报．北京：军事医学科学出版社，1996：1-4.

国家科委和国防科工委关于加强情报研究工作的意见 *

（1990 年 7 月）

情报研究是科技情报工作的重要组成部分，是科学决策的一个重要环节。它在四化建设中主要起“耳目、尖兵和参谋”作用。

30 多年来，尤其是党的十一届三中全会以来，情报研究工作为四化建设提供了大量有价值的研究成果，产生了显著的社会和经济效益，对我国科技进步、经济社会发展和国防建设做出了重要的贡献。随着改革开放的深入，社会对情报研究提出了更高、更广泛的需求，但是情报研究工作当前存在着管理体系松散、基础建设薄弱、研究队伍不稳、研究经费匮乏等一系列问题，不适应形势发展的需要。为此，提出以下加强情报研究工作的几点意见。

一、把握情报研究的大方向，加强对情报研究工作的领导

情报研究工作要紧密联系四化建设的实际，进一步为各级管理部门的科学决策、科技部门的研究开发、经济部门的生产发展服务，为实现国民经济生产总值第二个翻一番服务，为国防科技工业长期、稳定、持续和协调发展服务，各级情报机构要根据本部门和本地区的需求和条件选择研究的重点。

各级领导要依靠和利用科技情报研究机构，给他们定任务、下课题，发挥他们在管理决策和科技发展中的作用。要把情报研究工作列入本部门、本地区科技工作的议事日程，并在政策、人员和经费上给予支持和保证，帮助他们解决存在的困难和问题。

二、加强组织管理，发挥情报研究体系的总体效能

针对当前我国情报研究工作自我封闭、整体效能差的弱点，各级业务主管部门要加强宏观管理和协调，对我国情报研究工作的目标、分工和任务作出规划，逐步形成结构合理、各具特色、效能显著的情报研究体系；制订情报研究工作“八五”规划，列出国家级重点研究项目，组织跨部门、跨地区的合作研究，为科学技术、国民经济和国防建设的重大决策服务；要搞好情报研究成果的登记、评定、奖励、交流和出版工作，制定情报研究成果

---

* 为了适应改革开放发展的需要，加强情报研究工作自身的建设，使其更好地在我国四化建设中发挥“耳目、尖兵和参谋”的作用，1990 年 7 月 10 日～14 日，国家科委和国防科工委在北京联合召开了全国科技情报工作会议，并做出了制定《国家科委和国防科工委关于加强情报研究工作的意见》的决定，包昌火有幸执笔参与了该文件的起草，起到了情报研究人员辅助决策的作用。本文原载《情报科学技术》，1990，(6)：1，2。

的评价标准和实施细则；编印我国情报研究成果公报，筹建情报研究成果数据库，出版国家级情报研究系列报告；要规范情报研究工作的基本程序和规章制度，提高情报研究工作的管理水平。

三、改进情报研究工作方式，提高情报研究工作质量

各级情报研究机构要以社会需求为导向，分工协作，以服务求发展，努力提高情报研究工作的质量和效益；要坚持国外情报和国内实际相结合、文献调查和社会调查相结合、技术情报和经济情报相结合、现状研究和预测研究相结合、定性分析和定量分析相结合；要发展各种形式的横向联合和合作研究，提倡“小核心，大外围”“请进来，走出去”，通过聘请科技顾问、客座研究员和委托研究等途径，实行情报研究人员、管理人员和科技人员相结合，不断改进情报研究工作方式。

四、重视基础建设，推进情报研究工作的现代化

情报研究工作要广辟信息来源；重视文献资料、事实和数据的积累和序化，组织编纂大型的手册、年鉴等工具书；研建情报研究和咨询服务用的数值型和事实型数据库，推广成熟的软件和软件包，并将计算机、图文处理、声像等技术用于情报研究的数据处理、内容分析和成果表达；要注意情报研究学科的建设，建立情报研究方法论；有计划地组织情报研究人员学习掌握实用的研究方法，把情报研究工作提高到一个新的水平。

五、开展国际学术交流与合作，促进情报研究工作的发展

要进一步开拓与国外情报研究机构和学术团体的交流渠道，积极参加有关的国际学术会议和学术组织，采用互派互访等形式，开展国际合作研究和委托研究；选派情报研究管理干部和研究人员出国考察、调查、交流和进修以及邀请国外有关情报研究专家来华讲学；在国家、地方和部门派出的专业考察团组中，要尽可能安排情报研究人员参加，以发挥其优势，并不断提高情报研究工作的针对性、准确性和客观性。

六、稳定情报研究队伍，提高情报研究人员素质

各级领导要逐步改善情报研究人员的工作条件，在成果奖励和职称评定中要考虑情报研究工作的特点，充分肯定情报研究人员的贡献；重要视情报研究队伍的建设，要把对中青年情报研究人员的培养提高到战略高度来认识，做好现有情报研究人员的培养提高工作，造就一批情报研究专家和学术带头人；要补充一批具有相当实践经验和研究水平的科技人员充实情报研究队伍。

情报研究方法论

方法论的建设对情报研究工作的重要意义*

一般来说所谓方法论就是关于方法的学说或理论，是关于方法的规律性的知识体系。而科学研究方法，通常是指获得科学知识应该遵循的程序，研究问题、解决问题的手段和工具。

一、情报研究有无方法论

这在情报界是有争议的：一种认为，情报研究没有自己专用的方法，它所采用的方法都是由别的学科中直接援引或间接借鉴过来的；一种认为，情报研究有各具特色的研究方法，且应该和需要建立自己的方法论体系。笔者持的是后一种看法，理由有以下几点。

（一）情报研究不仅是一项工作，而且是一门学科

情报研究是以反映运动中的事物或过程的社会信息为研究对象，通过对这类信息的研究，揭示事物或过程的状态和发展，诸如对背景、现状、动态、趋势、对策的研究，为各个层次的科学决策服务。

从本质上讲，情报研究是用情报工作方法研究科学技术等问题，对情报信息进行定向选择和科学抽象的一类研究活动的集合。事实上，这样一类科学劳动不仅存在于科技情报部门和科学技术领域，也存在于其他情报部门和各行各业，因此具有社会的普遍性。

30 多年来，情报研究工作不仅已经成为我国情报工作的重要组成部分，而且经过广大情报研究工作者的努力，以相当的广度与深度揭示了情报研究工作的性质、地位、作用、程序、方法、评价等，为建立情报研究学科做了大量的实践和理论的工作。情报研究应该

---

* 本文原载《情报理论与实践》，1988，(2)：3-6。

成为我国情报学的重要分支，而情报研究方法论的建设则将为情报研究学科的建立做出重要的贡献。

（二）情报研究有自己独特的研究方法

任何学科都有适用于它的哲学方法、一般方法和专用方法。大的来说，唯物辩证法是人们认识世界和改造世界的基本方法，它对科学研究方法论有着巨大的指导作用；观察方法、实验方法、逻辑方法、系统方法则是自然科学的一般方法，适用于各门自然科学的研究；而通过研究物质的化学变化来研究物质运动规律的一系列方法乃是化学学科所独有的方法。

情报来源于人类社会的实践，是人类社会的产物，是客观世界的主观映像。因此从广义来讲，情报是用以交流思想的社会信息，而通过对社会信息的选择、整序和抽象来研究科学或技术问题，则是情报研究所独有的。实际上，通过情报检索来获取信息的方法，以分类和主题为基础的整序方法，以文献计量为基础的文献统计和引文分析方法应该说都是情报部门所独创的研究方法。

吸收和移植是各种学科及其方法论发展的普遍现象，情报研究当然也不例外。但一旦证明这种方法适用于情报研究工作，它就应当是情报研究的一种方法，是情报研究方法体系中的有机组成。正如利用物理原理制成的各种仪器分析已经成为化学分析的重要方法而不再是纯粹的物理方法，函数方法在预测学中的应用形成的趋势外推法已经成为重要的预测方法，而不应是一种纯粹的数学方法一样。

（三）方法论的建设是一个过程

历史上任何方法论的建立都经历了一个从零星的、局部的、不系统的探索到大量的、整体的、系统的发展过程。例如，科学研究方法论从公元前 300 多年的亚里士多德开始创造的归纳与演绎，经牛顿倡导的分析与综合，到维纳（N. Wiener）等创立的控制论、信息论和系统论等现代方法，以及波普尔（K. R. Popper）的否证论、库恩（T. S. Kuhn）的范型学说、拉卡托斯（I. Lakatos）的纲领方法论和费耶阿本德（P. Feyerabend）的无政府主义认识论等科学哲学流派，经历了 2000 多年的历史。

在情报研究领域中，关于工作模式的探讨，也经历了 20 多个春秋。现在相当一部分人认为，情报研究的合理模式应当是科技情报与经济情报相结合，国外情报与国内情报相结合，文献调查与社会调查相结合，定性研究与定量研究相结合，自行研究与组织研究相结合，情报研究与科技咨询相结合等，这就是一个发展的过程。我们相信，在情报研究人员的努力下，一个适合中国特点的情报研究方法论是可以建立和完善起来的。

二、情报研究方法论的基本框架

一般来说，情报研究方法论应当包括理论基础和方法体系两大部分。尽管情报研究是一类科学劳动的集合，研究的任务和类型不同，方法就不尽相同，而且方法论本身还会随着环境和手段的发展而发展，也不可能是一成不变的。但考虑到情报研究的基本特征是对情报信息的选择和抽象，因此它的方法体系是否应当包括以下几个方面。

（一）情报信息的获取技术

情报信息的获取是情报研究的前提和基础，是情报研究人员的基本功，通常包括以下几个方面。

1. 文献调查的方法

文献检索是情报研究人员获取情报信息的最基本、最重要的途径和手段，是情报研究人员区别于其他研究人员的一个重要特征。计算机检索，尤其是联机检索系统的出现，是情报信息获取技术的重大发展。

2. 社会调查的方法

社会调查是包括走访、座谈、参观、讨论、咨询等获取零次情报的重要途径，而抽样调查和专家调查则是现代调查方法在情报研究工作中的应用，多用于需求调查和科技预测。

（二）情报信息的整序技术

信息整序就是按照信息的内容和形式特征使微观有序的信息在宏观上实现有序化的过程。一般做法是在对情报信息进行单元化和微分化的基础上系统化。

大致包括以下几个方面。

1. 浓缩技术

情报浓缩是情报工作的重要手段，也是情报研究的重要方法，对于文献工作来说，情报的浓缩就是目录、索引和文摘的编写工作，对于研究工作来说，就是在文献选择基础上的信息选择工作。排除不重要的因素（冗余和干扰）而保留最重要最基本的内容（新颖情报和相关情报）[1,2]，是情报信息的微观整序工作。

2. 分类技术

实现单元化和微分化的情报信息的宏观有序的基本方法是进行分类处理，根据课题的不同需要，按数据、事实、观点、技术、方法、设备、产品、政策、机构、地区、国别、年代等以摘文卡片、图示表格、科技档案和文献汇集等形式加以系统化。作为专题研究的副产物，可以相应形成专题文摘、年鉴手册、资料汇编等基础性成果。

3. 图表技术

数据是表示事物性质的符号，是高度浓缩的情报，它与文字相比，具有更准确、更精炼、更明了、更具体和更雄辩的特点。图表法是借助于作图列表对数据进行整理和表达的一种方法，常用于信息整序和抽象中。回归分析、对应分析等是数据统计方法在数据处理中的应用，图像显示技术则是计算机技术在数据处理中的应用。

4. 数据库技术

建立数值型和事实型数据库是信息整序和公共积累（数据共享）的根本出路，也是情报研究工作现代化、产业化的重要内容。由于这些数据库不仅具有储存和检索功能，而且还能进行累计、平均、汇总和计数等统计分析工作，也为研究本身提供了现代化手段。

（三）情报信息的抽象技术

一切科学的任务都在于透过现象，揭示研究对象的本质、规律和联系，情报研究当然也不例外。情报研究工作如果没有对情报信息的选择、浓缩和集中，就缺乏情报性。如果没有科学抽象，则缺乏研究性，就以文献为基础的一般情报研究来说，也应当是“源于文献、高于文献”。

可否考虑，情报信息的抽象技术应当包括以下几大部分。

1. 思维方法

思维方法，包括抽象思维（逻辑思维）、形象思维（直感思维）、灵感思维（顿悟思维）以及作为这三类思维相互渗透和相互作用结果的创造性思维的方法是当前在情报研究中应用得最普遍的一类方法，而且也贯穿于其他研究方法的始终。

在实际工作中，人们应用得较多的主要是分析与综合的方法，如比较法、因果法、分类法、综合法等；归纳与演绎的方法，如枚举法、求同法、存异法、原理法，以及类比和直觉等方法。运用思维科学的研究成果，总结、普及和深化理性思维在情报研究中的应用是提高情报研究水准的重要措施。

2. 文献计量方法

数学与文献学相结合形成的文献计量学创造了许多定量分析的方法，这些方法不仅可以用于文献特性、书刊选购、馆藏建设的研究，而且还广泛应用于情报研究。这是一类颇具情报学特色，主要是由情报部门发展起来的，而且具有很大适用性和发展前途的情报研究方法。文献统计法如内容分析、主题分析、词频分析和引文分析法是几类在情报研究中获得广泛应用的文献计量方法，主要用于技术和学科发展的评价和预测。美国专利商标局技术评价和预测处等发展了一系列以计算机为手段、以数理统计为基础的专利分析方法，如计数统计、矢量分析模型、包括聚类分析、回归分析、因子分析、对应分析、主成分分析在内的多元分析，为用文献统计从事情报研究开创了途径，提供了范例[3,4]。

3. 预测方法

预测是科学决策和现代管理的重要基础，也是情报研究的重要内容。例如，发展方向的研究就是一种科学预测。有的学者认为，情报研究的核心就是预测，为政府部门和企业的正确决策提供可行性预测方案，起“智囊团”的作用[5]。因此，在许多情况下，科学预测与情报研究是密不可分的，很大一部分强调的科学预测的方法也就是情报研究的方法。

尽管预测的方法繁多，对方法的分类也是智者见智、各有千秋，但包括德尔菲法（Delphi method）、头脑风暴法（brainstorming）、交叉影响法（cross-impact analysis）等的专家评估法，包括指数曲线、生长曲线（growth curve）、包络曲线（envelop curve）等的趋势外推法，包括移动平均法、指数平滑法、回归/移动平均模型等的时序分析法等已经应用并正在成为情报研究的重要方法，构成情报研究方法体系的重要组成部分[6,7]。

4. 系统方法

情报研究是软科学研究的组成部分，也是软科学研究的重要基础，因此正在作为软科学研究理论基础的一般系统学和主要方法的系统方法，当然也适用于情报研究，而且将会把情报研究提到一个新的水平。系统方法的主要特点是整体性、相关性、动态性、择优性、实践性并为运用数理逻辑和电子计算机解决复杂系统的问题开辟了道路。

系统方法在情报研究中的应用，既是作为一种思想方法，又是作为一种工程技术，主要解决发展战略和可行性研究中可供选择方案的择优选定问题。当前应用得比较多的有系统辨识、系统分析、系统模拟、系统评价、线性规划、网络技术、统计试验法、投入产出法等。在情报研究中，我们经常碰到的都是一个个的系统问题，如国防系统、武器系统、坦克系统、弹药系统等，随着决策研究等的开展，系统方法将会有越来越广泛的应用。

5. 计算机辅助研究

现代情报研究方法论是理性思维、现代数学和计算机技术三者的有机结合，计算机技术不仅在数据获取、存储、计算、仿真中获得了应用，而且还有可能辅助研究，实现情报研究的自动化，因此建立计算机情报研究系统，将是情报研究方法论的重要内容。

用计算机和文字处理机可以实现文稿编写和图表绘制的自动化，可以利用计算机进行数据的分类、统计、对比和简单推理，并提出了建立情报研究专家系统的构想[8,9]，如设想的计算机情报真伪判别系统实际上就是一个专家系统[10]。我们相信，随着情报研究工作现代化的发展，计算机辅助研究一定会在情报研究工作中获得应用。

(四) 情报研究报告的写作技术

与硬科学不同，撰写情报研究报告是整个研究工作的重要环节，对于研究成果效益的发挥有重要的影响。通常，专题情报研究成果按研究层次可以分为综述、评述和专题研究报告三种类型。专题情报研究报告是科学研究论文的一种形式，但这种研究报告主要是为各个层次的科学决策服务的，因此它既具有科学技术论文的准确和质朴，又具有社会科学论文的精练和雄辩，形成了自己的体裁、结构、语体和风格。总结和研究情报研究报告的撰写技术，也应当成为情报研究方法论体系的组成部分。

(五) 情报研究成果的评价技术

评价就是对情报研究成果的一种验收和鉴定活动，并为情报研究成果的奖励和表彰奠定科学的依据和基础。由于情报研究成果的软科学性质，如何建立情报研究成果的评价指标体系和方法，就成为情报研究方法论建设中的重大问题。情报界已经提出了许多评价方法，如模糊数学综合评价法[11]、即时评价数学模型[12]、层次分析评价法[13]等，但为获得实际和普遍的应用，还需继续探索和研究。

三、方法论的建设对情报研究工作发展的重要意义

正如科学研究方法论是科学技术发展的内在动力，研究方法的伟大变革，总会直接或间接引起科技发展的巨大飞跃一样，情报研究方法论的建设对情报研究工作的开展也具有重要的理论和实际意义。

(一) 为情报研究学科的建立奠定基础

任何学科的建立与发展都是以方法论的建立和发展为重要内容和基础的。例如，没有运筹学方法的发展，就不可能建立现代的系统工程技术。统计方法和类比方法的应用，为信息论的创立提供了重要条件。30 多年来，我国情报研究工作与其他软科学研究相比，发展不快的重要内在原因就是情报部门不重视情报研究方法论和现代化的建设。对于很大一部分情报研究机构和人员来说，几十年一贯制，在研究方法上创新不多，移植不力。如果我国情报研究工作者不从理论和实践两方面建设自己的方法论体系，就难以把情报研究当做一门学科来发展，就不可能在情报科学和软科学界中获得自己应有的地位。

（二）提高情报研究工作的竞争和生存能力

社会和用户的情报需求是情报机构生存和发展的基础。随着现代管理和体制改革的发展，情报研究机构面临着重大的竞争和挑战，主要表现在咨询业的竞争，情报机构信息优势的削弱，情报研究机构和人员应变能力的不足。同时还应看到，竞争和挑战不仅来自外部，也来自内部。现代情报技术的发展，文献型数据库和计算机情报检索系统的建立，也将影响着情报部门内部对文献和研究两大工作的相互关系和发展。

应付上述竞争和挑战的核心问题是增强情报研究机构满足社会和用户需求的能力，提高情报研究的质量。为此，不解决情报研究手段和方法的现代化问题是很难实现的。因此，方法论的建设对于情报研究工作的生存和发展来说具有重大的现实意义。

（三）为奔向国民经济主战场提供机会和舞台

在当前形势下，情报研究部门有可能向两个方向发展和分化：一是向软科学研究方向发展，侧重于科技发展战略的研究，成为领导机关科学决策的智囊机构之一；一是向情报分析中心方向发展，成为某一专业、学科、课题的现状和发展的研究机构，其中有的可能发展成为以建立数值型和事实型数据库为主要任务的数据情报中心。也就是说，情报研究机构将会向咨询机构方向发展。因此，它必须具有解决科技、经济和社会中提出来的现实问题的能力。如果我们使情报研究人员，尤其是具有较好数理基础的新一代情报研究人员掌握现代科学研究方法，那么他们就有可能如虎添翼，驰骋在国防建设和国民经济的广阔舞台上，而不只限于国外科技文献综述的编写，使英雄有用武之地，情报研究机构也将在自我完善中生存和发展，成为社会咨询产业的重要组成部分。

参考文献

[1] 匡华．科学情报的浓缩（一）．情报学刊，1986，(2)：85-88.
[2] 匡华．科学情报的浓缩（二）．情报学刊，1986，(3)：85-88.
[3] 潘力，夏宗辉．机助专利情报分析——OTAF 技术及多元统计分析的应用．上海科学技术情报研究所，1986.
[4] 俞栋廷，夏宗辉．用出版物计数指标考察科技活动．上海科学技术情报研究所，1984.
[5] 向东．预测情报研究的改革趋势，庆祝中国科技情报事业开创三十周年学术讨论会论文．1986.
[6] 玄兆国，等．科技情报分析和预测．吉林工业大学硕士学位论文．1985.
[7] 孙明玺．经济技术预测和评价．北京现代管理学院．1984.
[8] 梁松原，宗鸿霞．在科技情报工作中应用人工智能技术的设想．庆祝中国科技情报工作开创三十周年学术讨论会论文．1986.
[9] 刘永健．建立科技情报专家系统的探讨．情报学刊，1986，(9)：48-52.
[10] 卓士谦．情报真伪判别及其在计算机中的实现探索（二）．情报科学技术，1986，(2)：7-10.
[11] 姚继民，李新民．试探模糊数学综合评到法在情报研究工作中的应用．情报科学，87 (2)：13-20.
[12] 曹稼方．科技情报研究成果即时评价的数学模型．情报学刊，1986，(4)：88-90.
[13] 徐刚．用层次分析法评价情报研究成果．情报学刊，1985，(3)：32-37.

情报研究方法*

情报研究方法（methods of intelligence analysis）又称信息分析方法（methods of information analysis），是通过系统化过程将信息转化为知识、情报和谋略的思维过程和技术手段，是现代科学研究方法论和信息技术在情报研究领域中的应用，是以信息的获取和抽象为基本特征的一类科学方法的集合，包括逻辑思维方法、模式思维方法、系统思维方法、形象思维方法和灵感思维方法，涉及定性分析、半定性分析和定量分析三大方法组群的情报研究方法论体系。

一、情报研究方法的历史发展

情报研究方法是伴随着科学研究方法论的发展和情报研究工作的实践而逐渐形成和成熟起来的。

（一）科学研究方法论的发展历程

综观历史，科学研究方法论起源于人们对自然和社会的探索，与人类的活动相伴相生。它经历了古代朴素的总体思辨阶段、近代的机械分解与还原阶段和现代的整体化阶段[1]。

1）古代朴素的总体思辨阶段。早在远古时代，人类就开始了对复杂性的思考和探索，并在宇宙的本源、地球的形成、事物层次的划分等许多方面提出了各种各样的观点和假说。他们从根本上去把握事物，形成了以朴素的辩证逻辑为特点的总体思维，至今仍闪耀着人类思维的光辉。公元前535年的孙武所著的《孙子兵法》、公元前384年的古希腊哲学家亚里士多德演绎法的发明和“总体大于它各个部分之和”的著名论断，则是朴素整体思维的杰出代表。

2）近代机械分解还原方法论。16世纪，一场科学革命在西方兴起。这场革命最显著的一个特点，就是科学门类的细分化，形成了以形式逻辑为特点的机械分解-还原的思维方式，为人类“精确地”认识客观世界提供了工具。1620年培根（F. Bacon）创立了归纳法、1637年笛卡儿（R. Descartes）将数学引入方法论、牛顿（I. Newton）倡导分析综合法，以及1819年法国拉普拉斯（P. S. Laplace）提出了决定论，则是这一时期的杰出代表。但以形式逻辑为特点的机械分解-还原思维过多地注意了具体的细节而忽略了整体之间的联系和整体的发展，难以解释科学技术和社会发展中的诸多难题。

3）现代系统科学方法论。进入20世纪，相对论和量子力学的出现使人们认识到了科学门类的过细划分妨碍了科学进一步的发展；对复杂系统问题的研究客观上要求多学科的

---

* 本文原载《中国情报学百科全书》. 北京：中国大百科全书出版社，2010，(7)：211-213。

合作；交叉学科和边缘学科的兴起，填补了各学科之间的空隙；辩证唯物主义认识论的诞生更为科学认识世界提供了哲学武器，这样系统思维方法便应运而生。

首先，20 世纪 30 年代，美籍奥地利理论生物学家贝塔朗菲（L. V. Bertalanffy）创立了一般系统论，第一次对文艺复兴以来形成的基于机械论和还原论的方法论提出了全面的质疑和批判。接着 40 年代维纳创立了控制论、申农（C. E. Shannon）提出了信息论，从而吹响了具体地、定量地研究复杂系统问题的号角，标志着现代系统科学的诞生。而普利高津的耗散结构理论、托姆（R. Thom）的突变理论、哈肯（H. Haken）的协同理论、混沌理论和分形理论都为现代系统科学方法论的形成和发展做出了贡献。

20 世纪 80 年代以来，系统研究开始迈入新的发展阶段，一场以系统复杂性为研究对象的、多种学科相融合的科学革命正在兴起。而我国学者钱学森教授等提出的“从定性到定量综合集成研讨厅”[2]，以及国际上正在形成的“基于非线性系统理论的研究方法论”，不仅会加深人们认识复杂的外部环境世界，还将改变着人们的认识观和价值观，将成为今后科学技术发展的一个重要前沿。

（二）中国情报研究方法的发展历程

情报研究方法在中国的发展源远流长，从《孙子兵法》的“知己知彼”、诸葛亮的“隆中对策”到毛泽东的“十六字诀”都渗透着中国情报研究思维的精髓。

新中国成立以来，中国情报研究方法的发展大致经历了三个阶段[3]。

1）文献研究阶段。从 1956 年 2 月 11 日和 10 月 15 日第一个国防科技情报机构和中国科学院科学情报研究所相继成立开始，在 50 年代后期，一个条块结合、纵横交错，为科技发展和领导决策服务，在现代化建设中起“耳目、尖兵和参谋”作用的专职情报研究体系在中国逐步形成。这个阶段，文献综述和编译报道是情报研究工作的主要任务，因此文献研究就成为情报研究的主要模式，文献调查和信息整序成为情报研究的基本方法。这在 1963 年由袁翰青教授主编的中国第一本《科学技术情报讲义》中也得到了反映。

2）专业研究阶段。随着 1962 年制定的《十年科学规划》的实施和大规模社会主义现代化建设的开展，我国情报研究进入了专业研究阶段。由于研究的深入，各种科学研究方法开始引入情报界，尤其是以分析和综合为核心的逻辑思维方法和以实地考察为代表的社会调查方法获得了广泛的应用。1984 年，傅秉一撰写的《科技情报研究的任务与方法》则是 60～70 年代这种应用的总结[4]。

3）综合研究阶段。历史进入 20 世纪 80 年代，随着国家工作重点的战略转移、市场经济的兴起和决策科学化的发展，这个阶段的情报研究开始从科技领域跨入经济领域、从专业研究进入了综合研究、从定性分析扩展到定量分析，表明中国情报研究已经进入了成熟发展阶段。这阶段的重大事件有：1983 年，第二届中国科技情报学会组建了情报研究专业委员会，从此，作为中国科技情报两大主要工作之一的情报研究有了自己的学术研究和交流的组织和平台，并把对情报研究理论和方法的研究作为专业委员会的基本任务之一；1986 年 7 月，国家科委召开了全国软科学研究工作座谈会，会上万里副总理“决策民主化和科学化是政治体制改革的一个重要课题”的讲话，推动了侧重于情况研究的情报研究和侧重于对策研究的软科学研究的融合，促进了系统分析方法在情报研究领域中的应用，提高了情报研究的现代化水平；1990 年 7 月，发布了《国家科委和国防科工委关于加强情报研究工作的意见》，提出了“要坚持国外情报和国内实际相结合、文献调查和社会调查相结合、技术情报和经济情报相结合、现状研究和预测研究相结合、定性分析和定量分析相结合”的情报研究指导原则和“要注意情报研究学科建设，建立情报研究方法论”的政策建议；1990 年 9 月，包昌火主编的《情报研究方法论》阐明了情报研究学科的基本问题和主要特征，构建了情报研究方法论的基本框架和科学体系，提出了情报研究方法论的技术手段和数学基础，促进了中国情报研究工作的现代化和情报研究学科的建设[5]；1994 年 1 月 28 日，中国科技情报学会情报研究暨竞争情报专业委员会的成立促进了情报研究与竞争情报的融合，一大批以竞争对手分析为核心的竞争分析方法引入了情报研究领域[1,6]。

20 世纪 80 年代以来，由于信息技术的迅速发展和情报研究工作的现代化建设，一大批以数据库技术和联机检索为代表的数据获取技术和信息计量、数据统计和数据挖掘（data mining，DM）为代表的计算机分析技术开始引入情报研究领域，促进了情报研究方法论的发展。

二、情报研究方法论体系

经过 50 来年的发展，中国已经形成了以程序和方法相结合、一般和特殊相结合、文献调查和社会调查相结合、定性分析和定量分析相结合为指导原则，以信息获取和科学抽象为基本特征，兼容并蓄、博采众长的情报研究方法论体系。

（一）情报研究的基本程序

中国情报界开发的由课题选择、信息搜集、信息整序、科学抽象、成果表达和成果评价六大步骤构成的系统化过程——情报研究程序，是一个可与美国竞争情报流程相比较的循环过程[5]。1998 年，卢泰宏提出了由用户维（U）、信息维（I）、成果维（F）和方法维（M）构成的 UIFM 空间[7]和 2003 年罗贤春提出的信息分析方法的流程块、方法块和应用块[8]，则将程序与方法的结合系统化、集成化和形象化。

（二）情报研究方法的主要构成

根据一般和特殊相结合的原则，在中国的情报研究方法论中融合了相邻学科的研究方法，包含了哲学方法、一般方法和专用方法三大部分，具体来说有以下几方面。

1）逻辑学方法。逻辑学是研究思维的一般规律的科学，是科学抽象的主要手段，因而也是情报研究的基本方法之一。分析和综合、归纳和演绎、比较和分类、判断和推理是情报研究的常用方法。

2）数学方法。现代数学是一切科学技术的基础，为科学研究提供逻辑推理和科学抽象的手段，因而也是情报研究的重要工具。随着量化分析的发展，统计学方法、运筹学方法、模糊数学、线性代数、博弈论、图论等逐渐进入情报研究领域，尤其是回归分析、聚类分析、主成分分析、因子分析、判别分析等统计学方法成为情报研究量化分析的基本工具。

3）系统分析方法。随着情报研究向软科学研究延伸，情报研究面对的也是许多大大小小系统的决策问题，因而系统分析也在情报研究领域发展起来。综合评判、层次分析法、最优化方法、系统仿真技术、系统动力学（system dynamics）方法、系统辨识方法、灰色系统方法等逐渐成为情报研究的重要方法。

4）社会学方法。情报学本质上是一门社会科学，是研究发生在科技、经济和商业等社会活动中的情报现象和规律，从而社会学方法也成为情报研究方法体系的重要构成。社会学中的社会调查和人际网络（social network）是社会学与情报研究两者最相关的两大领域，问卷调查、访谈调查、抽样调查、人际情报网络等在情报研究中获得了广泛的应用。

5）情报学方法。信息的序化和转化是情报学两大基本任务，据此形成并发展起来的数据库技术、信息检索技术、信息计量学方法遂成为中国情报研究的专用方法，如文献调查、内容分析、引文分析、专利分析、文本挖掘、数据挖掘、网络挖掘等成为情报研究方法中颇具情报学特色的一大方法集合。

6）经济学方法。随着市场经济的发展和竞争情报的兴起，为政府和企业参与市场竞争、实施战略管理服务的竞争分析方法也进入了中国情报研究领域，竞争环境监视、竞争态势分析、定标比超分析、价值链分析、核心竞争力分析、关键成功因素分析、情景分析、战争游戏、技术机会分析、技术路线图等方法极大地丰富了情报研究方法库。

（三）情报研究的思维模式

鉴于情报研究是一个思维过程，是根据特定的需要，对信息进行定向集中和科学抽象的一项思维活动，旨在达到以下目标[3]。

对高度离散的无序信息进行搜集和整理，经过分析，从中筛选和提炼出对拟解决问题有用的信息；从客观事物点滴的、局部的、不完整的信息，通过科学的方法，推演出能够认识事物整体状况及发展规律的情报；根据已掌握的客观事物过去和现在的发展状况的信息，科学地预测有关其未来发展变化的知识；根据所获信息的特定要求，提出拟研究问题的思路、方案和建议。

根据钱学森教授关于情报研究是一种系统辨识的思想[9]和情报研究思维从一定意义上说类似于拼图游戏的联想，需要综合利用逻辑、模式、系统、形象和灵感五种思维的现实，在诸多中国学者关于情报研究体系构建的基础上[5,7,10]，从思维过程的视角出发，对情报研究方法的思维体系做如下归纳。

1）逻辑思维。逻辑思维是科学抽象的中心环节，是理性思维最基本方法。情报研究中的逻辑思维建立在逻辑推理和辨证分析的基础上，根据已知信息运用分析和综合、归纳和演绎等一系列逻辑思维手段来揭示研究对象本质、关系和规律，是情报研究人员的思维基础和定性分析的基本方法。

2）模式思维。模式思维是指在综合运用逻辑思维、形象思维和灵感思维的基础上，探索在一定时空条件下，系统所表现出来的规律性的思维方式。情报研究就是对输入的已知信息进行抽象以形成新的信息的过程，而模式思维则是情报研究科学抽象的重要手段，它包括诸如时间序列分析、趋势外推分析、多元统计分析等数据模式分析和诸如内容分析、引文分析等语篇模式分析等。

3）系统思维。随着中国情报研究工作正在向软科学研究和咨询业方向发展，从全局、整体、相互联系出发的系统思维正在成为综合性、战略性、对策性情报研究的主要方法，层次分析法、情景分析法、系统动力学方法、系统仿真技术、竞争博弈（war games）技术、综合集成研讨厅等系统分析已在情报研究领域中获得了广泛的应用。

4）形象思维。形象思维是人们在认识过程中对表象进行取舍和重构，以具体和直观的方式，反映客观事物具体特征为主要任务的一种思维方式，具有形象性、概括性、创造性和艺术性，是科学抽象的重要手段。想象、联想、类比、模型的构思、思想实验的设计、假设的形成、图形显示、声像制作、实地考察、可视化方法等形象思维已在情报研究领域中获得了广泛的应用。

5）灵感思维。灵感思维就是人们在科学研究和艺术创造过程中突然涌现，使问题得到瞬间解决和直接理解的思维方式，它是一种非逻辑的思维过程，是显意识和潜意识相互交融的结果，突然性、偶然性和独创性是它的重要特征。在情报研究过程中，浏览、交流、松弛、虚静是灵感思维的重要诱因，直觉、顿悟是灵感思维的重要形式，而头脑风暴、德尔菲法、焦点座谈则是灵感思维的重要应用。

三、情报研究方法论建设的重要意义

人类以资源和资源转化为生。工业时代表征资源是物质和能量，“物质不灭定律”和“能量转换与守恒定律”就成为整个科学技术发展的基石。信息时代的表征资源是信息，信息的转化研究将成为引领信息时代科学技术发展的灵魂。因此情报研究方法论建设具有重大的意义。

1. 信息资源开发的中心环节

“开发信息资源，服务四化建设”是邓小平提出的中国现代化和信息化建设的指导方针，而信息资源开发的核心是信息分析，即通过系统化过程将信息转化为知识、情报、谋略和能力，亦即 information 的 intelligence 化，从而形成新的知识来源和决策依据，服务于各类管理活动和科学决策。因此，情报研究是信息转化研究的重要方面军，是一项重要的知识创新活动，是信息资源开发的中心环节，是信息通向应用的桥梁。所有这些，都是依靠分析方法的应用来实现的。

2. 信息流整序的重要对策

当今时代是一个信息过载而情报稀缺的时代。信息的无序激增和对信息的特定需要这一基本矛盾要求信息要向有序化方向发展。编制信息检索系统和发展情报研究工作，是信息流整序的两大基本手段。以用户的需求为中心采用一系列情报研究方法实现的有序化，是信息流整序的发展和深化，是解决因信息爆炸和信息污染而造成的所谓信息危机的重要手段，是信息流整序的重要方式，是信息流整序的高级阶段。

3. 现代社会的一项基本活动

在社会信息化的过程中，信息的生产和处理将成为社会活动的中心。人类将从物质和能源的深度加工向信息的深度加工转化。以信息的搜集和分析为主要特征的情报研究活动不仅存在于情报部门和科学技术领域，也存在于国民经济的各行各业。可以说作为现代社会中的每一个人，尤其是知识工作者，都在随时随地地从事信息的搜集和分析工作，因此具有社会的普遍性。普及和提高情报研究的方法和技能，将会对包含显性知识和隐性知识在内的社会信息资源的深度开发和利用做出重要的贡献。

4. 情报研究学的发展基础

任何学科的建立和发展都是以方法论建立和发展为重要内容和基础的。50 年来，以社会的情报研究活动为对象，以研究和指导人们在各个部门、各个领域从事情报研究活动为己任，研究情报研究工作的理论和方法的科学——情报研究学已经成为中国情报学的重要分支。情报研究方法论，即关于情报研究方法的知识体系的建立和发展，不仅增进情报研究人员的聪明才智，提升情报研究工作的核心能力，也使情报研究学屹立于软科学研究之林。

四、情报研究方法体系的发展趋势

人类进入21世纪，知识经济和信息社会的出现正在推动中国情报研究方法的发展，其主要趋势主要有以下几点。

1. 定性和定量相结合仍将是情报研究的指导原则

以逻辑方法为代表的定性方法，以研究对象质的规定性为特长，能够把握情报研究的重心和方向，但不够具体和精确；以数学方法为代表的定量方法，以研究对象量的特征为特长，但可能会为追求精确而迷失方向。情报研究定量化的发展，是现代数学和计算机技术相结合的思维客体化的结果。因此，在大力推广和发展定量分析的同时寻求两者的有机结合，仍将是中国情报研究方法论建设的指导原则。

2. 系统方法将成为情报研究的主导方法

随着市场经济的发展和情报研究领域的扩大，情报研究面对的问题呈现出更多的综合性、动态性、复杂性、非线性、不确定性的特点，这类问题的求解离不开系统方法的支持。因此，在可以预见的将来，系统分析将逐渐成为情报研究的主导方法。

3. 竞争分析的融入将扩大情报研究的应用领域

为市场竞争和竞争决策服务的竞争分析方法的应用，既促进了情报研究工作更好地进入国民经济主战场和商业领域，提升了情报部门为市场经济服务的能力，且这种具有结构化、半结构化分析框架的定性分析方法群也增强了定性分析在情报研究方法论体系中的地位。

4. 计算机分析的应用将促进人类智能和人工智能的融合

随着信息技术的发展，大量搜索引擎（search engine）和分析软件的应用，一个人机结合、人类智能和人工智能结合联手开发信息资源、提升信息转化研究能力的新阶段将呈现在我们面前。

参考文献

[1] 陶翔，张左之．竞争环境监视．北京：华夏出版社，2006.
[2] 上海交通大学．智慧的钥匙：钱学森论系统科学．上海：上海交通大学出版社，2005.
[3] 包昌火，等．我国情报研究工作的回顾与展望．情报学报，1996，15（5）：568-571.
[4] 傅秉一．科技情报研究的任务与方法．北京：北京科技情报学会，1984.
[5] 包昌火．情报研究方法论．北京：科学技术文献出版社，1990.
[6] 包昌火，谢新洲，等．竞争对手分析．北京：华夏出版社，2003.
[7] 卢泰宏．信息分析．广州：中山大学出版社，1998.
[8] 罗贤春．论信息分析方法体系．现代情报，2003，(11)：63，64.
[9] 钱学森谈情报研究．发展论谈，1984，(12).
[10] 朱庆华．信息分析：基础、方法及应用．北京：科学出版社，2004.

科学抽象*

科学抽象是专题情报研究最重要的一个程序，该程序的基本任务是根据调查和整序的结果，针对选题的目的，形成并提出明确的和基本的答案，如情况、结论、建议或方案。

人们对客观事物的认识一般都经历从感性认识到理性认识这样两个阶段。对情报信息的搜集和整序，通常还只是处于对事物认识的感性阶段，只有通过对这些情报信息进行一系列的科学抽象活动，如运用逻辑思维、形象思维、灵感思维等方式，才能发展到理性阶段。从而获得普遍的、一般的和本质的认识。本书将由感性认识上升到理性认识、从事实上升到理论的过程及理性认识过程本身的思维活动，亦即认识主体对认识客体的思维加工过程，统称为科学抽象。列宁指出："物质的抽象，自然规律的抽象，价值的抽象及其他等等，一句话，那一切科学的（正确的、郑重的、不是荒唐的）抽象，都更深刻、更正确、更完全地反映着自然。"[1]一切科学研究方法，都是透过现象，揭示研究对象的本质、规律和联系的方法，而且都是人类思维的产物。因此，在本章中阐述的科学抽象侧重于科学思维的一般原则。而具体的思维方法则详见于第三篇第一章。它连同其他现代科学研究方法构成了情报信息抽象技术的完整体系。

一、基本过程

对于人的认识过程，马克思把它概括为两个阶段："在第一条道路上，完整的表象蒸发为抽象的规定；在第二条道路上，抽象的规定在思维行程中导致具体的再现。"[2]前者是从感性认识到理性认识的过程；后者是理性认识的过程。由此可见，人类对客观事物的认识过程，是沿着"具体-抽象-具体"的路线进行的。尽管科学抽象和思维形式丰富多彩，但就其主要特征来说，可以将由感性的具体到抽象的规定，再由抽象的规定上升到思维中的具体看做是科学抽象的基本过程。

感性的具体是认识过程中的直观和表象，是对客观事物的直接映像。这种具体只是对于事物整体的混沌的表象，不能揭示事物的本质和规律。因此这种感性的具体，本身又很不具体。例如，人们在日常生活中，直觉感知到昼夜交替、太阳升落、月亮圆缺，这是很具体的现象，但这种直觉是混沌的、笼统的，相对于天体运动规律的认识来说，又是很不具体的。

抽象的规定则是主要借助思维的分析活动，把整体分解成各个部分，从中舍弃那些偶然的、非本质的东西，抽出那些必然的、本质的东西，对具体事物各方面的本质属性加以

* 本文原载《情报研究方法论》. 北京：科学技术文献出版社：1990，79-100。

规定。这些抽象的规定反映了客观事物的各个部分的本质和规律。抽象方法的实质，就是对研究对象进行简化，如数学中的点、线、面，物理学中的质点、刚体、理想气体，化学中的化学键、电子云、杂化轨道等。

由于在抽象过程中对研究对象的部分和方面进行了取合，因而就能对所抽取的部分和方面在纯粹形态下加以深入考察，这样我们就可以离开感性的具体深入事物的内部，揭示事物的本质和规律。

思维中的具体主要运用综合方法把对事物的各个方面的本质的认识联结成一个统一的整体，把事物的各种联系在思维中完整地复制出来。思维中的具体是关于研究对象本质的许多规定的综合，是各种抽象规定的多样性的统一。并且，正是依靠这种抽象规定的综合和统一，从而达到对于自然界的具体过程在思维形态上的理论化的再现。正如马克思所说："具体之所以具体，因为它是许多规定的综合，因而是多样性的统一。"[3]它在形式上最概括、最抽象，在内容上又是最具体、最丰富。出于它与现实的具体事物不同，是具体和抽象的统一，是客观现实内容和主观思维形式的统一，因而能够使我们在思想中掌握事物各个方面的本质及它们的相互联系，对事物各种现象做出统一而全面的解释。

人类对光的本质的认识过程，就是科学抽象在科学研究中应用的范例。日光、灯光、五颜六色的光，这是人们对光的一种感性的具体。通过分析，人们发现，在不同的条件下，光具有直进、反射、折射、干涉、衍射、偏振等性质，从而提出了微粒说和波动说，达到了抽象的规定。经过上百年的实验和探索，最后获得光既具有波动性，又具有粒子性，是一种具有波粒二象性的电磁波的认识则达到了思维中的具体，从而从多种本质规定的统一中把握了客观现象的全部内容。

由于科学抽象包含了从感性认识到理性认识和理性认识的思维加工过程，实际情况远比上述基本过程要复杂和多样，它涉及逻辑思维、形象思维和灵感思维等多种途径，它们各自独立又相互补充，充分发挥人类思维的创造能力，逐步逼近对客观世界的真理性认识。

二、抽象思维

抽象思维是人类智力和神经系统发展到高级阶段的产物。人类智慧的结晶——辩证唯物主义和历史唯物主义及自然科学研究中的一切宝贵成果都包含着抽象思维的功勋。人类对抽象思维的研究已有几千年的历史，形成了形式逻辑、数理逻辑和辩证逻辑等研究思维规律的学科。它是研究得最多的一种思维形式。

（一）何谓抽象思维

抽象思维（abstract thinking），又称逻辑思维（logical thinking），是在感性认识的基础上，运用概念、判断、推理等方式透过现象，抽取本质的思维方式。抽象思维的主要工具：一是抽象，即在思想中把事物非本质属性舍掉，抽取本质属性的方法，从而形成科学概念，概念是抽象思维的要素；二是逻辑，使用判断和摆理的方法得出合乎论理的结论，判断和推理是抽象思维的特征。

列宁指出："任何科学都是应用逻辑。"[4]爱因斯坦也说："科学家的目的是要得到关于自然界的一个逻辑上前后一贯的摹写。逻辑之对于他，有如比例和透视规律对于画家一样。”[5]足见抽象思维在科学研究中的重要作用。从某种意义上说，抽象思维的能力是一个研究者研究素养的重要标志。

（二）科学概念

概念（concept）是反映客观事物本质属性的一种思维形式。正如毛泽东指出的：“概念这种东西已经不是事物的现象，不是事物的各个片面，不是它们的外部联系，而是抓着了事物的本质，事物的全体，事物的内部的联系了。”[6]概念与感觉、知觉、表象不同，感觉、知觉和表象具有直观性和个别性的特点，而概念则具有抽象性与普遍性的特点，是科学抽象的产物。因此，概念的形成和发展，标志着人们的认识由感性阶段向理性阶段的一次质的飞跃。

1. 概念的内涵与外延

任何概念都有其特定的内涵和外延。内涵是概念所反映的事物的本质属性的总和，也就是概念的内容。外延是概念所确指的对象的总和，也就是概念的范围。内涵通过规定来反映事物的本质，外延则通过列举来反映事物之间的联系。

概念的内涵有深浅之分，概念的外延有宽窄之别，而且内涵和外延是互相制约的，存在着反比例的关系。概念的内涵愈深，则外延愈小，反之亦然，如信息、情报、情报研究，就是三个有着包含关系的概念。它们的内涵逐个加深，外延逐个缩小。

这样我们就可以运用概念的限制和概括这两种逻辑方法来精确地掌握概念。

概念的限制是由外延较宽的概念过渡到外延较窄的概念的逻辑方法。办法就是用逐渐增加概念内涵的方法来缩小概念的外延，如技术、高技术、军用高技术，就是一个概念限制的过程。

概念的概括是由外延较窄的概念过渡到外延较宽的概念的逻辑方法。办法就是用逐渐减小概念内涵的方法来扩大概念的外延，如情报研究、软科学研究、科学研究，就是一个概念概括的过程。

2. 概念的定义

明确概念，就是明确概念的内涵和外延，这是通过对概念的定义和划分来实现的。

定义就是以简短的形式揭示概念内涵的逻辑方法，是明确概念的有效手段。

通常定义由被定义项、定义项和定义联项三部分构成。

例如，“化学是研究物质的组成、结构、性质及其变化规律的科学”这个定义，“化学”这部分叫做被定义项，“研究物质的组成、结构、性质及其变化规律的科学”这部分叫做定义项，“是”这部分是定义联项。

常用和普通的下定义的方法是属加种差定义和发生定义。

在采用属加种差定义时，首先是找出被定义概念的最邻近的同概念，其次是确定被定义概念与同一届概念之下的诸种概念所含属性的差别。发生定义是属加种差定义的一种特殊形式，是用事物发生或形成过程的情况作种差的定义。它所揭示的种差是从被定义对象的发生、来源方面指出的特征。

例如，“直角三角形就是有一个角为直角的三角形”和“圆就是在平面上绕一点作等距运动而形成的封闭曲线”，前者为属加种差定义，后者则为发生定义。

定义时应遵循以下规则。

1）定义应当相应相称 也就是说定义概念的外延不应当大于或小于被定义概念的外延，两者必须相等。否则就会犯定义过宽或过窄的逻辑错误。

2）定义不能循环 也就是说定义概念不能直接或间接包括了被定义概念，否则定义概念就是不明确的，如“化学是研究物质化学变化的科学”就是同义反复。

3）定义概念不应是否定概念 如果定义概念中包含了否定概念，则定义概念只能表示被定义概念不具有某种属性，而不能表示被定义概念具有某种属性，如“信息既不是物质，又不是能量”，不能作为信息的定义。

4）定义应当清楚确切 定义概念中如果包含了含混的概念、语词和比喻，被定义概念就是不明确的，如“人是万物之灵”“情报工作是千里眼、顺风耳”等。

3. 概念的划分

划分就是把一个属概念分为若干个种概念，即将概念的外延分为几个小类的逻辑方法。划分由划分母项、划分子项和划分标准三部分构成。例如，有人根据组成将材料划分为有机材料、金属材料、无机非金属材料和复合材料，这里材料就是划分的母项，有机材料、金属材料等就是划分的子项，组成就是划分的标准。标准不同，划分的子项就不同，如按用途，还可以将材料划分为结构材料和功能材料。

划分应遵循以下规则。

1）划分应当相应相称 即划分所得子项外延的总和不应当小于或大于增项的外延，否则就会犯“不完全划分”和“多出子项划分”的逻辑错误。

2）每次划分应当坚持同一标准 否则就会犯子项相容和无法穷尽母项的逻辑混乱，如将情报划分为技术情报、经济情报、战术情报就是这样。

3）子项必须互相排斥 即子项之间只能是不相容的并列关系，不能是交叉或从属的相容关系，如将科学划分为自然科学、社会科学和物理学，就犯了子项相容的逻辑错误。

4）划分应当按层次逐级展开 即不应当越级划分，造成层次不清的逻辑混乱。

4. 概念的作用

概念是抽象思维的起点和细胞，是科学判断和推理的基础。概念反映了客观事物的规律性，是人类在长期科学研究实践中所获得的各种知识的集中概括与结晶，又可以作为探索未知领域的阶梯，在科学史上，“量子”“基因”“信息”等概念的提出都对科学研究的发展产生了重大的作用。概念，由概念表述的判断（基本定律）及包括由推理获得的结论构成了一门学科的理论体系，因此概念又是构成科学理论大厦的基石。

情报研究中概念通常包括三大部分，一是属于情报研究学范围内的概念如情报研究工作社会化、情报研究成果商品化；二是研究对象所涉及的学科和领域的概念，如天基激光器、地基激光器；三是情报研究过程中探讨和形成的概念。许多情报研究报告总是从界定概念开始的，而有的研究课题本身就是从事关于概念的研究。因此概念和概念研究是情报研究的重要基础和内容。

例如，《我国技术引进战略与政策研究》中的第一个分报告就是《关于技术引进的概念》[7]。文章针对技术引进与设备进口之间的混淆，通过国内外文献调查和分析，将技术引进定义为“技术引进是当事人通过合法手续建立契约关系，以传授专有技术和/或附带转让部分或全部工业产权为目的的国际贸易行为”，并将专有技术划分为生产过程的工艺和制定方法；产品的设计或配方及其制造、检测、试验方法及原理的系统知识；经营和管理的经验和知识。工业产权划分为专利权、商标权、实用新型专利权等。进而指出，不传授专有技术和/或不附带转让部分或全部工业产权的单纯设备、关键设备和成套设备，以及原材料、散件、配套件的进口，不宜再纳入技术引进的范畴。从而为技术引进战略与政策研究廓清了基本概念，奠定了重要基础。

（三）科学判断

判断（judgment）是对客观事物有所肯定或有所否定的一种思维形式。任何判断都表达着人们对客观现实的认识，不仅人们的认识过程本身要以判断的形式表现出来，而且认识过程的结果也要以判断的形式来表达。

例如，布鲁克斯指出："情报学如果不实现定量化．它将是支离破碎的技艺，而不会成为科学。"[8]这就是一个判断。

判断和概念的关系是：概念是判断的组成部分，任何一个判断，至少是由两个或两个以上的概念构成的；判断是概念的发展，它进一步揭示概念的内涵和外延，赋予人们的思想以完整的形式。

例如，“全国科技情报系统是由国家的综合性科技情报中心和专业性情报中心、地区的综合性科技情报中心和专业性情报中心以及基层科技情报单位组成的网络”[9]这个判断，就包含两个以上的概念，完整地表达了全国科技情报系统这一思想。

1. 判断的构成

既然判断是对客观事物有所断定的思想，而思想总是要用语言来表达的。判断的语言形式是语句。判断是语句的思想内容，语句是判断的表现形式。

判断通常由主词、宾词、联系词三部分组成，通过主词和宾词的联系和区别来表现客观世界中同一与差异、个别与一般、现象与本质等关系。

如果以 S（拉丁文 subjectum 的第一个字母）代表主词，P（拉丁文 preadicatum 的第一个字母）代表宾词，—代表联系词，则判断逻辑结构的一般形式为

$$S—P$$

例如，“高技术是处于科技发展前沿的技术，是一个历史的、具有动态性和相对性地发展着的概念，是经济发展到一定阶段的产物”就是一种判断[10]。是一种联言判断，其中，S 为“高技术”，—为“是”'，P 为“处于科技发展前沿的技术……”

2. 判断要恰当

判断恰当就是对客观事物要做出合乎实际和恰如其分的断定，这是使用判断时的一个重要要求。

首先，一个恰当的判断一定是一个真判断，真判断是一个正确地反映了实际情况的判断，否则就是假判断。例如，贝歇尔（J. J. Becher）等人做出的“燃素存在于一切可燃物中”的判断由于与客观事实不符，因而是一个假判断。

其次，一个恰当的判断还必须对客观情况做出恰如其分的陈述，主观片面和言过其实都是判断的不恰当。

为此，从逻辑学角度讲，一要准确的使用量词和联系词，如赫胥黎（Huxley）说：“人

们普遍有错觉，以为科学研究者作结论和概括不应当超过观察和事实。……但是大凡接触过科学研究的人都知道，不肯超越事实的人很少会有成就。”[11]这里采用“大凡”“很少”的量词就避免了判断的绝对化。“现在已经证实，天基激光器不但是防御武器，而且是非常有效的进攻性武器”[12]，这里采用“不但……，而且……”的联系词，使判断更加充分。二要选用合适的判断形式，如“如果我看得更远的话，那是因为我站在巨人们肩上的缘故”[13]，采用假言判断，很好地表现了牛顿的求实和谦逊精神。此外，还应遵守形式逻辑的基本规律。

3. *形式逻辑的几条规律*

遵守形式逻辑的基本规律，是做出恰当判断的重要条件，否则判断就会出现含糊不清、自相矛盾、模棱两可等现象。

1）同一律。在同一思维过程中，每个概念、判断必须具有确定的同一内容。遵守同一律能使思维具有确定性，否则就会犯“混淆概念”“偷换概念”“偷换议题”等逻辑错误。同一律的公式是“A就是A”或“A等于A”。

在情报学研究和情报研究中，常犯的一个错误就是概念和议题不明确，不一致，偏离了同一律。例如，把情报学研究与情报研究混为一谈，以情报产业代替信息产业，将常规兵器混同于常规武器等。文献［14］与文献［15］就零次情报与随机情报能否代替开展的讨论也是因两者的概念缺乏同一性。

2）矛盾律。在同一思维过程中，两个相互矛盾或相互反对的判断不能同时都真，其中必有一假。遵守矛盾律能使思维具有一贯性和不矛盾性，否则就会犯“自相矛盾”的逻辑错误。矛盾律的公式是“A不是非A”“A不能既是B又不是B”。

《韩非子·难势》中“‘以子之矛，陷子之盾，何如?’其人弗能应也”就是矛盾律应用的典型事例。一种议论、一篇文章如果包含了自相矛盾，那就失去了逻辑性、科学性和说服力，从而影响了它的价值。

3）排中律。在同一思维过程中，两个互相矛盾的判断，不能同时都假，必有一真，没有第三种可能。因此必须肯定其中一个。否则就会犯模棱两可的逻辑错误。排中律的公式是“A或非A”或者“A是B或A不是B”。

矛盾律与排中律的区别在于：矛盾律既适合互相矛盾的判断，也适用于相互反对的判断，但排中律只适合相互矛盾的判断，而不适用于相互反对的判断，因为在两个相互反对的判断中不能同真，但可以同假。例如，在“所有金属都不是液体”和“所有金属都是液体”这两个反对判断中两者都假。排中律要求在两个互相矛盾的判断中做出非此即彼的选择，排除居中的可能性，它是反证的基础。反证就是通过证明与论题相互矛盾的判断是虚假的，然后根据排中律，由假推真，证明论题的真实性。

4）充分理由律。任何真实的判断，都要有充足的理由。其公式为A真，因为B真并从B能推出A。为此需要提出充分的根据进行必要的论证。思维、论断不仅需要确定性、前后一贯和无矛盾性，而且还要有论证性。否则就会犯“缺乏根据”和“根据虚假”的逻辑错误。

例如，文献［16］做出了我国技术开发经费严重不足的论断，并以各国工程技术人员年人均技术开发经费的统计数据为根据，很有说服力，如图1所示。

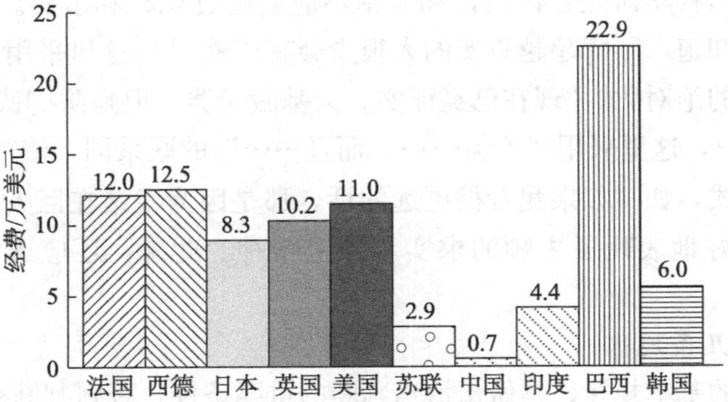

图 1　世界各国人均 R&D 经费

(四) 科学推理

推理（inference）是由一个或几个已知判断推出一个新判断的思维形式。

推理由判断构成，而概念和判断的形成又要借助于一系列正确的推理。

1. 推理的构成

推理是由前提、结论和推理形式三大部分构成。推理中所根据的已知判断叫做前提，它是推理的出发点；从前提推出的新判断又叫结论，它是推理所要达到的目的。前提和结论之间的逻辑关系则为推理形式。

和概念、判断一样，推理也有自己的语言表现形式。推理的语言表现形式是复合句或句组，但只有那些具有前提和结论关系的复合句或句组才是推理。一般来说，它们都具有"因为……，所以……"等形式。经过分析，不具有前提和结论关系的复合句或句组就不是推理。

2. 推理的种类

根据前提的数量，推理可以分为直接推理和间接推理。所谓直接推理，是指出一个判断为前提推出结论的推理，例如，"任何一种哺乳动物都不是用鳃呼吸的，所以任何一种用鳃呼吸的动物都不是哺乳动物"。所谓间接推理，是指出两个以上判断为前提推出结论的推理。如三段论式

前提：所有的 M 都是 P
所有的 S 都是 M
结论：所以，所有的 S 都是 P

按间接推理过程的方向，又可分为归纳推理、演绎推理和类比推理等。关于这些推理的具体形式和应用，将另篇叙述。

3. 推理的作用

推理是从已知求未知的逻辑方法，在科学研究中具有重要的作用。它可以形成科学假说，做出科学预见，寻找因果关系，探索事物本质，概括各种模型，解释实验结果等。人们在科学研究中由现象揭示本质和由本质说明现象，由偶然把握必然和由必然解释偶然，由结果发现原因和由原因导出结果，由事物的功能设想结构和由结构论证功能，由具体区分出抽象的规定和由抽象上升到思维中的具体，都包含了由此及彼的推理过程和结果。

由于情报研究是对情报信息进行去粗取精、去伪存真、由此及彼、由表及里的思维加工过程，逻辑推理是情报研究工作的一大特征。例如，预测是情报研究的基本任务之一，而预测本身就是一种重要推理。已知数据和事实是推理的前提，预测结果是推理的结论，关系、因果、假设等则是推理的形式。文献［17］在市场调查的基础上建立了物理模型和数学模型，预测了多晶金刚石拉丝模销售量的近、中、远期发展趋势，如图2所示。

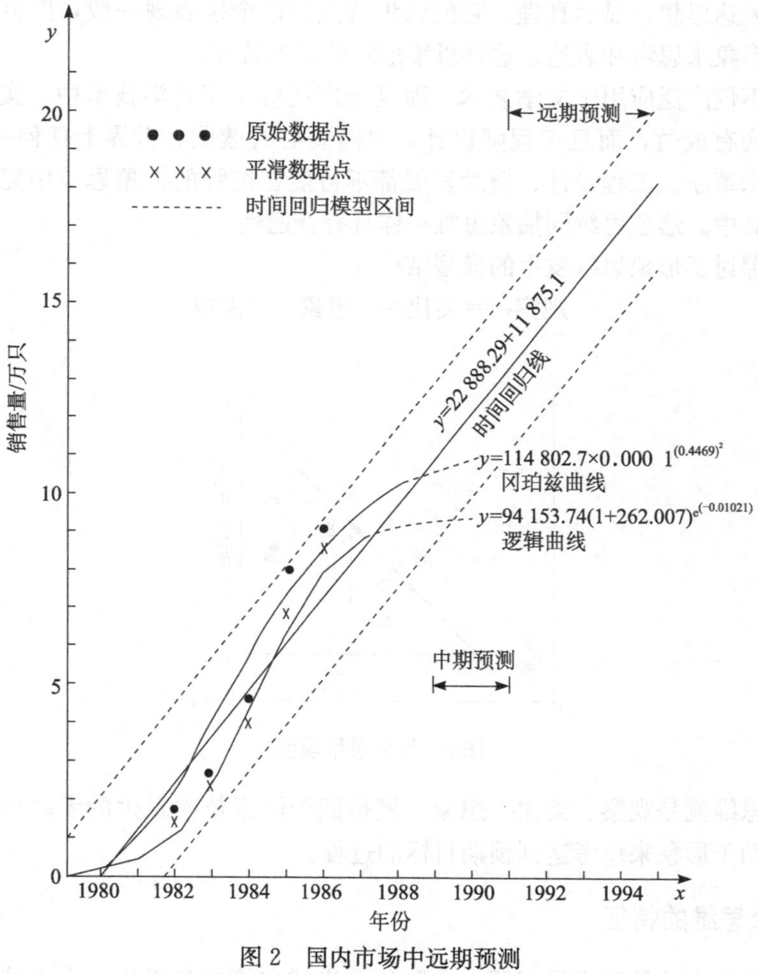

图2 国内市场中远期预测

三、形象思维

形象思维是科学抽象的一个重要思维形式。由于形象思维在智力开发中的重要作用及其受到忽视的现实情况，因而揭示形象思维的机制和功能已经成为思维科学研究中的重点。

（一）何谓形象思维

形象思维（thinking in terms of images）又称直感思维，是人们在认识过程中对表象（或意象，image）进行取舍和重构，以具体和直观方式反映客观事物基本特征为主要任务的一种思维形式。

所谓表象，是感知过的事物在人脑中留下的印象，是在人脑中重现的形象，它既具有感觉（客观事物的个别属性在人脑中的反映）和知觉（客观事物外在联系的完整形象在人脑中的反映）的直观性和形象性，又具有一定的间接性和概括性。

抽象思维以概念为思维细胞，通过判断、推理等形式来认识世界、表达思想、证明真理。它的认识特点以一般概括个别，舍弃事物的个别形态，要求精确性、条理性和系统性。形象思维以表象为思维细胞，通过想象、类比等形式来描述形象，把头脑中的表象外化为具体形象，以表达思想、显示真理。它的认识特点是以个别表现一般，保留直观性和生动性。因此借助形象来思考和表达是这种思维形式的基本特征。

形象思维不仅广泛应用于文学艺术，而且还广泛应用于科学技术中。实际上，不但画家画竹，需要胸有成竹，而且工程师设计，也需要心有蓝图。世界上任何一种科学发现、实体发明、技术革新、工程设计、概念发展都不可能在纯粹的抽象思维中完成，必须要有形象思维参与其中。形象思维同抽象思维一样具有普遍性。

有的学者探讨了形象思维发生的模型结构为

$$观察\Longleftrightarrow类比\Longleftrightarrow想象\Longleftrightarrow模拟$$

如图 3 所示[18]。

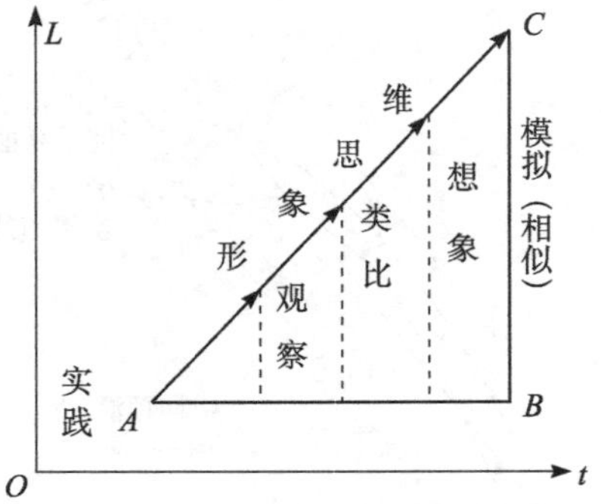

图 3　形象思维模型

认为形象思维就是观察、类比、想象、模拟四个因素依次发生的矛盾运动高度统一于形象，而后借助于形象来思考达到预期目标的过程。

(二) 形象思维的特征

现代脑科学研究的最新成果表明，人脑的左半球主管抽象思维，右半球主管形象思维和灵感思维，两者互相配合，相辅相成，共同完成人类的思维活动，如表 1 所示。

表 1　人脑左右半球的功能

脑的左半球功能	脑的右半球功能	脑的左半球功能	脑的右半球功能
言语中枢的机能 观念的构成 分析性机能	非语言性机能 音乐、图画和图形的感觉 综合性机能	时间连续性感觉 算术性机能 （计算机性机能）	整体性机能 几何学、空间性机能

形象思维具有以下特点。

1. 形象性

形象思维的主要材料是图形、音响、色彩、典型等，具有具体性和直观性，如漫画，寥寥数笔，或说明某一哲理，抨击某一时弊，或讽刺某一现象，形象生动，忍俊不禁，这是与抽象思维显然不同的，如图 4 所示。

图 4 我帮你减轻点负担（方少华画）

2. 概括性

形象思维中的形象并不是停留在个别事物的表面现象上，不是停留在感性阶段中的感觉、知觉和表象上，而是经过思维加工，深入事物的本质，把握同类事物的共同特征。只不过抽象思维是用抽象方式来概括，而形象思维则是用形象方式来概括。例如，科学研究中的抽样调查、案例分析、实物模型、种试验田等方法都具有概括性和形象性的特点。

晚清著名学者王国维在他的《人间词话》中以借喻的手法描述了做学问的三个境界，是用形象思维进行概括的典范。

昨夜西风凋碧树。独上高楼，望尽天涯路。

衣带渐宽终不悔，为伊消得人憔悴。

众里寻他千百度，回头蓦见，那人正在，灯火阑珊处。

3. 创造性

想象、联想和类比等是形象思维的表现形式，而它们既是思维创造的产物，又具有巨大的创造作用。

例如，想象，是人脑在改造记忆中的表象而创造新形象的过程。科学想象的重要特点是表象之间的重新联结和组合，因而不受现实原型的束缚，是一种极为自由的思维活动。正如爱因斯坦所说："想象力比知识更重要，因为知识是有限的，而想象力概括着世界上的一切，推动着进步，并且是知识进化的源泉，严格地说，想象力是科学研究中的实在因素。"[19] 例如，E. 卢瑟福（Rutherford）根据粒子散射实验，设想出原子内部像一个微观的太阳系，指出了著名的原子行星模型，便是想象的产物。文献［20］则是我国情报界较早的论述创造性想象在情报研究中应用的文章。

4. 艺术性

语言既是抽象思维，又是形象思维的描述工具，但两者的描述结构是非常不同的，前者注重逻辑性，后者强调艺术性。作为形象思维的语言表达要求鲜明、生动，给人以诗情画意、栩栩如生之感。

例如，毛泽东在《星星之火可以燎原》中这样写道：

> “它是站在海岸遥望海中已经看得见桅杆尖头了的一只航船，它是立于高山之巅远看东方已见光芒四射喷薄欲出的一轮朝日，它是躁动于母腹中的快要成熟了的一个婴儿。”

文章用三个形象的比喻，来显示“中国革命高潮快要到来”的观点，给人以丰富的联想和艺术感受。

文献［21］也采用了类似的语言描述：“将来某个时候，技术的发展可能使步兵变成电子超人，后者能够呼叫远距离的强大精确的火力支援，并能乘坐单兵自动升降装置飞越高大的建筑物。”

（三）形象思维的作用

在科学认识中，抽象思维的发展常常需要形象思维的参与和支援。美国物理学家格拉肖（S. L. Glashow）认为：“对世界或人类活动中的事物形象掌握得越多，越有助于抽象思维。”[22]形象思维在科学研究中的作用具体表现为以下几点。

1. 新概念的提出

科学史和方法论的研究表明，已有的科学知识通常不会为新思想提供现成的逻辑途径，靠归纳和演绎常常也摆脱不了原有科学的规范。从最一般的意义上说，不管是科学发现和技术发明，实质上都是通过猜测—试错来实现的。这里，想象、联想和类比等却是新概念产生的重要机制。例如，法拉第（M. Faraday）凭着他丰富的想象力，用生动直观的磁力线来刻画磁场，并在此基础上提出了“电磁场”概念。

在情报研究中，不但新概念的提出，如美国关于空地一体战概念的形成，而且对概念的表达和问题的猜想，都离不开形象思维的作用。图 5 就是对空地一体战概念的形象表达[23]。

2. 模型的构思

模型和模型方法是科学研究的重要手段。但模型是人们基于想象和抽象而对现实世界某种实体系统一种简化了的印象，因为模型原是客观现实中并不存在的事物，它标志着人类思维的能动性，尤其是想象力的创造特征。例如，沃森（J. D. Watson）和克里克（F. H. Crick）等提出的 DNA 双螺旋结构的直观模型突破了语言的抽象性，从而在立体空间上简化再现了蛋白质分子的整体结构，使科学家的想象力外化为立体的实体模型，如图 6 所示。正如美国数学家斯蒂恩所说：“如果一个特定的问题可以被转化为一个图形思想就整体地把握了问题并且能创造性思索问题的解决。”[24]

文献［25］以核威慑战略为出发点，以确保相互摧毁为准则，把核战争进程简化为进攻和报复两个阶段，从而做出了未来核战争的基本想定，这也是一种抽象思维和形象思维相结合的产物，如图 7 所示。

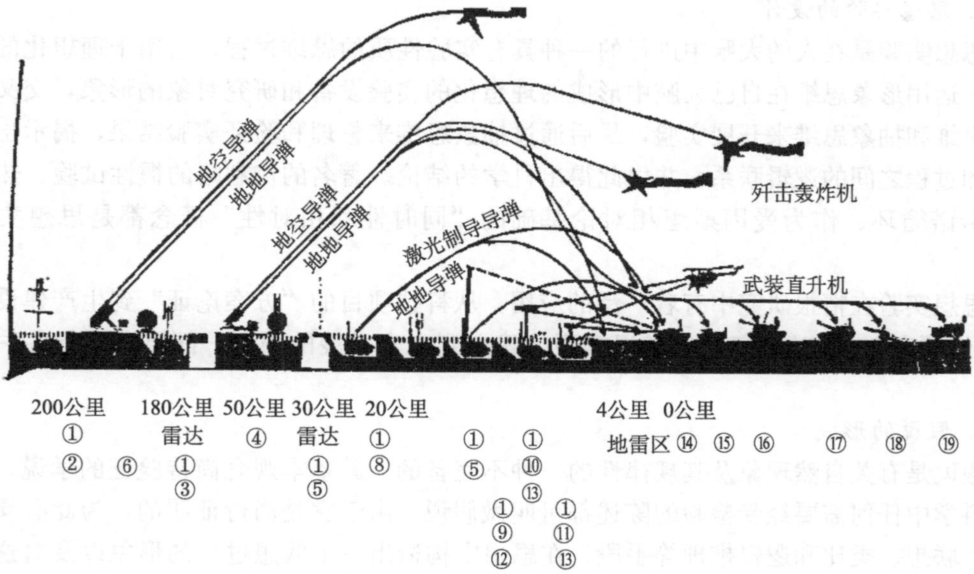

图5 北约战区空地立体作战示意图

注：①在加固掩体中的步兵战车；②陆军军级指挥所；③师级指挥所；④旅指挥所；⑤营指挥所；⑥重型火箭炮；⑦中型火箭炮；⑧轻型火箭炮；⑨“巴沙德”反坦克导弹；⑩“霍特”反坦克导弹；⑪“米兰”反坦克导弹；⑫激光照射器；⑬作战平台；⑭主战坦克；⑮装甲输送车；⑯防空坦克；⑰自行榴弹炮；⑱野战炮和火箭炮；⑲后勤保障车。

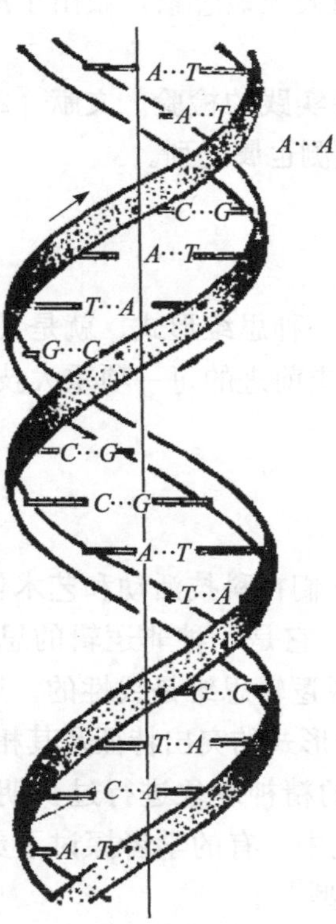

图6 DNA双螺旋结构示意图

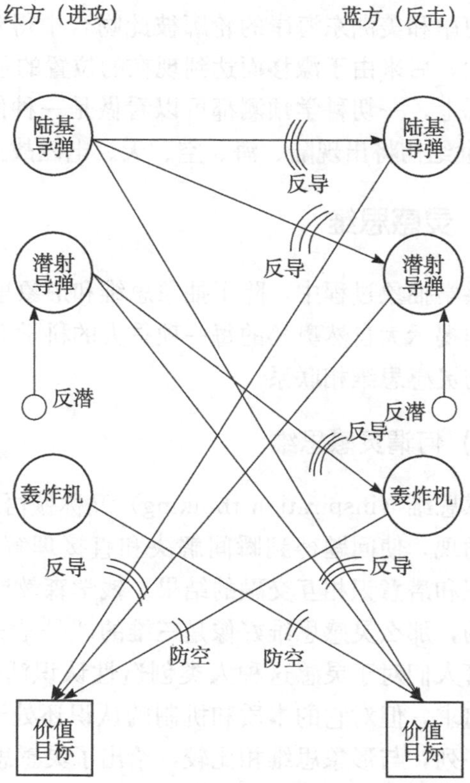

图7 双方核攻击图像

3. 思想实验的设计

思想实验是在人的大脑中进行的一种具有实验性质的思维过程。它用于理想化的实验设计，运用形象思维在自己大脑中形成的理想化的实验设备和研究对象的形象，交叉应用形象思维和抽象思维来开展实验，最后通过抽象思维来整理和验证实验结果，揭示出客观现象和过程之间的逻辑联系，并由此得出科学的结论。著名的伽利略的惯性试验、热力学中的卡诺循环、作为爱因斯坦相对论基础的“同时性和相对性”概念都是思想实验的范例。

思想实验在情报研究中有着广泛的应用，从科技项目的“方案论证”到生产建设中的“可行性研究”，从对研究对象辨识模型的建立到未来发展的预测，都要求进行各种思想实验。

4. 假说的形成

假说是有关自然现象及其规律性的一种不完备的、其基本观念尚待验证的学说。原则上，科学中任何需要经受检验的陈述都可叫做假说。由于它是尚待证明的，为此必须运用想象、联想、类比和逻辑推理等手段，在思想中构造出一个假想过程的形象以及对这个过程的逻辑解译。假说是科学理论发展的形式，正如恩格斯所说：“只要自然科学在思维着，它的发展形式就是假说。”[26]歌德（J. W. V. Goethe）曾说：“幻想是诗人的翅膀，假说是科学家的天梯。”

例如，魏格纳（A. L. Wgner）于1912年提出的“大陆漂移”假说充分说明了形象思维的作用。他从一篇论文中“根据古生物证据，巴西和非洲陆地曾经连接”的设想，又从非洲西河岸和美洲东海岸的轮廓彼此吻合中得到启示，运用大胆地想象，做出了原来大陆连成一片，后来由于漂移而达到现在的位置的猜想[27]。

实际上，一切科学预测都可以看做是一种假说，都有待实践的检验。文献［23］做出的“21世纪初将出现陆、海、空、天、电磁战五维战场”预测也属此列。

四、灵感思维

在科学抽象过程中，除了抽象思维和形象思维外，还有一种思维形式，就是灵感思维。它是人类揭示大自然奥秘的每一项重大的科学突破，推动历史前进的每一项重大技术发明，都无不与灵感思维相联系。

（一）何谓灵感思维

灵感思维（inspiration thinking）又称顿悟思维，就是人们在科技活动和艺术创造过程中突然涌现，使问题得到瞬间解决和直接理解的思维方式。它是一种非逻辑的思维过程，是显意识和潜意识相互交融的结果。钱学森教授说：“如果说逻辑思维是线性的，形象思维是二维的，那么灵感思维好像是三维的。”[29]表达了三种思维形式的突出特征及其相互关系。

尽管人们对于灵感这种人类创造性认识活动用最神妙的精神现象进行过长期的描述、探索和追求，但对它的本质和机制的认识还处于必然王国之中。有的学者探讨了灵感思维发生的序列，与形象思维相比较，给出了灵感思维的结构模型[18]。

$$\text{信息} \Longleftrightarrow \text{机遇} \Longleftrightarrow \text{联想} \Longleftrightarrow \text{直觉}$$

如图8所示。

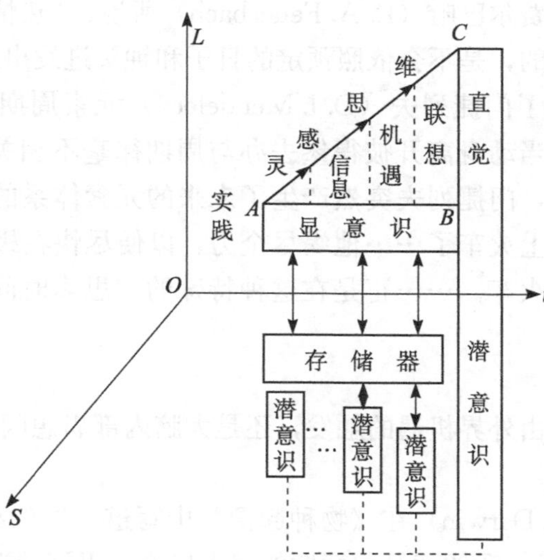

图 8 灵感思维模型

在文献［30］中，作者又把灵感思维发生的机制描述为境域—启迪—跃迁—顿悟—验证构成的序列。

文献［31］则提出了如图 9 的灵感激发机制。

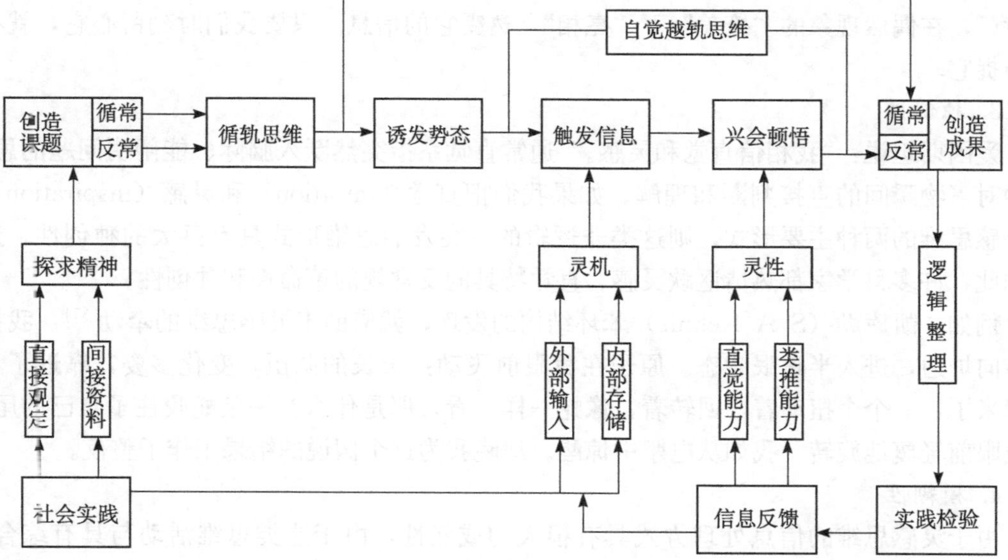

图 9 灵感激发系统的一般模式

(二) 灵感思维的特征

虽然人们对灵感思维的本质和机制的回答各抒己见，但对灵感思维特点的分析却是颇为一致的。

1. 突然性

从时间上讲，灵感的产生是仓促而至，在意外的刹那间使冥思苦想的问题突然得到解决，而且稍纵即逝。正如费尔巴哈（L. A. Feuerbach）所说："热情和灵感是不为意志所左右的，是不由钟点来调节的，是不会依照预定的日子和钟头迸发出来的。"[32]

例如，有人这样描述了门捷列夫（D. I. Mendeleev）元素周期律的发现[33]：就在元素周期律发现的那天，他应当动身离开彼得堡去办与周期律毫不相关的事情。但是，就是在一切行动准备就绪的时刻，门捷列夫突然产生了未来的元素体系的思想……门捷列夫当时正坐在箱子上，很快就要上火车了……他竭尽全力，以便尽快在极短的时间内巩固闪现于心中的天才猜想，然后赶火车。……正是在这种特殊的"思索时间不足"之中，诞生了这个伟大的发现。

2. 偶然性

从原因上讲，无论是由外界机遇的触发，还是大脑内部思想闪光的激发，都是偶然的，且不受显意识的直接控制。

例如，达尔文（C. G. Darwin）在《物种起源》中写道："1938 年 8 月，即我开始有系统的调查工作之后 15 个月，我阅读马尔萨斯的《人口论》以资消遣，同时由于长期观察动植物的习惯，当然不难认识随处可见的生存竞争的事实，于是我恍然大悟：在这种环境下，有利的变化势必保存下来，而不利的则归于消灭。这样的结果便是新种的形成。这时，我终于得到了一个可以作为工作依据的学说。"[34]

在这里，《人口论》观点对达尔文的启发是一种偶然因素，是一种机遇。但机遇只垂青于那些有准备的头脑。许多现象的本质"深居幽宫"，人们不容易发现它，但它也常常走出"幽宫"，在偶然现象的"掩盖"下"亮相"，透露它的信息。只要我们时刻留心它，就有可能捕捉它。

3. 独创性

爱因斯坦说："我相信直觉和灵感。"通常直觉系指突然跃入脑际、能阐明问题的思想，那种对事物瞬间的直接判断和理解。如果我们把直觉（intuition）和灵感（inspiration）看做灵感思维的两种主要形式，则这类非逻辑的、突发的思维形式具有巨大的独创性。正因为如此，许多科学家都热情讴歌灵感、直觉特具的反常规的革命性和独创性。

例如，凯库勒（S. A. Kekule）苯环结构的发现，就借助于灵感思维的牵动[35]：我把坐椅转向炉边，进入半睡眠状态。原子在我眼前飞动：长长的队伍，变化多姿，靠近了，联结起来了，一个个扭动着，回转着，像蛇一样。看，那是什么？一条蛇咬住了自己的尾巴，在我眼前轻蔑地旋转。我如从电掣中惊醒。那晚我为这个假说的结果工作了整夜。

4. 模糊性

由于灵感思维的信息处理方式具有很大的或然性，由于这类思维活动与具有综合性、整体性、空间性、形象性和非语言性的右半脑相关联，因而具有模糊性的特点。但这种灵感思维的模糊性与抽象思维的精确性相结合，就为人们提供了强有力的认识工具。

（三）灵感思维的作用

唯物辩证法认为，发展总是量变与质变、连续与间断、渐进与革命、肯定与否定的统一。科学发展是这样，人的认识过程也是这样。人们对研究对象的科学抽象往往不是一次完成的，而是需要经过曲折的思维过程。其间既有缓慢的渐变，又有迅速的突变；既有长久的沉思，又有瞬时的顿悟。灵感和直觉就是这种认识过程中的突变和顿悟。灵感思维这种突变性，使它在科学研究中起着重要的革命性作用，是科学发现和技术发明过程中的先导、桥梁和触媒。正因为如此，20 世纪以来，以爱因斯坦为代表的一大批科学巨匠无不赞美灵感和直觉，以普波尔（Popper）、库恩为代表的一大批科学哲学家竞相推崇灵感和直觉，我国钱学森教授也一直主张把灵感思维学作为思维科学的基础科学之一。

例如，爱因斯坦认为，科学理论归根结蒂是通过思维的自由创造而“发明”出来的。他说[36]：物理学家的最高使命是要得到那些普遍的基本规律，由此世界体系就能用单纯的演绎法建立起来。要通向这些定律，并没有逻辑的道路；只有通过那种以对经验的共鸣的理解为依据的直觉，才能得到这些定律，如图 10 所示。

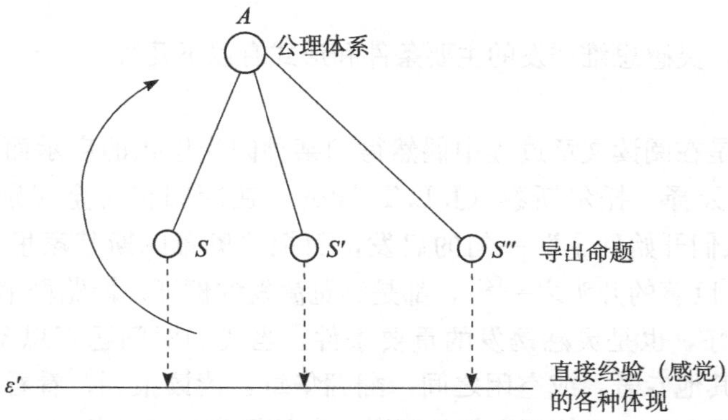

图 10　直觉与灵感

图 10 中，ε 为已知的直接经验，A 是假设或公理，各个 S 是由 A 通过逻辑道路推导出来的个别结论。爱因斯坦认为，A 同 ε 之间不存在任何必然的逻辑联系，而只有一个不是必然的直觉的联系；通过实验验证可以将 S 与 ε 联系起来，但这一步骤实际上也是直觉，因为 S 中出现的概念同直接经验 ε 之间不存在必然的逻辑联系。因此，爱因斯坦认为，“知识不能单从经验中得出，而只能从理智的发明同观察到的事实两者的比较中得出”。

数学家庞加莱（H. Poincare）认为，“逻辑是证明的工具，直觉是发现的工具”，“逻辑可以告诉我们走这条路或那条路保证不遇见任何障碍；但是它不能告诉我们哪一条道路能引导我们到达目的地。为此，必须从远处瞭望目标，教导我们瞭望的本领是直觉。没有直觉，数学家便会像这样的作家：他只是按语法写诗，但是却毫无思想”。[37] 库恩指出，新规范的提出往往是洞察力或直觉的闪光，“有时是在午夜，在深深地处于危机中的一个人的思想里突然出现的”。[38] 所有这些，都从一个侧面阐述了灵感思维在科学研究中的重要地位。

在情报研究中，灵感思维也起着重要的作用，它常常在突然之间给研究者带来重要的发现或新奇的观点，活跃思路、开阔眼界、打破框架，引起认识上的突变。所谓“头脑风暴法”，实际上就是灵感思维在情报研究中的作用。“茅塞顿开”“豁然开朗”“听君一席话，胜读十年书”“山重水复疑无路，柳暗花明又一村”的情景是任何从事情报研究的人都能经历的意境。

文献 [39] 比较系统地阐述了灵感思维及其在情报研究中的应用。

（四）灵感思维的诱发

许多研究表明，灵感虽然来去飘忽，但仍可刻意诱发。灵感思维的产生必须具备两个基本条件，一是对研究问题的殚思极虑，“为伊消得人憔悴，衣带渐宽终不悔”；二是偶然机会的诱导激发，“晴空一鹤排云上，便引诗情到碧霄”，两者缺一不可，即周恩来所说的“长期积累，偶尔得之”[40]。灵感和直觉是对艰苦劳动的奖赏，它只能在科学劳动中产生，只能靠劳动实践去激发，凭长期积累形成的大脑信息之网去捕捉。清代郑板桥在《题画竹》中说得好：

四十年来面竹枝，日间挥写夜间思。
冗繁削尽留清瘦，画到生时是熟时。

在情报研究中，灵感思维诱发的主要条件和形式有以下几种。

1. 浏览诱发

这种诱发通常是在阅读文章过程中偶然得到某种闪光思想的启示而触发。达尔文从优胜劣汰联想到物竞天择；托尔斯泰（J. L. Tolstoy）在翻阅普希金《别尔金小说集》，受“在节日的前夕客人们开始到了”一句的启发，而把“奥布朗斯基家里一切都乱了”作为《安娜·卡列尼娜》巨著的开头之一[41]，都是浏览激发的例证。博览群书、广收信息是情报研究人员的职业癖好，也是灵感诱发的重要条件。当我们对问题百思不解、久攻不克时，或暂时闲置，阅读其他专著，或空闲之间，翻翻华章，读读报刊，看看小说，常常会受到某种思维方式、处理方法、具体观点等的刺激，突然间找到了新的办法，产生了新的构思，形成了新的观点，这是许多人经常感受过的。所谓“读书破万卷，下笔如有神”，在某种程度上也包含了浏览诱发的因素。

2. 交流诱发

这种诱发通常是在人际交流过程中受到某种信息的启示而形成的。这类交流包括无意识的交谈和有意识的讨论，往往都可诱发灵感的产生，尤其是与持不同观点的人交流更是如此。果戈理（H. V. Gogol）受同事们的一次笑谈中听到的官场中的一件轶事的启发，沉思起来，产生了写小说《外套》的灵感；刘备为孔明《隆中对策》所点化，茅塞顿开做出了三分天下的决策，都是交流诱发的例证。

为了形成交流诱发的良好气候，经常开展争论和反驳、质疑和答辩，以至欢聚和畅谈，都可以促进思想相撞、知识相通和潜能激发。学术界经常采用的一些智力激励的方法如“奥林匹亚科学院”、头脑风暴法；集体启发法、情报沙龙等可以看做是交流诱发的自觉运用。文献［42］详细地分析了头脑风暴法的特点和思维特征。情报研究人员应利用具有与各种层次的人员讨论、交流的有利条件，以激发自己的聪明才智。

3. 松弛诱发

科学史的研究表明，许多科学家的直觉和灵感都是在散步、旅行、游艺、入浴、睡眠、听音乐等时出现的。认为显意识的压抑会导致潜意识的活跃，反常信息的捕捉和诱发往往发生长期的、紧张的思维之后的暂时松弛状态之中。所谓“一张一弛，文武之道也”，说的也包含这层意思。阿基米德（Archimides）为“王冠之谜”冥思苦索之隙，依靠浴盆看到溢出盆外的热水，突然有悟，跳起来边跑边喊“尤里卡（找到了）！尤里卡（找到了）”，从而发明了著名的浮力定律，被作为直觉和灵感的美谈。

在情报研究过程中，也经常采用搁置问题法，将悬而难决的问题搁置起来，或去研究另外的问题，或变换一下自己的环境，或使大脑松弛一下，悠游闲适一番，有意识地使思维离开本题，陈化一段时间，有时问题会突然顿悟，迎刃而解。

4. 虚静诱发

我国古代文艺理论家刘勰在《文心雕龙》中曾经提出了虚静养气说，“是以陶均文思，贵在虚静。疏瀹五藏，澡雪精神”，从而达到“水停以鉴，火静而朗，无扰文虑，郁此精爽”的最佳精神状态，因此获得“寂然凝虑，思接千载；悄焉动容，视通万里。吟咏之间，吐纳珠玉之声；眉睫之前，卷舒风云之色”的效果。由于通过虚静养气，自觉排除内心杂念，使精神净化，心情舒畅，思路清晰，集中全部精力于高度紧张构思之中，灵感也就容易爆发了。北宋文学家黄庭坚诗云，“闭门觅句陈无已，对客挥毫秦少游”，概括了两种迥然不同的构思习惯。陈无已，北宋诗人，每构思以被蒙首，驱逐猫犬、稚子；隋代诗人薛道衡。每构思必隐卧空斋，闻户外人声便怒。《宋史·隐迪传》称，宋朝学者圆治，“每构思必匿深草中，绝不问人声，俄自草中跃出，即成一篇矣”。《玉堂丛语》载，明朝文学家罗玘，“居金陵时，每有撰造，必栖踞于乔树之巅，霞思天想”，这都是喜幽静环境诱发的典型。

居幽室、择僻境、临清流、登高阜，在曲径通幽之处、夜深人静之时，静坐会思、闭目冥想、揣摩观点、构思方案、想问题、做文章，也是情报研究人员常用的一种虚静诱发的做法。

文献［41］总结了灵感诱发的类型，如图 11 所示，以窥一斑。

- 灵感
  - 外界偶然机遇型
    - 思想点化
    - 原型启示
    - 形象体现
    - 情景感发
  - 内部积淀意识型
    - 无意遐想类
    - 潜意识类
      - 潜知的闪现
      - 潜能的激发
      - 创造性梦幻
      - 潜逻辑—生理结构

图 11　灵感诱发类型图

正如苏东坡所言，“作诗火急追亡逋，清景一失后难摹”，根据灵感思维稍纵即逝的特点，作为情报研究工作者，应当及时抓住创造性的思想闪光，养成随手记录的习惯也是非常重要的。

五、创造性思维

创造性思维是思维活动中最积极、最活跃和最富有成果的一种思维形式，是人类揭示客观事物的本质和规律的锐利武器，因而也是情报研究工作者从事情报信息科学抽象过程中经常遇到的一种重要的思维活动。

（一）何谓创造性思维

创造性思维（creativeness thinking）又称创造思维，一般系指开拓人类认识新领域的思维活动。科学研究活动的探索性和创造性，因此在科学发现和技术发明工作中，人们总是离不开创造性思维。创造性思维的本质特征是新颖和开创，它能突破一般性思维的常规惯例，突破陈腐观点，突破重重障碍，突破未知王国的坚固“城堡”。这也是称之为创造思维的原因所在。创造性思维活动具有心理的和逻辑的两重性，因此，实际上，创造性思维既包含抽象思维，又包含形象思维和灵感思维，是这些思维相互作用、相互渗透、交叉运用的结果。

许多学者研究了创造性思维的机制，有的学者提出，认为建构—选择—评价—试错是创造性思维活动的基本机制，创造性思维的过程就是选择与建构的统一，如图 12 所示[43]。

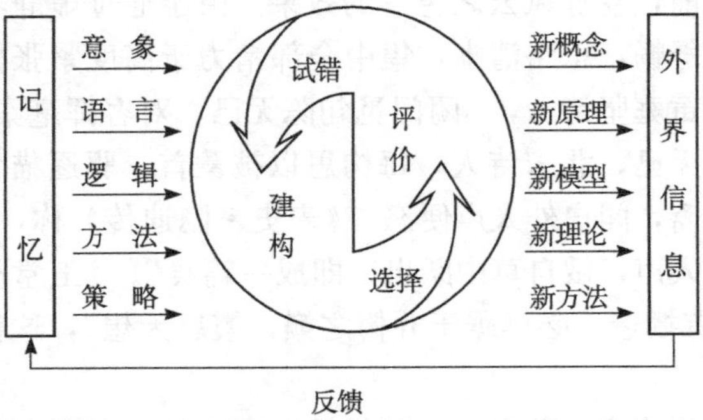

图 12　创造性思维活动的基本机制

(二) 创造性思维的特征

创造性思维与一般性思维相比，具有以下的重要特征。

1. 创造性

如上所述，新颖和开创是创造性思维的基本特征，因为要创造，就要突破，“有所发现，有所发明，有所创造，有所前进”，不能停留在原有的水平上；正如鲁迅先生所说：“什么是路？就是从没有路的地方践踏出来的，从具有荆棘的地方开辟出来的。”科学研究总是探索新领域，创造新事物，其间，从积累到整理、从事物到系统、从常规到革命，都需要摆脱固有观点的束缚，冲破旧的思维模式，超越习惯的认识格局，都需要凭借思维的创造性来实现，没有突破，没有新意，也就没有创造，因此开创性是创造性思维的灵魂和核心。

我国伟大科学家李时珍修编《本草纲目》，成书 52 卷，收录药物 1892 种，历尽艰辛，打破了传统的《神农本草经》按病情需要划分药物为上、中、下三品的做法，采用按植物、动物、砂物分类的药物分类法，从而把中药分类向前推进了一大步。他批判地继承了旧法，创造性地阐明自己的见解，在各种“本草”旧作的基础上，又增添了由他发现的 374 种药物，使《本草纲目》成为我国药学宝库中一颗璀璨夺目的明珠，为人类知识和经验的宝库增添了新的知识和事实。

2. 阶段性

创造性活动总是经历着由量变到质变等这样一些发展过程，不可能是一蹴而就的，因此指导人们从事创造性活动的思维过程也必然具有阶段性。

许多学者从心理的、逻辑的和心理与逻辑相结合的角度提出了创造性思维过程的 3 阶段说、4 阶段说和 5 阶段说等结构模式，如通常的 4 阶段说为以下几方面。

1）准备阶段　包括发现问题、积累资料、获取知识和吸取启示，相当于常规情报研究和专题情报研究中的课题选择与情报搜集阶段。

2）酝酿阶段 包括采取各种方法，制定方略、构思框架、建构模型、考虑方案、对问题作各种试探性解决，矻矻求索，如痴如狂，经常伴随着百思不解的停滞状态。相当于情报研究中的信息整序或/和科学抽象阶段。

3）明朗阶段 包括从新观念的萌发到较系统、完整的研究成果的形成，是酝酿阶段的继续和成果化过程。其间经常出现灵感。直觉、想象和顿悟，表现为认识发展过程中的质的飞跃，相当于情报研究中的科学抽象阶段。

4）验证阶段 对明朗阶段获得的创造性成果运用逻辑力量和实验手段进行检验和证明，进一步扬弃和完善，以形成最终思维产品。相当于情报研究中的成果表达和成果评价阶段。由于创造过程受课题性质、类型、研究者的主客观条件等的制约，并不存在一成不变的模式，而且呈现出的阶段性也不都是相同的和明显的。

3. 综合性

创造性思维是显意识和潜意识的交替和并存，是各种思维的交叉和凝聚，是建立在各种思维基础上的整体效果，是集中概括了各种思维精华后反映出的思维成果，因而具有高度的综合性。正如文献［43］所述："创造性的思维过程必然包含着直觉的洞察和灵感的迸发、想象的发挥与模型的构想、类比的跨接与思路的外推、归纳的概括与假设的试探、演绎的连接与溯因的沟通、分析的还原与综合的归纳、反馈的利用与控制的运筹，最后通过不断的试错与逼近，形成新的概念框架和理论体系。"

因此不少学者把创造性思维归结为某一种思维形式或逻辑模式显然是片面的。实际上人们在从事创造性活动时，既要运用抽象思维，又要运用形象和灵感思维，既有逻辑推理，又有心理活动，这些思维形式和心理活动的集合，才导致创造性思维的形成，演奏出动人心弦的科学创造的"交响乐"。

4. 科学性

一般来说，逻辑思维缺乏突破性，而形象思维和灵感思维又存在不同程度的主观性和或然性，例如，亚里士多德关于重的东西下落得快、轻的东西下落得慢的落体运动的错误想象一直延续了2000多年，极大地阻碍了人类对自然的认识。创造性思维是各种思维的综合运用的结果，它既具有抽象思维的严谨性，又具有形象思维和灵感思维的生动性、跨越性和创造性，因而思维成果具有很高的科学性。

（三）创造性思维的开发

创造性思维能力是人类智力的重要组成部分，是智力结构金字塔的塔顶明珠。所谓智力，主要是指人们认识事物和解决问题的能力，一般应包括科学的观察力、注意力、记忆力、思维力、想象力，以及信息检索能力和实际操作能力等。文献［44］列出的智力关系图（图13）有助于理解它在智力结构中的地位和作用。

人们创造性思维的能力，虽有先天的因素，但更多的是靠后天的培养和开发。情报研究人员创造性思维能力的开发是情报研究人才培养的重要任务。

1. 坚持对事业和创新的追求

俗云：锋自磨砺出，香自苦寒来。一切科学劳动和创造能力都有着艰苦实践的过程和执著追求的身影。苦尽甜来，水到渠成。只有"语不惊人死不休"的追求，标新立异，

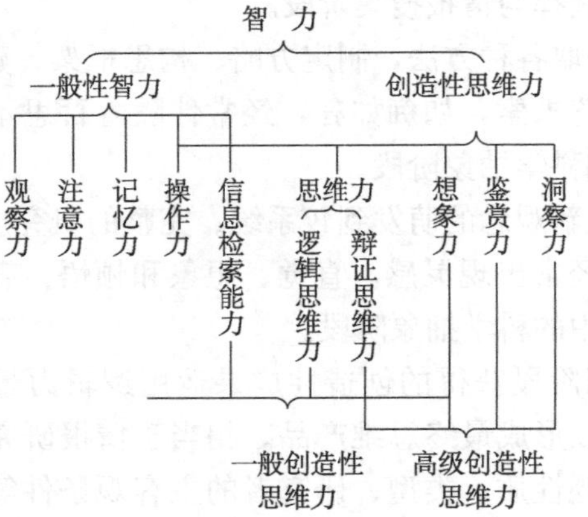

图 13 智力结构系统简图

才有“感时花溅泪，恨别鸟惊心”的千古绝唱。大凡没有对事业的热爱、对真理的追求，缺乏“众里寻他千百度”的精神，就不可能有真正的成就和创造。古今中外，概莫能外。

我国情报研究事业正面临着困难的局面，也呈现出诱人的前景，有人徘徊，有人奋进。一切有志于情报事业、信息产业和情报研究与咨询工作的志士仁人，在社会信息化的伟大洪流中必将作出新的奉献，创造出新的业绩，开出灿烂的创造之花。

2. 维持大脑思维的开放性

人脑是一个开放系统，只有在与外界不断进行物质、能量和信息交换的情况下，才有可能维持思维的动态稳定和有序。在一定条件下，通过思维的涨落，发生突变和跃迁，形成新的有序结构。这就需要营养、运动和信息。正如宋代哲学家朱熹在《观书有感》中所说：“半亩方塘一鉴开，天光云影共徘徊。问渠哪得清如许，为有源头活水来。”维持大脑思维的开放性，就应当像“源头活水来”那样地作信息交流。日本企业就把情报搜集和转变成智慧作为工作人员的天职、企业兴旺的源泉、公司竞争的关键。

因此，情报研究人员的思维要开放，向自然开放，向知识开放，向人际开放，向社会开放，热爱自然，善于观察，酷爱读书，长于论辩，深入社会，勇于交际，尤其是发挥情报研究人员获取信息的特长、条件和手段，广蓄博采，使自己在信息的掌握和理解上处于本领域的前沿。

3. 掌握两类思维的本领

创造性思维形式多样，但就其基本方面来说，主要有两类思维，即逻辑的和非逻辑的，或发散的和收敛的思维构成。发散思维是以一点或问题出发，沿着不同方向，探索多种途径和方案的一种思维方式，求异思维、逆向思维、相似思维等本质上都属于发散思维之列。这类思维具有流畅、变通和独特的特点，如古代的曹冲称象、现在情报研究中常用的变换角度法及一位一贫如洗的日本人靠贩卖从苏联报刊上收集来的科技思想而奇迹般地成为千万富翁的做法，均属此类思维。收敛思维是以一点或问题为目标，推理和优化解决问题的途径和方案，求同思维、辐集思维等本质都在收敛思维之列。这类思维具有连续、严密、规范的特点。创造性思维的过程通常是由发散到收敛，由收敛再到发散交替运用、反复循环，以臻完善，而且因阶段不同而各有侧重。一般在准备和验证阶段多用收敛思维，酝酿和明朗阶段多靠发散思维的作用。

一般来说，创造性思维能力的开发主要是指发散思维能力的提高，尤其是在解决问题过程中思维的灵活性和应变能力，但在实际工作中，思维过于发散，则容易兴趣过广、头绪过多、蜻蜓点水、浮光掠影，不易取得实际成果；思维过于收敛也容易因循守旧、抱残守缺、平淡无奇、思想封闭，不易获得实质性进展。因此，根据各自的特点，掌握和协调好这两类思维是非常重要的。库恩说得好，“这两种思想形式既然不可避免地处于矛盾之中，可知维持一种往往难以维持的张力的能力，正是从事这种最好的科学研究所需的首要条件之一”。[45]

4. 发挥集团的创造力

现代科学研究活动实际上是一种有计划、有组织、有层次的集团活动，因此创造才能的发挥既有赖于个人的思维能力，也取决于研究集体的结构和管理。

当前，我国情报研究工作仍然存在着“人自为战”“村自为战”的手工业生产方式，许多课题“从种棉花到卖破烂”都由同一个人完成，人才结构缺乏层次，课题组织缺乏优化，研究机构缺乏协调都在相当程度上妨碍了集团创造力的发挥。

对于一个研究实体来说：要做到以下几点。

首先，要有一个良好的学术气氛，培养成员之间的心理相容和自由探讨的民主空气，造成思维共振和知识互补的研究环境，克服文人相轻和以邻为壑的恶习，摆脱人才相蔽的悲剧。巴甫洛夫（I. P. Pavlov）的这一席话是很值得玩味的[46]：“在我所领导的这个集体内，互助气氛解决一切。我们大家联结在一个共同事业上，每个人都按自己的力量和可能来推进这个共同的事业。在我们这里，往往辨不出哪是‘我的’，哪是‘你的’，但是，正因为这样，我们的共同事业才赢得胜利。”

其次，要做到研究人员的合理匹配。实践和研究都表明，在研究者中，一类人长于探索和创新，一类人长于积累和证明，一类人则兼而有之，即所谓创新型、积累型和中间型。在情报研究机构中，同样存在着有人长于检索，有人善于钻研；有人长于技术分析，有人善于宏观综合；有人长于文字，有人善于言词；有人长于交际，有人善于研究；有人长于循规，有人善于开拓。这种人才成长和分布的不均匀性，加上专业结构和年龄结构的调整，就有可能形成具有一定层次的比较松散的宝塔式或网络式的研究群体，以达到各尽其才，相得益彰的整体效应。

最后，还需要有一个具有开拓精神、组织才干和民主作风的领导核心，以及平等待人和具有博大胸怀的学科带头人。正如人们对曾长期担任英国剑桥大学卡文迪什实验室领导人的卢瑟福的评价那样[28]：“卢瑟福作为导师的最优秀的品质，是他的那种指导工作、支持科学家创举、正确评价所取得成果的本领。他对学生评价最多的是独立思考、首创精神性和具有个性……，如果谁能做到这些，他就特别关心和鼓励谁的工作。”

参考文献

[1] 列宁全集 .38. 中共中央马克思恩格斯列宁斯大林著作编译局译 . 北京：人民出版社，1959：181.
[2] 马克思恩格斯选集 .2. 中共中央马克思恩格斯列宁斯大林著作编译局译 . 北京：人民出版社，1972：102.
[3] 马克思恩格斯选集 .2. 中共中央马克思恩斯列宁斯大林著作编译局译 . 北京：人民出版社 1972：103.

[4] 列宁．哲学笔记．北京：人民出版社，1974：216.
[5] 爱因斯坦文集．1. 北京：商务印书馆，1977：304.
[6] 实践论．毛泽东选集．1. 北京：人民出版社，1968：262.
[7] 中国机械工程学会．关于技术引进的概念．我国技术引进战略与政策研究．中国科技促进发展研究中心，1987：22-30.
[8] Letters to the Editor. Foundation of Information Science. Journal of Information Science，1982，5（1）：45-49.
[9] 国家科委科技情报司综合处．关于征求《科技情报管理条例》的修改意见．1989. 07. 15.
[10] 张敦恭，等．北京发展高技术产业的研究与探讨．北京市科学技术情报研究所，1989.
[11] 关崇明，等．科学探索与方法．沈阳：辽宁人民出版社，1986：12.
[12] 王常先．美国“星球大战”计划的进展与对策分析．航天情报研究报告 HQ-B87000. 航天工业部科技情报研究所，1987：1-8.
[13] 默顿 K. 科学发现的优先权．科学与哲学，1982，(4)：15.
[14] 黄立军．不可用“随机情报”取代“零次情报”．情报科学，1988，(1)：61-64.
[15] 白义周．以“随机情报”“代替”“零次情报”的提法为宜．情报科学，1987，(5)：50-54.
[16] 阎迅．北京市 100 个重点企业技术开发情况及对策．北京市科学技术情报研究所等，1988.
[17] 孟庆坪．聚晶金刚石拉丝模国内市场预测研究．北京市科学技术情报研究所，1987.
[18] 刘奎林．关于思维科学研究．全国首届思维科学学术讨论会，1984.
[19] 爱因斯坦．爱因斯坦文集．北京：商务印书馆，1976：284.
[20] 傅秉一．情报研究中的创造性想象．北京情报学会会讯，1982，(1)：1-4.
[21] 胡星光．为 2000 年空地战做好准备．兵器工业部二〇一研究所，1984.
[22] 刘元希，等．1979 年诺贝尔物理学奖获得者——温伯格与格拉肖教授访问记．科技导报，1980，创刊号：77.
[23] 赵澄谋，等．21 世纪初战场和武器装备预测．中国国防科技信息中心，1988：90.
[24] 上海外国自然科学哲学著作编译组．摘译—外国自然科学哲学．上海：上海人民出版社，1976，(3)：130.
[25] 康崇禄．战略核力量分析系统．中国国防科技信息中心．第二届中国国防系统分析方法学讨论会，1989.
[26] 马克思，恩格斯．马克思恩格斯选集．北京：人民出版社，1972：561.
[27] 许若兰，等．地质科学与地质思维的猜测性．百科知识，1988，(6)：63-64.
[28] 赫拉莫夫．科学中的学派．科学学译丛，1983，(1)：38.
[29] 钱学森．开展思维科学的研究//钱学森主编．关于思维科学．上海：上海人民出版社，1986：123-165.
[30] 刘奎林．灵感发生论新探//钱学森主编．关于思维科学．上海：上海人民出版社，1986：342-374.
[31] 陶伯华．灵感激发系统一般模式探讨．潜科学，1984，(4)：19-21.
[32] 费尔巴哈．费尔巴哈哲学著作选集．荣震华等译．下卷．北京：商务印书馆，1984：504.
[33] 周义澄．论直觉——凯德洛夫答《科学与宗教》杂志问．哲学译丛，1980，(6)：33.
[34] 达尔文 F. 达尔文生平．叶笃庄，等译．北京：科学出版社，1983：71.
[35] 贝弗里奇 W I B．科学研究的艺术．北京：科学出版社，1979：60.
[36] 爱因斯坦．爱因斯坦文集．北京：商务印书馆，1977：102.
[37] 庞加莱 H. 科学与方法．北京：商务印书馆，1980：438.
[38] 库恩 T S. 科学革命的结构．上海：上海科学技术出版社，1980：74.
[39] 王松益．灵感思维与情报研究．情报科学，1988，(1)：2-6.

[40] 无锡日报，1984-04-21.
[41] 陶伯华，等．灵感学引论．沈阳：辽宁人民出版社，1987：2-3，69.
[42] 路林．“头脑风暴法”及其思维过程特征．情报学刊，1989，(4)：71-73.
[43] 章士嵘．科学发现的逻辑．北京：人民出版社，1986：102，85.
[44] 傅世侠．创造．沈阳：辽宁出版社，1987，136.
[45] 库恩 T S. 必要的张力．福州：福建人民出版社，1981：23.
[46] 巴甫洛夫．巴甫洛夫全集．北京：人民卫生出版社，1959：17.

思维方法*

思维是人脑对客观事物的一种间接的和概括的反映过程。科学研究是一种探索性和创造性的脑力劳动，须臾也离不开科学的思维。科学思维的能力和水平，是一个国家科技事业发达的重要标志，也是科技人员素质的重要量度。正如恩格斯所说：“一个民族想要站在科学的最高峰，就一刻也不能没有理论思维。”[1]

情报研究的过程，本质上就是一种思维过程，是人脑对信息的获取和加工，是根据社会需要，在一定的心理结构和操作下，对储存的和外来的信息进行鉴别和筛选，重新联结和组合的过程。情报研究中常用的思维方法有比较和分类、归纳和演绎、分析和综合、想象和类比等。

一、比较和分类

一般来说，人们认识事物总是从区分事物开始的，要区分就得比较和分类。要对情报信息进行区分，进而从事各种逻辑加工，也应从比较和分类做起。因此，比较和分类是情报研究中常用的思维方法。二者关系密切，比较是分类的基础，分类是比较的结果。

（一）比较

1. 何谓比较

比较（comparison）就是对照各个对象，以便揭示它们的共同点和相异点的一种思维方法。通过比较揭示对象之间的异同是人类认识客观事物最原始、最基本的方法。有比较，才能有鉴别。俗话说“不怕不识货，只怕货比货”“不比不知道，一比吓一跳”，都说明比较的认识功能。

比较是一种既古老又年轻的方法。自 18 世纪以来，学术界开展了各个领域的比较研

* 本文原载《情报研究方法论》．北京：科学技术文献出版社，1990：138-172。

究，如比较生物学、比较地质学、比较军事学等，已逐渐发展成为一门专门的学科，而且在情报学领域中也出现了比较情报学、国内外情报研究比较研究等[2,3]，充分说明了比较方法的重要和活力。

根据不同的标准和角度，比较可以分为不同的类型，如同类比较和异类比较、定性比较和定量比较、静态比较和动态比较、纵向比较和横向比较、全面比较和局部比较、宏观比较和微观比较等。

2. 比较的原则

比较的基本原则是可比性原则。所谓可比性原则包括两方面的含义。世界事物之间都具有统一性和差异性，无论空间上同时并存抑或时间上先后相继的事物之间都存在着这种同一性和差异性，因此原则上都是可以比较的，这是可比性的无条件性和绝对性。但是两个事物的比较必须通过第三者来进行，正像商品价值的比较必须以货币为中介一样，而且每次比较只能有一个第三者作中介，这是可比性的条件性和相对性。可比性原则则是比较的无条件性和条件性、绝对性和相对性的辩证统一。

在具体比较时应当把握以下几点。

1）研究对象的可比性。在运用比较方法时，首先要解决对象是否可比的问题，即把握好可比性原则的条件性和相对性。黑格尔（G. W. Hegel）说道，“凡物莫不相异”“天地间没有两个彼此完全相同之物”[4]。因此，不管是异类还是同类对象的相比都是有条件的，即两种比较对象需要比较的属性能用同一种单位或标准去衡量。没有确定的标准，不是无法比较就是无法确认比较的结果。因此比较时必须注意时间、空间和范围等方面的可比性。

时间可比性是指所比较的数据、事实和情况应当是同时或同期的。空间可比性是指比较时要充分注意到国家、地区、单位上的差别。范畴可比性是指比较事物的属性、层次和范围应当是相间的。例如，不能将自己武器的科研水平与别人武器的装备水平去比以表明我们武器的先进性；也不能将我们的常规兵器去与集世界各国之最的常规兵器去比以表明我们的落后性等。

2）注意内在关系上的比较。通过比较揭示事物的本质联系和差别是比较的主要目的。因此科学研究中的比较，尤其要注意从表面上极为不同的事物中探求它们本质上的共同点，在表面上非常相似的事物中探求它们本质上的相异点。黑格尔说过：“假如一个人能看出当即显而易见的差别，譬如，能区别一支笔与一头骆驼，我们不会说这人有了不起的聪明。同样，另一方面一个人能比较两个近似的东西，如橡树与槐树，或寺院与教堂，而知其相似，我们也不能说他有很高的比较能力。我们所要求的，是要能看出异中之同和同中之异。”[4]只有这样才能更本质、更深入地认识事物。从体态上相差极远的鲸、蝙蝠和狼三者的生物学比较得出都属于哺乳动物，是异中求同的实例；从外貌非常相似的鲨鱼、鱼龙和海豚三者的生物学比较确认分属鱼类、爬虫类和哺乳类，则是同中求异的实例。

3）透过现象看本质。在用比较法研究问题时，通常要整理并比较一系列的数字、情况、做法、效果，并从中发现它们之间的相同与差异。如果我们把这些比较直观的和表面的情况称之为研究对象的“现象”，那么潜藏于它们背后的原因、背景，以及由此可以总结出来的经验、教训等便可以称之为研究对象的“本质”。情报研究的任务就是透过现象抽取本质，因此用比较法研究情报时，不要使研究停留在素材的整理或堆砌上，而要随时注意使研究深化和升华。

4）运用数据和图表进行比较。数据是表示事物性质的一种符号。它可以反映事物的本来面貌，揭示事物的客观规律，并可用来检验实践、评价过去、权衡利弊、预测未来。数据与图表结合能起到形象直观、一目了然的作用。如配以画龙点睛的文字，则可收到锦上添花之效果。因此比较时一定要有基本的数据分析，要准确地应用数据语言，尽可能让数据和图表说话。图1可以作为这样的一个例子[5]。

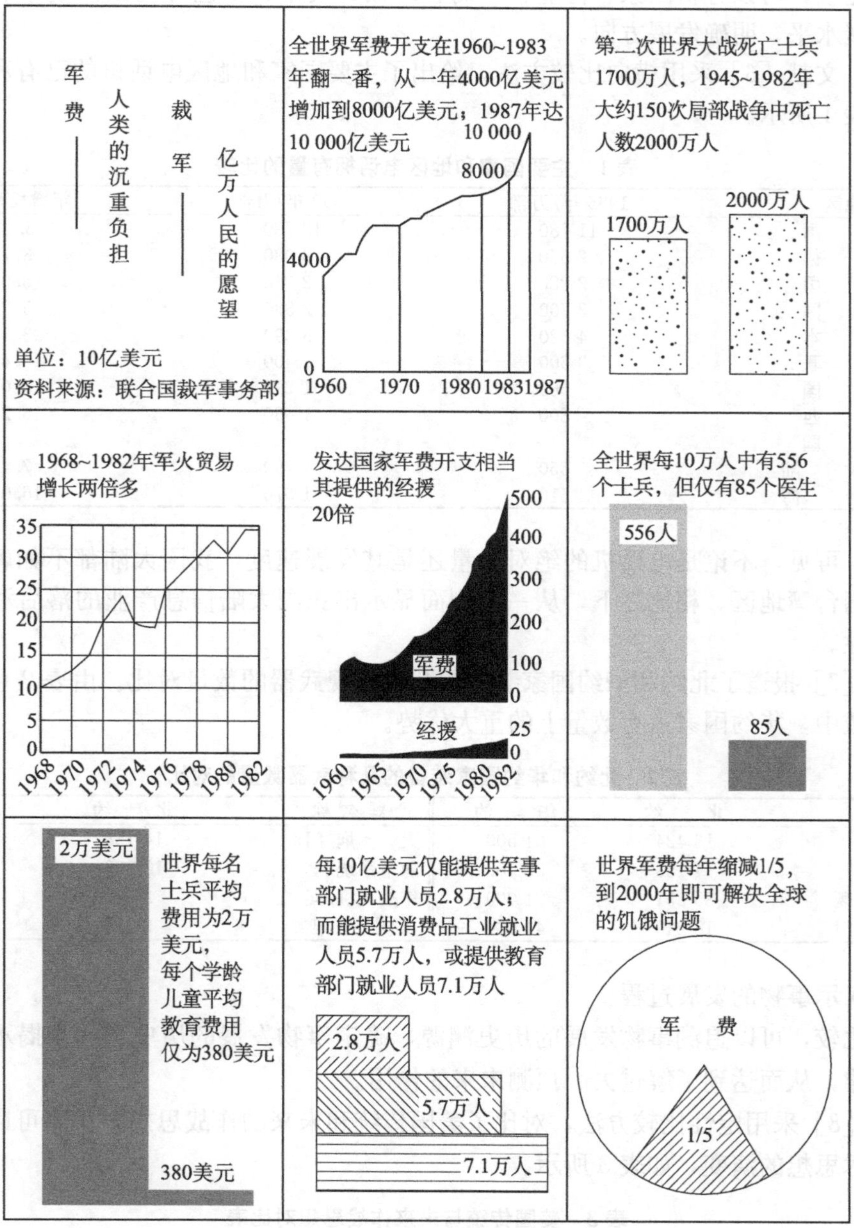

图1 军费是人类的沉重负担

3. 比较法的作用

从事对比分析是我国情报研究工作的重要任务，杨沛霆同志曾说："情报研究是在大量文献资料和实地考察的基础上摸清国内外情况，编写出有依据、有分析、有对比、有建议的调研报告。"所谓两个差距（国内外差距、省内外差距）、三个水平（国际水平、国内水平、本系统水平），都是以比较作为基础的，足见比较法在情报研究工作中的重要作用。具体表现为以下几方面。

（1）确定事物的水平差距

通过比较，可以分析国家、行业、厂商、产品、技术、工艺等的当前水平和差距，以便对比发展水平，明确发展方向。

例如，文献［6］采用横向比较方法，给出了主要国家和地区电话机的已有和可能的拥有量，如表1所示。

表1　主要国家和地区电话拥有量的比较

地区	1985年/万部	1990年/万部	年增长率/%
美　国	11 780	13 780	3. 2
西　德	2 530	3 030	3.7
法　国	2 280	2 910	5.0
英　国	2 200	2 830	5.2
日　本	4 620	5 390	3.1
苏　联	3 300	5 400	10.4
韩　国	660	1 210	13.0
巴　西	800	1 630	15.2
中　国			
大　陆	550	790	7.4
台　湾	510	1 070	16.0

由表1可见，不论是电话机的绝对数量还是其发展速度，我国大陆都不如韩国，甚至也不如我国台湾地区。相比之下，从一个侧面显示出我国大陆信息产业的落后和推进信息化的紧迫性。

文献［7］报道了北约和华约国家装备的几种常规武器的数量对比。由表2可知，在常规武器领域中，华约国家占有数量上的重大优势。

表2　北约和华约国家装备的几种武器数量的对比

武器名称	北　约	华　约	武器名称	北　约	华　约
主战坦克/辆	16 424	51 500	火　炮/门	14 158	43 400
步兵战车/辆	4 153	22 400	防空系统/套	10 309	24 400
其他装甲车/辆	35 351	71 000	作战飞机/架	3 977	8 250
反坦克武器/门	18 240	44 200	直升机/架	2 119	3 700

（2）揭示事物的发展过程

通过比较，可以追溯事物发展的历史渊源，确定事物发展的历史进程，揭示事物发展的变化规律，从而达到了解过去、预测未来的作用。

文献［8］采用定性比较方法，对比了美国传统和未来的作战思想，从而可以探求美国战略与战术思想的演变，如表3所示。

表3　美国传统与未来作战思想对比表

美国传统作战思想	2000年空陆战的设想	美国传统作战思想	2000年空陆战的设想
前线作战	进入敌后攻击其后续梯队	优势兵力作战	靠战场、战术上的兵力优势取胜
稳定的阵地作战	强调运动战无稳定阵地	兼顾防御与进攻	强调进攻

续表

美国传统作战思想	2000 年空陆战的设想	美国传统作战思想	2000 年空陆战的设想
防守重要城市与地形	更强调消灭敌方有生力量	依靠核威胁	加强常规兵力
有严格的作战计划	明确共同目标、靠共同理解，由各部队灵活实施	拼火力，拼钢铁	靠精确打击，节省消耗
战略上的后发制人	战略上的速决战 战役上的连续作战 以对方来不及反应和决策的速度攻击后立即机动转移	良好环境作战为主	全环境作战能力
		集中兵力大部队作战	兵力进一步分散到不值得核攻击

(3) 分析事物的异同和优势

通过比较，对研究对象进行定性鉴别和定量分析，为识别、判断和选择提供充分的依据。

文献［9］采用定性比较方法对比了微波、毫米波和光电技术（红外和激光）的特性，如表 4 所示。

表 4　毫米波同微波、光电技术的比较

特　性	频　率		
	微　波	毫米波	光　电
在雨雾天气和烟雾环境下的作用距离	很远	较远	较近
部件	大 坚固	小 坚固	易损坏
天线孔径	大天线	小天线	非常小的孔径
工作模式	只有主动式（雷达）	主动或被动	大多数都采用被动
成像	不现实的	可行	很好
大气层传播	可穿透大气层	好的频谱响应	穿不透云和雾

由表 4 可见，毫米波有许多优于红外和激光的特性，这就是为什么现阶段的制导技术大都选择毫米波制导的原因。

(4) 发现事物的问题和规律

通过比较，可以看到不易直接观察到的变异和特征，纠正流行看法中的偏激和错误，发现理论与实践中的矛盾和问题，从而透过事物的现象，把握事物的本质。

文献［10］采用纵向式动态比较方法给出了美国 1980～1990 年国防开支中关于数据处理的费用，如图 2 所示。

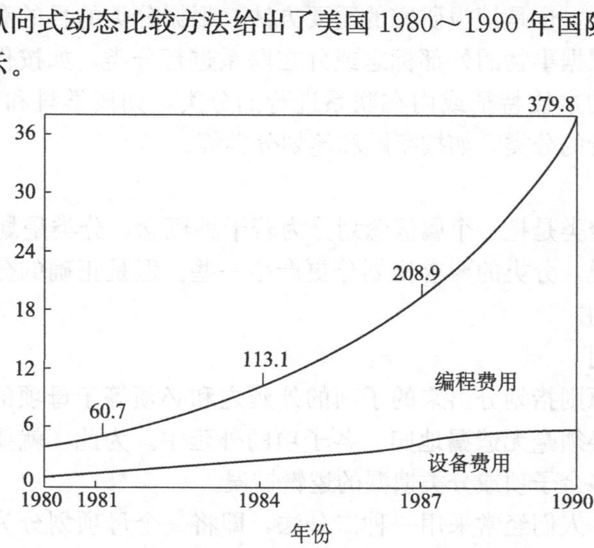

图 2　美国 1980～1990 年国防开支中数据处理的费用

由图2可见，从绝对数值和增长速度编程费用都远高于设备费用，10年间增长10倍左右。透过数据，说明实现编程自动化是关系到微电子技术在军事上普遍应用的重大问题。据称，目前正在发展的硅编程器，可望大大降低编程费用。

文献［11］采用定量比较方法给出了1981～1986年大、中、小型计算机的开发率和利用率数据。通过比较，充分暴露了我国在计算机数量逐年增加而利用率和资源开发率日益下降的严重局面（表5）。

表5　1981～1986年间我国计算机台数、利用率和资源开发率的比较

年份	装机台数	国产机台数	引进台数	资源开发率/%	利用率/%
1981	3200	2770	430	30	40
1982	3819	3300	519	25～30	20
1983	4269	3500	769	25	20
1984	4769	3800	969	20	15～20
1985	5500	4000	1500	15	15
1986	7014	4100	2914	＜15	＜15

（二）分类

1. 何谓分类

世界上一切事物都可以按其属性区分开来，并归入一定的门类。这种按属性异同将事物区别为不同种类的思维方法叫做分类（classification）。类是具有共同特征的集合。

分类是以比较为基础的。人们通过比较，揭示事物之间的共同点和差异点，然后根据共同点将事物归并为较大的类，再根据差异点将较大的类划分为较小的类。正如陈世骧同志所言："万物虽众，但均有共有别。推而共之，可以类上归类，推而别之，可以类下分类。共性是归合事物的根据，特性是区分事物的根据，共性与特性的对立统一，是一切分类的根据。"[12]这样分类的结果就将事物区别为具有一定从属关系的不同层次的大小类别，形成各种概念系统，反映客观世界中事物的区别和联系。

分类作为一种认识事物、区别事物的方法，在世界上已有几千年的历史，并已发展成为一门专门的学科。分类法和主题法是在长期情报工作过程中形成与发展起来的文献整理和检索的工具与基础，也是情报研究的重要方法。根据分类的目的和标准，通常分类的类型有现象分类，即根据事物的外部标志或外在联系进行分类，如按作者和厂商分类；本质分类，即报馆存物的本质特征或内在联系进行的分类，如按学科和内容分类；实用分类，即根据应用需要进行的分类，如按字顺和笔划分类等。

2. 分类的原则

从逻辑上讲，分类是把一个属概念划分为若干种概念，分类是划分（division）的特殊形式，因为一般来说，分类的要求比划分更严格一些。但是正确的分类和划分所应遵循的规则基本上是一致的。

（1）穷尽性原则

分类的穷尽性原则指划分出来的子项的外延之和必须等于母项的外延，即属于母项外延中的每一分子都必须毫无遗漏地归入各子项的外延中。为此，就要选择好适当的分类标准，否则就会出现多余子项或分类遗漏的逻辑错误。

在实际工作中，人们经常采用一种二分法，即将一个母项划分为一个具有某种属性的子项和另一个恰好缺乏这种属性的子项，如核与非核、尖端与常规、战时与平时、军用和民用等。由于二分法是把一个母项划分为具有矛盾关系的两个子项，正负分明，简捷易行。有时为了研究需要，人们也经常采用把事物划分为“a、b及其他”这样形式的分类，这里的其他包括一切非｛a，b｝，如美国、苏联和其他国家，反坦克武器、防空武器和其他武器等。

（2）排他性原则

分类的排他性原则系指母项划分后各子项的外延或范围应该是互不相容、互不交叉的。否则就会出现子项相容或分类重叠的逻辑错误。

为此必须做到以下几点。

一次分类只能根据同一个标准，也就是根据事物的某种属性或关系进行，不应出现“划分标准不同一”的错误。

分类必须按照一定的层次逐级进行，即子项要保持同一层次；母项和子项要处于相邻的两个层次，不应出“越级划分”的错误。

总之，不论是穷尽性原则还是排他性原则，都关系到选择标准和坚持标准的问题，因此处置分类标准是分类的关键问题，也是情报研究人员在使用中容易出错和应当引起重视的地方。

3. 分类的作用

分类是科学认识和科学研究的起点和基础，同样也是情报研究的重要方法。分类在情报研究中的作用有以下几方面。

（1）信息整序的主要手段

思维的过程是一个信息加工过程。而对获得的大量信息的加工处理，则从整序着手。恩格斯说：“无数杂乱的认识资料得到清理，它们有了头绪，有了分类，彼此间有了因果联系；知识变成了科学……”[13]。因此，分类方法是整理和储存情况、事实、数据，使之条理化和系统化，并为分门别类深入研究创造条件的主要手段，否则就会千头万绪，如堕烟海。

例如，文献［14］就我国高技术的产业化问题对科研机构、高等院校和工商企业进行的问卷调查结果按问题和机构类型进行了分类统计，列表27张，从而使513份答卷的众多数据实现了有序化并为此由得出的11个推论和进一步分析提供了数据。如问卷调查对象的构成和对问题1（我国目前是否存在高技术?）的回答见表6和表7。

表6　问卷调查对象构成

问卷调查对象	数量/人	比重/%
各类研究院所负责人	800	23
大专院校科研处负责人	700	20
企业的负责人	2000	57
总计	3500	100

表7　全国及分机构对问题1的回答情况

百分比/% 回答 机构	不存在	存在，但没有产业	存在，有产业	其他
全　国	1	44	52	3
科研院校	2	51	45	2
大专院校	1	41	57	1
工商企业	1	41	55	3

（2）认识事物的基本依据

俗语说：“物以类聚，人以群分。”分类是认识事物和研究事物的依据和起点。千变万化的事物和成千上万的数据，不形成种或类的概念，不进行系统分类是不可想象的。正如恩格斯所说："没有种的概念，整个科学就没有了。科学的一切部门需要种的概念为基础……"[15]而且大量纷繁庞杂的事实材料一经分类，往往会显露出某些规律的线索和端倪，有助于概括和发现。

科学史上，元素周期律的发现就得益于比较和分类的方法。门捷列夫以元素的原子量为分类标准。按其递增顺序排列，发现元素的化学性质随着原子量递增存在着周期循环的现象，从而发现了元素周期律。化学元素周期表就是分类思想的杰作。以进化论为基础对生物分类，可以揭示和认识生物的亲缘关系和演变过程，如图 3 所示[16]。

文献[17]给出了大阪市的交通结构，并将其划分为地铁、国铁、民铁、私人汽车、公共汽车和出租汽车五部分，以扇形图表示，明晰可见，如图 4 所示。

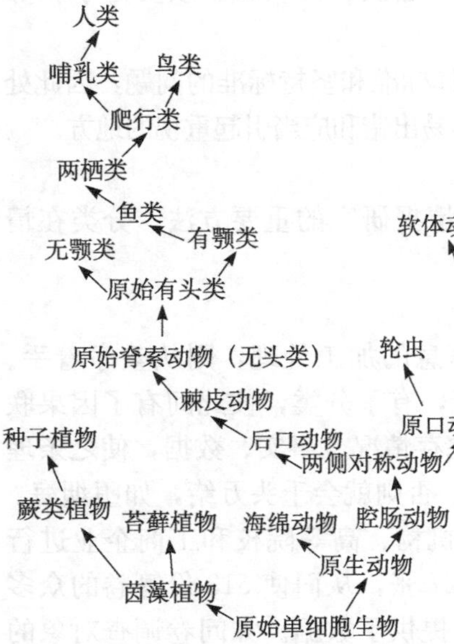

图 3　以进化论为基础的生物分类

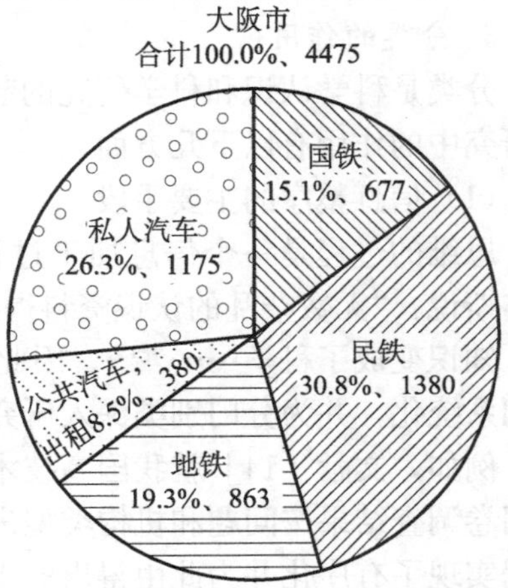

图 4　大阪市各类交通工具运客人数和比例

（3）情报研究的重要基础

分类法不仅是各门学科研究的一种基本方法，因为科学要从堆积事实的经验阶段走向整理事实的理论阶段，就不能不借助分类方法来架设中间的桥梁，而且还可以对整个科学本身进行分类，为创立新学科提供指导。

同样，分类方法也是情报研究的一种重要方法，而且是其他研究方法的重要基础。

文献［18］运用分类方法，采用图表形式，绘制了《北京市工业技术振兴计划目标系统分解图》《北京市工业技术振兴计划图》，并编制了《北京市工业振兴计划关键技术和重点产品分类统计表》，把包括 10 个重点行业、1000 项关键技术和 10 000 种新型产品的北京市工业技术振兴计划的全貌形象和直观地表达出来，这是用分类方法进行情报研究的一个典型实例，如图 5 所示。

在情报研究过程中，不论是对课题内容的划分、问题的思考、考察结果的表述和许多方法，如归纳和演绎、分析和综合等的运用都是以分类和划分作为重要基础的。例如，层次分析法的核心是把问题层次化。根据问题的性质和要达到的总目标，把同一层次的问题分解为不同的要素，形成一个多层次的分析结构模型。但是不论层次的划分和问题的分解，都是与分类密不可分的。文献［19］为层次分析法在星火计划课题选项中的应用，如图 6 所示。

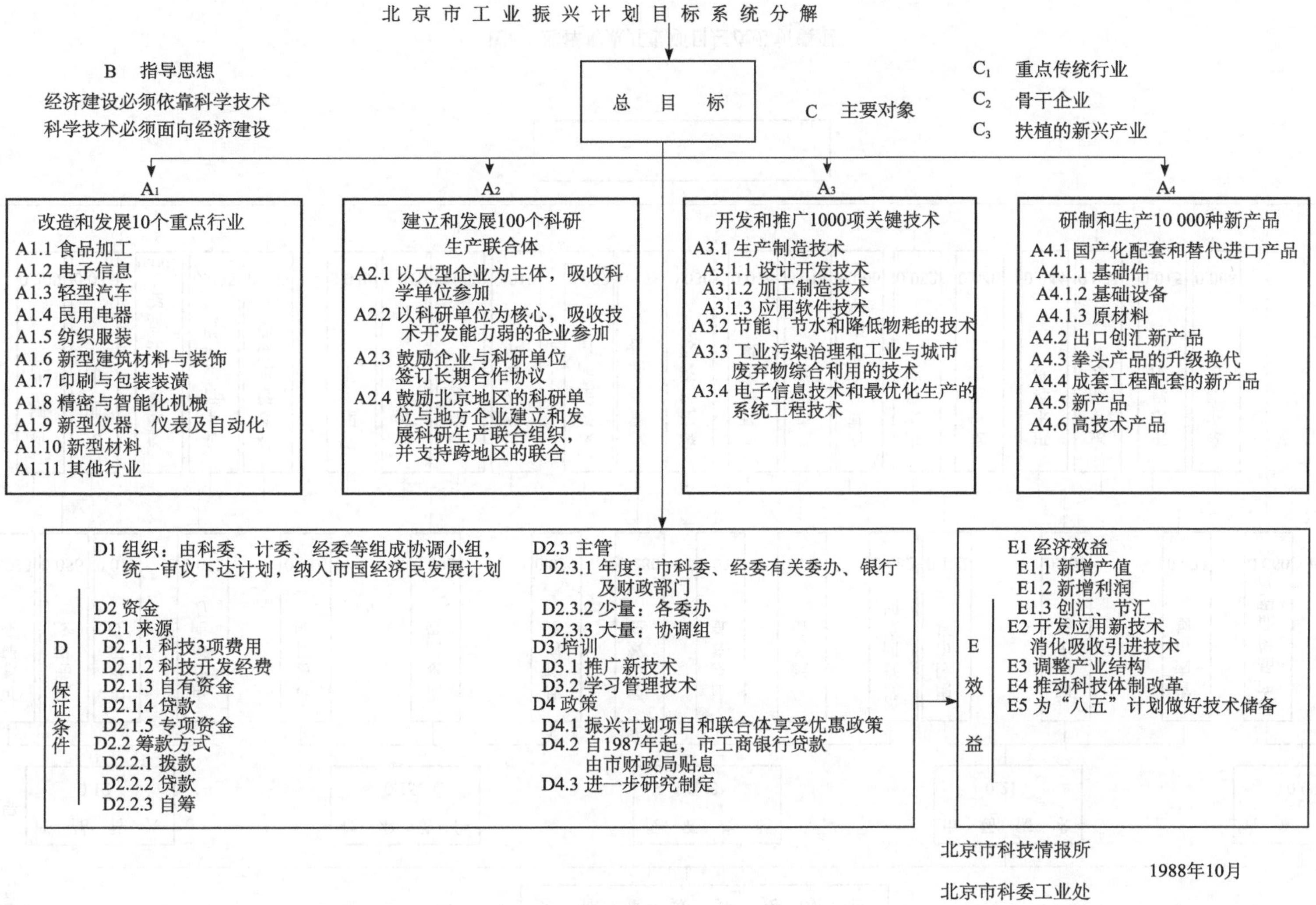

图5 北京市工业振兴计划目标系统分解图

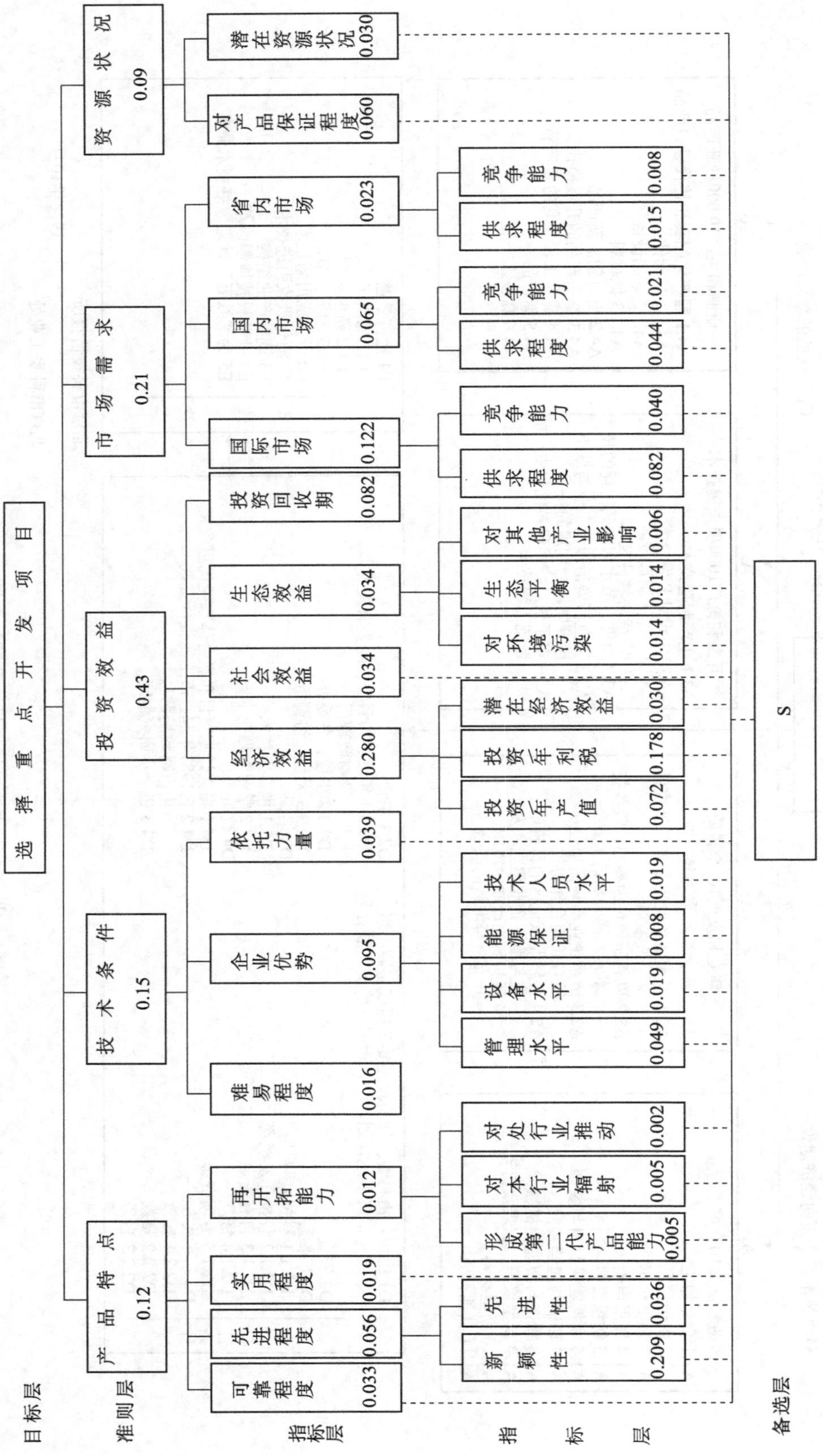

图6　选择重点开发项目层次分析模型

二、归纳和演绎

马克思主义认识论认为，一切科学研究都必须遵循两条途径：由认识个别到认识一般；再由认识一般到认识个别。这就是归纳和演绎的过程。它们是统一认识过程中两个既互相对立．又互相依存的思维方法。两者的关系是，归纳是演绎的基础，演绎是归纳的前导。就像恩格斯所说：“归纳和演绎，正如分析和综合一样，是必然相互联系着的。不应当牺牲一个而把另一个捧到天上去，应当把每一个都用到该用的地方，而要做到这一点，就只有注意它们的相互联系、它们的相互补充。”[20]

（一）归纳

1. 何谓归纳

归纳（induction）是从个别中发现一般的思维方法和推理形式，即从个别事实中概括出一般原理。例如，我国古代农学家贾思勰广泛搜集和总结了古代农作物的耕作经验，总结出“早熟者，苗短而收多，晚熟者，苗长而收少”的良种培育规律，即现在的矮秆高产，采用的就是归纳法。

早在古希腊时，德谟克利特（Democritos）在《论逻辑》中就提出了归纳法；亚里士多德在《工具论》中又提出了简单枚举归纳法。以后英国哲学家培根在《新工具论》中第一个较为系统地建立了归纳学说，并提出了三表法，即具有表、差异表和程度表。接着英国逻辑学家穆勒（J. S. Mill）在培根的基础上创立了一套相对完整的归纳逻辑体系，即所谓的穆勒五法。尽管人们对归纳法在科学研究中的作用一直存在着争论，尽管由归纳法得出的结论具有或然性，但是客观世界存在的一般与个别、普遍与特殊的辩证关系为归纳法提供了客观基础。因此通过个别去认识一般、通过特殊去认识普遍的归纳方法仍然是人类认识客观事物的一种重要方法。

2. 归纳的类型

如果以 O 代表经验事实，以 T 代表科学理论，则可以把归纳的基本模式表述为

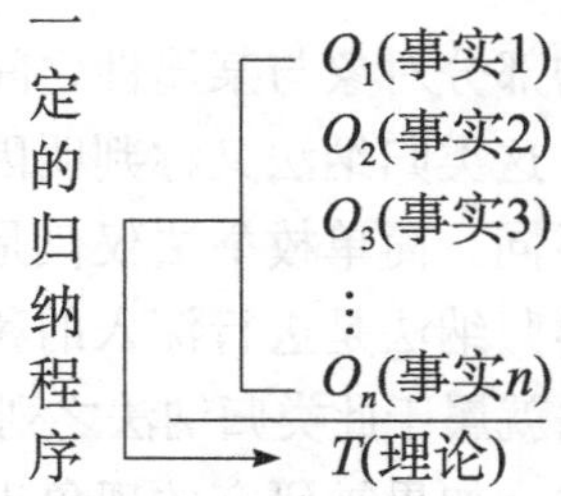

通常认为，归纳法可以分为完全归纳法和不完全归纳法两种。

(1) 完全归纳法

完全归纳法是根据某类事物中每一事物都具有某种属性，推出该类全部事物都具有该属性的归纳推理。

完全归纳法的推理形式为

$$S_1 \text{ 是 } P$$
$$S_2 \text{ 是 } P$$

S_3 是 P

⋮

S_n 是 P

S_1，S_2，S_3，…，S_n 是 S 类的全部对象

所以，凡 S 都是 P

因为完全归纳法是考察了某类事物的全部对象，发现它们都只有某种属性之后才做出的概括，所以得出的一般结论确实可靠，是一种必然性推理。但它要求完全枚举出某类事物中的所有个体，因此只能用于数目有限，不能用于数目无限的类上。数学上的穷举法、数学归纳法、四色问题的证明可以看做是完全归纳法的应用。

（2）不完全归纳法

不完全归纳法是根据某类事物的部分对象具有的某种属种，而做出该类事物都具有某种属性的一般性结论的归纳推理。不完全归纳法突破了完全归纳法的局限性，对人类认识范围的扩大具有重要意义。

由于完全归纳法的缺陷，在实际应用中大都采用不完全归纳法。

其一，简单枚举法

简单枚举法是根据某类事物部分对象具有的某种属性，又没有遇到矛盾的情况，从而得出该类事物都具有某种属性的结论的归纳推理。

枚举归纳法的推理形式为

S_1 是 P

S_2 是 P

S_3 是 P

⋮

S_n 是 P

S_1，S_2，S_3，…，S_n 是 S 类的部分对象而又无一相反

所以，凡 S 都是 P

其二，科学归纳法

科学归纳法是根据一类事物部分对象与某属性之间的必然联系，而做出关于该类所有事物的一般性结论的归纳推理。这类归纳法又称判明因果关系归纳法。它与简单枚举法的最大区别在于推出结论的根据不同。简单枚举法仅仅是依据同一现象的不断重复而没有遇到矛盾情况做出结论的，而科学归纳法是进行深入的科学分析，在掌握了事物的必然联系的基础上做出结论的。穆勒五法就属于此类归纳法之列。

求同法　求同法又称契合法。如果被研究的现象出现在若干场合中，只有一种情况是共同的，那么该共同情况便是被研究对象的原因。例如，人们发现在雨后的晴空中、在早晨的露珠中、在瀑布的水星中、在船桨打起的水花中都会出现彩虹。这里的共同情况只是阳光射过水珠，因而确定它与彩虹有因果联系。

求同法的推理形式为

场合	相关情况	被研究对象
（1）	A，B，C	a
（2）	A，D，E	a

(3)	A，F，G	a
…		

所以，A 是 a 的原因

求异法　求异法又称差异法。如果被研究的现象在一个场合出现，而在另一个场合不出现，这两个场合只有一个情况不同，那么，这个唯一不同的情况，便是被研究现象的原因。例如：法拉第发现，磁棒和线圈相对运动时有感应电流产生，无相对运动时无感应电流产生，从而判定磁场变化是感应电流产生的原因。在科学研究中，定性对照试验就是求异法的应用。

求异法的推理形式为

场合	相关情况	被研究对象
(1)	A，B，C	a
(2)	B，C	—

所以，A 是 a 的原因

共变法　如果当某一情况发生一定的变化时，被研究对象也随之发生一定的变化，那么前一情况就是被研究现象的原因。例如，当物体不断受热时，其体积就不断膨胀，因此物体受热是体积膨胀的原因。科学研究中的定量对照试验就是共变法的应用。

共变法的推理形式为

场合	相关情况	被研究对象
(1)	A_1	a_1
(2)	A_2	a_2
(3)	A_3	a_3
…		

所以，A 是 a 的原因

剩余法　如已知被研究的某一复杂现象是由某一复杂原因引起的，把其中已判明有因果联系的部分减去，则剩余部分也必有因果联系。例如，天文学家观察到，天王星在其轨道上运行时有四个地方发生倾斜。已知三个地方的倾斜现象是由于受到其他行星吸引的结果。于是他们认定，剩余一个地方的倾斜现象也是受另一个未知行星的吸引而引起的，从而发现了海王星。科学研究中的筛析试验或析因试验就是剩余法的应用。

剩余法的推理形式为

被研究的复杂现象　a，b，c，d
现象的复杂原因　A，B，C，D
已知　B 是 b 的原因
　　　C 是 c 的原因
　　　D 是 d 的原因

所以，A 是 a 的原因

求同求异并用法　又称契合差异并用法。如果在被研究现象出现的各个场合都有一个共同情况，而在被研究现象不出现的各个场合都没有这个共同情况，那么，这个情况与被研究现象之间就有因果关系。此法可分三个步骤：应用求同法，把被研究现象出现的那些场合加以比较；再用求同法，把所研究的现象不出现的那些场合加以比较；最后用求异法，把前两步比较所得的结果再加以比较。例如，意大利物理学家费米（E. Femi）用中子照射银的实验时发现慢中子的过程就是求同求异并用法的应用。费米在发现铁板和木板对感生放射量有明显影响后，将中子源与银筒之间放置一块铅，银的感生放射性增强很少；改换石蜡，则增强一倍，从而得出轻物质是使银的人工放射性大大增强的原因。

求同求异并用法的推理形式为

场合		相关情况	被研究对象
	(1)	A, B, C	a
正面场合	(2)	A, D, E	a
	(1)	B, C	—
反面场合	(2)	D, E	—

所以，A 是 a 的原因

3. 归纳的作用

归纳法是重要的科学研究方法论。人们曾把归纳主义、演绎主义和假设主义作为科学发现的三大逻辑，足见归纳法对科学研究工作的重要意义。归纳法在情报研究中的作用，大致表现在以下几个方面。

（1）概括事物的手段

科学研究要从经验材料的整理中概括出普遍性的认识，情报研究也要从情报信息的整理中概括出一般性的结论。情报研究的重要结果就是向用户和读者提供观点和思想，而许多观点和思想的形成，则需要借助于归纳这种推理形式和思维方法。

例如，从苏联 T-54/55 坦克炮的口径为 100mm、T-62 坦克炮的口径为 115mm、T-72/80 坦克炮的口径为 125mm；美国 M48 坦克炮的口径为 90mm、M60 坦克炮的口径为 105mm、M1A1 坦克炮的口径为 120mm；联邦德国美制 M48 坦克炮的口径为 90mm、豹 1 坦克炮的口径为 105mm、豹 2 坦克炮的口径为 120mm 等事实出发，从而得出坦克炮的口径有逐渐增大的趋势。这就采用了不完全归纳的推理，如图 7 所示[21]。类似做法在情报研究中是经常采用的。

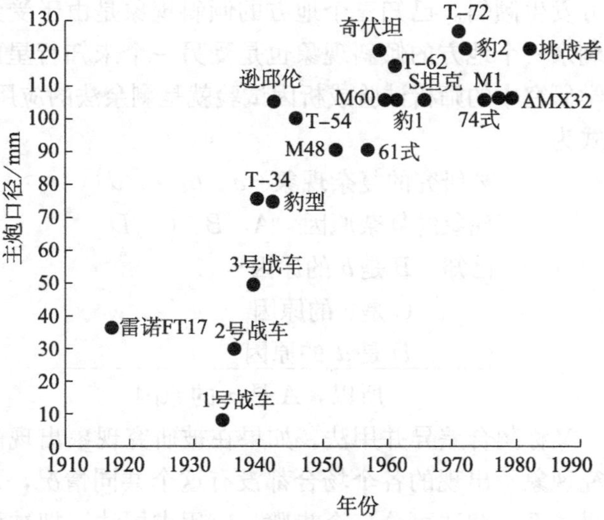

图 7　世界战车发展趋势

(2) 探求因果的逻辑

因果问题是自然科学的基本问题。探索并阐明客观世界各个方面的因果关系，是科学研究的主要任务之一。由于科学归纳法把因果规律作为逻辑推理的客观依据，并且以观察、实验、调查的结果为基础，具有相当的可靠性，是探索因果关系应遵循的主要逻辑。

例如，山东淄博市的工业产值与国内同等规模城市相比，处于中下水平。山东省淄博市情报所采用求异法把全国范围内与该市规模相当城市的工业结构绘制成表，通过比较，发现该市缺少石油、化工、微生物、发酵等六个行业。于是建议市委引进技术，新建工厂，使城市工业结构调整得比较合理，从而大幅度提高了工业产值[22]。

又如，我国自行研制的硝基胍三基药，在力学性能上不如美国同类型的 M30 发射药。为此，情报部门与有关单位一起，从原料、配方、工艺等方面进行了逐一对比，发现我国采用的硝化棉为混合棉，美国则为皮罗棉；我国采用的硝基胍结晶为细针形，美国则为粗棒形；我国采用无溶剂压伸工艺，美国则为溶剂压伸工艺，从而找出了差异，分析了原因，提出了改进措施，终于使问题获得解决。整个项目获国家科技进步奖一等奖。这也是采用求异法。

(3) 论述问题的方法

在情报研究中，采用归纳法，将事实和问题加以归纳，是我们论述问题的重要方法，尤其是经常从解剖麻雀、典型事例入手，采取不完全归纳论证，以起到从个别概括一般的作用。典型分析具有鲜明、形象、具体和富有说服力等特点。用这种方法论证观点与建议，常常给人很深的印象，容易打动人心，引起有关方面的关注。

例如，20 世纪 70 年代初期，正当国内对于公害问题的严重性还缺乏认识的时候，中国科学技术情报研究所及时地枚举了由于汞污染造成的日本水俣病事件、由于镉污染造成的痛骨病事件、由于空气污染造成的英国烟雾事件等八大公害的典型事件，引起了有关部门和厂矿企业的很大重视，对我国制定环保政策产生了重要影响[23]。

文献 [49] 以巴西正在研制的炮兵饱和射击火箭系统（ASTROS Ⅱ）、意大利正在研制的费洛斯 30 多管火箭炮、以色列正在研制的 MAR350 火箭系统、美国和联邦德国正在研制的 70 公里和 100 公里的火箭系统为例，介绍了远程炮兵火箭的发展概况，采用的也是枚举法。

(二) 演绎

1. 何谓演绎

演绎（deduction）是在一般中发现个别的思维方法和推理形式，即用已知的一般原理考察某一特殊对象，推演出有关这个对象的结论。例如，从牛顿三定律出发，推演出当火炮的仰角为 45 度时，射程最远，并得出了射程与炮管倾角之间变化规律的一般公式，采用的就是演绎法。演绎逻辑奠基于亚里士多德，他提出了三段论法的一般规律。欧几里得几何学则从 5 个公理和 5 个公设出发，构成了一个逻辑上完美严密的体系，使亚里士多德关于科学是演绎系统的理想得到了实现。后来法国哲学家和物理学家笛卡儿创立了以数学为基础、以演绎法为核心的方法论，把演绎方法看做是科学发现的基本逻辑，并与培根的归纳主义相对立，成为近代演绎主义的代表。接着德国数学家莱布尼茨（G. W. Leibniz）则把数学与形式逻辑结合起来首创了数理逻辑，用形式化的数学方法研究问题，把演绎推理发展到一个新的阶段。

同归纳法一样，客观世界存在的一般与个别、普通与特殊的关系也是演绎法的客观依据。但与归纳法不同，演绎法是前提与结论之间有着蕴涵关系的推理。正如恩格斯所说："如果我们有正确的前提，并且把思维规律正确地运用于这些前提，那么结果必定与现实相符。"[24]因此演绎法具有不可抗拒的逻辑力量，是人类认识客观事物的一种重要方法。

2. 演绎的类型

演绎推理的主要形式是三段论（syllogism），如图 8 所示[25]。

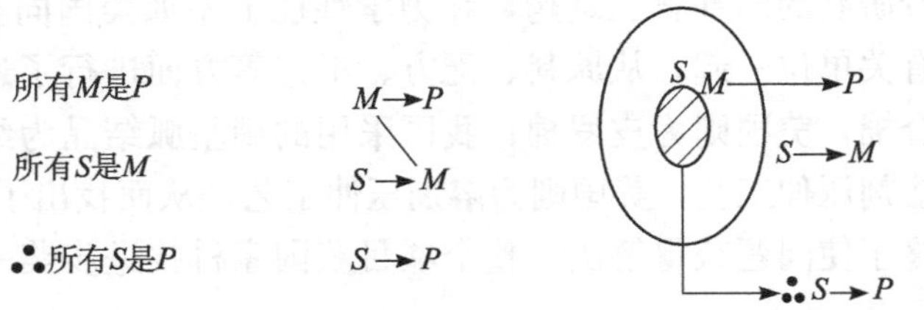

图 8　三段论逻辑推理示意图

例如

凡金属（M）都能导电（P）［大前提］

汞（S）是金属（M）［小前提］

所以，汞（S）也能导电（P）［结论］

文献[26]的下述论述就是三段论的应用。

C^3I 系统实际上就是一个以计算机为基础的信息系统（M），即利用计算机来实现信息获取、处理、传递和显示全过程的部分自动化或全自动化系统。而微电子技术是计算机科学发展的基础（P）。因此，微电子技术也是发展 C^3I 系统的基础（S）。

从逻辑学上讲，演绎推理可分为直言三段论、假言三段论、选言三段论、联言推理和关系推理。但从科学研究角度讲，人们还可以将演绎推理分为公理演绎法、假说演绎法、定律演绎法和理论演绎法等。

1）公理演绎法。公理演绎法就是从若干公理命题和原始概念出发，根据一定的演绎推理规则，推导出一系列定理，从而构成一个演绎体系的方法。

公理演绎法在数学和物理学中获得了最广泛的应用。欧几里得几何学的形成和相对论的产生都可以看做公理化方法应用的典型。罗巴切夫斯基（N. I. Lobachevsky）等人从改变欧几里得几何学第五公设出发，运用公理方法，成功地建立了非欧几何学。爱因斯坦从相对性原理和光速不变原理出发，演绎出狭义相对论的全部理论体系。

2）假说演绎法。假说演绎法以假说作为推理的大前提，实际上就是假言三段论，即大前提为假言判断，小前提和结论均为直言判断的推理。例如，如果液体呈酸性（p），则石蕊试纸变红（q），因为石蕊试纸没变红（非 g），所以液体不呈酸性（非 p）。

假说演绎法是以假说为前提推导出可观察结果的过程，而任何科学理论的建立最初都必须经过假说阶段，因此假说的否证或证实也成为科学进展的重要标志，这是假说演绎法广泛应用的根本原因。

3）定律演绎法。定律演绎法是以定律作为大前提导出某种结论的演绎方法。其典型实例之一就是门捷列夫根据元素周期律从原子量、化学价、比重、熔点及它们可能构成的化合物的各种类型等方面对镓、钪、锗三种未知元素的预言得到了光辉的证实。

4）理论演绎法。理论演绎法是以某一理论为大前提导出某种结论的演绎法。理论是概念、范畴的体系，是系统化了的理性认识。而以反映客观因果性的学说出发推导出某些事件或定律则是理论演绎法的典型形式。例如，牛顿以空间、时间、质量、力四个基本概念为基础，以牛顿三大定律和万有引力定律为核心，以微积分为工具，推导出了整个经典力学体系，出版了《自然哲学的数学原理》的巨著，就是理论演绎法应用的光辉范例。

3. 演绎的作用

同归纳法一样，演绎法也是重要的科学研究方法论。实际上，人们任何的自觉行动都是以某种预见为先导的，都离不开理论的指导，因而也就离不开演绎法的应用。演绎在情报研究中的作用，主要表现在以下几个方面。

（1）逻辑证明的工具

逻辑证明是运用已知为真的判断通过逻辑推理来确定某种思想或事件真实性的思维过程，是间接认识的重要工具，建立科学理论和科学体系的必要条件。由于演绎推理结论的必然性，所以这种根据一般原理证明特殊事实的演绎证明方法已成为逻辑证明的主要方法，如归谬法和原理法都在情报研究中获得广泛的应用。

原理法是以科学原理和定律为依据，依照基本演绎规律推导出一系列其他判断的一种思维方法，可以看做是理论演绎法和定律演绎法的具体应用，用于认识事物、解决问题和逻辑证明。根据发动机工作产生红外线的道理，发展了红外寻的导弹；根据隔绝空气可以灭火的道理，研制了泡沫灭火剂；从作为火箭推进剂能量指标的比重与火焰温度成正比、与燃气平均分子量的平方根成反比的原理出发，论述提高推进剂能量的基本途径，并对其提高幅度做出定性或定量的估计。原理法也可以反过来应用。例如，用测量地下铀矿释放出地表氡的变化预报地震，反过来也可以利用地震后测氡的办法寻找铀矿。高温防火涂料可以使蒙古包经受1200℃高温的火焰喷射器的喷烧，包内温度仅20℃左右，人畜都不受任何影响。反过来，如果把它涂在水泥厂的回转窑外壁上就可以保温。

例如，1961年苏联《消息报》发表了一篇题为“核动力潜艇在航行”的通信证实了苏联有核动力潜艇，但未直接给出任何性能数据。情报研究人员利用《潜艇设计原理》一书中的原理和公式，利用文中的只字片语和其他情况经过反复推导，终于将当时苏联核潜艇的主要战术技术性能推算出来，变成了有用的情报，并与几年后外刊上报道的苏联核潜艇的战术技术指标相接近[27]。又如，根据苏联已将潜艇总段建造列入科研规划的报道，根据要总段建造就无法进行水压试验的道理，证明苏联至少有不进行潜艇水压试验的打算[27]。这都是演绎法在逻辑证明中的应用。

（2）探求因果的依据

根据事物的因果关系，从原因推知结果或从结果推知原因，是演绎推理的重要应用。例如，牛顿根据“凡自转的球，球上的物质都受离心力作用而有沿切线方向运动的趋势，离心力的大小与半径成正比，而地球又是自转的球体”的前提出发（原因）；推知地球赤道附近的离心力最大，地球有形成扁圆体的趋势和表现（结果），并推算出其扁平率为1/230，与实际相差无几，就是运用演绎推理的方法。

溯因法或反演法是一种由果求因，由现在的结论推断过去的原因的一种推理方法，可以看做是一种回溯性的演绎推理，即从待解释的事实出发通过分析各种背景知识和初始条件，一步步往回探索，推断引起这些现象的原因，寻求其中的因果关系，确定最佳的假设，以便合乎逻辑地演绎出待解释的事实。例如，在地震勘探中，利用地面得到的地震波纪录推断地表下面的地质构造。它与一般演绎的关系如下式所示[28]。

演绎↓ 最佳假设（H）
背景知识和前提条件的陈述（C_1，C_2，C_3，…，C_n）↑溯因
待解释的事实（E）

例如，20 世纪 70 年代初期，国外大量发表二氟氨基化合物及其火炸药配方的文献，引起了国内有关部门的极大兴趣，究竟原因何在呢？无非有三种可能性，一是高能二氟氨基化合物的研制有了重大突破，解密发表以确认成果；二是二氟氨基化合物的研制遇到了重大困难或遭到了否定，但这些文献对于有机合成来说仍不失其学术价值；三是二氟氨基化合物的合成和应用处于正常的探索阶段，发表文献以作学术交流。但从背景材料分析，尤其是对工程发展和装备应用的火炸药配方的分析排除了一、三两种可能性。这可以看做是溯因法的具体应用。

（3）未来预测的手段

演绎是根据已有的结论、原理和规律，做出关于特定对象的推论，由已知推出未知，是科学预见的重要手段。预测是情报研究的重要任务，而许多预测方法都需要借助于演绎的作用，如趋势外推法、时间序列法、情景分析法和经验预测法都可以看做是演绎推理的某种应用。

文献[29]在论述反坦克武器的装备现状、发展水平的基础上对未来反坦克武器的发展趋势做出了预测。

1）建立一个远中近距离相结合的反坦克武器配系。

2）发展打坦克顶部装甲的战斗部。

3）研制新的制导系统。

4）增强对目标的侦察能力。

这就是以反坦克武器已有的发展为基础，并假设预测对象发展的连续性原理为依据的一种定性的和经验的外推方法，是一种演绎推理的具体运用。这种在调查研究的基础上，通过一系列的情况分析，加上研究人员的个人判断的经验预测为情报研究人员所常用。

三、分析和综合

分析和综合是揭示个别和一般、现象和本质的内在联系的思维方法，是科学抽象的主要手段，是各种认识活动的基础。人们认识客观事物，必然首先解剖事物的各个方面、各个部分，弄清各个部分的结构、功能、性质及其在整体中的作用，然后再从整体考虑，找出各部分之间的联系和统一，从而达到从总体上把握事物的本质和规律。

分析和综合这两种方法是既对立又统一，是认识过程中的两个侧面，共同承担着揭示事物本质的任务。任何综合都必须以分析为基础，没有分析就不可能有综合；任何分析又都要以综合的现象为对象，在综合的指导下分析，没有综合就不可能对事物进行深入和准

确的分析。分析到一定程度要综合，综合到一定程度要转为分析。人们的科学认识过程就是一个分析和综合的相互渗透、相互转化、互相补充、互为前提的过程。

科学技术的不断分化和综合，促进了分析和综合方法的形成和发展，并经历了综合—分析—综合这样侧重点不同的发展过程。作为一代宗师的牛顿不仅为经典力学和高等数学这近代科学的两大支柱奠定了基础，而且在科学方法论上也做了杰出的贡献。牛顿运用他所发明的微积分，首先找出无限短的时间内物理运动的微分形式然后再根据运动条件加以积分，从而合乎逻辑地得到适合于各种运动的物理定律，为自然界确立了完整的物理因果链条。他所倡导的分析和综合是近代科学研究方法的重大发展，同时也是人类对物理世界认识由唯象阶段进入论理时期的标志。20 世纪 40 年代以来，由于控制论、信息论、系统论、协同论、耗散结构理论、突变论等一系列共有方法论特征的横断学科的出现，把分析和综合的方法推进到一个崭新的阶段，成为现代科学研究的主要方法。

长于综合和短于分析、长于定性综合和短于定量综合是中国传统思维的重大弊病，因此掌握现代分析和综合的方法对于我国情报研究人员具有重大的现实意义。

（一）分析

1. 何谓分析

分析（analysis）是把整体分解为部分、把复杂事物分解为各个要素，并对这些部分或要素进行研究和认识的思维方法。分解是简化或抽象化事物的手段，目的是透过现象把握事物的本质。分析的过程实质上就是一个从现象逐层向本质深入的过程。例如，物理学在分析物体的基础上揭示了分子这种物质结构的层次；对分子进行分析，揭示了原子这种物质结构的层次；对原于进行分析，找到了基本粒子这种物质结构的层次。物质世界的无限可分性，指引着人们进行新的分析。分析的任务是从事物的总体中，分出构成该事物的部分、要素和同性，使事物的各种属性和本质清晰地呈现在人们的面前，不至于雾失楼台、月迷津渡。因此，分析的基本特点在于从事物多样性的现象中，从事物的许多属性中，深入事物的内部，看清它们的内部结构，了解它们的基本特征，掌握它们的内部联系。

分析的基本步骤有以下几方面。

1）分解事物具有多样性的各个部分。

2）考察各个部分的特殊结构和本质。

3）研究多样性的各个方面的地位作用和相互关系。

2. 分析的类型

由于不同的科学研究有不同的研究对象，不同的研究对象又有不同的矛盾，因而也就有不同的分析方法。通常可以将分析方法分为定性分析和定量分析两大类型，前者侧重于对事物质的规定性的分析，后者侧重于对事物量的规定性分析。适用于情报研究的分析方法有比较分析法、分类分析法、因果分析法、相关分析法、统计分析法、引文分析法、内容分析法等。

（1）因果分析法

任何现象都有它产生的原因，任何原因也都必然引出一定的结果。从事物固有的这种因果关系出发，由原因推导出结果，或者由结果探究出原因的分析方法称为因果分析法。

在因果关系的分析中通常需要遵循三项原则，即居先原则、共变原则、接触原则。居先原则，是原因和结果在时间上先后相随，原因在先；共变原则，原因的变化对应子结果的变化；接触原则，作为原因和结果的两种现象在空间上必须相互接触，或者由一系列中介事物的接触衔接起来。由于这三项原则符合客观世界因果关系的实际，而且都是可以观察的，所以可以作为分析因果关系的指导。

由于以分析为依据的因果分析法运用科学理论、实验手段和主观判断相结合对事物进行深入的考察，得到的更是事物的本质和联系，因而比科学归纳法具有更大的深刻性、精密性和可靠性。

例如，通常改性双基推进剂的延伸率在−50℃时在5%以下，而复合推进剂则在25%以上。由于一般把延伸率作为玻璃化温度的主要量度。低延伸率的改性双基推进剂在战略导弹中应用的可靠性如何，是关系到科学决策的重大问题。通过测试和情报分析揭示，复合推进剂系弹性材料，玻璃化温度与脆化温度相近，因此玻璃化温度就成为复合推进剂的使用温度下限，但改性双基推进剂系塑性材料，它的玻璃化温度虽较高，但脆化温度却较低。因此，不能把玻璃化温度作为改性双基推进剂使用温度的下限。正是出于它们动态力学性能存在着差异这个原因，即使在延伸率较低的情况下，也可以保证改性双基推进别在战略导弹中应用的安全性[30]。

（2）相关分析法

辩证唯物主义认为，物质世界是无数相互联系、相互依赖、相互制约、相互作用的事物所形成的统一整体。相关分析法是利用事物之间内在的或现象上的联系，从一种或几种已知事物判断未知事物的方法。所谓“假日开战”和“拂晓进攻”，所谓“础润而雨、月晕而风”及生物学上的“器官相关律”等，都是应用相关法研究问题的实例。

按事物之间联系方式，相关关系可分为因果相关、伴随相关、并列相关、包容相关等。因果相关是利用已知事物和未知事物具有因果关系来研究事物的方法，如根据复合装甲出现的现实，推断穿甲弹将比破甲弹会有更大的发展；根据核威胁的理论，预计常规武器的地位和作用将显著增加等。伴随相关是利用已知事物和未知事物相伴出现的特点研究事物的方法，如根据乡镇企业的发展，注意对环境保护的研究；根据美苏缓和的局势，警惕周边战争的爆发等。

相关分析法有以下特点。

1）间接性。相关分析法是一种由此及彼的研究方法。它研究甲事物，但直接面对的却是乙事物，然后通过甲乙事物之间的联系，从乙事物出发，采用迂回、侧面的方式去接近甲事物，最后认识甲事物。

2）层次性。相关分析法是一种由表及里的研究方法。利用这种方法研究问题不是停留在事物的表面上，从而使研究者对事物的认识发生从感性到理性的深化和突变。

3）经验性。相关性是事物的重要特性之一。如何将恰好是相关的事物联系到一起，这在很大程度上要依靠研究者的经验。对于各种相关事物的细心观察、大量积累并从中总结出规律性的东西是应用相关法研究情报的重要条件。

相关分析既可定性，又可定量，如回归分析，就是相关分析的定量方法。相关分析方法特别适用于军事技术、专利技术及其他不易直接获得的技术和情况的情报研究。

文献[23]给出了相关事件的实例，如表8所示。

表 8 科技情报研究中相关事件举例

已知事件	未知事件	相关关系
原料价格变动	产品价格变动	因果
厂房高度	设备形式（塔与槽，立与卧）	因果
废水成分	工艺方法	因果
设备外形	设备内部结构	因果
误差大小	仪器方法	因果
老装备解密	新型号装备服役	伴随
现役军用装备性能	下代民用装备性能	伴随
甲集团装备	乙集团装备	伴随
某项技术专利文献大量发表	该项技术具有竞争意义并已开始走向工业应用	因果
文献稀少，但保持多年	课题难度大，但有战略意义	因果
石油价格升降	天然气价格升降	伴随

（3）统计分析法

统计分析法是通过数量上的统计和分析，展现事物发展变化的过程及其相互关系的一种定量分析方法，如平均分析法、动态分析法等都在统计分析法之列。

文献［31］以 1984～1986 年《航空科技情报研究报告》为样本对各种研究方法在 66 篇情报研究报告中的实际应用作了统计分析，揭示了定性方法和定量方法的类型、分布及其变化的情况，如表 9 和表 10 所示。

表 9 分析方法实际应用统计分布情况

分类 数量(占比/%) 年份/总量	定性分析			定量分析				
	综合分析	对比分析	专家咨询	统计分析	数据分析	预测分析	系统分析	数学模型
1984/24	21（86）	9（36）	1（4）	4（17）	3（13）	1（4）	1（4）	1（4）
1985/21	18（86）	5（24）		7（33）	2（9．5）	1（5）		1（5）
1986/21	12（58）	7（33）		4（19）	6（29）	3（14）		2（10）
三年合计 66	51（77）	21（32）	1（1.5）	15（23）	11（17）	5（6）	1（1.5）	4（6）

表 10 定性和定量的数量统计

类型 数量（占比/%） 年份/总量	定性方法	定量（含与定性相结合的）方法
1984/24	31（68）	10（32）
1985/21	23（52）	11（48）
1986/21	19（21）	15（79）
三年合计 66	73（47）	36（53）

专利分析是统计分析法的重要应用，是情报研究的重要方法。通过分析，可以确定技术的成熟程度，预测技术的发展趋势，从而可以正确判断专利，使专利变成更有价值的情报源。文献［32］提出了专利分析的程序和方法为：确定时间分布→确定空间分布→三年比率计算→等同专利分析→专利分类号统计→引用专利号分析→关键词频分析→技术细分后再统计→专利内容的归纳比较。

专利细分按等级树原则展开（图 9）。专利内容的归纳比较按图 10 所示模型进行。

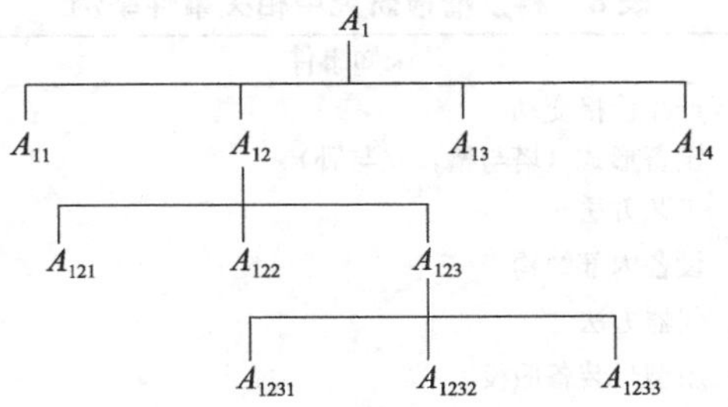

图 9　专利细分树形图

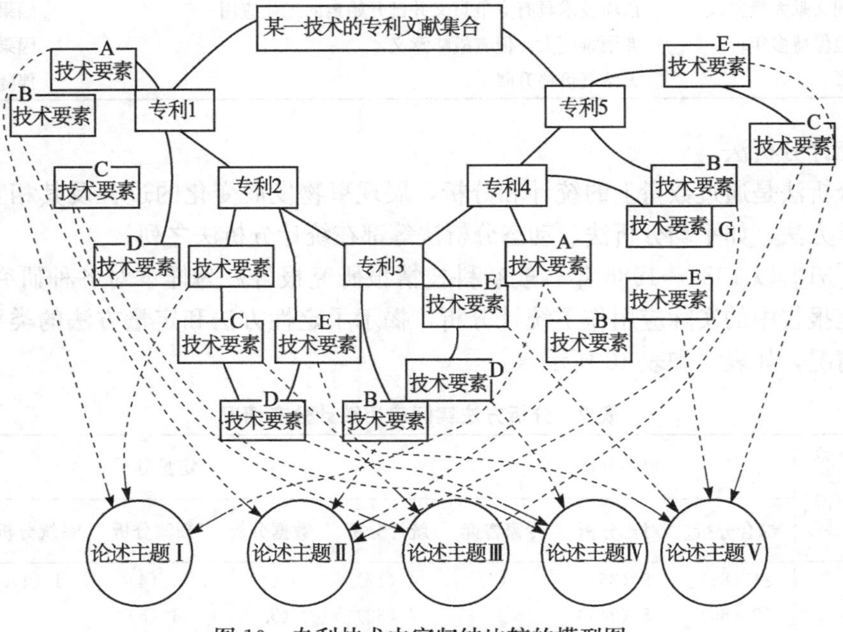

图 10　专利技术内容归纳比较的模型图

文献［33，34］则介绍了时序分析法、两坐标分析法、三坐标分析、技术发展脉络分析、技术发展波及分析、新技术系数分析、矢量动态模型分析等专利分析技术。

图 11 为新技术系数分析的结果，向左上方移动说明技术正在发展，向右下方移动说明技术正在饱和。

（二）综合

1. 何谓综合

综合（synthesis）是一种把事物的各个部分、要素联结和统一起来进行考察的思维方法。它是在分析的基础上，进行科学的概括，把对象各个部分、各种要素的认识统一为对事物整体的认识从而达到从总体上、在“诸多关系的总和”上、“多样性的统一”上来把握事物本质和规律。因此，分析是将整体分解成部分，综合是将部分结合为整体。恩格斯说：“第一，思维既把相互联系的要素联合为一个统一体，同样也把意识的对象分解为它们的要素。没有分析就没有综合。第二，思维，如果不做蠢事的话，只能把这样一种意识的要素综合为一个统一体，在这种意识要素或它们的现实原型中，这个统一体以前就已经存在

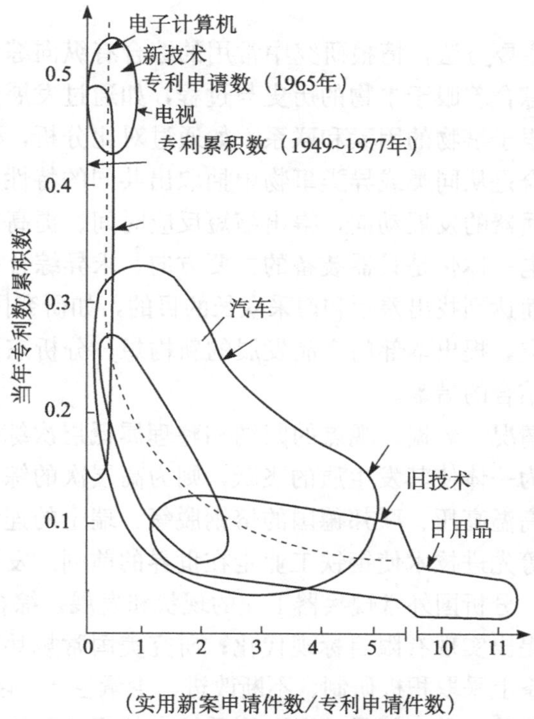

图 11　新技术系数分析模拟模型图

了。”[35]但分析在研究事物的本质和现象、主要方面和次要方面、必然性和偶然性、一般和个别之间相互关系时，侧重于它们彼此之间的对立和差别，而综合在研究这种相互关系时，则侧重于它们之间的联系和统一，揭示它们又对立和又统一的辩证关系，从而更深刻地认识事物的本质和规律。牛顿力学、达尔文的进化论和麦克斯韦（J. C. Maxwell）的电磁场理论都是科学史上的大综合。因此，综合的基本任务是从更大的广度和更高的层次上来揭示事物的内在统一性。

综合有以下基本步骤。

1）把握事物被分析出来的各个方面。

2）确定各个方面的有机联系和结构形式。

3）揭示事物总体的本质和规律，从多样性的统一上再现事物的整体。

2. 综合的类型

综合应从客观事物的实际出发，不能主观地、随意地把研究对象的各个部分堆砌、捏合在一起，进行机械的相加和简单的拼凑。情报研究中经常出现“拼盘式”的综合，从方法论角度讲，就是因为没有在事物各部分、各要素的有机联系中把握事物的整体特征和矛盾总体，从各部分、各要素的相互关系中考察事物的统一性，从而达到多样性的统一，也就是说，没有真正把握综合研究的各种科学方法。

应用综合原理的具体形式很多，能在情报研究中应用的有综合法，如概念综合、模型综合、体系综合、求同综合、求异综合等；系统法，如系统分析[36]、层次分析[37]、系统动力学[38]、灰色系统理论[39,40]等；以及规划方法、信息方法、控制论方法等。不论定性的综合方法，还是定量的综合方法，都是以综合这种逻辑思维为指导思想的，是它的应用和发展。

（1）综合法

综合是情报研究的主要方法，情报研究中常用的综合有纵向综合和横向综合，求同综合和求异综合等。纵向综合着眼于事物的历史与过程，如通过发展史的研究，揭示事物的发展趋势。横向综合着眼于事物的因素和联系，如通过对比分析，研究各种科学技术发展的特点和规律。求同综合是从同类或异类事物中抽取出共同的特性，从而揭示事物的共同本质，如研究各种常规兵器的发展动向，得出缩短反应时间、提高首发命中率是未来兵器追求的主要目标，光机电一体化是兵器装备的主要方向。求异综合是从同类或异类事物中抽取出不同的特性，从而达到找出差距和博采众长的目的，如研究国内外同类产品的材质、结构、工艺、性能的特点，提出本部门产品发展的新构想；分析东西方国家军品生产的不同特点，作为我国军民结合的借鉴。

综合也可深可浅。情况、数据、观点的归纳和整理属低层次综合，如手册编制、文献综述。融合各方面情报为一体使其发生质的飞跃，则为高层次的综合，如日本吸收了奥地利的转炉顶吹、美苏的高温高压、联邦德国的熔钢脱氧、瑞士的连续铸钢、美国的带钢轧制、法国的高炉吹重油等先进技术使钢铁工业走在世界的前列。发展战略和方针政策的综合研究也属此列。例如，分析国外常规兵器工业的现状和发展，综合考虑我国的战略方针、经济实力和国际环境，提出实现有限目标现代化；研究美国常规兵器的管理，发现他们在科研、生产和装备的关系上采取积极研制、不断改进、少量生产、陆续装备的方针等。

退馈方法也是综合法的一种，就是“退”到系统之外观察系统的方法。这种方法的特点是由于观察者站在适当的角度，在广阔的背景上居高临下，总览系统的全貌，以及系统与环境的关联，从而摆脱在系统内不易摆脱的细枝末节的眩惑，达到对总体更清晰的认识。所谓“当局者迷，旁观者清”就是这个道理。正如苏东坡在《题西林壁》诗中所云：

横看成岭侧成峰，远近高低各不同。
不识庐山真面目，只缘身在此山中。

这说明，人处庐山之中，虽然可以欣赏那奇瀑异石，然而既不能高瞻，也不能远瞩，庐山的全貌看不真切。如果后退一程，站在庐山之外去作总体上的统摄，那么横看成岭，侧看成峰，其磅礴的气势、峥嵘的景象，就尽收眼底了。

俄国作家果戈理也说：“我待在俄国的全部时间里，我脑子里的俄国是凌乱而破碎的，我怎么也不能把它组合成一个整体。但我刚一迈出俄国，它便在我的脑子里化为整体。”

在情报研究过程中，当我们从分系统的角度去研究分系统的发展时，往往不易得出正确的结论，如果从全系统的角度来研究分系统的发展时，许多问题往往会迎刃而解。

（2）系统法

系统方法就是按照事物本身的系统性，把研究对象放在系统的形式中加以考虑的方法，即从系统的观点出发，着重从整体与部分之间的关系、整体与环境之间的关系等方面综合地、精确地考察对象，以找到处理问题的最佳方法。

系统方法在情报研究中的应用，包含两层含义，其一是将系统思想运用于情报研究的过程，其二是应用系统工程方法，尽可能地将定性分析和定量研究结合起来，使之成为情报研究的重要方法。

在情报研究中，我们经常碰到的都是一个个的系统问题，如国防系统、武器系统、坦克系统、弹药系统、管理系统、科研系统、情报系统、情报研究系统等。实际上，大型情报研究课题的组织本身就是一个系统问题，如“2000年的中国”的研究。系统方法为战略、规划和决策研究提供了强有力的工具。因此，正如钱学森教授指出的那样，情报研究是一项综合技术，应当采用系统科学和系统工程的方法，尤其是系统辨识的方法。他认为，系统辨识是情报研究工作中最重要的一门技术，所谓高级情报研究工作就是用系统辨识方法进行的情报研究工作[41]。系统辨识是一门通过对系统的输入和输出数据的测量和处理从而建立起系统模型的技术，是系统科学的一个重要分支，是黑箱方法在系统科学中的应用和发展，其基本结构和程序如图12所示[42]。

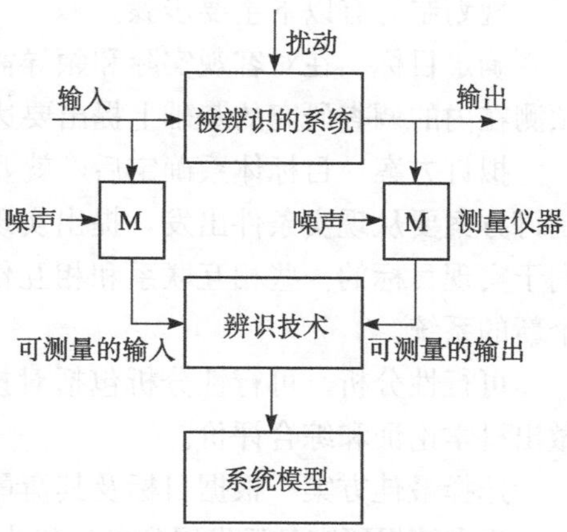

图12 系统辨识问题的方块图

利用外部观察和试验，通过输入和输出信息来研究事物功能和特性，探索其结构和机理的科学方法，如中医看病、仪器检测都可以看做是这种方法的应用。在情报研究中，从点滴信息入手，经过分析与综合，窥测事物全貌的做法就是一种系统辨识方法的定性应用，有人也把它叫做拼块方法。著名的雅各布事件就是系统辨识的实例。1935年，英国记者雅各布发表了一本揭露德军内幕的小册子，轰动了整个军事情报界。雅各布不仅详尽地描绘了德军组织机构、各军区和参谋部人员配置，而且介绍了160多名指挥官的姓名和简历，披露了当年刚成立的装甲师步兵小队。希特勒闻讯大怒，认为这是严重的泄密事件。后来，雅各布被绑架到柏林，经审问，原来他的材料全部来自德国报刊上的零星消息，他只是对零碎材料汇集分类、分析综合、追根溯源，从而探索到了德军的机密。实际上，日本、美国等在香港设立机构专门搜集我国公开出版物，研究中国政治、军事、经济情况采用的也是这类方法，只不过手段更加先进而已。有人也把这种见微知著、窥斑见豹、由此及彼的研究方法叫做追溯学。我们也可以根据文献的统计和分析，掌握国外有关科技领域的研究机构、业务范围、研究动向等。所不同的是，情报研究中所遇到的系统辨识通常只有输出，而无输入而已。文献［43］以“砂型铸件报废原因与铸模特征关系的研究”为例，论述了系统辨识技术在情报研究中的应用。

(3) 规划方法

规划这个词，通常包括两层含义，一是指发展规划，如经济发展规划、科技发展规划、城市建设发展规划等，它是指一定时期内各项事业发展的战略目标和重大措施的设想；二是指数学规划，如线性规划、非线性规划、动态规划、整数规划、目标规划、随机规划等，它是指最优化技术，即在一定约束条件下，为达到某种最佳状态，各变量之间应保持的一定关系。本文所述的规划方法系为制订发展规划的科学方法。

规划制订有以下基本依据。

经济、科技、社会发展和领导部门的客观要求。

经济、科技、社会发展和本部门的客观实际，包括自然资源、经济实力、科技水平、人员与素质、体制与管理、国内外环境等。

规划制订有以下主要步骤。

确定目标　在对客观实际和领导需要进行包括历史分析、现状研究、需求分析和未来预测在内的调查研究的基础上提出要达到的目标、重点和指标。

拟订方案　目标体系确定后，就要为实现目标确定各种可行方案，以便进行比较优选。制订方案要从现实条件出发，提出实现目标的基本构想和途径，确定发展项目体系，把有利于实现目标的一些相互联系和相互作用的各种技术的和政策的措施结合在一起，构成一个新的系统。

可行性分析　可行性分析包括对技术、经济、财务、社会、环境等各个方面及其总体做出科学论证和综合评价。

选择最佳方案　根据目标及其衡量准则、评价方法，确定最佳方案。

现在情报研究已经发展到参与和从事发展战略和规划的研究，如《2000年兵器技术发展战略和规划纲要研究》，因此掌握定性和定量的规划方法是情报研究方法论建设的重要任务。

(4) 信息方法

所谓信息方法，就是运用信息的观点，把系统的运动过程或控制过程看做是信息的传递和转换的过程，并通过对信息流的分析和处理，以达到对复杂系统运动过程或控制过程规律性认识的一种研究方法。广为流传的门捷列夫通过货运列车货物数量的分析搞清了法国兵工厂生产的无烟药准确配方的做法，可以看做是信息方法的一种实例。这种方法的特点是可以撇开对象的具体运动形态，仅把信息作为分析和处理问题的基础，把系统的运动抽象为一种信息变换过程。

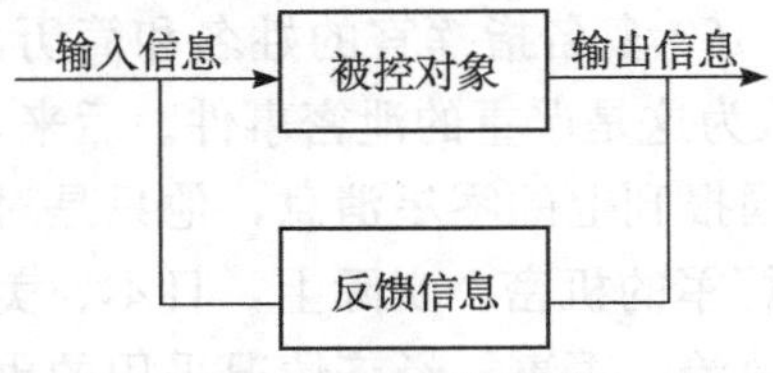

图13　反馈的简图

反馈是控制论的重要概念，反馈方法又是信息论的重要应用。所谓反馈就是把施控系统的信息作用于被控系统后产生的输出信息再返回系统，并对系统的再输出发生影响的过程，如图13所示。

反馈有两种。如果系统偏离了平衡状态，输出信息返回系统后促使系统更加偏离平衡状态，这种反馈为正反馈；倘若输出信息返回系统后促使系统更加逼近平衡状态，则为负反馈。

一般把这种用系统活动的结果来调整系统活动的方法称之为反馈方法。信息反馈控制的一般过程为：确定系统工作的预定目标和参数，即规定信息；了解系统实际工作的现实条件和结果，即实际信息；将实际信息和规定信息进行比较；发出校正性的控制决定。

文献［28］把科学发现的思维过程简化为主体和客体及主体内部的信息反馈过程，如图14所示。

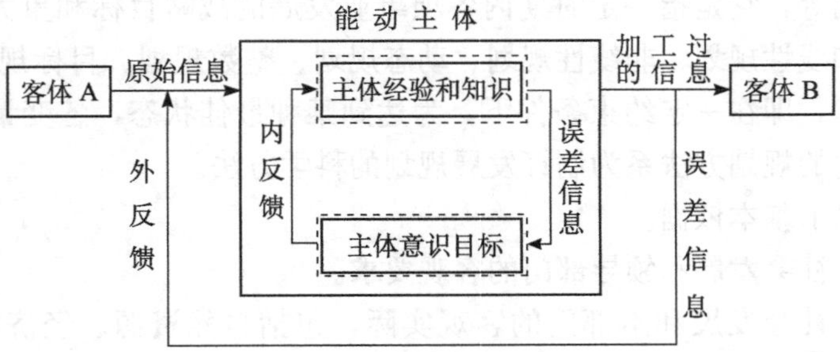

图14　科学发现的思维过程

文献［44］把情报加工处理的思维过程简化为一种信息反馈过程，如图 15 所示。

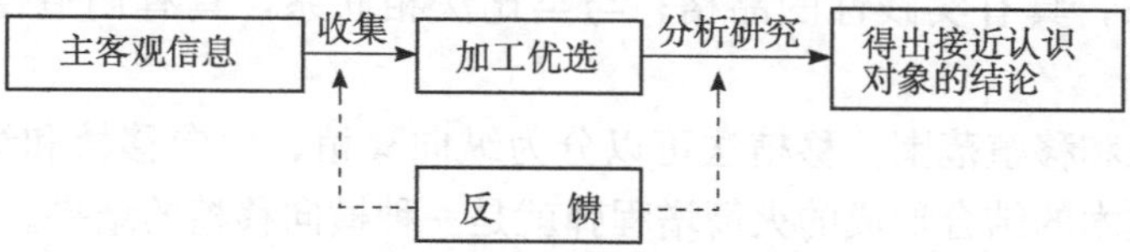

图 15　情报加工处理的思维运动过程

为了更好地实现反馈控制，又提出所谓前馈控制的概念，就是获取预测信息，使系统在偏差即将发生之前就注意纠正偏差的控制方法。情报研究工作的超前服务，就是反馈方法的应用，如核工业部地质研究院情报室于 1986 年完成的《国内外金矿》专题报告。为尔后国务院下达的找矿任务服务，发行近万册，获得了很好的效果。

信息反馈对情报研究具有双重含义。一方面，情报研究机构在科技工作和决策系统中处于情报保障和咨询系统的地位，起某种预测和反馈作用。因此，有的学者认为情报研究的社会功能在于预测和反馈。另一方面，信息反馈又是情报研究的重要方法。对于情报研究人员来说，与本专题研究核心内容有关的文献、旁人的观点、部门的评价和用户的反映都是一种反馈信息。充分利用这些信息，是搞好情报研究的重要条件。其基本作用有以下几方面。

反馈回来的信息如否定了原先构想，可以帮助自己把思维调整到正确的方向。

反馈回来的信息支持了原先的构思，可以坚定和丰富自己的思想。

反馈回来的信息启示了问题的关键和方法，则促进思维的清晰化和问题的解决。

反馈回来的信息提出了需要解决的新问题，则可为思维和研究开辟新的境界和领域。

文献[45]给出了情报研究中的信息反馈过程，如图 16 所示。

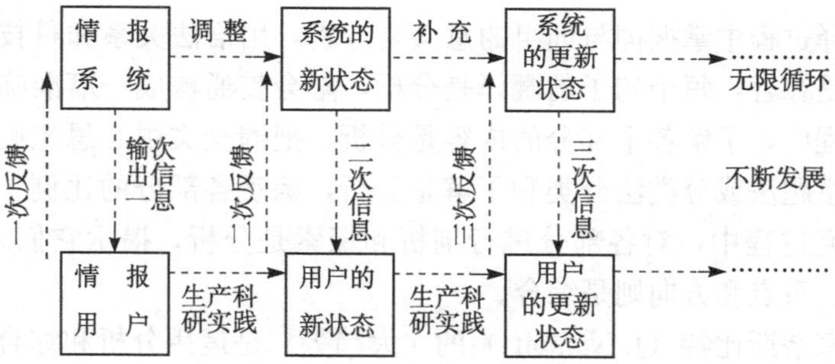

图 16　情报研究的信息反馈过程

(5) 移植法

所谓移植法，就是把一个研究领域和研究对象的成果和方法运用于其他研究领域和研究对象的一种研究方法。所谓“他山之石，可以攻玉”，就是这个道理。自然界各种运动形式之间存在着内在的联系性和统一性，是移植法的客观依据。正如德国物理学家普朗克 (M. K. Planck) 在他的《世界物理图景的统一性》一书中所说：“科学本身是一个统一体，它之所以划分成各个学科领域，与其说是由事物本质所决定，不如说是由于人的认识能力有限所决定的。实际上，从物理学及化学经生物学和人类学到社会科学，它们之间存在着一根环环相扣的链条，在任何一点上都无法将其任意割裂。”

移植法的特点是，与已有的理论知识相联系，体现着科学理论和方法的职能；与已有的技术手段相联系，具有实践性的品格；与类比法相联系，具有创造性和试探性的双重特征。

按照研究对象和移植范围，移植法可以分为纵向移植、横向移植和综合移植三种。如火箭技术与炮弹技术的结合形成的火箭增程弹就是一种横向移植的结果。

移植方法不仅应用于情报研究本身，而且在情报研究方法论的建设中也起着重要的作用。在情报研究方法正在由定性研究向定性和定量相结合方向发展过程中，情报研究人员的创造性应当表现在科学地将现代研究方法移植到情报研究领域中来，使其成为情报研究方法体系中的有机组成，而不是在于指出这种或那种方法不是起源于情报研究工作以至于认为情报研究没有自己的方法。

(三) 分析和综合的作用

分析和综合不仅是科学思维的主要方法，也是情报信息加工的基本方式，许多学者认为，所谓情报研究，就是对情报信息进行分析和综合。例如，有的美国学者把情报研究叫做情报分析（information analysis），有的苏联学者把情报研究叫做情报分析和综合（information analysis and synthesis），都说明了分析和综合对情报研究工作的重要意义。它的基本作用有以下几方面。

1. 加工情报信息的基本方法

关于思维本质的信息加工理论认为，思维过程实质上就是人脑对意象、模式、语词等符号元素的存储和处理的过程，而且还可以借助于计算机进行某种程度的模拟。这个过程都贯穿着分析和综合这一逻辑方法，因此分析和综合也贯穿于情报信息加工过程的始末。

例如，在翻译过程中掌握词与词组的意义是分析，用语法关系和科技知识把它转变成一句完整的句子是综合，每个句子的翻译是分析，融会贯通构成一篇准确通顺的译文则是综合；在阅读过程中，了解各个部分的内容是分析，把握全文中心思想则是综合；在整理素材过程中，按主题法或分类法分类和了解是分析，综观各部分的比例、关系和总体构成则是综合；在研究过程中，对各部分进行剖析和探索是分析，揭示它们之间的相互关系，找出总体的规律、重点和方向则是综合。

美国未来学家奈斯比特（J. Naisbitt）的《大趋势》是运用分析和综合加工情报以从事未来预测的典型事例。他通过对12年间200多万篇新闻报道的分析和综合，涓涓细流，汇成浩荡的巨川，得出了美国社会发展的十大趋势，指出信息社会的到来是美国社会最根本的变化，从而从某种角度反映了现代社会发展的重要方向。

2. 揭示事物本质和规律的基本手段

人们从感性认识上升到理性认识的过程中，经历着具体—抽象—具体这样一个辩证的过程，而在这个过程中，主要是依靠分析和综合来实现的，如图17所示[28]。

例如，为了研究火炸药科学技术的现状和发展，通过对20世纪70年代以来发射药、推进剂和炸药三大类别的基本原料、制造技术、分析测试和基础理论四大方面的国内外情报信息（感性具体）的分析，对每一部分都做出基本的结论和估计（抽象规定）。然后，根据武器发展需求的变化、含能原材料的发展、火炸药的研制周期及新技术对火炸药发展的

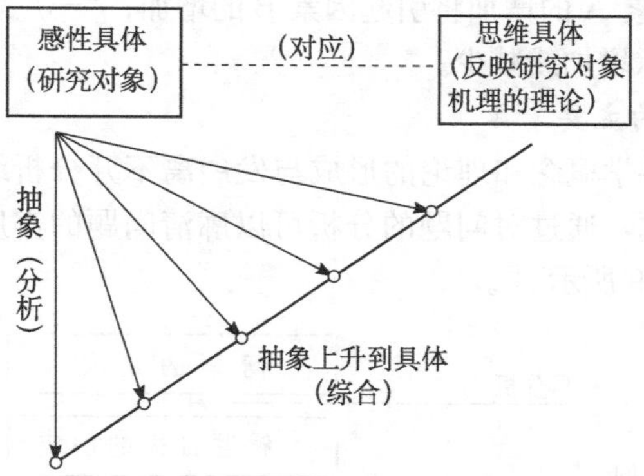

图 17　分析和综合在认识过程中的作用

影响，得出[46,47]：到 2000 年左右，国际上将会形成以硝胺化合物为含能物质、以高分子材料为黏合剂的硝胺火炸药作为主要方向，以提高和改进性能为重点，实行了分析测试和制造技术现代化的具有高度综合化和系统化的火炸药工业（思维具体）。

需要指出的是，由于分析和综合是透过现象认识本质的锐利思想武器，所以对于一因多果、同因异果、多因一果、多因多果这样有复杂联系的因果分析和相关分析具有更大的适用性。例如，国防经费和经济因果消长关系的研究就属此列，如图 18 所示[48]。

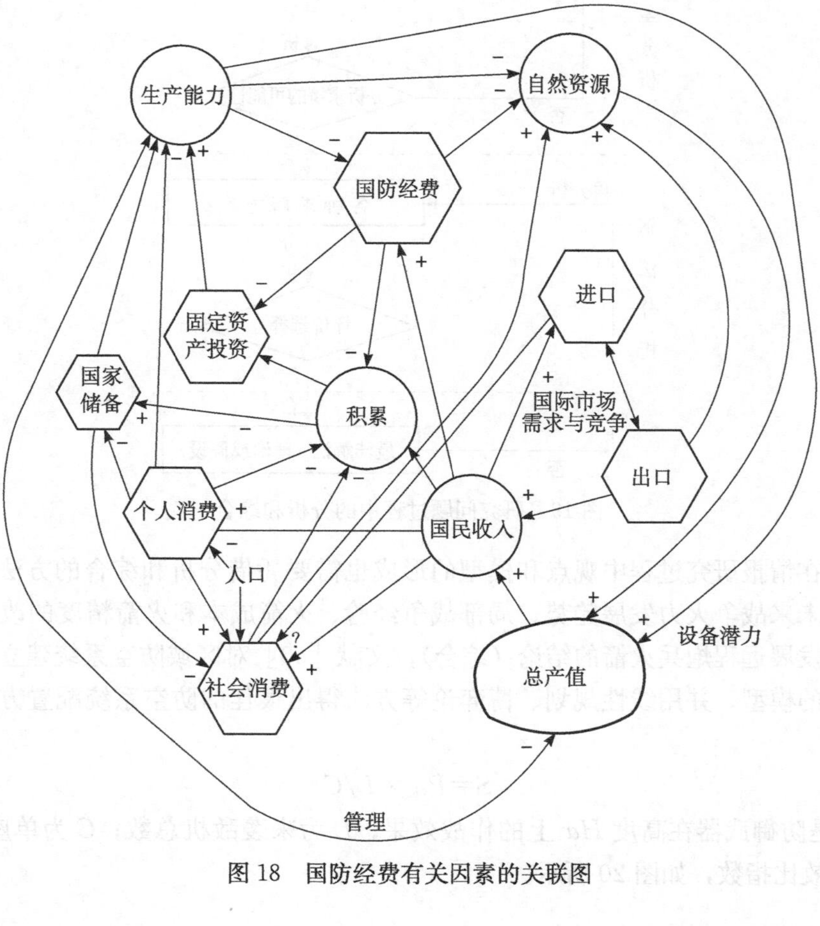

图 18　国防经费有关因素的关联图

其中，"+"表示因素 A 的增加将引起因素 B 的增加；"−"表示因素 A 的增加将引起因素 B 的减少；"?"表示增加或减少。

3. 形成观点和模型的主要工具

科学发展史证明，科学概念和理论的形成与发展离不开分析综合法的应用。科学研究始于提出问题和分析问题，通过对问题的分析可以廓清问题的实质和方面，然后通过综合使问题得到解决，如图 19 所示[28]。

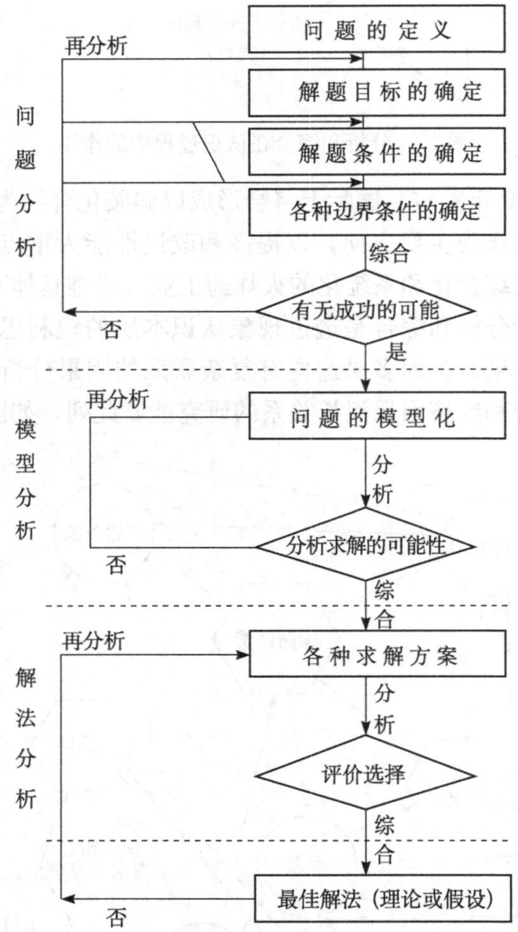

图 19　研究问题过程中的分析和综合

同样，在情报研究过程中观点和模型的形成也需要凭借分析和综合的方法。例如，文献［49］从未来战争火力发展趋势、局部战争经验、火箭成本和火箭精度的改善等方面的分析得出了发展远程炮兵火箭的结论（综合）；文献［50］对区域防空系统建立了一个防空系统费效比的模型，并用线性规划、博弈论等方法得出最佳的防空系统配置方案。其模型表达为

$$S=P_{Ha}\cdot L/C$$

其中，P_{Ha}是防御武器在高度 Ha 上的作战效果；L 为来袭敌机总数；C 为单座武器成本；S 为费用绩效比指数，如图 20 所示。

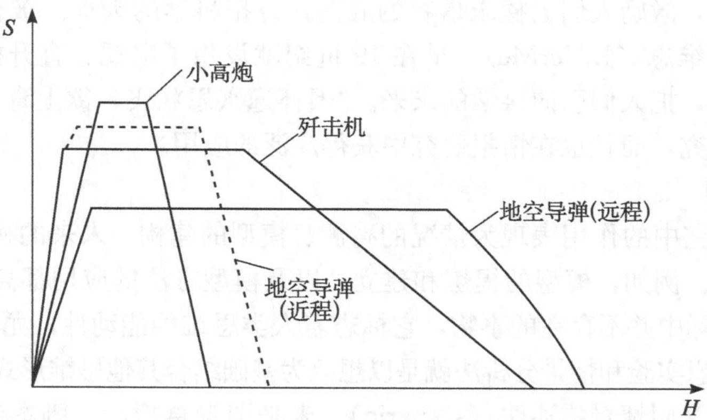

图 20 各种防空武器的费用绩效比较

1. 构成各种逻辑方法的主要基础

分析和综合在逻辑方法中居于重要地位，而且是各种逻辑方法的重要基础。例如，比较和分类是以分析作为基础的，因为确定事物共同点和不同点是一个分析的过程，没有分析也就没有科学的比较和分类，这也就是为什么把比较分析、分类分析作为分析的一种方法的原因，同样，归纳和演绎的过程也离不开分析和综合，因为它们所依据的个别与一般的关系需要通过分析和综合才能确定。例如，当有人问维纳："作出一个概括你要多少例子?"他回答说："有两个例子就很好了，可是，一个例子也就够了。"[51]这就要依靠分析和综合来辅佐。分析和综合不仅是抽象和概括的基础，也是逻辑和历史方法的基础。实际上，这些逻辑思维的方法都是相互联系、相互补充的，全面和巧妙地使用这些方法，才可以起到事半功倍的效果，有时甚至是出神入化的功效。

四、想象和类比

想象和类比是两种极富创造性的科学思维方法，是抽象思维、形象思维和灵感思维共同作用的结果，而且通过联想在某种意义上把它们联系在一起。

(一) 想象

1. 何谓想象

所谓想象（imagination），如前所述，是人脑在改造记忆表象的基础上创建新形象的心理过程。在想象中加工记忆表象的方式有黏合、夸张、强调和典型化等。想象在某种程度上是离开现实或是"超脱"现实的，但想象的来源却总是客观现实。

按照心理学，想象可以分为有意想象和无意想象，有意想象又可分为再造想象和创造想象等。再造想象是根据语言的描述或图形的示意在头脑中再造出相应形象的思维活动，创造想象则是根据一定的目的、任务并按照自己的创见独立地在头脑中创造出新形象的过程。

联想是想象的初级状态，是由当前感知的事物回想起其他事物，或由想起的一件事又想到另一件事的思维方法。通过联想，可以把偶然的机遇与记忆中的表象联合后创造出新颖的想象表象。"夕阳芳草寻常物，解悟都为绝妙词。"没有联想，也就没有机遇的升华。

马克思说："想象力，这是十分强烈地促进人类发展的伟大天赋。"科学一经与想象结合，就使思维添翼，激励人们去探求事物的底蕴，开拓科学的天地。被誉为“现代幻想之父”的法国科学家维思（J. VerMe），早在19世纪就设想了电视、直升机、潜水艇、霓虹灯、导弹、坦克等，把人们引向科学的未来。“俱怀逸兴思壮飞，欲上青天揽明月。”因此，想象不仅在科学研究，而且也在情报研究中获得广泛的应用。

2. 想象的作用

想象在情报研究中的作用表现为情况的猜测、模型的建构、未来的构想、框架的设计、方案的论证等方面。例如，模型的提炼和建立，以及模型方法的应用都离不开人们的想象，因为模型是客观实际中并不存在的事物，它标志着人类思维的能动性，尤其是想象力的创造性品质，又如，思想实验和情景分析法就是以想象为基础结合其他思维形式形成的研究方法。

情景分析法，又叫情景描述法（scenario）、未来图景草拟法、脚本法。它是以部分事实和逻辑推理为基础的，用主观构思来预测事物的发展趋势，描摹事物的图景全貌或若干细节的一种创造想法。陶渊明的《桃花源记》和傅立叶的空想社会主义学说就是情景分析的产物，这种方法能使研究人员较为容易地处理那些技术、经济以及其他社会事物交织在一起的复杂性和不肯定的事物，原用于政治和军事问题的系统分析，现也用于经济和科技的预测。

情景分析的基本步骤为：明确要解决的问题；构建情景，确定最终可能的几种状态；时间路径分析，解决怎样达到最终状态，对其发展趋势做出描述；拟定实现未来目标的方案、问题和项目。

由于情景分析是在推测的基础上对可能的未来情景的描述，没有固定结构，自由奔放，任何情景都可以描绘。但在实际应用中，大多数情景分析者常采用构想无突变情景和极端情景三种图景，如图21所示[52]。

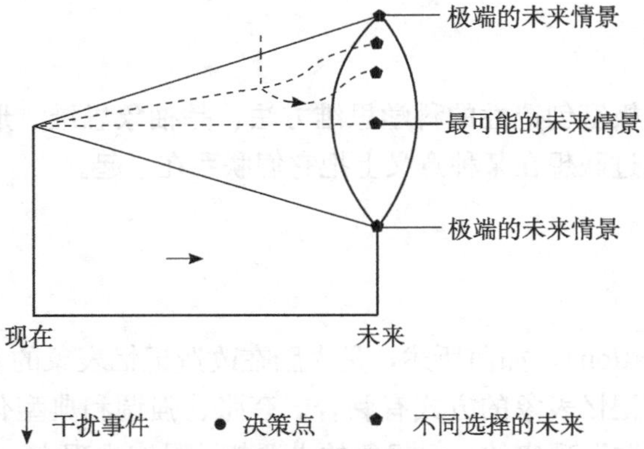

图21 情景发展模型

1977年7月，《美国新闻和世界报道》杂志发表了题为“90年代的战场”的文章，介绍了美国科学界人士对20世纪90年代可能出现的新武器的预见，描述了“战场上奔驰着具有高度机动性的双人坦克，小型无人驾驶的喷气式轰炸机能发现和攻击目标，装有激光武器的轨道飞行器、具有高精度的导弹能首发击毁敌舰，获自宇宙空间的信息将给军事指挥员显示出敌军在地平线以上的全部活动，一种能使海洋变为透明状的系统将使隐藏于水面以下的敌潜艇暴露无遗”的未来战场，就是情景分析法在情报研究中的应用。北京市科技情报研究所在研究北京市人口问题中，也曾应用情景分析法的原理，构建起北京市人口结构模型。

（二）类比

1. 何谓类比

在形式逻辑中，所谓类比（analogy），就是根据两个（类）事物之间在部分属性上的相似而推出它们在其他属性上也可能相似的一种思维方法和推理形式，借以获得对新事物的理解和认识。类比推理的基本原理可用下列公式表示。

A 对象具有属性 a，b，c，d

<u>B 对象具有属性 a'，b'，c'</u>

所以，B 对象也可能具有属性 d'

类比的客观根据是事物的相似原理。类比推理的可靠性取决于两个（类）事物的相似属性与推出属性之间的相关程度。但是由于类比是在未确定已知的相似属性和推出属性之间必然联系的情况下进行的，所以是一种或然性推理。

类比推理的方向是从特殊到特殊，是归纳法和演绎法的中间状态，其间包含着比较、联想、归纳、演绎等因素，如图 22 所示。

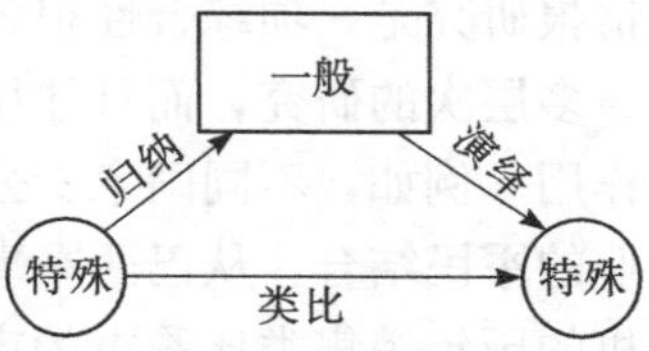

图 22　归纳、演绎和类比的关系

由于类比法是把极不完全的归纳法和极不严格的演绎法缩合在一起的产物，所以它既不像演绎法那样受现存原理的约束，又不像归纳法那样需要众多的同类的事物可以把看起来差别很大的两个（类）事物联系起来，触类旁通，启发思维提出设想，这就大大有利于发挥思维的创造能力。

类比具有跳跃性，能在不同质的两个（类）事物之间建立起特殊的推理关系，构造由此及彼的桥梁。类比具有直接地适用于横向领域的知识转移，成为现代模拟法、模型法、移植法的逻辑基础。也正因为这样，有的学者认为类比是一种极富创造性的非逻辑推理。康德（J. Kant）说过："每当理智缺乏可靠论证的思路时，类比这个方法往往能指引我们前进。"[53]开普勒（J. Kepler）也说："我特别喜欢这些类比——我的最可靠的老师，因为它们给我们揭开了自然界的各种秘密。"[54]

根据不同的角度，可以将类比分成不同的类型，通常有对称类比、协变类比、因果类比、综合类比（模拟类比），以及结构-功能类比、概念-机制类比等。

2. 类比的作用

类比在科学研究方法论中占有极为重要的地位。黑格尔说："类比的方法很自然地在经验科学中占有很高的地位，而且科学家也曾按照这种推理方式获得很重要的结果。"[4]科学家贝弗里奇（W. I. B. Beveridge）也说："独创性常常在于发现两个或两个以上研究对象或设想之间的联系或相似之点，而原来以为这些对象或设想彼此没有关系。"[55]类比法在科学研究中的作用主要表现在以下几方面。

启发作用　启发是类比的主要作用，如受人脑头盖骨由 8 块小而薄的构件组成的启发，创造了薄壳结构，建造了 61 620 块小而薄的构件组成的罗马运动场的屋顶；受到海水拍打在海滩上的搏动与微血管循环系统衰竭现象搏动类比的启发，修瑞娟提出了"修氏定理"，从而提供了正确解释病因的新理论。

模拟作用　所谓模拟，就是按照一定的规则创造出一个研究对象的类似物，在这个类似物上再现对象的特征和过程。尤其对于遥远空间、远古年代、广袤范围、物理禁区、高昂代价的场合更需要模拟，也就是“笼天地于形内”“现古今于须臾”。例如，维纳从人类、生物、机器的调节功能的相似的类比中，提出了反馈概念，创立了控制论。

仿造作用　运用类比方法模仿自然界中存在的天然物，是设计和制造人工物的一条重要途径。模仿海豚体形建造了高速潜艇、模仿企鹅建造了极地汽车、蜻蜓的复眼与全息摄影、人与机器人等，现代仿生学是与类比思维不可分离的。

助假说作用　科学研究中往往开始以类比法提出科学假说，然后经过论证和检验发展成为理论。例如，德布罗意（L. V. de Broglie）根据光的波粒二象性，通过类比得出实物粒子也有波粒二象性的假说，建立了物质波理论。

移植作用　把一种成功的科学技术通过类比移植到另一个新的领域，如李四光把力学方法移植于地质学，揭示了不同形态地质构造的内在联系，从而提出了构造体系这个崭新的科学概念。

情报研究是一项综合性很强的研究工作，往往需要进行大范围、大行业、多学科、多因素、多层次的研究，而且往往是通过对国外的研究解决国内的问题，因此类比法具有重要的作用。例如，不同国家、公司之间的对比，从法国火炸药公司的经营方针看我国火炸药工业的军民结合，从巴西军事工业的迅速发展中得到发展我国国防工业的启示，从黑白电视机的历年销售类比彩电的市场预测，从异类事物、新兴学科得到的启发，可以形成新的构思，提出新的见解，情报研究中一些建议往往都是类比思考的产物。

五、应具的思维品质

思维品质，作为心理学的一个术语，主要是指一些具体的思维特征，是思维能力的具体表现。本节谈及的问题，既涉及思维品质，也涉及思想倾向问题，是情报研究人员运用思维方法进行情报研究过程中应注意的几个思想品质问题[56]。

（一）十不

1. 不投人所好

情报研究是为决策、规划、论证方案等提供依据和借鉴的。情报部门一般比较客观、超脱，不直接涉及经济利益、人事关系等问题，情报部门又比较全面掌握国内外情况，所以一般人愿意听取情报部门的意见、观点乃至个人的看法。

但是对事物认识的矛盾总是客观存在的。既然情报部门的看法、意见和建议有时是举足轻重的，各方面常常希望情报部门能支持他们的观点代之说话，这种情况既包括上级领导，也包括部门之间、学派之间的争论。因此，情报研究必须用事实说话，讲职业道德，不能见风使舵，投其所好，或回避矛盾，拣好听的说。

2. 不先入为主

情报研究是一种调查研究，一切结论产生于调查研究的末尾而不是开头，不能先定调子、划框框，然后再去找例子，实际上这样的例子总是可以找到的。情报研究要从实际材料出发。从事实中理出头绪找出答案来。要根据调查情形的变化而变化，不能陷入专业偏见和墨守成规之中。

3. 不哗众取宠

情报研究成果当然希望用户关注，取得良好的效益。例如，情报要快，但不要为了抢头条新闻而忽视真实性；情报要新，但不要为了追求新颖而忽视其可能性，更不要把不同条件、情况下各种优点拼凑一起猎取新奇，言过其实，哗众取宠。

4. 不以偏概全

以点代面，以偏概全，这与以客观事实为前提，按正确的科学方法推断出重要情报的结论来，是有原则区别的两回事。前者是把事物的个别现象看成一般，产生认识上的片面性与主观性；后者是抓住事物的本质，分析各个部分的相互关系，得出符合实际的结论。

5. 不掩盖问题

为了介绍、推荐一项新技术、新产品，往往强调它的优点而容易忽视其缺点或问题，是最忌讳的。而有些看起来好像是微小的、次要的问题或缺点，可能恰恰是我们能否采用这项新技术的关键因素和要害问题。

6. 不主观臆测

情报研究既然是客观的情报信息通过人脑的作用进行选择、评价、处理和加工得出情报研究成果来，就自然离不开主观的影响。怎样才能使自己的主观认识尽量符合客观实际，这就要求冷静、慎重、仔细。想当然，看到风就是雨，凭主观想象轻易下结论是情报研究的大敌。

7. 不把现象当本质

通过现象看事物本质，事物本质由现象反映出来。原始情报的取得首先给你的是现象，其本质要靠观察、分析、推理、判断、综合才能得出来。例如，20 世纪 60 年代初美国研制一组自行火炮，重量大大减轻。减轻重量是现象，达到战略空运是目的。不强调本质而宣传了现象，往往会使人造成错觉，把人引入歧途。

8. 不失时机

在很多情况下，对情报的需要是以时间为准则的。出国考察、会议报告、项目论证、技术引进、规划、计划及决策都需要及时得到情报的答案以供借鉴和参考。一旦方案确定，工作铺开，再好的情报也难以发挥作用。因此，抓准时机，掌握火候是极其重要的。

9. 不人云亦云

目前，科技情报主要来自国外，军事科技情报更加上了一层保密和政治色彩。为了政治、军事和商业上的目的，原始情报有的弄虚作假、夸大其词，有的甚至故设圈套、请君入瓮。所以一定要强调独立思考，分析研究，不能人云亦云，做别人的传声筒，为外人做喉舌。

10. 不绝对化

事物的发展总是有曲折、迂回、停滞、飞跃，错综复杂。核武器的出现，常规武器应淘汰；反坦克导弹的应用，坦克无用武之地；底喷弹研制成功，火箭增程弹不发展了，如此等等，都犯了简单化、绝对化的毛病。情报研究要注意一分为二，运用辩证法。

（二）三要

1. 要分清主客观

情报研究是搜集、分析、归纳、综合客观存在的东西，当然也包括情报研究者自己的意见、观点和建议。因此不要把两者混为一谈，应该让用户能够清楚地分清哪些是原始情报，哪些是情报研究者的观点，这是十分重要的。特别是一些重要数据、情况、观点要注明出处，以使用户查证。

2. 要严肃认真

情报是供参考、借鉴、启发、决策用的，它对政策、规划、行动起重要的影响，因此不能马虎从事，粗枝大叶，出各种差错。更不能对难懂的新技术、新问题绕开圈子走，回避困难。搞情报研究工作，需要终身学习、不耻下问、边干边学。提出的情报要准确可靠，令人信服，这需要有认真负责、严谨科学、一丝不苟的工作态度。

3. 要实事求是

情报研究涉及的范围是极其宽广的，是设想、预测、计划，还是已经成为事实、结果；是概念、研究、发展、试验、设计，还是生产、使用、装备事物发展处于什么阶段，在什么条件、背景情况下产生的，都应当实事求是地交代清楚。实事求是是情报可信度的基础，是情报研究的信誉所在，因此需要特别予以强调。

参考文献

[1] 恩格斯．自然辩证法．北京：人民出版社，1971：29.
[2] 江正英，等．比较情报学初探．情报学刊，1989，(4)：68-70.
[3] 缪其浩，等．略论情报调研活动的国内外比较研究之条件．情报学刊，1988，(3)：62-64.
[4] 黑格尔 G W. 小逻辑．北京：商务印书馆，1980：251，253，368.
[5] 人民日报，1987-8-28.
[6] 黄肖贺．我国的信息化必须大力发展通信业．首届中国信息化问题学术讨论会论文集．北京：电子工业出版社，1937：105，106.
[7] Armed Forces Journal International，1989，106 (5).
[8] 王道荫．对我国 2000 年战斗机的轮廓设想．对我国二 OOO 年战斗机的设想．航空工业部科学技术情报研究所，1934：1-32.
[9] 左风琴．“战略防御倡议”中采用的末制导武器．军用高技术探讨．兵工情报研究报告 BQB88-0014. 机电部兵器科学技术情报研究所，1988：76-97.
[10] 刘宗仁．微电子技术发展及义在军事上的应用．军用高技术探讨．兵工情报研究报告 BQB88-0014. 机电部兵器科学情报研究所，1988：40-53.
[11] 于志钧．发展信息技术与我国信息经济发展的制约关系．首届中国情息化问题学术讨论会论文集．北京：电子工业出版社，1987：142-146.
[12] 陈世骧．进化论与分类学．北京：科学出版社，1978：29.
[13] 马克思恩格斯全集．第 1 卷．北京：人民出版社，1970：657.
[14] 郭晓义，等．高技术产业化问卷调查结果．中国高技术的产业化．中国科学技术情报研所，1989：34-57.
[15] 恩格斯．自然辩证法．北京：人民出版社，1984：95.
[16] 林康义，等．比较分类类比．沈阳：辽宁人民出版社，1985：75.
[17] 王超平．大阪市城市客运交通综合体系．北京市科学技术情报研究所，1988.
[18] 钱挥熇，等．北京市工业振兴计划目标系统分解．北京市科学技术情报研究所，1988.
[19] 刘诗章，等．深化情报研究适应社会需求新变化．全国情报研究学术研讨会论文．吉林省科学技术情报研究所，1989.
[20] 马克思恩格斯选集．第 3 卷．北京：人民出版社，1972：548.
[21] 尖端科技．1987，(2)：32.

[22] 安慧．怎样进行情报研究（二）．情报科学，1983（2）：81-93.
[23] 傅秉一．科技情报研究的任务与方法．北京科技情报学会，1984：81，83，84.
[24] 马克思恩格斯全集．第 20 卷．北京：人民出版社，1956：661.
[25] 刘元亮，等．科学认识论与方法论．北京：清华大学出版社，1987：272.
[26] 胡世功，等．国外陆军的 CI 系统．兵工情报研究报告 BQB88-0003. 国家机械兵器科学技术情报研究所，1988.
[27] 仲崇光．几种处理原始馈报资料的方法．情报学刊，1981，(3)：58-61.
[28] 章士嵘．科学发现的逻辑．北京：人民出版社，1986：26，240，262，273.
[29] 孙孝纯．反坦克武器．外军武器装备现状及发展趋势．北京：解放军出版社，1984：23-39.
[30] 李一苇，等．国外改性双基推进剂发展概况和若干重要问题．国外兵器技术．化工类，总 117 号，兵器工业部第二一 O 研究所，1982.
[31] 孙治邦．定量分析在航空情报研究中应用的理论与实践．情报理论与实践，1988，(2)：25-30.
[32] 封中一．根据专利情报进行技术评价和预测的程序与方法（上）（下）．科技情报工作，1985，(6)：26-27；(7)：19-22.
[33] 安慧．论专利情报衡研究程序和方法，情报理论与实践，1988，(2)：50-53.
[34] 王家斌．论专利情报分析技术．情报学报，1985，(3)：220-229.
[35] 马克思恩格斯选集．第 3 卷．北京：人民出版社，1972：81.
[36] 于德乾，等．系统分所在“星火计划”情报研究中的应用．情报科学，1987，(6)：83-85.
[37] 涂庆．层次分析在地面武器装备需求分析中的应用．中国国防系统分析方法学讨论会论文．机电部兵器科技情报研究所，1989.
[38] 高惠彬，等．“SD”方法在乡镇工业企业发展研究中的应用．情报理论与实践，19，88（2）：85-90.
[39] 鞠英杰．论情报研究中的灰色系统理论．情报科学，1988，(1)：27-30.
[40] 喻家田．灰色系统 DM（1，1）模型在医学情报工作中的应用．情报学刊，1988，(6)：77-80.
[41] 钱学森谈情报研究．发展论坛，1984，(12).
[42] 夏天长．系统辨识——最小二乘法．熊光愣，李芳芸译．北京：清华大学出版社，1983：4.
[43] 王振玉．情报研究的系统辨识技术．情报学刊，1989，(5)：52-55.
[44] 樊松林．情报加工处理中的思维运动．情报科学，1988，(4)：17-21.
[45] 旋习涵．情报调研中的反馈法．情报科学，1984，(5)：66-69.
[46] 包昌火．2000 年火炸药的展望和对策．兵工技术情报专题报告（85）-61. 兵器工业部第二一 O 研究所，1985.
[47] 包昌火，等．我国火炸药科学技术面临的挑战和对策．北方化工信息中心，1985.
[48] 凌如镛．国防经费效益的构模．国防系统分析方法学交流会论文集．国防科工委科技情报研究所，1988：17-20.
[49] 金向东．远程炮兵火箭论证意见．兵工情报研究报告 BQB88-0008. 机电部兵器科学技术情报研究所，1988.
[50] 严南根．区域防空系统建模．中国美国国防系统分析方法学讨论会论文集．中国国际科技信息中心，1987：100-104.
[51] 林定夷．科学研究方法概论．杭州：浙江人民出版社，1986：156.
[52] 许怀东，等．情景分析法．软科学的崛起——软科学研究方法．北京：地震出版社，1987：249-253.
[53] 宸德．宇宙发展史概论．上海：上海人民出版社，1972：147.
[54] 弗格拉希．逻辑学．北京：三联书店，1979：317.
[55] 贝弗里奇 W I B. 科学研究的艺术．北京：科学出版社，1979：58.
[56] 吴塑康．浅谈情报研究方法．兵工情报工作，1984，(4)：20-24.

信息分析方法体系

信息分析词条*

一、经济学方法

经济学（economics）是现代科学的一大基本门类，是一门研究稀缺资源有效配置的科学，而市场竞争则是资源配置的最佳机制，随着市场经济的逐步形成而出现的竞争理论（competitive theory），就成为经济学发展的一大核心议题。从18世纪下半叶以英国著名经济学家，被誉为经济学之父的亚当·斯密（Adam Smith，1723～1790年）为代表的古典竞争理论，19世纪下半叶以维尔费雷多·帕累托（Vifredo Pareto，1848～1923年）为代表的新古典竞争理论及完全竞争理论，20世纪30年代兴起的以英国经济学家琼·罗宾森（Joan Robinson，1903～1983年）为代表的不完全竞争或垄断竞争理论，以及20世纪20至80年代陆续出现的以奥地利学派约瑟夫·熊伯特（Joseph Alois Schumpeter，1883～1950年）为代表的现代竞争理论，经历了近200年的历史。现代竞争理论抛弃了把完全竞争作为现实和理想的竞争模式的教条，转向对现实市场竞争动态过程的研究。哈佛大学商学院教授迈克尔·波特（Michael E. Porter）于20世纪80年代相继发表了《竞争战略》（Competitive Strategy，1980年）、《竞争优势》（Competitive Advantage，1985年）和《国家竞争优势》（Competitive Advantage of Nations，1990年）及《竞争战略案例》（Cases in Competitive Strategy，1982年）等著作，把现代竞争理论的研究推向了高潮。经济全球化发展和合作竞争理论的出现，则使市场竞争进入到一个新的发展阶段。

波特理论对竞争情报发展的重大意义在于：确定了竞争情报的基本目标是为创造和保持企业的竞争优势服务，并将价值链理论作为获取竞争优势的基本战略，为竞争情报研究及理论建设提供了重要基础，如三大基本战略、五种力量模型（five forces model）、竞争对

---

* 本文原载《信息分析和竞争情报案例》，北京：清华大学出版社，2012。

手分析模型等都已成为竞争情报研究的分析框架；国家竞争优势理论，即钻石理论，赋予国家以新的生命力，提出了国家具有竞争优势的观点，为国家竞争情报的建设提供了理论支持。

竞争理论的构建一直推动着经济学的发展，它所创建的竞争分析也就成为经济学的一大基本方法，并广泛应用于战略管理、竞争情报、市场研究等领域。本篇以最佳实践调查、竞争态势分析、价值链分析、标杆分析、竞争力评价、情景分析、博弈分析（game anglysis）等竞争分析为主体，结合投入产出分析（input-output analysis）、技术经济分析等其他经济学方法，展示在信息分析领域获得广泛应用的经济学方法的基本风貌。

（一）最佳实践调查

最佳竞争情报实践调查（best practices for competitive intelligence）是指对开展竞争情报活动的领先企业进行考察和调研，并将其经验应用于本企业的竞争情报实践中的一项活动，是标杆分析方法在情报领域中的应用，也是美国竞争情报工作的重要创举。其基本做法是采用标杆分析方法，选择标杆、进行比较、实现赶超，从而不断地改进和提高竞争情报的工作水平。

最佳实践一词在商业管理领域的普及始于1982年的彼得斯（T. J. Peters）和沃特曼（R. H. Waterman）撰写的畅销书《追求卓越》（In Search of Excellence），而1989年施乐公司的坎普（R. C. Camp）撰写的《标杆分析：追求取得产业内最优绩效的最佳实践》（Benchmarking：The Search for Industry Best Practices That Lead to Superior Performance），则使最佳实践调查推广到各行各业。美国生产力质量中心（APQC）是竞争情报最佳实践调查和标杆分析活动的积极倡导者，曾多次开展大范围的最佳实践企业调查（best practices for CI）。约翰·普赖斯科特（John E. Prescott）和简·赫林（Jan P. Herring）是竞争情报领域最佳实践调查和标杆分析活动的重要推动者。

竞争情报的崛起是国际情报界和企业界的重大事件。十几年来，国内外涌现了一批竞争情报的最佳实践企业，如美国的摩托罗拉公司（Motorola）、微软公司（Microsoft）、国际商用机器公司（IBM）和我国的上海宝钢（Baosteel Group）、重庆长安（Chongqing Changan Automobile Co. Ltd.）、中国一汽（FAW Car Co. Ltd.）等。而美国，则可以认为是竞争情报的最佳实践国家。推荐它们的经验，对于我国竞争情报事业的发展具有典范借鉴的作用。本节中选取的案例全面展示了国内外先进国家和企业在竞争情报工作中的具体操作方法和实践经验，包括美国壳牌国际服务集团公司（SSI）、IBM、宝钢、首钢和华门策略顾问公司等。

（二）竞争力评价

竞争力理论是竞争理论的重要构成，竞争力评价是组织制定战略的重要基础，是知己知彼的重要内容。自1980年位于瑞士日内瓦的世界经济论坛（World Economic Forum，WEF）发表第一份《全球竞争力报告》（Global Competitiveness Reports）以来，国际上掀起了一股关于竞争力研究的热潮。1989年瑞士洛桑国际管理发展研究院（International Institute for Management Development，IMD）开始推出《世界竞争力年鉴》（World Competitiveness Yearbook），从此，世界经济论坛和瑞士洛桑国际管理发展研究院就成为世界上研究国家竞争力的两个权威机构，竞争力评价也成为当今国际上研究国家和企业竞争能力的重要手段。竞争力评价的基本做法是在系统学方法的指导下，运用层次分析、主成分分析、价值分析、神经网络分析等方法，建立起科学的评价指标体系，确定指标权重，从而形成对待评对象的评估和排序，为制定组织的竞争战略服务。本节则介绍了我国情报界、学术界关于产业、企业竞争力评价的若干典型案例。

(三) 竞争态势分析

竞争态势分析（competitive situation analysis），又称 SWOT 分析，是对组织内部存在的优势（strengths，S）、劣势（weaknesses，W）、外部环境面临的机会（opportunities，O）和威胁（threats，T）进行系统分析的基础上形成组织竞争战略的方法，广泛应用于战略管理、市场研究和对手分析等领域。

SWOT 分析兴起于 20 世纪 70 年代。美国哈佛大学商学院埃德鲁斯（K. R. Andrews）于 1971 年在 Concept of Corporate Strategy 一书中最早提出了战略理论及其 SWOT 分析框架。80 年代美国旧金山大学韦里克（Heinz Weihrick）和哈佛大学商学院波特又极大地充实了 SWOT 分析的理论基础和方法，从而使 SWOT 分析具有显著的结构化和系统化的特征，而能力学派则将外因与内因的分析更好地结合起来。SWOT 分析通常由行业环境分析、组织在行业中的优劣势分析、组织的竞争对手的优劣势比较分析和 SWOT 矩阵综合分析五大流程构成，从而形成组织的竞争对策。正确理解和认识 S，W，O，T 四大影响战略的基本要素，并做出合理的战略选择，是 SWOT 分析的精髓。它们的组合可以形成四类基本战略：SO 战略，即发挥优势、抓住机遇的增长型战略；WO 战略，即抓住机遇、克服劣势的扭转型战略；ST 战略，即利用优势、避开威胁的多元化战略；WT 战略，即重视威胁、克服劣势的防御性战略。直观和简便是 SWOT 分析的重要优势，但也不可避免地具有精度不高的缺陷。尽管如此，它仍是组织战略制定的重要基础和竞争分析的主要工具。本节选择的案例是 SWOT 分析在高新技术项目、企业、行业发展中的应用。

(四) 定标比超分析

定标比超（benchmarking）也称为基准调查、基准管理、典范借鉴、标杆分析等。定标比超具体指不断发现组织内外、行业内外的最佳实践，将本组织的产品、服务和其他业务过程与本组织的最佳部门、竞争对手或行业内外的一流机构进行对照分析的过程，从而改进本组织的产品、服务或管理等环节，达到取而代之、战而胜之，最终赢得并保持竞争优势的一种竞争情报分析方法。

定标比超产生于 1979 年，由施乐公司（XEROX）最早开始使用，随后许多企业便开始纷纷效尤。中国最早开展定标比超活动的是钢铁行业。而今，该管理方法在国内外已被广泛应用于各行各业及企业生产经营活动的各个层面，并取得了令人满意的成果。经过多年的发展，定标比超的应用范围不断扩大，定标比超已经逐渐成为组织战胜竞争对手、赢得竞争优势不可或缺的关键因素。

作为一种常用的竞争情报分析方法，和其他竞争情报分析方法相比，定标比超具有适用面广、针对性强、作用多样等特点。在实际应用中，根据定标比超的重点和对象的不同，分别分为产品定标比超、流程定标比超、管理定标比超、战略定标比超、内部定标比超、竞争定标比超、功能定标比超、通用定标比超等。它们的基本过程可分为规划阶段、分析阶段、综合阶段、行动阶段和见效阶段。但定标比超基本上是一种模仿战略，如何在模仿中实现创新、追求卓越是实施定标比超分析时应关注的重大问题。本节选择的案例是定标比超分析在政府竞争力评价和高校学科建设领域内的应用。

（五）价值链分析

价值链分析（value chain analysis）就是通过分析和评价企业的价值活动过程及其联系以识别和获取企业竞争优势的一种系统化方法。所谓价值链，即价值活动过程，是一个企业在特定产业内各种价值活动的有机结合，它由内部后勤、生产经营、外部后勤、市场营销、产品服务等基本活动和物资采购、技术开发、人力资源管理和企业基础结构（领导能力和政策功能）等辅助活动构成。价值链分析由波特于1985年在《竞争优势》一书中提出，是一种战略成本管理方法。价值链理论认为，把企业作为整体来考察，是无法识别其竞争优势的，必须把企业活动进行分解，通过考察这些活动本身及相互之间的关系来确定竞争优势；企业的利润来自企业的价值链，价值链的差异是企业竞争优势的源泉。价值链分析的基本步骤是识别价值活动、厘清相互关系、分析竞争优势和构筑其具有自身特点的价值链，从而获得和保持企业的竞争优势。本节选择的案例是价值链分析在人造板行业和中小企业发展中的应用。

（六）情景分析

情景分析（scenario analysis）又称脚本法，系根据发展趋势的多样性，通过对研究对象相关问题的系统分析，设计出多种可能的未来前景，然后用类似撰写电影剧本的手法，对问题的发展态势做出由始至终的情景构造和画面描述的创造性思维方法。它是一种经典的宏观环境分析和预测工具，是研究当代处于不确定环境中的系统发展战略的一种有效的手段，因而也是竞争情报研究的常用方法。

情景分析兴起于20世纪40年代。为弥补数学模型在战略研究中只能解决短期预测的缺陷，由美国规划研究专家卡恩（H. Kahn）开发的情景分析开始用于兰德公司的军事和战略研究中。英国的奥威尔（George Orwell）于1948年出版的《1984》一书被认为是情景分析的代表作之一。荷兰皇家壳牌石油公司规划人员瓦克（Pierre Wack）于1972年应用情景分析使壳牌石油获得重大发展。自20世纪70年代中期以来，情景分析已广泛应用于政府、企业、军事各个层次、各种目标的预测和规划工作中。

一般而言，情景分析由最终状态、故事情节、驱动力量和逻辑依据四大要素构成，并应用时间序列法、STEEP（社会、技术、经济、生态、政治）扫描、德尔菲法、系统动力学分析和交叉影响矩阵等方法来达到自己的目的。它的基本流程为：识别和分析决策重点；确定关键决策因素；识别和分析关键环境驱动力量；建立情景逻辑；选择和阐述情景；解释情景的决策意义。情景分析摆脱了传统思维形式的束缚，既是探讨事物相互关系的手段，又是筹划未来的方法，是一种可以启发人们缜密思考的重要工具，从而为决策制定者提供未来发展可能性的科学见解和依据。本节选择的案例是情景分析在赣江流域规划、物流园区需求分析预测和机动车污染控制中的应用。

(七) 五种力量模型

五种力量模型是由迈克尔·波特教授于1980年在《竞争战略》一书中提出的，是描述产业竞争结构的一种概念模型，可以有效地分析企业面临的基本竞争态势。波特认为，产业外部力量通常影响产业内部的所有企业，这些力量相互影响、相互作用，形成了影响产业发展的五种力量。这五种力量分别是：业内企业、供应者、购买者、潜在进入者、替代品生产者。五种基本力量竞争作用的结果，决定了业内企业获利的可能和程序。由于五种力量模型可以帮助企业比较全面系统地看清本行业的企业竞争格局、分析竞争压力的来源和行业中竞争的强度，并判断资本向本行业的流向、程序，可有效地分析企业面临的基本竞争态势。因此已被广泛使用于企业的竞争战略分析和经营管理过程。

(八) 竞争对手分析模型

竞争对手分析模型（competitor analysis model）是竞争对手分析的基本框架，由波特在1980年出版的《竞争战略》一书中提出。模型表明，从企业的未来目标（什么驱使着竞争对手）、现行战略（竞争对手在做什么和能做什么）、竞争实力（优势和劣势）和自我假设（关于其自身和行业）四大要素和分析可预知竞争对手的反应模式（它对目前地位是否满意、将做什么行动或战略转变、它在哪里易受攻击、什么将激起它最强烈和最有效的报复）。波特认为，竞争对手分析的重点应放在对手的目标和假设上，而这些要素同样可用于企业的自我分析。竞争对手分析是战略制定的中心任务之一，而波特的竞争对手分析模型则为竞争对手分析提供了基本思路。

十多年来，包昌火、李艳、黄英等中国学者也构建了以市场、能力和时间三大因素构成的三维分析法，构筑了竞争对手分析论纲，形成了关于竞争对手分析的知识体系，并将波特的竞争对手分析模型的理论框架转化为可操作性的竞争对手跟踪分析，从而做出了有益的探索。本节选择的案例是竞争对手分析模型在非常可乐和我国疏浚企业的竞争战略制定中的应用。

(九) 博弈分析

博弈论（game theory）是以数学为工具，研究理性的经济个体在利益冲突中策略选择问题的理论。用博弈论思想分析社会、政治、军事、经济问题的方法为博弈分析。博弈分析的关键步骤是找出在甲方选择既定的条件下乙方的最优反应策略（best response strategy）。因此，简言之，博弈论也就是解决利益冲突的策略。著名的田忌赛马和囚徒困境就是一种典型的博弈分析。凡有竞争和合作的场合，就是博弈分析的战场。

现代博弈论起始于19世纪，形成于20世纪40年代，1944年由数学家约翰冯·诺依曼(John Von Neumanm，1903～1957年）和经济学家奥斯卡·摩根斯坦（Oscar Morgenstern）合著《博弈论的经济行为》的问世标志着系统的博弈论的形成，并进入经济学研究的广阔领域。1950～1953年，美国数学家约翰·纳什（John Forbes Nash）《非合作博弈》的发表把博弈论的研究和应用推进到一个新的阶段。1994～2005年，诺贝尔经济学奖多次授予包括非合作博弈、信息经济学、实验经济学、合作博弈等博弈论及相关领域，将博弈论的应用推向高潮。鉴于一切社会经济问题都涉及人际的利益冲突问题，因而博弈论也就成为经济学和竞争情报的重要理论，在经济学和情报学等领域获得了广泛的应用，成为理解人类行为和策略选择的有力工具。本节选择的案例是博弈分析在证券市场内幕交易问题和国有企业职工离职问题中的应用。

（十）投入产出分析

投入产出分析是研究国民经济综合平衡和经济预测的重要方法，由美国经济学家、哈佛大学教授西里·里昂杰夫（Wassily W. Leontief，1906～1999 年）于 1936 年在《美国经济制度中投入产出的数量关系》一文中提出的，他因此获得 1973 年的诺贝尔经济学奖。1968 年联合国正式向世界各国推荐投入产出法，1973 年联合国出版了《投入产出表和分析》一书，1987 年我国国务院决定编制 1987 年全国投入产出表。由此，该方法在我国经济界、软科学界和情报界获得了广泛的应用。

投入产出分析就是从经济系统的整体出发，研究一个系统中各部分投入与产出的相互依存关系的数量分析方法。它通过编制投入产出表，并运用矩阵、线性方程等数学工具求解所研究的问题来揭示国民经济各部门、再生产各环节间的内在联系。它的基本程序由构建投入产出表、建立联立方程、数学模型求解等构成，在制定经济规划、预测经济发展、论证经济政策、研究产业结构、大型项目评估等方面具有重要的作用，成为各国国民经济核算体系的重要支柱。本节选择的案例是投入产出分析在国家科学技术投入与产出评价中的应用。

（十一）技术经济分析

技术经济分析是 20 世纪 70 年代以来发展的一类用经济学方法研究技术问题的方法的总称，主要研究技术方案的选优问题，如技术评价方法、成本效益分析、可行性评价、价值工程等。技术经济分析的基本程序包括拟定各种可能的技术方案、对这些方案的利弊和影响进行分析、建立相应的数学模型、数学模型的求解和对方案进行综合的技术经济评价，从而选择为实现同一目标的经济上最合理的技术方案。在信息分析工作日益社会化和市场化的今天，以项目咨询形式出现的技术经济分析在我国情报界获得了广泛的应用。本节选择的案例是技术经济分析在拖拉机半轴套加工工艺方案制定和企业信息化对经济增长贡献研究中的应用。

（十二）数据包络分析

数据包络分析（data envelopment analysis，DEA）是以相对效率概念为基础，根据多指标的投入和产出，对相同类型的决策单元进行相对有效性或效益评价的一种经济学方法，由经济学家法瑞尔（M. J. Farell）、运筹学家查尼斯（A. Charnes）和库珀（W. W. Cooper）等学者于 20 世纪 70 年代发展起来的。它主要采用数学规划方法，利用观察到的有效样本数据，对决策单元（decision making units，DMU）进行相对有效性评价。它的基本程序包括决策单元的选择、投入产出指标的选择、数据包络模型的建立和数据包络模型的求解等。在科学技术领域，与描述单元技术发展过程的生长曲线不同，包络曲线（envelop curve）则用于描述整个技术系统和发展过程，因而广泛应用于技术预测活动。本节选择的案例是数据包络方法在商业银行竞争力分析中的应用。

二、系统学方法

宇宙万物，皆成系统。从大千世界到基本粒子，系统无处不在，系统无时不在，人类就生存在系统之中。从1937年贝塔朗菲提出的一般系统论，经由维纳的控制论、申农的信息论、普利高津的耗散结构理论、托姆的突变论、哈肯的协同理论，以及混沌理论、分形理论而进入对复杂系统的研究。以钱学森教授为代表的我国学者于20世纪90年代提出了处理复杂系统的方法论，即综合集成方法论（meta synthesis，1989年）、综合集成研讨厅（hall for workshop of meta-synthetic engineering）及物理-人理-事理方法论，它们把人、事、物，把专家系统、统计数据、计算机技术和现代通信技术综合起来，构成一个高度智能化的人机网络系统，代表了系统学方法的重大发展。

系统是由相互联系的若干部分组成的具有特定功能的有机整体。系统学的精华在于整体论思维，即整体大于部分之和的思想。而系统方法则是以对系统的基本认识为依据，用以指导人们研究各种复杂问题而形成的方法论，它把综合作为始点和归宿，并把分析与综合贯穿于过程的始终，遵循整体性、关联性、动态性、综合性、有序性、最佳化、定量化、模型化的原则，实现了人类思维方式的重大突破，系统分析则是系统方法的具体应用。

本文将重点选择在实际工作中比较常用的系统分析方法，如层次分析法、系统动力学方法、灰色系统方法、最优化方法和综合评判方法，一睹系统学方法的风采。

（一）层次分析法

层次分析法（analytical hierarchy process，AHP）是美国匹兹堡大学教授萨泰（A. L. Saaty）于20世纪70年代提出的一种能将定性和定量分析相结合的并获得广泛应用的系统分析方法，用于解决那些难以完全用定量方法解决的决策问题及多目标优化问题。从本质而言，层次分析法是一种多层次权值解析方法，它将人们的思维过程和主观判断数学化，具有高度的逻辑性、系统性和简洁性，对解决多层次、多目标的决策问题行之有效，不仅简化了系统分析和计算工作，而且有助于决策者保持其思维过程和决策原则的一致性。但是此方法的主观色彩较浓，它是以定性分析为基础的，主要体现在层次结构及各子因素的确定上。层次结构确定的是否恰当，全部因素是否反映了问题的主要方面，对最终的分析结果都有影响。

应用层次分析法解决问题一般遵循以下步骤：首先，应把要解决的问题分层系列化，即根据问题的性质和要达到的目标，将问题分解为不同的组成因素，按照因素之间的相互影响和隶属关系将其分层聚类组合，形成一个递阶的、有序的层次结构模型。通常包括目标层、准则层和方案层三个基本层次。其次，构造两两比较的判断矩阵，即对模型中每一层次因素的相对重要性，依据人们对客观现实的判断给予定量表示，再利用数学方法确定每一层全部因素相对重要性次序的权值。最后，通过综合计算各层因素相对重要性的权值，得到最低层（方案层）相对于最高层（总目标）的相对重要性次序的组合权值，以此作为评价和选择方案的依据。

本节选择的案例是层次分析法在高校管理、车型组合决策、研发投资环境评价、政府危机管理的绩效评价等领域中的应用。

（二）系统动力学方法

美国麻省理工学院的弗雷斯特（J. N. Forrester）于1957年提出的系统动力学是一种以反馈控制理论为基础，以计算机仿真技术为手段的定量研究方法。其本质是一种研究信息反馈系统动态行为的计算机仿真技术。它有效地把信息反馈的控制原理与因果关系的逻辑分析结合起来，面对复杂的实际问题，从研究系统的内部结构入手，建立系统仿真模型，并对模型实施各种不同的政策方案，通过计算机仿真展示系统的宏观行为，寻求解决问题的途径。系统动力学方法特别适于研究社会、经济、生态和生物等高度非线性、高阶次、多变量、多重反馈、复杂善变的大系统问题，一些数据不足的问题，周期性和长期性的问题。系统动力学方法的研究过程是一个各种知识综合应用的过程。系统动力学模型的有效性和合理性有赖于建模人员、决策者和专家群体的有机结合以及各种数据、资料、专家经验及知识的融会贯通。本节选择的案例是系统动力学方法在航运业可持续发展、香港住宅业发展和滇池流域可持续发展等领域中的应用。

（三）综合评价方法

综合评价方法是在系统思想指导下，从不同的因素与层次，将研究对象分解成若干个系统，运用层次分析、主成分分析、聚类分析、模糊数学等各种手段，进行量化、比较和综合，常用于对复杂系统的选择和评价，即多目标的优化和决策问题。它的基本做法是建立评价指标体系、确定指标的权重、构筑评价矩阵、计算综合评价分值。因此，也可以看做是系统方法的综合性原则和各种分析方法在系统评价问题上的运用。本节选择的案例是层次分析法、熵权法、线性回归分析、主成分分析、生命周期清单分析与模糊评价在综合评价中的应用。

（四）灰色系统理论

灰色系统理论（grey system theory）是我国著名的自动化、系统工程和控制论学者邓聚龙教授于1982年首创的一种系统科学理论。该理论认为灰色系统是一个介于“白色系统”和“黑色系统”之间的、部分信息已知、部分信息未知的系统。根据灰色系统理论，经济系统、社会系统、自然生态系统等都是灰色系统，对既含有已知信息又包括未知信息的系统进行分析，就是对在一定范围内变化的、与时间有关的灰色过程的研究。尽管灰色过程中所显现的现象是随机的、杂乱无章的，但是从本质上看，系统的发展演化毕竟还是有序、有界的，系统具备潜在的发展演变机理和规律，可以利用这种内在规律进行系统分析或预测研究。它克服了传统计量经济学的基础与主体——相关分析与回归分析的种种缺点和不足，为信息分析提供了一种较好的动态分析的理论和方法。

灰色系统模型对实验观测数据及其分布没有特殊要求和限制，不像回归分析、方差分析等统计方法需要大量样本，且要求样本符合典型的分布规律。因而灰色系统理论在社会、经济、工业、农业、生态等诸多领域得到了广泛应用。本节选择的案例是灰色系统方法在电子商务（e-commerce）经济增长、我国专利发展预测和产业关联度分析中的应用。

（五）最优化方法

最优化方法（optimization method）也称运筹学方法（operational research），起源于第

二次世界大战期间。它主要运用数学方法，诸如数学规划、动态规划、网络优化、遗传算法、神经网络、模拟退火算法、多目标优化等方法，研究各种系统的优化途径及方案，为决策者提供科学决策的依据。最优化方法的主要研究对象是各种有组织系统的管理问题及其生产经营活动。最优化方法的目的在于针对所研究的系统，求得一个合理运用人力、物力和财力的最佳方案，发挥和提高系统的效能及效益，最终达到系统的最优目标，是系统方法最优化原则的具体应用。随着科学技术的日益进步和生产经营的日益发展，最优化方法被人们广泛地应用到公共管理、经济管理、国防建设等各个重要领域当中。其主要特点包括：运用最优化技术作为研究和解决问题的基础，强调系统整体最优；应用各学科交叉的方法，具有很强的综合性；其各种方法的运用，几乎都需要建立数学模型并利用计算机求解，具有显著的系统分析特征；具有强烈的实践性和应用的广泛性，它所使用的全部假设和数学模型是解决实际问题的有力工具。需要指出的是，随着最优化方法应用逐渐向复杂系统和公共管理系统等领域渗透，这些系统往往存在大量不确定因素，因此最优化方法已经开始出现将定量分析、定性分析及计算机模拟等相结合的综合优化分析的发展趋势。本节选择的案例是贝叶斯概率法、遗传算法、线性规划和神经网络在最优化分析中的应用。

三、计量学方法

本书所谓的计量学方法（metrics method）系指以文献的内外部特征的数量统计来揭示事物发展的数量关系和内在规律的一种研究方法。它是文献计量学（bibliometrics，1934年）、科学计量学（scientemetrics，1978年）、信息计量学（informetrics，1988年）、网络计量学（webmetrics，1997年）、内容分析法、专利分析法等一组以信息计量为基础的定量化分析方法的统称，是统计学方法在文献研究领域内的应用。1980年，国际文献联合会（FID）信息计量学委员会（FID/IM）的成立和1991年“中国科学学与科技政策研究会科学计量委员会”的成立，推进了计量学方法在我国的发展。

作为本书计量学方法的代表，文献计量学起始于1911年俄国化学家瓦尔金（п. Валкин）对化学文献的研究，开启了用“文献数据说话”的先河。1923年，英国图书馆学家休姆（E. W. Hulme）提出了书目统计学（statistical bibliography）的称谓. 1969年，英国文献学家普里查德（A. Pritchard）采用了文献计量学这一术语，称其为“把数学和统计学用于图书和其他交流媒体的科学”。文献计量学是建筑在文献增长定律、文献老化规律、作者分布规律、文献离散定律、词频分布规律和文献引用规律等文献统计规律的基础之上，它具有以文献为研究对象、以文献的统计理论为指导、计量单元易于辨识与采集、研究结果的定量表达、易于其他方法相结合、研究者无须深厚的专业知识等基本特点。随着大型文献数据库的建立、《科学引文索引》等专业工具的诞生、SPSS等统计分析软件的出现，促进了文献计量学的发展，它与科学计量学、信息计量学、内容分析法、专利分析法，以及20世纪90年代以来发展起来的网络计量学、数据挖掘技术和可视化分析的结合，使得计量学方法深受情报学界和科学学界的青睐，逐渐发展成为情报学研究的一大基本方法并广泛地应用于情报研究和竞争情报领域，也是我国信息分析工作者的一大颇具情报学特色的看家本领。十几年来，出现了以赵洪洲研究员、王崇德教授、邱均平教授、武夷山研究员、朱东华教授等为代表的我国计量学研究群体，形势喜人。

本书认为，计量单元的深化和拓展，文献计量学与科学计量学、信息计量学、网络计量学、内容分析法的融合趋势十分明显，因此从应用的角度出发，严格区分它们的差异既有难度，也似无必要。

(一) 词频分析

词频分析（word frequency analysis）是利用能反映文献核心内容的关键词在研究领域中出现频次的高低来揭示事物发展的数量关系和内在规律的一种计量学方法，常用于主题领域的现状和发展的研究。它的基本程序包括文献的获取、关键词的确定、词频统计和数据分析等步骤。

随着文献计量学的不断发展，词频分析的统计单元逐渐由文献的外部特征向内部特征延伸，从而在很大程度上将科学计量学、信息计量学、网络计量学和内容分析法相融合，成为应用最为广泛的一种计量学方法，是各种计量学方法的基础。共词分析的出现（co-term analysis）则可以认为是词频分析的一种新的应用和发展。鉴于共词分析是在词频分析的基础上发展起来的一种计量学方法，因此本书将其归入词频分析一类。

20 世纪 70 年代中后期，法国国家科学研究中心（The French National Center for Scientific Research）的 M. Callon 研究员首先提出了共词分析的概念；1986 年，由他作为第一作者的 Mapping the Dynamics of Science and Technology 一书的出版被认为是共词分析的里程碑事件。所谓共词分析，就是对一组关键词两两统计它们在同一篇文献中出现的次数，采用多元分析来揭示它们之间的数量关系和内在规律的一种计量学方法，多用于新兴领域的发展现状、主题结构、研究热点和未来走向的研究。共词分析的基本步骤是文献的获取、关键词的确定、共词矩阵的建立、多元统计的应用和结论的形成。

本节选择的案例是词频分析在学科发展、我国竞争情报发展现状、我国知识管理研究结构、人类基因组等方面及在共词分析可视化中的应用。

(二) 引文分析

引文分析（citation analysis）是从文献的引文入手，对研究领域文献中的引用和被引用现象进行统计分析以揭示事物发展的数量关系和内在规律的一种计量学方法，常用于主题领域的现状和发展的研究。引文分析的基本流程为工具的选择、文献的获取、引文的统计和数据的分析等。1927 年，P. L. K Gross 等人进行了文献学史上第一次引文分析，得出了化学教育方面的核心期刊。1961 年，开始由美国科学信息研究所（ISI）陆续编制的《科学引文索引》（SCI）、《社会科学引文索引》（SSCI）、《期刊引证报告》（JCR）和 1987 年开始由中国科技信息研究所、中国科学院文献情报中心、南京大学等单位陆续编制的《中国科技论文与引文数据库》（CSTPC）、《中国科学引文索引数据库》（CSCD）、《中文社会科学引文索引》（CSSCI）等工具的出现为引文分析的发展提供了重要的基础，也是引文分析走向成熟的标志。

1973 年，美国情报学家斯莫尔（H. Small）和苏联情报学家玛尔莎柯娃同时提出了共被引分析（co-citation analysis）。“共被引”又称“共引”，当两篇文献同时被其他文献引用，则这两篇文献存在着共引关系。所谓共引分析，就是运用多元分析的方法研究一组文献之间的共引关系来揭示它们之间的数量特征和内在规律的一种计量学方法，多用于传统领域的发展现状、主题结构、研究热点和未来走向的研究，被认为是引文分析的重要发展。

共引分析的基本流程为统计工具的选择、主题文献的获取、引文数据的统计、共引矩阵的建立、多元统计的应用和结论的形成等。鉴于引文数据出现的相对滞后性，与共词分析相比，共引分析更适合于对传统领域的统计分析。本节选择的案例是引文分析在化学热点研究、参考咨询研究和战略管理研究等领域中的应用。

（三）内容分析

内容分析（content analysis）是一种以文献的内容特征为统计单元，对具有明确主题的传播内容进行客观、系统和定量分析以揭示研究主题的数量关系和内在规律的一种计量学方法，既适用于传统领域，也适用于新兴领域的发展现状、主题结构、研究热点和未来走向的研究。

内容分析起始于20世纪初的传播学领域，被认为是大众传媒研究的主要方法之一。而后又盛行于军事情报领域，成为从公开文献中监视和研究对手政治、军事、经济、科技等领域的发展动向和挖掘所需情报的重要手段。1952年，美国学者贝雷尔森（B. Berelson）《传播研究的内容分析》一书的出版确立了内容分析的地位。20世纪60年代以来，西方图书馆学和情报学界将内容分析列入他们的方法论体系，出版了Content Analysis：an Introduction to its Methodology。1982年，约翰·奈斯比特（John Naisbitt）所著《大趋势——改变我们生活的十个新方向》一书的出版，则是内容分析法走向成熟的里程碑。计算机技术的应用和ATLAS/ti、NUD*IST、WinMax Pro、KEDS/TABARI、DIMAP等分析软件的出现，促进了内容分析的现代化发展。当前，内容分析的研究对象正在由各种文本向图像、声音、影视、多媒体等媒体延伸。

内容分析的基本程序为确定目的、抽取样本、定义分析单元、制定分析框架、频数统计和形成结论等。鉴于内容分析是一种从定性分析出发，经过量化分析，获得定性结果的一种计量学方法，因而在传播学、情报学、社会学等领域获得了广泛的应用，与词频分析、引文分析一起，成为在我国情报学和信息分析领域广泛应用的三大计量学分析方法。本节选择的案例是内容分析在彩电企业的动态竞争、市场机遇发掘和大陆文化价值观研究中的应用。

（四）专利分析

专利分析（patent analysis）是指以专利文献内外部特征的数量统计来揭示专利技术发展的数量关系和内在规律的一种分析方法，是计量学方法的重要应用和构成。这种定量化的专利分析概念起始于1949年A. Seidel的专利引文分析，并于20世纪90年代获得了迅速的发展，主要应用于专利技术的发展现状、重点领域、未来走向和对手意图的研究。

专利文献是专利活动的产物，记载了人类社会发明创造的成就和轨迹，集技术性、法律性和经济性于一体，具有新颖性、创造性和实用性的特点，是当今时代最重要的技术文献和知识宝库，是推动现代社会科技进步和经济发展的重要杠杆。因此，研究和开发专利是落实“坚持走中国特色自主创新道路，建设创新型国家”战略方针的重要举措，是实施国家专利战略的情报保障，对于促进国家和企业的科技进步、提升竞争实力具有十分重要的意义。

专利分析的基本流程包括研究主题的确定、专利数据的采集、专利数据的统计和分析结论的形成等关键步骤。1968 年，首先从日本开始发展起来的专利地图（patent map）技术是专利信息图形化处理和专利数据的系统化管理方法，是专利分析技术的重大进展。专利地图技术通过区域（国家和地区）、申请人、发明人、国际专利分类号、主题词等统计单元从管理和技术两个层面揭示专利技术发展的脉络、现状和趋势，形成专利管理图和专利技术图，由此开发出的各种专利分析系统（patent analysis system），成为专利地图技术自动化、定量化和可视化的工作平台，促进了专利分析的现代化发展。鉴于专利分析的重要性和实用性，为配合创新型国家的建设和国家专利战略的实施，本节选择的案例涉及国家、系统、企业、技术、反竞争情报（defensive competitive intelligence）及新兴的专利地图技术在专利分析中的应用，以此作为计量学方法的一大重点。

(五) 数据挖掘

数据挖掘是利用计算机技术从大量的结构化和非结构化数据中提取人们感兴趣的知识的过程，提取的知识可表示为概念、规则、规律、模式、约束、可视化等形式，是当代知识发现（knowledge discovery）的重要工具，已经成为人类处理和分析海量信息的有力武器。

数据挖掘是适应信息剧增和商业需要而发展起来的一种新的信息分析技术。在 1989 年举行的第 11 届国际联合人工智能学术会议上，首次提出了基于数据库的知识发现；1995 年，在美国计算机年会上首次提出了数据挖掘的概念；1997 年 3 月，第一本以数据挖掘为主要内容的杂志 Data Mining and Knowledge Discovery 创刊，这表明数据挖掘技术从概念研究向实际应用方向发展。

数据挖掘的基本功能是实现描述和预测，为科学决策提供依据；基本流程为确定挖掘目标、建立目标数据集、数据清洗和预处理（pre processing）、数据降维和转换、选择挖掘算法，以及模式评价和解释；主要方法为决策树法、神经网络法、粗糙集法、遗传算法、统计分析和关联分析等。

十几年来，数据分析从业者已开发出诸如 ASA 公司的 Enterprise Miner、IBM 的 Intelligence Miner、SGI 公司的 SetMiner、SPSS 公司的 Clementiner、Sybase 公司的 Warehouse Studio、加拿大 Simon Fraser 大学的 DBMinner 等数据挖掘软件，推进了数据挖掘技术的商业应用。当前，数据挖掘技术的发展方兴未艾，应用领域不断扩大，它和其他计算机分析技术一起构成的人工智能将成为人类开发海量信息资源，提升信息转换能力的得力助手和重要工具。

鉴于对数据的统计和分析以揭示它们的内在关系和规律仍然是数据挖掘的基本特征，因此本书也将其划归于计量学方法之列。本节选择的案例是数据挖掘在医院信息系统、新闻视频和市场营销中的应用。

四、社会学方法

社会学（sociology）是现代科学的另一大基本门类，是一门对人类社会和社会互动进行系统、客观研究的科学，它以社会存在的人类行为作为研究对象，以推进对当今社会的理解、实现社会的公正为目标，在解决社会问题、追求社会发展方面发挥着主导作用。社会学是社会转变的产物，把处于变迁中的世界作为分析主题。早在 2000 多年前处于奴隶社会向封建社会过渡过程中的我国春秋战国时期的诸子百家关于人类行为和社会管理的学说，可以认为是中国社会学发展的先期，也是世界文明史上一个非常辉煌的时期，它的深远影响一直延续至今。西方社会学起源于18世纪和19世纪晚期欧洲的法国大革命（1789年）和英国的工业革命，即欧洲由封建社会向资本主义社会的转型过程中，并由法国学者奥古斯特·孔德（Auguste Corute，1798～1857年）创造了“社会学”这一术语。他和尔后的法国学者埃米尔·杜尔甘（Emile Durkheim，1858～1917年）、德国学者卡尔·马克思（Karl Marx，1818～1883年）、法国学者马克斯·韦伯（Max Weber，1864～1920年）成为西方社会学的主要奠基人，逐渐形成功能主义、冲突理论、社会行动论和符号互动主义等学术流派，至今仍然在影响着社会学的研究和发展。

社会科学研究和自然科学研究都是人类的科学研究活动，不同之处在于后者研究的客体是自然现象，而前者研究的客体是人类本身和人类社会，因此具有明显的差异性，遵守客观、中立和伦理学准则在研究过程中是非常重要的。从方法论的视角看，现场调查（访谈和观察）、问卷调查、社会实验和文献研究是迄今为止社会学研究的四大主要方法。而访谈（interview）和问卷（questionnaire）则可以认为是社会学方法的两大特点，二手分析（secondary analysis）、历史分析和比较研究则是社会学文献研究的重要特色。

笔者认为，情报是一个组织对外部环境变化的感知和响应，它总是与组织的战略和安全紧密相关，并为之服务，成为它们的导向和基础（关于我国情报学研究中若干问题的思考，《情报理论与实践》，2006）。因此，情报学本质上也是一门社会科学，社会学方法在情报工作和信息分析领域内的广泛应用既是事实，也是必然。

社会学研究的基本程序可以概括为：确定问题、提出假设、信息采集、因果分析、报告结果等步骤。本书收集了在信息分析和竞争情报领域中常用的社会调查方法、市场研究方法、专家调查方法、头脑风暴法和人际网络分析（social network analysis，SNA）的21个案例，以便读者对这些方法的了解和掌握。前四类方法可统称为调查方法，而人际网络分析则是近几年引入我国情报界的另一类社会学研究方法。

（一）社会调查方法

社会调查（survey）又称调查研究（survey research），系指针对特定的社会问题，通过对群体的系统访问以探求事物的成因和解释的一种研究方法，是颇具社会学研究特色的一种基本方法。社会调查是一项非常古老的研究技术，古埃及的统治者就曾为了统治其领土而进行了普查。1880年，马克思曾在法国工人中进行过一项样本为25 000份的问卷调查。毛泽东关于“没有调查研究，就没有发言权”的至理名言则说明了社会调查的极端重要性。社会调查起始于对问题的陈述、经历识别调查总体、选取调查样本、设计研究工具（问卷、访谈、观察和实验）、采集所需信息、分析所得信息、解释调查结果等基本程序。一手信息的获取主要通过访问、观察和实验，二手信息的获取则主要依靠情报学方法中的信息检索。从技术角度讲，最重要的两大步骤是抽样的设计和问卷的建构，而统计学方法则贯穿于社会调查的全过程，尤其是分析信息的基本工具。

当前，深度访谈（depth interview）、焦点小组（focus group）、抽样调查（sample survey）、网络调查（network survey）、媒体监测（media monitoring）等是应用比较广泛的几种定性和定量的调查方法，而统计分析软件的广泛应用则使调查所得信息的处理更加自动化和可视化。

本节选取了实地访问、网络调查、抽样访问、信息处理等方法在社会调查中的应用。

（二）市场研究方法

市场研究（marketing survey）又称市场调查，系以社会学方法，通过对市场信息的采集和分析为市场营销和企业决策提供依据的一项研究工作，是社会调查方法在市场领域中的应用，主要包括产品性价、销售渠道和营销策略的研究，把生产者、消费者和企业决策者连接起来，是协助企业领导集团实施科学决策的重要工具。

现代市场调查技术起源于德国，随后在欧美等国风行一时，它们纷纷成立市场调查机构，从事专门化的市场研究，而美国则在数量和规模上都处于领先地位。北京零点研究集团（Horizon Research Consultancy Group）和美国尼尔森公司（The Nielsen Company）是国内外颇具影响的市场调查机构，而欧洲民意及市场研究协会（The European Society for Opinion and Marketing Research，ESOMAR）则是国际市场研究的重要学术团体。市场研究通常分为探索性调查（exploratory research）、描述性调查（descriptive research）、因果性调查（causal research）和预测性调查（predictive research），从事现有市场结构和潜在市场预测两大调查任务。

市场研究的基本程序类似于社会调查，包括明确调查目标、制定调查大纲、搜集信息、分析信息、报告结果等。市场研究常用的定量分析方法有多元分析（multivariate analysis）、组合分析（conjoint analysis）、结构方程式模型（structural equation modeling）等统计学方法。市场研究面对的主要问题是市场细分研究、满意度调查、品牌研究、价格研究和产品研究等。

为了完成市场研究任务，对于大型企业来说，既要依靠社会上独立的市场调查机构，又要建立企业自己的市场营销情报系统或竞争情报系统（CIS），通过一系列组织有序的程序和方法，及时、准确、广泛地收集、分析、存储和发送市场情报（market intelligence）和营销策略（marketing strategy），为企业决策提供导航和基础。

本节以中国信息协会市场研究业分会宝洁奖的获奖论文为基础，提供了当前市场研究中的一些热点问题，如市场细分、满意度调查、大型购物中心的选址、市场结构分析、营销战略制定等案例，一睹市场调查机构从事市场研究的风采。

（三）专家调查法

专家调查方法（experts survey）又称专家评估法，是以专家作为索取信息的对象，依靠专家的知识和经验，由专家对调查问题做出判断、评估和预测的一种方法，是一种常用的社会调查方法。通常包括专家个人调查法、专家会议调查法、德尔菲法和交叉影响法等四大类型。

专家个人调查法是由专家个人进行调查的方法，也是当前我国情报界、软科学界和咨询界应用最为广泛的一种方法；专家会议调查法，是通过会议向专家调查，获得专家判断的一种方法，而头脑风暴法则是专家会议调查方法的一种；德尔菲法是一种定性与定量相结合的专家调查方法；而交叉影响法是把专家的经验用于寻求不同事件之间相互交叉影响的一种定量分析方法，常用于新技术发展领域。

德尔菲法是以古希腊城市德尔菲（Delphi）命名的规定程序专家调查法，由美国兰德公司于1964年第一次公开发表应用德尔菲法预测技术发展的报告后获得了广泛的应用。德尔菲法在我国的应用则始于1980年，上海内燃机研究所关于小型柴油机发展的预测。德尔菲法的基本做法是由调查组织者拟定调查表，按照规定程序，通过函件分别向专家组成员进行调查，专家组成员之间通过组织者的反馈材料匿名地交换意见，经过几轮征询的反馈，专家的意见逐渐集中，最后获得有统计意义的专家集体判断结果。与专家会议调查相比，匿名性、反馈性和统计性是它的重要特点。采用德尔菲法，既比较精确地反映了专家个人的主观判断能力，又相对集中地表达了专家群体的意见，因而具有较大的可信度。据1975年联合国教育研究所的调查，以德尔菲法为主的专家预测法的使用占被使用预测方法总数的24.2%。

鉴于德尔菲法本质上是建立在诸多专家的知识、经验和主观判断能力的基础上，因此特别适用于那些缺少情报资料和历史数据，而又较多地受社会的、政治的、人为的因素影响的下列课题：需要根据众多因素的影响才能做出评价的新兴领域的发展问题；很大程度上取决于政策和人为的努力，而不是主要取决于对该领域本身预测的复杂问题。因此，德尔菲法是一种非常值得推荐的一种既可以用于预测，也可用于评估的专家调查法。本节选择的案例是专家调查法在课堂教学质量评价和我国工商管理学科发展中的应用。

（四）人际网络分析

人际网络分析又称社会网络分析，系指通过对人际网络结构的分析，以揭示研究对象的关系、作用和行为的一种社会学研究方法，是研究人、组织之间关系的工具。人际网络分析起始于20世纪30年代，那时的社会学家开始利用社会关系网图来刻画一个群体内的人际关系。随着图论和计算机技术的引入及人际网络分析软件的出现，人际网络分析逐渐推广开来并进入商业领域，广泛应用于竞争对手分析、企业的网络定位、非正式组织的管理、人力资源的挖掘、信息系统的开发等领域。

人际网络又称社会网络，是为达到特定目的，人与人之间进行信息交流和资源利用的关系网，是由某些个体或组织的社会关系构成的动态系统。人际情报网络（human intelligence network）和社会知识网络（social knowledge network）则是两大主要的人际网络表现形态。人际网络的研究起源于20世纪30年代的社会学领域，英国人类学家拉德克利夫·布朗（Radcliffe Brown）首次使用了“人际网络”的概念，莫雷诺（Moreno）等学者将图论引入人际关系的研究，才真正地使人际关系网络化。1967年，哈佛大学社会学家斯坦利·米尔格拉姆（Stanley Milgram）的小世界实验和1998年康奈尔大学的沃尔茨（Watts）与史蒂芬·史特格兹（Steven H. Strogaz）的小世界理论是人际网络研究的重大发展。国际社会学界相继提出了关系强度理论、社会资本理论、网络闭合理论、结构空洞（structural hole）理论等思想，并探讨与互联网技术相结合，呈现出一幅百家争鸣、欣欣向荣的景象。21世纪初，发源于社会学的人际网络理论开始系统的引入中国情报界。中国学者包昌火研究员等根据内紧外松的网络结构是人际情报网络最佳模式的思想，构建了小核心大范围两层结构的人际情报网络、三层结构的企业人际情报网络和依业务需求建立的人际情报网络，推动了人际网络的研究。

信息网络和人际网络是当今社会的两大主要网络，是社会交流的两大基本渠道。人际网络理论在情报活动中的应用，则大大提高了情报工作的科学性、特殊性和价值性，将会对情报活动的科学化、发展个人和组织的人际资源、构筑竞争情报和知识管理的社会平台做出重要贡献。因此，发展人际网络分析具有非常重要的意义。本节选择的案例是人际网络分析方法、个人人际情报网络分析系统和节点中心度分析的实际应用。

（五）头脑风暴法

头脑风暴法，又称智力激励法，由美国创造学家奥斯本（A. F. Osborn）在 20 世纪 30 年代首创。与德尔菲法的个别提问不同，头脑风暴法采取的是专家汇聚一堂进行讨论的方式，会议制定一套讨论规则，在短时间内造成思想非常活跃的气氛，诱发出大量的创造性思维。会上不允许对别人的意见进行批评或反驳，不围绕问题发展展开辩论，会议主持人也不发表自己的意见，其目的都在于造成会议的自由空气，使领导者能有目的地而又尽量不怀偏见地听取各种意见，从中发现所需要的东西。头脑风暴法是否具有成效，关键是会议的组织工作，包括人数的确定、专家的选择、会议的领导、会议时间的把握、整理归纳的系统化。据统计，头脑风暴法在实际中的应用要多于德尔菲法，在专家调查方法中具有重要的地位，多用于新思想、新方案的开发。有鉴于它的重要性，本章将其从专家调查法中独立出来，自成一节，选择了它在教学和网络中的应用的两个案例。

五、统计学方法

统计学（statistics）是一门研究事物数量关系，从而揭示事物发展特征和规律的学科，是定量研究方法论的基础科学，广泛应用于自然科学和社会科学的各个门类及人类社会的各个领域。

“statistics”（统计学）一词起源于法语“status”（状态），原指对国家状态做调查研究。古代的中国和埃及都有过对国家大事做统计调查的历史。亚里士多德所著的《国家论》，可以认为是统计学中国势论学派的先驱之作。统计学这一术语，源于被称为统计学之父的阿享瓦尔（G. Achenwall，1719～1772 年），他“把国家的显著事项全部记录下来的学科”即“国势学”称之为统计学。

统计学产生至今已有 300 多年的历史，在其发展过程中形成了 17 世纪在英国兴起的以英国统计学家威廉·配蒂（W. Petty，1623～1687 年）为代表的政治算术学派；18 世纪在德国兴起的以阿享瓦尔为代表的“国势学”学派；19 世纪中叶兴起的以比利时物理学家和统计学家凯特勒（A. Quetelet，1796～1874 年）为代表的、将概率论引入统计学的数理统计学派；19 世纪后期在德国兴起的以克尼斯（K. G. A. Knies，1821～1898 年）、梅尔（C. V. Magr，1841～1925 年）、恩格尔（C. L. E. Engel，1821～1896 年）为代表社会统计学派和 20 世纪 40～50 年代在苏联兴起的以斯特鲁米林、廖佐夫为代表的社会经济统计学派等主要流派。随着描述统计学和推断统计学的相继诞生、统计理论和方法的不断深化、计算机技术的广泛应用，现代统计学正在成为数据的获取、整理和分析的通用的和交叉的基础学科，因而也是信息分析工作定量研究的基础知识和最重要的方法来源。

总体、样本和统计推断是统计学的三大基本概念。所谓总体，就是统计工作研究对象的全体；所谓样本，就是从总体中抽出的若干数据的集合；所谓统计推断，就是运用样本数据对总体进行估计、预测和决策的过程。而估计（estimation）和检验（hypothesis testing）是统计推断的两种主要方法。鉴于统计学是关于通过取自总体的样本来描述和推断总体的方法；描述统计学是以便利化和信息化的形式对数据进行整理、汇总、显示的方法；推断统计学是利用样本数据信息对总体特征做出推断的方法，因此统计学的基本流程包含着统计调查、统计整理和统计分析三大关键步骤。统计调查也称统计观察，是根据统计研究所预定的目标，采用科学的方法，有组织、有计划地向调查对象搜集各种真实、可靠的原始数据的工作，它是统计整理和统计分析的基础。统计整理是对统计调查所得的大量原始数据，根据一定的目标，加以整理分组和综合汇总，使之系统化、条理化，成为能说明总体特征和各组特征的综合数据。它包括数据审核、统计分组、汇总计算、统计图表的制作等。统计整理是统计调查的必然继续，也是统计分析的前提条件。统计分析是根据统计研究的目标，运用各种分析方法和统计指标，对取得的统计数据和具体情况进行综合分析以揭示事物的内在联系及其规律的一项工作，包括统计分组法、综合指标法、动态分析法、指数法、相关法和回归法等。统计分析是提供统计成果、发挥统计的认识和决策作用的关键阶段。鉴于统计分析是把数据转化为信息的过程，是统计工作的核心，因此本章的重点在于推荐常用的统计分析方法在实际工作中的运用，包括多元分析、主成分分析、因子分析、聚类分析、时间序列分析和指数平滑法等共计15个案例。

（一）多元分析

多元分析（multivariate analysis）又称多变量统计分析，是确定多变量之间数量关系的一系列方法的总称，是20世纪30年代前后发展起来的一种处理大批量数据的统计方法，包括多元回归分析（multiple regression analysis）、典型相关分析（canonical correlation analysis）、判别分析（discriminant analysis）、因子分析（factor analysis）、聚类分析（cluster analysis）、路径分析（path analysis）等。

例如，以研究自变量和因变量之间相关关系为基本特征的多元线性回归分析（multiple linear regression analysis）是多元统计分析方法的基础，它的主要目的是分析多个自变量与一个因变量之间的数量关系，解释自变量对因变量的影响，其数学模型为

$$Y=a+b_1X_1+b_2X_2+\cdots+b_nX_n$$

式中，a 为常数，b_1，b_2，…，b_n 分别为 Y 对 X_1，X_2，…，X_n 的回归系数。

它的基本流程包括确定因变量和自变量，建立回归模型，进行 t 检测、R 检测、F 检测及D-W检测以便对回归分析结果的质量进行评估，利用回归方程进行预测等关键步骤。回归分析与相关分析的区别在于它从定量角度寻求变量之间的因果关系，揭示自变量对因变量的影响程度。相关分析只能度量变量之间关系的强度，而回归分析才能深入地揭示这种关系的性质。

组合分析（conjoint analysis，1964年）、结构方程模型（structural equation modeling，SEM，1970年）等是20世纪中叶以后发展起来的一批新的多元统计方法，丰富了统计分析的技能。例如，将因子分析和路径分析两大多元分析技术整合而成的结构方程模型是自1970年的瑞士统计学家Karl Joreskog提出并开发LISREL软件后逐渐发展起来的，显示结构方程模型已经成为高度成熟和广为应用的统计技术，拥有专门的期刊Structural Equation Modeling和EQS（1985年）、CALIS（1992年）、RAMONA（1994年）、AMOS（1997年）、MPLUS（1998年）等分析工具，成为社会和行为科学研究者必备技能和统计学发展

的重要方向。

鉴于多元分析的基本功能是从涉及多因素相互交织的复杂现象中推断出有意义的结构，既是面向大批量数据的，其结果又是统计意义上的，因而特别适用在情报学和信息分析领域中的应用。本节给出了多元回归分析、结合分析和结构方程模型等多元统计技术在电视传播、市场研究等领域中的应用。

（二）主成分分析

主成分分析（principal components analysis）也称主分量分析，是由 Hotelling 于 1933 年首先提出的，是一种将多个变量转化为相互独立的少数综合变量的多元统计方法，以达到简化数据结构、揭示变量关系、抓住问题实质的目的。其数学模型为

$$Z_i = l_{i1}X_1 + l_{i2}X_2 + \cdots + l_{ij}X_p$$

式中，$i=1, 2, \cdots, m$，为主成分序，p 为变量数，l_{ij} 为主成分数；$j=1, 2, \cdots, p$，$m \leqslant p$；X_1，X_2，…，X_p 为原变量；Z_1，Z_2，…，Z_m 为新的综合变量（即主成分）。

主成分分析的基本流程包括原始数据的获取、原始数据的标准化处理、建立相关系数矩阵 $\boldsymbol{R}$、计算相关系数矩阵的特征值和特征向量、选择各个主成分、综合评价和结果解释等关键步骤。

主成分分析的最大优点在于利用降维思想，用少数综合变量来代替原来的许多变量，具有全面性、可比性、客观性和可操作性，它的结果还可以进一步用于回归分析、聚类分析和因子分析等，因而在数据分析中具有重要的意义，获得了广泛的应用。本节给出了主成分分析在知识管理、企业信息化和核心期刊综合评价中应用的例子。

（三）因子分析

因子分析（factor analysis）是将具有相关关系的多个变量简化为少数几个起决定作用的相互独立的本质因子，从而加深对原始变量所表现的内容更深认识的一种多元统计方法。它的基本思想是依据相关性将原始变量进行某种分类，它的基本目的是利用少数几个因子 F_1 或 F_1，…，F_m 去描述许多变量 X_1，X_2，…，X_p 之间的关系，被描述的原始变量是可以观测的随机变量，即显在变量；而这些因子是不可观测的潜在变量。因子分析正是利用这些潜在变量或本质因子去解释可观测变量的一种数学工具。

因子分析的数学模型为

$$X_p = \mu_p + a_{p1}F_1 + a_{p2}F_2 + \cdots + a_{pm}F_m + \varepsilon_p$$

式中，a_{ij} 为第 i 个变量 X_i 在第 j 个公共因子 F_j 上的因子负荷；ε_1，ε_2，…，ε_p 为与 F_1，F_2，…，F_m 互不相关的特殊因子；μ_1，μ_2，…，μ_p 为因子负荷系数。

因子分析的基本流程包括基础数据的获取、指标体系的建立、分析方法的选择、因子的提取和解释等关键步骤。因子分析可以看做是主成分分析的一种推广。我们可以用它考察那些不可直接测量的因子及其结构关系，用一个新的、更小的由原始变量集组合成的新变量集（因子）作进一步分析。因此，因子分析是缩减变量（降维）的技术，也是一种数据的预处理技术，并可实现定性数据的定量化处理，因而在社会科学领域获得了广泛的应用。本节给出了因子分析在市场研究中应用的实例。

(四) 聚类分析

聚类分类（cluster analysis）是研究样品或变量分类问题的一种多元统计方法的总称，如系统聚类法（又称谱系聚类法）（hierachical cluster）、逐步聚类法（stepwise cluster analysis）、快速聚类法（k-means cluster analysis）等。这种方法将研究对象按联系的紧密程度进行分类，以达到“物以类聚，人以群分”的目的，是一种非预先定义的分类技术。

描述研究对象联系紧密程度的手段有距离和相似系数。常用的欧氏距离的数学模型为

$$d(A, B)=\sqrt{(X_1-Y_1)^2+(X_2-Y_2)^2+\cdots+(X_m-Y_m)^2}$$

式中，A，B 为 m 个变量所描述的两个点；X_1，X_2，…，X_m 和 Y_1，Y_2，…，Y_m 是 A 和 B 的 m 个坐标。

常用的皮尔逊系数的数学模型为

$$r=\frac{\sum xy}{\sqrt{x^2}\sqrt{\sum y^2}}$$

$$x=X-\bar{X},$$

$$y=Y-\bar{Y}$$

式中，$\bar{X}$ 为 x 变量的平均数，$\bar{Y}$ 为 y 变量的平均数。

聚类分析的基本流程包括数据的获取、数据的标准化、聚类方法的选择、相似性的计算、聚类和输出、结果解释等关键步骤。

鉴于聚类分析比预先定义的分类法具有更大的适应性，并采用了直观的探索性图解方法，因此非常适合于社会科学，以及数据挖掘、模式识别等领域的应用，是实现市场细分和分层方法的有效工具。本节给出了聚类分析在区域可持续发展和社会热点问题中的应用实例。

(五) 时间序列分析法

时间序列分析（time series analysis）是一种对均匀时间间隔的动态数据进行分析的方法的总称，以达到揭示统计数据随时间变化的过程和规律，而时间序列（time series）是指同一变量依时间先后次序排列起来的统计数据，这个变量可以是各种社会、经济、科技、自然现象的数量指标。通常可以将时间序列分析区分为平稳型、趋势型、周期型和随机型四种模式。平稳型时序模式是指其时间序列的走势无倾向性，如移动平均法和指数平滑法；趋势型时序模式是指其时间序列的走势有倾向性，包括直线趋势外推法和曲线趋势外推法；周期型时序模式是指其时间序列的走势呈周期性波动，包括季节变动分析和循环变动分析；随机型时序模式是指其时间序列系依赖于时间 t 的一组随机变量，有自适应过滤法和 B - J 模型法，后者即博克斯 - 詹金斯（Box - Jenkins）模型法，亦称自回归求和移动平均法，模型符号记为 ARIMA（p，d，q）。

时间序列分析的基本流程包括数据的获取、数据的预处理、模型的建构、模型的识别、模型的检验、预测和解释等关键步骤。与以主成分分析和因子分析为代表的结构简化分析，以聚类分析和判别分析为代表的归类分组分析，以相关分析和回归分析为代表的结构关系分析不同，时间序列分析的目标在于揭示变量随时间变化的过程和规律，而大量的自然现

象和社会经济指标都具有时序性，因而在自然科学和社会科学领域中均获得了广泛的应用，形成了自具特色的四类统计分析的方法之一。本节及随后章节给出了随机型、平稳型模式的时间序列分析的案例。

(六) 趋势外推法

趋势外推法（trend extrapolation methods）是根据过去和现在的发展趋势去推断未来走向的一类统计方法的总称，它的基本假设是：未来是过去和现在连续发展的结果，因此也可以看做是一种以时间 t 为自变量的回归分析。

趋势外推法是趋势型模式的时间序列分析，包括数学模型为 $y_t=a+bt$ 的直线外推法；数学模型为 $y_t=a+bt+ct^2$ 的抛物线法、数学模型为 $y_t=ae^{bt}$ 的指数曲线法、数学模型为 $y_t=K+ae^{bt}$ 的修正指数曲线法、数学模型为 $y_t=\frac{K}{1+ae^{-bt}}$ 的逻辑曲线法、数学模型为 $y_t=Ka^{b^t}$ 的龚珀茨曲线法的曲线外推法。而对称的逻辑（logistic）曲线法，又称珀尔(Pearl）曲线和非对称的龚珀茨（Gomperts）曲线，统称为生长曲线法（growth curve models）。

趋势外推法的基本流程因具体方法的不同而有差异，但基本上都遵循时间序列分析的一些关键步骤。它们在自然科学和社会科学领域中广泛应用于对事物发展趋势的研究，是信息分析的重要工具。本节给出了趋势外推法在电信业务和电力预测中的应用实例。

(七) 指数平滑法

指数平滑法（exponential smoothing methods）是以研究对象历史数据的加权平均法作为预测值的一种平稳型模式的时间序列分析，实质上是对各时期数据按指数规律加权的一种移动平均法（moving average method)，是移动平均法的改进。由于加权系数是按指数规律衰减，又有平滑时间数列的功能，故称指数平滑法。所谓平滑，就是取时间序列数的算术平均值，以达到消除随机变动对结果的影响。根据时间数列的性质和应用，指数平滑法又分为一次指数平滑、二次指数平滑和三次指数平滑，而后者是对前者的再次平滑的结果。

一次指数平滑的计算公式为

$$S_t^{(1)}=aY_t+(1-\alpha)S_{t-1}^{(1)}$$

二次指数平滑的计算公式为

$$S_t^{(2)}=aS_t^{(1)}+(1-\alpha)S_{t-1}^{(2)}$$

三次指数平滑的计算公式为

$$S_t^{(3)}=aS_t^{(2)}+(1-\alpha)S_{t-1}^{(3)}$$

式中，$S_t^{(1)}$，$S_t^{(2)}$，$S_t^{(3)}$ 为 t 周期的一、二、三次指数平滑值；Yt 为 t 周期变量的数据；$S_{t-1}^{(1)}$，$S_{t-1}^{(2)}$，$S_{t-1}^{(3)}$为第 $t-1$ 周期的一、二、三次指数平滑值；α 为加权系数，且 $0<\alpha<1$。

指数平滑法的基本流程与移动平均法类同，包括数据的获取、数据的处理、加权系数的确定、初始值的选取、指数平滑值的计算、预测模型的建立和预测值的计算这样一些关键步骤。指数平滑适合于短、中期时间数列的预测，相比而言，由于三次指数平滑是非线性指数平滑，因而比一、二次指数平滑具有更大的适应性。本节给出了指数平滑法在信息产业和科技成果转化率预测中应用的实例。

情报研究比较研究

对我国情报研究工作的认识和对策研究*

从20世纪50年代中期我国科技情报事业创建时起，我国科技情报工作走的就是文献工作与研究工作相结合的道路，并成为我国科技情报工作有别于欧美各国的一大特色。这固然有苏联科技信息体制的影响，更因老一辈革命家对情报工作intelligence性质的理解、重视和当时中国受到西方国家的多方封锁，情报研究工作成为洞悉国际科技发展的主要手段这一重大国情所致，因而赋予了情报工作以“耳目、尖兵和参谋”的重任，而这种功能很大程度上是由情报研究工作来体现的。

近40多年来，情报研究工作在我国科技进步、经济振兴和社会发展中做出了重要的贡献，起到了先导、桥梁和咨询作用，并形成了专业与综合、条条与块块相结合的情报研究体系，造就了一支具有2万人规模和相当素质的情报研究队伍。

然而正是这项在科技情报领域颇具特色而又非常重要的工作，也是情报界一直颇有争议而现在又面临巨大冲击的一项工作。这是因为以下几点原因。

在与国际情报科学与科技信息工作的对比和交流中，难以找到与我国情报研究含义完全对应的解释和术语；随着软科学研究和专业咨询的兴起及情报研究工作的开展，它们之间的相互交叉和渗透，界限模糊，形成了竞争态势；科技信息体制的改革、经费的拮据，又使情报研究机构处于压缩、“转向”和“休克”的状态和威胁之中。

由国防科工委和国家科委下达的本课题，正是通过情报研究的国内外比较研究，从国际视野出发，来认识类似于我国情报研究活动的这一类信息研究活动的普遍性、规律性和基本特征，寻求在市场经济条件下我国科技情报研究工作的发展对策，促进情报研究工作的产业化、现代化和国际化，这是本课题的基本宗旨，也是本文的主要目的。

---

* 本文原载《情报研究的国内外比较研究总报告》，兵器工业情报所，1994，BQB94-0278，2-26。

一、对情报研究若干基本问题的认识

(一) 情报研究的起源

情报研究自古就有，但作为一项专门化的现代情报研究活动则是科学研究和信息工作发展到一定阶段的产物。

1. 科学研究的分工和细化

科学研究的分化、科学技术的发展及科技文献的增长，使得信息工作既与科学技术工作分离，又与传统的图书馆工作分离，并出现了进一步细分的文献工作、检索工作、报道工作和专门对科学事实和数据进行搜集和评价的情报分析工作，例如，20世纪40年代首先在美国诞生的各类情报分析中心（information analysis center），这是情报研究工作的重要起源。

2. 图书馆参考服务的发展

参考服务（reference service）是图书馆帮助读者利用馆藏文献而建立的一项服务工作，它根据用户提出的问题，提供解答的线索、数据或文献。参考服务的深化，一部分发展成为不属于图书馆系统的情报研究工作，国外许多情报分析工作者曾是图书馆员就是一个很好的佐证，一部分则在图书馆系统内建立了情报研究部门，如美国国会图书馆的研究服务部（congressional research services）。

3. 翻译工作的演进

翻译工作是信息加工的一个特殊环节，随着国际信息交流的发展，它已形成一个独立的专业和学科。翻译又是信息工作的一项重要组成部分，如苏联专门成立了全苏翻译中心。随着文献量的急速增长，逐段逐篇翻译已满足不了客观的需要，从而出现了编译、分析和综合等深度加工工作，于是发展成为情报研究活动。这是许多发展中国家情报研究工作的重要起源，我国情报研究机构的发展过程也证明了这一点。

4. 政治军事情报工作的转化

政治军事情报具有极强的目的性、针对性和时效性，高度重视信息的获取和加工，显示明显的情报研究特性。在第二次世界大战期间建立起来的一些软科学研究机构，如兰德公司，以及20世纪80年代出现的竞争情报从业者协会，它们的许多成员都具有政治军事情报的背景，情报研究中所用的许多方法也是由政治军事情报部门发展起来的。

5. 决策科学化的客观需要

西蒙将现代管理的决策过程分为四个阶段。

1）情报活动，探查环境，寻求需要决策的条件。

2）设计活动，创造、制定和分析可能采取的行动方案。

3）抉择活动，从可资利用的方案中选出一个特别的行动方案。

4）审查活动，对过去的抉择进行评价。

上述的情报活动不是一般意义上的信息工作，而是情报研究工作。随着决策科学化的发展，情报研究在决策过程中作用日益增强，从而形成决策主体（内脑）和决策研究（外脑）的分离。国外的智囊机构和我国不少非科技情报界的情报研究机构的活动就是这样产生的。

（二）国际视野中的情报研究活动

研究表明，世界上许多国家的情报研究活动是相当活跃的，并在科技进步和经济发展中具有重要的地位。然而如果简单地以名词来识别和判断国际上的情报研究活动，就可能产生误解和遗漏，甚至得出我国情报研究工作难以在国际上找到相应行业，是中国的土特产的错误结论。例如，information research，常指有关信息工作规律和检索系统的研究，information analysis 也指为了文献标引和查寻而进行的主题分析。为此，本文从我国情报研究活动系对信息的深度加工这一基本特征出发，从国际上名目繁多的信息加工活动中筛选出与我国情报研究活动内容相同或类似的典型活动，以展现国际上情报研究活动多姿多彩的风貌，也为我国情报研究部门在国外找到对口机构提供依据。

1. 情报分析与综合

情报分析与综合（анализ и синтез информации）是苏联科技信息系统的主要工作之一，包括从目录的著录、文献的标引、文摘的编写到文献的综述及科学数据的评价，后两者类似于我国情报研究工作。他们认为，对科技文献及有关国内外科技和生产的最重要成果的述评是情报分析与综合的一种最复杂的形式，而对比性述评则是分析性综述中最完善的一种，是对最高科技管理部门、计划机构、党和其他领导机关的人员提供情报的最主要的形式之一，是为国家、部门的宏观管理、科技和经济任务服务的。

2. 情报调查

日文中的“情报”一词具有 information 和 intelligence 的双重含义；调查业系日本信息服务业的组成部分，包括市场调查、思想库和其他各种调查。日文中的情报调查类似于我国的情报研究，是日本情报调查机构的主要工作，从事专门领域信息的收集、管理、分析、评价和提供。在科学技术方面，开展代理检索、技术动向调查和咨询服务，为研究开发、计划制订、管理经营和技术转移提供高附加值的信息。

3. 信息分析

信息分析（information analysis）是美国等国情报分析中心从事的一项研究活动，主要从事与任务有关的事实和数据的获取、筛选、评价和分析工作，而情报分析中心则是为了获取、选择、存储、检索、评价、分析和综合某个确定的专业领域内的大量信息，或者为了某种特定任务，旨在以最权威、最及时、最有效的方式为同行协会和管理部门收集、消化、重组，亦即整理和提供相关信息而专门（但不一定是唯一的）建立起来的一个正式组织机构。

4. 信息浓缩

信息浓缩（information consolidation）是联合国向发展中国家推广的一种信息加工活动，以便它们更好地利用世界各国的文献。这类活动的基本特点是对相关文献进行评价和压缩，以便向用户提供实用、可靠和简洁的信息。

5. 工商情报

工商情报（business intelligence）是欧美国家工商企业中广泛存在的一类情报研究活动，它的基本做法是将与企业发展有关的方针政策、服务对象、竞争对手、技术动向、市场行情等信息经过分析、消化、评价和解释转化为在本企业内传播的情报，为企业的营销和决策服务。

6. 数据分析

数据分析（analysis data）系指为他人从事来自图书馆、计算机文档或其他数据库的数据和信息进行分析和评价，由此提供的情报产品比一般文摘或计算机输出具有更好的加工深度。从事此项工作的人员在美国包括分析专家、信息顾问、研究助理和各类专业分析师。

7. 技术跟踪

由于技术动向调查在科技和经济发展中的重要作用，近年来技术跟踪（technology monitoring/scanning/watching/tracking/scouting）在国外已发展成为一个独立的工作领域，但界限并不十分明确，术语也不统一，基本含义可以理解为不经过合同交易而获取外部技术知识的手段和过程。

8. 信息经纪

信息经纪（information brokerage）是一种在信息源和信息需求者之间的中介服务。除了少数服务仅涉及简单的信息查找外，大多数信息经纪业务包括了对信息的研究，使之适合于具体需求者的要求。

（三）情报研究的基本含义

1. 对情报研究内涵的理解

情报研究工作在我国的发展已有近 40 年的历史，在我国科技情报工作的重要文献中，都曾从不同角度对情报研究工作做出了相当清楚的描述。例如，1966 年由国务院制定的《我国科学技术发展 10 年规划》中对情报研究工作明确指出："首先应当针对科学技术 10 年发展规划中的重点项目，深入地系统地摸清国际上有关学科和专业发展水平和趋势……同时深入地了解国内的科学技术动态，结合国内情况，提出综合的和专业的技术经济情报和科学技术情报研究报告。"

1996 年，由袁翰青教授等情报学家合作编著的我国第一部科技情报工作教材《科技情报工作讲义》中，杨沛霆教授对情报研究做出这样的说明："论述学科和专业水平、发展趋势，以及一个国家、一个地区的某项技术经济分析，作为决策的依据，该研究的成果形式是综述、述评、专题或学科总结，以及技术经济分析报告。"

上述描述表明，情报研究侧重于科学技术的现状和发展的研究，但不局限于科学技术问题，提倡国内外研究相结合、技术与经济研究相结合、专业研究与综合研究相结合，强调为科学决策服务。

1991 年，国家科委以"国家科学技术情报发展政策"为题发表了《中国科学技术》蓝皮书，蓝皮书更明确地提出："情报研究是对情报的深度加工，属思想库范畴。""加强情报研究，为决策科学化提供可靠依据，推动科学技术进步和经济发展，是这一工作的基本方针。"简洁地阐明了情报研究的性质和任务。

为此，根据近 40 年来我国情报研究工作的理论和实践的发展，我们对情报研究的含义作如下的表述：情报研究是根据社会用户的特定需求，以现代的信息技术和科学研究方法论为主要手段，以社会信息的采集、选择、评价、分析和综合等系列化加工为基本过程，以形成新的、增值的情报产品、为不同层次的科学决策服务为主要目的一类社会化的智能活动。

此描述表明以下几方面内容。

1）情报研究是以满足社会用户科学决策对信息的特定需要而从事的一项专门化的智能活动，有具体的社会需求和明确的现实目的，既不是研究者满足自身需要的信息加工，也不是面向公众一般需求的信息服务，具有很强的针对性和专业性，是一种社会化的专业活动。

2）情报研究是对社会信息的深度加工，是开发和利用信息资源的一项研究活动，是将信息转化为情报的系列化加工过程，个别的加工环节和缺乏深度的加工过程不应视为情报研究，但不限制加工信息的内涵，既可以是科技信息，也可以是经济信息，应视用户的需要而定，具有明显的情报性和综合性。

3）情报研究的最终成果应是形成新的增值的情报产品，它可以是一种情况、背景或判断，也可以是一种思想、建议或方案，能产生一定的社会/经济效益，因此新颖性和实用性是情报研究的重要特征。

4）由于人们获取情报产品的目的是能够科学地制定科学决策，所以为不同层次的集团和个人的决策服务是情报研究的基本任务。因此，情报研究是一项智能性和政策性很强的工作。

5）广泛运用信息技术和科学研究方法论是现代情报研究的重要特征，这既是情报研究有别于硬科学的重要标志，也是现代情报研究有别于传统情报研究的主要分野，而现代科学技术在情报研究工作中的应用程度则是情报研究现代化的重要量度。

2. 情报研究与相关概念的关系

在总结我国情报研究近40年的实践和调查国外相关工作领域的基础上，我们界定了“情报研究”。在理论和实践上，都不难发现情报研究与国内外的其他一些行业，如软科学研究、咨询业和信息服务业都有相当的联系和交叉。

第一，情报研究与软科学研究。

软科学的兴起有不同的背景。在英语国家中，“soft science”是指与“硬科学”相比不那么科学的一些研究领域，或认为是运用数学较少的那些研究领域，在某种程度上是一个略带贬义的术语。但在日本，软科学被政府科学技术厅定义为“建立在情报科学、行为科学和系统工程基础上的一种新的用于预测、计划、控制和评价的科学技术方法论”。20世纪90年代以来，日本十分重视软科学研究，认为是“解决涉及人类知识活动、地球环境问题等多方面的、复杂的社会事实和现象的科学”。

在我国，软科学被认为是一类研究社会组织和管理的学科的总称，主要包括系统科学、管理科学、科学学、未来学、技术经济学等，它以现代科学研究方法和手段，以阐明现代社会复杂的政策课题为目的，对包括科学技术和社会现象在内的广泛范围的对象进行跨学科的研究，为有关决策提供科学依据。

从发展上看，我国的情报研究侧重于情况研究，软科学研究侧重于对策研究，而把情况研究和对策研究结合起来正是20世纪80年代以来我国情报研究工作的重大发展，而且许多部委和省市情报研究机构的任务和性质也逐渐与软科学研究机构类同，在统计上属软科学机构之列。因此，可以认为，情报研究是软科学研究的重要方面军，但又从事诸如跟踪研究、动态分析、学科评述、技术攻关、课题查新等一般不属于软科学研究范围之列的工作，因而情报研究又是比软科学研究更为广泛的一类研究活动。

第二，情报研究与咨询业。

咨询业的发展已有150多年的历史，它是以科技、经济和工程等知识或信息转换为基本特征，以运用专业特长，解决用户的实际需要，促进决策科学化为主要目的的产业，是一种商业化的服务行业。政府也是咨询业的客户，它们之间的关系不是隶属关系，而是商业关系。情报研究、软科学研究和咨询服务的基础活动都是信息的采集、加工、传递和反馈，都是为用户的科学决策服务。在国外，软科学研究也称决策咨询或综合咨询，是咨询业的重要组成部分，除了政府机关和企业内部的情报研究机构以外，从总体上讲，国外的情报研究也是一种面向社会的商业化活动，因此也是咨询业的重要构成。

可以认为，从工作性质讲，我国的情报研究应属咨询业的范畴，但从经营方式上讲，正处在向咨询业转变的过程之中，一部分仍将隶属于政府和企业，一部分将面向社会和市场，而两者都将转换运营机制和工作方式，向咨询业方向发展，成为我国咨询业的一大劲旅。

第三，情报研究与信息服务业。

信息服务业是以信息加工和信息提供为基础的新兴产业，是信息产业的组成部分，如邮电、新闻、出版、图书、情报等。

日本将信息服务业划分为信息处理服务、软件服务、信息提供服务三大类别，而信息提供服务则包括提供业（如情报提供和数据库服务）和调查业（如市场调查、思想库和其他各种调查）两大部分。英国也将如路透社经济信息系统等联机信息机构作为信息服务业的重要组成。因此，无论从国内或国外情况看，情报研究也属于信息服务业的范畴。

由此可见，我国的情报研究与咨询业或信息服务业是包含与被包含的关系，而与软科学研究则是一种交叉的关系。

（四）情报研究的专业机构

情报研究在社会上的具体体现，是一些专业化的机构和团体，包括政府机构、工商部门、信息服务单位、科学研究机构、行业协会和社会团体。

1. 官方情报研究机构

这些机构主要包括军事、外交、科技、经济、贸易等方面的由政府出资、直接为政府决策服务的专门机构，如美国国务院情报与研究司、日本国家科学技术政策研究所、韩国科技政策中心、美国国会图书馆研究服务部、加拿大科技部数据情报司、日本贸易振兴会（JETRO）及其机械技术部、韩国贸易振兴会及其贸易情报研究服务中心、韩国产业研究院及其工业技术情报中心（后独立为韩国工业技术情报研究所），以及半官方机构的台湾市场情报中心。

2. 工商企业中的情报研究机构

国外在工商企业中广泛建立了情报研究机制，如设立高级情报管理职务，工商情报经理、首席信息官（chief information officer）等；在营销部、市场研究部、战略规划部等机构内赋予情报研究功能，设立独立的情报研究机构，如摩托罗拉全球公司的信息研究和情报系统（MIRIS）、日本花王化学品公司的情报科学研究所（IIS）、日本住友集团的野口情报中心（NIC）、瑞典伏尔伏公司的竞争分析部以及许多日本综合商社中建立的情报调查部门等。

3. 独立的咨询和信息服务企业

这是欧美等西方国家咨询业发展的重要标志，包括为数众多的思想库（如英国的伦敦国际战略研究所、日本的三菱综合研究所)、市场调查公司(如美国的 IRI 公司、林克信息服务公司)、管理咨询公司(如美国的库珀斯—利布兰德管理咨询服务公司、日本企业管理咨询公司)和信息服务公司(如英国的詹氏情报集团、路透社经济信息系统)等。不少思想库在为政府提供决策咨询外,还面向企业提供信息咨询,如斯坦福国际研究所就设有工商情报部、日本野村证券公司设有产业调查部。这些企业也包括由各种基金会提供支持的咨询机构,如美国的全国战略信息中心(National Strategy Information Centre, Inc.)。

4. 科研学术机构

这一类主要包括为科研服务的情报研究和进行情报研究教学和学术研究的机构。例如,美国国防部的情报分析中心;1993 年建立的法国经济情报大学、瑞典隆德大学和美国罗杰斯大学的工商情报和竞争情报专业;美国兰德公司的关键技术研究所。

5. 学会、协会和其他团体

国外除了各类市场研究协会、咨询协会等自成系统外,直接与情报研究相关的还有如日本情报科学技术学会情报分析部会、许多国家的竞争情报从业者协会(SCIP)、美国的独立信息专家协会(AIIP)、法国经济情报委员会、联合国亚太经社理事会的亚太地区技术转让中心(APCTT)、联合国科技促进发展中心的先进技术预警系统(ATAS)、日本国际化学情报协会(JAICI)等。

二、情报研究的发展趋势和战略意义

(一)情报研究的发展趋势

在分析世界各国情报研究工作的现状和特点的基础上,不难发现国际上情报研究工作出现了重大变化,对我国情报研究工作的开展具有重要的借鉴作用。

1. 加大政府宏观调控的力度

在国际经济领域,企业私有化和放松政府干预已形成主流,但在情报研究领域,正在出现相反的趋势。一些发达国家已充分意识到情报研究对国家发展的战略意义,纷纷采取措施,加强政府在情报研究中的协调和指导作用。

在有着根深蒂固的自由化传统和多元化协调和管理情报工作的美国,自 20 世纪 80 年代以来,强化宏观调控的力度。例如,1980 年和 1985 年,国会先后通过了《Stevens-Wydler 技术革新法》和《日本技术文献法》,要求政府采取切实措施强化对外国技术动向的跟踪;1981 年,国会 3137 号议案中曾指出,如果美国要想在各国的贮存和处理信息资源的竞争中取得优胜,首先要有一个强有力的联邦政府政策制定协调机构;1990 年,美国商务部建立了出口信息中心,主要为美国出口商提供对日出口的信息和咨询;1993 年,提出了被称为国家信息基础结构(NII)的信息高速公路计划,更反映了美国政府把信息和情报工作作为提高国家竞争力的杠杆;1995 年,克林顿总统下令中央情报局把针对美国对手的经济情报摆在首位,反映了第二次世界大战后美国情报政策的重大变化。

以情报调查发迹的日本,早在 1958 年就成立了以调查、收集和提供国外经济、贸易、产业和商品为主要任务的日本贸易振兴会,作为国际经济和技术的监听站。1974 年,又成立了半官方的被称为日本思想库总管的综合研究开发机构,以协调民间思想库的研究活动。1988 年,日本又建立了国家科学技术政策研究所,专门从事科技政策研究,成为国家科技政策的官方思想库，克服了过去日本科技政策研究和决策体系分散的弊端。1995年，日本防卫厅做出建立人数在千人以上的情报本部的决定，以便实现本由陆海空三自卫队等各自进行的军事形势和战略情报调查分析业务的一元化，日本的这些做法在世界各国都属罕见。

2. 广泛采用先进技术和方法

以手工劳动为基础的传统情报研究工作正逐步让位于广泛采用电子信息技术和现代科学研究方法的现代情报研究工作。早在1980年，在美国进行的一次情报分析专业人员的调查中就已表明他们工作的计算机化。

第一，开发情报研究专用软件包。

国外情报研究机构，除了采用熟知的通用统计分析软件包，如SPSS、SAS和小型工作数据库软件dBass，以及专供情报研究的英国Derwent公司的专利分析软件包PATSTAT等商业化工具以外，还开发和采用了大量专用软件包。

例如，美国巴特尔纪念研究所及其下属机构就开发了一系列软件包，例如，供对企业经营环境变化产生的影响实行实时分析的BASICS-PC软件包；可进行功能细分、战略审计、经营环境扫描、技术跟踪、影响评估等分析工作的名为B-Tech的企业战略计划软件包；专门分析能源消费及能源对技术变化影响的INTUM-PC软件包等。日本神户国际情报系统公司开发了用于情报分析的ROLA软件。日本技术研究公司开发了可对专利情报进行图像化分析的专利图软件。

随着竞争情报研究的兴起，大量应用于竞争分析的软件包，如判断于竞争态势图的软件包，以及从售货现场采集数据，进行即时分析的市场竞争分析系统等也不断面世。

随着冷战的结束，一些军事情报研究机构的分析技术也陆续披露。例如，美国陆军外国科技中心开发了可将文献分类、组合、比较、合并、匹配、作图的自动化分析处理系统ASAP；美国海军陆战队情报中心开发了为特定用户定制的紧急规划情报分析系统MCI-CIS；美国中央情报局科学与兵器分析办公室开发了可对公开和秘密情报进行分析与综合的集成计算环境概念系统CATALYST。

第二，建立情报分析专用数据库。

情报分析专用数据库的建立是情报研究工作现代化的重要基础。国外一直在研究这类数据库。

例如，美国兰德公司在“美苏技术分析比较”课题中从苏联90多种技术杂志的3000多篇报告中抽取情报建立了苏联强电流粒子束数据库，用于自动化情报分析；美国马萨诸塞州剑桥市战略规划研究所（SPI）研建了企业经营和竞争的大型数据库PIMS，作为经营和竞争分析的有力工具。

第三，采用自动化情报分析系统。

例如，日本花王公司建立了情报分析系统，作为该公司战略信息系统的组成部分。该公司于1978年开始建立的用户反馈分析系统（ECHO-AS），每年都能记录几万条消费者意见，并对其进行实时分析，可提供定题情报检索、意见汇总，以及对比和因果分析。1993年，该公司开始建立营销情报系统（marketing intelligence system），从520家超级市场和30万家零售商店的售货现场系统采集数据，通过增值网汇集到中心计算机，加之购买专业的市场调查数据库，可实时提供统计数据的分析结果和模拟模型，以及60多家竞争对手的情报，可以回答诸如若某项产品的销售额要达到某种水平，应当投入多少广告费用和销售支持等问题，以支持公司的经营决策。

随着人工智能技术的发展，一些情报研究专家系统正在形成之中。

第四，利用互联网络上的信息资源。

20 世纪 90 年代以来，随着包括卫星通信和光纤通信在内的数据通信技术的发展，促进了现代网络的急剧膨胀，呈现出全球网络化的趋势。例如，互联网已在发达国家获得了广泛的应用，成为世界各国获取军事、科技和经济情报的重要渠道，成为情报研究机构从事情报分析的重要工具。又如，随着虚拟现实（virtual reality）技术的发展，已出现了利用虚拟网络技术进行情报分析的报道。鉴于世界各国信息高速公路计划的实施，充分利用信息高速公路上的信息资源进行远程的情报研究将形成潮流。

3. 形成情报研究工作的国际化潮流

情报研究工作的国际化包含情报研究服务范围的国际化发展和国际合作与交流的加强两个方面。

例如，1992 年，全球两家最大的市场调查公司美国 A. C. Nielsen 公司和 IMS 公司分别在 32 个和 62 个国家建立了分支机构；全球前三位管理咨询公司安德森咨询公司、库珀斯-利布立德管理咨询服务公司和麦肯锡公司的咨询业务收入中分别有 52%、60%和 57%来自国外；日本贸易振兴会设有海外办事处 72 家，雇员 600 多人，从而形成了经营国际化的势头。

对于情报研究的国际合作，发展中国家表现出很大的积极性。例如，拉丁美洲国家于 1986 年通过的《拉美经济体系关于拉美及加勒比地区科技战略的决定》提出，要创建一个战略情报机构，分析并提供信息，特别是它们与发达国家关系的信息，创建一个追踪新技术发展的服务机构，为本地区的科技发展提供经过鉴别的情报。一些主要为发展中国家服务的联合国机构也相继建立了如国际粮农情报和预警系统、发展中国家间技术合作情报咨询系统等。

4. 出现军事政治情报研究力量向经济技术情报领域的转移

军事政治情报研究力量转移的表现之一是国家安全机构的目标和任务发生了重大变化。国外情报机构领导人直言不讳地认为："今天的间谍活动，主要是以经济、科技和金融为目标。"情报机构"不仅要跟上形势的变化，而且要走在变化的前头。""协助提高俄罗斯的国际潜力和加快其社会经济发展，无论昨天、今天，还是明天，都是对外情报最重要的任务。"他们都把经济技术情报看做是国家间竞争的杠杆。在美国，中央情报局 2/3 的任务是收集经济情报，俄罗斯也把搜集科技方面的情报作为主要任务。

情报研究转向的另一表现是原军事政治情报人员纷纷进入经济技术情报界，主要从事情报的调查研究和分析评估工作，而不是从事传统的文献信息工作。例如，美国出现了一个主要由退役军事情报人员组成的称为《用公开信息源解决问题》（OSS）的团体，致力于利用公开信息源把军事情报研究的经验和方法应用到经济技术中去。由于这种转移，大大推进了科技界和企业界情报研究工作的开展。

（二）情报研究的战略意义

在日本，有人把情报分析力作为国力指数的十大要素之一，表明情报研究对国家发展具有重要的战略作用，是综合国力的重要体现。情报研究的战略意义可以归结为三方面。

1. 国家竞争的杠杆

国外情报研究工作的开展表明，国家之间的实力较量，实际上也是情报利用能力的较量，控制和运用信息和情报资源的能力已经成为现代国家实力的标志。

第二次世界大战的一个重要历史经验就是同盟国把情报调查工作从战术和战役层次提高到战略层次，创建了情报调查协调机构。例如，英国在空军中建立了科学情报服务局(Scientific Intelligence Service)；美国建立了情报协调局，珍珠港事件后改为战略情报局，对参谋长联席会议负责。第二次世界大战后，美国在总结战时经验的基础上，建立了美国历史上第一个和平时期的、得到协调的情报机构——中央情报局，从事公开和隐蔽的情报收集、分析，以及编写情报摘要和情报评价的工作。美国国会参众两院也建立了情报委员会。随着冷战的结束，美国中央情报局又把重点转向科技和经济。美国这种把情报分析作为战略手段提升到国家决策的中心位置的认识和做法至少在政治、军事和外交方面是有远见卓识的。在冷战时期，美国这种强大的国家情报能力在与苏联抗衡、华约解体方面起到了重要的杠杆作用。但也应看到，尽管美国在政治、军事、外交上重视国家的情报研究能力，但在经济、技术领域，由于盲目自大的所谓的 NIH 综合征（not invented-here，凡不是本地发明的，都没有好东西）等的作祟，对技术和经济情报工作放任自流，造成这方面大国地位的相对下降。1982 年，美国国家研究理事会在分析高技术领域的国际竞争后指出："许多国家已经发展了一种监视国外技术发展并向国内工业界报告的机制，而我国没有这样的机制。"1991 年 7 月 25 日，美国竞争情报从业者协会主席在国会听证会上发言指出："几乎我们所有的贸易伙伴都承认政府参与收集和传播商业信息的重要性。……不幸的是，没有任何部门做出努力为美国的公司协调或集中美国政府的活动。"尽管苏联的科技信息系统的文摘体系、规模和质量是举世称道的，但情报研究的力度仍嫌不足。1987 年 6 月，苏共中央全会的决议指出，"科技信息方面的问题在于没有组织好收集、分析、综合和采用国内外科技发展成就和趋势信息的明确体系"，因而要求"改进苏联国家科技信息系统"。

正反两方面的事实表明，一个国家和地区要想增强综合国力，就必须重视情报能力的较量，并把其作为国家间竞争的重要杠杆。

2. 经济发展的先导

历史表明，日本的振兴、"亚洲四小龙"的腾飞和拉丁美洲新兴工业化国家的崛起，无不与它们重视情报研究工作密切相关，情报研究在科技和经济的发展中起到了先行与导向的作用。

举国上下的情报意识，高度协调、覆盖全球的情报网络和很强的情报研究力量是日本振兴的重要原因和诀窍。日本是除中国以外将情报研究活动连续载入国家科学技术白皮书，将海外技术动向调查载入通产省（METI）产业技术政策的大国。而日本企业和综合商社的情报调查和分析活动更是闻名于世。因此，从 20 世纪 80 年代开始，欧美国家曾三次召开"日本科学技术商业情报国际会议"，以日本为范例，力求改进自己的情报分析能力。

韩国是继日本之后大力强化技术经济情报研究工作的一个新兴的工业化国家。20 世纪 60 年代初，韩国确立了以出口立国的外向型经济发展战略，于 1962 年建立了韩国贸易振兴会，负责向政府和工业界传播国内外市场、产品、投资和技术等最新情报，并提供有关贸易的咨询服务。进入 80 年代，韩国开始全面实施技术导向型的经济发展战略。1982 年，韩国将韩国国际经济研究所和韩国科技情报中心合并建立了隶属于工商部的韩国产业研究院，以强化韩国工业在世界上的竞争能力，成为帮助政府制定工业和贸易政策的产业政策思想库，促进科技情报向思想库方面发展。1987年，韩国建立了隶属于韩国科学技术研究所的科技政策中心，作为韩国科学技术部的智囊团。1991年，又独立建立了韩国工业技术情报研究所。1993年，在韩国科学技术研究所内又建立了以电子信息技术为手段的韩国研究开发情报中心。这些举措为韩国的科技进步和经济发展做出了不可磨灭的贡献。

作为发展中国家的委内瑞拉也十分重视情报研究工作。例如，该国的能源矿业部建立了一系列的情报分析中心，实际上承担了全国工业发展和对外交流的重要职能。20世纪80年代中期，阿根廷曾委托联合国工业发展组织进行了一项阿根廷信息产业的技术跟踪研究，试图借鉴发达国家的经验，建立国家级的技术跟踪机制。

3. 决策科学化的支撑

市场经济决策主体的多元化和现代管理科学的发展，导致了情报研究与咨询活动的兴起，为集团和个人决策科学化提供了重要的支撑，推进了科技、经济、社会的健康和协调发展。

美国是世界上咨询业最发达的国家，强大的咨询产业成为美国科技、经济、军事、政治和社会发展的科学决策的重要保障。例如，在美国，有为党派服务的思想库，如被称为“民主党流亡政府”的布鲁金斯学会和“共和党影子内阁”的美国企业公共政策研究所；有超党派的研究机构，如拥有800多人的国会研究服务部，它在“法律章程的监督下，专门辅助美国国会议员进行查询和研究工作”，为美国国会的立法服务；有受一定财团和不同利益集团控制，为其出谋划策，以影响当局决策和公众舆论的智囊团，形成了庞大的全方位的决策支持体系。在现代企业中，重大决策制定的情报来源和依据主要来自诸如法律顾问处、研究开发部、数据处理团体、销售部门、审计处和战略规划参谋机构等知识中心。许多企业还设立了负责信息资源开发和管理的首席信息经理，最大限度地实现各业务部门之间的信息资源共享，沟通企业最高决策层与信息资源管理层之间的联系，参与企业长远规划与目标的制定，从而使这些机构成为企业的“大脑”和“心脏”。

如前所述，作为“亚洲四小龙”之一的韩国，从20世纪60年代起，就逐步建立了完善的决策咨询系统。例如，1962年建立的韩国贸易振兴社，主要作为国家贸易决策的思想库；1971年建立的韩国开发研究院，作为国家经济问题的思想库；1982年建立的韩国产业研究院，作为国家产业政策的思想库；1987年建立的科技政策中心，作为国家科技政策的思想库。作为科技情报系统，为了帮助工业界获取最新的海外科技和经贸情报，韩国于1962年建立了韩国科技情报中心；1969年，政府又制定了《韩国科技情报中心振兴法》，用法律形式强化该中心的功能。1987年，该中心划归韩国产业研究院，改称工业技术情报中心，作为韩国工业和技术情报体制的枢纽。1991年，该中心又独立出来，更名为韩国工业技术情报研究所，从事技术和工业情报的监视、分析和预测工作，成为韩国产业决策支持系统的重要组成。

三、我国情报研究工作面临的机遇和对策

长期以来，我国情报研究工作是在计划经济和相对封闭的条件和环境下发展和运作的一个工作领域，它有在我国科技进步和经济发展中起着“尖兵、耳目和参谋”作用的辉煌业绩，但也存在着条块分割、科经分离、内外隔绝、竞争乏力等弊端，面临着潜在的危机。

（一）情报研究工作面临的环境

十一届三中全会以来，由于党的基本路线的贯彻和实施，我国科技、经济体制和环境都发生了重大的变化，也为情报研究工作的变革和发展带来了前所未有的机遇。这些变化和机遇主要表现在以下几方面。

1. 决策主体的多元化

国家经济体制由计划经济向市场经济的转化，意味着作为经济体制两大基本要素的决策结构和信息结构向分散化和横向传输方向转变，从而形成在宏观社会决策引导下的分散决策的决策结构和以横向为主、纵横交叉的网络型的信息结构。政企分离和现代企业制度的建立，促进了我国企业的决策自主化和经营市场化。因此，决策主体的多元化和信息来源的多元化将引起情报研究需求的多样化和扩大化，为信息的获取和分析开辟了广阔的市场。在政府对情报研究需求不断增长的同时，企业将逐步成为情报研究的主要服务对象，成为情报研究工作的主战场。

2. 管理决策的科学化

管理是人类社会组织的基本职能，管理已与科技、经济一起，构成现代社会发展的三大因素。现代管理的决策理论学派代表人物西蒙认为，管理就是决策，决策贯彻于管理的全过程。随着我国现代化建设的展开和社会主义市场体制的发展，我国的国家和集团决策正由经验决策向科学决策过渡，实行决策的科学化和民主化，已经成为党和国家的重要方针，科学决策已经成为现代管理的基础和核心。然而，科学决策是建立在一定客观规律基础上的决策，是为了达到预期目标，在充分掌握和研究有关信息的基础上，用科学的方法拟制、评估和选择方案以达到满意效果的过程。因此，情报研究就成为决策科学化的基础和依据。

社会主义市场经济就是要使市场在国家宏观调控下对资源配置起基础作用，随着政府职能的转变和国有企业经营机制的转换，会进一步加强与完善政府的宏观调控职能和企业的经营决策机制，从而为支撑科学决策的知识体系的情报研究开辟广阔的市场，同时也迫使情报研究工作内容由面向学科、面向专业向面向任务、面向问题的方向转变。

3. 科技经济的一体化

中共中央由于经济建设必须依靠科学技术，科学技术工作必须面向经济建设方针的贯彻，我国科技体制正在向适应社会主义市场经济体制和科技自身发展规律的新体制转变，科技与经济结合的新机制正在形成。1995 年 5 月召开的全国科学技术大会和《中共中央、国务院关于加速科学技术进步的决定》提出了科教兴国的伟大战略，指出：“经济和社会发展要以科技进步为主要动力，科技工作要把解决经济和社会发展中的重大问题作为首要任务。从战略目标、政策、体制、规划、计划等方面体现科技与经济的有机结合。”从而进一步推进我国科技经济的一体化。因此，在全国全党探索走有中国特色的科技进步道路的新形势下，必将进一步促进科技与经济的紧密结合，实现科技经济的一体化，也为我国科技情报研究工作延伸至经济领域，为经济发展和企业振兴服务提供了重要的契机。

4. 经济活动的国际化

随着科技进步和市场竞争的发展，世界经济区域化、国际化的趋势越来越明显。我国也把加快对外开放步伐，充分利用国内国际两个市场、两种资源，优化资源配置；积极参与国际竞争与经济合作，发展开放型经济，使国内经济与国际经济实现互接互补作为重要的国策。仅“八五”时期，我国进出口贸易总额就累计超过1万亿美元，实际利用外资超过1600亿美元。对外开放和国内外合作与交流的发展，促进了我国经济与世界经济的融合，也促进了工商情报与咨询业务需求的增长，尤其是我国即将成为世界贸易组织（WTO）的成员国，这将会极大地推动包括情报研究在内的我国咨询业的发展。

5. 信息基础设施的现代化

自1993年美国提出“国家信息基础结构”（NII）计划以来，世界各国掀起了一场“信息高速公路热”。信息产业和信息网络建设已成为世界各国政府和企业界人士关注的焦点，这极大地推动了信息基础设施建设的迅猛发展。

我国政府自邓小平同志提出“开发信息资源，服务四化建设”重要指示以来，发展信息产业已列为国民经济的重点，信息基础设施的建设呈现大跨越的态势。例如，1993年与1992年相比，我国交换网容量增长46%，长途电话、长途交换机、电信业务总量增长60%，无线寻呼机猛增1.48倍，移动电话猛增2.5倍。一个以推进信息化为目标的“三金”工程正在启动。国家科委现代化科技信息网络的建设方案和国防科工委的国防科技信息快速反应工程正在制定。《中共中央、国务院关于加速科学技术进步的决定》中更明确地指出：“逐步建立现代化的信息网络，加快国民经济信息化的进程，扩大先进的电子信息技术在生产、管理、服务领域的应用，努力解决交通、通信、商贸、财税、金融、保险、社会服务等领域的信息化、现代化关键技术问题。”“大力推进与科技进步密切相关的信息、咨询等第三产业的发展。”所有这一切，既为改革开放的中国迎来了新一轮工业革命的文明和机遇，也为情报研究工作的开展奠定了良好的国内外信息环境和技术基础。

（二）情报研究系统存在的问题

科技情报研究系统是我国最早建立的一支体系完整、实力雄厚和成绩显著的信息研究队伍，它的主要优势表现在集思想库和信息库为一体，有丰富的信息资源为后盾，为一般的信息机构所不及；有很强的文献调查与分析能力，语种齐全，有一批受过专门训练的专业和外语人才；视野比较开阔，地位比较超脱，研究成果具有较好的前瞻性和客观性。因此，曾一枝独秀，对我国科技进步和经济发展做出了重要的贡献，获得了良好的声誉。

但自20世纪80年代以来，由于软科学研究的出现、专业咨询机构的兴起、经济信息系统的建立，形成了群雄逐鹿的局面，使情报研究处于被动和竞争的境地，也暴露了其本身存在的弱点和问题。

1. 观念亟待更新

由于情报研究系统长期处于计划经济和专业研究的环境下，信息观念、市场观念、竞争观念、经营观念等薄弱，几十年形成的思维定势、工作模式、管理模式和运行机制具有很强的稳定性，严重地妨碍了我们在市场经济条件下思想上和工作上的转轨。在“全国信息热”“软科学热”“咨询热”“信息高速公路热”等多次强力冲击下，都未能从根本上动摇科技信息系统的保守性。反应迟缓，举措不力，错过了许多重要的机遇。因此，转变观念、开拓创新，仍然是科技信息系统的重大任务。

2. 管理急需加强

市场经济体系的建立和政府职能的转变，都在呼唤要增强宏观调控的力度。我国科技信息管理体制历来采取一个机构、两块牌子的做法。由事业单位代行政府职能，其弊端显而易见，一是不与政府合署办公，领导权威和视野均受限制；二是主要领导一身两任，难以全力以赴做好政府方面的管理工作；三是局部利益与全局利益不易协调。科技信息系统存在的一些根本性问题，如诸侯林立，自成体系；资源配置和产业结构不合理，整体效能差，头重脚轻，基层科技信息机构处境维艰；与友邻信息系统相比，发展速度缓慢，无一不与职能不强、调控不力的科技信息系统的管理体制相联系。

3. 服务领域仍需拓宽

促进科技与经济的结合是我国科技工作的基本方针，也是我国经济工作应该遵循的基本原则。长期以来，我国科技情报研究囿于科学技术领域，侧重为科技决策和科学研究服务，既脱离本部门的重大科技实践，又脱离本部门的重大经济活动。虽然十多年来我国科技情报界在拓宽服务领域方面作了许多探索和实践，但在推进经济发展和企业振兴方面仍然举步艰难，措施不力。究其原因之一是，我国情报研究队伍的专业结构以科技为主，缺乏解决政府、企业和社会面临重大问题的知识和实践的基础，满足不了社会用户的需求。因此，我国面临服务领域拓宽和加深的双重难题。

4. 研究手段相对落后

在国内外信息技术和信息基础设施急剧发展的形势下，我国科技信息系统的现代化建设相形见绌。尤其是情报研究机构，尚未脱离一支笔、一叠纸的手工作业方式，数量有限的计算机也主要用于文字处理，很少利用网络获取信息，以及引进和研制专用研究软件，大大落后于国际潮流和许多软科学研究机构。这样的信息基础设施和研究手段，导致我国科技信息系统的现代化建设效率低下，速度迟缓，难以形成快速反应能力，在与友邻部门、涉外咨询机构等的竞争中处于不利地位。

5. 国家投入明显不足

对国外情报研究机构的调查表明，官方的思想库和情报机构都得到国家的全力支持，包括政策、法规和资金的投入。情报研究和信息服务机构本身不是单纯以赢利为目的组织，情报研究活动产生的社会和经济效益大多是潜在的和间接的。自从国家对科技信息机构实行任务定位、分类管理、重点支持和人才分流等一系列改革以来，对其支持力度明显减弱，相对经费逐年减少，已形成对情报研究生存和发展的威胁。以全国民口 404 个独立科技信息机构的科技专项费为例，1991 年的总额为 5307.4 万元，1994 年下降至 5066.6 万元，平均每年递降 1.54%；作为国家应重点支持的一些部委级科技信息机构也不例外，例如，机械工业部机械科技信息研究院的科研三项经费的拨款由 1990 年的 53 万元下降至 1994 年的 50 万元，每年平均递降 1.92%。鉴于物价上涨等原因，许多情报研究机构已处于难以为继的困难境地。

6. 研究队伍备受冲击

在改革开放的大潮和“稳住一头，放开一片”政策的影响下，由于情报研究机构的收入较低，情报研究人员的素质较高，从而人才纷纷流向外国、外企、外贸或管理部门；加之经费拮据，一般做法都是压缩研究队伍以保证对主管部门重点需要的服务，一些中小城市的科技信息研究所甚至取消了这方面的功能。因此，不论从数量上还是质量上，情报研究队伍都受到了相当的冲击和削弱。尤其令人担忧的是，情报研究需要高学位、高素质的研究人员，而高学位、年轻化的研究人员的吸纳和外流的失衡，致使骨干力量后继乏人，发展受阻，严重影响到情报研究机构的竞争地位。

7. 研究环境相对闭塞

尽管改革开放已经17年，但我国情报研究工作不论从信息获取到研究方式都未脱离那种因袭多年的与世隔绝的局面。对国内的现状与问题若明若暗，社会调查并未与文献调查并举；既无派驻海外的办事机构，又无重大的对外交流与合作的项目，更无有组织地引进国外咨询业的作业方式，这就不能不使原本一枝独秀的科技情报研究陷入了“四面楚歌”的境地，使理应作为“尖兵、耳目和参谋”的情报研究队伍变成一群耳目相对闭塞、作业方式相对落后、处于封闭环境之中的摇笔杆子的“秀才”，严重影响我国情报研究向高层次发展及与国际咨询业接轨。

（三）情报研究工作发展的对策

面对着国际上情报研究工作的开展、改革开放给我国情报研究业带来的机遇和我们面临的问题，我们期待着情报研究业的振兴，并提出几点浅见。

1. 发展目标

在社会主义市场经济条件下，继续坚持“开发信息资源，服务四化建设”的总方针，面向科技进步、经济发展和企业竞争的信息需求，建立起一个适应社会主义市场经济环境，具有快速反应能力，结构合理，具有特色的现代化、产业化和国际化的情报研究体系。使其成为我国信息咨询业的主要构成部分。

我国科技信息机构应以社会的信息需求为导向，以信息资源建设为基础，以信息技术和网络建设为手段，以情报研究和信息咨询为中心，摆好信息需求、信息资源、信息技术和信息咨询之间的关系，继续拓宽服务领域，逐步向现代信息咨询业方向转变；以转变观念、深化改革为先导，进一步打破部门和区域界限，推动情报研究系统的结构调整和体系完善，加大面向社会的力度，形成具有规模效应的各具特色的情报研究体系。

在总结我国经验的基础上，吸收国外咨询业的先进经验，逐步做到情报研究和信息咨询的程序、方法、报告、计价与国际规范接轨，积极开拓涉外咨询业务，使相当一部分的情报研究机构的业务水平和人员素质达到国际同行的水平，以实现情报研究工作的国际化。

大力加强信息资源和信息网络的建设，在信息采集、处理、分析、表达和传递方面逐步实现现代化。

2. 基本任务

我国情报研究机构是我国信息咨询业的主要组成部分，其主要功能是将社会信息转化为情报产品，为国家和集团的科学决策提供依据和方略。

1）研究世界科技发展态势。积极跟踪国内外科技发展动向，努力把握世界科技发展态势，大力促进我国的科技进步，是我国情报研究机构的基本职责。各级情报研究机构都应把关键技术跟踪、重大项目论证、重大技术攻关作为主要工作来抓，把情报研究机构建设成我国国内外技术监视、国家和产业关键技术选择和企业科技进步的主要预警、推荐和咨询机构，在科学技术和经济发展中起杠杆和先导作用。

2）做好政府宏观决策咨询。为国家和政府的宏观决策服务是我国情报研究机构的重要任务。国家级、部委级、省市级的情报研究机构应当成为我国软科学研究的重要方面军。在国家安全、科技进步、经济振兴、社会发展等方面做好发展战略和产业政策的研究和咨询，充分发挥情报研究机构在宏观决策中的参谋和咨询作用。

3）发展面向市场的信息咨询。信息咨询业已经成为全球经济发展的主旋律，现代企业已经成为市场竞争的主体。面向市场、面向企业、面向社会开展环境监视、市场调查、项目咨询、竞争分析、企业诊断、知识产权和工商秘密保护、策略制定等信息咨询服务，是在社会主义市场经济条件下我国专职情报研究机构和专业情报研究中心的发展方向，也是情报研究工作产业化和国际化的重要举措，使我国情报研究机构成为我国信息咨询业的主要力量。

4）完善我国情报研究和咨询体系。加强政府的宏观调控职能，对我国情报研究机构按产业化的要求进行结构调整和优化，突破小而全、大而全的格局和条块分割的体制，发展面向需求的专门化的情报研究和咨询中心，加速信息技术和网络建设的速度，重视情报研究学科的建设和发展战略的研究，把我国情报研究系统建设成为合理、高效、特色、现代的信息咨询体系。

3. 主要措施

（1）转变观念，深化改革

实践表明，思想解放是历次工作变革的前奏和动力。在历史上，我国情报界曾经历扩宽工作领域、发展有偿服务、增强经营观念等几次大的思想转变，促进了我国科技信息事业的改革和发展。

但是，几十年在计划经济体制下形成的“等靠要”思想和传统情报研究工作形成的习惯思维等意识在我国情报界仍具有很强的稳定性。“任凭风吹浪打，我自闲庭信步”。

因此，为了进一步深化改革，我国情报研究机构应当进一步树立大情报观，实行科技信息与经济信息、社会信息相结合，积极发展竞争情报研究，面向市场、面向企业、面向社会，充分发挥情报研究在科技进步、经济振兴和社会发展中的先导、桥梁和咨询作用。那种画地为牢，远离社会需求和市场经济的做法是难以适应迅速发展的时代要求的。

要进一步树立市场经济观，包括用户第一的服务观念、优胜劣汰的竞争观念、争创效益的经营观念、积极开拓的创新观念等符合市场经济发展的新观念，努力适应我国经济实行两个根本转变和情报研究工作产业化、现代化和国际化的需要。

几年来，我国情报研究机构在“稳住一头，放开一片”方针的指导下，一方面，大大压缩了研究队伍；另一方面，进行运行机制的改革，实行课题组长负责制和经济承包责任制等办法，取得了一定的成效。但是也应看到，政府的支持力度还不足以稳定缩减了的情报研究队伍和支撑情报研究工作的开展，运行机制的改革也还没有达到搞活情报研究工作的预期结果。

因此，为了实现情报研究工作产业化、现代化和国际化的长远目标，应当把我国情报研究工作定位于信息咨询业，以面向市场、面向社会、面向科技进步为己任，从整个科技信息系统出发，优化结构和资源配置，在统一规划和宏观调控下，逐步形成具有一定产业集中度和市场分割的我国信息咨询业的主要组成部分。

在国外，像管理咨询、市场研究这一类的咨询产业的集中度，前十位的企业的产值在一个国家内通常可以达到该行业总产值的30%以上。而我国的自成体系和模式雷同的情报研究机构则很难说是一种具有规模经营和市场化的咨询机构，因此尚有很长的一段路程要走。

在运行机制的改革方面，不论是公益型还是开发型的情报研究机构，均应逐步实行经营产业化和管理企业化，政府通过国家计划和项目拨款来支持重点研究机构的发展，政府与研究机构的关系则是委托方和咨询方的关系。对于一些情报研究的基础性工作，则可仿照国家自然科学基金的办法，通过情报研究基金的申请来支持。

应当鼓励情报研究机构的集团化发展，通过联营、参股等形式逐步组建有权威、上规模的信息咨询企业，也鼓励有条件的情报研究机构与大型企业或企业集团相结合，并支持企业完善或建立自己的信息咨询机构，为企业的经营战略和生存发展服务。

(2) 优化结构，完善体系

近40年来，我国科技信息系统已经建成了条条与块块、专业与综合相结合的相当完整的情报研究体系，这与经济信息系统、软科学研究系统相比，具有较大的优势。

因此，现在的问题不在于数量，而在于结构。正像我国经济正面临着产业结构的进一步调整一样，我国情报界也面临着专业结构调整的重大任务。

从国外咨询业的构成来看，既有面向政府部门的，又有面向社会公众的，更有面向工商企业的，遍及社会生活的各个领域。而我国咨询机构，则主要偏向政府部门，偏向科学技术，这对科技信息系统来说更是如此。1992年，本课题的调查表明，情报研究机构市场类的课题仅占全部课题数的7.19%。1992年，北京市的统计数据表明，全市经工商注册登记的信息服务企业为3179家，从事科技信息服务业的2869家，占信息服务业总数的91.1%。足见结构失衡的严重性。

对于情报研究机构来说，出现上述现象的原因，除了知识背景、营销能力之外，更重要的是指导思想上把这些所谓“横向业务”仅仅作为创收的手段，而没有把面向市场作为情报研究机构的发展方向来抓。

因此，在继续为政府部门科学决策服务作为我国专职情报研究机构主要任务之一的同时，应当把面向市场，为工商企业服务作为情报研究机构的重要方向和调整战略。或分流出很大一部分研究力量，或整建制的转向工商企业，成为面向社会的信息咨询机构，以实现我国情报研究机构的调整和优化。

基层情报研究机构是我国情报研究体系中的基础部分。但近几年来，很大一部分的基层机构面临着方向不清、经费不足、人才流失的困境。因此，应当推动我国基层情报研究机构实行结构性转变，把研究工作的重点从科技信息转移到推动本企业的科技进步、增强本企业的竞争实力和市场占有率的方向上来，注入竞争情报服务机制，建立竞争情报系统，使情报研究工作成为企业的决策支持系统和神经中枢，为振兴企业、发展经济、提高效益做出新贡献。这是企业情报工作生存发展的迫切需要，是基层情报机构实行工作转轨，从低谷走向发展的重要机遇。

产业化的关键是专门化。多样化的社会信息需求需要不同的情报研究机构去满足。因此，形成各具特色的专门化的情报研究机构是我国情报研究体系调整的重要任务。

有关部门的调查揭示，随着我国经济体制的改革和对外开放的发展，宏观决策咨询、企业管理咨询、涉外咨询、技术咨询、资产评估正在成为北京市科技咨询业的热点领域。市场研究、营销策划、竞争分析、知识产权和商业秘密保护也正引起我国企业界的日益重视。

因此，在我国经济领域实行两个根本转变的历史过程中，实现我国情报研究机构由面向部门向面向市场的转变，突破机构雷同、功能相似的格局，形成各具特色、多样化和专门化的情报研究体系是情报研究机构结构调整和体系建设的重大任务。

(3) 建立示范性的情报研究中心

与工商企业相比，我国信息咨询业的现代化改造相当缓慢。究其原因，除了信息部门垄断、市场发育不全、信息基础设施落后、合资企业很少等重要因素外，也还受管理体制制约、传统模式影响、咨询技能较难实现“技术转让”等影响。实际上，迄今为止，我国科技信息系统尚不存在独立的以情报研究人员为主体的研究机构，没有一家名副其实的中外合资的现代咨询企业，也没有系统地组织现有情报研究人员对现代咨询技能的培训。

为此，建议借鉴国外的管理经验，引进先进的技术手段，像建立国家重点实验室和国家工程研究中心一样建立具有全新机制的示范性情报研究中心。

其一，决策咨询型情报研究中心。

性质：政府支持的独立研究机构。

内容：以国家安全、军备发展、军民结合、经济振兴、科技兴国、社会发展等重大问题为对象的战略研究，为国家重大决策服务，类似于伦敦国际战略研究所，以提升我国情报研究在国家政策咨询中的作用和综合研究水平。

用户：党中央、国务院、中央军委和各级政府部门。

机制：事业单位，企业化管理，国家通过事业费和各种基金支撑常设机构，用项目经费支持研究活动。研究人员通过合同制聘任，接受国内外客座研究人员。

手段：采用先进的信息采集、处理和分析技术，具有良好的通信和网络设施，发展国内外的合作与交流。

地址：宜建在首都北京，可由国防科工委或国家科委有关部门领导。

其二，技术跟踪型情报研究中心。

性质：政府支持的独立研究机构。

内容：跟踪和预警国内外技术发展动向，研究国家或国防关键技术和领域，建立世界技术发展的动态监视、跟踪、分析和报告系统，为制订国家或国防科技规划、推动全社会的科技进步服务。

用户：国务院各部门，各级地方政府，各大产业集团。

机制：事业单位，企业化管理，国家通过事业费和各种基金支撑常设机构，用项目经费支持研究活动。研究人员通过合同制聘任，接受客座研究人员。

手段：采用先进的信息采集、处理和分析技术，具有良好的通信和网络设施。

地址：宜建在首都北京，可由国家科委或国防科工委有关部门领导。

其三，工商情报型研究中心。

性质：有限责任或股份有限公司。

内容：以市场需求为导向，以竞争情报为主要内容，从事我国产业、产品、企业和市场的调查研究和竞争分析，开展企业竞争情报系统建立和信息资源开发的咨询活动，为优化产业和产品结构、提高国家和集团的竞争实力和市场占有率服务。

用户：国内外工商企业。

机制：按现代信息咨询公司的模式运作，设立精干的营销策划部门，实行自主经营、自主积累、自我发展、自我约束的企业化经营。

手段：采用先进的信息采集、处理和分析技术，掌握现代的市场调查、竞争分析和促销方法。

地址：上海、广州等沿海开放城市，由国家科委和地方政府给予指导。

三大情报研究示范中心，一为对策研究型，是情报研究的传统领域，但提高了对策研究的层次，主要为国家的宏观决策服务；二为技术跟踪型，也是情报研究的传统领域，但侧重于全局和整体，为国家和部门的中观决策服务；三为工商情报型，是情报研究应当拓宽的领域，是未来信息咨询的主战场，主要为企业的微观决策服务。但三者都应实行新的管理机制和工作模式，以典型来推动整个情报研究体系的改革和发展。

（4）发展国内外的合作与交流

鉴于我国情报研究机构是我国信息体系中相当封闭的一个子系统，因此实现国际化是我国情报研究工作改革与发展的一项重要任务。

其一，发展与国外相关机构的业务合作。

国外的管理咨询、科技咨询、市场研究、情报调查、工商情报等咨询机构都与我国的情报研究机构有许多相似之处，发展与它们的业务合作证明是一条行之有效的国际化途径。虽然在通常情况下，外方不会轻易传授信息和数据的分析方法，但通过合作，完全可以掌握如项目分解技术、成本估算方法、项目文件格式、项目建议书和报告的编写方法等，从而提高我国项目管理和项目质量的水平。

其二，加强与对口专业团体的交流。

一般面向市场的商业性咨询机构通常不愿从事无偿的学术交流，因此发展与专业团体的学术交流是与国际接轨的重要途径。经过几年的多方调查，世界各国竞争情报专业组织，尤其是竞争情报从业者协会，是一个值得开拓的渠道。该协会拥有 26 个国家的 2900 多名会员，大多从事竞争情报、市场研究、战略规划、信息咨询等活动，成立了全球竞争情报从业者协会推进小组，面向世界发展会员，每年定期举行经验交流活动。因此，参加并发展与竞争情报从业者协会的学术交流，将会促进我国情报研究工作的国际化进程。

其三，向国外派驻情报分析人员。

向国外派驻情报搜集和分析人员是国外大型咨询公司和企业的常规做法，从而保证信息来源和分析的及时性、新颖性和可靠性。以研究国外为主要任务的中国情报研究人员绝大多数从来无缘作境外考察，不识国外真面目，这也许是中国情报研究人员的悲哀，当然也难以搞活情报研究工作。

因此，有条件的情报研究机构和大型企业，应当定期或不定期地在国外派驻专职情报研究人员，参加所在国的各种展览会、交易会、研讨会和技术活动，真正起到情报研究的尖兵和耳目作用。

其四，建立中外合资的咨询公司。

在中国申请加入 WTO 的谈判中，中国已就航运、咨询、银行、广告、旅游、近海石油勘探等服务部门提出了初步的开价单，国外咨询业大举进入中国已迫在眉睫。建立中外合资咨询企业，可以为中国咨询业提供一个与国际咨询业接轨的机会，尽可能地学习国外咨询业的管理经验和工作模式，以增强我国情报研究机构在国际咨询业中的竞争能力。由于情报研究的决策支持特点，可以从市场调查、竞争分析等方面做起。

其五，拓宽外向型咨询业务。

开展涉外咨询活动是实现情报研究产业化和国际化的重要举措。统计表明，国际咨询市场每年营业额都在500亿美元以上，具有广阔的国际市场。数年来，我国一直是世界上第二大直接投资吸收国和吸引外资最多的发展中国家。“八五”期间，我国引进外资总计为1600亿美元。按投资咨询费用为总投资额的1%计算，咨询费用就高达16亿美元。就北京而言，外国和港澳地区企业驻京办事机构近4000家，驻华使馆130多个。这都说明，涉外咨询有着巨大的市场和潜力。

应当收集、整理、引进国外信息咨询的法律法规、行为规范和程序方法，加速建立一套符合国际惯例的咨询程序、规章、表格、报告和计价办法，实现我国信息咨询工作与国际规范接轨。

在国家政策支持下，情报研究机构应当参与外国投资项目或援助项目的前期咨询论证工作，为信息咨询业参与国际市场竞争创造条件。

鼓励、支持和扶植面向国外企业的信息咨询机构，开展市场预测与调查、投资项目咨询与评估、技术转让与服务、竞争环境和竞争对手的分析与监视等经济技术咨询，以抗衡国外咨询业的“入侵”，发展我国自己的信息咨询业。

（5）加强手段现代化建设

情报研究机构实际上是以现代信息技术装备起来的、以信息分析和深度加工为主要特征的软科学研究组织。因此，采用现代信息技术，改善通信和网络环境，购研情报分析软件，是提高情报研究的快速反应能力和研究水平的重要因素。

就当前来说，应当普及微型计算机在情报研究中的应用；掌握利用互联网络从事信息的采集和分析的技术；熟悉各种商用的情报分析软件；改进情报研究成果的表达形式，提高情报研究工作的现代化水平。

现代信息网络的建设是我国科技信息工作现代化的中心环节，应当在国家统一规划、协调并结合我国情报研究体系的实际，加速筹建中国科学技术信息系统网络，使之成为国家信息网络和国际互联网络的一部分。开发应用系统国家科技信息计算机服务系统，规划开发情报研究专用数据库和专用分析软件，把我国情报研究工作的信息环境和技术手段逐步提高到国际先进水平。

（6）造就高水平的情报研究专家队伍

稳定现有的情报研究队伍、调整情报研究人员的专业结构、培养一批跨世纪的情报研究专家，是关系到我国情报研究工作生存和发展的关键问题。

本课题的问卷调查表明，情报研究人员的素质及情报研究机构负责人的领导能力和开拓精神居影响情报研究工作十六大因素的第二、第三位。我国科技信息系统人员结构比例在部委级情报所中理工类占56.8%，经济类占1.9%；省市级理工类占47.8%，经济类占1.6%，就知识结构来说，难以实现科技与经济的有机结合。为此，应做到以下几点。

1）加强在职研究人员的再教育。现代情报研究和信息咨询业是高技术密集的信息产业和高智力的咨询业的交会点，其从业人员应具有高度的信息技术和科学研究方法论的素养，应该用新的专业标准教育、培养和改造现有的情报研究队伍。

2）改进目前情报学系的培养目标。我国高等院校的信息管理和图书情报专业主要是教授信息处理、信息检索、软件工程、计算机应用等知识，而以情报研究和信息咨询为主，培养适合于从事决策研究和工商情报分析的专业则不多，不能适应市场经济发展的需要。建议有关部门组织研究情报研究学科的知识结构和人才培养问题。

3）培养跨世纪的情报分析专家。通过承担重大课题任务、出国进修、留学培养、合作研究、引进人才等方式，培养和造就一批跨世纪的情报研究专家和学科带头人，以提升我国情报研究队伍的总体水平，增强与友邻部门和国际咨询机构的竞争实力。

4）改善情报研究人员的工作环境和待遇。在单位财力和国家政策允许的条件下，采取切实措施，改善情报研究人员的工作环境和生活待遇，提高情报研究人员的敬业精神，逐步扭转研究队伍素质下降和人才流失的趋势。

4. 政府行为

在社会主义市场经济条件下，加强政府的领导和调控作用，对于促进我国情报研究机构向产业化、现代化和国际化方向发展具有决定性的意义。

（1）加强政府的导引作用

为了实现我国经济体制和生产方式的两个根本转变，充分发挥情报研究在国家竞争、经济发展和科学决策中的重要作用，应加强政府在情报研究活动中的协调和指导作用。

其一，实行政企分离，加强宏观调控。

在党和国家把实行政企分离、加强宏观调控作为实行社会主义市场经济、转换政府职能的一项战略任务来抓的时候，加强我国科技信息系统的管理职能，实行管理体制的政企分离也应成为情报界深化改革的一项刻不容缓的重要举措。

为此，在我国科技信息系统，应当改变普遍存在的一个机构、两块牌子的管理体制。在国家科委科技信息司，应当设立专司情报研究的管理处，以加强对情报研究工作的领导。

在全国，应当改变国家及主管部门对信息工作多头管理的局面，打破部门所有、诸侯林立、自成体系、相互封闭的格局，通过政策导引和竞争，实现联合和兼并。

其二，加速信息立法，完善法制建设。

应从法律法规上对我国情报研究和信息咨询业发展所需的条件做出规定，创造一个优化内外环境的发展氛围，通过法律规范信息工作的管理体制，实施振兴信息咨询产业的政策措施，规范信息市场的运作行为，促进情报研究和咨询的结构调整。

修改《国家科学技术情报政策》蓝皮书及有关政策法规，突出情报研究在科技信息系统和国家发展中的战略地位及信息咨询业的产业定位，做到在面向政府的同时把更大的力量转向市场。

其三，确立咨询地位，纳入决策程序。

各级政府和企事业单位应采取各种措施，把咨询活动纳入政府和企业的决策程序，使其成为决策科学化、民主化和制度化的组成部分。各级政府的重大决策，企事业单位的经营管理，新技术、新成果的吸纳，应积极接受信息咨询服务，重大科技立项、技术改造、科技攻关、工程建设，以及重要的国际技术经济合作项目等都应严格执行“先咨询，后决策”的制度，以加大需求牵引的力度。

其四，依靠专家群体，发挥智囊作用。

建议建立国家科委领导下的情报研究和信息咨询专家委员会，对我国情报研究和咨询工作的开展目标、方针政策、规划计划、重点项目、学科发展、人才培养等重大问题提供咨询和顾问，以辅助信息司对情报研究工作的政策导引和宏观调控。

(2) 推进行业协会的管理

由于我国科技信息机构小而全、大而全的特点及管理体制上部门所有的弊端，在加强政府宏观调控的同时，还应组建中国信息咨询协会这一类的行业组织，专门就情报研究的发展规划、信息咨询业的行为规范、从业人员的资格审定、信息咨询的收费标准、业务活动的组织、工作经验的交流，以及行业统计、人员培训、国际合作等工作进行组织与协调。

这样做的好处是，行业组织淡化了行政管理色彩，易于解决现行体制下条块分割和部门所有的障碍；行业协会活动专业性强，对本行业发展过程中反映出来的各种问题，一般都是共同关心的实际需求；在国民经济信息化的过程中，为维护情报研究机构的自身权益，客观上需要有行业组织作为代表，对系统内外进行多方面的协调；由行业组织出面辅助管理，可避免归口领导部门陷入许多具体事务，更利于宏观调控，从而也有利于情报研究的产业化发展。

(3) 加大政府的投资力度

对于国家重点支持的情报研究机构和项目，以及情报研究工作的基础建设，应当扭转投资下降的趋势，加大政府投资力度，保证在扣除物价上涨因素的基础上以科技投资增长的比例逐步递增。国家应当从科技拨款中抽出一定的比例（如1%）支持科技信息系统及其情报研究机构的运作和发展。

本课题的调查表明，上级部门对情报研究工作的重视程度和情报研究机构的经费分别是影响我国情报研究工作发展的十六大因素的第一位和第五位，经费状况困难的部委级和省市级情报研究机构约占调查总数的81.0%。

应当拓宽情报研究经费的筹集渠道，实现国家、地方、单位、企业和外资投入的多元化，逐步改变情报研究投入过低的现状。应当建立情报研究发展基金，以支持基础性情报研究的发展。

(4) 支持情报研究学科的建设

情报研究学科系以社会的情报研究活动为对象，以研究和指导人们在各部门、各领域从事情报研究活动为己任，研究情报研究工作的理论和方法的一门科学。对《全国报刊索引》1980～1991年的文献统计表明，我国在情报研究理论与方法方面发表的论文约达751篇，文献计量与时间呈线性关系，呈直线增长趋势。但也应看到，我国情报研究学科的发展还处于初始阶段，既没有一定的专业队伍，又缺乏必要的国际学术交流，且情报研究的实践活动大多囿于科技领域，这些都在相当程度上阻碍了我国情报研究学科的发展。对情报研究学科研究的缺乏也在一定程度上影响我国情报研究业的发展。

我们认为，情报研究学科的建设必须从情报研究活动的过程与功能出发，借鉴国内外相关学科的理论与方法，采取集中与分散、理论工作者与实际工作者相结合的研究模式，设立情报研究学科专项基金，积极开展情报研究的理论、方法、技术和应用的研究。

我国每年生产的情报研究报告有几千件，分散于各部门、各系统中，未能得到充分的交流和利用，应当建立全国情报研究报告的管理制度，继续研建情报研究报告数据库促进情报研究成果的推广和应用，也有利于对情报研究典型案例的剖析和研究。

我国情报研究工作已具备统计研究的规模和多样化，但到目前为止，基本未曾做过系统的、全面的情报研究实践的统计工作，因而也不利于认识情报研究活动的基本性质，揭示情报研究活动的基本规律。因此，应积极研究并确定情报研究工作的统计指标体系，认真做好统计分析工作。

竞争情报概念的引进和消化正在促进我国情报研究工作的转轨和发展。建议创办以促进社会主义市场经济的发展、提高企业的市场竞争实力为宗旨的《中国竞争导报》，积极开展竞争和竞争情报的理论与实践的学术交流，普及竞争理论与竞争情报知识，掌握竞争分析技术和竞争策略制定的方法，以加速我国情报研究机构把工作重点转移到推动国家、集团和企业的科技进步，以及增强它们的竞争实力和提高它们产品与服务的市场占有率的方向上来，更直接、更有效地介入国家、集团和企业的科学决策，从而促进我国情报研究产业的发展。

参考文献

[1] 包昌火．情报研究方法论．北京：科学技术文献出版社．1990.

[2] 国家科学技术委员会．国家科学技术情报发展政策．中国科学技术蓝皮书第 8 号．1991.

[3] 全国科技情报研究工作会议专刊．情报科学技术，1990，(6)：1-84.

[4] 米哈依诺夫 A И，等．科学交流与情报学．徐新民，等译．北京：科学技术文献出版社，1980.

[5] 哥德加美 Г И. 科技工作的情报保证．刘达，等译．北京：科学技术文献出版社，1981.

[6] 日本科学技术厅．科学技术情报活动最新倾向．科学技术白皮书（平成元年版）．日本大藏省印刷局，1990：361-376.

[7] Rothschild M C. Information Analysis Centers in the Department of Defense. AD-A 184002，1987.

[8] Saracerie T. Process and problems in information consolidation. Information Processing & Management，1986，22（1）：45-60.

[9] Prescott J E，et al. Global Prospective on Competitive Intelligence. 1993：1-388.

[10] 缪其浩．日本情报研究机构的现状和特点．情报研究的国内外比较研究分报告．兵器工业情报所，兵工情报研究报告，BQB94-0279，1994：1-41.

[11] 邹冰冰．美国情报研究机构的现状和特点．情报研究的国内外比较研究分报告．兵器工业情报所，兵工情报研究报告，BQB94-0279，1994：42-88.

[12] 谢新洲．英国情报研究机构的现状和特点．情报研究的国内外比较研究分报告．兵器工业情报所，兵工情报研究报告，BQB94-0279，1994：89-121.

[13] 缪其浩，陶翔．韩国情报研究机构的现状和特点．情报研究的国内外比较研究分报告．兵器工业情报所，兵工情报研究报告，BQB94-0279，1994：122-150.

[14] 贾怀京，印度情报研究机构的现状和特点．情报研究的国内外比较研究分报告．兵器工业情报所，兵工情报研究报告，BQB94-0279，1994：151-164.

[15] 蔡阳生．苏联情报研究机构的现状和特点．情报研究的国内外比较研究分报告．兵器工业情报所，兵工情报研究报告，BQB94-0279，1994：165-197.

[16] 阮祖启，张彤，董雨．中国情报研究机构的现状和特点．情报研究的国内外比较研究分报告．兵器工业情报所，兵工情报研究报告，BQB94-0279，1994：198-263.

[17] 李正中，王向斌，陆家清，等．情报研究的理论与发展问题的研究．情报研究的国内外比较研究分报告．兵器工业情报所，兵工情报研究报告，BQB94-0279，1994：264-332.

情报研究学科

《情报研究方法论》绪论*

社会信息化是现代文明和社会进步的重要标志，新技术革命的重要特征。在信息社会中，信息是一种极其重要的资源，信息的生产、获取、处理和应用构成了社会必不可少的重要产业。本书将对在社会信息，尤其是科技情报的研究过程中逐步发展起来的情报研究方法论进行初步的总结和探索，以期有助于发挥情报研究人员的聪明和才智，促进情报研究工作和情报研究学科的建设和发展。

一、信息、情报和情报研究

为了弄清情报研究的基本含义，有必要简述一下关于信息和情报的一般理解。

（一）何谓信息

“信息”是一个既古老又年轻的词汇。我国南唐李中《暮春怀故人》诗“梦断美人沉信息，目穿长路倚楼台”，南宋陈亮《梅花》诗“欲传春信息，不怕雪埋藏”中就已采用了“信息”一词。但“信息”一词的广泛应用却是最近二三十年的事情。现在报纸、杂志、广播、电视和人们的日常交谈都离不开“信息”，信息已成为当今时代的重要特征。

那么信息的含义是什么？实际上，自从有了人类就有了人与人之间的通信（communication）。通信就是人们交流信息的手段。当甲和乙通信时，甲发给乙一个消息，这个消息包含甲已经知道而乙还不知道的内容。当乙再跟甲通信时，乙发回一个有关的消息，这个消息中包含乙已经知道而甲还不知道的内容。因此，在日常生活中，信息通常是指具有新

* 本文原载《情报研究方法论》. 北京：科学技术文献出版社，1990：1-26。

内容的消息。

信息作为一个科学概念，最早出现于通信领域。1928 年，哈特利（R. V. L. Hartley）发表了《信息的传输》一文，首次提出消息是信息的载体，是包含在各种具体消息（语言、文字、图像、信号等）中的抽象量，实现了概念上的突破。到了 20 世纪 40 年代，美国数学家申农发表了《通信的数学理论》这一重要论著，阐明了信息是人们对事物了解不定性的减少或消除，是两次不定性之差，并给出了信息量的数学表达式，奠定了信息论的理论基础。

但申农和维纳等人是从通信和控制出发，以人为认识主体，只从量的角度定义和研究信息概念，而没有考虑信息的内容和效用问题，具有很大的局限性。随着科学技术的迅速发展和信息论在各种科学领域中的广泛应用，人们逐渐认识到信息不仅存在于社会和机器中，而且也存在于一切有机界和无机界中。例如，树墩上的年轮表现了树木的生长年龄及其发展特征的信息，海潮的涨落表现了月亮绕地球运行的信息。信息已成为自然、社会和思维各个领域中具有普遍性的概念，具有哲学范围的特征。因而人们进一步认为信息是物质的属性，是物质的一种存在形式。当物体或事物因相互作用而改变其特性或状态时，也就产生了信息。

（二）何谓情报

情报来源于人类社会的认识活动，是人类社会的产物。人类在改造自然和社会的过程中不断地生产、交流和利用着各种各样的情报，因而促进了人类社会的进步和发展。在日常生活中，人们经常自觉或不自觉地从事着情报的传递和交流的活动，这是一种普遍的社会现象。从古代人的结绳记事、象形文字和烽火为号等到现代的报刊、广播、电视、大型学术会议和国际联机检索，都是一种情报活动。

那么，情报与信息究竟是一种什么关系呢？如果我们用二分法将信息图解为[1]图 1，那么就可从中发现社会信息是人类及其社会才有的信息。体内信息指在人体内传输的那一部分信息，如感官刺激和遗传信息等。体外信息包括在人类社会中产生与存在的一切非体内信息。如语言、文字、图形等。未存储信息指在信息发出的瞬间才存在的信息，如语言、表情等。已存储信息指用文字、胶卷、磁带及一切人工创造物记录下来的信息。公开信息是交流范围不受限制的社会信息，秘密信息则是交流范围受控的社会信息。因此，在上述分类中体外信息节点以下的社会信息都可以看作为情报的存在形式。因而广义来说，所谓情报就是用于思想交流的社会信息。它的基本功能是满足人们在认识活动和决策活动过程中的信息需要，具有很强的目的性和时效性。

作为社会信息的情报，既具有一般信息的共性，又具有不同于一般信息的特性。例如，自然信息是客观事物的存在形式，不以人们的主观意志为转移，而情报则是人类认识的产物，具有精神的属性。情报是人与人之间交流的信息，而自然信息则是宇宙万物之间相互联系和作用的表征。因此，情报只是信息的一个子集，这类信息也可以叫情报性信息或情报信息。

根据不同的角度，可以对情报做出以下不同的分类。

按情报的内容，可以分为政治情报、军事情报、科学情报、技术情报、经济情报、管理情报、生活情报等。

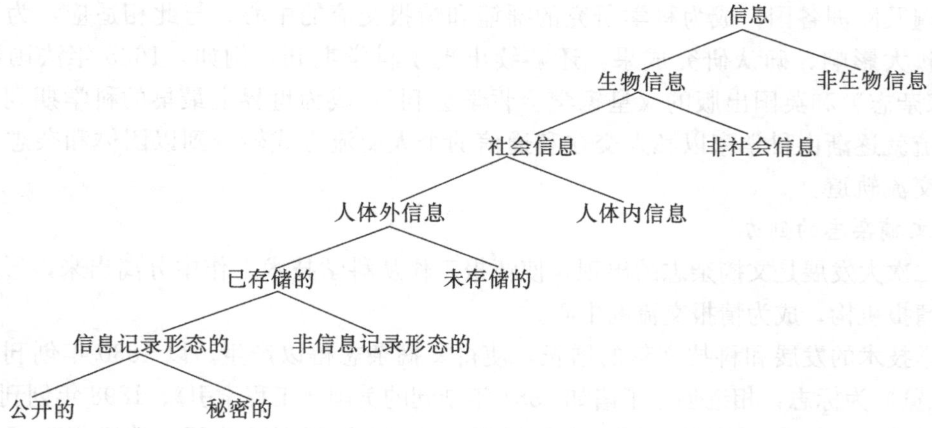

图1　信息的分类图示

按情报的加工程度，可以分为零次情报（以口头、实物、私人通信等利用非文献系统传递的情报）、一次情报（由原始文献传递的情报）、二次情报（由文摘、索引等二次文献传递的情报）、三次情报（由综述、评述等形式传递的情报）。

按情报载体，可以分为书面情报、口头情报、实物情报、声像情报、电子情报等。

（三）何谓情报研究

所谓情报研究，简言之，就是通过研究已知情报的科学内容从而形成能满足特定需要的新情报的过程。这种研究，在我国情报界，通常称之为情报研究，也有称情报调研。对自然信息的研究构成了自然科学的各种学科，是硬科学专家的任务；而对情报信息的研究，则形成各种软科学学科，是软科学专家，包括情报研究专家的任务。

关于情报研究概念，将在下文作进一步的叙述。

二、情报研究的产生和发展

专职情报研究工作的产生已有40多年的历史，回顾和展望它们的形成和发展，将有助于加深对情报研究工作出现的历史原因、组织形式和发展前景的认识。

（一）历史沿革

情报研究工作是情报工作的重要组成部分，它的出现是科学技术和情报工作发展到一定阶段的产物。

从历史发展看，科技情报工作经历了三次大的发展，每一次发展，都为情报交流创造了新的形式和局面。

1. 科学团体的形成

第一次大发展是科学组织和学术团体的出现，使情报交流逐渐由以个人为中心转变到以集体为中心。

随着文艺复兴运动和资本主义的萌芽，近代科学技术开始兴起。1561年，在意大利那不勒斯成立的自然奥秘学院，可以看做是最早出现的学术团体。1662年，英国创建了皇家学会，成为现在世界上历史最悠久的科学组织。到18世纪，这类学术团体和科学组织已经遍及欧洲各国，成为科学研究的摇篮和情报交流的中心。与此相适应，为了交流情报、扩大影响、确认研究成果，还陆续出现了科学期刊，例如，1665年法国出版的《科学家杂志》和英国出版的《皇家学会哲学会刊》，成为世界上最早的科学期刊。于是情报交流就逐渐由科学家以私人交往和通信的个人交流方式转变到以团体和杂志为中心的集体交流轨道。

2. 文摘杂志的创办

第二次大发展是文摘杂志的出现，使情报工作从科学技术工作中分离出来，形成独立的专职情报机构，成为情报交流的中心。

科学技术的发展和科技文献的增长，使得文摘杂志得以产生。以1830年创刊的德国《药学总览》为标志，相继创办了诸如1884年创刊的美国《工程索引》、1898年创刊的英国《科学文摘》、1939年创刊的法国《文摘通报》、1946年创刊的美国《政府报告通报和索引》、1953年创刊的苏联《文摘杂志》和1958年创刊的日本《科学技术文献速报》等一大批文摘杂志。创立了全面、简明、迅速的报道和检索科技文献的形式和方法，使情报交流中心逐渐由学术团体转移到情报部门，使情报工作既与科学技术工作分离，又与传统的图书馆工作分离，成为一项社会分工而独立存在，并开始训练和造就一支专职的情报队伍。直到今天，生产二次文献仍然是科技情报工作的主要任务。

3. 情报研究的兴起

第三次大发展是情报研究工作的兴起和专职情报研究机构的出现，使情报研究工作成为科学技术工作中的一个独立分支，由专职情报机构从事的一项专门工作。

第二次世界大战以来，科学技术的迅速发展使得科技文献的急剧增加，出现了所谓情报爆炸和情报污染的局面。因而就产生了分析、评价和综合原始文献的社会要求。这种要求主要表现在以下几方面。

第一，科技发展的需要。

科技文献的激增使科技人员再也无法浏览和消化全部相关文献，甚至无法知道这些文献的存在。而科学技术的综合化和相互渗透的结果，又大大扩大了科技人员应关心的学科范围。由专职人员从事科学技术发展现状和动向的研究，尤其是跨学科、跨专业的综合研究，有助于开阔科技人员的眼界，启迪科技人员的思路，把握科技发展的方向，从而促进科学技术的迅速发展。

第二，管理科学化的需要。

管理的实质是对特定系统进行计划、组织、控制和评价，而这些工作又都必须以情报的搜集和研究为基础。而在科学技术高度发展的情况下，这已非个别决策者和少数智囊人物所能包办的，需要以情报研究为基础工作的多层次、多学科的专家集体和咨询机构来完成。

这些都说明，现代的情报需求已经不能仅仅以提供情报的数量和速度来满足，而且还需靠提高情报的质量和响应来完成，创造新的情报交流形式，于是就产生了专职的情报研究工作。

因此，情报研究的出现标志着情报工作进入了一个新的阶段，即由静态服务转向动态服务，由追求速度转向追求响应，使情报工作能动地为科学技术服务，参与科学技术决策，为情报事业的发展开辟了广阔的前景。

（二）组织形式

作为情报研究发展的标志，它的基本组织形式是 20 世纪 40 年代以来出现的情报分析中心、咨询服务公司和情报研究所。

1. 情报分析中心

情报分析中心是一种对情报内容进行分析、综合、解释、评价和咨询的机构，主要从事学科或专业的现状、发展和问题的研究。情报分析中心与一般情报（文献）中心是性质不同的两类情报机构，其主要有以下区别。

情报中心的服务面宽，面向行业和社会；情报分析中心服务面窄，面向特定的专业或课题。

情报中心的主要任务是文献的检索和报道，间接帮助解决科学技术问题；情报分析中心的主要任务是情报的生产和提供，直接帮助解决科学技术问题。情报中心的传递方式以多向传递为主，它与用户的联系主要建立在检索语言上；情报分析中心的传递方式以单向传递为主，它与用户的联系主要建立在专业语言上。

情报中心的人员构成以图书情报人员为主；情报分析中心则以职业科技人员为主。

美国国防部是这样区别它的图书馆和情报分析中心的[2]：图书馆流通资料，进行书目研究，提供参考文献和其他服务；情报分析中心则生产它们专业领域中的权威性技术情报。

因此，美国科学技术情报委员会提出如下定义[2]。

情报分析中心是为了获取、选择、存储、检索、评价、分析和综合一个明确规定的专业领域内的大量情报，或者为了某种特定任务旨在以最权威、最及时、最有效的方式为同行协会和管理部门收集、消化、重组，亦即整理和提供相关情报而专门（但不排除例外）建立起来的一个正式组织机构。

美国国防部高级情报官员甘莫达（G. Gamota）博士认为[3]，情报分析中心是一种小型研究机构，这种机构由一些特定技术领域的专家所组成，它们随时掌握该技术领域的新成就、需弥补的知识差距及尚待解决的一些问题。

情报分析中心有专业性情报分析中心、课题性情报分析中心和调查性情报分析中心等类型。它的一般工作模式[4]如图 2 所示。

美国国防系统情报分析中心初始于 1946 年，形成于 20 世纪 50 年代。1964 年 7 月美国国防部做出了在国防科学技术情报系统内建立情报分析中心的决定，推动了情报分析中心的发展。

国防技术情报中心和国防情报分析中心是美国国防系统两类科技情报机构，它们各具特色，相辅相成，已经成为美国国防科技发展的重要力量。表 1 给出了美国国防情报分析中心的分布。

2. 咨询服务公司

咨询服务公司是根据合同单位的委托，针对特定问题，提出解决办法，以出售知识为职业的一类产业。专门从事决策研究的咨询服务公司，又称智囊团、思想库或综合咨询研究机构，起着沟通知识和政策之间的桥梁作用。咨询是社会信息有目的的开发和交流的过程，因而也是一种情报研究活动。

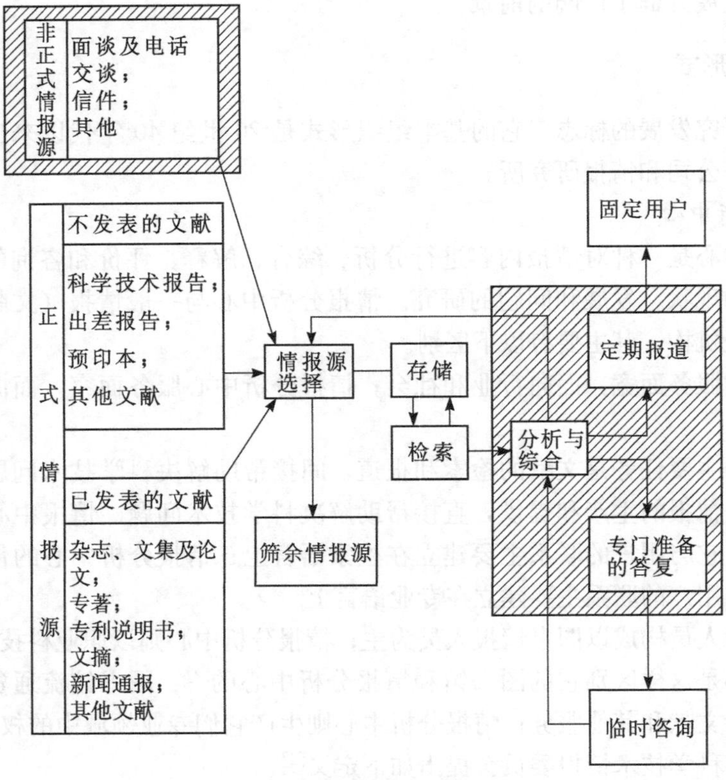

图 2　情报分析中心工作模式

表 1　美国国防部 21 个情报分析中心

单位名称	所属机构	所在地址
化学战/化学和生物防御情报分析中心（Chemical Warfare/Chemical and Biological Defense Information Analysis Center，CBIAC）		2113Emmorton Park Road，Suite 200，Edgewood，MD 2140
海岸工程情报分析中心（Coastal Engineering Information Analysis Center，CEIAS）	陆军工兵局水路实验站海军工程研究中心	P. O. Box 631，Vicksburg，MS 39180-0631
化学推进情报中心（Chemical Propulsion Information Agency，CPIA）	约翰霍普金斯大学应用物理实验室	Johns Hopkins Road，Laurel，Maryland 20707-6099
寒冷地区科学技术情报分析中心（Cold Regions Science and Technology Information Analysis Center，CRSTIAC）	陆军寒冷地区研究与工程实验室	72-Lyme Road，Hanover，NH 03755-1290
国防部混凝土情报分析中心（DoD Concrete Technology Information Analysis Center，CTIAC）	陆军工兵局水路实验站	P. O. Box 631，Vicksburg，Mississippi 39180-0631
软件数据和分析中心（Data & Analysis Center for Software，DACS）	Rome 航空发展中心	RADC/COED Griffiss AFB，NY13441-5700
国防部核情报与分析中心（DoD Nuclear Information and Analysis Center，DASIAC）	Kaman 科学公司 Tempo 部	816 State Street，P. O. Drawer SantaBarbara，CA93102-1479
战术武器制导与控制情报分析中心（Tactical Weapon Guidance & Control Information Analysis Center，GACIAC）	IIT 研究所	10 West 35th Street，Chicago，IL 60616

续表

单位名称	所属机构	所在地址
液压工程情报分析中心（Hydraulic Engineering Information Analysis Center，HEIAC）	陆军工兵局水路实验站水力学实验室	P. O. Box 631 Vicksburg，MS 39180-0631
高温材料-力学、电子学和热物理性能情报分析中心（High Temperature Materials-Mechanical，Electronic and Thermophysical Properties Information Analysis Center，HTMIAC）	Purdue 大学 情报和数据分析综合中心	2595 Yeager Road West Lafayette Indiana 47906
红外情报与分析中心（Infrared Information and Analysis Center，IRIA）	密执安环境研究所（ERIM）	P. O. Box 8618 Ann Arbor，MI 48107
金属与陶瓷情报中心（Metals and Ceramics Information Center，MCIC）	巴特尔研究所哥伦布分部	505 King Avenue Columbus，Ohio 43201-2693
金属基复合材料情报分析中心（Metal Matrix Composites Information Analysis Center，MMCIAC）	Kaman 科学公司 Tempo 部	816 State Street Santa Barbara，CA 93102
制造技术情报分析中心（Manufacturing Technology Information Analysis Center，MTIAC）	IIT 研究所 技术项目管理：陆军器材与机械研究中心 行政管理：DTIC	10 West 35th street Chicago，Illinois 60616
无损试验情报分析中心（Nondestructive Testing Information Analysis Center，NTIAC）	西南研究所无损评价科学技术部	P. O. Drawer 28510 San Antonio，Texas 78284
塑料技术评价中心（Plastics Technical Evaluation Center，PLASTEC）	设在匹克丁尼兵工厂，属陆军军械器材和化学局军械研究发展和工程中心领导	Picatinny Arsenal， NJ 07806-5000
路面和土地通行能力情报分析中心（Pavements and Soil Trafficability Information Analysis Center，PSTIAC）	陆军工兵局水路实验站	P. O. Box 631 Vicksburg，Mississippi 39180
可靠性分析中心（Reliability Analysis Center，RAC）	现设在 Griffiss 空军基地的 Rome 航空发展中心，由 IIT 研究所按空军的合同进行工作	RADC/RAC Griffiss AFB，NY 13441-5700
土壤力学情报与分析中心（Soil Mechanics Information and Analysis Center，SMIAC）	陆军工兵局水路实验站	P. O. Box 631 Vicksburg，Mississippi 39180-0631
生存能力/易损性情报分析中心（Survivability/Vulnerability Information Center，SURVIAC）		AFWAL/FIES/SURVIAC Wright-Patterson AFB， Ohio 4533-6553
战术技术中心（Tactical Technology Center，TACTEC）	Battelle 研究所哥伦布分部	505 King Avenue Columbus，Ohio 43201-2693

咨询服务公司的业务范围涉及科学技术、国民经济和社会生活的各个领域。依据咨询的内容，可以分为政策咨询、管理咨询、工程咨询、技术咨询和专业咨询等类型。各类咨询的层次和范围如图 3 所示[5]。

综合咨询研究机构与情报分析中心有以下主要区别。

情报分析中心的研究领域比较窄，研究内容主要是科技问题；综合咨询机构的研究领域非常宽，研究内容包括科技、经济和社会的各个方面。

情报分析中心侧重于从事战术和技术服务，为用户提供专业研究成果；综合咨询机构则主要从事战略和政策服务，为用户提供决策研究成果。

情报分析中心通常隶属于部门、事业或企业机构，为特定的用户服务；综合咨询机构

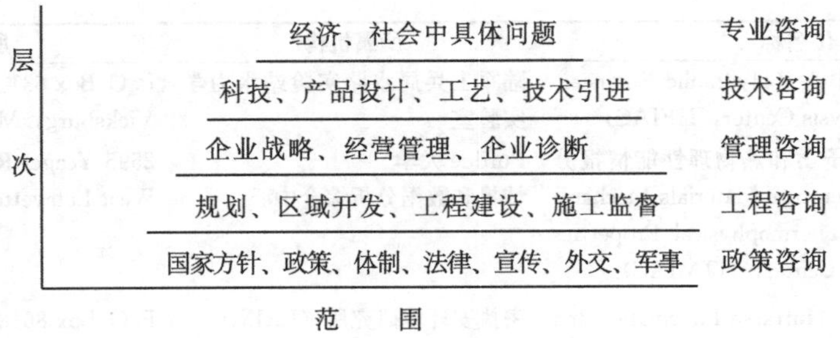

图3 各类咨询的层次

则是社会化的服务机构，具有相当的独立性，不受其他部门的控制和约束。

情报分析中心的人才构成以专业科技人员为主；综合咨询机构的人才构成则是多学科相结合。

综合咨询机构的形成始于20世纪40年代，不少是在情报搜集、军事研究和调查机构基础上的延伸和发展。咨询业的兴起是当代发达国家的显著特点，是信息社会的重要标志。

由美国空军资助，创始于1945年，成立于1948年的美国兰德公司被誉为世界智囊机构的开创者。它先以研究新兴科学技术和重大军事战略著称于世，后又扩展到国内外政策研究，逐渐发展成为一个从事政治、军事、经济、科技、社会等各方面研究的综合性思想库。与之齐名的还有1946年成立的美国斯坦福国际研究所、1958年成立的伦敦国际战略研究所、1965年成立的日本野村综合研究所、1972年成立的奥地利国际应用系统分析研究所等。估计现在世界上有千余家这种类型的综合研究机构。

从工作方式看，以日本为例，可以分为独立自主型，约占5%；外援聘请型，约占60%；共同研究型，约占35%，目前正在发展的还有海外型，系大企业设置在海外的情报搜集和研究机构[6]。

我国咨询业务主要是在20世纪80年代兴起并发展起来的，形成了协会学会（如1983年成立的中国科技咨询服务中心）、管理部门（如1985年成立的国务院技术经济社会发展研究中心）、情报机构、高等院校、民主党派、社会团体群雄并立的局面。图4给出了我国科技活动决策咨询系统[5]。

3. 情报研究所

情报研究所是固定从事情报工作和情报学研究的专门机构。主要是20世纪50年代以来发展起来的集文献工作、情报研究工作和情报学研究于一体的新型情报机构，一般多见于社会主义国家。

情报研究所的基本业务范围包括以下几方面。

1）情报搜集。例如，采用采购、交换、索取、复制等手段广泛获取国内外有关文献。

2）情报检索。例如，编制各种检索工具。

3）情报研究。例如，编写综述、评述和专题报告。

4）情报交流。例如，编译报道、阅览流通、网站活动、举办展览等。

早在1931年，苏联就建立了重工业人民委员会中央技术经济情报研究所。1952年，全苏科技情报研究所成立，标志着苏联国家科技情报系统的形成。《科学技术总结》是全苏科技情报研究所于1957年开始按类别连续出版的研究类成果，与《文摘杂志》《信号情报》

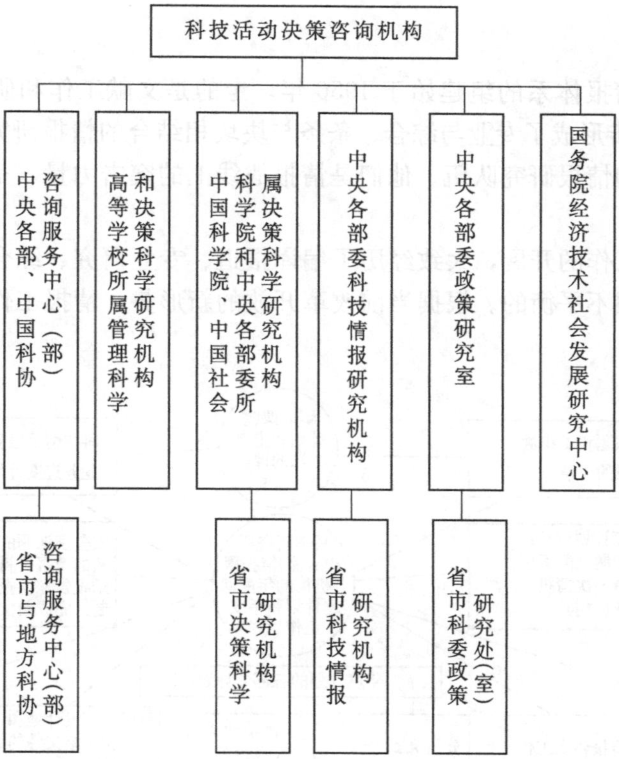

图 4 我国科技活动决策咨询系统

一起，构成该所的三大出版物。

在苏联，情报研究不仅是情报研究所的重要工作，也是其他情报机构的重要工作，从中央到基层，形成了一个比较完整的情报研究体系，情报研究报告已成为一种独立形式的科技文献。图 5 和图 6 分别给出了苏联重点研究所的情报机构设置和工作计划示意图，以窥一斑[7]。

图 5 苏联重点研究所科技情报机构

（三）未来发展

我国国家科技情报体系的组建始于 1956 年，走的是文献工作和研究工作相结合的道路。30 多年来，初步形成了专业与综合、条条与块块相结合的情报研究体系，造就一支具有相当规模和素质的情报研究队伍。他们是情报战线上的突击力量，是科技战线上的“耳目”和“尖兵”。

我国情报研究工作的开展，大致经历了编译报道、专业研究、综合研究和决策研究四个阶段，但发展是很不平衡的。根据当前改革开放的新形势，情报工作发展的基本趋势有以下几方面[8,9]。

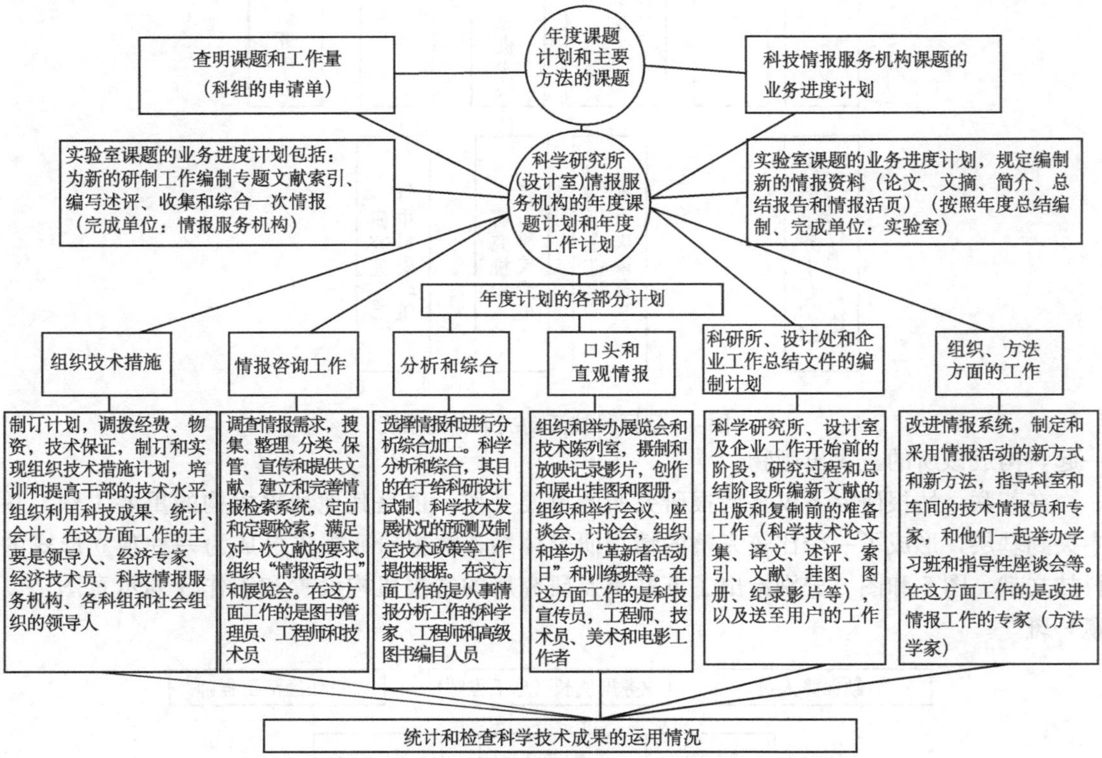

图 6　原苏联科技情报机构年度计划示意图

1. 情报研究领域扩展化

由于信息资源日益受到社会的关注及科技和济的紧密结合，我国情报环境正在发生重大变化，进一步促进了情报研究领域的扩大。即由单纯研究国外向国内外研究相结合的方向转变，由单纯研究科技问题向经济和社会问题延伸，由主要面向政府部门所属机构与企业转变到也面对乡镇企业这一广阔市场，从而使情报研究工作冲破封闭式和经院式的框框，紧密地结合国内发展的需要。这种科技和经济、国外和国内相结合的发展将会产生重大的变革，促进情报研究社会地位的提高，成为科技成果应用于社会的桥梁、我国软科学研究队伍中的一支重要力量。

2. 情报研究方式社会化

情报研究社会化的基本含义是吸收社会力量参与情报研究工作，实行自行研究和组织研究相结合。随着情报研究领域的扩大和管理体制的改革，这种已为国外软科学研究机构广泛采用的做法在我国情报界也逐步发展起来，横向联合、协作研究和委托研究正在为情报研究工作带来可喜的变化。

3. 情报研究手段现代化

随着情报技术的发展和科学研究方法论的普及，声像技术、计算机技术、量化分析方法已经进入情报研究领域。情报研究正由定性研究向着定性与定量相结合的方向转变，声像技术为情报研究提供了形象化的表达形式，国际联机检索终端的增多和数值型、事实型数据库的建立为情报研究奠定了良好的基础，而专家系统的出现则为人工智能技术进入情报研究领域显示了诱人的前景。

4. 情报研究机构多样化

情报需求的多样性和迫切性，将会引起情报研究机构的多样化，目前，大而全，小而全的情报部门和结构比较单一的情报研究机构将会步分化和改组。部委、省市级的情报研究机构将成为领导机关智囊机构之一，专业中心网站和有些重点企业、研究院所的情报部门可能发展成为类似国外的情报分析中心，还会出现面向社会的官办和民办情报咨询机构，而有的动态性、评论性的情报刊物则可能成为颇具权威性和独立性的杂志社，从而形成层次更加清楚、分工更加明确、形式更加多样的情报研究体系。

5. 情报研究工作产业化

情报研究产业化的基本含义是情报研究部门既为本部门服务，也为社会需要服务，成为以社会需求为导向的现代情报产业的一部分。情报研究产业化的基础是拥有用户需要的情报产品和情报商品化，在情报研究社会化和手段现代化的推动下，情报研究产业化的时代一定会到来。有的可能会突破部门或全民所有制，形成相对独立的公用情报研究中心。在发展数据库产业的过程中，情报研究机构也将做出自己的贡献。

三、情报研究的性质和作用

情报研究的性质和作用是情报研究学科的基本问题之一，也关系到方法论建设的方向。本节从情报研究的内涵、外延、特点、成果形式、社会功能等角度作简要概述，以进一步明确情报研究这一事物的基本面貌[19]。

（一）情报研究性质

情报研究和情报学研究应是两个完全不同的概念，前者是对情报内容的研究，后者是对情报科学理论和方法的研究，有本质区别，不可混淆。

1. 情报研究的定义

正如情报的定义一样，迄今为止，情报研究也尚无一致的公认的确切的定义。因此，与其说关于情报研究的定义，还不如说是对情报研究这一概念的理解。笔者认为，从根本上讲，情报研究是根据特定需要，对情报信息进行定向选择和科学抽象的研究活动，是情报工作和科学技术工作相结合的产物，是一类科学劳动的集合。

所谓定向选择，就是根据特定需要进行的情报搜集和信息整序工作。所谓科学抽象，就是透过现象，揭示研究对象的本质、规律和联系的思维过程。定向选择和科学抽象的结果，必须会形成新的情报或情报集合，即使对纯粹以文献调查为基础的情报研究来说，也将“源于文献，高于文献”。没有定向选择，就缺乏情报性，没有科学抽象，就缺乏研究性。情报性和研究性的结合，就形成了情报研究的基本特色。

2. 情报研究的内涵

对情报研究内涵的不同理解主要集中在它是不是一种科学研究活动，为此有必要阐述一下上述定义中的概念。让我们考察一下情报研究与科学研究在基本属性上的共同点。

(1) 继承性

任何研究都是以他人的成果为起点，系统地继承别人已经获得的知识，了解别人尚未解决的问题，是从事科学研究的基本前提。情报研究的继承性既反映在研究工作的过程中，也反映在研究工作的目的上。任何情报研究，都是建筑在文献调查和社会调查基础上的，离开了对已知信息的搜集和整理，也就离开了情报研究工作。情报研究的重要目的，就是保证科学技术在继承的基础上发展，以达到信息资源更有效的交流和利用。

(2) 创造性

科学研究的目的是发现新事物、创造新知识、研制新产品，创造性是科学研究的本质和灵魂。情报研究是一项情报信息的重组和开发工作。如同不同的元素可以组成各式各样的化合物，形成变幻莫测的物质世界一样，不同的情报单元也可以相互组合和同构，从而形成新的情报和情报集合。情报的可分性和可综合性是情报研究的重要基础，也是新情报创造的客观依据。情报研究的结果通常是形成某种新的认识、观点、建议或方案，从而提高和丰富了人们对自然和社会的认识。

(3) 探索性

探索未知，解决尚未解决的问题，是科学研究的重要特点。情报研究总是针对问题开展，从情报信息的角度，提供解决问题的背景和素材，汇集解决问题的知识和思路，探索解决问题的途径和方案，既是科学研究的一个方面军，本身又是一项不确定性很大、探索性很强的研究工作。

情报研究具有科学研究的基本属性，因此把科学研究当做情报研究的属概念是理所当然和合乎逻辑的。

3. 情报研究的外延

从国内外情报研究工作的现实来看，情报研究的外延，按内容分，主要包括以下几方面。

1) 科学情报研究。如研究科学的发展现状、重大成就、最新进展、重要理论、实验技术、未来发展及各种科学数据等。

2) 技术情报研究。如研究技术的发展现状、重大成就、最新进展、重点产品、关键技术、制造工艺、测试手段、发展前途及各种技术数据等。

3) 经济情报研究。包括从科技角度出发，研究技术经济问题，如可行性论证、成本效益分析、价值工程等；从产品角度出发，研究市场问题，如消费需求分析、市场需求预测等。

4) 管理情报研究。包括科学技术和国民经济发展的目标、规划、政策、措施等有关的宏观管理研究和企事业的微观管理研究。

情报研究的外延，按时间分，主要包括以下几方面。

1) 历史研究。如研究对象的发展历程、经验教训等。

2）现状研究。如研究对象的当前水平、最新动态、基本差距、基础数据等。

3）未来研究。如研究对象的发展趋势、发展战略等。

由此可见，虽然情报研究的核心范围是对科学技术的现状、发展和问题的研究，但随着情报研究工作向经济、社会各方面的延伸和扩展，它的外延是非常宽广的，边界也是比较模糊的，存在着不同层次和类型。因此，情报研究的外延是一类研究活动的集合，是一条宽广的谱带。

毋庸置疑，类似于科技情报研究的情报研究工作，同样也存在于政治、军事、经济和社会的各个领域，并非科技部门所专有。只不过有的不如科技情报部门那样已具规模和形成系统，而有些系统则鲜为人知而已。从这个角度讲，正如情报活动一样，情报研究活动也具有社会的普遍性。

（二）情报研究成果

由于情报研究对象的广泛性，决定了其研究成果的多样性。一般认为，情报研究成果可以分为动态类、专题类和基础类三大类型。

1. 动态类

动态类亦称情况反映类，系科学技术最新进展和动向的研究，是研究成果一种比较简便的表达形式。它的特点是情况反映快，能及时为领导机关和科技人员提供重大信息。例如，中国科学技术情报研究所的《快报》、国防科技信息中心的《国防要闻》、机电部兵器科技情报研究所的《兵器动态》等。

2. 专题类

专题类系围绕特定需要从事专门研究形成的情报研究报告。根据课题的要求和研究的深入程度，通常分为综述、评述和专题报告三个类别。不同的类别满足不同的需求。

（1）综述

综述又称文摘性或目录性综述，系将与某一课题有关的情报信息进行定向浓缩和集中形成的情报研究报告。它的基本特点是能够系统、全面地搜集和反映本课题的有关情况，归纳文献中所讨论的问题，对有关主题在一定时间范围内的现状和发展做出概括性的描述，但一般不发表研究者本人的评论，也不提出自己的建议，具有客观性。综述的基本作用是使读者以较短的时间对该主题的现状和发展有一个完整、系统、清楚的了解，有助于读者选择研究方向、寻找研究课题和了解发展动向。

（2）评述

评述又称分析性综述，系在浓缩和集中与某一课题有关的情报信息的基础上加上作者本人的观点形成的情报研究报告。评述往往是在综述的基础上进行的，要求对所评论的对象有比较系统、准确的认识，能把握其发展现状，指出重点和方向、可能遇到的问题和提供可咨参考的建议等。评述的基本作用是为科技人员和管理部门提供对该主题的现状、发展和问题的系统和深刻的认识，以及作者本人倾向性的意见和建议。

（3）专题报告

专题报告系针对特定问题在将有关情报信息进行浓缩、集中的基础上进行科学抽象，并结合作者本人的学识形成的论证性或对策性情报研究报告，对问题做出详尽的、科学的评价、预测、建议或提出可供选择的方案。专题报告综合程度高、针对性强，不但要有明确的结论，而且要有充分的理由，不仅要有一般性看法，还要有解决问题的措施和建议，对于重大课题，通常还有分报告、图表、数据、计算方法等附录。专题报告的基本作用是为解决问题和科学决策提供思路、依据和论证。

我国专题类的系列出版物如航空航天工业部的《航天情报研究报告》《航空情报研究报告》，机电部的《兵工情报专题报告》等。

3. 基础类

基础类亦称系统资料类，系在日常积累和全面调查的基础上综合汇集成的事实性和数据性情报。它以情况、事实和数据的综合、全面、系统为特点，既是情报研究的基础，也是情报研究的产物，如手册、年鉴、大全、汇编、数据库等。例如，中国人民解放军炮兵装备技术研究所编纂的《外军炮兵年鉴》、航天部编纂的《世界导弹大全》、机电部兵器科技情报研究所编纂的《世界弹药手册》、机电部机械科技情报研究所编纂的《世界机械工业的基本概况》等。

（三）情报研究特点

作为一类研究活动集合的情报研究，既具有一般科学研究的通性，也具有自己的特性。

1. 情报性

情报研究是一项获取情报和生产情报的研究活动，它的研究对象是精神客体，研究成果是一种精神产品，而硬科学研究的研究对象是自然客体，研究成果既有精神产品，也有物质产品。情报研究输入的是社会信息，输出的也是社会信息，而硬科学研究输入的是自然信息，输出的才是社会信息。一般科学研究以发展理论和技术为主要任务，而情报研究则以满足科技人员和管理部门的信息需求为主要任务。一般科学研究的认识工具主要是各种仪器和设备等硬工具，而情报研究的认识工具则主要是文献、概念、方法等软工具。这些都是情报性的重要表现。

2. 针对性

情报研究既不是以发表为目的的自由研究，也不是以探索为目的的基础研究，而是为解决现实中存在的特定问题而开展的应用性研究，具有很强的针对性。目的性和时效性是针对性的两个方面。目的明确，有的放矢；抓住火候，不失时机是情报研究的重要特点。

3. 综合性

情报研究的综合性主要表现在两个方面。一方面，因为情报研究主要是为各个层次的科学决策提供依据和论证，而一个决策的制定，不仅要考虑科技问题，而且还要考虑到经济与社会问题，把先进性、经济性和适用性有机地结合起来。因此，科技研究与经济、政治、军事、社会研究相结合，就成为情报研究综合性的重要表现。另一方面，情报研究的综合性表现在它的工作方式上。任何一个情报研究人员，不管学什么专业，不管这个专业范围多小，他总是在面上工作，他所关心的是总体和全面的情况，他所提供的一般都是一个纵、横画面或纵横交叉的立体图像，这样才能弥补科技人员和管理人员的不足，以综合取胜。情报研究机构的多专业和多语种的人才结构，也为综合性提供了人才保证。

4. 政策性

由于情报研究的主要任务是为决策科学化和民主化服务，一个国家、一个部门、一个单位在实现其发展的过程中，究竟选择什么样的发展道路、产品、技术，采取什么样的发展战略和政策都必须依据外部环境和本身实际来决定。推荐什么、限制什么都具有很强的政策性，而发展战略和方针政策研究本身就是一项政策性很强的研究工作。

5. 预测性

预测和决策的关系通常表现为，预测侧重于对客观事物的信息分析，而决策侧重于有利时机和方案的选择。预测是决策科学化的重要依据，决策是预测的最终归宿。为决策科学化服务的情报研究工作不仅研究客观事物的历史和现状，而且还研究它们的未来。预测是情报研究的重要内容，也是它的重要特点。

6. 超脱性

我国情报研究部门虽然具有很大的隶属性，但与一般科技部门相比，没有自身的利害纠葛，地位比较超脱，视野比较开阔，对许多科技、经济问题有可能更全面、更深刻、更客观的了解；与一般政策研究部门相比，通常不直接从事政策的制定，不受决策者的直接指挥，少受“领导批示”和“长官意志”等主观意图的干预，因此比较容易坚持研究工作的科学性和自由性。情报研究的这种超脱性，是情报研究工作生存和发展的重要条件。

（四）情报研究作用

实践表明，情报研究工作是科技工作和经济建设的“尖兵”和“耳目”，是科技成果进入社会应用的中介和桥梁，是科学决策的“智囊”和“参谋”。

对情报研究工作的作用，国内外都给予很高的评价。例如，美国总统科学顾问委员会在《科学、管理及情报》的报告中指出：“只有足够数量的最有天赋的代表人物密切注意编写综述和解释文献，科学才能应付得了情报爆炸问题。委员会认为，这种活动在未来科学中所占据的地位可能与理论物理学在现代物理学中所处的地位相比拟。”[4] 又如，“归根到底，科学的任务是从自然界的复杂性中揭示出简单性的东西，而从文献的复杂性中恢复其简单性，比起前者来，也未必是较小的功绩”[4]。“情报研究是科技成就通往管理决策，从而进入社会应用的桥梁”[8]，是“科技航船的导航灯塔”“国防现代化的重要支柱”[9]，“情报研究又是信息产业的核心，是知识和信息的激活过程”“是当今产业革命的一项核心工作”[13]。

从情报学的角度看，情报研究工作的社会功能和基本作用可以归结为以下几点。

1. 情报流的整序作用

一般认为，整序和传递是情报工作两大重要的社会功能。1981 年，中国科学技术情报学会在庐山召开的学术讨论会指出：“情报工作的社会功能就是将社会分散、无序的情报流进行整序，使其有序地纳入社会，通过定向传递，便于社会吸收和利用，从而有效地控制和管理人类的知识。”[10]

情报流是社会中不断产生、不断吸收和不断老化的情报集合，通常处于无序的运动状态中。情报的无序激增和对情报的特定需要这一基本矛盾要求情报向有序化方向发展。整序就是把社会上的情报流按一定的方式整理为有序结构。

情报工作对情报流进行整序有两个基本手段。①编制检索工具，建立以文摘杂志和数据库为核心的情报检索系统。②编写情报研究报告，建立以情报分析中心、情报研究所和咨询服务公司为核心的情报研究系统。

但是这两种整序的性质是不同的。文摘杂志通常是将情报流按类别或主题方式有序化，但不作筛选、鉴别和评价；情报研究则是将情报流按用户需求，即以问题为中心有序化，是情报流整序的发展和深化。因此，情报研究是解决由于情报爆炸和情报污染造成的所谓情报危机的重要手段，是情报流整序的重要方式，是情报流整序的高级阶段。

情报研究的整序作用具体表现为以下几点。

1）分散情报的集中作用。即从迅速增长和高度离散的情报集合中获取、压缩和整理有关的情报内容。

2）稀释情报的浓缩作用。即对具有迅速老化、高度稀释、冗余和杂伪等特点的科技文献进行信息选择、去伪、辨新、权重和荐优。

3）专题情报的检索作用。即情报研究成果所附的详细参考文献，起到了有关专题的准二次文献作用。而手册、年鉴和数据库等则为有关问题提供了经过评价的事实、情况和数据。

2. 科技发展的中介作用

情报研究的基本作用就是保证科学技术在继承的基础上发展，并促进科技成果转化为生产力。情报研究就是在情报信息的生产和应用之间架起了桥梁。

科技发展的中介作用之一是促进科技成果的交流。据日本统计，1960 年，情报吸收量为产出量的 23.6%，1968 年降到 15.9%，大部分情报未经利用就消失在情报的汪洋大海之中。这就使科技工作者不得不重复别人的劳动，造成惊人的浪费，形成了情报产出量和吸收量之间的剪刀差，如图 7 所示[11]。

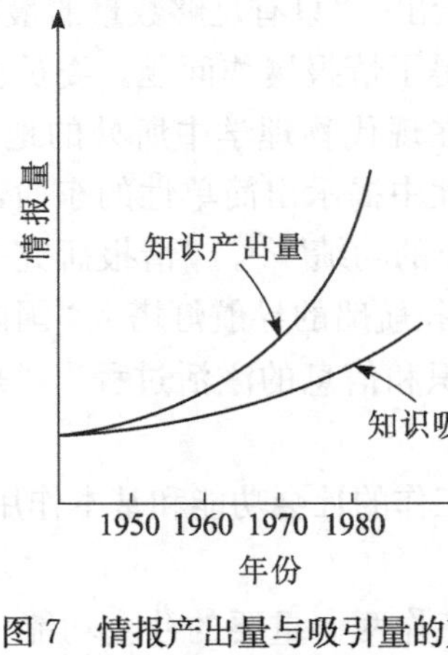

图 7　情报产出量与吸引量的剪刀差

作为社会分工而独立存在的情报研究机构，其利用其多专业、多语种和专门化的优势，克服个人无法克服的专业和语种等障碍，不断地跟踪和监视有关领域的最新进展，评价和推荐科学技术的最新成就，迅速报道国内外科学技术发展的动向，成为科技人员和管理干部观察世界的窗口，发挥着日益显著的交流作用。

科技发展的中介作用之二是促进科学技术的应用。在当代社会中，没有任何决策者不经过情报的搜集和分析而随便推广应用科技成果，也不会贸然决定从事重大科技问题的研究。情报研究已经成为科学决策和科学管理的重要基础和手段，人类的科技成果正是通过情报研究之桥走向社会应用，从而转化成为巨大的精神财富与物质财富。当然，这种情报研究既包含专职情报人员完成的成果，也包含科技人员和管理人员完成的成果。

3. 情报用户的外脑作用

在社会信息化的过程中，任何个人或领导集团已解决不了情报激增和情报需求之间的尖锐矛盾，情报研究机构就为情报用户提供了一个信息加工系统，扩大了人脑利用情报的能力，成为人类认识活动中的一个重要环节。科学决策的发展、集团决策的形成及决策活动的普及化，也为情报研究工作提供了重要舞台，开辟了广阔天地。因为在信息社会中，大至政治上的方略，小至家庭生活的安排都离不开决策。但在所有决策过程中，促使人们做出这样或那样的决定，关键因素是情报。而情报的基本作用，正如英国情报学家布鲁克斯为情报（ΔI）和知识的关系建立的基本方程式

$$K[S]+\Delta I=K[S+\Delta S]$$

所表明的那样，是改变人们的知识结构（K［S］），促进知识结构的有序化（K［S+ΔS］）。情报研究工作正是通过其所形成的情报产品改变情报用户的知识结构，从而转化为一个个的决策行动和一项项的科技成就，这就是情报用户外脑作用的本质。

外脑作用具体表现为：新的思想和领域的引进和开发作用；知识的综合和创新作用；科学决策的智囊和参谋作用。

仅以1985年为例，全国专职情报机构就完成了5920个情报研究课题，共计3亿多字，编写了各类参考资料15 605篇，共计2亿多字[16]，为增长情报用户的知识和才干，进而为科技进步和经济发展做出了自己的贡献。

四、情报研究学科的对象和特点

情报研究学科，姑且称之为情报研究学，是情报学的重要分支，是一门以情报的内容为研究对象的应用学科，它的形成和发展将会大大促进情报研究工作的开展和情报研究方法论的建设，使情报研究工作建筑在科学的基础上。

（一）情报学的重要分支

情报学诞生于20世纪40年代，是现代情报工作发展的产物。在其形成和发展过程中，已经萌芽和产生了一些分支学科。例如，情报学和社会学相结合，形成了情报社会学；情报学和经济学相结合，形成了情报经济学；以及情报心理学、情报工程学等，表明情报学正处在发展之中。

我们认为，情报研究不仅是情报工作的重要组成部分，而且也应该成为情报学的重要分支，原因如下。

1. 具有社会的普遍性

情报研究是以反映运动中的事物或过程的情报信息为研究对象，通过对这类信息的研究，揭示事物或过程的状态和发展，诸如对背景、现状、动态、趋势、对策的研究。事实上，这样一类科学劳动不仅存在于科技情报部门，也存在于其他情报部门；不仅存在于科学技术发展，也存在于国民经济的各行各业。甚至可以说，作为社会中的人，都在随时随地从事情报的搜集和分析工作，因此其具有社会的普遍性。

2. 具有极大的重要性

在社会信息化的过程中，信息的生产和处理将成为社会活动的中心，人们将从材料的深度加工向信息的深度加工转化，因此对情报的分析和综合将在科技进步和社会发展中起

着巨大的推动作用，占有重要的社会地位。而情报研究学的发展将向各个学科和各行各业提供如何从事情报研究的理论和方法，从而促进这些学科和各项事业的发展。

3. 具有高度的复杂性

情报研究的复杂性表明在两个方面。其一，它既是情报工作的重要环节，但又包含了情报工作的全部过程。因此，情报研究是可以独立于一般情报工作之外的一个独立的情报工作系统。这也就是情报研究机构在欧美国家一般并不依附于情报系统的重要原因。其二，情报研究学是一门横断学科，它既涉及数学、自然科学、技术科学、社会科学和思维科学，依赖这些学科而存在，也为这些学科的情报研究提供方法论基础。

4. 积累了相当的实践经验

专职情报研究机构的建立已有40多年的历史，情报研究工作在我国的发展也经历了30多个春秋。广大情报研究工作者相当的广度和深度揭示了情报研究的性质、地位、作用、程序、方法、评价等，为建立情报研究学做了大量的实践和理论的工作。在国外，本质上属于情报研究的科学预测等工作都已发展成为独立的未来学等学科，而属于情报工作重要内容的文献工作也都形成了目录学、文献学等。从我国国情出发，为完善我国情报学理论体系的建设，研究这类科学活动的规律，把情报研究学作为情报学的一个重要分支来建设应该提到我国情报工作者的面前。

(二) 情报研究学的基本内容

情报研究学是以社会的情报研究活动为对象，以研究和指导人们在各部门、各个领域从事情报研究活动为己任，研究情报研究工作的理论和方法的一门科学。主要内容包括以下几方面。

1. 情报研究学的基础理论

基础理论是指整个学科的核心理论，它反映学科研究对象最基本、最一般的运动规律。情报研究是一个既有情报输入，又有情报输出的系统过程如图8所示。

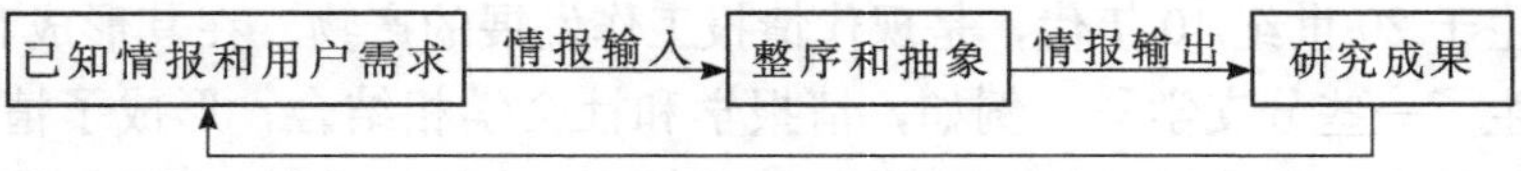

图8　情报研究过程

研究这个过程的基本性质、规律及其在社会发展中的作用，是情报研究学的主要内容和基本问题，诸如情报研究的概念、属性、功能和情报研究学的研究对象、性质、结构及其与相关学科的关系等。

2. 情报研究方法论

情报研究学的建立与发展，在很大程度上取决于情报研究方法论的建设。方法论的研究应以科学研究方法论为指导，以30多年的实践经验为基础，把科学思维、现代数学和计算机技术三者有机地结合起来，建立起包括程序、方法和手段在内的具有我国情报研究工作特色的方法论体系。

3. 情报研究系统问题

情报研究是一项社会活动，是在一定的社会条件和组织形式下实现的。由于服务对象和任务范围的差异，存在着许多不同类型的情报研究系统。一定数量的情报研究系统还可以构成体系，形成网络。应当研究系统的设计、运行、评价及情报研究网络的建设等问题，以寻求最佳的组织形式、运行机制和体系结构，最大限度地发挥情报研究体系的整体功能。

4. 情报研究管理问题

情报研究管理的目的是寻求系统功能的最佳发挥。管理研究包括情报研究发展战略和规划的制定，情报研究法规和制度的建立，情报研究成果的评价，情报研究队伍的建设，学术交流和合作研究，以及情报研究工作社会化和成果商品化等重大问题。

5. 情报研究的基本建设

情报研究机构本质上是一种小型的或综合的科学研究组织，是从事情报内容的分析、综合和咨询的专职部门，应当广泛研究和采用现代信息技术，像建设科学研究机构那样来建设情报研究机构，促进情报研究工作的现代化和科学化。例如，引进和发展数值型和事实型数据库技术、计算机在数据处理中的应用、办公室自动化、情报研究专家系统的研制等。

6. 情报研究的需求调查

用户是情报研究活动的起点和归宿。随着改革开放的深化，需求研究已成为情报研究机构生存和发展的重大问题。情报研究工作的目的性和时效性，使得需求调查具有与一般情报工作不同的特点。需求研究包括用户或用户集团的结构类型、用户需求的特点和规律、调查方法、用户在情报研究活动中的地位等。

7. 情报研究学的应用研究

应用研究是情报研究理论和方法在具体范围（如企业）、具体领域（如经济）、具体学科（如社会科学）和具体类型（如数据）情报中的应用。不同范围、领域、学科、类型的情报研究具有不同的特点和规律，从而形成各自的研究范畴，如经济情报研究、数据情报研究等。对这些不同范畴情报研究特点和规律的研究是情报研究学深入发展的重要标志，各自的研究成果也将丰富情报研究学的理论体系。缺乏对这方面的研究是影响情报研究学独立发展的重要原因。

（三）情报研究学的理论基础

每一门学科除了自己的基础理论以外，还有指导本学科发展的理论基础。情报研究学的理论基础有以下几方面。

1. 认识论

认识论是研究认识活动的本质及其发展过程的哲学理论，而辩证法就是马克思主义的认识论。

从认识论的角度看，认识的本质是主体对客体的反映，认识的过程是主体和客体的相互作用，而这种相互作用的主要形式是人变革客体的实践活动。客体的各种信息在实践中通过人的感官反映到人脑中，经过加工形成关于该客体的映像，是客体的主体化。变革客体，在认识对象上打上人的活动印记是主体的客体化。这种相互作用可以是直接的，也可以是间接的，即通过各种硬的（仪器和设备等）和软的（语言和情报等）认识工具来实现。在与客体相互作用的过程中，在认识主体内部还进行着复杂的信息接收、加工和传递，进行着反馈控制、系统内不同层次间的相互作用等过程，这是认识过程中的核心问题。获取信息、加工信息和利用加工得到的信息去改造世界的方法构成完整的认识方法。人类的认识客体包括自然客体、社会客体和精神客体，后者又分为主观精神客体和客观精神客体。客观精神客体就是人类的精神产品。情报研究活动是作为认识主体的人与客观精神产品相互作用的过程，是以精神产品为认识客体的一类科学研究活动，其结果是形成新的精神产品。人们在这个认识过程中形成的精神产品经过客体化进入交流领域后，又成为更高一个层次认识过程的认识工具。由此可见，情报研究成果是人类认识的产物，同时也可成为人类认识的对象和认识工具。认识论中关于认识主体、认识客体、认识系统、认识过程和认识方法的理论则为情报研究学的理论研究提供了哲学指导。

2. 思维学

思维是人脑的机能，它既能能动地反映客观世界，又能能动地反作用于客观世界。思维科学，近似于国外通称的认识科学，是一门研究思维规律和方法的综合性科学，其目的是揭示人脑的思维过程，探索思维的奥秘，提高人类自身的智能水平。

按照钱学森教授的意见，构成思维科学的学科体系[12]如图9所示。

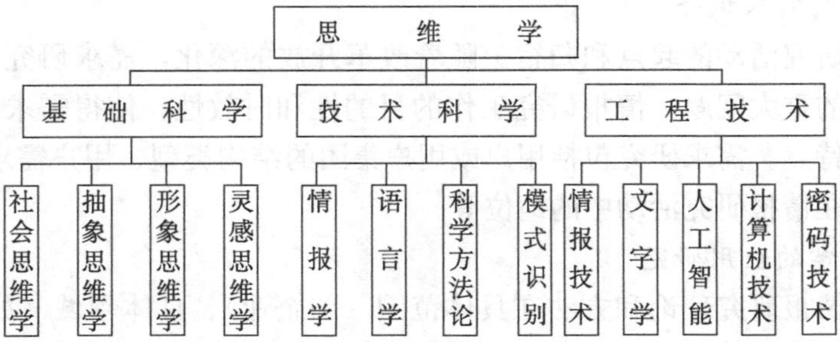

图9 思维科学的学科体系

科学技术的发展史，也是一部科学思维的发展史。科学思维的发展推动了科技发展和社会进步，而科技发展和社会进步又对人类的思维提出了更高的要求。历史表明，人类思维能力的每一次发展和飞跃，都对人类认识世界和改造世界的能力产生重大的影响和变革。

由于情报研究也是用情报工作方法研究科学技术问题的一种思维活动，情报研究人员要在数量激增、真伪并存的信息海洋中及时获取并高效生产思维成果，都有赖于研究者思维能力的提高。现已相当成熟的抽象思维是情报研究方法的重要基础，而思维科学及其工程技术的进一步发展则为情报研究学的发展提供坚实的理论基础和先进的研究手段。

3. 系统学

系统科学一般理解为与系统研究有关的科学技术和哲学理论的总称。自20世纪40年代贝塔朗菲（L. V. Bertalanffy）创立一般系统论以来，随着运筹学、系统工程、控制论、信息论，尤其是20世纪60年代以来耗散结构理论、协同学和突变论等的出现和发展，从不同层次和角度，不仅深刻地分析了系统保持结构稳定的条件、机理和规律，而且着重揭示了系统从一种结构稳定态跃到另一种结构稳定态的条件、机理和规律，使系统的定量化研究逐渐完善和发展起来，系统科学的体系正在步形成。

系统是由相互联系的若干部分组成的具有特定功能的有机整体。而这个系统又是它所从属的更大系统的组成部分。宇宙万物皆成系统，系统是自然界和人类社会普遍存在的现象。

系统思想的基本内容包括整体性，“整体大于各部分总和”是系统思想的核心；相关性，系统诸要素的有机关联和系统与环境的有机关联；动态性，系统相关性不是静态的，而是与时间有关的；有序性，系统相关性所表现出来的结构、层次及系统动态性所表现出来的方向性都具有有序化的特点；目的性，系统有序性是按照一定方向，受一定目的支配的。

情报研究是软科学的组成部分，也是软科学的重要基础。钱学森教授曾经指出："我认为软科学有更高的基础理论，那就是系统科学这一科学技术大部门中的基础科学，即系统学。"[13]系统学一般研究系统的概念、性质、分类、保持稳定和实现演化的条件、机理和规律等问题。情报研究面对的也是一些系统的决策问题，既要研究如何控制这些系统现有结构的稳定，又要研究如何预测现有结构的跃迁。但迄今为止，情报研究往往大量地依赖经验的和定性的描述，而缺乏理论的和定量的分析。系统科学及其关于有序化的理论和系统分析方法将使情报研究学和情报研究的发展建立在坚实的理论基础和先进的现代方法上。

(四) 情报研究学的基本特征

情报研究学还处在萌芽过程中，代表这门学科的一些基本特征还有待于揭示和研究，但以下几点可以看做是它的一些重要特点。

1. 实用性

情报研究是一种实践活动，它贯穿于一切实践活动之中，尤其是科学技术和科学管理活动的始终。情报研究学的实用性表现在情报研究学是一门应用学科，它是为如何更好地提高情报研究的效率和效果服务的。而情报研究本身则是为科学技术的迅速发展和如何更好地转变为生产力服务，具有很强的实用性。因此，与一般基础学科不同，实用性是情报研究活动和情报研究学的一个重要特征。

2. 综合性

如前所述，情报研究学是一门横断学科，而综合性是一切横断学科也是情报研究学的重要特征。情报研究学要从各种情报研究工作中总结出情报研究活动的规律和方法，需要综合运用自然科学和社会科学的知识。在研究情报研究系统管理时，要运用管理学的研究成果；在研究情报研究用户时，要运用心理学的研究成果；在研究情报研究成果商品化时，要运用经济学的研究成果；在情报研究人才的培养时，要运用人才学的研究成果。情报研究学的综合性还表现在情报研究活动的本身。情报研究兼具硬科学研究和软科学研究的双重性质，其研究的情报内容本身许多是硬科学性质的，但它的研究目的和工作成果却表现为软科学性质。在研究过程中，它将把自然和社会、微观和宏观、主观和客观有机地结合起来，从而具有很强的综合性。

3. 软科学性

软科学是现代自然科学与社会科学交叉发展形成的一组与决策有关的新兴科学群。它以现代科学研究方法为手段，以阐明现代社会复杂的政策课题为目的，对包括科学技术和社会现象在内的广泛范围的对象进行跨学科的研究，为有关决策提供科学依据。

情报研究的软科学性表现在以下几方面。

1）情报研究不只是以科学技术作为研究对象，而还把包括以人和社会因素在内的各种问题作为研究对象。

2）情报研究不只是研究科学技术中的战术性问题，而且还研究各个系统和各个层次的战略性问题。

3）情报研究广泛采用现代科学研究方法，主要从信息和系统方面去把握并研究其解决办法。

4）情报研究的成果一般表面为“软件”，如观点、思想、建议、方案、政策等。

情报研究从目的、范围、方法和成果看都具有软科学的基本特征，因此作为探讨情报研究理论和方法的情报研究学当然也具有软科学的性质。因为情报保障和情报研究在很大程度上决定了各类软科学研究的速度和水平，情报研究学所提供的情报搜集和研究的手段及方法也将会丰富软科学研究的方法论，促进其他软科学研究的发展。情报研究学无愧于屹立软科学研究之林。

4. 开发性

情报研究活动正如情报活动一样源远流长，专职情报研究机构的诞生也经历了40多年，但情报研究学的系统研究有待开发，正处于探索之中。

情报研究学的开发性表现在我国虽然从事了30多年的有组织的情报研究活动，虽然从1978年起在中国科学技术情报学会内建立了情报研究委员会，从事情报研究理论和方法的研究，但作为一门科学来发展，尚未形成气候。欧美国家虽然有着非常发达的情报研究机构，但这些机构基本上不隶属于科技情报部门，而关于这类科学劳动规律性的学术研究也都分散于未来学、咨询学、决策科学、系统工程等学科中，尚未见到相应学科的建设。在我国，除了科技情报工作建立了一个相当规模的比较完善的系统以外，其他如经济情报、社科情报、政治情报、军事情报，或则相对薄弱，或则缺乏交流，因而尚未形成一个相对独立的学科。为此，如何开展国内外比较研究，借鉴相邻学科的建设，总结我国自己的经验，也就成为十分必要的开发性很强的基础建设工作。

五、情报研究方法论的科学体系

情报研究方法论的建设是情报研究学建设的中心问题，也是本书著作的主要目的。一般来说，所谓方法论，就是关于方法的学说或理论，是关于方法的规律性和知识体系。而情报研究方法论，则是科学方法论在情报研究工作的应用，是关于情报研究方法的知识体系。

（一）情报研究方法论的研究原则

建立情报研究方法论不能不与人类认识自然和社会的总体方法相联系，但又必须确立自己的特点和范围。因此，在讨论情报研究方法论体系时，应当遵循以下几方面内容。

1. 过程和方法相结合

情报研究同任何科学研究一样，从开始到结束，都是一个连续进行的动态过程，整个过程由若干环节构成，不同环节采用不同的研究方法。以往较多的注重某一环节的研究方法，而较少考虑整个过程的研究方法是失之偏颇的。实际上，科学研究方法通常是指获得科学知识应该遵循的程序，研究问题、解决问题的方法和手段的总和，因此应当将方法和程序有机地结合起来。

不论是一个情报研究人员，还是一个情报研究实体，通常的研究工作一般由两个相互联系又相互区别的部分构成，即常规情报研究工作和专题情报研究工作。常规情报研究产生动态性和基础性情报，是专题情报研究的基础，为专题研究提供丰富的材料；而专题情报研究则产生专题性情报，是常规情报研究的发展，并深化了常规情报研究工作。常规研究的基本环节是扫描、分析和积累，而专题研究的基本程序是选题、调查、整序、抽象、表达和评价，可以说这两种类型的情报研究及其程序构成了情报研究工作的基本模式和格局。因此，以这些程序及其方法为基线，是从事情报研究方法论研究应当遵循的重要原则。

2. 一般和特殊相结合

任何学科都有适用于它的哲学方法、一般方法和专用方法。大的来说，辩证唯物主义是人们认识世界和改造世界的基本方法，它对科学研究方法论有着巨大的指导作用；观察方法、实验方法、逻辑方法、系统方法则是自然科学研究的一般方法；而通过研究物质的化学变化来研究物质运动规律的一系列方法乃是化学学科所独有的方法。

在情报研究方法论的建设过程中，应当把吸收和独创很好地结合起来。通过对情报信息的选择、整序和抽象来研究科学技术问题，是情报研究的特色。通过情报检索获取信息的方法，以分类和主题为基础的整序方法，以文献计量为基础的文献统计和引文分析都是情报部门所独创的研究方法。如何发展情报研究的专用方法是情报研究方法论建设的重要任务。

吸收和移植是各种学科及其方法论发展的普遍现象，情报研究学当然也不例外。吸收和移植的基本思想是将一般方法的普遍性与情报研究的特殊性相结合，逐步做到融合与同化。在吸收与移植的过程中一旦证明这种方法适用于情报研究，它也应当是情报研究的一种方法，是情报研究方法体系中的有机组成。正如利用物理原理形成各种仪器分析已经成为化学分析的重要方法而不再是纯粹的物理方法，函数方法在未来学中的应用形成的趋势外推法已经成为重要的预测方法而不应是一种纯粹的数学方法一样。

情报研究方法论的建设不应局限于科技情报研究领域，应逐步汇集和探索其他领域情报研究的方法，建立起包括经济、军事等在内的整个情报研究工作的方法论体系，这是一般和特殊相结合的另一方面。

3. 理论和应用相结合

在情报研究方法论的建设过程中，应当十分注意理论与应用相结合，两者不可偏废。方法论既然是关于方法的学说或体系，因此对方法理论的学习无疑是十分重要的。现代横断学科实质上都是具有方法论的意义，正在迅速地应用到自然科学和社会科学的各个领域，推动着这些学科的进步和发展。但学习的目的在于应用。从某种意义上讲，方法和实践的关系，有着如游泳理论和游泳实践一样，因为科学研究方法的掌握毕竟具有某种技巧的性质。

回顾我国科技情报工作，在引进国外先进学术思想和科学方法上做出了重要的贡献，但如何在情报领域中加以推广和应用，认识相左，措施不力，不能不说是一大憾事。因此，在情报研究方法论建设过程中，应当花大力气研究各种方法在情报研究活动中的应用特点、应用范围、应用步骤、典型案例、改进办法，解决好方法的适用性和实用化问题是至关重要的。

4. 历史和现实相结合

从根本上来说，应该把方法看做是人类认识世界、改造世界的经验总结和理论概括，是科学技术和生产力发展水平的标志。人们的方法水平总是与人们的知识水平相适应的。

科学史表明，科学与方法同生共长，形影相随。情报研究方法论的建设既要受情报研究人员的知识结构和实践范围的制约，也会受到现代科学技术和社会进步的推动，不会总停留在一个水平上。但也需要经历一个发展的过程，以便把我国情报研究工作的历史和现代科学技术发展的现实很好地衔接和填补起来。在总结和继承的基础上改进和发展，既不能熟视无睹、抢残守缺，又不能操之过急、生搬硬套。

历史上任何方法论的建立都经历了一个从零星的、局部的、不系统的探索到大量的、全面的、系统的发展过程。例如，科学研究方法论，从公元前300多年的亚里士多德开始创造的归纳与演绎，经牛顿倡导的分析综合法，爱因斯坦推崇的探索演绎法，到20世纪60年代以来普里高津（I. Prigogine）、哈肯等创立的耗散结构理论、协同学和突变论等现代方法，以及普波尔的否证论、库恩的范式学说、拉卡托斯的科学研究纲领方法论和费耶阿本德的无政府主义认识论等科学哲学流派，经历了2000多年的历史。

在情报研究领域中，关于工作模式的探讨，也经历了30多个春秋。现在相当一部人认为，情报研究的合理做法应当是科技情报与经济情报相结合，国外情报与国内情报相结合，文献调查与社会调查相结合，定性研究与定量研究相结合，自行研究与组织研究相结合，情报研究与科技咨询相结合，这就是一个发展的过程。我们相信，在情报学理论工作者和情报研究人员的努力下，一个适合中国特点的情报研究方法论是可以建立和完善起来的。

5. 定性和定量相结合

在情报研究方法论建设过程中，应当坚持定性分析和定量研究相结合，把两者有机地结合起来。事实上，在一项研究工作中，定性和定量是相辅相成、缺一不可的。定量研究为情报研究提供数量依据，侧重于数学模型的建立和求解；定性分析把握情报研究的重心和方向，侧重于物理模型的建立和数据意义的阐述。但传统情报研究往往只作定性的说明，很少作定量的分析。然而量化分析不仅是预测研究的中心问题，也是管理决策的中心问题。我国情报研究机构如不发展定量化的研究方法，也就很难做好为各级领导决策服务的研究工作；情报研究与其他软科学研究的差距，主要也表现在定量研究的水平上。情报研究定量化的发展，是计算机技术出现以来思维客体化的结果，是时代的产物，以数据处理为核心的现代科学方法则是情报数量化研究的基础。因此，情报研究方法论的建设应当着重注意推广和发展定量方法的应用，把我国情报研究工作推向一个新的历史阶段。

（二）情报研究方法论的基本框架

方法论的建设是情报研究学建设的重要基础，是情报研究思维客体化的重要表现。尽管情报研究是一类科学劳动的集合，研究的任务和类型不同，方法就不尽相同，而且方法论本身还会随着环境和手段的发展而发展，也不可能是一成不变的。但考虑到情报研究的基本特征是对情报信息的选择和抽象，因此应当以系统思想为指导，在总结已有经验和发展情报学方法的基础上，广泛吸收现代科学技术和其他软科学研究的手段和方法，积极采用计算机技术，建立起包括课题选择、情报搜集、信息整序、科学抽象、成果表达和成果评价在内的具有我国情报研究工作特点的方法论科学体系。

方法体系应当包括以下几方面内容。

1. 研究课题的选择方法

研究课题选择的方式、原则、条件和步骤等是情报研究方法论的重要内容。

2. 情报信息的获取方法

信息的获取是情报研究的基础，是情报研究人员的基本功。文献调查和社会调查是获取情报信息的两大途径，掌握并发展信息获取技术，尤其是联机检索和抽样调查技术，是方法论的建设组成部分。

3. 情报信息的整序方法

情报信息的有序化是情报研究的重要环节，包括情报浓缩、数据整理、图表显示和信息存储等方面，而图像显示技术和数据库技术的出现则是情报信息整序方法的重大发展。

4. 情报信息的抽象方法

在情报搜集和整序的基础上进行科学抽象，揭示研究对象的本质、规律和联系，是情报研究的主要任务。掌握、研究并发展诸如比较和分类、归纳和演绎、分析和综合、想象和类比等思维方法；词频分析、引文分析、内容分析等文献计量方法；回归分析、聚类分析、判别分析、因子分析、主成分分析等统计学方法；专家调查法、趋势外推法、时间序列法等预测方法；模型模拟法、层次分析法、网络分析法、投入产出法、最优化方法等系统方法及情报研究专家系统的建立是情报研究方法论建设中的核心问题。

5. 情报研究成果的表达方法

通常情报研究成果以口头、文字、图表和图像形式表达和传播。总结、研究和发展情报研究成果的表达方法，特别是情报研究报告的撰写方法，也应当成为情报研究方法论体系的组成部分。

6. 情报研究成果的评价方法

评价就是对情报研究成果的一种验收和鉴定活动，并为情报研究成果的奖励和表彰奠定科学的依据和基础。由于情报研究成果的软科学性，它具有发现的抽象性，但不具有发现的唯一性，具有发明的多重性，但不具有发明的直观性。因此，如何建立情报研究成果的评价指标体系和方法，就成为情报研究方法论建设中的重大课题。

（三）情报研究方法论建设的重要意义

正如科学研究方法论是科学技术发展的内在动力，研究方法的巨大变革，总会直接或间接引起科技发展的巨大飞跃一样，情报研究方法论的建设对情报研究工作的开展也具有重要的理论和实际意义。

1. 增进情报研究人员的聪明才智

学习、运用和发展方法论，将会提高人们的研究素质，增长实际本领，促进聪明才智的发挥和科技成果的获得。法国生理学家贝尔纳（C. Bernard）曾经说过："良好的方法能使我们更好地发挥运用天赋的才能，而拙劣的方法则可能阻拦才能的发挥。"[17]实际上，方法论的建设对于情报研究人员来说就是如何用辩证唯物主义和科学方法论来武装思想，指导工作，促进情报研究工作的发展的问题。正如巴甫洛夫所说："科学是随着研究法所获得的成就而前进的。研究法每前进一步，我们就更提高一步，随之在我们面前也就开始了一个充满着种种新鲜事物的更辽阔的远景。因此，我们头等重要的任务乃是制定研究法。"[14]对情报研究来说也是这样。

2. 奠定情报研究学的发展基础

任何学科的建立和发展都是以方法论的建立和发展为重要内容和基础的。例如，没有运筹学方法的发展，就不可能建立现代的系统工程技术。统计方法和类比方法的应用为信息论的创立提供了重要条件。30 多年来，我国情报研究与其他软科学研究相比，发展不快的重要内在原因就是情报部门不重视方法论和现代化的建设。对于很大一部分情报研究机构和人员来说，几十年一贯制，在研究方法上创新不多，移植不力。如果我国情报研究工作者不从理论和实践两方面来建设自己的方法论体系，就难以把情报研究当做一门学科来发展，就不可能在情报学和软科学界中获得自己应有的地位。

3. 提高情报研究工作的生存能力

社会和用户的情报需求是情报机构生存和发展的基础。随着现代管理和改革开放的发展，情报研究机构面临着重大的竞争和挑战，主要表现在咨询业的竞争；情报机构信息优势的削弱；情报研究机构和人员应变能力的不足。同时还应当看到，竞争和挑战不仅来自外部，也来自内部。情报技术的发展，计算机检索系统的建立，也将影响着情报部门内部对文献和研究两大工作的相互关系和发展。

应付上述局面的核心问题是增强情报研究机构满足社会和用户需求的能力，提高情报研究的速度和质量。为此，不解决情报研究手段和方法的现代化是很难实现的。因此，方法论的建设对于情报研究工作的生存和发展来说，具有重大的现实意义。

4. 培养为经济建设服务的实际本领

如前所述，向咨询机构发展是情报研究机构的发展方向之一。为此，它必须具有解决科技、经济和社会发展过程中提出来的现实问题的能力。如果情报研究人员，尤其是具有较好数理基础的新一代情报研究人员掌握了现代研究方法，那么他们就会如虎添翼，驰骋在国防建设和国民经济的广阔战场上，而不只是限于科技文献综述的编写，使英雄有用武之地，情报研究机构也将在自我完善中生存和发展，成为社会咨询产业的重要方面军。

参考文献

[1] 秦铁辉. 再探情报概念. 情报科学，1986，(3)：56，57.

[2] Rothschild M C. Information Analysis Centers in the Department of Defense. AD-A 184002，1987.

[3] 李佑义. 美国国防系统情报分析中心综述. 国防科技情报工作，1983，(2)：34-37.

[4] 米哈依洛夫 А П，等. 科学交流与情报学. 北京：科学技术文献出版社，1980：309-373.

[5] 金良浚. 咨询概论. 杭州：浙江教育出版社，1986：14，212.

[6] 袁锁鸿. 日本的情报信息研究工作. 情报科学技术，1987，(3)：30-32.

[7] 歌德加美 Г И. 科技工作的情报保证. 北京：科学技术文献出版社，1981：36，79.

[8] 傅秉一. 科技情报研究的任务与方法. 北京情报学会，1984：15.

[9] 钱学森. 科技情报工作的科学技术. 国防科技情报工作，1983，(特刊号)：3-12.

[10] 黄耀煌. 近两年我国情报概念争鸣的剖析. 情报学刊，1983，(1)：23-27.

[11] 杨沛霆，等. 科学技术论. 杭州：浙江教育出版社. 1985：171.

[12] 钱学森. 关于思维科学. 上海：上海人民出版社，1986：13-27.

[13] 钱学森. 软科学是新兴的科学技术. 红旗，1986，(12)：20.

[14] 拉普拉斯. 宇宙体系论. 上海：上海译文出版社. 1978：445.

[15] 包昌火. 情报研究工作展望. 情报工作和情报科学发展战略——2000 年的中国研究. 北京：科学技术文献出版社，1988：153-169.

[16] 包昌火，等. 关于加强我国情报研究工作的建议. 加强科技信息资源的开发与利用，国家科学技术

委员会，1987：68-80.
[17] 贝弗里奇 W I B，科学研究的艺术．北京：科学出版社．1979：X.
[18] 钱学森．二十一世纪的国防科技情报研究．情报科学技术，1989，(3)：5，6.
[19] 包昌火．科技情报研究的性质和作用．兵工情报工作，1984，(4)：14-19.

关于我国情报学研究中若干问题的思考——写于《信息分析丛书》前言*

情报总是与组织的战略和安全紧密相关，并为之服务成为它们的导向和基础。古今中外，政治经济，概莫能外。情报对组织战略和安全的导向和支撑作用，主要是通过信息的搜集和分析来实现的。因此，信息的序化和转化应是我国情报学研究的两大基本问题。50年来，我国情报学对信息转化研究的弱化，正在成为我国情报事业发展中的一大危机。然而，人类正在迈向信息社会，信息资源正在继物质、能量之后成为最重要的战略资源，因此将信息转化为知识、情报、谋略和能力，即 information 的 intelligence 化，正在成为信息化社会的一项基本活动，是引领信息时代科学技术发展的基石和中枢。人类以资源和资源转化为生。正如物质不灭定律和能量转换定律是工业社会的基本规律一样，信息转化理论也将成为信息化社会的一大基本理论课题。因此，重视信息转化理论和实践研究，实行人类智能和人工智能联手开发由文献资源、网络资源和人际资源构成的社会信息资源，应当成为情报界和情报学研究的一项主要任务。

值此我国科技情报事业创建50周年之际，现将笔者在“信息分析丛书”前言中阐述的主要内容转录如下，以期引起业界对情报研究和情报学研究重要性的关注。

一、情报研究学科

1956年2月11日，我国第一个国防科技情报机构和1956年10月15日中科院科学情报研究所的成立及尔后部委级和省市级等情报机构的建立，标志着我国一个条块结合、纵横交错，为科技发展和领导决策服务，在四化建设中起“耳目、尖兵和参谋”作用的专职情报研究体系的形成。

1978年，以武衡为理事长的中国科技情报学会成立。1983年第二届中国科技情报学会组建了情报研究专业委员会，由铁道部科技情报研究所何璧任主任委员。从此，作为我国科技情报两大主要工作之一的情报研究有了自己的组织和交流平台。这在国际上恐怕也是绝无仅有的。1994年1月28日，经中国科协批准，在情报研究专业委员会的基础上，成立

* 本文原载《情报理论与实践》，2006，29 (5)：513-515。

了以包昌火为主任的情报研究暨竞争情报专业委员会，促进了情报研究和竞争情报的融合。1995 年 4 月 28 日，成立了以包昌火为理事长的中国科技情报学会竞争情报分会，兼行情报研究专业委员会的职能，从而推进了竞争情报在我国的崛起和发展。1998 年召开的第五届中国科技情报学会理事代表大会成立了信息研究与咨询专业委员会，中国科技信息研究所张钟为主任委员；2003 年召开的第六届理事代表大会成立了信息咨询专业委员会，中国人民大学信息资源管理学院卢小宾任主任委员。尽管称谓变迁，但情报研究这项学科建设的研究和发展一直是我国情报界和中国科技情报学会关注的重点之一。

例如，1987～1990 年，由国防科工委下达的“情报研究量化分析”课题，阐明了情报研究学科的基本内容和主要特征；构筑了情报研究方法论的基本框架和科学体系；论述了现代情报研究的基本程序和主要方法；提出了情报研究方法论的技术手段和数学基础，为我国情报研究学科的建设和量化分析在我国情报界和企业界中的应用做出了贡献。又如，1991～1994 年，完成了由国家科委和国防科工委联合下达的“情报研究的国内外比较研究”课题，调查了国际情报研究机构的现状和特点；总结了我国情报研究机构的发展和经验；论述了情报研究学科的理论和发展；研究了竞争情报在我国的应用和前景；提出了对我国情报研究工作的认识和对策，为在市场经济条件下我国情报研究工作向咨询业方向转变提供了基本思路和改革框架，为国家科委和国防科工委制定情报研究工作的方针政策和发展规划提供了重要的依据和论证。这些都表明，我国情报研究工作者为推进情报研究学科建设和发展做出了持续的努力和贡献，与国际同行相比毫不逊色。

二、信息和情报

信息（information）和情报（intelligence）是我国情报学的两个核心概念，是学科存在和发展的两大基石。正因为如此，对其的探索和争论一直存在，并形成了以高等院校一些学者为代表的 information 学派和以专职情报研究机构一些专家为代表的 intelligence 学派。这表明信息和情报两大概念及情报学是否应建立在 information 和 intelligence 两大基石上这一基本理论问题的重要性和复杂性。

笔者认为，信息和情报是两个既有区别又有联系的概念，不论中文还是英文都是如此。信息不是物质，不是能量，而是一个横跨于三个世界之中的信息世界。它既可以是物质运动状态及其变化的反映，又可以是人类精神活动的产物，如信号、图像、数据、事实、性状、情况、态势，以及显性和隐性知识等。而情报则是对信息的解读、判断和分析，是人脑思维的产物，具有对抗性、战略性、智能性、增值性和行动性（actionable）等特点。信息和情报的联系在于：信息是情报的素材和载体，情报是信息的激活和升华；信息是原料，情报是产品。人们获取信息的目的是为了生产用于决策活动的情报和谋略，即 information 的 intelligence 化。它精辟地表述了情报和信息两者的区别和联系，如经判断的信息，经分析形成的报告等。一项重要的情报既可能是一条原始信息，也可能是一份报告，关键在于它是否满足用户决策的需要。曾任美国参议院情报特别委员会的民主党领袖、总统对外情报顾问委员会顾问舒尔斯基（A. N. Shulsky）在《无声的战争——理解情报世界》中认为“情报分析是指把搜集来的信息碎片转化为决策和军事指挥者可以使用的形式”的论述也佐证了笔者对信息转化为情报的理解。由此可见，信息的序化和转化，或者再聚焦一下，信息的获取和分析，即广义的 information 的 intelligence 化，是一切情报活动的基本任务，也是我国情报学研究的核心问题。实际上，情报学并非起源于文献学和图书馆学，而应是起源于军事学和谋略学，起源于人类的情报活动和咨询活动，与人类的竞争和决策相伴相生，它们形影相随，而又若即若离。例如，盛行于我国春秋战国时期的兵法和韬略，因而孙子也被国际情报界誉为“情报之父”。在当今信息过载、情报稀缺的时代，情报活动更显得迫切和需要。

几十年来，我国情报学研究重视文献资源，忽视人际资源；重视文献交流，忽视人际交流；重视信息技术路线，忽视社会经济路线；重视 information，忽视 intelligence；用 information science 来指导本属 intelligence studies 的情报研究，试图解决植根于人际网络的情报活动，从而导致了我国情报学研究与情报活动相分离，以至于无视我国近 50 年来情报研究工作的杰出贡献和在情报学学科体系中的重要地位，这种状况该到改弦易辙的时候了。

近 50 年来，情报研究在我国科技进步、经济振兴和社会发展中起到了国家竞争的杠杆、经济发展的先导和决策科学化的支撑的重要作用①，并对我国四化建设做出了巨大的贡献。大庆、葛洲坝、宝钢的建设，“两弹一星”、核潜艇、新型飞机、主战坦克等从无到有的发展，高新技术的研制，以及众多新学科、新概念的引进，无不凝聚着我国情报人员的汗水和智慧。

匪夷所思的是，在我国情报学的学科体系中，居然找不到情报研究学科的位置，这可从国家技术监督局 1992 年 11 月 1 号发布的《学科分类与代码》（GB /T 13745—92）中得到充分印证。有情报心理学，竟无情报研究学。近 10 多年来，在情报学理论研究中，越来越明显地存在着忽视情报工作，专注信息工作，忽视决策咨询，专注信息管理的现象，其结果势必使我国情报学远离我国情报工作的实践，远离政府和企业的决策活动，形成情报学与图书馆学的合流，丧失情报学的核心领地，漂流在信息世界的汪洋大海之中。

三、情报研究、信息分析和软科学研究

与信息和情报的含义一直存在着争论一样，我国情报界对情报研究（intelligence analysis & synthesis 或 intelligence analysis)、信息分析（information analysis）和软科学研究(soft science research）也一直是仁者见仁、智者见智。但这种认识上的差异大多不在内涵而是外延，是方向相同而非南辕北辙。

1990 年，在《情报研究方法论》一书中，包昌火研究员曾对情报研究做过如下的表述：从根本上讲，情报研究是根据特定需要对情报信息进行定向选择和科学抽象的研究活动，是情报工作和科技工作相结合的产物，是一类科学劳动的集合。所谓定向选择，就是根据特定需要进行的情报搜集和信息整序工作。所谓科学抽象，就是透过现象，揭示研究对象的本质、规律和联系的思维过程。定向选择和科学抽象的结果，必然会形成新的情报或情报集合。没有定向选择就缺乏情报性，没有科学抽象就缺乏研究性。情报性和研究性的结合形成了情报研究的基本特色。此论述表明，情报研究的基本含义就是对信息的获取和分析，并对分析的基本方法作了高度的哲学概括，就是包含科学思维、文献计量、数理统计、专家调查和系统分析等在内的科学抽象，形成新的情报产品，因此是一种知识创造活动。本书中并把课题选择、情报搜集、信息整序、成果表达和成果评价作为中国情报研究的基本程序。

① 《情报研究的国内外比较研究总报告》，兵工情报研究报告，BQB9420278，1994。

1994年，在《情报研究的国内外比较研究总报告》中，笔者等对情报研究又作了如下的描述：情报研究是根据社会用户的特定需求，以现代的信息技术和科学研究方法论为主要手段，以社会信息的采集、选择、评价、分析和综合等系列化加工为基本过程，以形成新的、增值的情报产品，为不同层次的科学决策服务为主要目的的一类社会化的智能活动。此描述表明，情报研究是一项以满足社会用户科学决策的特定需要而从事的一项专门化的智能活动，具有很强的目的性、政策性和智能性；强调运用现代信息技术和科学研究方法论对社会信息进行系列化的深度加工是情报研究的重要特征，个别的加工环节和缺乏深度的加工过程不应视为情报研究；最终成果应是形成新的增值的情报产品。它可以是一种情况、背景或判断，也可以是一种思想、建议或方案，能产生一定的社会/经济效益。因此，新颖性和可行性应是情报研究成果的灵魂。

1991年2月20日，国家科委发布的《国家科学技术情报发展政策》（中国科学技术蓝皮书第6号）明确指出："情报研究又称情报分析，是科技情报工作的重要环节。加强情报研究为决策科学化提供可靠依据，推动科学技术的进步和经济发展，是这项工作的基本方针。"蓝皮书认为："情报研究是对情报的深度加工，属思想库范畴。"这为情报研究的性质、任务做出了政策性的规定，迄今对于理解情报研究的含义仍然具有重要的指导意义。

随着1992年9月全国科技情报工作会议将"情报"改称"信息"、情报研究领域的扩大和社会信息化的发展，信息分析一词的应用逐渐普及开来。

笔者认为，所谓信息分析是通过系统化过程将信息转化为知识、情报和谋略的一类科学活动的统称，从数据挖掘、市场调查、竞争情报到软科学研究，形成了一条很宽的研究谱带。鉴于intelligence兼具信息、情报、智能、谋略和能力的含义，因此从内涵上看，信息分析的本质就是information的intelligence化。这也就是笔者将信息分析和情报研究看做同义词的基本依据。两者的混用在国外亦不鲜见，例如，美国国防部20多个信息分析中心，多用"information analysis"；美国中央情报局，多用"intelligence analysis"。视角不同，称谓各异。视信息为始点和原料，对信息进行分析，称信息分析；视情报为终点和结果，把分析过程视作情报的生产过程，称情报分析或情报研究。但从应用的领域来看，当前信息分析已越出了情报界的范围，广泛地进入了咨询、商务、金融、电信等领域，扩展至国民经济的各行各业，从而实际上成为我国情报研究的主要称谓。

软科学兴起于20世纪80年代，在英语国家中"soft science"是指与"硬科学"相比不那么科学的一些研究领域，或认为是运用数学较少的那些研究领域。但在日本，软科学被政府科学技术厅定义为"建立在情报科学、行为科学和系统工程基础上的一种新的用于预测、计划、控制和评价的科学技术方法论"。

在我国，软科学被认为是一类研究社会组织和管理的学科的总称，主要包括系统科学、管理科学、未来学、技术经济学等，它以现代科学研究方法为手段，以阐明现代社会复杂的政策课题为目的，对包括科学技术和社会现象在内的对象进行跨学科研究，为有关决策提供科学依据。

从发展上看，我国的情报研究侧重于情况研究，软科学研究侧重于对策研究，而把情况研究和对策研究结合起来正是20世纪80年代以来我国情报研究工作的重大发展，而且许多部委级和省市级情报研究机构的任务和性质也逐渐与软科学研究机构类同，在统计上属软科学机构之列。因此，可以认为，情报研究是软科学研究的重要方面，但又从事诸如跟踪研究、动态分析、学科评述、技术攻关、课题查新等一般不属于软科学研究范围的工作，因而情报研究又是比软科学研究更为广泛的一类研究活动。

由此可见，情报研究、信息分析和软科学研究都是以信息的采集、分析为基础，以现代信息技术和研究方法为手段，都是为用户的科学决策提供导向和支持，同属咨询业范畴；而情报研究“软化”和软科学研究“硬化”的发展，又使得两类内涵类同、重点有别、外延模糊的科学活动逐渐出现了融合的趋势。

中国情报研究发展纪实*

中国在科技领域从事的情报研究（intelligence analysis and synthesis，简称 intelligence analysis）已经走过半个多世纪的历程。本文将情报研究的若干基本问题论述如下，以期引起大家的关注。

一、情报研究的基本含义

关于情报研究的基本含义，笔者曾作过系统的论述[1-3]。笔者认为，情报研究的基本含义可以表述为：根据特定的需求，通过系统化过程，将信息转化为情报的一种科学活动的统称，即 information 的 intelligence 化。它的基本模式如图 1 所示。这类活动通常由名为科学技术情报研究所或行业信息中心这样一类以信息搜集和分析为主要业务的研究机构来实施，它们是为各级组织科学技术决策提供情报保障和智力支撑的专业化机构。

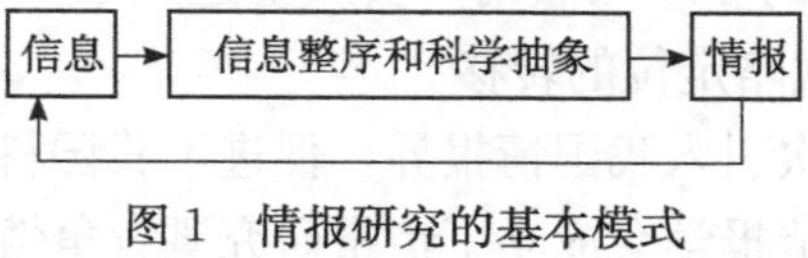

图 1 情报研究的基本模式

二、我国情报研究的发展历程

情报研究工作是科技工作的重要组成部分，是科技决策的一个重要环节。从情报研究工作的历史看，可以说我国的情报研究为社会主义现代化建设提供了大量有价值的研究成果，对我国的科技进步、经济发展和国防建设做出了显著贡献。

（一）我国情报研究的发展阶段

我国情报研究的发展过程可归结为如下三个阶段。

* 本文原载《情报理论与实践》，2010，33（1）：1-3。

第一阶段，情报研究的兴起（20 世纪 50 年代至 60 年代）。为突破国际技术封锁和贯彻自力更生的国策，我国建立了部委级、地方级和企业级的全国科技情报系统。

第二阶段，向软科学研究方向发展（20 世纪 70 年代至 80 年代）。在决策科学化和民主化的推动下，为科学技术的决策服务成为我国科技情报界的历史任务，由单纯的科技研究转向科技、经济、社会等因素相结合的综合研究，从而开始向软科学方向转化。

第三阶段，全面进入咨询业领域（20 世纪 90 年代至今）。在科技体制改革的推动下，随着两条腿走路政策的贯彻和竞争情报的引进，科技情报部门开始以用户需要为导向，在为主管部门服务的同时，也面向社会用户的需求，逐渐成为我国信息咨询业的主力军。

（二）情报研究发展中的若干重大事件

1956 年，我国第一个国防科技情报机构和中国科学院科学情报研究所相继成立，随后，其他部委和地方情报机构逐步建立，形成了条块分割、纵横交错的专职情报研究体系。

1978 年，中国科技情报学会成立。

1980 年 10 月，由中国兵器工业情报研究所首先开通了国际联机检索，推进了中国科技情报工作的现代化进程。

1983 年，第二届科技情报学会组建了情报研究专业委员会。

1990 年 7 月，首次召开了全国情报研究工作会议，做出了《国家科委和国防科工委关于加强情报研究工作的意见》的决定。

1991 年 2 月，国家科委发表了《国家科学技术情报发展政策》（中国科学技术蓝皮书第 6 号），提出了加强情报研究的方针政策。

20 世纪 60 年代至今，开展了“情报研究量化分析”“情报研究的国内外比较研究”“网络环境下科技情报工作方法和模式研究”，出版了《情报研究方法论》《信息分析》和“竞争情报丛书”“信息分析丛书”等课题和专著，发展了我国的情报研究方法论。

1992 年 9 月，国家科委科技信息司在全国科技情报工作会议上将“情报”改称“信息”，直接导致情报研究机构的萎缩和撤销，实质上造成了国家赋予科技情报部门“耳目、尖兵和参谋”的历史重任和战略定位的转移。

1993 年，互联网技术首次引入我国情报界，促进了我国科技情报工作的网络化发展。

1994 年 1 月，中国科技情报学会成立了情报研究暨竞争情报专业委员会，在此基础上，1995 年 4 月，成立了中国科技情报学会竞争情报分会，标志着竞争情报在我国的崛起。

1995 年北京市竞争情报示范工程，2000 年 5 月云南省竞争情报示范工程，2005 年 4 月深圳市竞争情报普及工程，2005 年 10 月湖南省竞争情报普及工程的相继实施，有力地推动竞争情报工作向纵深发展。

2003 年 7 月以来，中国信息分析师职业培训和国家资格认证相继启动。

2008 年 6 月，北京市科学技术研究院建立了我国第一个竞争情报与创新评估重点实验室。

（三）我国情报研究的主要经验

笔者仅以科技情报机构的情报研究工作为例，对我国情报研究工作的若干特点和经验加以归纳。

1. 集思想库与信息库为一体

我国的科技情报工作从创建之日起，走的就是文献工作与研究工作相结合的道路，集信息库与思想库于一体，担负着“耳目、尖兵和参谋”的重任，成为有别于欧美各国的一大特征。

2. 突出了情报研究在情报工作中的主导地位

经过50多年的探索，笔者认为，以中国国防科技信息中心为代表的中国国防科技情报系统逐渐形成了以情报研究为主导、信息资源建设为基础、信息技术为手段的情报工作体系，这在全国具有典型意义。

3. 形成了科学的情报研究工作模式

50多年来，我国情报研究工作形成了国外情报和国内情报相结合、文献调查和社会调查相结合、现状研究和预测研究相结合、定性分析和定量分析相结合；发展各种形式的横向联合和合作研究，提倡“小核心、大外围”“请进来，走出去”，实行研究人员、管理人员和科技人员相结合，提高了情报研究工作的质量。

4. 重视情报研究学科的建设

情报研究学是以社会的情报研究为对象，以研究和指导人们在各部门、各领域从事情报研究活动为己任，研究情报研究工作的理论和方法的一门科学，主要内容包括情报研究学的基础理论、情报研究方法论、情报研究系统、情报研究管理、情报研究的基础建设、情报研究的需求调查和情报研究学的应用研究。

5. 实行情报研究与竞争情报相结合

当前，我国科技情报机构在 intelligence 工作领域正在从事着情报研究、软科学研究、竞争情报咨询三大相互联系、各具特色的研究工作。情报研究与竞争情报的结合，进一步拓宽了情报研究领域，开辟了情报研究服务于市场经济的新天地，拉近了情报机构与工商企业的距离，也提升了我国科技情报机构在现代咨询业中的地位和作用。

6. 加强情报研究技术基础的建设

20世纪80年代以后，情报研究工作从最初的基于个人计算机的单机版情报分析系统，逐渐发展形成了运用数据仓库（data ware housing）、联机分析处理（OLAP）等技术，基于客户关系管理、数据挖掘的商业情报系统，以及后来的面向网络环境的情报分析系统。在情报的发布与共享方面，信息可视化技术的应用极大地方便了用户与情报研究人员在情报研究过程中的共享与交流。

（四）大力发展技术竞争情报

所谓技术竞争情报（competitive technical intelligence，CTI），是指能给组织的竞争地位带来重大影响的具有商业价值的外部技术的发展、威胁和机遇的信息和分析，是竞争情报理论和方法在科技领域中的应用[4]。从流程、方法和组织模式来看，我国的情报研究与国外的技术竞争情报有异曲同工之处。区别在于，国外技术竞争情报与组织的技术管理密切结合，高度重视实证研究，是企业商业运作的重要构成，是市场经济的产物，有许多值得我们学习、借鉴和反思的东西。

2006年1月9日，胡锦涛同志在全国科学技术大会作了《为建设创新型国家而努力奋斗》的报告，在报告的推动下，我国形成了创新型国家建设的历史大潮。因此，在这关键时期，将技术竞争情报引入我国具有重要意义。

1）将会促进我国创新型国家的建设。技术竞争情报是技术创新的先导和基础，是创新型国家建设的重要构成。创新与情报的结合，将保证我国的创新活动能在正确的方向和继承的基础上快速发展，将会奏出我国社会主义现代化建设的最强音。我国对于许多危机的失察，从根本上说是组织情报能力缺失的结果。

2）将会促进我国情报研究工作的开展。几十年来，国际上技术竞争情报工作已经积累了相当丰富的经验，形成了自己的方法体系。以研究科学技术现状和发展为主要任务的我国情报研究工作，也有着自己的研究模式。借鉴国际上技术竞争情报的理论和方法，将会提升我国情报研究工作在外部技术监控、开发机遇把握、企业战略制定等技术管理中的地位和作用，促进情报研究向纵深发展。

3）将会推动我国竞争情报事业的发展。如果说我们将竞争情报分为商业竞争情报（competitive business intelligence，CBI）和技术竞争情报两大部分，那么10多年来，我国在商业竞争情报的引进和研究上花了较大的力量，但忽视了对技术竞争情报的引进和研究。我们认为，技术创新与技术竞争情报国际论坛会议的召开将会推进我国竞争情报事业的全面发展，尤其促进以制造业为主体的我国企业情报工作的开展，让技术竞争情报和相关部门成为我国企业技术创新过程中的“导航塔”和“参谋部”，成为企业在制定和实施技术发展战略过程中的“中央情报局”。

参考文献

[1] 包昌火．情报研究方法论．北京：科学技术文献出版社，1990.
[2] 包昌火，谢新洲．信息分析导论．北京：清华大学出版社，2007.
[3] 包昌火，李艳．情报缺失的中国情报学．情报学报，2007，(1)：29-34.
[4] 李艳，赵新力，齐中英．技术竞争情报的现状分析．情报学报，2006，(2)：242-253.

第二篇

竞争情报

篇首语

“尖兵、耳目、参谋”是情报工作的标志性功能。我国情报事业自创建以来，以情报研究为表征业务的科技情报工作一直发挥了“尖兵、耳目、参谋”的作用。1986年，竞争情报从业者协会在美国成立，引领了竞争情报在国外迅速发展的热潮，竞争情报成为市场经济环境下的崭新的经济科技情报工作范式。在这重要历史关头，我国情报界开始偏离情报工作的正确定位，沿着泛信息化道路狂奔。1992年开始了遍及全国的“情报”改“信息”运动，我国的情报学和情报工作开始与“尖兵、耳目、参谋”的正确定位和表征功能渐行渐远。不幸中万幸的是，1990年前后，竞争情报开始导入我国，并在我国扎根且蓬勃发展，承接了“尖兵、耳目、参谋”的使命。时至今日，竞争情报已经在我国取得长足进展，竞争情报理念已经深入人心。随着创新驱动发展国家、确立企业创新主体地位、经济转型升级、大力推进体制改革和对外开放一系列国家战略的实施，大力发展竞争情报已经成为一清二楚的大趋势。天下大势，浩浩荡荡，顺之则昌，逆之则亡。

在我国竞争情报发展史上，包昌火是我国竞争情报事业的重要开创者和奠基人，是竞争情报在我国发展的布道者、主力推手和领跑人，是鼎力发展竞争情报队伍的社团组织领导人，是我国竞争情报界“请进来、走出去”的领衔主角，是栽培、提掣新人学子的良师，更是论著丰硕、精品迭出的顶级专家学者。包昌火长期致力于竞争情报理论方法研究与实践应用，领衔主持了包括北京市竞争情报示范工程项目、国家自然科学基金项目、金珠生物等企业委托咨询项目等在内的多个竞争情报研究项目，研究成果包括丛书、专著、研究报告、期刊论文等。包昌火的竞争情报论著数量众多，涵盖竞争情报基本概念定义、竞争情报在国内外的发展演变、竞争情报系统建立与运行、竞争对手分析、人际情报网络、竞争情报学科体系等诸多竞争情报重大问题和重要分支领域，且几乎所有论著都是竞争情报学科成果体系中不可或缺的、堪称权威的研究成果。包昌火的竞争情报论著具有良好的原创性，集学术研究之大成，是竞争情报学科研究成果体系的基石和主干，是值得竞争情报专业人士反复研读的精品。例如，学科研究的最高成果是概念，国内外关于竞争情报的成文定义超过40多种，但被竞争情报界广泛接受的、最具权威的是包昌火给出的定义：“竞争情报是关于竞争环境、竞争对手、竞争策略的信息和研究。竞争情报既是一种产品，又是一种过程……”又如，包昌火关于竞争情报系统的研究论著，是被广为引荐的研究成果。再如，包昌火关于竞争情报学科内容体系的论著《竞争情报导论》，被业内专家誉为继《情报研究方法论》之后的又一巅峰之作。实际上，包昌火的竞争情报论著，几乎篇篇都可圈可点。本篇从竞争情报崛起、竞争情报系统、竞争对手分析、人际情报网络、竞争情报活动、竞争情报学科六个方面选录了包昌火竞争情报研究方面的代表性论著，希望读者更好地了解包昌火竞争情报研究成果精要，及其在我国竞争情报研究中的独特地位和重大贡献。

竞争情报崛起

竞争情报的崛起和发展*

竞争情报（CI）的崛起是国际情报界的一个重大事件，它顺应了世界经济的发展趋势，是人类社会在信息化基础上向情报（智能）化发展的重要征兆，将对全球的经济发展与社会进步产生重要的影响。

一、CI 的兴起

出现于 20 世纪 50 年代、发迹于 80 年代的现代竞争情报，以 1986 年美国竞争情报从业者协会的成立为标志，迄今虽不足 20 年，但其影响已经遍及世界各地，应被视为经济学、管理学与情报学领域中的重大发展。

（一）成因分析

CI 的兴起有着重要的科技、经济、政治和社会因素。根据国内外学者的分析，归纳如下。

1. 战略管理的兴起

始于 20 世纪 50 年代的战略管理主要解决顶层管理问题，即企业应该做什么和怎样做的战略问题。它经历了 50 年代开始的计划与控制阶段、60 年代的长期规划阶段、70 年代的战略规划阶段与 80 年代的战略管理阶段[1]。

通常，战略管理被划分为战略制定、战略实施和战略评估三个过程，而整个战略管理过程则是一个多次信息反馈构成的闭环过程。研究表明，CI 贯彻于战略管理循环的始终，是战略管理的导向和基础。例如，美国 Avnet 公司高级副总裁 John H. Hovis 博士认为：

---

* 本文原载《情报学进展．2002～2003 年度评论》．第五卷．北京：国防工业出版社，2003：310-374。

"战略控制就是要击中你的目标，而CI恰恰照亮了这一目标。CI必须成为战略管理系统的一个功能组成部分。其实在我的脑子里这两者根本就没有什么分别。竞争对手情报是Avnet公司战略规划结构的一部分。"[2]

在我国，由梁战平研究员指导的陈峰博士在他的博士论文《面向企业战略管理的竞争情报研究》中对CI的成因做出了系统的论述。他认为[3]，对企业战略管理过程的剖析与考察表明，战略管理是催生CI的主要动因，为企业战略管理服务是CI的首要功能；企业战略管理是拉动CI需求、推动CI发展的强大力量，CI工作是战略管理工作不可分割的一部分。

由此可见，战略管理的兴起是CI形成的重要成因，它确立了CI的战略地位。

2. 市场竞争的激化

随着市场经济的发展和科学技术的进步，在20世纪80年代出现的经济全球化浪潮与随后兴起的区域一体化现象形成了国际竞争的新格局，加剧了市场竞争的激化。

在人类历史上，市场经济的出现与发展是一种世界现象。白树强博士认为[4]，大多数第三世界国家在进入20世纪80年代以后，其以国家为主导的发展模式基本上土崩瓦解，开始大规模地转向以市场为基础、以私人部门为主导的发展模式，从而顺应了经济全球化和区域一体化的潮流，推动了市场竞争的发展。

在经济全球化和区域一体化的大潮下，作为竞争主体的企业开始把目光从内部转向外部，从国内转向世界，高度关注对环境的感知与应变能力的提升，从而促进了以环境监视和对手分析为重点的CI的兴起与发展。

美国施乐公司由萎缩到振兴可以作为窥视CI发展的一个典型事例[5]。自20世纪60年代推出第一台办公室复印机以来，施乐公司独霸全球市场达10年之久，70年代却遭受到日本对手出其不意的攻击。作为应对，施乐公司建立了CI部门，在全球、国家和地区等多个层次帮助决策者预测和应对竞争对手的行动。施乐公司的竞争评估实验室，保证该公司的工程师能随时了解对手的产品开发状况。负责销售和服务的部门开通了"竞争热线"，通过电话获取竞争信息。公司还不断就本公司及对手的优势和劣势在现有用户和潜在用户群中开展调查。由于发展和加强了CI工作，施乐公司的制造成本下降了50%、产品开发周期缩短了25%、人均创收增加了20%、产品开箱合格率从92%上升到99.5%，重新赢得了市场占有率。

3. 竞争理论的发展

从18世纪古典经济学家的竞争理论到20世纪的现代竞争理论，经历了近200年的历史，逐渐放弃了把完全竞争作为理想竞争模式的教条，重点转向对现实市场竞争动态过程的研究。国际著名的管理学家、哈佛大学商学院迈克尔·波特教授于20世纪80年代始相继发表了《竞争战略》[6]《竞争优势》[7]《国家竞争优势》[8,9]及《竞争战略案例》等著作，把现代竞争理论的研究推向了高潮。

波特竞争理论对CI发展的重大意义在于：确定了CI工作的基本目标是为创造与保持企业的竞争优势服务，并将价值链理论作为获取竞争优势的基本策略；为CI研究及理论建设提供了重要的基础，如三大基本战略、五种力量模型、竞争对手分析模型等都已经成为CI研究的分析框架；国家竞争优势理论，即钻石理论，赋予国家的作用以新的生命力，提出了国家具有竞争优势的观点，为国家CI的建设提供了理论支持。

4. 军事情报的转移[10]

20世纪80年代以来，国家经济安全逐渐成为世界各国关注的焦点；柏林墙倒塌和苏联解体，则标志着第二次世界大战以后东西方冷战的终结，和平与发展成了全球的基本主题，经济竞争遂成为国与国之间关系的主要矛盾。

在这种时代背景下，军用技术向民用领域转移成为一种潮流，具有先进技术手段和丰富实践经验的政治军事情报力量也转向了经济技术情报领域。例如，美国CI创业者中就不乏美国国家安全部门的前官员，典型的事例就是在美国中央情报局（CIA）任职20年、曾任国家科学技术情报官（National Intelligence Officer for Science & Technology）、曾获中央情报局最高荣誉奖章的Jan P. Herring先生于20世纪80年代中期进入了摩托罗拉公司，任摩托罗拉情报主管，组建了具有世界先进水平的、获得广泛赞誉的企业竞争情报系统。又如公开来源解决方案（open source solution，OSS）[10]就是由安全机构退役人员组成的情报咨询机构。正如著名的国际CI学家John E. Prescott教授所言[11]，“商业经济中CI实践的发展在很大程度上得益于军事、政府的情报知识和实践积累。众多商业情报领域的先驱者们都来自各种政府组织”，也证实了这一点。

5. 从业人员的努力

我国情报界曾经常谈论“有为才有位，有位才有为”的哲理。可以认为，CI从业者的奋发有为和出色表现是现代CI业兴起的重要原因。

对此，J. E. Prescott教授曾有精辟的论述[11]：“CI已广泛应用于全球商界。仅仅在几年之前，这种说法还是令人置疑的。而今天，CI的实践开展和制度化是多种因素共同作用的结果，这包括CI从业者向公司管理层证明了CI的价值；正在进步中的日趋成熟的框架体系和分析工具；以及联系全球各地CI从业者的畅通网络。很明显，在以上列举的因素中，没有包括那些传统的解释，如商业的全球化和信息技术的出现等。这两种力量当然都是CI得以实现的因素，但最主要的推动力还是CI从业者的不懈努力。这种努力导致了一个学科的诞生，这一学科的蓬勃发展，并使CI从业者参与了决策过程。”

事实上，正是在情报界、管理界、企业界、咨询界、信息管理界的学者和精英们的共同拼搏下，才使得专业CI领域的产生和发展。迄今为止，美国已经出版了上百部CI专著，应用和开发了上百种CI技能，编制了上百种软件[12]，形成了相当规模的咨询、培训、教育体系。正是由于CI从业者的卓越贡献，为国际CI业的发展奠定了坚实的基础。

（二）概念描述

以市场竞争为内容、以竞争对手分析为中心、以增强企业竞争力为目的、以解决市场竞争中的情报保障和智力支持问题为己任的CI具有很强的实践性，因此CI的理论研究对CI实践的发展，具有独特的价值和意义。

1. 竞争情报的含义

尽管理论研究逊于应用研究，迄今为止，国内外学者对于CI的含义还是做过详细的论述，其中，具有代表性的描述有SCIP的定义[3]、Larry Kahaner的定义[13]、缪其浩的定义[14]、王曰芬的定义[15]和笔者的定义[16,17]。

事实上，CI与情报研究一样，本质上都是一个输入已知的信息和情报，通过整序和转化，输出新的信息和情报，从决策者的需求出发，再回到决策者需求中去的系统过程[18]。

从文献分析看，国外学者特别强调情报的可行动性，认为应为决策者提供可行性信息（actional information）和分析性情报（analyzed intelligence）。例如，Patnick J. Bryant 博士认为："我们对 CI 的初步定义是经过分析后能由此做出决策或采取行动的信息。"[19]

因此，根据竞争决策需求，以合法的方式获取并生产可付诸行动的情报产品，均可视为 CI 之列。

2. 竞争情报的范围

概念的范围，亦即概念的外延。目前，可将 CI 按组织分，有国家 CI（NCI）和企业 CI（ECI）；按领域分，有商业竞争情报和技术竞争情报。其核心内容是对竞争对手信息的搜集和分析，主要涉及环境监视、市场预警、技术跟踪、对手分析、策略研究、竞争情报系统建设和商业秘密保护等多个领域[17]。

在此，笔者认为，国家 CI 与企业 CI 是竞争情报起飞的两翼，两者相互促进，共同发展，推动着整个 CI 业的前进。事实上，作为国家 CI，尤其是技术 CI，中国曾经辉煌过。1956 年组建起来的中国科学技术情报系统就肩负着作为我国科技进步和经济发展中的"耳目、尖兵和参谋"作用；日本于 1958 年建立起的日本贸易振兴会和韩国于 1962 年建立起的韩国贸易振兴社也是国家 CI 的范例[20]。

应当指出的是，在市场经济发展、科技体制改革和企业主体地位提高的形势下，以企业 CI 为突破口，促进我国 CI 业的发展是一种现实和明智的抉择。陈峰博士关于"企业竞争情报与政府竞争情报的互动与融合"[3]；缪其浩研究员在中国科技情报学会竞争情报分会第八届学术年会"中国入世与竞争情报"上作的《国家竞争情报》的专题报告[21]，则把国家 CI 问题重新又摆到我国政府和情报研究机构的面前。

3. 竞争情报的特征

从国内外文献看，美国学者比较强调 CI 的战略性、可行性和增值性；中国学者则比较关注 CI 的针对性、对抗性和谋略性，从不同视角对 CI 的特征进行了描述。

陈峰博士提出了 CI 的灰色特性、组织特性和依附特性，具有一定的新意[3]。他将竞争对手的信息划分为可公开传播信息、有条件传播信息和秘密信息三大类；将人们情报行为的法律道德约束划分为道德保险区、道德风险区和法律禁止区三个区。根据以最少投资获取最大产出的经济学原则，在道德风险区这一"灰色地带"从事情报活动是企业 CI 的一个标志性特征。这一特征表明，在灰色区域避免落入道德陷阱是 CI 的首要任务和长期准则；对此特性的认识还有利于企业反情报（counter-intelligence）工作的开展。组织特性是指 CI 是企业对情报行为的需求发展到一定程度的产物，它主要不是个人行为，而是有组织的、系统化的工作。有效的企业 CI 工作需要建立正式的 CI 组织机构。他认为，CI 的价值依附于决策者的应用而体现；依附于企业战略管理的需求；依附于 CI 人员本身的智力和认知结构，而且，企业 CI 是正式 CI 和非正式 CI 的总和。

（三）竞争情报在国外

情报活动自古就有，但作为一项专业化的情报活动则起始于第二次世界大战，而 CI 则是一类情报活动的集合。文献［10］和［20］对此曾做过系统的论述。

(1) 早期商业情报。商业情报（business intelligence，BI），又称工商情报，是欧美国家工商企业中广泛存在的一类情报研究活动。它的基本做法是将与企业发展有关的方针政策、服务对象、竞争对手、技术动向、市场行情等信息经过分析、消化、评价和解释转化为在本企业内传播的情报，为企业的决策和营销服务。日本是世界上从事 BI 最活跃和最有成效的国家，综合商社、日本贸易振兴会和日本经济新闻（NIKKEI）是日本 BI 的三大支柱。它们与政府机构、企业情报部一起形成强大的 BI 网络。

（2）现代竞争情报。现代 CI 摒弃了早期 BI 活动和军事情报活动中的不正当手段，突出了情报的竞争性，如竞争者情报（competitor intelligence）、竞争性商业情报（competitive business intelligence）、竞争性技术情报（competitive technical intelligence），瞄准了为企业创造竞争优势的这个目标，从而形成了现代 CI。美国是当今世界上从事 CI 理论研究和实践活动的杰出代表。文献［14］和［22］对此曾做过详细的描述。

继 1986 年美国成立了 SCIP 以后，1990 年 9 月成立了欧洲竞争情报从业者协会、1992 年 2 月成立了日本工商竞争情报专家协会、1993 年 2 月成立了澳大利亚竞争情报从业者协会、1994 年 1 月成立了中国科技情报学会情报研究暨竞争情报专业委员会。至此，一个全球化的 CI 活动正在形成。文献［23］从全球的视角详细地论述了发达国家和发展中国家的 CI 工作。

（3）美国竞争情报从业者协会。在全球 CI 发展过程中，SCIP 起到了领导者和推动者的作用。由 L. Kight、F. M. Ruby、P. Kroger、J. Zeman、R. Brody、D. Conley、J. Prescott、B. Zour 等 8 人发起和组建的 SCIP 迄今已经举办过 18 届年会。例如，1998 年在美国芝加哥召开了主题为“基于知识的战略——21 世纪的生存和繁荣”的第 13 届国际年会；1999 年在加拿大蒙特利尔召开了主题为“竞争情报——现实环境下的应对策略”的第 14 届国际年会；2000 年在亚特兰大召开了主题为“获取竞争优势：新千年的使命”的第 15 届国际年会；2001 年在西雅图召开了主题为“电子商务环境下的竞争情报”的第 16 届国际年会；2002 年在俄亥俄州辛辛那提召开了主题为“竞争情报：帮助组织实现机会最大化和风险最小化”的第 17 届国际年会；2003 年在加利福尼亚州的阿拉罕召开了主题为“追求业绩——利用情报获取竞争优势”的第 18 届国际年会。自 L. Kight 任 SCIP 第一、二届理事长以来，历届 SCIP 理事长依次为 D. Conley、R. Brody、R. Margulies、J. Prescott、C. Allgaier、D. Himelfarb、R. Klavans、F. Brill、T. Scott、W. Rosenkrans、A. Youngblood、C. Kalb、P. Bryant、J. Nolan III、M. Little、P. Dishman。

已知 SCIP 出版的刊物有 Competitive Intelligence Review（1989—2001 年）、Competitive Intelligence Magzine、Actionable Intelligence 和 2003 年出版的 Journal of Competitive Intelligence and Management。

自 1986 年以来，SCIP 的成员迅速增长，1988 年为 716 人，1998 年为 6694 人，年增长达 30%[24]。根据 SCIP 秘书长 G. Kolb 先生于 1999 年在全国 CI 技能和案例分析学术研讨会上的报告[25]，SCIP 会员在全球的分布为：美国 76.5%、欧洲 10.7%、加拿大 9.1%、其他国家 3.7%。SCIP 会员在美国以外的国家和地区分布为：欧洲 46%、加拿大 38%、亚洲 5%、澳大利亚/新西兰 4%、南美 3%、中东 2%、东非 1%、墨西哥 1%。SCIP 会员的职业分布为：CI/分析 26%，市场规划与研究 25%，信息中心/信息服务 14%，研究开发、商务拓展、产品规划 13%，战略规划 12%，财务规划/反情报 10%。

（四）竞争情报在国内

具有明显 intelligence 功能的我国情报研究与国际上兴起的 CI 相结合，使得我国 CI 专业组织的诞生和CI活动的发展，这是CI首先由我国情报研究机构推动和发展的内在原因。对于CI在中国的发展，由曾建勋和包昌火撰写的《全国竞争情报与企业发展研讨会纪要》[26]、包昌火撰写的两届《SCIC理事会工作报告》[27,28]和文献［29，30］已经做过系统的总结。

1. 中国竞争情报专业组织

1994年1月28日，中国科技情报学会经中国科协批准，成立了以包昌火为主任委员，缪其浩等为副主任委员的情报研究暨竞争情报专业委员会，宣告中国竞争情报专业组织的诞生。同日，北京科技情报学会经北京市科协批准，成立了以包昌火为主任委员，韩学智等为副主任委员的北京竞争情报研究会。同年10月15日，中国兵工学会情报学会在无锡成立了以高明辉为主任委员，盖国政等为副主任委员的竞争情报研究会。尔后，深圳、湖南等地方和部委竞争情报专业委员会陆续组建，一个全国性的CI组织网络在我国形成。

1995年4月28日，经中国科协批准，民政部登记，正式成立了以包昌火为理事长，缪其浩等为副理事长的中国科技情报学会竞争情报分会，对外亦称中国竞争情报研究会（Society of Competitive Intelligence of China，SCIC）。SCIC的成立，标志着我国情报研究工作进入了一个新的发展时期，更直接、更有效地为我国经济建设、企业发展和市场竞争服务。

9年来，SCIC一直把学术交流与学科建设作为自己的基本任务，总计召开重要学术会议8次，出版会议录7册，发表学术论文389篇，为推进我国CI业的发展做出了重要贡献。

2. 中国竞争情报实践活动

当前，我国有三类组织从事CI理论研究与实践活动，它们分别是专职情报研究机构、高等院校和咨询公司。

(1) 专职情报研究机构。分布于各部委和各省市的专职情报研究机构是我国竞争情报活动的主要推动者。例如，1991年7月～1994年12月，由国家科委和国防科工委联合下达、由中国兵器工业情报研究所牵头完成的“情报研究的国内外比较研究”[10,20]；1992～1993年，由上海青年启明星计划资助、由上海科技情报研究所完成的“建立上海轿车工业竞争环境监视系统的研究”[31]；1995～1996年，由北京科技情报学会组织、缪其浩主编的《市场竞争和竞争情报》[14]；1995～1998年，由北京竞争情报研究会发起、北京市科委邹祖烨主任倡导的北京市竞争情报示范工程；1997年，由北京市科委资助、SCIC牵头的“竞争情报与企业竞争力”软科学课题，即“竞争情报丛书”；1998～2000年，由国家自然科学基金资助、中国兵器工业情报研究所牵头的“企业竞争情报系统模式和运行机制研究”[32]；2002年，由国防科工委下达、中国兵器工业集团第二〇一研究所牵头、国防工业部门专职情报研究机构联合完成的“竞争情报与国防科技工业情报竞争力研究”，都是这些活动的重要表现。

为表彰20世纪90年代中期以前专职情报研究机构在推进我国CI业发展中的积极作用，以上海科技情报研究所、中国兵器工业情报研究所、北京科技情报研究所为主要完成单位的CI研究与推广应用工作于1996年10月获由国家科委、国防科工委、中国科学院、中国科协和国家自然科学基金会联合颁发的全国科技信息系统优秀成果一等奖。

(2) 高等院校。高等院校是我国CI发展中的一支重要力量。据查，1987年刘怀宝发表了《略谈竞争情报及其收集方法》的第一篇CI论文[33]；中国科学技术大学信息管理和决策科学系李正中主任首次于1994年开展了题为“竞争情报对企业竞争决策支持机制的研究”的国家自然科学基金项目研究；南京理工大学经济管理学院陈翔宇教授等于1995年3月编辑出版了我国第一本CI著作《企业竞争情报研究》[34]，同年在信息管理和市场营销专业首次开设了CI课程；1995年北京大学赖茂生教授培养了我国第一位论文题目为《竞争情报研究与企业生存和发展》的硕士生周键[35]；1999年武汉大学图书情报学院彭斐章教授培养了我国第一位论文题目为《提升企业竞争力的情报保障》的博士生邱晓琳[36]。2001年河北远东职业技术学院信息咨询系首次在我国建立了CI本科专业，首届有54人。继而，2002年，中国防卫科技学院信息安全学院建立CI系，首届65人。

据文献［37］的统计，1994～2000年，依据公开发表的CI论文的多少，依次为南京大学信息管理系（12篇）、武汉大学信息管理学院（10篇）、南开大学国际商学院信息资源管理系（9篇）、山西大学信息管理系（4篇）、北京大学信息管理系（3篇）和南开大学图书馆（3篇），初步形成了我国高校从事CI学科研究的核心力量。

研究表明，学位论文研究已经成为我国高校CI研究的主力。根据对1995～2001年我国学位论文的统计，论文主题为CI的硕士和博士已达30人，其中硕士28人，博士2人，他们将成为我国CI业发展中的重要主力军。可喜的是，一些高校在开展理论研究的同时，还从事相关的咨询服务，从而丰富了CI研究的实践活动。

(3) 工商企业和咨询公司。企业是CI的主要用户和发展沃土。近几年的发展表明，我国工商企业和咨询公司正在成为推进CI发展的新生力量。重庆长安集团、上海宝钢集团、青岛海尔集团、北京首钢集团、上海贝尔股份有限公司、中国惠普有限公司等大型企业对CI的关注和开发是非常可喜的现象。一些独立的咨询公司，以市场开拓为目的，从事CI咨询和软件开发，例如，北京华门策略顾问公司[38-40]和北京环信信息咨询公司的CI咨询活动、梦龙明信咨询公司等许多软件公司的竞争情报系统，将企业CIS作为企业信息化的未来发展的构想都表明，一个大容量的CI应用和发展的潜在市场正在启动。文献［41］则不失时机地分析了企业CI工作成功的关键要素。

从根本上讲，企业CI需求最终只能靠企业本身的力量来解决。企业才是我国CI业发展的主力军。日本的经验是这样，美国的经验也是这样。可以预计，一旦CI进入寻常企业时，定是我国CI业的姹紫嫣红时。

但目前从总体来看，我国企业CI活动的现状是令人担忧的。即使作为SCIC成员的约40个国内企业，它们的CI状况也不是令人鼓舞的[42]。而它们也只是我国企业汪洋大海中之一粟。

二、竞争情报的进展

自1959年哈佛大学商学院H. Alden发表的关于企业CI调查报告至今，经历40多年[43]，尤其是80年代以来的发展，在国内外从业者的努力下，已经形成了相当完备的CI理论体系、实践领域和工作方法，一个新兴的CI学科已经清晰地呈现在世人面前。

（一）竞争情报学科的构建

全球CI在理论、方法、技术、系统、文化等方面都取得了重要成果和骄人业绩，为建构 CI 学科奠定了坚实的基础。

从文献分析看，美国学者关注对实践过程中重大关键问题的研究，如 CI 战略定位、CI 流程、CI 技能、CI 软件、人际网络开发、最佳实践调查、道德法律界定等，产生了一批重要的论著[44-48]和专家，Jan P. Herring、Ben Gilad、John E. Prescott、Leonard Fuld 和 Kirk W. M. Tyson 等是他们的杰出代表。

我国学者则重视对理论问题的探讨，研究方面主要集中于 CI 概念的论述、CIS 的建构与 CI 分析方法体系的构筑，也形成了一批重要的著作和专家，如《市场竞争和竞争情报》[14]、《情报制胜——如何搜集、分析和利用企业竞争情报》[49]、《竞争情报从书》、《竞争情报解决方案——企业竞争情报系统和竞争情报技能》[32]等是我国 CI 理论研究与实践活动的重要结晶。

中美两国学者研究重点和风格的差异既有实践广度和深度的不同，也有中西方思维方式和特点的迥异。

1. 竞争情报的博弈论特性

博弈论是运用数学方法来研究有利害冲突的双方在竞争活动中是否存在自己战胜对方的最优策略及如何制定这些策略的问题。由于 CI 的核心问题是如何应付竞争对手的问题，因而将博弈论引入到 CI 领域中来一直受到中外学者的关注。

1996 年，B. J. Nalebuff 和 A. M. Brandenbcerger 教授在著名的《合作竞争》一书中提出了商业既不是战争也不是和平，商业运作是战争与和平的综合体的光辉思想。这种在开拓市场时合作、在瓜分市场时竞争的理念为 CI 提供了新的思维和视角，是竞争理论的重大发展，是博弈论商业应用的重要范例[50]。1999 年 7 月 16 日，他们在中文版序言中提出，在博弈论中，没有什么东西是固定的。经济是充满活力的，并且不断地进行。这就是博弈论有可能成为中国经济的新经济学理论的核心[51]。

1998 年 8 月，路文如副研究员在 SWOT 分析的基础上，提出了将我国情报研究定位于谋略研究的观点，认为这应是情报研究和 CI 活动基本不变的主题[52]。实际上也就是将情报研究转向对策研究，用博弈论的思想指导我国的 intelligence 研究活动。1999 年 10 月，董新宇博士、吴贺新研究员从博弈论角度出发，分析了市场竞争的博弈论特征[53]，认为市场竞争是一种动态博弈和不完全博弈，而博弈论中的信息，关键是关于其他参与者的行动和特征的信息，这也是 CI 的核心所在。这是我国情报界不可多见的把 CI 置于博弈论框架中进行分析的论文。2003 年 9 月，文献［54］则将博弈论作为竞争对手分析的理论基础。当前，在美国的 CI 实践活动中，广泛应用竞争博弈、作战室（war room）、竞争演练（war game exercise）等竞争分析技术表明，博弈论已成为国外 CI 研究和实践活动的重要理论基础和指导思想。

2. 竞争情报的战略定位

把情报与战略相结合是第二次世界大战以来的一种国际化潮流。两霸相争、日本崛起、海湾战争及不久前的伊拉克战争都无可辩驳地证明了这一事实。

1）美国学者的见解。在 CI 领域，美国是较早将情报与战略挂钩的国家。在历届 SCIP 年会上，CI 的战略地位问题一直是会议的重要议题。例如，在 1999 年年会上，战略管理和博弈论教授 B. Nalebuff 的主题报告就是关于战略与情报，在 2002 年年会上，D. Bernhardt 作了题为“战略情报：企业的剑和盾”的重要报告。John E. Prescott 教授等主编的 Proven

Strategies in Competitive Intelligence-Lessons From the Trenches 一书的主题就是把竞争情报作为企业的基本战略[44]。Competitive Intelligence Magazine 的主编 Stephen H Miller 认为："经营战略正在越来越多地依赖于一种被称为'CI'的实践。用战略学先驱 L. Fahey 的话来说，就是要'帮助公司发挥它们的聪明才智，制定出色的战略，以战胜它们现在的、正在出现的和潜在的对手'。"[55]

1996 年，L. Kahaner 在文献［13］中指出："CI 是一个战略工具，它能够帮助高层管理者明确发展的主要驱动力，从而提高企业的竞争力，并对市场方向进行预测。"同年，G. Costley 认为："CI 必须位居首要，因为它是最基本的。它是一种战略性功能，而不是战术性功能。它应该比市场营销的地位更重要，因为如果你的战略是错误的，那么你就会将一笔巨大的市场营销费用浪费在一些根本错误的观点上。"[56] 1998 年，Wayne A. Rosemkrans 谈到："CI 对于一个高技术含量的服务和产业的价值是什么？其价值必须是增强管理层决策制定的有效性。作为一个技术竞争情报的从业者，如果你不致力于提高企业管理决策制定的能力，那么你进行技术竞争情报活动的意义何在？如果你不支持公司的决策制定，你的行为只是一种学术实践，那又何必呢？技术竞争情报价值的关键，就在于它与公司成功的决策制定是息息相关的。"[57] 2000 年，B. Breeding 先生认为："在理想的框架下，CI 部门应该把 25%～50%的工作时间花在提供决策（交易）支持上。这是 CI 部门产生最大增值的地方。"[58]

2）中国学者的见解。2001 年 8 月，陈功首席分析师在文献［32］的前言中认为：策略研究是 CI 研究的最高境界。CI 与策略的形成具有天然般的共同基础，策略及策略研究只是 CI 研究的延伸和发展。因为正确的策略总是离不开 CI，而基本的情报研究方法又是策略研究的基础。因此，应当将 CI 定位于策略研究。

胡鹏山教授在文献［1］中指出：战略研究指通过对企业发展前景和展望形成企业发展战略思路的过程，是实施企业战略管理的起点。它源于对企业及其环境的科学分析和研究，即源于对 CI 的把握和应用。因此，战略研究过程的实质，也是企业 CI 的研究过程，通过对竞争环境、竞争对手、竞争态势和竞争策略的分析，预测企业在竞争中的发展前景，形成发展的战略性思路。因此，战略研究是制定企业发展战略的前提，也是企业实施战略管理的基础[59]。

2001 年 12 月，由 SCIC、清华大学职业经理训练中心和北京华门策略顾问公司联合承办的清华峰会上，更是把情报看做继资金、技术、人才之后的又一大发展要素；把情报能力看做一个国家、政府和企业的核心能力或核心竞争力之一。为此，笔者从"intelligence"一词的基本含义出发，论证了情报能力或情报竞争力（intelligence capability or intelligence competence）的概念[226,227]，把企业对环境敏感和驾驭的能力称为情报竞争力。它由下列能力构成：监视并分析竞争环境变化的能力、获取并分析竞争对手信息的能力、研究并制定竞争策略的能力、企业信息安全和自我保护的能力、情报共享并快速反应的能力。

3. *竞争情报的战略*

美国的经验表明，CI 不仅是企业的一项工作、一种能力，而且是企业的一大战略，是企业逐鹿市场、夺取商机、以智取胜的基本战略。焦玉英主任在《论企业核心竞争力与竞争情报战略》一文中提出了 CI 发展战略问题[60]。John E. Prescott 博士在清华峰会上提出了建立以情报为驱动的企业战略，并提出了他的基本构想[61]。笔者在文献分析的基础上，总结了美国企业 CI 战略的基本思路是[61,62]：以提升企业决策能力为目标，以竞争情报系统建设为手段，实现 CI 活动的目标、组织、流程、技术和文化的一体化，从而促进企业盈利水平的提高。

4. 竞争情报学科的内容

1996 年 9 月在 SCIC 扩大理事会上作的第一届理事会工作报告中，笔者把重视学科建设作为 SCIC 的主要工作之一，提出："加强 CI 理论和方法的建设，使 CI 分会和理事会成为我国 CI 学科的积极倡导者、开拓者和传播者，并使分会成为 CI 研究的无形学院，应是中国 CI 分会的历史重任。"[27] 1997 年 9 月，王德恒先生提出了 CI 学科的研究对象和体系结构[63]。1998 年，笔者将 CI 研究的内容归纳为竞争环境、竞争对手、竞争策略三大方面和环境监视、市场预警、技术跟踪、对手分析、策略制定、CIS 建设和反情报技术七大领域[17]，并据此框架主持编著"竞争情报丛书"，提出 CI 横跨军事学、经济学、管理学和情报学的见解，为 CI 学科的建设提供理论框架和方法论基础。在文献［64］中，John E. Prescott 教授将 CI 的研究归纳为四大领域：①CI 管理：管理结构、核心项目服务、CI 人员、CI 产出；②CI 方法：CI 的搜集、分析、传播方法，假设验证，在不同国家的应用；③CI 的形象和前景：CI 对你意味着什么、CI 的应用领域、CI 在组织机构中的作用、雇员的作用、道德；④CI 的历史渊源：军事情报和国家安全情报、竞争力测度、CI 政策的演进。

1999 年，邱晓琳博士认为，企业竞争情报研究的内容是：企业竞争环境情报、企业竞争对象情报、企业竞争对手情报、企业竞争实力情报[36]。2002 年，陈峰博士认为，应将 CI 研究分为 CI 理论、CI 技能和 CI 应用三大层面[3]。这些见解从不同侧面勾勒了 CI 学科建设的框架。

我们期盼，有志于 CI 理论研究的学者，在充分把握国内外理论研究和实践经验的基础上，从 intelligence 的含义出发，以经济学和管理学等基础理论为指导，以解决组织在市场竞争中的情报保障和智力支持为目标，以 CI 流程为主线，建立起以情报生产和流通为核心的 CI 学科，为推进国际 CI 业的健康发展做出我们的贡献。

（二）竞争情报流程的发展

所谓 CI 流程包含两层含义，一是建立科学的 CI 工作流程；二是将 CI 工作融入到企业的关键活动和业务流程中去。竞争情报流程（CI process）是 CI 学科研究的基本问题之一，揭示了 CI 工作的主要程序和基本规律，因此是国外学者，尤其是美国学者研究的重点。

1. 基本形式

由美国中央情报局开发、由 Jan P. Herring 等学者发展的情报循环（intelligence cycle）是 CI 流程（CI cycle）的基本形式，因此又称 Herring 模型。

文献［57］认为，Herring 模型原始形式由需求评估—规划—搜集—分析—传播五大步骤构成。1999 年，Herring 在文献［65］中给出了传统的情报循环。它由规划与定向（识别 KIT）、信息处理和存储（创造知识基础）、搜集（情报搜集和报告）、分析和生产（形成可付诸行动并易于理解的情报）、发布（情报用户和决策者）五大步骤构成。现在美国 CI 界典型的表达为：规划与定向、信息存储和加工（公开信息的采集）、正确搜集和报告（人际情报的搜集）、分析和生产、情报发布五个步骤[66]。

实际上，每个组织的工作性质与业务流程的不同，对 CI 流程的表达因企业与学者而异，因此出现了许多演化形式[61]。Wayne A. Rosenkrans[57]、Janes L. Hendrix[67]、John H. Hovis[2]、Hans Gieskes[68]、Richard L. Pinkerton[69]都报告了他们公司的CI流程。例如，文献［67］构建的CI循环突出了用户需求和反馈；文献［2］则把“提出建议”作为CI循环之一，以突出CI的决策功能。

2. 重要发展

将CI工作融入到企业的关键活动与业务流中去是CI流程的重要发展。在这方面，美国企业提供了很好的经验。

1996年，D. Harkleroad在《竞争对手的反应模式：超思维竞争》的论文中建构了情报监视模型[70]；W. B. Ashton等人在《科学技术竞争优势的监视》的论文中建构了科学技术监视框架[71]；壳牌国际服务集团公司将CI流程与营销交流流程、并购和战略流程、人力资源和招聘流程、销售和提案流程结合在一起[58]，表明美国学者已经将CI循环应用于CI许多关键活动领域中去。美国IBM公司将CI流程和关键业务流程通过所谓“领航员计划”（pilot project）融为一体，从而成为企业竞争情报工作的范例[72]。1998年，著名的CI学家、前美国中央情报局官员、现为科克·泰森国际公司管理顾问的Kirk W. M. Tyson先生在他的重要著作《竞争情报完全指南》一书中以一章的篇幅论述了CI流程的设计，从功能、组织、系统等视角系统地论述了CI流程的形态和发展[45]。1999年，Deloitte咨询公司和未来集团（Futures Group）共同开发了一套具有世界一流水平的CI工作模式，基本上反映了美国大型企业CI工作的组织、流程、技术、文化的一体化形势，代表了CI流程研究的最新发展[66]。

3. 关键情报课题

关键情报课题（key intelligence topics，KIT）主要是由Jan P. Herring推出并引入商业活动的。KIT的识别是情报循环之一的规划与定向中的核心问题，因为课题的选择决定着CI的方向和成败。Herring认为[65]，任何CI运作的关键成功因素是满足客户的真实需求，并且在实际运作中，公司要根据情报结果采取行动。文献［73］也说：“评估情报需求，这是一个至关重要的要素，虽然常常被忽略，但它却是情报部门成功与否的关键所在。”1997年，数字设备公司面对竞争环境的变化，通过对KIT的分析，有力地支持了企业的业务重组，是KIT应用的重要实例[74]。

Herring先生认为，一个公司的情报需求总体来说可以分为四种类型[65,75]：①战略决策和行动，包括战略计划和战略开发，比例高达35％以上；②早期预警课题，包括竞争者的动机、技术上的新发现和政府行为，比例可达20％左右；③对你所处市场上的关键参与者的描述，包括竞争者、客户、供应商、管制者和潜在的合作伙伴，约占30％以下。

他认为，研究一个组织的真实情报需求，并生产出管理层迫切需要的、作为行动依据的情报产品，是CI职业的目标。使用系统化的或者正式的“管理需求识别过程”（management needs identification process）是实现这一任务的一种行之有效的方法。KIT识别的核心就是与公司关键决策制定者的互动对话，通常采用响应模式（responsive model）、主动模式（proactive model）及两者结合的混合模式三种方式。

1999年，David B. Francis、Jan P. Herring等人开展了对12家公司上千名经理的KIT访谈调查，揭示决策者情报需求的类型、比例、排序，从而使KIT的分析成为窥视企业竞争精神的窗口、分析企业竞争态势的工具、反映企业竞争现状的指示器[76]。

KIT 就是决策者的决策需求，因此积极研究决策者及其情报需求，也是国外学者着力研究的重要领域。在一些 CI 软件中，还提供了完整的 KIT 管理功能[77]。这些都应引起我国 CI 从业者的高度关注。

例如，1999 年，Douglas C. Bernhardt 在《克服竞争情报用户和竞争情报生产者之间的障碍》一文中认为[78]，在许多情况下，CI 团队专注于传递他们认为重要的信息，而不集中在他们"用户"真正关心的问题上，这样生产出来的情报一般都被认为是"失败的情报"；1999 年，Bruce A. Walters 等在《业务战略与 CEO 的情报获取》中研究了高层管理者在制定战略时关注的重点是什么，研究发现，优秀企业的 CEO 能够将内外信息的搜集与战略的业务级别相匹配，信息获取的方式随着战略级别的不同而变化[79]。

1999 年 4 月，Yves-Michel Marti、Sergio Mascarenhas de Almeida 和 D. Hewitt 在 SCIP 年会上分别做了《提出恰当问题的技巧》《利用情报来克服决策偏好》《如何传递给高级决策者需要知道的内容：面向企业和产业领导的 CI》的专题报告。1999 年，John J. McGonagle 等人提出了直接面谈、通过企业内部用户研究、采用正式的需求确定程序、采用竞争对手分析列表和白纸方式（plain paper process）等五种研究企业核心情报需求的方式，并对其适用场所进行了比较[80,81]。2000 年，在 SCIP 年会上，美国竞争情报学院（Academy of Competitive Intelligence，ACI）的创始人和董事长 B. Gilad 副教授E. Metayer、W. DeGenaro 分别做了《当管理者问 CI 价值的时候，你应该告诉他们什么？》《获得高级管理层对 CI 的认可》《领导者与情报》的专题报告，都说明了研究决策者的重要性。

对决策者情报需求研究的缺乏是我国情报研究与 CI 研究的重大弊端，也是影响我国 CI 业发展的关键因素之一。谢新洲教授指导的北京大学信息管理系黄英硕士所写的《决策者需求分析——关键情报课题研究》则弥补了这一缺憾，是迄今为止我国情报学界对 KIT 的最系统的研究[82]。作者分析了决策者情报需求的构成，构建了由内容、流程、文化三个层次构成的内涵结构图和由确定与接近情报用户、访谈与明确决策需求、挖掘与生成 KIT、推进 KIT 可操作化、评价与修正五步组成的 KIT 工作流程图，论述了包括 CI 运作机制、用户培养、CI 主管、CI 文化、CI 软件等方面的 KIT 实现策略，颇具创新性。

4. 竞争情报流程软件化

实现 CI 流程的软件化大大提高了企业 CI 工作的快速反应能力，是 CI 工作的重要发展。自 1998 年开始，Fuld & Company 与 SCIP 联手研究与评估 CI 软件，对 120 家开发 CI 软件的公司进行调查与评估，按照数据管理系统、知识管理（KM）系统、信息传递与共享系统、企业内部调查系统进行软件的分类调查，并公布了第一份 CI 软件报告[83]；从 2000 年开始，依据 CI 循环进行评估，评价了 12 种软件产品[84]（见文献［85］的表 5.14、表 5.15）；在 2002 年评价了 13 种 CI 软件[86]；2003 年评价了 16 种 CI 软件[87]。

谢新洲教授指导的北京大学信息管理系尹科强硕士在文献［88］中对国内外开发的 7 种 CI 软件按照 CI 流程的实现水平进行了比较分析，总得分依次为：Wisdom Builder 3.1 为 25，易地平方知识通为 24，Knowledge Works 为 21，百度 eCIS 为 21，Wincite 7.0 为 16，Intelligence 1.0 为 12，STRATEGY! 2.5 为 11.5。

5. 最佳实践企业调查

最佳实践企业调查是美国 CI 的重要创举。它采用定标比超分析（benchmarking，亦称典范借鉴）学习典范企业的先进经验，确立基准、进行比较、实现赶超，从而不断改进和提高企业CI工作的水平[89]。

企业的CI活动大多是按照CI流程展开的，是流程的实施和发展，因此通过最佳实践企业调查，可以窥视到实践中丰富多彩、形态各异的CI流程，而这些流程的有机链接和运作就是实践中的CIS。

美国CI界曾进行过两次大规模的CI实践调查。

1）迪尤肯大学的调查[61,90]。为了研究作为战略工具的CI在组织中的运作过程，迪尤肯大学市场营销系的C. L. Lackman博士等以闭环式情报流程为基础，对16家企业进行了一次定标比超分析，提出关于CI发展、CI结构和CIS选择的建议。

他们认为，CIS不能等同于企业的信息管理系统，建议将由用户—需求分析—信息源识别—信息搜集—信息解释—情报库建立—情报传播构成的闭环型模式，作为建构企业CIS的基本模式。

他们的结论是：由调查小组、情报数据库和战略性市场营销情报构成的三个模块是在组织中构建一个有效的循环式情报系统的基础。一个开展CI工作的公司需要夯实基础、建设基础设施并使之持续地作用于市场情报。以用户为向导、从首席执行官开始的企业全员参与，以及有效的传播渠道，对任何CI部门的成功都是至关重要的。

2）美国生产力与质量中心（APQC）和竞争与商业情报联合会的调查[61,91]。创造可行性情报（actionable intelligence），为组织的战略决策制定提供支持是CI的基本目标和任务。为此，由美国生产力与质量中心CI主题专家John E. Prescott和Jan P. Herring，以及竞争与商业情报联合会（CBIC）定标比超分析主管P. Panfely负责开展了“竞争情报机构在组织中创造可行性情报”的调查，采用定标比超方法，分析最佳实践企业在创造可行性情报时所采用的机制和程序。他们将调查结果归纳为以下七项重要发现：①具有稳定的、不断改进的CI基础结构。这些基础结构包括人员的素质、人际网络的开发、广泛的支持者、支持者的替代者（如将CI业务与全面质量管理相结合）。②分散-协调型网络。既分散又集中的网络，实现企业对信息的搜集、分析和交流。例如，柯达公司的管理矩阵（management matrix）、施乐公司的CI提供者网络（CI supplier network）、贝尔大西洋公司的CI论坛（CI forum）及许多公司的情报咨询。③具有学习系统功能的、灵敏的信息技术系统。所谓信息系统并非情报系统，情报部门应当根据CI需要和企业文化调整，构建自己的信息技术系统。例如，施乐公司构建了智力资本数据库（intelligence capital database）、太平洋公司构建了自持式（self-maintaining）论坛平台、Merck公司创建了在情报提供者和情报用户之间的支持协作关系的信息技术平台，还有公司构建了各种调查的查重系统。④联系。调查表明，战略规划与战术过程是互联、互动的一个循环过程。因此，一流企业都力图将情报融入整个业务循环中，创造出一个能够从战略规划到实施、从研发到销售的各个环节上提供情报的系统。⑤用户反馈-实施的联系。调查表明，CI的用户识别、需求识别、反馈及实施是一个过程。美国许多企业创造了一些非常优秀的流程以确保情报工作有条不紊地进行，如Merck公司的申请表和反馈表；贝尔大西洋公司将评估过程融入到情报的生产过程中，从而使整个CI工作增值。⑥由假设驱动的建议。将情报研究的发现转化为决策建议是情报增值的关键。为此，美国企业强调培养情报研究人员的信用和直觉能力，把握好分析对象、思路、判断三大要素，重视如何将一份报告调整为一种便于经理们使用、创造可行性情报的语境（context）和格式（format）。⑦情报文化（intelligence culture）的制度化。信息共享的文化是CI发展的沃土，因此情报文化的制度化是美国企业的重要经验。

（三）竞争情报系统的建设

竞争情报系统是从企业竞争战略的高度出发，通过开发和有效利用各种信息和智力资源来提高企业竞争优势的信息系统，是CI工作的组织保障和物质基础，备受国内外学者与专家的关注，尤其是中国学者的青睐。如上所述，在1990～2001年我国有关CI的30篇的学位论文中，研究CIS的有10篇，占总数的33.3%；在1994～2002年SCIC学术活动中发表的389篇论文中，有关CIS的有22篇，占总数的5.7%。

1. 主要特征

CIS是以人的智能为主导、信息网络为手段、增强企业竞争力为目标的人机结合的竞争战略决策支持和咨询系统，是企业信息化的重要构成部分，可为企业赢取竞争优势提供强有力的智力支持和情报保障，因而可以把它看做是企业领导集团在制定经营战略和竞争决策过程中的“中央情报局”。通常我们还可以把战略信息系统（strategic information system）和战略情报系统（strategic intelligence system）归入CIS之列。

归纳国内外学者的研究，可以认为，CIS是新一代的企业信息系统，是一种能为企业制定关键战略决策提供信息和思想的分析系统，具有以下特点[32,85]：它是一个管理系统，是为企业的经营战略和竞争决策服务的；它是一个信息系统，它的发展与信息技术的进步密切相关；它是一个人机系统，人的智能永远是该系统的核心因素；它是一个开放系统，与外界环境始终保持着密切联系；它是一个战略系统，是通过企业内外信息资源的开发与利用来赢取和发展企业竞争优势的战略应用系统。

CIS的基本作用可以归纳为：是企业感知外部环境变化的预警系统，能够帮助企业及时洞悉政治、经济、社会、市场的变化，以及这些变化对企业可能构成的威胁和机遇；是企业为适应外部环境变化而做出战略决策和竞争决策的支持系统，为企业的竞争决策提供依据和基础；是现代企业经营管理的智囊系统，是企业领导集团的重要参谋部。

美国的经验表明，由于CI工作的特点，人员永远是CIS中最重要的因素。因此，不能将当前流行的CI工具，如数据仓库、数据挖掘、联机分析、ERP（enterprise resource planning）等信息系统及软件产品完全等同于CIS的功能[90]。

2. 基本结构

国家自然科学基金项目“企业竞争情报系统和模式的运行机制研究”课题，在总结国内外经验的基础上，系统地构筑了企业CIS的基本框架、主要模式、基本功能和运行机制，论述了企业CIS的三大网络、三个系统、一个中心和六大功能，提出了企业CIS的未来发展和建设中应注意的若干问题，可为我国企业CIS的建设提供思路和借鉴[32,85,92,93]。

美国学者非常强调组织网络的重要性，因为它是企业CIS建设的基础。调查表明，CI机构通常设立在企业部门，拥有遍及全公司的情报网络，组建虚拟的情报团队，实行专兼职相结合；大多数CI业务都从属于战略规划单位；存在着集中式、分散式、混合式和独立式等组织结构。例如，宝洁公司经过十多年的探索，建立了适应新型企业结构、具有动态竞争反应能力的“中心-辐射”模式，从在多个国家设立信息中心的旧体制向真正统一的全球信息结构过渡，为组织建构 CIS 提供了范例[94]。

3. 典型模式

据美国未来集团 1998 年的一项调查显示，本部在美国、年收入超过 100 亿美元的大型跨国公司中，有 82%的公司设有专门的 CI 机构，另外本部在美国、年收入在 10 亿美元以上的公司中，有 60%拥有 CIS[55]。现列举几个经过实际应用的比较典型的企业 CIS。

1）战略早期预警系统（strategic early warning system）。为了对可能发生的未来事件有足够的预知能力，戴姆勒-奔驰宇航公司开发了由情景分析（scenario analysis）导向的战略早期预警系统（strategic early warning system）来开展企业竞争监视[95]。它们的基本做法是：采用情景规划（scenario planning）研究重要的监视方向，以公司内部那些关注相关领域发展和研究成果的人物为“监视器”和“扫描仪”，采集重要指标、统计数据、权威和专家意见，分析综合后以一种可读的方式传达给管理层，并定期呈报情报分析报告以协助决策和管理。

2）竞争对手分析系统。1993 年上任的 IBM 首席执行官 Couis V. Gerstner，Jr. 为扭转因对竞争关注不够造成的企业利润急剧下滑 140 亿美元的严峻形势，提出“立即加强对竞争对手的研究”“建立一个协调统一的 CI 运行机制，将可操作性的 CI 运用于公司战略、市场计划和销售策略”中，迅速建立 CI 核心机构，构建一个遍及全公司的 CI 网络[72,96]。

该网络的核心是组建 12 个虚拟的以高级执行官为“常驻专家”、以竞争对手为研究对象、由包括竞争情报中心（CIC）在内的企业各职能部门派员参加的 CI 团队，文献［96］给出了系统的结构和做法。IBM 公司以 Lotus Notes 软件为基础的系统，为团队提供在线讨论数据库，也为执行官和分析师提供了进入各种 CI 数据库和获取竞争评估报告的全球通道。

3）竞争情报知识库。建立企业 CIS 的关键是建好各种竞争对手数据库。壳牌国际服务集团公司将 CI 和 KM 结合起来，在企业内联网的基础上，建立起一个包括竞争对手的产品和服务、优势和劣势、市场焦点、销售渠道及战术等在内的 CI 知识库（CI knowledge house）。该库由三大部分、16 个模块构成[58]。

框架设定部分。含“知识经纪人”和“注释”2 个模块。

研究部分。含“执行官主题”“CI 新闻快报”“竞争对手文档”“黄色文档”“人力资源管理”“marcom@competitor. com”6 个模块。

KM 部分。含“CI 实践社区”“信息技术鸟瞰”“出击/应对战术”“个人讨论”“定标比超”“第三方研究”“会议与事件”“需求网”8 个模块。

通过 CI 知识数据库，壳牌国际服务集团公司的 CI 机构实现了由低层次的增值服务活动（响应临时需求和市场预警）向高层次的增值服务活动（战略模拟/决策支持）的过渡。

4. 理论研究

对 CIS 的理论研究，是我国 CI 研究的一大亮点，多集中于基金项目和学位论文。

①CIS 的定位研究。将 CIS 定位于战略应用和人机结合的信息系统是众多学者比较一致的见解。文献［97］认为，CI 和战略管理相融合就构成了 CIS，它是 CI 的系统化过程。系统化管理 CI 的根本意义在于建立基于信息分析的、开放的、富有弹性的、快速反应的现代化企业战略管理系统。文献［98］认为，CIS 是从企业竞争战略的高度出发，通过充分开发和高效利用企业内外信息资源来提高企业竞争实力的信息系统，是运用现代信息技术

支持或体现企业竞争战略，为企业获得或维持竞争优势服务的信息系统。文献［105］认为，CIS是将企业作为一个整体来处理企业与环境相互关系、满足企业战略管理信息需求而开发的战略性信息系统，它不是以数据为中心，利用信息技术进行数据处理的计算机应用系统，而是以用户为中心的战略应用系统。

②CIS的技术路线。以CI循环为流程，以信息技术为手段，以信息采集、情报分析、情报扩散为主要模块，实行手工和机助相结合，是国内外学者采用的基本技术路线。

文献［97］分析了CIS与TPS（transaction processing system）、MIS、DSS（decision support system）之间的相互关系，提出了利用数据仓库技术建立企业CIS的指导原则和运行机制；文献［99］采用数据挖掘和数据仓库技术，构建了集成化的支持战略决策和战术决策的CIS的构想；文献［100］设计了一个适应网络经济的、基于Web的C/S结构的企业CIS，并用Delphi和SQL语言初步实现了这一系统；文献［101］运用以数据仓库和联机分析为核心的计算机技术构建了一个CIS计算机模型，详细分析了收集、分析和服务子系统的功能、结构和作用，提出了建立CIS计算机系统应遵守的基本原则；文献［102］则论述了商业银行CIS的建设。

文献［103］系统地论述了建立机助CIS的基本条件、采用的技术类型和已有的多种可用于CI领域的商业情报软件和CI工具，对SPSS等统计分析软件、联机分析处理、数据挖掘工具等商业情报软件和40种CI软件，进行了评价。Fuld & Company认为[84,86,104]，商业情报软件典型应用是处理数据和进行定量分析；CI软件则强烈依赖于收集与分析定性的信息。

③CIS的建设方法。文献［105］根据国外经验，提出了CIS建设的生命周期说，将系统建设区分为传统生命周期、原型生命周期和面向对象的生命周期，认为后者改变了以往面向过程的思维方式，具有更大的优势性。文献［106］根据国内外经验，提出了CIS建设的指导思想、基本原则、主要步骤和基本框架，将CIS建设的主要步骤归纳为情报审计、模式设计、组织落实、系统设计和系统实施。文献［107］则根据我国的实际，提出了独立建设法、外包建设法和联盟建设法，并推荐由高校和企业组成的联盟共同建设CIS的流程和做法。

5. 实践探索

我国学者对CIS的实践探索主要由情报研究机构和专业咨询公司进行。首开先河的是“上海轿车工业竞争环境监视系统的研究”[31]。该项目的主要贡献是将美国CI流程和工作经验移植到我国企业中来，提出了CIS建设的基本流程和设计方案，以及如信息矩阵表、信息存储表格、泰氏精简分析程序的运用，以手工系统为主，推荐了计算机辅助系统，其基本思想在1994年召开的“全国竞争情报与企业发展研讨会”和1995年的《情报理论与实践》杂志上发表[108]。

北京市CI示范工程为大规模开展我国企业CIS的建设提供了机遇和实践，把CIS的建设推向了社会。“企业竞争情报系统模式和运行机制研究”项目的完成，将美国经验和我国实践相结合，把CIS的理论研究和实践探索推向纵深[109-115]。

中国航天信息中心和北京环信咨询公司的基本做法是：从企业竞争力评价入手，建立企业及产品竞争实力评价层次模型和指标体系，据此开展企业内部信息源的调查和分析，建设和优化信息源间的相互关系，建立以CIC为核心的CIS框架，确定系统的运行规程。

从北京开关厂的组织网络建设到北京烟草公司的信息网络建设，完成了由手工系统向手工与机助相结合系统的过渡[109,111-115]。可操作性的企业竞争力评价指标体系的建立、企业信息源的调查和用主导产品/竞争产品分析确定企业竞争对手的方法是该实践探索的亮点。

北京华门策略顾问公司和北京大学新闻与传播学院的基本做法是：从企业的情报审计入手，调查企业的情报能力和情报需求，组建三大网络和三个系统，并把信息网络的建设作为企业 CIS 建设的中心[38-40]。它们为成都金珠设计的信息网络是以企业现有的内联网及办公自动化系统为平台，以 KIT 管理为中心，由 CI 收集、分析和服务三大子系统构成，实现了 CI 信息网与公司信息系统平台的有机链接。采用 B/S 三层技术构架，用浏览器进行企业 CI 信息的浏览、发布和管理；用 Web 服务器实现对客户端事务的集中管理和业务处理；用数据库服务器完成数据的存储和组织。该系统借鉴了 Cipher 公司 CI 软件 Knowledge Works 的做法，将 KIT 分解为关键情报问题，通过对这些问题的解答，形成对该 KIT 的完整分析。最后呈现的报告，既可以是对该 KIT 的简洁、一段话式的回答，也可以是包含由所有情报问题及支持论据的详细清单，并可以由此形成最终的分析[116]。

2001 年 6 月，以新华财经信息咨询公司名义、由梦龙明信咨询公司开发的梦龙 KM 与 CIS 的问世表明，我国 CIS 的实践探索已由情报界向咨询界扩展。

文献［88］认为，国内 CI 软件虽然起步晚，但技术起点高，采用了一些国外软件还没有采月的技术，例如，百度的信息收集技术、易地的信息组织和分析技术；信息组织功能较强，基本上都能提供自动分类功能，而且类目是用户可以自定义的；系统构架采用浏览器/服务器模式，而国外一般都是独立的端对端程序。

（四）人际网络的开发

信息和情报的搜集与分析是 CI 的两大主要工作，搜集是基础，分析是核心，而且搜集和分析贯穿于 CI 流程的始终，也是 CIS 两大关键子系统。为此，国内外学者都把大量的笔墨投向竞争信息的搜集和组织[81,104,117-124]。

然而，CI 的重要特点是它对一手信息的搜集，并把人际情报（human intelligence）的搜集作为典型的 CI 中的一环。因此，人际网络的开发和应用就成为获取一手信息的主要手段，构成 CI 一大特色。

1. 人际网络的由来

人际网络既是一种战略资源，又是一种情报工具，它的开发与应用是社会学研究的重大成果。

人际网络研究始于 20 世纪 30 年代。计算机技术的进步使复杂的网络定位和分析成为可能，因而将人际网络理论的应用推向了商业领域。1967 年，哈佛大学社会学家 S. Milgram 的小世界实验和 1998 年康奈尔大学的 Watts 和 Strogatz 小世界理论的诞生是人际网络研究的重大进展[125]。

20 世纪 90 年代以来，CI 学家将人际网络理论引入 CI 领域，认为完善的人际情报网络是搜集、分析情报的最有效的机制，同时也是提供情报服务的最好手段之一。康柏、壳牌国际服务集团公司和 Telcordia 这样的公司都围绕人际网络概念设计了它们的 CI 部门[44]。

所谓人际网络，实质上就是为达到特定目的，人与人、组织与组织之间进行信息交流的关系网。它基本是由节点和联系两大部分构成。节点是网络中的人或机构；联系则是交流的方式和内容。把司空见惯的人际交流作为科学来研究，是社会学发展的一大成就，由此产生了一批重要的论著[126-132]，形成了专门的研究领域，出现了国际专业组织（The International Network of Social Network Analysts，INSNA），出版了专业期刊 Social Networks，而人际网络在 CI 中的应用，则大大提高了情报工作的科学性、特殊性和价值性。

国防科工委科技情报局金朱德局长明确提出：网络是一种资源，网络与信息同是情报工作的两大基本要素，并倡导大力从事网络资源的开发[133]。人际网络开发用的访谈技术，可应用于企业 CIS 的建设。由李正中主任指导的董雨硕士的论文，提出了构建覆盖企业内外的人际情报交流网络问题[134]。文献［17］则提出了把人际网络作为 CIS 三大网络之一的构想。作为人际网络专家的 Prescott 教授在“竞争情报丛书”的序言中，把建立人际情报网络作为美国企业的四大经验之一[59]。2003 年出版的文献［135］和［136］则详细地论述了人际网络的开发和应用。

2. 人际网络的构成

人际网络的基本组成要素包括人及人与人之间的联系。在网络中流动的内容则包括信息和影响因素，由以下三方面构成：①信息，包括信息内容的质量，如时效性、针对性、价值性；②说服力，即克服信息传递中的阻碍能力；③联系性，即加强信息扩散的能力。

为了实现网络的高效运行，网络中的成员应当涵盖上述三大功能。这三大功能通常由信息专家——知识的来源、信息推销者——说服力的来源、联系人——交流的来源（关于人的专家）三类人员来承载。

在构建人际网络时，既要关注网络中个体的特性，更要关注个体之间的联系，即结构特性。人际网络的资源特性主要是由结构特性体现的。成员的联系特性和网络的流动内容构成了整个人际网络。

1992 年，Ronald S. Burt 提出了网络研究中的一个重要概念：结构空洞，即网络中心人物（管理者）具有“单线联系”节点的数量。拥有结构空洞越多的人，其社会资本越多；拥有结构空洞越多的网络，其效力也越高。

根据成员联系的结构特征看，人际网络可以分为企业家网络、小团体网络和等级网络；从成员联系的目的看，人际网络可以分为友谊网络、咨询网络、信任网络和工作网络。

3. 人际网络的建构

人际情报网络是因情报工作的需要而建立的一种人际网络。人际情报网络的构建是 CI 和 CIS 的一项基础建设，它为 CI 和企业发展提供了成功的机会和组织保障，从而使企业获取更大的竞争优势和经济利益。

1）构建程序。人际情报网络的构建通常由确定目标、确定网络模式和识别关键联系、建立联系三个相互关联的步骤构成。

2）网络模式。人际情报网络的模式可以分为结构模式和内容模式两种类型。从结构模式看，有协调-紧密型人际网络和分散-松散型人际网络。对于一个 CI 部门来说，对内采用协调-紧密型，对外实行分散-松散型时，网络的绩效最高，这是人际情报网络建设的根本目标。从内容模式看，如前所述，可分为咨询网络、工作流网络、友谊网络、信任网络等。情报部门可根据实际工作需要酌情构建。

3）识别网络成员和关键联系。网络成员和关键联系是网络的内容。人际情报网络的节点应包括个人和组织，重点是涵盖商贸协会、供应商、分销商、顾客和竞争对手等的外部联系。

网络的效率不仅取决于网络的规模，还取决于网络的范围，尤其是网络的有效运行离不开信息专家、信息推销人和联系人三种角色的配合。研究表明，通过灵活采访或面谈可能是最快捷有效、成本最低的建立联系的方式。南京大学-霍普金斯大学中美文化研究中心的冯维扬硕士运用竞争对手敏感信息流分析和用户CI需求分析两种方法确定有效访谈的过程，并在对影响访谈活动过程中的关键因素进行充分论证的基础上，提出了CI访谈活动的基本模型，探讨了访谈活动的科学性、合法性和规律性[137]。

CI部门还应运用网络理论和管理软件对构建起来的人际情报网络进行维护、优化和调控。

4. 人际网络的分析

人际网络不仅是重要的社会资本，而且是有效的分析工具。人际网络分析是研究人、组织之间关系的工具，用来描述人际关系、勾勒信息流动、分析人际交流及组织关系的模式。它所关心的中心问题就是揭示人与人之间的关系。人际网络分析既可用于情报的搜集和分析，也可扩展至人力资源挖掘、情报系统设计、企业网络定位、非正式组织管理等。

国外研发了若干软件用于人际网络的分析，主要有以下几方面[135,136]。

1）Negopy 4.302。基于联系的网络分析软件，应用平台为MS/DOS，可分析1000个节点和20 000个联系，网址为www. sfu. ca/r-ichards/pages/negord. htm。

2）NultiNet 3.0。数据分析软件，应用平台为Windows95/98/NT等，可分析5000个节点，网址为www. sfu. ca/r-ichards/multinet/pages/multinet. htm。

3）Krachplot。可视化软件，应用平台为MS/DOS，网址为www. analytictech. com。

5. 人际网络的动态

人际网络的应用和分析在历届的SCIP年会上都受到了与会者的关注。例如，在1998年召开的年会上，Jean-Paul Plants等人作了题为“你是否充分利用你的人际商业网络”的报告。在1999年召开的年会上，E. Nalglor在题为“通过你的销售力量来获取竞争情报”的报告中认为，CI的获取主要靠人际网络，而CI的分析最重要的是掌握强有力的数据资源。A. Selgas在题为“当今竞争情报七大成功因素”的报告中把人际网络作为关键成功因素之一。C. Giroux在题为“人际商业情报网络：一条更有希望的全球竞争情报道路”的报告中认为，人际商业情报网络能提供增值的信息、捕获早期预警信号、吸纳最佳实践经验、增强企业战略能力，从而使企业获取基于知识的优势，并构建了人际情报网络的运作流程，分析了其中的关键成功因素。L. Kight作了题为“让你的电话成为竞争情报的热线”的报告。在2000年召开的年会上，D. Krachardt等人作了题为“人际网络分析在竞争情报中的应用”的报告；L. Balenko等人作了题为“战略竞争情报分析：公司资源、竞争对手人际网络和合作能力的评价”的报告；M. Michtte作了题为“通过电话收集人际情报：CI管理者和咨询师的基本功”的报告；J. Paap作了题为“超越一手和二手信息：数据搜集的综合战略”的报告，其中提出利用企业内部和外部的人际网络来分析问题和识别来源。在2001年召开的年会上，J. Kirtanen等人作了题为“内部人际情报网络：从发展到利用”的报告。

文献［138］描述了Berger如何运用人际网络发展企业CI的生动事例，验证了“关键不在于你知道什么，而在于你认识谁”这一条体现人际网络理论精粹的至理名言。美国企业创造的管理矩阵、CI提供者网络、情报论坛等体现分散-协调型的人际网络[90,91]和我国情报机构创造的小核心、大网络的经验[139]，也值得我国CI从业者和研究者借鉴。

（五）竞争情报分析方法论的创建

竞争情报分析（CIA）就是通过系统化的方法将信息转化为情报和谋略的过程。究其来源，CIA一是来自管理学领域的竞争分析，一是来自政治军事领域的情报分析，前者侧重于对事件、组织和人的分析，以定性分析为主；后者侧重于对数据、信号、视图和事实的分析，以定量分析为主。竞争分析和情报分析的融合，就构成了完整的CIA方法的知识体系。

十几年来，我国学者侧重于对竞争分析的引进和应用，并非是对情报分析的忽略，而是因为情报分析（或情报研究），是我国情报实践活动的主要领域。40多年来，我国的情报工作者，主要就是运用情报分析方法将信息转化成情报和谋略，也是我国情报研究工作者对世界CI业的贡献。

实际上，哪里需要信息，哪里就需要分析，分析是一种知识创造活动，是信息通向应用的桥梁。因此，CIA是CI工作的灵魂、信息增值服务的关键、情报循环的中心环节、知识发现的基本手段，因而CI学者倾注了巨大的热情和心血，开发了许多方法和工具，谱写了CI的辉煌篇章[47,48,140-146]。

面对众多的、不断涌现的CIA方法，如何构建CIA方法的知识体系，促进对这些方法的理解、掌握、整合和应用，成为国内外学者十分关注的学术问题。

1. 竞争情报分析构架

对CIA的定义、作用、流程、产品、技术、场合、管理等的描述构成了CIA的基本架构，对CIA方法论的建设起到了导向作用。Jan P. Herring在1998年的SCIP年会上所作的《管理在生产分析性情报中的作用》和Moshe E. Shoshan在2000年SCIP年会上所作的《情报的综合和分析：竞争情报过程的核心》的报告中，论述了CIA的基本问题，提出了CIA的主要思路，为CIA方法论的建设提供了指南。例如，Herring认为，CIA的基本作用是提供早期预警——机会和威胁、支持战略决策过程、支持战术决策过程和商业运作、评估和监视竞争对手、支持战略规划和战略过程；CIA流程由辨识和确定用户需求、将用户需求转化成情报任务、定义情报任务、情报运作、形成关键情报结论、推断和推荐、发布、用户行动八个步骤构成；CIA基本技术由竞争者分析、市场情报、财务分析、组织分析、环境评估、技术评估、产业分析和预测八类构成。

2. 国外学者的工作

国外学者研究的重点在于方法的开发和应用，但也关注方法论的建设。

1）竞争对手分析模型。1980年，Michael E. Porter在《竞争战略》一书中，从现行战略、竞争实力、自我假设、未来发展和反应模式五个角度提出了竞争对手分析的理论框架。这就是著名的Porter模型。由于该模型未与具体方法相联系，缺乏可操作性。但Porter教授开发的五种力量模型、价值链模型、市场信号分析（marketing signaling analysis）、市场细分、战略组分析（strategic group analysis）、产业情景分析（industry scenarios analysis）和共同利益分析等一系列竞争分析方法，为CIA奠定了重要的理论和实践基础[6-8,141]。

2）John E. Prescott和John H. Grant的工作。1988年John E. Prescott等人在《为管理者的指南：竞争分析技术的评价》一文中，专门对经常应用的、在国内认知度较高的33

种竞争分析技术从实施这些技术的资源需求、数据需求到准确度制约因素、更新要求、优势和局限性做出了比较和评价[103,147]。

3）D. Harkleroad 和 K. Sawka 的工作。1996 年，他们在《智胜竞争：情报在战略规划中的应用》一文中提出了 CIA 方法论的问题，他们将分析方法划分为基本方法和高级方法。前者包括按需排序、信息源列表和事件分析；后者包括情景分析、对抗性假设分析、机会分析和关键分析[47,148]。

4）Timothy W. Powell 的工作。1996 年，Timothy W. Powell 在《商业规划和战略制定中的分析》一文中，将列联表、联合分析、多维等级分析等市场研究方法，多元回归、时间序列法、因子分析/神经网络、标定指标等预测/经济计量学/建模方法，财务报表分析（financial statement analysis）、关键比率和启发法、预计分析、现金流量/现值/内部回报率等财务分析法归之为定量（统计）方法；将产业结构分析、价值链分析、利益相关者分析、业务组合分析（portfolio analysis）、时间线分析、情景分析、博弈论、主要经理人人格文档、政治分析、商业类比/比较、定标比超列为定性（软）方法[47,148]。

5）K. Tyson 的工作。1998 年，K. Tyson 在《竞争情报完全指南》一书中，提出了自顶向下的宏观分析和自底向上的微观分析两种分析思想。所谓宏观分析，是指从公司层次（即所谓顶）制定战略，以指导每个战略业务单元和具体操作层（即所谓下）的发展，分析方法有行业增长率与市场占有率矩阵图、行业吸引力与竞争地位矩阵图、行业成熟度与竞争地位矩阵图等。微观分析是公司为某一产品或市场制定战略或战术规划时经常使用的方法，如对竞争对手、用户、供应商及其他市场力量的分析[45,148]。

6）Craig S. Fleisher 和 Babette E. Bensoussan 的工作。2001～2003 年，这两位学者及其他学者先后提出了按用途分类的方法体系。在《竞争情报管理前沿》一书中，将各种方法划分为用于战略分析、产品分析、环境分析、客户分析、财务分析、技术分析和行为分析七类；在《战略和竞争分析：分析商业竞争的方法和技术》一书中将各种方法划分为战略分析、竞争和客户分析、环境分析、进化分析、财务分析五类[48,148,149]。

3. 国内学者的工作

与国外不同，国内学者注重对分析方法的引进和推广，十分重视对知识体系的研究，曾出现过不少关于情报研究方法论方面的文章和论著[18,150]，而对于 CI 方法论的研究正在兴起。鉴于 CI 本质上是一门实践的学科，因此 CI 技术的开发应成为 CI 理论建设的重心。

1）樊松林的 CI 方法论。2000 年，上海大学樊松林教授构建了 CI 研究方法论体系的框架；2001 年，在樊松林指导下由徐雪松硕士完成了《竞争情报分析方法论研究》的硕士论文[151]。樊松林将 CI 研究方法归纳为直观型、间接型、规范型、数学型、统计型、财务型六种基本研究类型，形成了一个容纳 100 多种方法的体系；再从竞争环境、竞争对手、竞争市场、竞争营销、竞争力、竞争战略六大研究范畴出发，阐述了每种研究范畴可以采用的分析方法[152,153]。

2）竞争对手分析论纲。竞争对手分析论纲是以竞争对手分析为主线构筑的竞争对手分析的知识体系。由于不同视角，可以建构不同的论纲，例如，经 Porter 模型改进的以竞争对手跟踪分析为纲的竞争对手跟踪模型[154,155]、三角分析法[103,156]和三维分析法等。笔者等人以市场定位理论和资源依赖理论为指导，以竞争对手分析为纲，采取市场和能力两种视角，并引入时间变量，将主要的竞争对手分析方法以市场维、能力维和时间维聚类，从而形成分析竞争对手在一定时空条件下的状态和意图的知识体系[156,157]。笔者等人还从推广和应用的角度出发，本着实用的原则，采取点面结合的办法，从竞争对手的辨识确认、分析流程、分析方法、操作案例等方面，出版了堪称《情报研究方法论》姐妹篇的《竞争对手分析》[54]。

3）李艳的竞争情报分析方法论。2003 年 5 月，由秦铁辉教授指导的李艳博士完成了《竞争情报分析方法论》的博士论文，将信息分析与竞争分析整合，构筑了既能容纳这两种分析技术，又能反映最新发展的 CIA 方法论，是迄今为止见到的颇为系统和科学的 CIA 方法的知识体系[148]。

李艳博士认为，CIA 是在系统思维指导下的模式识别过程；将信息分析与竞争分析相结合，解决了 Porter 认为战略定位和操作有效性需要不同方法的问题和 Herring 认为以往的情报分析中商业导向有余而情报导向不足的问题。

为此，李艳博士构建了包含专家、信息、电脑三个方面，物理（W）、事理（S）、人理（R）、专家、电脑、模拟六大模块的 WSR 竞争情报分析方法论。该方法论构建了新的 CIA 流程和信息分析流程，并以此组织相应的分析方法；引进了用于人理分析的包括管理人员文档、假设分析、盲点分析和关键分析等在内的心智模式分析；根据 CIA 人机结合的特点，引入了专家判断与计算机分析技术；引进了包括战争学院、战争游戏、作战室等在内的模拟分析技术，凸显了 CIA 的博弈特色；形成了囊括 30 多种分析技术的 CIA 方法库，并给出了示例，因而具有很好的新颖性和实用性。

4. 竞争情报分析的新近动向

作为 CI 发展最活跃领域的 CI 分析技术出现了一些值得关注的动向，主要有以下几方面。

1）心智模式分析。心智模式（mental model）是指人们对外部世界认识和反应的思维方式。由于组织的战略决策是由管理层制定和实施的，对管理者及其心智模式的分析自然引起 CI 从业者的关注。

1999 年，S. Marceau 等人认为，当前美国企业中比较流行的 CIA 技术有结果选择分析（alternative outcomes）、机会分析（opportunity analysis）、事件分析（event analysis）、关键分析（linchpin analysis）和竞争假设分析（analysis of competitive hypotheses），而关键分析和假设分析就是心智模式分析的重要方法[66]。同年，J. Nolan 在 SCIP 年会上作了《竞争对手领导的性格和心理剖析》的报告，提出了如何评估竞争对手领导和管理风格，研究他们的决策制定过程，预测他们市场定位的主动性和反应性，评估竞争对手领导团队的优劣势和异同点，以及他们开发的在企业并购和战略合作谈判中的战略。

李艳博士在文献［148］中推荐了以改善对手和自身的心智模式为目的的管理人员文档、假设分析、盲点分析和关键分析的四种心智模式分析方法，作为 WRS 竞争情报分析方法论中人理分析的主要方法。

2）竞争博弈分析。CI 具有博弈特性，因此其通常应用于军事领域的战略模拟、战争游戏和作战室技术近来逐渐成为 CI 分析的主要技术之一。

1998 年，Steven M. Shaker 等人编著了《竞争情报作战室指南》一书[146]，L. Fuld 出版了《Fuld 作战室——竞争情报演练的基本做法》的专著[158]。1999 年，David J. Reibstein 等人借用军队用模拟方法规划战役的做法，探讨了使用模拟方法去理解市场竞争和开发竞争战略[159]。2000年，B. Breeding认为，战略模拟处于CI四项增值活动的金字塔模型（临时需求、市场预警、CI/KM系统、战略模拟/决策支持）中的顶端[58]。2001年，徐雪松将博弈论模型引入CIA进行了探索[151]。2003年，李艳博士则把包括战争游戏、战争学院和作战室在内的模拟类方法作为她建构的CIA方法论的六大模块之一[148]。

3）情景分析技术。情景分析并非一项新的分析技术，但作为战略分析的重要手段，一直受到国外学者的青睐，应用热情有增无减，应用开发接连不断，不能不引起我国学者的密切关注。

例如，1997年，F. Tessun采用包含八个步骤的动态情景分析，得出戴姆勒-奔驰公司20年内的不同发展前景，并据此建构了一个战略早期预警系统，是情景分析用于战略决策的范例[95]。1999年，L. Fahey采取不同的情景分析方法来分析竞争对手的市场定位战略，并将情景分析与决策制定相集成[160]。2000年，A. Fink等人认为，情景分析是一种帮助企业在竞争中取得成功的有效工具，并将情景分析整合到CI流程和战略管理中去[161]；A. Gilbert采取10个步骤的多重情景分析技术（MSA）为战略决策者勾勒未来的竞争图景，从而寻求新的商业机会[162]；Stanley A. Feder认为，思维定势是政府情报政策失误的原因之一，提出以现实为基础进行多重情景分析是克服企业思维定势的有效方法[163]。2002年，D. Fehringer和K. Sawka在SCIP年会上作了《利用情景分析提高CIS的整体有效性和管理战略决策风险》的报告。2003年，W. Rosenkrans在SCIP年会上作了《制药行业的长期情景分析与战略早期预警》的报告。

4）计算机信息分析技术。近些年来，以计算机处理大容量信息为特点的信息分析，如统计分析技术、联机分析处理、数据挖掘技术、网络挖掘技术（web mining）、文本挖掘技术、语义挖掘技术这些信息分析技术已经广泛应用到CIA领域，成为CIA方法的组成部分，反映了CIA技术的人机结合特色，是CIA技术的重要进展。

例如，1999年，M. Aiken采用了基于计算机解决方案的神经网络（neural network）这一预测技术，用人工智能软件来预测未来的价格、销售和其他经济行为，以提高CI的决策水平[164]。2000年，A. Ford在SCIP年会上作的《运用代理技术开展智能竞争》的报告中认为，代理技术（agent technologies）是CI、KM和网络经济的交集，论述了代理技术的类型和如何成为CI分析师发现、管理和传播网络信息的重要工具。2001年，Luis Marin-Llanes等人提出用数据挖掘技术来解决信息超载、提高决策支持能力的问题，并推荐了他们的信息分析技巧[165]。文献［103］和文献［148］也都对计算机信息分析在CIA中的应用作了论述。

5）竞争力分析。评价组织的竞争力是CIA的重要任务，也是我国学者关注的热点之一。文献［22］的“企业竞争力评估”、文献［54］的“核心竞争力分析”和“关键成功因素分析”及中国航天信息中心张典耀研究员在北京市竞争情报示范工程中主导开发的企业竞争力评价指标体系（见文献［85］中的表4.7）是我国情报界在这方面研究的重要体现。

国外CI从业者也关注对企业竞争力的评估。1999年，M. Settecase从结构入手，提出了竞争力评价模型，该模型由组织结构、全球布局、产品与服务、运营、研发、市场表现、增长战略和管理八大类40小类组成，通过定量统计和轮式矩阵（wagon-wheel matrix），获得一个企业在细分行业或市场中整体竞争力的排序[228]；同年，R. Cantrell提出了竞争力六角模型，用于考察竞争产品之间的互动关系和竞争格局，协助企业更好地制定防御和进攻策略[166]；2001 年，Clement K. Wang 提出了组织竞争力分析（OCA）模型，通过对竞争对手组织竞争力的分析，评估竞争对手的核心能力和发展道路，以更深刻地理解竞争对手竞争力的来源，并以一家日本大型跨国公司为例进行了案例研究[167]。

（六）重视反情报技术

由情报与反情报构成的 CI 是一个组织在市场竞争中的剑与盾，是一个问题的两个方面，相辅相成，缺一不可。因为任何组织在开展情报活动提升自己利益的同时，其他组织也会通过情报活动来损害该组织的利益。情报与反情报问题也是国家经济安全和信息安全的重要构成，因此历来受到国内外业界的关注[104,119,120,168-174]。美国还专门成立了反情报从业者协会（ACIP），进行信息安全理论与技术的探讨[175]。

在 2003 年 SCIP 国际年会上，B. DeGenaro 等人认为，采取 CI 活动来保护组织的智力资产免受竞争对手的侵害是当前首席执行官的重大需求。反情报是 CI 硬币的另外一面，是一种战略性谋划，是保护组织竞争优势的 CI 活动。报告的重点集中在用来提高警觉和增强组织的知识安全性的系统和技术上。

1. 反情报工作模型

反情报是关于识别和防御竞争对手的 CI 活动和工业间谍侵害的一种系统化活动，通常的工作模式有以下几种。

1）反情报模型。Jerry P. Miller 描述的反 CI 模型，亦可称商业秘密保护模型，也是一个循环过程，它由定义保护需求（保护对象和需求）、评估竞争对手（意图和情报能力）、评估组织自身弱点（敏感部门和薄弱环节）、实施保护对策、分析（反情报效果）、发布（反情报结果）六个流程构成[171,172]。

2）安全保障策略。美国国家安全局（NSA）曾开发了一种防止竞争对手获得对它们有价值的关键信息的系统化方法——安全保障策略。安全保障策略由确定关键信息、威胁分析、弱点分析、风险评估、策略运用五个流程构成[171,172]。安全保障策略也是一种反情报工作模型。美国国家安全局负责安全运行的前主管 G. Jelen 认为，每一步骤对于全部流程的完整性和效率都很重要。识别关键信息提供关注焦点；威胁分析保证对现实的认知；弱点分析增加客观性；风险评估保证合理性；对策运用保证效用和价值。它们一起代表了一个逻辑和平衡的抗御风险的方法[171,172]。

3）公开信息保护法。公开信息的不当披露同样会给企业带来严重灾难，因此公开信息安全与商业秘密保护、网络信息安全一样，成为企业反情报工作三大内容。曾忠禄教授在文献［176］中介绍的 OPSEC（OPeraion SECurity）法的目的是控制有关企业行动、能力、局限性、活动和动机的信息泄漏，防止竞争对手利用这些信息进行有效的预测，可以看做是安全保障策略的运用。

4）新情报循环模型。Wayne A. Rosenkrans 将 Herring 模型放到知识环境大框架下，并将反情报嵌入到 CI 流程中去，形成了新的情报循环，提出了情报整合者（intelligence integrator）、情报保护者（intelligence protector）和活动的知识背景的概念。情报保护者可以是人，也可以是一个团队。他认为，一个全新的源于情报和安全的学科正在出现，它不仅保护组织内部的智力资本，也保护它的知识资本[177]。

张法明在文献［178］中也提出了企业反情报部门的工作流程图，它是一个由定义反情报需求、收集与组织信息、反情报分析、产生报告四个步骤组成的反情报循环。

2. 反情报工作原则

如何进行反情报工作，综观国内外的基本做法，可以归纳为掩蔽和迷惑。

1）掩蔽。John J. McGonagle 在文献［168］中提出了掩蔽技术（cloaking program），并在 2001 年 SCIP 年会上作了《如何用掩蔽技术阻止竞争对手从公司主页上得到更多有用的信息》的报告。他为掩蔽技术总结出九项原则：要控制关键信息而不是所有信息；只有需要知道的才让知道；始终把好公司的 CI 源；预防泄密优于堵塞漏洞；如果不能预防泄密，就应进行掩蔽；不要忽视简单的解决方法；注意细节；如果不能掩蔽，就应增加窃取秘密的难度和成本；保密从高层开始。

2）迷惑。从普通商战到伊拉克战争，充满了迷惑和欺骗。迷惑性信息（disinformation）是有意识透露给接受者使其上当受骗的信息，它有主动和被动之分，目的是通过改变竞争对手收集到的信息的性质和价值来打击其 CI 活动。P. Dishman 等人提出，CI 人员要谨防企业交流中的迷惑性信息，认为它是企业交流策略中最常用的众多技能之一。他们探讨了迷惑性信息战术的各种类型，并建议采用迷惑性信息的公司应对风险进行评估[179]。汤路漫硕士[180]和冯维扬硕士[181]对迷惑性信息的概念和特点进行了研究，并提出通过直接信息、征兆信息和环境信息对虚假信息（false information）进行定量验证，给出了信息可靠性系数，以反映竞争对手所处环境和采取的行动与释放信息之间的密切关系，用以判断信息的真实性。

3）抓好两头。侯颖锋认为，反竞争情报是模仿竞争对手监测和分析企业自身商业活动的过程，是抵御竞争对手针对本企业实施的合乎法律的情报活动的有效方式。因此，重点应放在监视企业释放的信息和分析对手的 CI 活动两头，从而找出杜绝敏感信息外泄的措施[182]。

4）综合治理。应恩德副教授提出反竞争情报要法律、协议、合同、假情报和掩蔽技术同时并举，关键是做好人的管理。最好的反竞争情报方法是适当公开公司的有关信息，建立互动共荣的交流机制，实施定标比超。

3. 第三方陷阱

第三方即与企业发生联系的组织和个人，包括供应商、经销商、客户、主管部门、行业协会及形形色色的中介机构如咨询机构等，它们是获取竞争对手情报的重要渠道，也是情报泄露的重要途径，既有诱惑，又是陷阱。因此，如何防范第三方泄漏是反情报工作的重要任务。

万宇在《如何让第三方为你的商业秘密保持沉默》一文中提出了行之有效的办法，就是与第三方签订书面的保密协议（trade secrecy agreement），尤其是与第三方有权接触自己商业秘密的雇员签订个人保密协议（individual secrecy agreement），让第三方在接受商业秘密的过程中承担法律规定的保密责任[52]。

4. 网络信息安全

信息是社会发展的重要战略资源，网络信息安全已成为国家安全和社会稳定的重大关键问题，构筑面向 21 世纪的国家信息安全保障能力是我国面临的重大挑战和历史重任[173]。对于企业来说，网络信息安全，就是保障企业 CI 源和 CIS 的安全性，严防网络泄密。从 M. E. Bates[119]、J. A. Nolan III[170]、A. Kassel[104]等人的论著及网络侦探的兴起中可以看到网络信息安全的严酷性和重要性。

1998 年，N. Boni 在 SCIP 年会上报告了互联网上的犯罪和防范。2000 年，Marilym M. Helms 等人在 SCIP 年会上讨论了美国跨国公司的计算机犯罪和信息失窃现状，认为在企业 CIS 的设计中须包含反情报要素，提出了保护企业免受商业间谍信息破坏的措施[183]。在 2001 年 SCIP 年会上，J. Dubriman 论述了从网络上保护和隐蔽科研成果关键信息的措施；G. Mitchell 报告了采用计算机技术收集企业内部员工通过网络将公司机密透露给竞争对手的证据，以制止内部的计算机犯罪。2003 年，熊松韫等人在对我国企业的网络信息安全现状调查分析的基础上，结合 ISO17799《网络信息安全管理标准》，提出了一整套企业实现网络信息安全的防护体系和方案，可使企业的网络信息风险降低到可接受的程度[184]。

5. 道德与法律屏障

CI 是对工业间谍活动的摒弃，合法性是 CI 生存和发展的基础。王志荣等认为，CI 成果和商业秘密都具有价值性和保密性，能为权利人带来利益，都应该属于法律保护的范畴[185]。反情报的本质就是对抗竞争对手的 CI 和工业间谍活动，因而道德和法律屏障也是反情报的锐利武器。

1896 年，德国第一个颁布了《反不正当竞争法》，标志着规范竞争行为与防止限制竞争的法律一起，构成了具有社会公共利益保护性质的崭新的公平竞争法律制度[174]。1985 年，美国制定了《统一商业秘密法》（Uniform Trade Secrets Act），1996 年 10 月 11 日又颁发了《经济间谍法》（Economic Espionage Act），1993 年 9 月 2 日我国也制定了《反不正当竞争法》及与之相适应的一系列法律法规，形成了一道道反情报的国际法律保障。

自 SCIP 倡导 CI 从业者道德规范以来，CI 界一直把道德建设作为业界的重要任务。在 1999 年 SCIP 国际年会上，A. Selgas 把道德准则作为 CI 的七大关键成功因素之一；A. Breakspear 研究了世界各国有关 CI 活动的道德和法律架构。同年，R. Horowitz Esq 论述了 CI 与《经济间谍法》的政策分析[186]。

2000 年，William S. Duffey，Jr. 在考察了美国联邦政府和各州的相关法案后就竞争信息收集方法提供了一种风险分析指南[187]。2001 年，M. Halligan 等人在 SCIP 年会上通过对案例的研究阐明 CI 活动的法律界限和美国《经济间谍法》实施 5 年后的形势；D. Charters 论述了 CI 人员在从事合乎道德的 CI 时遇到的困难和对策，建构了评价 CI 活动的 CHIP 道德模型[188]。在 2002 年 SCIP 年会上，J. P. Herring 提出要在公司的 CI 和法律部门之间建立起战略联盟（strategic alliance），加强在反情报中的合作；J. Nolan 认为，竞争保险（competitive assurance）是一种保护公司信息优势的重要举措。在 2003 年的 SCIP 年会上，S. Dickerson 提出了在企业中推进道德规范建设的建议，并报告了在企业中建设和实施道德规范的有关信息与工具；S. Starms 提出了在美国几家大公司丑闻后关于商业道德问题的再思考；J. Island 作了关于美国经济间谍行为和保密法律的报告，推荐采用合乎道德和法律的竞争对手研究流程。

因此，倡导和遵循职业道德，研究和运用法律武器应是我国 CI 业的重要任务。

（七）关注竞争情报的培训

随着 CI 业的兴起，一个 CI 教育培训市场正在出现，并粗具规模和体系。美国学者认为，专业人员的培训是由社会和文化对专业活动的认识、学校开展支持专业活动的特定知识培训、从事特定职业人员专业协会的建立等社会、文化和制度上的因素决定的。从20世纪90年代起，CI人员的培训已具有了这样的条件[171,172]。

1. CI培训在国外

迄今为止，在美洲、欧洲、亚洲等地都有CI教育学校和培训机构，形成了由高中、本科、硕士、博士、在职培训等构成的比较完整的教育培训体系。

1）教育培训机构。根据SCIP的K. Burkhardt的调查和统计[189]，目前全球开设了CI课程的大学与学院有32所：美国18所，澳大利亚2所，加拿大7所，瑞典2所，法国、英国、巴西各1所。

2）教育培训教程。1996年，SCIP年会就CI培训问题专门举行了一次会议，确定了CI培训的课程体系由情报理论、管理科学、需求分析、信息搜集、信息分析与综合和情报交流六大模块构成，分别论述了每个模块应包含的课程，并将情报理论和管理学列为商学院的基础课程[171,172]。

从对国外大学和学院设立的CI课程的分析可见，CI分设在商业管理、信息管理和MBA课程中，学生包括商学院和图书信息科学学院的本科生、硕士生、MBA和博士生。例如，美国军事大学（AMU）在本科和硕士阶段共开设了120门CI课程，登记在册的学生有1000多人，成为美国最大的私立情报学院[189]。它的企业情报认证项目的课程包括CI和工业间谍两方面，如竞争对手计划、意图和能力评估，企业威胁和脆弱性分析，商业风险规避等[189]。Mercyhurst学院的研究/情报分析专业主要是培养政府部门/企业所属的研究/情报分析人才，要求学生掌握一门外语、政治哲学、口头表达能力、评估与分析、计算机/数据库技术、统计分析方法[189]。Drexel大学信息科学和技术学院也举办了CI职业认证项目，内容包括搜集、分析、传播和保护可行性情报，从而支持企业的战略决策[189]。该学院认为CI教育是传统图书信息科学教育的延伸，它面向成人的CI专题继续教育、硕士研究生课程、本科课程、为高中生开设的CI课程这四种教育计划中都包含了CI或以CI为主。有意思的是，它开设的高中CI课程分为CI、信息管理工具、信息安全与隐私——法律与伦理问题三个模块[190]。

3）教育培训网站。据对www. CIRource. com的调查，提供CI教育培训的网站共有35个，其中，英文网站20个，瑞典、法国、西班牙、巴西等国家的非英文网站15个。这些网站以教育培训为主，资格认证为辅。其中，颇负盛名的是Fuld & Company（http：//www. fuld. com）和美国竞争情报学院（http：//www. gilad _ herringaci. com）。

Fuld & Company公司是CI教育领域的先锋，它曾于1982年召开了这个行业的第一次专业研讨会，1999年与B. Gilad和J. Herring合伙成立了美国竞争情报学院。美国竞争情报学院是一个致力于培养能利用CI更好地管理风险和预测市场机遇的经理和公司的教育机构，还是唯一一家公认的CI职业资格（CI professional，CIP™）认证机构，有一套完整的培训与认证程序，从初级的数据采集到高级的数据分析，都由Fuld-Gilad-Herring指导。CIP培训与认证共有九门课程，是一个覆盖CI理论与最新实践成果的完整的CI教育体系，形成了从基础的信息搜集到高级的信息分析、从CI运作程序到行业风险管理的复杂框架，它包括竞争游戏、定制化的CI项目（如针对营销、销售、财务、研发、生产等部分）、高级管理层教育（如行业风险管理、公司关注的焦点、决策者所需的情报、预测性情报、识别并克服竞争盲点、真实的情报系统）和企业CI人员培训。无疑，SCIP网站也是非常优秀的教育培训网站[189]。

2. CI 培训在中国

我国 CI 教育培训尚处于起步阶段。除 2001 年开始河北远东职业技术学院设有本科教育外，我国 CI 的正规教育主要表现在 CI 硕士生和博士生的教育上。自 1995 年始，北京大学、中山大学、中国科学技术大学、南开大学、南京大学、武汉大学、西北工业大学、吉林工业大学、北京师范大学、华中师范大学、上海大学、南京理工大学、中国科技信息研究所相继开展了 CI 硕士生的培养，占全国 28 个情报学专业硕士学位授权单位的 42.8%。1999 年始，武汉大学、南京大学、中国科技信息研究所、北京大学也相继开展了 CI 博士生的培养，涵盖我国七家具有情报学博士点中的四个，占 57.1%。说明我国教育界开始关注高层次 CI 专业人才的培养。

1998 年 10 月 6～7 日由 SCIC 主办，在北京大学光华管理学院举行的“企业竞争战略决策与竞争情报活动”研讨会可以看做我国 CI 培训活动的序幕，而由 SCIC 等单位出版的“竞争情报丛书”则为培训活动提供了必要的辅助教材。

自 1998 年以后，尤其在 2001 年清华峰会以来，以咨询机构为主体、企业业务人员为对象的 CI 研讨与培训形成了热潮。与此同时，北京师范大学、上海交通大学和中国科技信息研究所也陆续开办以 CI 为主要内容的研究生班教育。遗憾的是，我国网上 CI 教育培训尚未形成气候，一曰我国有 11 个 CI 网站[191]，一曰我国有大约 20 个 CI 网络[192]。其间，SCIC 的网址为 www.scic.org.cn，而北京中兴新景信息技术公司的 www.zitview.com 网站则是新近出现的。可见，我国的 CI 教育培训可谓任重而道远。

3. CI 培训的热点问题

近年来，CI 人员的情报素质、网络教育和分析技能成为 CI 界关注的三大培训热点问题，而 CI 分析师的培养则成为 CI 教育培训的重中之重。

2002 年，J. Goldberg 在 SCIP 年会上作了《关于摩托罗拉公司职业管理》的报告，定义了 CI 专业人员的特点，论述了 CI 专业人员的关键能力和 CI 的职业目标，对 CI 素质教育作了评价；2003 年，S. Barth 在 SCIP 年会上提出了 CI 从业者的个人知识管理（personal knowledge management，PKM）的概念，论述了 PKM 的原则与实践、PKM 的技能框架，以及 PKM 的工具和技术；C. Kalb 等人则提出了 CI 从业者的职业规划。

在 1999 年 SCIP 年会上，B. Hohhof 认为，从信息专业人员向情报分析师的职业转变是一条艰辛的道路，分析了两者的特点和转变的条件；在 2000 年 SCIP 年会上，John E. Prescott 认为，CI 领域最具争议的问题之一是要不要分析师及能否培养分析师，为此，他们为德州仪器公司开发了一个 CI 分析师培训项目，为分析技巧构筑了由十大模块构成的集成框架。2001 年，G. Werther 在题为“在 21 世纪开创一个竞争情报的分析时代”的文章中认为，CI 计划的低有效性源于拙劣的 CI 分析师的培训；光靠学院派既不能培养学生批判和缜密的思考能力，也不能培养学生的创新能力和应变能力。为此，需要吸引公司内外最具分析才能的人开展情报培训计划。因此，通过建立类似实习的机制培养思考能力是将学生转变成未来分析师的更可取的方法[193]。同年，SCIP 与 Drexel 大学召开了关于培训问题的学术研讨会后认为，商学院应当培养未来 CI 从业者的分析能力，为此，学院派和实践派应当建立伙伴关系[194]。

(八)形成竞争情报管理框架

经过20多年的实践和提炼，国外已经形成了完善的CI管理框架，如CI机构的建设、CI团队的建设、CIS的建设、CI主管、KIT管理、CI效益的评估、企业情报文化的培育等。因此，研究国际上各种流派的情报思想，对于我国CI业的发展具有重要的导向意义，而研究美国CI学者Herring和Prescott的情报思想应是我国学者把握美国CI管理理念的一条捷径。

1. Herring和Prescott的CI思想

出身于中央情报局官员和摩托罗拉CI主管的Herring、商业管理博士和战略管理教授Prescott的思想代表了美国CI界学术思想的精华。综合他俩的思想，主要有以下几方面。

论述了CI的基本理论[195]和战略地位[44]；倡导以决策者情报需求为导向，提出了CI循环和关键情报课题[65,76]；开发了战略情报和战术情报相结合的“TAP-IN”的协调机制[196]；建构了CI管理的FIICH模型（1998年SCIP年会）；论述了CIA的艺术和科学[47]，阐明了分析性情报生产中的管理问题（1998年SCIP年会）；积极推进定标比超活动在CI管理中的应用[91]；大力提倡人际网络的开发[197]；开发了情报效益评价的准则和方法[198]；总结了CI实践活动的基本经验[11,54]；开发了CI培训的课件和“套餐”。

例如，在CIS的建设上，Herring认为，“在情报工作中，最基础的布局就是两种头脑：一种是分析者的头脑，一种是人际情报搜集者的头脑。给我这两种不同的头脑、一个图书馆和一组非常明确的管理需求，我就会给你组建一个情报系统”[199]，简练而精辟。在团队的组建上，Herring说：“分析部门需要更多时间并且是资源密集型的。根据我在摩托罗拉的经验，分析员和搜集员的比例是5∶1。一个出色的人际搜集经理，如果做得好的话，可以敲开大约10万人的脑袋；但是我需要5个分析员在最大程度上处理所有的管理层的分析问题。”[199]凸显了分析师在CI工作和团队中的核心地位。在成果评价上，Herring又说：“你可以采用4种基本的定量评估方法：时间节省——我们节省了多少时间？成本节省——我们节省了多少成本？成本避免——因为我们把握了技术竞争情报，所以我们在哪些方面本来该花而没有花？第4个评估是收益增加——我们获得了多少的额外收益？”[199]这与我国科技进步奖的评审标准可谓风格迥异。

2. 竞争情报管理的FIICH模型

在1998年的SCIP年会上，Herring和Prescott等联袂作了《竞争情报知识管理》(CIKM)的长篇报告，提出了由焦点（focus，CI知识活动的目标）、工具（implement，创造一种有助于应用可行性CI知识的文化）、制度化（institutionalize，将CI知识实践融入日常活动中）、转变（change，改变思维的方式、行为和特性）和磨合（hone，CI知识流程是一项不断发展的活动）构成的FIICH模型，对CI管理问题作了精辟的论述，是Herring和Prescott情报思想的重要表述。

他们认为，实施CI知识管理的目的是定义和应用CI知识、在全球规模上进行CI知识管理、CI知识共享和运用CI促进变革。例如，采用信息技术、人际情报、组织文化和组织流程以创造CI知识共享的文化；开发一个地理上分散的基础组织结构和开发一个国家文化框架以实现全球规模的CI知识管理。

他们提出，FIICH模型的优点是：它是一种思考和构建CI知识管理流程的组织化方法，可为每一个阶段定标比超分析提供框架，是一种确定下一步行动的结构化方法，该模型可以进一步细化。

他们的基本做法是，根据模型，开展定标比超活动，将最佳实践企业的经验作为模型的基本内容，从而使模型具有可行性和先进性。

例如，作为模型第一步的焦点，通过定标比超分析发现：最佳实践企业将 CI 知识聚焦于对业务运作和成功具有重要作用的管理领域；最佳实践企业不仅支持 KM 流程，还积极参与其中；在最佳实践企业，CI 知识管理形成了一揽子的情报产品和服务组合。

3. CI 团队的建设

专职团队和虚拟团队的建设是发展组织 CI 工作的基本条件。Herring 认为："没有专职部门、专职人员的情报工作必将导致失败。"[56] D. Thomas 也认为，"在 IBM 公司，我们感到必须在行政层次上明确职责开始，让各线的行政管理人员负责领导 CI 工作。我们也知道必须拥有专门从事 CI 工作的人员团队""我们的任务一直以来都是要建立一个跨职能部门的职能团队……"[56]

K. Sowka 在 1998 年 SCIP 年会上作了《如何做好公司 CI 主管》的报告，认为作为 CI 主管，应该在资源受限的条件下，建立起一个能够提供增值了的 CI 的系统化过程，适应你的环境、适应公司的需求和文化，生产出作为决策依据的情报。L. Behnke 在 2002 年 SCIP 年会上作了《建设高级 CI 团队》的报告，总结了在技术开发和环境改进的团队建设实践、CI 团队建设的技巧和 CI 团队革新进取的潜力。此前，L. Behnke 在文献［200］中建构了在竞争环境下与各种竞争水平相适应的团队设计框架。在 2003 年的 SCIP 年会上，B. Breeding 等人则作了《建立各种形式 CI 团队》的报告，提出了如何创建一个 CI 团队、建设 CI 团队的流程以及如何将 CI 价值同企业的目标联系起来的见解。

4. 竞争情报机构的定位

对于一个企业而言，应该采用何种 CI 机构、定位何处，一直存在着争议。几十年的发展，美国已经创造出集中模式、分散模式和混合模式的组织结构，以满足不同类型和内容的企业的需要[32,171,201]。

S. Marceau 等人开发了一套可为电信运营商进行 CI 部门建构提供指导的框架[66]。他们认为，对绝大多数企业而言，CI 是在有限的中央调控下由各地生产和管理。明智的选择是建立对 CI 的通盘规划，并制定跨部门的信息提供和发布程序。他们认为，实现情报循环各环节的平衡，是使 CI 部门从以信息为基础的图书馆研究职能向具有前瞻性和战略性分析的，既支持企业或业务部门的战略规划，又支持企业或业务部门的战略实施这样职能转变的关键所在[66]。

Prescott 等人在 1995 年的一项调查中显示，大多数企业的 CI 部门定位于市场营销或企业规划部，比例为：市场营销部占 40%、企划部占 32%、独立部门占 9%、研发部门占 8%、其他占 11%[90]。

Jerry P. Miller 在分析了企业的各种情报需求和各种情报机构定位的利弊后认为，情报部门应当定位于最需要情报支持的那些决策部门；必须尽可能靠近决策者。因此，情报部门越来越多的设置于竞争激烈的部门和对公司影响最大的单位，设置于对企业的战略决策和日常运作活动提供直接支持的位置上[171]。

1998 年，D. Irwins 等人在 SCIP 年会上报告了在企业中建立一个战略 CI 部门的四点经验；D. Harkleroad 则提出分散型情报机构是成功的情报组织模式的主张，并推出企业情报社区设计、情报管理模型、情报部门设置、竞争情报交流站（clearing house）一套解决方案。2003 年，C. K. Knecht 在 SCIP 年会上介绍了 Cisco System 如何从基础开始，建立世界一流的市场情报部门的经验，包括如何满足战略和战术的商业需要和实现 CI 流程的全球化，从而为全球的销售企业服务。

为了不断提升 CI 部门的工作水平，大力推进情报审计（intelligence audit）是美国企业经常采用的一种管理手段。对此，J. Calof 在 2001 年 SCIP 年会上和 L. R. Dessureault 在 2002 年 SCIP 年会上都作了论述。

三、竞争情报的展望

在人类跨入 21 世纪的今天，信息、情报、知识正在成为最重要的生产要素和战略资源，智力资本正在成为最重要的组织资产和竞争工具。我们可以预见，以 intelligence 工作为核心的智力活动将展现出无限的活力和前景。

1. 发展情报能力将成为现代组织的基本战略

20 世纪 70 年代，由 S. Dedijer 倡导和发展起来的社会情报（social intelligence）的理论研究和实践活动对推进 intelligence 工作在全球的发展起到了重要的作用。缪其浩研究员在文献［202］中对此作了详细的论述。

社会情报本质上就是如何通过发展和提升组织的情报能力或曰情报竞争力来加速自身的发展，可以看做是 CI、商业情报、技术情报等的总称。之所以称为社会情报，其目的在于强调人的主导作用，以区别于以计算机为主导的人工智能等 intelligence 活动，类似于人际网络与网络。intelligence 工作在日本、韩国等亚洲国家的经济发展中做出了不可磨灭的贡献。我国是独立发展 intelligence 工作的发展中国家，我国的科技情报工作，尤其是情报研究工作对于我国科技发展、经济振兴和社会进步，也做出了巨大的贡献[10,20,139]。笔者曾认为，它是国家竞争的杠杆、经济发展的先导、决策科学化的支撑[10]。

K. Tyson 先生在 1998 年就提出，人类社会的发展由工业时代经信息时代将进入情报（智能）时代（intelligence age）。他论述了人类在 20 世纪经历了科学管理、人际关系管理、作业研究、战略规划、日式管理后，90 年代正向认知管理（cognitive management）迈进，强调思考、学习和知识获取、信息和情报管理。20 世纪末我们进入了信息时代，而一些深谋远虑的企业已经预见到下一个浪潮：情报时代的到来[45]。他认为，尽管许多位居全球 1000 佳的企业已经接受了 90 年代发展起来的信息和情报概念，但它们实施的效果与期望相差甚远。这是因为信息和情报的概念需要一种看待商业的新思维方式，传统的系统和流程开发的方法已经不再适用。企业将在 90 年代的最后时刻穿越这条学习曲线。当它们最终到达的时候，CI、竞争知识和可持续战略（perpetual strategy）将成为 21 世纪的格言[45]。他提出，原始情报（raw intelligence）和知识开发（knowledge development）将成为情报时代的基石。今天，人们的智力已经难以处理可获得的所有信息。到 21 世纪，信息处理问题将以几何级数增长，因而情报变得更有价值[45]。Power 提出的 CI 价值链[47]和岳剑波副教授提炼的信息管理链，也说明了情报问题的极端重要性[203]。

总之，这是迄今为止见到的对情报能力、情报地位和 CI 非常明确、概括的分析和预测。事实上，人类感知和适应环境的能力和对信息的获取和分析能力是组织智商的表现，也是情报研究和信息咨询机构的核心能力。正如 S. Soto 所言，企业要在变幻莫测的后现代社会中生存，需要凭借 CI 分析，对组织结构和组织文化进行不断的设计和配置，使企业成为一条“思考着的变色龙”[204]。2003 年，Herring 在 SCIP 年会上作了题为“竞争情报的未来”的报告，其中也提出，在快速变化的商业环境中，灵活性成了成功保持竞争优势的关键要素。这种适应环境变化的灵活性，亦即对环境敏感和应变的情报能力，成了未来 CI 关注的重心。早在 1998 年 SCIP 年会上，B. Ashoon 和 P. Bryant 就构建了通过监视关键竞争对手开发基于知识的企业战略。因此，发展情报能力，推进以情报驱动的企业战略将成为 21 世纪 CI 的一大发展趋势。

2. 实行组织、流程、技术、决策和文化的一体化

1999 年，Delitte 咨询公司和未来集团在总结各国经验的基础上为国际电信业开发的集组织、流程、技术、决策、文化为一体的世界级 CI 机构的特征代表了国际上 CI 工作的发展方向[66]。该设计的四大特点是：培育一种情报驱动的企业文化、CI 部门与企业其他部门之间的互动、情报业务支持企业战略和战术决策，以及建立 CI 信息的搜集、组织和传播的技术设施。一体化是推进 CI 持续发展的强大力量。

理论研究和实践经验表明，CI 的生产和使用是一个社会过程，而且应该成为组织的一种特性。因此，为了发展 CI，应当从组织文化、组织结构、行政机制、人员行为和思维模式等人文视角来考虑 CI 的应用和发展问题，而创造良好的组织氛围是实施一体化的关键。

1999 年，Meil J. Simon 研究了影响 CI 实践的关键文化因素，提出了改善文化因素从而使 CI 获得成功的举措[205]。2000 年，Demmis B. Arnett 等人以实例研究了表征组织内部环境因素的组织集权程度、正规化程度、市场异质性、速度文化、创新文化、开放文化和表征 CI 工作的关系因素，如包容度、关联度、可信度、相互信任、可用度之间的相互作用和影响[206]。2000 年的 SCIP 年会上，H. Hedin 认为，信息/知识的共享文化是企业情报工作取得成功的前提；B. Gilad 通过对 GE 和 Levis 两大公司的案例研究说明了是否把 CI 作为一种文化准则将对公司及其管理层造成怎样的影响；John E. Prescott 认为，建立 CI 文化正是一个 CI 部门取得成功的三大管理活动之一；J. Nolan 也把建立情报文化作为人际情报搜集的重要条件。2001 年，N. Ikeya 等人撰文研究了素以情报立国著称的日本的情报文化，分析了政府和企业在 CI 工作中的关系，认为日本通产省和大使馆对 CI 发展的支持，在工业/技术的竞技场上扮演了重要的角色[207]。同年，Neil J. Simon 又研究了组织结构、组织文化、行为模式这三大影响管理层和员工使用 CI 的主要因素，认为进行组织前景分析和建立 CI 联盟可以提升 CI 在组织中的地位[208]。在 2002 年 SCIP 年会上，C. Meeker 采用了定标比超方法，研究文化对 CI 的吸纳模型，通过行为机制的改变来衡量 CI 被企业文化吸纳的程度，以及如何形成企业内各层次间的情报交流。

所谓情报文化，实质上就是在企业中形成重视情报、使用情报和共享情报的理想信念、价值观念和行为规范，是一种以情报价值观为核心的意识形态，而情报文化的形成，关键在于共享文化的培育。由梁战平研究员指导的孙丽博士撰写的《咨询企业的知识共享研究》的博士论文，在总结和分析国际上知识学习和共享模型的基础上，构建了企业内显性知识和隐性知识的团队级和企业级共享模式；在剖析知识共享的影响因素基础上，设计了包括初级人员、咨询人员和外聘专家构成的一套知识共享模型；建立起咨询企业知识共享体系，代表了我国在知识共享研究中的新成果，也可为我国政府和企业实施情报共享提供先进的

学术思想和理论框架[209]。

3. 实现竞争情报和知识管理的整合

相继于20世纪80年代和90年代迅速发展起来的CI和KM，正在成为21世纪重要的竞争手段和管理工具，是现代企业的核心能力之一。

CI侧重于对外部环境的关注，将竞争信息转化成情报和谋略，实现情报知识在企业中的交流和共享；KM侧重于对内部知识的发掘，将隐性知识显性化，实现企业隐性知识的交流和共享。CI的基本目标是为企业决策提供知识和技术，KM的基本目标是为企业建立知识交流的平台和方法；CI人员是知识的生产者，KM人员是知识的管理者。两者都需求构建信息交流平台，都需要信息管理技术的支持，都需求培育信息共享的文化，都将对提升企业的竞争力做出实质性贡献。两者的整合和集成能够推进企业对知识的开发和利用，增强企业的应变能力和创新能力，已经成为当前企业管理的一大发展趋势，受到众多企业和学者的青睐。

CI和KM的整合在两个层面上发展，一是加强CI知识的管理，二是实行CI和KM的融合。

如前所述，Herring和Prescott开发的CIICH模型，既是CI管理，也是CI知识管理的纲领性构架。在CI与KM整合上，他们认为，应当建立隐性知识显性化（tacit-to-explicit）的转化机制，而CI培训则是CI实践和流程制度化及隐性知识显性化的重要机制和开发工具。

壳牌国际服务集团公司是国际上将CI和KM整合在一起的范例，它建立的商业情报知识库（business intelligence knowledge house）包含了竞争对手情报知识库、顾客/前景情报知识库、市场情报知识库、技术情报知识库和合作伙伴情报知识库，涵盖了企业关心的基本方面，既解决了企业对CI知识的管理，又使CI部门能把更大的精力集中于为企业决策层提供战略模拟/决策（交易）支持上，增强了CI部门的战略地位和快速反应能力[58]。

在1999年SCIP年会上，B. Aker等人详细地分析了国际上KM的现状、工作框架和应用案例后认为，先于KM发展水平10年的CI带给KM的最大启迪是应关注决策与行动；CI可使KM获得最快/最高的投资回报（ROI）；CI方法论适用于KM的全过程。为此提出，应当将KM与CI结合起来，将CI方法论作为KM的方法论，使自己成为知识创新的关键角色。同年，P. Germeraad在SCIP年会上在《智力资产的管理：美国企业的新战略武器》的报告中，在论述了智力资产管理（intellectual assets management，IAM）的基本内容后专门论述了CI在IAM中的作用、两者所用工具和技术的异同，以及CI和IAM对企业的影响。

2000年，H. Chaves等人采用CI工具对数据库信息进行自动处理，以生成诸如知识地图这样高附加值产品以支持KM，并提供了Brazilian数据库的案例研究[210]。同年在SCIP年会上，以CI与KM整合著称的壳牌国际服务集团公司财务公司的M. Speh阐明了在实践中KM与CI的差异、特点、对企业竞争力的影响，它们在新经济环境中各自的地位及相互影响，以及CI从业者如何应对KM崛起的现实等业界关注的一些热点问题，提出了以内容为基础和以流程为基础的KM框架，总结了KM和CI的关系，论述了新经济条件下的价值图和新战略；N. Fine则报告了将知识产权保护融入CI和其他商务活动中去的方法。2001年，P. Mckenney在SCIP年会上作了题为“来自高层的观点：你的CI和KM工具箱”报告，提供了为美国宇航局开发的 CI 和 KM 方法，认为，美国政府集中了数以万计的分析师，成为情报采集、分析方法及相关软件开发领域的最大投资者。他们展示了名为概念地图（concept map）的软件，从中可以看到实用 CI 和 KM 中最好方法和工具的选择框架。

2002 年，由赖茂生教授指导的朱战备博士在《知识管理对提升企业核心竞争力的应用研究》的博士论文中，建构了基于核心竞争力的 KM 模式和基于核心竞争力的企业技术创新和产品开发战略，本质上也是将 CI 和 KM 结合起来为提升企业核心能力的一种尝试，从中也看到了 CI 和 KM 在方法和工具上的通用性[211]。

4. 加速竞争情报过程的软件化

随着信息技术的飞速发展和 CI 自身发展的需要，以 CI 运作自动化和智能化为目标的 CI 软件大量涌现，成为 CI 现代化的一道亮丽的风景线。

可否认为，CI 软件就是实现 CI 功能和流程的计算机程序和文档，以辅佐人们的智力活动。王曰芬副教授认为，CI 软件是由商业情报软件或网络搜集工具转化而来。IBM 公司开发的为用户提供商业情报软件包应用解决方案的商业情报系统是从第一代的基于用户提问和报告系统、第二代的数据仓库系统的基础上发展起来的[212]；用于网页自动跟踪的 WebMon 系统经过开发成为 CI 网页跟踪系统[213,214]；在 The CI Resource Index 网站上发布的与软件有关网站链接达到 292 个，这些软件可以分为 CIS、CI 用户、网络信息搜集、信息聚类组织、情报传递与共享、情报分析与报告、管理平台及辅助决策等方面的软件[215]。

尹科强硕士认为，CI 软件就是通过软件来实现 CIS 三个子系统的功能，是 CIS 的重要组成部分，它以信息网络为依托，由组织网络操作和管理[88]。黄英硕士认为，判断一个软件是否属于 CI 软件，主要标准是它对整个 CI 循环的支持程度。美国 Fuld & Company 在 Intelligence Software Report 中对 CI 软件进行分类判断的标准就是 CI 循环的五个步骤；而对软件评分的高低，取决于"该软件工具支持 CI 循环各个环节功能实现的自动化水平"[82]。

随着我国企业信息化建设的发展和应对竞争决策的需要，高度软件化的 CIS 正在引起我国企业界和软件业的关注。据 www.topoint.com.cn 对我国 4000 家中小企业的调查，把建立 CIS 作为 2003 年信息化建设工作重点的企业为总数的 5%；而梦龙、百度、易地平方、365Agent、赛迪数据、北京国信贝斯软件商业化产品的推出，金蝶、用友的可能介入，都说明一个中国 CI 软件建设的热点正在形成。

鉴于目前开发的国内外 CI 软件都存在着对情报用户需求重视不够，基本没有提供人际网络管理功能，不提供用户提问管理功能，过于强调信息管理而不重视 KIT 管理，软件太庞大而不适合中小企业使用的弊端，尹科强和王曰芬认为，未来 CI 软件发展的基本趋势将是[88]：①功能细化。为满足 CI 部门存在着需求响应和主动服务两种工作模式，应开发能分别支持不同工作模式的 CI 软件。②个性化。CI 软件的个性化应当包括用户界面和系统参数定制、用户需求定制、个性化信息采集、网页定制、个性化推送、学习和自适应等。③网络化。CI 软件将以网络为平台，CI 软件应当加强对网络信息的采集和分析工作。④智能化。包括智能化信息采集、排序、分类功能，智能化信息分析和学习功能，智能化情报服务功能。⑤组件化。软件开发商可以将各种 CI 功能设计成不同的组件，企业可以根据自己的实际选择所需的组件。⑥多版本。即面向不同行业或不同的经济规模企业提供不同的解决方案，或根据不同的 CI 工作设计相应的 CI 软件。⑦集成化。即 CI 软件与商业智能和已有系统的集成，前者可以最大限度地发挥商业智能对 ERP 中数据的利用，从而集成两者的优势，成为新一代的企业战略信息管理系统；后者可减少 CIS 与已有系统的信息冗余和不一致性，以及使用新系统带来的学习曲线。

文献［88］在分析现有国内外软件优劣势的基础上构建了一个以用户情报需求为导向、突出 KIT 管理、支持响应性和主动性两类服务、强调人机结合、引入人际网络管理，包含需求分析、公共功能、定制信息服务、KIT 管理、提问管理、人际网络管理六大模块的设计方案. 开发了一个 CIS 演示版（CIS demo version），构建了 CI 软件的应用模型，代表了 CI 软件设计思想和实践的新进展。它的实现，对于促进我国 CI 软件的发展具有重要的意义。

5. intelligence 与我国情报学

“情报学”的中文称谓非常准确地反映了本学科的内涵，是我国情报界智慧的结晶。它表明，信息和情报都是构成本学科的基础，即 information 和 intelligence 应是我国情报学的两大基石。

令人匪夷所思的是，几十年来，我国情报界关于信息和情报之争大都是在“information”的中译上，而较少将信息和情报与 information 和 intelligence 相对应；同样，以 information science 思路发展的我国情报学也与 intelligence 渐行渐远，导致了情报学研究的泛化。

我国情报界的一些有识之士，如杨沛霆教授、孙学琛研究员、刘华秋研究员都非常强调科技情报工作的 intelligence 特性，更不用说我国老一辈党和国家领导人对 intelligence 工作给予的高度重视和支持，以及钱学森教授关于情报科学技术的重要论断。鉴于我国情报学研究对实践的偏离和泛化现象，笔者在文献［216］中就提出过我国情报学应该建立在 information 和 intelligence 两大基石上的建议；在“竞争情报丛书”的前言中又重提了这一问题。中国国防科技信息中心霍忠文研究员在历数我国情报学研究的弊端后更明确地提出了用 intelligence science 代替 information science 的主张[217,218]。岳剑波副教授[203]、姬鹏宏博士[219]也对此提出了质疑，并论述了情报学的发展和定位问题。梁战平研究员指出[220]，“信息与情报是情报学的核心问题”，认为“情报学应该有自己的核心研究内容”。

根据《韦氏词典》，从词义上看，出现于 14 世纪、来源于拉丁语“intelligentia”的“intelligence”既具有信息、情报、智能、谋略的含义，也具有学习、理解、应对环境和情况变化能力的含义。社会情报概念的出现和 CI 的崛起，表明国际上对 intelligence 功能和活动的高度关注已形成相当完整的理论框架和实践领域。因此，将中文的“情报”译成英文“intelligence”能更准确地表达我国情报一词的本质含义，“information”一词难当此任。这里，是否也还有一个与国际接轨的问题。事实上，历经 47 年的我国科技情报研究与国际上的技术情报（technical intelligence）或技术竞争情报研究难分伯仲，这从文献［221～223］和 A. Porter、P. Rzesezotarski（技术机遇分析，TOA）（1998 年 SCIP 年会）、R. Klavans、P. Lane（分析一个对手的科技平台）（1998 年 SCIP 年会）、J. Calof、M. Paterson（开发加拿大国家 CTI）（1999 年 SCIP 年会）、John E. Prescott（科学技术情报）（2002 年 SCIP 年会）、E. Hefti（CTI 的重要性）（2003 年 SCIP 年会）等学者的论述中可窥一斑。集信息库与思想库于一体，兼具 information 和 intelligence 双重功能的我国情报研究机构是我国情报业的一大特色和创举，再也不应忽视和回避这一重大现实和优势，而拒 intelligence 于我国情报学的殿堂之外。

笔者认为，信息的序化和转化应是情报学的两大核心领域。所谓转化，即通过分析将信息转化为情报、知识和谋略的系统化过程。信息转化又可称信息分析或情报分析、情报研究。视角不同，称谓各异。视信息为始点和原料，对信息进行分析，称信息分析；视情报为终点和结果，把分析过程视作情报的生产过程，称情报分析或情报研究。两者混用在国外亦不鲜见，例如，美国国防部 20 多个信息分析中心，称 information analysis；美国中央情报局，称 intelligence analysis[224]。信息组织、信息检索、信息构建、信息管理等主要属于信息序化的范畴；情报研究、CI、数据挖掘、知识发现等主要属信息转化的范围。知识管理则应居于两者之间。序化和转化的结合，既反映中国科技的、经济的情报工作的实际，又可使情报学与信息科学和图书馆相区别。

我国情报学研究对情报研究兴趣的淡薄由来已久，非一日之寒。据悉[225]，由北京大学信息管理系和武汉大学信息管理学院发起，于 1998 年 10 月在河北大学召开的全国高校信息管理专业教育研讨会，就信息管理系八门主干课程达成共识，信息分析与预测已不再作为我国信息管理的核心课程之一，祸兮福兮!?

如前所述，对信息的获取和分析是一切组织的核心能力之一，是 intelligence 功能的基本体现。信息世界是一个无边的海洋，正如物质世界一样，不可能由谁来包打天下。如果说我国情报学不关心 intelligence 的功能和活动，那么情报学就很难有自己独特的定位，也难以与其他相关学科有本质的区别，丢失了学科活动的重心。我们认为，研究 intelligence 功能和活动是情报学由理论研究通向实践应用的桥梁，是情报机构由信息服务进入决策咨询的通途，是提升情报学学科特性和地位的战略。我们相信，建立在 information 和 intelligence 两大基石上的我国情报学将会更好地指导我国的信息和情报活动的发展，更快地进入市场经济的主战场，更强地介入政府和企业的科学决策，显现出广阔的发展前景。

参考文献

[1] 胡鹏山．竞争战略与竞争优势．北京：华夏出版社，2001.

[2] Hovis J H. CI at Avnet：a bottom-line-impact. Competitive Intelligence Review，2000，11 (3)：5-15.

[3] 陈峰．面向企业战略管理的竞争情报研究．北京大学硕士学位论文，2002.

[4] 白树．强全球竞争论——经济全球化下的国际竞争理论与政策研究．北京：中国社会科学出版社，2000.

[5] Judith M. Vezomar competitive intelligence at Xerox. Competitive Intelligence Review，1996，7 (3)：15-19.

[6] 波特．竞争战略．陈小悦译．北京：华夏出版社，1997.

[7] 波特．竞争优势．陈小悦译．北京：华夏出版社，2005.

[8] Porter M E. The Competitive Advantage of Nations. New York：Free Press，1990.

[9] 波特．国家竞争情报优势．李明轩，邱美如，郑风田译．北京：华夏出版社，2002.

[10] 包昌火，等．情报研究的国内外比较研究．总报告．兵工情报研究报告 BQB94-0278. 兵器工业情报研究所，1994.

[11] Prescott J E. Introduction：Proven Strategies in Competitive Intelligence Lessons from the Trenches. New York：John Wiley & Sons，Inc.，2001.

[12] Fuld L M. Intelligence Software Report 2000：the Global Evolution. [s. l.]：Fuld & Company.

[13] Kahaner L. Competitive Intelligence. New York：Simon & Schuster，1996.

[14] 缪其浩．市场竞争和竞争情报．北京：军事医学科学出版社，1996.

[15] 朗诵真，等．竞争情报及特性//竞争情报与企业竞争力．北京：华夏出版社，2001.
[16] 包昌火．全国竞争情报与企业发展研讨会会议录．北京：中国科学技术情报学会等，1995.
[17] 包昌火．加强竞争情报工作，提高我国企业竞争能力．中国信息导报，1998，(11)：33-36.
[18] 包昌火．情报研究方法论，北京：科学技术文献出版社，1990.
[19] Bryant P J. Starting a competitive technical intelligence function：a roundtable discussion. Competitive Intelligence Review，1998，9 (2)：26-33.
[20] 包昌火，等．情报研究的国内外比较研究．分报告．兵工情报研究报告 BQB94—0279. 兵器工业情报研究所，1994.
[21] 缪其浩．国家竞争情报//中国入世与竞争情报．中国科技情报学会竞争情报分会等，2002.
[22] 朗诵真，王曰芬，朱晓峰．竞争情报与企业竞争力．北京：华夏出版社，2001.
[23] Prescott J E，Gibbons P T. Global Perspectives on Competitive Intelligence. SCIP，1993.
[24] 中国贸促会信息部小组参加 SCIP 第 14 届年会．中国科技情报学会竞争情报分会会讯，1999，(2).
[25] Kolb G. 国际竞争情报业的现状和发展．中国科技情报学会竞争情报分会第六届学术年会，1999.
[26] 全国竞争情报与企业发展研讨会会议纪要．中国科技情报学会竞争情报分会会讯，1996，(1)：16-19.
[27] 中国科技情报学会竞争情报分会第一届理事会工作报告．中国科技情报学会竞争情报分会会讯，1996，(3)：2-12.
[28] 抓住机遇，加快发展，努力开创竞争情报新局面——第一届理事会工作总结和第二届理事会工作构想报告．中国科技情报学会竞争情报分会会讯，2000，(2)：5-15.
[29] 包昌火，等．发展中的中国竞争情报业//科技进步与学科发展．北京：科学技术文献出版社，1998.
[30] 包昌火，刘诗章，等．我国情报研究工作的回顾与展望．情报学报，1996，15 (5)：344-349.
[31] 完平，等．建立上海轿车工业竞争环境监视系统的研究．上海：上海科学技术情报研究所，1993.
[32] 胡星光，包昌火，等．竞争情报解决方案——企业竞争情报系统和竞争情报技能．北京：华夏出版社，2002.
[33] 郑玲，黄鹏．1987—1998 年我国竞争情报研究论文的统计与分析．情报理论与实践，2000，23 (5)：369-371.
[34] 陈翔宇，等．企业竞争情报研究．北京：兵器工业出版社，1995.
[35] 周键．竞争情报研究与企业生存和发展．北京大学硕士学位论文，1995.
[36] 邱晓琳．提升企业竞争力的情报保障．武汉大学博士学位论文，1999.
[37] 吴潇．竞争情报论文定量分析及趋势预测．情报理论与实践，2002，25 (6)：438-440.
[38] 包昌火，谢新洲，等．成都金珠生物科技有限公司竞争情报能力与竞争情报需求调查报告．北京：北京华门策略顾问有限公司，2002.
[39] 包昌火，谢新洲，等．成都金珠生物科技有限公司竞争态势分析报告．北京：北京华门策略顾问有限公司，2002.
[40] 包昌火，谢新洲，等．成都金珠生物科技有限公司竞争情报系统的建设，北京：北京华门策略顾问有限公司，2002.
[41] 陈峰．企业竞争情报工作成功的要素．中国信息导报，2002，(9)：44，45.
[42] 谢新洲，等．我国企业信息化和竞争情报态势调查．竞争情报解决方案——企业竞争情报系统和竞争情报技能．北京：兵器工业出版社，2002.
[43] Alden H，et al. Competitive Intelligence. Watertown：C. I. Associates，1959.
[44] Prescott J E，Miller S H. Proven Strategies in Competitive Intelligence—Lessons from the Trenches. New York：John Wiley & Sons，Inc.，2001.
[45] Tyson K W M. The Complete Guide to Competitive Intelligence. Chicago：Kirk Tyson International. 1998.

[46] Gilad B，Gilad T. Business Intelligence System：A New Tool for Competitive Advantage. New York：AMACOM，1998.

[47] Gilad B，Herring J P. Art and Science of Business Intelligence Analysis. London：JAI Pirro Ltd，1996.

[48] Flresher C S. Bensoussan B E. Strategic and Competitive Analysis——Methods and Techniques for Analyzing Business Competition. New Jersey：Prentice Hall，2003.

[49] 曾忠禄．情报制胜——如何搜集，分析和利用企业竞争情报．北京：企业管理出版社，2000.

[50] Nalebuff B J，Brand burger A M. Coopetition. New York：Doubleday Books，1997.

[51] 内勒巴夫，等．合作竞争．王煜昆等译．合肥：安徽人民出版社，2000.

[52] 刘诗章．面向21世纪的中国情报研究与竞争情报．北京：航空出版社，1999.

[53] 董新宇，吴贺新．竞争情报的博弈论分析．情报学报，2000，19（4）：373-379.

[54] 包昌火，谢新洲，等．竞争对手分析．北京：华夏出版社，2003.

[55] Miller S H. Preface：Corporations. Gel Smart//Proven Strategies in Competitive Intelligence. New York：John Wiley & Sons，Inc.，2001.

[56] Downham M. et al. Understanding the Competition：The CEO'r Perspective. Competitive Intelligence Review. 1996，7（3）：4-14.

[57] Rosenkrans W A，Jr. Present and future directions for technical intelligence. Competitive Intelligence Review，1998，9（2）：34-39.

[58] Breeding B. CI and K M Convergence：A case study at Shell Services International. Competitive Intelligence Review，2000，11（4）：12-24.

[59] 普赖斯科特．序//企业竞争情报系统．北京：华夏出版社，2001.

[60] 焦玉英，刘鲁．论企业核心竞争力与竞争情报战略．情报理论与实践，2000，23（4）：285-287.

[61] 包昌火，等．竞争情报战略——评美国企业的竞争情报活动．情报学报，2003，22（6）：735-748.

[62] 包昌火．情报竞争力与竞争情报战略．中国企业竞争情报应用战略高级培训研讨会会刊，2002.

[63] 王德恒．浅论竞争情报的学科建设与体系结构．竞争情报与企业信息化．北京：中国计量出版社，1998.

[64] Prescott J E. Introduction to the Special Issue on Fundamentals of Competitive Intelligence. Competitive Intelligence Review 10th Anniversary Respective Edition. 1999.

[65] Herring J P. Key intelligence topics：a process to identify and define intelligence needs. Competitive Intelligence Review，1999，10（2）：4-14.

[66] Marceau S，Sawka K. Developing world-class CI program in telecoms. Competitive Intelligence Review，1999，10（4）：30-40.

[67] Hendrix J L. Competitive Intelligence and the Engineering Manager. Competitive Intelligence Review 10th Anniversary Retrospective Edition：Fundermental Issues of CI，SCIP，1999.

[68] Gieskes H. Competitive：intelligence at lexis-nexis. Competitive Intelligence Review，2000，11（2）：4-11.

[69] Pinkerton R L. Competitive Intelligence Revisited：A History Assessment of Its Use in Marketing. Competitive Intelligence Review 10th Anniversary Retrospetive Edition：Fundamental Issues of CI，SCIP，1999.

[70] Harkleroad D. Competitor Response Modeling：Out-Thinking the Competition. Competitive Intelligence Review 10th Anniversary Retrospetive Edition：Fundamental Issues of CI. SCIP，1999.

[71] Ashton W B，et al. Monitoring Science and Technology for Competitive Advantage. Competitive Intelligence Review 10th Anniversary Retrospetive Edition：Fundamental Issues of CI. SCIP，1999.

[72] Behnke L，Slayton P. Shaping a corporate competitive intelligence function at IBM. Competitive Intelligence

Review，1998，9（2）：4-9.

[73] Montgomery D，Weinburg C. Toward strategic intelligence systems. Marketing Management，1998，6（4）：44-52.

[74] Kennedy L. Competitive intelligence in business process engineering：a study at digital equipment corporation. Competitive Intelligence Review，1997，8（2）：28-33.

[75] 戴侣红．关键情报课题．情报理论与实践，2000，23（3）：200-203.

[76] Francis D B，Herring J P. Key intelligence topics：a windows on the corporate competitive psyche. Competitive Intelligence Review，1999，10（4）：10-19.

[77] Knowledge Works. Cipher 公司软件．http：//www. cipher-sys. com.

[78] Beronhardt D C. Consumer versus producer：overcoming the disconnect between management and competitive intelligence. Competitive Intelligence Review，1999，10（3）：19-26.

[79] Walters B A，Priem R L. Business strategy and CEO intelligence acquisition. Competitive Intelligence Review. 1999，10（2）. 15-22.

[80] McGonagle J J. Vella C M. The Internet Age of Competitive Intelligence.［s. l.］：Quorum Books. 1999.

[81] 包昌火，等．竞争情报系统收集子系统//企业竞争情报系统．北京：华夏出版社，2001.

[82] 黄英．决策者需求分析——关键情报课题研究．北京大学硕士学位论文，2003.

[83] The Unclaimed Market：Intelligence Software-Customer Satisfaction Report and Survey.［s. l.］：Fuld & Company，1998.

[84] Fuld L M. Intelligence Software Report™ 2000：A Review of Twelve Software Offerings in the Competitive Intelligence Arena.［s. l.］：Fuld & Company，2000.

[85] 包昌火，谢新洲，等．企业竞争情报系统．北京：华夏出版社，2001.

[86] Intelligence Software Report™ 2002.［s. l.］：Fuld & Company，2002.

[87] Intelligence Technology：A Consumer Showcare. Fuld & SCIP Annual Conference. http：//www. fuld. com/Products/ISR2003/3-17-03. ppt. 2003.

[88] 尹科强．竞争情报软件的分析与设计．北京大学硕士学位论文，2003.

[89] 包昌火，等．定标比超分析//竞争对手分析．北京：华夏出版社，2003.

[90] Lackman C L，et al. Organizing the competitive intelligence function：a benchmarking study. Competitive Intelligence Review，2000，11（2）：17-27.

[91] Prescott J E，et al. Leveraging information for action：a look into the competitive and business intelligence consortium benchmarking study. Competitive Intelligence Review，1998，9（1）：4-12.

[92] 胡星光，等．企业竞争情报系统的模式和运行机制研究．中国兵器工业第二一〇研究所，中国科技情报学会竞争情报分会，2000.

[93] 包昌火，谢新洲，李娜，等．企业竞争情报系统．中国信息导报，2001，（8）：33-36.

[94] Pepper J E. Competitive intelligence at Procter & Gamble. Competitive Intelligence Review，1999，10（4）：4-9.

[95] Tessun F. Scenario analysis and early warning systems at Daimler-Benz Aerospace. Competitive Intelligence Review，1997，8（4）：30-40.

[96] 戴侣红．IBM 公司竞争情报系统运行机制研究．情报理论与实践，1999，22（5）：373-375.

[97] 邢志革．企业竞争情报系统的建设及其运行机制．吉林工业大学硕士学位论文，1999.

[98] 岳剑波．企业信息化与竞争情报系统．情报理论与实践，1999，22（2）：112-114.

[99] 段学鹏，企业竞争情报系统的建设．北京大学，2000.

[100] 李雪．网络经济下基于 Web 的 C/S 结构的企业竞争情报系统的理论及开发．南京理工大学硕士学位论文，2001.

[101] 冯维扬．竞争情报计算机系统模型分析．情报学报，2001，20（1）：39-45.
[102] 戴秋生．论建立商业竞争情报系统．华东师范大学，1999.
[103] 包昌火，谢新洲，张燕．竞争情报分析子系统．企业竞争情报系统．北京：华夏出版社，2001.
[104] Karssel A，Basch R. Super Searchers on Wall Street：Top Investment Professionals Share Their Online Research Secrets. [s. l.]：Independent Publishers Group. Inc.，2000.
[105] 刘玉照，曹君祥．竞争情报计算辅助系统的开发．情报理论与实践，2000，23（1）：36-38.
[106] 包昌火，谢新洲，李娜，等．企业竞争情报系统．北京：华夏出版社，2001.
[107] 冯维扬．竞争情报系统建设方法研究．情报理论与实践，2002，25（2）：119-122.
[108] 全国竞争情报与企业发展研讨会会议录．北京：中国科学技术情报学会等，1995.
[109] 北京开关厂产品发展的竞争情报系统及其应用课题组．北京开关厂产品发展的竞争情报系统及其应用．1996.
[110] 刘赓，等．北京市大华陶瓷厂市场竞争战略研究．中国科技情报学会竞争情报分会等，1997.
[111] 张典耀，等．北京三环毛纺针织集团公司第二毛绒厂企业竞争情报系统及竞争情报研究．北京市环信咨询有限公司等，1998.
[112] 铜牛针织集团公司竞争情报系统的建立与应用．北京：中国航天信息中心，1998.
[113] 铜牛针织集团竞争环境与竞争战略策略分析．北京：中国航天信息中心，1998.
[114] 北京环信咨询有限责任公司，等．北京市医药总公司竞争情报系统及企业竞争力研究．AIC CI-Report 0399808，1998.
[115] 北京环信咨询有限责任公司，等．北京市烟草公司竞争情报系统的分析和建设．AIC CI-Report 0519912，2000.
[116] 包昌火，等．企业竞争情报咨询活动案例分析．情报学报，2004，23（1）.
[117] Fuld L M. The New Competitor Intelligence：The Complete Resource for Finding，Analyzing and Using Information About Your Competitor. New York：John Wiley & Sons. 1995.
[118] Kahaner L. Competitive Intelligence：How to Gather，Analyze，and Use Information to Move Your Business to Top. [s. l.]：Simon & Schuster. 1996.
[119] Bates M E，et al. Super Searches Do Business：The Online Secrets of Top Business Researches. [s. l.]：Information Today. Inc.，1999.
[120] Dedijer S，et al. World Business Intelligence & Security Guide. Stock Solm：Institute for Management of Innovation and Technology，1994.
[121] Salmon R，et al. Competitive Intelligence：Scanning the Global Environment. [s. l.]：Brookings Institution Press. 1999.
[122] Sacks R. Super Searchers Go to Source：The Interviewing and Hands-On Information Strategies of Top Primary Researchers-Online，On the Phone，and in Person. [s. l.]：CyberAge Books，2001.
[123] McGonagle J J. Mella C M. How to Use a Consultant in Your Company：A Managers' and Executives' Guide. New York：John Wiley & Sons. 2001.
[124] 李广建，黄永文．网络竞争情报源．北京：华夏出版社，2001.
[125] Watts D J，Strogatz S H. Collective dynamics of "small-world" networks. Nature，1998. 393（6684）：440-442.
[126] Knoke D，Kuklinski J H. Network Analysis. [s. l.]：Sage. 1982.
[127] Scott J. Network Analysis：A Handbook. [s. l.]：Sage. 1991.
[128] Nohria N，Eccles R. Networks and Organizations：Structure，Form，and Action. [s. l.]：Harvard Business School Press. 1992.
[129] Baker V E. Networking Smart：How to Build Relationships for Personal and Organizational Success.

[s. l.]: McGraw-Hill. 1994.
[130] Castells M. The Rise of the Network Society: The Information Age, Economy, Society and Culture. [s. l.]: Wiley-Blackwell. 2000.
[131] Baker W E. Achieving Success through Social Capital: Tapping the Hidden Resources in Your Personal and Business Network. [s. l.]: Jossey-Bass, 2000.
[132] Scott J. Social Network Analysis. [s. l.]: Sage Publications, 2000.
[133] 金朱德．国防科技情报工作改革的思考．中国国防科技信息中心，1990.
[134] 董雨．竞争情报的概念、功能和方法的理论探讨．中国科学技术大学硕士学位论文，1997.
[135] 包昌火，谢新洲，申宁，等．竞争对手分析．北京：华夏出版社，2003.
[136] 包昌火，谢新洲，申宁，等．人际网络分析．情报学报，2003，22（3）：365-374.
[137] 冯维扬．基于访谈的竞争情报搜集方法研究．情报学报，2003（待发）.
[138] Berger A. Small but powerful: six steps for conducting competitive intelligence successfully at a medium-sized firm. Competitive Intelligence Review, 1997, 8 (4): 75-77.
[139] 全国科技情报研究工作会议专刊．情报科学技术，1990，(6).
[140] Vibert C. Web-Based Analysis for Competitive Intelligence. [s. l.]: Quorum Books, 2000.
[141] Porter M E. Competitive Strategy: Techniques for Analyzing Industries and Competitives. [s. l.]: [s. n.], 1998.
[142] Pollard A. Competitive Intelligence-Strategy, Tool and Techniques for Competitive Advantage. [s. l.]: Financial Times-Pitman Pubishing. 1999.
[143] Oster S M. Modem Competitive Analysis. 3rd Ed. Oxford: Oxford University Press, 1999.
[144] Hussey D E, Jenster P V. Competitive Intelligence: Turning Analysis into Success. Wiley Series in Practical Strategy. 1999.
[145] Telofski R. Dangerous Competition: Critical Issues in eCompetitive Intelligence Analysis. http: //i-Universe. com. 2001.
[146] Shaker S M, Gembicki M P. The War room Guide to Competitive Intelligence. [s. l.]: McGraw-Hill. 1998.
[147] Prescott J E, Grant J H. A manager's guide for evaluating competitive analysis techniques. Interfaces, 1988, 18 (3): 10-22.
[148] 李艳．竞争情报分析方法论．北京大学硕士学位论文，2003.
[149] Fleisher C S, Blenkhorn D L. Managing Frontiers in Competitive Intelligence. [s. l.]: Quarm Books, 2001.
[150] 李正中，等，情报研究理论与发展问题的研究．兵工情报研究报告 BQB94-0279. 兵器工业情报研究所，1994.
[151] 徐雪松．竞争情报分析方法论研究．上海大学硕士学位论文，2001.
[152] 樊松林．竞争情报研究方法体系的架构与选用．情报科学，2000，18（10）：871-876.
[153] 樊松林．竞争情报研究论，西安：西安出版社，2000.
[154] 包昌火，等．竞争对手跟踪分析//包昌火等．竞争对手分析．北京：华夏出版社，2003.
[155] 包昌火，等．竞争对手跟踪分析．情报学报，2003，22（2）：194-205.
[156] 包昌火，谢新洲，李艳．竞争对手分析论纲．情报学报，2003，22（1）：103-114.
[157] 包昌火，等．竞争对手分析．北京：华夏出版社，2003.
[158] Fuld L. The Fuld War Room™—The Ultimate in Competitive Intelligence Training. Boston: Harvard Business School Publishing, 1998.
[159] Reibstein D J, Chussil M J. Putting the lesson before the test: using simulation to analyze and develop

competitive strategies. Competitive Intelligence Review，1999，10 (1)：34-47.

[160] Fahey L. Competitor scenarios：projecting a rival's marketplace strategy. Competitive Intelligence Review，1999. 10 (2)：65-85.

[161] Fink A，Schlake O. Scenario management-an approach for strategic foresight. Competitive Intelligence Review，2000. 11 (1)：37-45.

[162] Gilbert A L. Using multiple scenario analysis to map the competitive future scape：a practice-based perspective. Competitive Intelligence Review，2000，11 (2)：12-19.

[163] Feder S A. Overcoming "mindsets"：what corporations can learn from government intelligence failures. Competitive Intelligence Review，2000，11 (3)：28-36.

[164] Aiken M. Competitive intelligence through neural networks. Competitive Intelligence Review，1999，10 (1)：49-53.

[165] Marin-Llanes L. et al. Information analysis techniques for the competitive intelligence process. Competitive Intelligence Review，2001，12 (1)：32-40.

[166] Cantrell R. The six analyses of competition. Competitive Intelligence Review，1999，10 (3)：51-57.

[167] Wang C K. Organizational competence analysis：experience of a Japanese multinational. Competitive Intelligence Review，2001. 12 (3)：3-9.

[168] McGonagle J J. Vella C M. Protecting Your Company against Competitive Intelligence. [s. 1.]：Quorum Books. 1998.

[169] Washington Researchers. How Competitors Learn Your Company's Secrets. Washington Researchers，1998.

[170] Nolan J A. Confidential：Uncover Your Competitor's Top Business Secrets Legally and Quickly—and Protect Your Own. [s. 1.]：Harper Collins，1999.

[171] Miller J P. Millennium Intelligence：Understanding and Conducting Competitive Intelligence in the Digital Age. [s. l.]：Information Today，Inc.，2000.

[172] 陈飚，等．导入企业竞争情报．北京：北京大学企业研究中心，2000.

[173] 张春江，倪建明．国家信息安全报告．北京：人民出版社，2000.

[174] 徐士英．竞争法论．上海：世界图书出版公司，2000.

[175] 赵云志．国外竞争情报网站现状分析及启示．情报理论与实践，2001，24 (2)：83，153-155.

[176] 曾忠禄．OPSEC：企业公开信息保护的方法．中国信息导报，2003，(5)：50，51.

[177] Rosenkrans V A，Jr. past，Present and future directions for technical intelligence. Competitive Intelligence Review，1998，9 (2)：26-33.

[178] 张法明．竞争情报与企业反情报工作的组织保障，情报理论与实践，2001，24 (1)：43-45.

[179] Dishman P，Nitse P. Disinformation usage in corporate communications：CI'ers beware. Competitive Intelligence Review，1999，10 (1)：20-29.

[180] 汤路漫．竞争情报实用方法研究．北京大学硕士学位论文，2001.

[181] 冯维扬．反竞争情报对策研究：虚假信息与信息可靠性定量分析．情报学报，2001，20 (6)：728-732.

[182] 侯颖锋．企业反竞争情报研究．情报理论与实践，2000，23 (6)：430-432.

[183] Helms M M，et al. IN-security：the pillaging of corporate America. Competitive Intelligence Review，2000，11 (3)：93-106.

[184] 熊松韫，张志平．构建网络信息的安全防护体系．情报学报，2003，22 (1)：72-78.

[185] 王志荣，邹志仁．竞争情报的法律思考．情报学报，2001，20 (6)：733-737.

[186] Esq R H. SCIP policy analysis：competitive intelligence and economic espionage act. Competitive Intelligence Review，1999，10 (3)：84-89.

[187] Duffey W S, Jr. Competitive information collection: avoiding legal land mines. Competitive Intelligence Review, 2000, 11 (3): 37, 53.
[188] Charters D. The challenge of competently ethical CI and CHIP model. Competitive Intelligence Review, 2001, 12 (3): 44-54.
[189] http: //www. scip. org.
[190] 武夷山．发达国家独立专业情报人员的作用与竞争情报教育培训．中国信息导报，2003, (1): 40, 41.
[191] 马德辉．中外竞争情报网站面面观．中国信息导报，2002，(7): 36-38.
[192] 范晴．我国竞争情报网站分析．情报理论与实践，2002，25 (6): 464-467.
[193] Werther G. Building an "analysis age" for competitive intelligence in the 21st Century. Competitive Intelligence Review, 2001, 12 (1): 41-47.
[194] SCIP/Drexel Academic Conference. Academics and practioners: forging a partnership. Competitive Intelligence Review, 2001, 12 (2): 32-36.
[195] Gilad B. Herring J P, et al. The Art and Science of Business Intelligence Analysis, Advances in Applied Business Strategy. Part A: Business Intelligence Theory, Principles. Practices, and Uses. Greenwich: JAI Press. 1996.
[196] Miree C E. Prescott J E. "TAP-INTM" to Strategic and tactical intelligence in the sales and marking function. Competitive Intelligence Review, 2000, 11 (1): 4-16.
[197] Prescott J E. Network analysis for competitive intelligence. 提升企业情报竞争力 2001 现代职业经理清华峰会，2001.
[198] Herring J P. Measuring the Effectiveness of Competitive Intelligence. [s. l.]: SCIP Publications, 1999.
[199] Bryant P J. et al. Starting a competitive technical intelligence function: a roundtable discussion. Competitive Intelligence Review. 1998, 9 (2): 26-33.
[200] Behnke L. Virtuous CI teams. Competitive Intelligence Review, 2001, 12 (1): 3-11.
[201] 包昌火，谢新洲，李娜，等．企业竞争情报系统．北京：华夏出版社，2001.
[202] 缪其浩．情报学进展．1996～1997 年度评论．第二卷．北京：兵器工业出版社，1997.
[203] 岳剑波．情报学的学科地位问题．情报理论与实践，2000，23 (1): 5-7, 38.
[204] Soto S. The thinking chameleon metaphor. Competitive Intelligence Review, 2000, 11 (4): 32-37.
[205] Simon M J. The effects of organization culture on the CI process. Competitive Intelligence Review, 1999, 10 (1): 62-70.
[206] Arnett D B, et al. Using competitive intelligence: antecedents and consequences. Competitive Intelligence Review, 2000, 11 (3): 16-27.
[207] Nozomu [Nick] Keya, et al. The Japanese Intelligence Culture. Competitive Intelligence Review2001, 12 (4): 51-56.
[208] Simon N, Hem A. It would be early if it weren't for people. Competitive Intelligence Review, 2001, 12 (1): 59-69.
[209] 孙丽．咨询企业的知识共享研究．北京大学博士学位论文，2003.
[210] Chaves H L, et al. The potential of competitive intelligence tool for knowledge management: a study of a brazilian database. Competitive Intelligence Review, 2000, 11 (4): 47-56.
[211] 朱战备．知识管理对提升企业核心竞争力的应用研究．北京大学博士学位论文，2002.
[212] White C J. Business intelligence solutions-overview-IBM software. Version 4. http: //www-3. ibm. com/software/data/bi/. 2000.
[213] Markwell C. WebMon: Know when web pages changes. http: //www. markwell. btnternet. co. uk/webm-

on/webmon. exe.
[214] Tan B, Foo S, Hui S C. Web information monitoring for competitive intelligence. http://islab.sas.ntu.edu.sg:8000/User/schubelt/publications/2001/01 CS-fmt. pdf.
[215] http://www.bidigital.com/ci/.
[216] 包昌火. Intelligence 与我国情报学研究. 情报理论与实践，1996，19 (6)：6.
[217] 霍忠文，阎旭军. "情报"、"Informagence"与"Infotelligence". 情报理论与实践，2002，25 (1)：1-5.
[218] 霍忠文. Infotelligence Science 论纲. 情报理论与实践，1998，21 (1)：6-8.
[219] 姬鹏宏. 智能信息学：情报学的发展与定位. 情报理论与实践，2002，25 (6)：404-407.
[220] 梁战平. 情报学若干问题辨析. 情报理论与实践，2003，26 (3)：193-198.
[221] Ashton V B, et al. Keep Abreast of Science and Technology: Technical. Intelligence for Business. [s. l.]: Battelle Press, 1997.
[222] Coburn M M. Competitive Technical Intelligence: A Guide to Design. Analysis, and Action. Oxford: Oxford University Press, 1999.
[223] Castells P E, et al. Technology mapping, business strategy and market opportunities. Competitive Intelligence Review, 2000, 11 (1): 46-57.
[224] CIA. Directorate of intelligence: a compendium of analytic tradecraft notes. the Deputy Director for Intelligence, 1997, 1: 1-10.
[225] 邱均平，沙勇忠，陈敬全. 改革开放以来我国情报学教育的发展历程、现状和趋势. 情报学报，2002，21 (1)：112-120.
[226] 知识链接. 情报竞争力. 科技日报，2001-11-16.
[227] 包昌火. 情报竞争力. 提升企业情报竞争力 2001 现代职业经理清华峰会会议录. 清华大学与企业合作委员会主办，中国科技情报学会竞争情报分会等承办，北京，2001.
[228] Settecase M. The competitiveness assessment model: a thought-structuring approach to analysis. Competitive Intelligence Review, 1999, 10 (3): 43-50.

开展竞争情报研究，促进我国信息服务业发展*

竞争情报是关于竞争环境、竞争对手和竞争策略的信息分析，是 20 世纪 80 年代初从国外兴起，并于 80 年代末引入我国的一种新的情报概念。

一、竞争情报产生的背景

竞争情报是市场竞争激化和社会信息化高度发展的产物。它的形成和发展的原因可以归结为以下几方面。

* 本文原载《情报理论与实践》，1995，(1)：1，2。

1）全球经济竞争的加剧。随着经济集团化和全球化的发展，尤其是两大军事集团对峙的消失和冷战的结束，世界各国都把竞争的焦点从军事转向经济、从战场转向市场，信息和情报成了国家战略资源的重要组成，成为现代国际社会竞争的焦点。在这种背景下，发展竞争情报研究，增强国家、集团和企业的竞争实力就成为它们的重要战略选择。

2）信息技术的发展。20 世纪 80 年代以来，计算机技术、通信技术、网络技术、多媒体技术，尤其是超文本技术及大量的情报分析软件，如市场竞争动态分析系统等的出现，为灵活调用各种信息的情报分析应用系统的建立奠定了技术基础。

3）政治军事情报力的转移。冷战结束以后，世界各国的政治军事情报机构和人员把很大一部分力量转向经济技术领域，他们的水准、技术和经验为传统的情报研究工作注入了新的活力。

4）理论研究的进展。20 世纪 80 年代以来，关于竞争研究理论逐渐成熟，并形成了一定的理论体系，从而为竞争情报的发展奠定了理论基础。

二、竞争情报的特点

竞争情报主要从事环境监视、市场预警、竞争分析、策略制定的信息研究，为增强企业的竞争实力，提高产品在市场上的占有率服务。它与传统的情报研究相比，具有以下的一些特色。

1）从总体上看，它比情报研究具有更强的目的性、时效性、实用性、增值性和来源的广泛性，以在知己知彼的基础上达到提高市场占有率为主要目标，具有明显的对抗性。

2）从发展上看，传统情报研究产生于科学研究，是科学研究工作的程序分化，主要研究科学技术问题；竞争情报产生于市场经济，为企业竞争服务，主要研究经济技术问题。

3）从学科基础上看，传统情报研究主要是自然科学和工程技术，而竞争情报则主要是市场经济和工商管理，如市场学、营销学、工业研究和竞争研究等。

但从本质上看，它们都是从事信息的分析和综合工作，遵循大致相似的工作程序和方法，都是为领导集团的科学决策服务。因此，可以认为竞争情报是情报研究工作的延伸和发展，是情报研究工作的一个新领域。

三、发展竞争情报业的意义

竞争情报的出现已经引起世界各国的广泛兴趣，也受到我国情报界的极大关注。据 1993 年的一项全球性的问卷调查统计，已有 74%的企业正式建立了竞争情报部门。为了促进竞争情报业的发展，美国于 1986 年首先建立了竞争情报专业人员协会，并出版了《竞争情报评论》和《SCIP 新闻》。随后欧洲、日本、澳大利亚、以色列、东南亚等国家和地区也建立了相应的专业组织，并正在筹建全球性的 SCIP 组织。

为了引进竞争情报的理论与技能，促进我国信息服务业的发展，中国科技情报学会于 1994 年 1 月在北京成立了情报研究暨竞争情报委员会，北京科技情报学会和中国兵工学会情报分会也相应建立了北京竞争情报研究会和兵工竞争情报研究会。1994 年 9 月，又由中国科技情报学会、北京科技情报学会、上海科技情报学会和中国兵工学会情报分会联合召开了“全国竞争情报与企业发展研讨会”。这表明，我国情报研究工作进入了一个新的发展阶段，更直接、更有效地为经济建设、企业发展和市场竞争服务。

我们认为，发展竞争情报研究，既是企业生存发展的战略选择，也是信息机构拓宽服务领域的重要契机，不仅对于我国的信息化进程，而且对于我国信息服务业及国民经济的发展都具有重要的影响。发展我国竞争情报服务业，推动竞争情报在中国的成长，应是我国信息服务业的重要抉择。我们相信，在市场竞争日益加剧的国内外形势推动下，在我国信息界志士仁人的共同努力下，一个崭新的跨世纪的竞争情报工程一定能在中国迅速发展起来。

竞争情报终将成为整个国家的竞争杠杆。

发展竞争情报研究，增强兵工企业的竞争实力*

党的十四届三中全会通过的《中共中央关于建立社会主义市场经济体制若干问题的决定》，标志着我国社会主义建设进入了一个新的时期，而关贸总协定缔约国地位的恢复，又将意味着我国社会主义市场经济与国际经济的正式接轨，加速我国经济全方位地参与国际竞争、走向国际市场的历史进程。

当前，兵器工业正处在由传统的计划经济向社会主义市场经济过渡的关键时期，转变观念，转换机制，提高集团和企业在国内外市场中的竞争实力已成为兵器工业生存发展的重大抉择。因此，引进和发展为市场竞争和竞争决策服务的竞争情报研究，逐步实现企业的信息化应是我国兵器工业参与国内外市场竞争、迎接复关挑战、增强企业竞争实力的战略举措。

一、竞争情报产生的背景

竞争情报是20世纪80年代初期从国外兴起，并于80年代末引入我国的一种新的情报概念，是市场竞争激化和社会信息化高度发展的产物。其形成和发展的原因可以归结为以下几点。

1）全球经济竞争的加剧。随着经济集团化和全球化的发展，尤其是两大军事集团对峙的消失和冷战的结束，世界各国都把竞争的重点从军事转向经济、从战场转向市场，信息和情报成了国家战略资源的重要组成部分，成了现代国际社会竞争的焦点。在这种背景下，发展竞争情报研究，增强国家、集团和企业的竞争实力就成为许多西方国家的重要战略。

2）信息技术的发展。20世纪80年代以来，计算机技术、通信技术、网络技术、多媒体技术，尤其是信息处理技术如超文术技术和大量情报分析软件的出现，为灵活调用各种信息的情报分析应用系统奠定了技术基础。而信息高速公路的建设，更为竞争情报研究工作提供了良好的基础设施和信息环境。

---

* 本文原载《国防科技工业》，1995，(1)：40，41。

3）政治军事情报力量的转移。冷战结束以后，世界各国的政治、军事情报机构和人员把很大一部分力量转向经济技术领域，他们的情报搜集和分析的水准、技术和经济为传统的情报研究工作注入了新的活力和生机。

4）理论研究的进展。20 世纪 80 年代以来，由于市场竞争的发展，竞争研究逐渐发展成为一门独立的学科，形成了一定的理论体系，从而为竞争情报的发展奠定了理论基础。

二、竞争情报的含义

竞争情报目前尚无统一定义。美国竞争情报专家协会主席约翰·普赖斯科特认为，竞争情报是关于企业竞争对手的能力、弱点和意图的信息。日本工商竞争情报协会会长中川十郎认为，竞争情报是一个组织（企业、团体乃至国家）为了在市场上赢得竞争优势所需要的经过加工的信息。也有人认为，竞争情报是为了提高竞争力而进行的一切情报活动。根据国外的情况，概括起来，笔者认为，竞争情报是关于竞争环境、竞争对手和竞争策略的信息研究。它既是一种信息产品，又是一种信息活动，主要从事环境监视，监视对市场产生影响的环境因素如政策法规、工贸协定、人口统计等；市场预警，进行市场调查和推动市场发展的各种力量动向的分析；技术跟踪，跟踪竞争产品及其技术和工艺的发展动态及其可能产生的冲击；竞争分析，分析竞争态势、竞争地位、竞争动向、竞争对手的优势、弱点、意图、威胁和机会；竞争策略，制定克敌制胜的竞争战略等五大方面的信息搜集和分析工作，而且认为，一个完整的竞争情报过程，至少包含竞争分析和竞争策略两大部分。由此可见，作为一项情报工作，应该说早在竞争情报概念出现以前，国内外情报研究机构都在或多或少地进行着，如我国的跟踪研究、对比研究等，只不过不像竞争情报这样明确、系统罢了。

三、竞争情报的特点

竞争情报与传统情报研究相比，具有如下特色。

1）从总体上讲，它比情报研究具有更强的目的性、时效性、实用性、增值性，以及内容和来源的广泛性。它以在知己知彼的基础上提高市场的占有率为主要目标，具有明显的对抗性。

2）从发展上讲，传统情报研究产生于科学研究，是科学研究工作的程序分化，主要研究科学技术问题；竞争情报则是市场经济的产物，为企业竞争服务，主要研究经济技术问题。

3）从学科基础上讲，传统情报研究主要是自然科学和工程技术；而竞争情报则主要是市场经济和工商管理，如市场学、销售学、工业研究和竞争研究等。

但不管是竞争情报还是情报研究，从本质上讲，都是从事信息的分析与综合工作，遵循大致相似的工作程序和方法。因此，可以认为，竞争情报是情报研究工作的延伸和发展，是情报研究工作急待扩展和加强的一个重要领域。

四、发展竞争情报研究的意义

竞争情报的出现已经引起了世界各国的广泛兴趣，也受到了我国情报界和企业界的极大关注。据美国于 1993 年组织的一次涉及 40 个国家和地区的全球性问卷调查统计，已有

74%的企业正式建立了竞争情报部门。例如，国外的许多大型企业都设有首席情报官（或竞争情报经理，地位相当于副总经理）和情报调查部，在海外派驻数目不等的办事处，形成一个协调一致、上下贯通、内外结合的系统化和网络化的竞争情报系统，而像日本的综合商社，本身实际就是一个庞大的竞争情报系统，平均说来，一家综合商社，每天可收集相当于纽约时报大小约6000页的信息。在我国，1992年，上海汽车工业总公司就委托上海科技情报所开展了“建立上海轿车工业竞争环境监视系统的研究”，着手建立现代竞争情报系统。

为了加速竞争情报的发展，1986年，美国首先建立了竞争情报专家协会。随后欧洲、日本、澳大利亚、以色列、东南亚等国家和地区也建立了相应的专业组织。现在一个全球性的SCIP组织也正筹建之中。

为了引进竞争情报的理论与技能，推动我国竞争情报业的发展，中国情报学会于1994年1月在北京成立了竞争情报专业委员会，北京情报学会和中国兵工学会情报学会也相应建立了北京竞争情报研究会和兵工竞争情报研究会。1994年9月，由中国情报学会和中国兵工学会情报学会等单位联合召开了全国竞争情报与企业发展研讨会。这表明，我国情报研究工作进入了一个新的发展阶段，更直接、更有效地为经济建设、企业发展和市场竞争服务。

长期以来，我国企业发展缺乏现代信息系统作支撑，我国情报机构又与企业发展相脱离，因而没有充分发挥信息和情报工作在市场竞争、企业振兴和经济发展中的保障、导向和咨询作用，整个兵工系统也不例外。

我们认为，正当我国社会主义市场经济深入发展、复兴即将实现和现代企业制度正在建立的关键时期，发展竞争情报研究工作，既是兵工企业生存发展的重要选择，也是企业情报机构拓宽服务领域的重要契机。

邹家华副总理于1994年3月在总公司召开的东北9厂厂长座谈会上强调指出：一定要研究市场。张俊九总经理在1994年总公司召开的企事业领导干部会议上作的《转变观念、转换机制、积极探索市场经济形势下兵器工业发展的新路子》中也指出，深化改革，就是要转变长期以来兵器工业发展所形成的计划经济色彩，使我们的各项工作自觉地适应社会主义市场经济发展的要求。发展竞争情报研究，正是兵工企业和兵工情报工作应顺市场经济和市场竞争这个大潮流，是兵器工业发展社会主义市场经济的重要举措，是增强兵工企业竞争力的现实选择，必将促进我国兵器工业的扭亏增盈和健康发展。因此，应当引起和得到兵器工业和企业领导的高度重视和支持，并力促竞争情报工程在兵工企业中的实现和推广。

略论竞争情报的发展走向*

出现于20世纪50年代，崛起于20世纪80年代的竞争情报，以1986年美国竞争情报

* 本文原载《情报学报》，2004，23（3）：352-366。

从业者协会的成立为标志，迄今虽不足20年，但其影响已经遍及世界各地，应被视为经济学、管理学与情报学领域中的重大发展，是人类在社会信息化基础上向情报（智能）化发展的重要征兆，将对全球的经济发展与社会进步产生重要的影响。

经过20多年的快速发展，以经济学、管理学、军事学、情报学、博弈论等基础理论为指导，以解决组织在市场竞争中的情报保障和智力支持为目标，以情报循环为主线，正在形成以情报生产和流通为核心的CI学科，呈现出良好的发展态势，具有广阔的发展前景[1]。

因此，在人类已经跨入21世纪，在信息、知识、情报正在成为最重要的生产要素和战略资源，智力资本正在成为最重要的组织资产和竞争工具的今天，让我们评论、分析和预估一下CI的未来发展不无现实意义。

一、发展情报能力将成为现代组织的基本战略

当今时代是信息过载而情报稀缺的时代，因此发展情报能力，提升组织的情报竞争力已经成为21世纪企业的基本战略。

(一) 情报能力

情报能力即一个组织感知外部环境变化并做出反应，使之更好地适应环境变化的能力，即获取环境信息并与之适应的能力。笔者曾将这种对外界环境敏感和应变的能力，称之为情报能力或情报竞争力。情报竞争力可由下列能力构成[2]：监视并分析竞争环境变化的能力；获取并分析竞争对手信息的能力；研究和制定竞争战略的能力；企业信息安全和自我保护的能力；情报共享和快速反应的能力。

我们认为，当今时代，是一个高度复杂、相关、多变和竞争的时代。在这样一个对信息和情报高度依赖的社会中，一个组织的情报能力，也就成为一个组织生存和发展的关键因素。

20世纪70年代，由S. Delijer倡导和发展起来的社会情报的理论研究和实践活动对推进intelligence工作在全球的发展起到了重要的作用[3]。社会情报本质上就是如何通过发展和提升组织的情报能力来加速自身的发展，可看做是CI、商业情报、技术情报等的总称。之所以称社会情报，其目的在于强调人的主导作用，以区别于以计算机为主导的人工智能等intelligence活动，类似于社会网络与网络。intelligence工作在日本、韩国等亚洲国家的经济发展中做出了不可磨灭的贡献。

Nozomu [Nick] Ikeya等人认为[4]，日本形成了以通产省、日本贸易振兴会、日本工商联合会和大使馆为主导的国家CI和以日本经济团体联合会、日本经营者团体联合会及广大企业为主导的企业CI，形成了举世瞩目的情报能力。例如，日本的通产省在宏观上从事国家CI活动，搜集并发布CI，从国家高度为战略决策与规划提供支持；该省的中小企业厅研究室还提供早期预警、竞争对手跟踪与预报、战略规划及战略战术决策建议，提高并促进中小企业的发展。成立于1958年的支持通产省决策的日本贸易振兴会是世界级的CI机构，主要工作集中于收集与进出口相关的信息，提供关于机会与威胁的早期预警，竞争对手跟踪及与国际贸易相关的其他报告。

我国是独立发展intelligence工作的发展中国家，凸显我国情报能力之一的科技情报工

作，尤其是情报研究工作，对于我国科技发展、经济振兴和社会进步都做出了巨大的贡献。笔者曾认为，它是国家竞争的杠杆、经济发展的先导、决策科学化的支撑[5]。

（二）情报时代

随着信息技术的发展和情报能力的增强，一个以信息和智力的开发和应用为主要特征的新时代正在到来。

Kirk W. M. Tyson 先生在 1998 年就指出，人类社会的发展由工业时代经信息时代而将进入情报（智能）时代。他论述了人类在 20 世纪经历了科学管理、人际关系管理、作业研究、战略规划、日式管理后，90 年代正向认知管理迈进，强调思考、学习和知识获取、信息和情报管理。20 世纪末我们进入了信息时代，而一些深谋远虑的企业已经预见到下一个浪潮——情报（智能）时代的到来[6]。他认为，尽管许多位居全球 1000 强的企业已经改变了 90 年代发展起来的信息和情报概念，但它们实施的结果与期望相差甚远。这是因为信息和情报概念需要一种看待商业的新思维方式，传统的系统和流程开发的方法已经不再适用。企业将在 90 年代的最后时刻穿越这条学习曲线。当它们最终到达的时候，CI、竞争知识和可持续战略将成为 21 世纪的格言。他指出，原始情报和知识开发将成为情报（智能）时代的基石。今天，人们的智力已经难以处理可获得的所有信息。到 21 世纪，信息处理问题将以几何级数增长，因而情报变得更有价值。这是迄今为止见到的对情报能力、情报地位和 CI 非常明确、概括的分析和预测。Tim Powell 提出的 CI 价值链[7]（图 1）和岳剑波副教授提出来的信息管理链[8]，也说明了情报问题的极端重要性。

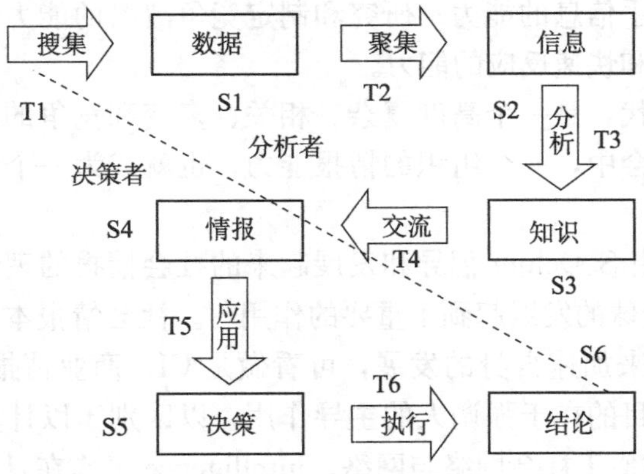

图 1 竞争情报价值链

注：T：transform，变换；S：state，状态

事实上，人类感知和适应环境的能力，对信息的获取和分析的能力，是组织智商的表征，也是情报研究和信息咨询机构的核心能力。正如 Stephen Soto 所言，企业要在变化莫测的后现代社会中生存，需要凭借 CI 分析，对组织结构和组织文化进行不断的设计和配置，使企业成为一条“思考着的变色龙”[9]。

早在 1998 年的 SCIP 年会上，Brad Ashton 和 Pat Bryant 就构建了通过监视关键竞争对手开发基于知识的企业战略[10]；John E. Prescott 则积极主张建立以情报驱动的企业战略，并提出了他的基本构想[11]。2003 年 4 月，Jan P. Herring 在 SCIP 年会上作了题为“CI 的未来”的报告，其中也提出，在快速变化的商业环境中，灵活性成了成功保持竞争优势的关键因素。这种适应环境变化的灵活性，亦即对环境敏感和应变的情报能力，成了未来 CI 关注的重心[12]。他从不断加剧的全球竞争、全球视野和实时反馈的情报需求、基于知识优势的竞争制胜、知识技工（knowledge technologists）的出现、信息技术的发展、政府和企业兴趣的趋同、反情报需求的发展、CI 教育的滞后、用户对自分析（own analysis）和一手情报需求的增长等十大改变 CI 的主要力量出发，以 2012 年为时点，预测了未来 10 年 CI 的发展情景[13]。他认为，未来的战略与竞争将更多地依赖管理，而那时的管理将是全球市场知识性极其丰富的管理，而 CI 将成为知识密集型经济的关键构成。CI 将支持管理学家 Peter Drucker 的新全球企业管理战略的实施，推进全新的网络经济的发展，并让战略学家 Richard D' Aveni 的新反超级竞争战略得以实现。

因此，发展情报能力，推进以情报驱动的企业战略将成为 21 世纪 CI 的一大发展趋势。

（三）战略预警

实施对威胁和机遇的早期预警，是 CI 的重要任务，也是一个组织情报能力的重要表现。例如，戴姆勒-奔驰宇航公司（Daimler-Benz Aerospace AG）非常重视对可能发生的未来事件的预知能力，开发了由情景分析导向的战略早期预警系统，开展了企业的竞争监视[14]。

它们的基本做法是：采用情景规划确定重要的监视方向，通过市场研究和定标比超、信息扫描和趋势分析、专业会议和部门会议，以及以公司内部那些关注相关领域发展和研究成果的人物为“监视器”和“扫描器”，采集重要指标、统计数据、特征数字、征兆信息、弱信号、领导和专家意见，经分析与组合后以一种可读的方式传达给管理层，并定期呈报情报分析报告以协助解决决策和管理问题。

又如，为了发展早期预警功能，增强我国企业在全球化的市场竞争中的快速反应和应变能力，促进市场预警系统的实用化，黄迎馨硕士在文献［47］中以专业研究所为实例，构建了以竞争对手为目标的市场预警系统。该系统由信息收集终端、信息传输网络、信息综合处理中心、显示控制终端等硬件和相应软件组成，如图 2 所示。

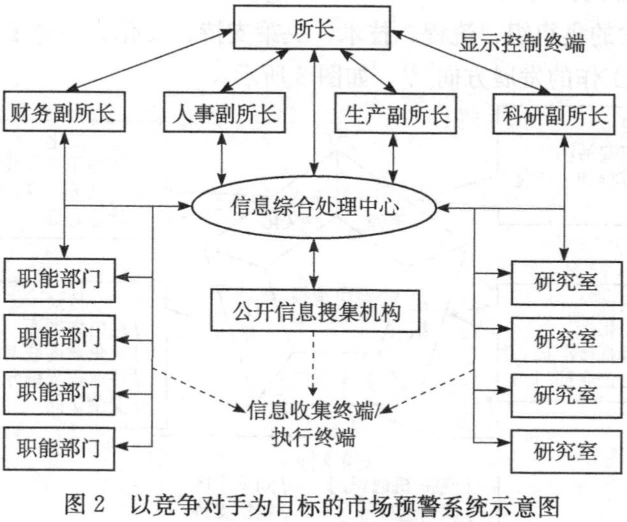

图 2　以竞争对手为目标的市场预警系统示意图

(四) 危机管理

危机管理（crisis management）能力是一个组织，尤其是一个国家情报能力的集中体现。“911”事件以来，各国都把加强危机管理作为国家安全的重要政策和战略措施，也凸显了组织情报能力建设的极端重要性。

以政治稳定为核心议题、以社会危机为重点的危机管理研究在20世纪60～80年代曾出现过高潮，“911”事件的突发则强化了对危机管理的研究和处理，将危机管理研究推向一个新的阶段。

应对重大危机的能力是强国的重要标志，也是现代企业化险为夷的要诀。近几年来，我国学者在亚洲金融危机、中美“撞机”事件、“非典”危机、能源供应、禽流感疫情等方面做出了许多努力和贡献，尤其在工商危机管理领域，我国情报界均未置身度外。例如，在中国科技情报学会竞争情报分会第九届年会上，暨南大学曾忠禄教授就香港非典传播和“七一大游行”问题，作了题为《如何利用竞争情报建立预警系统》的报告[15]。报告认为，该系统的基本工具是STEEP（社会、技术、经济、生态、政治环境）扫描系统，运用概率/影响矩阵，确定工作的轻重缓急，并把工作的重点由过去对未来事件的预测转向应对方案的开发，提出方案开发的基本程序。可以认为，该报告实质上勾勒出了一套政府和企业进行危机管理的可行的程序和方法。南开大学国际商学院关晓红等则论述了企业危机管理中的CI分析架构、工作流程和战略价值[51]。

二、实行组织、流程、技术、决策和文化的一体化

当前快速发展的全球CI，在知识经济的时代背景下，正在经历着重大的变革，组织、流程、技术、决策和文化的一体化的发展应是CI成熟发展和未来情景的重要标志。

(一) 基本构想

1999年，德勤咨询公司（Deloitte Consulting）和未来集团在总结世界各国经验的基础上为国际电信业开发的集组织、流程、技术、决策支持、文化为一体的世界级CI机构的框架代表了国际上CI工作的发展方向[16]，如图3所示。

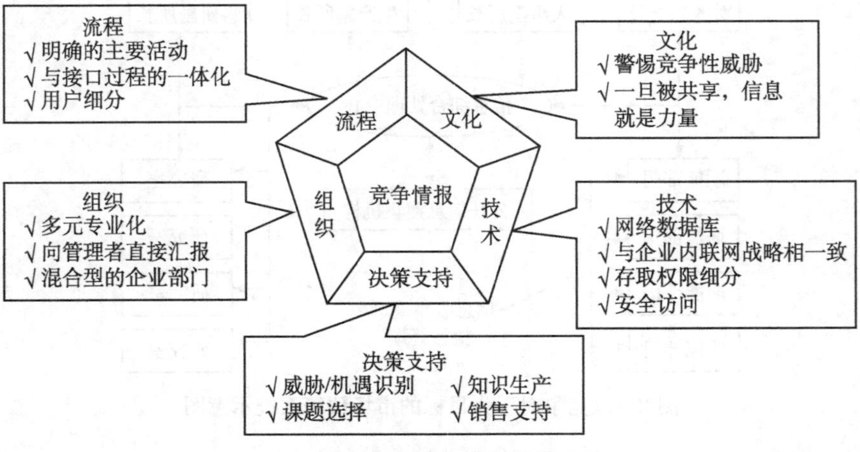

图3　世界级竞争情报部门的特征

该设计的四大特点是：培育一种情报驱动的企业文化，CI 部门与企业部门之间的互动，情报业务支持企业战略和战术决策及建立情报/信息搜集、组织和传播的技术设施。一体化是推进 CI 持续发展的强大力量。

文献［11］对这种一体化的架构进行了概括的描述。应当指出的是，在 CI 一体化的发展中，技术和文化的因素将渗透到 CI 的各个方面，成为推进 CI 业发展的重要力量。

（二）信息技术

Herring 认为，在以知识为基础的竞争的驱动下，信息技术的飞速发展将显著影响未来 CI 业的发展进程。新的 IT 将成为 CI 未来的重要构成。CI 从业者将需要知识技工，即构成知识社会关键资源和工作主力的、将专业知识与计算机技能结合在一起的知识工人，如计算机科学家、软件设计师、实验室技师、律师助理和各类信息提供者的帮助，提供实现未来经济成功所必需的商业和 CI。从先进的网络搜集工具到更专业地使用全球信息资源（例如，采用卫星图像在世界范围内监视竞争对手的行动），CI 从业者必须更多地使用 IT 工具和方法。他们必须采集和生产出未来企业竞争制胜所需的实时情报和信息[13]。

IT 对 CI 的影响主要体现在 CI 的组织和流程上。

1. 组织[13]

由于高层领导者的思考和决策时间有限，未来的 CI 主管（D/CI）更可能是企业或业务单元管理团队中的一员。他们既是真正的 CI 专业人士，具有优秀的 CI 技能，又能创造出使用情报所需的商业语境，并管理和指挥一个虚拟的、遍布全公司的竞争情报系统。

借助 IT 的支持，CI 部门将开发出既能为个人用户、也能为高层管理团队服务的 CIS 系统，这个系统可以保证情报成果在全公司任何一个需要的地方实时共享。这一系统仍然是人机结合的，将由小的、局部性的 CI 网络与个体的 CI 专业人员支撑，为从采购、销售到人力资源管理等各种商业活动提供支持。

未来的 CI 组织面对着的是更为成熟和新型的用户，今天一代的中层管理者将发展成为未来的企业领导者和首席执行官。这些人比他们的前辈更多地了解和接触竞争理论和 CI，因此了解他们在知识社会和 IT 环境下的决策方式和情报需求是 CI 组织面临的重大挑战。

2. 流程[13]

情报流程仍将依旧，但工作方式将会变化。例如，对实时情报的需求将持续增长，因而情报监视和分析都需要更好地采用 IT 及更为出色的应用技巧。凡是能用计算机代替的地方都将采用先进的 IT。

1）情报搜集

最大的变化可能发生在我们访问和使用全球巨大的信息资源的方式。一手情报（primary source intelligence）和人际情报的搜集都将高度依赖于 IT。情报搜集将成为实时的和全球的，而且成为未来以用户为导向的 CIS 的一部分。获取全源（all-source）情报/信息的需求将引起先进信息中心的诞生，它具有为分析师和 CI 用户提供融情报/信息为一体、经常为图形化的 CI 产品的能力。

2）情报分析

情报分析的复杂化和高级化是未来 CI 的一大趋势。因为正在出现的实时的 CI 分析和复杂的商业分析需求，例如，Richard D' Aveni 的超级战略的分析，以及实时战略、竞争情景和变通方案的图形化表达都不仅需要大量的情报和信息，而且需要更为复杂的 CI 分析工具、专业技巧和 IT 系统去实现。

预分析（pre-analysis）需求的出现是 CI 分析面临的又一大趋势。因为随着未来管理者和情报用户对自行分析需求的增长，以及他们又无意和无暇从事情报/信息采集和整理的现实，因此，对原全源情报/信息（raw all-source intelligence-information）进行预处理或预分析的任务就历史地摆在了 CI 部门的前面。所谓预分析，就是对大量信息进行预先处理，形成分析所需的行业文档和竞争对手文档等基础情报，为进一步的情报融合和综合奠定基础。

鉴于情报用户对分析性情报和自行分析需求的增强，创造新型的互动式分析流程（interactive analysis processes），允许用户不只看到他们竞争性思考的结果，还能够产生非凡的见解，从而对 CI 部门提出了更高的要求。

由此可见，由于用户的介入和 IT 的应用，社会的情报分析活动更为广泛和普及，而专职情报分析则向两极化，即高级化和基础化方向发展。

3）情报扩散

情报的分发不再仅仅是传递某种情报报告（intelligence report），而是将情报以最适合于用户理解和接受的方式与用户进行交流；人们对互动的、多媒体的、图形化的分发系统（delivery system）的需求将不断增强。

（三）情报文化

所谓情报文化，实质上就是在组织中形成领导带头、全员参与的重视情报、使用情报和共享情报的理想信念、价值观念和行为规范，是一种以情报价值为核心的意识形态，是组织文化的重要构成。理论研究和实践经验表明，CI 的生产和使用是一个社会过程，而且应该成为组织的一种特性。因此，为了发展 CI，应当从组织文化、组织结构、行政机制、人员行为和思维模式等人文视角来考虑 CI 的应用和发展问题，而创造良好的组织氛围是实施一体化的关键。

1999 年，Meil J. Simon 研究了影响 CI 实践的关键文化因素，提出了改善文化因素从而使 CI 获得成功的举措[17]。2000 年，Demmis B. Arnett 等人以实例研究了表征组织内部环境因素的组织集权程度、正规化程度、市场异质性、速度文化、创新文化、开放文化和表征 CI 工作的关系因素，如包容度、关联度、可信度、相互信任、可用度的相互作用和影响[18]。2000 年的 SCIP 年会上，Hans Hedin 认为，信息/知识的共享文化是企业情报工作取得成功的前提[19]；Ben Gilad 通过对 GE 和 Levis 两大公司的案例研究，说明了是否把 CI 作为一种文化准则将对公司及其管理层造成怎样的影响[20]；John E. Prescott 认为，建立 CI 文化正是一个 CI 部门取得成功的三大管理活动之一[21]；John Nolan 也把建立情报文化作为人际情报搜集的重要条件[22]。如前所述，2001 年，Nozomul Ikeya 等人撰文研究了素以情报立国著称的日本的情报文化，分析了政府和企业在 CI 工作中的关系，认为日本通产省和大使馆对 CI 发展的支持，在工业/技术的竞技场上扮演了重要的角色[4]。同年，Neil J. Simon 又研究了组织结构、组织文化、行为模式三大影响管理层和员工使用 CI 的主要因素，认为进行组织前景分析和建立 CI 联盟可以提升 CI 在组织中的地位[23]。在 2002 年 SCIP 年会上，Colleen Meeker 采用了定标比超方法，研究文化对 CI 的吸纳模型，通过行为机制的改变来衡量 CI 被企业文化吸纳的程度，以及如何形成企业内各层次间的情报交流[24]。

例如，在文献 [21] 中，为了建立领导带头、全员参与的情报文化，John E. Prescott 认为，要将 CI“编织”到组织的业务流程和决策制定中去，通常需要经过三个阶段的升级和增强循环的促进计划，才能建立起组织的 CI 文化。并提出了具体的实施方案，如图 4 和表 1 所示。

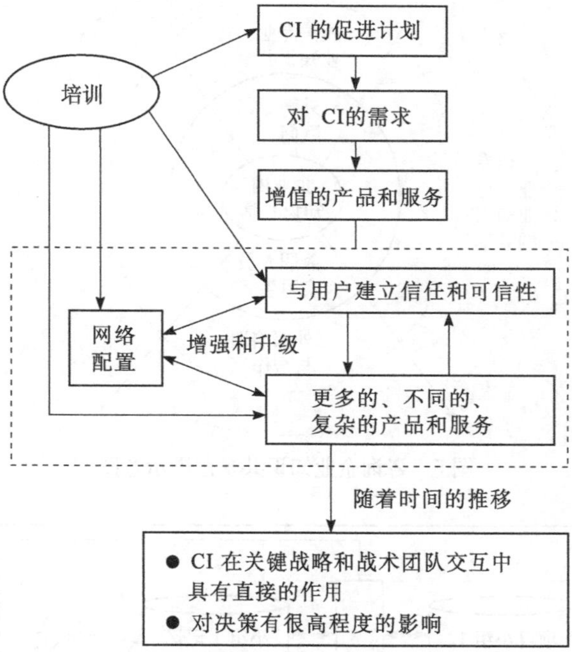

图 4　形成竞争情报文化的促进计划

表 1　3 轮增强的过程

	第 1 轮	第 2 轮	第 3 轮
活动的重点	专注于信息获得	按重要性排序和分析	对关键战略和战术团队发挥直接的作用
支持者的角色	发起者	客户	合作者
网络	0～2 个关键信息员，一些浅联系	3～4 个关键信息员，许多浅联系	5～7 个关键信息员，非常多的浅联系在组织内的网络中处于核心地位
信息技术	认知导向的搜集和扩散	知识仓库促进和共享对 CI 的存取	管理着全球的 24 个时区
培训	CI 基础数据搜集	分析	模拟和建模

实践表明，组织情报文化的形成，关键在于共享文化的培育。为此，国内外积极开展了关于信息、情报和知识共享的研究。由梁战平研究员指导的孙丽博士撰写的《咨询企业的知识共享研究》的博士论文，在总结和分析国际上知识学习和共享模型的基础上，构建了企业内显性知识和隐性知识的团队级和企业级共享模式；在剖析知识共享的影响因素基础上，设计了包括初级人员、咨询人员和外聘专家构成的一套知识共享模型；建立起咨询企业知识共享体系，代表了我国在知识共享研究中的新成果，也可为我国政府和企业实施情报共享提供先进的学术思想和理论框架[25]。图 5～图 7 给出了咨询企业知识共享的模式，它以组织的知识共享为基础，以项目团队的知识共享为核心，以组织文化为氛围，以 IT 为依据，通过个体的活动来体现，十分类似和适用于 CI 组织。

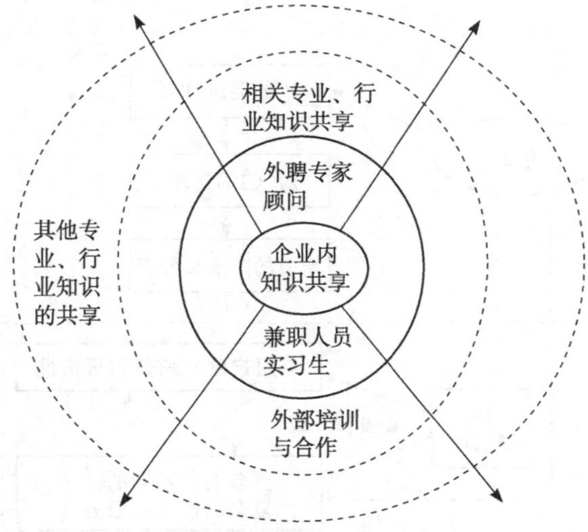

图 5　咨询企业知识共享范围示意图

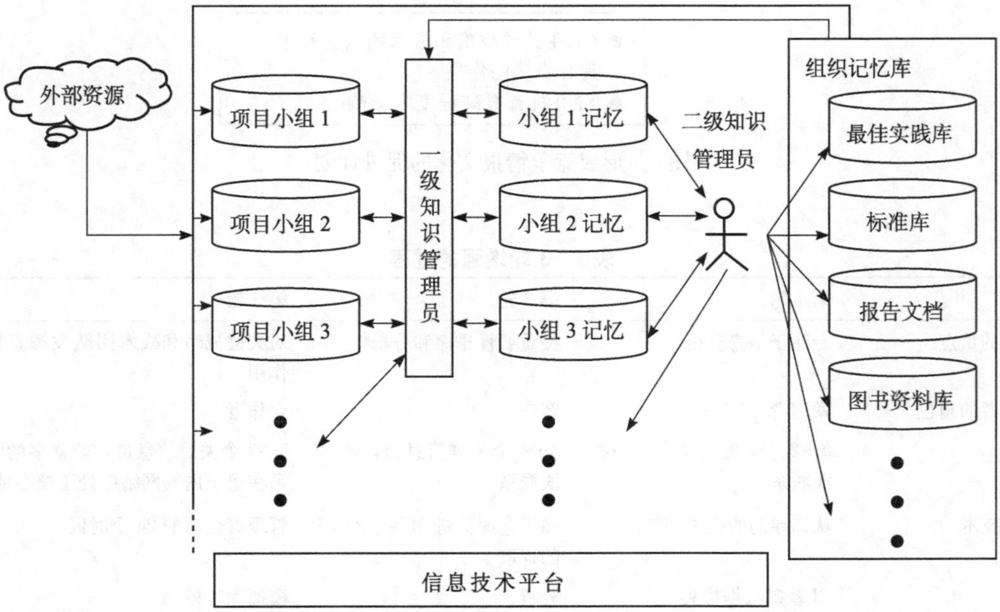

图 6　组织级显性知识共享模式示意图

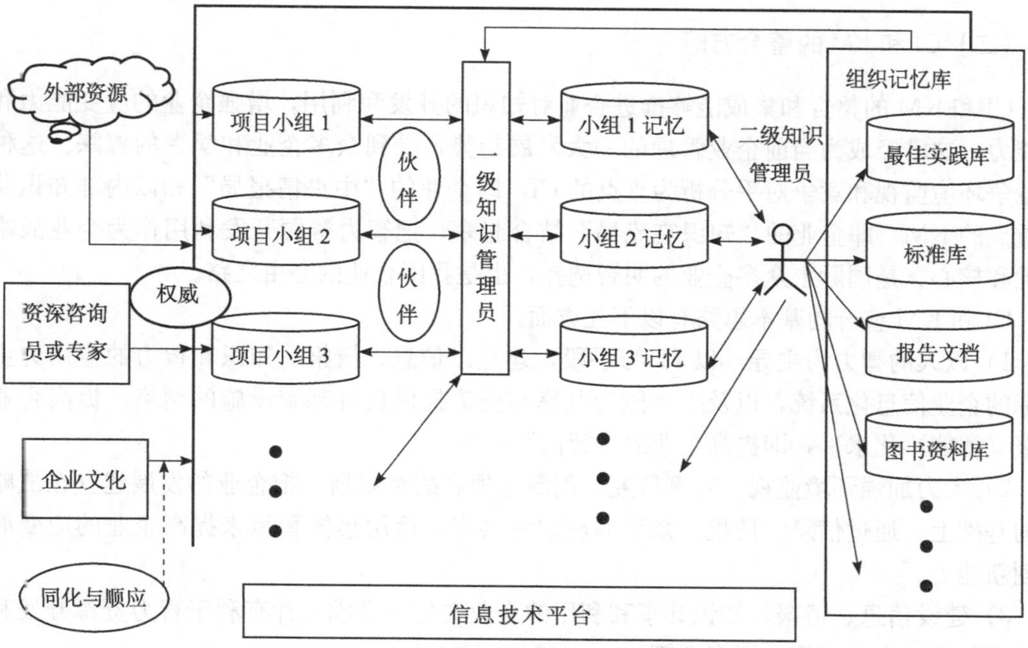

图 7　组织级隐性知识共享模式示意图

三、实现竞争情报和知识管理的整合

相继于 20 世纪 80 年代和 90 年代迅速发展起来的竞争情报和知识管理，正在成为 21 世纪重要的竞争手段和管理工具，是现代企业的核心能力之一。

(一) C1 和 KM 的异同点

1996 年，经济合作与发展组织发布了《以知识为基础的经济》的报告，宣告了建立在知识的生产、分配和使用之上的知识经济时代已经来临。相应地 KM 也被提高到很高的层次。

CI 侧重于对外部环境知识的关注，将竞争信息转化成情报和谋略，实现情报知识在企业中的交流和共享；KM 侧重于对内部知识的发掘，将隐性知识显性化，实现企业显性和隐性知识的交流和共享。CI 的基本目标是为企业决策提供知识和技术，KM 的基本目标是为企业建立知识交流的平台和方法；CI 人员是知识的生产者，KM 人员是知识的管理者。两者都需要构建信息交流平台，都需要信息管理技术的支持，都需要培育信息共享文化，都将对提升企业的竞争力作出实质性贡献。

由此可见，CI 和 KM 尽管称谓不同，定义各异，但本质上都把智力资源的开发和利用作为基本内容。它们具有以下共同点。

1）都把获取企业的竞争优势、培育企业核心竞争力作为自己的目标。

2）都是为企业的战略管理提供基础和支撑。

3）都是以信息的序化和转化为基础，把显性知识和隐性知识的获取、生产、组织、交流和利用作为主要的工作内容。

4）基本上采用大致相同的工作方法和手段，如信息库、知识库、专家库、人际网络的建设，以及隐性知识显性化和知识共享技术的开发和应用。

（二）CI 和 KM 的整合方略

CI 和 KM 的整合和集成能够推进企业对知识的开发和利用，增强企业的应变能力和创新能力。这已经成为当前企业管理的一大发展趋势，受到众多企业和学者的青睐。这种把以竞争环境监视和竞争对手分析为重点的 CI，即企业的“中央情报局”和以内部知识共享为重点的 KM，即企业的“知识交流局”结合起来，把智力资源开发利用作为企业战略的基础和核心，是国际上众多企业的明智选择，也是我国企业的必由之路。

CI 和 KM 整合的基本思路有以下几方面。

1）以人的智力为主导，以 IT 为手段，建立以信息、情报、知识和智力的应用为主要目标的企业信息化系统，以及一个能为共享与交流提供良好基础设施的网络，提高企业的情报（智能）化水平，即提高企业的“智商”水平。

2）大力加强环境监视、对策研究、创新管理和战略规划，把企业的发展建立在战略管理的基础上，通过信息、情报、知识的获取和共享，运用集体智慧来提高企业的应变能力和创新能力。

3）建设信息、情报、知识共享和利用的企业文化，形成一种有利于智力资源开发利用的规章制度、企业环境和国家政策。

4）大力发展现代 CI 和 KM 技术，不断提高企业 CI 和 KM 的能力和水平。

从国际上看，CI 和 KM 的整合在两个层面上发展：一是加强 CI 知识的管理，二是实现 CI 和 KM 的融合。

1. CI 知识的管理

在 1998 年 SCIP 年会上，Herring 和 Prescott 等联袂作了 CI 知识管理的长篇报告，提出了由焦点（focus，CI 知识活动的目标）、工具（implement，创造一种有助于应用可行性 CI 知识的文化）、制度（institutionalize，将 CI 知识实践融入日常活动中）、转变（change，改变思维的方式、行为和特性）和磨合（hone，CI 知识管理过程是一项不断发展的活动）构成的 FIICH 模型，对 CI 知识管理问题作了精辟的论述，既是 CI 知识管理的实践经验的总结，也为 CI 知识管理指明了发展方向[26]。

他们认为，实施 CI 知识管理的目的是：定义和应用 CI 知识，在全球规模上进行 CI 知识管理、CI 知识共享和运用 CI 促进变革。例如，采用 IT、人际情报、组织文化和组织流程以创造 CI 知识共享的文化；开发一个地理上分散的基础组织结构和开发一个国家文化框架以实现全球规模的 CI 知识管理。

他们认为，FIICH 模型的优点是：它是一种思考和构建 CI 知识管理流程的组织化方法：可为每一阶段定标比超分析提供框架：是一种确定下一步行动的结构化方法；该模型可以进一步细化。他们的基本做法是：根据模型，开展定标比超活动，将最佳实践企业的经验作为模型的基本内容，从而使模型具有可行性和先进性。例如，作为模型第一步的焦点，通过定标比超分析发现：最佳实践企业将 CI 知识聚焦于对业务运作和成功具有重要作用的管理领域；最佳实践企业不仅支持 KM 流程，还积极参与其中；在最佳实践企业中，CI 知识管理形成了一揽子的情报产品和服务的组合。

2. CI 和 KM 的融合

1999 年，Brook Aker 在 SCIP 年会上详细地分析了国际上 KM 的现状、工作框架和应用案例后认为，先于KM发展水平10年的CI带给KM的最大启迪是应关注决策与行动；CI可使KM获得最快/最高的投资回报（ROI）；CI方法论适用于KM的全过程。为此提出，应当将KM与CI结合起来，将CI方法论作为KM的方法论，使自己成为知识创新的关键角色，并提出了CI与KM融合的工作框架[27]。同时，在SCIP年会上，Paul Germeraad在《智力资产的管理：美国企业的新战略武器》的报告中，在论述了IAM的基本内容后，专门论述了CI在IAM中的作用、两者所用工具和技术的异同，以及CI和IAM对企业的影响[28]。

壳牌国际服务集团公司是国际上将CI和KM整合在一起的范例，它建立的商业情报知识库包含了竞争对手情报知识库、顾客/前景情报知识库、市场情报知识库、技术情报知识库和合作伙伴情报知识库，涵盖了企业关心的基本方面，既解决了企业对CI知识的管理，又使CI部门能把更大的精力集中于为企业决策层提供战略模拟/决策（交易）支持上，增强了CI部门的战略地位和快速反应能力[29]。

2000年，壳牌国际服务集团公司财务公司的Marcus Speh阐明了在实践中KM与CI的差异、特点和对企业竞争力的影响，它们在新经济环境中各自的地位及相互作用，以及CI从业者如何应对KM崛起的现实等业界关注的一些热点问题，提出了以内容为基础和以流程为基础的KM框架，总结了KM和CI的关系，论述了新经济条件下的价值图和新战略[30]。同年，He'lia Chaves等人采用CI工具对数据库信息进行自动处理，以生成诸如知识地图这样高附加值产品以支持KM，并提供了Brazilian数据库的案例研究[31]。同年，Naomi Fine则报告了将知识产权保护融入CI和其他商务活动中去的方法[32]。2001年，Peter Mckenney在SCIP年会上作了题为《来自高层的观点：你的CI和KM工具箱》报告，提供了为美国宇航局开发的CI和KM方法，认为，美国政府集中了数以万计的分析师，成为情报采集、分析及相关软件开发领域的最大投资者。他们展示了名为概念地图的软件，从中可以看到实用CI和KM中最好方法和工具的选择框架[33]。

2002年，由赖茂生教授指导的朱战备博士在《知识管理对提升企业核心竞争力的应用研究》的博士论文中，建构了基于核心竞争力的KM模式和基于核心竞争力的企业技术创新和产品开发战略，本质上也是将CI和KM结合起来为提升企业核心能力的一种尝试，从中也看到了CI和KM在方法和工具上的通用性[34]。

四、加速CI流程的软件化

CI软件是实现CI功能和流程的计算机程序和文档，以辅佐人们的智力活动。随着IT的飞速发展和CI自身的发展需要，自20世纪90年代以来，以CI运作自动化和智能化为目标的CI软件大量涌现，成为CI发展的一道亮丽的风景线。

（一）发展现状

一般说来，CI软件是由商业情报软件或网络搜集工具转化而来。例如，IBM公司开发的为用户提供商业情报软件包应用解决方案的第三代商业情报系统，是从第一代的基于用户提问和报告系统、第二代的数据仓库系统的基础上发展起来的；用于网页自动跟踪的WebMon系统经过开发成为CI网页跟踪系统[35-39]。迄今为止，由Cipher，L-T-U Ltd.，Docere Intelligence Inc.，Megaputer Intelligence Inc.，Strategy Software Inc.，Wincite Systems LLC，Wisdom Builder LLC等公司为代表的国外软件开发商已先后开发出200多种 CI 软件。例如，王曰芬副教授等对 The CI Resource Index 网站链接的软件产品按照功能进行了归类分析，在所研究的 272 件软件产品中，其中有 36 件软件是多功能 CI 管理软件，有 27 件具有 2 种主要功能，其余的只有一种主要功能[36,40]。在这些软件产品中得到等级评价的有 93 件，而得分在第一等级（五星级）的占 52.7%（表 2 和表 3）。

表 2　The CI Resource Index 上链接的按功能分类的 CI 软件

软件的主要功能	信息收集［定制跟踪、监测］（专门领域信息收集）	分类组织［摘要、提取］（集成）	辅助分析与决策［辅助分析平台］（报告制作）	传递	多功能的竞争情报管理软件	其他［AI 应用］（知识管理软件）
相关软件的数量	89 ［21］ (8)	27 ［10］ (12)	25 ［6］ (10)	32	36	9 ［3］ (10)
总数量	118	49	41	32	36	22

表 3　The CI Resource Index 上链接的被评价的 CI 软件数量和发布的时间

等级分值 / 发布时间	* * * (10.100-9.01)	* * * (9.00-7.019)	* * * (7.00-5.01)	* * * (5.00-3.01)	* * * (3.00-1.01)	总数量
2003 年	3	1	0	0	0	4
2002 年	11	6	3	0	3	23
2001 年	19	9	4	0	1	33
2000 年	9	2	0	3	1	15
1999 年	7	5	3	0	3	18
总数量	49	23	10	3	8	93

美国的 Fuld & Company 和 SCIP 是从事 CI 软件评估的主要机构。它们认为，判断一个软件是否属于 CI 软件，主要标准是它对整个 CI 循环的支持程度。它们从 1998 年开始对 120 家 CI 软件开发公司进行调查评估，并公布了第一份 CI 软件报告[41]；从 2000 年开始依据软件对 CI 循环的支持程度进行评估，每年连续发表评估报告。评估的软件、厂商和性能如表 4 和表 5[36,42,43]所示。

2001 年 6 月，以新华财经信息咨询公司名义，由梦龙明信咨询公司开发的梦龙 CIS，可以看做是我国第一个商业化的 CI 软件的问世。

表 4　2000～2003 年主要评价的 CI 软件

评价的时间	竞争情报软件的名称及生产商
2000 年	C-4-U Scout（C-4-U Ltd.） Knowledge. Works（Cipher Systems） Market Signal Analyzer（Docere Intelligence） TextAnalyst 2.0（Megaputer Intelligence，Inc.） Strategy! Version 2.5（Strategy Software，Inc.） Wincite Version 7.0（Wincite Systems LLC） WisdomBuilder 3.1（WisdomBuilder LLC） Competitive Intelligence Spider Version1.2.1（Knowledge computing corp.） E-Sense（vigil technologies） Corporate Intelligence Service Version 1.0（Intelliseek inc） Plumtree Corporate Portal Version 3.0（Plumtree software） Powerize. com Web Site（powerize. com）

续表

评价的时间	竞争情报软件的名称及生产商
2002 年	C-4-U Scout（C-4-U Ltd.） Knowledge. Works（Cipher Systems） Market Signal Analyzer（Docere Intelligence） TextAnalyst 2.0（Megaputer Intelligence，Inc.） Strategy! Version 2.5（Strategy Software，Inc.） Wincite Version 7.0（Wiincite Systems LLC） WisdomBuilder 3.1（WisdomBuilder LLC） Intelligence（Brimstone AB） WebQL（Caesius Sofware，Inc.） BrandPulse（Intelliseek，Inc.） ClearResearch Suite（ClearForest Corporation） TrackEngine（Nexlabs Pte Ltd.） PlanBee（Thoughtshare Communication，Inc.）
2003 年	C-4-U Scout（C-4-U Ltd.） Knowledge. Works（Cipher Systems） Market Signal Analyzer（Docere Intelligence） TextAnalyst 2.0（Megaputer Intelligence，Inc.） Strategy! Version 2.5（Strategy Software，Inc.） Wincite Version 7.0（Wiincite Systems LLC） WisdomBuilder 3.1（WisdomBuilder LLC） Intelligence（Brimstone AB） WebQL（Caesius Sofware，Inc.） BrandPulse（Intelliseek，Inc.） Knowledge xchanger（cornintell） Persector（promcre） FindAgent（Hapax Information systems AB）

表 5 受评 CI 软件的功能和分值

评价的时间项目 / 软件名称与所属公司	2000 年					2002 年				
	第一循环	第二循环	第三循环	第四循环	第五循环	第一循环	第二循环	第三循环	第四循环	第五循环
C-4-U Scout（C-4-U Ltd.）		5					3			
Knowledge. Works version 5.3（Cipher Systems）	2	9	7.5	1	5	5	10	8	6	7
Market Signal Analyzer（Docere Intelligence）		6		2	9	8		5	8	9
TextAnalyst 2.0（Megapute Intelligence，Inc.）		3			3		3			3
Strategy! Version 2.5/3.0（Strategy Software，Inc.）		7		3	7.5	2	7	8	10	10
Wincite Version 7.0（Wincite Systems LLC）		7.5		2	9	4	7	5	9	9
WisdomBuilder 3.1（WisdomBuilder LLC）	1	5	5	4	9	3	9	5	11	8

随着我国企业信息化建设的发展和应对竞争决策的需要，高度软件化的 CIS 正在引起我国企业界和软件业的关注。据（中小企业信息化网站）www. topoint. com. cn 对我国 4000 家中小企业的调查，把建立 CIS 作为 2003 年信息化建设工作重点的企业为总数的 5%[44]；而梦龙、百度、易地平方、365Agent、赛迪数据、五科开维、北京国信贝斯软件商业化产品的推出，都说明一个中国 CI 软件建设的热点正在形成[1,45]。

(二) 未来趋势

鉴于目前开发的国内外 CI 软件都存在着对情报用户需求和实时支持重视不够、基本没有提供内部情报和人际网络管理功能、不提供用户提问管理功能、过于强调信息管理而不可视关键情报课题管理、软件太过庞大而不适合中小企业使用等弊端，未来 CI 软件发展的基本趋势[36,46]有以下几方面。

1）功能细化。为满足 CI 部门存在着需求响应和主动服务两种工作模式，应开发能分别支持不同工作模式的 CI 软件。

2）个性化。CI 软件的个性化应当包括用户界面和系统参数定制、用户需求定制、个性化信息采集、网页定制、个性化推送、学习和自适应等。

3）网络化。CI 软件将以网络为平台，CI 软件应当加强对网络信息的采集和分析工作。

4）智能化。包括智能化信息采集、排序、分类功能，智能化信息分析和学习功能，智能化情报服务功能。

5）组件化。软件开发商可以将各种 CI 功能设计成不同的组件，企业可以根据自己的实际选择所需的组件。

6）多版本。即面向不同行业或不同的经济规模提供不同的解决方案，或根据不同的 CI 工作设计相应的 CI 软件。

7）集成化。即 CI 软件与商业智能及 CI 软件和已有系统的集成。前者可以最大限度发挥商业智能对 ERP 中数据的利用，从而集成两者的优势，成为新一代的企业战略信息管理系统；后者可减少 CIS 与已有系统的信息冗余和不一致性，以及使用新系统带来的学习曲线。

由谢新洲教授指导的尹科强硕士在他的学位论文《CI 软件的分析与设计》中，在分析现有国内外软件优劣势的基础上构建了一个以用户情报需求为导向、突出 KIT 管理、支持响应性和主动性两类服务、强调人机结合、引入人际网络管理，包含需求分析、公共功能、定制信息服务、KIT 管理、提问管理、人际网络管理六大模块的设计方案，开发了一个 CIS 演示版，构建了 CI 软件的应用模型，代表了 CI 软件设计思想和实践的新进展[46]。如图 8 所示。

军事技术向商业领域转移仍然是国际 CI 的一大趋势。全球的、实时的、人机交互的、可视化的 CIS 的发展态势有赖于政府与企业的互动和正在出现的军事 IT 的支持。由沈固朝教授指导的黄迎馨硕士在她的《借鉴军事 C3I 理论与技术构建企业竞争情报系统》的学位论文中，提出了军事 C3I（指挥、控制、通信和情报）系统与企业 CIS 整合的思想，建构了基于 C3I 系统的企业 CIS-C3I-CIS，如图 9 所示[47]。这是我国第一次论述将 C3I 系统引入 CIS 的学术论文。

这些方案如能实现，将对促进我国 CI 软件的发展具有重要的意义。

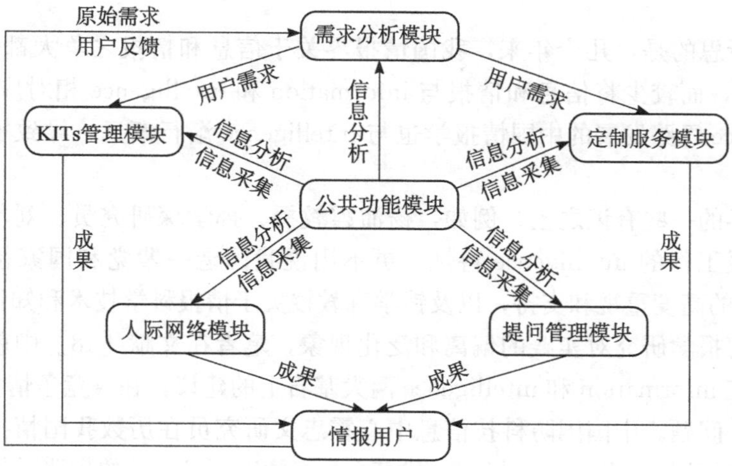

图 8 竞争情报软件总体结构图

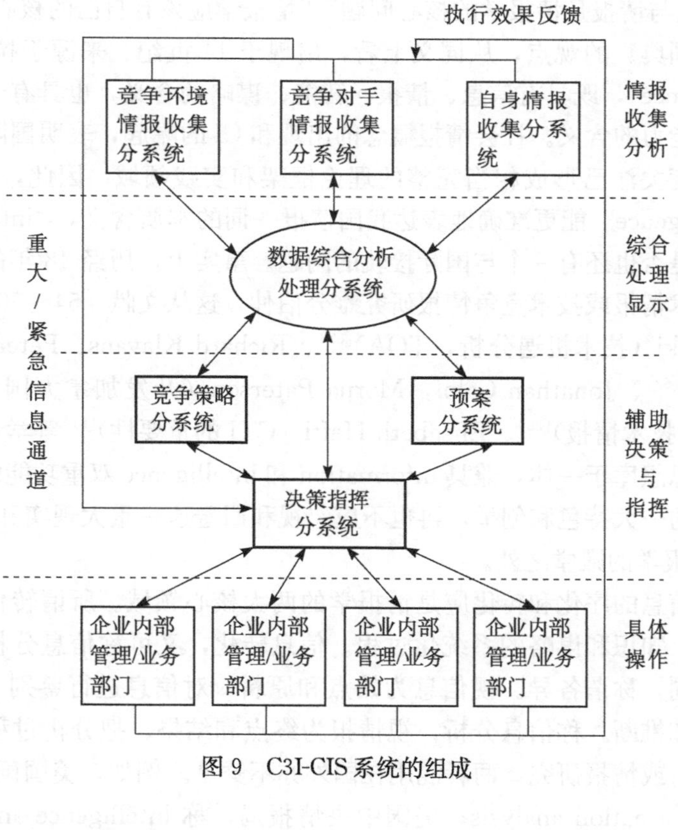

图 9 C3I-CIS 系统的组成

五、Intelligence 与中国情报学

CI 的崛起和发展对我国情报学的架构产生冲击，将会对我国情报学的发展走向产生重大影响，应当引起我国情报界的高度关注。

“情报学”的中文称谓非常准确地反映了本学科的内涵，是中国情报界智慧的结晶。它表明，信息和情报都是构成本学科的基础，即 information 和 intelligence 应是中国情报学的两大基石。

令人匪夷所思的是，几十年来，我国情报界关于信息和情报之争大都是在“information”的中译上，而较少将信息和情报与 information 和 intelligence 相对应。同样，以 information science 思路发展的中国情报学也与 intelligence 渐行渐远，导致了情报学研究的泛化。

我国情报界的一些有识之士，例如，杨沛霆教授、孙学琛研究员、刘华秋研究员都非常强调科技情报工作的 intelligence 特性，更不用说我国老一辈党和国家领导人对 intelligence 工作给予的高度重视和支持，以及钱学森教授关于情报科学技术和知识激活的重要论断。鉴于我国情报学研究对实践的偏离和泛化现象，笔者在文献［48］中就提出过中国情报学应该建立在 information 和 intelligence 两大基石上的建议；在《竞争情报丛书》的前言中又重提了这一问题。中国国防科技信息中心霍忠文研究员在历数我国情报学研究的弊端后更明确地提出了用 intelligence science 代替 information science 的主张[49,50]。岳剑波副教授[8]、姬鹏宏博士[52]也对此提出了质疑，并论述了情报学的发展和定位问题。梁战平研究员认为[53]，“信息与情报是情报学的核心问题”“情报学应该有自己的核心研究内容”。

根据《韦氏词典》的观点，从词义上看，出现于 14 世纪、来源于拉丁语“intelligentia”的“intelligence”，既具有信息、情报、智能、谋略的含义，也具有学习、理解、应对环境和情况变化能力的含义。社会情报概念的出现和 CI 的崛起，表明国际上对 intelligence 功能和活动的高度关注已形成相当完整的理论框架和实践领域。因此，将中文的“情报”译成英文“intelligence”能更准确地表达我国情报一词的本质含义，“information”一词难当此任。这里，是否也还有一个与国际接轨的问题。事实上，历经 48 年的我国科技情报研究与国际上的技术情报或技术竞争情报研究难分伯仲，这从文献［54～56］和 Alan Porter、Peter Rzesezotarski（技术机遇分析，TOA）[57]、Richard Klavans、Peter Lane（分析一个对手的科技平台）[58]、Jonathan Calof，Morna Paterson（开发加拿大国家 CTI）[59]、John E. Prescott（科学技术情报）[60]、Elisabeth Hefti（CTI 的重要性）[61]等学者的论述中可窥一斑。集信息库与思想库于一体，兼具 information 和 intelligence 双重功能的中国情报研究机构是中国情报业的一大特色和创举，再也不应忽视和回避这一重大现实和优势，而拒 intelligence 于中国情报学的殿堂之外。

笔者认为，信息的序化和转化应是情报学的两大核心领域。所谓转化，即通过分析将信息转化为情报、知识和谋略的系统化过程。信息转化，又可称信息分析或情报分析、情报研究。视角不同，称谓各异。视信息为始点和原料，对信息进行鉴别、解读、评价、重组、综合、发现和推断，称信息分析；视情报为终点和结果，把分析过程视作情报的生产过程，称情报分析或情报研究。两者混用在国外亦不鲜见。例如，美国国防部 20 多个信息分析中心，称 information analysis；美国中央情报局，称 intelligence analysis[62]。信息组织、信息检索、信息构建、信息管理等主要属于信息序化的范畴；情报研究、CI、数据挖掘、知识发现等主要属信息转化的范围。知识管理则应居于两者之间。序化和转化的结合，既反映中国科技的、经济的情报工作的实际，又可使情报学与信息科学和图书馆学相区别。

中国情报学研究对情报研究兴趣的淡薄由来已久，非一日之寒。据悉，由北京大学信息管理系和武汉大学信息管理学院发起、于 1998 年 10 月在河北大学召开的全国高校信息管理专业教育研讨会，就信息管理系八门主干课程达成共识，信息分析与预测已不再作为我国信息管理的核心课程之一，祸兮福兮!?

如前所述，对信息的获取和分析是一切组织的核心能力之一，是 intelligence 功能的基本体现。信息世界是一个无边的海洋，正如物质世界一样，不可能由谁来包打天下。如果说中国情报学不关心 intelligence 的功能和活动，那么情报学就很难有自己独特的定位，也难以与其他相关科学有本质的区别，丢失了学科活动的重心。我们认为，研究 intelligence 功能和活动是情报学由理论研究通向实践应用的桥梁，是情报机构由信息服务进入决策咨询的通途，是提升情报学学科特性和地位的战略。我们相信，建立在 information 和 intelligence 两大基石上的中国情报学将会更好地指导中国的信息和情报活动的发展，更快地进入市场经济的主战场，更强地介入政府和企业的科学决策，显现出广阔的发展前景。

参考文献

[1] 包昌火，张燕，黄英．竞争情报的崛起和发展//情报学进展．2002～2003 年度评论．第五卷．北京：国防工业出版社，2003：310-374.

[2] 包昌火．情报竞争力，提升企业情报竞争力 2001 现代职业经理清华峰会会议录．2001：171.

[3] 缪其浩．社会情报（智能）的理论，应用及其对发展中国家的意义//情报学进展．1996～1997 年度评论．第二卷．北京：兵器工业出版社，1997：1-28.

[4] Ikeya N N，Ishikawa K，et al. The Japanese intelligence culture. Competitive Intelligence Review，2001，12（4）：51-56.

[5] 包昌火，缪其浩，谢新洲，情报研究的国内外比较研究．总报告．兵工情报研究报告 BQB94—0278. 兵器工业情报研究所，1994.

[6] Tyson K W M. The Complete Guide to Competitive Intelligence. Chicago：Kirk Tyson International，1998.

[7] Powell T W. Analysis in Business Planning and Strategy Formulation. The art and Science of Business Intelligence Analysis. London：JAI Press Inc. ，1996：159-180.

[8] 岳剑波．情报学的学科地位问题．情报理论与实践，2000，23（1）：5-7，38.

[9] Stephen Soto. The thinking chameleon metaphor. Competitive Intelligence Review，2000，11（4）：32-37.

[10] Ashton B. Bryant P. Developing knowledge-based corporate strategies by monitoring key competitors//Conference Proceedings of 13th Annual International Conference and Exhibit of SCIP，1998：357-376.

[11] 包昌火，谢新洲，吴淑燕，等．竞争情报战略——评美国企业的竞争情报活动．情报学报，2003，22（6）：735-748.

[12] Herring J P，Egan E. The future of CI. http：//www. scip. org/anaheim/sessions. asp.

[13] Herring J P. The future of competitive intelligence：driven by knowledge-based competition. Competitive Intelligence Magazine. 2003，6（2）：6-13.

[14] 弗来兹・特萨．戴姆勒-奔驰宇航公司的情景分析和早期预警系统//竞争情报应用战略——企业实战案例分析．长春：长春出版社，2004：262-277.

[15] 曾忠禄．如何利用竞争情报建立预警系统．中国科技情报学会竞争情报分会第九届年会暨博览会．2003：10-17.

[16] Marceau S，Sawka K. Developing a world-class CI program in telecoms. Competitive Intelligence Review，1999，10（4）：30-40.

[17] Simon M J. The effects of organizational culture on the CI process. Competitive Intelligence Review. 1999，10（1）：62-70.

[18] Arnett D B. et al，Using competitive intelligence：antecedents and consequences. Competitive Intelligence

Review，2000，11（3）：16-27.
[19] Hedin H. Leveraging information & knowledge culture：a prerequisite for successful intelligence//Conference Proceedings of 15th Annual International Conference and Exhibit of SCIP. 2000：245-247.
[20] Gilad B. What should you tell management when they ask what is the value of CI? //Conference Proceedings of 15th Annual International Conference and Exhibit of SCIP. 2000：37-60.
[21] Prescott J E. Developing a successful CI program//Conference Proceedings of 15th Annual International Conference and Exhibit of SCIP. 2000：125-144.
[22] Nolan J. Human collection for the information researcher//Conference Proceedings of 15th Annual International Conference and Exhibit of SCIP. 2000：325-346.
[23] Simon N，Hem A. It would be easy if it weren't for people. Competitive Intelligence Review，2001，12（1）：59-69.
[24] Meeker C. The cultural adoption model：an internal benchmarking approach for CI//Conference Proceedings of 17th Annual International Conference and Exhibit of SCIP. 2002.
[25] 孙丽．咨询企业的知识共享研究．北京大学博士学位论文．2003.
[26] Herring J，Prescott J. Womack A. Managing competitive intelligence knowledge//Conference Proceedings of 13th Annual International Conference and Exhibit of SCIP. 1998：3-24.
[27] Aker B. What competitive intelligence teaches knowledge management//Conference Proceedings of 14th Annual International Conference and Exhibit of SCIP. 1999：3-16.
[28] Germeraad P. Intellectual asset management：the new strategic weapon of corporate America//Conference Proceedings of 14th Annual International Conference and Exhibit of SCIP. 1999：347-362.
[29] Breeding B. CI and KM convergence：a case study at Shell Services International//Competitive Intelligence Review，2000，11（4）：12-24.
[30] Marcus Speh. Knowledge management & CI-future perspectives. Conference Proceedings of 15th Annual International Conference and Exhibit of SCIP. 2000：11-21.
[31] Chaves H，et al. The potential of competitive intelligence tool for knowledge management：a study of a Brazilian database. Competitive Intelligence Review，2000，11（4）：47-56.
[32] Naomi F. Securing competitive intelligence advantage with Intellectual property rights. Conference Proceeding of 15th Annual International Conference and Exhibit of SCIP. 2000：181-183.
[33] Peter M K. Your CI and K M Toolbox-A View from the Top. http：//www. scip. org/seattle/sessions. asp.
[34] 朱战备．知识管理对提升企业核心竞争力的应用研究．北京大学博士学位论文．2002.
[35] 王曰芬，巫玲．国内外几种竞争情报软件．中国信息导报，2003，（7）：40-42.
[36] 王曰芬，巫玲．国外竞争情报团体操件研发的现状与趋势．现代图书情报技术，2004，（1）：81-84.
[37] Colin J. White Business intelligence solution-overview—IBM Software Version. http：//www-3. ibm. com/software/data［2000-05-04］.
[38] WebMon：know when web pages change. http：//www. markwell. btnternet. co. uk/webmon/webmon. exe.
[39] Tan B，Foo S，Hui S C. Web information monitoring for competitive intelligence. http：//islab. sas. ntu. edu. sg：8000/user/schubert/publications/2001/01CS-fmt. pdf.
[40] http：//www. bidigital. com/ci/software/.
[41] Fuld & Company. The unclaimed market：intelligence software-customer satisfaction report and survey. http：//www. fuld. com［1998-07］.
[42] Intelligence technology：a consumer showcase. Fuld & SCIP Annual Conference. http：//www. fuld. com/products/ISR2003/03-17-03. ppt［2003-03-13］.
[43] http：//www. fuld. com.

[44] 中小企业信息化调查报告 . http：//www. topoint. com. cn/ [2003-03-17] .
[45] 包昌火，黄英，赵刚 . 发展中的竞争情报系统 . 现代图书情报技术，2004，(1)：76-80.
[46] 尹科强 . 竞争情报软件的分析与设计 . 北京大学硕士学位论文 . 2003.
[47] 黄迎馨 . 借鉴军事 C3I 理论与技术构建企业竞争情报系统 . 南京大学硕士学位论文 . 2003.
[48] 包昌火 . Intelligence 与我国情报学研究 . 情报理论与实践，1996，19 (6)：6.
[49] 霍忠文，阎旭军 ."情报"、"Informagence" 与 "Infotelligence" ——科技情报工作的科学技术属性再思考 . 情报理论与实践，2002，25 (1)：1-5.
[50] 霍忠文 . Infotelligence Science 论纲 . 情报理论与实践，1998，21 (1)：6-8.
[51] 关晓红，郭晓宇 . 企业危机预警中的竞争情报监测 . 中国信息导报，2003，(7)：48-51.
[52] 逦鹏宏 . 智能信息学：情报学的发展与定位 . 情报理论与实践，2002，25 (6)：404-407.
[53] 梁战平 . 情报学若干问题辨析 . 情报理论与实践，2003，26 (3)：193-198.
[54] Ashton B，et al. Keep Abreast of Science and Technology//Technical Intelligence for Business. Battelle Press，1997.
[55] Coburn M M. Competitive Technical Intelligence：A Guide to Design，Analysis，and Action. Oxford University Press，1999.
[56] Castells P E，et al. Technology mapping business strategy and market opportunities. Competitive Intelligence Review，2000，11 (1)：46-57.
[57] Porter A. Rzesezotarski P. Technology opportunities analysis (TOA). Conference Proceedings of 13th Annual International Conference and Exhibit of SCTP. 1998：315-326.
[58] Klavans R，Lane P. Analyzing competitor's science & technology platform. Conference Proceedings of 13th Annual International Conference and Exhibit of SCIP. 1998：391-400.
[59] Calof J. Paterson M. Development of a national CTI capability for Canada. Conference Proceedings of 14th Annual International Conference and Exhibit of SCIP. 1999：301-322.
[60] Prescott J E. Science & Technology Intelligence. http：//www. scip. org/ Cincinnati/sessions. asp.
[61] Hefti E. Importance of Technical CI. http：//www. scip. org/anaheim/sessions. asp.
[62] CIA. Directorate of Intelligence. A Compendium of Analytic Tradecraft Notes Volumel (Notes. 1-10). The Deputy Director For Intelligence，1997.
[63] 邱均平，沙勇忠，陈敬全 . 改革开放以来我国情报学教育的发展历程现状和趋势 . 情报学报，2002，21 (1)：112-120.

竞争情报的崛起——为纪念中国竞争情报专业组织成立 10 周年而作*

中国竞争情报的崛起是国际情报界的一个重大事件，也是我国情报机构走向国际化、

* 本文原载《情报学报》，2005，24 (1)：3-19。

市场化和产业化的历史机遇。值此中国CI专业组织成立10周年之际，回顾国内外CI的发展动因和历程，总结其基本问题和学科发展，将会对我国CI业的发展起促进和导向作用。

一、竞争情报崛起的原因

CI的崛起有着重要的科技、经济、政治和社会原因。根据国内外文献的分析，我们认为，推动国际CI发展有五大驱动力[1]。

（一）战略管理的兴起

始于20世纪50年代的战略管理主要解决顶层管理问题，即企业应该做什么和怎样做的战略问题。它经历了50年代开始的计划与控制阶段；60年代的长期规划阶段；70年代的战略规划阶段与80年代的战略管理阶段[2]。

通常，战略管理被划分为战略制定、战略实施和战略评估三个过程，而整个战略管理过程则是一个多次信息反馈构成的闭环过程。研究表明，CI贯彻于战略管理循环的始终，是战略管理的导向和基础。例如，美国Avnet公司高级副总裁John H. Hovis博士认为："战略控制就是要击中你的目标，而CI恰恰照亮了这一目标。CI必须成为战略管理系统的一个功能组成部分。其实在我的脑子里这两者根本就没有什么分别。竞争对手情报是Avnet公司战略规划结构的一部分。"[3]

在我国，由梁战平研究员指导的陈峰博士在他的博士论文《面向企业战略管理的竞争情报研究》中对CI的成因做出了系统的论述。他认为[4]，对企业战略管理过程的剖析与考察表明，战略管理是催生CI的主要动因，为企业战略管理服务是CI的首要功能；企业战略管理是拉动CI需求、推动CI发展的强大力量，CI工作是战略管理工作不可分割的一部分。

由此可见，战略管理的兴起是CI形成的重要原因，它确立了CI的战略地位。

（二）市场竞争的激化

随着市场经济的发展和科学技术的进步，在20世纪80年代出现的经济全球化浪潮与随后兴起的区域一体化现象形成了国际竞争的新格局，加剧了市场竞争的激化。

在人类历史上，市场经济的出现与发展是一种世界现象。白树强博士认为[5]，大多数第三世界国家在进入20世纪80年代以后，其以国家为主导的发展模式基本上土崩瓦解，开始大规模地转向以市场为基础、以私人部门为主导的发展模式，从而顺应了经济全球化和区域一体化的潮流，推动了市场竞争的发展。

在经济全球化和区域一体化的大潮下，作为竞争主体的企业开始把目光从内部转向外部，从国内转向世界，高度关注对环境的感知与应变能力的提升，从而促进了以环境监视和对手分析为重点的CI的崛起与发展。

美国施乐公司由萎缩到振兴可以作为窥视CI发展的一个典型事例[6]。自20世纪60年代推出第一台办公室复印机以来，施乐独霸全球市场达10年之久，70年代却遭受到日本对手出其不意的攻击。作为应对，施乐公司建立了CI部门，在全球、国家和地区等多个层次帮助决策者预测和应对竞争对手的行动。施乐的竞争评估实验室，保证该公司的工程师能随时了解对手的产品开发状况。负责销售和服务的部门开通了"竞争热线"，通过电话获取竞争信息。公司还不断就本公司及对手的优势和劣势在现有用户和潜在用户群中开展调查。由于发展和加强了CI工作，施乐公司的制造成本下降了50%、产品开发周期缩短了25%、人均创收增加了20%、产品开箱合格率从92%上升到99.5%，重新赢得了市场占有率。

（三）竞争理论的发展

从18世纪古典经济学家的竞争理论到20世纪的现代竞争理论，经历了近200年的历史，逐渐放弃了把完全竞争作为理想竞争模式的教条，重点转向对现实市场竞争动态过程的研究。国际著名的管理学家、哈佛大学商学院迈克尔·波特教授于20世纪80年代始相继发表了《竞争战略》《竞争优势》《国家竞争优势》《竞争战略案例》等著作，把现代竞争理论的研究推向了高潮。

波特竞争理论对CI发展的重大意义在于：确定了CI工作的基本目标是为创造与保持企业的竞争优势服务，并将价值链理论作为获取竞争优势的基本策略；为CI研究及理论建设提供了重要的基础，如三大基本战略、五种力量模型、竞争对手分析模型等都已经成为CI研究的分析框架；国家竞争优势理论，即钻石理论，赋予国家的作用以新的生命力，提出了国家具有竞争优势的观点，为国家CI的建设提供了理论支持。

（四）军事情报的转移

20世纪80年代以来，国家经济安全逐渐成为世界各国关注的焦点；柏林墙倒塌和苏联解体，则标志着第二次世界大战以后东西方冷战的终结，和平与发展成了全球的基本主题，经济竞争遂成为国与国之间关系的主要矛盾。

在这种时代背景下，军用技术向民用领域转移成为一种潮流，具有先进技术手段和丰富实践经验的政治军事情报力量也转向了经济技术情报领域。例如，美国CI创业者中就不乏美国国家安全部门的前官员，典型的事例就是在美国中央情报局（CIA）任职20年、曾任国家科学技术情报官、曾获中央情报局最高荣誉奖章的Jan P. Herring先生于20世纪80年代中期进入了摩托罗拉公司，任摩托罗拉情报主管，组建了具有世界先进水平的、获得广泛赞誉的企业竞争情报系统。又如，公开来源解决方案[7]就是由安全机构退役人员组成的情报咨询机构。正如著名的国际CI学家John E. Prescott教授所言[8]，“商业经济中CI实践的发展在很大程度上得益于军事、政府的情报知识和实践积累。众多商业情报领域的先驱者们都来自各种政府组织”，也证实了这一点。

（五）从业人员的努力

我国情报界曾经常谈论“有为才有位，有位才有为”的哲理。可以认为，CI从业者的奋发有为和出色表现是现代CI业崛起的重要原因。

对此，J. E. Prescott教授曾有精辟的论述[9]：“CI已广泛应用于全球商界。仅仅在几年之前，这种说法还是令人置疑的。而今天，CI的实践开展和制度化是多种因素共同作用的结果，这包括CI从业者向公司管理层证明了CI的价值；正在进步中的日趋成熟的框架体系和分析工具；以及联系全球各地CI从业者的畅通网络。很明显，在以上列举的因素中，没有包括那些传统的解释，如商业的全球化和信息技术的出现等。这两种力量当然都是CI得以实现的因素，但最主要的推动力还是CI从业者的不懈努力。这种努力使得一个学科的诞生，这一学科的蓬勃发展，并使CI从业者参与了决策过程。”

事实上，正是在情报界、管理界、企业界、咨询界的学者和精英们的共同拼搏下，才导致了专业CI领域的产生和发展。迄今为止，美国已经出版了上百部CI专著，应用和开发了上百种CI技能，编制了上百种软件[10]，形成了相当规模的咨询、培训、教育体系。正是由于CI从业者的卓越贡献，为国际CI业的发展奠定了坚实的基础。

二、竞争情报的基本问题

CI的基本问题，也即关于CI的基本概念、主要特征、研究对象、重点领域等涉及CI性质、内容、功能和发展的一些基本理论问题。笔者认为，以市场竞争为内容、以竞争对手分析为中心、以增强组织竞争力为目的、以解决市场竞争中的情报保障和智力支持为己任的CI具有很强的实践性。因此，CI的理论研究对CI实践的发展，具有独特的价值和意义。本文仅择要论述之。

（一）竞争情报的含义

尽管国际上CI的理论研究逊于应用研究，迄今为止，国内外学者对于CI的含义还是做过详细的论述，其中，具有代表性的描述有SCIP的定义[11]、Larry Kahaner的定义[12]、缪其浩的定义[13]、王曰芬的定义[14]和包昌火的定义，即竞争情报就是关于竞争环境、竞争对手和竞争策略的信息和研究。它既是一种过程，又是一种产品。过程，是指对竞争情报的搜集和分析；产品，是指由此形成的情报或策略[15,16]。

事实上，CI与情报研究一样，本质上都是一个输入已知的信息和情报，通过整序和转化，输出新的信息和情报，从决策者的需求出发，再回到决策者需求中去的系统过程[17]。

从文献分析看，国外学者特别强调情报的可行动性，认为应为决策者提供可行性信息和分析性情报。例如，Patrick J. Bryant博士认为：“我们对CI的初步定义是经过分析后能由此做出决策或采取行动的信息。”[18]

因此，根据竞争决策需求，以合法的方式获取并生产可付诸行动的情报产品，均可视为CI之列。

（二）竞争情报的范围

概念的范围，亦即概念的外延。目前可将CI按组织分，有国家CI和企业CI；按领域分，有商业竞争情报和技术竞争情报。它的核心内容是对竞争对手信息的搜集和分析，主要涉及环境监视、市场预警、技术跟踪、对手分析、策略研究、竞争情报系统建设和商业秘密保护等多个领域[16]。

笔者认为，国家CI与企业CI是CI起飞的两翼，两者相互促进，共同发展，推动着整个CI业的发展。事实上，作为国家CI，尤其是TCI，中国曾经辉煌过。1956年组建起来的中国科学技术情报系统就肩负着作为我国科技进步和经济发展中的“耳目、尖兵和参谋”作用；日本于1958年建立起的日本贸易振兴会和韩国于1962年建立起的韩国贸易振兴社也是国家CI的范例[19]。

应当指出的是，在市场经济发展、科技体制改革和企业主体地位提高的形势下，以企业CI为突破口，促进我国CI业的发展是一种现实和明智的抉择。陈峰博士关于“企业竞争情报与政府竞争情报的互动与融合”[4]；缪其浩研究员在中国科技情报学会竞争情报分会第八届学术年会上作的《国家竞争情报》的专题报告，赵刚处长发表的《建立国家竞争情报体系：目标与原则》[20]则把国家CI问题重新又摆到我国政府和情报研究机构的面前。

（三）竞争情报的特征

从国内外文献看，美国学者比较强调CI的战略性、可行性和增值性；中国学者则比较关注CI的针对性、对抗性和谋略性，从不同视角对CI的特征进行了描述。例如，包昌火研究员认为[16]：CI除了一般情报的特征以外，它还凸显下列几大基本特征：对抗性、保密性、智能性、增值性。陈峰博士提出的CI灰色特性、组织特性和依附特性，具有一定的新意[4]。他将竞争对手的信息划分为可公开传播信息、有条件传播信息和秘密信息三大类；将人们情报行为的法律道德约束划分为道德保险区、道德风险区和法律禁止区三个区。根据以最少投资获取最大产出的经济学原则，在道德风险区这一“灰色地带”从事情报活动是企业CI的一个标志性特征。这一特征表明，在灰色区域避免落入道德陷阱是CI的首要任务和长期准则；对此特性的认识还有利于企业反情报下作的开展。组织特性是指CI是企业对情报行为的需求发展到一定程度的产物，它主要不是个人行为，而是有组织的、系统化的工作。有效的企业CI工作需要建立正式的CI组织机构。他认为，CI的价值依附于决策者的应用而体现；依附于企业战略管理的需求；依附于CI人员本身的智力和认知结构，而且，企业CI是正式CI和非正式CI的总和。

（四）竞争情报研究的重点领域

历经20多年的高速发展，CI从业者建立和拓宽了CI的理论研究和实践活动领域。在对10多年文献分析的基础上，笔者认为，除CI学科建构外，CI研究的重点领域如下。

1. 竞争情报流程的发展

所谓CI流程包含两层含义，一是建立科学的CI工作流程；二是将CI工作融入到组织的关键活动和业务流程中去。竞争情报流程是CI学科研究的基本问题之一，它揭示了CI工作的主要程序和基本规律，因此是国外学者，尤其是美国学者研究的重点。其中，最具代表意义的是由美国中央情报局开发、由Jan P. Herring等学者发展的情报循环是CI流程的基本形式，因此又称Herring模型[21]。

无独有偶，早在1985年，我国学者也总结并提出了情报研究程序[17]。由谢新洲教授指导的黄英硕士完成的《决策者需求分析——关键情报课题研究》[22]和尹科强硕士完成的《竞争情报软件的分析与设计》[23]的硕士论文，则把规划和定向环节，以及流程软件化的研究推向纵深。

2. 竞争情报系统的建设

竞争情报系统是以人的智能为主导、信息网络为手段、增强企业竞争力为目标的人机结合的竞争战略决策支持和咨询系统，是CI工作的组织保障和物质基础，备受国内外学者与专家的关注，尤其是中国学者的青睐。例如，在1990～2001年我国有关CI的30篇学位论文中，研究CIS的有10篇，占总数的33.3%；在1994～2002年SCIC学术活动中发表的389篇论文中，有关CIS的有22篇，占总数的5.7%[1]。在国内，具有代表性的是由中国兵器工业集团第二一〇研究所牵头完成的国家自然科学基金项目“企业竞争情报系统的模式和运行机制研究”[24]、《竞争情报解决方案——企业竞争情报系统和竞争情报技能》[25]、《企业竞争情报系统》[26]等专著的出版及众多软件企业的工作。

3. 人际网络的开发

信息和情报的搜集与分析是CI的两大主要工作，搜集是基础，分析是核心，而且搜集和分析贯穿于CI流程的始终，也是CIS两大关键子系统。为此，国内外学者都把大量的笔墨投向竞争信息的搜集和组织[1]。然而CI的重要特点是它对一手信息的搜集，并把人际情报的搜集作为典型的CI循环中的一环。因此，人际网络的开发和应用就成为获取一手信息的主要手段，构成CI的一大特色，已经并还将成为CI和知识管理关于隐性知识的搜集、分析和传播的平台，与信息网络并驾齐驱。在我国情报界，文献［27］、文献［28］则率先系统地论述了人际网络的理论和技术。

4. 竞争情报分析方法论的创建

CI分析就是通过系统化的方法将信息转化为知识、情报和谋略的过程。究其来源，CI分析一是来自管理学领域的竞争分析，一是来自政治军事领域的情报分析。前者侧重于对事件、组织和人的分析，以定性分析为主；后者侧重于对数据、信号、视图和事实的分析，以定量分析为主。竞争分析和情报分析的融合，就构成了完整的CI分析方法的知识体系。

十几年来，我国学者侧重于竞争分析的引进和应用，并非是对情报分析的忽略，而是因为情报分析或曰情报研究，是我国情报实践活动的主要领域。40多年来，我国的情报工作者，主要就是运用情报分析方法将信息转化成知识、情报和谋略，这也是我国情报研究工作者对世界CI业的贡献。

实际上，哪里需要信息，哪里就需要分析，分析是一种知识创造活动，是信息通向应用的桥梁。因此，CI分析是CI工作的灵魂、信息增值服务的关键、情报循环的中心环节、知识发现的基本手段，因而CI学者倾注了巨大的热情和心血，开发了许多方法和工具，谱写了CI的辉煌篇章[1]。在我国，《竞争对手分析》专著的出版[29]、竞争对手分析论纲和三维分析法的提出[30]、由秦铁辉教授指导、李艳博士完成的《竞争情报分析方法论》的博士论文[31]则是这方面研究的重要成果。

5. 重视反情报技术

所谓反情报是关于识别和防御竞争对手的CI活动和工业间谍侵害的一种系统化活动，通常由掩蔽和迷惑两大工作构成。由情报与反情报构成的CI是一个组织在市场竞争中的剑与盾，是一个问题的两个方面，相辅相成，缺一不可。任何组织在开展情报活动提升自己利益的同时，其他组织也会通过情报活动来损害该组织的利益。情报与反情报问题，也是国家经济安全和信息安全的重要构成，因此历来受到国内外业界的关注[1]，美国还专门成立了反情报从业者协会，进行信息安全理论与技术的探讨[32]，而周庆山副教授指导、吴淑燕硕士撰写的《企业反情报体系建设研究》[33]的硕士论文则是新进完成的关于反情报研究的硕士论文。

6. 关注竞争情报的教育培训

随着CI业的兴起，一个CI教育培训市场正在出现，并粗具规模。美国学者认为，专业人员的教育培训是由社会和文化对专业活动的认识、学校开展支持专业活动的特定知识教育、从事特定专业协会的建立等社会、文化和制度上的因素决定的。从20世纪90年代起，国际CI人员的培训已经具备了这样的条件[34-35]。例如，根据SCIP的K. Burkhardt的调查和统计[36]，目前全球开设了CI课程的大学与学院已达32所；近几年，我国迅速兴起的CI硕士生、博士生的培养和社会的CI培训活动都表明，一个专业化的CI教育与培训体系正在催生之中。由赵新力研究员指导、张超硕士完成的《中外竞争情报教育比较研究》是我国第一篇关于CI教育研究的硕士论文[85]。

7. 形成竞争情报管理框架

经过20多年的实践和提炼，国外已经形成了完善的CI管理框架，如CI机构的建设、CI团队的建设、CIS的建设、CI主管、关键竞争情报课题管理、CI效益的评估、CI企业文化的培养、企业CI战略的研究等。在这方面，Jan P. Herring和John E. Prescott联袂构建的由焦点、实施、制度化、转变和磨合构成的CI管理的FIICH模型则是美国CI管理思想的集中体现[37]。对于CI管理的研究是我国CI研究的一个弱项，因此研究国际上各种流派的情报思想，尤其是研究Herring和Prescott的情报思想应是我国学者把握美国CI管理理念的一条捷径，对于我国CI业的发展具有重要的导向作用。

三、竞争情报在国外的发展

情报活动自古就有，但作为一项专业化的情报活动则起始于第二次世界大战，而CI则是一类情报活动的集合。文献［38］和［39］对此曾做过系统的论述。

（一）早期商业情报

商业情报，又称工商情报，是欧美国家工商企业中广泛存在的一类情报活动，它的基本做法是将与企业发展有关的方针政策、服务对象、竞争对手、技术动向、市场行情等信息经过分析、消化、评价和解释转化为在本企业内传播的情报，为企业的决策和营销服务。日本是世界上从事BI最活跃和最有成效的国家，综合商社、日本贸易振兴会和日本经济新闻是日本BI的三大支柱，它们与政府机构、企业情报部一起形成强大的BI网络。

（二）现代竞争情报

现代CI摒弃了早期BI和军事情报活动中的不正当手段，突出了情报的竞争性，如竞争者情报、竞争性商业情报、竞争性技术情报，瞄准了为企业创造竞争优势的这个目标，从而形成了现代CI。美国则是当今世界上从事CI的理论研究和实践活动的杰出代表。文献［13］、［39］对此曾做过详细的描述。

在文献［40］中，美国著名的竞争情报学家John E. Prescott教授考察了北美、西欧和澳大利亚的竞争情报事业发展的历程之后，将现代竞争情报发展划分为四个不同的历史阶段，他称之为竞争情报的进化框架。这四个阶段分别为竞争数据的搜集阶段、行业和竞争对手分析阶段、用于战略决策的竞争情报阶段和作为核心能力的竞争情报阶段，如表1所示。下面我们就将以这四个阶段为主线，介绍一下现代竞争情报在国外的发展简史。

表 1　竞争情报发展的四个阶段——进化框架

特点	竞争数据搜集	行业和对手分析	战略决策制定	核心能力
时间段	1980 年以前	1980～1987 年	1988 年至现在	未来
成熟度	非正式	逐渐成为正式部门	正式部门	正式与非正式部门的结合
导向	战术	战术	战术与战略的混合	战略
分析	缺少分析	少量定量分析	定量与定性分析	重视定性分析
与决策的联系	没有联系或联系很弱	联系很弱	联系很强	直接产出
高层管理者的重视程度	很低	有限	中等	很高
情报人员的地位	图书馆/营销	计划/营销	营销/计划 CI 部门	CI 部门/营销/计划
关键问题	・开发信息获取的技能	・为 CI 建立商业案例 ・间谍形象 ・发展分析技能	・展示实际的输入 ・需求与供给驱动的 CI ・反竞争情报 ・国际性 CI ・技术性 CI ・信息技术的作用	・并行管理过程 ・跨国公司情报基础设施的建设 ・将获取 CI 作为学习过程 ・网络分析

1. 竞争数据搜集阶段

20 世纪 70 年代末之前，CI 通常被归入到竞争数据的搜集活动之下。CI 一般是图书馆的一项职能，尽管当时从事客户研究的市场研究部门已经存在。此时公司内部尚未建立正式的 CI 流程或者网络。CI 只是一项临时性的工作，分析用得很少（假如有的话）。从总体上来说，此时的 CI 工作对高层管理的参与是低层次的，对决策过程的影响也很少。

这时的 CI 工作还是一个非正式和临时性的过程，它的工作重点是搜集数据，并构造出关于竞争对手和产业结构的文档，采用的分析是静态的。CI 人员的基本技能是查找信息。尽管这并非是一个辉煌的、却是很重要的阶段。它的重要性在于建立了类似于华盛顿研究所这样的公司及发表了一定数量的学术论著。

华盛顿研究所、Fuld & Company 及 Find/SVP 这样的公司是这个时期的代表性机构。它们致力于信息的编目、培训和代理工作。这些公司提供的服务之所以受欢迎是由于其他公司本身没有情报研究能力。

这个阶段的学术文献是散落各处的。哈佛大学商学院于 1959 年进行了一次有关情报实践现状的调查。此项研究表明情报流程尚处于幼年和非正式的阶段。

2. 行业和对手分析阶段

20 世纪 80 年代早期，由兴起阶段过渡到成长阶段。

这个时期侧重于产业结构和竞争对手的分析。CI 的支持者在致力于将 CI 从搜集阶段过渡到分析阶段时面临着三个挑战。

首先，第一阶段所开创的数据搜集工作给 CI 人员带来了极大的帮助，因为他们能够据此建立 CI 的商业案例。建立商业案例关注的是向管理层阐述 CI 是什么，为什么 CI 很重要，它如何辅助决策制定，这个流程如何在公司内定位、需要给 CI 投入什么样的资源。但一线的经理关心的则是 CI 人员如何证明自身的价值。

在公司内部倡导 CI 的人遇到的第二个挑战是 CI 的间谍形象。为《华尔街杂志》《财富》《商业周刊》《金融时报》工作的记者对间谍和泄密的兴趣远超过对 CI 工作方法的兴趣。结果，许多经理害怕和 CI 沾上边会使自己的公司成为不光彩报道的主角。事实上，这种状况经常发生。直至今日，许多公司出于这种考虑也不愿意谈论它们的CI流程。

第三个挑战是如何开发出将数据转换为情报的各种分析技术。首先，规划位于中心环节。规划人员长期以来都对商业和环境之间的关系感兴趣。现在他们有了一组框架，例如，波特五种力量模型及设计营销情报系统的早期文献使他们能够以一种一线经理容易参与进来的方式系统地应用环境分析。其次，CI的搜集和分析/管理的分工开始明确。今天，这种分工由于IT的使用而更加根深蒂固。

这个阶段，在CI运作方面处于领先地位公司的CI活动可以描述为：CI的任务在于开发和改进正式的结构和网络。至少有一个人负责CI活动。数据的搜集包括获取一般的信息及与行业和竞争对手相关的临时性项目。数据分析的工作很有限，包括基本的定量汇总。重点放在战术而不是战略决策上。高层管理者的参与很有限，这种状态导致的最终结果就是与决策制定过程的联系很弱。

这个阶段的论著急剧增加。实践者和顾问们都非常活跃。这些书基本都是关于搜集信息和分析数据的技术的。这些书非常重要，因为它们有助于使CI制度化，使之远离神秘。学术的论著开始出现但依旧很稀少。有两篇文章主要论述的是在工业品营销中CI的作用。这些文章关注的都是从业者的实践活动。Prescott和Smith通过实地研究形成了以项目为基础的CI定位。规划领域的大部分学者在这个阶段都致力于开发和实施各种分析技术以进行竞争评估。在这方面所做的工作包含在Prescott教授分别在1986年和1988年发表的两篇文章里[41,42]。这些论著归纳和描述了情报分析师可以采用的各种各样的技术。在欧洲，CI的重点是一般领域的安全问题及特殊领域的国家安全问题。德迪约（Stevin Dedijer，1911～2004年）在隆德大学组织了很多这方面的文献。不幸的是，他的许多作品没有被广泛扩散。

3. 战略决策制定阶段

此时CI已经步入到越来越关注战略应用的道路上来。这是CI与其他活动，如质量活动整合起来的结果。20世纪80年代后期，许多组织资助了CI部门，之后它们对CI贡献的质疑也不断产生。尽管有证据表明CI有助于思想的共享，使经理们在提到竞争动力学时意识到CI的价值，但是在CI如何影响盈亏及是否是用户导向的方面尚缺乏一致意见。解决这个问题的一种技术就是定标比超。定标比超是由需求驱动的，而非供应驱动的。用户指引着CI分析师的行为。通过把CI聚焦于定标比超活动，CI分析师能够解决一些关键问题，这要比类似于预测产业进化的活动更加切实一些。

该阶段出现的第二个问题是关于反情报。发生在美国军队的裁员和相关的情报活动导致许多资深的情报官员希望把他们的技能应用于其他领域。他们找到的一个用武之地就是商业组织。当时与这个问题相关的一个争论是在商业运作中政府应该发挥的作用。问题并非是政府该不该发挥作用，而是在不同的国家，政府该发挥什么样的作用及它如何影响竞争力。

第三个问题是信息系统在CI中该发挥多大的作用。尽管信息系统存在了许多年，问题在于如何发挥这些系统的战略用途。对于CI部门，重点是如何设计、存取、界定内部和外部的数据，以达到促进管理决策支持的目的。像Corning这样的组织在这个领域处于领先地位。

第四个问题是CTI的角色。许多组织把技术定位于它们战略规划力量的中心部分。对

CTI的兴趣，部分可归因于CI所处组织的类型。计算机、通信和医药行业自然希望借助CTI来发展自己。

第五个问题是原来被忽略的跨国CI。当越来越多的公司跨越疆域、跨越新出现的地区贸易集团和行业进行竞争，并感受到来自新的国外竞争对手的蚕食时，它们对跨国CI的兴趣就会增加。这种兴趣为信息专家提供了另一种机会。如何搜集数据，如何将国外CI与国内CI相区别，成为信息代理的一个机会。例如，像公开来源解决方案这样的组织，开始成为一个国际的公共信息交换站。这种兴趣也激起了人们对在世界上不同的地理区域管理CI部门的渴望。

今天在CI方面领先的公司可以描绘为：CI部门具有一个得到良好发展的正式过程和网络。而且与出资委托项目的情报用户建立了比较强的联系。分析通常很复杂，既包括定量数据也包括定性数据。大量的项目定位于战略决策。高层经理明确地认识到CI的价值并将其与决策制定过程直接联系起来。

第三阶段的著述也进一步得到了加强。从业者和咨询专家逐步把他们的注意力转向CI的管理过程。我们对1990到1994年10月出版的《竞争情报评论》杂志做了一次内容分析，结果表明有41篇文章关注的是与管理相关的问题，而有59篇是关于数据搜集和分析的。这个内容分析还表明，只有两篇文章是关于职业道德的，4篇是关于计算机/软件的。

4. 核心能力阶段

基于以上对CI过去和现在的状态的认识，Prescott对CI的未来也发表了一些看法。他认为进行这个情景分析的关键假定是CI在商业社会里会继续制度化。未来在CI方面领先的公司可以描绘为：在跨国公司，CI的流程在世界范围会得到制度化，有些本地的公司也会对此做出响应。绝大多数员工认可CI的价值，并参与到包括反情报在内的流程里。数据分析用得很广泛，定性地输入往往主导着定量的数据。通常情报通过复杂的信息系统直接整合到战略决策中。高层管理者使用CI作为一种塑造组织未来的方式，并认为它是学习型组织必不可少的一部分。

总之，西方国家的CI实践和理论在过去的30年里经历了迅速地成长并获得了一定的合法性。IT、分析、道德及CI管理的发展将继续成为这个领域面临的关键问题。

（三）美国竞争情报从业者协会

1986年，美国竞争情报从业者协会的成立，是国际CI业发展中的重要里程碑。继之，1990年9月成立了欧洲CI从业者协会、1992年2月成立了日本工商CI专门家协会、1993年2月成立了澳大利亚CI从业者协会，一个世界性CI网络正在形成。在全球CI发展过程中，SCIP起到了领导者和推动者的作用。由Leila Kight、F. M. Ruby、P. Kroger、J. Zeman、Roberta Brody、David Conley、John Prescott、B. Zour等8人发起和组建的SCIP迄今已经举办过18届年会。例如，1998年3月25日至28日在美国芝加哥召开了主题为“基于知识的战略——21世纪的生存和繁荣”的第13届国际年会；1999年4月28日至5月1日在加拿大蒙特利尔召开主题为“竞争情报——现实环境下的应对策略”的第14届国际年会；2000年3月29日至4月1日在亚特兰大召开了主题为“获取竞争优势：新千年的使命”的第15届国际年会；2001年3月7日至10日在西雅图召开了主题为“电子商务环境下的竞争情报”的第16届国际年会；2002年4月3日至6日在俄亥俄州辛辛那提召开了主题为“竞争情报：帮助组织实现机会最大化和风险最小化”的第17届国际年会；2003年3月12日至15日在加利福尼亚州的阿拉罕召开了主题为“追求业绩——利用情报获取竞争优势”的第18届国际年会；2004年3月22日至25日在马萨诸塞州的波士顿召开了主题为“CI就是未来——情报驱动成功”的第19届国际年会。自Leila Kight任SCIP第一、第二届理事长以来，历届SCIP理事长依次为David Conley、Roberta Brody、Robert Margulies、John Prescott、Cynthia Allgaier；Daniel Himelfarb、Richard Klavans、Faye Brill、Tracy Scott、Wayne Rosenkrans、Ava Youngblood、CIifford Kalb、Patrick Bryant、John Nolan III、Mazk Little、Paul Dishman和Melanie Wing。

已知SCIP出版的刊物有Competitive Intelligence REVIEW（1989—2001）、Competitive Intelligence Magazine、Actiondle Intelligence和2003年出版的Journal of Competitive Intelligence and Management。

自1986年以来，SCIP的成员迅速增长。1988年为716人，1998年为6694人，年增长达30%[43]。根据SCIP秘书长Guy Kolb1999年在我国CI技能和案例分析学术研讨会上的报告[44]，SCIP会员在全球的分布为：

美国76.5%、欧洲10.7%、加拿大9.1%、其他国家3.7%。

SCIP会员在美国以外的国家和地区分布为：欧洲46%、加拿大38%、亚洲5%、澳大利亚新西兰4%、南美3%、中东2%、东非1%、墨西哥1%。

SCIP会员的职业分布为：CI/分析26%、市场规划与研究25%、信息中心/信息服务14%、研究开发、商务拓展、产品规划13%、战略规划12%、财务规划/反情报10%。

四、竞争情报在国内的发展

中国是CI的故乡。具有明显intelligence功能的我国情报研究与国际上兴起的CI相结合，引起了我国CI专业组织的诞生和CI活动的发展，这是CI首先由我国情报研究机构推动和发展的内在原因。由曾建勋和包昌火撰写的《全国竞争情报与企业发展研讨会纪要》[45]、包昌火撰写的两届《SCIC理事会工作报告》[46,47]和文献［48］、［49］已经做过系统的总结。

（一）中国竞争情报的历程

CI在我国的兴起是情报研究工作的实践活动、市场经济发展的社会需要、社会信息化的巨大吸引和组织建设的积极推动的结果。它的发展阶段可以划分为以下几方面。

1. 情报研究阶段

创建于1956年10月15日的中国科技情报事业，一开始走的就是文献工作与研究工作相结合的道路，集信息库与思想库于一体，并成为我国科技情报工作有别于欧美各国的一大特色。这固然有苏联科技信息体制的影响，更因老一辈革命家对intelligence性质的理解、重视和当时中国受西方国家的多方封锁，情报工作成为洞悉国际科技发展的主要手段这一重大国情所致，赋予了情报工作以“耳目、尖兵和参谋”的重任，而这种功能很大程度上是由情报研究工作来体现的。

所谓情报研究，就是根据社会用户的特定需求，以现代的信息技术和软科学研究方法论为主要手段，以社会信息的采集、选择、评价、分析和综合等系列化加工为基本过程，以形成新的、增值的情报产品，为不同层次的科学决策服务为主要目的的一类社会化的智能活动[50,51]。中国情报研究在经过20世纪50年代以翻译报道为主的初创阶段、60～70年代以专业研究为主的提高阶段、达到80～90年代以综合研究为主的成熟阶段。

由于CI和情报研究的核心都是对信息的搜集和分析，具有异曲同工之处，因而40多年来，我国情报研究机构实质上也承担了众多的国家CI和企业CI工作，它的研究理论、方法和技术同样也适用于CI工作。正因为如此，我们把情报研究作为我国CI的发展阶段之一。所不同的是，国外的CI脱胎于商业情报、市场研究和战略管理职能，而我国的CI则生长于情报研究的土壤，嫁接于情报研究实践。

2. 引进阶段

早在1980年杨霈霆教授首次在《科技情报工作》第1期上讨论了“intelligence”和“information”两词的区别和联系；1982年我国情报研究专家孙学琛研究员在《科技情报工作》第3期上发表《情报——发展的一种手段》的编译文章，首次将国际上论述intelligence含义的文献介绍到了中国。20世纪80年代中期，上海科技情报研究所率先开展了对CI的群体研究。

从20世纪80年代中期到90年代中期10年期间，以情报研究的理论和实践为基础，积极引进现代CI的理论和方法，在社会主义市场经济的时代潮流下，逐渐将CI发展成为我国情报界、企业界和咨询界关注的热点问题之一。因此，这阶段的重要特点是引进与嫁接。引进阶段的重大事件有以下几点。

(1) 情报研究国内外比较研究的开展

为了搞清我国情报研究与国际上各类情报研究的异同，寻找国际交流与合作的接口，探索情报研究的生长点，1991年7月～1994年12月由国家科委和国防科工委联合下达、中国兵器工业情报研究所牵头开展了“情报研究的国内外比较研究”，对三种类型（发达国家、新兴工业化国家和发展中国家）八个国家的情报研究机构进行了系统的调查、分析和比较，出版了共计55万字的十个专题报告[7,19]，并于1993年7月28日至8月1日在张家界召开了全国情报研究学术研讨会，推介了CI及其专业协会，提出了把CI作为我国情报研究工作的发展方向之一，从而催生了中国CI专业组织。

(2) 香山会议的召开

在中国科技情报学会情报研究暨竞争情报专业委员会发起和组织下，于1994年9月21日至23日在北京召开了有国家计委、国家科委、国防科工委、北京市政府有关领导，以及情报界、咨询界和企业界的专家和学者参加的“全国竞争情报与企业发展研讨会”，这是我国第一次召开的以CI为主题的大型学术讨论会，是我国CI业发展的一次奠基大会。

(3) 中川十郎的访华

1993年8～9月，应上海科技情报研究所、中国兵器工业情报研究所和北京科技情报学会的邀请，日本工商CI专家协会会长中川十郎教授来华讲学，他在北京地区的活动，扩大了CI在我国的影响，引起了我国情报界人士的极大兴趣和关注，为拓宽服务领域、进入国民经济主战场的情报研究机构开拓了新的思路和途径。

(4) 基金研究和论著出版

刘怀宝在1987年《图书情报知识》上发表了题为“略谈竞争情报及其搜集方法”的我国第一篇CI论文[86]。1992～1993年，由上海青年科技启明星计划资助，上海科技情报研究所完成了《建立上海轿车工业竞争环境监视系统的研究》[52]，1994年，国家自然科学基金会首次资助了中国科学技术大学信息管理与决策科学系李正中主任等开展的《竞争情报对企业决策支持机制的研究》。1995年3月，南京理工大学经济管理学院陈翔宇教授等根据《全国竞争情报与企业发展学术研讨会会议录》于1995年3月编辑出版了我国第一本CI著作《企业竞争情报研究》[53]。1995年6月，由北京竞争情报研究会倡议和组织，缪其浩主编、包昌火等总审，编著出版了《市场竞争和竞争情报》[13]专著。

1994年1月，中国科技情报学会情报研究暨竞争情报专业委员会的成立，则是这一阶段的标志性事件。

3. 成长阶段

所谓成长阶段，系指CI由引进走向开发、由情报界的理论研究走向企业界的实际应用的阶段。20世纪90年代中期以来这阶段的重要特点是开发和推广。这一成长阶段有以下几项重大事件。

(1) 实施北京市竞争情报示范工程

1995～1998年，由北京竞争情报研究会发起、北京市科委邹祖烨主任倡导实施了北京市竞争情报示范工程，由中国兵器工业情报研究所和中国航天信息中心为大华陶瓷厂[54]、北京开关厂[55]、北京三环毛纺针织集团公司[56]、北京铜牛针织集团公司[57,58]、北京医药工业总公司[59]、北京烟草工业总公司[60]等单位开展了以企业竞争力评价、竞争情报系统建立、竞争战略制定为重点的CI咨询服务，促进了我国CI研究从理论向实践的纵深发展。它的实施是我国CI业发展中的重大事件，是官产学办CI的重要范例。

(2) 编著《竞争情报丛书》

1997年，由北京市科委立项、包昌火研究员和谢新洲教授任主编，组织了《竞争情报与企业竞争力》的研究，编著了由《竞争情报与企业竞争力》《竞争战略与竞争优势》《企业竞争情报系统》《竞争对手分析》《网络竞争情报源》《技术创新与企业竞争力》等构成的“竞争情报丛书”，系统引进和开发了CI理论与方法，为我国CI的研究、培训和咨询提供了导向和依据。

(3) 发展中美两会的交流与合作

1998年3月，包昌火理事长率团出席了SCIP第13届国际年会，签署了中美两会关于建立战略伙伴关系的备忘录，合作开展了两会关于中国CI实践的研究，发展了中美两会专家讲学和交流活动，尤其是John E. Prescott教授应邀的多次访华，有力地推进了CI在中国的发展。

(4) 开发竞争情报技术

开发CIS和CI分析方法是这一阶段我国CI研究的两大重点，形成了一批具有相当水平的CI研究成果。

例如，1998年1月至2000年12月，由中国兵器工业情报研究所牵头完成的国家自然科学基金项目“企业竞争情报系统的模式和运行机制研究”，系统地论述了CIS的基本架构、主要模式、基本功能和运作机制，首次提出了建立人机结合的，具有三大网络、三个系统、一个中心和六大功能的 CIS 的基本框架，代表了国际上关于 CIS 研究的最新进展[24-26]。

与此同时，以学位论文研究为主体的我国高等院校，也将 CIS 的开发作为研究生培养的重要方向，出现了一批重要的研究成果。尤其可喜的是，自 2001 年 6 月梦龙 CIS 问世，继之百度在线、易地平方、赛迪数据、天下互联等 IT 公司的加盟，我国自主开发的以 CI 运作自动化和智能化为目标的 CI 软件不断涌现，成为我国 CI 发展的一道亮丽的风景线。

又如，这一阶段，以 CI 方法系统化和实用化为目标的 CI 分析技术的开发，出现了一批可喜的成果，例如，《竞争对手分析》专著的出版[29]，提供了迄今为止国内外关于竞争对手分析全面和系统的论述；樊松林教授《竞争情报研究论》[61]和曾忠禄教授《情报制胜》[62]的出版、李艳博士《竞争情报分析方法论》的建构[31]、包昌火等竞争对手分析论纲和三维分析法的提出[30]、波特竞争对手分析模型可操作性的实现[63]等，从而为我国 CI 分析技术的研究和应用提供思路、框架和工具。

(5) 涌现一批最佳实践企业和咨询公司

企业是 CI 的主要用户和发展沃土。CI 研究由情报界走向企业界是我国 CI 业发展的重大进展。例如，重庆长安集团、上海宝钢集团、青岛海尔集团、北京首钢集团、上海贝尔、中国惠普、中国一汽等大型企业对 CI 的关注和开发是非常积极的征兆。一些独立的咨询公司，以市场开拓为目的，从事 CI 咨询活动，例如，北京华门策略顾问公司[64-66]、北京环信信息咨询公司[55-60]及许多信息咨询和管理咨询公司的转向，都表明一个大容量的 CI 应用和发展的潜在市场正在启动。

(6) 形成竞争情报培训的热潮

1998 年 10 月，中国科技情报学会竞争情报分会等于北京大学举办的“竞争战略决策与竞争情报活动”学术研讨会和 2001 年 10 月于清华大学举办的“提升企业情报竞争力 2001 现代职业经理清华峰会”，拉开了我国 CI 培训活动的帷幕。由高等院校、专业协会和培训公司组织的培训活动，出现了系统教育、在职培训和会议培训相结合的良好势头。仅 2003 年，全国各地有关 CI 的培训班组织就达 30 多次，这在情报界是十分罕见的。

为顺应社会上对 CI 分析技术，尤其是信息分析技术的迫切需求，为我国情报界、企业界和教育界提供 CI 和信息分析的基本理论、主要内容和关键技术，由包昌火等主编，清华大学出版社出版，内容包括《信息分析导论》《竞争情报导论》《信息源与信息采集》《信息分析方法与技能》《专利信息的采集与分析》《数据仓库与数据挖掘》《信息分析和竞争情报案例》等分册构成的“信息分析丛书”也将于今明两年问世。

我们期望，经过若干年的努力，一个有企业和政府广泛参与的中国竞争情报的发展阶段的到来。

(二) 中国竞争情报专业组织的诞生

1994 年 1 月 28 日，中国科技情报学会经中国科协批准，成立了以包昌火为主任委员，缪其浩、章雁、梁战平为副主任委员，邹冰冰为秘书的情报研究暨竞争情报专业委员会，宣告中国竞争情报专业组织的诞生。委员会共计委员 19 人。同日，北京科技情报学会经北京市科协批准，成立了以包昌火为主任委员，韩学智、郑国庆、朱兰蔚为副主任委员，刘诗章、曾建勋为秘书的北京竞争情报研究会。同年10月15日，中国兵工学会情报学会在无锡成立了竞争情报研究会。尔后，一些地方和部委竞争情报专业委员会陆续组建，一个全国性的CI组织网络在中国形成。

1995年4月28日，在汪廷炯常务副理事长和高庆生秘书长等常务理事的支持下，经中国科办批准，民政部登记，成立了以包昌火为理事长，缪其浩、梁战平、高庆生、宫宏光、章雁为副理事长，刘诗章为秘书长的中国科技情报学会竞争情报分会。理事会成员成立时为23人，后扩大至30人。1996年9月20～24日在湖北宜昌正式举行的第一届理事会，理事会成员增至60人，增补张典耀、尚建平、陆君明为副理事长。中国CI专业组织的成立，标志着我国情报研究工作进入了一个新的发展时期，更直接、更有效地为我国经济建设、企业发展和市场竞争服务。

10年来，SCIC一直把学术交流与学科建设作为自己的基本任务，总计召开重要学术会议9次，出版会议录8册，发表学术论文460篇，为推进中国CI业的发展做出了重要贡献。

SCIC召开的9次年会主题依次为：1994年9月21～23日在香山卧佛寺召开的“全国竞争情报与企业发展”研讨会、1995年11月4～8日在峨眉山召开的“市场经济条件下情报研究（信息咨询）工作发展对策”研讨会、1996年9月20～24日在宜昌召开的“竞争情报与现代咨询业”专业研讨会、1997年9月21～26日在富阳召开的“企业信息化与竞争情报咨询服务”学术研讨会、1998年8月26～30日在贵阳召开的“面向21世纪的中国情报研究暨市场竞争与竞争策略”学术研讨会、1999年8月29日～9月2日在黄山召开的“全国竞争情报技能和案例分析”学术研讨会、2001年6月7～8日在北京召开的“新世纪知识管理与竞争情报专题讲座暨学术研讨会”、2002年9月19～21日在厦门召开的“我国入世与竞争情报”学术研讨会、2003年11月12～15日在珠海召开的“构筑竞争优势：竞争情报与战略管理”学术研讨会、2004年9月15～20日在嘉峪关召开的“竞争战略与竞争情报：竞争情报事业10年发展历程”学术研讨会。

（三）中国竞争情报活动的特点

十多年来，官产学相结合、引进和开发相结合、学术推动和需求牵引相结合，形成了中国竞争情报实践活动的重要特色。当前专职情报研究机构、高等院校以及工商企业与咨询公司构成了我国CI理论研究和实践活动三大主力。例如，据文献［67］的统计，在1994～2000年，依据公开发表的CI论文的多少，依次为南京大学信息管理系（12篇）、武汉大学信息管理学院（10篇）、南开大学国际商学院信息资源管理系（9篇）、山西大学信息管理系（4篇）、北京大学信息管理系（3篇）和南开大学图书馆（3篇），初步形成了我国高校从事CI学科研究的核心力量。

研究表明，学位论文研究已经成为我国高校CI研究的主力。根据对1995～2001年中国学位论文的统计[1]，论文主题为CI的硕士和博士已达30人，其中硕士28人，博士2人，他们将成为我国CI业发展中的重要主力军。可喜的是，一些高校在开展理论研究的同时，还从事相关的咨询服务，从而丰富了CI研究和实践活动。

然而，从根本上讲，企业的CI需求最终只能依靠企业本身的力量来解决。企业才是我国CI业发展的主力军。日本的经验是这样，美国的经验也是这样。可以预计，一旦CI进入寻常企业时，定是我国CI业的姹紫嫣红时。

但目前从总体来看，我国企业CI活动的现状还是令人担忧的。即使作为SCIC成员的约40个中国企业，它们的CI状况也不是令人欣慰的[68]，它们也只是我国企业汪洋大海中之一粟。

五、竞争情报学科的构建

全球CI在理论、方法、技术、系统、文化等方面都取得了重要成果和骄人业绩，为建构CI学科奠定了坚实的基础。

从文献分析看，美国学者关注对实践过程中重大关键问题的研究，如CI战略定位、CI流程、CI技能、CI软件、人际网络开发、最佳实践调查、道德法律界定等，产生了一批重要的论著[1]和专家，Jan P. Herring、Ben Gilad、John E. Prescott、Leonard Fuld和Kirk W. M. Tyson等是他们的杰出代表。

我国学者则重视对理论问题的探讨，研究方面主要集中于CI概念的论述、CIS的建构与CI分析方法体系的构筑，也形成了一批重要的著作和专家，例如，《市场竞争和竞争情报》《情报制胜——如何搜集、分析和利用企业竞争情报》《竞争情报解决方案——企业竞争情报系统和竞争情报技能》和“竞争情报丛书”等是我国CI理论研究与实践活动的重要结晶。

中美两国学者研究重点和风格的差异既有实践广度和深度的不同，也有中西方思维方式和特点的迥异。

（一）竞争情报的博弈论特性

博弈论是运用数学方法来研究有利害冲突的双方在竞争活动中是否存在自己战胜对方的最优策略及如可制定这些策略的问题。由于CI的核心问题是如何应付竞争对手的问题，因而将博弈论引入到CI领域中来一直受到中外学者的关注。

1996年，Barry J. Nalebuff和A. M. Brandenbcerger教授在著名的《合作竞争》一书中提出了商业既不是战争也不是和平，商业运作是战争与和平的综合体的光辉思想。这种在开拓市场时合作、在瓜分市场时竞争的理念为CI提供了新的思维和视角，是竞争理论的重大发展，是博弈论商业应用的重要范例[69]。1999年7月16日，他们在中文版序言中提出，在博弈论中，没有什么东西是固定的。经济是充满活力的，并且不断地进行。这就是博弈论有可能成为中国经济的新经济学理论的核心[70]。

1998年8月，路文如研究员在SWOT分析的基础上，提出了将我国情报研究定位于谋略研究的观点，认为这应是情报研究和CI活动基本不变的主题[71]。实际上也就是将情报研究转向对策研究，用博弈论的思想指导我国的intelligence研究活动。1999年10月，董新宇博士、吴贺新研究员从博弈论角度出发，分析了市场竞争的博弈论特征[72]，认为市场竞争是一种动态博弈和不完全博弈，而博弈论中的信息，关键是关于其他参与者的行动和特征的信息，这也是CI的核心所在。这是我国情报界不可多见的把CI置于博弈论框架中进行分析的论文。2003年9月，文献［29］则将博弈论作为竞争对手分析的理论基础。当前，在美国的CI实践活动中，广泛应用竞争博弈、作战室、竞争演练等竞争分析技术表明，博弈论已成为国外CI研究和实践活动的重要理论基础和指导思想。

（二）竞争情报的战略定位

把情报与战略相结合是第二次世界大战以来的一种国际化潮流。两霸相争、日本崛起、海湾战争及不久前的伊拉克战争都无可辩驳地证明了这一事实。

1. 美国学者的见解

在CI领域，美国是较早将情报与战略挂钩的国家。在历届SCIP年会上，CI的战略地位问题一直是会议的重要议题。例如，在1999年年会上，战略管理和博弈论教授Barry Nalebuff的主题报告就是《战略与情报》；在2002年年会上，Douglas Bernhardt作了《战略情报：企业的剑和盾》的重要报告。John E. Prescott教授等主编的Proven Strategies in Competitive Intelligence—Lessons from the Trenches一书的主题就是把竞争情报作为企业的基本战略。Competitive Intelligence Magazine的主编Stephen H. Miller认为："经营战略正在越来越多地依赖于一种被称为'CI'的实践。用战略学先驱Liam Fahey的话来说，就是要'帮助公司发挥它们的聪明才智，制定出色的战略，以战胜它们现在的、正在出现的和潜在的对手'。"[73]

1996年，Larry Kahaner在文献[12]中指出："CI是一个战略工具，它能够帮助高层管理者明确发展的主要驱动力，从而提高企业的竞争力，并对市场方向进行预测。"同年，Gary Costley认为："CI必须位居首要，因为它是最基本的。它是一种战略性功能，而不是战术性功能。它应该比市场营销的地位更重要，因为如果你的战略是错误的，那么你就会将一笔巨大的市场营销费用浪费在一些根本错误的观点上。"[74] 1998年，Wayne A. Rosemkrans谈到："CI对于一个高技术含量的服务和产业的价值是什么？其价值必须是增强管理层决策制定的有效性。作为一个技术竞争情报的从业者，如果你不致力于提高企业管理决策制定的能力，那么你进行技术竞争情报活动的意义何在？如果你不支持公司的决策制定，你的行为只是一种学术实践，那又何必呢？技术竞争情报价值的关键，就在于它与公司成功的决策制定是息息相关的。"[75] 2000年，Bret Breeding先生认为："在理想的框架下，CI部门应该把25%～50%的工作时间花在提供决策（交易）支持上。这是CI部门产生最大增值的地方。"[76]

2. 中国学者的见解

2001年8月，陈功首席分析师在文献[77]的前言中认为：策略研究是CI研究的最高境界。CI与策略的形成具有天然般的共同基础，策略及策略研究只是CI研究的延伸和发展。因为正确的策略总是离不开CI，而基本的情报研究方法又是策略研究的基础。因此，应当将CI定位于策略研究。

胡鹏山教授在文献[2]中指出：战略研究指通过对企业发展前景和展望形成企业发展战略思路的过程，是实施企业战略管理的起点。它源于对企业及其环境的科学分析和研究，即源于对CI的把握和应用。因此，战略研究过程的实质，也是企业CI的研究过程，通过对竞争环境、竞争对手、竞争态势和竞争策略的分析，预测企业在竞争中的发展前景，形成发展的战略性思路。因此，战略研究是制定企业发展战略的前提，也是企业实施战略管理的基础。

2001年12月，由SCIC、清华大学职业经理训练中心和北京华门策略顾问公司联合举办的清华峰会上，更是把情报看做继资金、技术、人才之后的又一大发展要素，把情报能力看做一个国家、政府和企业的核心能力或核心竞争力之一，并提出了情报竞争力的概念。

(三) 竞争情报的战略

美国的经验表明，CI 不仅是企业的一项工作、一种能力。而且是企业的一大战略，是企业逐鹿市场、夺取商机、以智取胜的基本战略。焦玉英教授在题为《论企业核心竞争力与竞争情报战略》一文中提出了 CI 发展战略问题[78]。John E. Prescott 博士在清华峰会上提出了建立以情报为驱动的企业战略，并提出了他的基本构想[79]。笔者在文献分析的基础上，总结了美国企业 CI 战略的基本思路是[80,81]：以提升企业决策能力为目标，以竞争情报系统建设为手段，实现 CI 活动的目标、组织、流程、技术和文化的一体化，从而促进企业盈利水平的提高。

(四) 竞争情报学科的内容

1996 年 9 月在 SCIC 扩大理事会上作的第一届理事会工作报告中，笔者把重视学科建设作为 SCIC 的主要工作之一，提出“加强 CI 理论和方法的建设，使 CI 分会和理事会成为我国 CI 学科的积极倡导者、开拓者和传播者，并使分会成为 CI 研究的无形学院，应是中国 CI 分会的历史重任”。1997 年 9 月，王德恒先生提出了 CI 学科的研究对象和体系结构[82]。1998 年，笔者将 CI 研究的内容归纳为竞争环境、竞争对手、竞争策略三大方面和环境监视、市场预警、技术跟踪、对手分析、策略制定、CIS 建设和反情报技术七大领域[16]，并据此框架主持编著“竞争情报丛书”，提出 CI 横跨军事学、经济学、管理学和情报学的见解。在文献［83］中，John F. Prescott 教授将 CI 的研究归纳为四大领域：①CI 管理：管理结构、核心项目服务、CI 人员、CI 产出；②CI 方法：CI 的搜集、分析、传播方法，假设验证，在不同国家的应用；③CI 的形象和前景：CI 对你意味着什么、CI 的应用领域、CI 在组织机构中的作用、雇员的作用、道德；④CI 的历史渊源：军事情报和国家安全情报、竞争力测度、CI 政策的演进。

1999 年，邱晓琳博士认为，企业竞争情报研究的内容是企业竞争环境情报、企业竞争对象情报、企业竞争对手情报、企业竞争实力情报[84]。2002 年，陈峰博士认为，应将 CI 研究分为 CI 理论、CI 技能和 CI 应用三大层面[4]。这些见解从不同侧面勾勒了 CI 学科建设的框架。

我们认为，CI 学科体系的基本架构可由下列模块构成：CI 的基本理论问题；CI 的方法论问题；CI 的实践问题；CI 的教育问题和 CI 的管理问题。为此，不妨用图 1 的金字塔模型来描述。

我们期盼，有志于 CI 理论研究的学者，在充分把握国内外理论研究和实践经验的基础上，从 intelligence 的含义出发，以经济学、管理学、博弈论等基础理论为指导，以解决组织在市场竞争中的情报保障和智力支持为目标，以 CI 流程为主线，建立起以情报生产和流通为核心的包含五大模块结构的 CI 学科，为推进国际 CI 业的健康发展做出我们的贡献。

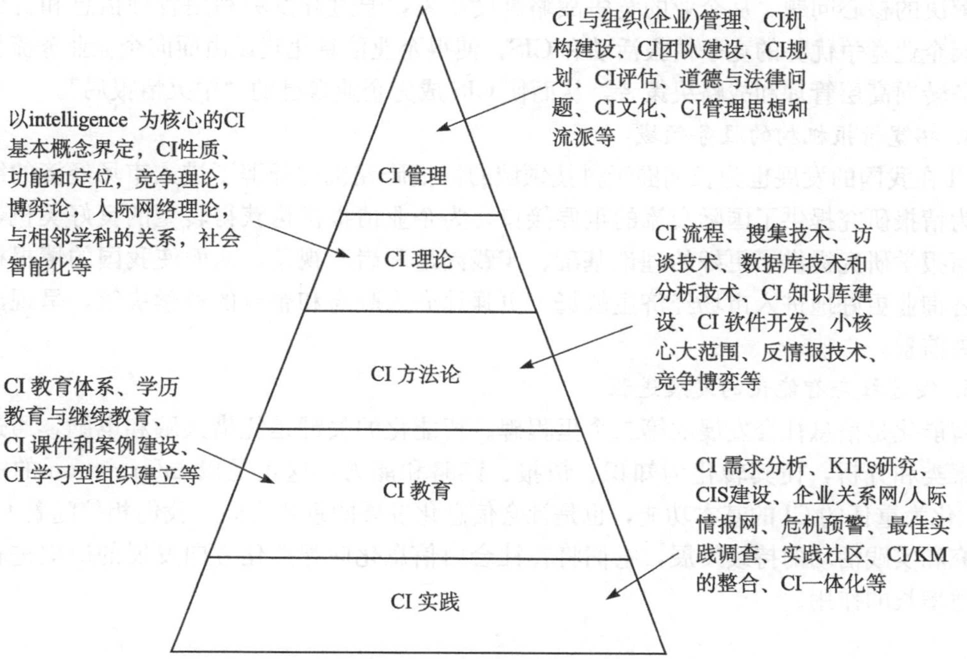

图1 CI学科体系的金字塔模型

六、竞争情报崛起的意义

CI的崛起，无论对于学术界、情报界，还是企业界、咨询界都具有重大的战略意义和作用。

1. 国家竞争的杠杆

第二次世界大战后的国际发展表明，国家之间实力的较量，实际上也是情报竞争力的较量，控制和运用情报的能力已经成为现代国家竞争力的重要标志。“得情报者得天下”不无道理。这是“911”事件后反恐战争的重要经验，也是布什总统于2004年8月2日宣布增设国家情报总监一职的重要原因。国际CI的崛起和发展，凸显了情报在国家竞争中的战略地位，提升组织的情报能力正在成为国家和企业的一项基本战略。

2. 经济发展的先导

历史表明，日本的振兴、“亚洲四小龙”的腾飞和拉美新兴工业化国家的崛起，无不与它们重视情报工作密切相关，情报研究和竞争情报在科技和经济的发展中起到了先行和导向作用。举国上下的情报意识，高度协调、覆盖全球的情报网络和实力强大的竞争情报力量是日本振兴的重要原因和诀窍，而美国也凭借于CI后来居上，在现代制造和信息产业等领域重新夺回和发展成为全球领先地位。因此，它在经济发展和市场竞争中正在发挥日益重要的先导和咨询作用。

3. 企业信息化的核心

当今时代是一个信息过载而情报稀缺的时代。情报的最大作用是帮助人们做出科学决策，减少在决策过程中对事物认识的不确定性和信息的不对称性。CI基本作用是情报的实时传递和有效利用，而在适当时候以适当方式把情报传递给适当的人，这正是企业信息化需要解决的核心问题。从企业的竞争战略高度出发，通过开发和利用各种信息和智力资源来发展企业竞争优势的竞争情报活动和CIS，使得企业信息化建设由面向企业业务流程和办公事务转向高层管理和战略决策者，从而使CIS成为企业自己的“中央情报局”。

4. 拓宽情报机构的服务领域

CI在我国的发展也为长期囿于科技领域的情报研究机构开辟了进入市场经济的绿色通道，为情报研究提供了国际交流的重要接口，为企业情报机构获得转型的良好契机，也为我国情报学研究提供了更好的理论基础、实践园地和崭新视角，从而使我国的情报机构和信息咨询业更好地进入市场经济主战场、更强地介入政府和企业的科学决策，呈现出广阔的发展前景。

5. 促进社会智能化的发展进程

智能化是信息社会发展的第二个里程碑。智能化的关键是凭借人脑和电脑，通过对信息的聚类和分析，使其转化为知识、情报、谋略和能力，这正是以information的intelligence化为重任的CI的基本功能，也是社会信息化发展的重要方向。我们相信随着CI的理论研究和实践活动的持续发展，它们将在社会由信息化向智能化方向发展的历史进程中发挥日益增长的作用。

参考文献

[1] 包昌火，张燕，黄英．竞争情报的崛起和发展//情报学进展．2002～2003年度评论．第五卷．北京：国防工业出版社，2003：310-374.

[2] 胡鹏山．竞争战略与竞争优势．北京：华夏出版社，2001.

[3] Hovis J H. CI at Avnet：a bottom-line-impact. Competitive Intelligence Review，2000，11 (3)：5-15.

[4] 陈峰．面向企业战略管理的竞争情报研究．北京大学博士研究生学位论文．2002.

[5] 白树强．全球竞争论——经济全球化下的国际竞争理论与政策研究．北京：中国社会科学出版社，2000.

[6] Vezomar J M. Competitive intelligence at Xerox. Competitive Intelligence Review，1996，7 (3)：15-19.

[7] 包昌火等．情报研究的国内外比较研究，总报告，兵工情报研究报告BQB94—0278，兵器工业情报研究所，1994.

[8] Prescott J E. Introduction：Competitive Intelligence-Les-sons from the Trenches. Proven Strategies in Competitive Intelligence. New York：John Wiley & Sons. Inc.，2001：1-20.

[9] 约翰·E. 普赖斯科特．竞争情报应用战略——企业实战案例分析．长春：长春出版社，2004，1-21.

[10] Fuld L M. Intelligence Software Report 2000：the Global Evolution Fuld & Company. http//www. fuld. com.

[11] http：//www. scip. org.

[12] Kahaner L. Competitive Intelligence. New York：Simon & Schuster，1996.

[13] 缪其浩．市场竞争和竞争情报．北京：军事医学科学出版社，1996.

[14] 朗诵真，王曰芬，朱晓峰．竞争情报及特性，竞争情报与企业竞争力，竞争情报从书．北京：华夏出版社，2001：10-17.

[15] 包昌火．全国竞争情报与企业发展研讨会会议录．中国科学技术情报学会，中国兵工学会情报学会，北京科学技术情报学会，上海科学技术情报学会：1995.

[16] 包昌火．加强竞争情报工作，提高我国企业竞争能力．中国信息导报，1998，(11)：33-36.

[17] 包昌火．情报研究方法论．北京：科学技术文献出版社，1990.

[18] Starting a competitive technical intelligence function：a roundtable discussion. Competitive Intelligence Re-

view，1998，9（2）：26-33.
[19] 包昌火，等．情报研究的国内外比较研究，分报告，兵工情报研究报告BQB94—0279，兵器工业情报研究所，1994.
[20] 赵刚．建立国家竞争情报体系：目标与案例．情报学报，2004，23（3）：369-371.
[21] Marceau S，Sawka K. Developing a world-class CI program in telecoms. Competitive Intelligence Review，1999，10（4）：30-40.
[22] 黄英．决策者需求分析——关键情报课题研究．北京大学硕士学位论文，2003.
[23] 尹科强．竞争情报软件的分析与设计．北京大学硕士学位论文，2003.
[24] 胡星光，包昌火，等．企业竞争情报系统的模式和运行机制研究．中国兵器工业集团第二一〇研究所，中国科技情报学会竞争情报分会，2002.
[25] 胡星光，包昌火，等．竞争情报解决方案——企业竞争情报系统和竞争情报技能．北京：兵器工业出版社，2002.
[26] 包昌火，谢新洲，等．企业竞争情报系统．北京：华夏出版社，2001.
[27] 包昌火，谢新洲，申宁，等．人际网络，竞争对手分析．北京：华夏出版社，2003：504-550.
[28] 包昌火，谢新洲，申宁，等．人际网络分析．情报学报，2003，22（3）：365-374.
[29] 包昌火，谢新洲，等．竞争对手分析．北京：华夏出版社，2003.
[30] 包昌火，谢新洲，李艳．竞争对手分析论纲．情报学报，2003，22（1）：103-114.
[31] 李艳，竞争情报分析方法论．北京大学博士学位论文．2003.
[32] 赵云志．国外竞争情报网站现状分析及启示．情报理论与实践，2001，24（2）：83，153-155.
[33] 吴淑燕．企业反情报体系建设研究．北京大学硕士学位论文．2004.
[34] Miller J P. Millennium Intelligence：Understanding and Conducting Competitive Intelligence in the Digital Age. [s. 1.]：Information Today. Inc.，2000.
[35] 陈飔，等．导入企业竞争情报．北京：北京大学企业研究中心，2000.
[36] http：//www. scip. org.
[37] Herring J，Prescott J，Womack A. Managing competitive intelligence knowledge. Conference Proceedings of 13th Annual International Conference and Exhbit of SCIP. 1998：3-24.
[38] 包昌火，等．情报研究的国内外比较研究．总报告．兵工情报研究报告BQB94—0278. 兵器工业情报研究所，1994：3-24.
[39] 朗诵真，王曰芬，朱晓峰．竞争情报与企业竞争力．北京：华夏出版社，2001.
[40] Prescott J E. Competitive Intelligence：Designing a process for action. APMP Professional Journal，1998.
[41] Prescott J E. A process for applying analytic models in competitive analysis // King W R，Cleland D L. Strategic Planning and Management Handbook. New York：Van Nostrand Reinhold Company，1986：222-251.
[42] Prescott J E，Grant J H. A manager's guide for evaluating competitive analysis techniques. Interfaces，1988，18（3）：10-22.
[43] 中国贸促会信息部小组参加SCIP第14届年会．中国科技情报学会竞争情报分会会讯，1999.
[44] Kolb G. 国际竞争情报业的现状和发展．中国科技情报学会竞争情报分会第六届学术年会．1999.
[45] 全国竞争情报与企业发展研讨会会议纪要．中国科技情报学会竞争情报分会会讯．1996，（1）：16-19.
[46] 中国科技情报学会竞争情报分会第一届理事会工作报告．中国科技情报学会竞争情报分会会讯．1996，（3）：2-12.
[47] 抓住机遇，加快发展，努力开创竞争情报新局面——第一届理事会工作总结和第二届理事会工作构想报告．中国科技情报学会竞争情报分会会讯．2000，（2）：5-15.
[48] 包昌火，等．发展中的中国竞争情报业，科技进步与学科发展．北京：科学技术文献出版社，1998：

908-915.
[49] 包昌火，等．我国情报研究工作的回顾与展望．情报学报，1996，15（5），344-349.
[50] 包昌火，缪其浩，谢新洲．对我国情报研究工作的认识和对策研究（上）．情报理论与实践，1997，20（3）：133-135.
[51] 包昌火，缪其浩，谢新洲．对我国情报研究工作的认识和对策研究（下）．情报理论与实践，1997，20（4）：215-221.
[52] 完平，等．建立上海轿车工业竞争环境监视系统的研究．上海科学技术情报研究所，上海青年科技启明星项目 92QF02231，1993.
[53] 陈翔宇，等．企业竞争情报研究．北京：兵器工业出版社，1995.
[54] 刘赓，等．北京市大华陶瓷厂市场竞争战略研究．中国科技情报学会竞争情报分会等．1997.
[55] 北京开关厂产品发展的竞争情报系统及其应用课题组．北京开关厂产品发展的竞争情报系统及其应用．1996.
[56] 张典耀，等．北京三环毛纺针织集团公司第二毛线厂企业竞争情报系统及竞争情报研究．北京环信咨询有限公司等，1998.
[57] 铜牛针织集团公司竞争情报系统的建立与应用．中国航天信息中心，1998.
[58] 铜牛针织集团竞争环境与竞争战略策略分析，中国航天信息中心，1998.
[59] 北京环信咨询有限责任公司，等．北京市医药总公司竞争情报系统及企业竞争力研究，AIC CI-Report 0399808，1998.
[60] 北京环信咨询有限责任公司，等．北京市烟草公司竞争情报系统的分析和建设，AIC CI-Report 0519912，200061.
[61] 樊松林．竞争情报研究论．西安：西安出版社，2000.
[62] 曾忠禄．情报制胜：如何搜集、分析和利用企业竞争情报．北京：企业管理出版社，2000.
[63] 包昌火，谢新洲，黄英．竞争对手跟踪分析．情报学报，2003，22（2）：194-205.
[64] 包昌火，谢新洲，等．成都金珠生物科技有限公司竞争情报能力与竞争情报需求调查报告．北京华门策略顾问有限公司，2002.
[65] 包昌火，谢新洲，等．成都金珠生物科技有限公司竞争态势分析报告．北京华门策略顾问有限公司，2002.
[66] 包昌火，谢新洲，等．成都金珠生物科技有限公司竞争情报系统的建设．北京华门策略顾问有限公司，2002.
[67] 吴潇．竞争情报论文定量分析及趋势预测．情报理论与实践，2002，25（6）：438-440.
[68] 谢新洲，李娜，戴侣红，等．我国企业信息化和竞争情报实态调查，竞争情报解决方案．北京：兵器工业出版社，2002：88-119.
[69] Nalebuff B J，Brandburger A M. Co-opetition. New York：Doubleday Books，1997.
[70] 内勒巴夫，等．合作竞争．王煜昆等译．合肥：安徽人民出版社，2000.
[71] 路文如，谋略研究：情报研究工作定位及其它——面向 21 世纪的中国情报研究与竞争情报．北京：航空出版社，1999：11-19.
[72] 董新宇，吴贺新．竞争情报的博弈论分析．情报学报，2000，19（4）：373-379.
[73] Miller S H. Preface：Corporations Get Smart//Proven Strategies in Competitive Intelligence. New York：JohnWiley & Sons，Inc.，2001.
[74] Max Downham et al. Understanding the competition：the CEO's perspective. Competitive Intelligence Review，1996，7（3）：4-14.
[75] Rosenkrans W A，Past，Present，and Future Directions for Technical Intelligence. Competitive Intelligence Review，1998，9（2）：34-39.

[76] Breeding B. CI and KM convergence：a case study at shell services international. Competitive Intelligence Review，2000，11（4）：12-24.
[77] 陈功．分析的艺术．北京：中国经济出版社，2001.
[78] 焦玉英，刘鲁．论企业核心竞争力与竞争情报战略．情报理论与实践，2000，23（4）：285-287.
[79] Prescott J E. Intelligence drive strategy. 提升企业情报竞争力 2001 现代职业经理清华峰会．
[80] 包昌火，等．竞争情报战略——评美国企业的竞争情报活动．情报学报，2003，22（6）：735-748.
[81] 包昌火．情报竞争力与竞争情报战略．中国企业竞争情报应用战略高级培训研讨会会刊，2002.
[82] 王德恒．浅论竞争情报的学科建设与体系结构，竞争情报与企业信息化．北京：中国计量出版社，1998：21-24.
[83] Prescott J E. Introduction to the special issue on fundamentals of competitive intelligence. Competitive Intelligence Review 10th Anniversary. Retrospective Edition. 1999.
[84] 邱晓琳．提升企业竞争力的情报保障．武汉大学博士学位论文，1999.
[85] 张超．中外竞争情报教育比较研究．中国科技信息研究所硕士学位论文，2004.
[86] 郑玲，黄鹏．1987—1998 年我国竞争情报论文的统计与分析．情报理论与实践，2000，23（5）：369-371.

竞争情报系统

加强竞争情报工作，提高我国企业竞争能力*

随着计算机的出现、软件产业的形成和以因特网为代表的网络技术的发展，世界经济正由工业经济向以信息和知识为基础的信息经济或知识经济时代过渡。这是人类社会发展史上的重大事件。

在知识经济时代，intelligence（即信息、情报、智力、谋略）已经成为企业生存与发展的关键，是企业竞争力的重要标志。

一、竞争情报的含义和作用

（一）何谓竞争情报

要理解竞争情报，我们得从英语“competitive intelligence”的原意上去把握。“competitive intelligence”的核心是“intelligence”，而“intelligence”既有中文“情报”的含义，即经过分析的信息，又有“智能”的含义，即智力和谋略。它的基本定义为：一个组织感知外部环境变化，并做出反应，使之更好适应环境变化的能力，即获取环境信息并与之适应的能力，也就是情报能力和对策能力。因此，从广义来讲，“competitive intelligence”包含着竞争信息和竞争智谋两大部分。

国际上关于竞争情报的定义很多，例如，美国竞争情报从业者协会认为：竞争情报是一种过程，在此过程中人们用合乎职业伦理的方式收集、分析和传播有关经营环境、竞争者和组织本身的准确、相关、具体、及时、前瞻性及可操作性的情报。

实际上，竞争情报就是关于竞争环境、竞争对手和竞争策略的信息和研究。它既是一

---

* 本文原载《中国信息导报》，1998，(11)：33-36。

种过程，又是一种产品。过程，是指对竞争情报的收集和分析；产品，是指由此形成的情报或策略。

（二）竞争情报的基本特征

情报是能满足用户特定需要的、经过分析的、为科学决策服务的信息。竞争情报除了一般情报的特征以外，它还突显下列几大基本特征。

1）对抗性。它是以知己知彼，克敌制胜为目的的情报活动，因而具有强烈的对抗性。

2）保密性。因为竞争情报是以研究竞争对手和竞争策略为主要内容，不能为竞争对手和第三方所共享。

3）智能性。竞争情报是一项高智力活动，是企业情报机构、企划部门、营销部门和智囊机构智慧的结晶。

4）增值性。经过分析和智化后形成的竞争情报和策略是增值了的知识产品，能为企业带来巨大的社会经济效益。所谓一条信息救活一个企业，一种思路使一个企业腾飞就是这个道理。例如，20世纪90年代以来，国际贸易中的反倾销战使我国损失了100亿～200亿美元，如能建立我国反倾销竞争情报预警与快速反应机制就有可能使这笔巨大的财富免受损失。

（三）竞争情报的主要作用

对于一个企业或组织来说，竞争情报的作用可以归纳成三点。

1）它是企业感知外部环境变化的预警系统，能帮助企业及时洞悉政治的、经济的、社会的、市场的变化，以及这些变化对企业可能构成的威胁和机遇。

2）它是企业为适应外部环境变化而做出战略决策和竞争策略的支持系统，为企业的竞争决策提供依据和论证。因为情报畅通是知识经济的重要特征，是现代企业的生存基础。

3）它是现代企业经营管理的智囊团和思想库，是企业领导集团的重要参谋部。一句话，竞争情报活动和竞争情报系统是企业的“中央情报局”。它与企业领导的关系正像克林顿与中央情报局的关系一样。正因为如此，目前，竞争情报业，或叫企业情报业，作为知识经济的产物和现代智能服务业，正在国际上崛起。据IBM公司估计，到20世纪末，企业情报业市场的总产值将达到700多亿美元。有的认为，决策顾问、情报经纪人（“工业间谍”）、因特网专家将成为21世纪最热门的职业之一。因此，重视和加强竞争情报工作应当成为我国企业逐鹿市场、提高国际竞争力的重要对策，希望能引起各级领导和企业界的高度关注。

二、加强企业竞争情报工作的若干意见

竞争情报活动包括技术跟踪、市场研究、环境监视、对手分析、策略制定和工商秘密保护等方面。为了发展我国的竞争情报业，为提高我国企业的竞争力服务，笔者认为要抓好以下几方面。

（一）高度重视企业竞争战略的研究

20世纪90年代开始，我国企业的经营环境发生了革命性的变革。

1）买方市场的形成。从1994年开始，我国消费品工业的实际开工能力大于市场需求的

25%，从而表明，我国市场的供求格局已经实现了由生产约束型向市场约束型的根本转变。

2）经济全球化的冲击。跨国公司进军中国，国际名牌抢滩掠地，我国的碳酸饮料市场、化妆品市场，80%已被国外企业所占据，国际竞争就在中国的土地上进行，国内市场已成为国际市场的缩影。国外专家认为：中国的电信市场是世界上竞争最剧烈、定价最低的市场。

3）经济体制的根本变革。现代企业制度的建立，经济体制的转变，我国企业正被迅速地推向市场。据称市场化程度已达到60%以上。

4）知识经济的出现。知识经济作为社会经济形态的形成，使信息和知识继资本、劳力、自然资源之后成为企业的主要生产要素。美国竞争力委员会主席丹尼尔·伯尔顿说："衡量国家竞争力的指标主要是'计算机使用的深度和广度'；衡量企业成功的标准是'企业的技术和市场的创新能力'。"

上述情况表明，我国企业已经进入了一个竞争制胜的时代，竞争战略决策和竞争情报研究已成为企业运筹帷幄、逐鹿市场的成败关键。因此，我国企业应当转变观念，把战略管理放在企业的首位，高度重视竞争战略及其基础竞争情报的采集和研究，把它作为企业的头等大事来抓。

（二）努力建成竞争情报系统

企业竞争情报系统是以人的智力劳动为主导，信息网络为手段，增强企业竞争力为目标的人机结合的竞争战略决策支持系统。随着知识经济的产生，许多发达国家，对信息的开发利用正由信息管理向知识管理方向转变，即不仅要管理显性知识，还要开发和管理隐性知识，即人的智力。而竞争情报系统正是把信息管理与知识管理有效地结合起来，使information intelligence化，成为企业经营战略和竞争决策的支持和咨询系统，成为企业的"中央情报局"。美国的IBM公司认为："企业要想在当今获得行业的主导地位，就必须建立分析型系统，即那种能为制定关键战略决策提供信息和思想的系统。"企业竞争情报系统就是这样一个为战略决策提供信息和思想的系统。

为了建成企业竞争情报系统，笔者有以下几点建议。

1）设立首席信息（情报）主管。首席信息主管总抓企业的信息化工作，地位相当于企业的副总经理，是现代企业的三驾马车之一，是当今企业经营管理活动中冉冉升起的明星。

2）建立一个组织网络。应当有一个核心机构，有一个少而精的专业班子，专门从事竞争情报和竞争策略方面的信息采集和分析，这个班子应当有信息研究、工商管理、网络技术方面的人才。应当有一个遍布全公司的组织体系；也可以考虑把营销网与商情网结合起来，做到组织落实。

3）组建一个现代化的信息网络。这个信息网络可以利用因特网，它是以TCP/IP协议为基础的世界最大的互联网络；可以利用内联网（intranet），它是利用因特网的www技术构建的企业内的信息系统；也可以利用外联网（extranet），它是将内联网的构建技术应用于企业间的信息系统，将应用范畴扩大到特定的外部企业，包括交易伙伴、合作对象、相关公司、销售商店及主要客户。从国外来看，目前大都借用内联网作为竞争情报系统的构架。迄今为止的日本，5000人以上的大企业50%、5000人以下的企业20%和500人以下的企业10%采用内联网。

4）组建一个人际网络。企业竞争情报机构还需组建起广泛的人际网络，以便及时地获取无法从信息网络中获取的重要信息。人际网络包括企业内部和外部，企业内部应包括管理人员、规划人员、营销人员和开发人员，尤其是那些能为企业创造最大财富的群体；企业外部应包括与本企业有关的政府官员、行业协会和各类专家等。

企业竞争情报系统应当包括数据的存储和采掘、咨询和报告系统、执行信息系统、决策支持系统和多维分析与联机分析处理手段。我们分会也正在从事“企业竞争情报系统的模式和机制研究”，期望能对我国企业竞争情报系统的建立做出贡献。

（三）积极开展企业竞争情报研究

1. 抓好竞争环境的监视

企业的竞争环境，除了政治的，经济的和社会的因素外，主要受五种力量影响，如图 1 所示。

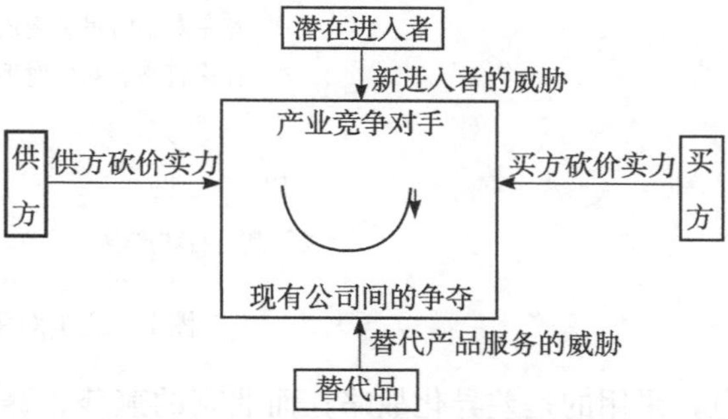

图 1 驱动产业竞争的力量

这五种力量又分为直接竞争者和间接竞争者两大部分，可主要通过市场信号来监视它们的动向和意图。环境监视是企业的瞭望哨，现代企业的预警系统。联合国工业发展组织认为，“对于一个企业来说，外部环境中的任何变化，包括技术的、经济的，以及政治因素，都可以对企业的利益乃至生存产生重大影响。如果能阅读早期的预警信号，发现并预知这些可能的变化，就可以利用所剩时间，预先采取相应的措施，避开威胁，寻求新的发展机遇，这种能力在当今社会中变得越来越重要了”。美国竞争情报从业者协会现任主席认为，“竞争情报专家的职责就是帮助企业领导洞悉未来，赢得未来，因为仅对当前环境的快速反应并不能造就胜于未来的公司”。她阐明了早期预警系统的重要价值。

2. 抓好竞争对手的分析

企业的竞争对手是环境监视和企业关注的焦点，是竞争情报活动的核心。SCIP 的宗旨很明确：成立 SCIP 的目的是通过对竞争对手行为与策略的理论分析，帮助其会员提高本公司的竞争力。

竞争对手的分析，关键要抓住五大要素：未来目标、现行战略、自我评价、企业实力和反应评估。我们可以用图 2 来表示竞争对手分析的基本模式。

获得的信息形成企业竞争对手情报系统，其职能如图 3 所示。

3. 抓好竞争策略的研究

竞争战略与策略是企业谋求和保持竞争优势的整套作战方案，包括目标与原则、阶段与步骤、重点与一般、战术与方法。现代竞争理论奠基人，美国哈佛大学商学院波特教授归纳了企业竞争的三大战略，即成本领先战略、产品差异或标新立异战略和市场细分或目标集聚战略。

根据企业的地位和实力，又可分为领先型战略、挑战型战略、追随型战略和补缺型战略；根据企业的成长期不同，还可分为进攻型战略、防御型战略、收缩型战略等。例如，长虹彩电降价，可以看做是低成本战略；先科等推出 CVD，西湖、长虹等推出数字化彩

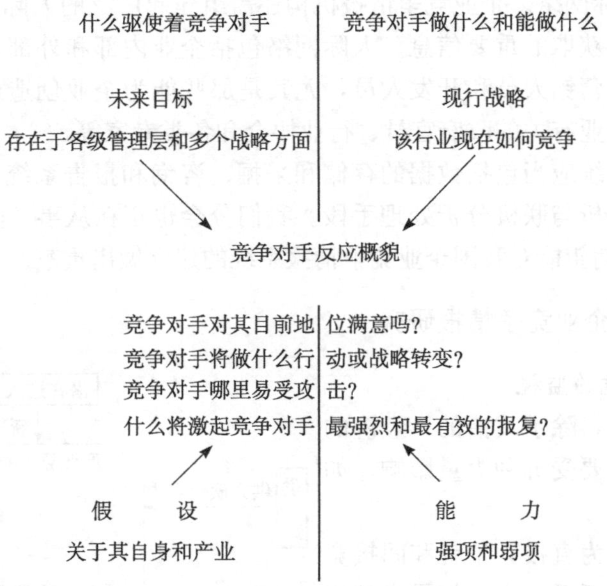

图 2　竞争对手分析的框架

电，采用的是差异化战略；而北京的燕莎、赛特、天成、天意商场采用的则是重点市场战略；娃哈哈推出非常可乐，采用的是进攻型战略等。

竞争战略和策略的研究通常包括以下几方面。

1）企业竞争力评价。竞争力评价基本目的是对竞争对手和本企业的竞争力进行比较研究，从而为本企业的竞争战略的研究和制定提供一个科学的坐标系。

2）竞争态势分析。竞争态势分析是竞争策略制定的重要基础。主要的方法为 SWOT 分析，即分析本企业的优势与劣势，分析环境提供的机遇与威胁，并提出相应的对策。态势分析又称情境分析，目的是为企业领导对本公司所处的竞争环境与地位得出科学的认识和正确的对策。

3）价值链分析。企业的竞争优势主要来源于企业能创造出多大高于成本的价值，即不同企业之间价值链的差异。基本做法是对构成企业价值链的基本活动（进货、生产、发货、营销、服务）和辅助活动进行系统分析，提出具体改进方法，从而获得最大剩余价值。这也可以看做是企业的挖潜改造、成本管理。

4）定标比超。定标比超是将本企业的生产、经营各个的状况与其他企业进行对比分析，找出差距，制定赶超的办法，也是 20 世纪 50～60 年代我国企业比学赶帮超的现代化。

态势分析是一种形势分析；竞争力评价是一种静态比较；定标比超是一种动态比较；价值链分析则是一种内部挖潜。

4. 情报与反情报技术

对于一个企业来说，既要千方百计地获取别人的情报，又要慎之又慎地保守自己的情报，这是在现代市场竞争条件下企业面临的重大情报课题，也就是情报与反情报技术。景泰蓝、宣纸、青蒿素、维生素 C 生产技术的泄密和铷铁硼专利被封杀都给我国企业和国家带来了重大的经济损失，造成了无可挽回的影响。

冷战结束以后，世界各国情报机构都把斗争从政治与军事领域转向经济与技术领域。

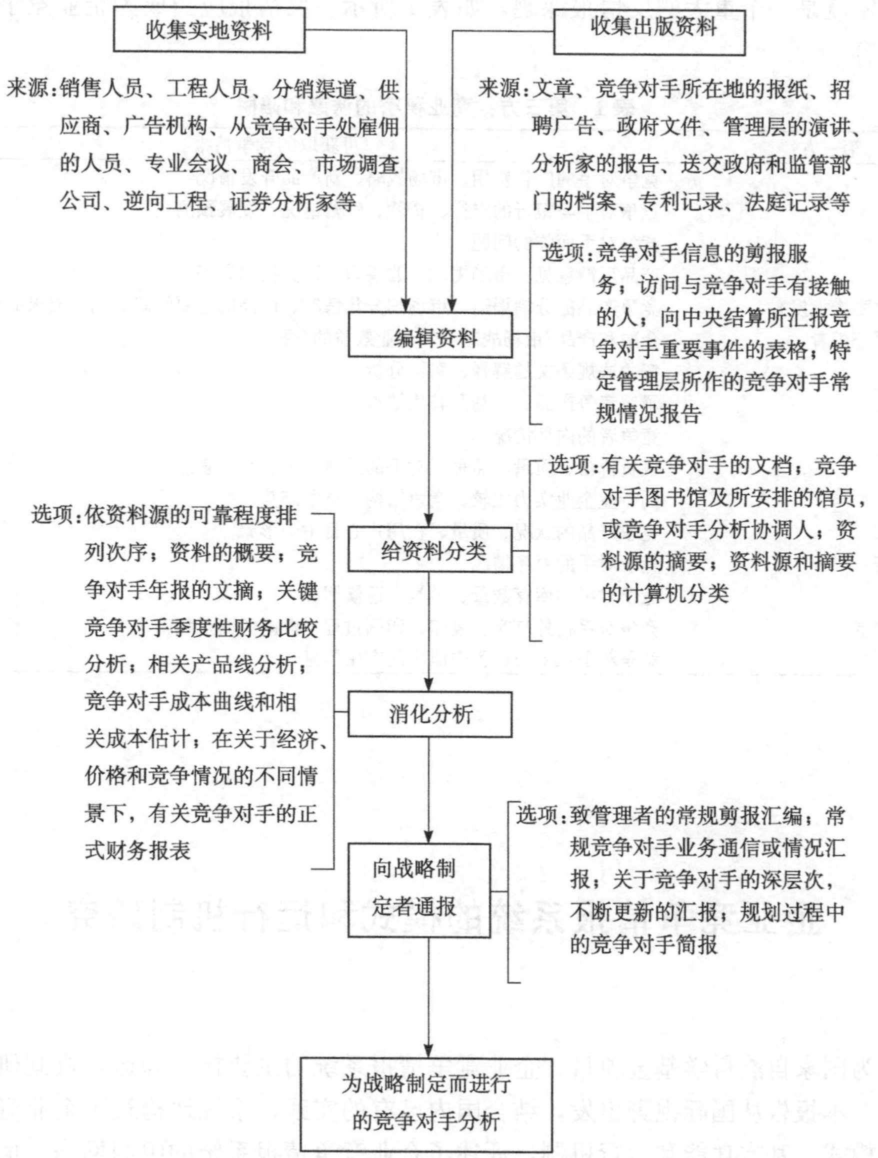

图 3　竞争对手情报系统的职能

1998 年 5 月 15 日，韩国总统金大中就向改组后的韩国情报部提出："要提高国家的竞争力，取决于情报部门提供什么样的经济情报。情报部门要起到经济部门和经济研究机构起不到的作用。"1996 年，美国就发生了 1100 起工商情报被窃案件，涉及 1300 家公司，被窃情报的潜在商业价值高达 3000 亿美元。同时，美国 1300 家企业一年用于工业间谍活动的费用高达 300 亿美元。

法国高度重视情报与反情报问题，1996 年成立了国家安全与竞争情报秘书处，直接由内阁总理掌握，协调国家的竞争情报活动和竞争情报业的发展。美国和法国的国家情报机构都定期向大型企业提供由电子监听站窃取的工商情报。俄罗斯的前克格勃人员组成了一个国家安全俱乐部，作为商业活动，为俄罗斯企业从事工商间谍和反情报活动。

我们在实际工作中经常遇到的一个头疼的问题就是第三方的泄密问题。因此，防止第三方的窃密就是一个重大的反情报课题，如表1所示。反情报应当成为企业竞争情报工作的重要内容。

表1　第三方：商业秘密的诱惑和陷阱

第三方	可获取的竞争情报
广告商	竞争对手的广告费用、市场战略、新产品开发情况
银行	竞争对手与银行的交往、贷款、经营情况、发展预测
咨询机构	竞争对手面临的问题
用户	产品反馈意见、市场需求、购买力、购买投向和潜力
销售商（主要指批发）	竞争产品的分销渠道、市场细分化情况、产品的主要缺陷、用户要求的改进
金融、股票分析者	金融和产品/市场战略，对企业效益的分析
律师	竞争法规条文的解释、案例分析
专利代理人	了解竞争产品、专利及其优缺点
前雇员	竞争者的内部情况
供应商	供货价格、质量、品种、对手的品质要求、采办重点
行业协会	同行业企业实力比较、竞争结构、竞争态势
消费者组织	竞争产品的状况、质量、在用户心目中的形象
会计事务所	竞争对手的财务情况
仓储公司	竞争对手的库存数量、种类、返修情况
复制、印刷者	竞争对手在外打字、复印、印刷过程中泄露的商业秘密
新闻记者	竞争对手在采访过程中泄露的有用信息

企业竞争情报系统的模式和运行机制研究*

本文为国家自然科学基金项目“企业竞争情报系统的主要模式和运行机制研究”课题的总报告。本报告从国际视野出发，结合国内已有的实践，系统地构筑了企业竞争情报系统的主要模式、基本功能和运行机制，评述了企业竞争情报系统的组织网络、信息网络和人际网络，指出了企业竞争情报系统的未来发展和建设中应注意的若干重要问题，可为我国企业竞争情报系统的建设提供思路和借鉴。

一、引言

（一）情报

孙子兵法有云：“知己知彼，百战不殆。”知的内容是什么？是情报。情报从何而来？答曰：收集敌我双方的各种信息，经过分析而来。孙子兵法固然适用于领兵打仗，但也同

* 原项目报告为：企业竞争情报系统的模式和运行机制研究，国家自然科学基金委员会项目（项目编号 79770085），中国兵器工业第二一〇研究所，中国科技情报学会竞争情报分会，2000：3-45。

样适用于瞬息万变、有如战场的商场。现代企业更加需要情报。

（二）竞争情报

“竞争情报”这一术语是20世纪80年代才传入我国的新概念。初期出现于美国，后来传入欧洲、日本、澳大利亚等国家和地区。随着国际经济集团化、一体化及信息技术的迅速发展，竞争情报越来越受到世界各国，特别是工商企业界的重视，成为增强企业竞争能力、“克敌制胜”的关键因素。事实上，竞争情报在保障经营管理的决策智能性、环境敏感性和快速反应性方面起着至关重要的作用。

国际上关于竞争情报的定义有多种说法。例如，美国竞争情报从业者协会认为：竞争情报是一种监视竞争环境的持续过程，在此过程中人们用合乎职业伦理的方式收集有关经营环境、竞争者和组织本身的准确、相关、具体的信息，客观分析信息，不去刻意回避不受欢迎的结论，最后将具有可操作性的情报及时传递给决策者，为其进行企业的各种决策提供依据。

“竞争情报”的核心是intelligence。intelligence具有两方面的含义：情报，即经过分析的信息；智能，即智力和谋略。

因为intelligence是指一个组织感知外部环境变化并做出反应，从而使本组织更好地适应环境变化的能力。即获取环境信息并与之适应的能力，也就是情报能力和对策能力。

所以，从广义上来讲，竞争情报包含着竞争信息和竞争智谋两大部分，它是关于竞争环境、竞争对手和竞争策略的信息和研究。它既是一种过程，又是一种产品。过程，是指对竞争情报的收集和分析；产品，是指由此形成的情报或策略。而狭义的竞争情报仅指情报产品。

图1表示了竞争情报工作的主要领域与核心内容。

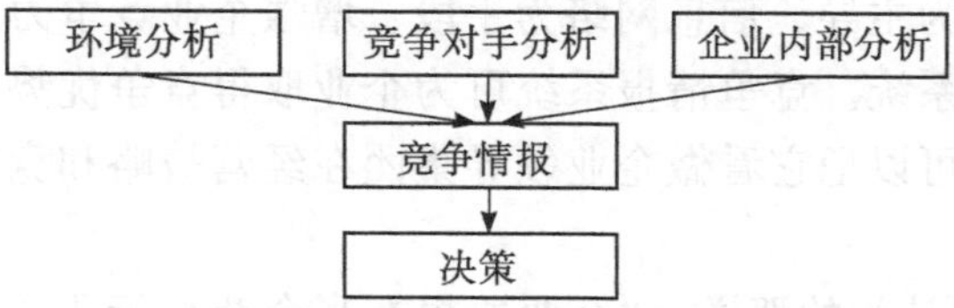

图1 竞争情报的主要领域

一般认为，竞争情报区别于其他情报研究或咨询的特色在于它具有下列特性：明确的针对性；强烈的对抗性；可信的科学性；高度的智谋性；有效的实用性。

（三）竞争情报过程

竞争情报过程就是竞争情报工作者根据情报用户的需求采集、加工、分析、生产与传播竞争情报的过程。

在不同的企业中，由于竞争情报系统的模式不同，竞争情报过程和流程细节也不尽相同。但是一般说来，一个竞争情报过程总会包含图2中所示的五个主要步骤。

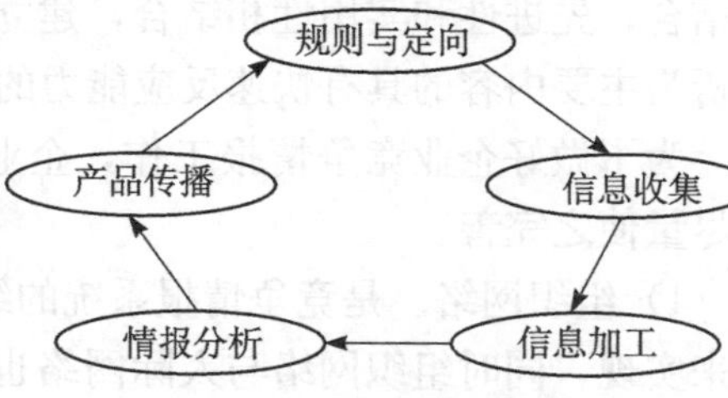

图2 竞争情报过程图

1）规划与定向。即确立竞争情报过程的目标。

2）信息收集。采用合适的信息采集方法，以合乎职业伦理的方式收集企业内外的相关信息。

3）信息加工。初步整理收集来的数据和信息，使之有序化，如将收集来的信息分类、排序、建立或扩充数据库等。

4）情报分析。对加工后的信息进行深入分析，从而生产出产品——竞争情报。

5）情报传播。将情报产品传递到情报用户手中，为其决策提供依据，同时接受情报用户的反馈信息，以提高竞争情报工作的质量。

说明：

● 有些竞争情报过程会将信息加工和情报分析两个步骤合二为一；

● 上述步骤中涉及的各种技术和方法，如信息采集方法、情报分析技术、情报传播方式等，将在《企业竞争情报系统的设计和运行》一文中谈到。

（四）竞争情报系统

竞争情报系统是在企业竞争战略管理实践中出现的新概念。竞争情报系统仍然处于不断发展与演化之中，因此并没有一个统一的定义。

美国竞争情报从业者协会、美国匹兹堡大学商学院教授 J. E. Prescott 认为，企业竞争情报系统是一个持续演化中的正规和非正规化操作流程相结合的企业管理子系统，它的主要功能是为组织成员评估行业关键发展趋势，把握产业结构的演化，跟踪正在出现的不连续性变化，以及分析现有和潜在竞争对手的能力和动向，从而协助企业保持和发展可持续性的竞争优势。

中国科技情报学会竞争情报分会名誉理事长、本书作者之一包昌火研究员指出：竞争情报系统是以人的智能为主导、信息网络为手段、增强企业竞争力为目标的人机结合的竞争战略决策支持和咨询系统。竞争情报系统可为企业取得竞争优势提供强有力的智力支持和情报保障，因而我们可以把它看做企业领导集团在经营战略和竞争决策过程中的“中央情报局”。

正如美国 IBM 公司认为的那样，“企业要想在当今获得行业的主导地位，就必须建立分析型系统，即那种能为制定关键战略决策提供信息和思想的系统”，企业竞争情报系统就是这样的一种系统。

（五）竞争情报系统的主要模式

企业竞争情报系统的建设可以以内联网为平台，做到组织网络、信息网络和人际网络相结合，先进性和实用性相结合，建立起以竞争环境、竞争对手和竞争策略的信息获取和分析为主要内容的具有快速反应能力的工作体系。

为了做好企业竞争情报工作，企业竞争情报系统应当尽快建立如下三个层面的网络，并尽量使之完善。

1）组织网络。是竞争情报系统的组织保障和基础，信息网络要靠组织网络的结构与人员来实现，同时组织网络与人际网络也有重叠交叉的部分。组织网络中应该有一个核心机构，即一个少而精的专业班子，专门从事竞争情报和竞争策略方面的信息采集和分析工作。

这个班子中应当有情报研究、工商管理、网络技术方面的人才；同时还应当有一个遍布全公司的组织体系，也可以考虑把营销网、商情网结合起来，做到组织落实。

2）信息网络。建筑在 MIS 基础上，以内联网为平台，包括信息采集、情报分析和情报服务三个模块，这三个模块功能的实现都会用到人际网络，尤以信息采集模块为甚。

3）人际网络。完善的人际网络是搜集、分析情报的最有效机制之一，同时也是提供情报服务的最好手段与途径之一。人际网络可分为企业内部的人际网络和企业外部的人际网络两大部分。

（六）企业建立竞争情报系统的意义

决策是企业管理的一个关键部分，决策的成败关系到企业的存亡。但企业决策必须以切实可靠的情报为依据。现代社会中，市场千变万化，竞争对手迭出新招，企业内部也不是一泓静水，任何一点变化都有可能起到牵一发而动全局的作用，会对企业的业绩和竞争力产生或大或小的影响。企业要想顺应环境变化，做出最优决策，赢得竞争优势，就离不开情报。

竞争情报系统恰恰可以为企业提供及时、准确，并具有可行性的情报。它是现代企业经营管理的智囊团和思想库，是企业领导集团的重要参谋部。竞争情报系统是企业感知外部环境变化的预警系统，能帮助企业及时洞悉政治的、经济的、社会的、市场的变化，以及这些变化对企业可能构成的威胁和机遇；它也是企业为适应外部环境变化而做出战略决策和竞争策略的支持系统，能为企业的竞争决策提供依据和论证。

从总体意义上来说，竞争情报系统在企业中的作用可用图 3 表示。

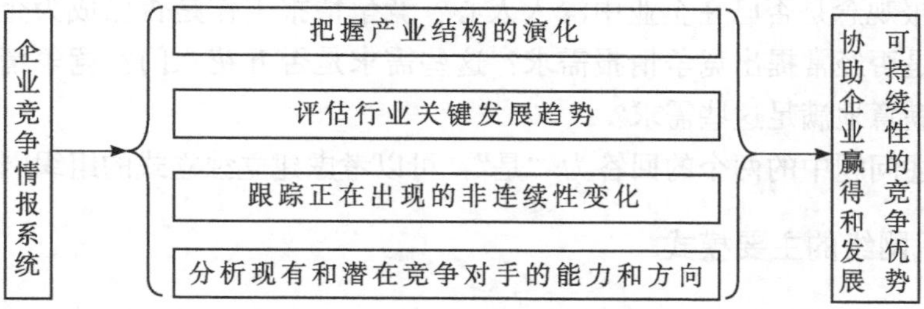

图 3　企业竞争情报系统的作用

二、竞争情报系统的组织网络

企业竞争情报系统是一项复杂的系统工程，涉及方方面面的问题。除了各种技术问题外，还有大量的管理、组织协调和普及培训工作要进行，甚至还要克服传统习惯势力对竞争情报工作的阻碍和抵制，消除人为的障碍等。仅靠业务部门的几个专兼职人员是无法完成如此复杂的任务的。要想做好企业竞争情报工作，就必须建立一套组织网络，以便系统地、深入地开展这项工作，才能及时为企业决策提供可靠的、可操作性强的依据。

（一）组织网络建立的原则

组织网络的模式多种多样，常见的包括分散式、集中式、重点式、独立式等。到底采取何种模式，企业应当根据自己的情报需求和特点来决定。我们可以通过回答问题的方式来决定企业竞争情报系统组织网络的模式。

企业在建立竞争情报系统的组织网络之前，请回答下列问题。

1）各部门之间有密切关联吗？业务有交叉吗？可以共享的资源和情报多吗？

如果对上述问题的回答为“是”，则考虑建立集中式组织网络，便于各部门共享各种资源和竞争情报，避免重复成本和浪费；如果对上述问题的回答为“否”，可以考虑建立分散式组织网络，同时请参考下列其他原则。

2）该企业是否有一个最重要的部门？如果有，在哪里？

如果对上述问题的回答为“是”，建议企业找出这个重点部门，将企业竞争情报部门设置在这个部门，建立重点式组织网络。对于重点部门的判定，我们可以通过对以下问题的回答来完成：

● 企业的赢利主要来自何处？企业挣钱的关键领域就是企业情报部门应该设置的地方，如麦当劳的最大利润来源在于其零售业，其情报部门则应设在零售部门。

● 企业的新产品来自何处？例如，在制药业，新产品主要来自企业的研究与开发部门的科学家，而很多软件公司的新产品则来自销售人员与客户打交道时产生的新思想。因此情报部门应该设置在研发部门或销售部门。

● 企业面临的最大威胁来自何处？假如一家公司认为它生存的关键是保证企业以低成本生产产品，那么如何降低生产成本就是竞争情报的关键课题，因此情报部门应设置在制造部门。而对于从不规范行业进入规范行业（如银行、金融和家用产品）的企业来说，其面临的最大威胁是企业行政主管或首席执行官做出错误的决策，一旦决策失误，对整个企业的打击将是毁灭性的。因此，情报部门应设在企业行政主管部门。

● 竞争情报观念是否已在企业中深入人心？竞争情报工作是否已成为企业的一项日常工作？各部门是否经常提出竞争情报需求？这些需求是否五花八门？竞争情报人员是否能够及时、令人满意地满足这些需求？

如果对上述问题中的两个的回答为“是”，可以考虑建立独立式的组织网络。

（二）组织网络的主要模式

1. 分散式组织网络

此种组织网络是按照企业现有的职能部门和结构建立的。它以现有的管理职能部门为依托，每一个管理职能部门既是管理工作机构，又是竞争情报系统中的一个子系统，它们分别负责在本职能部门所接触的环境中收集有关信息，并将其传递到企业的情报中心。情报中心主要负责对各子系统传递过来的各类信息进行加工、处理、分析，生产出情报产品，然后传递到决策层，供决策者使用。同时，情报中心也负责收集和处理来自外部环境的各类信息（图4）。

这种组织网络模式，比较适合于那些职能部门的管理对象很少交叉的企业。一般人工操作的竞争情报系统比较适宜采用这种模式，它有如下优点。

一是结构比较简单，与各个职能部门结合紧密，便于发挥各部门因业务关系而能接触到来自各种特殊渠道的信息的优势。比如，财务部门因业务关系与银行接触较多，比较容易通过银行搜集到其他部门不可能接触的各种情报，如竞争对手关于某项贷款项目的银行评估报告等。二是竞争情报系统可以更紧密地联系顾客。三是此种模式设计简单、实用，

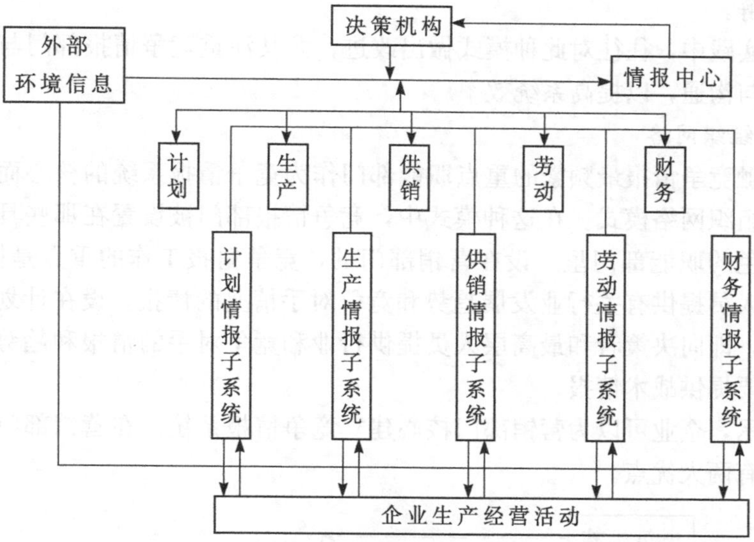

图 4　分散式组织网络

管理比较方便。

2. 集中式组织网络

在此种组织网络模式中，设置一个情报中心，企业内外的信息收集、处理分析和情报提供等工作都由这个情报中心统一完成。企业内部各职能部门所需的情报产品统一由中心提供，同时各部门因业务联系而得到的各类信息以规定的形式向中心统一汇总，由中心统一处理，然后再提供给需求者使用（图 5）。

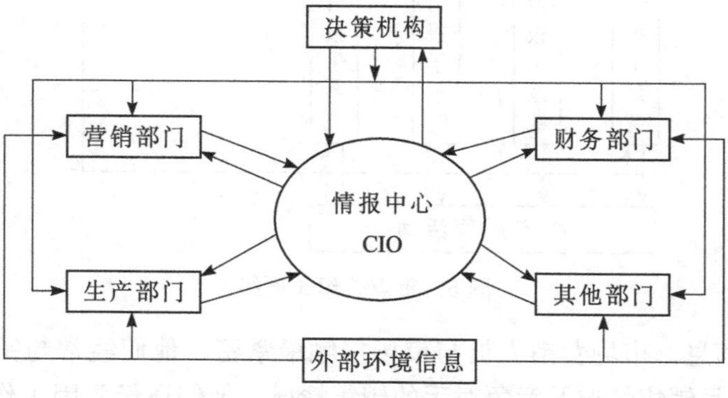

图 5　集中式组织网络

这种网络模式有如下优缺点。

1）优点。对竞争情报过程能够实行统一管理，尤其便于建立以计算机管理为主的竞争情报系统。集中式组织网络能够促进对于系统规划、实施和使用的有效控制，也是获得信息技术支持的有效方法，比如，通过相应的数据格式和利用公司各项条件，发挥竞争情报系统的最大作用。当公司需要统一规划，加强节约措施时，集中化往往是有效的，因为强大的信息资源库能够让竞争情报充分发挥作用。显然，对于那些原先就有一支庞大的专业情报队伍的有实力的企业，这种模式是适用的。

2）缺点。往往不能保持对用户市场和外部环境的动态跟踪，所以缺乏对于企业机遇和需求的深入了解。

因此，在实践中，往往对此种模式做出改进，尤其注重竞争情报部门与企业各职能部门之间的交流与沟通，以提高系统效率。

3. 重点式组织网络

这是将接触竞争情报最频繁的重点职能部门作为竞争情报系统的核心而建立的一种竞争情报系统的组织网络模式。在这种模式中，竞争情报部门被设置在那些具有较强的情报收集和分析特色的职能部门里。设在营销部门的，竞争情报工作的重点是提供战术情报，即向中层管理人员提供有关行业发展趋势和竞争对手情况的情报。设在计划部门的，重点提供战略情报，即向决策者和最高层人员提供行业和竞争对手的情报和趋势预测。设在研发部门的，主要提供战术情报。

如图 6 所示，企业可以为营销部门核心建立竞争情报系统。在营销部门直接建立竞争情报系统至少有两大优点。

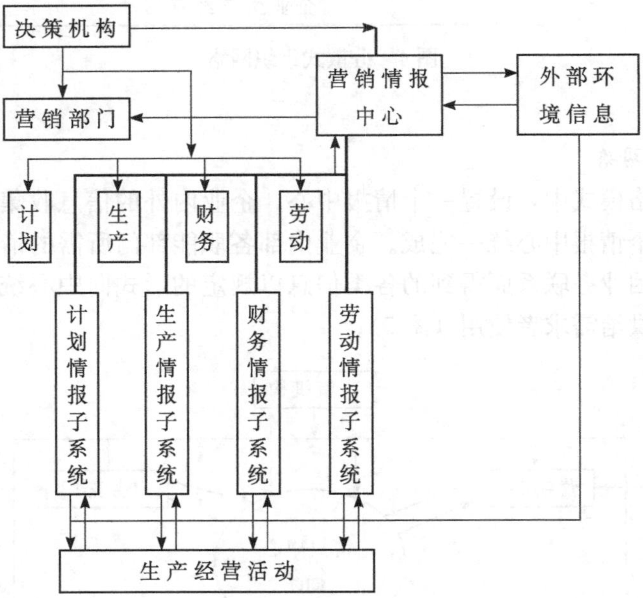

图 6　重点式组织网络

1）便于收集信息。市场营销人员与市场接触最紧密，他们经常与销售商和顾客接触，因此深知本企业商品销售情况及竞争对手的销售情况。他们还经常因工作参加各种展览会、订货会、信息发布会，因此往往能掌握大量的第一手资料。一旦以营销部门为核心建立起竞争情报系统，那么，大部分的竞争情报工作都可以由该部门负责完成。

2）便于传递情报。营销部门通过分析收集来的信息直接为营销决策者服务，不仅方便、直接，而且因减少了中间环节还使情报传递速度和增值效应大大增加了。

这种组织网络的特点是充分发挥了现存职能部门的情报功能作用，将其本职工作职能与情报职能融为一体，并通过职能部门的运作来带动情报工作。

4. 独立式组织网络

此种组织网络模式是指设立一个独立的、自负盈亏、收支平衡的竞争情报部门。该部门的任务是满足企业内部的竞争情报需求。它需要通过从企业的其他部门得到项目来维持生存。

竞争情报部门应该主动去了解决策者和各职能部门的情报需求，然后搜集信息、处理分析、生成情报产品并传播之，随后征集用户对情报产品的反馈信息，以调整、改进竞争情报过程，进入下一轮的情报循环。随着竞争情报工作的深入开展和竞争情报部门的对全公司员工的宣传和培训工作的进行，情报用户将主动向竞争情报部门提出情报需求。

独立式组织网络的优点在于，它能够促进竞争情报系统打破传统的、反应迟钝的文化和心态，而向富于创新、重成本、反应灵敏的企业型组织过渡。因为在自由市场环境下，情报用户能够从外部或其他内部渠道获得帮助或技术，以满足自己的情报需求。这就迫使竞争情报部门竭尽全力做好该项工作，更好地为决策者和其他情报用户服务。

5. 其他

其实上述模式并不是机械的、一成不变的，到底要采取何种模式，应视企业的具体情况而定。企业的业务千差万别，涵盖面有宽有窄，因此不必原封不动地采取上述模式之一，事实上还存在许多中间模式、混合模式。让我们以一个大企业为例。

如果总公司之下设有许多子公司，情报部门应该设在何处？是在总公司级建立强大的情报队伍，还是在各个小公司分设各自的情报部门？要解决这个问题，取决于两个因素：一是行业内共享资源（包括原材料、制造设备、市场）的程度，可据此划分为共享程度高或共享程度低；二是不同的子公司是否具有共同的市场和共同的竞争对手。根据这两个因素，企业情报部门的设置可分为下述四种情况。

1）各子公司面对不同市场、不同资源和不同竞争对手。情报部门分设在各子公司，只在培训上有少量合作（如 Fidelity），这也是分散式组织网络的一种。

2）各子公司面对共同市场和不同资源。情报部门分设，但共享市场情报（如 HP、Intel、GE）。

3）各子公司面对共同资源，不同市场和不同竞争对手。在子公司以混合方式设立情报部门，共享制造设备方面的情报（如 Xerox、Dow、P&G、AT&T）。

4）各子公司面对共同资源和市场。在企业集团一级设立情报部门，对子公司实施高度协调的情报活动（如 Pacific Enterprise、保险、共同基金等），这也是集中式组织网络的一种。

（三）信息主管

信息主管（chief information officer，CIO，又称首席信息官）是竞争情报系统组织网络的重要一环，同时也是信息网络和人际网络的组织者与管理者。

CIO 在整个 CIS 中的地位举足轻重，他既是企业 CIC 的主管，同时还要参与到企业的核心层和决策层之中。据了解，美国的 500 强大企业和政府机构中都设有专职的 CIO，并将 CIO 放到了决策层的位置上。CIO 的角色越来越引起企业的关注。

作为企业的高级管理人员，CIO 与以前的信息管理人员有很大的不同。过去，企业中从事情报工作的人员大都处于从属或配角地位，他们经常被称为决策的“参谋”、经营的“耳目”，情报中心的负责人充其量也只是一个部门级领导。CIO 职位的出现，在很大程度上改变了这种情况。

1994 年，加拿大对信息管理人员需求现状进行了一次调查。其中，关于信息管理人员在企业中应处于何种位置的问题，有75%的人指出，最高级的信息管理人员可以处在总裁、总经理的位置，或是在总裁之下、部门业务经理之上的位置，即置于企业的高级管理层。这表明，人们对CIO在企业中的地位和作用已经有了相当明确的认识，对企业信息管理的系统结构和人员角色有了较为清晰的划分，从而形成了以CIO为首的企业CIS新体制。

国外大企业流行的做法是，单独成立一个称为竞争情报委员会之类的领导小组，由CIO负责牵头召集，企业的最高层领导和其他部门的负责人均为该委员会成员。在委员会下面再设立与企业中其他业务部门平级的情报部门，具体负责CIS建设工作（图7）。

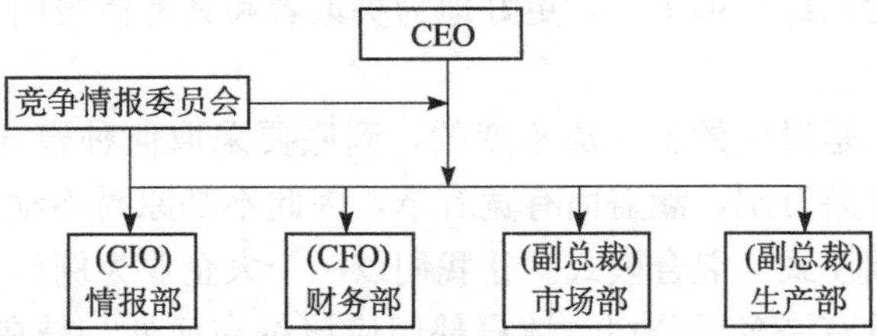

图7　CIO与CIS组织管理结构

这样的CIS组织结构，是与情报部门及CIO所承担的职能和角色分不开的。情报部门需要从各业务、职能部门获取原始数据并进行分析处理，最终的结果又要为这些部门和领导的竞争决策服务。因此，情报部门既要独立于其他部门，又要与这些部门有充分的联络与沟通渠道。CIO既要有充分的行政权力，同时又要与其他部门的负责人有良好的合作关系（这也是上述的独立式组织网络的应用模式之一）。

在一个企业中，CIO是全面负责信息工作的主管，但又不同于以往只是负责信息系统开发与运行的单纯技术型的情报部门经理。作为高级管理决策阶层的一员，CIO直接向最高管理决策者负责，并与总裁或首席执行官（chief executive officer，CEO）、财务主管（chief financial officer，CFO）一起构成组织的"CEO-CIO-CFO三驾马车"。概言之，CIO是既懂信息技术，又懂业务和管理，且身居高级行政管理职位的复合型人物。他的主要职能有以下几方面。参与高层管理决策；为企业决策提供竞争情报支持；制定企业的信息政策与情报活动规划；管理企业的信息流程，规范企业信息管理的基础标准；负责企业的CIS建设规划与宏观管理；评估信息技术的投资回报问题；宣传、咨询与培训；信息沟通与组织协调。

1. *参与高层管理决策*

CIO作为企业管理决策的核心人物，当然有权参与企业的高层管理决策活动。但是，CIO参与高层决策具有自身的特点。这就是运用自己掌握的信息资源武器帮助最高决策者制订企业发展的战略规划，通过充分有效地开发利用企业内外信息资源，来寻求企业的竞争优势，或强化企业的竞争实力。CIO不只是负责信息资源管理范围内的决策活动，而且必须参与讨论企业发展的全局问题。为此，要求CIO必须对影响整个企业生存与发展的各方面问题都有相当全面和清楚的了解。

2. *为企业决策提供竞争情报支持*

CIO应随时注意与企业决策层的沟通，及时了解、分析决策者的情报需求，并传递到CIS。同时，尽快将预测分析或研究报告提交给决策层，并及时提交最新的企业竞争情报，运用其信息优势和快速反应能力有效地协助企业制定发展战略及具体战术。

3. 制定企业的信息政策与情报活动规划

CIO的重要任务之一就是发掘信息资源的战略价值。作为统管整个企业的信息资源的最高负责人，他应该根据企业发展战略的需要，及时制定或修订企业的信息政策和情报活动规划，以实现行政管理的战略意图。当企业竞争战略发生变化时，CIO要及时投入信息技术力量和必要的资源条件响应这种变化，使企业的信息资源开发利用策略与竞争战略更加协调一致。

4. 管理企业的信息流程，规范企业信息管理的基础标准

作为信息管理专家，CIO要主持拟定企业信息流程的大框架，建立信息管理的基础标准上如数据元素标准、信息分类代码标准、用户视图标准、概念数据库标准和逻辑数据库标准等，抓好数据重组工作，改造杂乱无序的数据环境。企业信息化的实践证明，只有以数据集成为基础，以总体数据规划为中心，面向信息流程进行应用系统开发，才能取得企业CIS建设的主动权。

5. 负责企业的CIS建设规划与宏观管理

作为企业CIS建设的直接领导者，CIO对CIS的开发计划、运行管理、安全管理、人员配备、经费预算等要进行宏观控制和协调，统筹考虑系统建设的硬件、软件和应用问题。同时，代表本单位与软件开发者、技术设备供应商打交道，建立与信息技术服务商的战略协作伙伴关系，并根据企业的业务和管理需要，对他们提出的信息技术全套解决方案进行审议，行使否决权。

6. 评估信息技术的投资回报问题

面对令人眼花缭乱的信息技术，CIO必须注意研究信息技术的投资回报问题，在信息技术投入和企业管理效益之间寻求某种平衡。这是一个CIO能够在现代企业日趋激烈的技术竞争中立于不败之地的重要条件。信息技术的先进性和可用性都是毋庸置疑的，但是，如果脱离本单位的实际情况，盲目地、片面地、甚至是赶时髦地去引进和实施这些新技术，而不考虑其投资回收期和成本/效益关系，就会把自己置于被动境地，丧失在高层管理决策中的地位。

7. 宣传、咨询与培训

作为分管信息技术部门和咨询服务部门的最高负责人，CIO在行政管理层次上要宣传情报部门及人员的作用，让企业的高层领导充分认识到信息资源对于战略决策或组织发展的重要性，同时应指导高层管理人员更有效地利用企业内部和外部的信息资源，为他们提供情报或信息技术咨询服务。在运作层次上，CIO要帮助情报人员及企业各部门的业务人员和用户转变观念和认识，并对他们的意见、询问和求助都给予很好的反馈。同时，CIO还要负责企业全体人员的信息资源开发、利用、教育与培训工作。

8. 信息沟通与组织协调

CIO一方面是企业高层管理决策者与情报部门的联系人，他负责把行政管理的策略、意图和实施方案等传递给情报部门，同时又把情报部门的成果、生产能力和发展方向报告给行政管理班子。另一方面还要承担整个企业各部门、各环节之间及内外环境的信息沟通与协调工作，实现企业的协同作业和信息资源共享。

总之，CIO作为一个跨技术、跨部门的高层决策者，应充分利用企业内外可控的信息资源来不断完善企业的信息基础结构，并注意协调好企业管理与信息技术的关系。在传统

的管理体制下，管理与技术是相对封闭的。管理者大都不知道信息技术究竟能够为管理决策做些什么，而信息技术人员只是从技术标准和设备性能来考虑问题，不大清楚企业的目标，也不能有效地支持决策。CIO 则是从企业管理的角度有意识地选择和运用信息技术，通过对信息资源的充分开发和有效利用来促进管理机制的变革和业务结构的调整甚至重组，从而提高企业的管理决策水平，增强企业在日趋激烈的竞争环境中的快速反应能力。

三、竞争情报系统的信息网络

(一) 信息网络建立的原则

建立企业竞争情报系统信息网络应遵循如下四大原则。

1. 根据本企业特点设计竞争情报信息网络

要针对本企业的特点和需求，确定情报工作的重点。竞争情报工作不能面面俱到，这样既浪费资源，又容易分散精力。应该首先集中力量，做好企业目前最需要竞争情报的领域的情报工作，然后再以此为基础，逐渐扩展工作范围，确保工作质量。

2. 实用性与先进性相结合

先进的竞争情报系统信息网络应当以内联网为平台，充分实现计算机化和网络化。但并不是所有的企业都要一步到位地建立这样的系统。各企业要考虑目前的财政状况、人力资源、投资回报率及情报需求。应当充分利用已有的计算机化管理系统，如 MIS 等，并完善原有的手工系统，逐步向计算机、网络化转变。

3. 人机结合，重视人的因素

无论何时，竞争情报系统信息网络都不是一个完全的计算机化系统。无论是在信息收集、处理分析还是情报提供阶段，人的因素都起着至关重要的作用。“科技以人为本”，技术永远只是辅助的手段，很多场合下，人的地位都不是计算机所能够取代的，因此建设竞争情报系统信息网络还要注意人才的吸纳与培养，发挥人的主观能动性。

4. 注意与其他部门的沟通与协作

竞争情报系统信息网络数据库中的许多信息来自企业各部门的数据库，同时该网络最终要为决策者和各部门服务。因此，在建立竞争情报信息网络时应充分考虑各部门已有信息系统的数据组织情况和情报要求，相互合作，以便节省成本，提高效率，更好地发挥信息网络的作用。

(二) 信息网络的主要模块

在实际运作中，不同的竞争情报系统的构成不尽相同，但可归纳为四个基本部分(图 8)。

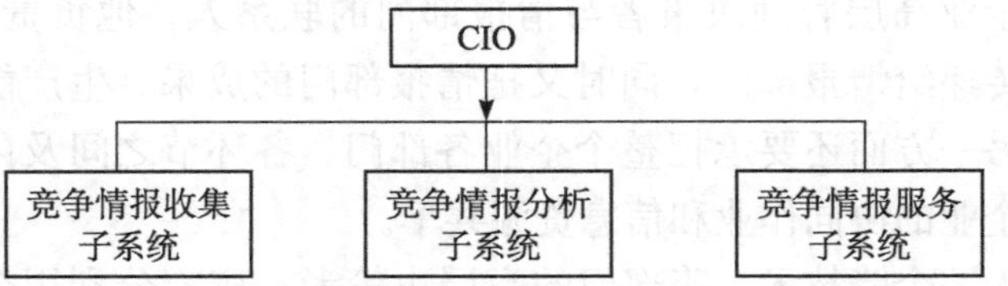

图 8　企业竞争情报系统图

1. CIO

CIO既是企业竞争情报系统组织网络的重要一环，也是信息网络的关键组成部分。他既是企业竞争情报中心的主管，同时还要参与到企业整个业务的核心层和经营决策之中。

2. 竞争情报收集子系统

根据CIO确立的情报课题，收集、整理各种信息，并作初步筛选，同时做好文件、记录等资料的保管及定期归档工作。

3. 竞争情报分析子系统

应用恰当的分析方法与技术，深入分析竞争情报收集子系统收集的信息，生产竞争情报产品。

4. 竞争情报服务子系统

以各种适当的方式包装竞争情报产品，并及时将产品传送到情报用户手中，并为企业决策层提供快捷、友好的浏览、查询服务；同时提供情报服务。

企业竞争情报系统信息网络的核心部分（图9中虚框表示）由CIO、竞争情报收集子系统、竞争情报分析子系统、竞争情报服务子系统及企业内联网五部分组成。CIO的功能和职责已在上文中详细讨论过，关于三个子系统的设计，下面将分别介绍。CIS的整体模型如图9所示。

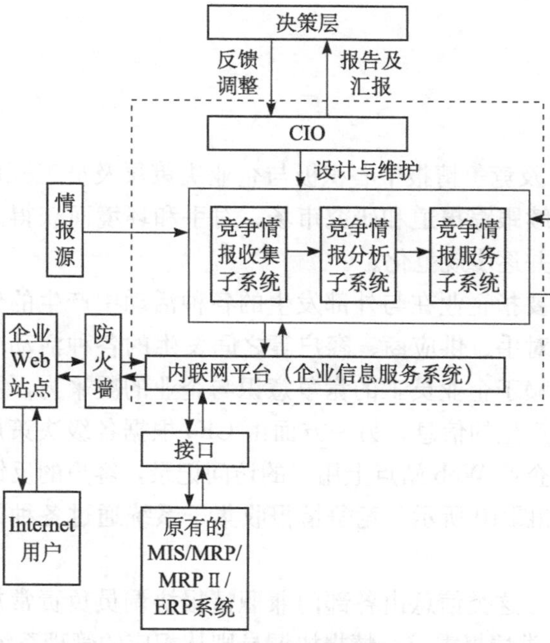

图9　CIS整体模型

竞争情报收集、分析、服务三个子系统是建立在内联网平台之上的，同时竞争情报服务子系统也是企业内联网服务的一个重要的组成部分。CIS的有效运作不仅为企业决策层提供决策支持，而且也是对企业内联网建设的重要支持。

如果企业并不具备内联网平台，可以考虑通过建立CIS，利用竞争情报服务子系统来不断积累企业信息资源，逐步建立并完善企业内联网。

1. 信息采集模块

信息采集模块的功能由竞争情报收集子系统来实现。

1）信息来源。竞争情报系统的信息收集工作依据情报源的不同，可分为三个基本部分。

● 企业内部信息。主要指企业各职能部门（包括销售部门、生产部门、供应/采购部门、研发部门、财务部门、人力资源部门等）管理系统中的信息，主要由各部门情报协调员配合开展工作，并将工作制度化、程序化。

● 企业外部信息。主要指来源于公开的情报源，与企业的发展密切相关的重要的信息，包括国家及行业政策法规、政府出版物、报纸和专业杂志等。这些信息可以反映企业的竞争环境和竞争对手的情况。主要的企业外部情报源列举如下。

● 报纸和专业杂志；

● 行业协会出版物；

● 产业研究报告；

● 政府各管理机构对外公开的档案（如工商企业注册资料、上市公司业绩报告等）；

● 政府出版物（如统计资料、政府工作报告、各类白皮书等）；

● 数据库（商业联机数据库、网络数据库等）；

● 工商企业名录；

● 产品样本、手册；

● 信用调查报告；

● 企业招聘广告。

这部分信息是由 CIO 及竞争情报中心积极与企业决策层及员工开展沟通与交流，不断了解他们的情报需求，连续跟踪报道和研究市场、对手和环境而获得。这部分工作可以通过竞争情报服务过程积累并逐步规范化。

● 内外交叉信息。主要指企业在与外部发生的各种活动中产生的信息，包括企业与行业协会、上级部门、竞争对手、供应商、客户等之间发生的各种活动中产生的信息。这部分信息的收集一方面要依赖于企业员工的竞争意识与企业的凝聚力，及时向 CIS 提供企业与外部发生的各种活动中产生的信息；另一方面由 CIO 根据各级决策层的需求去收集特定的企业内外交叉信息，如企业 Web 站点上用户的访问记录，客户的反馈信息等。

2）信息收集渠道，如图 10 所示，竞争情报收集子系统通过各种渠道收集不同类型的信息。

● 企业各部门的信息。这类信息由各部门兼职情报协调员负责常规信息的获取与有效管理，一旦企业 CIO 有这类情报需求，情报协调员则从相应的管理系统中提取所需的信息，包括以下几方面。

● 市场销售方面的信息；

● 生产方面的信息；

● 研发方面的信息；

● 财务方面的信息；

● 人力资源方面的信息。

● 企业 Library 包括以下三大类信息资源。

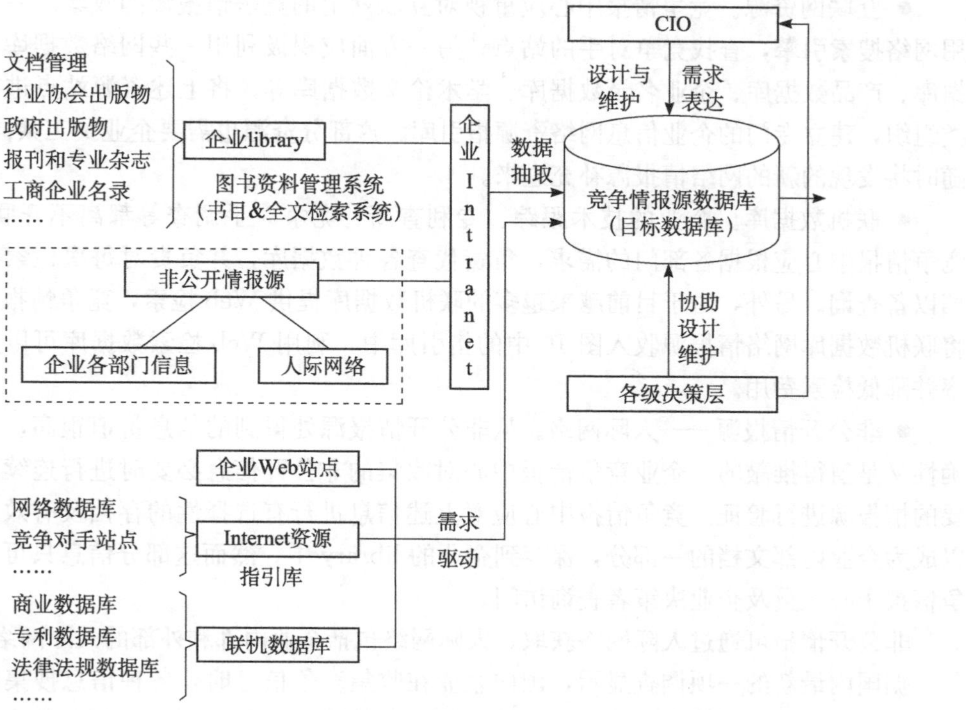

图10　竞争情报收集子系统

注：图10中的目标数据库的主要功能在于根据一次特定的竞争情报分析任务，将采集到的竞争情报进行汇集与组织；在这个目标数据库中可能存在信息的形式有：①具体的数据，如销售数据、生产数据等；②文件、报告、学术论文等；③与该任务相关的网络情报源链接或直接下载的信息；④联机数据库的检索结果及全文；⑤企业Web站点某段时间内的访问记录，或一段时间内的用户反馈信息，或网上回收的问卷等；⑥重要的e-mail或论坛内容（从内联网上获取）。该目标数据库可以是一个虚拟的或临时的数据库，由CIO负责设计与维护，而各级决策层也可以协助建设。根据CIS的运作状况，目标数据库还需要不断地进行补充。CIS的每一次运作所采集的新的信息资源应及时保存到企业的library之中。

- 第一类如报纸和专业杂志、行业协会出版物、产业研究报告、政府出版物、工商企业名录、产品样本、产品名册等，竞争情报中心负责对这些公开情报源进行常规性、定期的收集。
- 第二类是非公开出版的资料，如专业会议的会议录、展览会上获得的有关资料等。
- 第三类是企业内部文档，如企业组织、规章制度、产品标准、上下发文等，由各部门协助、竞争情报中心负责日常性的管理，竞争情报中心将提供一个图书资料管理系统，并通过内联网向企业员工提供书目或全文的检索服务。

在企业外部资源的收集工作中，企业library应当根据自身特点和具体情况设计合理的信息资源存储结构，既要保证重要信息的收集，又照顾一般信息的收藏，使有限的资金得到最有效的利用。首先，应当丰富企业情报文献存储体系，形成企业特色；其次，应当有重点地收藏外文文献；最后，应当注意非正式出版物的收集、储存。

- 企业Web站点。竞争情报中心将负责企业Web站点的建设，协助企业销售部门制定有关销售策略。利用该站点，不仅可以及时获取用户反馈信息并改进售后服务，而且利用Web可以快捷地开展各种网上调查。

● 互联网资源。竞争情报中心应重视对互联网上的竞争情报源的收集。一方面可以利用网络搜索引擎，查找竞争对手的站点；另一方面应积极利用一些网络数据库，如专利数据库、产品数据库、企业名录数据库、学术论文数据库等，将上述资源站点进行一定的分类组织，建立专门的企业信息网络资源指引库。这部分资源也需要企业员工共同参与建设，随时将发现的新的网络情报源补充进来。

● 联机数据库。企业的技术跟踪、专利查新、竞争对手调查等都离不开联机数据库，竞争情报中心应根据各部门的需求，负责代查各种数据库，并负责对每次检索结果进行存档以备查询。另外，由于目前越来越多的联机数据库提供 Web 检索，竞争情报中心也可以将联机数据库网络情报源收入图 10 中的指引库中，利用 Web 检索数据库可以大大提高效率并降低检索费用。

● 非公开情报源——人际网络。从非公开情报源处得到的信息价值很高，但同时其准确性又是值得推敲的。企业竞争情报中心对收集的非公开信息必要时进行连续跟踪，对重要的情报源进行验证。竞争情报中心应对上述信息进行有选择性的存档及有效管理，并可以成为企业内部文档的一部分，保存到企业的 library 中。然而这部分信息只可以提供给竞争情报中心人员及企业决策者查询访问。

非公开情报可通过人际网络获取。人际网络包括企业内部和外部的人际网络。

据国内最新的一项调查显示，国内企业在收集竞争信息时，各种信息搜集渠道与方法的使用程度呈现如下特点：使用程度平均值最大的是行业杂志，为 5.73。其次是专利及科技文献，为 5.24。再次为通过行业专家搜集信息，5.01。平均使用程度最低的 3 种是供应商、销售代表和证券分析人员，分别为 2.77，2.76，1.85。详细情况请参见本课题分报告《中国企业信息化与竞争情报实态调查》。

3）CIS 的信息收集存在两种模式：一种是常规的、定期的信息收集；另一种是以需求驱动的信息收集。在开展若干个企业竞争情报项目之后，企业 CIS 可以总结经验，并将一些重要的情报收集作为 CIS 的一项常规性、定期性的工作。例如，竞争环境监视、关键技术跟踪等情报收集工作可以逐步转换到竞争情报收集子系统的定期工作中。当 CIS 收集的信息资源达到一定的规模并实现合理有效的组织之后，CIS 将同时采用这两种信息收集模式。

常规性的信息收集工作可以依据企业竞争力指标体系有针对性地开展。指标体系的设置可参阅本课题的分报告《企业竞争情报系统的设计和运行》。

2. 情报分析模块

情报分析模块的功能由竞争情报分析子系统来实现。该系统是 CIS 的核心，企业竞争情报中心专职分析人员采用人工分析与计算机系统辅助分析相结合的手段，将竞争情报收集子系统所收集的信息有序化、系统化、层次化，提炼出真正有用的竞争情报。图 11 为竞争情报处理与分析子系统结构图。

竞争情报分析子系统需要完成以下几项工作。

1）信息的鉴别和验证。竞争情报收集子系统只是负责收集可能的情报源，目标数据库也只是起到汇集与简单组织的功能；而信息的筛选则是竞争情报分析子系统的首要工作，它负责剔除虚假的、错误的信息，提高情报的准确性和有效性。来自企业各 MIS、MRP（material requirements planning）、MRPⅡ（manufacturing resource planning）或 ERP 等

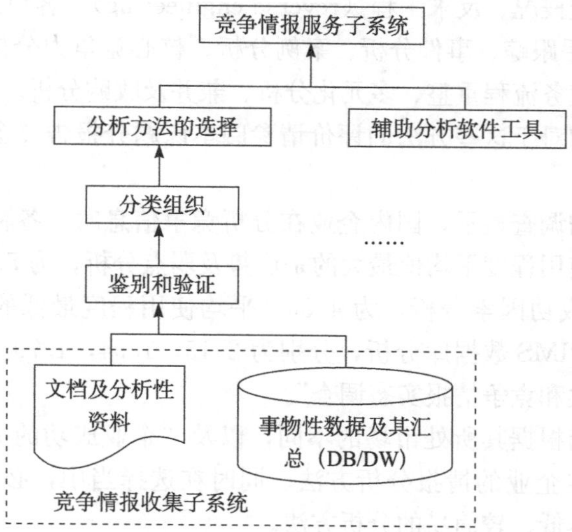

图 11　竞争情报处理与分析子系统结构图

管理系统的数据或资料，以及来自企业 library 中的文档及其相关资料，它们的可信度相对而言要高很多，因而校验工作较简单。但对于收集的互联网信息资源及来自企业内联网上的 e-mail、论坛内容和企业 Web 站点的访问信息等则必须进行严格的甄别。

2）信息的有序化组织。获取大量的信息并不能保证竞争情报的产生，对于后者，需要我们采用一定的技术和方法来分析这些信息，从而提炼出及时、可靠、可操作性强的情报，这也是下一步分析工作的重点。而在本阶段，在没有明确的分析需求与方法之前，只需将这些信息归档就行了。对经过校验的信息按照多种分类标准进行分类组织，如按时间、资料的类型、内容主题、可信度等，直接保存到企业 library 中。企业情报分析人员可以通过内联网界面浏览查询这些资源。信息的存储可有三种方式：档案结构、工作表格、数据库。

- 情报档案结构。请参阅本课题分报告《企业竞争情报系统的设计和运行》。
- 信息储存表格的设计。除了将所收集的信息分类存档外，为便于将关键内容特别是定量指标输入计算机及以后制作竞争情报报告，还应作一些类似摘要的工作。建议使用工作表格。工作表格的设计请参阅本课题分报告《企业竞争情报系统的设计和运行》。
- 竞争情报的数据库存储。竞争情报的数据库可以成为 CIS 独立的一个数据库，也可以作为企业 library 的一个组成部分。该数据库的内容应当能充分满足竞争情报分析人员的情报分析需求：数据库覆盖面要广，实用性好；数据质量有保证，信息准确，可靠性强；更新率高，能及时反映新情况。同时，竞争情报分析人员完成的各类情报成果，将存储在该数据库当中，直接为竞争情报服务系统提供服务。

3）情报分析。企业竞争情报的分析工作是 CIS 中的关键环节，选择采用哪些分析方法，以最少的时间和成本产生最大的情报实效是 CIS 成功的决定因素。下面是一些常用的竞争情报分析方法：政治与国家风险分析、产业情景预测、五种力量模型、BCG 产业矩阵（BCG industry matrix）、产业细分化（industry segmentation）、PIMS 数据库分析、技术评价（technological assessment）、多点竞争分析（multipoint competition）、关键成功因素分析、战略组分析、价值链分析及部门地图、经验曲线（experience curve）、利益相关者分析及基本假设测评、市场信号、职责分析、优势及弱点分析、共同利益分析、财务报表分析、基于价值的规划、管理概况、反求工程（reverse engineering）、客户满意度调查（customer satisfaction）、竞争对手跟踪、事件分析、案例分析、核心竞争力分析、管理人员跟踪、战略联盟、定标比超、业务流程重整、多元化分析、兼并及收购分析。

上述方法的简介和对于这些方法的评价请参阅本课题分报告《企业竞争情报系统的设计和运行》。

据国内一项最新的调查显示，国内企业在分析竞争信息时，各种情报分析技术的使用程度呈现如下特点：使用程度平均值最大的是优势及弱点分析，为5.04；其次是技术评价，为4.65；再次是关键成功因素分析，为4.56；平均使用程度最低的3种是兼并及收购分析、资产转让分析和PIMS数据库分析，分别为2.15，1.94，1.79。详情请参阅本课题分报告“中国企业信息化和竞争情报实态调查”。

不同的企业，应当根据其所处市场的不同，以及“企业成功的关键因素”的不同，而有选择的采用最适合本企业的情报分析方法。同时在选择当中，必须综合考虑各种因素，优先采用时耗少、成本低、较简易的分析方法。

案例：表1列举了一家电力公司针对一次竞争情报分析所选用的方法。

表1　一家电力公司的竞争情报分析方法的选择

需求	分析方法	
	采用的	未采用/推迟采用
掌握行业的动态变化	—五种力量模型 —战略组分析 —关键成功因素分析	—产业情景预测 —产业细分化 —利益相关者分析及基本假设评测
确定自身相对于主要竞争对手的战略地位	—财务报表分析 —管理概况 —优势及弱点分析	—基于价值的规划 —价值链分析及部门地图

在上面的例子中，这家电力公司将重点放在基本分析上，依次作为以后深入分析的基础。在表1中，有几种分析方法没有选用或推迟采用，是考虑到成本太高、太费时、比较复杂，或者不适合当时公司的状况。

对行业分析报告、财务报告等一些文档及研究性资料完全通过专业人员来研究，而对于如企业内部的事务性数据、企业Web站点访问信息等数据的分析必须借助于有力的分析工具。下面列举几种可以采用的分析软件工具。

● SPSS等统计分析软件。SPSS除了可以对数据进行一般的统计描述以外，还可以作各种类型的方差分析、相关分析、回归分析、聚类分析、判别分析、因子分析、可靠性分析、时间序列分析等。各MIS系统的大量的事务性数据，可以导入SPSS软件包进行各种复杂度的统计分析，目前SPSS可以读取Excel建立的表格数据文件(*.xls)、SYLK的表格数据文件（*.slk)、各种版本的dBase或FoxBase建立的数据库文件（*.dbf)、用Lotusl-2-3格式写的数据文件（*.w*），由其他任何软件建立的ASCII码写的数据文件(*.dat)等绝大多数类型的数据文件。

● 联机分析处理。OLAP是近年来国外新兴的一门软件技术。它专门设计用于支持复杂的分析操作，侧重对企业的高层管理人员和决策人员的决策支持。它可以应分析人员要求快速、灵活地进行大数据量的复杂查询过程，并且以一种直接易懂的形式将查询结果提供给决策人员。OLAP所需要的数据是历史的、总括的、集成的、多维的，因而它所依赖的数据必须是较完善的数据库系统，更理想的则是数据仓库，否则无法有效地发挥OLAP的作用。

● 数据挖掘工具。数据挖掘工具是一种有效的从大量数据中发现潜在数据模式，做出预测性分析的分析工具，它是现有的一些人工智能、统计学等技术在数据库领域中的应用。用户使用数据挖掘工具不必提出确切的问题，而只需数据挖掘工具去挖掘隐藏的模式并预测未来的趋势，这样更利于发现未知的事实。

数据挖掘工具的分析方法包括以下四种（按IBM公司的划分方法）。

● 关联（association）分析。其目的就是挖掘出隐藏在数据间的相互关系。例如，通过对某段时间的零售交易数据关联分析，市场分析人员可以得出类似“有33%的顾客在购买了某一牌子的土豆后都要买烤箱手套和电打火机”等的分析结果，这对于商品的布局摆放，商品促销都会产生意想不到的效益。

● 序列模式（sequential patterns）分析。其侧重点在于分析数据间的前后（因果）关系。同样以市场销售数据分析为例，通过对客户购物行为特征的序列模式分析，可以得到关于顾客购买取向和兴趣的信息，发掘出客户潜在的购物模式，从而为商业决策提供可靠的依据。

● 分类（classifiers）分析。其原理是首先确定按某种分类标准给一个特定的记录集合（训练集）加标记，然后检查这些标定的记录，描述出这些记录的特征，这时已经生成一套分类模型（模式），利用它可以分类新记录。目前许多分类分析模型已经得到应用，如线性回归模型、决策树模型、神经网络模型等。以一个信用卡公司为例，其数据库中保留持卡人的记录，并根据信誉程度（分类标准），将持卡人分作三类：良好、普通、较差。这一过程其实就是将持卡人记录标定为三类，采用分类分析法检查这些记录，然后给出一个对信誉等级的显式描述（分类模型）：“信誉好的用户是指那些收入在25 000元以上，年龄为45～55岁，居住在XYZ地区附近的人士。”

● 聚类（clustering）分析。它与分类分析的不同在于，其输入集是一组未标定的记录，也就是说此时输入的记录未进行任何分类。其目的是根据一定的规则（聚类算法），合理地划分记录集合，并用显式或隐式的方法描述不同的类别。聚类分析与分类分析其实是两种互补的分析方法：一方面分类分析的分类标准可以通过聚类分析不断得到补充；另一方面聚类分析可以直接采用分类算法进行。

数据挖掘工具和OLAP作为数据仓库工具层的组成部分，两者是相辅相成的。我们可以在一个CIS中采用这样一种分析过程：即利用MIS进行日常事务性操作，如增删、改、报表生成等；利用OLAP工具，深入了解事物做出总结性分析，也可以利用DM工具挖掘潜藏的模式预测未来趋势；同时还可以继续利用OLAP验证数据挖掘工具得出的预测性结论，防止偏差。

3. 情报服务模块

（二）提供何种产品及服务？

情报服务模块的功能由竞争情报服务子系统来实现。竞争情报服务子系统的主要功能是提供情报产品和情报服务。企业竞争情报部门提供的情报服务包括以下几方面。

● 职工培训。在所有的服务中，使企业的所有成员能够利用竞争情报的最重要的服务就是培训。培训有不同的方式，如针对企业高层决策者与针对销售人员提供的培训就不同。

● 参与多功能的研究梯队。如市场评估，情报部门应该派员参加这个由企业各部门联合组成的研究梯队。

● 信息服务。包括数据库管理；对内部和外部网络进行管理；维护馆藏，提供指南；检索文献和联机数据库信息；管理竞争对手和其他公司的记录；对企业职能部门提供情报支持；组织研讨班，在研讨班上了解和讨论特定竞争对手的情况；知识管理，建立企业的知识库和专家库；选择软件；共享企业购买的软件和咨询，协调整个公司的购买行为，减少复本量，降低成本。

● 竞争情报论坛（CI forum）。以会议、电视会议等方式将所有的情报人员集中在一起，介绍各自正在从事的项目，共享信息、情报和经验。

● 对零售商和中间商的资格和质量进行认定。对与公司打交道的中间商和零售商的信誉进行调查，并使企业的所有人员了解和共享调查成果。对其资格认定的主要方式包括请中介机构做评估，或从数据库中查询。

● 最佳实践调查。对某一领域最优秀的企业经验进行深入的调查总结，制定定标比超这一企业的方案。例如，研究对方如何将制造成本降低到最低水平的方法，并将其经验用在改善本企业的运行中。

● 建立人际网络。以 Bell Atlantic 公司为例，企业情报人员有意识地与专门的维修人员建立密切的联系，即使从他们那里了解产品的使用情况。

企业竞争情报部门除了提供情报服务外，也提供情报产品。竞争情报人员根据情报分析人员、决策者及企业内其他人员的情报需求，动态地创建各类分析报告，并通过适当的方式及时地将它们传递给用户。大致说来，竞争情报服务子系统提供如下四类情报产品。

● 数据库。存储有关竞争对手的历史、现状和发展等静、动态信息。这一产品是竞争情报人员成年累月收集的结果。

● 重大动态或简报。将各种重要新闻、消息等加以编辑，定期出版。行文应短小精悍，每篇文章长度以几百字为宜。

● 分析性报告。对一些重要问题进行深入分析，例如，TCL 为何要推出数字彩电这种新产品？

● 专题报告。针对企业当前最关注的课题作的报告。课题由企业决策者制定或由竞争情报部门自定。

（2）提供竞争情报产品和服务应注意的问题

● TAR。在实践中，企业并不需要提供所有类型的情报产品和情报服务。事实上，企业可根据自己的实际情况和需要，选择不同的情报产品和服务组合。要想提高情报服务的效率，应该使这些服务具备如下三个特征：强时效性（timely）、可操作性（actionable）和可靠性（reliable）。

● 提供的情报要针对特定用户的特殊需要。情报人员在提供服务时需要对用户的特殊背景予以考虑。同样的情报对有些用户非常重要，对其他用户却毫无意义。例如，当美国 Merkler 公司合并时，情报部门将有关报告呈交给欧洲公司时，欧洲的公司非常重视；可是美国本土的公司认为这份情报很有意思，但没有实际用途；而其他地区的企业认为它毫无价值。

● 要以用户愿意接受的方式提供情报。就是说，要考虑企业用户的习惯或爱好。企业负责人在吸收情报时有不同的嗜好，有人喜欢读报告，也有人喜欢私人交流。应该针对各个用户的爱好来提供相应的情报；相同的情报要以不同的方式传递出去，以对方愿意接受的方式对情报进行包装。例如，美国前总统里根不喜欢读报告，考虑到他曾经是一个演员，喜欢表演，情报人员就以录像带的方式向他“讲述”情报报告，获得了良好的效果。

● 要以多种方式提供情报。将各种情报产品分别以电子邮件、小册子、光盘、私人交流或录音电话等方式传递给用户，这样用户就不会有借口说我没有收到情报。

● 清楚地交代资料的来源和出处。情报人员在建议可实施的方案时，一定要明确告诉读者，报告中的情报资料来自哪里，哪些情报资料是无法获得的，这一点非常重要。

(3) 基于内联网的情报服务

我们说，竞争情报系统应当以内联网为平台。关于基于内联网的企业竞争情报服务系统，请参阅本课题分报告《企业竞争情报系统的设计和运行》。该服务系统具有分类浏览、多途径检索、最新推送服务三大特色。

除了上述三项主要功能以外，竞争情报服务系统还应直接提供密切相关的一些链接，如企业 Web 站点、企业 library、企业 MIS、主要竞争对手、主要供应商，以及行业、协会的站点等。

四、竞争情报系统的人际网络

(一) 建立人际网络的重要性

根据本课题组 2000 年对中国竞争情报实态调查，竞争情报服务方式中最有效的三种是书面或为用户专门定制的报告、简报、个人交往或联系。人际交流在企业竞争情报工作中的重要性可见一斑。事实上，在人类的交流过程中，人际交流一直占据着重要的地位。因为通过这种方式，我们可以充分获取信息，挖掘正式交流中所不能体现的情感信息；还可以实现“难以言传”的隐含知识（不能用文字表达的知识）的转移和传递。这是其他媒体所无法替代的。

直到最近，西方竞争情报人员才认识到建立人际情报网络的重要性。完善的人际情报网络是搜集、分析情报的最有效机制之一，同时也是提供情报服务的最好手段之一。康柏、壳牌和 Telcordia 这样的公司都已围绕人际网络概念设计了它们的竞争情报职能部门。

事实上，人际网络的重要性体现在竞争情报工作的全过程，贯穿于情报搜集、分析和服务这个情报循环中。

1) 竞争情报搜集阶段　竞争信息的采集有很大一部分来自人际网络，包括企业内部和外部的人际网络。目前，最流行的信息采集技术工具是访谈技术，以非常自然、巧妙和令人舒服的方式从对方口中套取更多的信息。很多非公开信息来源于人际网络（图 12）。

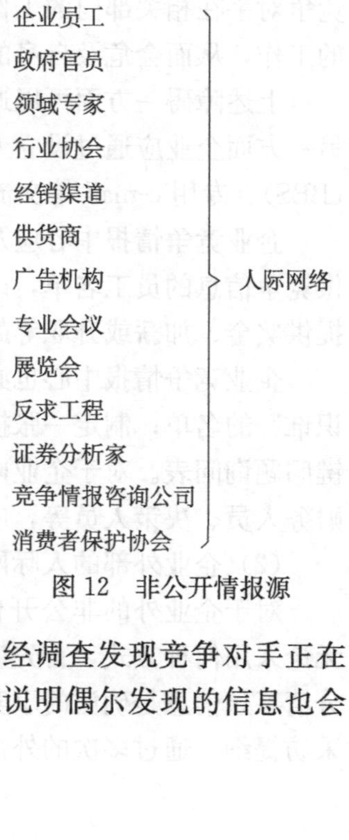

图 12　非公开情报源

通过人际网络获得大量的信息，许多细节信息往往具有重要的情报价值。例如，美国一位输油站工作人员发现一辆满载油管的火车向南方驶去，当即把这一信息反馈给情报人员；情报人员经调查发现竞争对手正在一个新的区域铺设天然气管道，从而掌握了竞争对手的动向。这说明偶尔发现的信息也会成为企业的一条重要情报。

2）竞争情报分析阶段　随着社会的发展，行业、专业细分化的程度越来越高，很难再有一个人什么都懂，什么都精。竞争情报分析人员也不可能对行业及本企业中的任何问题都了如指掌，即使分析员在某一领域的知识和经验水平相当高，但为了使研究结果更加具有权威性和客观性，还需参考其他专家的意见。当分析员们就某一领域或项目进行研究时，应当就其所收集的信息与有关专家及行业中的资深专家进行深入讨论。而如何寻找合适的专家，如何使这些专家愿意帮助我们，这就需要用到人际网络。

3）竞争情报服务阶段　从上一节情报服务模块中我们可以看出，人际网络是传播情报产品和提供情报服务的重要方式之一，如专家库就是人际网络的一种；同时它也是情报服务的一项重要内容。

（二）建立人际网络模型

1. 企业内部人际网络与外部人际网络

企业的人际网络可分为内部和外部两种。

（1）企业内部的人际网络

企业内部的人际网络应涉及企业的各个部门。事实上，企业员工本身就是一个不可忽视的情报源。企业情报人员想要获取的有关竞争对手或市场动态的信息，80%的在企业内部就已经存在了。企业员工包括了从企业的各部门普通工作人员到领导层的所有人。在人们的办公桌抽屉里、文件柜里及他们的脑子里就可能蕴藏着丰富的情报源，而问题在于交流。因此，建立一个良好的企业内部的人际网络，并进行有效的管理是至关重要的。

要使企业员工自愿去提供信息、发掘信息，首先应研究一下阻碍他们这样做的原因是什么。据调查，主要原因有以下几种：缺乏竞争情报意识；根本没人问过自己；提供信息后没获得反馈；缺乏激励机制；怕麻烦；怕威胁自身的地位（注：最后一点主要是指如果竞争对手在相关部门的工作干得比自己有特色，则担心提供信息时会被别人用来评价自己的工作，从而会危及自身的地位）。

上述障碍一方面可以通过企业决策层对员工宣传企业对竞争情报的需求而减少或消除；另一方面企业应通过设立人际交流场所（如企业内部的咖啡屋）、内联网论坛、电子公告板（BBS）、专用 e-mail 等交流工具，使企业员工可以自由地发表看法或提交有关信息。

企业竞争情报中心应及时对提供信息的员工进行反馈，较简单的方式就是定期公布提供竞争信息的员工名单，以示表彰；对那些为企业的经营决策做出突出贡献的员工，还应提供奖金、加薪或升职等鼓励。

企业竞争情报中心也必须采取主动发掘的策略，可以采用的方法有：制定一张“谁认识谁”的名单；制定一张按月电话采访或面谈的名单；设计一张信息矩阵表；设计一张关键问题询问表。对于企业内部的各类人员，如销售人员、营销人员、研发人员、生产人员、财务人员、决策人员等，应当有各自的询问重点。

（2）企业外部的人际网络

对于企业外的非公开信息，通过电话采访或面谈可能是最快捷、省钱和有效的方式。无论采用何种方式，首先应当明确的是：采访对象是谁？该问哪些问题？如何提问？如何分清某条信息是确凿的事实还是传言？其次应根据最新获取的信息，及时修正采访名单及采访提纲。通过多次的外部采访，企业竞争情报中心应逐步建立一个外部的人际网络，并将其中的人员分成“友好的”和“非友好的”两类，为今后的工作打下基础。

2. 两种人际网络模式

最近的研究表明，竞争情报部门可以根据其策略重心的不同，开发如下两种类型的人际网络。

(1) 协调-紧密型人际网络

如果竞争情报部门的主要工作是复杂的项目，必须依赖网络成员帮助传播“难以言传”的知识，那么协调-紧密型人际网络更为有效。由于“难以言传”的知识价值很高，且不易传播，所以人们常常不愿与其他任何人分享。协调-紧密型人际网络的重点在于和几个成员建立密切的关系。由于成员之间已经建立了高度信任的关系，所以有助于传播这种知识。此种网络的局限性是查询范围相当窄。大部分精力都被投注在与少数几个成员之间建立高质量的关系中，因此网络缺乏广度。

(2) 分散-松散型人际网络

与上述情况相反，许多公司需要范围很大的网络，以便收集分散的、不同的信息。这种网络适用于情报用户很多，情报需求多种多样的情况。分散-松散型人际网络设计重点在其多样性。在这种情况下，竞争情报人员感兴趣的是与许许多多各种各样的人建立联系。工作重心是网络的多样性，因此发展深入的信任关系就困难得多。所以说，这种网络允许快速广泛地查询信息，但其代价是无法传播“难以言传”的知识。

企业到底采取何种模式来建立人际网络，取决于该企业的竞争情报策略。

建立人际网络，需要回答下列问题。

● 哪些人参与网络？通常应该把企业中的关键资源、开发财源、开发产品和富有人际网络的人及信息系统专家吸收到人际网络中来。例如，一个石油化工企业，商务谈判人员、经济学家、信息系统专家、决策管理人员就是企业的关键资源。只有形成具有一定结构的人际网络，才能在一旦决策者需要情报时就能做出快速的反应。

● 入网者做些什么？入网者可以为竞争情报部门提供信息及专业知识和技能，同时也分享竞争情报。例如，在一个小公司里，我们可以请会计来审阅竞争对手的财务报表；请销售人员分析竞争对手的销售数据，从而了解其销售战略；另外，产品设计师和生产人员也可以分析竞争对手的产品。

● 谁来管理这个网络？一般说来，应当由竞争情报部门中与入网者级别相当或更高的人员来管理人际网络。对于分散-松散型人际网络而言，可由竞争情报部门主管或CIO来管理；而对于协调-紧密型人际网络来说，可由竞争情报部门的每位成员分别管理、联系一个或几个小型网络。

(三) 专家库

专家库是人际网络的一个重要组成部分。竞争情报部门可以从本企业各部门中选出各领域（如产品、销售、研发、财务、信息等）的专家，组成专家库，将专家的联系方式、擅长的领域、能够回答的问题范围等以各种方式通知全体企业员工。例如，印制成册进行分发，发送电子邮件，在内联网上公布这些信息等。企业的任何员工，包括竞争情报人员，遇到特定的困难时，都可以到这个专家库中去寻找相应的专家，并迅速地与专家建立联系，进行咨询。

关于专家的搜寻及确定工作，可以从公司内部的电话簿开始，因为它提供了各部门与特定竞争情报研究领域的关系。首先应该接触部门主管，因为他们可以告诉你哪位或哪几位人员对某一特定主题知道得最多。同时，这些专家得知竞争情报人员是其本部门主管的推荐才与他们接触，推荐的原因是主管认为他是最合适的人选，那么他们会更加愿意合作。

案例：在人际网络方面，福特汽车公司做得很成功。福特汽车公司的情报机构编制了一本名为“共享知识”的小册子，提供给所有准备参观其他工厂的本企业人员。如果企业人员准备访问一个国家或工厂（无论是竞争对手还是供应商），这本小册子可以提供从数据库和人际网络中获得的有关这个国家或工厂的概况。同时，小册子还告诉参观人员，本企业期望从这次访问中获得什么知识和情报。这是一个非常有力的工具，帮助企业内部人员沟通并获取相关情报，了解该工厂的商业过程。

五、企业竞争情报系统的基本功能

竞争情报系统是企业的“中央情报局”，是现代企业经营管理的智囊团和思想库，是企业领导集团的重要参谋部。具体来说，企业竞争情报系统的基本功能可归纳为如下六方面：环境监视；市场预警；技术跟踪；对手分析；策略制定；信息安全。

国内外实践表明，成功的情报工作并非面面俱到，而是集中在企业运作的1～2个领域。在实际工作中，竞争情报系统应当把工作重心放在对本企业来说最关键的一项或几项功能上。如果要求“遍地开花”，则很可能每一项功能实现得都不够深入。

下面我们对上述六项功能逐项进行讨论。

（一）环境监视

现代市场日益走向多元化与全球化，市场影响因素变得越来越多，越来越复杂。企业要想在如此复杂与动荡的环境中立稳脚跟，就必须全面准确地了解与本企业、本行业有关的信息。只有适应竞争环境的变化并及时做出积极正确的反应，企业才能求得生存与发展。

企业的竞争环境可以分为宏观环境和行业环境两部分。①宏观环境。包括政治因素、经济因素、社会因素、文化因素、法律因素、科技因素、自然因素等。②行业环境。包括现有竞争企业、可能进入的新企业（潜在竞争对手）、供应商、用户和替代品。

行业环境中的五种因素之间的相互作用被称作驱动产业竞争的五种力量，如图13所示。

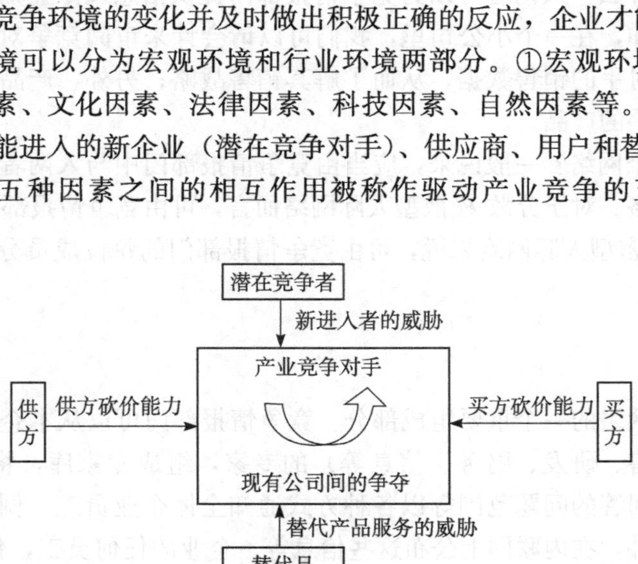

图13　驱动产业竞争的五种力量

案例一：韩国三星公司派驻在美国洛杉矶的员工通过报纸看到一则消息：由于廉价的韩国产品的进口，美国最后一家吉他工厂将要关闭。该员工把该消息送回汉城的公司总部，总部的竞争情报部门立刻对该信息进行了如下分析：吉他是美国独立和自由精神的象征，它的消失就像牛仔裤的消失一样会令美国人难以接受。美国可能会对吉他进口采取限制措施，国会有可能会通过提高关税的手段来保护美国这一具有象征意义的产业。

于是三星公司抓紧时间，尽可能地抢先将更多的吉他运往美国，存入仓库。结果正如他们所预料的那样：国会提高了吉他进口的关税。三星已有大量的存货，因此尽管关税生效了，但它仍赚取了很高的利润。

案例二：斯堪的亚财团的市场情报部通过调查分析得出一条重要情报：恩诺德保险公司陷入了财务困境。经过进一步的资料搜集和分析，情报部通知斯堪的亚财团的办事处和子公司停止同恩诺德公司做生意。等到恩诺德公司的财务问题表面化，新闻媒体开始报道时，斯堪的亚财团早已终止了同恩诺德的许多交易，从而大大减少了风险。而克诺南银行（Sparbanken Kronan）由于缺乏竞争情报，事前不知恩诺德的财务困境，结果损失了至少15亿美元。

（二）市场预警

事实上，任何现代企业都知道要对环境进行监视。但是根据环境的变化做出反应仅仅是“防守”，反应再灵敏、再精确，也不过是“防”得好。如何才能主动出击，进一步获取竞争优势？诸葛亮正是预测到某一天会刮东南风，才能火烧曹操的战船。现代企业管理也是一样的，所谓“先发制人，后发制于人”。企业要想获取进一步的竞争优势，就必须能够预测环境动向，以便未雨绸缪，为未来的变化早作准备。

联合国工业发展组织认为：“对于一个企业来说，外部环境中的任何变化，包括技术的、经济的及政治因素，都可以对企业的利益乃至生存产生重大影响。如果能阅读早期的预警信号，发现并预知这些可能的变化，就可以利用所剩时间，预先采取相应的措施，避开威胁，寻求新的发展机遇，这种能力在当今社会中变得越来越重要了。”曾任美国竞争情报从业者协会主席的Ava D. Youngblood女士认为：“竞争情报专家的职责就是帮助企业领导洞悉未来，赢得未来，因为仅对当前环境的快速反应不能造就决胜于未来的公司。”这些都阐明了竞争情报系统作为早期预警系统的重要价值。

案例：美国电话电报公司（AT&T）建设了一套先进的、行之有效的竞争情报系统，其中有一个子系统叫做“AT&T分析助手”，这是公司内部的专家数据库，其中约有1000名专家的资料。在专家们的专长范围内，信息得以被分析，进而产生竞争情报。该子系统的一部分工作是跟踪员工最关注或提出过最多问题的10家公司，这些公司通常是竞争对手，但并不一定总是。有一次，一个从未听说过的公司出现在名单上，该子系统马上提醒专家们对这家公司进行研究。结果发现：该公司正在进入AT&T的一条业务线。于是在华尔街日报报导之前几个月，竞争情报系统便向AT&T发出了有关该公司潜在活动的警报。这一预警使得AT&T有充裕的时间准备应付潜在竞争者的威胁。

（三）技术跟踪

产品竞争是企业的基本竞争。但产品竞争只有依托于技术竞争，才能独树一帜，使产品不断更新，以适应市场需求的变化。特别是在知识经济时代，技术更是增强企业竞争优势和发展后劲的重要因素。

企业的技术竞争战略一般有技术领先战略、技术追随战略和技术替代战略之分。无论是哪一种战略，都要求企业有敏锐的技术触觉，以及较强的技术创新和消化吸收能力。CIS通过对影响企业生存与发展的相关技术发展动向的跟踪分析，可及时发现新技术对企业现有产品的冲击，预测技术发展趋势对企业竞争力的影响，从而使企业未雨绸缪，在市场竞争中占有先机。

案例：我国某军工企业决定开发一种新技术，但技术太新，科研人员从未接触过，因此不知如何下手，该企业的竞争情报系统为他们解决了这一问题。情报人员检索了国防系统中所有与该项目有关的中外文期刊文献，翻译了大量的专利说明书，还通过参加国内外学术交流会议、外国专家技术讲座等渠道获取了相应的技术信息。通过筛选整理、分析加工，获得了有针对性和实用意义的大量技术情报，这些技术情报帮助科研人员解决了技术开发中的关键问题。在技术开发项目研制出样机之后，又为该类产品的定型试验搜集了有关的定型试验情报；为提高检测质量又提供了国内外先进的检测手段情报，从而使新产品得以顺利地研制、生产。

（四）对手分析

分析竞争对手的目的，是了解每个竞争对手的战略和目标，评估其优势与劣势及竞争反应模式，从而制定出自己的竞争战略。

首先要识别出谁是现实竞争者，谁是潜在竞争者。然后对确定的竞争对手（包括现实竞争者与潜在竞争者）进行信息搜集和分析，了解它们可能采取的战略行动的实质及成功的希望；各竞争对手对其他公司的战略行动倾向可能做出的反应；以及各竞争对手对可能发生的产业变迁和更广泛的环境变化可能做出的反应等。

对竞争对手进行深入的分析需要对下列问题做出回答。

- 在行业中我们与谁展开竞争？采取怎样的步骤？
- 竞争对手战略行动的意义是什么？我们该如何对待它？
- 我们应当规避哪些领域，以防止竞争对手做出情绪化的、不顾一切的反应？

对竞争者的分析有四种诊断要素：未来目标、现行战略、自我评价和竞争能力。对这四种要素的理解可预先对竞争对手的反应有概略了解，如图 14 所示。

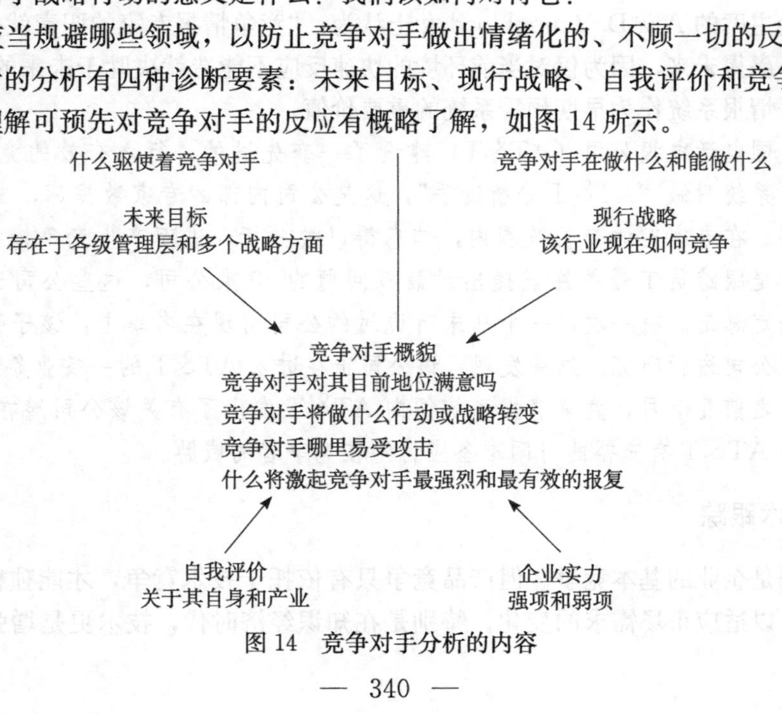

图 14　竞争对手分析的内容

案例一： 摩托罗拉公司在20世纪70年代曾因不关注竞争对手日本公司的信息，在彩色电视机产业中败于竞争对手，于1974年退出了彩电产业。到20世纪80年代，摩托罗拉公司开始将精力从单纯的指责日本公司转移到了解日本公司是如何获得全球领先地位的。首先，摩托罗拉公司成立了竞争情报部门，全面了解竞争对手的实力，将自己的运作模式与日本公司进行比较。通过比较，公司开始重视产品质量和生产管理，将生产出超过日本标准的产品确定为公司新的战略目标。对公司产品的研制、生产、销售及售后服务质量进行了严格的检测，制定了较高的管理标准，最终生产出竞争力很强的产品，成为国际移动通信设备市场的巨人。

案例二： 微软公司推出视窗95（Windows 95）操作系统之前，其竞争情报部门了解到IBM公司即将推出OS/2操作系统，于是赶在IBM公司之先推出了视窗操作系统，从而使Windows成为全球标准操作系统。IBM公司的OS/2则卖不掉，大量的投资等于被扔进了下水道。

案例三： 贝尔大西洋移动电话公司的竞争情报人员定期用雷达车监视其移动电话覆盖地区，它们能收听其竞争对手——都市电话公司的发射塔发出的信号（不是电话交谈）。监听人员努力判断都市电话公司是否开启了其为扩大业务保留的空余频道。这些额外频道不仅会提供更好的服务（如更少的占线声音），而且能更好地覆盖偏远地区。如果它们开通了这些频道，贝尔公司也必须开启其储备的频道，否则便有失去顾客的危险。

（五）策略制定

1. 战略性竞争策略和战术性竞争策略

竞争策略是企业谋求和保持竞争优势的整套作战方案，包括目标与原则、阶段与步骤、重点与一般、战术与方法。有效的竞争策略是企业获得和/或维持竞争优势的先决条件。竞争策略可分为两部分：战略性竞争策略；战术性竞争策略。

1）战略性竞争策略。所谓战略性竞争策略，是指在把握了内部状况和外部环境的基础上，为在竞争中取得生存和发展而做出的长期性、全局性谋划和对策。现代竞争理论奠基人、美国哈佛大学商学院波特教授归纳了企业竞争的三大战略：成本领先战略；产品差异或标新立异战略；市场细分或目标集聚战略。

根据企业的地位和实力，又可分为领先型战略、挑战型战略、追随型战略和补缺型战略；根据企业的成长期不同，还可分为进攻型战略、防御型战略、收缩型战略等。

竞争战略的选择取决于如下两个方面。

其一是行业的吸引力。即从长期盈利能力和决定长期盈利能力的因素来考察的各行业所具有的吸引力。各个行业并非都能提供同等的持续盈利机会，一个企业所属行业的内在盈利能力是决定该企业盈利能力的一个重要因素。行业的吸引力主要取决于决定竞争结构的五要素的作用——新竞争对手的入侵、替代产品的威胁、供方砍价能力、买方砍价能力及现有竞争对手之间的竞争。

其二是本企业在行业内的竞争地位。在大多数行业中，不管其平均盈利水平如何，总有一些企业处于有利的竞争地位。企业竞争情报系统通过对企业自身、竞争对手、协作伙伴及其他行业力量的连续监视和情报分析，为企业的战略管理决策提供了有效的情报保障，从而能够使企业采取迅速而正确的行动。

2）战术性竞争策略。主要的战术性竞争策略包括以下内容。

● 产品策略。包括创新产品策略、多样化产品策略、标准化产品策略等。

● 营销策略。包括创造新的市场需求、建立独特而有力的经营渠道、地区扩张、完善的服务、产品定价等。

● 生产策略。包括生产能力提高、工艺创新、原材料提供等。

● 财务策略。包括资金筹集策略、资金运用策略、合资营运策略等。

● 广告策略。各种传播渠道的广告宣传及促销等。

● 品牌策略。包括在不同的市场，对同种产品分别使用不同品牌，在同一市场上对某种产品同时或使用不同的品牌等。

● 企业形象策略。包括理念识别、行为识别、视觉识别组合的制度与管理创新策略等。

● 顾客满意策略。包括企业理念满意、企业行为满意、视听满意、企业产品满意、服务满意等。

2. 策略制定

企业的竞争情报工作是一个连续的情报分析过程，它将来自企业自身、市场需求、战略联盟、竞争对手和竞争环境的原始信息转化为相关的、准确的、实用的战略知识，以满足决策者对了解经营管理环境的需求，从而制订出获得和/或维持竞争优势的战略规划或战术计划（图 15）。

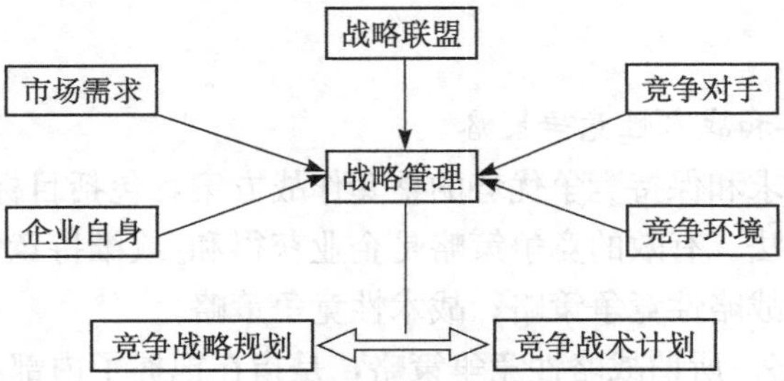

图 15　企业竞争情报系统的策略制定

案例一（提供战略决策支持）：贝尔大西洋公司的情报部门在这方面就有成功的经验。在移动电话发展以后，贝尔大西洋公司建立了许多微波站，与此同时，斯普特（Sprint）公司也在距贝尔大西洋公司微波站不远的地方建立了自己的微波站。在掌握了这一情报之后，贝尔大西洋公司的情报人员建议本公司的决策人员以租赁微波站，而不是建设微波站的方式提供移动电话服务，结果节省了大量的人力、物力和资金。

案例二（提供战术决策支持）：Sequent 公司在并行计算机网络方面很成功。情报工作的重点是掌握竞争对手获取客户订单的方法和价格，情报人员将这方面的情报提供给销售人员，使销售人员掌握竞争对手的价格底牌。

（六）信息安全

对于一个企业来说，既要千方百计地获取别人的情报（当然，要在法律与职业道德所允许的范围内），又要慎之又慎地保护自己的情报。这是在现代市场竞争条件下企业面临的重大情报课题，也就是情报与反情报技术。

在走向现代市场经济的过程中，由于利益多元化格局的形成和利益驱动机制的强化，侵犯企业商业秘密的事件正在迅速增加。仅1996年，美国就发生1100起工商情报被窃案件，涉及1300家公司，被窃情报的潜在商业价值高达3000亿美元。我国的形势也很严峻。景泰蓝、宣纸、青蒿素、维生素C生产技术的泄密和铷铁硼专利被封杀都给我国企业和国家带来了重大的经济损失，造成了无可挽回的影响。让我们先来看两个案例。

案例一：1996年8月，德国大众汽车公司发现有人在公司戒备森严的车辆试验区一土丘下，埋了一架十分先进的现代化红外线照相机，偷拍公司正在研制的两种新车型，并将照片通过卫星传送到外地，给公司造成巨大损失。

案例二：河南某县化工总厂花了40多万元买进一项新型化学药剂的专用权，并于年内投入生产。由于该化学药剂国内仅此一家生产，故极为畅销，获利丰厚。然而仅过半年，该县另一家乡镇化工厂也开始生产这种产品。化工总厂甚感困惑，几经暗中察访才发现，原来那家化工厂曾派两名技术人员应聘到化工总厂做卧底。几个月后，两人掌握了总厂的秘密，便借故辞职，回本厂生产出了同样的产品。

我们可以将商业窃密行为分为以下两种。

- 一是窃取商业秘密。采用合法的、非法的、明的与暗的、合法与非法混用的手段获取商业秘密。
- 二是出卖商业秘密。不择手段地将已知商业秘密故意非法泄露，并将获取的商业秘密提供给第三者或竞争对手使用。

现代信息技术的发展使窃密手段层出不穷，窃密方式花样百出。具体说来，泄露商业秘密的主要途径有如下几种。

- 企业内部的秘密知悉者未经许可公开发表或谈话中无意泄露；
- 被关系单位和关系人（上级机关、协作伙伴、银行、律师、咨询机构等）泄露；
- 原本企业职工被竞争对手雇佣或本企业人员的有意出卖；
- 被参观访问者看到、听到或摄录下来；
- 秘密保存场所或系统被非法侵入；
- 无意遗失或疏忽大意作为垃圾丢弃；
- 竞争者的反求工程；
- 违法侦探和技术截获；
- 打入内部卧底偷学或伺机窃取；
- 诱骗、抢劫或敲诈勒索。

针对上述问题，企业竞争情报系统要发挥自己的优势，做好反情报工作，同时要在全体企业员工中宣传、培养保密观念。一旦泄密事件发生，协助企业领导作好善后工作，尽量减少损失。具体可以采取以下措施。

1. 制定保护商业秘密的管理制度

首先要确定什么是企业应当保护的商业秘密，并规定保密等级和保密时限。对企业生产经营活动的各类文件发布、保管与销毁等应有严格的审查制度，统一对外发布信息的口径和手续。建立安全保密组织机构，加强对来访者的管理，谢绝参观敏感区域。

2. 强化保护商业秘密的技术措施

包括将涉及商业秘密的物理载体加以屏蔽，建立各种监视系统，选用碎纸机、警报器、保密电话和密码传真等设备；对于易被竞争对手解剖的新产品，在设计上要加强安全防护技术。

3. 提高员工保护商业秘密的意识

许多泄密案件源于企业员工自身丧失警惕，因此观念正确是保护商业秘密的极其重要的先决条件。要通过道德教育和保密宣传提高员工的职业道德水准和保密意识，定期进行保密知识与保密技能的培训，制定并实施员工保密守则，逐渐使保护商业秘密成为每个员工的自觉行为。

4. 依靠法律武器保护企业的商业秘密

常用法律主要有：《商业秘密保护法》《民法》《刑法》《技术合同法》《劳动法》《反不正当竞争法》《知识产权法》《保密法》《安全法》《档案法》《国际法》等。

六、企业竞争情报系统的运行机制

（一）建立运行机制的原则

顾名思义，竞争情报系统的运行机制是指整个企业竞争情报系统如何运行。根据组织网络模式的不同，竞争情报系统的运行机制也有所不同。但不管系统采取何种运行机制，都应遵循以下原则。

1）将竞争情报过程制度化、规则化。这样，竞争情报人员就会有章可循，工作起来得心应手，头头是道，既能完成日常性的竞争情报工作，又有时间和精力深入研究重大情报课题。

2）注重竞争情报部门与用户之间的沟通与交流。尤其注意两点：一是准确界定用户需求，这一过程可能要反复多次，才能确定用户的真正情报需求。二是向用户提交了情报产品或服务后，要及时收集用户的反馈信息，以提供更加符合需求的产品或服务。如有必要，对该课题重新进行研究。

3）尽量简化运行过程，以便提高效率。减少不必要的步骤，避免兜圈子，使情报能够及时到达最需要该情报的人手中。

上文已经说过，由于竞争情报系统所采取的组织网络模式不同，系统的运行机制也会不同。事实上，运行机制不是机械的，固定不变的，即使两个企业采用的组织网络非常类似，其运行机制也未必完全相同。所以，本文不打算提出一些“标准”运行机制，而是希望通过一些案例来讨论各种可行的运行机制。

（二）分散式模式的运行机制

在这一部分中，我们来讨论两个案例。

案例一：传统型企业竞争情报系统模式（图 16）。

该竞争情报系统的运行机制是这样的。

● 各职能部门单独设置各自的竞争情报子系统。

● 竞争情报子系统由职能部门领导，为本职能部门服务。

● 企业职能部门的各个竞争情报子系统可以单独完成竞争情报项目，因特定需要，也可以在企业领导或管理部门的协调下合作完成竞争情报项目。

● 企业职能部门的各个竞争情报子系统缺乏网络（信息网络及人际网络）联系，各分系统之间无情报交换关系。

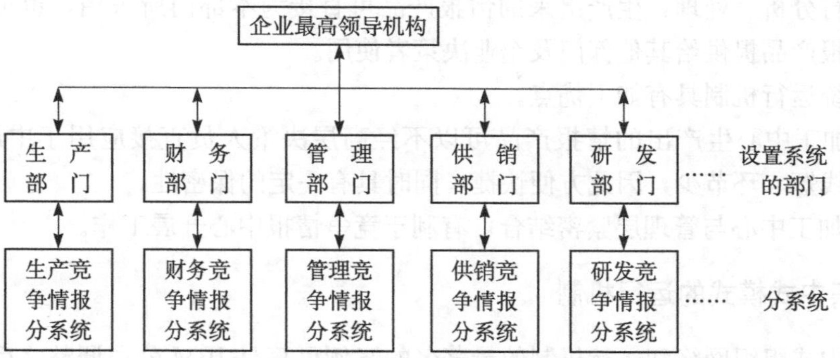

图 16　传统型企业竞争情报系统模式

案例二：山西风雷机械厂的竞争情报系统（图 17）。

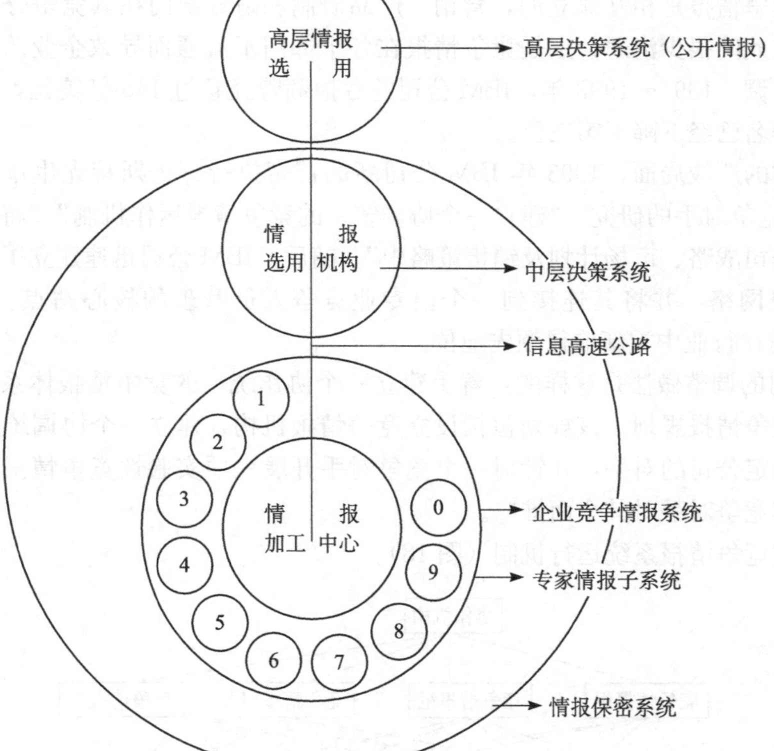

图 17　山西风雷机械厂竞争情报系统模式

该竞争情报系统的运行机制如下。

● 图 17 中专家情报子系统的专家来源于竞争情报活动的重点部门，如销售处、新产品开发处、质检处、技术处等，他们都是有经验的高级技师、工程师以及其他领域的专家。

● 山西风雷机械厂属制造行业，除了企业高层决策者的情报需求外，满足研发、技术、产品、质检、营销等部门人员的情报需求成为竞争情报系统的重点工作任务。因此，众多的专家情报子系统都设置在企业职能部门。

● 在实际工作中，各专家情报子系统分别收集与本部门有关的信息，然后由本子系统专家直接进行分析、处理，生产出来的情报产品可直接为本部门所采用，也可以通过企业内联网将情报产品提供给其他部门及企业决策者使用。

这种系统运行机制具有如下优点。

● 情报加工中心生产出的情报产品可以不经高层决策人员直接应用于中层决策系统，情报传递路线短，环节少，因此方便快捷，同时具有一定的保密性。

● 情报加工中心与管理层紧密结合，有利于竞争情报中心开展工作。

（三）集中式模式的运行机制

采用集中式组织网络和运行机制的最著名的案例可算是IBM公司调整之后的竞争情报系统。

IBM公司开展竞争情报工作有相当长的历史，对企业的发展曾经有过很大的帮助。然而，随着经济的发展，现有的竞争情报运作越来越不适应企业的要求。主要体现在公司各业务部门间竞争情报是相互孤立的，营销、产品研制和财务部门在其竞争分析或活动方面各自为政，彼此间很少沟通，正是竞争情报在各个部门不流通而导致企业的研究、生产和营销方面不协调。1991～1993年，IBM公司的亏损额曾经超过140亿美元，它在全球电脑市场的销售排名已经下降至第三位。

面对这样的严峻局面，1993年IBM公司新的首席执行官盖斯特先生审时度势，提出“立即加强对竞争对手的研究”“建立一个协调统一的竞争情报运作机制”“将可操作性竞争情报运用于公司战略、市场计划及销售策略中”。随后，IBM公司迅速建立了一个遍及全公司的竞争情报网络，并将其连接到一个由专业竞争人员管理的核心站点。通过该计划，IBM公司迅速在行业中重新取得领先地位。

IBM公司的调整做法是这样的：着手建立一个协作统一的竞争情报体系。为此，公司制订了新的竞争情报规划。该规划包括设立竞争情报机构，建立一个协调统一的竞争情报系统机制，确定公司的对手，并针对一个竞争对手开展一项实验性竞争情报项目，在此基础上针对所有竞争对手对其全面推广。

调整后的竞争情报系统运行机制（图18）。

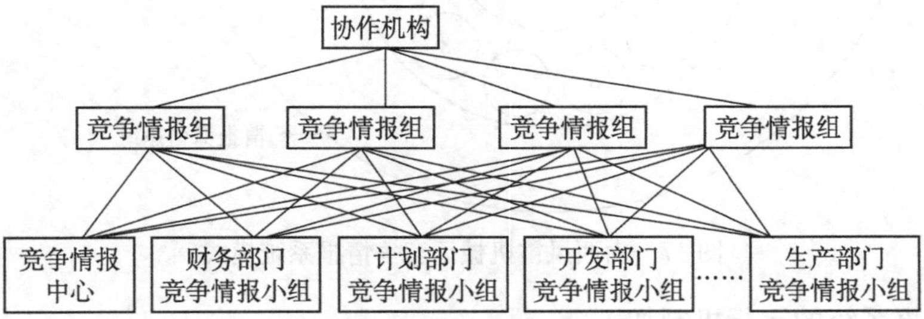

图18　IBM公司竞争情报系统运行机制图

其具体运行机制如下。

● 设立一个协调机构负责管理竞争情报整体规划。

● 确定12个主要的竞争对手，公司指派一位高级管理人员作为专门负责对手的常驻“专家”，由这些专家作为负责人，分别组建“虚拟的”竞争情报组，负责评价其竞争对手的行动和战略，以确保整个公司制定的针对该竞争对手战略的正确性，从确定市场中应采取的正确行动。该组成员包括指派的负责人、代表各个业务部门的同级负责人、由竞争情报专业人员组成的小型中心，以及制造、开发、营销和销售等的职能部门的代表。

● 由设置在公司各机构的现有竞争情报小组实施日常竞争分析。要求这些小组在考虑和行动时能从公司的全局利益出发，而不是将各个业务部门的利益放在首位。

每一项实验性竞争情报项目是按照如下流程展开的（图 19）。

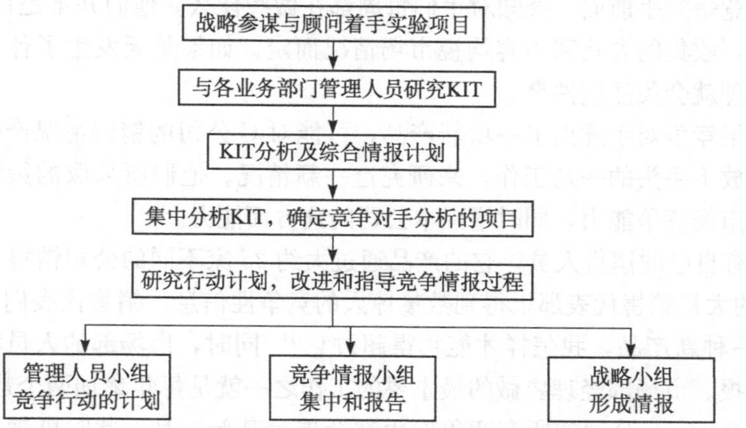

图 19　IBM 公司的实验性竞争情报项目

集中式竞争情报系统及其运行机制不仅改善了企业文化，提高了员工的灵活性、进取心和适应能力，而且协助企业进行了业务重组，防止了过度花费和重复花费，并使信息更加通畅、及时准确，从而使竞争情报更好地用于公司的战略、市场计划、科研及营销策略中。

正是由于有了一个协调统一的竞争情报系统，公司节约了 80 亿美元的资金，并将内部的信息技术费用降低了 47%。同时，还取得了其他一些成果，如缩短了硬件开发周期、提高了客户满意度等。

（四）重点式模式的运行机制

采用重点式模式的企业很多，如 Merck 公司和福特公司。制造伟哥的制药公司把情报部门设在计划部门，采取此种方式的还有北欧的 Soadia 公司（专门从事娱乐和共同基金业务）和斯堪的纳维亚公司，其情报人员负责向决策者提供情报，提出决策者需要考虑的问题。

我们以一家生产医用溶液和其他医学用品的公司为例谈谈重点式模式的运行机制。姑且称此公司为 C 公司。

1. 公司背景

该公司生产医用溶液，销售到医院及其他医疗机构，这是该公司的核心业务。公司拥有大约 60 名员工，销售额不到 5000 万美元。公司从 1950 年开始营业。

与其竞争对手——生产多种产品的跨国集团企业相比，C 公司是家小公司。然而在这种特定医用溶液市场上，C 公司占有的市场份额最大。C 公司的主要客户依次为医院操作室、医院的其他治疗部门和其他保健场所，如内科医生办公室、护士之家、外科中心等。

C 公司的发展比其竞争对手们快得多。事实上，最近八年来，它的最大竞争对手丢掉了60%的市场份额，其中绝大部分已落入C公司囊中。

2. 竞争情报系统运行机制

公司的竞争情报部门设在市场部和生产部两个部门，由这两个部门的经理主要负责竞争情报工作。

1）情报收集。C公司并未就如何、何时及为什么搜集竞争情报制定正式的规章制度，但它力争走在竞争对手前面，查知对手们每周都在做些什么。他们并不是订出一年的计划，而是逐日收集，收集的方式和内容均视市场情况而定。如果某天发生了什么事，市场部经理和生产部经理就会关注这件事。

例如，如果竞争对手推出了一项新产品，可能对C公司的销售情况产生影响，那么这两位经理就会放下手头的一切工作，来研究这一新情况。他们所采取的策略目的明确：削弱竞争对手的市场竞争能力，同时增强本公司的这方面能力。

C公司没有自己的销售人员，它的产品通过大约25家不同的公司销售，而C公司可从这25家公司的大量销售代表那里得到数量惊人的竞争性信息。销售代表们可能会打电话来说："我看见一种新产品，我怎样才能卖得超过它?"同时，市场部的人员积极利用各种会议之机搜集情报。市场部经理要做的最重要的工作之一就是每年参加两个最主要的展览会。在这两个展览会上，C公司的所有竞争对手都会展示其新产品，此时可趁机收集针对这些展品所反馈的信息。

另外一个收集竞争情报的重要渠道是一份昂贵的出版物——IMS。IMS每季出版一次，追踪报道上千种医学产品的情况，同时还报道医院的购买情况、产品价格、特定产品厂家的市场占有率、产品规格等。

2）情报分析与情报产品的提供。市场部和生产部的竞争情报小组，负责对搜集来的信息进行分析，并提供报告。它们会根据竞争情报来决定其产品外观和包装，此时会征询生产部门其他人员的意见。市场部门的工作同样很重要：C公司总是要在了解到竞争对手的一种或几种定价方式之后，才为自己的产品定价。

3）决策。通常情况下，决策由公司总裁、执行副总裁、市场部经理和生产部经理共同做出，总裁和执行副总裁最后拍板。

4）总结。上述案例中竞争情报系统的运行机制比较简单，但也正是由于其简单，所以容易管理和操作，而且减少了中间环节，加快了情报流通速度，提高了竞争情报利用效率。

从上述案例中也可以看出，重点式模式并不要求竞争情报工作只局限于某个职能部门，也可以由两三个重点职能部门共同做好竞争情报工作。

（五）独立式模式的运行机制

我们以科克·泰森国际公司（Kirk Tyson International Ltd.）的Kirk. W. Tyson和Katheyn. M. Swanson提出的竞争情报系统模式为例（图20）。

运行机制：

1）竞争情报中心是一个独立的部门，由它来管理竞争情报系统，完成竞争情报项目，满足企业各级情报用户的需求。

2）竞争情报系统包括三个子系统：网络管理系统、行业监视系统和专题管理系统。

● 网络管理系统。负责信息的收集和竞争情报产品的存储、管理与传播。其收集信息

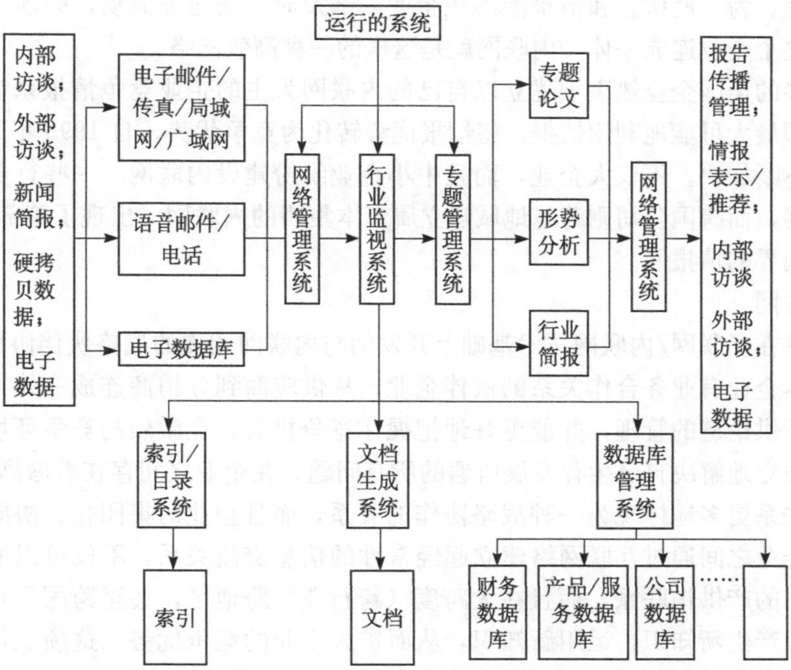

图 20　科克・泰森国际公司的竞争情报系统模式图

的途径多种多样，包括电子邮件、传真、局域网、广域网、语音邮件、电话、电子数据库等，信息的来源为企业内部访谈、外部访谈、新闻简报（newsletters）、硬拷贝数据、电子数据等。同时网络管理系统还负责报告传播管理、情报表示和推荐、内部访谈、外部访谈，以及管理和传播电子数据等工作。

● 行业监视系统。包括三个更低层次的子系统：索引/目录系统、文档生成系统和数据库管理系统。其功能分别为：索引/目录系统生成索引库，文档生成系统生成文档库，数据库管理系统生成财务数据库、产品/服务数据库和公司数据库等。

● 专题管理系统。负责生成情报产品，包括专题论文、形势分析报告和行业简报等。

该竞争情报系统充分利用了网络技术、数据库技术和情报分析技术，计算机化程度高。

七、企业竞争情报系统的未来发展

（一）国际

近年来，由于竞争情报系统的发展，尤其是大型跨国公司竞争情报工作的卓越成就，促使许多企业决策者们认识到了竞争情报的重要性，纷纷在本企业建立竞争情报系统。总体说来，竞争情报系统的发展呈现如下趋势：网络化；智能化；集成化；决策化。

1. 网络化

企业竞争情报系统向网络化发展包含三个层面的涵义。

(1) 内联网

企业竞争情报系统是为整个企业的经营决策服务的，应当涵盖企业的各种经营活动，包括计划、库存、生产、销售、售后服务、研发、推广等经营过程，也包括财务、人力资源等管理过程。为了使信息和情报能够在企业内部及时、畅通地流动，必须通过某一种或几种网络将整个企业连成一体，内联网就是这样的一种高效网络。

越来越多的美国企业热衷于建立以自己的内联网为主的企业竞争情报系统，其目的都是相同的，即最大可能地利用情报，将情报优势转化为竞争优势。自1995年开始，内联网的建设步伐不断加快。不仅大企业，而且中小企业纷纷建设内联网。一些行业开始应用扩大了的内联网，而跨国公司则跨越地域建立属于本集团的内联网，出现了跨部门、跨公司、跨行业和跨国界的情报网。

（2）外联网

外联网是在互联网/内联网技术基础上开发的与内联网相连的战略伙伴协作网。通过外联网，把与本企业有业务合作关系的伙伴企业，从供应商到分销商连成一体，使企业可以更有效地进行供销链的管理，并能更好地把握住竞争机会。在激烈的竞争环境中，没有一个企业能够独立地解决自己生存发展所遇的所有问题。在企业之间存在着激烈竞争的同时，企业之间的关系更多地体现为一种战略协作的关系，而且企业的集团化、协同化趋势也越来越突出。企业之间通过互联网络建立起经常性的信息交流关系，不仅可以通过信息互换加强企业之间的产供销联系，而且在大跨度（跨行业、跨地区，甚至跨国界）的互动作用中有利于企业产生新知识、运用新知识，从而扩大企业的竞争优势。这项工作需要由企业竞争情报系统来实施。

（3）互联网

互联网是世界上最大的信息库和信息传送枢纽，因而也是企业竞争情报开展工作的一项有力工具。通过网络直接与用户、经销商及竞争对手接触，可以迅速了解市场的第一手信息和竞争对手情况，为企业决策提供依据。

从竞争情报系统的具体运作角度来说，CIS的网络化趋势体现在系统运行的信息搜集和信息服务两个阶段中。

- 竞争情报收集的网络化。网络信息资源纷繁复杂，企业可以定制适合自己的自动搜索软件，定期检索与本企业、本行业有关的网上情报源。这样既可在一定程度上保证信息搜集的完备性，又大大减少了信息搜集人员的工作量，使其可以专注于其他信息来源，如加强对非公开信息的搜集工作力度。此外，企业的大量内部文档及下载的大量电子资源，可以采用文档自动归类系统，进行有效地组织管理。
- 竞争情报服务的网络化。情报服务则更应强调网络化服务，企业决策层应能够不受时间、地域的限制接受所需的情报服务。更理想的服务方式是CIS根据用户对象的不同，提供特定的推送服务，为不同的决策人员提供不同的定制服务界面；而企业的其他员工也可以根据自己的需要，定制适合自己需要的内联网服务。

2. 智能化

随着信息技术水平的提高和新方法、新工具的产生，竞争情报系统越来越向智能化方向发展。上述的自动搜集信息其实就是竞争情报系统智能化的一种表现。除此之外，更重要的是系统的智能化分析功能、学习功能和智能化检索功能。

1）智能化分析功能。有些情报分析工作不必非由人来完成，可以依据一定的模式，依靠软件支持，只要有一定格式的数据输入，就可直接由系统自动生成情报简报、企业竞争力分析等情报成果，大大降低情报分析人员编辑、处理信息的工作量，提高工作效率。

2）学习功能。先进的竞争情报系统会具备学习功能，每回答一个情报需求或完成一项竞争情报项目，系统会“记住”这些项目的运作流程、原始资料、资料来源、分析方法、项目结果、产生的情报产品、求助过的专家等。下次再有用户提出情报需求，系统先查询自己的“记忆库”，若有相同案例，可以直接给出问题的答案。若需求相似，可给出类似的案例作为参考，同时还可给出开展此项竞争情报项目的参考步骤和流程。如此一来，系统效率就可大大提高了。

3）智能化检索功能。随着检索技术的发展，竞争情报系统可以逐步实现智能化检索功能，如模糊检索等，可以让不了解检索方法的人员也能方便地检索到自己所需要的情报。

3. 集成化

从前，企业的各职能部门之间来往并不密切，相互的情报交流不多也不及时，或者说干脆就没有。即使有，也仅仅是个别部门之间的偶然交流，并未制度化，也没有在整个企业中全面铺开该项工作。这样的状况会造成各种资源的浪费，包括信息资源、实物资源、人力资源和财务资源的浪费，而且效率也比较低下。如果在新的市场环境下，企业仍照原有的方式运作，很快就会发现自己迟缓的步伐无法跟上令人眼花缭乱的环境变化。

为此，企业需要对各职能部门及信息资源进行整合和集成，这项工作可以也应该由企业的竞争情报部门完成。集成的方法多种多样，常见的是设立一个竞争情报中心来协调或管理整个企业的情报工作，保证信息流的畅通无阻。这样决策者和各职能部门就能够随时全面地掌握各种情况，以便做出恰当的决策。在许多已经做出这种转变的企业中，从库存、生产、营销和其他部门收集的信息通常被用来提高生产和服务效率，降低库存成本。可以说，这种信息已经成为确定生产和库存管理战略的基础。

当一个企业能在图21的三类资源系统之间实现合适的集成时，就能在组织的协同作用方面，在与竞争能力有关的产品、服务、市场反应、管理决策等方面都获得显著的改善。

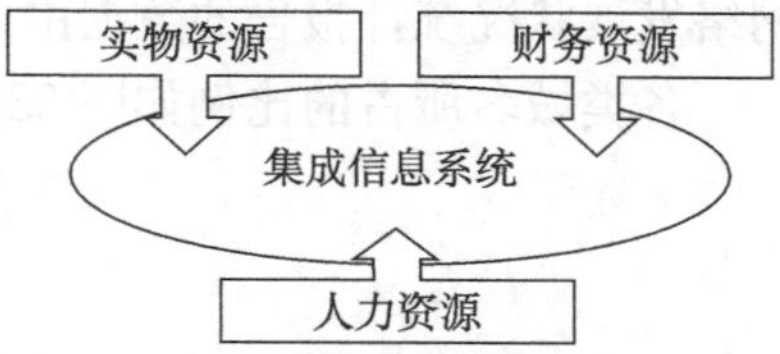

图21　三类资源系统的整合

很多企业已经认识到了这一点，并及时采取了行动，也因而取得了良好的效益，宝洁公司就是这方面的典型例子。该公司的竞争情报系统集成了决策支持系统、最优化生产安排系统、库存控制系统、原材料订购系统、分销系统、计划系统等各种系统，同时配合其他信息和情报的使用，达到了以下目标：改进了生产计划；大量削减了库存；降低了生产成本；提高了对生产混乱和产品需求突然变化的快速反应的能力。

4. 决策化

从前的企业情报部门和竞争情报系统主要是为中层决策人员及各职能部门服务的。今天，企业高层决策者和竞争情报人员都已经认识到了竞争情报在企业决策中所能发挥的巨大作用，各企业纷纷设立位于行政最高层的CIO职位就说明了这种认识的普及。

竞争情报系统的工作重心也从单纯的、分散的日常性情报工作转向目的性很强的竞争对手跟踪、重大课题深入分析等方面，日益成为企业决策的重要依据。企业竞争情报系统离企业决策机构越来越近了。

(二) 国内推动因素

近年来，竞争情报工作在中国也获得了较大的发展，并且由于如下因素的推动作用，其发展势头越来越强劲。

- 企业信息化的推动。
- 加入 WTO 的推动。
- 学术团体的推动。
- 示范工程的推动。
- 咨询机构的推动。

1. 企业信息化的推动

企业信息化就是将现代信息技术应用于企业的生产、管理和商务活动。在这一过程中，需要收集大量的信息，并需要对这些信息进行加工整理，深入分析，使之成为有序化的情报产品，进而应用到生产过程、管理过程与商务活动中去。竞争情报的任务正是收集、存储、分析和传播信息，及时为有关部门提供准确、具体、相关并具有前瞻性及可操作性的情报。因此，可以说竞争情报工作是企业信息化的一个重要组成部分，是实现企业信息化的必要手段，也是企业信息化的必由之路。

我国的企业信息化工作已有了 20 多年的历史。随着我国企业改革的不断深入发展，一部分企业率先开始了信息化进程，应用现代信息技术对传统企业进行改造，大大强化了企业的竞争优势。当前政府对于企业信息化的引导与政策支持力度也在大力加强，国家还专门设立了企业信息化工作领导小组。

我国企业信息化的程度和势头可由中国互联网信息中心于 2001 年 1 月发布的中国互联网络发展状况统计报告的数据中可见一斑。

各类域名所占的比例如图 22 所示。

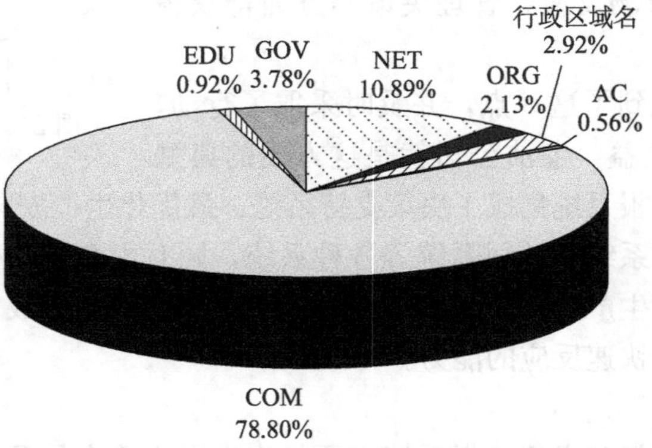

图 22　各类域名所占比例

从表 2 和图 22 中可以看出，CN 下注册的域名已达 122 099 个，其中商业、企业类域名（.com）为 96 221 个，比例高达 78.80%，而且有些企业的域名直接注册在 .com 下，而非 CN 下。有的企业早已上网，如收集竞争对手信息、做广告等，但并未注册域名。这样算起来，我国企业信息化的步伐确实很快。企业信息化的进程必将加快竞争情报系统的发展。

表 2　CN 下注册的域名数

	AC	COM	EDU	GOV	NET	ORG	行政区域名	合计
数量/个	682	96 221	1 127	4 615	13 291	2 596	3 567	122 099
百分比/%	0.56	78.80	0.92	3.78	10.89	2.13	2.92	100.00

2. 加入 WTO 的推动

中国已经迈向 WTO 的门槛。可以预见，在年内，此事当可实现。对于中国的企业来说，入世既是机遇，也是挑战。我们的企业有机会和国外的企业在相同的环境下竞争了，但是那些受惯保护的企业也失去了优势。美国电信企业就曾断言："要在中国入世后 6 周内打垮中国电信。"这绝非毫无根据的狂语。中国企业要想在入世后站稳脚跟，进而取得竞争优势，靠什么？还是那句话："知己知彼，百战不殆。"竞争情报乃是现代企业克敌制胜的锐利武器，市场竞争的宠儿。国际竞争的激化，催化着我国竞争情报业的繁荣。有远见的经理们已经意识到了这一点。一些中国企业率先开展了竞争情报工作，甚至已有企业致力于改进竞争情报系统，提高情报工作的效果了。

3. 学术团体的推动

中国科技情报学会竞争情报分会是中国竞争情报业发展的学科"带头人"。该分会是在中国科技情报学会情报研究暨竞争情报专业委员会的基础上组建而成的全国性竞争情报工作者的学术性团体。它有以下主要任务。

- 组织竞争情报理论与实践的学术研究和交流活动。
- 普及竞争情报知识和技能。
- 开展竞争情报咨询服务。
- 发展国际竞争情报的合作和交流。
- 维护竞争情报工作者的合法权益，奖励优秀论文和优秀人才。
- 编辑出版竞争情报学术书刊和科普读物。

竞争情报分会突破了科技信息系统的局限，涵括了中国科技信息、经济信息、商贸信息、软科学研究和咨询服务的一些主要机构，如中国科技信息研究所、国家信息中心、中国企业管理协会、国务院研究发展中心、中国社会科学院、中国国际贸易促进会、中国兵器工业情报所、北京大学、中国对外经济贸易咨询公司、上海科技情报研究所、重庆长安汽车集团、上海宝钢集团等重要的研究咨询机构和企业集团。近年来，竞争情报分会为推广竞争情报工作、振兴企业、加速中国经济和信息咨询业的发展做出了很大贡献。

最近，竞争情报分会、北京大学和清华大学共同发起了一项竞争情报培训项目，该项目的目的是进一步推广竞争情报观念，指导企业建立或改进自己的竞争情报系统，培训对象为企业高层决策者和情报工作者。相信此项培训活动会大大促进竞争情报工作在中国企业中的发展。

4. 示范工程的推动

北京市政府高度重视竞争情报对增强企业竞争力的重要作用，由北京市科委牵头，组织实施北京市竞争情报示范工程，邀请北京地区的竞争情报专家协助北京工业企业开展竞争对手分析、竞争力比较、竞争策略制定和竞争情报系统的建立等工作，推动了北京地区竞争情报业的发展。

迄今为止，已有北京开关厂、北京大华陶瓷厂、北京市烟草公司、北京三环毛纺针织集团公司、铜牛针织集团公司、北京兆维集团、北京市医药工业总公司等数家企业建立了竞争情报系统。这些系统分别在本企业的产品开发、竞争策略制定、竞争对手分析等方面做了建设性的工作，增强了企业的竞争优势。

另外，其他城市也有类似的示范工程，比如，2000年始云南省竞争情报示范工程的启动。示范工程的开展将会促进这些地区和全国竞争情报业的发展。

5. 咨询机构的推动

由于国家关于加速第三产业，尤其是信息咨询业发展的决定和对信息机构实行“稳住一头，放开一片”的政策，自20世纪80年代以来，我国信息咨询业迅猛发展。以北京为例，据北京市统计局年报统计，1996年北京地区信息咨询服务业与计算机应用服务业的主营业务收入为62亿元，1997年为71亿元，增长14.5%。到1998年达到101.4亿元，增长42.8%，其GDP的贡献值在全市第三产业中所占比例已达2.8%，占全市GDP的比例为1.58%。仅从咨询服务业（即不计信息和计算机应用服务业）来看，其1998年的主营业务收入约为47.31亿元，机构数约2200个，从业人员约为5.3万人，其GDP值占全市第三产业的2%，占全市GDP的1.1%。

我国许多信息咨询机构都把竞争情报咨询作为重要工作内容之一。它们广泛开展技术跟踪、环境监视、市场调查、对手分析、策略制定等咨询活动，以满足企业日益增长的竞争情报需求。不少企业通过咨询机构认识到了竞争情报对于企业发展的巨大作用，随后即谋求建立本企业的竞争情报系统，将竞争情报工作作为一项日常工作来抓，以随时满足企业决策者及其他部门的情报需求。因此，咨询机构的活动必然会推动企业竞争情报工作的未来发展。

八、企业竞争情报系统建设中的若干重要问题

在企业竞争情报系统的建设过程中，我们要特别注意如下问题。

- 一把手原则。
- 与企业管理改革相结合。
- 以竞争对手分析为核心。
- 人机结合问题。
- 快速反应问题。

（一）一把手原则

竞争情报部门要想顺利建立企业竞争情报系统，并保证其良好运行，就必须取得企业一把手的支持。企业竞争情报系统是一项复杂的系统工程。其中不仅涉及各种技术问题，更重要的是涉及企业管理体制和运行机制的改革，而且要进行大量的组织协调工作和普及培训工作，要解决由于企业管理制度的不规范、不完善、不标准而造成的各种困难，甚至要克服传统习惯势力的阻碍和抵制。上述问题如果没有一把手的支持，没有主要领导的出面，仅靠具体业务工作部门是无法协调和解决的。

要想取得一把手的支持，重要的一条就是要让一把手了解竞争情报的重要作用。竞争情报部门可以考虑开展一些示范性项目，让一把手看到竞争情报的切实效果。比如，评估企业主要竞争对手的竞争力，让决策者对竞争对手拥有前所未有的全面和深入的认识；又

比如，评估企业主要供应商和潜在供应商所提供原材料的性能价格比；再比如，整合企业信息流，改善企业各部门之间的沟通情况，加快企业的反应速度；等等。当一把手们真真切切地感受到竞争情报的强大力量时，就会全力支持这项工作。

（二）与企业管理改革相结合

传统企业的组织结构往往是垂直多层的金字塔形，中间管理层次过多，信息传递缓慢，致使企业对市场变化和顾客需求的反应十分迟缓。随着信息时代的到来，企业竞争日趋激烈，这种金字塔形的管理模式已经不能适应新的竞争环境，企业管理改革势在必行。

企业管理改革以关心用户需求和提高用户满意度为目标，对现有经营管理过程进行根本的再思考和彻底的再设计，试图建立一种真正面向市场需求的、扁平化的组织结构。在这种组织结构中，中间层次成了机构精简的主要对象。之所以提倡这种变革，是由于过去中层管理者的作用是监督别人以及采集、分析、评价和传播组织上下各层次的信息，但现在这些职能正随着企业信息化的不断深入发展而减弱。

现在，越来越多的企业试图通过建立 CIS 来重新构造企业与雇员、企业与顾客、企业与协作伙伴及竞争对手等方面的关系。把企业的战略决策阶层和基层职员、市场和用户直接联系起来，使企业减少纵向管理层次，加强横向管理互动，从而使非集中化的、即时性的创造性决策成为可能，以确保企业在瞬息万变的市场经济活动中获得竞争优势。

组织结构的扁平化意味着打破部门之间的界限，任命跨职能的任务团队，进行对等的信息和知识联网，使每个人都成为网络上的一个节点。这使得企业能够把人员组织和协调起来，按照市场机会去完成跨职能的项目或工作任务。团队的成员彼此依赖各自的能力，形成相互协作关系。每个人都有可能成为某一项目的信息采集人员或情报分析人员，都是网络中的知识贡献点和决策点。

为此，未来的竞争情报系统必然要求设立以项目（任务）为基础的分布式虚拟管理方式，以特定项目、特定任务的需求为中心，灵活地组织和调配竞争情报力量，甚至将某些竞争情报工作外包出去，以便迅速准确地提供具体的、可操作的和有针对性的竞争情报，并且将项目与企业的战略规划系统地结合起来。而计算机网络技术的发展，使企业得以将分布在各部门、各方面甚至世界各地的竞争情报资源组织联结成一个整体，就像组成了一个相当于人类神经系统的“数字神经系统”。数字神经系统由数字信息过程构成，它提供集成的信息流，使得企业能够迅速感知其竞争环境的变化，觉察竞争对手的挑战，掌握客户的需求，然后及时做出反应。竞争情报系统的这种分布式虚拟管理方式意味着对企业竞争情报资源的更大集成。因此，要求加强对企业竞争情报资源的管理。

（三）以竞争对手分析为核心

我们知道，建立和实施竞争情报系统可使企业获得或保持竞争优势。何谓优势？有劣势才有优势，优势是比较出来的。和谁比呢？自然是和竞争对手比。竞争对手一直是企业关注的焦点，也是竞争情报活动的核心。SCIP 的宗旨很明确：成立 SCIP 的目的是通过对竞争对手行为与策略的理论分析，帮助其会员提高本公司的竞争力。

以竞争对手分析为核心也是竞争情报系统区别于其他各种企业信息系统（如 MIS、ERP、MRPII、DSS 等）的一个基本特征。

尽管企业决策者们都知道在战略制定中需要深入分析竞争对手，但是在实践中这一分析有时做得并不全面，也不清晰。管理者的思想中可能会产生关于竞争对手的危险假设，“系统地分析竞争对手是不可能的”“我们对于自己的竞争对手是非常了解的，因为我们每天都与他们竞争”。事实上，这两类假想一般都不成立。更进一步的难题是对竞争者深层次分析又需要大量数据，而大部分数据不经一番努力是难以得到的。许多公司不是系统地收集竞争对手信息，而是根据每个管理者所得到的竞争对手的传闻得出一些非正式的印象、臆想和直观感觉，然后再根据这些印象、臆想和感觉来采取行动。如此一来，决策的基础常常错误，决策的失误也就不可避免了。

为了避免上述悲剧的发生，企业竞争情报系统应当将工作重心放在竞争对手分析上，将其定为最主要的常规情报工作。可事先列出本企业主要竞争对手，确定需要搜集信息的各种领域和指标，然后通过各种渠道和方法持续不懈地、目标明确地、尽可能全面地搜集这些信息，定期分析所收集的信息，遇到重要问题、重大动态要随时分析处理，之后以适当的方式为决策者提供情报产品和情报服务。如此一来，企业才可真正做到“知己知彼，百战不殆。”

（四）人机结合问题

前面说过，科技以人为本。人始终是企业竞争情报系统的主导因素，不过人也不会拒绝使用能够减轻劳动量、提高效率的机器和技术。企业竞争情报系统必然要借助于计算机和网络，它们是帮助人们快速收集、加工信息、分析数据、传播情报产品的重要工具，单纯依靠手工处理是无法适应快速变化的企业竞争环境的。

但也不是说每个企业都要建立一套高度先进的计算机网络系统。每家企业都有自己的实际情况，到底要建立什么样的竞争情报系统，人机各占多大的比例，应视企业的具体情况而定。要考虑企业的规模、情报需求、财务状况、人才状况及系统的投入产出比等因素，全面衡量，综合考虑，建设适合本企业实际的竞争情报系统。待企业进一步发展壮大，竞争情报也越来越为决策者和其他员工所接受时，可以适时考虑系统设备的增添与更新，工作流程的改进，竞争情报项目的增加与深入，以使整个系统更加先进，能做的工作更多，为企业取得更大的竞争优势。

（五）快速反应问题

具备快速反应能力是现代企业生存和发展的重要条件。为应付瞬息万变的市场需求，企业的竞争战略从20世纪60年代的扩大生产规模，70年代的降低生产成本，80年代的改进产品质量，演变到90年代的以提高市场反应速度为中心的竞争战略上来。时间因素已经被提高到现代企业竞争的关键地位。

因此，对于企业竞争情报系统提供情报产品及服务的一个重要要求就是及时性。也就是说，CIS要具备快速反应能力。竞争情报系统要在第一时间跟踪、分析和反映瞬息万变的实际情况。只有这样，才能保证管理决策者随时根据企业内外环境条件的变化做出迅捷的反应，及时调整竞争战略决策，使企业保持较短的生产周期，增强快速反应能力。

为了实现企业的反应敏捷性和技术、人员、生产及管理等多种组织柔性，一种分布式网络化企业——“虚拟企业”的概念应运而生。所谓虚拟企业，就是指把不同地区的现有资源迅速组合成为一种超越空间约束、依靠电子手段联系、统一指挥的经营实体，从而以最快的速度推出高质量、低成本、多样化的新产品。它的特点是在企业功能上的不完整性、组织结构上的非永久性和地域上的分散性（即企业功能虚拟化、组织虚拟化和地域虚拟化）的前提下，通过信息集成和管理，发挥资源的总体效益，增强企业的竞争能力。

虚拟企业对于市场需求的任何变化都要做出快速反应，从而对企业信息管理提出了更高的要求。一个优秀的竞争情报系统在许多场合只是通过网络联结起来的“虚拟信息系统”，系统的功能与结构随企业竞争目标的变化而变化，因此能满足现代企业基于快速反应的竞争决策要求。

九、结语

竞争情报工作的历史并不长，但其绩效很明显，那些建立了竞争情报系统并开展了情报工作的企业受益匪浅。因此，其重要性已经越来越为学术界和企业界所认识。

中国的竞争情报工作已经取得了一定的成就，越来越多的学者把目光投注在这一领域，他们正致力于探索竞争情报系统的模式和运行机制，培养竞争情报人才，指导和帮助企业开展这方面的工作，示范工程的成功实践也推动了中国企业竞争情报系统的建设。

中国入世在即，我们的企业即将或说正在面临前所未有的全球化的激烈竞争。面对商界的惊涛骇浪，企业必须擦亮眼睛，然后才能做出正确决策，否则就会“一招不慎，满盘皆输”。竞争情报系统就是企业的眼睛，也是企业的大脑，它会为决策者提供知己知彼的情报，对竞争对手的动向进行监控和评估，对可能出现的机遇和危险提供早期预警，为企业的战略规划、竞争决策和策略制定提供思想和依据。因此，希望本文能够为中国企业建立竞争情报系统、开展竞争情报工作提供思路和借鉴，也期盼中国企业能够因此而在全球竞争中取得并保持竞争优势。

参考文献

[1] 包昌火．加强竞争情报工作，提高我国企业竞争能力，中国信息导报，1998，11：33-36

[2] 包昌火，谢新洲．前言，竞争情报与企业竞争力，竞争情报丛书．北京：华夏出版社，2001：4.

[3] Prescott J E. 1998 年 10 月 6~7 日在北京大学光华管理学院召开的“企业战略决策与竞争情报活动研讨会”上作的专题报告．

[4] 迈克尔·波特．竞争战略．陈小悦译．北京：华夏出版社，1997：1.

[5] FIND/SVP. Analyzing Your Competition-Its Management，Products，Industry and Markets，fourth edition，New York，1997.

[6] Jaworski B，Wee L C. Competitive Intelligence：Creating Value for the Organization，1993. 8.

[7] 谢新洲，李娜，戴侣红，等．我国企业信息化和竞争情报实态调查．本课题的分报告之一，本书第一部分．

[8] 岳剑波，郑登理．企业竞争情报系统的结构和功能．本课题的分报告之一，本书第一部分．

[9] 包昌火，张燕，郑登理，等．企业竞争情报系统的设计和运行．本课题的分报告之一，本书第一部分．

[10] 刘细文，戴侣红，李乃畅．国外企业竞争情报系统的现状和发展．本课题的分报告之一，图书情报工作．2001，1.

[11] 包昌火，刘诗章，戴侣红，等．发展中的中国竞争情报业．科学进步与学科发展．北京：中国科学

技术出版社，1998.
[12] 段学鹏．论企业竞争情报系统的建设．北京大学信息管理系硕士毕业论文．2000，6.
[13] 冯维扬．竞争情报计算机系统模型分析．情报学报．2001，(2)：39-45.
[14] 曾忠禄．情报制胜——如何搜集、分析和利用企业竞争情报．北京：经济管理出版社，1999：12.
[15] 中国互联网信息中心，中国互联网络发展状况统计报告．北京：2001.
[16] 北京咨询业成绩显著．http：//www. bjca. org.
[17] 席建民．企业竞争情报的培训及运行机制．现代情报．1996，增刊：72-75.
[18] Prescott J E．序言//竞争情报丛书．北京：华夏出版社，2001：4.

企业竞争情报系统的设计和运行*

竞争情报人员是知识的生产者、整合者和传播者，而竞争情报的生产、整合和传播是通过竞争情报系统来实现的。因此，CIS 的设计和运行就成为企业 CIS 建设中的关键问题。本文是国家自然科学基金会项目“竞争情报系统的模式和运行机制研究”课题的分报告之一。本报告将根据国内外 CIS 的理论和实践，构筑企业 CIS 的设计和运行，在对 CIS 的用户情报需求进行具体分析的基础上，提出 CIS 的基本框架；论述其核心的三个子系统——竞争情报收集子系统、竞争情报分析子系统、竞争情报服务子系统的设计；并总结了设计 CIS 的考虑因素和原则。

一、CIS 的用户情报需求分析

用户情报需求调查是情报审计的重要内容，是企业建立 CIS 的起点和归宿。

(一) 各类企业情报需求特点

1. 大型企业情报需求的特点

1）以提高企业经济效益为出发点。大型企业需求情报的根本目的是提高企业经济效益，企业情报工作也正是围绕着这一目标展开的。因此，其情报需要带有明显的实用性。

2）以产品开发为轴心。目前，企业之间的竞争归根结底是产品的竞争。因此，产品开发对于企业，特别是大型企业是生命攸关的大事，企业对产品开发情报、技术经济情报、产品标准情报的迫切需求，正体现了企业以产品为轴心的情报需求特点。

3）需要全方位的综合性情报。大型企业的情报需求不光是某个用户个人的欲望和行为，而是由不同层次的用户如企业的最高决策者、研发人员、生产人员、销售人员、财务人员等在总体目标驱使下所表现出来的不同层次情报需求的总和。由于各类用户的工作岗位、工作

---

* 原项目报告为：企业竞争情报系统的模式和运行机制研究，国家自然科学基金委员会项目（项目编号 79770085），中国兵器工业第二一〇研究所，中国科技情报学会竞争情报分会，2000：97-137。

任务不同，文化技术水平有差异，决定了大型企业情报需求具有全方位、综合性的特点。

4）情报需求内容的广泛性。企业的发展越来越与科技、社会、经济、文化相融。在这方面，大型企业和中小企业基本一致。在情报需求上，已由过去单一的科技情报需求转变为以竞争情报为主，对科技、经济、政治、市场、营销、政策、法规、专利、标准等情报都有需求。

5）所需情报源的多样性。与情报需要内容的广泛性相适应，大型企业需要各种载体的情报源。不但需要文献型情报源，而且需要非文献型情报源；不但需要一次文献，而且需要第二、第三次文献，从标准、专利、产品指标、期刊、会议文献、实用样品到检索工具等都有需要。

6）获取情报的多渠道性。从大型企业获取情报的渠道来看，既有传统渠道，也有新兴渠道；既有纵向渠道，也有横向渠道；既有正式渠道，也有非正式渠道，而且往往多种渠道同时并举。

7）需要多种形式的情报服务。大型企业情报用户层次多，成分庞杂，情报需求的目的各种各样。因此，需要多种形式的服务。从被动的浏览服务到主动的定题服务，从简单的资料通报、资料汇编到较复杂的专题调研，从传统的手工检索到现代的计算机检索、网络检索等各种服务形式都有需求。

8）需要较高层次的情报。大型企业技术力量较强，产品档次较高，需要管理决策和新产品开发、技术引进、技术改造和生产中的技术诀窍等国内外最新的信息。情报需求呈高层化趋向，这是大型企业和中小企业特别是乡镇企业有所区别的地方。

9）大量需要技术情报。纵观我国现阶段的大型企业情报工作的现状，分量最大的仍是技术情报工作，主要是围绕着生产中出现的技术问题，搜集情报，为技术攻关服务。

10）需要见效快的情报。市场竞争瞬息万变，企业迫切需要能够对市场做出快速反应、能够迅速对企业产生效益的情报，这正是现代企业制胜的一个关键因素。

2. 中小企业情报需求的特点

1）具有更明显的针对性。中小企业的情报活动具有更强的目的性，都是针对经营中的某一个问题而获求情报的。

2）情报需求的多样性。中小企业所需情报已由过去单一的科技情报拓展到经济情报、市场情报、管理情报及各种预测情报兼而有之的多样化情报。

3）情报来源的广泛性。从中小企业获取情报的渠道看，各种渠道都有所使用，而且非正式渠道和新兴渠道在中小企业中往往使用得更多，如社交活动、用户反馈等都是中小企业普遍利用的信息收集渠道。

4）以产品为中心开展情报活动。在市场经济环境下的中小企业，产品是生存的关键。因此，产品开发、市场行情预测都是中小企业首需的情报。

5）对经过深度加工的情报最感兴趣。中小企业由于情报加工能力有限，故对经过筛选和加工的情报，如技术标准、工艺规范、产品配方、行业调查、对手分析、产品发展、市场预测等最为欢迎。

从上述可见，规模大小不同的企业对情报的需求呈现不同的特点，因而企业在设计与建立 CIS 时，应当从企业的现实出发，尽量以最少的资金、人员投入获得最高的情报收益。

（二）企业各类用户情报需求特点

企业内不同情报用户由于在企业中所处的地位、工作、职责等不同，他们的情报需求特点也就不尽相同。为了便于分析企业各类情报用户的需求特点，可将CIS的用户大致分为三类：最高决策者、各职能部门决策者、企业其他员工。

1. 最高决策者的需求

最高决策者包括董事长、厂长、总经理、总工程师、总会计师等。在企业的经营管理过程中，他们需要确定企业的未来发展与战略目标。他们对竞争情报的需求是以全局性、分析性的为主，具体可以分为如下四个方面。

1）政策法规情报。包括党的路线、方针、政策；国家机关的有关法令、规定、指示；国家制定的社会经济发展战略，长、中、短期经济与社会发展计划等；上级主管部门发出的政策性指令、行业规划；主管部门的各种通报、简报、经济预测等。

2）企业内部情报。包括反映本企业职能部门、分厂、车间、工段、班组等生产经营活动的情报，如生产、供应、销售、资金周转、劳动生产率、收益分配等情况；企业政策、制度、规定的贯彻落实情况等。

3）市场情报。内容主要是产品、消费需求、消费心理、购买力、资金投向，以及自然环境、社会环境等方面的情报。

4）行业动态情报。主要包括行业竞争环境、主要竞争对手、企业竞争战略与策略、技术发展动态、同行业新产品开发和市场占有率等情报。

2. 各职能部门决策者的需求

各职能部门决策者的需求依据部门的不同各有特点。

1）销售部门。该部门决策者的情报需求主要有以下三个方面。

● 具体的销售数据。销售主管应当可以便捷地按地区、时间、销售人员、销售方式等途径进行查询。

● 市场调查分析报告。除了常规的新产品市场定位、产品的生命周期预测等，还需要获得针对利用企业Web站点获取的用户访问信息、客户反馈信息的分析报告，以此挖掘企业的潜在用户，并有针对性地对用户开展推送服务。

● 网络营销。销售主管将密切关注企业Web站点上的销售业务，如何成功地策划和维护企业Web站点，也是提高企业竞争力的重要因素。

2）生产部门该部门的决策者需要了解企业的生产经营状况、发展趋势、市场情况等，具体有以下四个方面。

● 常规的生产数据。如产品成本、质量、生产率、产量（日、月、半年、年）、原材料及能源利用状况等。

● 最终产品的规格质量与成本耗费。

● 新工艺、新技术、新方法跟踪。

● 新技术应用效果评估。

3）供应（采购）部门。这些部门决策者的情报需求主要有以下三个方面。

● 常规的原材料或外构件价格、供应保证状况、生产设备的技术水平以及维修状况。

● 新材料、新技术、新设备方面的动态信息。

● 原材料、新设备采购计划。

4）研发部门。该部门决策者主要是负责企业的专业技术工作，他们需要考虑产品设计、新产品开发；技术设备的保养维修和更新改造；新技术的引进、消化、吸收和本企业的技术发展等方面的问题。他们一方面要了解本企业的生产经营状况、发展趋势、市场动向等情报，而另一方面更着重于科技情报，他们的情报需求重点在于以下两个方面。

● 国内外有关专业技术的发展动向。特别是一些新产品的性能、结构和发展前景等的情报。

● 本企业内部目前的技术现状与预测。如技术力量、技术水平、生产工艺及技术设备的运转状况；本企业产品的质量、成本、市场竞争能力、新工艺研制的可行性分析、新产品研制周期、产品高新技术附加值、研发投入与回收预测等情报。

5）财务部门。该部门决策者的情报需求主要有以下两个方面。

● 企业资产的历史及现状。如筹资能力、资金利用率、资金收益率、资金周转率、企业其他负担、三角债情况、总营业额等。

● 竞争对手的财政年度报告。

6）人力资源部门。该部门决策者的情报需求主要有以下四个方面。

● 员工基本情况查询。如员工的学历、业绩，以及各类人员的比例、结构等，有利于主管根据项目组合最佳的合作团队。

● 人员调动、招聘方案。

● 竞争对手的人力资源结构分析。

● 员工业绩评估方案。

以上各职能部门决策者除了对各自部门有特定的情报需求，各个部门之间也存在着相互需求关系。例如，销售部门需要生产部门关于产品的质量、成本等方面的信息，而生产部门与供应部门又是紧密联系的。可以看到企业的各个部门既是一个个独立的部门，又是企业供应链上一个个不可分割的环节。

3. 企业其他员工的需求

销售、研发等部门人员的情报需求可以通过信息主管或首席信息（情报）官或各职能部门主管赋予一定的资源访问权限而得到满足。例如，销售主管可以允许部分销售人员获得与其相同的信息资源访问权限。另外，企业竞争情报中心的人员对企业竞争情报收集、分析方法的研究及竞争情报服务机构的动态也需要关注。

综上，企业应当明确自身各类情报用户的情报需求，在确定企业 CIS 的重点服务对象的基础上，组织情报的收集、加工与交流工作，从而最大限度地提高 CIS 的运作效率，为企业经营管理提供高效的决策支持。

二、企业竞争情报系统的基本构成

分析 CIS 的主要职能、构筑 CIS 的基本框架、理清其与现有信息系统的关系是 CIS 设计和运行的关键和基础。

（一）CIS 功能分析

根据企业发展规模、所处经济环境等因素不同，各类企业 CIS 的目标呈现多样化趋势。即使同一个 CIS，随着时空条件、竞争环境等因素变化，其目标、功能也会有所变化。

我们针对不同类型的企业及企业不同层次的竞争情报需求来设计 CIS，它的目标可以分为专业目标和职能目标两大类。

1. CIS 的专业目标

CIS 的专业目标，即面向竞争情报产品生产、传播和交流方面的目标。其包括以下三方面。

1）竞争情报获取。即竞争情报的收集、加工和存储等，主要完成信息的采集和输入。

2）竞争情报价值挖掘。主要通过各种分析技术和工具，把用户真正需要的情报价值或内容挖掘出来，这是 CIS 专业目标的核心内容。

3）竞争情报服务。即满足用户竞争情报需求，提高用户竞争情报意识和竞争情报技能等。

2. CIS 的职能目标

CIS 的职能目标，即面向竞争情报产品在企业发展过程中的作用方面的目标。其包括以下几方面。

1）使企业获得全面、连续的竞争信息，提高企业对信息的利用率。

2）将竞争情报真正用于企业的领导集团、战略规划人员、组织管理人员和具体任务执行人员的决策过程中。

3）监视市场环境、跟踪竞争对手、分析竞争态势和竞争地位，增强企业对竞争市场的快速反应能力。

4）增强企业员工的竞争意识，实现对企业信息和知识资源的有效管理，提高企业的凝聚力。

5）提高企业竞争力，促进企业保持长久的竞争优势，这是 CIS 职能目标中的最主要目标。

（二）业务流程

1. 整体模型

企业 CIS 的核心部分（图 1 中虚框表示）由竞争情报收集子系统、竞争情报分析子系统、竞争情报服务子系统三部分组成。CIS 的整体模型如图 1 所示。

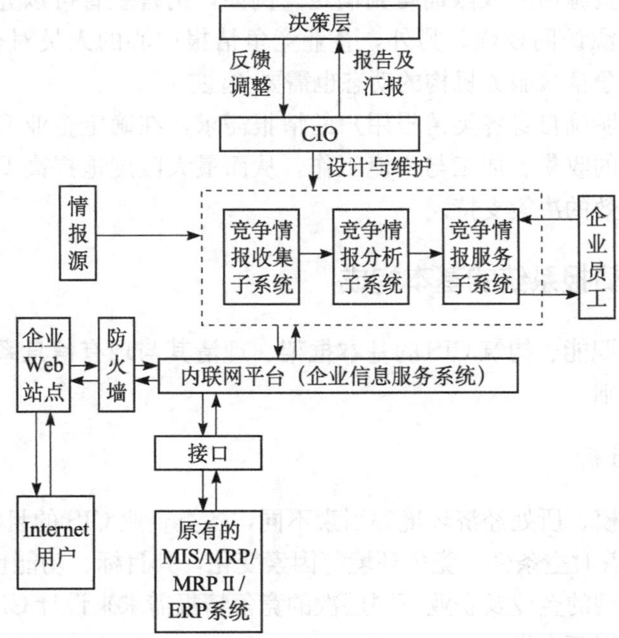

图 1　企业 CIS 整体模型

从图 1 可以看出，企业竞争情报系统的运作过程就是信息的流动过程，也是情报收集、整理、加工和运用的过程。决策对企业的发展是至关重要的，但情报的收集、整理、加工、运用却决定着决策的正确与否。因此，在情报的收集、整理、加工、运用这四个环节中必须保证（图 2）做到以下几方面。

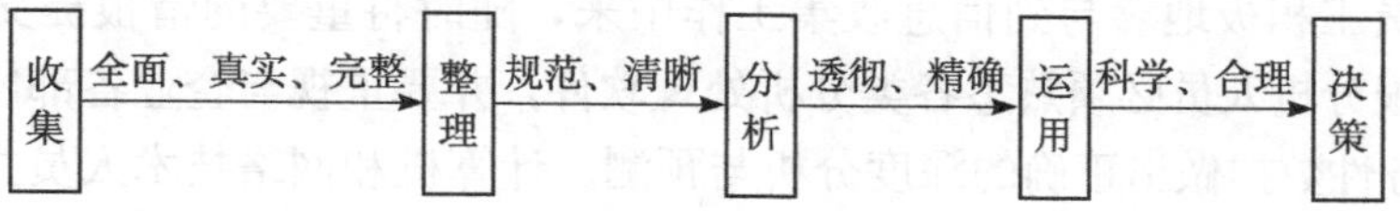

图 2　竞争情报工作流程的要求

1）收集情报必须全面、真实、完整。

2）整理情报必须规范、清晰。

3）分析情报必须透彻、精确。

4）运用情报必须科学、合理。

2. 企业竞争情报中心的构成

企业竞争情报中心通常又称为信息中心，是企业 CIS 的核心，是 CIS 发挥、管理、控制和运行的中心。

企业是否能够有效地利用企业内外的信息资源，支持企业的科学决策，从而使企业在激烈的市场竞争中立于不败之地，企业竞争情报中心的人员配备是至关重要的。

图 3 为企业竞争情报中心内部的组织结构，CIO 是整个企业竞争情报中心的主管。CIO 在整个 CIS 中的地位举足轻重：它既是企业竞争情报中心的主管，同时还要参与到企业整个业务的核心层和经营决策之中。据了解，美国的 500 强大型企业和政府机构中都设有专职的 CIO，并将 CIO 放到了决策层的位置上。CIO 的角色越来越引起企业的关注。首先是由于 IT 日益成为企业开拓市场的重要竞争力，企业能否全面、准确、及时地掌握信息，并提供高效的情报分析处理与流通手段以支持企业的科学决策，将成为企业生存与发展的关键因素之一。其次市场瞬息万变，IT 的突飞猛进，企业如何利用 IT 技术增强企业的竞争力，并获得较高的投资回报率，就需要 CIO 来不断地调整其 IT 战略。CIO 的职责大致包括以下几方面。

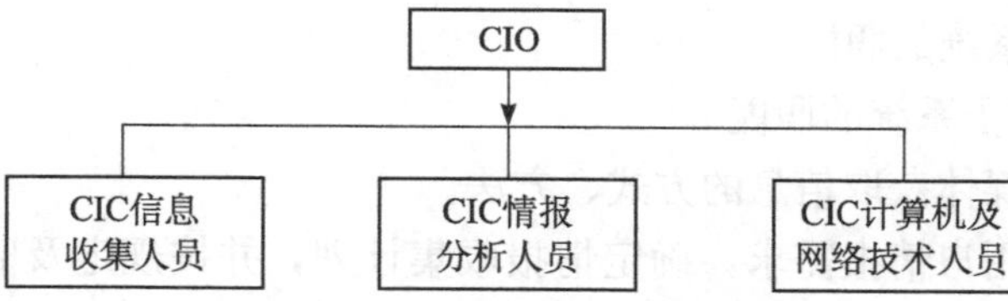

图 3　企业竞争情报中心的人员配备

1）CIO 应参与企业的各类重要决策，及时对决策者的需求进行分析，并传递到 CIS。同时，尽快将最新重要情报、预测分析或研究报告提交给决策层，运用其信息优势和快速反应能力有效地协助企业制定发展战略及具体策略。

2）CIO 应有效地开发利用 CIS，加强部门之间的沟通与交流，最大限度地实现各部门的信息资源和知识的共享。

3）CIO 应正确规划 IT 在企业中的应用方案，不断完善 CIS 建设，以保持企业的持续竞争力。

企业竞争情报中心应配备专职的信息收集人员、情报分析人员及计算机和网络技术人员。信息收集人员主要负责企业信息的收集工作，具体包括企业 library 的日常维护、网络资源的收集整理、联机数据库检索、企业 Web 站点的信息收集、各部门信息的统一管理。企业应当鼓励员工积极地参与到信息收集工作中来，随时将重要的情报提交给 CIS 的信息收集人员。情报分析人员必须熟悉各类分析处理软件，并要重视与企业各部门信息人员的合作，对各类事务性数据做出正确的深度分析与预测。计算机和网络技术人员主要对 CIS 提供技术支持，包括内联网平台、CIS 服务系统、企业 Web 站点及各管理系统的建设与日常维护。

3. 各子系统职能分析

在计算机条件不完善的企业，首先建立的应当是手工型系统，但较为理想的 CIS 应当是一个人机结合型的系统。CIS 各子系与企业竞争情报中心相应的各类人员的对应关系如图 4 所示。

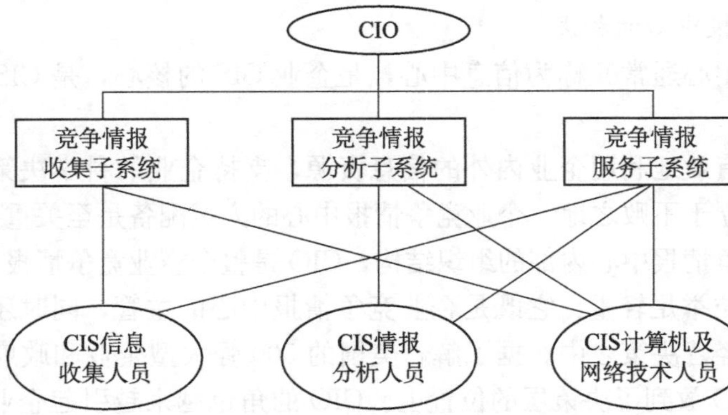

图 4　CIS 各子系与企业竞争情报中心相应的各类人员的对应关系

CIS 各子系统的职能与企业竞争情报中心各类人员的职责是相应的，CIS 信息收集人员和情报分析人员分别是竞争情报收集子系统和分析子系统的必备人员；这两类人员同时也将参与竞争情报服务子系统的工作。企业竞争情报中心计算机及网络技术人员可以向上述两类人员提供计算机辅助工作与技术支持，并且他们将负责竞争情报各子系统的有效运作。以下将分别列出各子系统的职能。

1）竞争情报收集子系统的职能。

● 掌握通过各种媒体获取信息的方式、方法。

● 根据企业内部用户情报需求，确定情报收集计划，并按规定及时、准确地完成固定信息的采集任务。

● 负责竞争对手、市场动态、企业外部环境、企业内部环境的跟踪和监视并及时反馈信息。

● 关注国家有关政策、法律、法规，及时了解国际经济形势。

● 做好与相关咨询部门、信息部门、情报部门、新闻媒体的联络工作。

● 组织兼管市场调查。

2）竞争情报分析子系统的职能。

● 按企业的战略规划制订竞争情报研究的年度规划。

● 负责信息的鉴定和筛选，并按规定对信息进行归档与保存。

● 根据企业内部情报需求的特点，综合考虑时间、成本、复杂程度等因素，确定最佳的情报分析方案，并按规定及时准确地完成分析任务。

● 为企业的经营管理提供企业态势分析、市场环境分析、客户环境分析、政治环境分析及自然环境分析。

● 为企业提供危机预警服务。

● 为企业寻找新的发展机遇。

3）竞争情报服务子系统的职能。

● 主要面向企业各级决策层提供所需的情报，同时面向企业内部各类用户提供与企业经营有关的各种信息。

● 通过书面报告、内联网、个人交谈、定期会议等多种形式及时传递情报。

● 及时将情报服务的反馈信息传递到竞争情报收集、分析子系统，并及时进行补充性收集与分析工作，最大限度地满足企业内部用户的情报需求。

总之，竞争情报收集子系统从企业 Web 站点，以及通过内联网提供的接口，从企业原有的 MIS、MRP、MRPⅡ或 ERP 系统，同时也可以从其他的竞争情报源中获取所需的信息。竞争情报收集子系统同时负责对信息的初步加工、处理，并收录到一个粗略的数据库当中。竞争情报分析子系统接收这些信息进行筛选、整理归类，并进一步的分析、提炼，最终获得真正的竞争性情报。竞争情报服务子系统将为决策层提供快捷、友好的浏览、查询服务。

竞争情报收集、分析、服务三个子系统建立在内联网平台之上，同时竞争情报服务子系统也是企业内联网服务的一个重要的组成部分。CIS 的有效运作不仅为企业决策层提供决策支持，而且是对企业内联网建设的重要支持。

如果企业并不具备内联网平台，可以考虑通过建立 CIS，利用竞争情报服务子系统来不断积累企业信息资源，逐步建立并完善企业内联网。

（三）CIS、内联网、企业 Web 站点的关系

1. 内联网

内联网既是竞争情报收集子系统的一个重要的情报源，又是竞争情报服务子系统所依托的服务窗口。

企业内联网具有以下具体功能。

1）企业上、下级之间及企业员工之间可以方便、快速地利用 e-mail 来传递信息，使企业内部信息流呈现扁平化趋势。

2）利用 Web 发布企业各种信息，供企业内部或指定客户使用。

3）远程用户登录，企业分支机构可以通过网络访问总部的信息。

4）企业 MIS 系统的应用，如人力资源管理系统、财务管理系统等。

5）实现无纸化办公。

6）通过与互联网相连，实现国际性的通信及视频会议。

7）BBS、新闻组讨论，企业员工可以自由、深入地讨论感兴趣的话题，服务器将会自动记录并进行一定的分类整理。

企业内联网所提供的服务一般有以下几个部分。

1）企业形象。提供企业的机构组织、企业生产产品、企业主要业绩、企业销售策略等主要信息。

2）企业资讯。提供企业各 MIS 系统或其集成系统，如 MRP、MRPⅡ或 ERP 系统的内联网管理与查询界面，企业内部的财务状况、企业销售运作状况、企业主要物资供应情况、企业主要产品生产情况、人力资源状况等各职能部门基本信息均可以进行查询与管理。

3）企业 library。对企业内部文档及企业有关的信息资源进行分类整理，并提供内联网管理和查询服务。企业内部文档主要指企业组织、规章制度、上下发文、会议记录、产品标准等。相关的信息资源包括报纸和专业杂志、行业协会出版物、产业报告、政府出版物、工商企业名录等。针对上述资源，可以按资源类型或主题内容的不同设类，无论是印刷型资源还是电子版资源均进行统一编号，提供不同层次的查询服务。

4）企业信息发布。企业各部门可以发布内部通知、公告、留言，实现无纸化办公。

5）企业通信联络。可以给企业的每个部门及每个员工建立 e-mail 信箱，根据不同的项目建立“聊天室”，充分满足企业信息交流的需要，提高企业员工的办公效率，增强企业的凝聚力。

6）竞争情报服务。这部分即 CIS 的服务子系统，根据系统服务的对象的不同，所提供的服务内容也有所不同。企业的决策层可以随时查询各类研究分析报告，而其他一般员工只可以浏览行业动态、技术发展动态等信息。

2. 企业 Web 站点

企业 Web 站点与企业内联网所强调的服务项目有较大差别。企业 Web 站点的服务功能主要有三个方面。

1）提升企业形象，全面、详细地介绍企业和企业产品。

2）及时得到用户的反馈信息。

3）企业网上营销（包括网上市场调查、网上广告发布与投放、网上销售、网上客户支持服务等）。

为了实现企业与客户、企业与供应商、企业各地员工之间的连接，企业内联网必须与互联网进行连接。然而必须对企业内联网提供足够的安全措施，既要保证客户、销售商、供应商、异地员工和内部员工的安全访问，同时又要保护企业的机器、信息不受黑客及工业间谍的入侵。

企业的 Web 站点不仅是竞争情报源之一，也是企业竞争战略、战术实施的重要窗口。企业 Web 站点所提供的所有服务，其着眼点也是提高企业的竞争力。如何建设并不断完善企业 Web 站点，其规划方案、服务策略也是 CIS 的重要情报成果之一。

（四）CIS 与企业原有管理系统的关系

各企业在建立 CIS 之前其信息化程度各不相同，我们可以按照企业 IT 应用的阶段分成如下几类。

1）未建立任何企业 MIS。对应图 5 中的各子系统，企业完全采用人工处理方式。

2）建立如图 5 的部分或全部 MIS。利用计算机辅助管理各种信息，然而各个子系统之间缺乏信息传递与交流的功能。

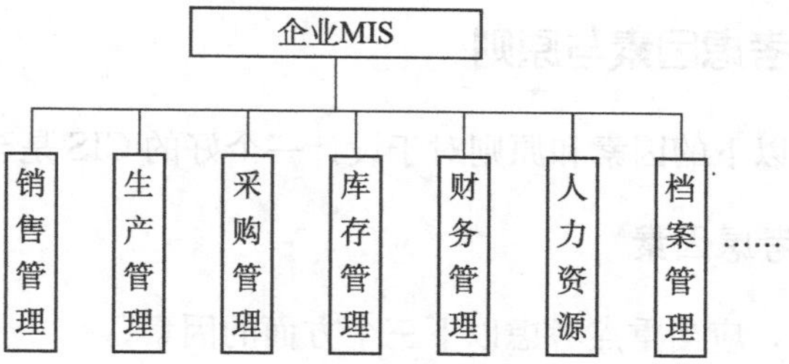

图 5　企业 MIS

3）企业采用了 MRP 系统。MRP——物料需求计划的管理思想源于 20 世纪的 60～70 年代，它的特色在于将企业的生产能力作业计划、车间作业计划和采购作业计划统一纳于系统中，同时在计划执行过程中，加入来自车间、供应商和计划人员的反馈信息，并利用这些信息进行计划的平衡调整，从而围绕物料需求计划，使生产的全过程形成一个统一的闭环系统。MRP 系统有效地将生产计划方面的各个子系统（包括生产管理、采购、库存或更细分的子系统）进行集成。然而 MRP 系统关注的重点是企业的物流管理，同时又是一个相对封闭的管理系统。

4）企业采用了 MRPⅡ系统。MRPⅡ——制造资源计划系统的管理思想源于 20 世纪 80 年代，该系统将制造、财务、销售、采购、工程技术等各子系统集成为一个一体化的系统，为了区别于 MRP 而记为 MRPⅡ。MRPⅡ系统可在周密的计划下有效地利用各种制造资源、控制资金占用、缩短生产周期、降低成本，其最显著的效果是减少库存量和减少物料短缺现象。MRPⅡ较 MRP 是一大进步，然而物流、资金流和信息流的管理还仅限于企业内部。

5）企业采用了 ERP 系统。ERP 是 20 世纪 90 年代初美国著名的 IT 分析公司 Gartner Group Inc. 提出的。它主要是一种面向制造行业进行物质资源、资金资源和信息资源集成一体化管理的企业管理软件系统。ERP 从 MRPⅡ发展而来，两者的差别主要在于 ERP 一方面是对各自系统管理内容的细化与标准化，另一方面是在事务处理技术以及信息集成管理上采用了先进的技术：ERP 系统不仅支持 OLAP，为企业提供了对质量、适应变化、客户满意、绩效等关键问题的实时分析能力，而且采用客户/服务器（client/server）体系结构和分布式数据处理技术，支持互联网/内联网/外联网、电子商务、电子数据交换（EDI）。然而 ERP 也存在一些不足之处。其一是无法从根本上考虑技术创新及瞬息万变的市场对企业业务流程动态调整的要求。其二是 ERP 其主要应用于制造业管理，在客户服务上存在很大的缺陷，难以实现对客户服务需求的快速反应和高满意度。其三是对企业的智力资本（人力资源）的重视不足，在企业的知识管理上仍是一片空白。

不论企业的信息化基础如何，企业原有的 MIS、MRP、MRPⅡ或 ERP 系统必须通过内联网与 CIS 相互联系。其连接方案，一是在内联网上提供到原有系统的接口；二是将原有系统改造成基于内联网平台的管理系统。如果企业本身采用的是 ERP 系统或基于网络的 MIS，则直接可以作为企业内联网服务的一部分。企业原有的管理系统中的各类信息资源是 CIS 的重要情报源之一，而 CIS 的服务子系统辅助决策层做出的决策最终可能实施到某一个或几个管理系统之上，从而对企业的整个业务流程进行有效的动态整合。

三、设计CIS的考虑因素与原则

我们认为，考虑到以下的因素和原则对于设计一个好的CIS是至关重要的。

(一) 设计CIS的考虑因素

在设计开发CIS中，应当重点考虑以下三个方面的因素。

1. 手工和计算机化的关系

企业内部信息的交流与传递，企业竞争情报的收集、分析与服务过程，首先是基于一个较完善的手工系统，一开始就希望设计一个理想的计算机辅助系统是不太现实的。然而，如果依靠纯粹手工处理的手段是无法适应快速变化的企业竞争环境的，因而必须逐步利用计算机与网络，提高CIS的运作效率。

1）做好企业各部门的信息管理工作。必须逐步建立、完善各部门的管理系统，并保证各部门之间的信息传递得畅通无阻。建议对仍是手工处理的部门建立基于内联网的MIS系统，提供与CIS良好的接口。

2）积极采用计算机与网络。网络信息资源与日俱增，如何从大量的信息中找到企业所需的信息，需要制定专门的搜索策略，定期访问基本的网络情报源（如竞争对手网站、相关的网络数据库、有关的研究机构站点等），并采用“滚雪球”式的检索策略，不断发掘与补充网络情报源。搜索仅是收集工作的一部分，快捷的检索服务也是重要任务之一。企业library其实质就是一个图书资料管理系统，而搜集到的网络信息资料也不断补充到企业library之中，并可以通过各种检索途径（资料类型、标题、日期等）检索到特定的信息资源。

3）手工分析与机助分析相结合。CIS的分析工作原来主要依靠人工分析，企业竞争情报中心的情报分析人员的确是CIS分析工作的主导因素，然而许多复杂的数据分析工作应善于利用各类分析软件来完成，以确保分析预测的正确性、科学性。

4）逐步建立现代服务网络。CIS的服务系统应当是一个基于内联网的服务系统，应当确保企业的各级决策者以最快捷的方式获取最新的重要的竞争情报。

2. 关于竞争情报的管理工作

当有了越来越多的竞争情报后，如何体系化、合理化的管理这些纷繁杂乱的各类信息，从而让它们真正开始发挥自己的情报职能，就变得至关重要。

(1) 情报的组成元素

作为情报管理人员必须清楚“接收到的情报”“须知的情报”“想知道的情报”三者之间的区别。

- 接收到的情报：是指目前竞争态势下，企业接收到的所有情报。
- 须知的情报：是指处在目前竞争态势下，企业必须知道的情报（如要帮助企业走出困境，必须要知道的）。
- 想知道的情报：是指决策者主观想要了解的情报。

而三者之间又是相辅相成的，三种情报类型的关系可用图6表示。图6中Ⅰ是“接收到的情报”“须知的情报”“想知道的情报”的重合部分，也就是竞争情报人员从已接收到的情报中挑选出来的既能满足客观需要，又能满足决策者主观需求的情报，它需要情报人员去辨识和挖掘。

图6中Ⅱ是“已知情报”之外的部分，是未知的，但又是决策者主观需求和决策过程中客观需要的情报。它可能是目前未知的知识和信息，也可能是需要情报人员从已知的情报中总结、提炼、分析、推断、概括出的新情报，这小小的一部分同Ⅰ一样，是竞争情报工作的要害。

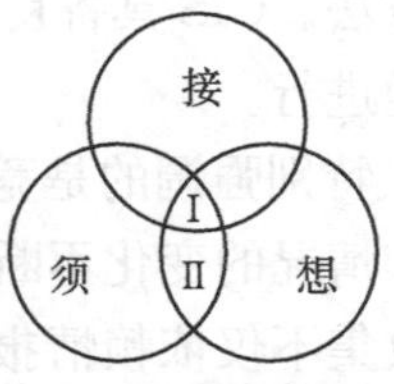

图6　三种情报类型的关系

由此可以看出，对已有竞争情报的整理不光是单纯的存档保管，它的重要性体现在分析整理的过程。竞争情报工作必须把握工作重点，向决策者提供确实能解决实际问题的、满足决策需求的竞争情报。

(2) 情报的传递过程

竞争情报工作的竞争性和时效性，决定了情报收集要快速、全面、准确，以便能够为企业分析竞争对手、环境及自身的竞争实力提供客观、及时的信息。这就要求我们要对情报的传递做出准确的分析和合理的组织。

● 情报收集流程。流程如图7所示。

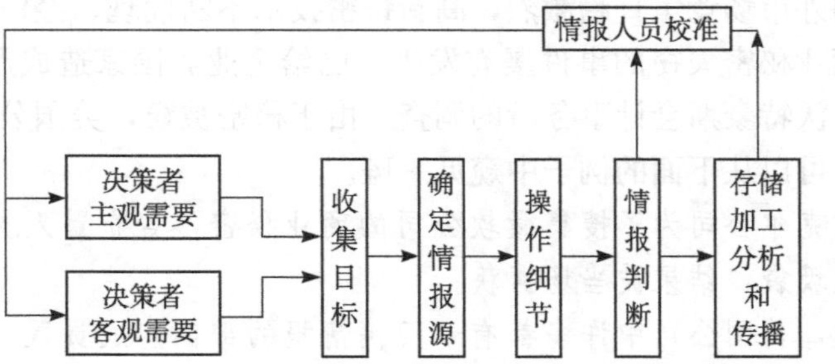

图7　竞争情报的收集流程

● 情报传递流程。由各部门员工以每日报告形式反映给各部门决策者或情报协调员，各部门决策者或情报协调员以传真或e-mail形式反映到企业竞争情报中心，企业竞争情报中心报给决策层，决策层又给决策者。这一流程体现了企业充分调动一般员工积极参与情报工作的特点。各部门都设有兼职的情报收集员，各部门员工也可以直接将重要的情报提交给企业竞争情报中心。传递的形式可以依据企业IT应用程度而有所差别。图8所示是较传统的形式。如果企业具备内联网环境，可以设立专用BBS和e-mail信箱以供情报传递专门使用。这将极大提高情报的传递效率，从而为企业重要决策赢取了时间优势。

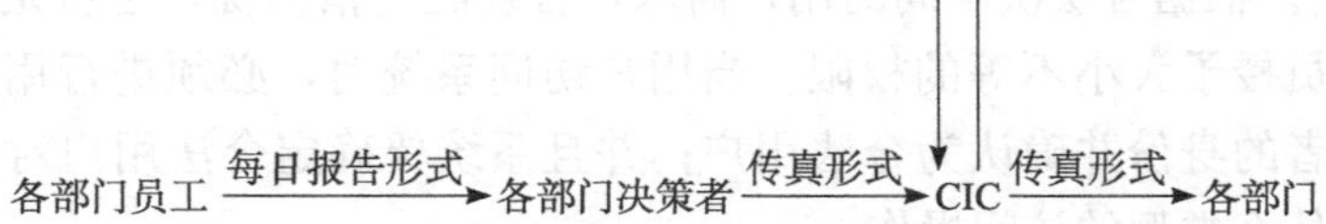

图8　情报传递流程

(3) 情报的反馈机制

● CIS应当具备一个良好的反馈机制。它应当保证情报收集、分析与服务的整个过程中与企业决策层和其他部门保持密切的联系，以便及时调整信息收集策略与情报分析的重点和方法。CIS具备良好的组织和协调功能，就能使工作开展起来有条不紊、系统化、分步骤地进行。

● 特别强调的是竞争情报收集子系统。一方面，在信息搜集的过程中，要结合分析的结果和情况的变化不断地校准目标，改善收集渠道和方式。另一方面，值得注意的是，信息的收集不仅依赖情报工作人员的劳动，而且也依赖企业其他人员，尤其是直接与市场、竞争对手、用户打交道的营销人员的积极配合。因此，该系统应具备及时收集各类反馈信息的能力。及时、准确、全面地收集各类敏感性信息是企业有效开展竞争情报活动的基本保证。

● 企业应重视对信息提供者的回应。最简单的方法是在每月的消息简报上列出提供竞争信息的员工名单，以示表彰，让他们感到自己帮助了企业的经营决策。对那些贡献突出者，还应提供奖金或加薪、提升的激励机制。企业竞争情报中心工作人员应定期主动和他们联系，主动发掘来的信息往往比被动得来的信息更具情报价值。

3. 关于情报的安全工作

商业秘密保护是企业参与国内外市场竞争的锐利武器，也是企业竞争情报工作的重要环节。当前，国内外市场竞争日趋激烈，高新窃密技术不断涌现、经济谍报手段层出不穷，商业秘密泄露与商业秘密失窃的事件屡有发生，已给企业和国家造成严重损失，形势十分严峻。据普赖斯·沃特豪斯会计事务所的调查，由于秘密被窃，美国公司在1999年的损失高达450亿美元。可以从下面的例子中窥见一斑。

案例一：奥拉克尔公司为了搜集微软公司的商业秘密，曾布置人员去翻拣比尔·盖茨一个联盟公司的垃圾袋，结果被当场抓获。

案例二：目前，美国公司中许多都有专门搞情报的部门，成员既有联邦调查局和中央情报局的前特工，也有海军的前军官。摩托罗拉公司的情报机构就是在1982年由前中央情报局特工简·赫林组建的，其成员几乎出现在该公司所有的战略性会议上。

案例三：据有关统计，有50%左右的美国公司将要求委托给中央情报局去落实。一个包括中央情报局情报人员在内的协调机构每月召集一次与出口、科技有关的19个政府部门官员出席的例会，研究情况、寻求对策。1995年在美日汽车贸易谈判中，美国最后凭借中央情报局窃听到的情报，迫使日方做出了重大让步。

从上面的例子可以看到，若让企业在市场竞争中保持优势，不光要做到“知己知彼”，更应该做到“保己知彼”。

企业各类信息系统，特别是企业CIS，它的服务对象是企业的各级决策者，直接关系到企业的发展战略和竞争策略的制定，因而需要建立严格的分级控制体系。

1）权限控制。根据各层次不同的用户需求，合理配置情报源，也就是给不同级别的用户或系统操作人员授予大小不等的权限。当用户访问系统时，必须进行用户身份验证，即让系统识别进入者的身份并确认为合法用户；并且系统要确定合法用户对哪些资源享有何种授权，可进行什么类型的访问操作。

2）数据控制。包括规定各种数据使用的标准和规范；限定各种数据的使用范围；确定各种数据的保密级别；严格控制数据的更改。可以利用操作系统、数据库管理系统提供的一些存取控制，加强安全保护。

3）人机接口控制。任何用户连接到系统中来并干些什么事，系统管理员都能从硬件、软件、数据等方面加以控制。由于CIS基于内联网之上，而内联网又连接到互联网，网络的安全性也就变得很重要。可以利用防火墙建立安全的联网。其基本功能有以下四个方面。

- 限制外部网主机和用户只能访问内部网提供的某些被安全政策所允许的服务。
- 限制内部网用户，不允许他们访问外部网某些危险的站点或使用某些危险的服务。
- 在内部网用户访问外部网时，提供地址转换和端口转换的功能，对外部网屏蔽内部网细节，还可以对通信进行检查，提供更严格的安全保护。
- 在内部网用户访问内部网而必须经过不安全信道时，提供身份鉴别和机密性服务、完整性服务等，这主要针对物理位置处于防火墙之外的用户。

4）信息传递控制。在情报的网络传递中，对重要的情报进行加密，以保证信息传递的安全性。这可以作为辅助的安全措施。

5）人员控制。CIS的最大安全威胁来自人，不仅是对CIS直接相关的人员，而且包括对企业的普通员工。企业应当在人事审查录用、工作绩效评价，以及调动、免职等方面提供应有的具体的安全措施。同时，要通过思想道德教育和保密宣传提高企业员工的职业道德水准和保密意识，定期进行保密知识与保密技能的培训，员工必须遵守企业制定并实施的员工保密守则。只有这样才能将CIS的安全建立在牢固的基础之上。

上述就是企业CIS及其他各类信息系统的防护层。企业竞争情报中心对其防护层有充分的能动作用，可以通过具体的方法、手段加强并完善它们，以抵抗各种人为和自然的危害的入侵。

然而，企业CIS的有效运作依赖于企业员工的积极参与，良好的人际网络、企业员工的竞争意识、企业的凝聚力都是至关重要的因素。因而应当提供开放式的工作环境，鼓励并可以采用一定的方式（如奖励）激励企业员工为企业的CIS建设、维护做出贡献。

在实际工作中，另外值得注意的问题就是第三方的泄密问题。因此，防止第三方窃密就是一个重大的反情报课题，如表3所示。

表3　第三方：商业秘密的诱惑和陷阱

第三方	可获得的竞争情报
广告商	竞争对手的广告费用、市场战略、新产品开发情况
银行	竞争对手与银行的交往、贷款、经营情况、发展预测
咨询机构	竞争对手面临的问题
用户	产品反馈意见、市场需求、购买力、购买投向和潜力
销售商（主要指批发）	竞争产品的分销渠道、市场细分化情况、产品的主要缺陷、用户要求的改进
金融、股票分析者	金融和产品/市场战略，对企业效益的分析
律师	竞争法规条文的解释、案例分析
专利代理人	了解竞争产品、专利及其优缺点
前雇员	竞争者的内部情况
供应商	供货价格、质量、品种、对手的品质要求、采办重点
行业协会	同行业企业实力比较、竞争结构、竞争态势
消费者组织	产品的状况、质量、在用户心目中的形象
会计事务所	竞争对手的财务情况
仓储公司	竞争对手的库存数量、种类、返修情况
复制、印刷者	竞争对手在外打字、复印、印刷过程中泄漏的商业秘密
新闻记者	竞争对手在采访过程中泄漏的有用信息

(二) 建设 CIS 的指导原则

建设 CIS 主要有以下四大指导原则。

1. 客观性

竞争情报既是 CIS 的工作过程，也是 CIS 的主要产品，最终将用于企业竞争决策，因而来不得半点虚假和马虎。因此，从竞争情报的收集、分析到提供服务都必须保证其客观性。

2. 及时性

CIS 的快速反应能力是 CIS 的制胜关键。及时地捕捉和生产最新的情报，并尽快传递给决策者，从而发挥竞争情报的最大价值，辅助企业经营战略和竞争策略的制定与实施。

3. 针对性

CIS 提供的情报成果应具备高度的针对性，冗余情报太多，则势必会影响其辅助决策的效果。CIS 可以搜集尽可能多的情报，但必须采用各种研究、分析手段深入挖掘出真正适合企业发展的竞争情报，切中企业要害，帮助企业弥补竞争劣势，获取竞争优势。

4. 经济性

我国目前大多数企业生产自动化水平不高，而 IT 应用水平则更低，要建立一个完全计算机、网络化的 CIS 是不现实的。因而最佳的投资回报率也是 CIS 的重要原则之一。应当充分利用已有的计算机化管理系统，并完善原有的手工系统，逐步向计算机化、网络化方向转变。

四、竞争情报收集子系统的设计

竞争情报收集子系统是 CIS 的输入系统，“巧妇难为无米之炊”，它的质量和速度，决定着企业 CIS 的效能和效益。

(一) CIS 的信息收集方法

1. 信息收集

CIS 的信息收集工作依据情报源的不同，而分为三个基本部分。

1）企业内部信息。这部分信息主要指企业各职能部门（包括销售部门、生产部门、供应采购部门、研发部门、财务部门、人力资源部门等）管理系统中的信息，主要由各部门情报协调员配合开展工作，并将工作制度化、程序化。

2）企业外部信息。主要指来源于公开的情报源，包括国家及行业政策法规、政府出版物、报纸和专业杂志等，这些信息可以反映企业的竞争环境和竞争对手的情况。主要的企业外部情报源列举如下。

- 报纸和专业杂志。
- 行业协会出版物。
- 产业研究报告。
- 政府各管理机构对外公开的档案（如工商企业注册资料、上市公司业绩报告等）。
- 政府出版物（如统计资料、政府工作报告、各类白皮书等）。
- 数据库（商业联机数据库、网络数据库等）。

- 工商企业名录。
- 产品样本、手册。
- 信用调查报告。
- 企业招聘广告。

这部分信息是由CIO及竞争情报中心积极与企业决策层及员工开展沟通与交流，不断了解他们的情报需求，连续跟踪报道和研究市场、对手和环境的结果。这部分工作可以通过竞争情报服务过程积累并逐步规范化。

3）内外交叉信息。主要指企业在与外部发生的各种活动中产生的信息，包括企业与行业协会、上级部门、竞争对手、供应商、客户等之间发生的各种活动中产生的信息。这部分信息的收集一方面要依赖于企业员工的竞争意识与企业的凝聚力，及时向CIS提供企业与外部发生的各种活动中产生的信息；另一方面由CIO根据各级决策层的需求去收集特定的企业内外交叉信息，如企业Web站点上用户的访问记录，客户的反馈信息等。

2. 采集分工

如图9所示，对于不同类型的信息，CIS收集子系统的采集分工具体如下。

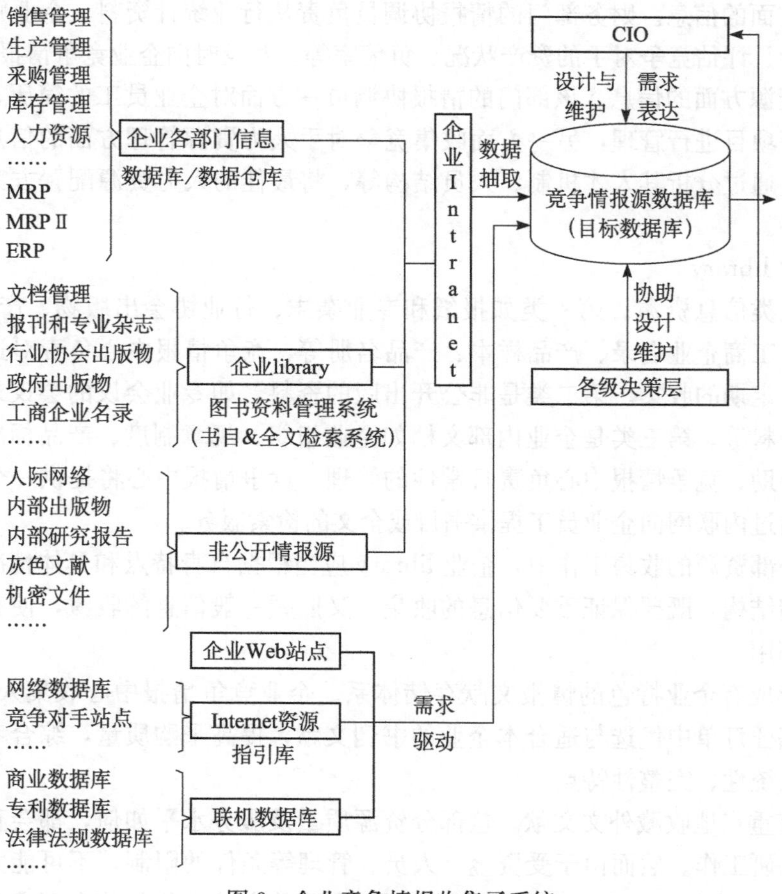

图9　企业竞争情报收集子系统

（1）企业各部门的信息

这类信息由各部门兼职情报协调员负责常规信息的获取与有效管理。一旦企业CIO有这类情报需求，情报协调员则从相应的管理系统中提取所需的信息。以下列举几个部门的信息收集工作分工。

● 市场销售方面的信息。企业的销售部门是采集企业的竞争环境和竞争对手信息的最佳部门，而企业 CIS 的绩效通常也主要从这个部门进行评估。销售部门的情报协调员及时将各种销售数据录入管理系统或直接采用销售管理子系统记录每一笔销售数据，并能对销售的历史数据及现有数据进行相关分析，绘制各种数据报表。销售部门的情报协调员一方面应向企业竞争情报中心提供最新的销售趋势，另一方面应将收集到的行业、市场、竞争对手的最新动态提供给企业竞争情报中心。

● 生产方面的信息。生产部门的情报协调员，利用生产管理子系统，对产量、质量、能耗率、劳动生产率等状况进行存档与分析，并及时将最新的生产数据提供给企业竞争情报中心。

● 研发方面的信息。研发部门的情报协调员要对竞争对手的技术有非常清晰地了解，并善于利用各种展销会、学术研讨会、竞争对手的产品发布会、互联网等渠道获取技术方面的信息，并及时向企业竞争情报中心提供。

● 财务方面的信息。财务部门的情报协调员负责从行业统计资料、企业财务公开报告等情报源分析、评估竞争对手的资产状况、负债率等，并及时向企业竞争情报中心报告。

● 人力资源方面的信息。该部门的情报协调员一方面对企业员工的简历、学历、工资级别、业绩等项目进行管理，另一方面收集竞争对手人力资源管理方面的信息，如企业的招聘广告等，通过分析其人才机制、人员结构等，将最佳的人力资源配置方案提供给企业竞争情报中心。

(2) 企业 library

包括三大类信息资源。第一类如报纸和专业杂志、行业协会出版物、产业研究报告、政府出版物、工商企业名录、产品样本、产品名册等，竞争情报中心负责对这些公开情报源进行常规、定期的收集。第二类是非公开出版的资料，如专业会议的会议录、展览会上获得的有关资料等。第三类是企业内部文档如企业组织、规章制度、产品标准、上下发文等由各部门协助、竞争情报中心负责日常性的管理。竞争情报中心将提供一个图书资料管理系统，并通过内联网向企业员工提供书目或全文的检索服务。

在企业外部资源的收集工作中，企业 library 应当根据自身特点和具体情况设计合理的信息资源存储结构，既要保证重要信息的收集，又照顾一般信息的收藏，使有限的资金得到最有效的利用。

● 应当形成有企业特色的情报文献存储体系。企业竞争情报中心收集人员严格把关，在大量的书刊征订单中优选与适合本企业的书刊文献，提高采购质量，综合考虑收藏文献的专业性、系统性、完整性特点。

● 应当有重点地收藏外文文献。这部分资源质量及服务水平如何，都会直接影响到企业的新产品科研工作。然而由于受资金、人员、管理等条件的限制，不可能大量地收购外文资料，实际上也没有必要，企业可以充分利用资源共享的现代化信息服务的优势。合理可行的解决办法是：注意配合本企业优势产品和新产品开发的需要，重点保证这两方面的用款，以有限的经费、科学的方法，最大限度地收集本企业新产品开发急需的信息，以及能及时地反映国内外相关专业的最新成果和动态的原版书刊。

● 应当注意非正式出版物的收集、储存。非正式出版的资料所反映的信息内容大多专业层次深、内容新颖、价值较高，记载了大量第一手材料，属于科研成果、实验数据、经验体会等，对企业研发是一种较为直接、容量巨大的情报源。因此，企业应利用国际性的专业会议和展览会，以及与同行企业或相关单位的交流接触中，直接索取资料或有意识的搜集重要的情报资料。

（3）企业 Web 站点

竞争情报中心将负责企业 Web 站点的建设，协助企业销售部门制定有关销售策略。利用该站点，不仅可以及时获取用户反馈信息并改进售后服务，而且利用 Web 可以快捷地开展各种网上调查。就网上调查而言，目前国外有许多站点介绍这方面的实例、方法与有关软件等。以下列举几个企业 Web 站点。

● http：//www. ukans. edu/cwis/units/coms2/po/inter. html。

● http：//www. perseusdevelopment. com。

● http：//www. surveybuilder. com。

● http：//www. surveysite. com。

● http：//www. senecio. com/senecio2onlinesurvey. html。

● http：//www. demographics. com。

这种收集渠道也可以归入（4）中。

（4）Internet 资源

在企业竞争情报收集活动中，互联网的地位越来越重要。企业利用互联网收集竞争情报的两大主要途径是网络搜索引擎和网络数据库。一方面可以利用网络搜索引擎，查找行业、产业及竞争对手等站点；另一方面应积极利用一些网络数据库，如专利数据库、产品数据库、企业名录数据库、学术论文数据库等，将上述资源站点进行一定的分类组织，建立专门的企业信息网络资源指引库。这部分资源也需要企业员工共同参与建设，随时将发现的新的网络情报源补充进来。

表 4 提出了一种可供参考的指引库结构，并将进一步介绍国内外一些重要的网络情报源。

表 4　企业网络竞争情报指引库

网络竞争情报源（大类）	划分细则
专业情报机构	可从竞争情报研究、服务、培训、检索角度划分
行业及产业	按企业所处，以及相关产业、行业细分
竞争对手	按各个企业确定的主要的竞争对手划分
竞争环境	按政府、区域划分
综合性	视具体情报而定

● 专业情报机构

竞争情报研究资源。竞争情报研究网站不仅提供竞争情报的入门知识，还提供竞争情报收集方法、分析技术等方面的研究性和实践性文章，以及竞争情报工具与技巧。另外，还可以通过网站直接与竞争情报专家建立联系。访问这类网站有助于提高企业竞争情报研究水平。以下列举部分竞争情报研究站点。

● 美国竞争情报从业者协会由美国竞争情报从业者协会主办，提供竞争情报专家信息库、SCIP 时事通信、会议摘要、竞争情报专题论坛等。该协会的主要刊物《竞争情报评论》(Competitive Intelligence Review)也可以通过该站点免费获取全文。

● 澳大利亚竞争情报从业者协会(SCIPAUST)(http://www.scipaust.org.au)由澳大利亚知识管理和竞争情报从业者协会主办，关注的重点是企业如何有效地利用竞争情报和知识管理知识。

● 北京竞争情报网(http://www.bestinfo.net.cn/bsti-gyzx/jzqb/homepage1.html)由北京市科委主办、北京市竞争情报咨询服务中心承办。网站介绍了竞争情报分析研究的成功经验及竞争情报活动最近动态等信息，旨在帮助政府部门和企业进行竞争环境和竞争对手分析，制定出科学的竞争策略，促进北京经济的发展。

● 竞争情报服务资源。竞争情报服务公司拥有一批经验丰富的专业人士及从事竞争情报活动的经验。企业如果没有足够的精力与相应的情报人员的配备，特别是中小企业，一个事半功倍的方法便是委托这类机构。这类机构的站点主要有以下几个。

● Fuld & Company 公司(http://www.fuld.com)。该公司为 Information Data Search，Inc. 的前身，它在竞争情报服务领域占据国际领导性、先驱性的地位。它主要提供研究和分析业务、承办研讨会和培训、情报过程设计和咨询三类竞争情报服务。

● Viva Business Intelligence Oy 公司(http://www.vivaintelligence.com)。它是芬兰最重要的商业竞争情报服务公司。它为客户提供从商业情报到管理需求的全面解决方案。

● 中国科技信息研究所(万方数据集团公司)(http://www.istic.ac.cn)。情报研究与咨询是其一项重要的服务类型。

● 中国竞争情报网(http://www.chinaci.com/index.htm)。由中国竞争情报网有限公司(香港)投资，深圳共好商业资讯有限公司作为国内运营机构。该网站的特色在于：提供经过判断、分析过的商业竞争情报、行业研究报告、市场分析报告、广告监视，以及包括中国经济新闻库、中国企业数据库、中国产品数据库等 20 多个数据库的在线查询与检索服务。网站为会员实行有偿信息服务。

● 北京华门策略顾问有限公司网站(http://www.sinogate.com.cn)。华门策略是一家主要为上市企业提供技术和竞争情报咨询的专业服务机构，涉及的主要领域有建立企业竞争情报系统，让企业在市场竞争中拥有自己的“中央情报局”；研究竞争环境，分析竞争态势；评估竞争对手的实力、动向、意图和战略；制定企业的发展战略和竞争策略；工商秘密保护，情报与反情报技术。

竞争情报培训资源。企业竞争情报工作对人员的要求很高。企业情报人员不仅要具备专门的商业分析技能，尤其是要有战略分析和将信息加工成为竞争情报的能力，而且需要专业的信息鉴别和采集能力，同时需要对法律和伦理比较了解，能够把握整个竞争情报的操作过程。企业应当善于利用竞争情报专业培训机构来提高企业情报人员的能力。目前提供这种服务的主要有以下几方面。

● 美国竞争情报学院(http://www.gilad-hemngaci.com)。它提供的核心培训课程有竞争情报源、技术与系统；分析和定标比超；竞争盲点、竞争对手分析；竞争情报项目管理、市场竞争、模拟实践等。

● 工商情报学院(The Business Intelligence Institute)(http://www.rodenberg.nl)。该学院是由欧洲最有名的 Rodenberg Tillman & Associates B.V. 公司主办，是欧洲唯一能

够独立提供完整的竞争情报培训项目的研究机构。提供的三门主要课程是：情报专家、情报专业人员、永久战略者。

- Iron Horse Multimedia（http：//www.ironhorsemultimedia.com）。Iron Horse Multimedia公司是竞争情报电子学习和培训领域的领先者，美国竞争情报从业者协会最近也利用该公司技术支持SCIP101服务。

竞争情报源检索工具。如何更全面、快捷的查找各种竞争情报资料、培训机构、专家组织和产品等信息，竞争情报源是个最好的选择。目前，竞争情报专业资源目录和搜索引擎中最著名的是竞争情报资源索引（http：//www.bidigital.com/ci/）。它收录了1276个竞争情报相关站点（2000年9月），提供分类浏览与关键词检索两种查询方式。

- 行业及产业

网站情报源一般具有以下特点。

- 行业内产品及企业信息较全面、系统。
- 市场行情及价格信息更新及时、报道迅速。
- 具有“名录宣传”与“名录查询”功能（企业名录和企业黄页）。
- 可以从产品和产品类别多途径查询。

表5列出了一种行业划分办法，并列举了一些国内的行业站点。企业可以根据这种办法或其他划分法将企业定位到相应的行业，并找到与之相互联系的行业。

- 竞争对手

A. Feher和E. Towell在1997年的一项调查中发现，在他们调查的企业当中有60%的企业通过企业的Web服务器来发布关于企业产品与服务的信息。因此，通过互联网来收集、分析竞争对手的信息是相当重要的。主要从如下两大方面入手。

其一，竞争对手Web站点。

表5 行业站点划分办法与站点介绍

行业名称	行业细分	站点介绍
工业	建材	中国建材网（http：//www.bm.cei.gov.cn）
	化工	中国化工信息网（http：//www.cheminfo.gov.cn）
	机械	机械工业信息服务网（http：//ns.mei.cei.gov.cn；http：//www.mei.cei.gov.cn；http：//www.mei.net.en）
	纺织	中国纺织经济信息网（http：//www.ctei.gov.cn）
	机电	中国机电产品信息网（http：//www.chinamep.com）
	电子	中国电子行业信息网（http：//www.ceic.gov.cn）
农业		中国农业信息网（http：//www.agri.gov.cn） 中国农业指南（http：//www.agro-guide.com.cn） 中国农资网（http：//www.ebc.com.cn）
交通运输业		中国交通（http：//www.iicc.ac.cn） 中国航贸信息网（http：//www.snet.com.cn）
旅游业		中国旅游网（http：//www.cnta.com） 中华万游网（http：//www.travellok.com.cn） 中国旅游联合网（http：//www.chinatu.com）
邮电业		中国电信网（http：//www.chinatelecom.com.cn） 中国邮政（http：//www.chinapost.gov.cn） 中国电子邮政（http：//www.183.com.cn）

续表

行业名称	行业细分	站点介绍
贸易业		对外经贸部网站（http：//www. moftec. gov. cn） 中国外经贸网（http：//www. chinamarket. com. cn） 世界贸易资源网（http：//www. szwand. com. cn）
金融、投资业		中国招商网（http：//www. chinainvest. gov. cn） 和讯网（http：//www. homeway. com. cn） 中国投资网（http：//www. prcinvestment. com）
综合性行业与产业		中华商务网（http：//www. chinaccm. com）

● 识别新的产品与服务。

● 监测有关竞争对手的讨论组、新闻组。

● 检查竞争对手产品/服务的详细信息。

● 检查竞争对手产品/服务的价格表。

● 评价竞争对手的广告策略、制作和目标。

● 评价竞争对手的职位设置。

● 评价竞争对手的财务报告。

● 分析竞争对手的商务进程。

其二，其他竞争对手网络情报源。

● 进行关于竞争对手产品的专利检索。

● 检索基于互联网的商业数据库。

● 检索基于互联网的竞争情报站点。

在实际的竞争对手信息收集中，上述两种情报源往往结合使用。

● 竞争环境

社会环境，特别是国家、地区方针政策在很大程度上会影响企业的发展。因此，企业应当关注政府网站，看是否有新的政策出台，地区优惠政策颁布，以便做出明智的抉择。

各个国家由于行政管理上的差别，政府站点的设置各有特点。以中国为例，政府网站大致可分为四类：国务院组成部委网站、国务院部委管理的国家局网站、国务院直属机构网站及地方政府网站。这里不再一一列举。

● 综合性

无法归入上述各类中的网络商业情报源可以入此。如一些重要的商业、经济方面的电子期刊、图书之类的网站。

注意事项。在利用上述网络情报源收集信息时，以下几个方面值得引起注意。

● 站点的最后一次更新时间。

● 识别信息的来源、日期以及提供者。

● 使用的方便性与检索速度的评价。

● 留意站点中提供的其他重要链接。

（5）联机数据库

联机数据库以其有力、完善的检索功能、庞大的数据库内容及可靠的信息源等特点，一直以来都是一个非常重要的情报源。它的优势主要有以下几个方面。

● 能够帮助企业全面剖析自身的现状和优势所在，找到适合自己现有条件的新产品和新技术。它能够帮助企业了解自己的竞争对手或合作伙伴的研究项目和动态、跟踪市场需求和掌握行业动向，从而使自身的产品具有市场活力，把握住稍纵即逝的商机。

- 从科技论文、技术报告、会议文献到专著，从专利商标到知识产权，从新技术的追踪和技术应用新突破的报导，为企业寻找新的切入点和攻克技术难关提供全面的信息依据和参考资料。

- 目前，联机数据库服务的一个新的趋势是向用户开展定制服务。从企业的详细计划到全面的资讯分析，从新技术的开发到新的经营管理模式，从投资报告、公司新闻到可行性研究，一切企业所希望掌握而以前又无从找到的信息，联机数据库的服务商会委托专门的信息提供商对上述信息进行专业化的处理，再通过联机服务提供给企业。例如，著名的Dialog公司，当发现用户所需求的信息无法通过目前的联机服务获得时，它就会根据用户需求特点，委托专门的信息提供商，负责提供这部分信息。

案例： Access Asia 公司[①]是Dialog公司有关亚太地区商业信息的主要提供商。它曾经接受的一家客户是某制造通信卫星的企业，该企业要把通信卫星出口到亚洲的几个国家，它们所要了解的问题如下。

- 各个国家的市场里有哪些通信企业、企业多大及有什么样的组织结构？
- 通信企业从别的制造通信卫星公司已经买了哪些卫星技术？
- 以前的合同总额多少钱？
- 接下来几个月大概有什么新合同？
- 在各个国家有没有顾客应该知道的新的有关的政策？

这家企业自身通过联机数据库无法获得有关上述问题的确切、详细的信息，而 Access Asia 公司将为它们解决这些问题。Access Asia 公司首先分析了上述问题的提问理由。

- 亚洲的通信市场多大，有什么潜在的顾客？
- 通信企业以前为购买通信卫星技术，支付过多少钱？它们已经有哪些卫星技术？
- 各家企业的预算是多少？
- 各个国家有什么潜在的新买卖？
- 各个国家有什么要办的规格和证书手续？

Access Asia 公司通过传统出版物、联机数据库、网络等多种途径收集有关的信息，向该客户提供了如下几个方面的重要情报。

- 各个国家市场的潜在总额——它们一开始和什么国家有联系。
- 各个市场已经有的技术水平——它们应该销售给各个市场怎样的通信卫星。
- 在各个市场里的企业能够付多少钱买通信卫星。
- 各个国家市场的发展潜力。
- 在各个国家，办好手续难不难。

从上述可以看出，企业的技术跟踪、专利查新、竞争对手调查、市场开拓等都离不开联机数据库。美国 Gale 公司出版的权威性的 Gale Directory of Database，它提供了在国际

---

① Access Asia 公司是由 Matthew Crabbe 和 Paul French 共同创办的一家亚太地区商业信息咨询公司，现在该公司是西方公司的有关中国商业信息的最大提供者。两位创始人拥有多年的市场调查和商业信息产业经验，曾为许多的国际性商业情报出版商工作，其中包括 EIU、Euromoru tor、Frost & Sullivan、ICC Key Nore 等。

市场得到广泛使用的数据库产品最详尽的目录。企业可以查询上述数据库指南，根据企业自身需求特点，列出适用于本企业的商情数据库列表，并制定常规检索的主题列表。

竞争情报收集子系统将根据情报需求检索各种商情数据库，并负责对每次检索结果进行存档以备查询。目前，越来越多的联机数据库提供 Web 检索，这样可以把联机数据库网络情报源收入（4）中的指引库中，利用 Web 检索数据库可以大大提高效率并降低检索费用。企业在自身能力不足的情况下，可以适当的借助于外脑——专门的情报咨询机构，以确保信息检索效果。

（6）人际网络

人际网络（图 10）是重要的非公开情报源，是企业获取竞争情报非常重要的途径和工具。

● 企业内部的人际网络

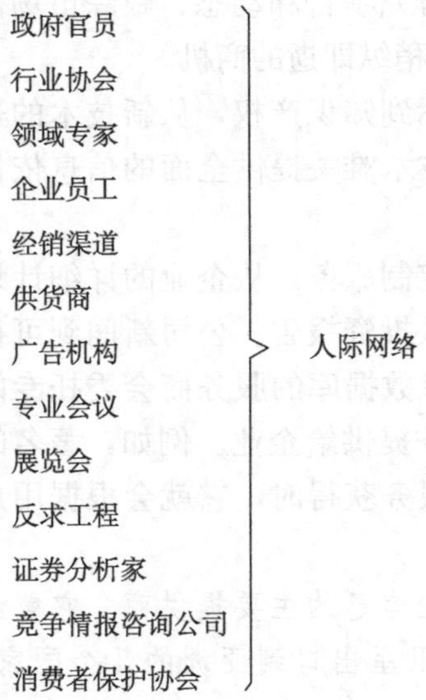

图 10　人际网络

企业员工本身就是一个不可忽视的一个情报源。企业情报人员想要获取的有关竞争对手或市场动态的信息，80%的可能在企业内部或人际网络中已经存在了。企业员工包括了从企业的各部门普通工作人员到领导层的所有人。在人们的办公桌抽屉里、文件柜里及他们的脑子里就可能蕴藏着丰富的情报源，而问题在于交流。因此，建立一个良好的企业内部的人际网络，并进行有效的管理是至关重要的。

要使企业员工自愿去提供信息、发掘信息，首先应研究一下阻碍他们这样做的原因是什么。据调查，主要原因有以下几种：竞争情报意识；根本没人来问过自己；提供信息后没获得反馈；没刺激；怕麻烦；怕威胁自身的地位（注：最后一点主要是指如果竞争对手在相关部门的工作干得比自己有特色，则担心提供信息时会被别人用来评价自己的工作，从而会危及自身的地位）。

上述障碍一方面可以通过企业决策层对员工有效宣传企业对竞争情报的需求而减少或消除；另一方面企业应通过设立 Intranet 论坛、BBS、专用 e-mail 等交流工具，使企业员工可以自由地发表看法或提交有关信息。

企业竞争情报中心应及时对提供信息的员工进行反馈，较简单的方式就是定期公布提供竞争信息的员工名单，以示表彰；对那些为企业的经营决策作出突出贡献的员工，还应提供奖金、加薪或升职等鼓励。

企业竞争情报中心也必须采取主动发掘的策略，可以采用的方法有：

● 制定一张“谁认识谁”的名单。

● 制定一张按月电话采访或面谈的名单。

● 设计一张信息矩阵表。

● 设计一张关键问题询问表。

对于企业内部的各类人员，如销售人员、营销人员、研发人员、生产人员、财务人员、决策人员等，应当有各自的询问重点。

● 企业外部的人际网络

对于企业外的非公开信息，通过电话采访或面谈可能是最快捷、省钱和有效的方式。

无论采用何种方式，首先应当明确的是：采访对象是谁？该问哪些问题？如何提问？如何分清某条信息是确凿的事实还是传言？其次应根据最新获取的信息，及时修正采访名单及采访提纲。通过多次的外部采访，企业竞争情报中心应逐步建立一个外部的人际网络，并将其中的人员分成“友好的”和“非友好的”两类，为今后的工作打下基础。

无论是企业内部还是外部的人际网络，企业情报人员都应重视获取情报的技巧，应当以非常自然、巧妙和令人舒服的方式从对方口中获取更多的信息。通过人际网络套取的大量信息，许多细节往往具有重要的情报价值。例如，美国一位输油站工作人员发现一辆满载油管的火车向南方驶去，当即把这一信息反馈给情报人员；情报人员经调查发现竞争对手正在一个新的区域铺设天然气管道，从而掌握了竞争对手的动向。这说明偶尔发现的信息也会成为企业的一条重要情报。

案例：在人际网络方面，福特汽车公司做得很成功。福特汽车公司的情报机构编制了一个名为“共享知识”的小册子，提供给所有准备参观其他工厂的本企业人员。如果企业人员准备访问一个国家或一个工厂（无论是竞争对手还是供应商），这本小册子可以提供从数据库和人际网络中获得的有关这个国家或工厂的概况。同时，小册子还告诉参观人员，本企业期望从这次访问中获得什么知识和情报。这是一个非常有力的工具，帮助企业内部人员沟通并获取相关情报，了解该工厂的商业过程。

非公开情报源既是最有价值的情报，同时其准确性又是值得推敲的。企业竞争情报中心对收集的非公开信息必要时进行连续跟踪，对重要的情报源进行验证。竞争情报中心应对上述信息进行有选择性的存档及有效管理，并可以成为企业内部文档的一部分，保存到企业 library 中。然而这部分信息只可以提供给竞争情报中心人员及企业决策者查询访问。

据国内一项最新的调查显示，国内企业在收集竞争情报时，各种信息搜集方法的使用程度呈现如下特点：使用程度平均值最大的是行业杂志，为5.73。其次是专利及科技文献，为5.24。再次是通过行业专家搜集信息，为5.01。平均使用程度最低的三种是供应商、销售代表和证券分析人员，分别为2.77、2.76、1.85，如表6所示。

表6 信息搜集方法使用程度列表

搜集方法	使用程度	使用该方法的程度≥4的企业百分比/%
行业杂志	5.73	91.67
专利及科技文献	5.24	79.86
行业专家	5.01	81.94
外部出版物	4.99	82.64
行业协会	4.68	75.00
关系（个人关系网络）	4.52	71.53
互联网络	4.49	66.67
外部联网数据库	4.36	65.28
内部网	4.24	64.58
个人访谈（面对面）	4.21	63.89
直接实地观察	4.19	64.58
内部数据库/只读光盘	4.17	68.75
信息管理技术（如数据挖掘、数据仓库、在线分析处理，或“商业情报”软件等）	4.11	61.81
贸易展览	3.95	63.19
内部文件	3.94	64.58
客户	3.92	57.64

续表

搜集方法	使用程度	使用该方法的程度≥4 的企业百分比/%
政府文档	3.85	57.64
电话访谈	3.84	53.47
案例研究	3.77	57.64
剪报服务	3.73	56.25
小组座谈	3.60	54.17
邮寄问卷调查	3.42	47.92
竞争对手（直接接触）	3.23	43.06
电子或声音邮件	3.08	39.58
本组织的其他雇员	3.04	36.11
产品购买及评测	2.90	37.50
供应商	2.77	38.19
销售代表	2.76	31.25
证券分析人员	1.85	15.28

注：该调查将各种信息搜集方法的使用程度分为七个等级，分别以数字 1，2，3，4，5，6，7 表示由低到高

图 9 中目标数据库的主要功能在于根据一次特定的竞争情报分析任务，将采集到的竞争情报进行汇集与组织。在这个目标数据库中可能存在的信息形式有以下几种。

● 具体的数据，如销售数据、生产数据等。

● 文件、报告、学术文章等。

● 与该任务相关的网络情报源链接或直接下载的信息。

● 联机数据库的检索结果及全文。

● 企业 Web 站点某段时间内的访问记录，或一段时间内的用户反馈信息，或网上回收的问卷等。

● 重要的 e-mail 或论坛内容（从内联网上获取）。

该目标数据库可以是一个虚拟的或临时的数据库，由 CIO 负责设计与维护，而各级决策层也可以协助建设。根据 CIS 的运作状况，目标数据库还需要不断地进行补充。CIS 的每一次运作所采集的新的信息资源经过验证后应及时保存到企业 library 之中。

(二) CIS 的信息收集模式

CIS 的信息收集存在两类模式：常规的、定期的信息收集；以需求驱动的信息收集。

在企业 CIS 运作的初期，将以需求驱动型为主，即以某个具体的竞争情报项目的运作作为基础，不断拓展信息的收集范围。

在开展若干个企业竞争情报项目之后，企业 CIS 可以总结经验，并将一些重要的信息收集作为 CIS 的一项常规性、定期性的工作，如竞争环境监视、关键技术跟踪等信息收集工作可以逐步转换到竞争情报收集子系统的定期工作中。当 CIS 收集的信息资源达到一定的规模并实现合理有效的组织之后，CIS 将同时采用这两类的信息收集模式。以下将列举几种具体的信息收集模式。

1. 竞争环境信息收集模式

企业的竞争环境，除了政治的、经济的和社会的因素外，主要由五种力量构成。图 11 中列出了行业结构的组成因素，企业可以跟踪这些因素对环境进行监视，及时对企业经营提供预警。

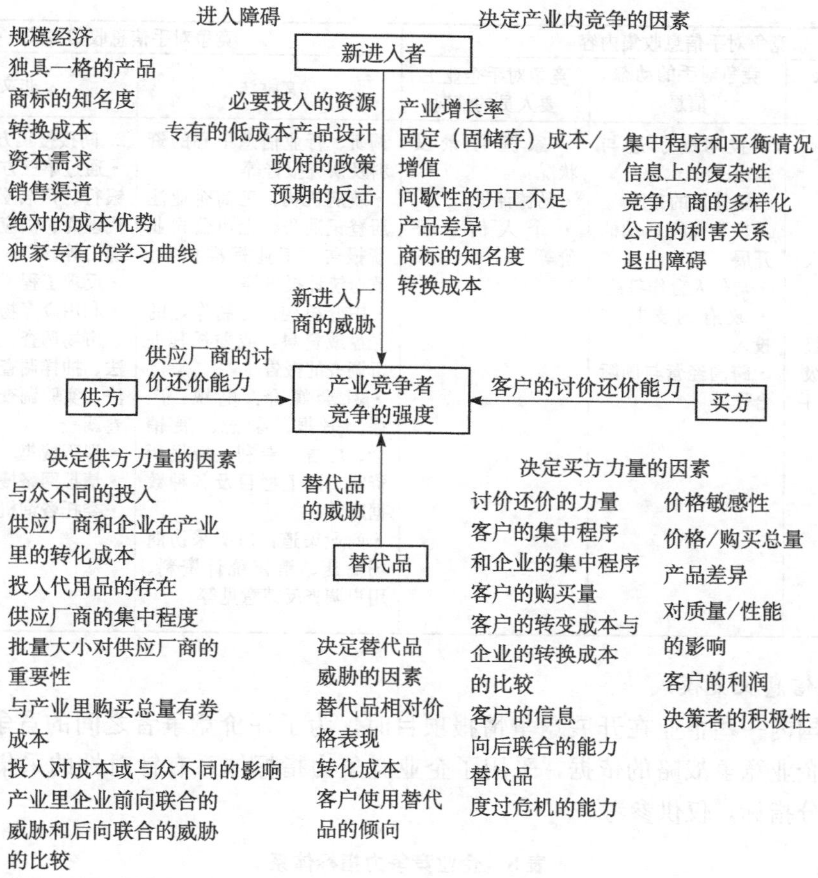

图 11 行业结构的组成因素

2. 竞争对手信息收集模式

面对竞争对手的信息搜集，可以是单方面的搜集也可以是双方的对比。表 7 中列出了一种竞争对手信息收集模式。

表 7 竞争对手信息收集内容及方式

竞争对手信息收集内容			竞争对手信息收集方式	
竞争对手基本情况信息	竞争对手的动态信息	竞争对手企业主要人员的情况	文献法	非文献法
·企业性质 ·产权结构 ·资产结构 ·管理模式 ·产品结构 ·成本结构 ·负债情况 ·损益情况 ·现金流 ·市场占有 ·区域市场占有 ·客户群体	·市场的开拓与放弃 ·股票价值的升降 ·新产品的投放与退出 ·资金的融进与输出 ·人才的引进与流失 ·产品的库存变化 ·生产能力的提高与降低	可以将人员分类，以其在企业中的地位划分，确定重点及需要调查的详细程度： ·自然情况（姓名；性别；年龄） ·受教育情况 ·工作经历 ·性格特征 ·个人爱好及生活习惯	·搜集对象主要是企业的领导、销售、开发及信息部门。形式有资料、笔记本、散纸及他们的头脑等 ·竞争对手企业：产品说明书、产品报价单、企业简介、企业刊物、企业年报、企业领导讲话、投稿、对企业面访等 ·行业组织：行业协会出版物、评比公报、统计报告、行业协会、行业专家	1. 直接搜集方法 ·出席竞争对手举办或参加的各种公开活动，如展览会、签订会、交流会、新闻发布会等 ·参观访问对手的生产经营场所 ·在合作中获取情报 ·通过对方员工获取情报：①和对方员工进行交流获取情报；②聘用竞争对手“跳槽”的员工获取情报

续表

竞争对手信息收集内容			竞争对手信息收集方式	
竞争对手基本情况信息	竞争对手的动态信息	竞争对手企业主要人员的情况	文献法	非文献法
·市场分布 ·分销方式 ·价格政策 ·广告投入 ·科研开发投入 ·促销活动 ·人力资源 ·银行信用等级 ·合作信用等级 ·负责竞争对手情报的部门等	·技术的引进与输出 ·销售量的升降 ·广告促销活动的开展 ·与他人合作签约 ·政府的支持与投入 ·跨国经营与国际合作等	·家庭背景及状况 ·品德评价 ·个人信誉评价等	调研、行业信息中心的资料及研究报告等 ·政府机构：工商企业注册登记通告、上市公司业绩报告、工业标准档案、政府统计报告等 ·中介机构：已制作好的光盘或资料，或委托其进行调查的报告 ·社会媒介：电视、广播、书报、杂志、展销会、广告、专利、情报所资料、网上栏目及各种数据库等 ·商业渠道：口头采访商场商店、销售统计资料、用户调查反馈意见等	2. 间接搜集方法 ·通过第三方获取情报，如银行、广告公司、经销商、代理商、供应商、上级主管部门等 ·反求工程 ·利用废弃物获取情报 ·市场调查：观察法、访谈法、抽样调查法、问卷调查法、实验调查法和互联网问卷调查 ·视听搜集 ·情报网络搜集 ·委托咨询机构搜集

3. 重点信息收集模式

目前，国内一些企业在开展竞争情报项目时，为了评价竞争者之间的竞争力的大小，作为制定本企业竞争战略的依据，采用了企业竞争力指标体系有针对性的采集信息。表 8 中列出了部分指标，仅供参考。

表 8　企业竞争力指标体系

部门	指标体系	指标说明
管理	发展目标和战略	长远发展计划，生产和经营目标
	质量管理与管理效率	质量体系认证和质量管理的措施，机构设置，办事效率
	现代化管理程度	计算机在管理工作中的应用程度、办公现代化程度
	企业文化	企业形象设计和企业文化建设
	信息收集和处理能力	企业收集及处理各种内部及外部信息能力
营销	销售战略	销售策略和销售机制、用户群的区域及层次定位
	市场占有率	产品销量/同类产品的市场总销量
	广告水平	产品的各种宣传媒介、宣传手段及频率
	销售队伍素质	销售人员的文化素质、营销能力、职业道德
	消费群研究	对消费者心理的调查研究与宣传
生产&产品	原材料或外购件价格	主要原材料或外购件的价位情况
	生产规模	年产量和产值、占全国同类产品产量比例、最大生产能力
	生产率	生产效率，总产量/劳动力
	设备水平及能源利用率	主要生产及测试设备的技术水平，工艺先进性，原材料能源消耗/企业总产值
	实际年产量/最大年产量	产品实际年产量与最大生产能力的比值
	产品质量及技术含量	产品总体质量情况，包括对各种可比指标的综合衡量，产品技术含量
	产品价格	产品的总体价格状况，主要是指相对于价格的综合衡量
	产品品牌度	产品品牌在消费者中的知名度
	产品成本	产品的成本核算及控制状况
	产品适销度	产品是否适销对路、是否有潜在市场

续表

部门	指标体系	指标说明
研发	技术水平 研制开发机制 新产品研制周期 产品的高技术附加值率 资金投入率	研发的技术水平（与世界先进技术相比） 对产品市场信息、技术发展的了解，企业技术开发政策 从产品研制开发到投入市场所用的时间 投入市场产品的高技术附加值/企业总产值 企业对研发投入占企业销售额的比例
资产	资金利用率 资金周转率 资金收益率 企业负债 企业筹资能力	用于生产销售的资金与总资金的比值 企业资金运用的周转情况 企业利税额与资金投入的比值 企业的债务情况 企业在短时间内可筹集资金的能力
人力资源	人员结构 素质培训 人才机制	管理、技术、工人及辅助人员的结构合理性 员工素质，对人才培训的重视程度和具体方法 吸收人才和使用人才机制
环境	地域因素及所处地位 不正当竞争 行业政策影响	区域经济、文化及区域发展规划，领导部门对企业的支持与保护 企业的保密与反保密、竞争手段合法程度 行业政策对企业（产品）的影响

五、竞争情报分析子系统的设计

竞争情报分析子系统是CIS的“制造车间”，是CIS的核心。企业竞争情报中心专职分析人员采用人工分析与计算机系统辅助分析相结合的手段，将竞争情报收集子系统所收集的信息有序化、系统化、层次化，提炼出真正有用的竞争性情报。图12为竞争情报分析子系统结构图。

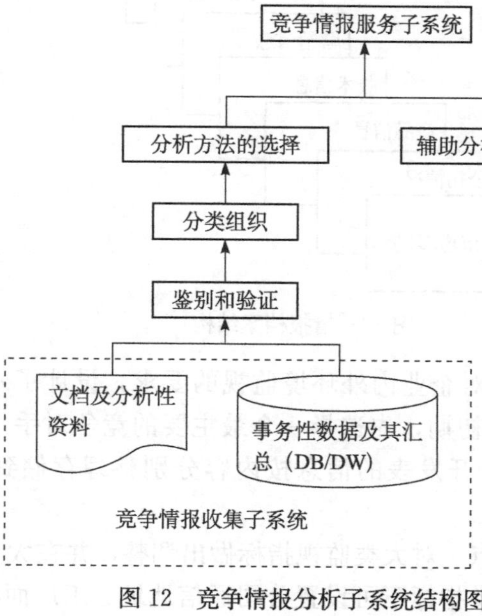

图12　竞争情报分析子系统结构图

（一）信息的鉴别与验证

竞争情报收集子系统只是负责收集可能的情报源，目标数据库也只是起到汇集与简单组织的功能；而信息的筛选则是竞争情报分析子系统的首要工作，它负责剔除虚假的、错误的信息，提高情报的准确性和有效性。如图 9 所示，来自企业各 MIS、MRP、MRP Ⅱ或 ERP 等管理系统的数据或资料，以及来自企业 library 中的文档及其相关资料，它们的可信度相对而言要高很多，因而校验工作较简单。但对于收集的互联网信息资源及来自企业内联网上的 e-mail、论坛内容和企业 Web 站点的访问信息等则必须进行严格的甄别。

（二）信息的有序化组织

获取大量的信息并不能保证获取有用的竞争情报。对于后者，需要我们掌握一定的技巧来整序、浓缩、分析和综合这些信息，这也是分析子系统的工作重点之一。这一处理阶段，在没有明确的分析需求与方法之前，只需将这些信息归档就行了。对经过校验的情报按照多种分类标准进行分类组织，如按时间、资料类型、内容主题、可信度等，直接保存到企业 library 中。企业情报分析人员可以通过内联网界面浏览查询这些资源。

1. 情报档案结构

根据竞争情报所依赖的信息的特点，建议采用档案结构如图 13 所示，该结构直接适用于企业 library 的信息组织。

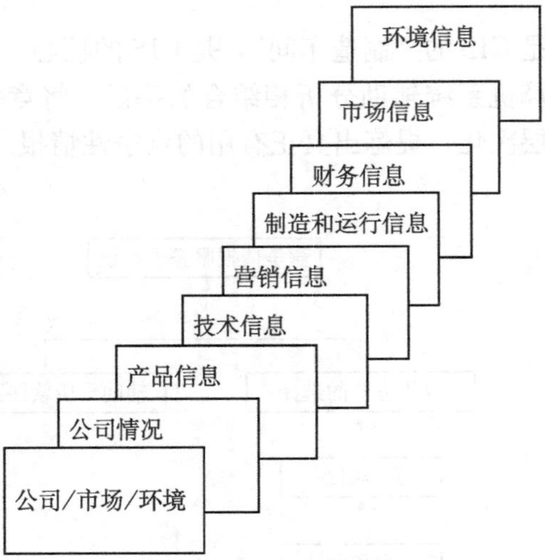

图 13　情报档案结构

该档案结构根据竞争情报对企业内外环境监视的要求，设计了八大类监视指标。建议企业在建立竞争情报功能的初期，先选择一个最主要的竞争对手予以监视。可将从企业内外部收集到的公开和非公开发表的信息按内容分别整理存储到这八大类监视指标之下。

企业可根据自身行业的特点，对大类监视指标做出调整，并在大类指标下设置若干小类指标。例如，在公司情况大类指标下可设置公司通信地址、工厂面积、固定资产、职工人数、中高层管理人员名单、组织结构、发展目标等。在营销信息大类指标下可设置销售组织和人力、促销、定价政策、经销渠道、用户服务等。在制造和运行信息大类指标下设置设计生产能力、实际生产能力使用率、劳动生产率、装备等。在财务信息大类指标下设置销售额、销售成本、产品毛利等。而环境信息大类指标主要涉及与该行业有关的国家政策、法规条例、发展规划，以及有间接影响的宏观经济指标、人口统计和家庭收入与消费统计等内容。应注意的是，千万不要把系统搞得过分复杂，如设置了近百个小类指标，这样做往往会失控，其结果将导致失败。始终记住 2-8 原则，即集中精力于 20%的内容使其产生 80%的效果。以简单开始并保持简单。

2. 信息储存表格的设计

除了将所收集的信息分类存档外，为便于将关键内容特别是定量指标输入计算机及以后制作竞争情报报告，还应做一些类似摘要的工作。建议使用工作表格。

常用工作表格 1。记录收集指标中某些可获取具体数据的指标的数据值，主要用于记录定量信息（表 9）。

表 9　常用工作表格 1（举例）

姓名：________部门：________职务、职称：________

电话：________填表时间：________

内容	本企业		竞争对手 A		……		竞争对手 N	
	数值	来源	数值	来源	数值	来源	数值	来源
产品成本	20 元	报刊	30 元	传闻			15 元	传闻
产品价格	70～90 元	报价单	100 元	展览会			80 元	报价单
产品研制周期	1 年	厂报	16 个月	媒体报导			8 个月	传闻
……								
产品出口率	3%	厂报	10%	传闻			0	媒体报导

常用工作表格 2。主要用于记录收集指标中某些指标的定性信息（表 10）。

表 10　常用工作表格 2（举例）

姓名：________部门：________职务、职称：________

电话：________填表时间：________

内容	本企业		竞争对手 A		……		竞争对手 N	
	信息摘要	来源	信息摘要	来源	信息摘要	来源	信息摘要	来源
产品舒适度	较好	行业统计报告	很好	剪报			一般	报刊
产品质量	较好	行业统计报告	很好	政府出版物			一般	报刊
……								
品牌知名度	华东地区知名度较高	报刊	知名品牌	政府出版物			华北地区知名度较高	媒体报导

常用工作表格 3。主要用于记录无法归类于现有的收集指标体系，但与企业经营发展相关的信息。它可用于记录定量或定性信息（表 11）。

常用工作表格 4。记载本公司及竞争对手的历史数据，便于观察态势变化。除了可用来记录定量信息如年收入、利润率、价格等外，亦可用来记录定性信息，如销售方法和战略（表 12）。

表 11　常用工作表格 3（举例）

姓名：________部门：________职务、职称：________

电话：________

采集日期	信息摘要	影响	情报源	可靠性*
2001/5/12	B企业产品C攻克技术难关	B企业竞争力可能超过本企业	电视新闻	事实
2001/5/16	D企业花巨资投入新品宣传	对企业营销不利	《扬子晚报》2001.5.16	确凿事实
……				

*传言、确定的传言、事实、确凿的事实

表 12　常用工作表格 4

姓名：________部门：________职务、职称：________

电话：________填表时间：________

内容	1999 年				2000 年				2001 年			
	本企业	竞争对手A	……	竞争对手N	本企业	竞争对手A	……	竞争对手N	本企业	竞争对手A	……	竞争对手N
产品价格												
产品销量												
……												
产品出口率												

表 9～表 12 可以直接用于编写报告，如每月消息简报、战略影响报表、竞争对手档案等。

3. *竞争情报的数据库存储*

竞争情报的数据库可以成为 CIS 独立的一个数据库，也可以作为企业 library 的一个组成部分。该数据库的内容应当能充分满足竞争情报分析人员的情报分析需求：数据库覆盖面要广，实用性好；数据质量有保证，信息准确，可靠性强；更新率高，能及时反映新情况。

同时，竞争情报分析人员完成的各类情报成果，将存储在该数据库当中，直接为竞争情报服务系统提供服务。

由于该数据库的重要地位，数据的安全工作尤为重要。

（三）情报分析

1. *竞争情报分析方法及其评价指标*

企业竞争情报的分析工作是 CIS 中的关键环节，选择采用哪些分析方法，以最少的时间和成本产生最大的情报实效是 CIS 成功的决定因素。表 13 将列举 21 种常用的竞争情报分析方法，并提供了 11 个重要的评价指标，为企业情报人员正确选择分析方法提供了参考。下列各种分析方法及其评价指标的介绍详见附录。

不同的企业，应当根据其所处市场的不同，以及"企业成功的关键因素"的不同，针对企业当前的情报需求，选择采用最适合本企业的情报分析方法。在选择当中，必须综合考虑表 13 中列举的各种因素，优先采用时耗少、成本低、较简易的分析方法。表 13 列举了一个电力公司针对一次竞争情报分析所选用的方法。

表 13 竞争情报分析方法及其评价指标

分析方法	资源需求				数据需求		
	时间		成本	管理技能要求	来源	可获得性	时间性
	开发	实施					
政治与国家风险分析	长	长	高	概念理解 分析 诊断	文献检索 信息人员 个人访谈	从分析中获取	历史的 当前的
产业情景预测	长	长	高	概念理解 分析 诊断	小组座谈 文献检索 个人访谈	用户定制	未来的
五种力量模型	中等	长	中等	技术 概念理解 诊断	案例研究 个人访谈 文献检索	直接可获得 基本上从分析得来	当前的
BCG 产业矩阵	短	中等	中等	技术 概念理解 诊断	文献检索 个人访谈	从分析中获取	当前的
产业细分化	中等	中等	中等	概念理解 诊断 分析	案例研究 个人访谈 文献检索	从分析中获取	当前的
PIMS 数据库分析	中等	短	中等	技术 分析	数据库	直接可获得	当前的
技术评价	长	长	高	技术 概念理解 分析	直接实地观察 参与性调查 数据库 文档	分析 有时用户定制	未来的
多点竞争分析	短	中等	从低到中等	概念理解 诊断	文献检索 个人访谈	从分析中获取	当前的
关键成功因素分析	短	中等	中等	概念理解 诊断 分析	文献检索 案例研究	从分析中获取	当前的
战略组分析	中等	短	低	概念理解 诊断	文献检索 个人访谈 案例研究	从分析中获取	当前的
价值链分析及区域图	短	长	高	技术 诊断	案例研究 个人访谈 文献检索	用户定制	当前的
经验曲线	短	中等	中等	技术 诊断	文档个人访谈直接实地观察	从分析中获取	当前的
利益相关者分析及基本假设测评	短	中等到长	中等	概念理解 诊断 分析	个人访谈 小组座谈 文献检索	用户定制	过去的当前的
市场信号	中等到长	连续的	低	概念理解 诊断 分析	文档个人访谈直接实地观察	从分析中获取	未来的
职责分析	中等	短	低	技术	文献检索 案例研究 个人访谈	从分析中获取	当前的

续表

分析方法	资源需求				数据需求		
	时间		成本	管理技能要求	来源	可获得性	时间性
	开发	实施					
优势及弱点分析	短	长	高	人际 技术 诊断	个人访谈 直接实地观察 案例研究	用户定制	当前的
共同利益分析	中等	长	高	技术 诊断 概念理解	文档 案例研究 个人访谈	用户定制	当前的
财务报表分析	短	短	低	技术 分析	文档 历史记录 数据库	直接获得 从分析中获取	历史的
基于价值的规划	长	中等至长	中等	技术	历史记录 数据库	从分析中获取	历史的
管理背景描述	短	短	低	人际技术	个人访谈 信息人员 文档	从分析中获取	当前的
反求工程	短	可变的	可变的	技术	产品购买	直接可获得	当前的

分析方法	准确度制约因素	更新要求		优势	局限性
		频率	难度		
政治与国家风险分析	可获得性	周期性	再分析	理解其他文化或政治地位和潜在问题的区域	通常采用自己的标准来评价语言问题 数据经常难以评价；一旦很有权势的职位发生变化，数据也会迅速变化
产业情景预测	数据源的假定	临时要求	重新概念化	使管理敏锐化，以适应产业发展的要求	基于变化的假设成本
五种力量模型	管理技能	临时要求	重新概念化	采用结构化的方式来评价产业识别竞争对手作为其他深入分析的基础	将产业经济结构的基本假设作为竞争的根基 涉及产业间的壁垒
BCG 产业矩阵	管理技能	临时要求	再分析	主要作为一种诊断的工具用于标志出可以赢利的产业部门	需要与其他分析方法结合使用，如产业分析和关键成功因素分析
产业细分化	概念理解技能	临时要求	再分析	可以识别机会，识别在遭受打击之下仍将赢利的未来区域或领域	选择细化的标准 参与竞争的零碎的方法
PIMS 数据库分析	数据库中商务信息的表示	周期性	重复性	使用灵活 操作的多样性	缺少组织上的变化
技术评价	资金支持	持续性	重新概念化	与关键的技术驱动力量保持同步	成本高，时间持续长，进程较困难
多点竞争分析	数据来源	临时要求	再分析	识别出竞争者可能进行报复的领域	较典型的是忽视竞争者的动机与技巧
关键成功因素分析	管理技能	周期的	再分析	系可把全部力量集中一点的快速、低成本的方法	经常是较肤浅的

续表

分析方法	准确度制约因素	更新要求		优势	局限性
		频率	难度		
战略组分析	管理技能	周期的	再分析	快速、廉价、便捷地了解主要的竞争对手	表面的忽视行业外的公司
价值链分析及区域图	数据来源	临时要求	再分析	了解竞争对手或自身业务流程细节的最佳方法	难以获取数据 速度慢 昂贵
经验曲线	数据来源	临时要求	重复的	对成本进而对价格变动提供解释基于成本做出是否进行竞争的构想	基于可能无法延续到未来的历史状况
利益相关者分析及基本假设评测	管理技能	周期的	再分析	尽力去发掘行为的潜在原因	取决于是否会误解
市场信号	管理技能	持续的	重新概念化	早期预警指示器	误解可能会指向错误的方向
职责分析	管理技能	周期的	再分析	可视化的总结需要管理者对产业及竞争地位做出系统性的考虑启发性的决策方法	表面假定决策是由资金流动和利益驱动的
优势及弱点分析	数据来源	临时要求	再分析	提供对整个企业综合能力的深层理解提供对补救行动的反馈	成本高，耗时，人员的合作至关重要，管理者的等级职位影响其领悟力
共同利益分析	数据来源	临时要求	再分析	通过共享诸如决策权，退出决策及响应时间上的权力可以显示成本或差异优势	数据上的困难耗时
财务报表分析	数据来源	周期的	重复性	快速，方便，低成本的掌握财务状况	数据问题通常局限于公共的企业
基于价值的规划	数据来源	周期的	重复性	简明性，具备比较替代者和竞争者的能力	首要目标就是尽量提高股票价格的基本假设，难以应用于私有公司
管理人员跟踪	数据来源的新颖性	持续的	重复的	开发管理人员资源表；经理人不必总是以理性方式行动	过去是未来的优秀预言者
反求工程	管理技能	临时要求	再分析	了解竞争对手产品特性与成本的最佳方式	耗时

在上面的例子中，这家电力公司将重点放在基本分析上，以此作为以后深入分析的基础。在表14中，有几种分析方法没有选用或推迟采用，是考虑到成本太高、太费时、比较复杂，或者不适合当时公司的状况。

据国内最新的一项调查显示，国内企业在分析竞争信息时，各种情报分析技术的使用程度呈现如下特点：使用程度平均值最大的是优势及弱点分析，为5.04。其次是技术评价，为4.65。再次是关键成功因素分析，为4.56。平均使用程度最低的三种是兼并及收购分析、资产转让分析和PIMS数据库分析，分别为2.15、1.94、1.79，详见表15。

表 14　一家电力公司的竞争情报分析方法的选择

需求	分析方法	
	采用的	未采用/推迟采用
掌握行业的动态变化	一五种力量模型 一战略组分析 一关键成功因素分析	一产业情景预测 一产业细分化 一利益相关者分析及基本假设评测
确定自身相对于主要竞争对手的战略地位	一财务报表分析 一管理人员跟踪 一优势及弱点分析	一基于价值的规划 一价值链分析及区域图

表 15　情报分析技术使用程度列表

情报分析技术	使用程度	使用该技术程度≥4 的企业百分比/%
优势及弱点分析	5.04	81.94
技术评价	4.65	75.00
关键成功因素分析	4.56	71.53
客户满意度调查	4.26	67.36
产业情景预测	4.01	60.42
竞争对手跟踪	3.98	57.64
事件分析	3.94	63.19
案例分析	3.90	61.11
共同利益分析	3.78	56.25
市场信号	3.72	54.86
核心竞争力分析	3.70	54.86
管理人员跟踪	3.45	43.75
财务报表分析	3.42	45.83
战略联盟	3.36	46.53
产业细分化	3.32	45.83
定标比超	3.25	43.06
价值链分析	3.20	47.22
业务流程重整	3.08	39.58
多点竞争分析	3.04	39.58
多元化分析	2.90	37.50
战略组分析	2.81	31.25
利益相关者分析及基本假设评测	2.74	34.72
政治及国家风险分析	2.62	29.17
经验曲线	2.49	24.31
五种力量模型	2.47	31.25
反求工程	2.47	25.00
兼并及收购分析	2.15	17.36
资产转让分析	1.94	15.97
PIMS 数据库分析	1.79	13.89

注：该调查将各种情报分析技术的使用程度分为七个等级，分别以数字 1，2，3，4，5，6，7 表示由低到高

2. 计算机技术在竞争情报分析中的应用

据 1998 年 7 月 SCIP 与 Fuld & Company 联合对 120 家拥有竞争情报计算机系统的企业进行调查的统计结果表明，主要有四类系统软件用于竞争情报活动。分别是数据库管理系统，如 Microsoft Access；知识管理系统，如 Wincite；集 e-mail、计划调度、信息共享、电子表单等功能于一体的通信系统，如 Lotus Notes 及企业内联网。

然而，尽管这些在数据组织与传送方面节省了企业竞争情报中心工作人员的时间与精

力，但是面对企业内部的事务性数据、企业 Web 站点访问信息等数据，这些系统通常不能很好地帮助情报分析人员从不同角度分析企业的整体情况，无法将大量关系松散的信息转化为有价值的竞争情报。下面列举几种先进的分析软件工具，可望作为情报分析人员的有力的帮手。

（1）SPSS 等统计分析软件

SPSS 除了可以对数据进行一般的统计描述以外，还可以作各种类型的方差分析、相关分析、回归分析、聚类分析、判别分析、因子分析、可靠性分析、时间序列分析等。各 MIS 系统的大量的事务性数据，可以导入 SPSS 软件包进行各种复杂度的统计分析。目前，SPSS 可以读取 Excel 建立的表格数据文件（*.xls)、SYLK 的表格数据文件（*.slk)、各种版本的 dBase 或 FoxBase 建立的数据库文件（*.dbf)、用 Lotusl-2-3 格式写的数据文件（*.w*)、由其他任何软件建立的 ASCII 码写的数据文件（*.dat）等绝大多数类型的数据文件。

（2）联机分析处理

OLAP 是近年来国外新兴的一门软件技术，它专门设计用于支持复杂的分析操作，侧重对企业的高层管理人员和决策人员的决策支持。它可以应分析人员要求快速、灵活地进行大数据量的复杂查询过程，并且以一种直接易懂的形式将查询结果提供给决策人员。OLAP 所需要的数据是历史的、总括的、集成的、多维的，因而它所依赖的数据必须是较完善的数据库系统，更理想的则是数据仓库，否则无法有效地发挥 OLAP 的作用。

（3）数据挖掘工具

DM 工具是一种有效的从大量数据中发现潜在数据模式，做出预测性分析的分析工具，它是现有的一些人工智能、统计学等技术在数据库领域中的应用。用户使用 DM 工具不必提出确切的问题，而只需 DM 工具去挖掘隐藏的模式并预测未来的趋势，这样更利于发现未知的事实。

DM 工具的分析方法包括以下四种（按 IBM 公司的划分方法）。

- 关联分析。其目的就是挖掘出隐藏在数据间的相互关系。例如，通过对某段时间的零售交易数据关联分析，市场分析人员可以得出类似“有 33%的顾客在购买了某一牌子的土豆后都要买烤箱手套和电打火机”等的分析结果，这对于商品的布局摆放，商品促销都会产生意想不到的效益。

- 序列模式分析。其侧重点在于分析数据间的因果关系。同样以市场销售数据分析为例，通过对客户购物行为特征的序列模式分析，可以得到关于顾客购买取向和兴趣的信息，发掘出客户潜在的购物模式，从而为商业决策提供可靠的依据。

- 分类分析。其原理是首先确定按某种分类标准给一个特定的记录集合（训练集）加标记，然后检查这些标定的记录，描述出这些记录的特征，这时已经生成一套分类模型（模式），利用它可以分类新记录。目前，许多分类分析模型已经得到应用，如线性回归模型、决策树模型、神经网络模型等。

案例：以一个信用卡公司为例，其数据库中保留这个持卡人的记录，并根据信誉程度（分类标准），将持卡人分作三类：良好、普通、较差。这一过程其实就是将持卡人记录标定为三类，采用分类分析法检查这些记录，然后给出一个对信誉等级的显式描述（分类模型）：“信誉好的用户是指那些收入在 25 000 元以上，年龄为 45～55 岁，居住在 XYZ 地区附近的人士。”

● 聚类分析。它与分类分析的不同在于，其输入集是一组未标定的记录，也就是说此时输入的记录未进行任何分类。其目的是根据一定的规则（聚类算法），合理地划分记录集合，并用显式或隐式的方法描述不同的类别。聚类分析与分类分析其实是两种互补的分析方法：一方面分类分析的分类标准可以通过聚类分析不断得到补充；另一方面聚类分析可以直接采用分类算法进行。

DM 工具和 OLAP 作为数据仓库工具层的组成部分，两者是相辅相成的。我们可以在一个 CIS 中采用这样一种分析过程，即利用 MIS 进行日常事务性操作，如增删、改、报表生成等；利用 OLAP 工具，深入了解事物做出总结性分析，也可以利用 DM 工具挖掘潜藏的模式预测未来趋势；同时还可以继续利用 OLAP 验证 DM 工具得出的预测性结论，防止偏差。

情报分析人员采用恰当的、先进的分析软件工具，将能够分析出更直观、更有经济价值的辅助决策情报。

六、竞争情报服务子系统的设计

情报服务模块的功能由竞争情报服务子系统来实现。竞争情报服务子系统的主要功能是根据情报分析人员、决策者及企业内其他人员的情报需求，动态地创建各类分析报告，并通过适当的方式及时地将它们传递给用户。

（一）成果体系

大致说来，竞争情报服务子系统提供一个分层次的竞争情报成果体系，如图 14 所示。

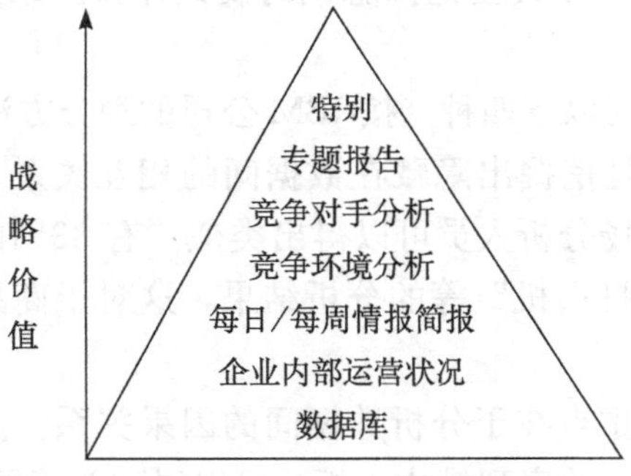

图 14　分层次的竞争情报成果体系

1. 数据库

作为最底层的情报，提供给企业情报用户直接查询访问，但其战略价值最低。

2. 企业内部运营状况

以图形方式同时显示如固定资产、职工人数、产品成本、利润率等多个反映企业运营状况的指标，直观地反映企业自身的综合实力。

3. 每日/每周情报简报

它是最常用的一类报告，定期完成，行文应短小精悍，每篇文章长度以几百字为宜；其内容为对某一组数据的直接反映，如每周配件的进货量、产品销量等；或者是企业密切关注的一些新闻、消息的选辑。

4. 竞争环境分析

这类报告有助于企业决策者清楚地了解到企业面对的市场环境、相关新技术的进展等竞争环境的状况与变化趋势，属于分析性报告。

5. 竞争对手分析

可以是单独对竞争对手的分析，也可以是企业自身与竞争对手的综合实力的比较，一般以分析性报告的形式出现。

6. 特别专题报告

为企业决策者特别的情报需求而及时生成的分析性报告，通常是针对某些重大课题，不定期出版。

据国内最新的一项调查显示，国内企业在提供竞争情报的服务中，对各种竞争情报传播方法有效性程度的评价呈现如下特点：有效性程度平均值最大的是书面或为用户专门定制的报告，为4.94。其次是简报，为4.92。再次是个人交往或联系，为4.67。有效性程度最低的三种是在公司外地点展开的专门会议、竞争情报培训讲座和特别备忘录，分别为3.14，3.04，2.91，如表16所示。

表16　竞争情报传播方法有效性程度列表

竞争情报传播方法	有效性	使用该方法有效性≥4的企业百分比/%
书面或为用户专门定制的报告	4.94	81.25
简报	4.92	79.86
个人交往或联系	4.67	78.47
计算机化数据库	4.16	63.19
企业内部网	3.89	60.42
定期会议	3.74	56.25
电子邮件	3.63	54.17
为用户汇报演讲	3.49	52.08
互联网主页	3.46	51.39
信息窗/广告栏	3.32	46.53
在公司外地点召开的专门会议	3.14	44.44
竞争情报培训讲座	3.04	40.97
特别备忘录	2.91	40.97

注：该调查将各种竞争情报传播方法的有效性程度分为七个等级，分别以数字1，2，3，4，5，6，7表示由低到高

(二) 服务方式

情报服务系统应当突出其高效、快捷的服务特点，企业内联网平台将有助于提高服务的效率。下面就来谈一谈基于企业内联网的情报服务。其服务界面如图15所示。

该服务系统具有分类浏览、多途径检索、最新推送服务三大特色。

1. 分类浏览

CIS的所有竞争情报成果都进行了一或二级分类，一级分类类目如竞争环境、竞争对手、市场研究、供应商、技术发展、公司内部等。在图15中这些类目前都有“－”或“＋”表示其下还包括具体的细目。用户可以点击“＋”，则显示二级分类细目，点击“－”，则关闭显示二级分类细目。用户只需点击所需的类目链接，就可以访问到感兴趣的竞争情报。图15中给出的分类仅作为参考。

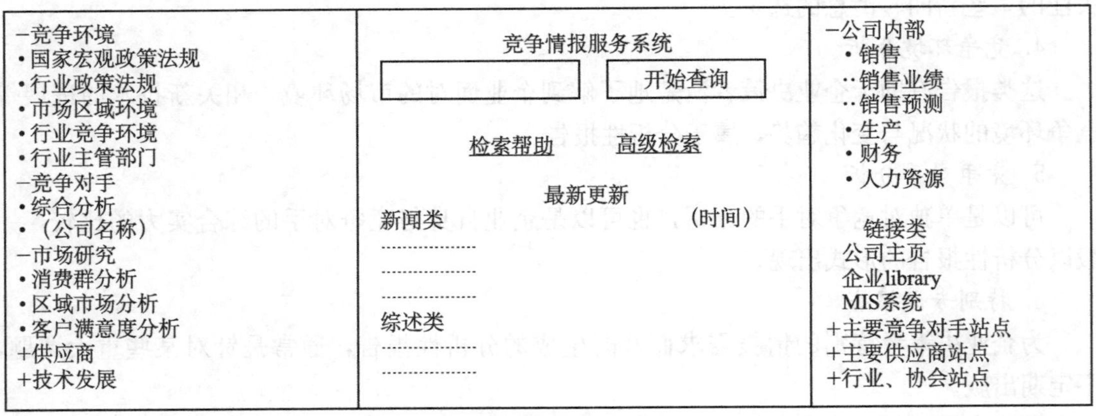

图 15　竞争情报服务系统

2. 多途径检索

图 15 中给出的仅是最简单的关键词检索方式，即用户只需输入主题词，点击“开始查询”就可以获得所需的相关情报。用户点击“高级检索”链接可以利用更多的方式进行检索（图 16），可以限制时间，如查找最近一周以来的竞争情报；可以限制竞争情报的类型，如查找情报动态类或研究报告类等；可以按照业务部门查找，如查找企业内部各业务部门的相关信息。点击图 16 中小方框中的黑箭头就可以看到具体的选项。

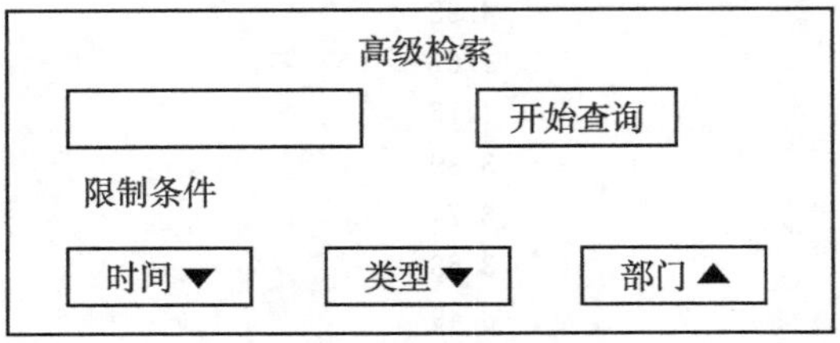

图 16　高级检索界面

3. 最新推送服务

从图 15 中可见，竞争情报服务系统随时将最新的情报简报、情报综述等显示在服务界面最显著的位置，使用户享受到最快最新的竞争情报服务。辅助的推送服务还有通过内联网的 e-mail 系统及时将最新的竞争情报发送到决策者的 e-mail 信箱中。图 15 是一个统一的服务界面，各级决策者也可以根据自身竞争情报需求定制服务内容，并将其设为内联网访问首页。

除了上述三项主要功能以外，竞争情报服务系统还直接提供密切相关的一些链接，如企业 Web 站点、企业 library、企业 MIS 系统，如图 15 所示。点击右下方的“+”，可以找到主要竞争对手、主要供应商，以及行业、协会的站点链接。

综上所述，把 CIS 建设成为企业的“中央情报局”，成为企业领导集团经营战略和竞争决策的“思想库”和“参谋部”，将是企业 CIS 的主要目标和未来发展方向。可以预见，随着市场竞争的激烈、知识管理的兴起、网络技术的发展和合作竞争的出现，为 CIS 的建设提供了更大发展空间和技术支撑，一个更加集成化、智能化、网络化、决策化的 CIS 将会以崭新的面貌展示在世人的面前。

附录 竞争情报分析方法及其评价指标

常用的竞争情报分析方法。

● 政治及国家风险分析（political and country risk analysis）：该方法用于评估企业在国外运作的风险类型（如资产、营运、赢利能力、人员等）与程度。

● 产业情景预测（industry scenarios）：该方法可以用来对未来的各种可能的产业结构进行内在连续的详细描述。

● 五种力量模型：该方法用于分析驱动产业竞争的五种基本力量：供方砍价能力、买方砍价能力、替代品威胁、进入威胁及现有竞争对手的竞争。

● BCG 产业矩阵：基于企业取得竞争优势的潜在资源的数量及一个领先企业能够获得的优势的大小来鉴定一个产业的吸引力。

● 产业细分化：用于分析一个产业内部分立的各个竞争区域。其细化的标准通常是产品的多样性、购买者的特征、销售渠道以及地区。

● PIMS 数据库分析：利用决策计划机构的连续性的数据库来收集描述商业运营、产业、竞争者、产品及其客户的数据，目标是辅助所参与的企业制订计划。

● 技术评价：用于掌握行业中技术上的关联及其变化。

● 多点竞争分析：用于探究形形色色的公司在几个市场相互竞争的状况。

● 关键成功因素分析：分析一个企业为了获取成功必须充分关注的几个方面。

● 战略组分析：用于分析那些采用相似的策略、具有相似的行政系统、在相似的方面受到竞争行动和外界活动影响或对前述活动做出相似反应的企业。

● 价值链分析和区域图（value-chain analysis and field maps）：用于分析一个企业的基本活动（指企业内外的后勤、运作、销售、服务）及支持性活动（包括公司基础结构、人力资源管理、技术开发、获得）。

● 经验曲线：该曲线显示：当生产经验增多时，生产或服务的成本会按照一种常规方式降低；成本降低会出现在一项产品的整个生命周期之中。

● 利益相关者分析及基本假设评测（stakeholder analysis and assumption surfacing and testing）：分析和评测影响企业目标实现或受企业目标影响的任何个人或小组的目标。

● 市场信号（marketing signaling）：指竞争对手的任何行动，它将提供竞争对手的意图、动机、目标或内部状况的直接或间接的暗示。

● 职责分析（portfolio analysis）：根据产业吸引力的大小及竞争位置给企业的商务进行定位，从而帮助经理做出资源配置决策，以及对未来的资金流动和赢利潜力进行评测。

● 优势及弱点分析（strength and weakness analysis）：用于分析一个企业相对于其竞争者而言在资源、技术和潜能方面的优势和不足。

● 共同利益分析（synergy analysis）：用于评价企业部门之间共同活动的有形（原材料、生产、销售）和无形（管理诀窍、口碑）的收益。

● 财务报表分析（financial statement analysis）：对公司的短期健康运营和长期资金来源进行评估。

● 基于价值的规划（value-based planning）：根据可能的股票市场的影响和金融形势来

评价战略及战略转移（这里的价值并非指我们常说的管理价值）。

● 管理人员跟踪（management profiles）：用于评价在整个公司或机构中做出战略决策的个人的目标、背景及个性。

● 反求工程：购买和分解竞争者的产品，从而了解其设计及构造原理，并估计出其成本及质量。评价指标：

● 时间（time）：开展一项竞争情报分析所需的时间可以分为开发和实施两个阶段。开发阶段包括目标的具体化和任何影响项目的初始制约因素的明确。实施阶段则包括数据的收集、分析及将发现传递给适当的人员。

● 成本（financial resources）：把开展一项分析所需耗费的资金按数额大小分为三类：低等（1 万美元以下）、中等（1 万～5 万美元）、高等（5 万美元以上）。

● 管理技能（managerial skills）：要完成一项任务，一个经理需要运用几项专门技能，具体有五个方面的要求：即技术的、人际的、概念理解的、诊断能力的，以及分析能力的要求。技术能力要求是指那些完成特殊活动所必需的技术上的技能。人际能力则包括人员及小组之间相互交流、理解和激励的能力。概念理解能力是指抽象思维和因果关系理解的能力。诊断能力则要求经理能够研究一个问题的症状并找到存在的原因。分析能力是指能够识别某种状况下关键的变化倾向，并理解它们之间的关系，而且具备抓住最关键问题的能力。

● 来源（sources）：数据来源分为 15 种，包括个人访谈、邮寄问卷调查、电话访谈、小组座谈、自由报导、案例研究、对群众的社会风俗的研究、参与性调查、信息人员、直接实地观察、产品购买及评价、文献检索、文档、历史记录、数据库。

● 可获得性（availability）：分为三类：直接获取、分析获得和用户定制。直接获取是指数据已经满足了经理所需的形式；分析获得是指已经具备了基本的原始信息，但是必须经过一些分析才能将其变为满意的格式；用户定制则指研究所需的信息必须经过开发才可获得。

● 时间性（timeliness）：将数据分为历史性的、当前的及未来的。

● 准确性的限制（accuracy constraints）：一个分析方法的价值将受限于资源的质量和所采用的数据的有效性。利用上述指标，我们可以识别出将可能阻碍所采用分析方法实用性的关键因素。这个指标可以视为一个警示的标志。

● 更新的要求（updating requirements）：竞争分析工作很少是一蹴而就的。我们通常采用“频率”和“难度”来描述更新的要求。频率这个指标可分为临时需求的（当需求出现时）、周期性的（根据制订的计划）及延续性的。难度指在更新当中所需的技能的程度和性质。如果同样的分析可以不加修改的进行重复，就记为重复性的；如果由于信息的形式或内容发生了变化而必须进行修改，则描述为再分析的；如果分析所作的假设受到冲击，需要改变的话，则需要重新概念化。

● 优势及局限性（advantages and limitations）：分别总结了该分析方法的主要优势与局限性。

参考文献

[1] 岳剑波，郑登理．企业竞争情报系统的结构和功能．本课题的分报告之一．

[2] 谢新洲，李娜，戴侣红，等．我国企业信息化和竞争情报实态调查．本课题的分报告之一，本书第一部分．
[3] 包昌火，曹军．发展竞争情报咨询 提高我国企业的竞争能力．8.29～9.2于黄山召开的“全国竞争情报技能和案例分析学术研讨会”会议论文．1999.
[4] 段学鹏．试论企业竞争情报系统的建设．北京大学硕士学位论文．2000.
[5] 顾永才．企业信息化运营．北京：同心出版社，2000.
[6] 王珊，等．数据仓库技术与联机分析处理．北京：科学出版社，1998.
[7] 冯维扬．竞争情报计算机系统模型分析．情报学报，2001.
[8] 完平．试论企业竞争情报系统的建立．全国竞争情报与企业发展研讨会会议记录．北京：1995.
[9] 缪其浩．市场竞争和竞争情报．北京：军事医学科学出版社，1996：6.
[10] 李建明．竞争情报与工商间谍．科技情报开发与经济，1999．(2)．
[11] Prescott J E, Grant J H. A Manager's Guide for Evaluating Competitive Analysis Techniques. 18 (3): 10-22.
[12] 迈克尔·波特．竞争战略．陈小悦译．北京：华夏出版社，1997：1.
[13] 卢纹岱．SPSS for Windows统计分析．北京：电子工业出版社，2000.
[14] Prescott J E，企业竞争情报系统和竞争情报活动．1998年10月6~7日在北京大学光华管理学院召开的“企业竞争战略决策与竞争情报活动研讨会”上作的专题报告．
[15] 张玲．档案信息资源自动化系统的安全管理．煤矿自动化，1999．(3)．
[16] 宫志萍．略论竞争情报的收集．津图学刊，1999，(2)．
[17] 从搜寻垃圾袋到利用因特网——美公司时兴“竞争情报”战．参考消息，2000，8：17.
[18] 间谍——永不过时的武器．参考消息，2000，10：19.
[19] 李广建，黄永文．网络竞争情报源．北京：华夏出版社，2001：4.
[21] Richard D，Nordstrom，Pinkerton R L. Taking Advantage of Internet Sources to Build a Competitive Intelligence System，Competitive Intelligence Review，1999，10 (1)：54-61.
[22] Teo T S H. Using the Internet for Competitive Intelligence in Singapore，Competitive Intelligence Review，2000，11 (2)：61-70.

企业竞争情报系统*

竞争情报是关于竞争环境、竞争对手和竞争策略的信息和研究，是21世纪企业最重要的竞争工具之一。竞争情报的获取、生产和传播是通过竞争情报系统来实现的。因此，企业竞争情报系统的建设就成为现代企业逐鹿市场、夺取商机的重要对策，是知己知彼、百战不殆的战略举措，是保持和发展竞争优势的根本保证。

* 本文原载《中国信息导报》，2001，(8)：33-36。

一、企业建立 CIS 的意义

竞争情报系统是在企业竞争战略管理实践中出现的新概念，目前并没有一个统一的定义。美国竞争情报从业者协会前主席、匹兹堡大学商学院 J. E. Prescott 教授认为：企业竞争情报系统是一个持续演化中的正规和非正规化操作流程相结合的企业管理子系统，它的主要功能是为组织成员评估行业关键发展趋势、把握产业结构的进化、跟踪正在出现的连续性与非连续性变化，以及分析现有和潜在竞争对手的能力和动向，从而协助企业保持和发展可持续性的竞争优势。笔者之一包昌火指出：竞争情报系统是以人的智能为主导、信息网络为手段、增强企业竞争力为目标的人机结合的竞争战略决策支持和咨询系统，是企业信息化的重要构成。竞争情报系统可为企业赢得竞争优势提供强有力的智力支持和情报保障，因而我们可以把它看做是企业领导集团在经营战略和竞争决策过程中的“中央情报局”。

美国 IBM 公司认为，“企业要想在当今获得行业的主导地位，就必须建立分析型系统，即那种能为制定关键战略决策提供信息和思想的系统”。实际上，企业竞争情报系统就是这样的一种系统。它可为企业提供及时、准确，并具有可操作性的情报。CIS 的基本功能为：它是现代企业经营管理的智囊系统，是企业领导集团的重要“参谋部”，它是企业感知外部环境变化的预警系统，能帮助企业及时洞悉政治的、经济的、社会的、市场的变化，以及这些变化对企业可能构成的威胁和机遇；它也是企业为适应外部环境变化而做出战略决策和竞争策略的支持系统，能为企业的竞争决策提供依据和论证。

从总体意义上来说，企业 CIS 的作用如图 1 所示。

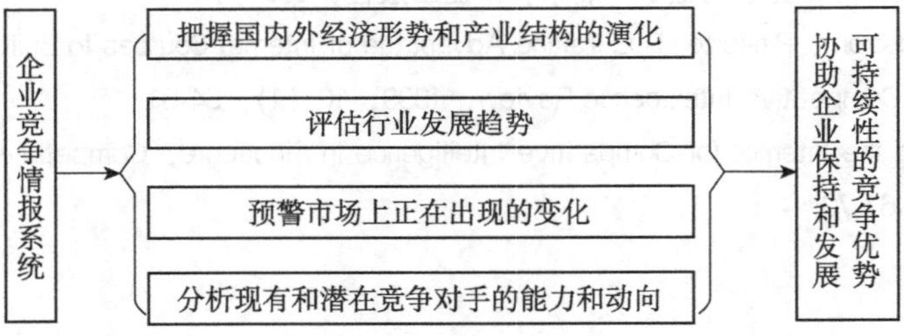

图 1　企业 CIS 的作用

二、CIS 的基本框架

笔者构筑的企业 CIS 的基本框架为：三大网络、三个系统、一个中心和六大功能。

(一) 主要特点

企业 CIS 将具有以下四大特色：组织网络、信息网络和人际网络相结合；人工与机助相结合；信息网络与企业信息化平台相结合；情报保障与智力支持相结合。因而，企业 CIS 的建设可以内联网为平台，做到组织网络、信息网络和人际网络相结合，先进性和实用性相结合，建立起以竞争环境、竞争对手和竞争策略的信息获取和分析为主要内容的具有快速反应能力的工作体系。

（二）三大网络

1. 组织网络

它是CIS的组织保障和基础。信息网络要靠组织网络的结构与人员来实现。组织网络中应该有一个核心机构，即一个少而精的专业班子，专门从事竞争情报和竞争策略方面的信息采集和分析工作，这个班子中应当有信息采集、情报分析、工商管理、网络技术方面的人才；同时还应当有一个遍布全企业的组织体系，也可以考虑把营销网、商情网结合起来，做到组织落实。企业CIS的组织网络又主要分为分散式、集中式、重点式、独立式四种模式。

2. 信息网络

建筑在企业信息系统（如MIS等）的基础上，以内联网为平台，包括竞争情报收集、竞争情报分析和竞争情报服务三个子系统，这三个子系统功能的实现都与组织网络和人际网络息息相关。信息网络是企业CIS运作的核心网络。

3. 人际网络

完善的人际网络是搜集、分析情报的有效机制，同时也是提供情报服务的最好手段与途径之一。人际网络可分为企业内部的人际网络和企业外部的人际网络两大部分。根据企业策略重心的不同，人际网络又分为协调-紧密型、分散-松散型两种模式。另外企业的专家库资源也应当作为企业人际网络的一个重要组成。

（三）三个系统

CIS的信息网络是整个系统的核心部分，主要由竞争情报收集子系统、竞争情报分析子系统、竞争情报服务子系统三部分组成。CIS的整体框架如图2所示。

三个子系统的功能简要描述如下。

1）竞争情报收集子系统。根据CIO确立的情报课题，收集、整理各种信息，并作初步筛选，同时做好文件、记录等资料的保管及定期归档工作。

2）竞争情报分析子系统。应用恰当的分析方法与技术，深入分析竞争情报收集子系统收集的信息，生产竞争情报产品。

3）竞争情报服务子系统。以各种适当的方式包装竞争情报产品，及时将产品传送到情报用户手中去，并为企业决策层提供快捷、友好的浏览、查询服务和情报服务。CIS建立在企业内联网之上。它们的关系为：竞争情报收集子系统从企业Web站点，以及通过内联网提供的接口，从企业原有的MIS、MRP、MRPII或ERP系统，同时也可以从其他的竞争情报源中获取所需的信息。竞争情报收集子系统同时负责对信息的初步加工、处理，并收录到一个竞争情报源数据库当中。竞争情报分析子系统接收这些信息进行筛选、整理、归类，并进一步的分析、提炼，最终获得真正的竞争性情报。竞争情报服务子系统将为决策层提供快捷、友好的浏览、查询和咨询服务。同时竞争情报服务子系统也是企业内联网服务的一个重要的组成部分。CIS的有效运作不仅为企业决策层提供决策支持，而且是对企业内联网建设的重要支持。

如果企业并不具备内联网平台，可以考虑通过建立CIS，利用竞争情报服务子系统来不断积累企业信息资源，逐步建立并完善企业内联网。

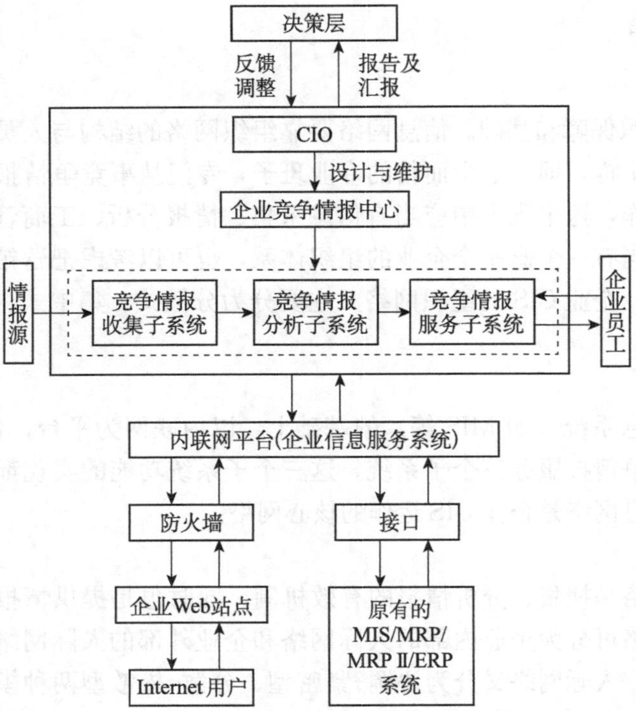

图 2　企业 CIS 整体模型

（四）一个中心

一个中心，即企业竞争情报中心，它在 CIS 中处于核心地位。如前所述，组织网络中应设有一个核心机构，这就是企业竞争情报中心，通常又称为信息中心。它是企业 CIS 的控制和运行中心。

企业是否能够有效地利用内外的信息资源，支持企业的科学决策，从而使企业在激烈的市场竞争中立于不败之地，企业竞争情报中心的人员配备是至关重要的。

图 3 为企业竞争情报中心内部的组织结构。CIO 在整个 CIS 中的地位举足轻重：既是企业竞争情报中心的主管，同时还要参与到企业整个业务的核心层和经营决策之中。据了解，美国的 500 强大型企业和政府机构中都设有专职的 CIO，并将 CIO 放到了决策层的位置上。CIO 的角色越来越引起企业界的关注。首先，由于 IT 日益成为企业开拓市场的重要竞争力，企业能否全面、准确、及时地掌握信息，并提供高效的情报分析处理与流通手段以支持企业的科学决策，将成为企业生存与发展的关键因素之一。其次，市场瞬息万变，IT 突飞猛进，企业如何利用 IT 技术增强企业的竞争力，并获得较高的投资回报率，就需要 CIO 来不断地调整其 IT 战略。

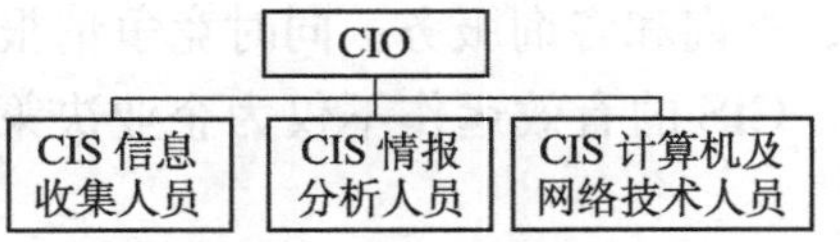

图 3　CIC 的人员配备

企业竞争情报中心中CIO的职责大致包括以下几方面：参与企业高层管理决策；为企业决策提供竞争情报支持；制定企业的信息政策与情报活动计划；管理企业的信息流程，规范企业信息管理的基础标准；负责企业的CIS建设规划与宏观管理；评估信息技术的投资回报问题；宣传、咨询与培训；信息沟通与组织协调。

企业竞争情报中心应配备专职的信息收集人员、情报分析人员及计算机和网络技术人员。信息收集人员主要负责企业信息的收集工作，具体包括：企业 library 的日常维护、网络资源的收集整理、联机数据库检索、企业 Web 站点的信息收集、各部门信息的统一管理。企业应当鼓励员工积极地参与到信息收集工作中来，随时将重要的情报提交给 CIS 的信息收集人员，情报分析人员必须熟悉各类分析处理软件，并要重视与企业务部门信息人员的合作，对各类事务性数据做出正确的深度分析与预测。计算机和网络技术人员主要对 CIS 提供技术支持，包括内联网平台、CIS 服务系统、企业 Web 站点及各管理系统的建设与日常维护。

（五）六大功能

1）环境监视。通过对组织外部环境事件、趋势和相互联系等有关信息的获取和利用，以减少企业决策过程的不确定性。

2）市场预警。分析市场早期预警信号，发现并预知可能的变化，以避免威胁，抓住机遇，寻求发展。

3）技术跟踪。产品竞争是企业的基本竞争，而产品竞争是以技术竞争为依托的。为此，企业应不断跟踪最新科技发展，未雨绸缪，抢占先机。

4）对手分析。识别现实和潜在的竞争者，了解它们的未来目标、现行战略、自我评价、竞争实力和可能反应，才能知己知彼，百战不殆。

5）策略制定。在充分占有竞争环境、竞争对手和企业自身情报的基础上，适时提供可行的对策和建议是 CIS 的重要任务。

6）反情报。既要获取竞争对手的情报，又要防止自身的情报和意图被竞争对手窃取，保护企业的商业秘密，在市场竞争激化的今天，日益成为企业 CIS 的重要功能。

（六）相关关系

1. 与企业内联网的关系

企业内联网是竞争情报收集子系统的一个重要的情报源。企业员工通过企业内联网所提供的网络咖啡屋、内联网论坛、BBS、专用 e-mail 等交流工具，自由地发表看法或提交有关信息，这些信息中可能就蕴藏着丰富的情报。因此，对企业内联网的有效管理非常重要，网络服务器应当能够对上述信息自动记录并进行一定的分类整理，以作为初始的情报源提供给竞争情报收集子系统。同时，内联网又是竞争情报服务子系统所依托的服务窗口。竞争情报服务子系统就可以通过内联网来提供服务。根据系统服务的对象的不同，所提供的服务内容也有所不同。企业的决策层可以随时查询各类研究分析报告，而其他一般员工只可以浏览行业动态、技术发展动态等信息。

2. 与企业 Web 站点的关系

企业 Web 站点的服务功能主要有三个方面：提升企业形象，全面、详细地介绍企业和企业产品；及时得到用户的反馈信息；企业网上营销（包括网上市场调查、网上广告发布与投放、网上销售、网上客户支持服务等）。基于上述服务所获得的用户的反馈信息、网络调查、网络销售及服务器记录的用户的有关访问信息，经过一定加工分析处理之后，都有可能成为企业的重要情报。同时，企业的 Web 站点也是企业竞争战略和战术实施的重要窗口。企业 Web 站点所提供的所有服务，其着眼点也是提高企业的竞争力。如何建设并不断完善企业 Web 站点，其规划方案、服务策略也是 CIS 的重要情报成果之一。

3. 与企业原有管理系统的关系

各企业在建立 CIS 之前其信息化程度各不相同，可按照企业 IT 应用的阶段分成如下几类。

● 未建立任何企业 MIS。对应图 4 中的各子系统，企业完全采用人工处理方式。

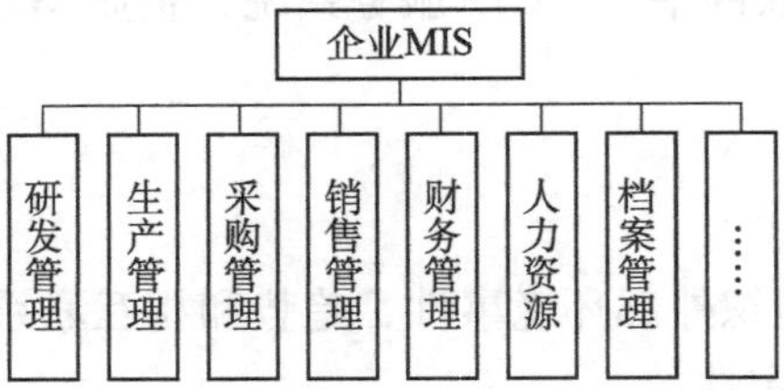

图 4　企业 MIS

● 建立如图 4 的部分或全部 MIS。利用计算机辅助管理各种信息，然而各个子系统之间缺乏信息传递与交流的功能。

● 采用 MRP 系统。MRP——物料需求计划的管理思想源于 20 世纪 60～70 年代。MRP 系统，能有效地将生产计划方面的各个子系统（包括生产管理、采购、库存或更细分的子系统）进行集成。然而 MRP 系统关注的重点是企业的物流管理，同时又是一个相对封闭的管理系统。

● 采用 MRP II 系统。MRP II——制造资源计划系统的管理思想源于 20 世纪 80 年代，该系统将制造、财务、销售、采购、工程技术等各子系统集成为一个一体化的系统，为了区别于 MRP 而记为 MRP II。MRP II 系统可在周密的计划下有效地利用各种制造资源、控制资金占用、缩短生产周期、降低成本，其最显著的效果是减少库存量和减少物料短缺现象。MRP II 较 MRP 是一大进步，然而物流、资金流和信息流的管理还仅限于企业内部。

● 采用 ERP 系统。ERP 是 20 世纪 90 年代初出现的。它主要是一种面向制造行业进行物质资源、资金资源和信息资源集成管理的企业管理软件系统。ERP 系统不仅支持 OLAP，为企业提供了对质量、适应变化、客户满意、绩效等关键问题的实时分析能力，而且采用客户/服务器体系结构和分布式数据处理技术，支持互联网/内联网/外联网、电子商务、电子数据交换。然而 ERP 也存在一些不足之处。

企业原有的管理系统中的各类信息资源是 CIS 的重要情报源之一。因此，不论企业的信息化基础如何，企业原有的 MIS、MRP、MRP II 或 ERP 系统必须通过内联网与 CIS 相互联系。其连接方案，一是在内联网上提供到原有系统的接口；二是将原有系统改造成基于内联网平台的管理系统。如果企业本身采用的是 ERP 系统或基于网络的 MIS，则直接可以作为企业内联网服务的一部分。

同时，CIS 的服务子系统辅助决策层做出的决策最终可能实施到某一个或几个管理系统之上，从而对企业的整个业务流程进行有效的动态整合。

三、未来发展

中国的竞争情报工作已经取得了一定的成就，越来越多的学者把目光投注在这一领域，他们正致力于探索 CIS 的模式和运行机制，培养竞争情报人才，指导和帮助企业开展这方面的工作，示范工程的成功实践也推动了中国企业 CIS 的建设。把 CIS 建设成为企业的“中央情报局”、成为企业领导集团经营战略和竞争决策的“思想库”和“参谋部”，将是企业 CIS 的主要目标和未来发展方向。可以预见，随着市场竞争的激化、知识管理的兴起、网络技术的发展和合作竞争的出现，为 CIS 的建设提供了更大发展空间和技术支撑。一个更加集成化、智能化、网络化、决策化的 CIS 将会以崭新的面貌展示在世人面前。

参考文献

[1] 包昌火. 加强竞争情报工作，提高我国企业竞争能力. 中国信息导报，1998，(11)：33-36.
[2] 包昌火，谢新洲. 竞争情报与企业竞争力. 北京：华夏出版社，2001.
[3] Prescott J E. 1998 年 10 月 5～7 日来华讲学录音稿，中国科技情报学会竞争情报分会. 1999.
[4] 胡星光，包昌火，谢新洲，等. 企业竞争情报系统的模式和运行研究，国家自然科学基金项目“企业竞争情报系统的模式和运行机制研究”课题总报告. 2000.
[5] 岳剑波，郑登理. 企业竞争情报系统的结构和功能，国家自然科学基金项目“企业竞争情报系统的模式和运行机制研究”课题分报告. 2000.
[6] 包昌火，谢新洲，张燕，等. 企业竞争情报系统的设计和运行，国家自然科学基金项目“企业竞争情报系统的模式和运行机制研究”课题分析报告. 2000.

发展中的竞争情报系统*

竞争情报的崛起是国际情报界的一个重大事件，它顺应了世界经济的发展趋势，是人类社会在信息化基础上向情报（智能）化发展的重要征兆，将对全球的经济发展与社会进步产生重要的影响。而竞争情报系统既是 CI 发展成熟化和现代化的重要标志，也是企业信息管理技术的重要集成，代表着企业信息系统的发展方向。自 1998 年国际著名的 CI 学家 Ben Gilad 和 Tamar Gilad 发表了 The Business Intelligence System：A New Tool for Competitive Advantage 专著以来，CIS 获得了迅速的发展。

CIS 是从企业竞争战略的高度出发，通过开发和有效利用各种信息和智力资源来提高企业竞争优势的信息系统，是 CI 工作的组织保障和物质基础，备受国内外学者的关注，尤

* 本文原载《现代图书情报技术》，2004，(1)：76-80。

其是中国学者的青睐。1990～2001年，我国有关CI的30篇的学位论文中，CIS研究的有10篇，占总数的33.3%。1994～2002年，中国科技情报学会竞争情报分会学术活动中发表的389篇论文中，有关CIS的有22篇，占总数的5.7%。

（一）CIS的主要特征

CIS是以人的智能为主导、信息网络为手段、增强企业竞争力为目标的人机结合的竞争战略决策支持和咨询系统，是企业信息化的重要构成，可为企业夺取竞争优势提供强有力的智力支持和情报保障，因而可以把它看做是企业领导集团在制定经营战略和竞争决策过程中的“中央情报局”。通常我们还可以把战略信息系统和战略情报系统归入CIS之列。

归纳国内外学者的研究，可以认为，CIS是新一代的企业信息系统，是一种能为企业制定关键战略决策提供信息和思想的分析系统，具有以下的一些特点[1,2]。

它是一个管理系统，是为企业的经营战略和竞争决策服务的；它是一个信息系统，它的发展与信息技术的进步密切相关；它是一个人机系统，人的智能永远是该系统的核心因素；它是一个开放系统，与外界环境始终保持着密切联系；它是一个战略系统，是通过企业内外信息资源的开发与利用来获取和发展企业竞争优势的战略应用系统。

CIS的基本作用可以归纳为：是企业感知外部环境变化的预警系统，能够帮助企业及时洞悉政治的、经济的、社会的、市场的变化及这些变化对企业可能构成的威胁和机遇；是企业为适应外部环境变化而做出战略决策和竞争决策的支持系统，为企业的竞争决策提供依据和基础；是现代企业经营管理的智囊系统，是企业领导集团的重要“参谋部”。

美国的经验表明，由于CI工作的特点，人员永远是CIS中最重要的因素。因此，不能将当前流行的CI工具，如数据仓库、数据挖掘、联机分析、ERP等信息系统及软件产品完全等同于CIS的功能[3]。

（二）CIS的基本结构

国家自然科学基金项目“企业竞争情报系统和模式的运行机制研究”课题，在总结国内外经验的基础上，系统地构筑了企业CIS的基本框架、主要模式、基本功能和运行机制，论述了企业CIS的三大网络、三个系统、一个中心和六大功能，提出了企业CIS的未来发展和建设中应注意的若干问题，可为我国企业CTS的建设提供思路和借鉴[1,2,4]。

美国学者非常强调组织网络的重要性，因为它是企业CIS建设的基础。调查表明，CI机构通常设立在企业部门，拥有遍及全公司的情报网络、组建虚拟的情报团队，实行专兼职相结合；大多数CI业务都从属于战略规划单位；存在着集中式、分散式、混合式和独立式等组织结构。例如，宝洁公司经过十多年的探索，建立了适应新型企业结构、具有动态竞争反应能力的“中心-辐射”模式，从在多个国家设立信息中心的旧体制向真正统一的全球信息结构过渡，为组织建构CIS提供了范例[5]。

（三）CIS的典型模式

据美国未来集团1998年的一项调查显示，本部在美国、年收入超过100亿美元的大型跨国公司中，有82%的公司设有专门的CI机构，本部在美国；年收入在10亿美元以上的公司中，有60%拥有CIS[6]。现列举几个经过实际应用的比较典型的企业CIS。

1. 战略早期预警系统

为了对可能发生的未来事件有足够的预知能力，戴姆勒-奔驰宇航公司开发了由情景分析导向的战略早期预警系统来开展企业竞争监视[7]。他们的基本做法是：采用情景规划研究重要的监视方向，以公司内部那些关注相关领域发展和研究成果的人物为“监视器”和“扫描仪”，采集重要指标、统计数据、权威和专家意见，分析综合后以一种可读的方式传达给管理层，并定期呈报情报分析报告以协助决策和管理。

2. 竞争对手分析系统

1993年上台的IBM首席执行官Couis V. Gerstner，Jr. 为扭转因对竞争关注不够造成的企业利润急剧下滑140亿美元的严峻形势，提出“立即加强对竞争对手的研究”“建立一个协调统一的CI运行机制，将可操作性的CI运用下公司战略、市场计划和销售策略”中，迅速建立CI核心机构，构建起了一个遍及全公司的CI网络[8]。

该网络的核心是组建12个虚拟的以高级执行官为“常驻专家”、以竞争对手为研究对象、由包括CIC在内的企业各职能部门派员参加的CI团队，文献［9］给出了系统的结构和做法。IBM公司以Lotus Notes软件为基础的系统，为团队提供在线讨论数据库，也为执行官和分析师提供了进入各种CI数据库和获取竞争评估报告的全球通道。

3. 竞争情报知识库

建立企业CIS的关键是建好各种竞争对手数据库，壳牌国际服务集团公司将CI和知识管理结合起来，在企业内联网的基础上，建立起一个包括竞争对手的产品和服务、优势和劣势、市场焦点、销售渠道以及战术等在内的CI知识库。该库由三大部分、16个模块构成[10]。

1）框架设定部分。含“知识经纪人”和“注释”2个模块。

2）研究部分。含“执行官主题”“CI新闻快报”“竞争对手文档”“黄色文档”“人力资源管理”“marcom@competitor. com”6个模块。

3）KM部分。含“CI实践社区”“信息技术鸟瞰”“出击/应对战术”“个人讨论”“定标比超”“第三方研究”“会议与事件”“需求网”8个模块。

通过CI知识数据库，壳牌国际服务集团公司的CI机构实现了由低层次的增值服务活动（响应临时需求的市场预警）向高层次的增值服务活动（战略模拟/决策支持）的过渡。

（四）CIS的理论研究

CIS的理论研究，是我国CI研究的一大亮点，多集中于基金项目和学位论文的研究。

1. CIS的定位研究

将CIS定位于战略应用和人机结合的信息系统是众多学者比较一致的见解。文献［11］认为，CI和战略管理相融合就构成了CIS，它是CI的系统化过程。系统化管理CI的根本意义在于建立基于信息分析的、开放的、富有弹性的、快速反应的现代化企业战略管理系统。文献［12］认为，CIS是从企业竞争战略的高度出发，通过充分开发和高效利用企业内外信息资源来提高企业竞争实力的信息系统，是运用现代信息技术支持或体现企业竞争战略，为企业获得或维持竞争优势服务的信息系统。文献［13］认为，CIS是将企业作为一个整体来处理企业与环境相互关系、满足企业战略管理信息需求而开发的战略性信息系统，它不是以数据为中心，利用信息技术进行数据处理的计算机应用系统，而是以用户为中心的战略应用系统。

2. CIS的技术路线

以CI循环为流程，以信息技术为手段，以信息采集、情报分析、情报扩散为主要模块，实行手工和机辅相结合，是国内外学者采用的基本技术路线。

文献［11］分析了CIS与TPS、MIS、DSS之间的相互关系，提出了利用数据仓库技术建立企业CIS的指导原则和运行机制；文献［14］采用数据挖掘和数据仓库技术，构建了集成化的支持战略决策和战术决策的CIS的构想；文献［15］设计了一个适应网络经济的、基于Web的C/S结构的企业CIS，并用Delphi和SQL语言初步建成了这一系统；文献［16］运用以数据仓库和联机分析为核心的计算机技术构建了一个CIS计算机模型，详细分析了收集、分析和服务子系统的功能、结构和作用，提出了建立CIS计算机系统应遵守的基本原则；文献［17］则论述了商业银行CIS的建设。

文献［18］系统地论述了建立机助CIS的基本条件、采用的技术类型和已有的多种可用于CI领域的商业情报软件和CI工具，作者对SPSS等统计分析软件、OLAP、数据挖掘工具等商业情报软件和40种CI软件，进行了评价。Fuld & Company认为[19]，商业情报软件典型应用是处理数据和进行定量分析；CI软件则强烈依赖于收集和分析定性的信息。

3. CIS的建设方法

文献［13］根据国外经验，提出了CIS建设的生命周期说，将系统建设区分为传统生命周期、原型生命周期和面向对象的生命周期，认为后者改变了以往面向过程的思维方式，具有更大的优势性。文献［20］根据国内外经验，提出了CIS建设的指导思想、基本原则，主要步骤和基本框架，将CIS建设的主要步骤归纳为情报审计、模式设计、组织落实、系统设计和系统实施。文献［21］则根据中国的实际情况，提出了独立建设法、外包建设法和联盟建设法，并推荐由高校和企业组成的联盟共同建设CIS的流程和做法。

(五) CIS的实践探索

中国学者对CIS的实践探索主要由情报研究机构和专业咨询公司进行。首开先河的是上海轿车工业竞争环境监视系统的研究，该项目的主要贡献是将美国CI流程和工作经验移植到中国企业中来，提出了CIS建设的基本流程和设计方案，以及如信息矩阵表、信息存储表格、泰氏精简分析程序的运用，以手工系统为主，推荐了计算机辅助系统，其基本思想在1994年召开的“全国竞争情报与企业发展研讨会”基金和1995年的《情报理论与实践》杂志上发表[22]。

北京市CI示范工程为大规模开展我国企业CIS的建设提供了机遇和实践，把CIS的建设推向了社会。“企业竞争情报系统模式和运行机制研究”项目的完成，将美国经验和中国实践相结合，把CIS的理论研究和实践探索推向纵深。

中国航天信息中心和北京环信咨询公司的基本做法是：从企业竞争力评价入手，建立企业及产品竞争实力评价层次模型和指标体系，据此开展企业内部信息源的调查和分析、建设和优化信息源间的相互关系、建立以CIC为核心的CIS框架、确定系统的运行规程。从北京开关厂的组织网络建设到北京烟草公司的信息网络建设，完成了由手工系统向手工与机助相结合系统的过渡。可操作性的企业竞争力评价指标体系的建立、企业信息源的调查和用主导产品/竞争产品分析确定企业竞争对手的方法是该实践探索的亮点。

北京华门策略顾问公司和北京大学新闻与传播学院的基本做法是：从企业的情报审计入手，调查企业的情报能力和情报需求，组建三大网络和两个系统，并把信息网络的建设作为企业CIS建设的中心。它们为成都金珠设计的信息网络是以企业现有的内联网及办公自动化系统为平台，以关键情报课题管理为中心，由CI搜集、分析和服务三大子系统构成，实现了CI信息网与公司信息系统平台的有机链接，采用B/S三层技术构架，用浏览器进行企业CI信息的浏览、发布和管理；用Web服务器实现对客户端事务的集中管理和业务处理；用数据库服务器完成数据的存储和组织。该系统借鉴了Ciphcr公司CI软件Knowledge Works的做法，将KIT分解为关键情报问题，通过对这些问题的解答，形成对该KIT的完整分析。最后呈现的报告，既可以是对该KIT的简洁、一段话式的回答，也可以是包含有所有情报问题及支持论据的详细清单，并可以由此形成最终的分析[23]。

2001年6月以新华财经信息咨询公司名义、由梦龙明信咨询公司开发的梦龙KM与CIS的问世表明，我国CIS的实践探索已由情报界向咨询界扩展。文献［24］认为，国内CI软件虽然起步晚，但技术起点高，采用了一些国外软件还没有常用的技术，如百度的信息收集技术、易地的信息组织和分析技术；信息组织功能较强，基本上都能提供自动分类功能，而且类目是用户可以自定义的；系统构架采用浏览器/服务器模式，而国外一般都是独立的端对端程序。

（六）CIS的软件化

随着信息技术的飞速发展和CI自身发展的需要，以CI运作自动化和智能化为目标的CI软件大量涌现，成为CI现代化的一道亮丽的风景线，代表了CIS建设的发展趋势。CI软件就是实现CI功能和流程的计算机程序和文档，以辅佐人们的智力活动。王曰芬副教授认为，CI软件是由商业情报软件或网络搜集工具转化而来的。IBM公司开发的为用户提供高业情报软件包应用解决方案的商业情报系统是从第一代的基于用户提问和报告系统、第二代的数据仓库系统的基础上发展起来的[25]；用于网页自动跟踪的WcbMon系统经过开发成为CI网页跟踪系统[25]；在The CI Resuurce Index网站上发布的与软件有关网站链接达到292个，这些软件可以分为CIS、CI用户、网络信息搜集、信息聚类组织、情报传递与共享、情报分析与报告、管理平台及辅助决策等方面的软件。

尹科强硕士认为，CI软件就是通过软件来实现CIS三个子系统的功能，是CIS的重要组成部分，它以信息网络为依托，由组织网络操作和管理[24]。本文笔者之一的黄英硕士认为，判断一个软件是否属于CI软件，主要标准是它对整个CI循环的支持程度。美国Fuld & Company在Intelligence Software Report中对CI软件进行分类判断的标准就是CI循环的五个步骤；而对软件评分的高低，取决于“该软件工具支持CI循环各个环节功能实现的自动化水平”[26]。随着我国企业信息化建设的发展和应对竞争决策的需要，高度软件化的CIS正在引起我国企业界和软件业的关注。据www.topoint.com.cn对我国4000家中小企业的调查，把建立CIS作为2003年信息化建设工作重点的企业为总数的5%；而梦龙、百度、易地平方、365Agent、赛迪数据、五科开维、北京国信贝斯软件公司商业化产品的推出，都说明一个中国CI软件建设的热点正在形成，鉴于目前开发的国内外CI软件都存在着对情报用户需求重视不够、基本没有提供人际网络管理功能、不提供用户提问管理功能、过于强调信息管理而不重视KIT管理、软件太过庞大而不适合中小企业使用的弊端，尹科

强和王曰芬认为，未来CI软件发展的基本趋势将是以下几方面。[24,25]

1）功能细化　为满足CI部门存在着需求响应和主动服务两种工作模式，应开发能分别支持不同工作模式的CI软件。

2）个性化　CI软件的个性化应当包括用户界面和系统参数定制、用户需求定制、个性化信息采集、网页定制、个性化推送、学习和自适应等。

3）网络化　CI软件将以网络为平台，CI软件应当加强对网络信息的采集和分析工作。

4）智能化　包括智能化信息采集、排序、分类功能，智能化信息分析和学习功能，智能化情报服务功能。

5）组件化　软件开发商可以将各种CI功能设计成不同的组件，企业可以根据自己的实际选择所需的组件。

6）多版本　即面向不同行业或不同的经济规模提供不同的解决方案，或根据不同的CI工作设计相应的CI软件。

7）集成化　即CI软件与商业智能和已有系统的集成，前者可以最大限度地发挥商业智能对ERP中数据的利用，从而集成两者的优势，成为新一代的企业战略信息管理系统；后者可减少CIS与已有系统的信息冗余和不一致性，以及使用新系统带来的学习曲线。

文献［24］在分析现有国内外软件优劣势的基础上构建了一个以用户情报需求为导向、突出KIT管理、支持响应性和主动性两类服务、强调人机结合、引入人际网络管理，包含需求分析、公共功能、定制信息服务、KIT管理、提问管理、人际网络管理六大模块的设计方案，开发了一个CIS演示版，构建了CI软件的应用模型，代表了CI软件设计思想和实践的新进展。它的实现，对于促进我国CI软件的发展具有重要意义。

参考文献

[1] 胡星光，包昌火，等．竞争情报解决方案——企业竞争情报系统和竞争情报技能．北京：华夏出版社，2002.

[2] 包昌火，谢新洲，等．企业竞争情报系统．北京：华夏出版社，2001.

[3] Lackman C L，Saban K，Lanasa J M. Organizing the competitive intelligence function：a benchmarking study. Competitive Intelligence Review，2000，11（2）：17-27.

[4] 包昌火，谢新洲，张燕，等．企业竞争情报系统．中国信息导报，2001，（8）：33-36.

[5] Pepper J E . Competitive intelligence at Procter & Gamble. Competitive Intelligence Review，1999，10（4）：4-9.

[6] Miller S H. Preface：corporations get smart，Proven Strategies in Competitive Intelligence. New York：John Wiley & Sons，Inc.，2001.

[7] Tcssun F. Scenario analysis and early warning systems at Daimler-Benz Aerospace. Competitive Intelligence Review，1997，8（4）：30-40.

[8] Bchnke L，Slayton P. Shaping a corporate competitive intelligence function at IBM. Competitive Intelligence Review. 1998，9（2）：4-9.

[9] 戴侣红．IBM公司竞争情报系统运行机制研究．情报理论与实践，1999，22（5）：373，375.

[10] Breeding B. CI and KM convergence：a case study at shell services international. Competitive Intelligence Review，2000，11（4）：12-24.

[11] 那志革．企业竞争情报系统的建设及其运行机制．吉林工业大学硕士学位论文，1999.

[12] 岳剑波．企业信息化与竞争情报系统．情报理论与实践，1999，22（2）：112-114.
[13] 刘玉照，曹君祥．竞争情报计算辅助系统的开发．情报理论与实践，2000，23（1）：36-38.
[14] 段学鹏．企业竞争情报系统的建设．北京大学硕士学位论文，2000.
[15] 李雪．网络经济下基于 Web 的 C/S 结构的企业竞争情报系统的理论及开发．南京理工大学硕士学位论文，2001.
[16] 冯维扬．竞争情报计算机系统模型分析．情报学报，2001，39-45.
[17] 戴秋生．论建设商业竞争情报系统．华东师范大学硕士学位论文，1994.
[18] 包昌火，谢新洲，张燕．竞争情报分析子系统//企业竞争情报系统，北京：华夏出版社，2001：44-146.
[19] Intelligence Software Report 2002 TM-Fuld & Company. http：//www. fuld. com［2003-9-10］.
[20] 包昌火，谢新洲，李娜，等．企业竞争情报系统．北京：华夏出版社，2001：1-93.
[21] 冯维扬．竞争情报系统建设方法研究．情报理论与实践，2002，25（2）：119-122.
[22] 全国竞争情报与企业发展研讨会会议录．北京：中国科学技术情报学会，中国兵工学会情报学会．北京科学技术情报学会，上海科学技术情报学会，1995.
[23] 包昌火，谢新洲，李艳，等．企业竞争情报咨询活动案例分析．情报学报，2004，23（1)97-107.
[24] 尹科强．竞争情报软件的分析与设计．北京大学硕士学位论文，2003.
[25] 三曰芬，巫玲．国内外几种竞争情报软件．中国信息导报，2003，(7)：40-42.
[26] 黄英．决策者需求分析——关键情报课题研究．北京大学硕士学位论文，2003.

竞争对手分析

竞争对手分析论纲*

作为竞争情报核心内容的竞争对手分析已经形成了众多的专门分析方法，构成了色彩斑斓的竞争对手分析谱带。如何把握这些方法，找出它们之间的内在联系，形成关于竞争对手分析方法的知识体系，是本文试图回答的问题。

一、竞争对手分析论纲的提出

论者，学说、主张也；纲者，总则、要领也。论纲者，顾名思义，某一知识体系的纲要也，系举一纲而张万目之意。本文采用“论纲”一词，意在对众多的竞争对手分析方法构筑一个纲要，一个体系，以起到纲举目张、提纲挈领的功效，推动竞争分析知识的组织和应用。

迄今为止，国内外不少学者从不同的视角对竞争对手分析方法进行了归纳和整合，提出了不同的论纲，如以下几方面。

（一）金字塔模型

1999 年 8 月，J. E. Prescott 教授在安徽黄山召开的“全国竞争情报技能和案例分析”学术研讨会上作了题为“竞争对手跟踪分析”的专题报告，提出了竞争对手跟踪的金字塔模型。作为“竞争情报丛书”之一的《竞争对手分析》一书中以此模型建构了竞争对手和竞争环境的预警系统框架，使该模型起到了论纲的作用，故称竞争对手跟踪模型，如图 1 所示。

---

* 本文原载《情报学报》，2003，22（1）：103-114。

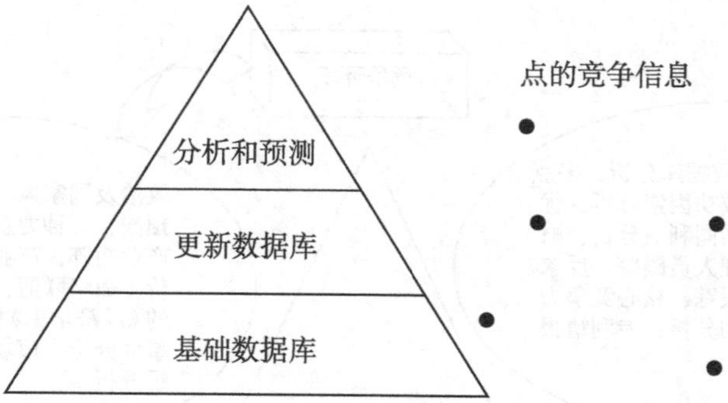

图 1　金字塔模型

（二）Porter 模型

波特（Porter）在 1980 年出版的《竞争战略》一书中提出了竞争对手分析模型，从企业的现行战略、未来目标、竞争实力和自我假设四个方面分析竞争对手的行为和反应模式，如图 2 所示。作为“竞争情报丛书”之一的《竞争对手分析》一书从竞争对手跟踪的角度对其进行了方法的细化和组织，提升了该模型的可操作性。

图 2　波特竞争对手分析模型

（三）三角分析法

“竞争情报丛书”之一的《竞争战略与竞争优势》提出了三角分析法，认为对大环境、企业自身和关键对象三大要素的研究是竞争分析和战略研究的基本方法。

“竞争情报丛书”之一的《企业竞争情报系统》从竞争环境、竞争对手和企业自身为三角，将现用的竞争情报分析方法进行分类和归纳，形成了关于竞争对手分析方法论纲式的知识体系，如图 3 所示。

（四）三维分析法

为了促进对竞争对手分析论纲的研究，本文从另一视角，提出由市场、能力和时间三大关键因素构成的三维分析法，以引起同行业者的兴趣和讨论，如图 4 所示。

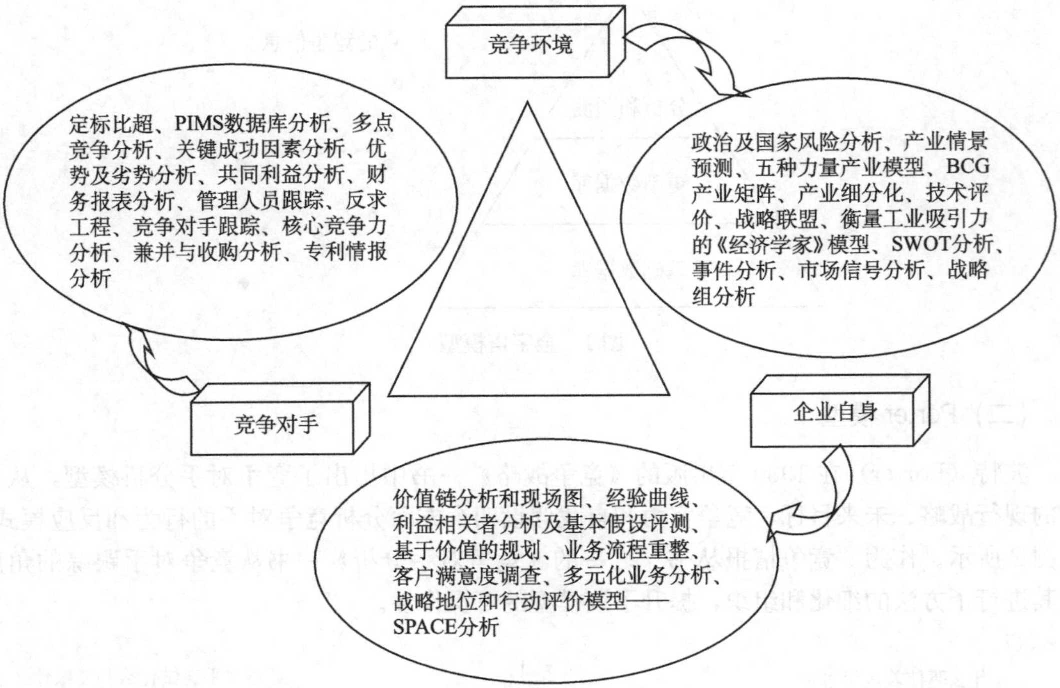

图 3　三角分析法

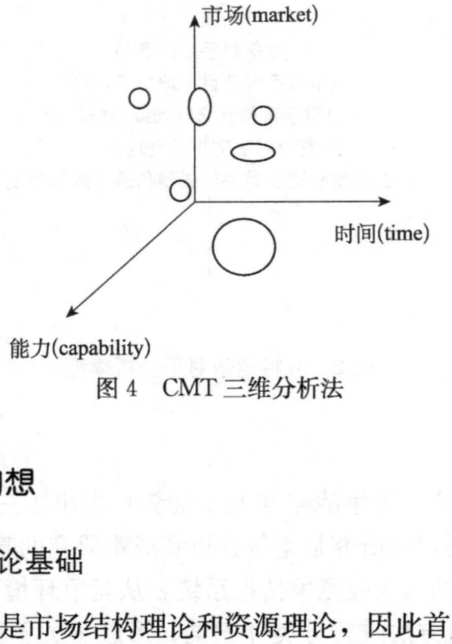

图 4　CMT 三维分析法

二、三维分析法的构想

（一）三维分析法的理论基础

三维分析法的理论基础是市场结构理论和资源理论，因此首先来认识这两种理论。

1. 市场结构理论

波特在 20 世纪 80 年代提出了竞争战略和竞争优势思想。认为企业获取竞争优势的因素有两个：一是企业所处行业的赢利能力，即行业的吸引力；二是在行业内的相对竞争地位。故又称定位学派。如今他所倡导的产业分析方法，如五种力量模型、产业细分、产业情景分析等都被用于竞争对手分析。波特理论的实质是市场结构理论，即认为企业的赢利能力来自市场，决定企业是否赢利的主要因素是产业的吸引力。但是，后来的事实证明，产业内公司的赢利水平和产业间的赢利水平一样，存在着很大的差异，即一些公司在没有吸引力的产业中也能获得很好的利润水平。这一矛盾使得 20 世纪 90 年代以资源为基础的竞争优势理论的产生。

2. 资源理论

资源理论认为，一个公司的能力和资源决定了它在成本和用户认可价值上的优势，而这又影响了公司在利润和市场份额上的表现。因此，比竞争对手更好地利用某些核心资源和能力，更好地将这些能力与在行业中取胜所需的能力密切结合起来，就更有可能实现可持续竞争优势和超过市场平均水平的利润。

由此可见，市场结构理论侧重于首先识别市场需要，然后驱动公司想办法去满足这种需要。而资源理论侧重于在公司内部发展核心的能力和资源。这两种理论综合起来，为我们指出了企业战胜竞争对手、赢得竞争优势的两种途径：一种来自市场，另一种则来自企业内部的核心能力和资源。可采用这两种视角分析竞争对手所处的外部市场环境和内部资源、能力，我们便可以得出竞争对手在某一时点的快照。但是，只考察这两个因素的竞争对手分析，还只是某一时点的快照，无法将竞争对手的历史、现实和未来包括进来。因此，还需引入时间变量，这样就形成了图 4 所示的能力、市场和时间三维分析法，简称为 CMT 三维分析法。换言之，如果把企业所处的市场环境看做是空间因素，那么 CMT 三维分析法就是分析某一特定竞争对手在一定时空条件下的状态。这正是竞争对手分析的真谛所在。

CMT 三维分析法为竞争对手分析提供了分析框架，同时也可用于类分现有的几十种竞争对手分析方法。

（二）市场维的分析方法

竞争对手所处的市场环境，可以划分为三个层次：宏观、中观和微观。宏观市场环境，包括如政治、经济、社会、技术等大环境；中观市场环境即指产业环境；微观市场环境，包括客户、战略联盟等小环境（图 5）。

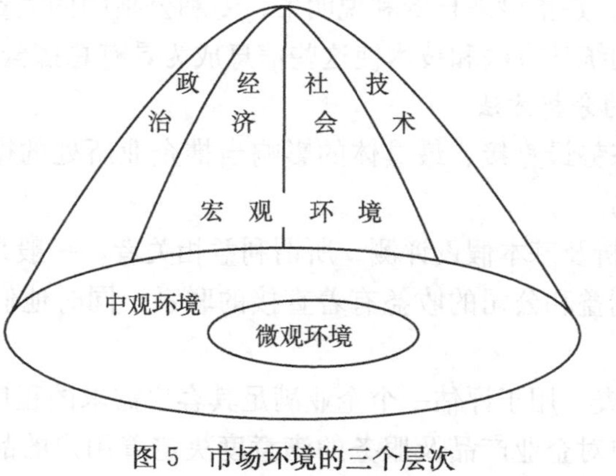

图 5 市场环境的三个层次

1. 宏观市场环境的分析方法

在经济全球化的态势下，国家、地区和全球的社会、政治、经济形势对企业战略的影响至关重要。

1）政治及国家风险分析。该方法用于评估企业在国外运作的风险类型（如资产、营运、赢利能力、人员等）与风险程度。假如你的竞争对手属于跨国经营的公司，并且所属行业受所在国的政治、经济影响很大，如石油开采业，就可以考虑对其进行政治及国家风险分析。

2）PEST 分析。该方法用于分析企业外部环境的变化对企业行为的影响。外部环境，系指政治（political)、经济（economic)、社会（social）和技术（technological）环境。

2. 中观市场环境的分析方法

任何一个企业都处在具体的行业之内，因此中观市场环境对企业战略的影响是非常明显和直接的。

1）五种力量模型。描述推动企业竞争的五种基本力量：供方砍价能力、买方砍价能力、替代品威胁，进入威胁及现有竞争对手的竞争。

2）产业细分化。用于分析一个商业内部分立的各个竞争层面。其细化的标准通常是产品类别、购买者特征、销售渠道及地理划分。

产业细分化是实施集聚战略的要求。对于那些目标广泛的竞争对手，进行产业细分化分析，可以了解它们在各个产业细分上的表现，从而攻其薄弱之处，避免触其强势之处。另外，也可以尽量把不具有吸引力的细分产业留给竞争对手。

3）产业情景分析。该方法可以用来对未来的各种可能的产业结构进行内在连续的详细描述。一个产业情景就是一种对未来情况的内部连贯的看法。通过构造多种情景，企业能够系统地研究进行战略选择时不确定性可能带来的各种后果。

4）战略组分析。识别产业内可划分出的不同企业组群，每一战略组内的企业是同类的，表现为采用相似的战略，有相似的管理系统；它们倾向于被相同的竞争行动和外部事件所影响，以及对这些竞争行动和外部事件做出相近的反应，而不同战略组之间则是异类的。因此，竞争主要存在于战略组内的企业之间。

5）技术评价。用于掌握行业中技术上的关联及其变化。技术变革是竞争的主要驱动力之一。技术变革造就了许多当今的大企业，特别是高技术企业。跟踪行业中关键的技术驱动力量，保持与之同步发展，即可以在技术上处于优势地位。

6）专利情报分析。是指对来自专利说明书、专利公报中的大量的、零碎的专利信息进行加工及组合，并利用统计方法和技术使这些信息成为具有总揽全局及预测的功能。

3. 微观市场环境的分析方法

当然对企业竞争态势最直接、最具体的影响当推企业所处的微观环境。因此，微观市场的分析是不可或缺的。

1）利益相关者分析及基本假设评测。所谓利益相关者，一般是指公司的股票持有者或公司所有者，他们的利益和公司的收益有着直接的联系，同时他们的一举一动也可能影响着公司的利益。

2）客户满意度调查。用于评估一个企业满足其客户需求的程度，以及怎样才能改进企业的产品及服务。客户对企业产品及服务的满意度决定着用户的品牌忠诚度，以及企业产品和服务的市场占有率，从而决定企业的赢利水平，同时也是指导企业改进产品及服务的重要参考指标。

3）战略联盟。指在产业价值链中两个或两个以上企业间建立的长期合作关系（如合资、供销合同等)。它是联盟双方或多方通过企业间合作，共享、互补资源来增强彼此的竞争力的一种方式。战略联盟能够减少分割某一给定市场的竞争对手数量，开发共同的技术标准和产品配置。

4）市场信号分析。指能提供竞争对手的意图、动机、目标或内部状况的任何行动和直接或间接的暗示。市场信号主要包括以下几种形式：行动的提前宣告；在既成事实之后宣告行动或结果；竞争对手对产业的公开讨论；竞争者对自身行动的讨论和解释；竞争者宣告的策略与其可能采取的策略相比较；战略变更的最初执行方式；偏离过去的目标；偏离产业惯例；交叉规避；战斗品牌；秘密反托拉斯诉讼等。

5）多点竞争分析。用于探究形形色色的公司在几个市场相互竞争的状况。

6）PIMS 分析。PIMS 的全称为 profit impact of market strategy，即市场战略对利润的影响，是由美国战略规划研究所收集的描述商业运营、产业、竞争者、产品及其客户的数据，包括财富 500 强企业拥有的 2746 个业务部门 500 个变量的数据，目标是辅助所参与的企业制订计划。

（三）能力维的分析方法

企业的竞争优势，不仅来自对外部环境的把握和应对，而且更重要的来自自身的资源和能力。各个公司的资源和能力是各不相同的，同一行业中的公司不一定拥有相同的战略资源和能力。这样，资源差异性和公司利用这些资源的独特方式就成为公司竞争优势的来源。

分析竞争对手的资深和能力的方法，可以划分为以下三种类型。

1）用于单一业务过程的分析方法，如定标比超、价值链分析。

2）单一和多元业务过程都可用的分析方法，如核心竞争力分析。

3）用于多元业务过程的分析方法，如投资组合分析。

1. 用于单一业务过程的分析方法

1）定标比超。将任何本企业业务活动（如售后服务）与从事该项活动最佳者进行比较，从而提出行动方案以弥补自身的不足。

2）价值链分析和现场图（value-chain analysis and field maps）。用于分析一个企业的基本活动（指企业内外的后勤、运作、销售和服务）及支持性活动（包括公司基础设施、人力资源管理、技术开发和采购）。

竞争者价值链之间的差异是竞争优势的一个关键来源。分析竞争对手的价值链，就是分析竞争对手的整个商业运作活动，从中形成一个对竞争对手的整体性了解，测算出竞争对手的成本，了解其竞争优势，从而制定相应的竞争战略，战胜对手。

2. 单一和多元业务过程都可用的分析方法

1）核心竞争力分析（core compentence analysis）。目的是确定竞争对手独具特色的某项价值链活动，它既能够为竞争对手创造价值，又是可持续竞争优势的源泉。

核心竞争力的形成有两种途径，一种是通过掌握核心技术得到实现，另一种是通过优化企业的业务流程得到实现。因此，核心竞争力的分析就是要找到企业的核心技术或优秀的业务流程。

2）关键成功因素分析。分析一个企业为了获取成功必须充分关注的几种关键技能。

3）反求工程。购买和分解竞争者的产品，从而了解其设计及构造原理，并估计出其成本及质量。

4）财务报表分析。对公司的短期运营状况和长期资金来源进行评估。

5）SWOT 分析。用于识别企业和竞争对手的优势（strength）、劣势（weakness）、机会（opportunity）和威胁（threat），找出影响成功的关键因素，提供可选择的战略。优势和劣势是对企业内部能力的总结和评价，而机会和威胁则是对企业外部竞争环境的综合和概括。

3. 用于多元业务过程的分析方法

1）业务组合分析。将总公司的各项业务按产业吸引力及竞争态势排列以帮助管理人员做出资源配置决策，并评估未来现金流量和获利前景。

2）BCG 产业矩阵。基于企业取得竞争优势的潜在资源的数量及一个领先企业能够获得的优势的大小来鉴定一个产业的吸引力。由波士顿咨询集团开发。

3）协同利益分析。用于评价业务单元之间通过共享活动而实现的有形（原材料、生产、销售）和无形（管理诀窍、口碑）的收益。

有形的收益一般是通过共享业务单元之间的价值链活动实现的。比如，两个业务单元之间相互销售彼此的产品时，它们是在共享双方的销售力量。无形的收益则是通过从一个业务单元向另一个业务单元转让基本技能或管理特定类型活动的专有技术实现的。

（四）时间维的分析方法

了解过去，把握现在，从而赢得未来是进行竞争对手分析的根本目标。了解竞争对手的过去，能够发现其行为的演变过程。把握现在，是竞争情报活动关注的焦点。预测未来，从而赢得未来才是竞争情报最关注的目标。尽管无法搜集到对手未来战略的全部内容，但是通过对竞争对手行为的长期跟踪和对其管理人员的性格、阅历和目标的研究，可以推测出对手的未来战略。现将以时间作为重要考虑因素的分析方法归纳如下。

1）竞争对手文档。是对编辑、核实过的竞争对手原始信息按一定的标题组织成一种结构化的列表的方法。它能够表现某一竞争对手在某一时间点上的快照。

2）管理人员文档。用于评价在整个公司或机构中做出战略决策的个人的目标、背景及性格。

管理人员的阅历是判定其经营方向、对行业的认识及相应目标的关键。比如，他们从事过哪些产业，这些产业所特有的竞赛规则和战略方法，他们个人经历中所采取的或不曾采取的各类战略等都是重要的线索。高级管理人员能极大地受到他们所经历的重大事件的影响从而影响其看法和战略选择。

3）产品生命周期。用于分析产品从引入市场，到成长期、成熟期以至衰退期所经历的四个阶段的变化过程。

4）经验曲线。可显示生产某种产品（或服务）的成本随着生产经验的增加而降低，这种成本降低贯穿于整个产品生命周期。

5）以价值为基础的规划（value-based planning）。根据竞争者可能的股票市场的财产和融资情况来评价战略及战略转移（这里的价值并非指我们常说的管理价值）。

至此，本文从市场、能力和时间三维对 30 多种竞争对手分析方法进行了类分和归纳。其结果如图 6 所示。在实际运用时，这些方法可分别用于企业不同层次的分析过程，如环境分析、战略分析、客户分析、财务分析、产品分析等。

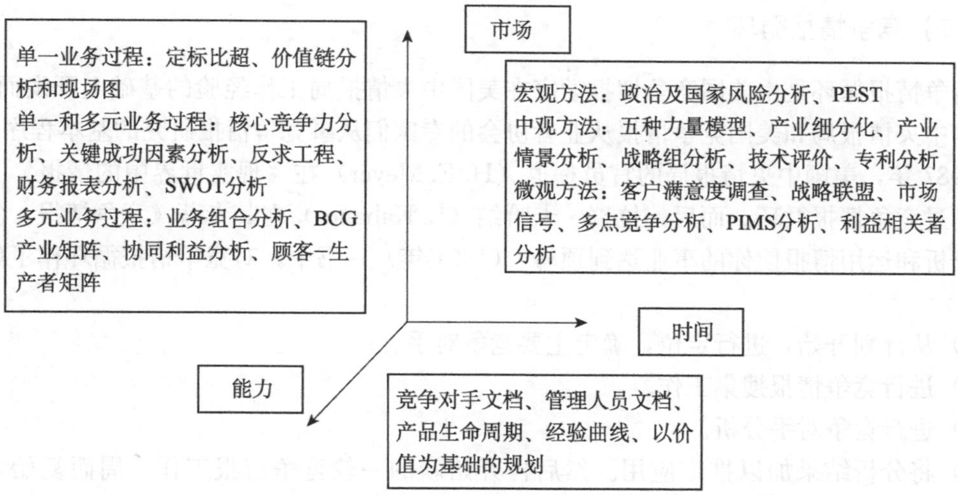

图 6　CMT 三维分析分类图

三、竞争对手分析的流程

坚持竞争对手分析方法与过程相结合是建立竞争对手论纲的重要原则。因为研究方法通常是指获取有关知识应遵循的程序，研究问题、解决问题的方法和手段的总和。因此，应当将方法和程序有机地结合起来。

我国近半个世纪的情报研究的理论和实践，日本、欧美等国家和地区长期的竞争情报活动和探索都为竞争对手分析积累了丰富的实践经验和理论知识。为此，国内外都做过经典的总结。

（一）情报研究程序

1990 年 9 月，由包昌火研究员主编、科学技术文献出版社出版的《情报研究方法论》一书对我国应用多年的情报研究程序进行了科学的总结，包昌火研究员提出它由课题选择、情报搜集、信息整序、科学抽象、成果表达和成果评价六大步骤构成，并进行了详尽的论述，如图 7 所示。

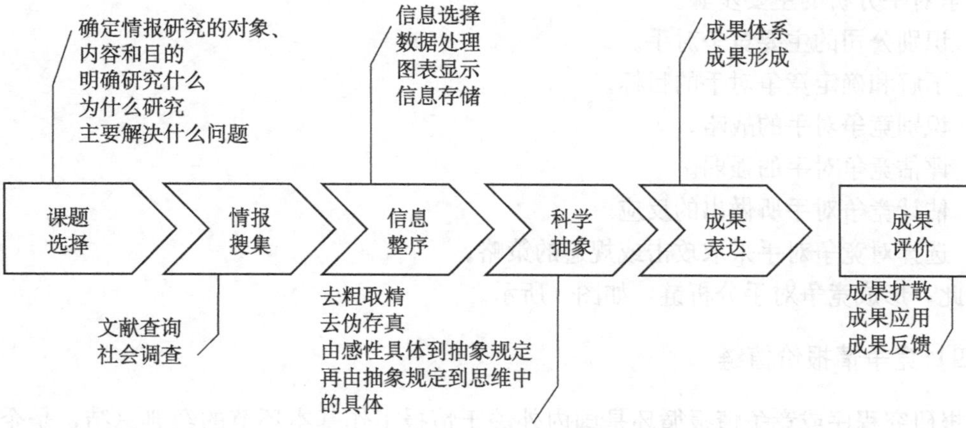

图 7　情报研究程序

(二) 竞争情报循环

竞争情报循环是由美国竞争情报学家在美国中央情报局工作经验的基础上开发而成的，是美国中央情报局和美国竞争情报从业者协会的专家们从事竞争情报研究的基本程序。

1987 年，美国中央情报局的官员梅厄（H. E. Meyer）在《现实世界中的情报》一书中曾提到过竞争情报循环。而后，拉瑞·卡哈纳（L. Kahaner）在其专著《竞争情报：怎样搜集、分析和运用情报使你的事业达到顶峰》（1991 年）一书中，对竞争情报循环作了如下的描述。

1）从计划开始，进行定位，确定主要竞争对手。

2）进行竞争情报搜集工作。

3）进行竞争对手分析。

4）将分析结果加以推广应用。然后再开始新的一轮竞争情报工作，周而复始，循环不已。

1996 年，Ben Gilad 和 Jan Herring 在其主编的《情报分析的艺术和科学》一书中，也对竞争情报循环有所论述。现在通常的表达如图 8 所示。

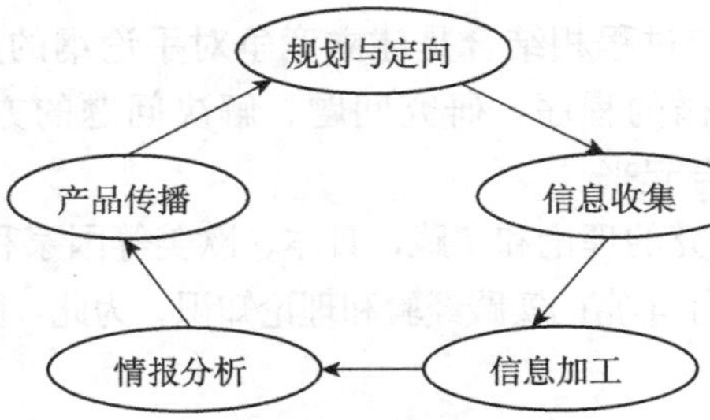

图 8　竞争情报循环

(三) 科特勒的竞争对手分析链

世界著名营销专家、美国西北大学菲利普·科特勒（Philip Kotler）教授等于 1996 年提出竞争对手分析的主要步骤。

1）识别公司的主要竞争对手。

2）了解和确定竞争对手的目标。

3）识别竞争对手的战略。

4）评估竞争对手的强弱。

5）估计竞争对手所做出的反应。

6）选择对竞争对手采取攻击或规避的策略。

为此，形成竞争对手分析链，如图 9 所示。

(四) 竞争情报价值链

情报研究程序或竞争情报循环是国内外关于情报工作基本环节的经典总结，是企业竞争对手分析活动的基本流程。价值链的研究表明，企业的竞争优势主要源自竞争者价值链之间的差异。我们认为，竞争对于分析是一项能够为企业创造巨大经济效益的情报活动，它的价值主要来源于对研究程序各个环节的把握和深入程度。因此，可以把情报研究流程或竞争情报循环看做是竞争情报价值链，或竞争对手分析价值链。抓住了这个流程，也就抓住了竞争情报工作的基本方面、主要环节和价值来源。

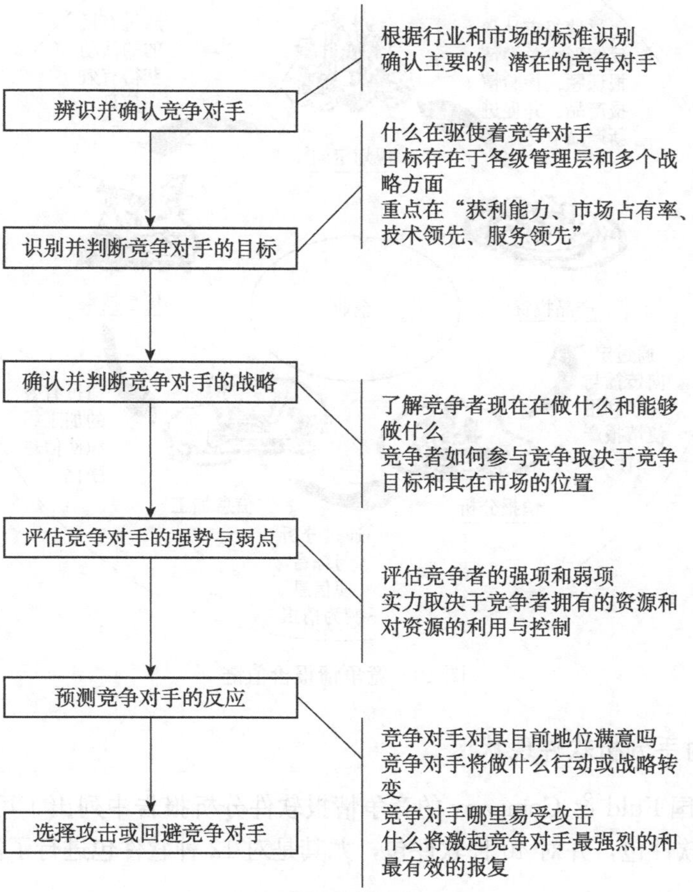

图 9　竞争对手分析的程序和主要内容

1996 年，美国 Timothy W. Powell 在 Ben Gilad 和 Jan Herring 主编的《情报分析的艺术和科学》一书中，就提出了竞争情报价值链的概念。2002 年 5 月，陈峰博士在《面向企业战略管理的竞争情报研究》的博士论文中也论述了这一概念。包昌火研究员和王曰芬副教授于 2002 年 7 月在北京世纪经济研究信息中心举办的“现代企业信息与情报策略高层培训班”上联袂做了《竞争情报的获取和分析》的专题报告，对竞争情报价值链作了如图 10 所示的形象表达。

四、竞争对手分析的智能化

随着信息处理和分析技术的飞速发展，以自动化和智能化为目标的竞争分析软件大量涌现，出现了竞争对手分析技术智能化的势头。这些分析软件，通常按照竞争情报循环的五大程序展开，成为竞争对手分析论纲的重要构成，形成了一道分析技术现代化的绚丽的风景线。

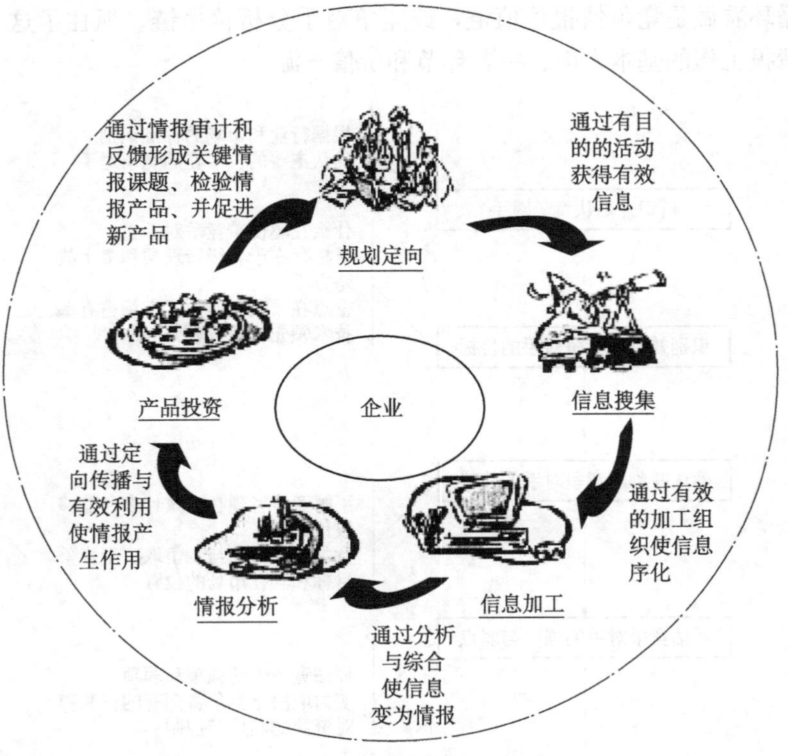

图 10　竞争情报价值链

(一) 竞争对手分析软件现状

2000 年，美国 Fuld & Company 的竞争情报软件分析报告中列出了可能应用于竞争对手分析的 170 种软件包，并对 40 种软件包，尤其是对 12 种软件包进行了深度评价（表 1）。

表 1　12 种竞争情报软件评分表

软件名称	规划与定向	信息收集	信息加工	情报分析	产品传播
权重	5	10	10	15	10
C—4—U Scoul（C—4—U Lid.）		5			
Competitive Intelligence （CI） Sipider Versionl. 2. 1 (Knowledge Computing Corp.)		5			
Knowledge. Works Version 5. 3（Cipher Systems）	2	9	7. 5	1	5
Market Signal Analyzer（Docere Intelligence）		6		2	9
E-Sense（Vigil Technologies）		7			
Corporate Intelligence Serrice Version 1. 0（Intelliseek. Inc.）		9. 5			2
TextAnalyst 2. 0（Megaputer Intelligence，Inc.）		3			3
Plumtree Corprate Poratl Version 3. 0（Plumtree Software. Inc.）		9. 5			6
Powerize. com Web Site（Powerize. com）		5			
Strategy! Version 2. 5（Strategy Software. Inc.）		7		3	7. 5
Wincite Version 6. 1（Wincite Systems LLC）		7. 5		2	9

续表

软件名称	规划与定向	信息收集	信息加工	情报分析	产品传播
WisdomBuilder 2.3.0（WisdomBuilder LLC）	1	5	5	4	9
总分	3	78.5	12.5	12	50.5
平均	1.5	6.5	6.3	2.4	6.3

注：情报软件在各个竞争情报步骤中的权重的确定是基于以下的考虑：①规划与定向：没有软件包可以动态地识别一个特定的公司的竞争情报需求，而这些需求的确定主要依靠的是企业专业情报人员与企业的决策者的紧密合作。因而该步骤中情报软件的权重（5）仅占总权重（50）的1/10。②信息收集、信息加工、产品传播三个步骤中，情报软件的权重均较规划与定向阶段高，分别为10。③情报分析步骤相对于②中的各个步骤更为重要，因而情报软件在这个阶段的权重取为15，是所有五个步骤中最高的。④12种情报软件针对各个阶段的评分是依据其自动控制的质量与程度给出的。越通用的软件包由于涉及的步骤较少而总分较低，但这并不损害软件本身的价值

2002年，Fuld & Company在竞争情报软件分析报告中，从功能角度，对认为较好的13种竞争情报软件进行了评价，如果把情报分析这个环节赋予权重15，这13种软件的平均得分为8.9，而得分超过平均分的软件有5种（表2）。

表2　竞争情报软件的分析功能

软件名称	情报分析环节得分	实现方法
Clear Research Suite	11	关联分析
Wisdom Builder 3.1	11	关联分析
Lntelligence	10	关联＋比较分析
Strategy!	10	比较分析
Wincite7.0	9	比较分析

这5种软件分析功能的实现方法基本可以划分为两种类型：第一种是试图从文本中抽取出人物、地点、组织和事件之间的关键联系，即关联分析；第二种致力于比较不同的产品和类别，再运用定标比超及SWOT分析等方法，形成一些分析结果，即比较分析。其中，Clear Research Suite和Wisdom Builder3.1采用的是第一种方法，Strategy！和Wincite7.0采用的是第二种方法，而intelligence则同时采用了这两类方法。

（二）竞争对手分析软件的发展

上述两类实现竞争对手分析功能方法的深化将促进竞争情报软件的开发。

1. 采用非结构化数据，深化关联分析方法

相关关系是一种广泛存在，并且有很大利用价值的关系。从非结构化的文本信息中抽取出人物、地点、日期、事件和其他潜在的相关关系之间的联系，是计算机的独特信息处理能力。在这一点上，人类的处理能力望尘莫及。因此，应充分发挥计算机的这一优势，为情报分析服务。

1）采用数据挖掘技术。数据挖掘技术是数据库研究中的一个很有应用价值的新领域，能够从大型数据库或数据仓库中提取隐含的、未知的、非平凡的及有潜在应用价值的信息或模式。在Clear Research Suite和Wisdom Builder3.1的实现过程中都采用了数据挖掘技术：其一，采用规则归纳方法，利用预先定义了要抽取的概念和关系的规则字典，识别出关联关系；其二，以可视化技术将关联关系表示出来。

2）采用网络可视化分析方法。以可视化的网络图形描绘人物、公司和事件之间的联系，是一种直观表现事物之间复杂联系的有效方法，同时也是网络分析的基础。根据网络

分析理论，公司现有的关系网络束缚着，或说塑造着公司的行为，同时公司行为也在塑造着公司的关系网络。因此，通过网络分析，能够解读出公司的大量信息，如公司间的战略同盟、互兼董事会，以及专利的相互引用等。

Clear Research Suite 和 Wisdom Builder3. 1 所实现的功能为关联分析这类方法的进一步应用奠定了很好的基础。在此基础上，可以进行战略联盟分析、兼并收购分析、管理人员跟踪和专利情报分析，这些都是非常有效的竞争对手分析方法。

3）采用神经网络技术。随着数据挖掘技术逐步走向成熟，人工神经网络技术将成为未来竞争情报分析的有力工具。Clear Research Suite 和 Wisdom Builder3. 1 都采用了由人预先定义的规则字典，受人的主观影响很大。而采用神经网络技术，可以由计算机在学习和修正的基础上，找到相应的规则，从而避免主观性。此外，分类分析和聚类分析也可以用于预测未来的一些发展趋势。而这些是现有的软件还没有实现的功能。

2. 采用结构化数据，强化模型分析方法

对于那些已经显性化的数值和事实型数据，则需要采用一定的分析模型将其组织在一起，用于辅助决策过程。而这类模型，早在 20 世纪 80 年代就已经由国外的竞争情报专家提出了 30 多种，基本上都形成了比较固定的分析程序。可以预计，这些分析过程的计算机化将是竞争情报对手分析智能化的重大发展。

这种模型化方法的实用之处在于直观地展示数据，便于得出明确的结论。而且应用数据挖掘技术得出的定性结论可以作为事实型数据输入到模型分析过程，从而实现两种方法之间的数据共享。

3. 情报分析功能与其他功能的联结

根据竞争情报循环模型，情报分析是其中的第四个环节，因此在设计分析软件的时候还要考虑与其他几个环节的衔接。图 11 勾画出了分析功能和其他功能的衔接。

总之，在可以预见的未来，竞争对手分析软件的发展趋势就是应用文本挖掘、数据挖掘和人工神经网络、智能代理等人工智能技术，实现真正的分析智能化。

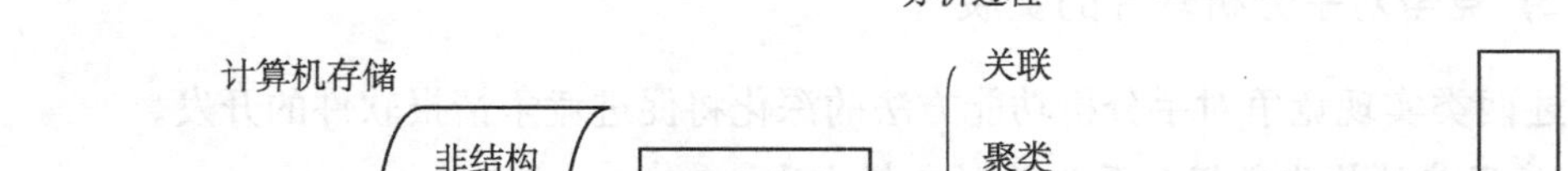

图 11　竞争情报项目或系统结构示意图

参考文献

[1] 包昌火，谢新洲等．竞争对手分析．北京：华夏出版社，2002.

[2] 包昌火，谢新洲，张燕，等．企业竞争情报系统．北京：华夏出版社，2002.
[3] 胡鹏山．竞争战略与竞争优势．北京：华夏出版社，2002.
[4] Prescott J E, Grant J H. A manager's guide for evaluating competitive analysis techniques. Interfaces, 1988, 18: 10-22.
[5] Oster S M. Modern Competitive Analysis. 3rd Ed. London: Oxford University Press, 1999.
[6] Gilad B, Herring J. The Art and Science of Business Intelligence Analysis. Greenwich: JAI Press, 1996.
[7] Fuld L M. Intelligence Software Report TM 2000—A Review of Twelve Software Offerings in the Competitive Intelligence Arena. Cambridge: Fuld & Company, 2000.
[8] Fuld L M. Intelligence software report 2002: the global evolution. Fuld & Company. http: //www. fuld. com.

竞争对手跟踪分析*

竞争对手跟踪是竞争情报的基本任务之一。鉴于竞争情报工作在企业经营管理和战略决策中起瞭望哨和参谋部的作用，而瞭望哨功能就是通过对环境监视和对手跟踪来实现的。没有连续、持久的竞争对手跟踪，就不可能有可靠和高效的竞争对手分析。

本文在分析和综合国内外竞争情报工作的理论研究和实践经验的基础上，借鉴了1999年8月J. E. Prescott教授在“全国竞争情报技能和案例分析学术研讨会”上专题报告的构思，提出了竞争对手跟踪分析的基本框架。为便于对本框架的把握，将其归纳为“两个模型、一个程序、两个数据库和一个系统”，现叙述如下。

一、两个模型

两个模型是指美国匹兹堡大学商学院J. E. Prescott教授的竞争对手跟踪模型和美国哈佛商学院波特教授的竞争对手分析模型。它们是企业开展竞争对手跟监工作的指导工具。两者相比，Prescott的金字塔模型提供了一条“竞争信息$\xrightarrow{\text{如何形成}}$竞争决策”的工作线索；波特的分析模型则是一套完整的“跟踪目的$\xrightarrow{\text{如何决定}}$跟踪内容”的工作程序。

（一）金字塔模型

在1999年8月的黄山会议上，Prescott教授提出了如图1所示的金字塔模型。

模型的底层是竞争对手基础数据库，存放竞争对手关键性的历史数据和企业在过去形成的关于该对手的分析结果，是企业掌握的竞争对手的基础知识。中层的更新数据库记录的是企业持续跟踪竞争对手的每一个新动作，定期取得的对手近期动向和当前状况，还有

---

* 本文原载《情报学报》，2003，22（2）：194-205。

初步的分析判断，形成了关于对手的新知识。上层的分析和预测，是在综合了基础认识和最新动态后，得到的竞争对手状况评估和行动预测，它是企业决策的依据，由此实现了由竞争信息形成竞争决策的提炼和升华。图 1 中分散在金字塔外部的“点的竞争信息”，是企业获得的零散的、突发性的竞争对手信息。由于这些点信息出现的非常规性，企业更有必要对之进行去伪存真、由表及里的深入分析。点的竞争信息经过处理之后，常常作为激发因子直接和上层的评估预测即时联系起来，激活上层的分析行为，同时亦作为最新知识加入到已有的竞争对手知识中去。

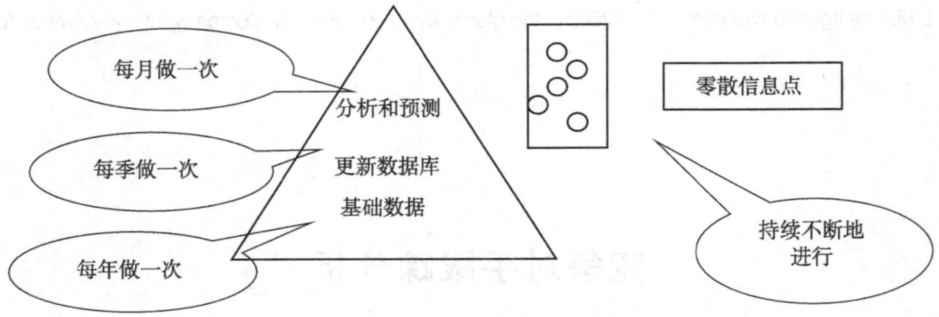

图 1　金字塔模型

(二) Porter 模型

竞争对手跟踪的目的，就是要从竞争信息的系统收集、分析中获得对手的战略意图，及时地预测竞争对手的行为和反应模式。

Porter 教授提出的竞争对手分析模型，运用到竞争对手跟踪中，就形成了一个以预测竞争对手的行为和反应模式为中心，以跟踪分析竞争对手的现行战略、企业能力、行业认知和未来目标为四个支撑点的竞争对手跟踪分析模型，故又称 Porter 跟踪模型，如图 2 所示。

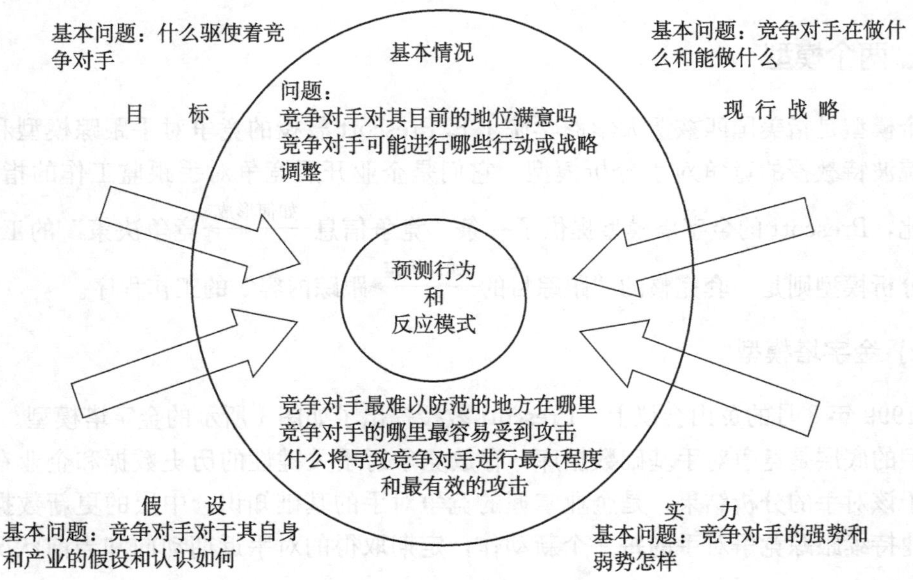

图 2　Porter 跟踪模型

模型中心是对手跟踪的目的，四个支撑点是对手跟踪的内容。企业在实际进行竞争对手跟踪时，就是沿着四个箭头所指的方向，收集信息、分析数据，逐步地向着中心收缩靠拢。在每一个箭头方向上的前进，都有专门的分析方法作为支持；同时以右上角为起点沿着顺时针方向，各种方法的依次连接，就形成了竞争对手跟踪分析的程序。

可以认为，金字塔模型为如何收集管理好庞杂的对手信息、形成对手知识提供了解决方案；Porter 跟踪模型则清楚地描述了对手跟踪的主要内容和程序。

二、一个程序

一个程序是指在两个模型指导下，运用一系列分析方法形成的一套工作流程，以保证跟踪工作的可操作性和可持续性。竞争对手跟踪的基本程序由以下六个步骤组成。

1）确定竞争对手。

2）分析竞争对手的现行战略。

3）评估竞争对手的相关实力。

4）识别竞争对手想得到什么。

5）考察竞争对手竞争性强弱。

6）预测竞争对手可能做什么。

以此形成竞争对手跟踪分析链，如图 3 所示。

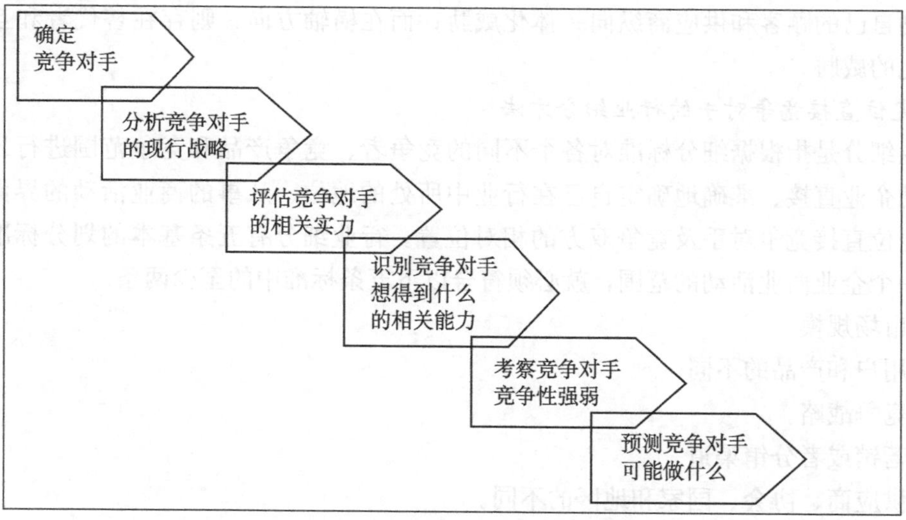

图 3　竞争对手跟踪分析链

（一）确定竞争对手

确定竞争对手是现代商战中的首要问题，也是跟踪分析中的首要问题。为提高跟踪效率，企业必须把握住重要的商业关系，确定重点跟踪对象，施以恰当的跟踪力度。不因“错跟”而浪费资源，也不会“漏跟”而丧失主动权。

竞争对手可以分为直接竞争对手和潜在竞争对手。为了提高分析方法的适用性和分析工作的有效性，我们将确定竞争对手的方法相应地分成三类。

1. 确定直接竞争对手的传统方法

传统方法一般是根据产品形式、行业、品牌和消费愿望，划分出不同类型的市场竞争，然后企业在同类型的市场竞争中确定自己的直接竞争对手。

2. 确定潜在竞争对手的价值网方法

图4所示的价值网是一张企业跟踪地图。企业通过随时地分析与自己相关的市场参与者各方，明确各种商业关系，从而在跟踪全程中，始终能全面地把握跟踪对象，不漏不错。

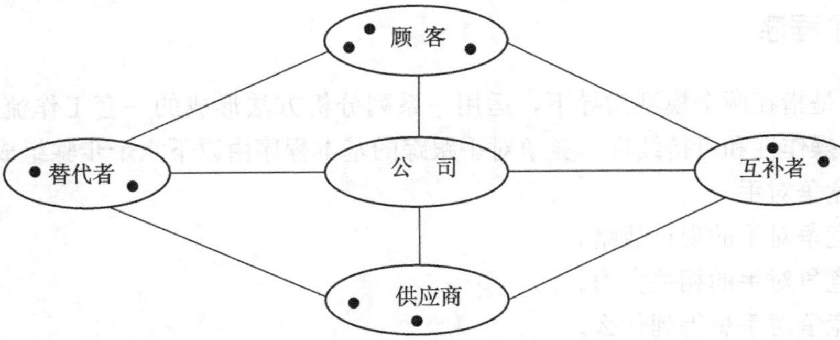

图4 企业的价值网

价值网图所传达的信息，就是跟踪时考虑的竞争对手，不能只局限于直接竞争对手，还要把与本企业有关的市场参与者各方都纳入到广泛的跟踪体系中去。在纵轴方向，企业可能受到自己的顾客和供应商纵向一体化威胁；而在横轴方向，则存在替代者和互补者相关多元化的威胁。

3. 定位直接竞争对手的行业细分方法

行业细分是指根据细分标准对各个不同的竞争者、竞争产品和竞争范围进行划分。它可以帮助企业直接、准确地确定自己在行业中所处的地位、从事的商业活动的界面，从而精确地定位直接竞争对手及竞争双方的相对位置。行业细分有五条基本的划分标准。如果想界定一个企业商业活动的范围，就必须符合以下五条标准中的至少两条。

1）市场规模。

2）用户和产品的不同。

3）竞争战略。

4）营销或者分销渠道。

5）供应商、协会、国家和地区的不同。

竞争对手跟踪中的行业细分可以按照以下两个步骤来进行。

1）建立本企业的行业细分框架。图5是以欧洲的金属罐小产业为例，选择五条标准中的三条建立的行业细分框架。这里选择的划分标准是：产品（主要以技术为特征）、用户（以产品用途为特征）和国家（地区）。

2）凭借框架实施定位和分析。定位分析要求企业把框架中每一个可能的空格都填上。填空的作用在于让企业具体明确：某个竞争对手采用的是什么样的技术、在哪一个具体的产品细分市场、哪一个国家或地区的市场活动。填空让企业发现自己将面对的竞争对手都是谁、具体在哪一种市场上进行竞争。

行业细分定位的结果，可以制作表格进行归纳，如表1所示。

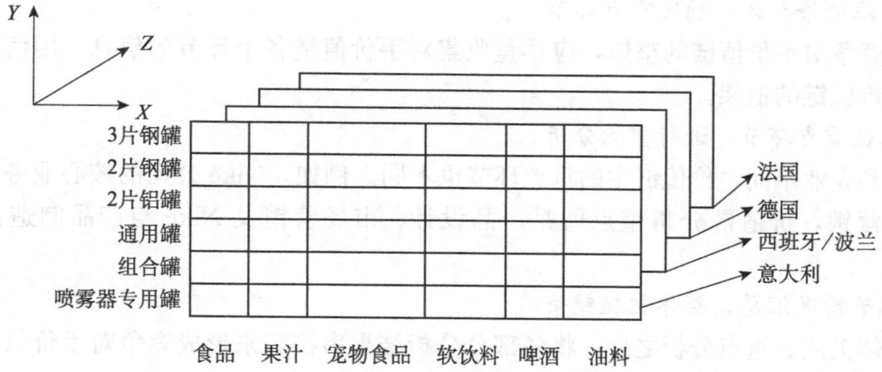

图 5 欧洲金属罐行业的产业细分

表 1 竞争对手和细分市场确认表

竞争对手	行业细分市场名称					

（二）分析竞争对手的现行战略——价值链分析

分析现行战略的目的，在于摸清竞争对手“现在在做什么”和“能够做什么”。由此进入对手跟踪程序的主体部分。分析的方法是基础价值链分析。

价值链是指一个企业在产品生产和营销过程中所进行的一系列价值创造活动的集合。其中，由内部后勤、产品设计与制造、市场营销、外部后勤、销售服务五个基本的增值活动组成了企业的基础价值活动，也就是企业的基础价值链。

竞争对手跟踪的基础价值链分析分成以下三步来做：

1）关注链条整体，确定重点环节。

2）抓住重点环节，进行重点分析。

3）环节情况汇总，整体把握链条。

以制造行业为例，其基础价值链如图 6 所示。

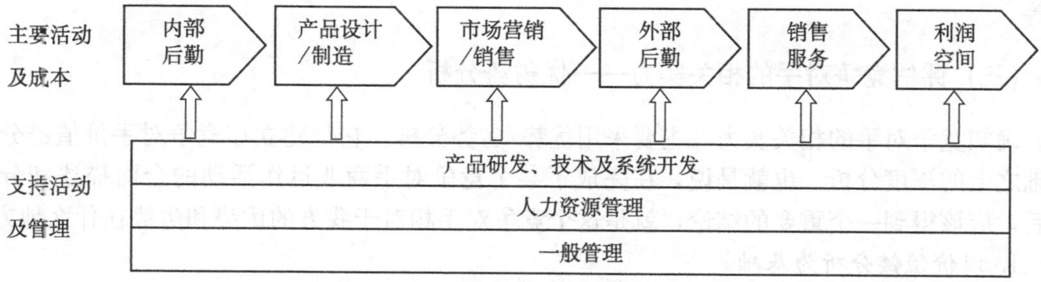

图 6 制造业的基础价值链图

1. 关注链条整体，确定重点环节

关注竞争对手价值链的整体，应尽量收集对手价值链各个环节的信息，用信息搭建起竞争对手价值链的框架。

2. 抓住重点环节，进行重点分析

行业和企业不同，价值链中的重点环节也不同。例如，Nike公司的核心业务是产品设计和市场营销，价值链分析重点就是产品设计、市场营销及 Nike 与产品制造商之间的关系。

3. 环节情况汇总，整体把握链条

继总体关注、重点分析之后，将各部分分析结果串接起来形成竞争对手价值链活动的整体分析图。图7实际上展示了一幅竞争对手主要商业运作的完整图像。

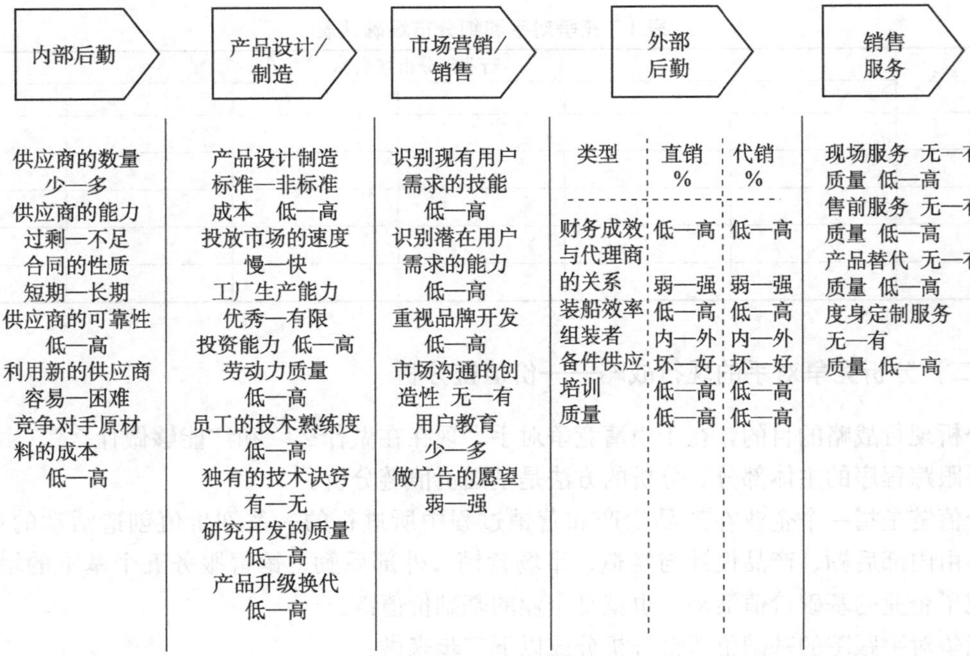

图7 基础价值链活动细化分析

按以上步骤完成对某个竞争对手的价值链分析，实际上是对它的整个商业运作活动都进行了分析。比如，了解该对手在做些什么和能做些什么，也就是掌握了该竞争对手的现行战略和能力如何；知道这样的价值链活动决定了该对手能采取哪些竞争战略等。

(三) 评估竞争对手的相关实力——优劣势分析

确知竞争对手的相关实力，主要采用优势/劣势分析。它是建立在竞争对手价值链分析基础之上的深度分析。也就是说，在完成了某个竞争对手商业运作活动的全面描述和分析之后，应该得到一个重要的结论，就是这个竞争对手相对于我方的优势和劣势在什么地方。

1. 以价值链分析为基础

价值链分析已经为优劣势分析奠定了一个非常好的基础。通过价值链的分析图像，甚至可以直接观察到某个竞争对手在哪些方面确实是有相当强的优势。

2. 以 SWOT 分析为依托

SWOT 分析是研究双方竞争态势的重要方法，而竞争对手在行业中的优劣势分析则是 SWOT 分析的重要构成。SWOT 分析不一定要通过价值链分析来实现，因而具有更大的灵活性。

3. 绘制优劣势分析表

优势/劣势分析的工具与结果，可以是一张简单实用的总结性表格，如表 2 所示。

表 2 竞争对手优势/劣势分析表

竞争对手： 时间：

优势	改善/忽略	机遇/威胁	劣势	改善/忽略	机遇/威胁

使用表 2 的方法，一是记录跟踪得到对手的优劣势，并按重要性排序。二是比较不同时段的记录，序列分析该对手在优劣势上的变化。三是根据对手的优劣势对我方进行反向思考——每分析一项对手的优劣势，应联想到这项优劣势对我方企业是怎样的一种机会，或者形成了什么样的一种威胁。

（四）解读竞争对手的认知和假设——市场信号分析

通过监视竞争对手的任何行动和直接或间接的暗示来分析竞争对手的意图、动机、目标和状态的方法。竞争对手的行为和反应，除了受到自身价值活动能力的限制外，还是竞争对手所依据的对行业和自身认知和假设的结果。例如，它所认为的行业的增长率、技术变革的强度、自身所具有的可持续利用的资源等。为此，运用市场信号分析，就有可能窥测并推断出对方的行业假设和自我认知。

行业假设是预测对手行动的重要战略信息。例如，跟踪到某个竞争对手在扩大它的生产规模，那么就可以判断它认为整个市场会扩大。

（五）识别竞争对手想得到什么——目标分析

了解竞争对手的目标有助于确定竞争对手是否满足于目前的绩效和在行业中的地位，由此帮助企业预测竞争对手在战略上可能发生的变化，以及对手对竞争性行为的可能反应。

通常，任何组织的真实目标都不会是单一的，而是具有多重性。所以，分析竞争对手的目标时，需要从多个方面考虑、在几个层次上考察。表 3 展示了从基本的财务目标和非财务目标两方面、母公司和子公司两个层次上对竞争对手目标进行分析的情况。

对竞争对手目标进行判断的依据主要来自以下三个方面。

1. 竞争对手现行战略

企业通过制定战略和实施战略来保证组织目标得以实现。所以竞争对手实际采用的战略将告诉我方它要追求的目标是什么。

2. 高层管理人员的谈话

高层谈话是宣示企业目标和意图的重要方式，因而也是获取对手发展目标的重要途径。

3. 中介机构的分析

中介机构如咨询公司、金融机构、行业协会等专家，因为工作性质的缘故会经常与各企业的高层管理人员交流或对某企业有着专门的研究，一般他们对特定企业的发展前景和运作目标的判断是很有参考价值的，同时也比较客观。

表 3 竞争对手目标分析表

竞争对手：　　　　　　　　　　　　　　　　　　　　　　　　　　时间：

财务目标	市场份额____ 销售增长____ 利润____ 其他____
非财务目标	成为技术领先者的兴趣？____ 扩大营销的兴趣？____ 成为顶尖服务机构的兴趣？____ 其他____
从事业务的地位和作用	是母公司长期计划中的核心业务还是外围业务？____ 这是竞争对手的增长领域吗？____ 它可以以现金方式投资于其他领域吗？____ 现有业务促进了与其他业务的协作发展吗？____ 其他____

目标分析和此前分析的结果，完整地回答了 Porter 模型中四个支撑点的问题，此后跟踪分析将进入模型的中心，考虑关于竞争对手的行为和反应模式。

(六) 考察竞争对手竞争性强弱——业务组合分析

企业的决策不仅受到自己和外界环境的影响，同时还要不同程度受到关联企业，尤其是母公司的控制，这会导致企业竞争性的增强或削弱。考察具有子母关系或从事多元化经营的竞争对手竞争性强弱的有效方法是业务组合分析。

1. 业务组合矩阵

业务组合分析通常采用美国波士顿管理顾问公司开发的公司业务组合矩阵（BCG 矩阵）。它把下属的各个不同行业的子公司放到如图 8 所示的 2×2 矩阵中进行关系和地位分析。

在 BCG 矩阵的分析框架中，按照竞争性由强到弱，分为四类型企业。明星企业：特点是市场占有率和业务增长率都高，在行业中占据很强的市场地位，因而具备强竞争能力的同时也有强竞争性，即一旦受到攻击就容易发起反击。问号企业：又称幼童企业，特点是业务增长率高，但市场占有率低，需要大量投资，但利润很少。问号企业对竞争对手在未

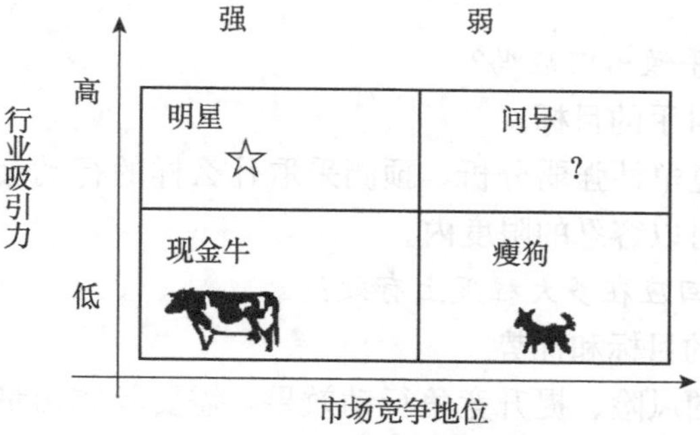

图 8 公司业务组合矩阵

来的整体发展具有重要的战略意义，是强竞争性、较弱竞争能力的企业。对问号企业的进攻很容易引发对手强烈的保护性和报复性行为。现金牛企业：特点是市场占有率高，业务增长率低，能产生大量利润。它在市场中的地位很强，所在的行业却已经变得不那么吸引人。瘦狗企业：特点是市场占有率和业务增长率都低，是在一个前景堪忧的行业中地位弱小、竞争能力和竞争性都是很弱的企业。

从母公司的角度看，“明星”和“问号”往往是它抽调“现金牛”资金去投资和保护的重点，而“瘦狗”则是放弃的对象。这就是各子公司和总公司的战略关系图。

2. 竞争性分析的思路

BCG 矩阵提供的竞争性强弱分析思路告诉我们，在对竞争对手进行分析时，综合分析、权衡利弊是至关重要的。例如，当对手从现金牛企业划出了大量的资金来支持它的明星企业和问号企业后，可知它在现金牛行业里暂时不会有太大的动作，或没有能力进一步发展，这就成为我方进行市场渗透或市场扩张的机遇。又如，当竞争对手是其母公司的问号企业，那么虽然它在目前的竞争实力还不是很强，但对它发起攻击却要三思而行。因为我方的进攻可能会招致母公司全方位的围攻作为反击。

（七）预测竞争对手的反应模式——反应模式分析

实施竞争反应模式分析是完成一幅竞争对手肖像画的最后点睛之笔。

竞争反应模式分析，其理论基础是博弈论应对，主要的分析内容包括以下几方面。

1）假设我方进入了某个竞争对手的市场或改变了本企业的战略，竞争对手将如何反应？具体有几种反应的可能性？每种反应的详细情形又怎样？

2）在竞争对手做出反应之后，我方该如何去应对？

3）继续下去的话，我方又要如何做？

以上的问题，实际上是要求企业运用对手跟踪所获知的竞争情报，结合自己的目标、能力、认知和现行战略，就竞争双方之同的反应过程做一个渐进式的科学推理，逐步逼近现实中可能展开的一场真实竞争的可能结果。

预测可以从回答以下四个对高层管理人员非常重要的问题开始。

1. 竞争对手在进攻面前难以防范吗？

- 参考竞争对手的优势和劣势分析。
- 对竞争对手改善或忽略的特定领域给予专门的关注和挖掘。
- 回答这个问题的实质就是应该选择竞争对手的薄弱环节进行攻击，避开竞争对手的优势。

2. 进攻将使竞争对手做出回应吗?

● 也许取决于竞争对手的目标。

结合前面的目标、竞争性强弱分析，预测采取什么样的行动会招致竞争对手非常强烈的反应，或者是在对手可以容忍的限度内。

3. 竞争对手做出的回应在多大程度上有效?

● 取决于竞争对手的目标和优势

为了降低竞争行动的风险、提升竞争行动效果，需要具体衡量竞争对手做出反应后的威胁性有多大，即竞争对手做出的回应在多大的程度上有效。

4. 我方有进一步的、有效的反击措施吗?

● 和我方的特定能力密切相关

这里进入了回合 2，被称为我方的“反反应”。即一旦竞争对手做出反应后，是否有足够的应对能力。如果没有考虑到这一点，那么我方发起进攻后取得的胜利很可能无法持久，反而会被竞争对手反攻回来。以上四个问题的答案填入表 4 和表 5。

表 4　竞争反应模式分析表 1——竞争对手反应预测

竞争对手：　　　　　　　　　　　　　　　　　　　　　　细分行业名称：

我方可能采取的行动	竞争对手可能的反应	竞争对手难以防范攻击吗?	这将促使它做出回应吗?	回应在多大程序上有效?	我方有有效的进一步的反击措施吗?
如果我方增加/减少利润	反应 1				
	反应 2				
	反应 3				
如果我方进入这个产业	反应 1				
	反应 2				
其他行动					
其他行动					

表 5　竞争反应模式分析表 2——竞争对手进攻预测

竞争对手：　　　　　　　　　　　　　　　　　　　　　　细分行业名称：

竞争对手可能采取的行动	我方可能的反应	我方能防范攻击吗?	我方会做出回应吗?	回应在多大程序上有效?	竞争对手有有效的进一步的反击措施吗?
如果它增加/减少利润	反应 1				
	反应 2				
	反应 3				
如果它进入这个产业	反应 1				
	反应 2				
其他行动					
其他行动					

三、两个数据库

两个数据库是跟踪结果汇集而成的竞争对手基础数据库和更新数据库。本文选择的关系数据库作为建库工具，构建金字塔模型底层、中层数据库的数据模型。

需要指出的是，金字塔模型数据库存储的内容，就是经过重新设计、组织的竞争对手跟踪成果，也就是前面跟踪程序各步骤得到的分析结果。由于这些内容实际上是 Porter 跟踪模型的反映，所以最后建立的金字塔关系数据库融合了金字塔模型的信息组织形式和Porter跟踪模型产生的信息内容，在新的高度上总结、融汇了竞争对手跟踪的形式与内容、方法和程序。

(一) 底层基础数据库

底层数据库的重要之处在于，能够随时提供给决策者一幅全面的、细致的竞争对手肖像画，让决策者能够一目了然地掌握竞争对手的关键信息。基础数据库的逻辑结构基本上可以由一张竞争对手基本情况表和五张价值链环节表构成。

1. 竞争对手基本情况表

竞争对手基本情况表提供的信息要能够帮助决策者快速地形成对竞争对手的大致评判，内容设计可参考表6。

表6　竞争对手基本情况表

竞争对手编号	名称	市场份额	年增长率	利润率	品牌	相对优势	相对劣势	现行战略	企业目标	假设与认知
#										

2. 价值链环节表

以一般制造企业价值链五大环节为例，可以建立起五张关系表。现以内部后勤环节为例制表。

如表7所示，除了主表之外，企业还可以根据自己的需要对信息进行分类，建立起不同的副表来管理信息，只需要在各表之间建立起正确的关联。例如表7中的主要原材料A表，在想要了解关于原材料A的详细信息时调出整张表进行浏览。

表7　内部后勤关系表

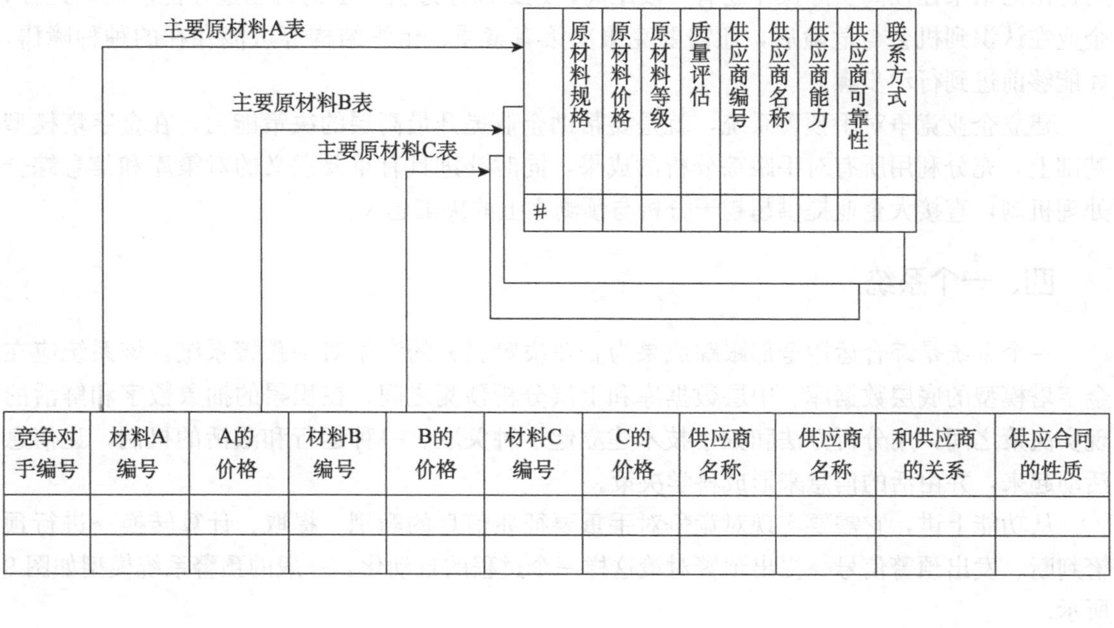

（二）中层动态数据库

中层数据库记录了企业持续跟踪竞争对手的每一个新动作、定期所取得的对手近期动向和一段时间以来的总本状况，还有对目前情况的初步分析和判断，形成了关于对手的新知识。

在中层数据库中，竞争信息的收集和整理是按照竞争对手来进行归类的，重点记录和突出某个确定的竞争对手一段时间以来所发生的重要事件和变化。其数据结构表可做如表 8 所示的设计。

在动态表中，即使竞争对手近期没有明显的新举措，也要求记录下与该对手相关的外界评判。这些新情况可以是企业通过观察得到的，也可以是外界自发形成的对该竞争对手的反映。例如，竞争对手的广告投放一段时间以来的效果、消费者所发表的相关言论等，都是企业客观了解对手的重要途径。

表 8　竞争对手动态表

竞争对手名称：　　　　　　　　　　　　　　　　　　　　时间：

时间	产品编号	产品名称	产品价格	相对价格	销量	相对销量	市场占有率	市场占有率变化	相关产品销售	产品改进	退货情况	消费者反映	新产品	促销活动	广告	渠道	供应商	技术人员	管理人员	重要言论

（三）上层分析与预测

金字塔模型中上层的分析与预测是综合了基础认识和最新动态后，得到的竞争对手状况评估和行动预测。这些工作一般由富有经验的情报分析人员来完成。通常金字塔模型最后得出的结果往往离实际操作还有一段距离，还必须经过决策层的再创造才能应用。这样，企业在认识到机会与危险后，还需要克服决策者素质、组织结构等可能存在的种种障碍，才能够前进到行动步骤。

建立企业竞争对手预警系统，就是要帮助企业提升最高层的决策能力，在金字塔模型基础上，充分利用所有对手跟踪分析的成果，同时补进具有重要意义的对策库和信息综合处理机制，直接大企业提供超越于分析与预测之上的决策建议。

四、一个系统

一个系统是综合运用全部跟踪成果为企业决策服务的竞争对手预警系统。该系统应在金字塔模型的底层数据库、中层数据库和上层分析预测之间、在积累的抽象数字和鲜活的现实决策之间，用分析方法和数字技术建立起一种关联、一种运行和激活的机制，让信息活动起来，并由活的信息来形成科学决策。

从功能上讲，它需要实现对竞争对手重要征兆信息的甄别、提取、计算转换→进行预警判断、发出预警信号→提出预警对策这样一个过程的自动化。一般的预警系统模型如图 9 所示。

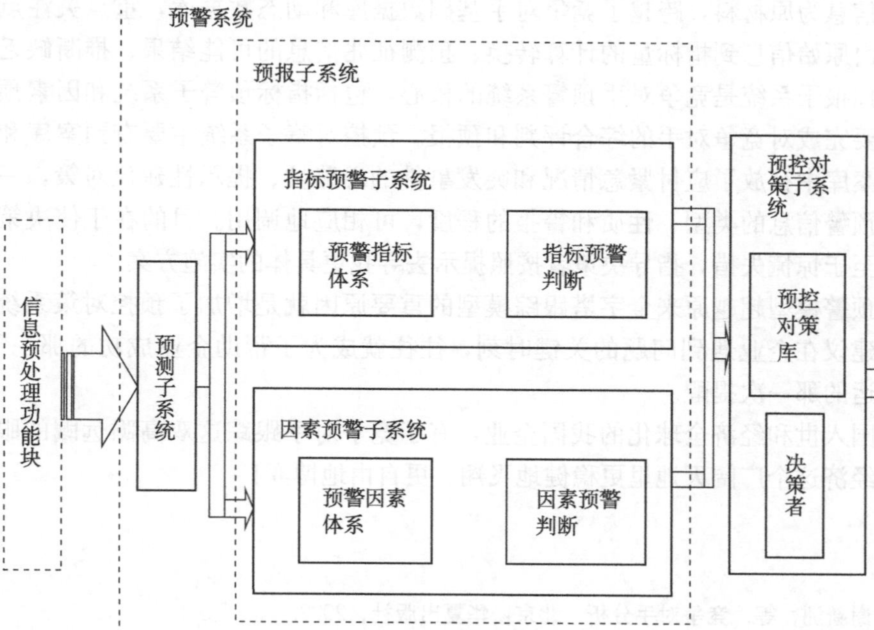

图 9 预警系统模型

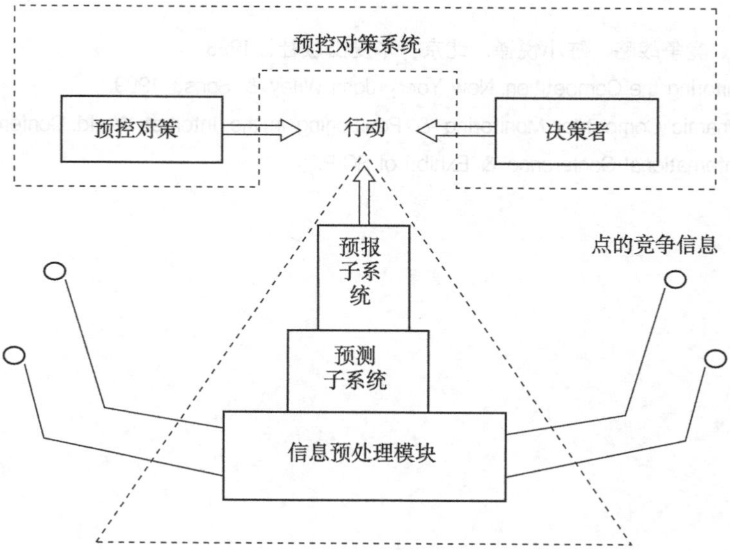

图 10 金字塔预警系统模型

将 Porter 模型的信息内容、金字塔模型的信息形式和预警系统模型的信息机制相结合，得到了金字塔预警系统模型（图 10）。

从图 10 中可以看到，预警模型改造了原来金字塔模型的内部结构，更增加了预控对策库和技术分析机制，这就为竞争对手跟踪添加了时间和效率的翅膀。

信息预处理功能块的功能包括通过网络收集和传递各种竞争对手信息、综合竞争对手基础数据库和动态数据库中的历史信息与即时信息、事实信息与判断信息，完成对竞争对手信息的甄别、提取、转换和推断。预测子系统实质是一个信息推断系统。以信息预处理模块输入的信息为原材料，跨越了竞争对手基础数据库和动态数据库，重点关注点的竞争信息，实现由原始信息到指标量的计算转换、预测征兆信息的可能结果、推断缺乏信息的三大功能。预报子系统是竞争对手预警系统的核心，包括指标预警子系统和因素预警子系统两部分，要完成对竞争对手的综合评判和预报。预控对策子系统主要有预案库和决策人构成。在预案库中存放了应付紧急情况和突发事件的思路性、提示性建议对策，一旦警报发生，根据预警信息的类型、性质和警报的程度，可相应地调用。目的在于使决策者在警报发生时不至于惊慌失措，指导决策者按照提示去寻找更具体的实施方案。

金字塔预警模型超越原来金字塔跟踪模型的重要原因就是增加了预控对策系统，它所提供的决策建议在企业遇到问题的关键时刻，往往就成为了帮助企业成功的那一下助推，挽救企业命运的那一次提醒。

面对中国入世和经济全球化的我国企业，有了竞争对手跟踪这双高瞻远瞩的眼睛，就能够在全球经济这个广阔天地里更稳健地飞翔、更自由地博弈！

参考文献

[1] 包昌火，谢新洲，等. 竞争对手分析. 北京：华夏出版社，2002.

[2] Prescott J E. 竞争情报分析技能//企业竞争情报系统的模式和运行机制研究，国家自然科学基金委项目（项目编号：79770085）. 中国兵器工业集团第二一〇研究所，中国科技情报学会竞争情报分会，2000.

[3] 迈克尔·波特. 竞争战略. 陈小悦译. 北京：华夏出版社，1998.

[4] Fuld L M. Monitoring the Competition. New York：John Wiley & Sons，1999.

[5] Rapid M K. Dynamic Competitor Monitoring & Positioning in the. Internet World. Conference Proceeding of 2001 Annual International Conference & Exhibit of SCIP.

人际网络

人际网络分析*

网络就是财富，人际网络更是一种宝贵的财富。通过人际网络获取和分析情报、构筑竞争情报系统是竞争情报的一大重要特色。在关系学盛行的当今社会，科学地研究和利用人际网络对于企业发展和竞争对手分析都具有重要的理论和现实意义。

一、何谓人际网络

所谓人际网络，实质上就是为达到特定目的，人与人之间进行信息交流的关系网。它基本上由结点和联系两大部分构成。结点是网络中的人或机构：联系则是交流的方式和内容。把司空见惯的人际交流作为科学来研究，应该说是社会学发展的一大成就，而人际网络分析在竞争情报中的应用，则大大提高了情报工作的科学性、特殊性和价值性。

（一）人际网络的构成

人际网络的基本组成要素包括人、人与人之间的联系。前者可以称之为结点，后者则称之为联系。通过深入分析结点与联系的类型与特征，就可以发现提升人际网络效率的途径。

1. 结点

对一个人（企业）的成功而言，究竟是你认识谁重要，还是你知道什么重要？人际网络的研究表明，前者更重要。这里的“谁”不仅包含了结点本身所具有的特性，而且还包含了它的结构特性。

从人际网络中流动的内容来看，无非包括信息和影响两个要素。对于这两个要素具有直接影响力的就是以下三方面的内容。

---

* 本文原载《情报学报》，2003，22（3）：365-374。

● 信息：包括信息内容的质量，如时效性、重复率、针对性等。

● 说服力：即克服信息传递中的阻碍能力。

● 联系性：即加强信息扩散的能力。

网络中不同的结点在这三个方面的差异性就界定了它的特性，如图1所示。

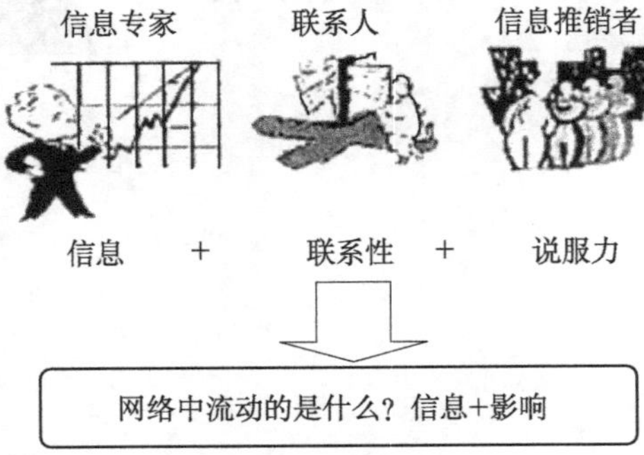

图1 人际网络中的结点

通过对结点的考察，发现要实现网络的高效运行，网络中的成员应当涵盖上述三大功能。我们可以称为信息专家、信息推销者、联系人。这三种角色或功能，对于网络中的个体而言，既可以是其中之一，也可以是三者兼具。

1）信息专家——知识的来源。他们是信息的专家，积累了某个方面丰富的知识。他们同外部的联系也许比联系人要少，但是他们的外部联系的可信度却往往比较高，这也意味着信息的质量较高。专家同联系人的关系可以简单地理解为专家提供有价值的信息，而联系人则负责将其传播出去。

2）信息推销者——说服力的来源。他们的特长是说服能力极佳，如发挥沟通的技巧、非语言的说服能力及其他各种说服手段。

3）联系人——交流的来源。他们是关于人的专家，认识许多人，而且还具有将这些人组织在一起的能力。他们在网络中的作用是加速信息的传递、整合资源、提高信息传递的效率。

2. 联系

对于人际网络而言既要关注网络中个体的特性，更要关注结构方面的特性。具体的表现就是个体之间的联系。因为人际网络的资源性正是由它的结构体现出来的。这种结构在制约、塑造成员的行为方面起到重大影响。

在现实中，人与人之间联系的表现方式是多种多样的，如以下几方面。

● 个体评价：友情、喜爱、尊重等。

● 物质资源的转移或交换：借入或借出、买卖关系等。

● 非物质资源的转移：交流、发送或接收信息。

● 交互关系：参与共同的社团、交谈等。

● 移动：物理移动，如从一个地方到另一个地方的迁移；社会移动，如不同职业的迁移。

● 正式角色：如老板与雇员、教师与学生等。

● 亲密关系：婚姻、亲属等。

企业之间的联系，也有多种方式。特别是随着企业网络化的发展，其中的联系越趋复杂，对于企业的绩效的影响也日益凸显（图2～图4），具体的形式如下。

- 产销关系：如企业的上下游之间，订有长期的采购（供应）契约，并且还需要某种程度的相互信任与承诺来维持这种关系。
- 中心——卫星工厂体系：如现在的“丰田”体系、“福特”体系等。
- 加盟连锁：企业间的技术转移或相互投资。
- 合资企业：通过共同投资成立，以结合力量，互通有无。

此外，企业集团、策略联盟，甚至企业同家族、政治团体之间的关系也可以看做是网络范围之内。

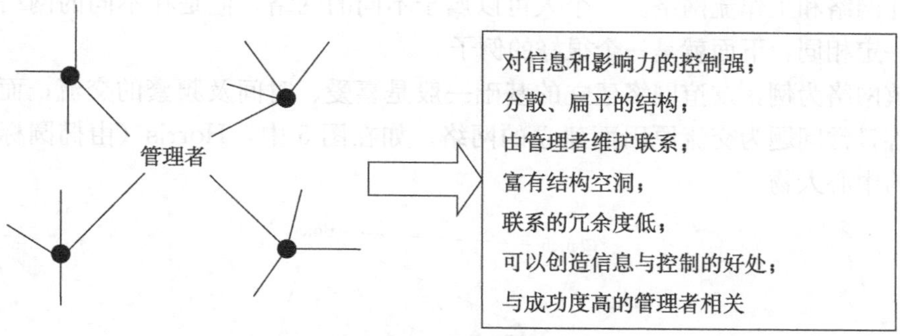

图 2　企业家网络

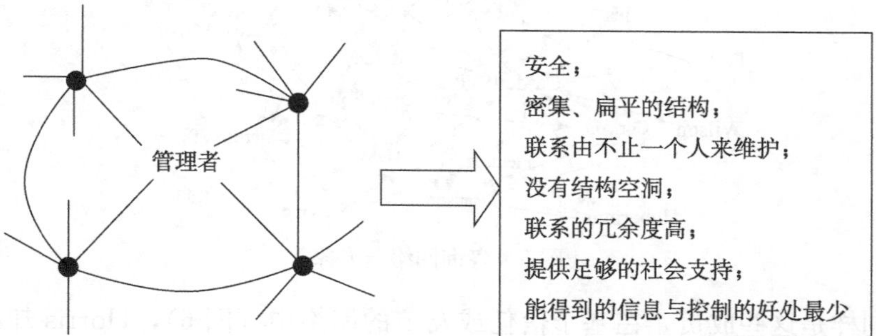

图 3　小团体网络

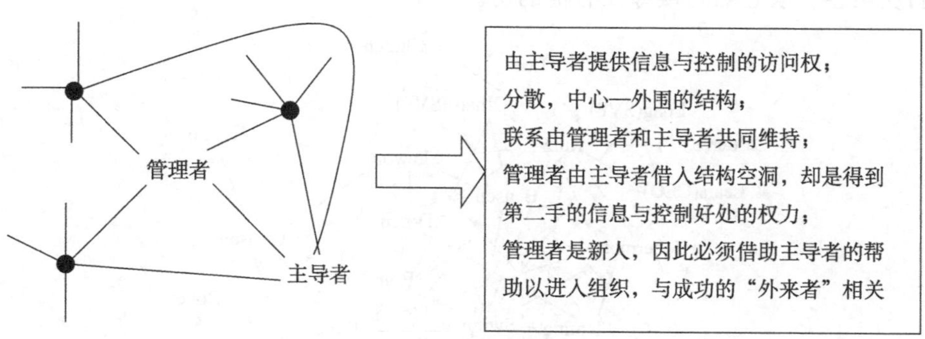

图 4　等级网络

成员与联系的特性和内容共同构成整个人际网络。因此，一个网络结构一旦决定，实际上也就决定了“谁知道什么”和“谁认识谁”。前者表明网络中的信息资源容量及分布；后者则确定了信息与资源的流向及结点的特性。从人际网络分析的角度来看，更加关注的是结构方面的信息。对于竞争情报分析人员来讲，他们在关系网络中的位置及其联系的特性与内容，是社会资本取得成功机会的主要来源。

（二）人际网络的类型

根据成员与联系的结构特性，人际网络可以分为三种类型。需要注意的是，图中的管理者不一定局限于企业的管理者，也可以是其他的个体，这里只是就结构而论的。

从联系的内容，也就是联系建立的基础来者，常见的几种网络包括：友谊网络、咨询网络、信任网络和工作流网络。一个人可以属于不同的网络，但是在不同的网络中所处的位置却不一定相同，下面就是一个很好的例子。

以友谊网络为例，友谊网络建立的基础一般是喜爱、时间及频繁的交流；而咨询网络则是以解答日常问题为交流原因而建立的网络。如在图 5 中，Horris（由椭圆标出）是咨询网络中的中心人物。

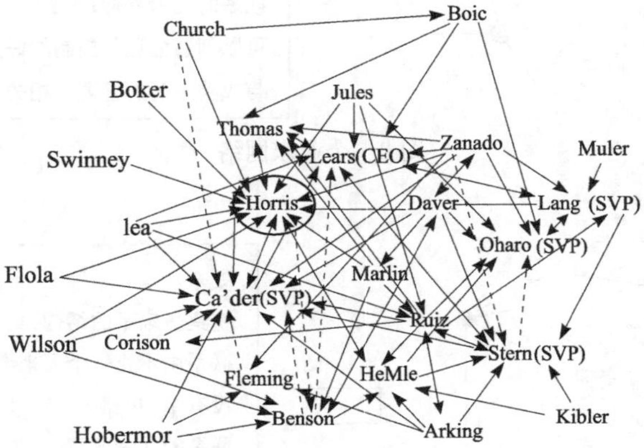

图 5　咨询网络与专家

可是，同样是这些成员，在基于信任或友谊的网络中（图 6），Horris 却在网络之外，成为一个被孤立的对象。在生活中这样的人很多，人们在有特定问题的时候会立刻想到他，但是在朋友聚会、谈心的时候却没有他的份。

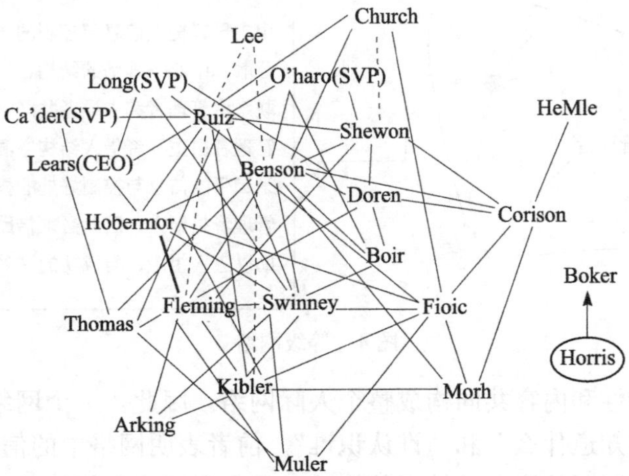

图 6　友谊网络与专家

经验表明，在日常的情况下，进行常规的活动，咨询网络的作用更加明显，其中的中心人物也会受到重视；但是当进行重大的变革、调整的时候，人们往往会依赖于信任网络，类似的，其中心人物也会相应的成为事实上的领导。

（三）竞争情报活动的人际网络

我们知道，许多有价值的情报是存在于人的头脑中的。因此，与人的直接交流是获取最有价值情报的重要渠道。事实上，人际网络的重要性体现在竞争情报工作的全过程，贯穿于情报收集、分析和服务这个情报循环中，而尤其突出的反映在情报收集阶段。“小世界试验”表明，任何两人都有可能建立联系，且关系链的平均长度为5.2个人，即平均通过5.2个人，起始人总可以找到目标人。这就为情报网络的建立提供了广泛的可能性。

竞争情报人员的人际网络无论在人员构成方面，还是在联系方式方面都是非常复杂的。要准确把握，并能从中充分挖掘出有价值的情报，单凭经验、直觉是远远不够的，而需要科学的指导。竞争情报领域中的人际网络研究，是社会学领域中网络研究在竞争情报活动中的应用，具有以下特点。

- 以增强企业竞争力为导向、挖掘人际网络中的情报资源为目的。
- 以企业、企业中的管理者、竞争情报部门或者竞争情报人员为分析对象。
- 一般来讲，网络规模都是相对较小的。

二、人际情报网络的构建

人际情报网络是应情报工作的需要而建立的一种人际网络。人际情报网络的构建是竞争情报和竞争情报系统的一项基础建设，它为竞争情报和企业发展提供了成功的机会和组织保障，从而使企业获得更大的竞争优势和经济利益。

（一）构建人际情报网络的目的

人际情报网络的主要目的有以下几个方面。

1）获取情报的需要。人是重要的和一手信息的主要来源，但是这并不就是说，在人际网络中，人是情报的唯一来源。其实，网络的结构本身也是重要的情报源。例如，银行与企业之间的高层管理者的兼职就反映了银行与企业之间的紧密关系，进而对于企业的实力、近期的规划将会产生重要影响。

2）谋求发展的需要。人际网络作为一种重要的社会资本，其中不仅蕴涵了丰富的、有价值的情报，而且还蕴涵了大量的机会。而这种机会往往决定了人力资本转化为利润（利益）的回报率。对于竞争情报部门而言，在一个企业内的发展空间取决于对企业的贡献大小，同时也取决于竞争情报部门在整个企业及其业务中扮演的角色。

3）挖掘人力资源的需要。相关的统计数据表明，找到好工作的人有些是通过人与人之间的“弱联系”获取的。这对企业、竞争情报部门来讲，有价值的员工也要通过多种渠道获取，其中，人际网络是重中之重。

（二）构建人际情报网络的程序

既然人际网络对情报工作具有很高的价值和巨大的潜力，那么在充分了解人际网络构成的基础上，就有必要，以更加科学的方式构建人际情报网络，从而发挥其更大的作用。

人际情报网络的构建基本上包括以下三个相互联系的步骤，如图 7 所示。

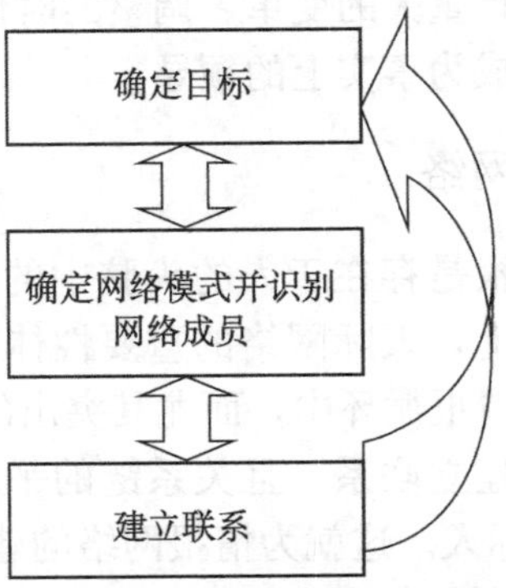

图 7 构建人际情报网络的程序

(三) 人际情报网络的模式

我们可以把人际情报网络的联系或构成的方式和性质称为模式，它可由结构模式和内容模式两种类型构成。

1. 结构模式

网络联系的方式为结构模式。情报网络的结构模式含内部、外部两个方面。当内部是结构紧密（即闭合性高），而外部是结构松散时，网络的绩效最高，这也是竞争情报网络建立的理想目标，如图 8 所示。即对内加强联系与信息的共享，对外则增加结构空洞以提高社会资本的拥有。

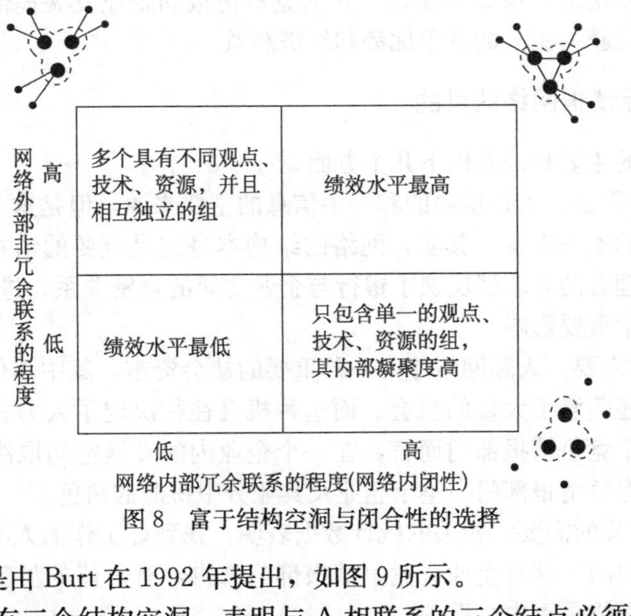

图 8 富于结构空洞与闭合性的选择

结构空洞首先是由 Burt 在 1992 年提出，如图 9 所示。

左图中的 A 具有三个结构空洞，表明与 A 相联系的三个结点必须通过 A 才能彼此联系；相反，右图中的 A 就没有结构空洞，因为与 A 相联系的结点都不必通过 A 就可以相互联系。因此，所谓结构空洞，也就是人际网络中，中心人物具有“单线联系”结点的数量。故而，也可以将结构空洞称为网络缺口或结构断桥。结构空洞与社会资本有直接的联系。拥有结构空洞越多的人，其社会资本越高；拥有结构空洞越多的网络，其效力也越高。从

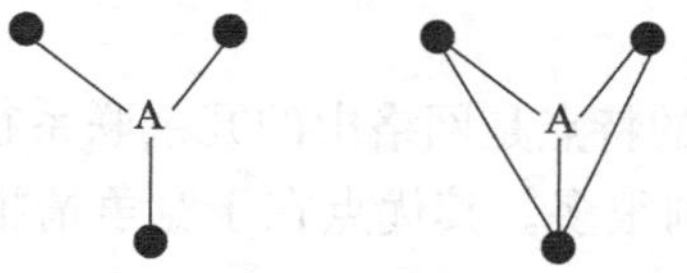

图 9 结构空洞

丰富的实证数据来看，拥有较多结构空洞的网络的人往往和如下事项相联系：较早的提升、丰厚的奖金、出色的表现、高额的薪水。

内部、外部的划分是根据具体的企业环境而定的。对于竞争情报部门构成简单、所在企业网络化程度低的单位，内外部的划分可以企业边界为准；相反，对于竞争情报部门构成比较复杂，所在企业的网络化程度高的单位，则可用竞争情报部门作为划界标准。最近的研究表明，企业竞争情报部门可以根据其策略重心及内外环境的不同开发如表 1 所示两种类型的人际网络。

表 1 协调-紧密型与分散-松散型网络

网络类型	竞争情报活动的重点	查询能力	知识传递能力	例子
协调-紧密型	狭窄并且深入，如具体的项目	有限	高	网络类型图 10
分散-松散型	广泛，如即时性问题	广泛	有限	网络类型图 11

（1）协调-紧密型人际网络

协调-紧密型人际网络的特点是网络密度高，成员之间的联系密切，信任度高，信息扩散的速度快。如果竞争情报部门的主要工作是复杂的项目，必须依赖网络成员帮助传播“难以言传”和“不宜公开”的知识，那么协调-紧密型网络更为有效。由于“难以言传”和“不宜公开”的知识价值很高，所以人们常常不愿与其他任何人分享。此外，由于企业内部的交流相对容易，这种网络模式也通常适用于组织内部的沟通，如项目小组、竞争情报部门内部等。

协调-紧密型网络的重点在于和几个成员建立密切的关系。此种网络的局限性是查询范围相当窄。大部分精力都被投注在与少数几个成员之间建立高质量的关系中，因此网络缺乏广度。此外，网络中的成员所拥有的结构空洞很少（图 10）。

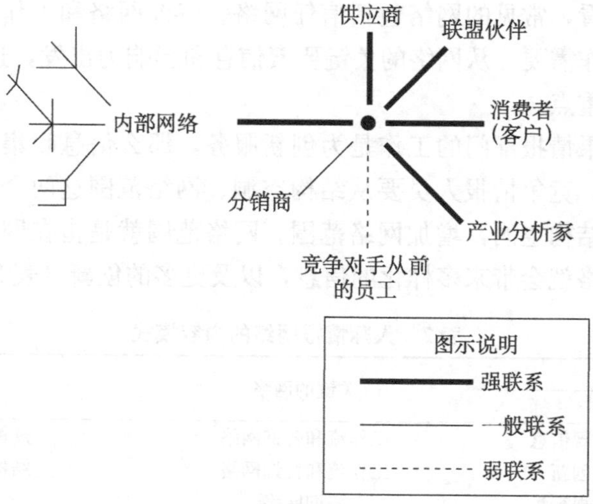

图 10 紧密型网络

(2) 分散-松散型人际网络

分散-松散型人际网络模式的特点是网络中的冗余联系很少，竞争情报部门，或是某个竞争情报人员所拥有的结构空洞很多。其优点在于竞争情报活动的空间十分广泛，而且灵活性很高。

由于许多公司需要范围很大的外部网络，以便收集分散的、不同的信息。因此，这种网络适用于情报用户很多、情报需求多样的情况。竞争情报部门拥有的社会资本增加，使本部门在网络中的地位上升，因此有助于竞争情报部门自身或竞争情报人员的发展。

分散-松散型的网络设计的重点在其多样性，而且要考虑到结构上的优势。因此，竞争情报人员感兴趣的是与各种各样的人建立联系，发展深入的信任关系。为此，投入比较大，而且要求更高的技巧（图 11）。

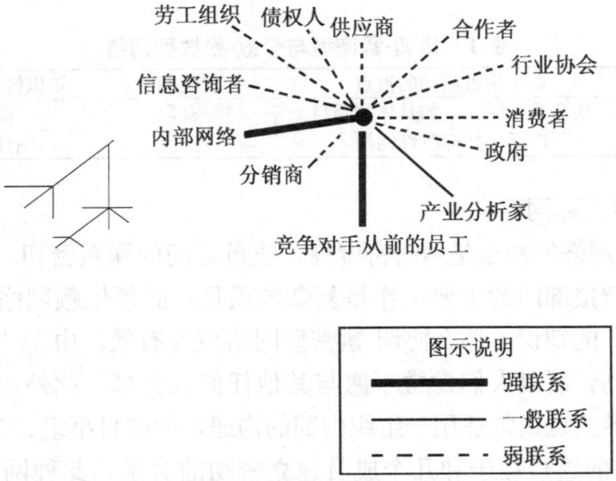

图 11　松散型网络

2. 内容模式

从联系的性质来看，常见的网络包括信任网络、咨询网络和工作流网络。竞争情报人员可以根据实际的工作需要，从网络的关键要素信息和影响力出发，选择不同的网络模式，确定网络建立中的侧重点。

以创新为例，如果情报部门的工作是为创新服务，那么信息收集就最好基于工作流网络或咨询网络来开展。竞争情报人员要从结构空洞、网络范围这两个特性进行人际网络的管理，即发现或创造结构空洞，增加网络范围。网络范围就是指在网络中有多少不同类型的人。种类越多，网络就会带来多样化的信息，以及更多的创新（表 2）。

表 2　人际情报网络的内容模式

背景条件		关键的网络	关键的特性
关键要素	目　标		
信息	常规信息	工作流和咨询网络	规模、集中度、密度
	创新	工作流和咨询网络	结构空洞、网络范围
影响力	常规行为	咨询网络	规模、集中度
	战略变化	信任网络	规模、集中度

（四）网络成员及关键联系的识别

确定网络模式，好比是搭起了框架，其中的内容还需要逐步填充。这里的“内容”主要就是指网络成员和关键联系。

1. 确定网络成员的组成

根据人际网络的类型，人际情报网络的结点构成应包括表 3 中部分或全部的内容。当然，在实践中要根据实际确定的网络模式、实际的预算情况及特定的目标来进一步细化。

表 3　人际情报网络的构成

	内容	外部
个人	上级 下极 同级 团队中的成员 指导者	消费者 供应商 竞争对手 政府主管部门 投资者 领域专家
组织	工作团队 工作组 部门 业务单元 办公室 辅助机构	消费者协会 行业协会 供应商 投资者 互补者 其他利益组织

2. 识别网络成员的角色

网络的效率不仅仅取决于网络的规模，还与网络的范围有很大的关系。尤其是网络的有效运行离不开三种角色的配合：信息专家、信息推销者和联系人。那么，在一个网络中如何识别这三种人呢？表 4 给出的是各种角色的外部特征，竞争情报人员可以利用这些外部特征来进行判断。

表 4　网络成员特征

成员类型	成员角色	成员特征
专家	信息专家	是某领域中公认的专家 对解决社会问题感兴趣 不是只满足于在“象牙塔”中自得其乐的人 在其专业技能中也包含了以人为导向的因素
联系人	人的专家	多种多样的兴趣和活动的“世界” 可以将不同类型的人组织在一起 可以系统的跟踪、维持联系 定期的传递一些信息
信息推销者	说服专家	优秀的与人相处以及沟通的技巧 非语言的说服技巧 可以准确、有效的传递信息

在判断的过程中，通过回答以下的问题，也可以帮助竞争情报人员得出结论，或者精化已有的判断。

- 他们对你的帮助是和他们的角色一致吗？
- 作为一个竞争情报分析人员，你在网络中的角色又是什么样的？是三者之一，涵盖三者，还是作为网络的设计者?

3. 识别关键的联系

这些关键的联系不仅局限于同竞争情报部门或具体人员的联系，还可以是网络内其他成员之间的联系。在实践中，可以通过回答问题来识别关键联系。

- 有哪些关键的情报、资源、联系影响着你及团队的绩效?
- 你或团队在决策制定过程中处于什么样的位置? 扮演什么样的角色? (数据提供者，分析者，还是决策团队中的一员?)
- 你最大的不确定性和威胁来自哪里?
- 在产业价值链中，你所在的企业位于什么样的位置?

将分析得出的关系进行归纳管理。

- 属于公司外还是公司内的联系?
- 联系的方向如何?
- 联系的类型如何? 如工作流、朋友、向上、向下、同级等。

4. 建立联系

建立联系的方式有多种多样，如参加会议、主动沟通等。但是，通过电话采访或面谈可能是最快捷、有效、成本最低的方式。

(1) 问题要明确以下几点

- 采访对象是谁?
- 该问哪些问题?
- 如何提问?
- 如何分清某条信息是确凿的事实还是传言?

(2) 及时修正采访名单及采访提纲

企业竞争情报中心应逐步建立一个外部的人际网络，并将其中的人员分成“友好的”和“非友好的”两类，为今后的工作打下基础。

无论是企业内部还是外部的人际网络，企业情报人员都应重视获取情报的技巧。应当以非常自然、巧妙和令人舒服的方式从对方口中获取更多的信息。

三、人际网络分析

人际网络不仅是重要的战略资源，而且还是有力的分析工具。人际网络分析可以追溯到 20 世纪 30 年代。那时，社会学家开始利用社会关系网图来刻画一个群体内的人际关系。随着计算机技术的日益提高，即便是复杂的人际网络，也可以进行快捷、低成本的分析，并且还可用图形化表示。这样，人际网络定位与分析就可以广泛地用于商业环境。

人际网络分析是研究人、组织之间关系的工具。这种分析工具可以用来描述人际关系、刻画信息的流动、分析人际交往及组织关系的模式。人际网络分析所关注的中心问题就是揭示人与人之间的关系。

(一) 人际网络分析的对象

人际网络分析有两种分析层面：一种是以个人为中心；另一种是以网络为研究对象。

1. *以个人为中心的分析方法*

考察特定的个人及其与他人的联系。个人中心分析刻画出某个人的影响圈子，其内容包括了个人的联系、参与者之间的信息流动、每个联系的强度。这种分析角度一般在网络的边界很难界定的时候更为有用。

2. *以网络为研究对象的分析方法*

在网络边界容易确定的时候比较有效。这个网络可以是一个部门、小企业、或是特定的群体。这种方法描述了某个组织内的所有联系。当然，如果网络内每一个人的数据都是可以获取的情况下，这种方法是最为有用的。但是，实际上，数据获取的难度限制了这种分析角度的应用。

图 12 是一个以人为中心的网络分析实例，图中虚线表示联系强度较低，而实线则表示联系强度较高。Robert 处于 A、B、C 网络的关键位置上，发挥着桥梁功能，而 James 不仅只在 B 网络中活动，而且与联系的所有人彼此间也有密切的联系。相比较而言，Robert 的发展机会更大，其影响力也更强。

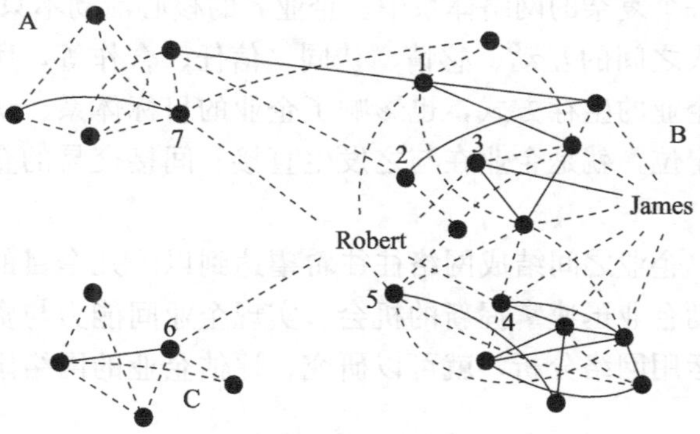

图 12 人际网络中的位置优势

(二) 人际网络分析的应用

从应用的领域来看，人际网络分析既可以是情报的收集和分析，也可以拓展到人力资源管理、信息系统开发、非正式组织管理等多个方面。而且，作为一种分析方法，它的原理和具体的操作还可以应用到企业网络的层面上，这对于企业的网络策略制定有重大的作用。

1. *竞争情报收集与分析*

在人类的交流过程中，人际交流一直占据着重要的地位。完善的人际情报网络是收集、分析情报的最有效机制之一，同时也是提供情报服务的最好手段之一。康柏、壳牌国际服务集团等公司都已围绕人际网络概念设计了他们的竞争情报职能部门。

通常来讲，分析的内容有以下的几个方面。

1) 参与广度与对象。即究竟和谁在一起？与哪些人有密切的互惠共生的关系？与哪些人利益一致？与哪些人在争夺生存要素？这些在网络的建立、评判中都是最为重要的内容。而且在商业环境中，往往是参与广度与对象一旦决定，就很难改变。

2) 交易内涵。与这些人来往的过程中，参与者能够从中获得什么样的利益？交易的内容包括有形、无形两种。这里不仅有信息、影响等，还可以是友情、声望、默契等。

3）介入程度。也可以理解为联系的强弱。既可以在许多活动或资源上发生联系，也可以只在少数项目上进行交易、合作。这可以同“参与广度”相联系：参与度广者，由于产生关系的对象多，所以在介入程度上往往不深。如果参与广度低面介入程度高，则表示对该联系对象的依赖程度很高。

4）利益分配与核心程度。人际网络中利益分配的原则规范，以及大家对此分配原则的默契共识与承诺，是网络得以长期合作的先决条件。在网络中的核心成员是利益分配的主导者，并且会随着时间发生渐进的变化。

5）移动弹性。指网络建立后，变化的难易程度。这与联系的内容、对象及彼此的谈判力都有关系。例如，关系的正式程度影响移动弹性；建立联系的沉没成本或转换成本也可以产生影响。

通过对上述内容的细致观察、充分比较，并加之一定的定性、定量分析手段，就可以获得针对竞争对手的有用的分析结果。

2. 企业的网络定位

任何企业都处于一个复杂的网络体系中。企业界的核心活动不只是金钱交易，事实上，组织与组织间、人与人之间的互动、感情、认同、信任、合作等，所占的比重更大。这些网络关系，不仅影响企业的生存方式，也影响了企业的目标体系、认知环境及所拥有的条件。因此，所谓网络定位，就是企业在与之发生直接、间接交易的企业、组织间所处的位置和拥有的影响力。

在激烈的竞争中，企业之间结成网络往往希望达到以下几个目的：维持长期而稳定的关系、分散风险、帮助企业迅速掌握新的机会、实现企业间能力与资源的互补、维持自身的组织弹性等。那么运用网络分析，就可以研究、评估企业的网络定位，从而增强企业的竞争力。

3. 非正式组织的管理

对于企业家来讲，明白企业内“谁和谁交谈?”“谁是倾听者?”“信息与影响力的实际流向是怎样?”这是极为重要的。无论企业的组织结构多么正规化，实际上，也仍然存在着一个隐含的“影子”组织，正是这个组织发挥着实际的作用。从现实来看，朗讯（Lucent Technologies)、IBM、Rubbermaid Inc. 、波音（Boeing Co. ）等公司都开始重视这个问题。在 1998 年，安永咨询公司通过使用人际网络分析来发现阻碍创新的低效沟通，从而为一家供应商节省了 1400 万美元。

因此，理解并有效管理这种“影子”组织的非正式交流渠道和非正式关系，可以帮助企业大大减少员工的周转率、加强差异化、提高企业内知识资源的利用率。

4. 人力资源的挖掘

通过跟踪企业内非正式的关系，人们就可以了解一个新员工为什么及如何能成功地或不能融入本企业的文化中。在招聘的过程中，对于能力、背景相同的人，如何进行取舍。人际网络会指出一些事实上的领导和重要的员工，他们控制着信息和影响力的流动，而这两者对于实施重组、优化都是至关重要的。

5. 企业情报系统的设计

人际网络分析在企业情报系统设计中也有重要的作用。在设计初期，人际网络分析提供了组织内实际交流模式的信息；在实施阶段，则可以提供分析企业情报系统有效性的方法，即将系统作为网络中的结点看待，分析其对沟通的作用。

（三）人际网络分析的软件

目前，用于人际网络分析的软件主要有以下三种，如表5所示。

表5 人际网络分析软件

经销商	价格	应用平台	地址	网址
NEGOPY 4.302	$75	MS/DOS	Dr. William D. Richards Simon Fraser University Bumaby, B. C. V5A 1S6 Canada	www. sfu. ca/ richards/pages/ne. gord. htm
MultiNet 3.0	共享软件	Windows (95, 98, NT, etc.).	Dr. William D. Richards Simon Fraser University Bumaby, B. C. V5A 1S6 Canada	www. sfu. ca. richards/multinet/ pages/multinet. htm
KrackPlot	$200	MS/DOS	Anylytic Technologies 1 Ohlin Lane Harvard. MA 01451 USA	www. anyalytictech. com

(1) NEGOPY

NEGOPY是基于联系的一个网络分析软件，其基本目的就是在网络中对结点，基于联系的多少来进行聚类。运用该软件，分析者可以发现网络中的小团体、联系、被孤立者等。该软件的分析规模可高达1000个结点，20 000个联系。目前，该软件在全球100多所大学和研究中心中应用。同时，该软件还可以根据结点同其他结点的联系，将其分成不同的角色类。最后的网络描述是通过图形化的结点联系来表示的，而不是抽象的矩阵或数字。NEGOPY的输入是网络内的联系，即“谁认识谁”。NEGOPY的输出包括结构化的摘要、联系的分析、不同网络角色的描述和每一个角色类的结点构成，以及全面的聚类描述。摘要的内容包括了从结点、聚类到整个网络三个层次。

(2) MultiNet

MultiNet是一个数据分析软件包，既可以用于一般数据，也可以用于网络数据。可以处理5000个结点。该软件可以实施两种网络分析，以个人为中心和以网络为中心的分析。所有分析的输出既可以是图形化的，也可以是纯文本的方式。目前的版本，还包括如下功能：可以发现联系的强弱；可以识别树型网络的根结点，并且可以作一些假设分析。如创建新的联系变量的分析，当去掉网络中的一部分，网络会发生什么样的变化。

(3) KrackPlot

KrackPlot是一种将社会网络分析可视化的软件。输出可以是GIF格式，也可以是HPGL格式。在每一种格式中，KrackPlot可以生成彩色或黑白的输出形式。

参考文献

[1] 李煜．文化资本、文化多样性与社会网络资本．社会学研究，2001，(4)：52-63.
[2] 司徒达贤．策略管理新论：观念架构与分析方法．台北：智胜文化，2001.
[3] Prescott J E. 竞争情报的网络分析——提升企业情报竞争力．2001年现代职业经理清华峰会，2001.
[4] Burt R S, Hogarth R M, Michaud C. The social capital of French and American managers. Organization Sci-

ence, 2000, 11 (2): 123－147.
[5] Henrick M. The shadow knows. Entrepreneur, 2000, 28 (1): 110.
[6] Mead S P. Using social network analysis to visualize project teams. Project Management Journal. 2001, 32 (4): 32-38.
[7] Wasserman S, Faust K. Social Network Analysis. Cambridge: Cambridge University Press, 1994.
[8] Wellman B. Studying personal communities// Marsden P, Lin Y N. Social Structure and Network Analysis. Beverly Hills: Sage Publishing, 1982.
[9] Degenne A, Forse M. Introducing social networks. London: SAGE publication Ltd, 1999.
[10] Scott J. Social Network Analysis: A Handbook. London: Sage Publications, 1991.
[11] Wasserman S, Fuast K. Social Network Analysis: Methods and Applications. Cambridge: Cambridge University Press, 1994.
[12] 包昌火，谢新洲，等. 竞争对手分析. 北京：华夏出版社，2003.

人际情报网络的开发*

一、人际情报网络的兴起

在人类的交流过程中，人际交流一直占据着重要的地位。而人际交流的重要载体是存在于人类社会中的各种人际网络的。人际网络又称社会网络，是为达到特定目的，人与人之间进行信息交流和资源利用的关系网，是一个由某些个体或组织间社会关系构成的动态的系统。把司空见惯的人际交流作为科学来研究，应该说是社会学发展的一大成就，而人际网络理论在竞争情报工作中的应用，则大大提高了情报工作的科学性、特殊性和价值性。

人际情报网络是应情报活动的需要而构建的一种人际网络，是情报从业者获取、分析和传播非公开信息和隐性知识的重要平台。与一般人际网络相比，人际情报网络具有以下的特点。

1）以增强组织的竞争能力为导向，以挖掘人际网络中的情报资源为目的，因而不是血缘关系网络、地缘关系网络，而是业缘关系网络。网络类型主要为工作流网络、咨询网络和信任网络。

2）以竞争对手和组织自身的企业、企业中的管理者、竞争情报部门或竞争情报人员为研究对象，网络形态是一种以个体为核心的呈辐射状的个体中心网络（ego-centric networks，EgoNet）和一个部门、企业或特定群体内部所有联系的社会中心网络（socio-centric networks）。

3）具有内紧外松的小核心、大范围的结构特点，这是由于情报活动的特性决定的，因

* 本文原载《中国信息导报》，2005，(11)：45-47。

而相对来说网络的规模都比较小。

20世纪90年代，发源于社会学的人际网络理论开始系统地引入我国情报界。1998年11月，包昌火研究员首次提出了把人际网络与组织网络、信息网络一起作为企业竞争情报系统三大网络的基本构想[1]并于1998～2000年牵头完成了国家自然科学基金项目"企业竞争情报系统的模式和运行机制研究"，将建立人机结合、具有三大网络、三个系统、一个中心和六大功能的企业竞争情报系统的基本构想理论化和具体化。2001年12月，美国匹兹堡大学商学院J. E. Prescott教授应邀在清华峰会上作了题为《竞争情报的网络分析》的学术报告[2]。包昌火研究员在2003年出版的文献[3～5]则详细地论述了人际网络在情报领域中的开发和应用。2005年，晏创业博士的《竞争情报活动中的人际网络研究》一文把人际情报网络的研究又推进了一步[6]。

二、人际情报网络的构建

人际情报网络的构建是竞争情报、知识管理和竞争情报系统的一项基础建设，它为竞争情报和企业发展提供了成功的机会和人际资源，从而使组织获得更大的竞争优势和经济利益。

(一) 基本程序

人际情报网络的构建基本上包括需求分析、确定网络模式、识别网络成员和关键联系及建立联系四大步骤。网络模式是网络的构成和联系的方式和性质，而确定网络模式是网络构建的关键步骤。

(二) 最佳模式

对关系强度理论、网络闭合理论和结构空洞理论等人际网络理论的研究表明，以强联系和网络闭合为主要特征的紧密型网络和以弱联系和结构空洞为主要特征的松散型网络相结合，建立内紧外松的人际情报网络将产生最好的绩效，是人际情报网络的最佳结构模式。

所谓内紧，即在组织内部采用闭合网络和强联系；所谓外松，即在组织外部形成结构空洞和弱联系，这样既有利于组织内部的协调和统一，又有利于与组织外部的联系和交流。

据此，我国学者构建了如下三种类型的人际情报网络。

1. 小核心大范围两层结构的人际情报网络

包昌火研究员认为，小核心既可以是个人，也可以是团队或部门，核心中运行的是紧密型网络，如小团体网络；大范围则泛指核心以外的联系，如政府官员、行业协会、领域专家、客户、供应商等。它运行的是松散型网络，如管理者网络，是一类具有两层结构的人际情报网络。内外部界限分明是这类网络的重要特征，因而非常适合于情报活动的需要。

2. 三层结构的企业人际情报网络

晏创业博士认为，竞争情报组织处于人际关系交织的网络中心，根据信息交互内容和联系的紧密程度，将整个网络划分为三个层次：竞争情报组织内部的人际关系、竞争情报组织与企业其他职能部门之间的人际关系及竞争情报组织与企业外部社会实体之间的人际关系。

居于中心的竞争情报组织内部人际情报网络，是组织成员开展日常工作的平台，是典型的紧密型网络。位于第二层的企业级人际情报网络，是沟通竞争情报部门与其他职能部门的工具，是一种松散型网络。第三层是拓展到企业外部的人际情报网络，也是一种松散型网络，可使竞争情报组织内部网络富有结构空洞，并为组织集聚雄厚的社会资本。

3. 依业务需求建立的人际情报网络

王秀玲硕士认为，大而全的人际情报网络不仅在组建时困难重重，维护起来也耗时耗力。相反，小范围、单一目标的人际情报网络则实用许多。为此，构建了基于业务需求的若干子网络，它们的集成则构成了企业人际情报网络。每个子网络内部成员间均为强联系，是紧密型结构。子网络之间则通过弱联系相连，属松散型结构。同时，一个网络成员可以同时属于多个子网络，不必局限于企业的组织结构，而视成员在企业中所扮演的角色而定。这种网络，同样具有内紧外松的结构特征，对内可以加强联系与信息共享，对外增加结构空洞以提高社会资本的拥有，从而大大提高了人际情报网络的效率。

(三) 人际情报网络的拓展

人际情报网络理论表明，网络中行动者总数愈多、行动者所涉及的领域愈宽，网络的优势也就愈大。正如企业的联合与并购是提高企业竞争力的重要途径，人际情报网络的拓展也是构建人际情报网络、提升人际情报网络优势的重要途径。

1）网络交织。所谓交织是将如个人人际网络编织成纵横交错的规模更大的个人中心网络，是拓展人际情报网络的重要方法。在现实生活中，每一个人都有自己的人脉系统，都是一个网络中心。因此，发展与网络中心人物的联系，可编织成一个个人中心网络或覆盖整个组织的人际情报网络。

2）网络联合。所谓联合是把两种或更多种不同的网络实行整合的战略。如客户关系的并购或合作，实现组织形式上的拓展，从而使企业的人际网络规模增大、人际资源力量增强。这个增大网络规模的激进做法，需考虑资源安全、共享机制等一系列问题[6]。网络的联合，则将显著改善个人和组织的地位和业绩。

3）网络连接。所谓连接是通过中介与另外一个网络的联系，但是相互连接的两个网络并没有出现组织上的合并。在连接的过程中，既要考虑网络和成员的类型的多样性，因为异类性会把行动者引向不同类型的信息源，也要考虑一个个体可以维持的联系的数量和强度，具有特定的界限，否则网络不易维持[6]。

4）网络化发展。随着互联网的发展，网上的人际交流逐渐发展起来，形成了人际网络与互联网络竞相发展的局面。以互联网为基础的通信工具 QQ、MSN 等描述了个人中心网络的状况，BBS 和博客（Blog）更是记载了小圈子（clique）的人际交流情况，为人际情报网络的拓展和实体化奠定了技术基础。

清华大学经济管理学院王宾杰硕士正在实施一项“人际网格项目计划”，试图利用网格技术实现个人事务协同管理、人际关系管理、人际资源开发、网络信息的集成，打造一个单一接入点的个人信息港。

三、发现人际情报网络的意义

长期以来，我国的情报工作是建立在文献资源和文献交流基础上的，而人际网络理论的出现和应用则是对传统情报学理论体系的一大挑战。它的重要意义在于以下几方面。

1. 促进情报活动的科学化

人际情报活动一直存在于国际的政治、军事、经济、科技活动中，当然也存在于我国的科技情报界。而人际网络理论则使人际情报活动理论化，还情报工作以本来的面目：它是植根于社会活动和人际网络之中的一项科学活动；与社会的科技、经济、商业活动是密不可分的。从而有助于在我国情报界形成一种更加符合实际、更加科学的情报观，并贯穿于情报活动的全过程。

2. 发展个人和组织的人际资源

人是生产力中最重要、最活跃的因素，挖掘人的智力资源一直是情报活动的重要使命。很难想象，光靠文献资源，忽视人际资源；光靠文献交流，忽视人际交流，就能解决任何重大的情报问题。笔者认为，人是重要的情报资源，网络结点上的每个人或组织都是一个信息或知识中心。通过人际情报网络的运作，使个人和组织在拥有文献资源的同时还拥有丰厚的人际资源，从而扩大了个人和组织的社会资本和竞争优势。

3. 构筑竞争情报和知识管理的社会平台

当前我国情报界实行的是一条信息技术路线，这固然非常重要，但还应重视实行社会经济路线。因为竞争情报和知识管理是植根于人际网络中的一项社会活动，人际情报网络正是人际资源和人际交流的载体和平台。人际情报网络的本质是关于“谁认识谁”和“谁知道什么”的知识地图，即人际资源地图，通过它可以扩大主体与社会的联系及通过这种联系获取包括影响、资金、学识、信息等社会稀缺资源的能力，为竞争情报和知识管理搭建一个社会平台，开辟广阔的社会经济活动空间。

参考文献

[1] 包昌火．加强竞争情报工作，提高我国企业竞争能力．中国信息导报，1998，(11)：33-36.
[2] 约翰·E. 普赖斯科特．竞争情报的网络分析．提升企业情报竞争力 2001 现代职业经理清华峰会，2001.
[3] 包昌火，谢新洲，等．人际网络，竞争对手分析．北京：华夏出版社，2003：504-550.
[4] 包昌火等．人际网络的开发//情报学进展．2002～2003 年度评论．第五卷．北京：国防工业出版社，2003：334-338.
[5] 包昌火，谢新洲，等．人际网络分析．情报学报，2003，22 (3)：365-374.
[6] 晏创业．竞争情报活动中的人际网络研究．北京大学博士学位论文，2005.

人际情报网络*

信息网络和人际网络是当今的两类主要网络，是社会交流的两大基本渠道。于 20 世纪

* 本文原载《情报理论与实践》，2006，29 (2)：129-141。

90 年代兴起的人际情报网络已经成为竞争情报工作和竞争情报系统的重要组成部分。它不仅是竞争情报活动的重要平台，也是知识管理的重要平台。因此，研究和开发人际情报网络对我国情报工作和情报学发展具有重要的理论和实践意义。

一、人际情报网络的兴起

人际情报网络是人际网络的一种表现形态，是人际网络理论在情报领域中的应用。因此，它适用并遵循人际网络的理论和方法。

(一) 何谓人际网络

在人类的交流过程中，人际交流一直占据着重要的地位。而人际交流的重要载体是存在于人类社会中的各种人际网络。

人际网络又称社会网络。笔者认为，所谓人际网络，实质上就是为达到特定目的，人与人之间进行信息交流和资源利用的关系网，是一个由某些个体或组织间社会关系构成的动态的系统。它基本上由节点和联系两大部分构成，节点是网络中的个体或机构，联系则是交流的方式和内容[1-3]。把司空见惯的人际交流作为科学来研究，应该说是社会学发展的一大成就，而人际网络理论在竞争情报中的应用，则大大提高了情报工作的科学性、特殊性和价值性。

人际网络的研究起源于 20 世纪 30 年代的社会学领域，英国人类学家拉徨克利夫·布朗（R. Brown）首次使用了“social network”的概念，莫雷诺、哈拉里（Harary）、哈格（Hage）、诺曼（Norman）和卡特赖特（Cartwright）等学者将图论理论引入人际关系的研究，才真正地使人际关系网络化。

随着计算机和网络技术的发展，使人际网络定位和分析成为可能，由此逐渐扩展到经济学、传播学、市场营销学、人力资源管理等学科领域和商业应用，从而丰富和发展了人际网络的理论体系。

20 世纪 60 年代，美国的人际网络研究进入了快速发展时期。1967 年，哈佛大学社会学家斯坦利·米尔格拉姆（S. Milgram）的小世界实验和 1998 年康奈尔大学的邓肯·沃尔茨（D. J. Walts）和史蒂芬·史特格兹（S. Strogatz）的小世界理论（Small World Phenomenon）或称六度分离理论（Six Degrees of Separation）是人际网络研究的重大进展[4]。

此后，人际网络的相关研究进入繁荣时期，产生了一批重要的论著[5-11]，并拥有自己的专业组织“国际人际网络分析学会”（The International Network of Social Network Analysts，INSNA）和学术刊物 Social Networks、Connections，产生了以林顿·弗里曼（L. Freeman）、巴里·韦尔曼（B. Wellman）、马克·格拉诺维特（M. Granovetter）、罗纳德·博特（R. Burt）和林南（N. Lin）等为代表的知名学者，相继提出了关系强度理论、社会资本理论、网络闭合理论、结构空洞理论等思想，并探讨与互联网技术相结合，呈现出一幅百家争鸣、欣欣向荣的景象。

(二) 人际网络的属性指标

在社会学领域中主要研究三种类型的人际网络：一是以个人为中心的个体中心网络；二是以组织为中心的社会中心网络；三是以群体为研究对象的开放系统网络（opensystem networks)[12]。研究人际网络及其组成的一个基本方法就是评论各节点在网络中的位置及节点间的联系。常用的量度指标有以下四点。

● 程度或点度（degree），节点拥有的直接联系的数量。

● 中心度（centrality），网络的中心节点一直是人际网络研究的重点，中心节点往往是网络中的权威性人物。以 L. C. Freeman 为代表的一些社会学家用程度中心度（degree centrality）、距离中心度（closeness centrality）、居间中心度（betweenness centrality）等来研究网络节点在网络中的中心地位和作用[13]。

例如，程度中心度是指某一节点的程度与网络中所有节点的程度之比

$$C_D(n_i)=\frac{D(n_i)}{\sum_{j=1}^{g}D(n_j)}$$

式中，$C_D(n_i)$ 表示节点 i 的程度中心度，$D(n_i)$ 表示节点 i 的程度，g 表示网络中节点的个数。

● 网络密度（density），指人际网络中的实际存在的联系数与可能有的联系数之比

$$D=\frac{L}{g(g-1)/2}=\frac{2L}{g(g-1)}$$

式中，D 表示网络密度，L 表示网络中实际存在的联系数，g 表示网络中节点的个数。

● 网络中心度（network centralization）是网络中心节点中心性的量度。网络中所有节点的中心度共同组成整个网络的结构体系

$$C_N=\frac{\sum_{i=1}^{g}(D(n^*)-D(n_i))}{\max\sum_{i=1}^{g}(D(n^*)-D(n_i))}=\frac{\sum_{i=1}^{g}(D(n^*)-D(n_i))}{(g-1)(g-2)}$$

式中，C_N 为某网络中心度，$D(n^*)$ 为某网络中中心度最高的节点的中心度，g 为网络中节点的个数。

（三）何谓人际情报网络

人际情报网络是应情报活动的需要而构建的一种人际网络，是情报从业者获取、分析和传播非公开信息和隐性知识的重要平台。与一般人际网络相比，人际情报网络具有以下特点。

1）以增强组织的竞争能力为导向，以挖掘人际网络中的情报资源为目的，因而不是血缘关系网络、地缘关系网络，而是业缘关系网络。网络类型主要为工作流网络、咨询网络和信任网络。

2）以竞争对手和组织自身的企业、企业中的管理者、竞争情报部门或竞争情报人员为研究对象，网络形态是一种以个体为核心的呈辐射状的个体中心网络和一个部门、企业或特定群体内部所有联系的社会中心网络。

3）具有内紧外松的小核心、大范围的结构特点，这是由情报活动的特性决定的，因而网络的规模都比较小。

人际情报网络在我国的应用已有相当的历史。20 世纪五六十年代，由我国科技情报系统构建的地区情报站和专业情报网就是一种相当完备的人际情报网络结构。原国防科工委

科技情报局金朱德局长曾明确提出：网络是一种资源，网络与信息同是情报工作的两大基本要素，并倡导大力从事网络资源的开发[14]。

20世纪90年代，发源于社会学的人际网络理论开始系统地引入我国情报界。1998年11月，包昌火研究员首次提出了把人际网络与组织网络、信息网络一起作为企业竞争情报系统三大网络的基本构想[15]，并于1998年1月至2000年12月，牵头完成了国家自然科学基金项目“企业竞争情报系统的模式和运行机制研究”，出版了《竞争情报解决方案》[16]和《企业竞争情报系统》[17]两本著作，将建立人机结合、具有三大网络、三个系统、一个中心和六大功能的企业竞争情报系统的基本构想理论化和具体化，代表了国际上关于竞争情报系统研究的最新进展。

美国匹兹堡大学J. E. Prescott教授2000年12月为“竞争情报丛书”所作的序言中把建立人际情报网络作为美国企业竞争情报工作的四大经验之一[18]，并于2001年12月，应包昌火研究员的邀请，在清华峰会上作了题为“竞争情报的网络分析”的学术报告[19]。2003年出版的文献[1]～文献[3]则详细地论述了人际网络在情报领域中的开发和应用。2005年，晏创业博士的《竞争情报活动中的人际网络研究》一文把人际情报网络的研究又推进了一步[20]。

（四）发展人际情报网络的重要意义

长期以来，我国的情报工作是建筑在文献资源和所谓正式情报交流的基础上的。现代图书馆和文献交流系统则是它的两大标志性建筑。而人际网络理论的出现和应用则是对传统情报学理论体系的一大挑战。它的重要意义在于以下三点。

1）促进情报活动的科学化。人际情报活动一直存在于国际的政治、军事、经济、科技活动中，如前所述，我国的科技情报界也存在人际情报活动。而人际网络理论则使人际情报活动理论化，而至关重要的是，它还情报工作以本来的面目：它是植根于社会活动和人际网络之中的一种科学活动：与社会的科技、经济、商业活动是密不可分的。从而有助于在我国情报界形成一种更加符合实际、更加科学的情报观，并贯穿于情报活动的全过程。

2）发展个人和组织的人际资源。马克思主义历来认为，人是生产力中最重要、最活跃的因素，挖掘人的智力资源一直是情报活动的重要使命。很难想象，仅靠文献资源，忽视人际资源，就能解决任何重大的情报问题。人是重要的情报资源，网络节点上的每个人或组织都是一个信息或知识中心。通过人际情报网络的运作，可为竞争情报和知识管理搭建一个社会平台，可以实现知识资源、信息资源、专家资源、人脉资源的利用和共享，使人和组织在拥有文献资源的同时还拥有丰厚的人际资源，从而扩大个人和组织的社会资本和竞争优势。

因此，发达的人际网络不仅能够丰富人们的事业和生活，也可以提升个人和组织的权力、地位和影响。《关系决定成败》一书[21]详细地论述了其中的道理。

3）构筑竞争情报和知识管理的社会平台。当前，我国情报界实行的是一条信息技术路线，这固然非常重要，但同时还应重视实行社会经济路线。因为竞争情报和知识管理是根植于人际网络中的一项社会活动，而人际情报网络是人际资源和人际交流的载体和平台。因而将人际情报网络理论引入我国情报学研究领域，将为完善和重构专注于信息技术路线而忽视社会经济路线、专注于文献资源和文献交流而忽视人际资源和人际交流的我国情报学理论体系和把非公开信息和隐性知识的获取和开发作为情报学研究的重要任务做出贡献。

二、人际情报网络的理论

几十年来，社会学家提出了各种人际网络理论，用于解释和指导人际网络的建设和发展。本节重点论述人际情报网络的构成论、资源论和平台论。

（一）人际情报网络构成论

由节点和联系组成的网络的构成是人际情报网络理论的基本问题。网络的性质和功能就是由网络的构成来决定的。

1. 节点

对于一个人和组织的成功而言，是你认识谁重要，还是你知道什么重要？人际情报网络的研究表明，前者更重要。这里的“谁”，既包含了节点本身所具有的特性，也包含了它的结构特征。研究表明，网络中流动的内容包括信息和影响两大要素，因此网络中的节点应当包含信息专家——知识的来源、联系人——交流的来源和信息推销专家——说服力的来源三类成员，如图1所示。

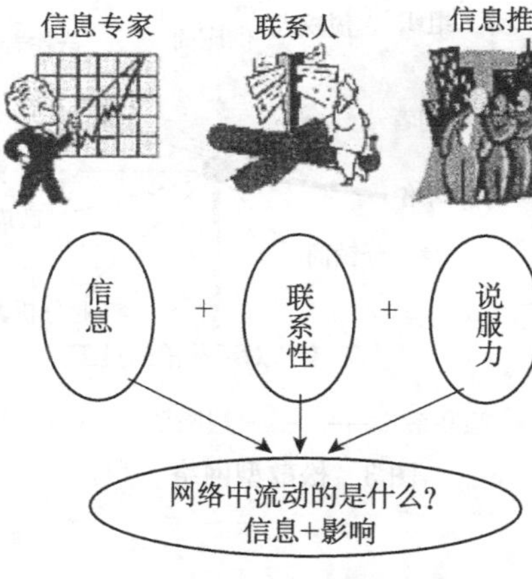

图1 人际情报网络中的节点

网络只有具备三类成员，涵盖信息、联系性和说服力这三大功能，才能实现高效运行。

2. 联系

对于人际情报网络而言，既要关注网络中个体的特性，更要关注个体之间联系的方式，即结构方面的特性。因此，成员和联系的特性和内容共同构成整个人际情报网络。网络的结构一经决定，实际上也就决定了“谁认识谁”和“谁知道什么”。“谁知道什么”表明了网络中的信息资源容量及其分布；“谁认识谁”则明确了信息和资源的流向及节点的特性，从而绘制出一幅“谁认识谁”和“谁知道什么”的人际资源地图。这也是构建人际情报网络的根本目的。

3. 网络的类型

我们可以把人际情报网络的联系或构成的方式和性质称为类型或模式，它可由结构模式和内容模式两种类型构成。

(1) 结构模式

网络联系的方式为结构模式，通常可以分为以下两种。

紧密型人际情报网络。它的优点是网络密度高，成员之间的联系密切，信任度高，信息扩散的速度快。缺点是结构空洞少，网络缺乏广度，查询范围窄（图 2）。

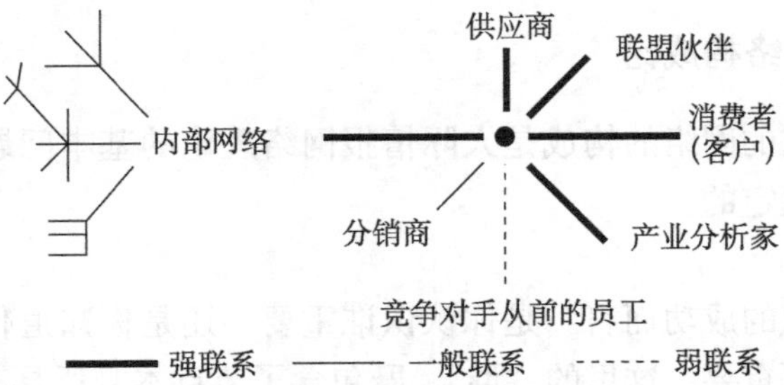

图 2　紧密型网络

松散型人际情报网络。它的优点是冗余联系少，结构空洞多，竞争情报活动空间广阔，灵活性高；缺点是投入比较多，调控难度大（图 3）。

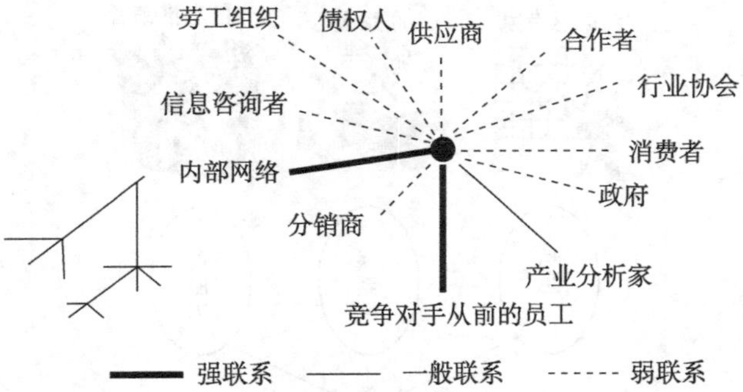

图 3　松散型网络

(2) 内容模式

网络联系的内容为内容模式，通常可以分为信任网络、咨询网络和工作流网络，如表 1 所示。

表 1　人际情报网络的内容模式

背景条件		关键的网络	关键的特性
关键要素	目　标		
信息	常规信息	工作流和咨询网络	规模、集中度、密度
	创新	工作流和咨询网络	结构空洞、网络范围
影响力	常规行为	咨询网络	规模、集中度
	战略变化	信任网络	规模、集中度

如果把成员和联系结合起来考虑，则人际情报网络还可以分成如图 4～图 6 所示的三种类型。

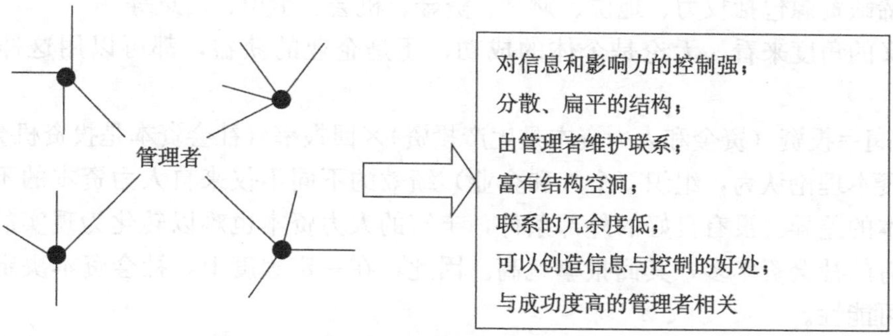

图 4 管理者网络

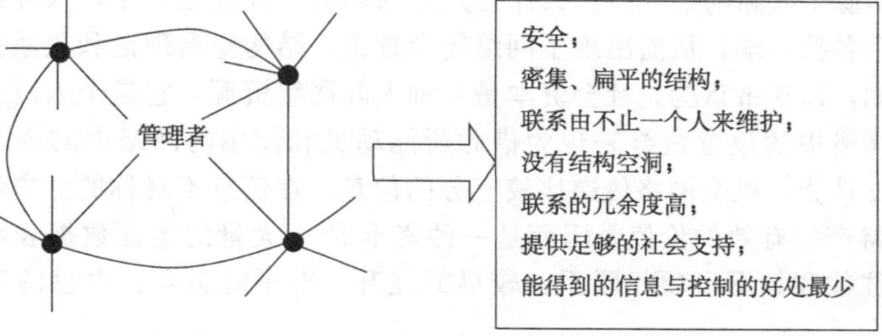

图 5 小团体网络

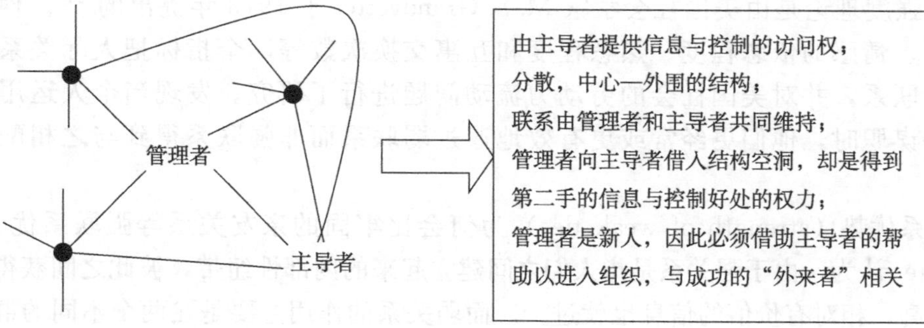

图 6 等级网络

(二) 人际情报网络资源论

人际网络是人们从事各种社会活动的必备资源，具有重要的战略和经济价值。它的价值性植根于网络的结构。

1. *社会资本理论*

20 世纪 70 年代，法国学者皮埃尔·布尔迪厄（P. Bourdieu）首先提出了社会资本的概念。1988 年，詹姆斯·科尔曼（J. Coleman）在《美国社会学学刊》上发表了《作为人力资本发展条件的社会资本》一文，在美国社会学界确立了社会资本这一概念。1998 年 10 月底至 11 月初，在美国杜克大学召开了“社会资本与社会网络”国际研讨会，推动了学术界对社会资本问题的研究。

所谓社会资本，是指行为主体与社会的联系及通过这种联系获取稀缺资源的能力。这里所指的稀缺资源包括权力、地位、财富、资金、机会、学识、信息等。

从广义的角度来看，无论是个体的成功，还是企业的获益，都可以用这样的公式来表示[1]

利润＝投资（资金和人力资本是生产投资）×回报率（社会资本是投资机会）

社会资本理论认为，组织（个人和企业）绩效的不同不仅来自人力资本的不同，也来自社会资本的差异。没有良好的外部条件，丰富的人力资本也难以转化为现实的利润，一个组织拥有的社会资本多，其回报率就高。因此，在一定程度上，社会资本决定了人力资本实现的可能性。

有学者认为，人际网络是一种社会资本，能够提升个人或团体的竞争优势，而且具有较强人际关系的人能够获得较高的投资回报率。

社会资本源于人际网络，但什么样的人际网络会形成社会资本，人际网络的基本作用是什么，则各执一端，从而出现了网络闭合理论、结构空洞理论和关系强度理论等学术流派。例如，L. Nan 认为，社会资本是一种人际网络资源，它是个人所建立的社会网络，个人在网络中的位置最终表现为借此所能动员和使用的网络中的嵌入资源[22]。M S. Granovetter 认为，社会网络传递比较充分的信息，在信息不对称的竞争领域，网络的信息桥作用将产生有效的价值，因而是一种资本[23]。大量的实证数据表明，丰富的人际情报网络往往和如下事项相联系：较早的提升、丰厚的奖金、出色的表现和高额的薪水。

2. 关系强度理论

关系强度理论是由美国社会学家 M. S. Granovetter 于 1973 年提出的[23]。他根据交往的频率、情感的依恋程度、熟悉程度和互惠交换次数等四个指标把人际关系分为弱联系和强联系，并对美国社会的劳动力流动问题进行了研究。发现当个人运用他们的私人网络谋职时，他们更经常或更有效地通过弱联系而非强联系得到与之相配的工作机会。

弱联系优势（strength of weak ties）为何会比牢固的亲友关系等强联系优势更大? Granovetter 认为，由于强关系是指人们之间建立起来的内部性纽带，彼此之间获得的信息重复性太高，相对有价值的信息也就过少。而弱关系的作用主要是在两个不同的群体中建立起了信息桥，由此人们就容易获得不重复的、有价值的信息。这种跨越群体的关系往往是通向有价值资源的关键。

管理学家魁克哈特（D. Krackhardt）于 1992 年提出了强联系优势理论（strength of strong ties），分析了情感网络（友谊网络）如何带来非正式影响力，进而影响许多组织行为，如离职、工作满意、团队合作等[24]。

关系强度理论揭示，强弱关系在人与人、组织与组织、个体与社会系统之间发挥着不同的作用。强关系维系着群体、组织内部的关系，弱关系在群体、组织之间建立了联系纽带。关系强度理论也为人际情报网络的建设和人际情报的搜集指出了方向。紧密型与松散型人际情报网络是关系强度理论在情报领域中的具体应用。

3. 网络闭合理论

首先于 1988 年提出网络闭合理论的 J. Coleman 认为，紧密联系的人际网络是产生社会资本的源头，是人力资本创造、传递和获得的积极的社会条件。因此，企业需要不断地拓展和积累社会资本[25]。图 7 是非闭合性和闭合性网络的示意图。

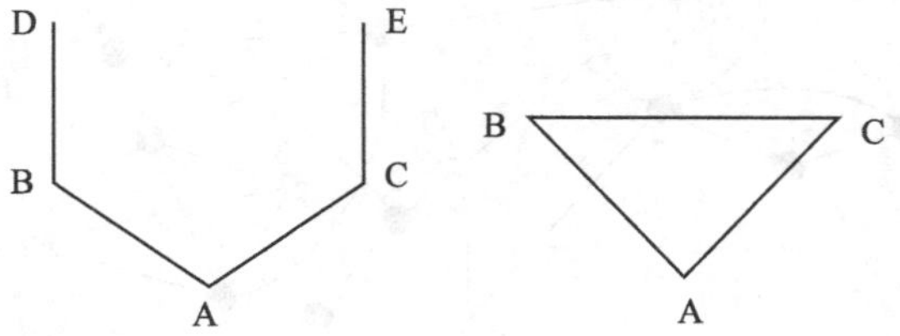

图 7　非闭合性（a）和闭合性（b）的网络

图 7 表示，在非闭合性网络（a）中，行动者 A 可以分别对 B 或 C 或二者同时施加影响，而 B、C 却不能联合起来对 A 施加影响。而在闭合性网络（b）中，A、B、C 则可相互施加影响。

由此可见，社会结构的闭合性不仅有利于形成有影响力的规则，而且能引起信任的产生。小团体网络、紧密型网络则是网络闭合理论的产物。

网络闭合理论认为，网络中联系越多、网络密度越高，信任度就越高，交易的风险就越低。因此，网络密度与网络效果正相关，网络约束与网络的社会资本成正比。但网络中心度越高，对中心人物的依赖越严重，交流的风险增加。因此，网络中心度与网络的社会资本成反比。

4. 结构空洞理论

结构空洞首先由 R. S. Burt 于 1992 年提出，在他的论著中，结构空洞被定义为，“非冗余联系之间的分割”[26]，或曰两个接触者的非重复性关系，如图 8 所示。

在图 8 中左部分的 A 具有 3 个结构空洞，表明与 A 相联系的 3 个节点必须通过 A 才能彼此联系；相反，右部分的 A 就没有结构空洞，因为与 A 相联系的节点都不必通过 A 就可以相互联系。因此，我们认为，所谓结构空洞，也就是人际网络中，行动者具有“单线联系”节点的数量。结构空洞与社会资本直接相联系。拥有结构空洞越多的人，其社会资本越高；拥有结构空洞越多的网络，其效力也越高。因此，网络规模和网络效果正相关。而网络密度、网络约束与社会资本成反比。网络中心度越高，中心人物拥有的结构空洞就越多，因此网络中心度与网络的社会资本成正比。

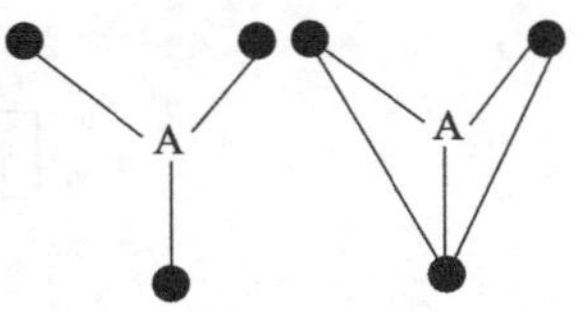

图 8　结构空洞

Burt 依据结构空洞理论对市场经济中的竞争行为提出了新的社会学解释。他认为，竞争优势不仅是资源优势，而且更重要的是关系优势（即结构空洞多的竞争者，其关系优势就大，获得较大利益回报的机会就高）。任何个人或企业，要想在竞争中获得、保持和发展优势，就必须与相互无关联的个人和团体建立广泛的联系，以获得信息和控制优势[27]。

如图 9 所示，在 James 和 Robert 的对比中，读者可以对结构空洞有更直观的认识。

Robert 处于 A、B、C 网络的关键位置上（与 1～7 均有联系），发挥着桥梁功能，而 James 仅在 B 网络中活动，而且与 B 联系的所有人彼此间也有密切的联系。由于 Robert 具有更多的结构空洞，相比较而言，他的发展机会更大，影响力也更强。

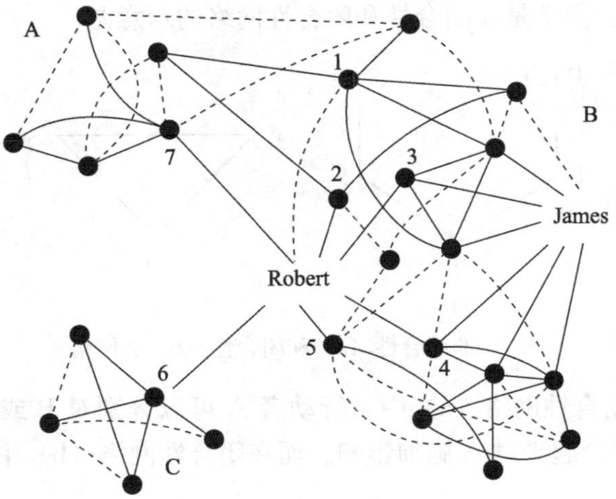

图 9 人际网络中的位置优势

(三) 人际情报网络平台论

竞争情报和知识管理均是在社会网络中运行的一项社会活动，因此人际网络不仅是一种资源，而且还是一个平台，是竞争情报和知识管理活动赖以开展和依托的社会平台。

1. 竞争情报活动的平台

晏创业博士认为，竞争情报活动是嵌入人际网络的一种社会活动，情报需求的产生、搜集、分析和传播无一不是处于人际网络中的行动者之间相互作用（关联）的结果，如图 10 所示[20]。

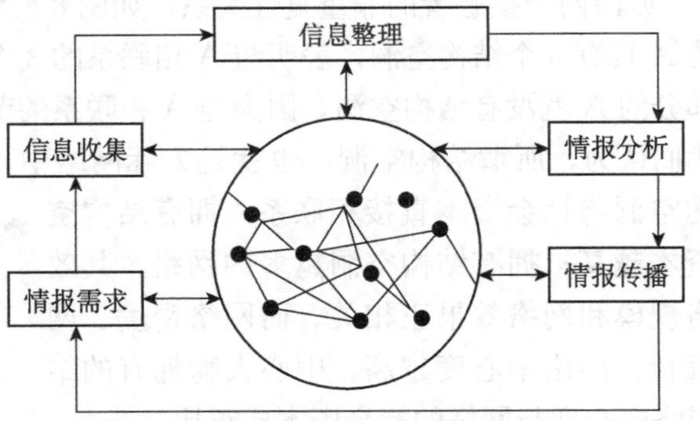

图 10 基于人际情报网络的竞争情报活动

(1) 人际情报网络与竞争情报流程

一个组织的情报活动是按照系统化的过程展开的。在情报研究领域，有着两大比较流行的情报流程。一是以中国情报研究活动为基础，由包昌火研究员总结和提出的情报研究程序[28]；二是以美国竞争情报活动为基础，由美国前国家科学技术情报官 J. P. Herring 总结并提出的竞争情报流程，即 Herring 模型[29]。

晏创业博士运用人际网络理论，借鉴情报循环的思想，提出了一条以“人”为核心的竞争情报活动脉络，如图 11 所示[20]。

以“人”为核心的竞争情报流程表示，人在竞争情报活动中起着关键作用。竞争情报活动是一个以需求为导向，若干行动者按阶段附加个人知识、经验的过程，即竞争情报活

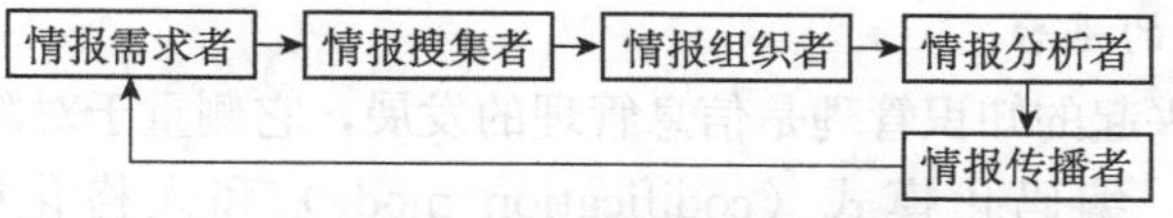

图 11　以“人”为核心的竞争情报活动脉络

动的主导因素是行动者的知识、经验及其相互的交流。这样的交流本质上是在人际情报网络中进行的。

(2) 人际情报网络与竞争情报系统

一个组织的竞争情报活动是通过竞争情报系统来实现的。如前所述，一个高效和现实的竞争情报系统是由三大网络构成，如图 12 所示。而人际网络的存在，是竞争情报系统与企业信息管理系统，如 MIS 和 ERP 等系统的根本区别之一，体现了竞争情报系统的特殊性。

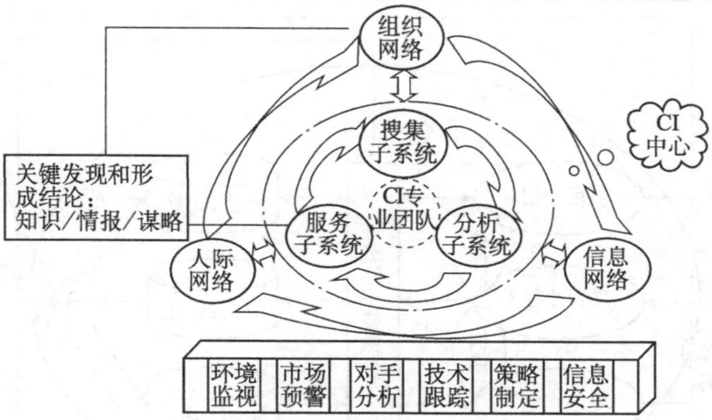

图 12　基于三大网络的竞争情报系统

北京道鹰孚市场研究院于 2004 年 9 月对 415 家企业的调查表明，65.1%的被调查企业认为，它们获取竞争情报最常用的手段是人际交流[30]，如图 13 所示。这从实践角度说明了人际网络对获取竞争情报的重要性。

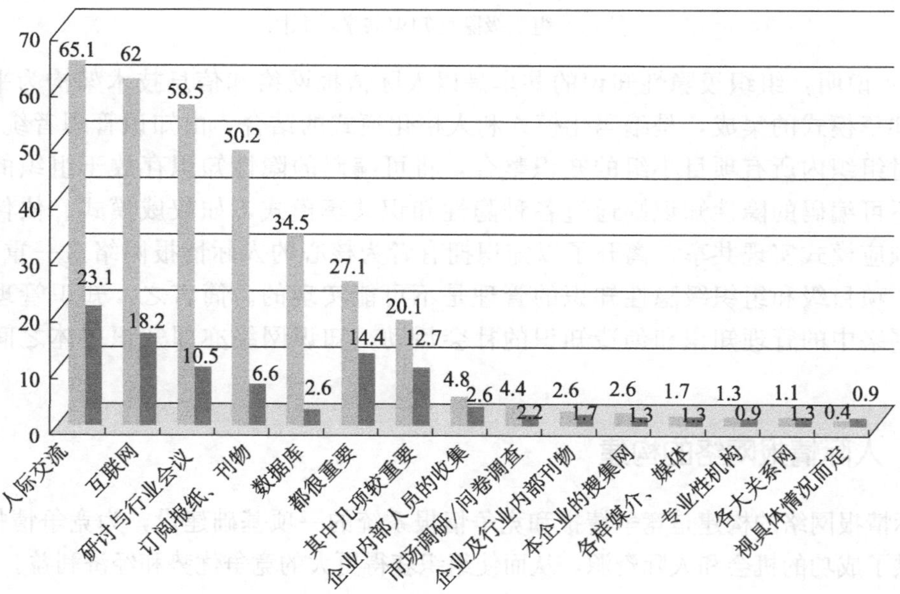

图 13　竞争情报的获取渠道

2. 知识管理活动的平台

20 世纪 90 年代兴起的知识管理是信息管理的发展，它侧重于对隐性知识的管理。目前流行两种管理模式：编码化模式（codification mode）和人格化模式（personalization mode）。前者将知识与知识开发者剥离，以达到知识独立于特定的个体或团队的目的；而后者是将知识与其开发者紧密地联系在一起，主要通过面对面的接触来实现共享[31]但不论采取何种模式，它都是以获取和共享存在于个体或团队中的隐性知识为目的，即绘制“谁拥有知识”和“如何找到拥有知识的人”的知识地图。而这恰恰也是发展人际情报网络的根本目的。图 14 绘出了组织级隐性知识共享示意图[32]。

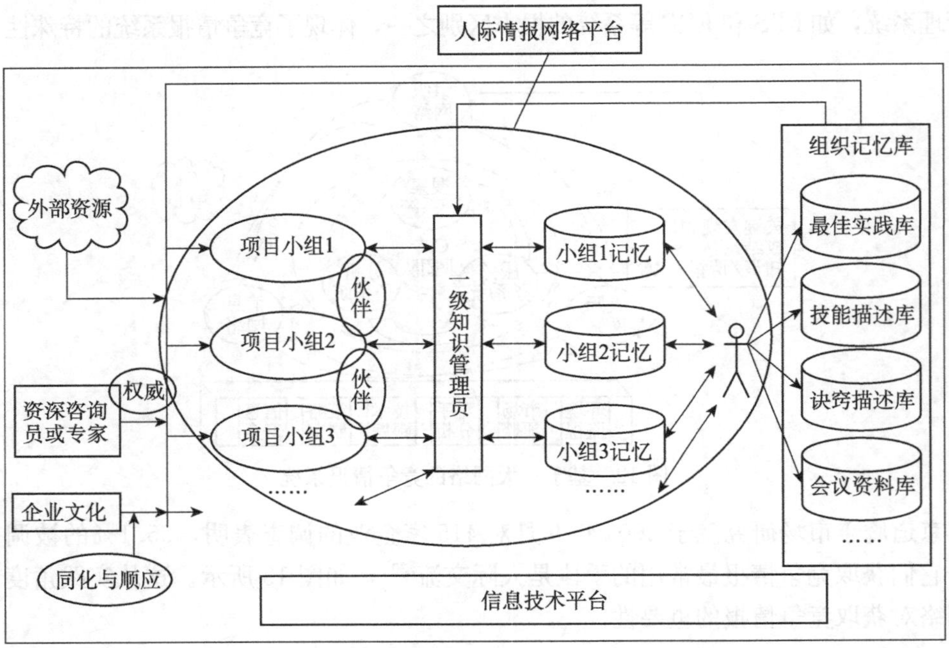

图 14　组织级隐性知识共享示意图

图 14 说明，组织级隐性知识的共享是以人际情报网络和信息技术架构为平台，是项目级共享模式的集成，是编码化模式和人格化模式的结合，由知识管理者统一协调，并通过对组织内所有项目小组的知识整合，将可编码的隐性知识存放于组织的记忆库中，而不可编码的隐性知识则通过各种隐性知识共享模式，如权威模式、伙伴模式和同化与顺应模式实现共享。离开了以知识拥有者为核心的人际情报网络这一重要平台，个人级、项目级和组织级隐性知识的管理是不可能实现的。简言之，知识管理是嵌入在人际网络中的管理知识和创造知识的社会活动，知识网络亦即知识主体之间的人际网络。

三、人际情报网络的构建

人际情报网络的构建是竞争情报和竞争情报系统的一项基础建设，为竞争情报和企业发展提供了成功的机会和人际资源，从而使组织获得更大的竞争优势和经济利益。

(一)构建人际情报网络的目的

构建人际情报网络的目的在于以下几个方面。

1. 获取情报的需求

人是重要的和一手信息的主要来源,人际交流渠道仍然是人类交流的主要模式,这是其他媒体所无法替代的。四分卫法就是通过人际交流获取情报的重要方法[33]。但是这并不是说,在人际网络中人是情报的唯一来源。其实网络结构本身也是重要的情报源。例如,银行与企业之间高层管理者的兼职就反映了银行与企业之间的紧密关系,进而对于企业的实力、近期的规划将会产生重要的影响。

2. 分析情报的需要

将信息转化成知识、情报和谋略是竞争情报部门的基本任务,这种转化不仅需要依靠情报分析人员、竞争情报团队的努力,而且还需要决策层、职能部门、领域专家及人际情报网络上的其他节点的参与。实际上,一项有价值的情报产品都是文献资源和人际资源、文献交流和人际交流的结晶。

3. 谋求发展的需要

人际情报网络作为一种重要的社会资本,其中不仅蕴涵了丰富的、有价值的情报,而且还蕴涵了大量的机会。《人脉即财脉》一书精辟地表述了这一真谛[34]。而这种机会往往决定了人力资本转化为利润(利益)的回报率。对于竞争情报部门而言,在一个企业内的发展空间取决于对企业贡献的大小,同时也取决于竞争情报部门在整个企业及其业务中扮演的角色。人际情报网络为其提供了这样的活动舞台。

4. 挖掘人力资源的需求

相关的统计表明,找到好工作的人许多是通过一些人与人之间的"联系"获得的。2005年中国企业招聘调查显示,一致认为最行之有效的方式仍然是熟人推荐[35]。这对企业、竞争情报部门来讲,有价值的员工和合作伙伴也要通过多种渠道获取,其中人际情报网络是重中之重。

(二)构建人际情报网络的程序

既然人际情报网络对情报工作具有很高的价值和巨大的潜力,有必要在上述人际情报网络理论的指导下,以更为科学的方式构建人际情报网络,从而发挥其更大的作用。

1. 基本程序

人际情报网络的构建基本上包括以下四个相互联系的步骤,如图15所示。

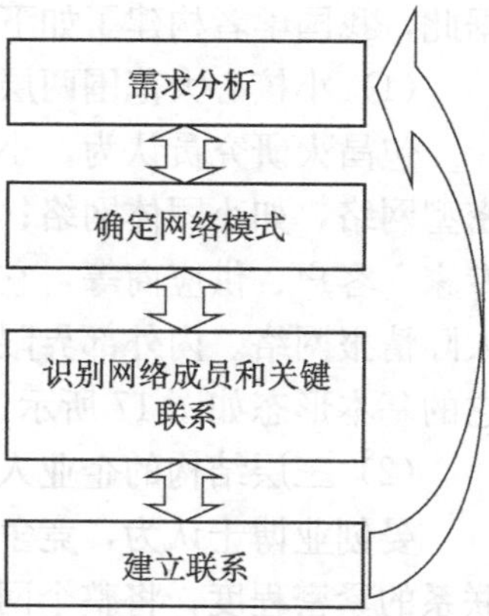

图15 构建人际情报网络的程序

2. 需求分析

组织不同、业务不同,人际情报网络的结构亦不同,它是由建网的需求确定的。需求分析包括:①绘制关联图。目的是用于定义网络与网络外部实体间的界限和接口的简单模型。同时它也明确了通过接口的信息流。②编写需求文档。深入了解用户对人际情报网络内外部的业务需求,梳理各种需求与关系，制定规范说明书，编写统一规划的需求文档。③分析可行性。分析在允许的成本、性能要求下，每项需求实施的可行性，明确与每项需求实现相关的风险，包括与其他需求的冲突，对外界因素的依赖和实施障碍。④确定需求优先级。根据网络建立的目的，确定获取情报、分析情报、谋求发展、发掘人力资源或其他单项需求在网络中实现的优先级。以优先级为基础，确定网络联系的特性与权重。⑤建立需求模型。需求的图形分析是对需求文档的补充说明，它能提供不同的信息与关系，有助于找到不正确的、不一致的、遗漏的和冗余的需求。这样的模型包括数据流图、实体关系图、状态变换图及交互作用图等。

3. 确定网络模式

确定网络模式是网络构建的关键步骤。如前所述，紧密型和松散型的网络模式是人际情报网络的两大主要模式。但具体到个人或企业究竟采取何种模式来建立人际情报网络，这取决于组织的需要。

根据对人际情报网络理论的研究，笔者认为，紧密型和松散型网络相结合，建立内紧外松的人际情报网络将产生最高水平的绩效，是人际情报网络的最佳结构模式，如图 16 所示。

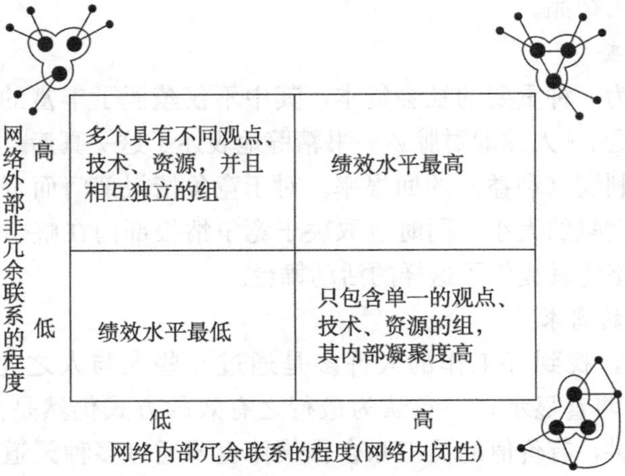

图 16　结构空洞和闭合性结构的模式选择

所谓内紧，即在组织内部采用闭合网络和强联系；所谓外松，即在组织外部形成结构空洞和弱联系，这样既有利于组织内部的协调和统一，又有利于与组织外部的联系和交流。据此，我国学者构建了如下三种类型的人际情报网络。

（1）小核心大范围两层结构的人际情报网络

包昌火研究员认为，小核心既可以是个人，也可以是团队或部门，核心中运行的是紧密型网络，如小团体网络；大范围则泛指核心以外的联系，如政府官员、行业协会、领域专家、客户、供应商等，它运行的是松散型网络，如管理者网络，是一类具有两层结构的人际情报网络。内外部界限分明是这类网络的重要特征，因而非常适合于情报活动的需要。它的基本形态如图 17 所示。

（2）三层结构的企业人际情报网络

晏创业博士认为，竞争情报组织处于人际关系交织的网络中心，根据信息交互内容和联系的紧密程度，将整个网络划分为三个层次：竞争情报组织内部的人际关系、竞争情报组织与企业其他职能部门之间的人际关系。以及竞争情报组织与企业外部社会实体之间的人际关系，如图 18 所示[20]。

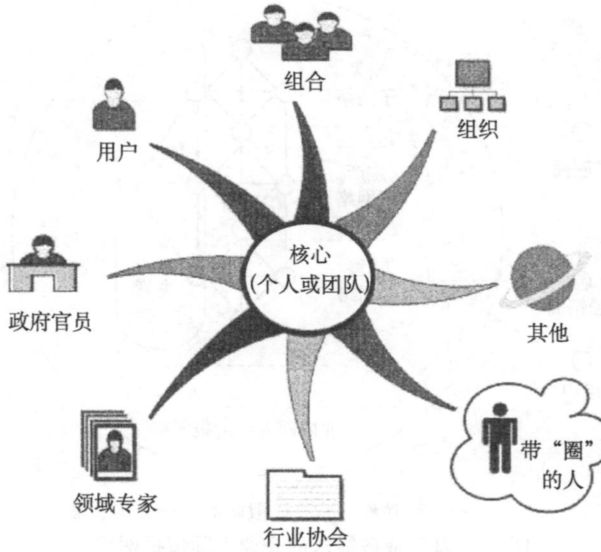

核心：紧密型网络；范围：松散型网络

图 17 小核心大范围的人际情报网络

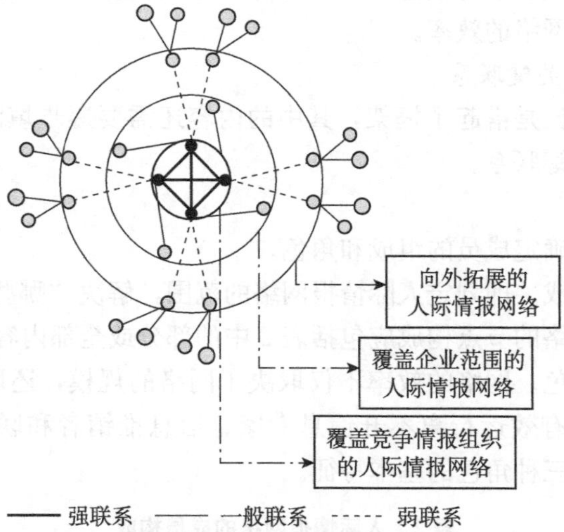

图 18 三层结构的企业人际情报网络

居于中心的竞争情报组织内部人际情报网络，是组织成员开展日常工作的平台，是典型的紧密型网络。位于第二层的企业级人际情报网络，是沟通竞争情报部门与其他职能部门的工具，是一种松散型网络。第三层是拓展到企业外部的人际情报网络，也是一种松散型网络，可使竞争情报组织内部网络富有结构空洞，并为组织集聚雄厚的社会资本。

(3) 依业务需求建立的人际情报网络

王秀玲硕士认为，大而全的人际情报网络不仅在组建时困难重重，维护起来也耗时、耗力。相反，小范围、单一目标的人际情报网络则实用许多。为此，构建了基于业务需求的若干子网络，它们的集成则构成了企业人际情报网络，如图 19 所示。[31]

图 19 表示，每个子网络内部成员间均为强联系，是紧密型结构；而子网络之间则通过弱联系相连，属松散型结构。同时，一个网络成员可以同时属于多个子网络，不必局限于

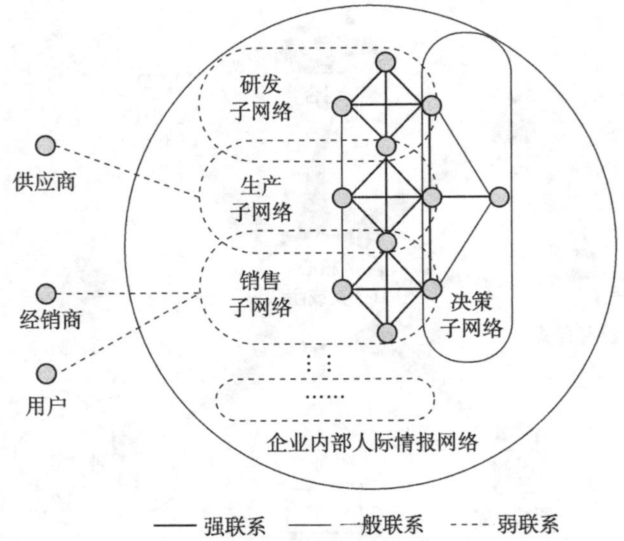

图 19 基于业务需求的企业人际情报网络

企业的组织结构，而视成员在企业中所扮演的角色而定。这种网络，同样具有内紧外松的结构特征，对内可以加强联系与信息共享，对外增加结构空洞以提高社会资本的拥有，从而大大提高了人际情报网络的效率。

4. 识别网络成员和关键联系

确定网络模式，好比是搭起了框架，其中的内容还需要逐步填满。这里的“内容”主要就是指网络成员和关键联系。

(1) 识别网络成员

识别网络成员就是确定成员的组成和角色。

确定网络成员的组成。即划定人际情报网络的范围，解决“哪些人参与网络”的问题。根据需要，人际情报网络的节点构成应包括表 2 中的部分或全部内容。

识别网络成员的角色。网络的效率不仅取决于网络的规模，还取决于节点类型的多样化。如前所述，网络的有效运行离不开信息专家、信息推销者和联系人三种角色的配合。表 3 给出了据以识别这三种角色的基本特征。

表 2 人际情报网络的成员构成

	内部	外部
个人	上级 下级 同级 团队中的成员 指导者	消费者 供应商 竞争对手员工 协会、学会主持者 政府主管部门员工 投资者 领域专家
组织	工作团队 工作组 部门 业务单元 办公室 辅助机构	政府主管部门 行业协会 供应商 投资商 互补者 消费者协会 其他利益集团

表3 网络成员的特征

角色类型	成员类型	成员特征
联系人	人际专家	多种多样的兴趣和活动的“世界”；善于交际，可以将不同类型的人组织在一起 可以系统地跟踪、维持联系 定期地传递一些信息
专家	信息专家	是某领域中公认的专家 对解决社会问题感兴趣 不是只满足于在“象牙塔”中自得其乐的人 在其专业技能中也包含了以人为导向的因素
信息推销者	说服专家	优秀的与人相处及沟通的技巧 非语言的说服技巧 可以准确、有效地传递信息

在判断过程中，通过回答以下问题，可以帮助竞争情报人员得出结论，或者精化已有的判断。

● 已有的网络成员是否包含了这三种类型的角色？

● 他们符合哪种类型的角色特征？

● 他们对你的帮助和他们的角色一致吗？

● 作为竞争情报人员，你在网络中的角色又是什么？是三者之一，涵盖三者，还是网络的设计者？

● 谁来管理这个网络？

(2) 识别关键联系

关键联系指影响人际情报网络正常运行的成员间的联系。在实践中可以通过回答问题来识别关键联系。

● 有哪些关键的情报、资源、联系影响着你及团队的绩效？

● 你或团队在决策制定过程中处于什么样的位置？扮演什么样的角色（信息提供者、分析者还是决策团队中的一员）？

● 你最大的不稳定和威胁来自哪里？

● 在产业价值链中，你所在的企业位于什么位置？

将分析得出的关键联系进行归纳整理。

● 属于公司内还是公司外的联系？

● 联系的方向如何？

● 联系的类型如何？如工作流、信息流、朋友、向上、向下、同级等。

需要指出的是，关键联系不一定是网络成员间已经存在的联系，但必须包含网络正常运行（即要满足企业对人际情报网络的各种需要）必需的所有联系。

(3) 建立新联系

开发新联系的方式多种多样，如参加会议、主动沟通等。但是，通过电话采访或面谈可能是最快捷、有效，而且成本最低的方式。这种联系的建立往往是作为竞争情报工作的一部分，因此具有明确的指向性。

● 问题要明确。采访对象是谁？该问哪些问题？如何提问？如何分清某条信息是确凿的事实还是传言？

● 应根据最新获取的信息，及时修正采访名单及采访提纲。

● 通过交往和沟通，企业竞争情报部门应逐步建立一个有效的人际情报网络，并将其中成员间的联系分成“友好”“一般”“非友好”等类，为今后工作打下基础。

（三）人际情报网络的拓展

人际情报网络理论表明，网络中行动者总数愈多、行动者所涉及的领域愈宽，网络的优势也就愈大。正如企业的联合与并购是提高企业竞争力的重要途径，人际情报网络的拓展也是构建人际情报网络、提升人际情报网络优势的重要途径。

1）网络交织。所谓交织是将个人人际网络编织成纵横交错的、规模更大的个人中心网络，是拓展人际情报网络的重要方法。

在现实生活中，每一个人都有自己的人脉系统，都是一个网络中心。因此，发展与带“圈”的人即网络中心人物的联系，由此可编织成一个个人中心网络或覆盖整个组织的人际情报网络。

2）网络联合。所谓联合是把两种或更多种不同的网络实行整合的战略。例如，客户关系的并购或合作，实现组织形式上的拓展，从而使企业的人际网络规模增大、人际资源力量增强。这个增大网络规模的激进做法，需考虑资源安全、共享机制等一系列问题[20]。如图 9 中如 James 实行与 Robert 的联合，则将显著改善 James 的地位和业绩。

3）网络连接。所谓连接是通过中介与另外一个网络的联系，但是相互连接的两个网络并没有出现组织上的合并。在连接的过程中，既要考虑网络和成员的类型的多样性，因为异类性会把行动者引向不同类型的信息源，也要考虑一个个体可以维持的联系的数量和强度，具有特定的界限，否则网络不易维持[20]。

4）网络化发展。随着互联网的发展，网上的人际交流逐渐发展起来，形成了人际网络与互联网络竞相发展的局面。以因特网为基础的通信工具 QQ、MSN 等描述了个人中心网络的状况，BBS 和 Blog 更是记载了小圈子的人际交流情况，为人际情报网络的拓展和实体化奠定了技术基础[20]。

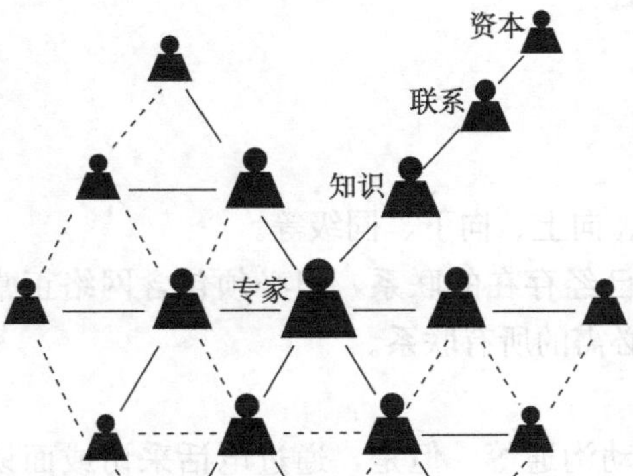

图 20 人际网格项目计划

白淑英等认为，BBS 互动既承续了文字符号进行交流的方式，又解决了信息传递的快捷问题，因而是一种理想的人际交流平台[36]。而马利霞认为，BBS 的公共性较强，QQ 的个性较强，而 Blog 则是个性和共性的结合，是一种较为严肃的交流工具，更适合于知识和研究群体，因而是凝聚组织成员、加强人际交流、促进知识共享的理想手段[37]。

清华大学经济管理学院王宾杰硕士正在实施一项人际网格项目计划，试图利用网格技术实现个人事务协同管理、人际关系管理、人际资源开发、网络信息的集成，打造一个单一接入点的个人信息港，如图 20 所示。

四、人际情报网络的实施

人际情报网络的实施，亦即运作，是人际情报网络由构建向效益转化的关键问题，包括访谈技术、沟通技术、人际资源地图、专家库构建、网络论坛、合作竞争、战略联盟等，本节将作重点论述。

（一）访谈技术

人际情报的获取主要依赖访谈来实现。访谈既是一门技巧，也是一种技术，因此需要运用科学的访问方式，讲究访谈的技巧和策略。约翰·诺兰（J. Nolan）于 1999 年出版的《机密：合法、快速地揭露竞争对手的最高商业秘密并保护自己》（Confidential: Uncover Your Competition's Top Business Secrets Legally and Quickly-and Protect Your Own）一书详细地论述了这方面的技巧。

1. *访谈活动的模型*

冯维扬硕士认为，影响访谈活动过程的关键因素包括访谈目标、访谈角色和访谈能力，它们从不同侧面决定着访谈活动的结果和方向。为此，他建立了竞争情报访谈活动模型，该模型揭示了访谈活动的基本流程和主要因素，反映了访谈活动的重要规律，如图 21 所示[38]。

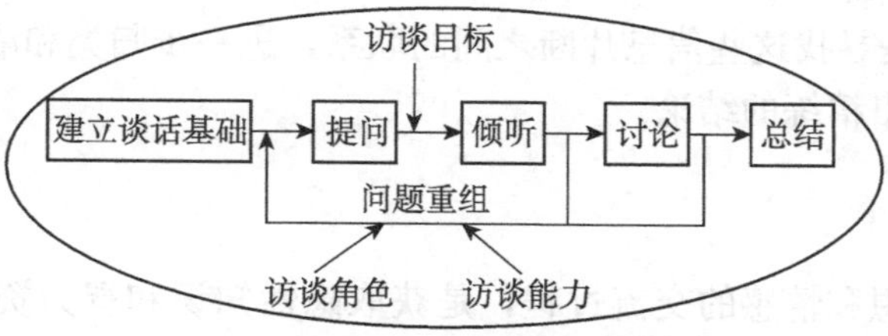

图 21　竞争情报访谈活动模型

冯维扬硕士认为，访谈应是获取有助于情报分析活动所需的敏感信息和进一步开展情报搜集活动的重要线索，而不是获取最终的竞争情报或商业秘密。访谈角色是由访谈内容决定的，因此在具体访谈前，必须对访谈对象的身份、背景、工作性质等信息有充分的了解，把握好对方在访谈过程中的应有关系。访谈能力是访谈活动得以开展的重要保障，主要表现为语境适应能力、积极倾听能力和问题重组能力，即在访谈过程中依据访谈活动的具体进展，对复杂问题实时进行必要的增减与转化，分解为一组相关简单问题，以期获得更多的敏感信息，尽可能扩大访谈成果。

2. *访谈对象的选择*

访谈是快速、直接获取敏感信息的重要途径，而敏感信息贯穿于企业决策的整个过程，并在各个阶段具有不同的流动方向和表现形式，且为不同的人员所拥有。为此，根据“谁认识谁”和“谁知道什么”，以及 S. Milgram 的六度分离（six degrees of separation）理论关于世界上任何两人之间都存在可达性的论断，选择合适的访谈对象。例如，在研究阶段，敏感信息主要在企业内部相关部门及与企业有密切关系的咨询公司和专家学者之间传播。竞争情报人员通过分析竞争对手决策活动所处的阶段和信息的流向，把握访谈对象的分布，为确定访谈对象创造条件。但拥有敏感信息的人并不意味着都是合理的访谈对象。只有向恰当的人问恰当的问题才能保证访谈活动的有效性。因此，有效的访谈对象应当具备下列条件：拥有你所需的敏感信息；访谈活动应不损害访谈者本身的利益；访谈活动能在特定时间内进行；访谈活动不会引起访谈者的警觉和抵触。降低访谈问题的复杂性和敏感度也可为确定访谈对象创造条件。

3. 访谈的实施

准备、提问、倾听、讨论、整理是访谈的五部曲。例如，准备阶段包括：准备问卷或访谈提纲；事先告知被访谈者；准备好访谈工具和物品；选择访谈地点。在此，关键是将访谈问题进行组织和分解，即将大的、难以搜集的问题分解成若干彼此独立或相关，且对访谈者敏感度较小的问题。具体做法是将关键情报主题分解成多个关键情报问题，必要时再细化为竞争对手表露出来的预示将要采取某一行动的信号的关键情报征兆（key intelligence indications，KII），从而达到化整为零和拼零为整的目的。在访谈的过程中应注意：提出的问题要明确、具体，并控制话题；针对不同的场合、对象使用不同的谈话方式；采取自然、亲切的态度去接近被访者；尊重被访者的观念和习惯，不要触及个人隐私和忌讳；适当通过目光、表情、姿态等非语言形式发出信息，表达感情；详实地记录谈话内容。

又例如，整理阶段，优秀的访谈只有通过优秀的分析才能将所收集的信息转换成对研究者有意义的结论。对于访谈所得数量庞大、结构零乱的信息需要进行组织和联结。组织事实上就是将原始访谈稿“打散”和“重组”。理想化的组织形式有样板的、编辑的、融入/结晶化[39]。联结就是寻找这些信息片断之间的联系，进一步归类和浓缩，挖掘这些信息中所蕴藏的意义，以得出精练的结论。

（二）沟通技术

沟通是信息、思想和情感的交流过程，是获取隐性知识和智力资本的重要途径。与访谈不同，访谈的重点在于提问，以获取敏感信息，而沟通的重点在于交流，实现隐性知识的显性化和智力资本的共享。

1. 隐性知识的转化模式

通过人际情报网络获取人们头脑中隐性的知识和智慧是沟通的基本任务，而1995年日本一桥大学著名的管理学家野中郁次郎（Nonaka）和竹内光隆（Tadeuchi）提出知识转化的模式，即知识螺旋，为沟通技术提供了理论指导，如图22所示[40]。

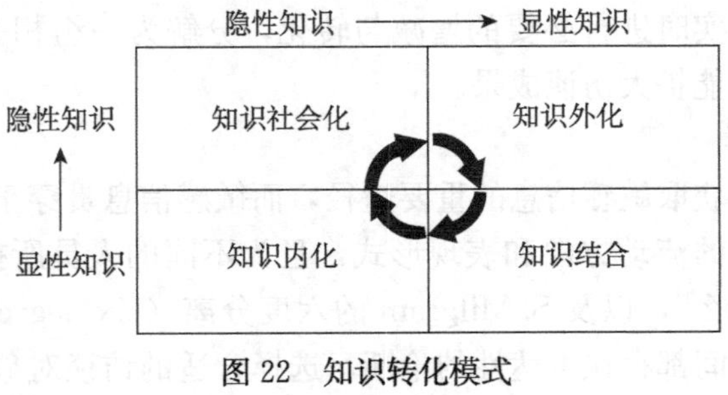

图22 知识转化模式

图22表明，隐性知识经过社会化、外化、结合和内化四个阶段，即从隐性到隐性的知识社会化（socialization）过程；从隐性到显性的知识外化（externalization）过程；从显性到显性的知识结合（combination）过程；从显性到隐性的知识内化（internalization）过

程，实现了个人之间、个人与组织之间知识的转移，并最终产生新的隐性知识这样一个螺旋上升的过程。

花大力气，借鉴知识转化模型，从事人际资源的开发和利用，在隐性知识转化上下工夫，是竞争情报工作有别于信息服务工作的重要分野。

2. *沟通技术的实施*

倾听和交流是沟通的两大关键程序。作为竞争情报从业者，在沟通时应从四个方面加以把握。①目的。最大限度地获取对方对问题的看法和建议，而不是控制或说服对方。平等对人、虚心请教，是沟通中应遵守的重要原则。②表达。清楚、简要和明确地表达主题是沟通成功的重要前提。如果要表达的主题十分复杂，则应该逐步表达出来，给对方以理解、消化的机会。③倾听。沟通的重点不是“我说了多少”，而是“对方说了多少”，他的“回应有多少”。优质的沟通是充分听取对方的观点，直至完全理解和把握对方的基本想法为止。既要倾听谈话者直接表达出来的意思，又要注意其中隐含的意思，分辨出是否在试图传达隐含的信息。④交流。认真地互动，并对对方的观点表示出兴趣或认同是达到交流的重要方式。根据对方的谈话，适当提出问题，这对谈话者既是一种激励，也有助于引导谈话者产生新的观点。如果谈话者谈论一些远离主题的话语时，可通过适当的提问，将谈话引导到你感兴趣的问题上来。

（三）网络论坛

由 BBS、QQ、MSN、Blog 等形成的网络论坛具有直接互动、实时共享、各抒己见、集思广益的特点，正在成为人际情报网络中信息交流的开放平台。据 2005 年 7 月统计，论坛/BBS/讨论组已成为我国互联网的八大热门服务，占用户选项的 40.6%，而 Blog 则占 10.5%[41]。这对于人们概念的建立、假说的形成、想象的拓展、机遇的把握、直觉的捕捉、认识的升华、理论的构筑、情报的获取都具有重要作用，已经成为隐性知识获取和共享的重要工具。

Weblog 或 Blog，即博客，特指一种特别的网络出版和发表文章的平台，倡导思想的交流和共享，被认为是继 e-mail、BBS、ICQ 之后出现的第四大网络交流方式，成为多对多的传播社区，正在成为竞争情报和知识管理的重要工具。博客的应用和发展实现了编码化策略和人格化策略的融合，促进了组织的知识共享，成为具有记录、连接、订阅和回访四大功能的员工个人的知识管理工具[42]。从而使人际情报网络从现实社会延伸至虚拟社会，促进了人际情报网络的应用和发展。

（四）人际资源地图

人际情报网络本质上就是关于“谁认识谁”和“谁知道什么”的知识。因此，绘制人际资源地图是实施人际情报网络管理的重要措施。

人际情报资源地图简称人际资源地图，是人际情报网络和知识管理技术相结合、协助用户获取人际情报资源的管理工具。与知识地图一样，它是一个向导而非情报的集合，指向的是人际情报源，即大脑中存储着丰富的信息和知识的领导、专家和员工，以及他们的关系和专长。通过建立人际资源地图，就找到了开发和利用组织（个人和企业）隐性知识和社会资本的指南，从而实现对“谁认识谁”和“谁知道什么”的知识的现代化管理。

人际资源地图的建设可借鉴知识地图的技术和经验[43]，结合人际资源的特点来构建，如制作“谁认识谁”列表和“个人信息”列表，为人际资源地图的构建提供信息基础。笔者期盼，我国情报界在高度重视文献资源开发的同时，也应关注人际资源的开发，研究人际情报资源地图的构建，把竞争情报和知识管理的研究引向实用和深入。

(五) 人际网络分析

人际情报网络不仅是重要的战略资源而且是有力的分析工具。人际网络分析是研究人、组织之间关系的工具，用以描述人际关系、刻画信息流动、分析人际交往及组织关系的模式，它所关心的中心问题就是揭示人与人之间的关系。

从应用领域看，人际网络分析既可用于情报的搜集和分析，也可拓展到人力资源管理、信息系统开发、非正式组织管理等诸多方面。

例如，文献［27］以结构空洞理论为指导，运用矩阵分析和图形技术，构建一个机助的人际网络分析系统，分析现实竞争环境中企业行动者的人际网络结构，为他们搭建、利用、调整其人际网络，获取情报资源和控制优势提供决策支持。

又例如，文献［44］探讨了竞争情报从业者以节点中心度指标分析竞争对手企业的人际网、供需网、社会关系网、战略联盟网的网络中心度，以便确定重点竞争对手和制定应对策略。

文献［45］以一家纺织公司为例，研究团队网络结构对改善团队绩效的影响。研究揭示，有洞（结构空洞）有桥（bridge，中介者）的团队结合了小团体的力量和互动的力量，适合于知识的共享和管理，能发挥最佳的绩效。这对如何构建大中型竞争情报组织具有重要的启迪作用。

随着计算机技术的发展和 Negopy，MultiNet，Krack-Plot，Pajek 等人际网络分析软件的开发和应用，人际情报网络分析正呈现出良好的发展前景。

参考文献

[1] 包昌火，等．竞争对手分析．北京：华夏出版社，2003：504-550.

[2] 包昌火，等．竞争情报的崛起和发展．情报学进展．2002～2003 年度评论．第五卷．北京：国防工业出版社，2003：334-338.

[3] 包昌火，等．人际网络分析．情报学报，2003，22（3）：365-374.

[4] Watts D J，Strogatz S. Collective dynamics of “small-world” networks. Nature，1998，393（6684）：440-442.

[5] Knoke D，Kuklinski J H. Network Analysis. ［s. l. ］：Sage，1982.

[6] Scott J. Network Analysis：A Handbook. ［s. l. ］：Sage，1991.

[7] Nohria N，Eccles R. Network and Organizations：Structure，Form，and Action. Cambridge：Harvard Business School Press，1992.

[8] Baker W E. Networking Smart：How to Build Relationships for Personal and Organizational Success. ［s. l. ］：McGzaw-Hill，1994.

[9] Cartells M. The Rise of the Network Society. ［s. l. ］：Blackwell，1996.

[10] Baker W E. Achieving Success Through Social Capital：Tapping the Hidden Resources in Your Personal and Business Network. ［s. l. ］：Joszey-Bass，2000.

[11] Wasserman S，Faust K. Social Network Analysis. New York：Cambridge University Press，1994.

[12] Kadushin C. Introduction to Social Network Theory. http：//home. earthlink. net/-ckadushin /Texts/Basic% 20Network % 20Concepts. pdf. [2005－09－19].
[13] Freeman L C. Centrality in Networks：I. Conceptual Classification. Social Networks，1979：21S-239.
[14] 金朱德．国防科技情报工作改革的思考．北京：中国国防科技信息中心，1990.
[15] 包昌火．加强竞争情报工作，提高我国企业竞争能力．中国信息导报，1998，(11)：33-36.
[16] 胡星光，等，竞争情报解决方案——企业竞争情报系统和竞争情报技能．北京：兵器工业出版社，2002.
[17] 包昌火，等．企业竞争情报系统．北京：华夏出版社，2002.
[18] 普赖斯科特 J E．竞争情报与企业竞争力．北京：华夏出版社，2001：1-18.
[19] 普赖斯科特 J E．竞争情报的网络分析．提升企业情报竞争力 2001 现代职业经理清华峰会论文集，2001.
[20] 晏创业．竞争情报活动中的人际网络研究．北京大学博士学位论文，2005.
[21] 厄卡夫，伍德．关系决定成败．鲁刚伟译．北京：中国社会科学出版社，2005.
[22] Nan L. Social Capital：A Theory of Social Structure and Action. New York：Cambridge University Press，2001.
[23] Granovetter M S. The strength of weak ties. American Journal of Sociology，1973，78：1360-1380.
[24] Krackhardt D. The strength of strong ties：the importance of philos in Networks and organizations//Nohria N，Eccles RG. Networks and Organization. Cambridge：Harvard Business School Press，1992.
[25] Coleman J. Social capital in the creation of human capital. American Journal of Sociology，1998，94：95-120.
[26] Burt R S. Structural Hales：The Social Structure of Competition. Cambridge：Harvard Business School Press. 1992.
[27] 胡蓉，邓小昭．基于结构洞理论的个人人际网络分析系统研究．情报学报，24 (4)：485-489.
[28] 包昌火．情报研究方法论．北京：科学技术文献出版社，1990.
[29] Herring J P. Key intelligence topics：a process to identify and define intelligence needs. Competitive Intelligence Review，1999，10 (2)：4-14.
[30] 三涛．中国竞争情报行业发展现状与趋势//北京道鹰孚市场研究院．联合国教科文组织“全民信息计划”西部地区培训教材．南宁：[出版者不详]，2004.
[31] 三秀玲．基于竞争情报与知识管理整合的互动模型研究．北京大学硕士学位论文，2004.
[32] 孙丽．咨询企业的知识共享研究．北京大学博士学位论文，2003.
[33] 汤路漫．竞争情报实用方法研究．北京大学硕士学位论文，2001.
[34] 刘克苏，王大庆．人脉即财脉．北京：同心出版社，2004.
[35] 财经新闻：找工作还得靠熟人．北京晚报 [2005-06-06].
[36] 白淑英，何明升．BBS 互动的结构和过程．社会学研究，2003，(5)：8-18.
[37] 马利霞．Blog 在组织内部信息交流中的应用．情报科学，2004，(7)：881-883.
[38] 冯维扬．基于访谈的竞争情报搜集方法研究．情报学报，2003，22 (6)：749-755.
[39] 黄刚．组织与连结——浅谈访谈资料的整理和分析．市场研究，2001，(特刊)：100-108.
[40] 程钧谟，梁琳．企业内部知识咨询系统的构建与咨询专家选择流程分析．情报杂志，2004，(5)：2，3，6.
[41] 中国互联网络发展状况统计报告．中国信息导报，2005，(8)：25-27.
[42] 王晋．博客在企业知识管理中的应用初探．情报杂志，2005，(4)：86-87.
[43] 李亮．知识地图——知识管理的有效工具．情报理论与实践，2005，28 (3)：233-237.
[44] 吴晓伟，徐福缘．基于人际网络结点中心度的竞争对手分析．情报学报，2006，23 (1)：122－128.
[45] 罗家德．团队网络结构对改善团队绩效的影响//社会网分析讲义．北京：社会科学文献出版社，2005：167-182.

人际网络开发与竞争情报发展*

人际网络开发事关情报和竞争情报发展的大局，应当引起我国业界的高度重视。50多年来，我国情报业界把太多的力量放在文献资源的建设和开发上，而忽略了对人际资源的开发和利用，这不能不说是个历史性的失误。因为任何重大情报问题的解决都不是光靠文献资源的开发来实现的，而是两者的有机结合[1]。因此，我们在发展竞争情报事业的过程中，一定要坚持两手抓，既抓文献资源，更抓人际资源，把竞争情报的发展建筑在可靠的基础上。

一、一个基本理论

中国邮电大学钟义信教授认为[2]，人类以资源和资源转换为生；在农业社会，物质不灭定律是推进科学技术发展的基本规律；在工业社会，能量守恒定律是推进科学技术发展的基本规律；在信息化社会，在信息继物质和能源之后已经成为现代社会最重要的战略资源的今天，信息-知识-智能转换规律是人类在信息化社会中的一个基本理论问题，是引领信息时代科学技术发展的灵魂。

笔者认为，这个基本理论更确切地讲，可称之为信息转化理论，或曰知识激活理论，就是将信息转化为知识、情报、谋略和能力，即information的intelligence化。因此，实施information的intelligence化，发展和掌握信息转化理论是信息化社会的一大基本战略。

二、两种信息资源

当今时代，存在着以文献资源为基础的电子信息资源和以人际网络为基础的社会网络资源共同构成的巨大的信息资源。开发这个资源，是现代社会的一项基本活动和战略使命。人际网络又称社会网络，是为了达到特定目的，人与人之间进行信息交流和资源利用的关系网，是一个由节点和联系两大部分构成的动态系统，节点是网络中的人和组织，联系则是交流和利用的方式和内容。

50多年来，我国情报界在文献资源建设方面做出了重要贡献，但对人际资源开发的漠视是我国情报界难以融入社会、融入决策的重要原因。因此，开发人际资源已经成为我国情报界和企业界在信息资源开发中的重大课题。

三、一大重点领域

从现实社会看，人际网络存在着各种形态，其中最重要的两种人际网络是情报网络和

---

* 本文原载《情报杂志》，2008，27（3）：3，4。

知识网络，它们是人际网络中的主要结构形态。

情报网络和知识网络存在着相互依存和转化关系：知识是情报的属性，情报的载体；情报是解决特定问题和可付诸行动的知识，是激活了的知识。知识只有转化为情报才能奏效；情报只有具有知识内涵才有力量。

知识管理理论表明，社会上存在着两类知识，显性知识和隐性知识，而隐性知识大量存在于人际网络之中。因此，开发人际网络是信息资源开发的一个重点领域。人际资源开发的亘要意义在于以下三点。

1）人际网络是一种重要的社会资本，或曰资源论，社会学研究表明，个人的成功和企业的获利取决于投资（资金 ＋ 人力）的回报率。而回报率的高低取决于社会资本的多少。人际资源的多少是社会资本的量度，是投资转化为收益的重要条件。也就是说，对于一个人或一个企业的成功而言，是你认识谁重要，还是你知道什么重要。大量的理论研究和实践经验表明，认识谁比你知道什么更重要。人际网络是个人或企业关于“谁认识谁”和“谁知道什么”的知识，因而是个人或组织的巨大无形资产。

2）人际网络是竞争情报的重要平台，或曰平台论。人际情报活动一直存在于国际的政治、军事、经济、科技活动中，最著名的莫过于美国中央情报局。研究表明，竞争情报工作是植根于人类社会活动和人际网络中的一种科学活动，与社会的科技、经济、商业活动是密不可分的。

在现代社会中，存在着两种网络：信息网络如因特网和人际网络如情报网。人际网络是获取、分析和交流非公开信息和隐性知识的重要途径，是情报工作的重要特性，是情报工作 intelligence 特性的外化和载体。因此，人际网络是当今竞争情报和知识管理活动的重要平台。

3）人际网络的开发将促进竞争情报业的健康发展，或曰两手论。以文献资源开发为主要特色，以图书信息学（library & information science）为蓝本的中国情报学难以指导植根于社会活动和人际网络中的情报工作实践。竞争情报引入的历史贡献在于：让业界目睹了美国军事情报和商业情报的风采，还情报概念以本来的面目。

历史经验表明，情报总是与组织的战略和安全紧密相连并为之服务的，是它们的导向和基础。古今中外，政治经济，概莫能外。密切关注环境的变化并做出响应是组织情报能力的集中表现，而这种关注和响应更多的不应来自图书情报，而是来自人际情报。著名的赫林竞争情报循环就把人际情报的获取作为竞争情报的五大流程之一。而人际情报的获取是通过人际网络和社会活动来实现的。

我国情报界善于文献调查，疏于社会调查；重视文献资源建设和文献交流，疏于人际网络建设和人际交流，因而难以对急剧变化的竞争环境做出预警和响应。因此，抓住人际资源开发这一重点领域开展竞争情报工作，将会促进我国竞争情报的健康发展，并促进我国情报工作和情报学的发展向两大资源开发并举，并把重点由 information 向 intelligence 方向转变。

四、人际网络开发

概括来说，人际网络的开发应重点关注以下几个问题。

1. 构建人际网络

构建满足企业需求的如企业的战略联盟网络、供应链网络、情报网络、知识网络等各种人际网络是企业实施社会资本战略的重大举措，是搞好搞活竞争情报的主攻方向。根据对人际情报网络理论的研究，笔者认为，紧密型和松散型网络相结合，建立内紧外松的人际网络将产生高水平的绩效，是人际网络的最佳结构模式，如小核心大范围两层结构的人际情报网络、三层结构的企业人际情报网络、基于业务需求的企业人际情报网络等。

2. 绘制人际资源地图

绘制人际资源地图是实施人际情报网络管理的重要措施，是人际网络和知识管理相结合、协助用户获取人际情报资源的管理工具。它的绘制获得了开发和利用组织隐性知识和社会资本的指南，从而实现对“谁认识谁”和“谁知道什么”的知识的现代化管理。

3. 融入企业竞争情报系统

国内外研究表明，一个现实的和有效的企业情报系统，大多由组织网络、信息网络和人际网络三大网络构成，人际网络的融入是建立以人的智能为主导、信息网络为手段、增强竞争力为目标的人机结合的竞争战略决策支持和咨询系统的关键，是企业竞争系统区别于企业信息系统的重要分野。

4. 实施人本战略

马克思主义认为，人是一切生产要素中最积极最活跃的因素。同样，人是人际网络中的灵魂。因为网络是由人来构建、人来运行、人来调控，网络中心人物是网络的核心。例如，人际情报网络的维系是由信任和沟通来保障的，它们是网络运行的润滑剂和催化剂；人际网络的调控是由中心人物来实现的，中心人物的权威及人格魅力是网络调控的基础；同样，重组和并购不同的人际情报网络的基本做法是与网络的中心人物结成伙伴或联盟关系，从而扩大你的情报活动领域。总之，实施人本战略是人际网络开发成功与否的根本保障。

5. 重视虚拟人际网络的开发

因特网技术的发展，使人际网络的开发由现实世界走向虚拟世界。由 BBS、QQ、MSN、Blog 等形成网络论坛具有直接互动、实时共享、各抒己见、集思广益的特点，正在成为人际情报网络中信息交流的开放平台。Web2.0 时代，以 LinkedIn、联络家等为代表的社会网络服务（SNS）网站的兴起更为开发虚拟人际网络提供了极大的方便。因此，实施虚实并举的策略，将会促进人际情报网络的应用和发展。

6. 发展人际网络分析

人际情报网络不仅是重要的战略资源，而且是有力的分析工具。通过对人际网络中节点和联系的分析，可以揭示网络特征、刻画信息流动、描述网络结构对竞争情报价值链增长的影响、分析竞争对手的策略等。因此，人际网络分析是竞争分析的强大武器，是企业实施社会资本战略的有效工具。随着计算机技术的发展和人际网络分析软件的开发，人际网络分析正呈现出良好的发展前景。

总之，人际网络理论的兴起和发展，正在向我国情报界和企业界展示了获取情报、分析情报和传递情报的新视觉、新领域，跳出文献资源的天地，走向社会资源的舞台，充分利用两种资源，将会对提升我国竞争情报和情报工作在组织决策中的战略地位做出重要的贡献。

参考文献

[1] 包昌火，李艳．情报缺失的中国情报学．情报学报，2007，26（1）：29-34.
[2] 钟义信．关于“信息-知识-智能转换规律”的研究．电子学报，2004，32（4）：601-605.
[3] 包昌火，李艳，王秀玲，等．人际情报网络．情报理论与实践，2006，29（2）：129-141.
[4] 晏创业．竞争情报活动中的人际网络研究．北京大学博士学位论文，2005.

竞争情报活动

企业竞争情报咨询活动案例分析*

评估企业情报能力和情报需求、建立企业竞争情报系统、分析企业竞争态势，是竞争情报咨询的重要内容。本文将从北京华门策略顾问有限责任公司为成都金珠生物科技有限公司（简称成都金珠）开展的竞争情报活动为案例，剖析竞争情报咨询活动的若干做法和思路。

成都金珠是西藏金珠股份有限公司（简称西藏金珠）的全资子公司，是西藏金珠战略转型的产物，是一家新兴的高新技术企业。为了实施母公司的发展战略，张永力总经理、江先文信息总监等成都金珠管理层高度重视企业信息化和竞争情报工作，以此作为战略管理的基础、获取竞争优势的保证。包昌火、谢新洲、张燕、李艳、江鸿、黄英、尹科强、申宁、吴淑燕、林建林、陈峰等应成都金珠的邀请，策划并开展了以情报审计、系统建设和态势分析三项工作为主要内容的企业竞争情报项目，为成都金珠竞争情报工作的开展奠定了基础，也可为企盼涉足竞争情报活动的我国企业提供借鉴。

一、情报审计

情报审计系调查情报工作的基本现状和主要需求，是企业开展竞争情报活动、建立竞争情报系统的基础。这项工作可以通过座谈会、问卷调查、个人访谈、个案分析等方法来完成。而问卷调查则是普遍采用的一种方法。为此，我们设计了两份成都金珠竞争情报能力与竞争情报需求调查表。对包括总经理和各部门主管在内的公司主要成员共 19 人进行了调查。

（一）企业竞争情报工作现状

企业的竞争情报能力是开展竞争情报活动的重要基础。成都金珠已建立信息中心、内

---

* 本文原载《情报学报》，2004，23（1）：97-107。

部局域网、办公自动化系统及良好的网络环境，企业领导高度重视和支持，具有良好的支撑条件。调查显示，企业具有一定的竞争情报意识和基础，但从系统建设和情报技能来看，仍处初创和开发阶段，如表1～表6所示。

表1 员工了解或参与竞争情报的方式

与竞争情报相关的活动	人数
阅读文章	13
参加过一些活动	4
参加过讲座或者培训	3
没听说过	3
参与基础上或者课题	1
发表过文章	0

表2 公司开展过的竞争情报活动

竞争情报活动内容	统计结果
市场调研	10
邀请专家讲座	7
建立竞争情报组织机构	4
建立计算机竞争情报系统	4
进行竞争对手调研和跟踪	2
请咨询公司咨询	2
制定竞争策略	1
培训竞争情报人员	0
其他	0

表3 被调查者获得本行业情报的渠道

获取情报的方式	有效问卷数	人数
公开出版物	19	14
产品的零售商和批发商	19	10
本单位各部门	19	9
公用数据库	19	8
行业会议	19	7
竞争对手出的各种出版物	19	7
产品用户	19	5
贸易展示会	19	4
竞争对手单位的雇员	19	4
非公开出版物	19	2
剪报公司	19	2
其他	19	行业研究报告

表4 公司对互联网的利用程度

利用方式	有效问卷	平均值	标准方差
电子邮件	12	5.75	1.82
免费信息	12	6.5	0.9
收费信息	11	3.09	2.02
讨论组	10	1.3	0.67
网上订货	10	1.2	0.63
网上广告	10	3.4	1.26
网络会议	10	1.3	0.95
用户调查	10	1.3	0.95

续表

利用方式	有效问卷	平均值	标准方差
监视对手	11	2	1.48
数据挖掘	10	2.5	1.84
联机分析	10	1.4	0.7

表 5　被调查者向企业内部其他部门输送情报的方式

企业内部信息传递方式	有效问卷	使用人数
口信	18	12
电话	18	11
正式会议	18	9
非正式会议	18	9
研究报告	18	6
电子邮件	18	6
书信记录	18	4
传真	18	4
内部出版物	18	3
其他	18	内部局域网；私下交流

表 6　情报部门获取竞争对手情报的手段

手段	排名	使用频率*
互联网	1	6.31
内联网	2	6.31
报纸	3	6.07
行业杂志	4	5.73
人际网络	5	5.54
政府档案	6	4.75
其他员工	7	4.54
行业专家	8	4.43
剪报服务	9	4.25
行业协会	10	4.21
供应商	11	4
客户	12	3.85
展览会	13	3.77
销售代表	14	3.71
联网数据	15	3.45
专利文献	16	3.25
个人访谈	17	3
光盘数据	18	2.92
实地观察	19	2.69
小组座谈	20	2.38
竞争对手	21	2.15
案例研究	22	2.08
数据仓库	23	1.92
商业软件	24	1.83
邮寄问卷	25	1.5

* 北京华门策略顾问有限责任公司：成都金珠生物科技有限公司的竞争情报能力与竞争情报需求调查报告，2002，2

(二)企业竞争情报需求

通过问卷调查的分析，较为准确地掌握了成都金珠的竞争情报需求。

- 公司高度关注竞争对手的情报，如表 7 所示。

表 7 被调查者所关心的竞争对手的情报种类

情报种类	有效问卷	人数
价格信息	17	12
战略计划	17	12
重要客户的信息	17	10
市场动态	17	8
新产品计划	17	8
研发活动	17	8
企业计划	17	8
占有率的变化	17	7
销售统计	17	6
其他	17	人才；营销政策及管理模式；市场推广的手段与方法

- 国内的竞争对手及顾客构成是影响公司竞争力的最主要因素，如表 8 所示。

表 8 影响公司竞争力的主要因素

主要因素	有效问卷数	均值	标准差
国内竞争对手	15	6.40	1.55
国外竞争对手	15	2.87	1.64
顾客	16	6.13	1.71
供应商	16	4.69	1.74
技术	16	5.06	1.65
政策法规	16	5.56	1.50
竞争情报	16	5.25	1.39
资金	16	5.75	1.57
人才	16	5.87	1.54

注：前两项，即国内竞争对手和国外竞争对手，只有 15 人做出反馈，其余各项有 16 人反馈

- 不同的部门提出了各自十分具体的情报需求，如表 9 所示。

表 9 公司内情报活动的支持作用

	有效问卷数	效果评级	标准差
整合不同意见	14	5.00	2.29
改进管理人员的预测能力	14	5.29	1.98
发现新机会	14	5.86	1.79
信息共享	14	5.33	1.50
增加收入或利润	14	5.36	2.47
改进市场地位	14	5.36	1.86
影响管理决策	14	5.57	1.02
强化企业竞争意识	14	5.57	1.74
反情报	14	5.50	2.56
促进客户服务	14	5.50	1.99
利用竞争对手的弱点	14	6.00	1.62

注：效果评级从 1～7，帮助程度逐级增长，从“没有任何帮助”到“帮助极大”

● 公司要求尽可能建立市场预警系统、竞争对手监视系统、内部信息共享系统、人际网络系统。

● 期望情报工作的重点在于信息收集和情报分析。

二、竞争情报系统建设

成都金珠竞争情报系统的建设是成都金珠信息化的重要内容，是公司竞争情报工作的组织保障和物质基础。总结国内外经验，并结合国际上关于CIS研究的最新进展，本项目构建的成都金珠竞争情报系统是以成都金珠信息中心为依托，成都金珠内联网为平台，由组织网络、信息网络和人际网络三大网络和情报收集子系统、情报分析子系统和情报服务子系统三大系统构成的企业竞争情报系统，主要具有环境监视和对手分析的情报功能，为成都金珠领导集团的发展战略和竞争策略的制定起导向和咨询作用。

成都金珠竞争情报系统的总体框架如图1所示。

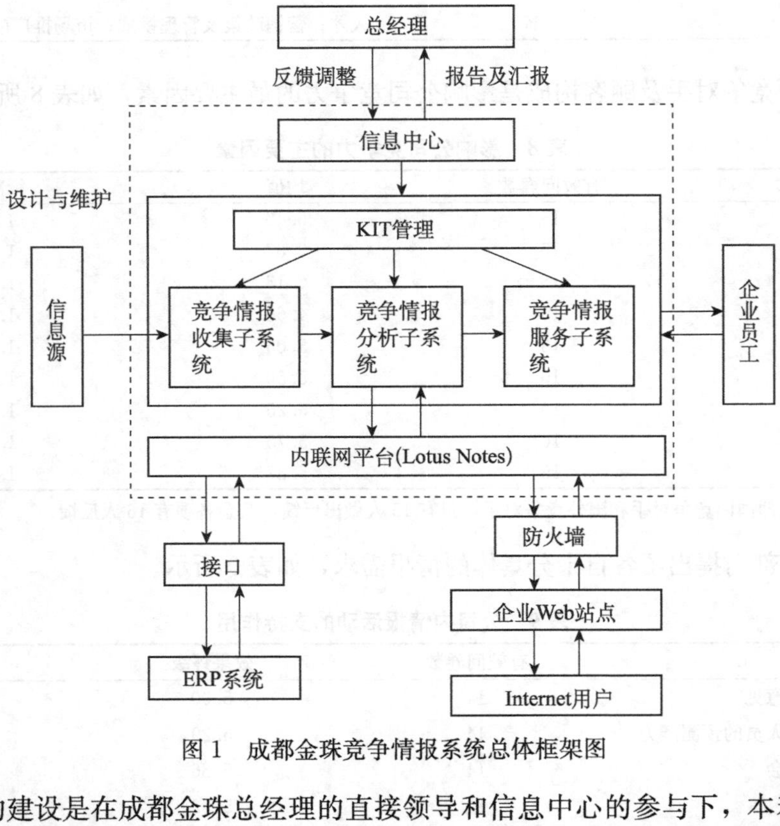

图1 成都金珠竞争情报系统总体框架图

本系统的建设是在成都金珠总经理的直接领导和信息中心的参与下，本着第一把手抓总、与企业管理相结合、以竞争对手分析为核心、人机结合、快速反应和逐步建构的原则进行的。

(一) 组织网络的建设

组织网络是竞争情报系统的基础和保障，信息网络和人际网络的建设是要依靠和通过组织网络的结构和人员来实现的。因此，它的建设就成为企业竞争情报系统建设的首要问题。

我们建议成都金珠采用集中式模式组建的组织网络的核心是已建立并运行的成都金珠信息中心。所谓集中式模式是指将成都金珠生产研发中心、人力资源中心、营销中心、资财中心的信息及来自其他部门的外部环境信息都汇总到信息中心进行管理。由此形成了信息总监领导下由信息收集人员、情报分析人员和计算机及网络技术人员组成的竞争情报中心的组织结构。

（二）信息网络的建设

信息网络的建设是 CIS 的主体工程和核心内容。我们建构的信息网络是以成都金珠现有的内联网及有关办公自动化系统为平台，以关键情报课题管理为中心，由竞争情报收集、分析和服务三大子系统构成，实现了竞争情报信息网络与公司原有信息系统平台的有机链接。

本系统采用 B/S 三层技术架构，用浏览器进行企业竞争情报信息的浏览、发布和管理；用 Web 服务器实现对客户端事务的集中管理和业务处理；用数据库服务器完成数据库的存储和组织。系统开发环境如下。

硬件环境：P41600、512MB 内存，DFE530-TX 10/100MB 以太网接口

操作系统：Win2000 Server

编程语言：ASP

数据库：Access 2000

相关运行环境：Microsoft IIS 5.0，Microsoft Internet Explorer 6.0

系统的四个主要组成部分如下。

1. 关键情报课题管理

作为竞争情报系统，首要的任务是识别和优先考虑高层管理者及整个公司的关键情报需要，这样它才能真正成为战略决策、早期预警和了解市场上的关键参与者的不可或缺的帮手。另外，依据关键情报课题，有针对性地进行信息收集和分析，则可避免使竞争情报系统成为一般的信息管理系统。为此，我们确定将关键情报课题作为系统的中心，将收集、分析和服务三个子系统的内容都置于 KIT 管理之下。我们借鉴了 Cipher 公司竞争情报软件 Knowledge. works 的做法，将一个关键情报课题分解为若干关键情报问题。通过对这些问题一一进行解答，就会得到对于该课题的一个完整的分析。KIT 管理要经过课题确立→课题分解→收集数据→分析数据→撰写报告五个步骤。用户回答关键情报问题时，所有收集到的支持证据都被记录在该情报课题的页面中。最后呈现的报告，既可以是对于该关键情报课题的一个简洁的、一段话式的回答，也可以是包含所有情报问题及支持证据的详细清单，并可以由此形成最终的分析。图 2 和图 3 即为课题确立和分解的界面。

2. 竞争情报收集子系统

为满足公司对环境监视和对手分析的情报需求，我们设计了由竞争环境、竞争对手、研发信息和营销信息四个模块构成的共计 14 个一级指标和 184 个二级指标的竞争情报收集子系统指标体系，并将这些指标作为以下这些数据库基本表的字段。图 4 即为收集来的信息的存储结构。

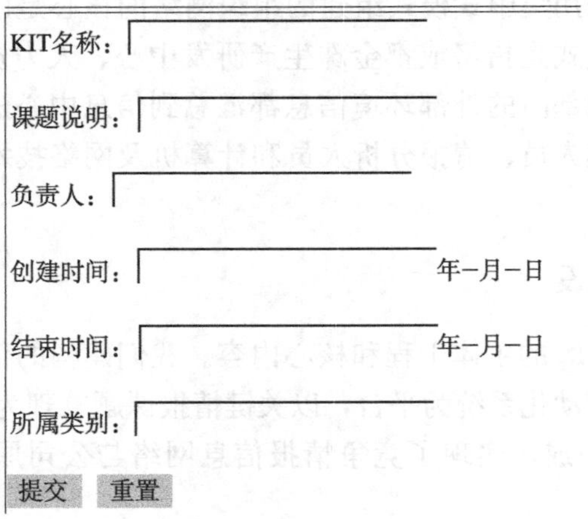

图 2　KIT 确立

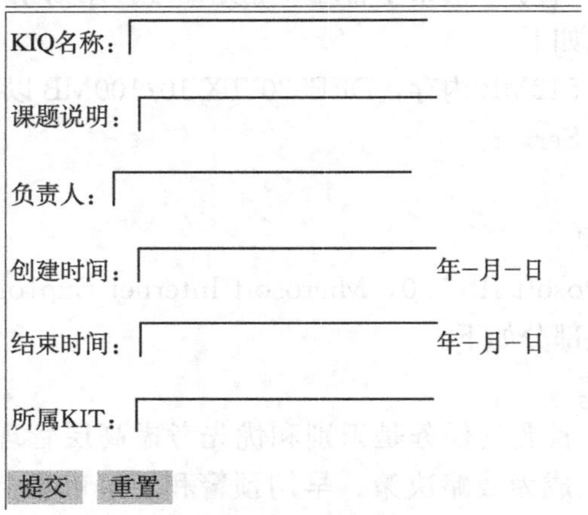

图 3　KIT 分解为 KIQ

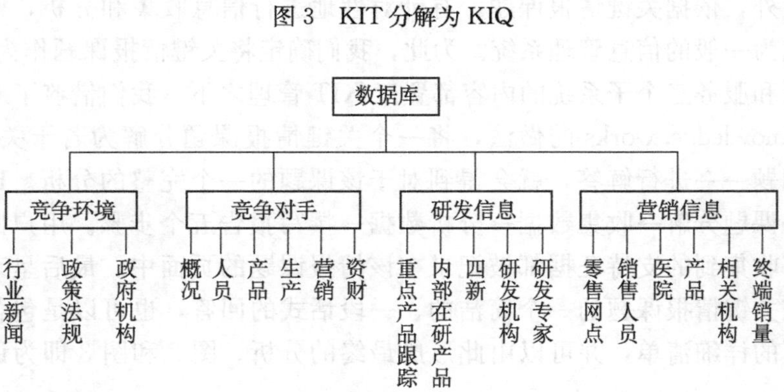

图 4　信息存储结构图

对于从人际网络和书面文件中收集到的信息，由收集人员对其进行分类、整序后，通过人工录入界面，存储到图 4 中的基本表的相应字段中。

网络信息的自动搜集也是竞争情报收集子系统一项必不可少的功能。由于这类网络爬虫软件国内外已有很多，为此我们没有开发这个功能，而是推荐其使用免费的 C-4-U 软件来进行网站监视，收集人员认为需要添加到数据库的信息则通过录入界面人工存储到数据库中。

3. 竞争情报分析子系统

竞争情报分析子系统是企业 CIS 的核心，是信息增值的关键，正是通过分析这一流程，完成了信息的集成、重组和智化，实现 information 向 intelligence 的转化。

竞争情报分析子系统的建设将经历一个由事实汇总、态势分析和策略制定这样由初级到高级的发展过程。

为此，我们为成都金珠设计了定标比超分析模板、SWOT 分析模板，并推荐了重要的竞争情报分析工具和流程。

由于成都金珠成立的时间不长，可以用于进行竞争情报分析的数据量还不是很大，企业 ERP 系统也刚刚上马，进行大规模数据分析的需求还尚未形成。但是，随着数据的积累，采用数据仓库技术进行数据存储，通过联机分析处理和数据挖掘技术开发商业智能应用是未来的发展趋势。为此，我们为其今后数据达到一定规模时采用数据仓库和数据挖掘技术提供了建议。

4. 竞争情报服务子系统

竞争情报服务子系统是企业 CIS 系统的输出系统，它将面向企业各级管理层的各类用户提供情报产品和服务。因此，它的高效与否，关系到企业 CIS 的形象和成效。

成都金珠 CIS 服务子系统将提供一个分层次的竞争情报成果体系，包括数据库查询、信息简报（分每周和每月两种）、表格输出和情报分析报告四大类。服务系统的界面如图 5 所示。

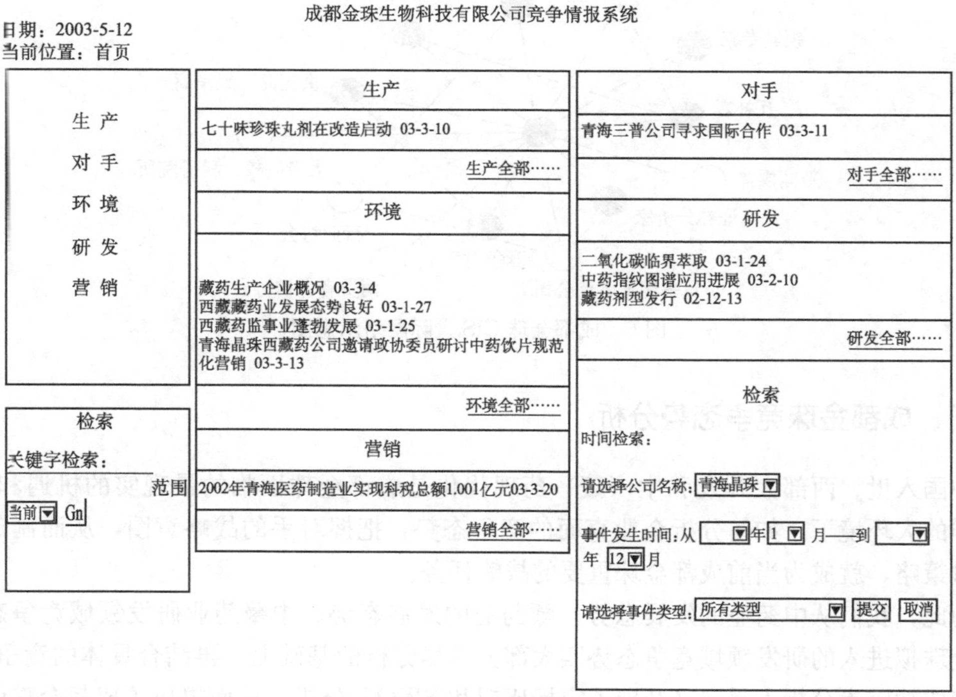

图 5　CIS 服务系统界面

该服务子系统实现了竞争情报服务的基本功能，其扩展功能，如提供个性化服务目前尚未实现，是该系统今后需要完善的地方。拟议今后需要增加的功能包括：根据用户的登录信息定制用户界面；设置用户收藏夹，允许用户将自己感兴趣的信息存到自己的收藏夹；根据信息的点击率向用户推荐最新和最有价值的信息；向关键决策者推送可能急需的信息；等等。

（三）人际网络的建设

人际网络是企业的宝贵财富，开发企业的人际网络是CIS建设的重要任务。我们的基本做法是：内部网络和外部网络同时并举，先内后外；紧密型网络和松散型网络同时并举，先紧密后松散，从而形成成都金珠具有断桥结构的人际网络系统。

为此，需要回答那些人参与网络、入网者干什么和谁来管理网络三个问题，然后根据成都金珠的现实，先采用协调-紧密型模式，在有经验以后逐步向分散-松散型过渡。

内部人际网络的建设应当把企业中的关键资源——开发财源、开发产品、开发销路的富有人际网络的成员吸引到人际网络中来。在关系学盛行的当今，没有有效的外部人际网络，企业将举步维艰。因此，发展与国务院各部委有关司局、地方政府、西藏金珠、行业协会与学会、领域专家、供应商、分销商、互补者等的人际网络就成为成都金珠人际网络建设的首要任务。为保证人际网络更好地为企业的发展和竞争情报活动服务，建议由总经理和信息总监直接管理人际网络的建设和发展。图6为成都金珠人际网络的示意图。

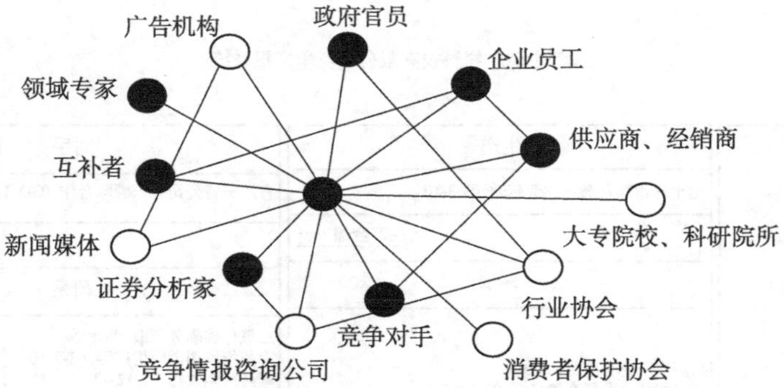

图6 成都金珠CIS人际网络示意图

三、成都金珠竞争态势分析

中国入世、西部大开发和中（藏）药现代化是成都金珠面临的最现实的机遇和挑战。在这样的大环境下，如何分析企业直面的竞争态势，把握对手的战略意图，从而制定自己的应对策略，就成为当前成都金珠重要的战略任务。

为此，我们从中药业的发展态势、藏药业的发展态势、中藏药业研发领域竞争态势和成都金珠拟进入的研发领域竞争态势四大部分详尽分析的基础上，再结合具体的竞争对手，从关键成功因素分析入手，又开展了定标比超和SWOT分析，从而提出了成都金珠的发展战略和策略的建议。

现以SWOT分析为例说明我们的基本做法。

（一）藏药行业的关键成功因素分析

通过对行业专家的访谈、德尔菲调查和现状分析，我们将西藏药业、青海晶珠、青海金诃和奇正藏药作为主要竞争对手；将产品、研发、市场营销与品牌建设和企业现代化水平与规模作为藏药行业的四大关键成功因素，并对定性问题进行定量化处理，从而形成了成都金珠与各主要竞争对手在四大因素上的记分表和比较图。

我们首先将藏药行业的关键成功因素确定为产品、研发、市场营销与品牌建设、企业的现代化水平与规模四项，其重要性权值依次为 4，3，2，1。之后，我们确定了对这四项分别进行评价计分的标准，即藏药行业产品评价表（表 10）、新产品评价表（表 11）、销售力量评价表（表 12）。

表 10　藏药行业产品评价表

加分项目	分值	加分项目	分值
一类新药	3	进入医保目录	3
二、三类新药	2	知名度高	3
四、五类新药	1	专利产品	2
中药一级保护品种	3	获得荣誉或奖励	2
中药二级保护品种	2	价格优势	1
		市场份额绝对领先	2

表 11　藏药行业新产品研发评价表

序号	评分项目	得分及条件
1	独立的新药研发能力	主要根据企业自己独立的研发队伍的强、中、弱分别计分为 5～1 分，没有实际研发队伍的计分为 0
2	合作、委托开发	主要根据研发合作者的个数来记分，一个合作者计 1 分
3	新产品储备	3 个以下计 1 分，3～10 个计 2 分，10 个以上计 3 分
4	研发人才	分别根据充足、适中和缺乏三种情况计分为 3，2，1
5	从其他途径获取新药	从母公司获取，购买专利产品

注：时间为 2001 年 12 月。

表 12　藏药企业的销售力量评价表

分值、条件、评价项目	3	2	1
品牌知名度	高	中	低
销售力量	销售人员 1000 人以上；已经建立起了完善的销售网络	销售人员 300～1000 人；在全国大部分地区建立起了销售网络	销售人员 300 人以下；只在部分地区建立起销售渠道
营销力度	经常性动用多种手段与方式宣传和促销	定期有一定的宣传促销活动	只有比较单一手段进行宣传
其他			好的企业 CI 设计；进行社会公益事业

用这些评价指标分别对这四家主要竞争对手进行评价计分，最终得出的竞争实力综合得分表如表 13 所示，直方图表示为图 7。

表 13　主要竞争对手竞争实力综合得分表

	西藏药业	青海金诃	奇正藏药	青海晶珠
产品要素得分	32	31.9	29.6	19.2
研发要素得分	9	14	11	13

续表

	西藏药业	青海金诃	奇正藏药	青海晶珠
销售力量得分	7	6	6	9
生产要素得分	10	2	6	4
竞争实力综合得分	17.9	18.36	16.94	13.78

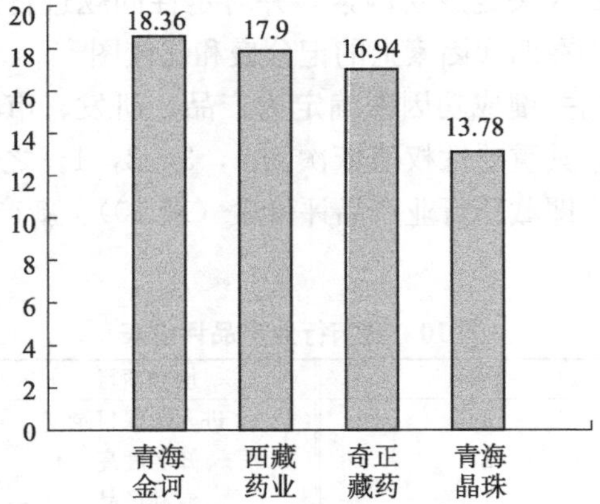

图7　主要竞争对手竞争实力比较图

(二) 藏药行业的机遇和威胁分析

通过调查分析，我国藏药业面临的机遇和威胁示如表14所示。

表14　藏药行业中的机会与威胁分析

藏药行业中的机会	可以采取的行动	藏药行业中的威胁	可以采取的措施
资金和先进的技术开始关注并逐步进入藏药行业	积极引进资金和技术，以多种方式增强企业的实力	藏药行业已经形成了一批明星企业和名牌产品，存在实力强大的竞争对手	开发自己独特的细分市场，或者寻找竞争产品存在的缺陷进行改进和创新
消费者重视天然、无污染的观念，藏药本身的特点使藏药行业的市场逐渐成长，并具有很大的开发潜力	抓住机会，在市场形成的早期就要重视品牌建设，树立良好的社会形象	各藏药企业纷纷进行技术改造，争取提高自己产品的技术含量，以达到国家“量小、效宏、安全”的标准	力争用现代化技术设备武装自己，早日取得CMP认证，使自己成为国家承认的、技术先进的现代化制药企业
对传统藏药名方的挖掘、新型藏药的研制成果已经累积起了一定量的可进行市场化开发的藏药品种	除加大自己的研发力度外，可积极地寻求合作研发或收购已经开发成功的藏药科研成果进行批量生产和包装上市	藏药材资源日渐紧张	进行人工培植，合理开发利用
国家西部大开发战略为藏区经济的发展提供了更多机会和优惠	利用国家优惠政策，争取更多的资金投入和科研项目；争取优产品进医保和基本用药目录，为产品开拓广阔的市场；争取资本、技术上的合作	藏药热升温，新的资金、药方等资源造就出众多新的竞争对手	用产品、品牌、质量与信誉建立起自己的顾客基础
中国加入WTO	藏药拥有独立知识产权的优越性将突出地表现出来，一批竞争对手将被自然淘汰，有利于对藏药行业的发展；有利于藏药产品的出口；有利于吸引外国资金和先进技术	中国加入WTO，将有更多的洋药、尤其是洋中药加入竞争，威胁到整个中藏药行业的生存和发展	提升藏药的技术含量和现代化水平，开展国内外合作开发，合资生产和营销

续表

藏药行业中的机会	可以采取的行动	藏药行业中的威胁	可以采取的措施
OTC市场的启动，新的分销渠道形成	藏药和其他药物同时站到了新市场的面前	消费者对藏药的了解还远远不够，在OTC市场上需要更多的宣传	藏药企业联合起来，共同把藏药市场做大、做强

（三）成都金珠的行业优劣势分析（略）

（四）竞争对手的行业优劣势分析

西藏药业、青海晶珠、青海金诃和奇正藏药是我国藏药行业中引人注目的明星企业，它们各自具有独特的资源和能力，形成了各自的核心竞争力。研究它们的优势与劣势，是成都金珠寻求发展机会、获得进步启发、开发和形成自己能力的一条重要途径。表15～表18分别列出了它们的优势和劣势。

表16 青海晶珠的优势与劣势（略）

表17 青海金诃的优势与劣势（略）

表18 奇正藏药的优势与劣势（略）

表15 西藏药业的优势和劣势

行业关键成功因素	西藏药业的资源和能力				
	优势	保持和利用的方法	劣势	弱化的措施	位次
产品	有自己的名牌产品；有三四类新药； 主要药品进入医保目录；新产品进入OTC目录； 代理名牌保健品“鳄鱼精”	直接从母公司继承了拳头产品“诺迪康”，实际上是使用了国家级科研项目的成果；购买了专利产品“雪山金罗汉”和“小儿双清”；“五味黄连丸”进入OTC目录	产品的品种长期比较单一，存在经营风险，一旦圣地红景天提取技术的技术壁垒被突破，就可能失掉很大的市场	购买其他的专利产品和自己研发新产品，增加产品的种类； 严格技术保密	3
新产品研发	和多个研究机构合作；紧紧依靠母公司的研发优势；研发治疗特殊病症的基因药物	让科研机构参股，股东具有比较强的研发力量；可以从母公司获得新药	没有独立的新产品开发能力；新产品储备不够丰富；开发基因药物等，存在决策和经营风险	和富有经验的科研机构联合开发；直接购买名牌产品和专利产品的生产、经营权	4
市场销售与品牌建设	“诺迪康”是著名的藏药商标；销售力量比较强大	其母公司华西药业有销售人员860人，在全国大中城市建立了56个销售网点；而西藏药业有销售人员794名，在全国设立31个销售机构，派出人员200余人，在当地聘用专职销售人员500余人；考虑到这两者之间的紧密关联程度，所以有必要考虑它们的销售合力；作为西藏地区上市的藏药企业，容易引起大众更多的关注	著名产品的品牌不统一，没有形成强有力的企业宣传合力；“诺迪康”作为一种药品的商品名称，在联想性、独特性上都不明显；营销手段比较单一	在宣传单一商品商标时，注意同时宣传企业的主商标，为后续其他新产品的上市奠定更好的顾客认知基础；采用多种营销手段扩大影响	2

续表

行业关键成功因素	西藏药业的资源和能力				位次
	优势	保持和利用的方法	劣势	弱化的措施	
企业的现代化水平与规模	下属主要的生产企业通过了GMP认证；技术改造完成后，企业的生产规模在国内领先；获得国家高新技术企业认定	通过公司上市，利用募集的资金进行全面的生产线技术改造，或者直接收购具有一定基础的企业投资新建符合GMP标准的生产线，使生产能力达到年产胶囊3万件（1.9亿粒）、口服液3168万支、冲剂1360万袋、片剂25 000万片、颗粒剂3000万袋、提取中药材360吨；通过建设原材料培植基地，生产所需主要原材料可以保证自给自足	主要领先企业自身及其母公司的力量在寻求发展，获得的政府扶持相对少	争取国家科研项目及经费；争取进入国家科技产业计划	1

（五）SWOT矩阵分析

SWOT矩阵分析是SWOT分析的关键，通过综合分析，根据企业面临的机遇和威胁、自身的优势和劣势，具体形成相应的对策。现以竞争对手西藏药业的SWOT分析为例，其态势如表19所示。

表19　西藏药业的SWOT矩阵

外部的环境力量 可选择的对策 内部的资源能力	机会	威胁
	● 新的资金和先进的技术注入 ● 不断成长的市场 ● 有足够多的研制成果可进行市场化转换 ● 国家西部大开发战略提供了更多机会 ● 中国加入WTO，出口的道路更通畅 ● 国家医药制度改革创造出了医保、OTC市场等可以去争取的先机 ● 青海晶珠存在产品质量不稳定的弱点，广告宣传不当 ● 青海金诃相对生产规模小，也没有强竞争力的拳头产品 ● 奇正藏药在国内的营销相对较弱	● 国内存在几个强大的竞争对手，它们普遍都有非常优秀的产品已经成为了藏药行业的明星产品 ● 各藏药企业纷纷进行技术改造，扩大规模、提升藏药品生产的现代化水平 ● 藏药材资源日见紧张 ● 新的竞争对手不断涌现 ● 藏药还不被广泛认可，在OTC市场上需要更多的宣传 ● 中国加入WTO后，更多洋中药进入中国市场参与竞争 ● 青海晶珠突出表现在营销投入大，并且有地方政府大力支持 ● 青海金诃产品种类丰富，新药研发实力强大 ● 奇正藏药有独特的研发力量，并且在成功开发海外市场上走在了前面
	SO策略	ST策略
优势 ● 有自己的明星产品，多个产品进入医保 ● 诺迪康已经成为国内知名的藏药品牌 ● 拥有专利技术 ● 生产规模和现代化水平国内领先 ● 母公司可以提供研发和销售等许多帮助 ● 作为上市公司，机制灵活	● 利用自己股份制企业灵活的优势去争取更多资金和更好的技术、研究成果，吸引优秀人才 ● 用好的产品和好的品牌，抢占先机，先入为主开拓更大市场，包括海外市场 ● 用规模创造产品的价格竞争力 ● 针对主要竞争对手的主要弱点，各个进攻	● 充分发挥自己的技术优势，在产品上创新、创优、创信誉，和老对手竞争，和新对手拼抢 ● 在规模领先的现状下要保证产品质量 ● 用品牌开拓OTC市场 ● 利用好先发优势，加强对藏药材资源、关系上控制 ● 在洋中药大肆涌进中国市场之前巩固已有的市场，抢占更多的市场

续表

		WO 策略	WT 策略
劣势	● 产品种类单一 ● 自己独立的研发实力弱 ● 市场营销表现不突出 ● 作为上市公司，信息公开带来一定的威胁 ● 相对获得的国家支持少	● 在营销上充分适应国家医疗体制改革 ● 适当增加产品种类，突出优势技术产品 ● 在西部大开发背景下，争取更多政府支持，争取国家科研项目和经费	● 抢先发掘和购买好的研究成果 ● 逐渐培养起自己的研发队伍，在藏药产品以经非常华中的风湿、肝病等之外开发出自己独有的新药

参考文献

[1] 包昌火，谢新洲，张燕，等．成都金珠生物科技有限公司竞争情报能力与竞争情报需求调查报告．北京华门策略顾问有限责任公司，2002．2：1-31.
[2] 包昌火，谢新洲，张燕，等．成都金珠生物科技有限公司竞争情报系统的建设．北京华门策略顾问有限责任公司，2002.2：1-120.
[3] 包昌火，谢新洲，张燕，等．成都金珠生物科技有限公司竞争态势分析报告．北京华门策略顾问有限责任公司，2002.3：1-111.
[4] 包昌火，谢新洲，张燕，等．企业竞争情报系统．北京：华夏出版社，2002.
[5] 包昌火，谢新洲，孙振玉，等．竞争对手分析．北京：华夏出版社，2003.

竞争情报战略——评美国企业的竞争情报活动*

美国是现代竞争情报的发祥地之一，把竞争情报作为企业战略的重要构成是美国竞争情报的重要特征，也是由笔者翻译、长春出版社出版的《竞争情报应用战略——企业实战案例分析》一书披露给大家的重要信息。在我国情报界出现泛信息化现象的时候，关注和揭示美国企业的 intelligence 化趋势，不无理论和现实意义。

一、美国企业的竞争情报战略

美国经验表明，竞争情报不仅是企业的一项工作，一种功能，而且是企业的一大战略，是企业逐鹿市场、夺取商机、以智取胜的基本战略。

当今时代，是一个战略制胜的时代。如果说日本是一个以情报立国的国家，美国则是一个以战略立国的国家，是一个战略强国。美国的战略规划和战略实施的能力在当今世界上很少有哪个国家能与之相比。在政治军事领域是这样，在经济技术领域也是这样。

* 本文原载《情报学报》，2003，22（6）：735-748。

可以认为，战略管理的兴起和市场竞争的激化引起了竞争情报的发迹，而研究和制定一个企业的发展战略和竞争策略就成为竞争情报活动的工作目标和永恒主题。

如果说信息技术和军事 C3I 技术（指挥、控制、通信和情报技术）使得美国具有独步天下的军事优势，而把竞争情报作为企业的一大基本战略，建立起包括作为企业中央情报局的人机结合的竞争情报系统，则是美国企业后来居上、独领风骚的重要因素。

笔者认为，美国竞争情报战略的基本思路是：以提升企业决策能力为目标，以竞争情报系统建设为手段，实行竞争情报活动的目标、组织、流程、技术和文化的一体化，从而促进企业盈利水平的提高。

它们的基本做法有以下几方面。

● 以波特的五种力量模型为框架，全方位监视和获取同行、客户、供应商、替代者、潜在进入者的商业和技术的动态。

● 以波特的竞争对手分析模型为框架，运用情报分析技术跟踪和评估竞争对手的现行战略、竞争实力、自我假设、未来目标和反应模式。

● 建设人机结合的竞争情报系统，研建竞争情报知识库，开发可作为决策依据的情报产品，为企业领导集团的竞争决策保驾护航。

● 建立一整套科学、可行、高效的竞争情报工作方法，如竞争情报循环（流程）、关键情报课题（选择）、战略情报与战术情报的 TAP-IN™ 协调机制（团队、人力资源配置、计划、互动、人际网络的协调方案）、竞争情报成果评估等，从而保证竞争情报战略的实施。

● 开展最佳实践企业调查，推进定标比超（典范借鉴）活动，不断提高企业的竞争情报工作水平。

● 推进以竞争情报驱动的企业文化，将竞争情报融入组织结构和业务流程中去，成为企业文化的重要构成。

二、CEO 视野中的竞争情报

获得企业领导集团一些重要人物的支持是开展竞争情报工作的必要条件。这些人物，包括美国称之为 champion，其中首推企业的 CEO。他们对竞争情报的认识和评价，将为我们定义和理解竞争情报提供全新的视角。

（一）微软公司的创始人

比尔·盖茨在《建立于思维速度之上的事业》一书中认为[1]：“我有一个简单但强烈的信念，那就是使你和你的对手、使你和平庸的大众有所区别的最有力的方式，就是和信息打一场出色的交道。如何搜集、管理和运用信息将决定你的输赢。信息的流动是公司活力的源泉，因为它使你能够最大限度调动员工的创造力，并且可以及时得到顾客的反馈。”

与信息打一场出色交道，就是强化信息资源的开发与利用，而对信息资源开发与利用的核心是 information 的 intelligence 化，即将信息转化为情报、知识和谋略。

（二）宝洁公司的董事长兼首席执行官

宝洁公司（P&G）董事长兼首席执行官，之前曾任宝洁公司总经理 9 年之久的 J. E. Pepper 在 1999 年 4 月指出[1]：“我想不出一个比现在更合适的时间来讨论竞争情报，因为我想与历史上其他任何时候相比，今天人们从事竞争情报（或者说，商业情报）工作的能力、技术和知识，更加与企业制定并实施求胜的战略密切相关。”他给出了在旧体制和新体制下宝洁公司的竞争情报（表1）。

J. E. Pepper 认为：“在网络环境下，商业情报工作必须从搜集、分析和传播知识与信息的阶段发展到帮助企业获取和使用知识与信息以制定求胜战略的阶段。”“在建设新型组织结构的过程中，我们正在努力从一开始就纳入正轨，使商业情报深入融入企业的战略规划。”他认为，宝洁商业情报的“目标是参与决策并提供建议”。

表1　宝洁公司的竞争情报

旧体制	新体制
静态竞争分析	动态竞争反应模型
例行报告，反应式的	竞争情报融入战略制定和选择分析
竞争情报分析师的职责	所有员工的责任
高度集中和高度分散	“中心-辐射”式
个人和功能驱动	团体合作
需要了解	需要分享
顶级管理层的有限、零星的支持	顶级管理层的深入支持

为此，宝洁的竞争情报部门把工作重点放在改进公司经营决策的解决方案上，并且其竞争情报人员可以列席公司的执行董事会议，共商公司未来。J. E. Pepper 说：“竞争情报让我们从中受益，制定出真正充满活力和可行的竞争战略。这是竞争情报部门的最大贡献。”

（三）Lexis-Nexis公司的董事长兼首席执行官

Lexis-Nexis 是一家久负盛名的信息服务企业，任职于公司不同业务部门的全职竞争情报人员有十多人。1997年12月出任 Lexis-Nexis 公司董事长兼首席执行官的 Hans Gieskes 先生认为[2]，竞争情报对于公司来说是战略发展不可或缺的组成部分；竞争情报是指任何能使公司保持竞争力的有关市场的信息和知识。它包括客户情报、产品开发、品牌价值、新技术、销售/营销情报、法律/法规。具体来说，如表2所示。

表2　Lexis-Nexis 公司的竞争情报

	收益
服务内容： ·监视。追踪特定竞争对手的行动及其影响 ·建档。搜集特定竞争对手及其领导者的各种信息 ·策略开发。通过比较我方产品和对方产品的优缺点来支持销售 ·产品开发支持。客户投入、竞争对手的产品、时机 ·临时需求 产品内容： ·针对个人（in-person）的数据更新和产品演示 ·对手报告 ·电邮简报 ·电邮热线	·提供预测/情景分析 ·预警竞争对手的行动 ·开拓增长和市场机遇 ·强调产品/市场优势 ·鉴别产品开发创意 ·支持联盟与兼并活动 ·降低财政风险 ·让员工耳聪目明

（四）Avnet公司的副总裁

Avnet公司是全球驰名的电子器件、电脑硬件、电脑外设、软件及相关服务的供应商。该公司的高级副总裁兼投资关系与企业规划部主管 J. H. Hovis 博士将竞争情报与全球战略规划、预算/业绩评估、投资人关系调整等内容相连接，成为公司战略管理系统的重要组成部分。该公司的商业情报办公室（BIO）及其 18 人的竞争情报团队在推动公司的股值增长中发挥了重要作用。

J. H. Hovis 博士认为[3]："战略控制就是要击中你的目标，而竞争情报恰恰照亮了这一目标。竞争情报必须成为战略管理系统的一个功能组成部分。其实在我脑子里这两者根本就没有什么分别。竞争对手情报是 Avnet 公司战略规划结构的一部分。"

他们将全球商业情报办公室作为公司的竞争情报团队，团队的基本任务在监视竞争对手的基础上协助决策层制定、理解和实施企业的经营战略，增加公司的每股收益（EPS）。J. H. Hovis 博士以图示方式给出了竞争情报在战略管理中的作用（图 1）。

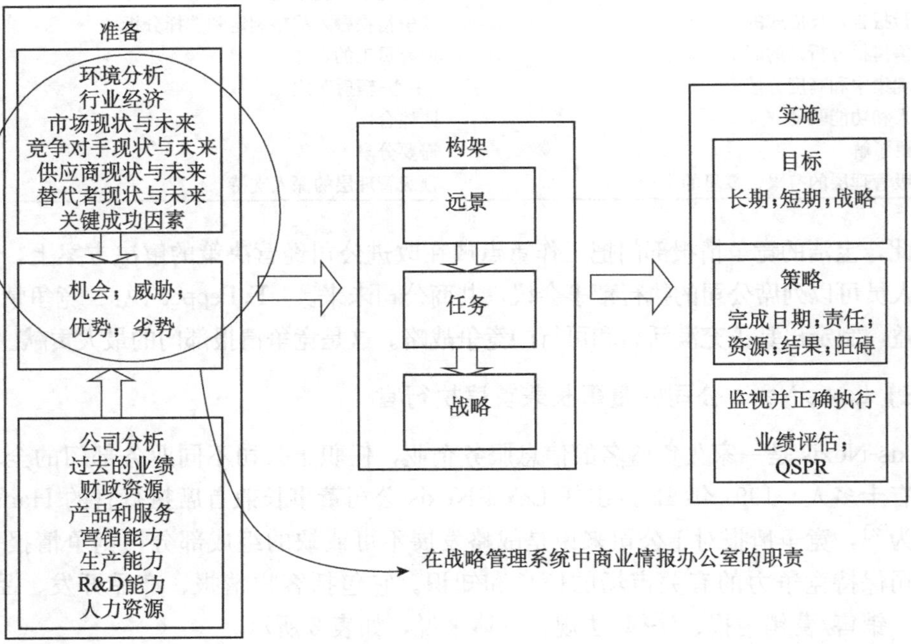

图 1　竞争情报在战略规划中的角色

J. H. Hovis 把竞争情报的基本作用归纳成两条：导向和建议。他说："什么是成功的竞争情报？它要能够把握方向。通过'照亮目标'帮助我们了解谁、在何时、在哪里、做什么等问题，竞争情报使我们可以在战略规划中把准方向。它保证主管在决策过程中时刻都能获得关键信息。"他强调，"公司的主管想从竞争情报中得到什么？这归根结底落实在一件事上：导向"，"你必须告诉他们（决策层）你掌握的信息对公司来说意味着什么。好的分析师、好的竞争情报人员就是要揭示其中的含义，并且建议解决方案"。"你必须把自己纳入决策过程并且告诉高级管理层或是相关人员下一步应该'如何做'。这是竞争情报过程的获胜公式"。他认为，"归根到底，情报究竟是什么？情报是可以指导行动的信息。换言之，它要为你公司内部的决策者提供掌握所需信息并采取行动的机会"。

（五）NutraSweet 公司的董事长兼首席执行官

NutraSweet 公司是世界甜味剂行业的巨头，Robert Flynn 是该公司的董事长兼首席执行官。他在 1994 年 4 月 29 日指出[4]，“情报在海湾战争的结果中所扮演的角色给企业的执行官们上了很好的一课。Norman Schwarzkoph 将军动用情报巩固地位和制定战略的方式，恰恰就是高效率企业行动的榜样”。“一个将军不了解敌情就贸然展开显然是荒唐之极。但人们在生意场上却总是犯这样的错误。公司对竞争环境、顾客需求或是市场支持状况一无所知就开发新产品。它们会打了败仗都不明白是怎么回事”。“当今世界，你必须了解你的对手和市场，而且你必须在全球范围内了解它们。你必须了解对手在地球的另一端正在谋划着什么、它们的原料成本价格、产品质量状况及新产品研发计划。如果你对这些一无所知，那么你就和一个不知地雷为何物就把他的部队往地雷阵里派的将军是一个样”。他说：“我们的公司每天都在和全世界的对手激烈搏杀。我不敢想象在他们毫无准备的情况下就把他们送上战场。在这里，我们用最精良的竞争情报武装他们。”

为了获得所需要的竞争情报，NutraSweet 公司设立一个正式的机构专门负责职业化的竞争情报搜集、组织、分析和发布工作。Robert Flynn 说：“他们的任务就是要把搜集到的信息向客户——公司的管理层——‘推销’，以便于他们参考和行动。”

“我坚信竞争情报帮助我们在 NutraSweet 公司做出的绝大部分决定都是正确的。我甚至可以给它估个价。对我们公司而言，竞争情报每年值 5000 万美元。这是我们赢得的收入和没有‘丢’给对手的收入的总和”。Robert Flynn 认为，“科技的发展大大加快了信息的传播速度，并使得可获得的信息量成倍增长。生意场上的竞争已经迅速地变成了这样一种游戏：你‘过去’知道什么？你是什么时候知道的？在这场游戏中，对情报严肃、职业和具有战略眼光地搜集与分析是实现成功的不可或缺的条件。这甚至已经成了生存的先决条件。游戏的胜者将会是那些最先掌握信息、掌握最多信息和最快把知识转化成行动的人”。

（六）Kellogg 公司董事长

美国凯洛格公司（Kellogg，USA）董事长、Wake Forest 大学 Babock 管理学院研究院 Gary Costley 院长认为[5]，“如果你对未来的方向没有一个设想的话，你就无法制定战略。竞争情报正是一个展望未来的途径，据此制定的战略将使公司获得机会，适应不断变化的世界”。因此，他建议：“竞争情报必须位居首要，因为它是最基本的。它是一种战略性功能，而不是战术性功能。它应该比市场营销的地位更为重要，因为如果你的战略是错误的，那么你就会将一笔巨大的市场营销费用浪费在一些根本错误的观点上。”

三、实施竞争情报的组织、流程、技术、文化的一体化

为了建构企业的竞争情报战略，美国企业的基本策略是实行组织、流程、技术、文化的一体化。

（一）基本构架

由于政府控制的放宽或取消及互联网的兴起，世界电信业的格局正在经历着急剧的变化。为应付电信业竞争态势的发展，通过对北美、西欧和澳大利亚几家最大的电信运营公司竞争情报主管的调查，Deloitte 咨询公司和未来集团开发了一套可供实施的企业竞争情报战略的框架，基本上反映了美国大型企业竞争情报工作的一体化趋势[6]。

图 2 显示了在电信领域构建的具有世界一流水平的企业竞争情报部门的特征。

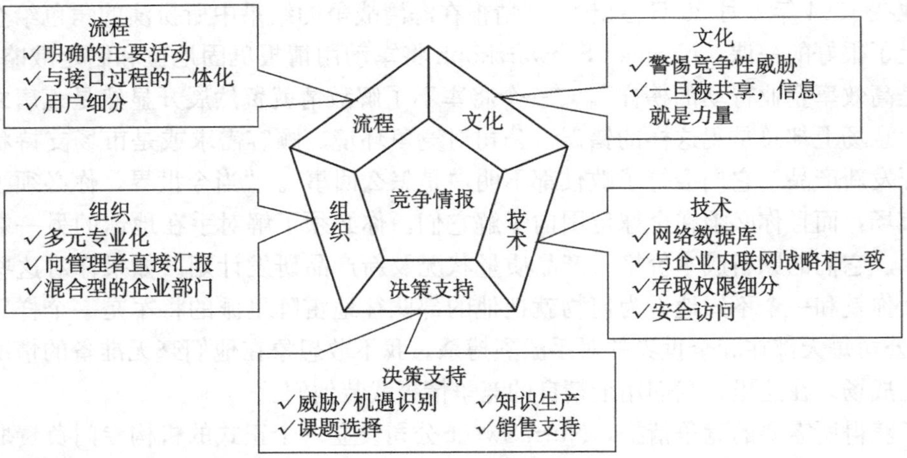

图 2　电信领域世界一流的竞争情报部门的特征

著名竞争情报学家，美国匹兹堡大学 J. E. Prescott 教授积极主张建立以情报为驱动的企业战略，并指出了他的基本构想，如图 3 所示[7]。

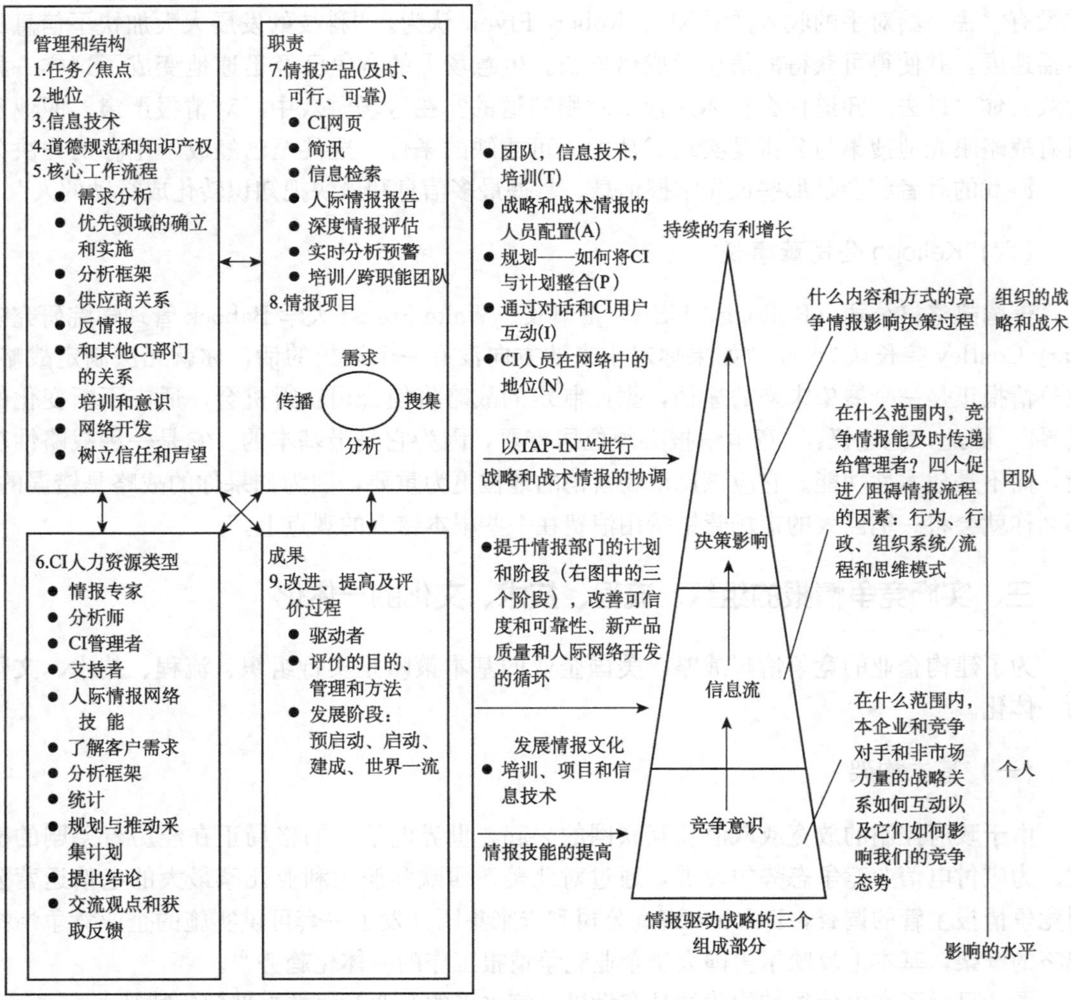

图 3　竞争情报工作的九大关键决策

（二）组织

筹建竞争情报部门是实施企业竞争情报战略的基础。该部门的基本任务是为企业决策提供支持。通常竞争情报部门拥有遍及全公司的情报网络，组建虚拟的情报团队，实行专兼职相结合。调查表明，竞争情报机构通常设在企业部门；绝大多数竞争情报业务都从属于战略规划单位。例如，IBM 公司依靠少数负责整体运行的核心职业竞争情报人员、在全公司范围内组建竞争情报团队网络的领航员计划和宝洁公司的“中心-辐射”模式为组织建构提供了范例。图 4 为宝洁公司的组织结构模式[1]。

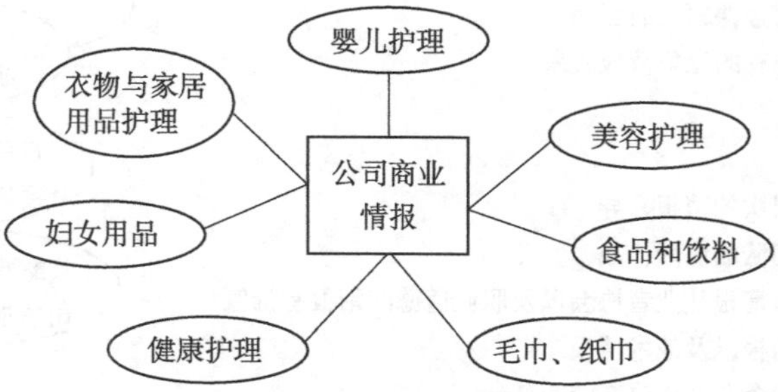

图 4 “中心-辐射”模式

Deloitte 咨询公司欧洲电信的媒体部经理 Stephane Marceau 和 Deloitte 咨询公司美国电信和媒体部高级经理兼未来集团竞争情报业务部业务经理 Kenneth Sawka 认为[6]：“竞争情报业务必须提供具有足够关联度和广度的各种服务，而且这些服务能够被用于支持全公司的决策制定。”

竞争情报系统专家、Rutgers 大学的 Ben Gilad 教授说过：“任何未被最高经理层提议建立的，或至少是未被最高领导层大力支持及使用的情报部门，都注定前景黯淡或无法对决策产生真正的影响。”[6]

美国的经验表明，最高决策层对竞争情报过程的直接参与是竞争情报活动获得成功的重要条件。他们认为：“成功的竞争情报部门必须保持与领导者的密切关系，从部门启动之初即应明确他们的情报需求，必须保证他们的始终参与，不仅要参与情报的及时更新，更要参与整个部门的工作过程。管理者们通常都拥有丰富的信息源，他们广博的经验将使他们能有效地参与对信息的解析。”[6]

（三）流程

所谓流程包括两层含义，一是建立科学的竞争情报工作流程；二是将竞争情报工作融入到企业的关键活动和业务流程中去。

IBM 公司是将这两项流程通过“领航员计划”融为一体，从而大大提高了企业竞争情报效果的典范[8]。

它们的基本做法是建立了以高级执行官牵头、以竞争对手为目标、各业务部门共同参加的虚拟竞争情报团队来评估对手的行动和战略。它们把这种对特定竞争对手的竞争情报计划称之为领航员计划。图 5 显示了领航员计划的基本做法和流程。

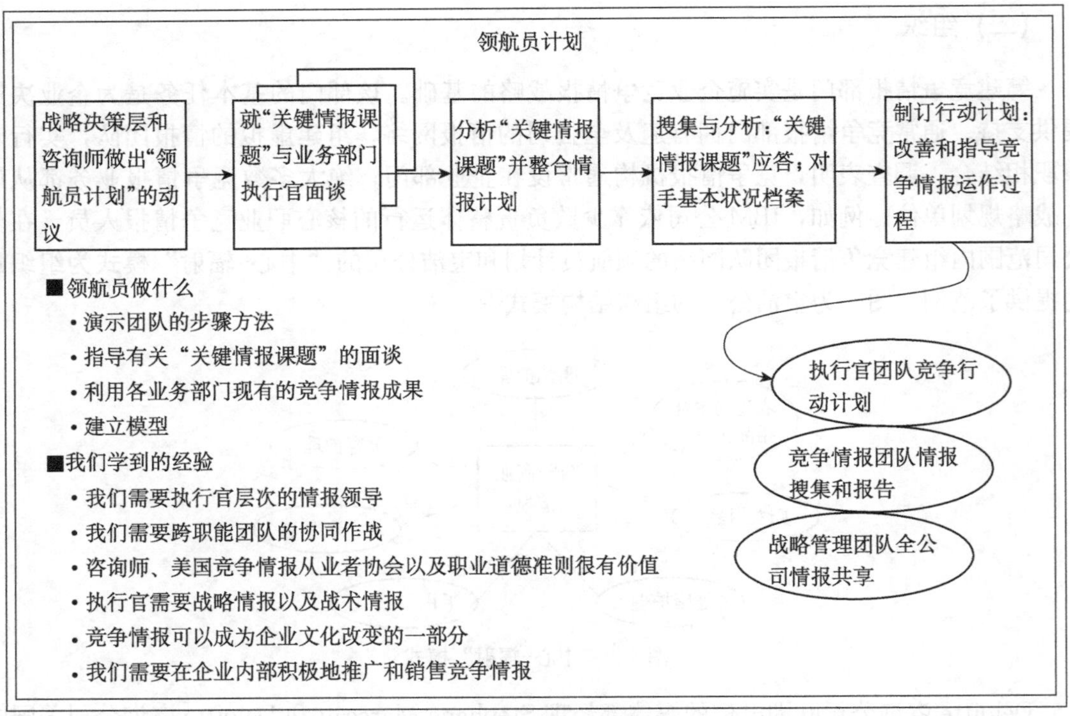

图 5　领航员计划总览

（四）技术

所谓技术，多指竞争情报的搜集、组织、分析和发布的方法和工具。在这些方法和工具中，首推竞争情报分析方法和工具。

美国竞争情报从业者协会认为，创造先进的情报工具和方法，将信息转化为情报是提供决策支持的关键因素。财务预测、预算分析、成本利润研究等这些对公司业绩进行评估的商业分析手段无法抓住影响公司业绩的外部因素，而恰恰这些外部因素会令企业领导人辗转难眠。

经过特殊设计的情报分析技术将对外部环境进行充分解读，从而支持战略决策的制定。情报分析技术种类繁多，采用什么方法取决于具体问题和分析师的选择。Stephane Marceau 等认为，美国企业中的竞争情报分析用得比较多的方法有[6]：结果选择分析（alternative outcomes）；机会分析（opportunity analysis）；关键分析（linchpin analysis）；事件分析（event analysis）；竞争假设分析（analysis of competitive hypotheses）。

（五）文化

所谓企业文化，是指在一定的社会历史条件下，现代企业成员所拥有的、反映本企业特色的基本假说和信念，是对企业在外部环境寻求生存的竞争问题和内部合作问题的反应。因此，竞争情报战略的实施也与企业文化密切相关。

美国推动企业情报文化建设的若干措施有以下几方面。

- 将竞争情报融入企业的核心流程中去。

● 组建多功能团队。

● 实施竞争情报推广计划。

● 破除“信息就是权力”的陋习，形成情报共享的企业氛围。

● 采用如竞争情报热线、800免费电话号码、竞争情报电子邮箱、竞争情报简报等手段降低信息共享的难度等。

J. E. Prescott认为[9]，情报的创造和使用是一个社会过程；应当把情报活动融合到每个人的日常任务中去，推进企业的情报文化，让情报成为企业的第二特性。他建议：

● 为你的竞争情报功能设计一个推广计划。

● 对所有员工进行竞争情报培训。

● 建立与你的战略相配合的人际情报网络。

● 分析情报在你的企业中是如河流动的。

J. E. Prescott还指出，妨碍信息流动的有四大机制，主要障碍不是行为机制和行政机制，而是组织系统和不同思维模式的分歧。为此，他把在组织中，通过提高每个员工的情报技能、建立人际网络及其运行机制和促进信息流动来建立一种情报驱动的企业文化，作为美国竞争情报工作的四大经验之一。

建立以情报驱动的企业文化受到了美国企业界的高度关注。例如，壳牌国际服务集团公司努力提升竞争情报在核心用户中的地位，并把推广计划作为促进竞争情报成功的最关键因素。该公司竞争情报主管Bret Breeding说[10]：“我以为我们能从唐·金及其拳击比赛策划中学到一条很重要的经验。通过把竞争情报工作扩大到超过公司的任何其他流程，它就会成为企业文化中不可分割的一部分。”

摩托罗拉公司董事长Robert W. Galvin曾经说过[11]：“一个情报部门可以被视为一个专业实体，它总是在提供支持、激励，或时不时作一个本垒打，或者在绝大多数时间里作一些相当漂亮的短打，从而推动整个公司的基础企业文化和特质的发展。”

四、美国企业的竞争情报工作方法

美国企业的竞争情报从业者在借鉴美国中央情报局等政治军事情报工作的基础上，结合商业实践的经验，发展了一套科学、可行、高效的竞争情报工作方法，从而保证企业竞争战略的实施。

(一) 竞争情报循环

这是在中央情报局军事情报的基础上开发而成的竞争情报流程，美国称之为竞争情报循环，有人亦称之为Herring模型。对竞争情报循环的表达因公司和学者而异。图6和图7分别表示壳牌国际服务集团公司[10]和Avent公司[3]的竞争情报循环。

竞争情报循环包括五个基本环节，每个都是必需的，其价值相辅相成。现在美国竞争情报界典型的表达方式如图8所示。

美国经验表明，为决策者提供可行性信息和分析性情报、将竞争情报流程与企业的关键活动和核心业务相结合是确保竞争情报在企业内长期发展的主要因素。

1）规划与定向。明确决策者的情报需求，找出可能得到这些情报的信息源。

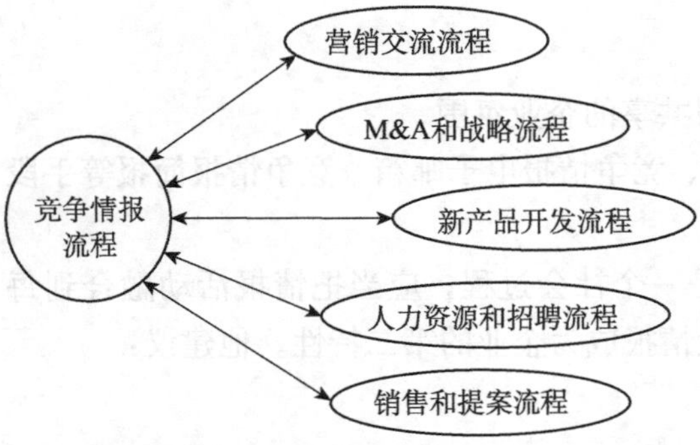

图 6　壳牌国际服务集团公司的竞争情报流程

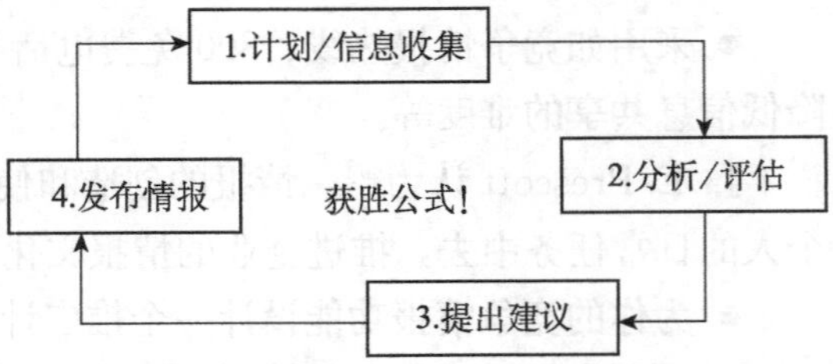

图 7　竞争情报过程——影响力

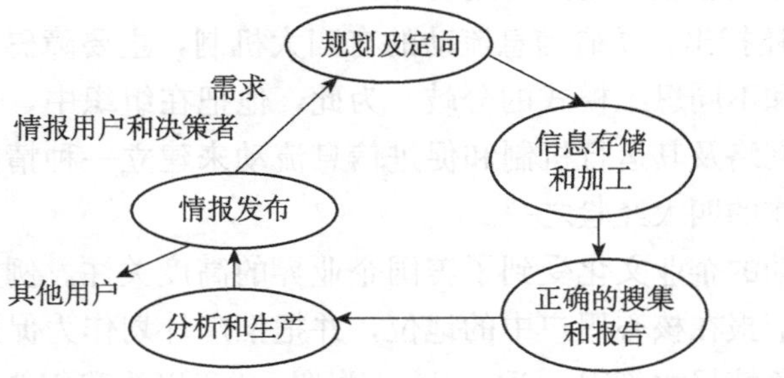

图 8　竞争情报循环

2）信息存储和加工。信息的检索、归档和存储，以电子方式实现，即二手信息的获取和组织。

3）正确的搜集和报告。利用人际网络获取独特的、崭新的具有竞争力的相关信息，即一手信息的获取和处理。

4）分析和生产。生产能预测竞争对手未来行动和建议公司未来战略的分析性情报，而不仅仅是关于竞争对手昨天做了什么的数据汇总，不要把竞争情报部门建成信息发生器。

5）情报发布。分层次、以各种形式将情报传递给决策者和情报用户。

(二) 关键情报课题

关键情报课题主要是由美国中央情报局官员、美国国家科学技术情报官、摩托罗拉情报主管[11]、美国竞争情报创始人之一的 Jan P. Herring 先生推出并引入商业活动的[12]。

1. 背景

作为国家科技情报部门的官员，Herring 成为识别国家科技情报需求的关键人物，他把那些需要优先考虑并集中情报资源以满足国家安全机构及其决策者紧急需求的任务称之为国家情报课题（NIT），即国家竞争情报。进入摩托罗拉公司后，他将国家情报课题的识别过程用于识别和优先考虑企业高层管理具体情报需求的方法称之为关键情报课题，即企业竞争情报。关键情报课题的识别，实际上就是情报循环之一的规划与定向中的核心问题。

2. 类型

他认为，一个公司的情报需求总体来说可以分为以下三种功能类型。

● 战略决策和行动，包括战略计划和战略开发。

● 早期预警课题，包括竞争者的动机、技术上的新发现和政府行为。

● 对你所处市场上的关键参与者的描述，包括竞争者、客户、供应商、管制者和潜在的合作伙伴。

3. 运作

研究一个组织的真实情报需求，并生产出管理层迫切需要的、可以作为行动依据的情报产品，是竞争情报职业的目标。使用系统化的或正式的“管理需求识别过程”（management needs identification process）是实现这一任务的一种行之有效的方法。关键情报课题的核心就是与公司关键决策制定者的互动对话。

关键情报课题的识别通常采用两种模式：响应模式（responsive mode）和主动模式（proactive mode），即我国所称的被动选题和主动选题。

（三）战略情报与战术情报相协调

如何处理战略情报和战术情报的关系问题一直是困扰中美两国情报机构的一个重要问题。我国曾指出过战略情报和战术情报相结合；美国则建立了一种称之为TAP-IN™机制的协调战略与战术情报的概念及操作性流程。

由美国生产力和质量中心资助、匹兹堡大学J. E. Prescott教授和奥克兰大学Cynthia E. Miree博士开发的TAP-IN™机制是在五个最佳实践企业和九个公司调查的基础上，为实现战略和战术情报在概念层面和操作层面的整合而形成的。因而是美国企业实践经验的总结和升华。

1. 目的

企业员工的决策从本质上说可以分为战略性的（未来导向的、长期的）和战术性的（现实导向的、短期的）两大类。究竟是何种决策很大程度上是由员工在企业等级中的地位决定的。因此，一个公司在其不同的组织层面和各个部门之间协调情报的过程将大大增强竞争情报对公司决策过程的影响。为此，通过设计一个竞争情报流程以协调战略和战术情报，不仅能够提供经理和雇员具体的决策需要，而且也使公司在战略和战术行动中保持内部的一致性，从而克服了战略情报和战术情报因分割而分离。

2. 内容

以决策制定为中心的战略情报和以决策实施为中心的战术情报协调和互动的TAP-IN™机制由下列部分构成。

● 团队、信息技术和企业培训。

● 战略情报和战术情报工作中的人员配置。

● 计划——如何把竞争情报整合入计划。

● 通过对话与竞争情报客户互动。

● 竞争情报部门在人际网络中的位置。

竞争情报部门以特定的方法应用TAP-IN™机制，就可以合理地调整战略情报和战术情报的关系，并且不断了解整个组织的情报需求，明确界定竞争情报活动的任务。

3. 运作

TAP-IN™机制的运行是一个复杂过程，且因企业性质和业务流程的不同而异。现以销售和营销为例加以说明。

● 派员参与企业销售方面的单功能团队和多功能团队。

● 合理分配人力资源，如SBC公司的25名竞争情报工作人员的1/4从事战略竞争情报。

● 参与公司的战略规划过程，并渗入产品、价格和促销的营销环节。

● 采用电话、电子邮件、语音邮件、电话会议、电视会议、数据库、内联网在销售和营销领域发布和共享竞争情报。

● 运用口头形式、书面形式、电子邮件形式在销售、营销和高层管理之间实行互动。

● 运用警报、情报报告、基于Web的竞争数据库为不同客户提供不同信息。

● 建立竞争情报团队与内部销售和营销客户之间的信任关系。

（四）竞争情报工作评估

建立科学的竞争情报评估工作体系是促进竞争情报部门发展、提升竞争情报地位的重要举措。

评估工作的重点是竞争情报机构是否为公司管理者提供了可行的竞争情报和早期预警，证明竞争情报如何有利于企业的经济效益，并将正式评估和非正式评估过程结合起来。对分析师的评估标准包括人际情报网络的建立、情报报告的质量、促进建议实施的能力、情报的时效性和人际互动水平。

为此，J. E. Prescott教授指出了企业竞争情报部门评估和发展的基本框架，如图9所示[9]。

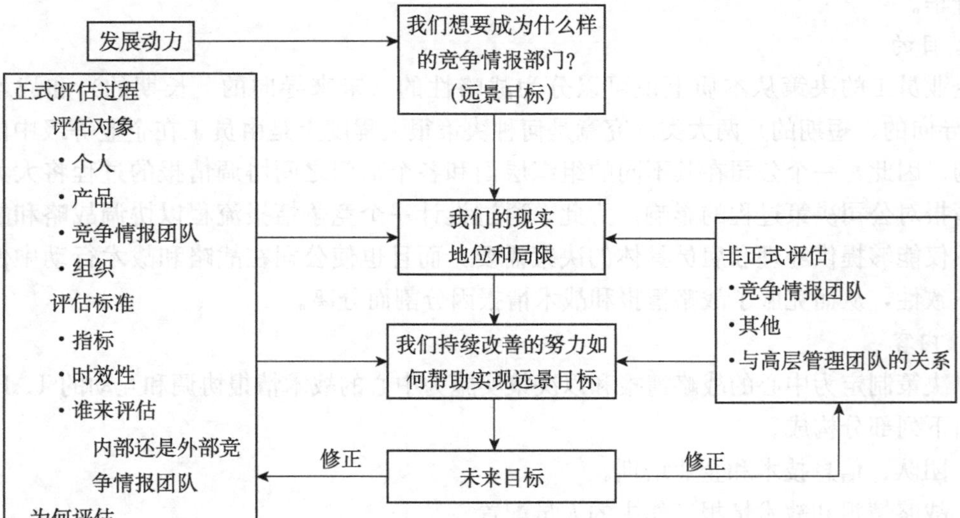

图9　竞争情报部门评估和发展的基本框架图

Amoco世界开发商业集团（WEBG）开发了三种以竞争情报部门在销售和营销领域中的绩效为中心的定量和定性评估方法：Amoco的数据质量评估、Amoco的销售和营销反馈及Amoco的信息供应商产品评估[13]。

壳牌国际服务集团公司把竞争情报评估放在第一位，开发了24种模式，勾画出竞争情报部门为了使核心流程增值而必须执行的任务，规定了一套可以揭示不足的评估指标[14]。

五、企业竞争情报系统的建设

建立人机结合的企业竞争情报系统是企业实施竞争情报战略的组织保障和物质基础，是美国企业竞争情报工作的重要特色。

据美国未来集团1998年的一项调查显示，本部在美国，年收入超过100亿美元的大型跨国公司中，有82%的公司设有专门的竞争情报机构，另有本部在美国，年收入在10亿美元以上的公司中，有60%拥有竞争情报系统[15]。现枚举几个比较典型的企业竞争情报系统。

（一）战略早期预警系统

为了对可能发生的未来事件有强的预知能力，戴姆勒-奔驰宇航公司开发了由情景分析导向的战略早期预警系统开展企业的竞争监视[16]。

它们的基本做法是：采用情景规划确定重要的监视方向，以公司内部那些关注相关领域发展和研究成果的人物为“监视器”和“扫描器”，采集重要指标、统计数据、领导和专家意见，分析综合后以一种可读的方式传达给管理层，并定期呈报情报分析报告以协助决策和管理。图10和图11给出了战略早期预警系统及其信息源。

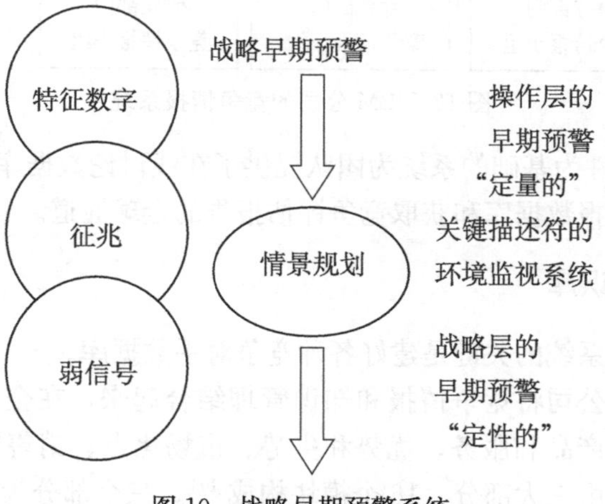

图10　战略早期预警系统

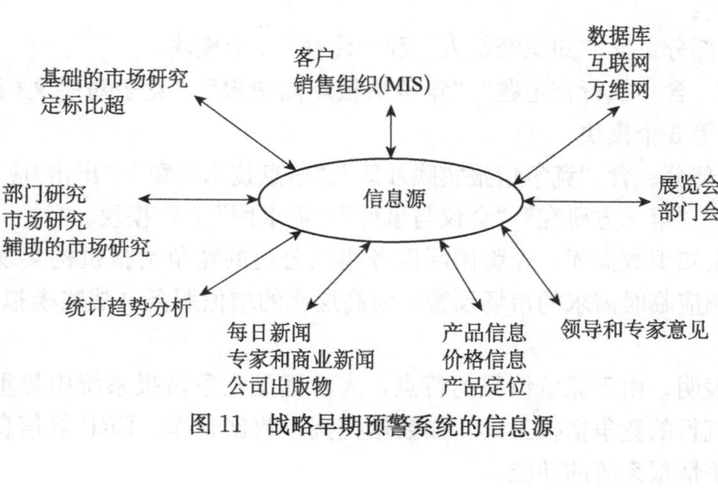

图11　战略早期预警系统的信息源

（二）竞争对手分析系统

为扭转因对竞争关注不够造成的企业利润急剧下滑的颓势，1993 年上台的 IBM 公司首席执行官 Couis V. Gerstner，Jr. 审时度势，提出“立即加强对竞争对手的研究”“建立一个协调统一的竞争情报运行机制”，迅速构建起了一个遍及全公司的竞争情报网络[17]。该网络的核心是组建 12 个以高级执行官为“常驻专家”，以竞争对手为研究对象的竞争情报团队，如图 12 所示。

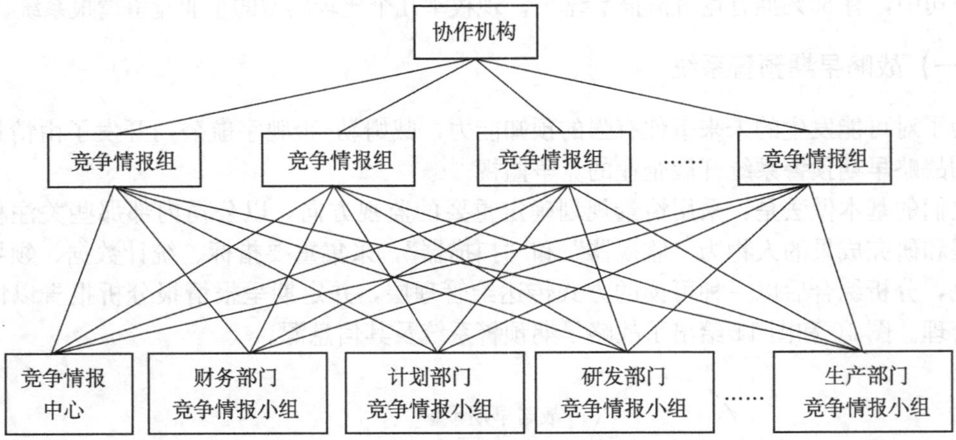

图 12　IBM 公司的竞争情报系统

以 Lotus Notes 软件为基础的系统为团队提供了在线讨论数据库，也为执行官和分析师提供了进入各种竞争情报数据库和获取竞争评估报告的全球通道。

（三）竞争情报知识库

建立企业竞争情报系统的关键是建好各种竞争对手数据库。

壳牌国际服务集团公司将竞争情报和知识管理结合起来，在企业内联网基础上，建立起一个包括竞争对手的产品和服务、优势和劣势、市场焦点、销售渠道以及战术等在内的竞争情报知识库。该库由三大部分、16 个模块构成[10]。三个部分为框架设定部分、研究部分和知识管理部分。

1）框架设定部分。含“知识经纪人”和“注释”2 个模块。

2）研究部分。含“执行官主题”“竞争情报新闻快报”“竞争对手文档”“黄页文档”“人力资源管理”等 6 个模块。

3）知识管理部分。含“竞争情报实践社区”“信息技术鸟瞰”“出击/应对战术”“个人讨论”“定标比超”“第三方研究”“会议与事件”“需求网”8 个模块。

通过竞争情报知识数据库，壳牌国际服务集团公司的竞争情报机构实现了由低层次的增值服务活动（响应临时需求的市场预警）向高层次的增值服务（战略模拟/决策支持）的过渡。

美国的经验表明，由于竞争情报的特点，人永远是竞争情报系统中最重要的因素。因此，不能将当前流行的竞争情报工具，如数据挖掘、数据仓库、ERP 等信息系统及软件产品完全等同于竞争情报系统的功能。

六、最佳实践企业调查

最佳实践企业调查是美国企业竞争情报的重要创举。它采用定标比超分析学习典范企业的先进经验，确立基准，进行比较，实现赶超，从而不断地改进和提高企业竞争情报工作的水平[18]。

为了更好地了解美国企业的竞争情报工作，兹介绍两次关于企业竞争情报运行的定标比超分析，以飨读者。

（一）迪尤肯大学的调查

为了研究作为战略工具的竞争情报在组织中的运行过程，迪尤肯大学市场营销专业的 Conway L. Lackman 博士等以闭环式情报流程为基础，对 16 家企业进行了一次定标比超分析，提出如下建议[19]。

1）竞争情报发展　为确保竞争情报工作具备应对各种未来数据和长期挑战的实力，应做到以下几点。

- 选择一种能保证领导者充分领会竞争情报的核心价值，并将提供支持的管理关系。
- 吸引并雇佣一流的、具有高度主动性、致力于投身竞争情报事业的专业人士。
- 获取足够的资金和运营预算，从而能够对竞争情报部门提供长期支持。

2）竞争情报结构　搞好竞争情报工作需要三个基本模块。

- 调查小组。该模块以任务和项目为导向，搜集原始的、二手的、口头的和管理信息系统中的信息，向情报流程提供合适的数据流。
- 情报数据库。该模块将负责建立和维护企业情报数据库，并负责开发新的、有助于在全公司搜集和发布信息的信息管理技术。
- 战略性市场营销情报。此模块负责情报流程的规划和分析方面的任务，对调查小组提供的信息进行筛选、综合和解释，从而实现外部数据向市场情报的转换。

3）竞争情报系统选择　认为竞争情报系统不能等同于企业的信息管理系统，建议将由用户—需求分析—信息源识别—信息搜集—信息解释—情报库建立—情报传播构成的闭环型模式作为建构企业竞争情报系统的基本模式。

结论：建议采用的三个模块是在组织中构建一个有效的循环式情报系统的基础。一个开展竞争情报工作的公司需要夯实基础，建设基础设施并使之持续地作用于市场情报。以用户为导向、从首席执行官开始的企业全员参与及有效的传播渠道，对任何竞争情报部门的成功都是至关重要的因素。

（二）美国生产力与质量中心和竞争与商业情报联合会的调查

创造可行性情报、为组织的战略决策制定提供支持是竞争情报的基本目标和任务。为此，由美国生产力与质量中心竞争情报主题专家 J. E. Prescott 教授和 Jan P. Herring，以及竞争与商业情报联合会（CBIC）定标比超分析主管 Pegi Panfely 女士负责开展了“竞争情报机构如何在组织中创造可行性情报”的调查，采用定标比超方法，分析最佳实践企业在创造可行性情报时所采用的机制和程序。他们将调查分析成果归结为七项重要发现[20]。

1）具有稳定的、不断改进的竞争情报基础结构　这些基础结构包括人员的素质、（人际）网络的开发、广泛的支持者、支持者的替代者（如将竞争情报业务与全面质量管理相结合）。

2）分散—协调型网络　美国企业创造了既分散又集中的网络，实现了企业对信息的搜集、分析和交流。例如，柯达公司的管理矩阵、施乐公司的竞争情报提供者网络（CI supplier network）、贝尔大西洋公司的竞争情报论坛及许多公司的情报咨询。

3）作为一个学习系统运行的灵敏的信息技术系统　调查者强调，所谓信息系统并非情报系统，情报部门应当根据竞争情报需要和企业文化调整、构建自己的信息技术系统。例如，施乐公司构建了智力资本数据库（intelligence capital database）、太平洋公司构建了自持式（self-mantaining）的论坛平台、Merck 公司创建了在情报提供者和情报用户之间协作关系的信息技术平台，还有的公司构建了各种调查的查重系统。

4）联系　调查证明，战略规划与战术过程是互联、互动的一个循环过程。因此，一流企业都力图将情报融入整个业务循环中，创造出一个能够从战略规划到实施、从研发到销售的各个环节上提供情报的系统。

5）用户反馈-实施的联系　调查表明，竞争情报的用户识别、需求识别、反馈及实施是一个过程，美国许多企业创造了一些非常优秀的流程以确保情报工作的有条不紊地进行。例如，Merck 公司的申请表和反馈表；贝尔大西洋公司将评估过程融入到情报的生产过程中，从而使整个竞争情报工作增值。

6）由假设驱动的建议　将情报研究的发现转化为决策建议是情报增值的关键。为此，美国企业强调培养情报研究人员的信用和直觉能力，把握分析的对象、思路、判断三大要素，重视如何将一份报告调整为一种便于经理们使用、创造可行性情报的语境和格式。

7）情报文化的制度化　建立信息共享的文化是竞争情报发展的沃土，因此情报文化的制度化是美国企业的重要经验。

情报文化制度化的基本做法是：使企业上下对竞争情报有所感知；向员工展示竞争情报的作用；提供竞争情报培训。他们创造了“停车场聚会”、战争游戏、物质奖励、首席执行官带头、将竞争情报计划纳入企业战略和业务规划中去。

作为国家政府的竞争情报，尤其是技术竞争情报，中国曾经辉煌过。起“耳目、尖兵和参谋”作用、“参与决策，当好参谋”、为各级管理部门科学决策服务的指导思想，以情报研究为主导、信息资源为基础、信息技术为保障的工作方法，至今也是美国竞争情报工作的基本思路。似曾相识燕归来。作为中国的情报，不应只研究 information 问题；作为中国的情报学，当然也不应只建筑在 information 上，而应建立在 information 和 intelligence 两大基石的基础上，我们期望，美国竞争情报的战略和工作的实践，能够有助于我们克服和反思以 information science 架构发展的中国情报学对中国情报工作实践的偏离。

参考文献

[1] Pepper J E. Competitive intelligence at Procter & Gamble. Competitive Intelligence Review，1999，10（4）：4-9.

[2] Gieskes H. Competitive intelligence at Lexis-Nexis. Competitive Intelligence Review，2000，11（2）：4-11.

[3] Hovis J H. CI at Avnet：a bottom-line impact. Competitive Intelligence Review，2000，11（3）：5-15.

[4] Flynn R. Nutra Sweet faces competition：the critical role of competitive intelligence. Competitive Intelligence

Review，1996，(S1)：S25-S28.
[5] Downham M，et al. Understanding the competition：the CEO's perspective. Competitive Intelligence Review，1996，7 (3)：4-14.
[6] Marceau S，Sawka K. Developing a world－class CI program in telecoms. Competitive Intelligence Review，1999，10 (4)：30-40.
[7] 赵刚，等．技术创新与企业竞争．北京：华夏出版社，2003.
[8] Behnke L，Slayton P. Shaping a corporate competitive intelligence function at IBM. Competitive Intelligence Review，1998，9 (2)：4-9.
[9] Prescott J E. Proven Strategies in Competitive Intelligence：Lessons from the Trenches. in Proven Strategies in Competitive Intelligence. New York：John Wiley & Sons. Inc.，2001.
[10] Breeding B. CI and KM convergence：a case study at shell services international. Competitive Intelligence Review，2000，11 (4)：12-24.
[11] Galvin R W. Competitive intelligence at Motorola. Competitive Intelligence Review，1997，8 (1)：3-6.
[12] Herring J P. Key intelligence topics：a process to identify and define intelligence needs. Competitive Intelligence Review，1999，10 (2)：4-14.
[13] Miree C E，Prescott J E. "TAP-IN" to strategic and tactical intelligence in the sales and marketing function. Competitive Intelligence Review，2000，11 (1)：4-16.
[14] Herring J P. Measuring the Effectiveness of Competitive Intelligence. SCIP Publications. 1999.
[15] Miller S H. Preface：corporations get smart，in proven strategies in competitive intelligence—Lessons from the Tranches. New York：John Wiley & Sons. Inc. 2001.
[16] Tessun F. Scenario analysis and early warning systems at Daimler-Benz Aerospace. Competitive Intelligence Review，1997，8 (4)：30-40.
[17] 包昌火，谢新洲，等．企业竞争情报系统．北京：华夏出版社，2002.
[18] 包昌火，谢新洲，等．竞争对手分析．北京：华夏出版社，2003.
[19] Lackman C L，Saban K，Ianasa J M. Organizing the competitive intelligence function：a benchmarking study. Competitive Intelligence Review，2000，11 (1)：17-27.
[20] Prescott J E，et al. Leveraging information for action：a look into the competitive and business intelligence consortium benchmarking study. Competitive Intelligence Review，1998，(1)：4-12.

壳牌国际服务集团公司的竞争情报活动*

一、竞争情报部门的主要工作

壳牌国际服务集团公司从事增值服务的基本做法是：将竞争情报工作融入到公司的核

* 本文原载《中国信息导报》，2003，(9)：47-49。

心流程中去[1]；推进竞争情报活动从低层次的增值活动到高层次的增值活动演进。

（一）融入公司的核心流程

它们认为，一个公司可以建立出色的竞争情报部门，但它如果不与其他职能部门积极交流，其价值是极其有限的。因此，从营销流程开始，逐渐向战略流程拓展，积极参与公司的以下流程：新产品开发；战略（通过合并与收购）；销售与提案；人力资源与新员工招聘；营销交流，如图 1 所示。

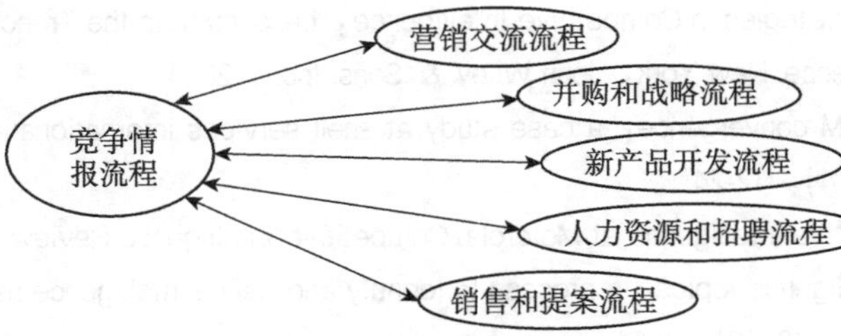

图 1　SSI 公司的竞争情报流程

（二）竞争情报部门的基本任务

CI 部门的基本任务由临时需求、市场预警、知识管理/CI 知识库和战略模拟/决策支持四大模块构成。它们之间是相互关联和逐步递增的过程，完成由战术到战略、低增值到高增值的演进，如图 2 所示。

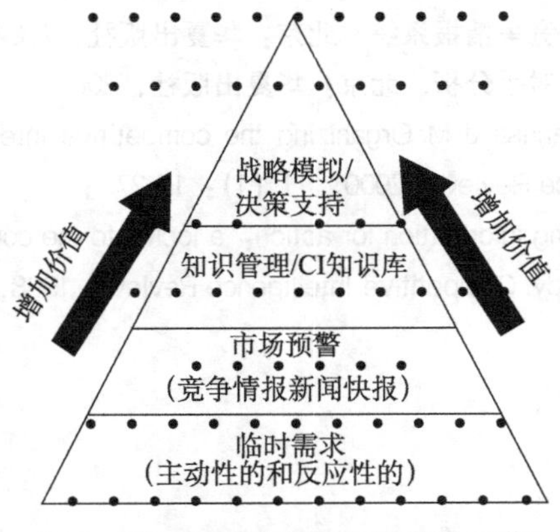

图 2　竞争情报分析师的周期性工作

1. 临时需求

许多 CI 分析师面临的第一项任务是应对众多的临时需求：统计数字；公司财务状况比较；报刊文章检索；市场动态综述；投资分析师的报告；执行官个人资料；分析与研究报告；竞争信息；国际商务研究；SEC 及其他公共机构的档案资料；经济指标。

这些临时需求可以分为主动性和反应性两类，内容十分广泛，每年近 7500 件，日均 35 件。所谓主动性需求是指那些在用户提出要求之前就已经准备好答案的需求；反应性需求则要求作调查研究。他们认为，在处理临时需求的研究中，提供密集的后续信息是很重要的，因为这样可以提高客户的满意度并与客户建立良好的关系；CI 分析师提供的信息可以满足用户的部分而不是全部需求，这为具有更高增值作用的后续工作留下了机会；保持与核心用户的良好关系可以拓展CI部门的网络和反馈机制，从而使CI部门在任何时候都能够与核心用户取得联系以讨论其他的重要问题。

由于临时需求是无穷无尽的，他们建议采用设定工作流量以控制需求量和排定核心用户的优先顺序这样的一些做法。由此，通过临时需求的满足，既使他们与核心用户建立起良好的互动关系，又不至于被无穷无尽的临时需求所淹没。

2. 市场预警

CI部门推行周报制度，出版《竞争情报新闻快报》（CI News-to-Go）。CI分析师每天用半个小时浏览有关竞争的报纸期刊，进行总结，抽取亮点。《竞争情报新闻快报》关注SSI公司的竞争对手在信息技术服务市场上的动向、关注可能影响SSI公司战略定位的新技术领域、提供盟友的信息、竞争对手间的购并格局以及第三方研究机构对行业趋势的预测。根据分析师的判断和多年的从业经验，还加入了一些竞争预测分析。出版快报的好处是：节省了用户自己浏览报刊、网站的时间；提升了企业老总和员工对竞争的关注；引起了核心用户对CI部门的重视。

3. 知识管理系统/CI知识库

CI部门搜集所有业已讨论的信息、建设和维护位于SSI公司内联网的竞争情报系统（他们称之为竞争情报知识库）在公司内发布，实现竞争对手情报获取的自动化和效率的最大化。实现了基本信息自动化，为核心用户有效利用信息系统提供自助式服务，CI部门就可以专心致志地从事战略模拟和决策支持等更高层次的增值活动。

4. 战略模拟/决策支持

CI部门从事的决策支持工作包括模拟竞争对手可能的竞争反应。他们使公司有经验的员工参加到为关键决策所做的情景规划中去。与决策（交易）团队中1～2名熟悉客户需求的成员协作，就能够预测出当一系列具体事例发生后，某一竞争对手最有可能采取的反应措施。CI部门不光模拟对手的行动，而是要考察对手的能力并制定出本公司在竞争中先发制人的方案。

二、竞争情报与知识管理的整合

CI知识库是SSI公司商业情报知识库的构成之一，它与顾客/前景情报知识库、市场情报知识库、技术情报知识库和合作伙伴情报知识库一起构成了SSI的商业情报知识管理系统，从而实现竞争情报与知识管理的有机整合。他们以公司内联网为平台，建立竞争情报/知识管理系统，亦即CI知识库，这一系统囊括了竞争对手的产品和服务、优势和劣势、市场焦点，销售渠道及战术等许多重要内容的分析，是一个对竞争对手和市场进行深层次分析的知识管理系统。它最重要的价值是激发核心用户的响应。当用户知晓如何从系统中获取和使用信息时，他们就可以更快地做出决定，也可以更有效地节约CI部门的时间。

由于许多信息是非常敏感的，安全性应当成为系统的重要特征。人们只有与CI部门取得联系并且注册登记后，才能进入系统。CI部门则根据设定的密码控制出入。

CI知识库由3个主要部分、16个内容模块组成。

(一) 框架设定部分

由用户获取有关竞争情报模块工作方式的知识，包括“知识经纪人”和“注释”两大模块组成。

1）知识经纪人。知识经纪人模块的功能好比使用CI知识库的工具箱。内有一个电子报亭，列出了大多数信息的来源。用户还可以找到“竞争对手入口”，这里列举了他们所研究过的所有对手的信息及其主页的链接。还包括“最佳竞争情报实践”，详细介绍了SSI公司CI部门从事的上述四项主要工作的内容。

2）注释。注释模块包含整个CI知识库所使用术语的定义。例如，主要对手、潜在对手、区域对手和特定领域对手，以及战略、实战情景、主动性研究、反应性研究等。

(二) 研究部分

这一部分的模块的所有信息来源于二手研究成果和公开发布的信息。包括执行官主题、竞争情报新闻快报、竞争对手文档、人力资源管理及黄色文档等。

1）执行官主题。这一模块是根据与处于各核心流程的执行官们互动交流中获得的用户的需要设定的。该模块以很宽广的视野勾勒了竞争对手的状况，从而凝练地分析了市场情况和SSI公司的竞争定位。例如，它包含了对手的总部、增长率、岁入及员工状况；分析了过去15年来行业内完成的主要的大宗信息技术外购交易；市场规模和市场趋势分析，以及如何缔结合同的信息。

2）竞争情报新闻快报。该模块储存了所有通过《竞争情报新闻快报》发送给核心用户的信息。

3）竞争对手文档。该模块是CI知识库的核心，包括主要对手、潜在对手、区域对手、特定领域对手的竞争。

4）人力资源管理。该模块从竞争对手的人力资源政策、组织构成、员工雇佣与解雇、雇工安置和员工培训等角度考察对手的状况。

5）黄色文档。所谓黄色文档，即竞争对手无力为客户提供解决方案及失误的事例。竞争对手在同潜在顾客打交道的时候常常会表现出一些固定的模式和薄弱环节。通过分析研究这些固定模式，公司可以为对手设定陷阱。当对手进入圈套之后，黄色文档就可以用来指出对手曾经在哪些与该圈套有关的领域栽过跟头并且最终给其顾客带来大笔损失。

6）marcom@competitor. com。该模块收集了对手如何与外部市场沟通的信息，如分析对手的广告与广告推广活动、年度报告、媒体发布的信息、社区事务、宣传手册、成功案例等。通过分析SSI公司的Marcom功能就可以观察到某个对手向市场传递的信息，从而制定出与对手显著不同的、能提供更多服务的策略。

(三) 知识管理部分

在这部分的模块中，核心用户以某种方式实现与CI部门的知识共享。

1）竞争情报实践社区。该模块详细列出了参与和推动SSI公司CI工作的人员名单，以及从其他公司（主要为对手公司）跳槽进入SSI公司的员工名单。这些人参与提供有关信息技术服务行业的情报。

2）出击/应对战术。该模块是CI部门从事决策模拟和支持的关键投入。CI分析师与决策部门的部分成员一道，试图模拟竞争对手最可能的行动方案，它迫使决策部门以一种积极的态势来考虑竞争并制订对潜在客户的反应计划。

3）个人讨论。该模块让用户可以上传并讨论他们从业务一线听到的有关竞争对手的情报。通过该模块，消除业务一线人员与决策者之间的隔阂，将CI部门发展成这样一个中心：搜集和分析有关竞争的信息和知识，然后把它们作为情报传递给决策者。

4）定标比超。该模块围绕着对手定价、顾客满意度/质量/SLAs、人力资源能力和宏观产业指标4项核心内容对对手和产业进行定标比超分析。

5）信息技术鸟瞰。该模块勾勒出所有潜在客户及与这些客户有业务往来的对手的状况，包括对手正在推行的计划、它们与谁合作以提供其服务、每项计划何时结束、它们与其客户的关系状况等。

为了增加模块的价值，CI部门必须与每个交易项目的销售执行官紧密协作，并且要密切关注这些执行官们发现的对手正在与客户进行谈判的文字计划。

6）第三方研究。该模块详细介绍了信息技术服务市场上的信息供应商，包含SSI公司所购买的所有报告。

7）会议与事件。该模块详述了那些可能引起核心用户兴趣的会议，包括由信息技术分析师主办的会议及搜集到的与会核心成员的书面报告。

8）需求网。该模块分析了SSI公司员工提出的所有临时需求的特点。

三、SSI公司的基本经验

1. 不要试图制订一项完美的计划

他们的体会是先易后难，如可从建立对手文档、制定竞争战术手册、设计新闻模块开始。通过服务，召开核心用户讨论会，从业务一线人员中获取出色的构想，不断完善体系的模块及其内容。他们认为，临时需求的共同主题常常可以变成竞争情报系统中的主要模块。

2. 建立与核心用户的互动关系是成功的关键因素

他们认为，CI部门只有在长期的临时需求领域提供可信的服务，才可以获得核心用户的信赖。他们通过完成临时需求、演示CI知识库和用心编辑《竞争情报新闻快报》出色地与他们建立了牢固的关系。他们体会到，最佳用户是那些能够对他们正在执行的项目提供的服务提出最具建设性批评意见的人。

3. 任何竞争情报知识管理系统的主要优点都将最终归结于自助式服务

随着核心用户数量的增加，临时需求量也会随之增加。因此，自助式服务是解决CI部门穷于应付无暇他顾的基本对策。

4. 推广计划已经成为促使竞争情报知识库成功的最关键因素

在拳击比赛的全过程中，唐·金都位于中心地位。他们从中学到一条很重要的经验：应把CI工作推广到公司的任何其他流程中去，它就会成为企业文化中不可分割的一部分。

参考文献

[1] Breeding B. CI and KM convergence. a case study at shell services international. Competitive Intelligence Review，2000，11 (4)：12－24.

Lexis-Nexis 集团的竞争情报活动*

Lexis-Nexis 集团是世界上一家久负盛名的信息服务企业，Reed Elsevier 公司所拥有的 Lexis-Nexis 数据库是实时信息及过去 26 年档案信息的重要来源，1998 年收入达到 13 亿美元。公司的目标是成为为法律、商业和政府部门的专家提供决策支持的首选的信息与服务供应商。公司主要包括为法律界提供信息服务的 Lexis 出版公司和为商界、政界和学术界人士提供服务的 Nexis 商业公司。2000 年，在 63 个国家和地区分设机构中，其雇员逾 8000 人，拥有 180 万注册用户。

一、竞争情报在公司的战略地位

Lexis-Nexis 集团的基本目标是要在法律信息和商业信息两大市场领域保持竞争优势。在商业信息领域，面临道・琼斯（Dow Jones）、Dialog 两大对手的商业信息市场的竞争，同时还要随时防范新的网络供应商的进入；在法律信息领域，面临与加拿大汤姆森西方集团的竞争。为此，Lexis-Nexis 集团董事长兼首席执行官 Hans Gieskes 指出：竞争情报是 Lexis-Nexis 公司战略发展不可或缺的组成部分，包括客户情报、产品开发、品牌价值、新技术、销售/营销情报、法律/法规等部分。作为市场的经营者，我们要保护我们的重要收入来源，凭借竞争情报来保持公司的竞争力。因此，竞争情报居于公司战略管理的核心地位。

二、人机结合的系统

Hans Gieskes 认为，在 Lexis-Nexis 集团，竞争情报从根上讲是人，只有人才能把计算机检索到与我们的竞争情报目的相关的数据同现有的数据和观点联系起来。

（一）竞争情报团队

Lexis-Nexis 拥有大约 10 名竞争情报从业人员，不设中央竞争情报部门，以项目为基础运用各部门的资源。主要从事两类竞争情报的工作：战略竞争情报，主要是应对管理层短期或长期的决策需求；战术（产品）竞争情报，主要是应对产品经理，以及营销和销售部门的需求。

---

* 本文原载《中国信息导报》，2003，(10)：28，29。

他们经常对竞争对手开展SWOT分析，每季度都会做SWOT分析的更新简报。同时通过情景设计来分析如果Lexis-Nexis采取某些步骤，对手会如何应对。他们认为，分析和正确评估对手的战略意图是极为重要的。1998年以来，他们主要研究竞争对手是谁、他们的战略是什么及这会给他们的业务带来什么影响。他们认为在网络时代，18个月应是最长的规划周期，不再做3～5年的规划。

他们还通过竞争情报解决诸如“对手正在做什么?”“非传统参与者正在做什么?”等具体问题来决定如何资助产品开发；通过分析对手的产品，评估他们采取某些行动和不采取某些行动的原因，并纳入计划设计中；认真做好战术竞争情报工作。

(二) 主动监视

监视并描绘“传统”和“非传统”竞争对手的活动是该公司的重要任务。他们使用Lexis-Nexis公司的更新服务（updating service），对1000多位销售人员搜集的一手情报进行比较、过滤和验证，建立对手文档。

(三) 信息共享

信息共享的基本方式是网络通信和面谈。公司高级管理人员可以获得关于竞争对手和市场分析的简报。公司员工可以收到电邮简报（e-mail briefing）。全球的高层管理者也可以通过电子渠道收到包括所有竞争对手的月度《对手报告》(Riyal Report)。

(四) 企业内联网和网络工具

内联网等信息网络是Lexis-Nexis集团人机系统的重要构成部分，主要有以下几方面。

1. 内联网

在公司网站上对全部员工开放关注竞争对手的“内联区”(intranet area)，并为销售部门开通了“电邮热线”，以方便销售人员上传在市场上发现的或是他们认为与公司有关的信息。情报部门可以通过比较这些信息，迅速地将其融入决策之中。

2. 敏捷工具

敏捷工具（smart tool）对所有对手的情况和媒体对Lexis-Nexis公司的报道进行实时追踪，不仅为公司员工使用，而且向公司客户开放。如果某个公司头天晚上被荷兰、法国、美国媒体或是贸易行业刊物提及，第二天一大早，敏捷工具就会搜集到全世界所有媒体对Lexis-Nexis公司、对手公司和母公司的全部报道。竞争情报分析师们还会选择特定的几条消息进行再分析，分析结果通过电子邮件发给某个特定的决策者。

3. 公司档案

公司档案（company dossier）可以提供某公司的动态总览，简明扼要地介绍了它是谁、总部在何地、员工数目和财政状况等。可以提供该公司的实时新闻，使员工可以依据地区、主题或发行商来检索信息。公司档案还可以提供关键的商业分析，包括所有竞争对手及其品牌和产品的列表、财务综述、并购报告等，并以公司为主题词把所有的信息集中起来，使员工可以获取存储于Lexis-Nexis的全部分析师报告。公司档案还提供关于某公司法律状况的最新变化，以及拥有的全部专利权、商标和版权。

公司的竞争情报部门正是利用这些网络工具为企业的产品定位和开发服务。他们不仅关注传统对手做什么，也关注非传统对手，如信息技术咨询师们关注 Ernst and Youngs 公司、IBM 公司和微软等正在做什么。1999 年，它们推出了 Lexis 出版物以统领公司的全部法律品牌，对对手的品牌进行详细的分析。

三、竞争情报与商业情报的整合

Hans Gieskes 说，我们仅仅拥有优秀的竞争情报资源和系统是不够的，更重要的是我们要努力把竞争情报融入所谓的商业情报。他认为，两者的区别是，商业情报绝大部分来源于我们自己的系统和我们自己的客户；而竞争情报来源于我们的员工和许多外部数据。这种商业情报和竞争情报是同等重要的，要想在业务上成功，必须很好地把两者结合起来。知识管理是另一个获得成功的关键因素。它意味着把所有公司员工从外部数据库搜集到的数据和从其他消息源得到的信息有机地组合起来。竞争情报，特别是在做情报分析和预测的时候，要关注市场上正在发生的和将要出现的竞争状况。它将帮助我们开拓增长空间和市场机遇。他认为，在急速变化和整合的产业环境下，企业需要一个衔接良好的营销战略，这一战略立足于出色的市场研究、出色的竞争情报、出色的商业情报、定标比超和计量分析。竞争情报对于制定并执行正确的战略是至关重要的。为此，Lexis-Nexis 集团的竞争情报工作是按图 1 的流程展开的。图 1 表明，将竞争情报与商业情报、知识管理、市场研究整合为企业的战略决策服务是 Lexis-Nexis 集团赢得市场竞争的基本战略与策略。

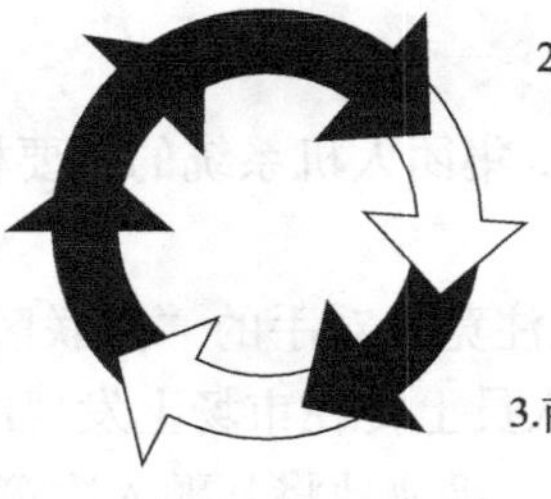

图 1　Lexis-Nexis 公司的竞争情报循环示意图

世界电信业竞争情报部门的构建*

鉴于电信产业的自由化、新的市场进入者的多样化，以及电信行业的全面加速发展，全世界的电信服务供应商们都在认真审视它们的竞争情报能力。著名的竞争情报咨询公司

* 本文原载《中国信息导报》，2004，(1)：29-31。

Deloitte Consulting公司对北美、西欧和澳大利亚的八家最大的电信运营公司的竞争情报主管进行了深度访问，指出了CI活动的驱动力，了解了电信领域竞争情报的最新实践，在此基础上，结合它们在CI和知识管理领域的调查，开发了一套可对电信运营商在构建CI部门时提供指导的框架。

一、基本框架及其内容

调查揭示，开发世界一流的CI部门的先决条件：一是建立一种有助于信息共享的企业文化；二是核心CI功能与公司其他部门之间有明确的互动关系，必须提供具有足够关联度和广度的各种服务，而且这些服务能够用于支持全公司的决策制定；三是能够支持CI信息的汇集、组织和传播的技术基础设施，对各公司将情报作为竞争性武器的能力有着越来越重要的影响。由此构建了电信领域世界流的竞争情报部门。

文化、流程、结构、决策支持和技术构成企业CI工作的基本条件和主要内容，是人们在设计和组建CI部门时所应考虑的主要因素，现分述如下。

1. 文化

建立领导带头、全员参与的企业情报文化是建立CI部门、搞好CI工作的重要因素。第一是高层决策者直接参与。第二是必须根除“信息就是权利”的综合征，形成情报共享的制度和氛围。第三是降低信息共享的难度。

2. 流程

一个组织为了更好地实现信息共享往往会采用一套设计完善的情报流程。而许多企业缺乏对竞争情报流程进行通盘考虑，因而无法向决策者提供可行性信息，从而使高级管理层对CI丧失信心。

为了使企业意识到CI所带来的持续利益将有助于战略的设计和实施，确保CI在组织内部长期系统地开展，Deloitte咨询公司欧洲电信和媒体部经理Stephane Marceau[1]和Fuld & Company的Kenneth Sawka建议采用如图1所示的流程。

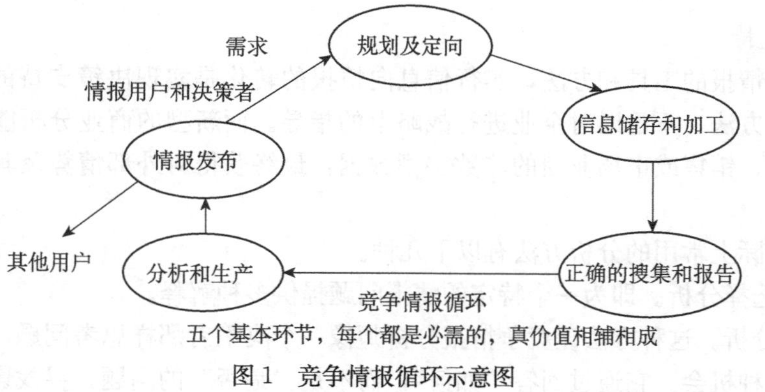

图1 竞争情报循环示意图

1）明确需求。成功的情报系统本质上受到需求的驱动，而且必须生产能满足决策者明确要求的情报，而不应退化为信息发生器。

2）规划及定向。规划阶段就是要明确具体、有针对性的情报搜集目标，找出最有可能得到这些情报的信息源，并找出企业内部有可能被发掘、提供专业知识和帮助的相关分析资源。

3）信息存储和加工。高效的情报系统利用信息存储和信息检索程序推动信息的汇总检索、归档和分析过程的完成。这些工作均以电子方式实施。

4）正确的搜集和报告。利用一个由内部和外部力量共同组成的人际情报网络将使情报系统获得独特的、崭新的、具有竞争力的相关信息，从而为管理层提供深入的分析，并引导决策。这些都单靠二手信息是无法实现的。

5）分析和生产。为使情报真正有助于决策制定，并能够对未来的竞争环境做出预测，情报系统必须使用强有力的分析技术和方法。只有这样，情报活动才能转变为预测竞争对手未来行为和讨论公司未来战略的分析性情报，而不仅仅是讨论竞争对手在昨天做了什么的数据汇总。

6）情报发布。情报部门必须保证它的产品能够及时到达决策者手里。重要情报成果的传送方式不仅能够吸引管理层的注意，而且能够被他们采纳。

3. 结构

对企业而言，CI 应是在有限的中央调控下在各地生产和管理。成熟的企业拥有 20 名以上的专职 CI 工作人员外，还有各种兼职合作者和联络人，而核心情报部门则由 10 人组成。企业应对 CI 进行通盘管理，制定情报部门的信息提供及发布程序。

调查发现，电信企业中 CI 活动是由许多要素组成的一项功能，表 1 归纳了企业整体和各业务部门之间 CI 业务的划分。

表 1　企业整体和各业务部门之间竞争情报作用的区分

企业的整体竞争情报任务	各业务部门的竞争情报任务
业务部门之间的信息代理	业务部门内的信息代理
与整合相关的分析	部门业务具体分析
竞争情报数据库的开发和维护	竞争情报需求的界定
与政策/法规相关的分析	通过各种渠道的信息搜集
文献及文件管理	对竞争情报业绩的反馈

4. 决策支持

采用创造情报的工具和方法，实行信息向情报的转化是实现决策支持的基本手段。传统的商业分析方法，不足以对企业进行战略上的指导。而新型的商业分析能够搜集和解读公司自身财务、销售或市场业绩的非数字型数据，最终获得对外部情势及其对公司影响的评估。

当前，国际上常用的分析方法有以下几种。

1）结果选择分析。即为一个特定的情报问题提供多种解释。

2）机会分析。这种方法让竞争情报分析师像一个决策者那样思考问题，识别企业采取不同行为的各种机会。它通过回答“如何”，而不是“是否”的问题，寻找影响一个特定竞争环境的因素。

3）关键分析。这种方法要求分析师改变或者放弃他们对于竞争对手的基本假设并重新思考他们的分析方向。

4）事件分析。这种方法对各种孤立的外部事件和重大趋势、社会团体，以及竞争对手和其他参与者的行为和反常现象进行分析。

5）竞争假设分析。这种方法是依据竞争对手彼此注意力的不同，对它们的竞争行为做出不同的分析性判断或解释。

5. 技术

让各种信息在企业内部流动，尤其是向管理层流动，是做好CI工作的技术保障。当前，国际上绝大多数电信运营商在其内联网上都有一个竞争情报网站，或者正在建设这样一个站点。而且，这些网站都是企业内部开发的。

在设计CI网站时，要围绕访问的安全性和内容的相关性展开。除了一个安全的技术环境之外CI的战略性本质要求对用户访问的身份进行规范。

内容的相关性与网站信息和导航有关。一个多维的结构是最理想的。一些运营商正在研究为用户提供个性化信息的推送技术。CI支持工具应该逐渐与用户的工作流程相一致。

二、应注意的问题

处于创建竞争情报系统初期的电信企业，必须防止出现下列情况。

1. 情报需求不明确

如果情报活动不是受需求驱动，情报部门就有可能使用珍贵的资源而提供根本无助于产生更好的决策或行动的信息。由于缺乏与情报用户的面对面交流，情报生产者们很少能够提供真正具有可行性的情报。

2. 情报活动没有得到很好的组织

有效的情报部门发现，他们所需要的信息中有50%～80%可以从自己的员工那里得到，窍门就是开发一个广泛的人际网络。

3. 不要把开发数据库当成情报

公司在开发数据库时，不要希望员工们为这个数据库提供关于竞争对手、产品和技术的信息。

4. 谨小慎微与矫枉过正

在向决策层提供情报时，既不能谨小慎微，一定要有足够的证据才能提供，而使企业错过许多机会；也不能不分青红皂白地提供信息，使管理层不知所措。

总之，克服了这些问题，决策者得到的，就是具体问题的明确答案，而不是一大堆的信息。

参考文献

[1] Marceau S, Sawka K. Development CI program in telecoms. Competitive Intelligence Review, 1999, 10 (4): 30: 49.

竞争情报学科

竞争情报术语体系*

一、竞争情报

关于竞争环境、竞争对手和竞争策略的信息和研究，它既是一种过程，又是一种产品。过程，是指对竞争信息的搜集和分析；产品，是指由此形成的情报和谋略[1]，即为组织提供竞争决策所需的分析性情报和可行性方案。按范围分，有国家竞争情报和企业竞争情报；按内容分，有商业竞争情报和技术竞争情报，主要涉及环境监视、市场预警、技术跟踪、对手分析、策略制定、竞争情报系统建设和商业秘密保护等方面。

竞争情报与一般信息分析的不同之处在于：它是以市场竞争为舞台、以竞争对手分析为中心、以增强组织竞争力为目的、以解决市场竞争中的情报保障和智力支撑为己任的一项信息的搜集和分析工作，而且主要是指通过对外部环境的研究来把握组织内部的发展和决策的这样一项研究工作，具有对抗性、战略性、智能性、增值性和可行动性等特点。

1. 竞争情报的成因和意义[2,3]

出现于20世纪50年代、崛起于80年代的竞争情报，以1986年SCIP的成立为标志，是军事学、经济学、管理学和情报学相互交融的结果，是情报工作的重大发展，是人类社会在信息化基础上向情报（智能）化发展的重要征兆，将对全球的经济发展与社会进步产生重要的影响。

国际竞争情报发展的驱动因素为：战略管理的兴起；市场竞争的激化；竞争理论，尤其是波特教授为代表的现代竞争理论的发展；东西方冷战结束后军事情报向商业情报的转移；以及全球竞争情报从业者的努力，使得竞争情报学科的形成和竞争情报业的兴起。

---

* 本文原载《中国情报学百科全书》. 2010. 北京：中国大百科全书出版社。

国际竞争情报崛起的重大意义表现在：它是国家竞争的杠杆，因为国家之间实力的较量，实际上也是情报竞争力的较量，控制和运用情报的能力已经成为现代国家竞争力的标志，军事领域是这样，商业领域也是这样；经济发展的先导，日本的振兴、“亚洲四小龙”的腾飞和拉美新兴工业化国家的崛起，无不与它们重视竞争情报密切相关；企业信息化的核心，因为竞争情报的基本作用是分析性情报的实时传递和有效应用，从而使竞争情报系统成为组织自身的“中央情报局”，而把适当的情报在适当的时候以适当的方式传递给适当的人，正是企业信息化需要解决的核心问题；促进社会智能化的发展进程，因为智能化的关键是凭借人脑和电脑，通过对信息的聚类和分析，使其转化为知识、情报、谋略和能力，这正是以 information 的 intelligence 化为重任的竞争情报的基本功能，也是社会信息化发展的重要方向；同时它拓宽了中国情报机构的服务领域，是它们走向国际化、市场化和产业化的历史机遇。

2. 竞争情报研究的重点领域

竞争情报的理论研究和实践活动的主要领域有以下几方面[2,3]。

1) 竞争情报流程。竞争情报流程是竞争情报学科研究的基本问题之一，它揭示了竞争情报工作的主要程序和基本规律，因此是国内外学者，尤其是美国学者研究的重点。其中最具代表意义的是在美国军事情报机构开发的情报循环基础上再由 Jan P. Herring 等学者发展而成的竞争情报循环是竞争情报流程的基本形式。

2) 竞争情报系统。竞争情报系统是从组织的竞争战略高度出发，通过开发和利用各种信息和智力资源来提高组织竞争优势的信息系统，是竞争情报工作的组织保障和物质基础，因而是领导集团在制定经营战略和竞争决策过程中的“导航塔”和“参谋部”。自 1983 年摩托罗拉公司着手建立企业竞争情报系统以来，竞争情报系统获得到迅速发展，备受国内外学者的关注。

3) 人际情报网络。人际情报网络是由人际网络发展而来的，是人际网络的一种表现形态。人际情报网络本质上就是关于“谁知道谁”和“谁知道什么”的知识。在人类社会交流过程中，人际交流一直占据着重要的地位，通过人际情报网络获取、分析和传播情报是竞争情报工作的重要特色，是竞争情报工作区别于一般信息工作的重要分野。研究人际情报网络的理论、结构、构建、优化和运作是竞争情报研究的重要方面。

4) 信息的搜集和分析。信息和情报的搜集和分析是竞争情报的两大主要工作。搜集是基础、分析是核心，而且搜集和分析贯穿于竞争情报流程的始终，也是竞争情报系统两大关键子系统。连续的、合法的获取竞争环境、竞争对手和组织自身的公开信息、敏感信息和人际情报是竞争情报搜集的重要特点。竞争情报分析就是通过系统化的过程将信息转化为知识、情报和谋略，它由经济学领域的竞争分析和政治军事领域的情报分析两者构成。前者侧重于对事件、组织和人员的分析，以定性分析为主；后者侧重于对数据、信号、视图和事实的分析，以定量分析为主。竞争情报分析是竞争情报工作的灵魂、信息增值的关键、情报循环的中心环节和知识发现的基本手段，因而竞争情报学者开发了许多方法和工具，构建了竞争情报分析方法论，谱写了竞争情报的辉煌篇章。

5) 反竞争情报。由情报与反情报构成的竞争情报是一个组织在市场竞争中的剑和盾，是一个问题的两个方面，相辅相成、缺一不可。因为任何组织在开展情报活动提升自己利益的同时，其他组织也会通过情报活动来损害该组织的利益。情报与反情报问题也是国家经济安全和信息安全的重要构成，因此历来受到国内外业界的关注。

6）竞争情报教育。理论研究和人才培养是竞争情报起飞的两翼。随着竞争情报业的迅速发展，国外的竞争情报教育市场已经形成并粗具规模，在中国也掀起了竞争情报培训的热潮。1972年，瑞典隆德大学的德迪约教授首次将竞争情报引入到大学的授课体系中。1995年6月，北京大学培养了中国第一位题目为“竞争情报研究与企业生存发展”的硕士生；同年，南京理工大学在信息管理和市场营销专业首次开设了竞争情报课程，拉开了中国竞争情报教育的帷幕。据统计，国外已有32所大学与学院开设了竞争情报课程；出现了35家竞争情报教育网站；中国也有32所大学和科研院所开设了竞争情报教育和培训。

7）竞争情报管理。管理是竞争情报的首要问题，国外已经形成了相当完善的竞争情报管理框架，如竞争情报机构建设、竞争情报团队建设、竞争情报主管、竞争情报规划、关键情报课题管理、竞争情报效益评估、组织竞争情报文化培养、组织竞争情报战略研究等。竞争情报管理的研究是中国竞争情报研究的一个弱项。因此，研究国际上各种流派的情报思想和管理方法，对于中国竞争情报业的发展具有重要的借鉴作用。

3. 竞争情报在国内外的发展[2,3]

情报活动自古就有，作为一项专业化的情报活动，则始于第一次世界大战，而竞争情报则是一类情报活动的集合。中国是竞争情报的故乡，被国际上誉为“情报之父”的孙子的“知己知彼，百战不殆”的千古名句和独具匠心的“用间篇”开军事情报的先河，成为克敌制胜的法宝。

1）早期商业情报。商业情报又称工商情报，是欧美国家工商企业中广泛存在的一类情报活动。日本是世界上从事商业情报最活跃和最成功的国家，综合商社、日本贸易振兴会和日本经济新闻社是日本商业情报的三大支柱，它们与政府机构、企业情报部门一起构成了强大的商业情报网络。

2）现代竞争情报。现代竞争情报摒弃了早期商业情报和军事情报活动中的不正当手段，突出了情报的竞争性和合法性，瞄准了为企业创造竞争优势这个目标，从而形成了现代竞争情报。美国则是当今从事竞争情报理论研究和实践活动的杰出代表。自1959年哈佛大学商学院奥尔登（H. Alden）发表关于企业竞争情报调查报告以来，现代竞争情报经历了竞争数据搜集、行业和对手分析、战略决策制定和作为核心能力的竞争情报四个阶段。

3）美国竞争情报从业者协会。1986年，美国成立的以奈特（Leila Knight）为理事长的竞争情报从业者协会是国际竞争情报业发展中的重要里程碑。继之，1990年9月成立了欧洲竞争情报从业者协会、1992年2月成立了日本工商竞争情报专家协会、1993年2月成立了澳大利亚竞争情报从业者协会，一个世界性的竞争情报网络正在形成。在全球竞争情报发展过程中，SCIP实际上起到了领导者和推动者的作用。迄至2005年，SCIP已举办了20届国际年会，出版了Competitive Intelligence Review（1989～2001）、Competitive Intelligence Magazine、Actionable Intelligence和Journal of competitive Intelligence and Management等杂志。

4）中国竞争情报的历程。竞争情报在我国的兴起是情报研究工作的实践活动、市场经济发展的社会需要、社会信息化的巨大吸引和组织建设的积极推动的结果。它经历了情报研究、竞争情报引进和竞争情报成长三个阶段，一个有企业和政府广泛参与的中国竞争情报的成熟阶段正在到来。

情报研究阶段。中国科技情报事业自创建之日起，走的就是文献工作与研究工作相结合的道路，集信息库与思想库与一体，并成为我国科技情报工作有别于欧美各国的一大特色。40 多年来，具有明显 intelligence 功能的中国情报研究，实质上也承担了众多国家竞争情报和企业竞争情报工作，它的研究理论、方法和技术也同样适用于竞争情报。因此，情报研究应视为中国竞争情报的起始阶段。

竞争情报引进阶段。20 世纪 80 年代后期至 90 年代中期，中国科技情报界积极引进现代竞争情报的理论和方法，并将其嫁接于中国的情报研究实践。此阶段的重大事件有：开展了“情报研究的国内外比较研究”、日本工商竞争情报专家协会会长中川十郎教授访华、基金项目研究和《企业竞争情报研究》《市场竞争和竞争情报》等论著的出版等。1994 年 1 月，中国科技情报学会情报研究暨竞争情报专业委员会的成立则是这一阶段的标志性事件。

竞争情报成长阶段。20 世纪 90 年代中期至今，中国竞争情报开始走向自主开发和推广应用阶段。此阶段的重大事件有：实施了由北京竞争情报研究会发起、北京市科委主任邹祖烨推动的北京市竞争情报示范工程（1995～1998）、编著了“竞争情报丛书”、发展了中美两会的交流和合作、涌现了一批最佳实践企业和咨询公司，并形成了由专业学会、高等院校和培训公司推动的竞争情报培训热潮。

5）中国竞争情报专业组织。情报研究与竞争情报的相结合，使得中国竞争情报专业组织建立。1994 年 1 月 28 日，中国科技情报学会经中国科协批准，成立了情报研究暨竞争情报专业委员会，宣告中国竞争情报组织诞生。1995 年 4 月 28 日，经中国科协批准，民政部登记，成立了以包昌火为理事长，缪其浩、梁战平、高庆生、宫宏光、章雁为副理事长的中国科技情报学会竞争情报分会。中国竞争情报专业组织成立和全国性竞争情报网络的形成，标志着中国情报研究工作进入了一个新的发展时期，更直接、更有效地为我国经济建设、企业发展和市场竞争服务。自 2004 年的 10 年来，SCIC 一直把学术交流与学科建设作为自己的基本任务，总计召开 9 届学术年会、出版会议录 8 册、发表学术论文 460 多篇，为推进中国竞争情报业的发展做出了重要的贡献。

4. 竞争情报学科的建设[2,4]

学科建设是学科发展的重要动力。研究表明，竞争情报是情报学的重要构成，它以经济学、管理学、博弈论等基础理论为指导，以解决组织在市场竞争中的情报保障和智力支持为目的，以竞争情报流程为主线，以情报生产和流通为核心的一门实践性和政策性都很强的学科。它的基本构架可由下列五大模块构成：竞争情报管理、竞争情报理论、竞争情报方法论、竞争情报教育和竞争情报实践（图 1）。

5. 竞争情报的未来走向[2,4]

在人类跨入 21 世纪，在信息、知识、情报正在成为最重要的生产要素的今天，竞争情报正呈现出良好的发展态势，具有广阔的发展前景：发展情报能力将成为现代组织的基本战略；正在实行组织、流程、技术、决策和文化的一体化；实行竞争情报和知识管理的整合；加速竞争情报流程的软件化，竞争情报已经并将继续成为 21 世纪组织最重要的竞争工具之一。

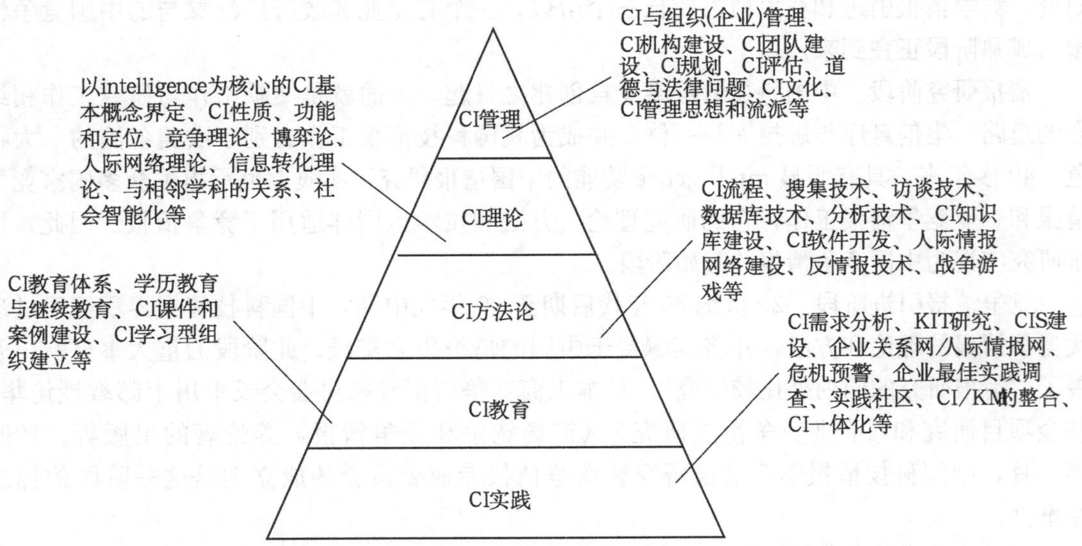

图 1　CI 学科体系的金字塔模型

二、竞争理论

关于市场经济条件下经济竞争的学说，重点研究竞争行为和竞争机制对市场资源配置的影响。竞争是一个古老的概念，是人类进化和社会发展的基本动力，具有永不停息、不断扩展的本性。竞争的基本含义是两方或两方以上的个人或集团在一定范围内为了夺取他们所共同需要的对象而展开较量的过程，它由竞争者、竞争目标和竞争场三大要素构成。适者生存、优胜劣汰是竞争的基本规律。竞争既是一种动态的行为过程，追求利益的最大化是竞争的内在动力；又是一种市场资源配置的机制，由此达到社会资源的有效配置。

随着市场经济的逐步形成而出现的竞争理论，从 18 世纪下半叶以英国著名经济学家亚当·斯密为代表的古典竞争理论、19 世纪下半叶以帕累托（V. Pareto）为代表的新古典竞争理论即完全竞争理论、20 世纪 30 年代兴起的以英国经济学家罗宾逊（J. Robinson）为代表的不完全竞争或垄断竞争理论及 20 世纪 20～80 年代陆续出现的以奥地利学派熊彼特(J. Schumpeter）等为代表的现代竞争理论，经历了近 200 年的历史。现代竞争理论抛弃了把完全竞争作为现实和理想的竞争模式的教条，转向对现实市场竞争动态过程的研究。哈佛大学商学院波特教授于 20 世纪 80 年代相继发表了《竞争战略》（1980 年）、《竞争优势》（1985 年）和《国家竞争优势》（1990 年）及《竞争战略案例》（1992 年）等著作，把现代竞争理论的研究推向了高潮。经济全球化发展和合作竞争理论的出现则使国际竞争进入到一个新的发展阶段。

波特理论对竞争情报发展的重大意义在于：确定了竞争情报的基本目标是为创造与保持企业的竞争优势服务，并将价值链理论作为获取竞争优势的基本战略；为竞争情报研究及理论建设提供了重要基础，如三大基本战略、五种力量模型、竞争对手分析模型等都已成为竞争情报研究的分析框架；国家竞争优势理论，即钻石理论，赋予国家作用以新的生命力，提出了国家具有竞争优势的观点，为国家竞争情报的建设提供了理论支持。

中国竞争理论的研究一直在探索中前进，1992 年邓小平的南方谈话和党的十四大，确定了社会主义市场经济理论，以及随后的中国入世，正式宣告了计划经济及其理论在中国的终结，从而为中国市场经济的发展、竞争理论的研究和竞争情报的兴起提供了理论基础、环境条件和政策支持。

竞争理论的研究对社会经济发展具有重大的推动作用，更好地发挥竞争的三大功能：促进社会技术进步的激励功能，调节社会供求平衡的分配功能和实现市场主体优胜劣汰的选择功能，从而达到社会资源有效配置的目的。

三、竞争情报循环

竞争情报循环又称竞争情报流程，是开展竞争情报工作所采用的基本步骤。它包含两层含义，一是建立科学的竞争情报工作流程；二是将竞争情报工作融入到组织的关键活动和业务流程中去。以中国情报研究活动为基础，由包昌火研究员总结和提出的情报研究程序和以美国竞争情报活动为基础，由美国前国家科学技术情报官 Jan P. Herring 总结和提出的竞争情报流程，即 Herring 模型，是两大具有代表性的竞争情报流程。

中国竞争情报研究程序是新中国成立以来中国科技情报界情报研究理论研究和实践活动的产物，它成型于 1985 年的《情报研究的程序和方法》，发表于 1990 年的《情报研究方法论》，由课题选择、情报搜集、信息整序、科学抽象、成果表达和成果评价六大步骤构成。美国的竞争情报流程起源于美国的军事情报活动。1885 年美国第一个军事信息部（Military Information Division，MID）正式成立，1917 年美国远征军司令约翰·珀欣（John J. Pershing）及其幕僚创建了美国第一个著名的 G2s/S2s 情报体系。正是在第一次世界大战时期，在总结 G2s/S2s 体系如何活动的过程中，以使命（mission）为核心，由规划与定向（plan & direct）、信息采集（collecting）、信息处理（processing）、情报生产（producing）、情报发布（dissemination）五个环节构成的情报循环概念逐渐形成，其基本思想，为后来的美国中央情报局等所继承。20 世纪 80 年代，随着冷战的结束，“情报流程”作为情报工作领域的“公共知识基础”首先被引入竞争情报领域。从此，以丰富的商业竞争情报活动为基础，美国第一次世界大战时期形成的军事情报流程知识被不同专业、不同企业学习和创新，从而形成了形式多样的四环模型、五环模型、六环模型和双功能模型等。

四环模型是竞争情报流程的基本形式，它由规划与定向、信息搜集、情报分析、情报发布四大环节构成；而 Jan P. Herring 于 1988 年在 Journal of Business Strategy5/6 月号上提出的由规划定向、公开信息搜集、人际情报搜集、情报分析、情报发布五环模型，创造性地将人际情报搜集与报告作为一个独立环节放入模型，更好地反映竞争情报工作的实际，因而更多地为国际情报界所接受。

竞争情报流程揭示了竞争情报工作的主要程序和基本规律，是竞争情报学科研究的基本问题之一。它的建立和发展，将会促进竞争情报工作的科学化、规范化、组织化和软件化，有助于竞争情报工作的职业化和向各行各业的渗透和融合。

四、竞争情报系统

竞争情报系统是以人的智能为主导、信息网络为手段、增强企业竞争力为目标的人机结合的竞争战略决策支持和咨询系统，是企业信息化的重要构成。

企业竞争情报系统的发展始于20世纪80年代。1983年，现代企业竞争情报的先驱者之一的罗伯特·高尔文（Robert. W. Galvin）和Jan P. Herring为摩托罗拉公司建立了竞争情报部和基于国家安全原则的被誉为国际上最先进的竞争情报系统；1988年，国际著名的竞争情报学家本·吉拉德（Ben Gilad）兄妹发表了The Business Intelligence System：A New Tool for Competitive Advantage专著，推动了全球竞争情报系统的建设。1998年11月，包昌火研究员提出了把组织网络、人际网络和信息网络作为企业竞争情报系统三大网络的构想，并于1998～2000年完成的国家自然科学基金项目“企业竞争情报系统的模式和运行机制研究”中，将建立人机结合，具有三大网络、三个系统、一个中心和六大功能的企业竞争情报系统的基本构想理论化和具体化，反映了竞争情报系统研究的最新进展。

竞争情报系统建设的主要步骤为情报审计、模式设计、组织落实、系统设计和系统实施；以内联网为平台，以竞争情报循环为流程，以信息技术为手段，以信息搜集、情报分析、情报服务为主要模块，实行人脑和电脑相结合、专业团队和虚拟团队相结合，是国内外学者和企业采用的基本技术路线。企业竞争情报系统的基本模式，即竞争情报的组织网络及其运行机制，由企业的情报需求和实际情况来决定，通常有分散式、集中式、混合式、重点式和独立式等。集中与分散相结合是国外大型跨国公司偏爱采用的模式，中国许多企业则采用集中式。在集中模式中，在企业一级设立情报中心，企业内外信息的搜集、整理、分析、提供和管理主要由情报中心负责。

竞争情报系统的建设是企业战略管理和竞争决策的基础，它是企业感知外部环境变化的预警系统；是企业为适应外部环境变化做出战略决策和竞争策略的支持系统；是现代企业经营管理的智囊系统，因而是企业领导集团的“中央情报局”。美国匹兹堡大学商学院J. E. Prescott教授认为：企业竞争情报系统是一个持续演化中的正规和非正规操作流程相结合的企业管理子系统，它的主要功能是为组织成员评估行业的关键发展趋势、跟踪正在出现的非连续性变化、把握行业结构的演化，以及分析现有和潜在竞争对手的能力和动向，从而协助企业保持和发展可持续的竞争优势。

五、人际情报网络

人际情报网络是人际网络的一种表现形态。人际网络又称社会网络，是为达到特定目的，人与人之间进行信息交流和资源利用的关系网，是由某些个体或组织社会关系构成的动态系统。人际情报网络是应情报活动的需要而建立的一种人际网络，是情报从业者获取、分析和传播非公开信息和隐性知识的重要平台。人际情报网络本质上就是关于“谁知道谁”和“谁知道什么”的人际资源地图。

与一般人际网络相比，人际情报网络具有以下的特点。

以增强组织的竞争能力为导向，以挖掘人际网络中的情报资源为目的，因而是一种业缘关系网络，网络类型主要为工作流网络、咨询网络和信任网络。

以竞争对手和组织自身的企业、企业中的管理者、竞争情报部门或竞争情报人员为研究对象，网络形态是一种以个体为核心的呈辐射状的个体中心网络和一个部门、企业或特定群体内部所有联系的社会中心网络。

具有内紧外松的小核心、大范围的结构特点，这是由情报活动的特性决定的，因而相对来说网络的规模都比较小。

人际网络的研究起源于20世纪30年代的社会学领域，英国人类学家拉德克利夫·布朗首次使用了“social network”的概念，莫雷诺等学者将图论引入人际关系的研究，才真正地使人际关系网络化。1967年，哈佛大学社会学家斯坦利·米尔格拉姆（Stanley Milgram）的小世界实验和1998年康奈尔大学的沃尔茨（Watts）和史蒂芬·史特格兹（Steven H. Strogatz）的小世界理论是人际网络研究的重大发展。国际社会学界相继提出了关系强度理论、社会资本理论、网络闭合理论、结构空洞理论等思想，并探讨与互联网技术相结合，呈现出一幅百家争鸣、欣欣向荣的景象。

2C世纪90年代，发源于社会学的人际网络理论开始系统的引入中国情报界。

中国学者根据内紧外松网络结构是人际情报网络最佳模式的思想，构建了小核心大范围两层结构的人际情报网络、三层结构的企业人际情报网络和依业务需求建立的人际情报网络，推动了人际情报网络的研究。

信息网络和人际网络是当今社会的两大主要网络，是社会交流的两大基本渠道。把司空见惯的人际交流作为科学来研究，是社会学发展的一大成就，而人际网络理论在情报活动中的应用，则大大提高了情报工作的科学性、特殊性和价值性，将会对促进情报活动的科学化、发展个人和组织的人际资源、构筑竞争情报和知识管理的社会平台做出重要贡献。

六、情报战

情报战是以情报的获取、分析和扩散为手段来达到监视、评估、掩蔽、迷惑和战胜对方的一种斗争样式，包括由人工情报（通过人际关系获得）和技术情报（通过技术手段获得）构成的情报和反情报两个方面，通常应用于军事斗争和商业竞争领域。《孙子兵法》的“用间篇”强调知敌之情、通过间谍获取敌方情报是用兵作战的首要条件，首开情报战的先河。在现代战争中，情报战也是信息战的一种基本作战样式。

在现代商战中，通过对竞争对手意图、能力和行动的监视和分析，并做好以掩蔽和迷惑为中心的反情报工作，以获取信息优势的情报过程，包括信息的认知过程、分析过程、决策过程、行动过程和反馈过程，是企业竞争的重要形式。而宣传战、广告战、公关战、开展竞争态势分析、发展市场预警系统、散布虚假信息、派遣工业间谍等则是企业情报战的重要表现。

七、情报能力

情报能力又称情报竞争力，是一个组织感知外部环境变化，并做出反应，使之更好地适应环境变化的能力，即对外部环境敏感和应变的能力。包昌火研究员认为，情报能力可由下列因素构成：监视并分析竞争环境变化的能力；获取并分析竞争对手信息的能力；研究和制定竞争战略的能力；信息安全和自我保护的能力；情报共享和快速反应的能力。事实上，人类感知和适应环境的能力、对信息的获取和分析的能力，是组织智商的表征，也是情报研究机构和信息咨询机构的核心能力。

当今时代是信息过载而情报稀缺的时代，发展情报能力、提升组织的情报竞争力，已经成为一个组织生存和发展的关键因素和基本战略。2004年12月17日，乔治·布什总统签署美国情报改革法案，设立国家情报局长职务，是“911”事件后美国对发展国家情报能力的战略部署和历史总结。1998年，著名的美国竞争情报学家科克·泰森认为，人类社会的发展由工业时代经信息时代而进入情报（智能）时代，竞争情报、竞争知识和可持续战略将成为21世纪的格言。中国是独立发展intelligence工作的发展中国家，凸显中国情报能力之一的科技情报工作，尤其是情报研究工作，对于中国科技发展、经济振兴和社会进步都做出了巨大的贡献。

八、情报链

情报链又称竞争情报价值链，系指将数据转化为信息、知识、情报、决策和行动的系列化过程。中国邮电大学钟义信教授认为，人类以资源和资源转换为生。工业时代的表征性资源是能量，能量转换与守恒定律就成为近代科学技术的基石；信息时代的表征性资源是信息，信息转换理论将成为信息时代科学技术发展的灵魂（《电子学报》，2004年第4期）。竞争情报价值链则形象地表述了这样的转化过程。

1996年，美国竞争情报学家鲍威尔（Timothy W. Powell）在The Art and Science of Business Intelligence Analysis一书中曾描述了竞争情报价值链的概念。他认为，由原始数据转化为商业价值，须经过6次转化，形成6种状态，即通过搜集形成数据（状态1）、数据集成形成信息（状态2）、信息分析产生知识（状态3）、知识激活生成情报（状态4）、情报应用形成决策（状态5）、决策执行产生结果（状态6），即实现价值。因此，由原始数据到商业价值是一个连续转化、不断增值的结果，这种转化过程即情报价值链，也是信息转换规律的一种表达形式。在情报价值链中，情报与知识相比则处于价值链的高端，与钱学森教授的知识激活理论不谋而合。

九、竞争情报战略

竞争情报战略是企业竞争情报资源配置和运用的总体谋划，是企业战略的重要组成。竞争情报战略的基本思路是：以提升企业决策能力为目标，以竞争情报系统建设为手段，实行竞争情报活动的目标、组织、流程、技术和文化的一体化，从而促进企业赢利水平的提高。

美国是现代竞争情报的发祥地之一，把竞争情报作为企业战略的主要构成，是美国竞争情报活动的重要特征。它们的基本做法有以下几方面。

以波特的五种力量模型为框架，全方位监视和获取同行、客户、供应商、替代者、潜在进入者的商业和技术动态；以波特的竞争对手分析模型为框架，运用情报分析技术跟踪和评估竞争对手的现行战略、竞争实力、自我假设、未来目标和反应模式；建立人机结合的竞争情报系统，研建竞争情报知识库，开发可作为决策依据的情报产品，为企业领导集团的竞争决策保驾护航；建立一套科学、可行、高效的竞争情报工作方法，如竞争情报中心、关键竞争情报课题选择、战略情报与战术情报协调、竞争情报成果评价等，从而保证竞争情报战略的实施；开展最佳实践企业调查，推进定标比超活动，不断提高企业的竞争情报工作水平；推进以竞争情报驱动的企业文化，将竞争情报融入组织结构和业务流程中，成为企业文化的重要构成。

十、反情报

反情报在商业领域又称反竞争情报，是关于识别和防御竞争对手的竞争情报活动和工业间谍侵害的一种系统化活动。因此，研究对手的竞争情报活动和加强自身信息的科学控制以达到保密防间的目的，是反竞争情报活动的主要任务。

反情报工作的基本模式有美国凤凰咨询公司开发的反情报模型，亦称商业秘密保护模型，由定义需求（保护对象和需求）、评估对手（意图和情报能力）、分析弱点（敏感部门和薄弱环境）、开发对策、实施对策、分析效果和发布结果七大环节构成；美国国家安全局开发的安全保障策略亦称公开信息保护方法，由确定关键信息、威胁分析、弱点分析、风险评估和策略运用五大环节构成。尔后，中国、美国、加拿大等国学者都开发了融情报与反情报工作于一体的双功能模型，努力实现两者的整合。反情报工作的基本原则是掩蔽和迷惑。美国竞争情报学者麦戈纳格尔（J. J. McGonagle）等总结的掩蔽措施的九项准则是：要控制关键信息而非所有信息；仅让需要者知悉；始终把好公司的竞争情报源；预防泄密优于堵塞漏洞；不要忽视简单的解决办法；注意细节；如果不能预防就进行掩蔽；如果不能掩蔽就应增加窃取秘密的难度和成本；保密从高层开始。

由于市场竞争的激化，采取竞争情报活动来保护组织的智力资产免受对手侵害是当前企业的重大需求，所以从组织构建、流程控制、制度制定、技术保障和文化倡导等方面进行反情报系统的建设，就成为企业竞争情报工作的重大使命。

十一、情报文化

情报文化是在组织中形成领导带头、全员参与的重视情报、使用情报和共享情报的理想信念、价值观念和行为准则，是一种以情报价值为核心的意识形态，是组织文化的重要构成。

理论研究和实践经验表明，竞争情报的生产和使用是一个社会过程，而且是组织的一种特性。因此，应当从组织文化、组织结构、行政机制、人员行为和思维模式等人文视角来考量竞争情报的应用和发展问题。而创造良好的组织氛围，培育共享文化，是形成情报文化的关键。组织情报文化的理念特征为：确立情报驱动的企业战略，形成统一的情报价值观，改善决策层的思维模式，提倡自主创新与不断变革的精神，树立人本与能本观念，建立高度信任的氛围。情报文化的行为特征为：培育组织的团队协作精神，培养组织的共享文化，形成尊重知识产权的道德规范，具有快速灵活的运作方式和完善组织的学习方式。

十二、竞争策略

一个组织为实现战略目标而采取的措施和方法，是竞争战略的重要组成部分。策略与战略相对应，战略决定策略，策略为战略服务。策略运用得当与否，直接关系到战略目标的实现。因此，只有当战略与策略的有效配合、协调统一时，才能实现竞争目标。在实际应用中，“战略”与“策略”往往混同。因此，“谋略”一词则可视为战略和策略的总称，而战略管理则将两者有效地结合起来。

中国历史上是一个垄断型的、崇尚儒学的封建社会，由此形成的竞争谋略具有难以捉摸、以柔克刚、以德制胜、以忍待时等特点，充分展示出中国这一东方民族的非凡智慧，儒商则是对中国企业竞争谋略的高度概括。在国际商业领域，企业竞争战略和策略的形成，是市场经济的产物，其理论代表是 20 世纪 60 年代美国安索夫（H. I Ansoff）的《公司战略》一书。而后，安德鲁斯（K. R. Andrews）的《企业竞争战略》和波特的《竞争战略》都系统地论述了竞争策略问题。根据战略与策略的关系，企业经营总体战略，如扩张型战略、稳定型战略、收缩型战略和组合型战略可视为企业的竞争战略；企业事务战略和职能战略，如成本领先战略、标新立异战略和目标聚集战略则为企业的营销策略。

十三、情景分析

情景分析又称脚本法，是根据发展趋势的多样性，通过对研究对象相关问题的系统分析，设计出多种可能的未来前景，然后用类似撰写电影剧本的手法，对问题的发展态势做出由始至终的情景构造和画面描述的创造性思维方法。它是一种经典的宏观环境分析和预测工具，是研究当代处于不确定环境中系统未来发展战略的一种有效手段，因而也是竞争情报研究的常用方法。

情景分析兴起于 20 世纪 40 年代。为弥补数学模型在战略研究中只能解决短期预测的缺陷，由美国规划研究专家卡恩开发的情景分析开始用于兰德公司的军事和战略研究中。英国奥威尔 1948 年出版的《1984》一书被认为是情景分析的代表作之一。荷兰皇家壳牌石油公司规划人员瓦克（Pierre Wack）于 1972 年应用情景分析使壳牌石油获得重大发展。自 70 年代中期以来，情景分析已广泛应用于政府、企业、军事各个层次、各种目标的预测和规划工作中。

一般而言，情景分析由最终状态、故事情节、驱动力量和逻辑依据四大要素构成，并应用时间序列法、STEEP 扫描、德尔菲法、系统动力学分析和交叉影响矩阵等方法来达到自己的目的。它的基本流程为：识别和分析决策重点；确定关键决策因素；识别和分析关键环境驱动力量；建立情景逻辑；选择和阐述情景；解释情景的决策意义。

情景分析是一种后向预测，而一般预测过程则是一种前向预测。两者的区别如表 1 所示。

情景分析摆脱了传统思维形式的束缚，既是探讨事物相互关系的手段，又是筹划未来的方法，是一种可以启发人们缜密思考的重要工具，从而为决策制定者提供未来发展可能性的科学见解和依据。

表 1　预测和后向预测的比较

	预测	后向预测
问题	未来可能发生什么	怎样达到理想的未来
方向	探索的（机会导向的），从现在到未来	规范的（设定目标的），从未来到现在
焦点	预测和可能	可行性和选择
执行	一次性的快照	持续地监视
分析	从历史数据外推	从设定的目标内推
质量	依赖于准确性	推论导向的
结果	汇聚于最可能的未来	采取不同的行动则出现不同的未来可能
未来	位于现在的评价进行之后	根据现在的评价进行阐述和憧憬

十四、竞争态势分析

竞争态势分析又称SWOT分析，通过对企业内部存在的优势、劣势，外部环境面临的机会、威胁系统分析的基础上形成企业竞争战略的方法，广泛应用于战略管理、市场研究和对手分析领域。

SWOT分析兴起于20世纪70年代。美国哈佛大学商学院安德鲁斯1971年在Concept of Corporate Strategy一书中最早提出了战略理论及其SWOT分析框架。80年代美国旧金山大学韦里克和哈佛大学商学院波特又极大地充实了SWOT分析的理论基础和方法，从而使SWOT分析具有显著的结构化和系统化的特征，而能力学派则使外因和内因的分析更好地结合起来。SWOT分析通常由行业环境分析、企业在行业中的优劣势分析、竞争对手在行业中的优劣势分析、企业和竞争对手的优劣势比较分析和SWOT矩阵综合分析五大流程构成，从而形成企业的竞争对策。典型的SWOT分析矩阵如图2所示。

SWOT矩阵	内部优势（S） 1. …… 2. …… 3. ……	内部劣势（W） 1. …… 2. …… 3. ……
外部机会（O） 1. …… 2. …… 3. ……	SO战略 依靠内部优势 利用外部机会	WO战略 利用外部机会 克服内部劣势
外部威胁（T） 1. …… 2. …… 3. ……	ST战略 依靠内部优势 回避外部威胁	WT战略 减少内部劣势 回避外部威胁

图2　SWOT分析矩阵

由图2可见，S、W、O、T是影响一个组织战略决策的四个基本要素，它们组合成四类基本战略：SO战略，即发挥优势、抓住机遇的增长型战略；WO战略，即抓住机遇、克服劣势的扭转型战略；ST战略，即利用优势、避开威胁的多元化战略；WT战略，即重视威胁、克服劣势的防御性战略。正确理解和认识S、W、O、T这四个影响战略的基本要素，并做出合理的战略选择，是SWOT分析的精髓。直观和简便是SWOT分析的重要优点，但也不可避免地具有精度不高的缺陷。尽管如此，它仍然是组织战略制定的重要基础和竞争分析的主要工具。

十五、核心竞争力分析

核心竞争力分析又称核心能力分析，是一种从考察组织的能力入手，进行竞争力分析的重要方法。核心竞争力即核心能力，是组织的各种资源、知识和技能的有机整合和由此形成的特殊优势，具有价值性、异质性、延展性和组织占有性等特点，主要包括以技术为主导的专业性核心竞争力和以业务流程为主导的制度性核心竞争力两大类型。因此，核心竞争力与关键成功因素不同，不可模仿的独特性是其主要特征和企业赢利的基本源泉，它使企业在战略上与众不同。

核心竞争力分析是20世纪90年代伴随着能力理论的兴起而发展起来的。纵观企业竞争战略的发展，经历了由外因论到内因论的演变过程，出现了以波特（1980年）为代表的市场定位学派，以沃纳菲尔德（R. Wenerfelt，1984年）和鲁梅特（R. P. Rumelt，1984年）为代表的资源依赖学派，以及以普拉哈拉德（C. K. Prahalad）和哈默尔（G. Hamel，1990年）为代表的核心能力学派。核心能力学派认为，真正给企业带来竞争优势的是隐含在企业资源背后的配置、开发和利用资源的能力，特别是关于协调不同生产技能和整合多种技术的知识和技能的能力，即核心能力。

核心竞争力分析主要从专业技术和业务流程两个层面入手，分析企业获得可持续竞争优势所特有的、不可模仿的能力和资源。表2给出了两者的区别。

表2　技术层面和业务流程层面的比较

项目	以技术为主导	以业务流程为主导
定义	通过组织内的集体学习，整合多样化的生产技能和技术	通过组织内的集体学习，以提高用户价值为目标的一套商业流程
着重点	技术/制造	组织流程
投入	不断改进现有技术，增加可供选择的技术	改进连锁支持体系的灵活性、多样性
可见性	对于用户和竞争对手通常是不可见的	对于用户和竞争对手通常是可见的
主要联系	核心能力、核心产品和最终产品	在个人、小组和系统间的连接

核心竞争力分析主要通过技术发展史考察、技能分析法（技能树法和专利计量法）、特征分析法、要素分析法、反求工程、价值链及其关联分析等方法，找出企业的核心产品或核心业务流程，进而揭示对手的核心竞争力和战略意图所在。

传统上认为，企业之间的竞争就是产品和服务的竞争，但从核心竞争力的角度看，企业竞争就是核心能力的竞争。核心竞争力分析的主要作用，是让企业决策者在深刻理解自己和对手核心竞争力的基础上将企业的愿景设想与能力建设结合起来，并把发展核心能力作为企业的基本战略，夺取并保持企业可持续的竞争优势。

十六、竞争对手分析模型

竞争对手分析模型由哈佛大学商学院波特在1980年出版的《竞争战略》一书中提出。该模型表明，从企业的未来目标（什么驱使着竞争对手）、现行战略（竞争对手在做什么和能做什么）、竞争实力（优势和劣势）和自我假设（关于其自身和行业）四大要素和分析可预知竞争对手的反应模式（它对目前地位是否满意、将做什么行动或战略转变、它在哪里易受攻击、什么将激起它最强烈和最有效的报复）。波特认为，竞争对手分析的重点应放在对手的目标的假设上，而这些要素同样可用于企业的自我分析。竞争对手分析是战略制定的中心任务之一，而波特的竞争对手分析模型则为竞争对手分析提供了基本思路。

十多年来，中国学者也构建了以市场、能力和时间三大因素构成的三维分析法，构筑了竞争对手分析论纲，形成了关于竞争对手分析的知识体系，并将波特的竞争对手分析模型的理论框架转化为可操作性的竞争对手跟踪分析，从而做出了有益的探索。

十七、竞争博弈

竞争博弈在军事领域又称战争游戏、兵棋推演，是一种利用角色扮演来模拟竞争各方较量过程的方法，通过预测竞争对手的未来战略，达到预先指定应对策略的目的，具有直观性、动态性和博弈性特点。

在西方，战争游戏起源于古希腊时期，1987 年应用于美国海军战争学院，20 世纪 80 年代中期引入企业管理，成为企业制定和评估竞争战略的重要工具。竞争博弈的基本流程分为准备、介绍、实施、分析、落实和跟踪六大步骤。游戏过程中，博弈各方提出自己的战略和规划，并据此采取行动，在尽可能逼真的商业条件下检验这些战略和规划的合理性。具体做法是将模拟团队分成几个小组，分别代表本企业和竞争对手，在几个小组的博弈过程中学习到每种战略决策可能产生的结果和出现的问题，从而在实际竞争中加以应用。作为预演模拟型的以战略预演和实施为目的的战争游戏与作为探索模拟型的以测试与开发不同战略为目的的战争学院相结合，并采用作战室技术和计算机模拟，则是竞争博弈技术的重要发展。

十八、竞争环境

竞争环境又称经营环境，是指制约和影响企业经营活动的一切外部因素。它主要包括由社会、经济、政治、技术和生态领域等构成的宏观环境和由用户、竞争者、供应商、替代者、互补者、潜在进入者、行业发展态势等构成的行业环境两大部分。由于国际竞争和经济全球化的发展，企业竞争环境已经发展成为一个高度复杂和多变的大系统，而且对于企业来说，这些外部因素是不可控的和不确定的。环境变化的不确定性是当今企业经营面临的重大问题和挑战，因此竞争环境是企业生存与发展的关键因素，是竞争情报研究的主要内容之一。监视竞争环境的变化、分析这些变化给企业发展带来的机遇和威胁，是企业管理和竞争情报从业者的重要使命。

十九、竞争环境监视

以企业的战略决策为导向，连续的跟踪或分析外部环境中可能影响企业生存和发展的重要征兆、事件、关系和预警的情报过程。鉴于竞争环境的复杂性和多变性，认识、预测和应对外部环境的变化，尤其是市场环境的变化，就成为现代企业和竞争情报活动的基本任务之一。

1967 年，美国学者阿吉拉（F. J. Aquilar）在《经营环境监视》（Scanning the Business Environment）一书中首先提出了环境监视的概念。经过 30 多年的发展，已建立了相当完善的理论和技术，形成了以流程研究为主体，由搜集、分析和预测三个核心环节构成的微观监视模式和由实施方式为主体，由临时型、反应型、预警型和创新型四种类型构成的宏观监视模式。临时型无正式监视机构，适用于外部环境相对稳定的企业；反应型需要事先确定一个监视范围，适用于环境变化较少的企业；预警型则设立了专门的监视机构定期进行全面监视，适用于环境多变的企业；创新型是实现了监视活动的网络化，适用于在竞争中处于领先地位的企业。研究表明，企业经营环境的改变是行业环境因素作用的结果，而行业环境因素的变动又是宏观环境驱动所致。因此，研究社会、技术、经济、生态和政治的 STEEP 分析就成为环境监视的基本方法之一，波特的钻石理论也为环境监视提供了新的理论框架。战略管理的发展，正在促进战略研究和环境监视的一体化。

二十、竞争优势

竞争优势是一个组织在市场竞争中的有利地位，是实现组织目标和绩效的基本条件，由一系列的资源和能力构成。从本质上讲，亦即组织的竞争力。而有价值的、稀缺的、难以模仿的和无替代物的核心竞争力则是组织持续竞争优势的源泉。竞争优势有企业竞争优势和国家竞争优势之分。当今最具代表性的是美国哈佛大学商学院波特分别于 1985 年和 1990 年提出的竞争优势和国家竞争优势理论。波特认为，企业的竞争优势源于价值链的差异，成本优势和差异化优势是企业竞争优势的主要体现；而企业定位、企业战略、组织结构、业务流程、组织文化等则是获得和保持竞争优势的重要途径。波特提出了国家具有竞争优势的观点，认为一个国家的生产要素、国内需求、相关产业和支持产业的表现及产业的竞争程度四大要素构成的所谓钻石体系，是形成国家竞争优势的源泉；而产业集聚则是国际竞争优势产业的一个共同特征。波特认为，企业的许多优势不是源于企业内部，而是源于区域定位和产业集聚；而政府的主要任务就是尽力创造一个支撑生产率提升的发展环境，并将产业国际竞争过程划分要素驱动、投资驱动、创新驱动和财富驱动四个发展阶段。

获取并保持竞争优势是组织战略的核心问题，波特的竞争优势理论和普拉哈拉德（C. K. Prahalad）等的核心能力理论是战略理论的重大发展，已经成为国家和企业促进经济发展的一种新的思维方式，为人们提供了一个有关理解和提升竞争力的系统和可行的理论框架。

二十一、竞争情报评估

竞争情报评估是对竞争情报活动的效果进行评价，以确保竞争情报工作目标的实现，并为竞争情报部门的绩效考评和工作改进提供依据，是竞争情报管理的重要环节。建立科学的竞争情报评估工作体系是促进竞争情报工作发展、提升竞争情报地位的重要举措。J. E. Prescott 教授认为，竞争情报评估可分为按时进行的正式评估和随机反馈的非正式评估两个过程。评估工作通常由竞争情报部门或外部人员进行；目的是改进情报产品和服务的质量；重点是竞争情报机构是否为管理者提供了可行情报和促进了企业的经济效益；而将正式评估和非正式评估结合起来则是做好评估工作的关键。正式评估的对象可以是个人、产品、部门以至组织。对分析师评估的指标包括人际情报网络的建立、情报报告的质量、促进建议实施的能力、情报的时效性和人际互动水平；对情报产品的评估指标包括决策部门采用后带来的时间节省、成本节约、失误避免和收入增加等。

二十二、关键成功因素分析

关键成功因素揭示行业发展中起主要作用和带普遍性的若干资源和能力。其概念最早出现于 1961 年信息管理学家丹尼尔（D. W. Daniel）发表在《哈佛商业评论》上的《管理信息的危机》（Management Information Crisis）一文中。尔后广泛地应用于信息管理和战略管理两大领域，成为产业分析和竞争对手分析的重要方法。

关键成功因素分析与核心竞争力分析的关系类似于哲学上的共性和个性、普遍性和特殊性的关系。它们的主要区别在于：前者是行业内起决定性作用的资源和能力，具有普遍性，中期内相对稳定，来自行业内部的模仿；后者是企业所特有的、不可模仿的资源和能力，具有独特性，持续性的竞争优势，来自企业自身的创造。因此，将产业分析得到的企业经营成功的关键因素与企业内部得到的不同于竞争对手的核心能力结合起来，可为企业的战略制定提供坚实的基础。

关键成功因素分析的流程为行业因素分析、宏观因素分析、企业因素分析、偶发性因素分析和行动计划制订。在分析过程中，通常与定标比超分析、核心竞争力分析等竞争情报方法相结合，从而获得企业获胜所需的相对完整的关键成功因素。

二十三、工业间谍

工业间谍又称经济间谍，是在商业领域用非法或不正当手段获取秘密信息的人员。而不正当手段系偷窃、行贿、不实表示、违反保密义务或诱导违反此项义务，或通过电子或其他间谍手段。美国于1996年制定的《经济间谍法》规定，“窃取或未经授权而占有、取走、携走或隐匿、或以欺诈、诈术或骗术获取商业秘密”“未经授权而拷贝、复制、素描、绘制、摄影、下载、上载、更改、毁损、影印、重制、传输、传送、交运、邮寄、传播和转送商业秘密”者均属经济间谍罪。

竞争情报是在否定工业间谍活动的基础上发展起来的一种合法、正当并符合一定道德准则的情报活动。美国竞争情报从业者协会制定的《职业道德准则》，已获得国际竞争情报从业者的广泛支持和遵守。在国内外的竞争情报活动中，情报与反情报总是形影相随的。竞争情报从业者的基本任务就是用各种分析工具和研究方法加工出无法通过公开信息源获得的情报，而反工业间谍活动、保护组织的商业秘密也是竞争情报活动的重要使命。

二十四、竞争情报软件

竞争情报软件是辅助竞争情报活动有效开展的软件产品，具有和部分具有竞争情报流程的功能。按照软件的开发目的，可以分为两类：一类是为了商业目的，由软件开发商开发的竞争情报通用软件；另一类是由企业自主开发的，仅在本企业内使用的竞争情报软件。按照软件的应用模式也可分为两类：一类采用基于互联网的B/S架构，软件挂接在服务提供商的网站上，软件中收集、整理和分析信息的工作都由服务商来完成；另一类软件可以是基于局域网、内联网、外联网、互联网的多种架构模式，作为企业竞争情报系统的一部分完全安装在企业内。国外著名的竞争情报软件产品有Knowledge Works、Market Signal Analyzer、TextAnalyst、STRATEGY!、Wincite等。自1998年开始，美国Fuld & Company每年发表一次竞争情报软件评价报告，对上述竞争情报软件进行调查和评估。中国自2001年6月由梦龙明信咨询公司开发梦龙竞争情报系统开始，有百度在线、易地平方、天下互联、赛迪数据、TRS等公司开发的竞争情报系统或解决方案问世。目前的竞争情报软件在情报收集方面功能较为完善，但是在情报分析方面还有待突破。

二十五、人工情报

人工情报又称人际情报，是通过人际关系、利用各种方法和手段获取的一切竞争信息。而通过合法和正当手段获取的竞争信息是竞争情报活动的重要内容，是竞争情报循环的五大流程之一。通过建立组织内外的人际情报网络，采用调查、访谈、交流、研讨、观察等方法可以获得一些公开来源无法获得的信息，并可用于验证公开来源信息的真伪，具有准确、可靠、时效性强、价值性高的特点，是一手信息的主要构成。在军事情报领域，与人工情报并列的信息搜集方式是以技术手段搜集的所谓技术情报，如通信情报、电子情报、雷达情报、红外线情报、激光情报等。

重视并获取人工情报是竞争情报活动与一般信息活动的重要分野，是情报工作 intelligence 特性的重要表现。而获取手段正当与否，也成为竞争情报工作和工业间谍活动的根本区别。

二十六、最佳实践调查

最佳实践调查是对竞争情报活动的领先企业进行实地考察和总结调查，并将其经验应用于本企业的竞争情报实践中的一项活动，是定标比超分析在情报领域中的应用，是美国竞争情报工作的重要创举。其基本做法是采用定标比超分析，选择标杆、进行比较、实现赶超，从而不断地改进和提高竞争情报的工作水平。

"最佳实践"一词在商业管理领域的普及始于 1982 年的彼得斯和沃特曼撰写的畅销书《追求卓越》，1989 年施乐公司的坎普撰写的《定标比超：追求取得产业内最优绩效的最佳实践》，则使最佳实践调查推广到各行各业。美国生产力质量中心是竞争情报最佳实践调查和定标比超活动的积极倡导者，曾多次开展大范围的最佳实践企业调查。J. E. Prescott 和 Jan P. Herring 是竞争情报领域最佳实践调查和定标比超活动的重要推动者。

二十七、商业情报软件

商业情报软件也称为商业智能软件，是基于数据仓库和数据挖掘技术基础上的定量分析软件。它的操作过程是：从许多来自不同运作系统的数据中，提取出有用的数据，进行清理以保证数据的正确性，然后经过抽取（extraction)、转换（transformation）和装载(load)，即 ETL 过程，合并到一个企业级的数据仓库里，从而得到企业数据的一个全局视图，在此基础上利用合适的查询和分析工具、数据挖掘工具、联机分析处理工具等对其进行分析和处理，最后将知识呈现给管理者，为管理者的决策过程提供支持。目前，专门提供商业情报软件的国外公司主要有法国的 Business Objects 公司，加拿大的 Cognos 公司和美国的 Hyperion 公司等，国内公司主要有用友公司、金蝶公司和菲奈特融通公司等。商业情报软件与竞争情报软件的主要区别在于：前者支持企业的商业过程，以企业内部数据和定量分析为主；后者支持企业的情报过程，以外部环境数据和定性分析为主。

参考文献

[1] 包昌火．加强竞争情报工作，提高我国企业竞争能力．中国信息导报，1998，(11)：33-36.

[2] 包昌火，张燕，黄英．竞争情报的崛起和发展//情报学进展．2002～2003 年度评论．第五卷．北京：国防工业出版社，2003：310-374.

[3] 包昌火，赵刚，李艳．竞争情报的崛起——为纪念中国竞争情报专业组织成立 10 周年而作．情报学报，2005，(1)：4-19.

[4] Prescott J E, Miller S H. Proven Strategies in Competitive Intelligence: Lessons from the Trenches. New York: John Wiley & Sons, Inc.

竞争情报引论*

肇始于20世纪50年代、崛起于80年代的竞争情报，以1986年美国竞争情报从业者协会的成立为标志，是军事学、经济学、管理学和情报学等学科相互交融的结果，是情报工作的重大发展，是人类社会在信息化基础上向情报化和智能化方向发展的重要征兆。竞争情报的兴起与发展将对全球的经济发展与社会进步产生全面、积极而又深远的影响[1]。

一、什么是竞争情报

"竞争情报"一词是英文"competitive intelligence"的汉译。从字面上理解，competitive是competition的形容词形式，意为竞争的。intelligence，则是一个多义词，《韦氏词典》对其的释义有九种。除两种为宗教领域专用之外，其余七种大致可分为两类含义：一类是指才智，包括学习和应用知识的能力、思想和推理的能力和较高的智力；另一类则是指信息、消息，多指秘密消息，尤其指有关真正或潜在的敌人的消息及由此推论出的评估性结论，从事收集情报的机构、人员或政府机关，如间谍机构等。前者可翻译为"智能"，后者可翻译为"情报"。从国外有关竞争情报领域研究的内容、方法和手段上看，CI与我国情报界一直从事的情报研究工作非常接近，这一概念又是由情报界率先引入国内的，因此就译成了竞争情报。不可否认，对于"intelligence"这样一个多义词的翻译，无论是选择哪种译法，都会损失一些原有的含义。不过，汉语的"情报"一词本身也是一个多义词，可以弥补一些损失的意义。为此，我们先来看看汉语当中"竞争"和"情报"分别作何解释，再来给出竞争情报的定义。

（一）竞争

古人云："并逐为竞，对辩为争。"《辞海》将竞争解释为"互相争胜""商品经济中，商品生产者为取得有利的产销条件而进行的相互斗争"。

从广义上说，竞争是优胜劣汰自然规律的具体体现，泛指一个生物个体或社会组织，为了生存与发展的需要，为了获得某种利益或达到某种目标，与其他生物个体或社会组织（竞争对手）进行的角逐或较量。竞争是生物学、社会学和经济学的基本范畴。著名生物学家达尔文在1859年出版的划时代名著《物种起源》中提出了"物竞天择，适者生存"的思

* 本文原载《竞争情报导论》. 北京：清华大学出版社，2011。

想，揭示了生物之间竞争的基本法则。从社会学范畴来看，竞争是指两方或两方以上的个人或集团，在一定范围内为了夺取其共同需要的对象而展开较量的过程。作为经济学范畴的竞争，通常是指在市场经济条件下，市场活动的参与者为了维护自己的经济利益，实现利益最大化而采取的各种有利于自身的行为。因此，市场经济的本质就是竞争经济，竞争是市场经济发展的推动力。正如恩格斯所指出的那样："竞争是经济学家的主要范畴，是他最宠爱的女儿，他始终安抚着她。"(《马克思恩格斯全集》第1卷，611页)。竞争情报中的"竞争"一词，即属于经济学范畴。源自经济学的竞争理论是竞争情报得以发展的重要基础。

竞争主体、竞争目标和竞争场是构成现实社会竞争活动的三大要素。竞争的主体是指竞争者。竞争目标是指竞争的客体，即满足竞争者自身的生存与发展所需要的利益和资源。竞争还必须依存于一定的空间和范围，这种空间和范围称为竞争场。例如，经济竞争离不开市场；体育竞争离不开竞技场；军事竞争离不开战场。

(二) 情报

汉语中的"情报"一词，是在不同的语境下具有不同含义的多义词。有时泛指关于某种情况的消息和报告，对应于英文中的"information"一词。有时也专指军事情报，即已获得的敌方军事、政治、经济、科学技术、地理等方面的情况，对应于英文中的"intelligence"一词。在现实生活中，"信息"和"情报"在汉语中经常被混淆滥用。因此，这里先对信息和情报的概念及其联系和区别进行明确的界定。

我们先来看看信息的定义。与情报的多义性类似，信息本身也是一个具有多种语义的词汇。《信息论》的创始人申农（1948年）认为，信息是用来消除不确定性的东西，是一个可测度的科学概念。《控制论》的创始人维纳（1950年）认为，信息是人与外部世界互相交换的内容的名称。我国著名信息科学专家钟义信教授（1996年）认为，信息就是事物存在的方式或运动的状态，以及这种方式、状态的直接或间接的表达。

对于信息和情报的概念，日本情报咨询专家白岩谦一于1983年在日本《情报管理》杂志的论文中曾进行了比较，如表1所示。

表1　信息和情报概念的比较[2]

项目	信息	情报
特性	关于特定事实或环境的消息、资料（数据）	事先经过充分的研究解析，在有效的基础上收集来的资料（数据）
获取	通过交流、调查或训练得到	通过周密地探究和留意，有效地进入而构成
过程	自然积累保留、保管	积极地收集展开活用

我们认为，信息既不是物质，也不是能量，是一个横跨于三个世界之中的信息世界。它既可以是物质运动状态及其变化的反映，又可以是人类精神活动的产物，如信号、图像、数据、事实、性状、情况、态势及显性和隐性知识等。而情报则是对信息的解读、判断和分析，是人脑思维的产物，具有对抗性、战略性、智能性、增值性和可行性等特点。信息和情报的联系在于信息是情报的素材和载体，情报是信息的激活和升华；信息是客观存在，情报是思维产物；信息是原料，情报是产品。人们获取信息的目的是为了生产用于决策活动的情报和谋略，即information的intelligence化。information的intelligence化精辟地表述了情报和信息两者的区别和联系，如经判断的信息，经分析形成的报告等。一项重要的

情报既可能是一条原始信息，也可能是一份报告，关键在于它是否能满足用户决策的需要。曾为美国参议院情报特别委员会的民主党领袖、总统对外情报顾问委员会顾问舒尔斯基（Abram N. Shulsky）在《无声的战争——理解情报世界》中认为："情报分析是指把搜集来的信息碎片转化为决策和军事指挥者可以使用的形式。"[3]

实际上，不仅存在着信息向情报的转化，数据向信息、信息向知识也存在着这种转化关系。1996年，美国竞争情报学家鲍威尔在The Art and Science of Business Intelligence Analysis一书中曾描述了竞争情报价值链的概念。他认为，由原始数据转化为商业价值，须经过6次转化，形成6种状态，即通过搜集形成数据（状态1）、数据集成形成信息（状态2）、信息分析产生知识（状态3）、知识激活生成情报（状态4）、情报应用形成决策（状态5）、决策执行产生结果（状态6），即实现价值。因此，由原始数据到商业价值是一个连续转化、不断增值的结果，这种转化过程即情报价值链（图1），也是信息转换规律的一种表达形式。

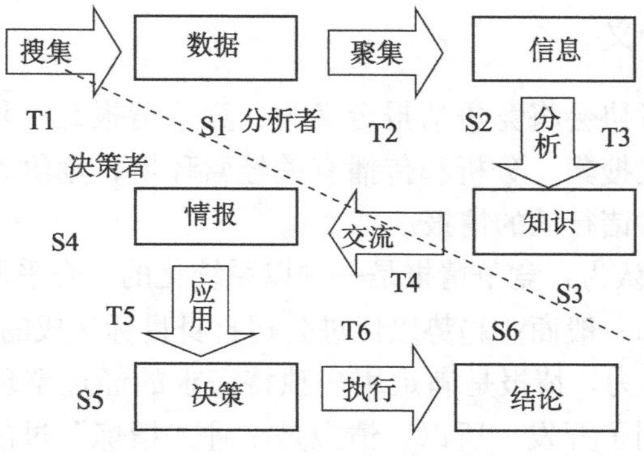

图1 数据—信息—知识—情报转换关系[4]

注：T：transform，变换；S：state，状态

下面，我们将以一个实例来说明这种数据—信息—知识—情报的转换关系。

假设你是一家汽车制造商的市场分析师，上海通用汽车公司是你公司的竞争对手。一天你在网络新闻中看到了如下消息：上海通用汽车降价了10%。于是你对此展开了分析，并提交了一份行动建议给公司决策层。以下是你的分析过程，也是数据经过三次转化变为情报的过程。

数据："上海通用汽车降价了10%"是原始的资料，也就是数据。

信息："上海通用汽车降价后，同档次的车将比我们的车便宜8%"。你的这个比较判断就是信息，因为它把数据放到一个特定的语境中，并把至少两个方面的资料集中在一起，使数据有了特定的意义。

知识："根据以往的经验，在上海通用和我方争夺的市场中，价格是决定因素。上海通用的降价策略将会使我公司的潜在客户转向购买其产品"。行业信息的积累使你掌握了行业的基本知识，即价格基础上的竞争。

情报："上海通用降价后，如果我们的价格不降低7%，那么通用的市场占有率将增加3%，从而超过我们的市场占有率"。你的这段分析就算得上是情报了，因为在这段陈述中，信息得到了分析，并且暗含了对"我们可能也需降价"这个行动的建议[5]。

由此可见，对资料进行整理和归类产生信息，而信息必须经过分析并且升华到决策与行动建议才称得上是情报。但是，很多企业的情报活动往往是从收集数据和信息开始，又以产出数据和信息结束，缺少了把数据和信息变成情报这个分析过程。没有这个过程，企业情报工作者虽然看似收集了很多信息、制作了很多表格，并且向企业决策者提交了很多报告，但是这些工作的效果几乎为零。分析作为情报活动价值链中附加值最大的一个环节，作为资料信息与有效情报的桥梁，应该是情报工作的灵魂。

情报不仅是信息的分析和提升，而且也是高于知识的。知识是“人类理解与学习的结果”[6]，是人类文明与智慧的记载和结晶。浩如烟海的图书、论文、报告、专利等文献就是知识存在的主要形态，是构成人类知识的主体。但对于个人或组织来说，这些知识毕竟是静态的、外在的，而情报却是动态的、内生的。正如钱学森教授所言，情报是激活了的知识，是解决一个特定问题所需要的知识。因此，情报源于知识，却高于知识，如若情报源于信息，高于信息一样。那种认为“知识服务”高于“情报服务”的见解和导向，实际上是一种偏见和误导，也是脱离我国情报界半个多世纪的社会实践的。

（三）竞争情报的含义

美国竞争情报从业者协会将竞争情报定义为：竞争情报是一种过程，在此过程中，人们用合乎职业道德的方式搜集、分析和传播有关经营环境、竞争者和组织本身的准确、具体、及时、前瞻性及可付诸行动的情报。

Larry Kahaner 教授认为，竞争情报是一种以系统化的、合乎职业道德的方式搜集和分析有关竞争对手的行动和一般商业趋势以促进公司自身目标达成的活动。

J. E. Prescott 教授认为，情报是满足用户独特需求的经过整理的信息，这些信息经过了分析解释，其含义得到了开发。所以，情报是一种“精炼”过的信息产品。竞争情报则是与外部和/或内部环境的某些方面有关的精炼过的信息产品。

1994 年 9 月，包昌火研究员在全国竞争情报与企业发展研讨会上将竞争情报归纳为关于竞争环境、竞争对手和竞争策略的信息和研究。并认为它既是一种过程，又是一种产品。过程，是指对竞争情报的搜集和分析；产品，是指由此形成的情报或策略[7]。

事实上，竞争情报与情报研究一样，本质上都是一个输入已知的信息和情报，通过整序和转化，输出新的信息和情报，从决策者的需求出发，再回到决策者需求中去的系统过程。因此根据竞争决策需求，以合法的方式获取并生产可付诸行动的情报产品，均可视为竞争情报之列。

（四）竞争情报的范围

广义上，竞争情报的范围，可以按组织划分为政府竞争情报（GCI）和企业竞争情报。

政府竞争情报是一个国家的政府部门为了提升自身的竞争力而开展的对外部环境和竞争对手信息的搜集和分析。在全球经济一体化的时代，政府在促进国家和地区的产业发展、商品出口、引进外资等方面肩负着重要的责任，而开展政府竞争情报则可以有效地发挥以上职能。日本于 1958 年建立的日本贸易振兴会和韩国于 1962 年建立的韩国贸易振兴社即是政府竞争情报的范例。

企业竞争情报则是相对于政府或国家竞争情报而言的，是竞争情报的狭义主体。按其内容领域划分，又可以进一步分为商业竞争情报和技术竞争情报。它的核心内容是对竞争对手信息的搜集和分析，主要涉及环境监视、市场预警、技术跟踪、对手分析、策略研究、竞争情报系统建设和商业秘密保护等多个领域。技术竞争情报是指能给组织的竞争地位带来重大影响的外部技术的威胁、机会或发展的信息，以及这些信息的获取、监控、分析、前瞻和预警过程。商业竞争情报是指能给组织的竞争地位带来重大影响的外部市场环境、竞争对手、供应商、客户、其他利益相关者、财务、人员和联系的信息，以及这些信息的获取、监控、分析、前瞻和预警过程。对于商业竞争情报的范围，表2中列举了国外五种具有代表性的观点。有的将竞争情报的范围限定为竞争环境或商业环境，有的限定为竞争对手或竞争者，有的限定为市场或行业，有的则限定为以上几种的组合。

表2　商业竞争情报的范围

作者	商业竞争情报的范围
Fuld & Company	市场和市场中的竞争对手
SCIP	一个公司的竞争者和竞争环境
Miller	一个公司的商业环境
Kahaner	竞争者的活动和一般商业趋势
Prescott&Gibbons	行业及其现存和潜在的竞争者的能力和行为

将竞争情报的范围限定为市场的，也被称为市场情报或营销情报，主要围绕着发现公司的客户或潜在的客户及销售模式[8]。市场/营销情报通常是为了实现短期目标而提供的战术和操作层面的信息。将竞争情报的范围限定为竞争者/竞争对手的，也被称为竞争者情报，主要围绕着搜集和分析有关竞争对手的情报。

一般而言，商业竞争情报的范围要包括市场/营销情报和竞争者情报，既包括战略层面的信息，也包括战术和操作层面的信息。图2描绘了竞争情报与相关概念之间的联系。

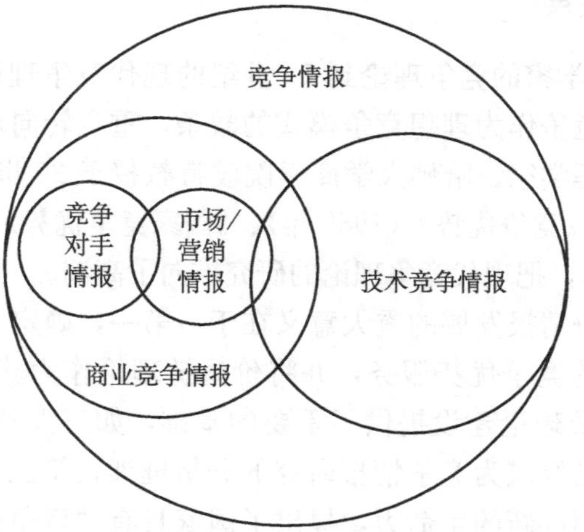

图2　竞争情报相关概念之关系示意图

二、竞争情报崛起的驱动力

竞争情报的崛起有着重要的科技、经济、政治和社会原因。根据对国内外文献的分析，我们认为，推动国际CI发展存在五大驱动力。

(一) 战略管理的兴起

始于20世纪50年代的战略管理主要解决顶层管理问题，即企业应该做什么和怎样做的战略问题。它经历了50年代开始的计划与控制阶段；60年代的长期规划阶段；70年代的战略规划阶段及80年代的战略管理阶段。通常，战略管理被划分为战略制定、战略实施和战略评估三个过程，而整个战略管理过程则是一个多次信息反馈构成的闭环过程。在此过程中，竞争情报贯彻于始终，是战略管理的导向和基础，是战略管理系统的一个功能组成部分。在那些从事战略管理的人看来，两者甚至根本就没有什么分别。战略管理是拉动竞争情报需求、推动竞争情报发展的强大力量，竞争情报工作则是战略管理工作不可分割的重要部分。

(二) 市场竞争的激化

随着市场经济的发展和科学技术的进步，在20世纪80年代出现的经济全球化浪潮与随后兴起的区域一体化现象形成了国际竞争的新格局，加剧了市场竞争的激化。

在人类历史上，市场经济的出现与发展是一种世界现象。白树强博士认为，大多数第三世界国家在进入20世纪80年代以后，其以国家为主导的发展模式基本上土崩瓦解，开始大规模地转向以市场为基础、以私人部门为主导的发展模式，从而顺应了经济全球化和区域一体化的潮流，推动了市场竞争的发展。

在经济全球化和区域一体化的大潮下，作为竞争主体的企业开始把目光从内部转向外部，从国内转向世界，高度关注对环境的感知与应变能力的提升，从而促进了以环境监视和对手分析为重点的CI的崛起与发展。

(三) 竞争理论的发展

从18世纪古典经济学家的竞争理论到20世纪的现代竞争理论，经历了近200年的历史，逐渐放弃了把完全竞争作为理想竞争模式的教条，重点转向对现实市场竞争动态过程的研究。国际著名的管理学家、哈佛大学商学院波特教授于20世纪80年代始相继发表了《竞争战略》(1980年)、《竞争优势》(1985年)、《国家竞争优势》(1990年)及《竞争战略案例》(1992年)等著作，把现代竞争理论的研究推向了高潮。

波特竞争理论对竞争情报发展的重大意义在于：第一，确定了竞争情报工作的基本目标是为创造与保持企业的竞争优势服务，并将价值链理论作为获取竞争优势的基本策略；第二，为竞争情报研究及理论建设提供了重要的基础，如三大基本战略、五种力量模型、竞争对手分析模型等都已经成为竞争情报研究的分析框架；第三，国家竞争优势理论，即钻石理论，赋予国家作用以新的生命力，提出了国家具有“竞争优势”的观点，为国家竞争情报的建设提供了理论支持。

(四) 军事情报的转移

随着柏林墙的倒塌和苏联的解体，第二次世界大战以后东西方对峙的冷战格局宣告终结。和平与发展成了全球的基本主题，经济竞争遂成为国与国之间关系的主要矛盾。在这种时代背景下，军用技术向民用领域转移成为一种潮流，具有先进技术手段和丰富实践经验的政治军事情报力量也转向了经济技术情报领域。正如美国竞争情报专家J. E. Prescott教授所言，“商业经济中竞争情报实践的发展在很大程度上得益于军事、政府的情报知识和实践积累。众多商业情报领域的先驱者们都来自各种政府组织”。事实上，竞争情报的工作流程——情报循环模型就直接来自军事情报领域。而活跃在美国竞争情报界的专家和从业者也不乏从国家安全部门退役的前官员。由于竞争情报和军事情报在工作程序、方法上存在着很多相似之处，竞争情报必将继续从军事情报中获得借鉴。

（五）从业人员的努力

我国情报界曾经常谈论“有为才有位，有位才有为”的哲理。可以认为，CI 从业者的奋发有为和出色表现是现代 CI 业崛起的重要原因。

对此，J. E. Prescott 教授曾有精辟的论述：“CI 已广泛应用于全球商界。仅仅在几年之前，这种说法还是令人置疑的。而今天，CI 的实践开展和制度化是多种因素共同作用的结果，这包括 CI 从业者向公司管理层证明了 CI 的价值；正在进步中的日趋成熟的框架体系和分析工具；以及联系全球各地 CI 从业者的畅通网络。很明显，在以上列举的因素中，没有包括那些传统的解释，如商业的全球化和信息技术的出现等。这两种力量当然都是 CI 得以实现的因素，但最主要的推动力还是 CI 从业者的不懈努力。这种努力导致了一个学科的诞生，这一学科的蓬勃发展，并使 CI 从业者参与了决策过程。”事实上，正是在情报界、管理界、企业界、咨询界的学者和精英们的共同拼搏下，才使得专业 CI 领域的产生和发展。迄今为止，美国已经出版了上百部 CI 专著，应用和开发了上百种 CI 技能，编制了上百种软件，形成了相当规模的咨询、培训、教育体系。正是由于 CI 从业者的卓越贡献，为国际 CI 业的发展奠定了坚实的基础[1]。

三、竞争情报在国外的发展

情报活动自古就有，但作为一项专业化的情报活动则起始于第二次世界大战，而竞争情报则是一类情报活动的集合。包昌火研究员在《情报研究的国内外比较研究》报告中对此曾做过系统的论述[9,10]。

（一）早期商业情报

商业情报又称工商情报，是欧美国家工商企业中广泛存在的一类情报活动。它的基本做法是将与企业发展有关的方针政策、服务对象、竞争对手、技术动向、市场行情等信息经过分析、消化、评价和解释转化为在本企业内传播的情报，为企业的决策和营销服务。日本是世界上从事 BI 最活跃和最有成效的国家，综合商社、日本贸易振兴会和日本经济新闻是日本 BI 的三大支柱，它们与政府机构、企业情报部一起形成强大的 BI 网络。

（二）现代竞争情报

现代 CI 摒弃了早期 BI 和军事情报活动中的不正当手段，突出了情报的竞争性。例如，竞争者情报、竞争性商业情报、竞争性技术情报都瞄准了为企业创造竞争优势的目标，从而形成了现代 CI。美国则是当今世界上从事 CI 的理论研究和实践活动的杰出代表。缪其浩[2]、朗诵真等[11]对此曾做过详细的描述。在《竞争情报的演进》一文[12]中，美国著名的竞争情报学家 J. E. Prescott 教授（1999 年）考察了北美、西欧和澳大利亚的竞争情报事业发展的历程之后，将现代竞争情报发展划分为四个不同的历史阶段，他称之为竞争情报的进化框架。这四个阶段分别为竞争数据搜集阶段、行业和竞争对手分析阶段、用于战略决策的竞争情报阶段和作为核心能力的竞争情报阶段，如表 3 所示。

表 3　竞争情报发展的四个阶段——进化框架[12]

特点	竞争数据搜集	行业和竞争对手分析	战略决策制定	核心能力
时间段	1980 年以前	1980～1987 年	1988 年至现在	未来
成熟度	非正式	逐渐成为正式部门	正式部门	正式与非正式部门的结合
导向	战术	战术	战术与战略的混合	战略
分析	缺少分析	少量定量分析	定量与定性分析	重视定性分析
与决策的联系	没有联系或联系很弱	联系很弱	联系很强	直接产出
高层管理者的重视程度	很低	有限	中等	很高
情报人员的地位	图书馆/营销	计划营销	营销/计划/CI 部门	CI 部门/营销/计划
关键问题	·开发信息获取的技能	·为 CI 建立商业案例 ·间谍形象 ·发展分析技能	·展示实际的输入 ·需求与供给驱动的 CI ·反竞争情报 ·国际性 CI ·技术性 CI ·信息技术的作用	·并行管理过程 ·跨国公司情报基础设施的建设 ·将获取 CI 作为学习过程 ·网络分析

下面我们就将以这四个阶段为主线，介绍一下现代竞争情报在国外的发展简史。

1. 竞争数据搜集阶段

20 世纪 70 年代末之前，CI 通常被归入到竞争数据的搜集活动之下。CI 一般是图书馆的一项职能，尽管当时从事客户研究的市场研究部门已经存在。此时，公司内部尚未建立正式的 CI 流程或网络，CI 只是一项临时性的工作，分析用得很少（假如有的话）。从总体上来说，此时的 CI 工作对高层管理的参与是低层次的，对决策过程的影响也很少。这时的 CI 工作还是一个非正式和临时性的过程，它的工作重点是搜集数据，并构造出关于竞争对手和产业结构的文档，采用的分析是静态的。CI 人员的基本技能是查找信息。尽管这并非是一个辉煌的阶段，但却很重要。它的重要性在于建立了类似于华盛顿研究所这样的公司及发表了一定数量的学术论著。

华盛顿研究所、Fuld & Company 及 Find/SVP 这样的公司是这个时期的代表性机构。它们致力于信息的编目、培训和代理工作。这些公司提供的服务之所以受欢迎是由于其他公司本身没有情报能力。

这个阶段的学术文献是散落各处的。哈佛大学商学院于 1959 年进行了一次有关情报实践现状的调查，此项研究表明，情报流程尚处于幼年和非正式的阶段。

2. 行业和竞争对手分析阶段

20 世纪 80 年代早期，CI 由兴起阶段过渡到成长阶段。这个时期侧重于产业结构和竞争对手的分析。CI 的支持者在致力于将 CI 从搜集阶段过渡到分析阶段时面临着三个挑战。

首先，第一阶段所开创的数据搜集工作给 CI 人员带来了极大的帮助，因为他们能够据此建立 CI 的商业案例。建立商业案例关注的是向管理层阐述 CI 是什么，为什么 CI 很重要，它如何辅助决策制定，这个流程如何在公司内定位、需要给 CI 投入什么样的资源。但一线的经理关心的则是 CI 人员如何证明自身的价值。

在公司内部倡导 CI 的人遇到的第二个挑战是 CI 的间谍形象。为《华尔街杂志》《财富》《商业周刊》《金融时报》工作的记者对间谍和泄密的兴趣远超过对CI工作方法的兴趣。许多经理害怕和CI沾上边会使自己的公司成为不光彩报道的主角。事实上，这种状况经常发生。直至今日，许多公司出于这种考虑也不愿意谈论它们的CI流程。

第三个挑战是如何开发出将数据转换为情报的各种分析技术。首先，规划位于中心环节。规划人员长期以来都对商业和环境之间的关系感兴趣。现在他们有了一组框架，例如，波特五种力量模型及设计营销情报系统的早期文献使他们能够以一种一线经理容易参与进来的方式系统地应用环境分析。其次，CI的搜集和分析/管理的分工开始明确。今天，这种分工由于IT的使用而变得更加根深蒂固。

这个阶段，在CI运作方面处于领先地位公司的CI活动可以描述为：CI的任务在于开发和改进正式的结构和网络。至少有一个人负责CI活动。数据的搜集包括获取一般的信息，以及与行业和竞争对手相关的临时性项目。数据分析的工作很有限，包括基本的定量汇总。重点放在战术而不是战略决策上。高层管理者的参与很有限，这种状态导致的最终结果就是与决策制定过程的联系很弱。

这个阶段的论著急剧增加，实践者和顾问们都非常活跃，这些书基本都是关于搜集信息和分析数据的技术的。这些书非常重要，因为它们有助于使CI制度化，使之远离神秘。学术的论著开始出现但依旧很稀少。有两篇文章主要论述的是在工业品营销中CI的作用，这些文章关注的都是从业者的实践活动。Prescott和Smith通过实地研究形成了以项目为基础的CI定位。规划领域的大部分学者在这个阶段都致力于开发和实施各种分析技术以进行竞争评估。在这方面所做的工作包含在Prescott教授分别在1986年和1988年发表的两篇文章里。这些论著归纳和描述了情报分析师可以采用的各种各样的技术。在欧洲，CI的重点是一般领域的安全问题及特殊领域的国家安全问题。德迪约在隆德大学组织了很多这方面的文献。不幸的是，他的许多作品没有被广泛扩散。

3. 战略决策制定阶段

此时，CI已经步入到越来越关注战略应用的道路上来，这是CI与其他活动，如质量活动整合起来的结果。20世纪80年代后期，许多组织资助了CI部门，之后，它们对CI贡献的质疑也不断产生。尽管有证据表明CI有助于思想的共享，使经理们在提到竞争动力学时意识到CI的价值，但是在CI如何影响盈亏及是否是用户导向的方面尚缺乏一致意见。解决这个问题的一种技术就是定标比超。定标比超是由需求驱动的，而非供应驱动的。用户指引着CI分析师的行为。通过把CI聚焦于定标比超活动，CI分析师能够解决一些关键问题，这要比类似于预测产业进化的活动更加切实一些。

该阶段出现的第二个问题是关于反情报。发生在美国军队的裁员和相关的情报活动导致许多资深的情报官员希望把他们的技能应用于其他领域。他们找到的一个用武之地就是商业组织。当时与这个问题相关的一个争论是在商业运作中政府应该发挥的作用。问题并非是政府该不该发挥作用，而是在不同的国家，政府该发挥什么样的作用以及它如何影响竞争力。

第三个问题是信息系统在CI中该发挥多大的作用。尽管信息系统存在了许多年，问题在于如何发挥这些系统的战略用途。对于CI部门，重点是如何设计、存取、界定内部和外部的数据，以达到促进管理决策支持的目的。像Corning这样的组织在这个领域处于领先地位。

第四个问题是CTI的角色。许多组织把技术定位于它们战略规划力量的中心部分。对CTI的兴趣，部分可归因于CI所处组织的类型。计算机、通信和医药行业自然希望借助CTI来发展自己。

第五个问题是原来被忽略的跨国CI。当越来越多的公司跨越疆域、跨越新出现的地区贸易集团和行业进行竞争，并感受到来自新的国外竞争对手的蚕食时，它们对跨国CI的兴趣就会增加。这种兴趣为信息专家提供了另一种机会。如何搜集数据，如何将国外CI与国内CI相区别，成为信息代理的一个机会。例如，像公开来源解决方案这样的组织，开始成为一个国际的公共信息交换站。这种兴趣也激起了人们对在世界上不同的地理区域管理CI部门的渴望。

今天在CI方面领先的公司可以描绘为：CI部门具有一个得到良好发展的正式过程和网络。而且与出资委托项目的情报用户建立了比较强的联系。分析通常很复杂，既包括定量数据，也包括定性数据。大量的项目定位于战略决策。高层经理明确地认识到CI的价值并将其与决策制定过程直接联系起来。

第三阶段的著述也进一步得到了加强。从业者和咨询专家逐步把他们的注意转向CI的管理过程。我们对1990到1994年10月出版的《竞争情报评论》杂志做了一次内容分析，结果表明，有41篇文章关注的是与管理相关的问题，而有59篇是关于数据搜集和分析的。这个内容分析还显示，只有2篇文章是关于职业道德的，有4篇是关于计算机/软件的。

4. 核心能力阶段

基于以上对CI过去和现在的状态的认识，Prescott对CI的未来也发表了一些看法。他认为，进行这个情景分析的关键假定是CI在商业社会里会继续制度化，未来在CI方面领先的公司可以描绘为：在跨国公司，CI的流程在世界范围会得到制度化，有些本地的公司也会对此做出响应。绝大多数员工认可CI的价值，并参与到包括反情报在内的流程里。数据分析用得很广泛，定性地输入往往主导着定量的数据。通常情报通过复杂的信息系统直接整合到战略决策中。高层管理者使用CI作为一种塑造组织未来的方式，并认为它是学习型组织必不可少的一部分。

总之，西方国家的CI实践和理论在过去的30年里经历了迅速地成长并获得了一定的合法性。IT、分析、道德及CI管理的发展将继续成为这个领域面临的关键问题[12]。

(三) 美国的竞争情报

美国是开展竞争情报工作最早、重视程度和发展水平都很高的国家之一，已经建立了相对完整的、有机协作的竞争情报体系。美国竞争情报业基本呈现以下特点。

1. 竞争情报获取手段的多样化

比如，通过政府机构、企业主管部门获取；通过对公司客户、产品用户的调查获取；通过电话、贸易展览会、计算机检索获取；通过公开出版物、广告、宣传资料获取；通过智囊团获取等。

2. 竞争情报合法化

美国企业非常重视通过正当渠道、正当手段开展竞争情报活动。竞争情报人员认为，他们从事的是一种高尚的、值得为之骄傲的情报分析工作，而不是间谍行为。

3. 竞争情报工作职业化

一方面，企业高度重视竞争情报工作，大企业一般都设有“竞争分析”经理的职位，或由专职副经理负责竞争情报业务。另一方面，竞争情报工作队伍迅速壮大，人员素质高，竞争情报培训活动丰富多彩，特别是竞争情报从业者协会的成立提供了更加广阔的学习和交流平台。

4. 创建竞争情报从业者协会

1986 年，美国竞争情报从业者协会的成立，是国际 CI 业发展中的重要里程碑。继之，1990 年 9 月成立了欧洲竞争情报从业者协会、1992 年 2 月成立了日本工商竞争情报专门家协会、1993 年 2 月成立了澳大利亚竞争情报从业者协会，一个世界性竞争情报网络正在形成。

在全球 CI 发展过程中，SCIP 起到了领导者和推动者的作用。由 Leila Kight、F. M. Ruby、P. Kroger、J. Zeman、Roberta Brody、David Conley、J. Prescott、B. Zour 等 8 人发起和组建的 SCIP 迄今已经举办过 23 届年会。例如，1998 年 3 月 25 日至 28 日在美国芝加哥召开了主题为“基于知识的战略——21 世纪的生存和繁荣”的第 13 届国际年会；1999 年 4 月 28 日至 5 月 1 日在加拿大蒙特利尔召开主题为“竞争情报——现实环境下的应对策略”的第 14 届国际年会；2000 年 3 月 29 日至 4 月 1 日在亚特兰大召开了主题为“获取竞争优势：新千年的使命”的第 15 届国际年会；2001 年 3 月 7 日至 10 日在西雅图召开了主题为“电子商务环境下的竞争情报”的第 16 届国际年会；2002 年 4 月 3 日至 6 日在俄亥俄州辛辛那提召开了主题为“竞争情报：帮助组织实现机会最大化和风险最小化”的第 17 届国际年会；2003 年 3 月 12 日至 15 日在加利福尼亚州的阿拉罕召开了主题为“追求业绩——利用情报获取竞争优势”的第 18 届国际年会；2004 年 3 月 22 日至 25 日在马萨诸塞州的波士顿召开了主题为“CI 就是未来——情报驱动成功”的第 19 届国际年会；2005 年 4 月 6 日至 9 日在伊利诺伊州的芝加哥召开了主题为“动态绩效下的竞争情报”的第 20 届国际年会；2006 年 4 月 26 日至 29 日在佛罗里达州的奥兰多召开了主题为“预期明天，理解今天”的第 21 届国际年会；2007 年 4 月 30 日至 5 月 3 日在纽约召开了第 22 届国际年会；2008 年 4 月 14 日至 17 日在加利福尼亚州的圣地亚哥召开了第 23 届国际年会；2009 年 4 月 21 日至 24 日在芝加哥召开了第 24 届国际年会。

自 Leila Kight 任 SCIP 第一、第二届理事长以来，历届 SCIP 理事长依次为 David Conley、Roberta Brody、Robert Margulies、John Prescott、Cynthia Allgaier、Daniel Himelfarb、Richard Klavans、Faye Brill、Tracy Scott、Wayne Rosenkrans、Ava Youngblood、Clifford Kalb、Patrick Bryant、John Nolan III、Mazk Little、Paul Dishman、Melanie Wing、Timothy Kindler、Craig Fleisher、Martha Matteo、Joseph Goldberg 和 Martha Gleason。

已知 SCIP 出版的刊物有 Competitive Intelligence Review（1989～2001 年）、Competitive Intelligence Magazine、Actionable Intelligence 和 2003 年出版的 Journal of Competitive Intelligence and Management。

自 1986 年以来，SCIP 的成员迅速增长。例如，1988 年为 716 人，10 年后的 1998 年为 6694 人，年增长达 30%。根据 SCIP 秘书长 Guy Kolb 于 1999 年在我国 CI 技能和案例分析学术研讨会上的报告，SCIP 会员在全球的分布为：美国 76.5%、欧洲 10.7%、加拿大

9.1%、其他国家3.7%；SCIP会员在美国以外的国家和地区分布为：欧洲46%、加拿大38%、亚洲5%、澳大利亚/新西兰4%、南美3%、中东2%、东非1%、墨西哥1%；SCIP会员的职业分布为：CI/分析26%、市场规划与研究25%、信息中心/信息服务14%、研究开发、商务拓展、产品规划13%、战略规划12%、财务规划/反情报10%[1]。

在SCIP2008年会上，据迈克·贝尔肯介绍，SCIP会员分布在全球60多个国家和地区。

(四) 日本的竞争情报

日本的经济技术情报工作早已闻名全球。12个世纪以前，日本人便十分注意收集经济情报。尽管“竞争情报”这个术语在日本不大流行，其实际功能早已植根在日本上至政府下至企业的经济技术情报机构之中了。在大量文献专著中常可以看到对“竞合他社”情报调查和分析的内容。

1993年2月12日，日本正式成立SCIP Japan，其最早的日文名称可以直译为“日本工商竞争情报专门家协会”。但竞争情报的名称在日本也不甚受欢迎，目前，日文名称已改为“日本工商情报协会”。创始会长为中川十郎，他曾有20多年从事国际商业情报的经验。日本SCIP已在名古屋、大阪等地成立了分会，其活动相当频繁，大约每月就有一次会议。

日本的竞争情报工作已经形成了综合商社、公司的情报部和政府情报机构三大体系。这些机构每天都在全世界搜集信息，然后，传送给国内供处理、分析和使用。

1. 综合商社的情报网络

日本著名的六大综合商社三菱、伊藤忠、三井、丸红、住友和日商岩井在全世界有180多个办事处，1万多名雇员，建立起强大的情报网络，每天都在不遗余力地搜集大量信息。这些来自全球的信息每天24小时不停地送回日本总部，进行选择、分析，然后向各从属公司扩散。每家综合商社每年情报上的支出约6000万美元。

2. 公司的情报部门

20世纪60年代，日本一些大公司纷纷建立起自己的竞争情报部门来弥补综合商社提供的情报的不足。一般而言，这些公司总部专门从事竞争情报工作的人有10～20个。他们一般属战略规划部或研究部管辖，许多人在政府培训机构接受过培训。

日本还有100多家被称为“智囊公司”的私人公司专门从事情报搜集、分析和扩散工作，许多公司的雇员达到数百人。

3. 政府的情报活动

日本政府没有像美国中央情报局那样的大型政府情报机构，但也积极参与竞争情报工作。通商产业省在宏观上从事竞争情报活动，从国家高度为战略决策与规划提供支持。该省的中小企业厅研究室还提供早期预警、竞争对手跟踪与预报、战略规划及战略战术决策建议，提高并促进中小企业的发展。成立于1958年的、支持通产省决策的日本贸易振兴会更是世界级的竞争情报机构，主要工作集中于收集与进出口相关的信息、提供关于机会与威胁的早期预警、竞争对手跟踪及与国际贸易相关的其他报告[13]。

(五) 欧洲的竞争情报

欧洲是世界上开展竞争情报活动最普遍的地区之一，10%的欧洲企业都开展了竞争情报业务，许多大企业都设立了专门负责竞争情报的高级职位。欧洲竞争情报从业者协会是由35位工商企业的代表在1990年9月发起成立的。它在名称上是SCIP的一个分会，但在组织、制度和财务上都是独立的，只是在业务上保持密切联系。在欧洲SCIP之下，法国、英国和荷兰分别成立了SCIP国家分会，它们的第一次全国大会都在1992年召开。

欧洲是SCIP在北美之外拓展最为成功的地区，SCIP年度峰会是欧洲竞争情报界最有影响的活动，到目前为止已经连续举办了10届。2008年10月20～22日，SCIP欧洲峰会在意大利首都罗马举行。

以下选取欧洲在竞争情报发展中比较有代表性的国家——瑞典、英国和德国加以介绍。

1. 瑞典

瑞典是一个有着悠久情报传统的国家。早在17世纪，瑞典就重视从外交官、商人和旅游者那里获取情报。美国前中央情报局主任杜勒斯在讨论情报史时谈到，瑞典和荷兰的情报系统"说明小国如何可以通过卓越的情报、技术与组织才干来弥补实力方面的缺陷"。Hans Hedin（2005年）描述了瑞典竞争情报的演变情况，如表4所示。

表4 现代瑞典竞争情报重大进展回顾[14]

组织	1980年以前 奠基	20世纪80年代 早期发展	20世纪90年代 稳步增长	21世纪 严重衰退
政府	未来研究学院是产生知识的源头	瑞典技术团体向世界各地的公司提供信息和情报	作为非正式的团体，FOSO吸引了来自政府、学术界和商界的人士来提高情报意识，增进情报学习	瑞典突发事件管理局协调开展重大危机管理的准备工作
有CI能力的组织	以出口为导向的公司及国际性公司为改进经营而使用情报，但并不系统、协调	像沃尔沃、爱立信、Tetra Pak等公司都是设立竞争情报部门的先驱。 许多部门都是集中化的分析单位	通常公司发展情报部门。如今，更加关注把情报整合到商业流程中，而且在这个过程中要包括组织。CI成为一个真正的职业，并且CI经理和公司会派遣职工到情报训练课程进行学习	2001～2003年的秋天，经济全面滑坡导致情报资源减少。公共部门组织发展起情报能力。将关注的焦点从行业分析扩展到趋势和情景分析
学术界	在隆德大学的经济管理学院，由Stevan Dedijer发起CI研讨会	在隆德大学，情报学作为普通课程，由史蒂凡·德迪约讲授	Oebro大学开设竞争情报/环境扫描课程。 隆德大学的情报课程开始邀请国际友人参加，如William Colby、中川十郎等	在瑞典，多于八所大学都开设了情报课程。情报学的博士论文进入学术领地
CI供应商	几乎没有人关注CI供应商。观察员提供国际信息的剪报服务	第一本关于BI的书籍是Bjorn Sandstrom上校的《商业情报》，在1989年出版。 UC提供公司的财务信息	BISNES组织培训，发展了瑞典的情报中心并主持召开年度情报会议。1998年，Docere开设了20种不同的情报课程。IIR和其他一些公司组织了会议	很多公司都在发展互联网查询代理。 在全世界竞争情报行业中，瑞典可能是最成熟，最具竞争力的国家之一

与其他欧洲国家相比，现代瑞典竞争情报的这些发展，使其成为拥有成熟并具竞争力的CI产业的国家。1988～2000年，情报业的发展备受关注。越来越多的公司利用情报进行工作。不仅仅在企业界，在政府下属的公司，非营利组织，如瑞典红十字会、儿童基金会、瑞典教堂等都对情报表示了强烈的兴趣。瑞典的竞争情报有着如此不凡的作为，德迪约教授功不可没。他发表了150多篇有关情报安全以及科技政策方面的论文和报道。他被中央

情报局前主任 William Colby 誉为“世界上最好的情报专家”，被 Le Monde du Renseignement 誉为“商业情报专家”，被竞争情报从业者协会法国会长 B. Martinet 誉为“世界经济情报的创立者”。在隆德大学的经济管理学院，德迪约主持了商业情报研究会。在 20 世纪 70 年代中期，开设了 BI 研讨班，这在当时尚属凤毛麟角。在 20 世纪 80 年代，研讨班发展为正式的大学课程。

瑞典的 CI 产业可以划分为情报内容供应商、情报技术供应商、情报培训/情报流程咨询供应商，以及大学、政府、公共部门组织和公司企业几部分。情报内容供应商包括信息供应商和竞争情报信息门户。信息供应商（如 Observer、Infopak、Factiva、Dialog、Affarsdata）可以提供媒体追踪和最新资料通告服务。CI 门户包括 BI-digital、全球情报联盟（GIA）、全球情报网络（GIN）及联合情报论坛（FOSO）等。Docere Intelligence、Kairos 是瑞典著名的从事竞争情报研究、培训并提供技术服务的综合性公司。而 Comintell、Brimstone 则是提供 CI 软件的公司。表 5 列举了瑞典公司 CI 发展状况。

表 5　瑞典公司 CI 发展状态概览

公司	行业	CI 目标	CI 组织	备注
利乐	包装	CI 服务于战略决策和业务拓展过程	分为商业情报和技术情报，拥有集中的 CI 部门，在业务领域和各个地区还有额外的 CI 人员	将 CI 出色地整合到产品开发过程中
爱立信	电信	支持商业目标：重新夺得市场的领导地位	集中的战略 CI 部门 进行趋势分析和消费者研究的消费者实验室	自从 2001 年竞争情报资源迅速缩减
Telia Sonera	电信	CI 作为文化的催化剂，以适应解除管制和变化	集中的 CI 部门＋业务领域独立的 CI 部门	20 世纪 90 年代初开始竞争情报得到全面发展
沃尔沃汽车	汽车	发挥市场情报功能，提供市场研究和竞争情报	市场情报管理位于沃尔沃汽车总部	从 20 世纪 70 年代开始，沃尔沃即开展了正式的情报工作
阿斯利康	制药	主要的焦点是用情报改进研发过程	研发和市场/销售过程的情报，连接产品/项目	合并之后，竞争情报被 Zeneca 人事部门接管
Lansforsakringar	保险	用竞争情报进行战略开发	公司层面的 CI 职能，拥有包括竞争者、消费者、技术、政治问题等在内的 CI 团队网络	将内部员工整合到竞争情报过程的优秀途径

瑞典政府积极地支持竞争情报活动。税务局、瑞典海关和斯德哥尔摩市政府则是率先接受 CI 的政府和公共部门。

隆德大学经济管理学院在 1970 年就在德迪约的倡导下开设了 CI 课程，是欧洲最早的 CI 教育。20 世纪 90 年代以前，隆德大学是世界上唯一授予竞争情报硕士和博士学位的大学。这里的毕业生进入到瑞典公司后，将德迪约的 CI 思想扩散到整个企业界。斯德哥尔摩大学、Orebro 大学、斯德哥尔摩经济学院、Jonkoping 大学、Malardalen 学院等九所大学、四所学院均开设了 CI 课程。

2. 英国

英国人了解 CI 并积极地开展此项工作始于 1985 年。

尽管英国公司知道 CI 活动的必要性，他们并没有把 CI 工作贯穿于组织结构中。CI 通常位于公司的营销部门，侧重于市场情报，一般是作为其他名称职位的额外工作来完成的。

英国现有 CI 咨询公司仅有几家，包括 1988 年成立的 EMP 情报服务，1995 年成立的 AWARE 及 2000 年成立的 Fuld & Company 英国分公司。英国政府对 CI 的参与非常有限。

唯一一所开展学术意义上的 CI 实践研究的大学是莱斯特商学院的 CIMS 团队。

英国目前只出版了三本有关 CI 的著作（均已被译为中文）。

1）Pollard A. Competitor Intelligence. London：Financial Times Pitman Publishing. 1999.

2）Hussey，Jenster. Competitors：Outwitting，Outmaneuvering，and Outperforming. Wiley Inc.，1999.

3）West C. Competitive Intelligence. New York：Palgrave，2001.

1988 年，离开学术界后，Andrew Pollard 创建了英国第一个专门的竞争情报咨询机构——EMP 情报服务，从 80 年代晚期起一直是英国竞争情报发展的领头羊，并不断贡献出新的思想。EMP 致力于如何用竞争情报改善商业绩效而不是简单地重复旧思想，并定期地举办具有很高的实用价值的研讨会。EMP 品牌已在英国和欧洲获得了知名度，开设的课程吸引了 6500 多名从业经理的参加。

Liam Fahey 可能是唯一在竞争情报界获得国际声望的英裔专家。Fahey. Randall 鼓励学界考虑如何向未来学习，一年后，他的《竞争者》一书问世了[15]。

3. 德国

尽管竞争分析在德国有着悠久的历史，但却没有北美词汇中“竞争情报”这个词，但这并不影响德国对 CI 文献的贡献。CI 教育和研究在德国还没有得到充分发展。公司的 CI 培训，尽管在 90 年代非常活跃，近年来却在滑坡。SCIP 是德国居主导地位的 CI 协会，近些年会员数量却降至一个稳定的水平。但是，德国的 SCIP 会员数仍居欧洲第二位。尽管德国的 CI 咨询机构仅有 12 个，但二手研究的供应商数量却非常之多。一些先导指标预示着德国的 CI 发展正在获得动力。

德国的 Brockhoff 教授，以技术管理研究著称，在 20 世纪 70 年代到 90 年代出版了许多关于 CTI 的文章和著作。V. Lange 教授于 1994 年出版德文专著 Technologische Konkurrenzanalyse。

德国第一部以竞争情报命名的书籍是 1997 年出版的《竞争情报——战略早期预警的资源依赖方法》，由 SCIP 会员 Christian Kunze 博士根据他的博士论文完成。

2003 年，Lux 和 Peske 出版了一本具有很高的理论价值的著作《竞争情报和安全》，对以英文作为母语写作的竞争情报文献进行了梳理，并探讨了与反情报的关系。

德国国际研究所（IIR）的管理组提供两天竞争情报培训课程。德国没有专门的竞争情报学位课程，只是在市场研究、公司战略和信息科学下，会包含一些竞争情报的基本观念。

2002 年，德国竞争情报论坛（Deutsche Competitive Intelligence Forum，DCIF）在德国 SCIP 分会和四个积极的 SCIP 会员的帮助下成立，其宗旨是在德国推动竞争情报和 SCIP。活动包括新闻发布、建立本地的学术联络点、为德国公司定制德语的报道。DCIF 的网址为 http：//www. competitive-intelligence. com[16]。

（六）俄罗斯的竞争情报

俄罗斯的竞争情报活动深深地植根于苏联的军事/政府情报框架体系中，甚至现在还遗留着一些烙印。因此，以西方人的视角来看，俄罗斯的竞争情报工作通常被认为是经济间谍。俄罗斯的 CI 从业者多数有过军事、情报和警察的经历更加强化了这种认识。而且俄罗斯 CI 人员的教育和培训体系采用的都是军事和情报界的方法。尽管如此，俄罗斯的 CI 工作正试图摆脱苏联的阴影。2000～2001 年，一些本土的 CI 公司开始采用一种新的、非间谍的方法。在过去的二三年里，一些毕业于商业和经济院系的新人进入到 CI 领域。一些俄罗斯的大公司的所有者也意识到 CI 不再是一种商业间谍的手段，而是一种决策工具，需要遵循一定的职业道德准则。

俄罗斯的 CI 历史可以划分为三个主要阶段。

第一阶段始于 1991 年，当时俄罗斯成立自治政府。叶利钦发起的对克格勃的改革导致上百名从事秘密服务的官员下岗，许多人不得不寻求新的岗位。他们中的很多人在私营的安全服务和竞争情报部门找到了归属。

第二阶段始于 1994～1995 年，新成立的私营公司的所有者开始建立他们自己独立于政府部门的情报体系。尽管有足够的财力保证私营情报系统的建立，但是这些公司仍依赖于雇用"老人儿"——苏联的情报和军事官员，因为他们能带来苏联情报部门的灵魂和方法。

第三阶段始于 1999～2000 年，目前仍处于这个阶段。这个阶段对于不道德甚至违法的商业活动的反思使俄罗斯认识到需要对传统的 CI 工作职业道德进行重新评价。结果俄罗斯的 CI 工作出现了一些新趋势，例如，人员的组成从前克格勃官员转变为受过良好教育的、掌握多种分析方法的年轻人。这些年轻人开始重塑俄罗斯的 CI 形象。俄罗斯 CI 业正逐步演变为一个现代的、具有很强的职业道德标准的高技术行业。

1. 组织结构

俄罗斯的 CI 部门或者设在公司的安全服务部门，或者成立独立的 CI 部门。第一个公司 CI 部门是 1993～1995 年由最大的石油公司建立的。大多数大公司有自己内部的安全部门。它们中至少有 12%～15%的在安全部门之下建立了 CI 分支机构，仅有 4%～5%的有独立的 CI 部门。而且绝大多数公司分析部门的人员也参与到各个独立的 CI 项目中。俄罗斯把 CI 看成是经济安全、公司反情报和人力资源管理某些方面的核心组成部分。俄罗斯法律允许公司建立安全侦探部。

2. 服务分布

俄罗斯 CI 服务的类别分布如表 6 所示。

表 6 俄罗斯 CI 服务的类别分布[17]

CI 类别	从业者数量	CI 服务年合同数量	年营业额/美元	年增长率
公司 CI	～3 000	～150 000	3 亿	平均 6%～7%，前 100 名大公司占 10%～12%
国内客户对国内市场的情报需求	～500	～25 000	5 000 万	6%～7%
国内客户对国外市场的情报需求	<10	<100	250 万～300 万	34%～37%
国外客户对国内市场的情报需求	～25	～1 000	400 万～450 万	接近 100%

3. 行业分布

俄罗斯 CI 公司的行业分布表现在如下两个方面。第一，各行业的 CI 分布不均匀。出口导向型行业内的公司CI的发展水平最高。石油、冶金行业和大银行的CI部门比较强。石油和冶金行业的CI活动能够占到所有CI活动的65%～70%。第二，各行业的数据搜集和分析难易程度不同，这主要取决于行业的透明度。石油、天然气、金融、冶金和电信行业的CI发展水平最高，透明度也比较高。采矿、造纸和机械制造行业的CI发展处于中等水平，透明度一般。化学、快速消费品、轻工、交通和零售业的CI发展处于低水平，透明度也很低。

4. 地域分布

大约85%的CI从业者聚集在莫斯科。他们之间多为私人交往，很少组织行业协会。迄今仍没有一个覆盖全国的CI从业者协会。

（七）加拿大的竞争情报

加拿大竞争情报活动的开展仍处于区域性、个别化发展阶段，还没有形成一个系统的国家情报体系。SCIP声称，截至2003年11月，有172名加拿大会员。其中，55%来自公司，13%来自小型顾问公司，6%来自大型咨询公司，13%来自政府，还有6%来自大学。

1. 政府竞争情报

加拿大的竞争情报工作在某种程度上是由政府主导的。1992年，在议会的小组委员会的请求下，一些主要的经济部门试图改进提供给客户的信息产品。之后开展了有关市场信息和情报培训的竞争情报导入项目。首先接受培训的是负有经济和商业信息报告职责的驻外大使馆人员和政府雇员。地方各省的政府官员也开始搞起各省的情报项目。率先启动这一项目的是加拿大工业部、农业部和外交事务部。

同时，加拿大国家研究委员会（NRC）对竞争情报也非常感兴趣。加拿大科学技术信息研究所把竞争情报的概念广泛传播给加拿大技术网（CTN）和工业研究援助项目(IRAP)。1996年，NRC开展了第一次有关公司情报实践的调查。加拿大科学技术信息研究所也开展了面向中小企业的CTI网络门户建设和咨询服务。但NRC对竞争情报工作的推动是缺乏统一协调而又各自为政的。

2. 咨询公司

加拿大的Competia公司是世界领先的竞争情报门户网站。目前，它提供竞争情报领域的会议、培训、出版和咨询服务，业务范围遍及加拿大、美国、英国和印度。另外，两家比较知名的公司是IBIS公司和EMR公司，它们的客户都覆盖北美地区。

加拿大竞争情报领域知名的教授有Jonathan Calof和Craig Fleisher。Calof是渥太华大学的教授，在政府情报和展会情报方面都有深入的研究。Fleisher是温莎大学的教授，擅长情报分析，曾和澳大利亚的本苏桑合著《战略和竞争分析》一书[18]。

（八）韩国的竞争情报

近40年以来，韩国先靠贸易立国，然后又靠引进技术和反求工程，消化、吸收了先进技术，最终实现了自主创新，创造了世界上的一个经济奇迹，成为当今极有竞争力的经济体。和日本一样，韩国政府非常重视情报工作。1962年，成立了韩国贸易振兴社（KOTRA)，其职能类似于日本的贸易振兴会（JETRO)，为韩国出口导向型的经济发展提供了有力的支持。20世纪90年代，随着韩国一些大型家族企业的崛起，企业的竞争情报需求开始显现。于是，出现了政府和企业共同开展竞争情报的混合格局。

20 世纪 90 年代，韩国的 CI 需求主要围绕着政府政策和关键人物的监视，了解国内市场和国外出口市场的需求，以及了解竞争对手、客户、技术、工会和行业/经济趋势。在开展 CI 时，韩国的公司更加依赖于通过个人关系获得非公开信息，随着信息通信技术的广泛使用，他们对公开信息的使用也逐渐增多。这种趋势一直持续到 2000 年左右，即他们使用人际关系获取信息要远远超过互联网。表 7 描述了韩国企业 CI 实践历程。

表 7　韩国领先的家族企业集团 CI 实践发展历程[19]

	20 世纪 70 年代之前	20 世纪 80 年代	20 世纪 90 年代	21 世纪 00 年代早期
CI 模式	非正式的 CI	开始出现正式的 CI	发展中的正式 CI	发展中的正式 CI
CI 所处位置	无	集团总部所属	集团总部所属	集团总部所属
信息搜集单位	个人	CI 单位以及附属部门	CI 单位及整个集团和附属部门	CI 单位及整个集团和附属部门
CI 主题	窄	一般	中等宽	宽
CI 关注领域	国内	国内和出品	国内和一部分国际	国内和国际
计算机/IT/互联网使用	很少	有限	一般普及	相当普及
信息源/类型	非公开远大于公开	非公开远远大于公开	非公开远大于公开	非公开大于公开
分析程度	很少	有限	有限/普及	相当普及
职业道德标准	低	低	低/中	中

韩国有许多小型的 CI 组织支持 CI 活动。首先，CI 咨询和培训组织包括联合咨询（1983～1995 年）、经理咨询（20 世纪 90 年代）、IBS 咨询、韩国管理协会全球定标比超中心、3mecca、韩国科技信息研究所和其他一些国际公司（如 AC 尼尔森韩国公司）。私营的 CI 社团包括两部分，一个来自工业情报学会，一个来自各种私立和公立的组织。自 1983 年以来，工业情报学会的 CI 从业者们多次举办了非正式的会议，以保持联络和分享信息。表 8 为韩国公司 CI 实践统计。

表 8　韩国公司 CI 实践统计[19]

CI 实践的相关问题	大公司（1000 人以上）	小公司（1000 人以下）
是否存在正式的 CI 职能？		
一正式的 CI，独立的 CI 部门	12%	3%
一正式的 CI，没有独立的 CI 部门	46%	22%
CI 相关的雇员数量	29	7
信息源的使用率和排序		
一雇员	1（40%）	1（36%）
一客户	2（24%）	4（13%）
一联机（互联网等）	3（20%）	2（27%）
一外包	4（10%）	5（5%）
一报纸、杂志	5（6%）	3（20%）
非公开信息是否比公开信息更有价值？		
一同意	78%	78%
一中立	18%	15%
一不同意	4%	7%
你所在的组织如何开展 CI 工作？		
一常规工作	76%	67%
一根据需要	24%	33%

直到2000年左右，CI教育和研究才开始引起大学商学院和图书馆情报学院及研究人员的重视。之后，有两所学校开设了CI课程，一些学者开展了CI的基础研究。

(九) 澳大利亚的竞争情报

SCIPAUST正式成立于1993年2月17日。SCIPAUST一开始自称是美国SCIP的分会，其功能主要是为有关专业人士提供会议和研讨的场所，并通过它与国际SCIP接口。但后来的发展更趋向于本地化。SCIPAUST在墨尔本、悉尼、堪培拉等沿海城市分别建立了分支组织，面向国内工商界，为提高企业竞争力提供竞争情报咨询和培训服务。据不完全统计，澳大利亚约有500多人加入了SCIPAUST，其会员既有来自企业的高层管理人员、商学院教授，也有从事管理咨询和信息服务的专家，这三部分人员约占SCIPAUST会员总数的70%以上。由于澳大利亚工商界不太适应“竞争情报”这个术语，SCIPAUST的大多数分支组织对外又称为“工商情报网”，其活动的主要方式是结合当地实际开展竞争情报应用案例研究、特色产业（如制造业、矿业和教育业等）国际竞争力分析、竞争情报系统建设及竞争情报人才培养等主题的研讨交流。

澳大利亚的竞争情报主要有以下特点。

1. 重视与世界各国和地区竞争情报组织的合作

在澳大利亚等国的倡导下，SCIP曾专门成立了特别工作小组，帮助建立包括日本、韩国、菲律宾、新加坡、马来西亚、印度尼西亚、澳大利亚、新西兰等国家和地区的环太平洋竞争情报从业者组织，并试图将其纳入APEC工作计划，以促进这一地区竞争情报活动的发展和更加紧密的合作。

2. 积极发展竞争情报教育

随着澳大利亚竞争情报研究和实践的迅速发展，促进了该国竞争情报教育的异军突起。目前，已有麦加利大学和悉尼技术大学两所大学开设了竞争情报的学位教育，并将其定位在工商管理学科范畴内，作为培养MBA和CIO人才的重要内容之一。澳大利亚竞争情报教育的发展水平仅次于美国、加拿大、瑞典，居全球第四位。

3. 积极营造公平的竞争环境及信息资源共享社会氛围

澳大利亚经济属于市场经济调节与政府干预并存的混合型经济。早在20世纪90年代，澳大利亚联邦政府就制定颁布了《信息自由法》，明确规定国防、安全保障、国际关系及政府审议、政策形成过程中的文书等信息的公开最终决定权在各部部长，内阁会议文书信息公开最终决定权在总理。此后，澳大利亚又于1987年7月制定实施了《联邦行政机关信息公开制度》等法律，规定联邦政府各部门和公用事业机构应当在不违反保密义务的限度内，把行政信息公开作为义务。澳大利亚完善的政府信息公开制度为创造全社会的信息共享氛围，支持信息资源的开发利用和咨询服务业大发展，以及开展健康的竞争情报活动提供了良好的基础条件[20]。

四、竞争情报在国内的发展

中国是CI的故乡。具有明显intelligence功能的我国情报研究与国际上兴起的CI相结合，引起了我国CI专业组织的诞生和CI活动的发展，这是CI首先由我国情报研究机构推动和发展的内在原因。

(一) 中国竞争情报的历程

CI 在我国的兴起是情报研究工作的实践活动、市场经济发展的社会需要、社会信息化的巨大吸引和组织建设的积极推动等因素共同作用的结果。竞争情报的发展可以划分为以下几个阶段[21]。

1. 情报研究阶段

创建于 1956 年 10 月 15 日的中国科技情报事业，一开始走的就是文献工作与研究工作相结合的道路，集信息库与思想库于一体，并成为我国科技情报工作有别于欧美各国的一大特色。这固然有苏联科技信息体制的影响，更因老一辈革命家对 intelligence 性质的理解、重视和当时中国受西方国家的多方封锁，情报工作成为洞悉国际科技发展的主要手段这一重大国情所致，因而赋予了情报工作以"耳目、尖兵和参谋"的重任，而这种功能很大程度上是由情报研究工作来体现的。

所谓情报研究，就是根据社会用户的特定需求，以现代的信息技术和软科学研究方法论为主要手段，以社会信息的采集、选择、评价、分析和综合等系列化加工为基本过程，以形成新的、增值的情报产品，为不同层次的科学决策服务为主要目的的一类社会化的智能活动。中国情报研究在经过 20 世纪 50 年代以编译报道为主的初创阶段、60～70 年代以专业研究为主的提高阶段，达到 80～90 年代以综合研究为主的成熟阶段。

由于 CI 和情报研究的核心都是对信息的搜集和分析，具有异曲同工之处，所以多年来，我国情报研究机构实质上也承担了众多的国家 CI 和企业 CI 工作，它的研究理论、方法和技术同样也适用于 CI 工作。正因为如此，我们把情报研究作为我国 CI 的发展阶段之一。所不同的是，国外的 CI 脱胎于商业情报、市场研究和战略管理职能，而我国的 CI 则生长于情报研究的土壤，嫁接于情报研究实践。

2. 引进阶段

早在 1980 年，杨沛霆教授在《科技情报工作》第 1 期上首次讨论了"intelligence"和"information"两词的区别和联系。1982 年，我国情报研究专家孙学琛研究员在《科技情报工作》第 3 期上发表《情报——发展的一种手段》的编译文章，首次将国际上论述 intelligence 的含义文献介绍到了中国。80 年代中期，上海科技情报研究所率先开展了对 CI 的群体研究。

从 80 年代中期到 90 年代中期这 10 年期间，以情报研究的理论和实践为基础，积极引进现代 CI 的理论和方法，在社会主义市场经济的时代潮流下，逐渐将 CI 发展成为我国情报界、企业界和咨询界关注的热点问题之一。因此，这阶段竞争情报的重要特点是引进与嫁接。引进阶段主要有以下重大事件。

1）情报研究国内外比较研究的开展。为了搞清我国情报研究与国际上各类情报研究的异同，寻找国际交流与合作的接口，探索情报研究的生长点，1991 年 7 月～1994 年 12 月由国家科委和国防科工委联合下达、中国兵器工业情报研究所牵头开展了"情报研究的国内外比较研究"；对三种类型（发达国家、新兴工业化国家和发展中国家）八个国家的情报研究机构进行了系统的调查、分析和比较，出版了共计 55 万字的 10 个专题报告；并于 1993 年 7 月 28 日～8 月 1 日在张家界召开了全国情报研究学术研讨会，推介了 CI 及其专业协会，提出了把 CI 作为我国情报研究工作的发展方向之一，从而催生了中国 CI 专业组织。

2）香山会议的召开。在中国科技情报学会情报研究暨竞争情报专业委员会发起和组织下，于1994年9月21日到23日在北京召开了有国家计委、国家科委、国防科工委、北京市政府有关领导，以及情报界、咨询界和企业界的专家和学者参加的“全国竞争情报与企业发展研讨会”。这是我国第一次召开的以CI为主题的大型学术讨论会，是我国CI业发展的一次奠基大会。

3）中川十郎的访华。1993年8～9月，应上海科技情报研究所、中国兵器工业情报研究所和北京科技情报学会的邀请，日本工商CI专家协会会长中川十郎教授来华讲学。他在北京地区的活动，扩大了CI在我国的影响，引起了我国情报界人士的极大兴趣和关注，为拓宽服务领域、进入国民经济主战场的情报研究机构开拓了新的思路和途径。

4）基金研究和论著出版。1987年，刘怀宝在《图书情报知识》第2期上发表了题为“略谈竞争情报及其搜集方法”的我国第一篇CI论文。1992～1993年，由上海青年科技启明星计划资助，上海科技情报研究所完成了“建立上海轿车工业竞争环境监视系统的研究”。1994年，国家自然科学基金会首次资助了中国科技大学信息管理与决策科学系李正中主任等开展的题为“竞争情报对企业决策支持机制的研究”。1995年3月，南京理工大学经济管理学院陈翔宇教授等根据《全国竞争情报与企业发展学术研讨会会议录》于1995年3月编辑出版了我国第一本CI著作《企业竞争情报研究》。1995年6月，由北京竞争情报研究会倡议和组织，缪其浩主编、包昌火等总审，编著出版了《市场竞争和竞争情报》专著。

1994年1月，中国科技情报学会情报研究暨竞争情报专业委员会的成立，则是这一阶段的标志性事件。

3. 成长阶段

所谓成长阶段，系指CI由引进走向开发、由情报界的理论研究走向企业界的实际应用的阶段。20世纪90年代中期以来的这个阶段的重要特点是开发和推广。成长阶段主要有以下重大事件。

1）实施北京市竞争情报示范工程。1995～1998年，由北京竞争情报研究会发起、北京市科委邹祖烨主任倡导实施了北京市竞争情报示范工程。由中国兵器工业情报研究所和中国航天信息中心为大华陶瓷厂、北京开关厂、北京三环毛纺针织集团公司、北京铜牛针织集团公司、北京医药工业总公司、北京烟草工业总公司等单位开展了以企业竞争力评价、竞争情报系统建立、竞争战略制定为重点的CI咨询服务，促进了我国CI研究从理论向实践的纵深发展。它的实施是我国CI业发展中的重大事件，是官产学办CI的重要范例。

2）编著“竞争情报丛书”。1997年，由北京市科委立项、包昌火研究员和谢新洲教授任主编，组织了“竞争情报与企业竞争力”的研究。编著了由《竞争情报与企业竞争力》《竞争战略与竞争优势》《企业竞争情报系统》《竞争对手分析》《网络竞争情报源》《技术创新与企业竞争力》等构成的“竞争情报丛书”。这套丛书系统引进和开发了CI理论与方法，为我国CI的研究、培训和咨询提供了导向和依据。

3）发展中美两会的交流与合作。1998年3月，包昌火理事长率团出席了SCIP第13届国际年会，签署了中美两会关于建立战略伙伴关系的备忘录，合作开展了两会关于中国CI实践的研究，发展了中美两会专家讲学和交流活动，尤其是J. E. Prescott教授应邀的多次访华，有力地推进了CI在中国的发展。

4）开发竞争情报技术。开发竞争情报系统和CI分析方法是这一阶段我国CI研究的两大重点，形成了一批具有相当水平的CI研究成果。例如，1998年1月～2000年12月，由中国兵器工业情报研究所牵头完成的国家自然科学基金项目“企业竞争情报系统的模式和运行机制研究”，系统地论述了CIS的基本架构、主要模式、基本功能和运作机制。首次提出了建立人机结合的，具有三大网络、三个系统、一个中心和六大功能的CIS的基本框架，代表了国际上关于CIS研究的重要进展[22]。

与此同时，以学位论文研究为主体的我国高等院校，也将CIS的开发作为研究生培养的重要方向，出现了一批重要的研究成果。尤其可喜的是，自2001年6月梦龙CIS问世，继之百度在线、易地平方、赛迪数据、天下互联等IT公司的加盟，我国自主开发的以CI运作自动化和智能化为目标的CI软件不断涌现，成为我国CI发展的一道亮丽的风景线。

又例如，这一阶段，以CI方法系统化和实用化为目标的CI分析技术的开发，出现了一批可喜的成果。例如，《竞争对手分析》[23]专著的出版，提供了迄今为止国内外关于竞争对手分析全面和系统的论述；樊松林教授《竞争情报研究论》和曾忠禄教授《情报制胜》的出版、李艳博士《竞争情报分析方法论》[24]的建构、包昌火等竞争对手分析论纲[25]和三维分析法的提出、波特竞争对手分析模型可操作性的实现等，从而为我国CI分析技术的研究和应用提供思路、框架和工具。

5）涌现一批最佳实践企业和咨询公司。企业是CI的主要用户和发展沃土。CI研究由情报界走向企业界是我国CI业发展的重大进展，如重庆长安集团、上海宝钢集团、青岛海尔集团、北京首钢集团、上海贝尔、中国惠普、中国一汽等大型企业对CI的关注和开发是非常积极的征兆。一些独立的咨询公司，以市场开拓为目的，从事CI咨询活动，如北京华门策略顾问公司、北京环信信息咨询公司及许多信息咨询和管理咨询公司的转向，都表明一个大容量的CI应用和发展的潜在市场正在启动。

6）形成竞争情报培训的热潮。1998年10月，中国科技情报学会竞争情报分会等在北京大学举办的“竞争战略决策与竞争情报活动”学术研讨会和2001年10月于清华大学举办的“提升企业情报竞争力2001现代职业经理清华峰会”，拉开了全国性CI培训活动的帷幕。由高等院校、专业协会和培训公司组织的培训活动，出现了系统教育、在职培训和会议培训相结合的良好势头。仅2003年，全国各地有关CI培训班就达30多次，这在情报界是十分罕见的。而中兴新景技术研究院即中国竞争情报咨询培训中心和博锐奕典信息技术（北京）有限公司则是民营CI专业培训咨询机构的重要代表。

7）增强了地方政府和事业单位参与的力度。继北京市竞争情报示范工程以后，2000年5月，云南省科技信息研究所和昆明理工大学工商学院获准实施云南省科技型企业竞争情报示范工程；2005年4月，深圳市科技和信息局与深圳市竞争情报研究会开展了竞争情报普及工程；2005年10月，湖南省科技厅和湖南省科技信息研究所开展了湖南省竞争情报普及工程；2005年2月，北京大学建立了中国竞争情报和竞争研究中心；2008年7月，北京市科学技术研究院建立了我国首个竞争情报与创新评估重点实验室，推动了我国CI向纵深发展。

我们期望，经过若干年的努力，一个有各级政府和工商企业的积极支持和广泛参与的中国竞争情报成熟阶段的到来。

（二）中国竞争情报专业组织的诞生

1994 年 1 月 28 日，中国科技情报学会经中国科协批准，成立了以包昌火为主任委员，缪其浩、章雁、梁战平为副主任委员，邹冰冰为秘书的情报研究暨竞争情报专业委员会，宣告中国竞争情报专业组织的诞生。委员会共计委员 19 人。同日，北京科技情报学会经北京市科协批准，成立了以包昌火为主任委员，韩学智、郑国庆、朱兰蔚为副主任委员，刘诗章、曾建勋为秘书的北京竞争情报研究会。同年 10 月 15 日，中国兵工学会情报学会在无锡成立了竞争情报研究会。尔后，一些地方和部委竞争情报专业委员会陆续组建，一个全国性的 CI 组织网络在中国形成。

1995 年 4 月 28 日，在汪廷炯常务副理事长和高庆生秘书长等常务理事的支持下，经中国科协批准，民政部登记，成立了以包昌火为理事长，缪其浩、梁战平、高庆生、宫宏光、章雁为副理事长，刘诗章为秘书长的中国科技情报学会竞争情报分会。理事会成员成立时为 23 人，后扩大至 30 人。1996 年 9 月 20～24 日在湖北宜昌正式举行的第一届理事会，理事增至 60 人，增补张典跃、尚建平、陆君明为副理事长。中国 CI 专业组织的成立，标志着我国情报研究工作进入了一个新的发展时期，更直接、更有效地为我国经济建设、企业发展和市场竞争服务。

SCIC 现拥有 400 多个团体会员，600 多名个人会员，涵括了情报研究和信息咨询人员 2 万多人，初步建立了一个涵盖我国信息界、咨询界、企业界和教育界的重要机构和人员的权威、高效、有序的组织体系。

SCIC 一直把学术交流与学科建设作为自己的基本任务，截至 2008 年，共召开 14 次大型年会，出版会议录 12 册，发表学术论文 953 篇，为推进中国 CI 业的发展做出了重要贡献。

SCIC 历届年会主题依次为：“全国竞争情报与企业发展”（1994 年 9 月 21～23 日，香山卧佛寺）、“市场经济条件下情报研究（信息咨询）工作发展对策”（1995 年 11 月 4～8 日，峨眉山）、“竞争情报与现代咨询业”（1996 年 9 月 20～24 日，宜昌）、“企业信息化与竞争情报咨询服务”（1997 年 9 月 21～26 日，富阳）、“面向 21 世纪的中国情报研究暨市场竞争与竞争策略”（1998 年 8 月 26～30 日，贵阳）、“全国竞争情报技能和案例分析”（1999 年 8 月 29 日～9 月 2 日，黄山）、“新世纪知识管理与竞争情报专题讲座暨学术研讨会”（2001 年 6 月 7～8 日，北京）、“我国入世与竞争情报”（2002 年 9 月 19～21 日，厦门）、“构筑竞争优势：战略管理与竞争情报”（2003 年 11 月 12～15 日，珠海）、“竞争战略与竞争情报：竞争情报事业十年发展历程”（2004 年 9 月 15～20 日，嘉峪关）、“开创新局面——实现竞争情报的价值”（2005 年 9 月 20～22 日，成都）、“创新环境下的竞争情报”（2006 年 8 月 24～26 日，宁波）、“竞争情报的实践与发展”（2007 年 11 月 8～11 日，南宁）、“危机预警与竞争情报”（2008 年 9 月 24～27 日，南昌）。

（三）中国竞争情报活动的特点

十多年来，官产学相结合、引进和开发相结合、学术推动和需求牵引相结合，形成了中国竞争情报实践活动的重点特色。当前专职情报研究机构、高等院校及工商企业与咨询公司构成了我国 CI 理论研究和实践活动三大主力。例如，本书对中国期刊网全文数据库进行统计，在1989～2009年20年间，题名中含有CI的论文数量在高校中的分布依次为：南京大学（93篇）、武汉大学（77篇）、南开大学（74篇）、北京大学（60篇）、华中师范大学（24篇）、南京理工大学（21篇）、山西大学（19篇）、吉林大学（14篇），初步形成了我国高校从事CI学科研究的核心力量。

本书的不完全调查表明，学位论文研究已经成为我国高校CI研究的主力。根据对中国科技信息研究所万方学位论文库（1982～2009年）进行检索，论文题名中含有CI的硕士论文有209篇，博士论文16篇，他们将成为我国CI业发展中的重要主力军。可喜的是，一些高校在开展理论研究的同时，还从事相关的咨询服务，从而丰富了CI研究和实践活动。

然而，从根本上讲，企业的CI需求最终只能依靠企业本身的力量来解决。企业才是我国CI业发展的主力军。日本的经验是这样，美国的经验也是这样。可以预计，一旦CI进入寻常企业中，定是我国CI业姹紫嫣红时。

但从目前的总体情况看，我国企业CI活动的现状还是令人担忧的。即使作为SCIC成员的中国企业，它们的CI状况也不是令人鼓舞的，何况它们也只是我国企业汪洋大海中之一粟。

五、竞争情报的基本问题

CI的基本问题，也即关于CI的主要特征、功能、重点领域等涉及CI性质、内容、功能和发展的一些基本理论问题。

（一）竞争情报的特性

竞争情报具有多重特性，而战略性、对抗性、谋略性、可行性和合法性则是其主要特性。

1. 战略性

把情报与战略相结合是第二次世界大战以来的一种国际化潮流。美国的经验表明，CI不仅是企业的一项工作、一种能力，而且是企业的一大战略，是企业逐鹿市场、夺取商机、以智取胜的基本战略。在历届SCIP年会上，CI的战略地位问题一直是会议的重要议题。例如，在1999年年会上，战略管理和博弈论教授Barry Nalebuff的主题报告就是《战略与情报》；在2002年年会上，Douglas Bernhardt作了题为“战略情报：企业的剑和盾”的重要报告。不难看出，情报总是与组织的战略和安全问题密不可分，识别和满足管理层的战略决策问题是CI的首要任务。因此，竞争情报的研究内容具有很强的战略性。

2. 对抗性

竞争情报产生于激烈的市场竞争环境下，以竞争对手的信息搜集和分析为方向，为企业经济利益服务，其活动的过程含有强烈的针对性和对抗性。从某种意义上说，没有对抗性这一属性，竞争情报就不成其为竞争情报。这可以从以下三个方面看出。

1）在经济竞争异常激烈的今天，经济利益的冲突决定了竞争情报的对抗性。从竞争主体分析着手，竞争情报的重点分析内容恰恰也是竞争对手。

2）竞争情报产生于激烈的市场竞争过程，是竞争条件下企业经营管理程序的分化，主要研究经济、技术问题。由于这种情报研究存在竞争对手等利益主体，因而也不可避免地具有对抗性。

3）竞争情报的对抗性也体现在竞争情报的搜集和反搜集上。因此，在此关乎胜负的较量中，保密就显得非常必要了。

3. 谋略性

竞争情报研究过程是将原始信息转化为直接用于决策支持的情报产品的过程，在此过程中须臾离不开人类大脑的分析和判断，因此竞争情报活动具有非常强的谋略性。谋略性主要体现在三个方面：其一是组织的战略与策略的研究本身就是CI研究的重要内容。其二是关于研究过程各个环节思维的谋略性。其三是在研究过程中方法的运用要有谋略性。总揽全局，应对变化是CI人员的天职；创造性思维的运用才能发现信息的新的效用，产生新的概念与管理理念；多方位、多层面而有智谋地运用各种研究方法，才能产生利于决策的谋略性竞争情报。正因为竞争情报所具有的谋略性，与传统的信息积累和情报研究结果相比，竞争情报更是一个在信息原料基础上的增值过程，为决策者提供决策产品或半成品。

4. 可行性

竞争情报活动是植根于社会实践和人际网络中的一项研究活动，与组织的管理活动密切结合，它所形成的研究成果不是一般的学术论文，而是可付诸行动的情报产品。因此可行性、可操作性是CI区别于一般软科学研究的重要特性。

5. 合法性

CI是在对早期商业情报和军事情报扬弃的基础上发展起来的，在国家法律允许的范围内活动，并遵循一定的职业道德，这是CI与前者的本质区别，也是CI生存和发展的重要基础，从而获得了政府和社会广泛承认和支持。因此，合法性就成为CI的一大重要特征。

（二）竞争情报的功能

竞争情报是组织的一种功能，是组织感知环境变化并做出响应的能力，通常它应具备如下六大功能，以应对环境对组织形成的威胁和机遇。但对于一个具体组织的CI机构而言，这些功能不应是均衡分配，而是各有侧重的。

1. 环境监视

现代市场日益走向多元化与全球化，市场影响因素变得越来越多，越来越复杂。企业要想在如此复杂与动荡的环境中立稳脚跟，就必须全面准确地了解与本企业、本行业有关的环境信息。只有适应竞争环境的变化并及时做出积极正确的反应，企业才能求得生存与发展。企业通过竞争情报活动，可以系统地搜集和分析有关宏观环境和行业环境的信息，发挥环境监视的功能。

2. 市场预警

激烈的市场竞争使每个企业经营者都不得不密切关注自己产品的营销动态，警惕竞争对手可能采取的营销策略，这就必须研究产品的生命周期和开发新产品的实际意义，选择新产品开发、替代、投放、退出市场的最佳时机，灵活决定各阶段产品的市场价格。要做到这一切，对竞争情报的利用是必不可少的。具体地讲，竞争情报有以下方面的预警功能：产品是否有竞争力；产销是否对路；生产是否需转向或更新产品；市场潜力的大小和投资规模；扩大市场的方法和途径；未来市场的变化趋势与对策等。

3. 对手分析

竞争对手是竞争情报的关注点。通过识别谁是现实竞争者，谁是潜在竞争者，然后对确定的竞争对手（包括现实竞争者与潜在竞争者）进行信息搜集和分析，可以了解它们可能采取的战略行动的实质及成功的希望；各竞争对手对其他公司的战略行动倾向可能做出的反应；以及各竞争对手对可能发生的产业变迁和更广泛的环境变化可能做出的反应等。

4. 策略研究

竞争策略是企业谋求和保持竞争优势的整套作战方案，包括目标与原则、阶段与步骤、重点与一般、战术与方法。有效的竞争策略是企业获得和维持竞争优势的先决条件。企业的竞争情报工作是一个连续的情报分析过程，它将来自企业自身、市场需求、战略联盟、竞争对手和竞争环境的原始信息转化为相关的、准确的、实用的战略知识，以满足决策者对了解经营管理环境的需求，从而制订出获得和维持竞争优势的战略规划或战术计划。

5. 技术跟踪

产品竞争是企业的基本竞争。但产品竞争只有依托于技术竞争，才能独树一帜，使产品不断更新，以适应市场需求的变化。特别是在知识经济时代，技术创新更是增强企业竞争优势和发展后劲的重要因素。

企业的技术竞争战略一般有技术领先战略、技术追随战略和技术替代战略之分。无论是哪一种战略，都要求企业有敏锐的技术触觉，以及较强的技术消化吸收和创新能力。竞争情报通过对影响企业生存与发展的相关技术发展动向的跟踪分析，可及时发现新技术对企业现有产品的冲击，预测技术发展趋势对企业竞争力的影响，从而使企业未雨绸缪，在市场竞争占有先机。

6. 反竞争情报

对于一个企业来说，既要千方百计地获取别人的情报（当然，要在法律与职业道德所允许的范围内），又要慎之又慎地保护自己的情报，也就是反竞争情报。这是在现代市场竞争条件下企业面临的重大情报课题。在走向现代市场经济的过程中，由于利益多元化格局的形成和利益驱动机制的强化，侵犯企业商业秘密的事件正在迅速增加。做好反情报工作，在全体企业员工中树立情报意识，宣传、培养保密观念，是竞争情报的重要职能。

(三) 竞争情报的战略

美国的经验表明，CI不仅是企业的一项工作、一种能力，而且是企业的一大战略，是企业逐鹿市场、夺取商机、以智取胜的基本战略。当今时代是一个战略制胜的时代。如果说日本是一个以情报立国的国家，那美国则是一个以战略立国的国家，是一个战略强国。战略管理的兴起和市场竞争的激化引起了竞争情报的发迹，而研究和制定一个企业的发展战略和竞争策略就成为竞争情报活动的工作目标和永恒主题。关于企业的竞争情报战略，焦玉英教授在《论企业核心竞争力与竞争情报战略》一文中提出了CI发展战略问题；J. E. Prescott教授在清华峰会上提出了建立以情报为驱动的企业战略，并提出了他的基本构想。

通过对相关文献的分析，笔者总结出美国企业CI战略的基本思路[26]为：以提升企业决策能力为目标，以竞争情报系统建设为手段，实现CI活动的目标、组织、流程、技术和文化的一体化，从而促进企业盈利水平的提高。这种CI战略展开来说就是以下几方面。

1）以波特的五种力量模型为框架，全方位监视和获取同行、客户、供应商、替代者、潜在进入者的商业和技术的动态。

2）以波特的竞争对手分析模型为框架，运用情报分析技术跟踪和评估竞争对手的现行战略、竞争实力、自我假设、未来目标和反应模式。

3）建设人机结合的竞争情报系统，研建竞争情报知识库，开发可作为决策依据的情报产品，为企业领导集团的竞争决策保驾护航。

4）建立一整套科学、可行、高效的竞争情报工作方法，如竞争情报循环（流程）、关键情报课题（选择）、战略情报与战术情报的 TAP-IN™ 协调机制（团队、人力资源配置、计划、互动、人际网络的协调方案）、竞争情报成果评估等，从而保证竞争情报战略的实施。

5）开展最佳实践企业调查，推进定标比超（典范借鉴）活动，不断提高企业的竞争情报工作水平。

6）推进以竞争情报驱动的企业文化，将竞争情报融入组织结构和业务流程中去，成为企业文化的重要构成。

（四）竞争情报研究的重点领域

20 世纪 90 年代以来，特别是进入 21 世纪初，国内外竞争情报事业取得了重要进步，竞争情报的理论研究和实践活动呈现出欣欣向荣、处处生机的局面。综合而言，竞争情报研究的主要领域包括以下几方面。

1. 竞争情报流程

竞争情报流程是竞争情报学科研究的基本问题之一，它揭示了竞争情报工作的主要程序和基本规律，是国内外学者，尤其是美国学者研究的重点。其中，最具代表意义的是在美国军事情报机构开发的情报循环基础上再由 Jan P. Herring 等学者发展而成的竞争情报循环，该循环是竞争情报流程的基本形式。

2. 竞争情报系统

IBM 公司认为，“企业要想在当今获得行业的主导地位，就必须建立分析型系统，即那种能为制定关键战略决策提供信息和思想的系统”，企业竞争情报系统就是这样的一种系统。竞争情报系统是从组织的竞争战略高度出发，通过开发和利用各种信息和智力资源来提高组织竞争优势的信息系统，是领导集团在制定经营战略和竞争决策过程中的“导航塔”和“参谋部”。自 1983 年摩托罗拉公司着手建立企业竞争情报系统以来，竞争情报系统获得迅速发展，备受国内外学者的关注。

3. 人际情报网络

在人类社会交流过程中，人际交流一直占据着重要的地位。人际情报网络由人际网络发展而来，是人际网络的一种表现形态。人际情报网络本质上就是关于“谁知道谁”和“谁知道什么”的知识。通过人际情报网络获取、分析和传播情报是竞争情报工作的重要特色，是竞争情报工作区别于一般信息工作的重要分野。研究人际情报网络的理论、结构、构建、优化和运作是竞争情报研究的重要领域之一[27]。

4. 信息的搜集和分析

信息搜集和情报分析是竞争情报的两大主要工作。搜集是基础，分析是核心，而且搜集和分析贯穿于竞争情报流程的始终，也是竞争情报系统两大关键子系统。连续的、合法的获取竞争环境、竞争对手和组织自身的公开信息、敏感信息和人际情报是竞争情报搜集的重要特点。竞争情报分析就是通过系统化的过程将信息转化为知识、情报和谋略，它由管理领域的竞争分析和政治军事领域的情报分析两者构成。前者侧重于对事件、组织和人员的分析，以定性分析为主；后者侧重于对数据、信号、视图和事实的分析，以定量分析为主。竞争情报分析是竞争情报工作的灵魂、信息增值的关键、情报循环的中心环节和知识发现的基本手段，因而竞争情报学者和实践者开发了许多方法和工具，构建了竞争情报分析方法论，谱写了竞争情报的重要篇章。

5. 反竞争情报

由情报与反情报构成的竞争情报是一个组织在市场竞争中的剑和盾，是一个问题的两个方面，相辅相成，缺一不可。因为任何组织在开展情报活动追求自己利益的同时，其他组织也会通过情报活动来损害该组织的利益。情报与反情报问题也是国家经济安全和信息安全的重要构成，因此历来备受国内外业界的关注。

6. 竞争情报教育

理论研究和人才培养是竞争情报起飞的两翼。随着竞争情报业的迅速发展，国外的竞争情报教育市场已经形成并粗具规模，在中国也掀起了竞争情报培训的热潮。1972 年，瑞典隆德大学的德迪约教授首次将竞争情报引入到大学的授课体系中。1995 年 6 月，北京大学培养了中国第一位论文题目为“竞争情报研究与企业生存发展”的硕士；同年，南京理工大学在信息管理和市场营销专业首次开设了竞争情报课程，拉开了中国竞争情报教育的帷幕。据 2004 年统计，中国已有 23 所大学和科研院所开设了竞争情报教育和培训。

7. 竞争情报管理

管理是竞争情报的首要问题，国外已经形成了相当完善的竞争情报管理框架，如竞争情报机构的建设、竞争情报团队建设、竞争情报主管、竞争情报规划、关键情报课题管理、竞争情报效益评估、组织竞争情报文化培养、组织竞争情报战略研究等。竞争情报管理的研究是中国竞争情报研究的一个弱项。因此，研究国际上各种流派的情报思想和管理方法，对于中国竞争情报业的发展具有重要的借鉴作用。

六、竞争情报学科的基本架构

竞争情报是否有自己的理论基础，能否成为一门独立的学科，能否构建科学的学科框架，在国际上是个有争议的命题，本书试图对此进行探索。

（一）竞争情报学科的理论基础

杨伯翰大学的 Paul Dishman 教授认为，学术理论应驱动咨询和产业界的实践。我们必须在这个学科领域建立贡献智慧的论坛和学术思想的统御。竞争情报与多学科存在着复杂的联系，包括管理学、市场研究、战略管理、信息科学、图书馆学、心理学、新闻学、法律、财务、各种技术和科学学科及公共政策。正如我们现在看到竞争情报研究从描述转向理论再到实证，我们将开始看到竞争情报发展成为一门成熟的学科，无论它处于哪个学科门类之下[28]。

匹兹堡大学的 J. E. Prescott 教授认为，我们很难建立一个普遍的竞争情报理论，但是我们可以建立一个框架，然后应用各种理论。例如，信息处理理论有一个基本的原则，即我们需要设计与组织的信息需求相一致的信息处理系统。认知理论也很重要，特别是在理解决策的影响时。2003年，在《竞争情报与管理杂志》创刊号上，J. E. Prescott教授和他的两位学生共同撰写了《竞争情报实地研究：通过设定研究日程将该领域推向前进》的文章，提出了通过实地研究，建立竞争情报流程理论模型的研究计划[29]。

美国工商管理领域的学者不同意把竞争情报作为一门学科，因为缺乏重要的研究基础。在20世纪60年代晚期哈佛大学和麻省理工学院的研究人员开始研究能否将情报学作为一个学科，迄今还在进行大量的研究。来自营销学、战略管理、信息科学、组织行为学、信息技术和知识管理领域的著名学者开展了这些研究。情报自身不属于独立的学科，也不属于工商管理领域主要学科的研究内容，因此工商管理学术界普遍没有给予重视[8]。

1992年的SCIP年会上Baul咨询公司的Donald Baul作了题为"CI的超级协同：竞争分析＋市场研究＋图书馆学"的大会发言。证明了将CI与公司的市场研究和图书馆部门联系在一起，能推动有效的决策制定的实际价值。

CI的很大一部分工作是搜集竞争对手和产业信息，市场研究部门能够提供有关客户和市场问题的全面见解。有关市场吸引力、客户需求和产品开发的关键决策需要广泛的市场研究和客户情报予以支持。此外，学图书馆学的信息专家是所有业务部门中支持信息搜集活动的最佳人选[30]。

（二）竞争情报学科的研究内容

竞争情报学是研究人类社会中竞争情报活动的规律及其方法的科学。竞争情报学的研究对象为竞争情报活动，即有关竞争环境、竞争对手和自身的情报的搜集、分析、传递并用于决策支持的过程。1998年，包昌火研究员将CI的研究内容归纳为竞争环境、竞争对手、竞争策略三大方面和环境监视、市场预警、技术跟踪、对手分析、策略制定、CIS建设和反情报技术七大领域[7]，并据此框架主持编著"竞争情报丛书"，提出CI横跨军事学、经济学、管理学和情报学的见解，并将竞争情报的研究内容概括为CI理论、CI方法论、CI管理、CI实践和CI教育五大部分，如图3所示。

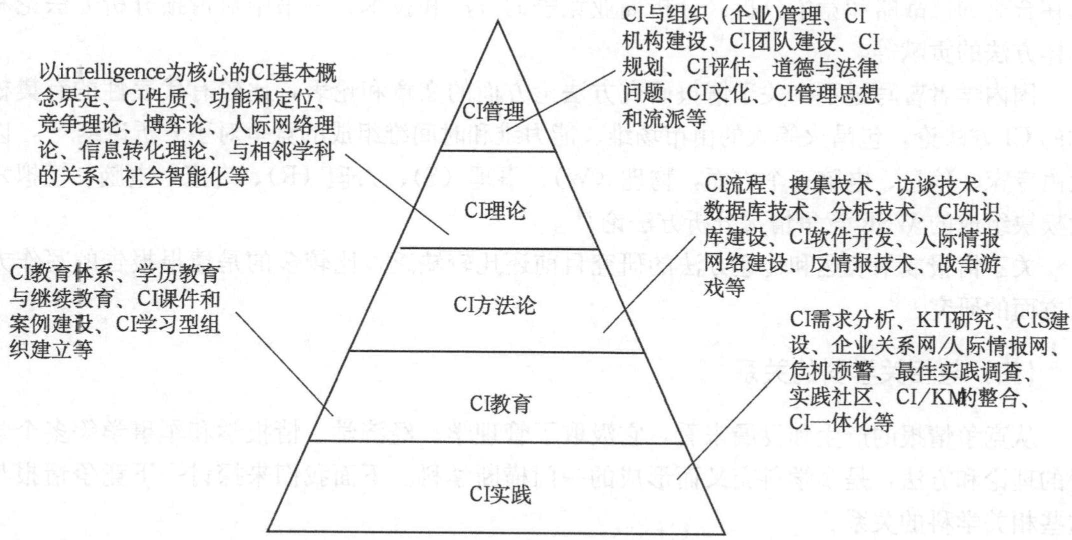

图3 竞争情报学的研究内容[21]

本书认为，应在充分把握国内外理论研究和实践经验的基础上，从 intelligence 的含义出发，以经济学、管理学、博弈论等基础理论为指导，以解决组织在市场竞争中的情报保障和智力支持为目标，以 CI 流程为主线，建立起以情报生产和流通为核心的包含五大模块结构的 CI 学科。

(三) 竞争情报的学科性质

按照竞争情报的工作流程，可以将竞争情报学科的研究方法划分为情报需求识别方法、情报搜集方法、情报分析方法和情报成果表达和传递方法四部分。

目前，比较成熟的情报需求识别方法是美国竞争情报专家 Jan P. Herring 先生提出的 KIT 方法。他认为，确定 KIT 就是识别管理者需求的过程。而 KIT 识别的核心就是与公司关键决策者的互动对话，通常采用响应模式、主动模式及两者结合的混合模式三种。北京大学信息管理系黄英在她的硕士论文《决策者需求分析——关键情报课题研究》中将 KIT 方法的研究进一步深化，提出可以从内容、流程、文化三个层次构建 KIT 内涵结构图，并描绘了由确定与接近情报用户、访谈与明确决策需求、挖掘与生成 KIT、推进 KIT 可操作化、评价与修正五步组成的 KIT 工作流程图。

情报搜集方法包括二手信息搜集方法，如信息检索、收听、收看广播电视、文献订购、交换等方法和一手信息搜集方法，如人际网络、参加会议、调查访谈、实地观察等方法。图书馆学、情报学领域已经形成了一套比较成熟的二手信息搜集方法体系，而一手信息搜集中的人际网络法、会议法、访谈法等方法也已趋于理论化、体系化。

情报分析方法研究取得的成果仅次于搜集方法研究，目前已有百余种方法应用到竞争情报分析过程。尽管国外学者研究的重点在于方法的开发和应用，但也关注方法论的建设。国外比较有代表性的情报分析方法论的研究包括：波特在《竞争战略》一书中提出的竞争对手分析模型，J. E. Prescott、John H. Grant、D. Harkleroad 和 K. Sawka、Timothy W. Powell 等对情报分析方法分类汇总，以及 Craig S. Fleisher 和 Babette E. Bensoussan 两人在合著的《战略和竞争分析：分析商业竞争的方法和技术》一书中对情报分析方法论和具体方法的贡献等。

国内学者曾写过不少关于情报研究方法论方面的文章和论著，比较有代表性的有樊松林的 CI 方法论，包昌火等人的由市场维、能力维和时间维组成的竞争对手分析论纲[25]，以及由专家、信息、电脑三个方面，物理（W）、事理（S）、人理（R）、专家、电脑、模拟六大模块组成的 WSR 竞争情报分析方法论[24]。

关于情报成果表达和传递方法的研究目前还比较缺乏，比较多的是情报报告的写作方法方面的研究。

(四) 与相关学科的关系

从竞争情报的产生和发展来看，它汲取了管理学、经济学、情报学和军事学等多个学科的理论和方法，是多学科交叉而形成的一门横断学科。下面我们来探讨一下竞争情报与这些相关学科的关系。

1. 竞争情报与管理学

竞争情报的作用在于为决策者提供战略、战术和操作层面的决策支持，而决策活动贯穿于整个管理活动，因此竞争情报与管理学的关系极为密切，应被视为管理学的下位学科。同时，竞争情报决策支持职能在战略决策中的意义重大，在战略管理中占据着重要的地位，因此竞争情报也就顺乎自然地与战略管理形成了最紧密的关系。

尽管作为管理学主要发展的“知识管理”一词出现于20世纪90年代，要比“竞争情报”一词晚出现10年，但却和竞争情报有着天然的联系。二者在本质上都把智力资源的开发和利用作为基本的研究内容，它们的共同点表现在以下几方面。

1）都把获取企业的竞争优势、培育企业核心竞争力作为自己的目标。

2）都是为企业的战略管理提供基础和支撑。

3）都是以信息的序化和转化为基础，把显性知识和隐性知识的获取、生产、组织、交流和利用作为主要的工作内容。

4）基本上采用大致相同的工作方法和手段，如信息库、知识库、专家库、人际网络的建设，以及隐性知识显性化和知识共享技术的开发和应用。

因此，未来竞争情报和知识管理将朝着整合的方向发展，即把以竞争环境监视和竞争对手分析为重点的CI，即企业的“中央情报局”和以内部知识组织和共享为重点的KM，即企业的“知识交流局”结合起来，把智力资源开发利用作为企业战略的基础和核心。CI和KM的整合和集成将有利于推进企业对知识的开发和利用，增强企业的应变能力和创新能力，是国际上众多企业的明智选择，也是我国企业的必由之路。

2. 竞争情报与经济学

作为经济学主要基础的竞争学说，从18世纪古典经济学家的竞争理论到20世纪的现代竞争理论，逐渐放弃了把完全竞争作为理想竞争模式的教条，重点转向对现实市场竞争动态过程的研究。哈佛大学商学院波特教授的竞争理论对竞争情报的发展具有重大的意义，因为它确定了竞争情报工作的基本目标是为创造与保持企业的竞争优势服务，其竞争战略和分析工具为竞争情报研究及理论建设提供了重要的基础和分析框架。所以，如果波特的竞争理论没有出现，竞争情报工作可能还处在非正式阶段。

作为经济学组成的博弈论是运用数学方法来研究有利害冲突的双方在竞争活动中是否存在自己战胜对方的最优策略及如何制定这些策略的问题。由于竞争情报的核心问题是如何应付竞争对手的问题，因而博弈论在竞争情报中有广泛的用武之地，也是CI的重要理论支撑。

信息经济学则包含了研究非对称信息的存在对决策各方行为相互影响问题的微观经济学，以及研究信息经济的测度、信息系统经济学、企业的信息组织理论、信息的产业组织理论等的宏观信息经济学。竞争情报领域广泛存在着信息不对称现象，竞争情报产品作为一种信息商品的投入、产出如何计量及如何定价，这些问题的解决都需要信息经济学的介入。因此，竞争情报的发展离不开经济学理论的支持。

3. 竞争情报与情报学

情报学是我国独立发展起来的、独具特色的一门学科。有人将其对应于国外的图书信息学，但两者存在着重大差异。最主要的差异就在于我国的情报学中不仅包含了信息的序化问题，还包含了将信息转化为情报和谋略的信息转化问题，即情报研究活动。因此，我国情报界的学者更倾向于将竞争情报视为情报学的分支学科。我国科技情报界从事了近50年的科技情报研究活动，从竞争情报活动的角度来看，就是技术竞争情报工作。而技术竞争情报和商业竞争情报共同构成了竞争情报工作。

国外对商业竞争情报的研究比较多，而我国由于市场经济发展得比较晚，社会对商业情报产生浓厚的兴趣只是最近几年的事情，情报界参与的商业情报实践的机会较少，所以在商业竞争情报方面主要是吸收和借鉴国外的研究成果。从事情报研究的人员往往对商业竞争不熟悉，缺少经济学、管理学的知识，也阻碍了情报研究对商业竞争情报的渗透。但是，从本质上来说，竞争情报应从属于情报活动的范畴，商业领域只是其应用范围的一部分。国家的政治、经济、军事、科技等领域都有竞争情报的足迹。而这些领域的竞争情报尽管内容各异，但其流程、方法却是同一的，而这正构成了竞争情报学科的内核。

将竞争情报引入情报学的学科体系，也会带动情报学走向成熟。美国信息学会（ASIS）主席萨拉塞维克（Saracevic）认为，情报学可分为两大块：第一块是情报分析，第二块是情报检索，现在两者之间存在着鸿沟。他认为，“待这两端成功相连之际，便是情报学这门学科羽翼丰满之时”。而竞争情报则通过有效的搜集（检索）、加工、分析和扩散流程将信息、知识转化为情报、智能，将分析和检索成功相连，所以深入研究竞争情报，对于情报学的学科发展具有积极的推动作用。因此，情报学理应将竞争情报作为自己的研究领域。情报学将为竞争情报提供一定的理论依托，从研究方法到理论基础、对象、手段、目标，情报学都可以与竞争情报互鉴，而信息搜集和分析更是情报学的主体。

4. 竞争情报与军事学

众所周知，《孙子兵法》是军事学和军事情报的开山之作。军事情报学是研究军事情报现象及其规律的科学，是军事学的重要分支。主要研究军事情报的搜集、分析、传递及其效用发挥的理论与方法，深刻揭示军事情报生产及如何利用情报的规律。从这个定义中不难发现，军事情报和竞争情报有着天然的联系。竞争情报借鉴了军事情报的流程和搜集、分析方法。但二者也有着本质的区别。首先，军事情报的对抗性要胜过竞争情报，是你死我活的较量，而在竞争情报中，是实现一定程度的双赢。其次，从情报搜集手段来看，军事情报的搜集手段无所不用，而竞争情报的搜集要在守法和职业道德允许的范围内，合法和公开是竞争情报应遵循的基本准则。从学科的发展来看，竞争情报与军事情报和战略管理都有很深的渊源，但从现实来看，竞争情报与管理科学的关系更为密切。

（五）竞争情报实践导引

离开竞争情报实践，理论研究将无用武之地。竞争情报是一门实践性非常强的学科，学科内容从实践中来，反过来，又要指导实践。如果离开了实践的指引，竞争情报也就成为了“无本之木，无水之源”。正如 J. E. Prescott 教授等在竞争情报领域的唯一一份学术刊物《竞争情报与管理杂志》创刊号上撰文呼吁的那样，需要通过竞争情报实证研究来设定研究日程，并将该领域推向前进。

在这些实证研究中，要注意运用科学的理论与方法来检验成果的正确性，发现实践中的不足，矫正理论上的偏差，力求把实践中的经验上升到理论高度进行归纳总结，找出有规律性的东西。

七、发展竞争情报的意义

竞争情报在国家和企业的发展中作用重大，是国家综合国力和企业竞争能力的重要体现，具有重要的实用价值和战略意义，具体表现为以下几方面。

（一）国家竞争的杠杆

第二次世界大战后的国际发展表明，国家之间实力的较量，实际上也是情报竞争力的较量，控制和运用情报的能力已经成为现代国家竞争力的重要标志。“得情报者得天下”不无道理，这是“911”事件后反恐战争的重要经验，也是布什总统 2004 年 8 月 2 日宣布增设国家情报总监一职的重要原因。国际 CI 的崛起和发展，凸显了情报在国家竞争中的战略地位，提升组织的情报能力正在成为国家和企业的一项基本战略。

（二）经济发展的先导

历史表明，日本的振兴、“亚洲四小龙”的腾飞和拉美新兴工业化国家的崛起，无不与它们重视情报工作密切相关，情报研究和竞争情报在科技和经济的发展中起到了先行和导向作用。举国上下的情报意识，高度协调、覆盖全球的情报网络和实力强大的竞争情报力量是日本振兴的重要原因和诀窍。而美国也凭借于 CI 后来居上，在现代制造和信息产业等领域重新夺回和发展成为全球领先地位。因此，CI 在经济发展和市场竞争中正在并将继续发挥日益重要的先导和咨询作用。

（三）企业信息化的核心

当今时代是一个信息过载而情报稀缺的时代。情报的最大作用是帮助人们做出科学决策，减少在决策过程中对事物认识的不确定性和信息的不对称性。CI 基本作用是情报的实时传递和有效利用，而在适当时候以适当方式把情报传递给适当的人，这正是企业信息化需要解决的核心问题。从企业的竞争战略高度出发，通过开发和利用各种信息和智力资源来发展企业竞争优势的竞争情报活动和竞争情报系统，使得企业信息化建设由面向企业业务流程和办公事务转向高层管理和战略决策者，从而使竞争情报系统成为企业自己的“中央情报局”。

（四）科学决策的支撑

美国著名管理学家西蒙认为，“管理就是决策”。他把决策过程分成四个阶段：第一阶段为探查阶段，寻求满足决策的条件，即情报活动；第二阶段是创造、制定和分析可能采取的行动方案，即设计行动；第三阶段是从可资利用的方案中，选出一个最优方案；第四阶段是对已经抉择的方案进行评估，即审查活动。这个过程可以概括为“信息搜集处理→拟订方案→选择评价→决策执行”。第一阶段对后面三个阶段起到制约或促进作用。可以说，企业决策的过程就是获得、分析、选择信息的过程，更确切地说，是竞争情报的研究过程。企业决策的科学性在本质上取决于企业经营者对竞争情报的认识和掌握的程度。CI 工作可谓科学决策的支撑。

（五）拓宽情报机构的服务领域

CI 在我国的兴起与发展也为长期囿于科技领域的情报研究机构开辟了进入市场经济的绿色通道，为情报研究提供了国际交流的重要接口，为企业情报机构带来了转型的良好契机，也为我国情报学研究提供了更好的理论基础、实践园地和崭新视角，从而使我国的情报机构和信息咨询业能够更好地融入市场经济主战场，更强地推动政府和企业的科学决策。

我们有理由相信，CI 必将呈现出更为广阔的发展前景。

（六）促进社会智能化的发展进程

智能化是信息社会发展的第二个里程碑。智能化的关键是凭借人脑和电脑，通过对信息的聚类和分析，使其转化为知识、情报、谋略和能力，这正是以 information 的 intelligence 化为重任的 CI 的基本功能，也是社会信息化发展的重要方向。我们深信，随着理论研究和实践活动的持续发展，CI 将在社会由信息化向智能化方向发展的历史进程中发挥日益增长的作用[31]。

参考文献

[1] 包昌火，张燕，黄英．竞争情报的崛起和发展//情报学进展．2002～2003 年度评论．第五卷．北京：国防工业出版社，2003：310-374.

[2] 缪其浩．市场竞争和竞争情报．北京：军事医学科学出版社，1996：48.

[3] 张晓军．美国军事情报理论著作评价．北京：时事出版社，2005.

[4] Powell T W. Analysis in business planning and strategy formulation // Gilad B，Herring J P. Art and Science of Business Intelligence Analysis. London：JAI Press Ltd，1996.

[5] 于辉．如何变信息为情报．哈佛商业评论，2004，12.

[6] Ikujiro N. A dynamic theory of organizational knowledge creation. Organization Science，1994，5（1）：14-37.

[7] 包昌火．加强竞争情报工作，提高我国企业竞争能力．中国信息导报，1998，（11）：33-36.

[8] Rouach D，Santi P. Competitive intelligence adds value：five intelligence attitudes. European Management Journal，2001，19（5）：552-559.

[9] 包昌火，等．情报研究的国内外比较研究总报告．兵工情报研究报告 BQB94-0278. 兵器工业情报研究所，1994.

[10] 包昌火，等．情报研究的国内外比较研究分报告．兵工情报研究报告 BQB94-0279. 兵器工业情报研究所，1994.

[11] 朗诵真，王曰芬，等．竞争情报与企业竞争力．北京：华夏出版社，2001.

[12] Prescott J. The evolution of competitive intelligence：designing a process for action. APMP，Proposal Management，Competitive intelligence，1999：37-52.

[13] Sugasawa Y. The current state of competitive intelligence activities and competitive awareness in Japanese businesses. Journal of competitive Intelligence and Management，2005，2（4）：7-31.

[14] Hedin H. Evolution of competitive intelligence in Sweden. Journal of Competitive Intelligence and Management，2005，2（4）：56-75.

[15] Wright S，et al. Competitive intelligence through UK eyes. Journal of Competitive Intelligence and Management，2005，2（2）：68-87.

[16] Michaeli R. Competitive intelligence in Germany. Journal of Competitive Intelligence and Management，2005，2（4）：1-6.

[17] Ignatov A. Competitive intelligence in Russia. Journal of Competitive Intelligence and Management，2005，2（3）：26-44.

[18] Calof J，Brouard F. Competitive intelligence in Canada. Journal of Competitive Intelligence and Management，2005，2（2）：1-21.

[19] Kim K，Kim S. Competitive intelligence in Korea. Journal of Competitive Intelligence and Management，

2005，2（3）：10-25.
[20] Bensoussan B. Australian CI practices：a comparison with the US. Journal of Competitive Intelligence and Management，2005，2（3）：1-9.
[21] 包昌火，等. 竞争情报的崛起——为纪念中国竞争情报专业组织成立10周年而作. 情报学报，2005，24（1）：3-19.
[22] 胡星光，包昌火，等. 企业竞争情报系统的模式和运行机制研究. 北京：中国兵器工业第二一〇研究所，中国科技情报学会竞争情报分会，2000.
[23] 包昌火，等. 竞争对手分析. 北京：华夏出版社，2003.
[24] 李艳. 竞争情报分析方法论. 北京：北京大学博士学位论文，2003.
[25] 包昌火，等. 竞争对手分析论纲. 情报学报，2003，22（1）：103-114.
[26] 包昌火，等. 竞争情报战略——评美国企业的竞争情报活动. 情报学报，2003，22（6）：735-748.
[27] 包昌火，李艳，王秀玲，等. 人际情报网络. 情报理论与实践，2006，29（2）：129-141.
[28] Dishman P，Fleisher C S，Knip V. Chronological and categorized bibliography of key competitive intelligence scholarship：part 1（1997-present）. Journal of Competitive Intelligence and Management，2003，1（1）：13-79.
[29] Ganesh U，Miree C E，Prescott J. Competitive intelligence field research：moving the field forward by setting a research agenda. Journal of Competitive Intelligence and Management，2003，1（1）：1-12.
[30] Baul D. Super synergy in CI：competitive analysis + market research + library science. Proceedings of Annual Conference of SCIP，2002.
[31] 包昌火，等. 略论竞争情报的发展走向. 情报学报，2004，（3）：352-366.

论竞争情报学科的构建*

肇始于20世纪50年代，崛起于80年代的竞争情报，以1986年美国竞争情报从业者协会的成立为标志，是军事学、经济学、管理学和情报学等学科相互交融的结果，是情报工作的重大发展[1]。本文在总结竞争情报的引入对我国情报工作发展的重要贡献和回顾我国竞争情报的发展历程的基础上构建了竞争情报学科的体系，论述了竞争情报与中国情报学的关系，期望促进我国情报工作和情报学研究进一步向 intelligence 方向演进。

一、竞争情报引入的历史贡献

2011年1月28日是中国竞争情报专业组织成立17周年。竞争情报引入我国近20年来，成绩卓著，贡献良多。

它对我国情报界重大贡献之一在于还中国“情报”一词的本来面目，从理论上结束了

* 本文原载《情报理论与实践》，2012，35（1）：1-9。

把情报和信息混为一谈的混乱局面，让中国科技情报工作向 intelligence 方向回归。而“耳目、尖兵和参谋”则是我国对 intelligence 功能的恰当描述。

竞争情报的引入对中国情报界的重大贡献之二是让我们领略了美国军事情报和商业情报的风采。例如，它以美国军事情报 G2s/S2s 体制及 5 环为特征的情报流程为基础，自成体系的竞争情报分析技术，独树一帜的人际情报网络建设，别开生面的反竞争情报技术和形象生动的军事模拟手段，拓宽了我国情报机构的全球化视野，丰富了我国情报研究工作的实践经验，促进了我国科技和经济情报工作的现代化发展，并从根本上动摇了在我国情报界居主导地位的泛信息化思潮。

竞争情报的引入对我国情报界的重大贡献之三是暴露出了我国情报学研究忽视 intelligence 这一核心领域的致命性错误。50 多年来，我国情报学者与开创我国情报事业先河的无产阶级革命家的情报思想相背离，使我国情报学研究长期游击于图书馆学、信息科学、管理科学、智能科学等相邻学科之间，随风飘零，无以为家。因此，竞争情报的引入对我国情报工作和情报学的发展，可谓功莫大焉！

二、我国竞争情报的发展纪实

我国是竞争情报的故乡。早在 2560 多年前春秋末期，伟大的军事家和战略家孙武的《孙子兵法》就被誉为军事情报理论的经典，“知己知彼，百战不殆”的名句被千古传颂，奉为军事家的金科玉律。

创建于 1956 年 10 月的中国科技情报工作，曾被国家赋予中国科技事业的“耳目、尖兵和参谋”的历史重任，并将情报研究作为中国科技情报机构的主要任务。鉴于情报研究和竞争情报的异曲同工之处，笔者曾将情报研究作为我国竞争情报发展的重要阶段[1,2]。

竞争情报在我国兴起的重大事件有以下几方面。

1987 年二季度，刘怀宝发表了我国第一篇竞争情报论文[3]。

1993 年 12 月，由上海青年科技启明星计划资助，上海科技情报研究所完平、缪其浩等人完成了“建立上海轿车工业竞争环境监视系统的研究”，开启了由政府资助的专题竞争情报项目研究的先河。

1993 年 7 月 28 日～8 月 1 日，中国科技情报学会情报研究专业委员会在张家界召开了全国情报研究学术研讨会，推介了“情报研究的国内外比较研究项目”研究成果，并把竞争情报作为我国情报研究工作的发展方向之一[4,5]。

1993 年 8～9 月，应上海科技情报研究所、中国兵器工业情报研究所和北京科技情报学会的邀请，日本工商竞争情报专门家协会会长中川十郎教授来华讲学是中外竞争情报学术交流的开端，引起了我国情报界人士的极大兴趣和关注。

1994 年 1 月 28 日，中国科技情报学会经中国科协批准，成立了中国科技情报学会情报研究暨竞争情报专业委员会，宣告了中国竞争情报专业组织的诞生，标志着我国情报研究工作进入了一个新的发展时期。

1994 年 9 月 21～23 日，在情报研究暨竞争情报专业委员会发起和组织下，在北京香山召开了“全国竞争情报与企业发展研讨会”，成为我国竞争情报发展历史上的一个重要里程碑。

1995 年 3 月，陈翔宇等编辑了我国第一本竞争情报著作《企业竞争情报研究》；同年 6

月，由北京竞争情报研究会倡议和组织，缪其浩主编，包昌火等总审，出版了《市场竞争和竞争情报》专著。

1995年5月，赖茂生培养了我国第一位以“竞争情报研究与企业生存和发展”为论文题目的硕士生周键，开创了我国竞争情报学历教育的先例，高等院校渐成我国竞争情报研究的主力。

1995～1998年，由北京竞争情报研究会发起，北京市科委实施了北京市竞争情报示范工程是我国官产学办竞争情报的重要范例。

1998年11月，包昌火首次提出了建立人机结合的、具有三大网络、三个系统、一个中心和六大功能的竞争情报系统的基本框架[6]，以此为指导开展的国家自然科学基金项目“企业竞争情报系统的模式和运行机制研究”，代表了当时国际上关于CIS研究的重要进展[7,8]。

2000年8月，邱均平发表了题为“论知识管理与竞争情报”的学术论文，是我国最早论述两者关系的学者，推动了我国竞争情报与知识管理整合的研究。

2001年6月，武秋和的梦龙CIS软件问世，促进了我国自主开发的以竞争情报运作自动化和智能化为目标的CIS软件的不断涌现[9]。

2002年5月，陈峰在我国首次系统论述了政府竞争情报及其与企业竞争情报互动的建议[10]。

2003年6月，包昌火等首次在我国情报学杂志上发表了《人际网络分析》专论，推动了人际网络理论在我国情报界中的应用[11]。

2004年6月，赵刚发表了建立国家竞争情报体系的倡议[12]；2005年3月，缪其浩、陶翔等人完成了国家社会科学基金项目“国家竞争情报研究”，促进了竞争情报向国家层级发展。

2004年7月，朱东华完成了国家自然科学基金重点项目“基于智能化知识采掘的高新技术监测分析技术研究”，首开了我国技术竞争情报的研究，而李艳于2006年4月首次发表了CTI现状分析的论文[13]，推动了我国情报界对CTI的研究。

2006年6月，王知津等在翻译《企业竞争情报作战室》的基础上，首次在我国开展了竞争情报战争游戏法的研究，推动了竞争情报模拟技术在我国情报界的应用[14]。

2009年，以中国科学技术信息研究所为代表的对产业竞争情报（industry competitive intelligence，ICI）的理论和实践探索表明，我国科技情报机构工作重心正悄然向竞争情报方向转变，而陈峰则是我国情报界最早从事产业竞争情报研究的学者之一[15]。

三、竞争情报学科的基本架构

以SCIP成立为标志，国际竞争情报的发展已历经了1/4个世纪，在众多的国内外学者的共同努力下，已经形成了相当完备的竞争情报理论体系、实践领域和工作方法，一个新兴的竞争情报学科正在清晰地呈现在世人面前。

（一）竞争情报学科的定位问题

竞争情报是市场经济的产物，是在市场竞争中一个组织为获取竞争优势而从事的一项信息采集和信息分析工作，为组织的竞争决策提供情报保障和智力支撑。因此，竞争情报学科是研究市场经济条件下竞争情报活动的规律及其方法的科学。竞争情报学科与军事学、经济学、管理学和情报学等密切相关，是这些学科相互交融的结果，因而是一门相对独立的横断学科。正如杨伯翰大学 P. Dishman 认为的那样，竞争情报学科与包括管理学、市场研究、战略管理、信息科学、图书馆学、心理学、新闻学、法律、财务、各种技术和科学学科及公共政策存在着复杂的关系。竞争情报研究正从描述转向理论和实证，现正发展成为一门成熟的学科[16]。

（二）竞争情报学科的研究内容

25 年来，国内外竞争情报理论研究和实践活动呈现出欣欣向荣的局面。据统计，1987～2008 年，我国共计发表竞争情报学术论文 2888 篇，2008 年的发文量为 412 篇[17]。笔者将竞争情报学科的研究内容归结为以下五大部分。

1. 竞争情报的理论研究

理论研究是学科发展的先导，学科理论体系的建立是一门学科走向成熟的标志，而竞争情报的理论体系正处于相对完善之中。竞争情报的理论研究包括竞争情报的基础理论和基本问题两大领域。

(1) 竞争情报的基础理论

竞争情报的基础理论应包括以下几方面。

● 竞争理论。从 18 世纪古典经济学家的竞争理论到 20 世纪的现代竞争理论，经历了近 200 年的历史，逐渐放弃了把完全竞争作为理想竞争模式的教条，重点转向对现实市场竞争动态过程的研究。国际著名的管理学家、哈佛大学商学院波特于 20 世纪 80 年代始相继发表了《竞争战略》《竞争优势》《国家竞争优势》等著作，把现代竞争理论的研究推向了高潮。

波特竞争理论对竞争情报发展的重大意义在于：其一，确定了竞争情报工作的基本目标是为创造与保持企业的竞争优势服务，并将价值链理论作为获取竞争优势的基本策略。其二，为竞争情报研究及理论建设提供了重要的基础，如三大基本战略、五种力量模型、竞争对手分析模型等都已经成为竞争情报研究的分析框架。其三，国家竞争优势理论赋予国家作用以新的生命力，提出了国家具有“竞争优势”的观点，为国家竞争情报的建设提供了理论支持。

● 情报理论。情报是一个古老的行当，也是一个引领时代风尚的议题。情报是冲突和竞争的产物，知己知彼，百战不殆是情报活动的本质。在全球化浪潮和“911”事件以后，更是众多国家和企业寻求自身安全的重要战略。多少年来的实践经验和理论研究已形成了丰富多彩的情报学理论。美国著名的情报学家谢尔曼·肯特（S. Kent）于 1949 年出版的 Strategic Intelligence for American World Policy 一书中曾将情报定义为知识、组织和行动[18]。我国老一辈革命家则将情报功能界定为“耳目、尖兵和参谋”。1955 年，Studies in Intelligence 季刊创刊和 2007 年 L. K. Johnson 主编的 Handbook of Intelligence Studies 一书的面世[19]，则是现代情报理论走向成熟的重要事件。张晓军主编的《美国军事情报理论著作评介》一、二辑揭示了西方情报学研究的冰山一角和别有洞天。建立在美国军事情报基础上的现代竞争情报充分表明情报理论对竞争情报学科发展的重大支撑作用。

● 博弈理论。博弈论是一种以数学为基础，研究对抗冲突中最优解决问题的理论，博弈分析的关键是找出在别人选择既定的情况下自己的最优反应战略。1944 年，数学家约翰·冯·诺依曼与经济学家奥斯卡．摩根斯坦合作完成的《博弈论与经济行为》一书，标志着博弈论应用进入了经济学的广阔领域。1950～1953 年，约翰·纳什发表了四篇有划时代意义的论文，把博弈论的研究推进到一个新的阶段。鉴于竞争情报是市场竞争的产物，竞争对手分析是竞争情报的核心，因此竞争情报研究本质上也是一个市场竞争中的博弈问题。博弈分析贯穿于竞争对手分析链——识别竞争对手、确定竞争目标、识别对手策略、评估对手强弱、估计对手反应、选择攻击（或回避）策略的全过程，因此博弈论是竞争情报活动和竞争情报学科的重要理论支撑。

● 人际网络理论。人际网络和信息网络是当今社会的两类主要网络，是社会交流的两大基本渠道。人际网络的研究起源于 20 世纪 30 年代的社会学领域，随着计算机和网络技术的发展，使人际网络的定位和分析成为可能，由此逐渐扩展到经济学、传播学、市场营销学、人力资源管理等学科领域和商业应用，从而丰富和发展了人际网络的理论体系，相继出现了关系强度理论，社会资本理论、网络闭合理论、结构空洞理论等学术流派，呈现出一幅百家争鸣、欣欣向荣的景象[11,20]。

竞争情报是植根于人际网络中的一项社会活动，于 20 世纪 90 年代兴起的人际情报网络已经成为竞争情报和竞争情报系统的重要组成，不仅是竞争情报活动的重要平台，也是知识管理的重要平台。因此，几十年来，社会学提出的各种人际网络理论，对于人际情报网络的建设和竞争情报学科的发展具有重要的意义，构成了竞争情报学科的重要基础理论。

信息转化理论，从根本上说，知识是由人的科学思维和技术工具创造的，并成为改造人类自身和客观世界的强大力量，而信息分析方法，或曰知识激活手段则是知识创造的重要工具。包昌火等编辑的《信息分析和竞争情报案例》一书则将经济学方法、系统学方法、计量学方法、社会学方法和统计学方法归结为将信息转化为知识、情报、谋略和能力的方法论体系。

早在 1983 年 7 月 2 日，我国著名的科学家钱学森就提出了"知识激活"的重要思想，并进一步论述了知识激活的方法论问题[21,22]。1996 年，美国竞争情报学家鲍威尔构建了由数据、信息、知识、情报、决策和应用构成的情报价值链[23,24]。1996 年 11 月，包昌火提出，我国的科技情报工作是一项 information 的 intelligence 化研究活动，亦即将信息转化为情报和谋略的活动[25]。2003 年 12 月，包昌火又提出了信息序化和信息转化应是中国情报学两大核心领域的主张[1]。2004 年 4 月，钟义信认为，信息—知识—智能转换规律是引领信息时代科学技术发展的灵魂，系统地论述了信息转化理论[26,27]。2005 年，美国学者海伦·罗丝伯格（H. N. Rothberg）和斯科特·艾里克森（G. S. Erickson）合著的《从知识到情报：在下一波经济中建立竞争优势》一书则在系统地论述了知识管理和竞争情报内在联系的基础上，提出了将知识转化为组织需要的、可指导行动的情报的途径和方法[28]，代表了国外在信息转化理论和实践方面的最新进展和未来发展。因此，以信息转化理论为指导，以人类智能和人工智能为两翼，深入研究系统辨识、综合集成、数据挖掘、商业智能等相关学科和技术，建构信息转化过程的动力学，是推动竞争情报学科健康发展的强大动力。

（2）竞争情报的基本问题

竞争情报基本问题涉及竞争情报的含义、特性、功能、形态、战略等内容。

● 竞争情报含义。竞争情报的概念界定是学科研究的起点。美国 SCIP 的定义获得了国际学术界的广泛认可。1994 年 9 月，在北京香山召开的“全国竞争情报与企业发展研究会”开幕词中，包昌火将竞争情报归结为关于竞争环境、竞争对手和竞争策略的信息和研究。并认为它既是一种过程，又是一种产品，过程是指竞争情报的搜集和分析：产品是指由此形成的情报或策略[6]。

● 竞争情报特性。对竞争情报特性的描述，在于揭示竞争情报学科的本质属性。通常认为，战略性、对抗性、谋略性、可行性、合法性是竞争情报的主要特性。把情报与战略相结合是第二次世界大战以来的一种国际化潮流，识别和满足管理层的战略决策问题是竞争情报的首要任务，因此竞争情报的研究内容具有强烈的战略性；竞争情报产生于剧烈的市场竞争环境下，并以竞争对手的信息搜集和分析为中心，具有强烈的对抗性；策略是竞争情报研究的重点内容，也是竞争情报产品的重要结果，是研究人员和竞争情报组织智慧的结晶；竞争情报活动与组织管理活动相结合，它所形成的研究成果不是一般的学术论文，而是可付诸行动的情报产品，可行性是竞争情报区别于一般软科学研究的重要特性；竞争情报是对军事情报和早期商业情报的扬弃，在国家法律允许的范围内活动，并遵循一定的职业道德，因此合法性是竞争情报生存和发展的重要基础。

● 竞争情报功能。竞争情报是组织感知环境变化并做出响应的能力，以应对环境对组织造成的威胁和机遇。竞争情报功能实质上也就是竞争情报“耳目、尖兵和参谋”的使命，因而也是竞争情报存在的理由。根据包昌火的观点，可以将竞争情报的功能具体化为环境监视、市场预警、对手分析、策略研究、技术跟踪、反竞争情报六大功能[6]。但对于一个具体组织的竞争情报机构而言，这些功能的配置是各有侧重的。

● 竞争情报形态。根据 20 多年来的实践发展，以企业竞争情报为主体发展起来的竞争情报已具备不同的形态。可以按组织划分为企业竞争情报、产业竞争情报、政府竞争情报和国家竞争情报；可以按内容划分为商业竞争情报和技术竞争情报。商业竞争情报是指能给组织的竞争地位带来重大影响的外部竞争环境、竞争对手、供应商、客户、其他利益相关者的信息获取、监控、分析、前瞻和预警过程。技术竞争情报是指能给组织的竞争优势带来重大影响的外部技术的威胁、机会和发展信息的获取、监控、分析、前瞻和预警过程。新的竞争情报形态还将随竞争情报实践的发展而出现。

● 竞争情报战略。竞争情报战略的制定是竞争情报机构自身发展并融入组织决策的需要，是竞争情报理论研究的重要方面。2000 年 7 月，焦玉英在《论企业核心竞争力与竞争情报战略》一文中提出了竞争情报发展战略问题[29]；美国匹兹堡大学 J. E. Prescott 教授在 2001 年 12 月“2001 现代职业经理清华峰会”上提出了建立以情报为驱动的企业战略，并刻画了他的基本构想[30]。2003 年，包昌火等曾总结了美国企业的竞争情报战略的基本思路：以提升企业决策能力为目标，以 CIS 建设为手段，实现竞争情报活动的目标、组织、流程、技术和文化的一体化，从而促进企业盈利水平的提高[30]。

2. 竞争情报的管理研究

管理是竞争情报活动的杠杆，对竞争情报管理的研究一直是竞争情报学科发展的中心议题。竞争情报管理研究包括 CIS 建设、人际情报网络建设、反竞争情报机制建设、竞争情报团队建设、关键竞争情报课题管理、竞争情报效益评估、竞争情报文化建设、实践社区建设、学习型组织建设、道德与法律问题、竞争情报与知识管理整合、竞争情报管理思想流派等方面。

竞争情报管理研究的重点领域是CIS的建设。因为分析型的、能为组织制定战略决策、提供信息和思想的CIS，是领导集团在制定经营战略和竞争策略过程中的"中央情报局"，是竞争情报管理的支点，而实施竞争情报工作的目标、组织、流程、技术和文化一体化的竞争情报战略，则是竞争情报管理研究的核心问题[30,31]。

竞争情报与知识管理的融合是20世纪90年代以来竞争情报活动的重大发展。在1998年SCIP年会上，美国前科学技术情报官J. P. Herring和J. E. Prescott等联袂构建了由焦点、工具、制度、转变和磨合构成的FIICH模型，对竞争情报的知识管理问题作了精辟的论述，既是竞争情报知识管理实践经验的总结，也为竞争情报知识管理指明了方向[32,33]。2000年，壳牌国际服务集团公司构建了商业竞争情报知识库，是国际上竞争情报和知识管理整合的重要范例[34]。

2003年，美国情报学家爱德华·沃尔茨（E. Waltz）在Knowledge Management in the Intelligence Enterprise专著中详尽地论述了如何将知识管理的原则和实践应用于情报企业以满足情报用户需要的模式和方法。他认为，在网络化时代，要想在竞争中获胜，关键在于情报机构对原始数据的选择并将其快速地转化为决策所需知识的能力。因此，通过自动化系统在网络中进行情报的分析、综合和发送至关重要。他认为，这些原则和实践既适用于国家和军事情报，也适用于商业和竞争情报[35]。2005年，美国H. N. Rothberg和G. S. Erickson认为，只有将知识管理和竞争情报这两个相互隔离的学科及其实践活动实行无缝集成和有机结合，才能更好地发挥知识管理和竞争情报各自的长处，从而真正将知识转化为情报，为组织赢得竞争优势。为此，具体探讨了国家、行业和组织层面将知识转换为情报的策略；分析了企业中从知识到情报的转化活动；提出了将知识转化为情报的这一行动过程的蓝图[28]。

如前所述，2000年8月，邱均平在我国开启了竞争情报与知识管理关系的研究[9]，2003年12月和2004年6月，包昌火等将竞争情报与知识管理整合视为竞争情报的发展方向之一，分析了竞争情报与知识管理的异同点，提出了竞争情报和知识管理的整合方略，推进了我国竞争情报和知识管理的融合研究[1,32]。

3. 竞争情报的方法研究

竞争情报的方法研究是竞争情报学科发展的重要推力。竞争情报的研究方法是以竞争情报循环为主线，竞争情报生产为核心展开的，因此也可以将竞争情报循环视为竞争情报的方法论。美国情报分析专家布鲁斯·D. 伯尔考威茨（B. D. Berkowitz）和阿兰·E·古德曼（A. E. Goodrman）在1989年出版的Strategic Intelligence for American National Security一书中，详尽地揭示了美国自第二次世界大战以来40多年实施的在总结G2s/S2s情报体系基础上形成的情报循环过程中的基本原则、存在问题及其解决方案[35]。竞争情报循环是在情报循环的基础上发展起来的，因此全书主要观点对竞争情报方法论的建设具有重要的借鉴意义。

根据1988年J. P. Herring提出的竞争情报循环5环形式[36]，并于1999年载文阐明的相关问题[37]，将竞争情报方法研究归结为以下几方面。

（1）情报需求的识别

识别和研究情报需求是规划定向阶段需要解决的核心问题。比较成熟的识别方法是J. P. Herring在国家情报课题基础上提出的关键情报课题。他认为，确定关键情报课题就是识别管理者需求的过程，而KIT识别的核心就是与企业关键决策者的互动对话，通常采用响应模式、主动模式和混合模式。而黄英则将KIT方法进一步深化，提出从内容、流程、文化三个层次构建KIT内涵结构图并描绘了由确定与接近情报用户、访谈与明确决策需求、挖掘生成KIT、推进KIT可操作化、评价与修正五步组成的KIT工作流程[38]。

（2）竞争情报的搜集

竞争情报搜集是竞争情报生产的基础，是竞争情报产品质量的保障。竞争情报搜集方法包括人际网络法、观察法、四分卫法、访谈法等一手信息搜集和信息检索、广播电视收视、文献杂志定购等二手信息搜集。前者已处于理论化、体系化，后者则是图书信息学领域的专长。

将人际情报的搜集作为一个独立环节引入竞争情报循环表明J. P. Herring对人际网络的高度关注；而将信息处理和存储自成环节也表示他对创造情报生产的知识基础建设的格外重视。遵守竞争情报获取过程中的法律和道德界限，慎重涉及灰色地带，保持竞争情报的合法性特征是竞争情报活动和商业间谍的根本分野。

（3）竞争情报的生产

情报生产是竞争情报工作的灵魂，是竞争情报循环的核心步骤。它是通过系统化的方法将竞争环境、竞争对手和组织自身的信息转化为能为组织带来竞争优势的情报和谋略的过程。情报生产采用的竞争情报分析方法既包括来自管理学领域的竞争分析，又包括来自政治军事领域的情报分析。前者以商业和战略分析方法为主，侧重对事件、组织和人的分析；后者以模式和系统分析方法为主，侧重于对数据、信号和事实的分析，两者的融合，构成了完整的竞争情报分析方法的知识体系。

几十年来，国际竞争情报界殚精竭虑、浓墨重彩，开发了上百种的分析方法，产生了如美国新泽西州立大学管理学院本·吉拉德和资深竞争情报专家J. P. Herring于1996年主编的《商业情报分析的艺术和科学》一书[39]，加拿大温莎大学克雷格·弗莱舍（C. Fleisher）和澳大利亚Mindshifts咨询集团的芭贝特·本苏桑（B. Bensoussan）合著的《战略与竞争分析》[40]和《商业与竞争分析》[41]两书，包昌火与李艳等的由市场维、能力维和时间维组成的竞争对手分析论纲[42]和由专家、信息、电脑三方面，物理（W）、事理（S）、人理（R）、专家、电脑、模拟六大模块组成的WSR竞争情报方法论[43]等力作，精彩纷呈。

20世纪80年代中期，将美国军事情报界的战争游戏法移植到企业管理中来，形成了商战游戏法。在我国，由王知津开启的竞争情报模拟研究[14]增强了竞争情报研究的直观形象和可操作性，可成为企业竞争战略制定、战略决策评估的重要工具，拓宽我国竞争情报分析的研究领域。

（4）竞争情报的发布

竞争情报发布是将竞争情报产品转化为实际效益的主要环节，包括产品形式的设定和发布方法的设计两大问题。J. P. Herring总结了几种主要的情报产品和内容特征[44]：①新闻简报。与公司业务相关的新闻事项的信息简报。②情报报告。有独特来源的、对公司有着直接影响的和启发的外部发展情报的报告。③分析性预警（analytical alert）。对具有直接影响和启发的当前发展趋势的分析报告。④情报评估（intelligence assessment）。就某一情报专题的深度分析，如竞争对手分析、用户分析、行业分析、技术分析、政府行为分析等。⑤情报预测（intelligence estimate）。包括对重要趋势和未来影响的长期预测，常常能为管理层指明方向。

按照情报用户的层级，如根据企业高管到一线职能经理的不同需要，来设定情报产品形式的金字塔模型是国内外竞争情报部门通常采用的发布方式。

（5）最佳实践企业调查

最佳实践企业调查是美国竞争情报界的重要创举。因为企业的竞争情报活动大多是按照竞争情报流程展开的，是流程的实施和发展，丰富多彩、形态各异的竞争情报流程充实了竞争情报方法的研究，推动了竞争情报方法论的建设。

4. 竞争情报的教育研究

理论研究和人才培养是竞争情报学科起飞的两翼。1972 年，瑞典隆德大学的德迪约开始在美国达特茅斯学院和瑞典隆德大学教授关于政府、公司和城市的情报与安全课程，这是竞争情报第一次进入大学的授课体系中。1996 年 SCIP 年会就竞争情报教育问题专门举行了一次会议，并建立了一整套科学的竞争情报课程体系。

SCIP 确立的课程体系包括基本内容、管理科学、需求分析、信息收集、信息分析与综合及竞争情报交流六大模块。它把竞争情报基本内容和管理科学列为商学院的两个基础课程模块。竞争情报课程模块的确立大大推动了竞争情报教育在世界各地的发展进程。

1994 年 1 月 28 日中国竞争情报专业组织的诞生，拉开了 20 世纪 90 年代中期我国竞争情报教育的序幕。迄今为止，在学历教育方面，我国已初步形成以培养硕士为主，本科和博士兼具的多层次的竞争情报的教育体系；在继续教育方面也形成了大学、学会和社会机构开办竞争情报研修班的格局。2006 年 5 月和 2011 年 4 月我国还完成了两例竞争情报博士后的培养[45,46]。据统计，截至 2009 年 10 月，我国已拥有竞争情报硕士点 28 个、博士点 6 个，分别占情报学类专业硕士研究方向总数的 10.98%和博士研究方向的 1.54%，开展竞争情报教育的高校达 25 所[47]。

美国西蒙斯学院（Simmons College）竞争情报中心是 2001 年成立的西半球第一个从事竞争情报硕士研究生培养的机构，它提供了竞争情报硕士学位计划、硕士课程论证计划和个人职业发展计划三类培训项目。1996 年 2 月由 B. Gilad 和 J. P. Herring 创始成立，1999 年又与 Fuld & Company 联手的美国竞争情报学院是一家专门从事竞争情报培训的公司，它设立了竞争情报职业认证项目、公开课、企业内训、远程教育四种培训方案。

借鉴国外经验，确立竞争情报教育的重要地位，加强对竞争情报教育的学术研究，完善我国的竞争情报教育体系，鼓励更多的商学院和管理学院增设竞争情报课程，积极开展模块式教学，并把竞争情报分析作为模块教学的重点，强化反竞争情报和保护商业秘密的内容，把我国的竞争情报教育提高到一个新的水平。

5. 竞争情报的应用研究

竞争情报是一门实践性非常强的学科。竞争情报的应用就是竞争情报的实践活动，多年来创造了丰富多彩的竞争情报形态，形成了企业竞争情报、产业竞争情报、政府竞争情报和国家竞争情报等重要活动方式。企业竞争情报是社会竞争情报活动的基础和主体，它的核心内容是对竞争对手信息的搜集和分析。政府竞争情报是一个国家的政府部门为了提升自身的影响力而开展的对外部环境和竞争对手信息的搜集和分析。日本于 1958 年建立的日本贸易振兴会和韩国于 1962 年建立的韩国贸易振兴社是政府竞争情报的范例。我国于

1996 年相继建立的国务院各部委科技情报研究所从事的情报研究工作，从实质上说，也属政府竞争情报的范围，尤其是在向市场经济转变的条件下更是如此。

产业竞争情报是以提升一个国家和地区某一特定产业竞争优势而开展的竞争情报活动。一般而言，产业竞争情报是处于政府竞争情报和企业竞争情报之间的一个层级。面对着我国众多产业频遭侵害和产业竞争情报服务缺位的严酷现实，2009 年起，以中国科学技术信息研究所为代表的一批机构和以陈峰为代表的一批学者开展的产业竞争情报的理论研究和实践探索，把我国竞争情报事业推向纵深，并形成了一批可喜的成果[48-51]。

国家竞争情报是最高层级的竞争情报活动，它的主要目标是提升国家竞争优势，构建国家竞争情报体系。陶翔等认为，国家竞争情报是一个国家为了在全球化日益发展，传统的敌人和朋友已经转变为暂时而非永久的战略伙伴和竞争对手，贸易争端成为国家之间争议的焦点及经济和技术已经上升到国家战略利益最核心部分的情况下，需要建立的一种新型的国家内部的情报组织结构体系[52]。缪其浩、陶翔最早开启了国家竞争情报研究并已形成了一批重要的研究成果[53]，为提升我国竞争情报的战略地位和构建国家竞争情报体系发出了强烈的呐喊和呼唤。以美国中央情报局为代表的美国情报机构是国家情报的典范，在为美国国家利益和总统的战略决策服务中做出了举世瞩目的贡献，但迄今为止，在国际上尚未见到国家竞争情报的典型案例。

(三) 竞争情报学科的金字塔模型

至此，我们已初步构建了竞争情报学科体系，这个体系以理论研究为先导，管理研究为杠杆，方法研究为手段，教育研究为侧翼，应用研究为基础，构筑了以竞争情报循环为主线，竞争情报生产为核心，由理论、管理、方法、教育、应用五大模块构成的金字塔模型，如图 1 所示。

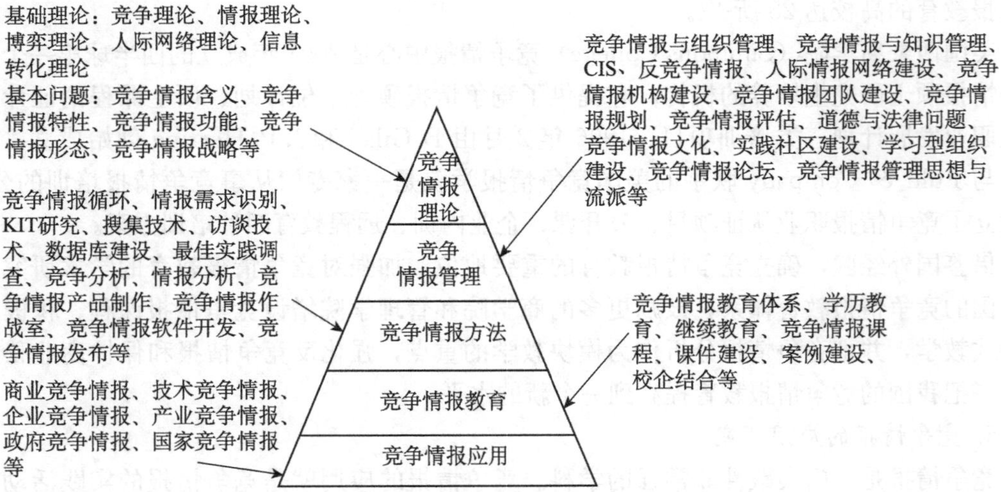

图 1 竞争情报学的研究内容

(四) 竞争情报与相邻学科的关系

竞争情报学吸取了管理学、经济学、军事学和图书信息学等多个学科的理论和方法，是多学科交叉而形成的一门横断学科。它与相邻学科的关系如下。

1. 竞争情报与管理学

竞争情报的作用在于为决策者提供战略和战术层面的决策支持，而决策活动是管理学研究的核心问题。竞争情报决策支持职能在战略决策中意义重大，因此竞争情报也就顺乎自然地与战略管理形成了最紧密的关系。比竞争情报出现晚10年左右的知识管理成为管理学的热门话题。两者都把智力资源的开发和利用作为基本的研究内容，因此正在朝着整合的方向发展，把以外部竞争环境监视和竞争对手分析为重点的竞争情报，即企业的“中央情报局”和以内部知识组织和共享为重点的知识管理，也就是将企业的“知识交流局”结合起来，作为企业战略的基础和核心。从而使竞争情报学和管理学结下了不解之缘，或成为管理学的下位类学科。

2. 竞争情报与经济学

经济学是一门增强人们洞察能力和保障选择效率的学问，让人们在确定目标、选择手段和保证效率之间获得一种均衡。竞争理论是经济学的一个基本议题，波特教授的竞争理论确定了竞争情报工作的基本目标，其竞争战略和分析工具为竞争情报研究提供了重要基础和分析框架。如果波特的竞争理论没有出现，竞争情报工作可能还处于非正式阶段。作为经济学重要内容的博弈论是研究有利害冲突的双方如何战胜对方的最佳策略的学问。由于竞争情报核心问题是如何应对竞争对手的问题，因而也就成为竞争情报的重要支撑。而信息经济学则包含了研究非对称性信息的存在对决策各方行为相互影响的微观信息经济学，以及研究信息经济的测度等宏观信息经济学。竞争情报领域广泛存在着信息不对称现象，竞争情报产品作为一种信息商品的投入、产出如何计量及定价，都需要信息经济学的介入。因此，竞争情报的发展离不开经济学理论的支撑。

3. 竞争情报与军事学

众所周知《孙子兵法》是军事学和军事情报学的开山之作。军事情报学是研究军事情报现象及其规律的科学，是军事学的重要分支。可以认为，竞争情报是军事情报向民用领域转移的产物，因此竞争情报与军事情报有着天然的联系，竞争情报在商战中的作用同军事情报在战争中的作用同出一辙。竞争情报不仅在过去复制了军事情报循环等重要技术，而且在现在，竞争情报也在不断汲取军事情报的营养，战争模拟技术的应用便是一例。因此，军事学和军事情报学的发展将会对竞争情报学产生直接的影响。

4. 竞争情报与图书信息学

图书信息学是图书馆学的现代化发展，主要研究信息的序化问题。信息检索和数据库建设是该学科的核心议题。因为它代表了图书馆学的发展方向，所以获得了国内外图书馆界的热情讴歌。与图书信息学相对应，竞争情报主要研究信息的转化问题，为组织的科学决策服务。竞争情报的研究内核是information的intelligence化，因此图书信息学的信息检索、数据库技术也是竞争情报学的重要基础之一。可以说竞争情报学与图书信息学是一对姐妹学科。

四、竞争情报与中国情报学

中国情报学是我国情报从业者的重大创举，它包含了信息序化和信息转化两大主要议题，为中外情报学所罕见。

但遗憾的是，现在回眸一瞥，细品起来，我国情报界从一开始就把中文的“情报”与英文“information”相对应，造成了半个多世纪的困惑；并把信息学或说图书信息学作为情报学来研究，与信息科学和图书馆学争地盘，为他人作嫁衣裳，偏离了我国情报工作的社会实践，偏离了政府和企业的决策活动，偏离了情报生产这一核心领域，严重地影响了我国情报业的发展，削弱了我国情报机构在国家和企业决策中的地位，这是我国情报学界的历史悲哀。具有讽刺意味的是，在我国许多情报学杂志和情报学论文中，字里行间，除了“情报学”一词以外，再也难觅“情报”一词的芳踪。我国情报学界在 20 世纪 90 年代以前视 intelligence 为忌讳；90 年代以后，又视信息、知识为时尚，自觉或不自觉地养成了鄙弃情报的怪癖，在我国情报学界形成的回避情报的离奇现象在国际上也不失为一道独特的风景线。重视 information，忽视 intelligence；重视文献资源，忽视人际资源；重视文献研究，忽视实证研究；重视信息技术路线，忽视社会经济路线；重视引进，忽视创新，是当前我国情报学研究的重大弊端。

实际上，情报学并非起源于文献学和图书馆学，而应是起源于军事学和谋略学，起源于人类的情报活动和咨询活动，与人类的竞争和决策相伴相生，它们形影相随，而又若即若离。追本溯源，情报学的老祖宗应是孙子，而非布什，也非申农。

该到还情报学以本来面目的时候了。归去来兮，回归情报，回归 intelligence，弘扬情报工作“耳目、尖兵和参谋”的作用，重视对竞争环境、竞争对手和竞争策略的研究，推荐以情报研究工作为主导，信息资源建设为基础，信息技术为手段的情报工作模式，转变我国情报工作的发展走向。

鉴于我国情报工作的基本内容是信息的搜集和分析、我国情报机构集思想库和信息库于一体的基本现实，包昌火等曾多次提出过中国情报学应当建立在 information 和 intelligence 两大基石上，并把 information 的 intelligence 化，作为情报工作和情报学的核心任务，而非信息或知识的组织和传播，后者是图书馆学的世袭领地[24,54,55]。因此，重构情报学是摆在 21 世纪我国情报机构和情报从业者面前的光荣使命，而竞争情报实际上就是市场经济条件下的科技和经济情报工作，而非仅仅是企业情报工作而已，技术竞争情报、产业竞争情报和国家竞争情报的发展也证明了这一点。

如若如此，这将是我国情报界的大幸，也应是我国决策系统的大幸。强大的思想库和情报力量是美国无与伦比的软实力，也是我国产业振兴和安全的重要支撑。因而社会情报机构的式微，不符合国家和企业的根本利益。这一状况的改变，有赖于国家的决断，也有赖于我国情报界的自强，情报学建设方向的把握和情报学研究范式的转变。以情报为业，以情报为荣，做好这篇关于情报学研究的大文章。我国情报机构和情报从业者应当有屈原的精神：路漫漫其修远兮，吾将上下而求索。

参考文献

[1] 包昌火，张燕，黄英．竞争情报的崛起和发展//情报学进展．2002～2003 年度评论．第五卷．北京：国防工业出版社，2003：310-374.

[2] 包昌火，赵刚，李艳，等．竞争情报的崛起——为纪念中国竞争情报专业组织成立 10 周年而作．情报学报，2005，24（1）：3-19.

[3] 刘怀宝．略谈竞争情报及其搜集方法．图书情报知识，1987，(2)：30-32.

[4] 包昌火，等．情报研究的国内外比较研究总报告．北京：兵器工业情报研究所，1994：1-60.

[5] 包昌火，等. 情报研究的国内外比较研究分报告. 北京：兵器工业情报研究所，1994：1-322.
[6] 包昌火. 加强竞争情报工作，提高我国企业竞争能力. 中国信息导报，1998，(11)：33-36.
[7] 胡星光，包昌火，等. 企业竞争情报系统的模式和运行机制研究. 北京：中国兵器工业集团第二一〇研究所，中国科技情报学会竞争情报分会，2000.
[8] 包昌火，等. 竞争情报系统. 北京：华夏出版社，2002.
[9] 邱均平，段宇峰. 论知识管理与竞争情报. 图书情报工作，2000，(4)：11-14.
[10] 陈峰. 面向企业战略管理的竞争情报研究. 北京：北京大学博士学位论文，2002.
[11] 包昌火，谢新洲，申宁. 人际网络分析. 情报学报，2003，(3)：365-374.
[12] 赵刚. 建立国家竞争情报体系：目标与原则. 情报学报，2004，(3)：367-371.
[13] 李艳，赵新力，齐中英. 技术竞争情报的现状分析. 情报学报，2006，(2)：243-253.
[14] 王知津，孙立立. 竞争情报战争游戏法研究. 情报科学，2006，(3)：342-346.
[15] 陈峰，赵筱媛，郑彦宁. 应对国外竞争需要高度倚重产业竞争情报. 情报科学，2009，(2)：175-178.
[16] Dishman P，Fleisher C S，Knip V. Chronological and categorized bibliography of key competitive intelligence scholarship：Part 1 (1997-Present). Journal of Competitive Intelligence and Management，2003，(1)：13-79.
[17] 邱均平，杨思洛，王红星. 基于引文分析的竞争情报研究现状探析. 情报学报，2010，(4)：737-749.
[18] 张晓军. 美国军事情报理论著作评介. 北京：时事出版社，2005：95-133.
[19] Johnson L K. Handbook of Intelligence Studies. Landon，New York：Routledge' Taylar.，Francis Group，2007.
[20] 包昌火，李艳，王秀玲，等. 人际情报网络. 情报理论与实践，2006，(2)：129-141.
[21] 钱学森. 科技情报工作的科学技术. 科技情报工作，1983，(10)：1-9.
[22] 李艳，赵新力，齐中英. 钱学森的情报思想与我国情报学学科体系重构. 情报理论与实践，2010，(6)：1-4.
[23] Poweil T W. Analysis in business planning and strategy formulation // Gilad B，Herring J. The Art and Business Intelligence Analysis. London：JAI Press Inc.，1996：159-180.
[24] 包昌火，李艳. 情报缺失的中国情报学. 情报学报，2007，(1)：29-34.
[25] 包昌火. Intelligence和我国的情报学研究. 情报理论与实践，1996，(6)：6.
[26] 钟义信. 关于"信息-知识-智能转换规律"的研究. 电子学报，2007，(4)：601-605.
[27] 钟义信，周延泉，李蕾. 信息科学教程. 北京：北京邮电大学出版社，2005.
[28] Rotfiberg H N，Etickson G S. 从知识到情报——在下一波经济中建立竞争优势. 张新民等译. 北京：科学技术文献出版社，2011.
[29] 焦玉英，刘鲁. 论企业核心竞争力与竞争情报战略. 情报理论与实践，2000，(4)：285-287.
[30] 包昌火，谢新洲，吴淑燕，等. 竞争情报战略——评美国企业的竞争情报活动. 情报学报，2003，(6)：735-748.
[31] Marceau S，Sawka K. Developing a world-class CI program in telecoms. Competitive Intelligence Review，1999，10 (4)：30-40.
[32] 包昌火，赵刚，黄英，等. 略论竞争情报的发展走向. 情报学报，2004，(3)：352-366.
[33] Herring J，Presott J，Womack A. Managing competitive intelligence knowledge. Conference Proceeding of 13th Annual International Conference and Exhibit of SCIP，1998：3-14.
[34] 约翰·E. 普赖斯科特，斯蒂芬·H. 米勒. 竞争情报应用战略——企业实战案例分析. 包昌火等译. 长春：长春出版社，2004：49-71.

[35] 张晓军．美国军事情报理论著作评介．第二辑．北京：时事出版社，2010：432-468.

[36] Herrinc J P. Building a business intelligence system. Journal of Business Strategy，1998，9（3）：4-9.

[37] Herring J P. Key intelligence topics：a process to identify and define intelligence needs. Competitive Intelligence Review，1999，(2)：4-14.

[38] 黄英．决策者需求分析——关键情报课题研究．北京：北京大学硕士学位论文，2003.

[39] Gilad B，Herring J. The art and science of business intelligence analysis. Greenwich，Conn.：JAI Press，1996.

[40] Fleisher C S，Bensiussan B E. Strategic and competitive analysis：methods and techniques for analyzing business competition. Upper Saddle River：Pearson Education Inc.，2003.

[41] Fletshercs，Bensoussan B E. Business and Competitive Analysis：Effective Application of New and Classic Methods. [s. l]：Pearson Education Inc.，2007.

[42] 包昌火，谢新洲，李艳．竞争对手分析论纲．情报学报，2003，(1)：103-114.

[43] 李艳．竞争情报分析方法论．北京：北京大学博士学位论文，2003.

[44] Herring J. Management's role in producing analytical intelligence. Proceedings of Annual Conference of SCIP，1998：199-218.

[45] 陈峰．国外技术预见项目过程与方法的竞争情报学透视及思考．中国科学院科技政策和管理科学研究所博士后论文，2006.

[46] 李艳．企业技术竞争情报对技术创新绩效影响研究．哈尔滨工业大学博士后论文，2011.

[47] 孙志梅，马莎莎．浅议我国高校竞争情报教育与对策．晋图学刊，2010，(5)：8-11.

[48] 陈峰，赵筱媛，郑彦宁．2009 中国风能产业国际竞争态势研究报告——中国风电装备市场的国外竞争者研究．北京：中国科学技术信息研究所，2009.

[49] 陈峰，赵筱媛，郑彦宁．2010 中国风能产业国际竞争态势研究报告——风电装备产业链角色分析图．北京：中国科学技术信息研究所，2010.

[50] 陈峰，赵筱媛，郑彦宁．产业竞争情报研究内容体系的框定方法．情报学报，2009，(2)：310-314.

[51] 史敏，肖雪葵．应用于竞争情报的产业跟踪路线图研究．情报学报，2010，(1)：184-192.

[52] 陶翔，缪其浩．国家竞争情报的概念及其演变过程．图书情报工作，2005，(9)：16-25.

[53] 陶翔．国家竞争情报：是什么为什么如何做．上海：上海科学技术文献出版社，2008.

[54] 包昌火．这里的黎明静悄悄——再谈 Intelligence 与中国情报学．图书情报工作，2009，(8)：5，6.

[55] 包昌火．关于以 Intelligence Studies 取代 Information Studies 的建议．情报理论与实践，2009，(7)：10，11.

第三篇

情报科学

篇首语

包昌火不仅在情报研究、竞争情报两大领域做出了卓著贡献，而且还引领中国情报学研究的 intelligence 方向，是中国情报学 intelligence 范式的重要倡导者。他在这方面的贡献主要有以下几个方面。

一、定义了情报和中国情报学的基本含义

包昌火独辟蹊径，跳出了中国情报界众说纷纭的情报定义的怪圈，认为情报是一个组织对外部环境变化的感知和响应。这个定义与我国老一辈无产阶级革命家关于情报工作的“耳目、尖兵和参谋”的功能定位具有异曲同工之妙。他认为，情报学是一门研究组织情报活动及其规律的科学，它产生于人类社会的冲突和斗争中，是人类和组织生存和发展的基本活动和适应能力，主要服务于组织的决策制定。因此，情报学不应起源于文献学和图书馆学，而应起源于军事学和谋略学，起源于组织的情报活动和咨询活动，它与人类的竞争和决策相伴相生，形影相随，又若即若离。

二、质疑了中国情报学存在的主要问题

通过长期的工作实践和对西方情报学的研究，包昌火尖锐地指出，自 20 世纪 90 年代以来，中国情报学研究出现了严重的学科泛化和情报缺失的弊端，长期游击于图书馆学、信息科学、管理科学、智能科学等相邻学科之间，无核心概念，无固定领域，于是造成了重视 information，忽视 intelligence；重视文献资源，忽视人际资源；重视文献研究，忽视实证研究；重视信息技术路线，忽视社会经济路线；重视引进，忽视创新的重大失衡。中国情报界用两个中文词语——“情报”和“信息”代表同一个概念；两个学科——“情报学”和“信息科学”同用一个英文词语——“information science”；研究重心的失衡和与实际工作的脱离，以及科学共同体没有共同的约定和语言，造成了情报学研究的混乱和危机。

三、提出了重构中国情报学的基本构想

包昌火认为，中国情报学是中国情报从业者的一个重大创举，它包含了信息序化和信息转化两大议题，为国际情报界所罕见。他认为，中国情报学的英文表述不应是“information science”，而应是“intelligence studies”。中国情报学应建立在 information 和 intelligence 两大基石上，并把 information intelligence 化，即将信息转化为情报和谋略作为情报工作和情报学的核心任务，而非信息或知识的组织和传播，后者是图书馆学的世袭领地。为此，他从科学定义情报概念、科学定义情报学的学科范围、重构科学的情报价值链、建立科学的情报活动流程、科学界定情报机构、建立科学的信息转化理论、重视对钱学森情报思想的研究、重视对 intelligence studies 的研究、重视对中国实际的研究等九大方面，系统地提出了重构中国情报学的构想，勾画出中国情报学的蓝图，这是对 intelligence 与中国情报学命题的具体解答，是包昌火情报学思想的结晶。

包昌火期盼，如若如此，将是中国情报界的大幸，也应当是中国决策系统的大幸。强大的思想库和情报力量是美国无与伦比的软实力，也是中国产业振兴和安全保障的重要支撑。因而社会情报机构的式微，不符合国家和企业的根本利益。他言简意赅地告诫，情报是一切组织和个人的生存之道，是国家和企业的大计，不可不察和或缺，向社会发出了我国老一辈情报人的呼唤和呐喊。

对中国情报学的质疑

Intelligence 和我国的情报学研究*

尽管多年来我们一直把信息工作称为情报工作，但我们对 intelligence 的研究却明显地逊于对 information 的研究，一些新近出版的情报学专著甚至干脆认为情报就是信息，仅是意思相同但叫法不同的两个词而已。由此可见，对 intelligence 的研究不足和对我国科技信息机构 intelligence 功能的认识不足是影响我国情报学研究健康发展的重要原因。

我国科技信息事业现已进入不惑之年。当初由周恩来亲自提议，把建成科技情报系统列入《1956－1967 年科学技术发展远景规划》的第 57 项任务，并指出："你们工作这么几年，连个情报部门还没有建立，你们的仗是怎么打的。"这固然因当时中国受西方国家的多方封锁，情报工作成了洞悉国际科技发展的主要手段这一重大国情所致，也是老一辈无产阶级革命家对情报工作的 intelligence 功能的理解和重视，因而赋予我国情报工作以"尖兵、耳目和参谋"的光荣使命。也正因为这样，我国科技情报机构既具有信息库、也具有思想库的功能，即承担着 information 工作和 intelligence 工作的双重任务，并成为我国科技情报工作有别于欧美国家的一大特色。

从情报学的角度看，作为一项活动，"intelligence"一词的本质含义应是对"information"的分析和评价，作为一项产品，它是经深度加工的 information，具有明显的目的性、增值性和智能性。关于"information"和"intelligence"两词的联系和区别，缪其浩先生在《日本的情报概念及其对情报工作的影响》(1996 年第三期) 和《市场竞争和竞争情报》(46～54 页) 中已作了比较详尽的论述。1991 年，国家科委公布的《国家科学技术情报发展政策》中指出："情报研究是对情报的深度加工，属思想库范畴。"因而也可以这样理解情报研究，它是 information 的 intelligence 化的一项研究活动。20 世纪 80 年代以来，国际

* 本文原载《情报理论与实践》，1996，19 (6)：6。

上迅速发展起来的竞争情报也可以看做是一项以增强企业和集团的竞争实力为宗旨、以市场竞争为内容、以竞争对手分析为核心的情报研究工作。这说明，随着市场竞争的激化和社会信息化的高度发展，intelligence 功能正愈来愈受到信息界和咨询界的关注和重视。

起源于文献学，借鉴于信息科学而发展起来的情报学已历经一个世纪的历程，我国对情报学的研究也走过了 40 个春秋。综观我国情报学的研究，从 intelligence 角度看，它至少存在着三大缺陷：一是没有把与汉语“情报”两字相对应的 intelligence 作为构成情报学大厦的重要基石；二是没有把具有明显 intelligence 功能、一直作为我国科技信息机构主要工作之一的情报研究工作放在重要的地位；三是自觉不自觉地囿于科技系统、囿于文献信息，研究高度和视野受到很大限制。这恐怕是我国情报学研究脱离我国信息工作实际，难以指导我国信息工作发展的重要原因。

我认为，如果说情报学的基本任务是解决信息资源的组织、控制、开发和利用问题，那么，情报研究则是信息的有序化、增值化和智能化的重要手段，与发展情报检索系统一样，是人类解决“信息激增”的两大基本对策，缺一不可。正因为这样，20 世纪 40 年代以来，以信息的开发利用为主要目的，从信息浓缩、数据分析、信息经纪、技术跟踪、情报调查、信息分析、信息分析与综合、竞争情报到专业和综合咨询的各类情报研究机构应运而生。很难想象，离开对信息的选择、分析、解释、综合和评价的社会化的情报研究活动，信息的有序化问题能够得到真正解决。

当前，随着信息科学的发展、图书馆工作向信息工作领域的扩展，以及情报工作的改名和概念变换，使我国情报学的研究面临巨大的冲击和困境。但我相信，随着国内外对 intelligence、intelligence science 概念与活动的深入研究和竞争情报的出现与发展，将会推动情报学理论框架的重构和完善，形成具有专门领域和特色，既与信息科学、图书馆学相联系，又与信息科学、图书馆学相独立的情报学带来契机和活力，使情报学真正成为指导我国信息工作实践和发展的理论基础，使情报学研究出现柳暗花明又一村的新局面。

这里的黎明静悄悄——再谈 intelligence 与中国情报学*

《图书情报工作》首创半月刊，图书馆学和情报学适当错开，这是一个可喜的发展。应邀命笔，不敢怠慢。1996 年[1]、2003 年[2]、2004 年[3]本人曾以“Intelligence 与中国情报学”为总标题或分标题论述过这一命题，并提出了重构中国情报学的构想[4]。还中国情报学以 intelligence 特性日益受到业内同行的关注，陕西省科技信息研究所出版的《情报杂志》2009 年已将英文译名改为 Journal of Intelligence 也是一个例证。

近些年来，我国科技、经济、社会经历了许多重大事件、威胁和危机，更有席卷全球

---

* 本文原载《图书情报工作》，2009，53 (8)：5-7。

的金融海啸。但我国的情报学研究却淡出政府和企业烽火连天的市场拼搏、丰富多彩的社会实践和应对变革的管理决策，偏离了组织的情报活动和决策制定，漠视了“耳目、尖兵和参谋”的历史重任，鲜有情报学家对重大事件、威胁和危机的研判、警示、呼唤和谋划，中国情报学界出现了一种奇异的景象：这里的黎明静悄悄。

多年来，我国情报学将情报＝信息＝information；将information science作为中国情报学的英文称谓。这样就出现了用两个中文词语——“情报”和“信息”代表同一个英语概念“information”；两个学科——“情报科学”和“信息科学”则用同一个英文词语——“information science”来表达。但情报不全等于信息，不全等于information，而情报学也不全等于information science。这种核心概念的表达和混乱是学科建设的大忌，困扰了我们50多年。

事实上，情报总是与组织的安全和战略密不可分，成为它们的导向和基础，古今中外，军事经济，国家企业，概莫能外。intelligence的基本含义是对环境变化的认知和应对，非常贴切于“耳目、尖兵和参谋”的功能，information难当此任。

信息和情报的联系在于：信息是情报的素材和载体，情报是信息的激活和升华；信息是客观存在，情报是思维产物；信息是原料，情报是产品。人们获取信息的目的是为了生产用于决策的情报和谋略，即information的intelligence化。因此，本人认为，information的intelligence化简洁地表述了信息和情报的联系和区别，它既是一切情报活动的基本任务，也是我国情报学研究的核心问题。我们浓墨重彩研究的不应是information，而应是intelligence，不应是information science，而是intelligence studies。实际上，情报学并非起源于文献学和图书馆学，而应是起源于军事学和谋略学，起源于人类的情报活动和咨询活动，与人类的竞争和决策相伴相生，它们形影相随，而又若即若离[5]。追本溯源，情报学的祖先应是孙子，而非申农。该到还情报和情报学以本来面目的时候了。

当今时代，是信息过载而情报稀缺的时代。由于种种原因，中国情报界却对intelligence讳莫如深，情报学研究出现了严重的学科泛化和情报缺失的弊端，长期游击于图书馆学、信息科学、管理科学、智能科学等相邻学科之间，无核心概念，无固定领域，于是造成了重大失衡：重视information，忽视intelligence；重视文献资源，忽视人际资源；重视文献研究，忽视实证研究；重视信息技术路线，忽视社会经济路线；重视引进，忽视创新。

失衡，导致了我国情报学既与以计算机科学为代表的信息科学类同，也与以知识组织和数字图书馆为发展方向的图书馆学合流，失去了情报学的特性。从而使情报学研究偏离我国情报工作的社会实践，偏离政府和企业的决策活动，偏离情报生产活动这一核心领域，战线过长，居无定所，群龙无首，各自为战，游弋于信息世界和新兴学科的汪洋大海之中。情报学的无限扩张和随风飘零是否该到收敛、反思和改弦易辙的时候了。

本人以为，情报学的中文称谓非常准确地表达了本学科的基本内涵，是中国情报界智慧的结晶。鉴于我国情报工作的基本内容是信息的搜集和分析，中国情报机构集信息库和思想库于一体的基本现实，中国情报学应当建立在information和intelligence两大基石上，并把information的intelligence化，即把信息转化为情报和谋略作为情报工作和情报学研究的基本任务。环顾全局，当今中国学术界，唯一还没有认真研究和精心耕耘过的沃土就是社会的情报活动和情报生产，这里是情报界的世袭领地，这里有我们自己的产业基础和专业优势。随着全球化的发展和中国的崛起，中国社会正在出现和孕育着巨大的情报需求，满足这种需求，是我国情报产业发展和情报学研究的巨大驱动力。竞争情报在中国崛起的历史贡献在于：还情报以本来的面目，并且让我们领略了美国军事情报和商业情报的真实风采，也是对“情报改信息”的无言批判。

归去来兮，回归情报，回归 intelligence，弘扬情报工作“耳目、尖兵和参谋”的功能，重视竞争环境、竞争对手和竞争策略的研究，开发人际资源[6]，提倡实证研究，关注最新学科发展在情报领域中的应用，摒弃当下在情报界流行的关于知识服务高于情报服务的偏见和误导，推介情报源于知识、高于知识的事实和理念[7]，推荐以情报研究（intelligence analysis）为主导、信息资源建设为基础、信息技术为手段的情报工作发展模式，建立起以 intelligence 为核心概念，information 的 intelligence 化为核心任务，信息转化理论或曰知识激活理论为重要理论，既区别于 information science，又区别于 library & information science 的中国情报学。

这将是中国情报界的大幸，也应是中国决策系统的大幸。强大的思想库和情报力量是美国无与伦比的软实力，也是中国产业振兴和安全的迫切需求。因而社会情报机构的式微，不符合国家和企业的根本利益。这一状况的改变，有赖于国家的决断，也有赖于中国情报界的自强、情报学建设方向的把握和情报学研究范式的转化。以情报为业，以情报为荣，做好情报学这篇大文章。

参考文献

[1] 包昌火．Intelligence 和我国的情报学研究．情报理论与实践，1996，19（6）：6.

[2] 包昌火，张燕，黄英．竞争情报的崛起和发展//情报学进展．2002～2003 年度评论．第五卷．北京：国防工业出版社，2003，360-362.

[3] 包昌火，赵刚，黄英，等．略论竞争情报的发展走向．情报学报，2004，23（3）：363-364.

[4] 包昌火，李艳．情报缺失的中国情报学．情报学报，2007，26（1）：29-34.

[5] 包昌火，谢新洲．关于我国情报学研究中若干问题的思考．情报理论与实践，2006，29（5）：513-515.

[6] 包昌火．人际网络开发与竞争情报发展．情报杂志，2008，（3）：4.

[7] 钱学森．科技情报的科学技术//关于思维科学．上海：上海人民出版社，1986，426-444.

对中国情报学的重构

情报缺失的中国情报学*

中国情报学研究的重大贡献是促进了中国情报工作的信息资源建设和信息技术应用水平的大幅提升，并促进了图书馆学的现代化发展。但在发展进程中也出现了一些类如情报缺失和学科泛化等弊端，偏离了情报学本身应有的宗旨和情报工作的实际。戏言之，中国情报学什么都研究，就不研究情报；中国情报学什么都有，就没有情报。因此，我今天的发言题目“情报缺失的中国情报学”就是针对中国情报学研究中的一些问题有感而发的。

一、中国情报学研究的困境

经过50年的发展，中国情报工作取得了辉煌的成就，但在肯定中国情报学重大贡献的同时，却也应当清醒地看到面临着的重大危机。情报学向何处去，又一次摆在中国学者的面前。

这危机表现为居无定所，进退维谷，战线过长，脱离实际。

居无定所：50年来，专利局、档案馆、图书馆岿然不动，而情报司、情报所、情报业今又安在？我们是否在经历着否定之否定的螺旋（图1)？

事实上，50年来，我们一直在知识和智能的层级上工作，美国政府报告、各国专利说明书、期刊论文、会议论文是信息还是知识？文献综述、跟踪研究、专题报告是信息还是知识？长期以来，情报界在随风起舞、追逐新潮的同时却在无形中损害了我们的基础，消除了我们的特性，陷入了信息产业、信息服务业、各种新兴学科和产业的汪洋大海之中。随风飘零，何以为家？

进退维谷：我们向信息科学方向发展，有计算机、软件等产业挡道；我们向数字图书

* 本文原载《情报学报》，2007，26（1）：29-34。

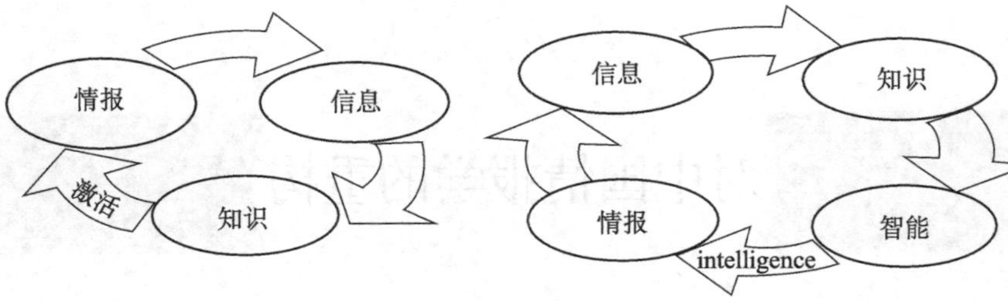

图 1 由情报到情报的螺旋

馆方向靠拢，有图书馆学断后。

战线过长：我们还试图建立起许多学科群，向与信息有关的众多领域扩展，超出了当前中国情报工作的业务基础，导致了情报学研究的泛化。

脱离实际：社会上有一类专门从事情报工作的机构，对这些机构的结构、行为和过程鲜有专门研究，以及情报学研究成果如何支撑情报机构的发展关注不多，而作为科技情报机构核心工作的情报研究[1]及 20 世纪 90 年代兴起的竞争情报，竟不在情报学的学科体系范畴之列，这种与实际情报工作相分离的研究自然会引起关于中国情报学研究方向的讨论。

二、中国情报学研究的失衡

中国情报学研究的失衡是造成中国情报学困境的重大原因之一。

中国情报学研究的失衡主要表现为[2]：重视文献资源，忽视人际资源；重视文献交流，忽视人际交流；重视信息技术路线，忽视社会经济路线；重视 information，忽视 intelligence。

而事实上，任何一个重大情报任务的完成都必须依靠两者的有机结合来实现。

多年来，中国情报学研究的主攻方向是信息的序化，如信息组织、信息检索、信息构建、信息管理、信息系统等，而对信息转化的研究，即如何将信息转化为知识、情报和谋略的情报研究或曰信息分析着力不多。

失衡，导致了情报学既与以计算机科学为代表的信息科学类同，也与以数字图书馆为发展方向的图书馆学合流，失去了情报学的特性。从而使我国情报学偏离我国情报工作的实践，偏离政府和企业的决策活动，偏离了情报生产活动这一情报学的核心领域，漂流在信息世界的汪洋大海之中。

三、中国情报学研究体系的重构

造成中国情报学研究的失衡和困境的根本原因之一是对学科核心概念——情报理解的失误造成的。从我国情报学建立之日起，就把情报═信息，但情报≠信息。

一个学科的核心概念亦此亦彼是学科建设的大忌，因此要重构中国情报学，也应该从情报概念界定入手。

为此，我们提出如下建议以供思考。

（一）科学地定义情报概念

分别从 information 和 intelligence 的基本含义出发，科学界定中文的信息和情报概念，为学科建设奠定科学的基础。

这包括情报的定义、特征、性质和功能，以便把情报与信息有效地加以区分。

(二) 科学地定义情报学的学科范围

情报是信息转化的产物、是人类的一种智能活动、是组织感知环境并做出响应的一种基本属性和能力，因此情报学应当与下述三大学科紧密相关（图 2）。

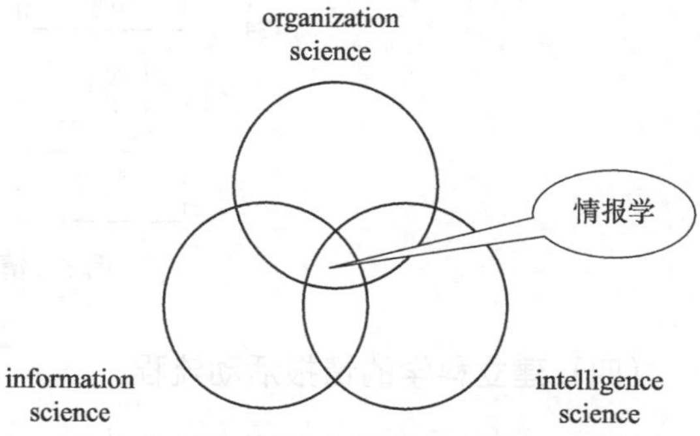

图 2　中国情报学的核心领域

简单地说，情报学是研究组织的情报活动及其规律的一门学科。引入组织学的概念在于：自从有了物质世界就有了信息，但情报是人类出现以后，尤其是组织产生以后才出现的一种社会现象，它产生于人类社会的冲突和斗争，是人类和组织生存和发展的一种基本活动和适应能力，主要是服务于组织的决策制定活动。因此，情报学不应当是起源于文献学和图书馆学，而应当是起源于军事学和谋略学，起源于组织的情报活动和咨询活动，它与人类的竞争和决策相伴相生，形影相随，而又若即若离。

军事领域的情报活动，就是军事情报（military intelligence），商业领域的情报活动，就是商业情报（business intelligence），科技领域的情报活动，就是科技情报（sci. &tech. intelligence）。

我们想，只有把三者结合起来研究，三者的交集，才是情报学研究的核心领域。这也是情报具有战略性、对抗性、智能性、可行动性、非共享性和价值性的主要由来。

当然，非常重要的是情报学的英文表述：information science、intelligence science、infotelligence science、infor-intelligence science、intelligence studies。

我们认为，鉴于情报学学科的英文表述对于学科发展定位的重要意义、中国情报工作集信息库与思想库为一体的 50 年的工作现实，采取 information 和 intelligence 复合的办法是适宜的。

(三) 构建科学的情报价值链

情报是人类思维的产物，情报产品的基本价值在于提高组织决策的效率。

迄今为止，我国情报学界和信息学界引进和构建了信息链、信息管理链等，但多已李代桃僵，智能登堂、情报出局，从而再一次列入了另册。因此，建立科学的情报价值链是情报学重构的重要内容。

我们建议，以 1996 年美国竞争情报学家鲍威尔构建的情报链或情报价值链，作为构建的基础，如图 3 所示[3]。

情报价值链表明：由原始数据转化为商业价值，须经过 6 次转化，形成 6 种状态，即通过搜集形成数据（状态 1）、数据聚集形成信息（状态 2）、信息分析产生知识（状态 3）、知识激活生成情报（状态 4）、情报应用形成决策（状态 5）、决策执行产生结果（状态 6），即实现价值。在鲍威尔的情报价值链中，情报与知识相比处于价值链的高端，这与钱学森教授的知识激活理论不谋而合。

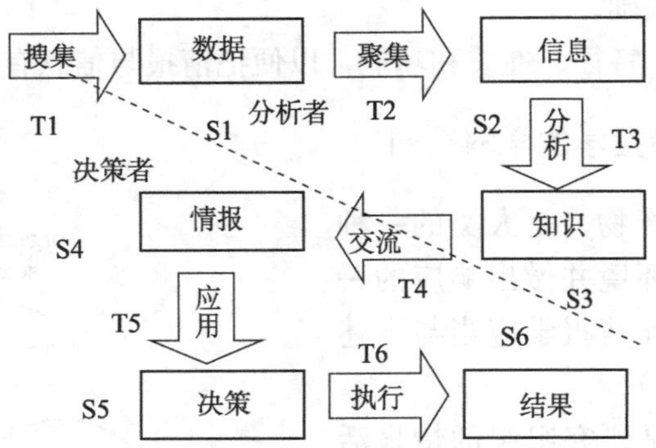

图 3　情报价值链

(四) 建立科学的情报活动流程

情报流程是情报活动规律的科学总结，情报活动的基本流程可表达为图 4。

图 4　情报活动的基本流程

国内外学者已经构建了若干个描述情报活动的基本流程。

1917 年，美国远征军司令 John J. Pershing 及其幕僚创建了美国第一个著名的 G2s/S2s 情报体系，构建了以任务为核心，由规划与定向、信息采集、信息处理、情报生产、情报发布五个环节构成的情报流程[4]。

1988 年，美国竞争情报奠基人之一 Jan P. Herring 构建了由规划与定向、公开信息采集、人际情报搜集、情报生产、情报发布五个环节构成的竞争情报流程，如图 5 所示[5]。

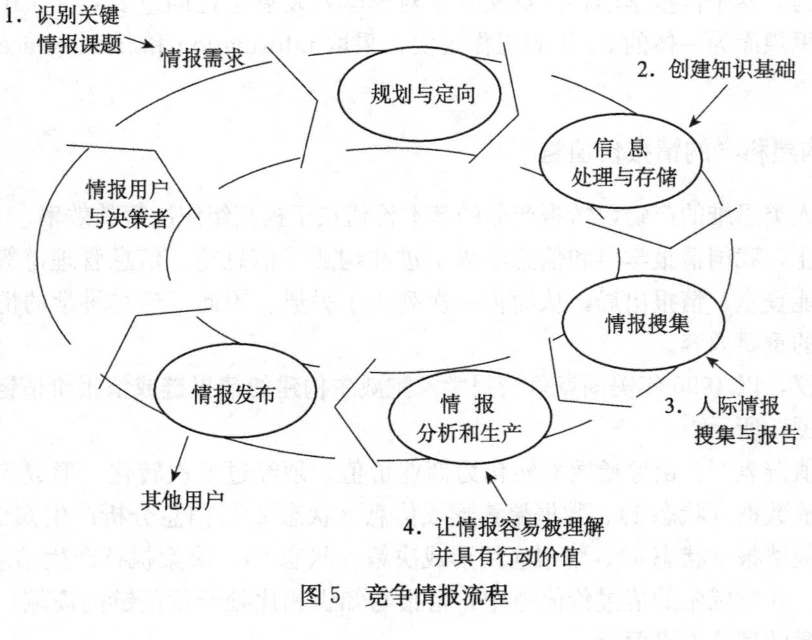

图 5　竞争情报流程

1985 和 1990 年，包昌火研究员在《情报研究的程序和方法》《情报研究方法论》中构建了由误题选择、情报搜集、信息整序、科学抽象、成果表达和成果评价构成的情报研究程序，如图 6 所示[6,7]。

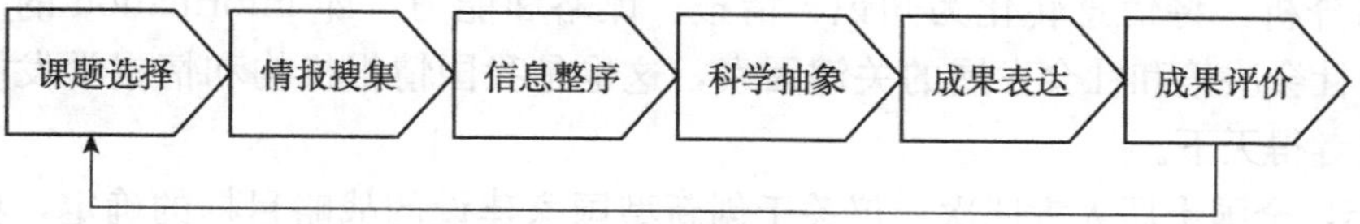

图 6 情报研究程序

这些流程都可以作为情报活动流程构建的重要参考。

我们想，一个科学的情报活动流程应该包括决策需求—信息采集—信息分析—情报应用—效益评估这样一些基本程序，如图 7 所示。

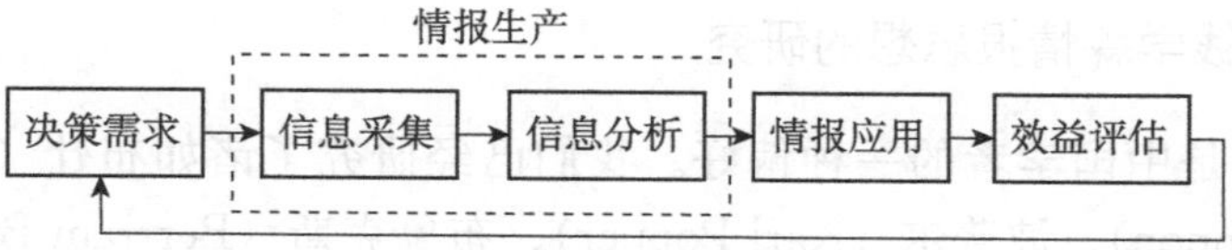

图 7 情报活动流程

上述流程与当前情报学流程的根本区别在于前者以情报生产为中心，后者以信息组织为中心，这也是 intelligence 机构和 information 机构的根本分野。

(五) 科学地界定情报机构

50 年的实践，使我们对作为社会组织一种类型的情报机构有了进一步的认识：这类组织通常有信息资源部、情报研究（信息分析）部、计算机应用部、出版发行部这样一些组成部分，而其表征性部分是情报研究部（信息分析部）。这是一类以情报研究（信息分析）为主导、以信息资源建设为基础、以信息技术为手段、为组织决策提供情报保障和智力支持的专业化组织。它可以是一个独立的组织，也可以是其他组织中的一部分。

这些机构的基本任务是生产情报产品，即生产决策所需的关于外部环境的基本描述、动态报告、预测和预警等分析性情报和内外结合的可行性方案，即对策和建议。它关注的重心是组织的战略和安全（威胁）问题，而非一般的信息或信息技术产品。在信息网络高度发达的今天，它的结构和行为的重心更应该向情报产品的生产部门倾斜。情报机构信息化的结果是加强了情报产品的生产，提供了现代化的生产平台和技术手段，而不应是情报机构特征的消亡。

如何阐明、研究这类组织的结构、行为和过程，并将情报学的研究成果应用于提高这类组织效率，应是中国情报学研究的重大使命之一。

(六) 建立科学的信息转化理论

人类以资源和资源转换为生。物质和能量分别是农业社会和工业社会的表征性资源，物质不灭定律和能量守恒定律就成为迄今科学技术发展的基石。在社会信息化的过程中，信息的生产和处理将成为社会活动的中心，人类将从物质、能量的深度加工向信息的深度加工转化，信息转化理论（information transformation theory）将成为引领信息时代科学技术发展的灵魂[8,9]。以信息的搜集和分析为主要特征的情报活动不仅存在于情报部门，存在于科学技术领域，也存于国民经济的各行各业，具有社会的普遍性。随着电子化和网络化的发展，信息稀缺让位于情报稀缺，解决决策者信息过载与时间有限的巨大矛盾，对信息进行过滤和分析，将信息转化为知识、情报、谋略和能力，即 information 的 intelligence 化，就成为社会决策和社会发展的关键因素，这也是我国情报机构和情报学发展的历史机遇。得情报者得天下。

2006 年，全国十届人大四次会议关于创新型国家建设的战略目标的确定，更为我国科技情报机构发展技术竞争情报[10]提供了千载难逢的机会。

在信息转化理论的研究过程中，既要重视公开信息资源的开发，即显性知识的开发，也要重视人际资源的开发，即隐性知识的开发，实行人机结合、人类智能和人工智能结合联手开发信息资源，提升信息转化研究的能力。

（七）重视对钱学森情报思想的研究

言必称国外，是中国学者的一种偏好。我们已经研究了诸如布什（Vannevar Bush）、申农（Claude Shannon）、波普尔（Karl Popper）、布鲁克斯（Bertram Brookes）等许多国外情报学、科学哲学大家，但对国内钱学森情报思想的研究似乎还缺乏力度和深度。而钱学森情报思想与袁翰青主编的中国第一部情报学著作《科学技术情报工作讲义》（1963 年）、武衡在中国大百科全书《图书馆学·情报学·档案学》（1993 年）中“情报学”词条表述的思想不尽相同。钱学森的情报是激活的知识和情报研究就是系统辨识的思想至今仍然是金光闪闪，他对思维科学、系统科学的研究和软科学的提倡对我国情报学的发展起到了重大的推动作用。因此，阐述和挖掘钱学森思想对于中国情报学的重构具有重要意义。

（八）重视对 intelligence studies 的研究

由于种种原因，中国情报界曾对 intelligence 讳莫如深。事实上，不论是军事政治情报还是科技经济情报，本质上都是人类的情报活动，因而具有相同或相似的属性和规律。研究军事政治情报活动的规律，对于重构中国情报学也具有重要意义。中国情报学情报的缺失，与我们对西方情报学（intelligence studies）研究的缺乏不无相关。1996 年和 2003 年，包昌火研究员曾提出过“intelligence 与中国情报学”的命题[11,12]。霍忠文研究员的《Infotelligence Science 论纲》[13]、沈固朝教授的《两种情报观：Information 还是 Intelligence? ——在情报学和情报工作中引入 Intelligence 的思考》[14]和《从另一个视角看西方国家情报分析类文献》[15]、缪其浩研究员的《情报观：一个来自实践的命题》[16]、梁战平研究员的《我国科技情报界显现的新视点》[17]都做了很好的探索；中国人民解放军外国语学院张晓军教授主编的《美国军事情报理论著作评介》[18]更是系统地评述了以美国中央情报局为代表的情报理论和实践，揭示了西方情报学研究的冰山一角和别一洞天。我们想，认真吸收或借鉴古今中外情报活动的理论和经验，有助于建立起有别于信息科学和图书馆学的具有中国特色的中国情报学研究体系。

（九）重视对中国实际的研究

中国情报学家评论和研究了许多研究范式，是否还应该研究一下中国情报学研究的范式问题。崇尚文献研究，忽视实证研究，这种研究范式是否也需要切实地加以评估，包括博士论文的研究。研究范式不解决，则积重难返。中国情报学研究不紧密结合中国情报实践中的现实和发展问题，中国情报学不强调中国化，仅靠引进、仿制、贴牌和改姓，何以实现自主创新，又何以自立于世界科学之林？因此，注重研究情报机构的实际、注重研究决策制定过程中的情报保障机制、注重研究中国社会的情报生产活动，以及一些新的学科理念和信息技术如何在情报活动中的应用以提高效率，那么这样的情报学研究才会出现无愧于中国实践的创新成果，才会在推动和促进中国情报事业的发展中发挥更大的作用。

情报学的中文称谓非常准确地反映了本学科的内涵，是中国情报学界智慧的结晶。把 information 和 intelligence 作为中国情报学的两大基石，以组织的情报活动为研究对象，把信息转化理论作为情报学研究的核心任务之一，建立起既区别于信息学，又区别于图书情报学的、的确具有中国特色的中国情报学，这是一项史无前例的工作，将会对中国情报学的发展和社会决策效率的提升产生重大的影响。

50 年来，中国情报界已经形成了具有相当实力的研究队伍，解决情报缺失和学科泛化问题后，科学共同体有了共同的约定和语言，中国情报学将会迎来更殷实的成就。这项历史重任寄希望于高等院校的学者，寄希望于情报机构的学者，寄希望于两者的联手，寄希望于研究范式的转变。①

参考文献

[1] 国家技术监督局．学科分类与代码 GB/T13745-92. 1992.

[2] 包昌火，谢新洲．数据仓库和数据挖掘．北京：清华大学出版社，2006：8-13.

[3] Powell T. W. Analysis in business planning and strategy formulation // Gilad B, Herring J. The Art and Science of Business Intelligence Analysis. London：JAI Press Inc.，1996：161.

[4] History of Military Intelligence. http：//www. fas. org/irp/doddir/army/miotc/mihist. htm.

[5] Herring J P. Building a business intelligence system. Journal of Business Strategy，1988，9（3）：4－9.

[6] 包昌火．情报研究的程序和方法．北京情报学会，1985：6.

[7] 包昌火．情报研究方法论．北京：科学技术文献出版社，1990：9.

[8] 钟义信，周延泉，李蕾．信息科学教程．北京：北京邮电大学出版社，2005：5.

[9] 包昌火．情报研究方法论．北京：科学技术文献出版社，1990：18.

[10] 李艳，赵新力，齐中英．技术竞争情报的现状分析．情报学报，2006，25（2）：242-253.

[11] 包昌火．Intelligence 和我国的情报学研究．情报理论与实践，1996，19（6）：6.

[12] 包昌火，张燕，黄英．竞争情报的崛起和发展//情报学进展．2002～2003 年度评论．第五卷．北京：国防工业出版社，2003：360-362.

[13] 霍忠文．Infotelligence Science 论纲．情报理论与实践，1998，21（1）：6-8.

[14] 沈固朝．两种情报观：Information 还是 Intelligence？——在情报学和情报工作中引入 Intelligence 的思考．情报学报，2005，24（3）：260-267.

[15] 沈固朝．从另一个视角看西方国家情报分析类文献．图书情报工作，2005，49（9）：11-15.

[16] 缪其浩．情报观：一个来自实践的命题．图书情报工作，2005，49（9）：9，10.

[17] 梁战平．我国科技情报界显现的新观点．中国信息导报，2006，7（7）：13-17.

① 本文由 2006 年 8 月 23 日在中国国防科技信息学会、中国科技情报学会主办的“我国情报学学科现状、发展与前瞻学术研讨会”上的发言整理而成。

[18] 张晓军．美国军事情报理论著作评介．北京：时事出版社，2005.

对我国情报学研究中若干问题的反思*

一、关于情报

情报是对我们从事的这个行业的一个称谓，是这个行业发展的基石。《中国情报学百科全书》的描述是：情报又叫信息，英文表达为 information，但实际上，情报不等于信息，英文表达应为 intelligence。对学科基本概念亦此亦彼的描述，造成了中国情报界半个多世纪的困惑，我们从事的究竟是情报服务，还是信息服务或知识服务，至今仍未达成共识。20 世纪 90 年代初以前，中国情报界视情报为忌讳；90 年代以来，又视信息、知识、智能为时尚。在许多情报学家的论文和著作中，除了“情报学”一词以外，再也难觅“情报”两字的芳踪，自觉或不自觉地养成了鄙弃情报的怪癖，这在国际学术界也是一道独特的风景线。

我的基本见解是：情报是一个组织对外部环境变化的感知和响应，而且总是为组织的战略和安全服务的，是组织制定发展战略和安全对策的先导和基础。情报是竞争和冲突的产物，知己知彼，百战不殆是情报活动的本质。我国老一辈无产阶级革命家把我国情报工作的功能定位于“耳目、尖兵和参谋”，是对“情报”一词含义的透彻理解，是“intelligence”一词非常中国化的传神翻译。因此，我们这个行当应是情报服务，不是信息服务，信息管理，也不是知识服务，知识管理。事实上，情报源于知识、高于知识，正如钱学森教授所言，是解决实际问题所需要的知识，是激活了的知识[1]。那种认为知识服务高于情报服务的观点完全是一种偏见和跟风。毋庸置疑，将知识管理的理论和技术应用于情报领域，提升情报工作水平是完全正确的，而弃情报工作转向知识管理则是一种误导。因此，回归情报，回归 intelligence，回归“耳目、尖兵和参谋”的功能，为国家和企业的战略决策和安全保障服务仍然是我国情报界的基本方向和路线问题，是头等大事[2]。

二、关于中国情报学

中国情报学是我国情报从业者的一个重大创举，它包含了信息序化和信息转化两大议题，为国际情报界所罕见[3,4]。

但非常遗憾的是，我国情报界从一开始就把中文“情报”与英文“information”相对应，并把 information science 和 library & information science 作为情报学来研究，偏离了我国情报工作的社会实践，偏离了政府和企业的决策，偏离了情报生产这一核心任务，严重影响了我国情报业的发展，削弱了我国情报机构在国家和企业决策中的地位，背离了我国

---

* 本文原载《图书情报知识》，2012，(2)：4-6。

老一辈无产阶级革命家的情报思想，这是我国情报界的历史悲哀。情报业的衰落、科技信息司的取消、科技部战略研究院的建立，都与我国情报学的研究方向和情报改信息不无关系。

1996 年 12 月，笔者提出了“intelligence 与中国情报学研究”这一重大命题，并认为情报研究是一项 information 的 intelligence 化活动[5]；2003 年 12 月[3]和 2006 年 4 月[6]进一步论述了 information 的 intelligence 化是一切情报活动的基本任务，也应是我国情报学研究核心问题的思想。

所以，笔者的基本见解是：中国情报学的英文表述不应是 information science，而应是 intelligence studies。中国情报学应当建立在 information 和 intelligence 两大基石上，并把 information 的 intelligence 化，即把信息转化为情报和谋略作为我国情报工作和情报学研究的核心任务，而非信息和知识的组织，后者是图书馆学的世袭领地[2,4,7,8]。因此，正名和重构情报学是摆在 21 世纪我国情报机构和情报从业者面前的光荣使命。

三、关于竞争情报

竞争情报引入中国已经 20 多年，对于中国情报工作和情报学的发展做出了重要贡献，主要表现在：①澄清了关于情报的混乱概念，还中国“情报”一词以本来面目；②展示了美国军事情报和商业情报的风采，拓宽了中国情报界的国际视野；③暴露了中国情报学研究的根本性错误，促进了情报界 intelligence 学派的发展[9]。

我们认为，竞争情报发展至今，已不仅是一项工作，还是一门学科。为此，我们构建了以竞争情报循环为主线，竞争情报生产为核心，以理论研究为先导、管理研究为杠杆、方法研究为手段、教育研究为侧翼、应用研究为基础的，由五大模块构成的竞争情报学科体系，如图 1 所示[9]。

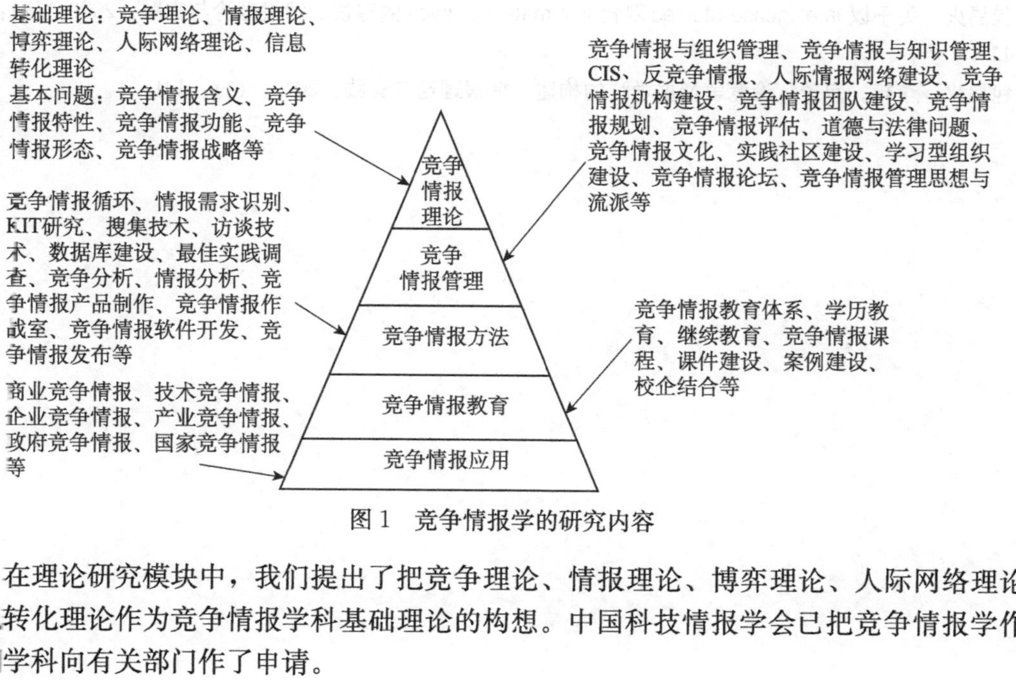

图 1　竞争情报学的研究内容

在理论研究模块中，我们提出了把竞争理论、情报理论、博弈理论、人际网络理论和信息转化理论作为竞争情报学科基础理论的构想。中国科技情报学会已把竞争情报学作为一门学科向有关部门作了申请。

笔者的基本见解是：实际上，在市场经济条件下，所谓科技情报工作、经济情报工作，本质上都是竞争情报工作，竞争情报工作在我国应具有普遍性，而非仅仅是企业情报工作而已。技术竞争情报、产业竞争情报、国家竞争情报的发展也证明了这一点。因为技术竞争情报与情报研究、产业竞争情报与原各部委情报机构所从事的情报工作并无二致，而国家竞争情报则是我国情报界追求的目标。因此，我国政府部门、产业集团、工商企业都面临着向竞争情报转型的重大机遇和任务。

强大的思想库和情报力量，是美国无与伦比的软实力，也应是中国产业振兴和安全的重要支撑。因而社会情报机构的式微不符合国家和企业的根本利益。这一状况的改变，有赖于国家的决断，也有赖于中国情报业的自强、情报学建设方向的把握和情报学研究范式的转变。当然，冰冻三尺，非一日之寒，我国情报学和情报工作向 intelligence studies 和竞争情报方向转移绝非易事，或许也需要十几年和几十年的努力。但我想，社会对情报的重大需求将会推动我国情报学研究思想的转变，因此我国情报机构和情报从业者的有识之士应当有雄关漫道真如铁，而今迈步从头越的精神，中国情报界的春天一定会到来。

参考文献

[1] 钱学森．科技情报工作的科学技术．科技情报工作，1983，(10)：1-9.

[2] 包昌火．让中国情报学回归本来面目．情报杂志，2011，(7)：1.

[3] 包昌火，张燕，黄英．竞争情报的崛起和发展//情报学进展．2002～2003 年度评论．第五卷．北京：国防工业出版社，2003：310-374.

[4] 包昌火，李艳．情报缺失的中国情报学．情报学报，2007，(1)：29-34.

[5] 包昌火．Intelligence 和我国的情报学研究．情报理论与实践，1996，(6)：6.

[6] 包昌火，谢新洲．数据仓库和数据挖掘．北京：清华大学出版社，2006，IX-XIII.

[7] 包昌火．这里的黎明静悄悄——再谈 Intelligence 与中国情报学．图书情报工作，2009，(8)：5，6.

[8] 包昌火．关于以 Intelligence Studies 取代 Information Studies 的建议．情报理论与实践，2009，(7)：10，11.

[9] 包昌火，李艳，包琰．论竞争情报学科的构建．情报理论与实践，2012，(1)：1-9.

对中国情报界的呼唤

关于以 Intelligence Studies 取代 Information Studies 的建议*

创刊于1964年，现名为《情报理论与实践》(Information Studies：Theory & Application)已有45个春秋。其从一个部门的刊物《兵工情报工作》脱颖成为当今我国情报界的三大核心期刊之一，而且是发表关于情报研究理论与方法最多的图书情报界杂志，为我国情报业发展呐喊，为情报学建设献言，可谓枝繁叶茂，硕果累累。

非常荣幸，1987年本刊编委会接受了笔者关于《情报理论与实践》的刊名建议。值此45周年之际，我想再提一个可否将本刊英文译名中的 information studies 改为 intelligence studies 的拙见，将 intelligence 概念系统的引入中国情报学，以促进我国情报事业的良性发展。

“耳目、尖兵和参谋”是国家赋予科技情报部门的历史重任和战略定位，是情报部门生存和发展的基石。intelligence 的基本含义是对环境变化的感知和应对，非常贴切于“耳目、尖兵和参谋”的功能。回首往昔，1955年，周恩来讲的“你们的工作这么几年，连个情报部门还没有建立，你们的仗是怎么打的”，讲的是 intelligence 问题；1965年，时任国家科委和国防科委主任聂荣臻元帅提出“要把90%以上的力量摆在情报研究方面，当好中央军委和国防科工委的科技情报参谋”，讲的也是 intelligence 问题；1983年，张爱萍副总长指示“情报研究工作要参与决策，当好参谋”，讲的还是 intelligence 问题。

事实上，情报历来总是与组织的安全和战略密不可分，成为它们的导向和基础。不论是政治、军事情报，还是经济、科技情报都是如此，古今中外，概莫能外。非常遗憾的是，几十年来，尤其是在20世纪80～90年代全球信息化大潮的冲击下，1992年9月，国家科委做出了情报改信息的行政决定以来，我国情报学界加速出现了两大分离：革命家与情报

---

* 本文原载《情报理论与实践》，2009，32(7)：10，11。

学家相分离；情报学理论研究与社会的情报实践活动相分离，情报学研究进入了一个概念混乱、随风飘零和无限扩张的时期，偏离了我国情报工作的社会实践，偏离了政府和企业的决策活动，偏离了情报生产这一核心领域，游击于信息世界和新兴学科的汪洋大海之中，严重影响了我国情报产业的发展，削弱了我国情报机构在国家和企业决策中的地位。

也是在 20 世纪 80～90 年代，随着东西方冷战的结束和军事技术向民用领域转移的历史潮流，intelligence studies 也在全球蓬勃兴起。竞争情报的崛起，我国竞争情报专业组织的诞生都是这一潮流的产物。竞争情报引进和发展的历史贡献在于：它还中国情报两字以本来面目；它让我们领略了美国军事情报和商业情报的真实风采；客观上也是对我国情报学研究泛信息化思潮的某种制衡；更是对情报改信息的我国情报工作战略定位转移的一种无声批判。

强大的思想库和情报力量是美国无与伦比的软实力，也是中国崛起和安全的重要支撑。因而社会情报机构的式微和情报工作的削弱不符合国家和企业的根本利益。这一状况的改变，有赖于国家的决断，也有赖于中国情报界的自强、情报学建设方向的把握和情报学研究范式的转变。

中国国防科技情报系统是我国情报界一支重要的主力军，对我国国防现代化建设做出了历史性的贡献，曾被誉为国防科技导航的灯塔。它创造了以情报研究为主导，以信息资源建设为基础，以信息技术为手段的情报工作发展模式。它拥有堪称当代人杰的钱学森教授这样的科学家和思想家，他的情报思想，他的系统科学、思维科学的研究成果，他的情报是激活了的知识，是解决一个特定问题所需要的知识的科学论断，揭示了情报源于知识、高于知识的事实和理念，至今仍然光彩夺目，可谓岁寒知松柏之长青，是我国情报界的一大宝贵财富。1990 年 7 月，国防科工委联合国家科委召开了首届全国科技情报研究工作会议，做出了“国家科委和国防科工委关于加强情报研究工作的意见”，这是在信息化大潮下做出了加速情报化的科学决定。今天品味起来，感慨万千。当然，我也为给机会主笔这个文件的起草倍感荣幸。

当今时代是信息过载而情报稀缺的时代。在信息化和情报化两大思潮的碰撞下，我国情报机构和情报学研究向何处去，再一次摆在了中国情报界的面前。本人认为，鉴于中国情报工作的基本内容是信息的搜集和分析、中国情报机构集思想库和信息库于一体的基本现实，中国情报学应当建立在 information 和 intelligence 两大基石上，并把 information 的 intelligence 化，即把信息转化为情报和谋略作为情报工作和情报学研究的核心任务。笔者期望，在这一重大抉择时期，国防科技情报系统和《情报理论与实践》杂志社能起到一种推动和导向的作用。

在中国众多的所谓图书情报学杂志中，乃至全国学术期刊中还没有一本像国外 Studies in Intelligence、Journal of Economic and Social Intelligence 等这样一类的杂志，也没有像 Understanding Intelligence in the Twenty-First 和 Covert and Overt：Recollecting and Connecting Intelligence Service and Information Science 等这样一类的情报学学术论著。把本刊的英译名由 Information Studies 改为 Intelligence Studies，可以为我国情报界和情报学研究树立一个 intelligence 路标；提供国内外关于 intelligence 研究的交流园地；增强本刊的 intelligence 特色。竞争情报的引进，丰富了我国情报机构和情报学研究的理论、方法和实践，而竞争情报只是 intelligence studies 的冰山一角，而 intelligence studies 理论和方法的

引进、扬弃和发展，又将会是别一洞天。做好了功德无量。当然，要打破几十年来的思维定势、认知障碍和组织障碍绝非易事。笔者想我国情报工作者应当有屈原的精神：路漫漫其修远兮，吾将上下而求索。以情报为业，以情报为荣，做好 intelligence studies 这篇情报学研究的大文章。

让中国情报学回归本来面目*

自1994年1月28日中国竞争情报专业组织成立至今已有17年了。笔者认为竞争情报引入中国的近20年里，大大促进了中国情报事业的发展，对中国情报界的重大贡献可以归纳为以下三个方面。

首先，竞争情报的引入从理论上结束了国内学界把情报和信息混为一谈的混乱局面，还中国“情报”一词的本来面目，让中国科技情报工作向 intelligence 方向回归。而“耳目、尖兵和参谋”则是中国对 intelligence 功能和定位的恰当的描述。

其次，竞争情报的引入让我们领略了美国军事情报和商业情报的风采。例如，它以美国军事情报 G2s/S2s 体制及以5环为特征的情报流程为基础，自成体系的竞争情报分析技术、独树一帜的人际情报网络建设、别开生面的反竞争情报技术和形象生动的军事模拟手段，拓宽了我国情报机构的全球化视野，丰富了我国情报研究工作的实践经验，促进了我国科技和经济情报工作的现代化发展，并从根本上动摇了在我国情报界居主导地位的泛信息化思潮。

最后，竞争情报的引入暴露出了我国情报学研究忽视 intelligence 这一核心领域的致命性错误。50多年来，我国情报学者所开展的情报学研究，长期游击于图书馆学、信息科学、管理科学、智能科学等相邻学科之间，随风飘零，无以为家。因此，竞争情报的引入对我们情报工作和情报学的发展，可谓功莫大焉！

中国情报学是我国情报从业者的重大创举，它包含了信息序化和信息转化两大主要议题，为中外情报学所罕见。

但遗憾的是，现在回眸一瞥，细品起来，我国情报界从一开始就把中文“情报”与英文“information”相对应，造成了半个多世纪的困惑；并把信息学或者图书信息学作为情报学来研究，与信息科学和图书馆学争地盘，为他人作嫁衣裳，偏离了我国情报工作的社会实践，偏离了政府和企业的决策活动，偏离了情报生产这一核心领域，严重影响了我国情报产业的发展，削弱了我国情报机构在国家和企业决策中的地位，这是我国情报学界的历史悲哀。

具有讽刺意味的是，在我国许多情报学杂志和情报学者的论文中，字里行间，除了

* 本文原载《情报杂志》，2011，30（7）：1。

“情报学”一词以外，再也难觅“情报”的芳踪。中国情报学界，在20世纪90年代以前视intelligence为忌讳；90年代以来，又视信息、知识为时尚，自觉或不自觉地养成了鄙弃情报的怪癖，在中国情报学界形成的回避情报的离奇现象在国际上也不失为一道独特的风景线。

重视information，忽视intelligence；重视文献资源、忽视人际资源；重视文献研究，忽视实证研究；重视信息技术路线，忽视社会经济路线；重视引进，忽视创新，是当前我国情报学研究的重大弊端。

实际上，情报学并非起源于文献学和图书馆学，而应是起源于军事学和谋略学，起源于人类的情报活动和咨询活动，与人类的竞争和决策相伴相生，它们形影相随，而又若即若离。追本溯源，情报学的老祖宗应是孙子，而非布什、也非申农。该到还情报学以本来面目的时候了。归去来兮，回归情报，回归intelligence，弘扬情报工作“耳目、尖兵和参谋”的作用，重视对竞争环境、竞争对手和竞争策略的研究，推荐以情报研究工作为主导，信息资源建设为基础，信息技术为手段的情报工作模式，转变我国情报工作的发展走向。

鉴于中国情报工作的基本内容是信息的搜集和分析，中国情报机构集思想库和信息库于一体的基本现实，我曾多次提出过中国情报学应当建立在information和intelligence两大基础上，并把information的intelligence化，即将信息转化为情报和谋略，作为情报工作和情报学的核心任务，而非信息或知识的组织和传播，后者是图书馆学的世袭领地。因此，重构情报学是摆在21世纪我国情报机构和情报从业者面前的光荣使命，而竞争情报实际上就是市场经济条件下的科技和经济情报工作，而非仅仅是企业情报工作而已，技术竞争情报、产业竞争情报和国家竞争情报的发展也证明了这一点。

如若如此，这将是中国情报界的大幸，也应是中国决策系统的大幸。强大的思想库和情报力量是美国无与伦比的软实力，也是中国产业振兴和安全的重要支撑。因而社会情报机构的式微，不符合国家和企业的根本利益。这一状况的改变，有赖于国家的决断，也有赖于中国情报界的自强、情报学建设方向的把握和情报学研究范式的转变。以情报为业，以情报为荣，做好intelligence studies这篇情报学研究的大文章。笔者想，我国情报机构和情报从业者应当有屈原的精神：路漫漫其修远兮，吾将上下而求索。

第四篇

附　　录

篇首语

本附录由业界评论、文献计量及掠影和荣光三部分组成。评价一个人的学术地位和影响，通常由熟悉这一领域的同行专家来进行。如果说专家评议具有某种主观色彩，以引文分析为主的文献计量则是最科学、最客观的评价方法。文献计量表明，包昌火不仅发文量在我国情报界名列前茅，最能反映论文质量和影响的 H 指数和篇均被引率也都首屈一指，而《情报研究方法论》一书则被认为是中国情报学方法研究的奠基之作。因此，附录前两部分反映了我国情报学界对包昌火成就的点评，第三部分则是他工作、生活与毕生成就的缩影，附录也就成为50年来包昌火情报论著的诠释和见证，是他一生荣誉的写照。

业界评论

情报学苑不老松*

我与包昌火教授初识于20世纪80年代，20世纪90年代至21世纪初的近20年中，我与包教授交往甚多，过从甚密。1994年，中国科技情报学会下属的情报研究暨竞争情报专业委员会成立时，他任主任，我是副主任；北京科技情报学会成立学术委员会，他是主任，我是副主任；1995年竞争情报分会（对外称中国竞争情报研究会）成立，他是理事长，我是常务理事。90年代初，我们还曾合作研究过“情报研究的国内外比较研究”课题，合著《情报研究方法论》一书。此外，包教授还曾协助我指导过几个博硕士研究生。最近，相关单位出版包昌火教授《中国情报工作和情报学研究》一书，编辑委员会请我写一篇文章，于情于理，却之不恭，我只得勉为其难。

10多年前，在闲聊中包教授曾诙谐地说：我不善言词，但几十年的工作锻炼，写文章还可以，这是我们的看家本领。我认为，包教授之所以在情报学领域成就斐然，除了文字功底好外，更重要的在于他的那份坚守。总结包教授的学术生涯，我认为有以下几个方面值得称道。

一、山不在高 有仙则名

世界上任何一门学问之所以能成为一门科学，必定经历过若干代人生生不息的辛苦耕耘。数学是一门古老的科学，从纪元前的欧几里得、毕达哥拉斯，到近现代的高斯、罗巴切夫斯基、伽罗华、康托尔、莱布尼兹、黎曼，历经几十代人的添砖加瓦，才有今日之璀璨辉煌。情报学是一门年轻的科学，它吸引了一大批有识之士在这里辛苦劳作，包昌火教授是这批园丁中卓有建树的成功人士之一。

---

* 作者：秦铁辉（北京大学信息管理系教授、博士生导师，北京，100871）。

科学研究的最大特点是交流和协作，有了交流和协作，科学才有继承和发展。在网络发达的时代，获取资料和数据非常便捷，催生出了一批高产作者。据说有人一年能发表20多篇论文，且无需起早贪黑、废寝忘食。网络是一把双刃剑，成也萧何败也萧何，高产者鲜见立世之作。包昌火教授的论文看似风轻云淡、波澜不惊，然而盘点一下他的文章，却不乏近些年情报学的力作。论文的被引率历来被认为是评价一个学者在学术界影响的重要指标之一。《情报学报》2012年第7期上有一篇《国内情报学领域文献计量研究》的文章，对情报学领域1996～2011年所发文章进行了统计分析，包教授发文量排名第二位，被引率排名前三位。这个结果印证了中国自古以来的一句名言：山不在高，有仙则名。从事科学研究的人分为三种类型。第一种人把它当做谋生的手段，老婆孩子要吃饭。第二种人把它当做一份工作，会认认真真去完成。第三种人把它当做游戏，全身心地投入，自己在这种游戏中感到愉悦，得到享受，衣带渐宽终不悔。包教授大概就是这第三种人，他有一颗永不泯灭的求知、求真的好奇童心。

二、见微知著 思想敏锐

包昌火教授大学时期攻读的是有机化学专门化专业，1963年于北京大学毕业后，被分配到中国兵器工业情报研究所，主要从事固体火箭推进剂、火炸药等研究工作，初期撰写的文章也主要是这方面的内容。1986年，美国竞争情报专业人员协会成立，1991年随着苏联的解体和德国、日本经济的勃兴，世界格局由美苏两霸抗衡转变为多元政治，商战取代了冷战，日本、瑞典、澳大利亚等国纷纷仿效美国成立竞争情报协会。春江水暖鸭先知，长期从事武器装备研究的包教授，敏锐地察觉到了竞争情报的重要性，心中萌动着一个在中国成立竞争情报学会的愿望。1994年，中国科技情报学会下面得以成立情报研究暨竞争情报专业委员会，包昌火教授居功至伟。1995年，他又牵头成立了竞争情报分会（对外称中国竞争情报研究会），分会挂靠在他所在的中国兵器工业情报研究所，其下设有学术、企业、普及、交流等部门。自此以后，中国的竞争情报工作和竞争情报学术活动便如火如荼地开展起来。

社会网理论原本是社会学和管理学的研究范畴。20世纪60年代以来，怀特、科尔曼、罗杰斯、格兰诺维特、博特和林南都在各自的领域做出了比较精深的研究。1998年，米勒等倡导在企业竞争情报实践中建立人际网络，20世纪90年代中后期伯杰、普赖斯科特、戴维斯等率先开辟了从人际网络视角研究竞争情报的新领域。也就在这个时候，1998年11月，包昌火教授提出了把人际网络与组织网络、信息网络一起作为企业竞争情报系统三大网络的基本构想，并于2003年6月在《情报学报》上发表了《人际网络分析》一文。

探究包昌火教授的学术生涯，我们发现除了思想敏锐以外，更难得的是他的那份执著和坚守。

三、老骥伏枥 壮心不已

包昌火教授生于1935年，1995年退休，截止到2012年年底主编著作一部、主编丛书两部，发文近百篇，书和文章累计约900万字。值得提出的是，这900万字中有近700万字是退休以后所做的工作。例如，2001年由华夏出版社出版的“竞争情报丛书”6册204

万字，2006 年由清华大学出版社出版的“信息分析丛书”6 册 456 万字。

自 2000 年起包教授患有眼病、视物模糊，曾于 2008 年动手术治疗白内障。眼睛对于知识分子来说，其重要性犹如走路的腿脚。日行几十里，年轻人可以健步如飞，老年人则只能三里一停，五里一歇的彳亍而行。我于 2005 年患面痉挛，左眼常跳，视物不清，为此推掉了不少高校的博士论文答辩和国家社科基金项目的结项评审，因为 10 余万字的博士论文和结项报告于我实在不堪重负。包教授长我 7 岁，且患眼疾，近 700 万字书稿的重担压在他的肩上，其辛苦劳累可想而知。

2013 年，《中国情报工作和情报学研究》将要面世。以包教授事必躬亲和严谨认真的做事风格，可以想象，书稿甫成，他又将投入多少个不眠之夜的审校。古稀之年，本该是含饴弄孙、颐养天年的时候，包教授却仍然笔耕不辍，从他几十年的坚守，我们看到了一个老情报人员以事业为己任，生命不息、战斗不止的职业情怀。

值此包昌火教授从业五十周年暨《中国情报工作和情报学研究》付梓之际，谨以拙文为贺。

情报人的执著——记包昌火先生及其对情报术语的辨析*

认识包昌火先生是在我第一次参加竞争情报学会的一次研讨会上，记得发言以后，他问我，你或你的研究生们能否研究一下中国的 intelligence 问题。

对这个术语内涵的争议 20 世纪 80 年代就开始了，记得有不少涉及 information 和 intelligence 的文章，当时我对于“打笔仗”没有太大的兴趣，觉得意义不大。如果说关心，也仅限于课堂上对竞争情报的解释。1992 年，我带着学生在南京大学的中美文化研究中心查阅商业期刊索引（business periodical index），想寻找合法地获取竞争对手信息的方法，为“经济信息检索”提供授课资料。其中，两个靠得很近的主题词“business information”和“business intelligence”引起了我的注意，“competitive intelligence”恰恰是在后一主题词条下发现的。当时，因为我在历史系攻读博士，没有在这方面花费太多精力，仅订阅一些外文图书和阅读相关文章。直到 1994 年通过情报刊物才知道中国竞争情报专业委员会的成立和上海科技情报所的竞争情报实践，以及包老师在这方面的工作，才了解了竞争情报已经引起国内情报业界的关注，遂于 1995 年开设研究生课程以便跟上形势。

真正开始关注“情报”一词的中英文辨析，不是缘于教学，而是缘于实践。在 2000 年开始的竞争情报项目实践中，企业不止一次地告诫我们，不要只提供信息，而要提供情报！这一批评震动了我。因为长期以来我不曾注意过两者的区别，反而经常在课堂上用信息来解释情报，甚至要扭转学生们对“情报是‘战时之敌情’”的传统定义的误解。当时的“情

* 作者：沈固朝（南京大学信息管理系教授、博士生导师，南京国家保密学院常务副院长，南京，211102）。

报转信息”的大潮和图情一体化的呼吁在一定程度上也强化了 information＝intelligence 的认识。

从这个角度来理解包昌火先生对这个问题的重视（甚至常常是焦虑），是有道理的。作为一个长期在军工和高科技领域从事情报工作的老同志，想用高校情报学界长期已经成型和普及的理论来指导刚刚兴起的竞争情报实践，必然会碰到大量问题，因为从图书馆和文献研究中成长起来的“图书情报”理论是以 information science 为基础的，探讨的许多问题也往往离不开图书馆。有一次，我在一个会上与来自军事、保密、公安等部门的同志谈到情报学，有“知情者”问道，“你们的情报学”是否就是图书馆学？

有了这个嘱托，加上自己的认识，我开始留意这方面的研究，并经常在与包先生碰头时探讨体会。包先生在推广竞争情报理念和知识的同时，花了大量精力呼吁重视信息和情报的区分问题，还把它看做是能否真正推进情报工作的关键。他的主要观点是：情报的英文表达应为“intelligence”，不是“information”；对学科基本概念亦此亦彼地描述，造成了中国情报界半个多世纪的困惑；情报界从一开始就把中文“情报”与英文“information”相对应，把信息学和图书信息学作为情报学来研究，偏离了我国情报工作的社会实践；情报学并非起源于文献学和图书馆学，而应是起源于军事学和谋略学，起源于人类的情报活动和咨询活动。我国情报学研究重视文献资源，忽视人际资源；重视文献交流，忽视人际交流；重视信息技术路线，忽视社会经济路线；重视 information，忽视 intelligence；用 information science 来指导本属 intelligence studies 的情报研究，试图解决植根于人际网络的情报活动，从而导致了我国情报学研究与情报活动相分离。因此，包先生主张，回归 intelligence，弘扬情报工作“耳目、尖兵和参谋”的作用，重视对竞争环境、竞争对手和竞争策略的研究，推荐以情报研究工作为主导、信息资源建设为基础、信息技术为手段的情报工作模式，转变我国情报工作的开展走向。

上述观点我是认同和支持的，并曾在 2005 年以“两种情报观”为题作了探索。竞争情报、军事情报、公安情报、边防情报所使用的英译名“××intelligence”不仅仅是一个与国际通用情报术语对接的问题，也是情报工作对象和研究定位的问题。我总觉得，这两年国家在公共卫生、事故灾难、金融危机、政治外交、能源安全、民族和边疆地区稳定等诸多领域发生的重要事件似乎与我们情报界无涉，而这些问题恰恰是西方 intelligence studies 关注的重点。情报作为“耳目、尖兵和参谋”的传统角色淡化已久，指导实践的情报学研究热点也似乎与这些问题关系不大。时至今日，这一观点在业界已经有了认同，但在学界仍不占主流。

近一段时期，来找我的不仅有企业，还有税务局、反贪局和公安院校，希望借助情报学的理论方法或解决业务中的实际问题，或进行理论升华。因此，包先生的主张是有充分的实践根据的。坦率地说，我们的情报理论方法（除了技术外）能运用到这些领域的不多。例如，就信息搜集而言，“我们的情报学”研究的多是信息检索，至多是问卷调查，而“侦查”“监视”“取证”之类几乎是不谈的。我们的分析方法，能指导破案或解决安全问题的也几乎没有。而 intelligence studies 更关注于那些揭示目标行为动向和真伪的分析方法，那些隐藏在看似互不相关事件背后的、不经仔细分析就无法获取那部分信息的研判方法。

难怪包先生要在这个问题上较真，大声疾呼，并在退休后十几年一贯地宣传他的关于正视术语使用的问题。这并不是无意义的咬文嚼字，它代表了情报工作的核心和情报学的研究取向，也代表了一个情报人对情报事业执著的追求。

以我的看法，推翻一个约定俗成的术语可能不太现实，况且信息和情报确实有很密切的联系。我主张“引入”和“结合”，主张以“知己知彼，百战不殆”这一古训为情报学科建设的指导原则，让情报工作重回“耳目、尖兵和参谋”的角色，服务于国家关注的重大战略，而将扩展人类信息功能、合理组织和控制信息活动诸种要素、优化其配置、满足社会的信息需求的任务交给信息科学来完成。担任辅助决策重任的情报工作该发挥怎样的作用？指导实践的情报学有哪些新的增长点？都值得我们深思。国家有太多重大问题的战略决策需要情报支撑，很多研究问题应进入情报学的研究视野。引入 intelligence 的理念，探讨情报学核心领域的问题，整合两大类情报理论与实践的成果，在探索情报运动规律方面取得共识，突破长期得不到解决的理论难点，是术语争论的意义所在，也是老一代情报人的愿望。

情报分析方法体系的创立者，竞争情报的倡导者*

包昌火老师是我国情报分析方法、竞争情报的先行者，具有丰富的情报研究实践经验，是我国著名的情报研究专家。包老师在情报学理论、情报研究方法论等领域贡献卓越，对“情报”的内涵与外延有着独到的见解，对情报研究方法体系有精湛和完善的设计。包老师是我国情报学产生、发展、繁荣、萧条、变革、崛起的重要见证人之一，引领了竞争情报在我国的传播、创立和发展。

我最初阅读和学习包老师的著述，是在大学学习期间，初步了解和粗略阅读了包老师组织编撰的《情报研究方法论》，感觉到情报研究的深奥难懂，也部分粗略理解了情报学教科书上经常讲的一个重要议题：“情报研究是科学研究的一部分。”因为，单纯从情报研究的方法应用角度看，情报研究就应该是科学研究的一部分了；更何况，情报研究还可以借助分析方法和技术分析工具从众多的信息资料中挖掘新的知识，这些新知识（大部分是战略性、策略性新知识）对科学决策、学术研究具有重要指导作用。《情报研究方法论》一书是我国情报学和情报工作的奠基性著述，推动了情报学作为一门重要交叉学科的发展。

来到北京后，我作为中国科学院国家科学文献情报中心情报研究部的工作人员，有很多机会向包老师当面请教关于情报研究方法问题，了解和学习从事情报研究工作的经验；也在某些领域与包老师有过多次项目合作。包老师作为情报研究工作的前辈，毫不保留个人意见和看法，甚至对中国科学院文献情报系统的“图书情报一体化”，也提出不同见解。和包老师谈论的议题非常广泛，从竞争情报、情报研究，谈到了情报学、情报定义问题。

* 作者：刘细文（中国科学院文献情报中心副主任、研究员，北京，100080）。

这些讨论和合作，加深了我对情报学的理解。包老师丰富的实践经验，以及对情报学和情报研究工作发展方向的敏锐把握，给我留下了深刻印象。

包老师对于我国情报学发展的另一重大贡献是，在中国引入和创建了竞争情报。竞争情报工作是科技情报工作的继承与拓展，是在我国情报学发展困难时期展现的新曙光。多年来，我在中国科学院大学承担情报学硕士学位课程，讲授《现代情报学理论与方法》课程，每年都会将包老师等著述的《竞争情报的崛起》作为重要的参考资料，向图书馆学情报学专业的学生展示情报学发展的另一空间。

20世纪90年代初，信息技术和网络技术催生了社会信息化，情报学发展面临严峻的挑战。在国外，大学的图书馆学情报学系和学院纷纷被取消；在国内，大学图书情报学院改名为信息管理学院或信息管理系，甚至面临取消和缩小招生规模的境地。这些改名和变更，都是源于对信息、情报、文献等概念内涵与外延的理解。一个基本的解释是以信息概念统括情报和文献。一般意义上说，更名后的信息管理包含的内容更加广泛，可以扩大图书馆学情报学的生存空间，而且与社会信息化发展密切相关。可是，另外，改名也模糊了图书馆、情报机构、咨询机构、中介机构、信息中心的定位与职责，没有更好地展现，甚至是埋没了信息分析服务（情报研究）的价值。包老师敏锐地注意到这一缺陷，同时了解到在美国企业情报服务发展的新趋势——企业竞争情报工作的兴起。包老师在我国情报学中引入企业竞争情报的概念，策划和组织成立中国情报学会竞争情报分会。

竞争情报中情报含义是“intelligence”，与情报学中情报（information）的含义略有不同，其特指性更强，更加体现了信息分析、加工和思考研究的过程，更加体现了情报研究工作的目的性。应该来说，企业竞争情报服务更好地继承了情报研究或信息分析服务的传统，将竞争信息需求作为情报服务的内容，将提升企业竞争力作为情报服务的最终目标，结合信息报道与追踪、情报分析与竞争对手分析、问题解决方案与战略决策制定等，提供企业各级决策的一揽子情报服务。所以，包老师认为竞争情报代表了情报学的发展方向，是情报学的继承和发展。

在若干年情报学理论与方法的教学中，我介绍学生们深入地学习 Chaim Zins 的 Classification Schemes of Information Science：Twenty-Eight Scholars Map the Field 研究文章，对比全球28位情报学家关于情报学体系结构的模式和概念范式。我们可以看到，情报学家们对构建的情报学结构差异，本质上是源于对“情报”这一概念阐释的差异性。有的专家从社会信息流角度解释情报，有的专家从信息交流角度解释情报，有的专家从信息组织和知识管理角度解释情报，有的专家从信息技术角度解释情报，有的专家从决策信息服务角度解释情报，有的专家还从知识技术角度解释情报。这些不同的解释，自然就构建了具有差异性的情报学学科结构体系。

按照对于情报的概念内涵阐释，可以将情报学理论范式划分为：学术信息交流范式、社会情报学范式和竞争情报服务范式。学术信息交流范式应该是科技情报学产生的原始范式结构。从情报学产生的历史看，情报学源于学术信息交流的兴起，主要目标是提高学术信息交流的效率，也产生了一些著名的情报学理论，如米哈伊诺夫的情报交流理论、兰开斯特的情报检索系统理论等。在学术信息交流范式中，情报被定义为用于交流学术思想、传递学术成果的内容。随着信息社会和社会信息化的发展，信息技术和信息网络成为全社会的基础设施，学术情报交流的理论与方法广泛应用在社会信息交流和传播领域，应用在企业信息化、企业信息管理和企业战略决策服务等方面。应该说，社会情报学范式是学术情报学交流理论在非学术信息交流领域的应用与拓展。在社会情报学范式中，情报被定义为交流、传递、存储的具有价值的内容，特别是在商业领域，被定义为有商业价值的信息。这一范式理论契合了社会信息化发展环境下的情报学发展需求，使得情报学成为信息化社会的基础学科之一。情报学理论方法和技术在社会信息管理，特别是互联网信息管理中得到了广泛应用，如信息搜索、信息分类、知识组织、网络信息分析等。

但是，在现代情报服务领域，还有另外一种形式的情报服务，它就是通过信息分析方法得出的隐含在大量信息中的情报与新知识。在英文语境中“information”和“intelligence”两个英文词与中文“情报”一词的含义相对应。在图书馆学情报学范畴，information是一个含义相对广泛的词汇，而“intelligence”是比较特指的词汇，它本身就包含了智力、智慧的含义。因此，情报学理论体系的第三范式是基于分析方法、手段和大量信息得出的新知识（情报）的竞争情报范式（情报研究范式）。在第三范式中，情报定义为满足竞争需要，在大量信息基础上借鉴分析方法和分析工具而得出的有助于赢得竞争优势的信息。情报是智力思考和分析的结果，可能是一系列数据，或者是整套解决方案（包括决策建议）。包老师认为：“竞争情报既是产品，也是过程。”包老师所表达的，应该就是“情报既是信息内涵，也是信息的分析过程，同时还是信息分析的产品”这个意思。因此，可以认为，包老师也是我国竞争情报范式或曰情报研究范式的重要倡导者。

走进大师，感受我国情报学研究海洋中的定海神针*

自从盘古开天地、三皇五帝到如今，斗力与斗智永远是人类应对竞争博弈、生存发展的两种基本本领。依靠智力竞争制胜是人类能够区别于动物的特有竞争本领。人类群体之间的竞争，更是高度倚重斗智。斗智的需要产生了情报，智力和情报是一对孪生子女，相互耦合、共同消长，斗智首先是斗情报。情报自诞生以来便沿着军口、民口两个领域演变发展。第二次世界大战以来，经济科技之间的竞争代替军事战争成为不同国家之间竞争的主流方式，以“尖兵、耳目、参谋”为表征功能的、服务于经济科技竞争的民口情报工作也成为很多国家赖以竞争制胜的战略力量。

在我国，民口的情报工作发端于科技情报工作，经历了改革开放前后两个阶段。改革开放之前，我国最具有“尖兵、耳目、参谋”表征功能的情报工作是情报研究工作。改革开放后，随着市场经济的兴起，竞争情报成为最具有“尖兵、耳目、参谋”表征功能的情报工作。包昌火研究员，专心致志、心无旁骛，专注于情报学领域理论方法研究与实践应用50年，是在情报研究、竞争情报、情报科学三个领域都是卓有建树、造诣深厚、成果丰

---

* 作者：陈峰（中国科学技术信息研究所研究员，北京，100038）。

硕、经典论著迭出的著名专家。

在情报研究领域，从1963年开始，包昌火研究员便一直在中国兵器工业情报研究所国防科技情报领域从事情报研究实际工作，勤奋耕耘，硕果累累，屡获殊荣。包昌火研究主编的《情报研究方法论》一书，是我国情报研究方法方面的巅峰之作，自问世以来便是一直被推崇、从未被超越的经典，在我国情报界产生了深远的影响。

20世纪90年代，竞争情报开始崛起。包昌火研究员是我国竞争情报事业的奠基人，是我国竞争情报事业最有影响的推动者，也是最勤奋高产的竞争情报学者。包昌火主编的“竞争情报丛书”集我国竞争情报研究成果之大成，使竞争情报理念被社会广泛接受，成为竞争情报界专业人士必读书目，将我国竞争情报研究成果推上了新高度。科学的最高成果是概念，包昌火给出的竞争情报定义等基本概念被广泛认可。包昌火关于竞争情报系统建设、竞争情报学科构建等方面的论著成果都是竞争情报专业人士公认的巅峰成果，是从事竞争情报专业工作必然研读的经典论著，在我国竞争情报研究与应用领域具有重要地位，产生了广泛而深远的影响。

在新的发展形势下，在我国的政治、经济、社会、文化总体棋局中，我国情报学和科技情报机构存在的理由是什么？中国情报学向何处去？中国科技情报工作向何处去？在与图书馆、数据信息中心、信息技术开发机构、教学研究机构、政策与战略研究机构、智库等机构的比拼中，我国情报学和情报工作如何确立不可或缺的独特地位？这些都是关乎我国情报学和情报工作兴衰的重大战略问题。

包昌火研究员对这些重大战略问题进行了长期的思考和研究。包昌火研究员是我国情报学科发展史的亲历者。由于长期在国防科技一线从事实际工作，加上具有全球视野和战略思维，包昌火研究员对我国情报学的要义、安身立命之本、不可或缺的定位和发展道路有着深刻而独特的理解，对于我国科技情报工作和情报学遭遇困境的症结洞若观火。

包昌火研究员提出的“中国情报学应当建立在information和intelligence两大基石上，并把information的intelligence化，即把信息转化成情报和谋略作为我国情报工作和情报学研究的核心任务”的观点，是对我国情报学发展的重大贡献。在我国，偏离“尖兵、耳目、参谋”定位的情报学是难以在我国政治经济科技的整体布局中有为有位的。包昌火研究员关于情报学方面的论著，体现了其过人的远见卓识，是新形势下指引我国科技情报工作和情报学学科建设走出困境、走向光明的思想向导。研读包昌火的情报学和情报工作论著，使人感受到了情报学研究海洋中定海神针的力量，为我国情报学和情报工作在重大战略问题上指明了方向。

知名研究机构为何都以拥有大师为荣？电视台财经栏目为何每每评选年度经济人物？媒体机构为何评选本世纪、半世纪最有影响人物？因为大师和有影响人物是领域发展的丰碑，是对领域发展有巨大贡献者，是领域从业者的骄傲和楷模。在情报研究、竞争情报、情报科学研究方面，不知道包昌火、没有研读过包昌火论著的，可以认定不是情报领域的专业人士。如果需要推选我国情报学领域的大师，如果需要评选半个世纪我国情报学界最有影响的学术人物，包昌火研究员一定是最佳人选之一。

自古圣贤多寂寞，从来大师多孤独。包昌火研究员论著集萃的既是从业50年情报学研究成果的集中体现，也是一个虔诚的情报人50年矢志不移追求情报强国梦的心路历程。近代人类发展史表明，真正的经济科技强国，必定是情报强国。成为经济科技情报强国，必然需要匹配的情报能力。

情报和信息的根本区别是什么？美国一位资深竞争情报专家一语道破天机——信息花钱、情报赚钱！将情报学和情报工作的重心仅仅设定为 information，岂不愚乎？岂能久乎？犹太人依靠超人的情报能力使其成为赚钱的机器，盎格鲁撒克逊的子孙们依靠依靠超人的情报能力使其国家成为世界经济科技强国，日本通过实施情报立国战略实现了经济科技的腾飞。孙武子、鬼谷子的后人们一定能够依靠情报成为全球经济科技大国。英明的领导一定会高度重视民口的情报工作。江山代有英主出，不信东风唤不回。

由于种种原因，目前情报在我国还没有得到应有的重视，我国情报人的地位还不高。但是，重视情报工作、大力提升情报能力是我国在全球竞争环境下实现民族复兴梦想的必然要求。

位卑未敢忘忧国。实现情报强国梦，需要众多情报人以包昌火为楷模，不计个人得失荣辱，带着使命感，胸怀梦想，脚踏实地，长期致力于情报学研究与应用，为我国情报学界在新形势下有为有位，贡献更多的成果论著。富贵一时荣，文章千古传。

包昌火教授竞争情报学术思想点评*

包昌火教授是我国情报研究方法论建设和竞争情报应用的主要奠基者和倡导者之一，是我国竞争情报研究和实践的集大成者，为中国本土的竞争情报理论体系建立，学术应用推广做出了卓越的贡献。

回顾包教授近 10 年的竞争情报研究，其主要贡献体现在以下三个方面。

1）与本土情报学相结合创立了具有中国特色的竞争情报研究体系，推动了我国情报学的研究和发展。21 世纪初，包教授组织国内学者出版了首套“竞争情报丛书”（2002 年），该丛书从竞争情报与企业竞争力、竞争环境监视、竞争对手分析、竞争情报系统、商业秘密保护、竞争战略、技术创新等八个研究领域建立了竞争情报研究范式，基本上建立了本土竞争情报理论研究体系，确定了竞争情报基本研究领域，该丛书的出版在国内竞争情报研究中具有里程碑意义。同时，包教授在《情报学报》《情报理论与实践》《图书情报工作》等期刊上对竞争情报系统、竞争对手分析、竞争情报咨询、竞争情报学科构建等进行了深入的研究，提出了竞争情报系统模式，明确了竞争情报系统的功能、应用领域，独创了用三维分析对竞争对手分析方法进行了分类，提出用理论、管理、方法、教育和应用五大模块来构建竞争情报学科体系等，这些研究成果不仅丰富了国内竞争情报研究的内涵，同时对国内企业竞争情报实践具有重要的指导作用。

---

* 作者：吴晓伟（上海商学院图书馆馆长、教授，上海，200235）。

2）对中国情报学的发展之路进行反思，指出了中国情报学困境解决之道。包教授作为我国情报学研究的先驱者，力图使情报学与中国经济发展、企业决策进行融合，进而提升情报学的学科地位。近年来，包教授先后在各种不同场合，对中国情报学的现状进行反思，对其未来发展给予高度重视和研究。他认为要从科学定义情报学概念、科学界定情报学学科研究范围、重新构建情报价值链、建立科学情报活动流程、科学界定情报机构、建立科学信息转化理论、重视对钱学森思想研究、强调 intelligence studies 研究、重视对中国的实际研究九个方面来重构中国情报学研究体系，并对这九个方面进行了深入的理论研究。包教授对情报学创新观点对本土中国情报学的完善和发展具有重要的指导意义。

3）引领和把握竞争情报学科发展方向，首次推陈出新地提出了人际竞争情报研究，为我国竞争情报研究开辟了重要的研究领域。包教授系统地研究了人际情报网络的含义、理论、构建和实施等基本问题，他认为发展人际情报网络、搭建一个社会平台对我国情报工作和情报学研究的重要意义。人际情报网络的提出扭转了当前重视文献资源、忽视人际资源；重视文献交流，忽视人际交流；重视信息技术路线，忽视社会经济路线的情报学研究失衡状态。自包教授提出人际情报网络后，人际竞争情报研究已经成为当前情报学研究的热点领域，大批学者对其进行了深入研究，对情报学理论和分析方法做出了重要贡献。

包教授对竞争情报的开创性研究带动了国内竞争情报的研究热潮。当前学界、政界、企业界对竞争情报已经从概念认识阶段上升到普及和实践阶段。竞争情报研究成为了中国情报学最具有活力的研究领域，给我国缺失的情报学带来了一缕阳光。

我所认识的包昌火老师*

作为一名专职从业 13 年，目前仍在“吃情报专业老本”（知识和从业经验）的科技工作者，认识或者说知道包昌火老师，很偶然，也很必然。偶然是因为最早听到包昌火这个名字，是从学图书馆专业的朋友那儿听说的；必然是因为我也在兵器系统工作，而且从事的也是与情报有关的工作。

记得第一次听说包昌火这个名字，是因为包老师写的一本书——《情报研究方法论》，当时我大学本科刚毕业，所学专业是情报工程，那时，情报很热，数据库建设如火如荼，情报网活动也很活跃，我的学图书馆专业的朋友向我推荐了这本书，说很好，建议我读一读。当时刚分配到单位情报室，主要工作就是帮科技人员查找资料，翻译外文文献，编辑出版文摘类刊物，也承担情报研究课题，由于大学期间并没有专门攻外语，所以主要精力

* 作者：黄迎馨（北方自动控制技术研究所研究员，太原，030006）。

还是花在学英语上，以提高英语阅读和笔译能力，并没有专门去找这本书来看。

直到最近，再一次去拜访包老师，我才第一次在包老师家里看到这本书，原来这本书很厚啊。难得的是包老师把这本书送给了我，并指出了其中他认为精华的部分。拿到这本书阅读，感觉既熟悉，又陌生，我只后悔没有在多年前研读，这让我很惭愧。本科毕业离开学校以后，专职从事情报检索工作整整13年，期间也在职学习拿到了管理学的硕士学位，但主要精力放在了完成具体的检索、翻译和课题报告撰写上，情报研究方法的扛鼎之作竟然没有系统地读。

初次认识包老师，是在中国科技情报学会竞争情报分会成立之初，当时，我是分会的会员单位联系人，至今仍保留着分会《会讯》创刊之初前两年的刊物，当时应征撰写论文，积极参加学会每年组织的学术交流会，在开会时见到了任理事长、坐主席台、在会上讲话的包老师。记得第一次见包老师，应该是在宜昌开会时，或许是由于包老师长得白净的缘故，对他脸部颧骨处呈现出的一抹红色印象很深，当时感觉他身体好像不是太好，就想抢着帮他拿包，但好像是被他坚决谢绝了。让我至今一直奇怪的是，以后每次再见到包老师，好像他的身体都比那次要好。包老师个头不高，戴副眼镜，好像总在思考问题，一副典型的学者派头，好像不太健谈，因而那次并未多说话，相信他并没有认识我。

真正认识包老师，是在厦门开会时。会后参观时，不时走在一起，包老师用他的专业相机，给我拍了不少照片，拍照并单独与师长合影，在我多少有些羞怯，但同行的吴曙霞博士很大方地挽着包老师合影，感染了我，也便大胆与包老师合影一张。适逢中秋，厦门市内有很多文娱活动，我和李华搭包老师朋友的车一行4人结伴去了海滩，还在“一国两制，统一中国”前留影。当时我很想申报一个情报方面的课题，所在单位研究领域涉及C3I系统，我也学习了解了这方面的一些知识，因此选了一个“借鉴军事C3I理论与技术构建企业竞争情报系统”的题目，希望能申请一个国家正式立项的课题，请教包老师，他给予了大力支持，审核修改课题申报书，并帮助提交，虽然课题并未批下来，但这件事使我认识了包老师，或许也使包老师记住了我是哪个单位的。包老师拍的照片都要洗成大张的，我现在保存的就是他邮寄给我的，比我们当时洗的照片都要大，都要清晰。

包老师真正成为我的导师，是从我做硕士论文开始的。当时我的选题就是“借鉴军事C3I理论与技术构建企业竞争情报系统”，导师是南京大学的沈固朝教授。沈老师和包老师都是竞争情报研究专家，由于南京相对而言较远，论文初稿写出来后，我利用出差就近来到北京，请包老师看。包老师当时正在编写一套竞争情报丛书，很忙，就让我把书稿留下。后来包老师打电话来，让我去取稿，他在我的初稿上用红笔做了修改和标记，特别是对整个论文的架构提出了具体的修改意见，对论文的起始句进行了重写，掷地有声的用语好像是：“如果说军事C3I系统成就了美国独步天下的军事优势，那么借鉴军事C3I理论与技术构建企业竞争情报系统，必将成就企业无与伦比的竞争优势。”他提出某一章节中用“整合”这个词给我留下很深的印象。按照包老师的意见修改论文后，第二稿又请教他，他又提出了中肯的修改意见。等论文修改好最后提交给沈老师时，结构上沈老师完全认可，在内容上、表达上、研究深度上又提出了一些修改意见，最终的成稿被南京大学组织的答辩评委认为是同一批次答辩的论文中最好的，这要感谢沈老师，更要感谢包老师。所以，我在将论文概要发表时，同时署上了沈老师和包老师的名字。

再次去拜访包老师，已是我离开情报工作岗位后了。当时我做管理工作，同时兼着一个全国性学会——中国指挥与控制学会的申请筹备工作。我接手时，是2005年年底，当时该学会已在10年前申报过一次，所用学会名称为“中国火控指控学会”，由于包老师曾经申报过竞争情报分会，所以开始做一些事情时，多有请教。总的感觉是，每次见到包老师，都有许多收获。一直以来，包老师勤耕不辍，不时有新书出版，每次去都从他那儿获得新的认识。2010年去见包老师，他在做他的最后一篇有关竞争情报的论文，被他戏称为是收关之作，那时他关注的是竞争情报的引入对我国情报界的影响，以及所带来的对我国情报概念和情报工作认识的深化。当时他拿出定稿前的修改稿件，允许我带走，并允许我复印他手头的一本 Handbook of Intelligence Studies，还鼓励我要读博士争取拿到学位。2012年，去见包老师，是在中国指挥与控制学会成立大会暨第一次全国会员代表大会召开之后，当时，虽然兼职工作近8年，为确定学会名称、确立我国指挥与控制系统工程学科、组织编写出版指挥与控制技术丛书、成功申请筹备成立中国指挥与控制学会、发展学会会员、邀请专家成立学会专家委员会、召开学会成立大会暨第一次全国会员代表大会等做了大量具体而有效的工作，但鉴于各种原因，我不得不放下，也不再可能像原先那样执著地投入学会的工作了，包老师还是给予我很多的肯定、鼓励和指导。很显然，指挥与控制需要信息，但离不开和起决定作用的是情报，研究指挥与控制需要用情报研究的方法，这也就是我在学会工作中不时关注情报研究领域的缘故。当时他关注的是我国情报界对情报的重新认识，情报的真正意义，情报人员队伍的构成及素质要求等，他认为：情报是感知外部环境的变化并做出响应和对策，情报能力是大到国家、小到个人，包括企业、各类组织最重要的能力，情报无处不在，无时不用。他对我国情报界未来的发展趋向不无忧虑，但充满信心。就是这次见包老师，让我拥有了包老师的专著《情报研究方法论》和《信息分析和竞争情报案例》，后者还包含了信息分析方法论体系，非常珍贵，我会好好珍惜、珍藏，从中受益。这次见包老师，我还知道了包老师的公司办得也很不错，正准备上市。

从第一次知道包昌火老师的名字至今，已有近20年的时间，包老师给予我很多的指导和帮助，使我用情报工作中获得的经验做其他工作受益良多，也常激起我想在情报方面重新做一些研究的兴趣。与包老师交流越多，越感觉到他是一位智者，一位哲人，一位了不起的学者。他是第一位将孙子誉为竞争情报鼻祖的中国学者，他将《孙子兵法》引入到竞争情报研究中，我国竞争情报的概念是他定义的，我国竞争情报的第一个学术组织是他创建的，国内第一套“竞争情报丛书”是他主编的，我国竞争情报热是他引领掀起的，国内最完整的情报研究方法专著和案例是他撰写出版的，对情报概念及其内涵的思考和研究，他走在了同行的前列，他是我们国家当之无愧的“竞争情报之父”。他通过自己不懈的努力，在引领着同行的目光，在改变着一个学科的走向，随之也必将改变一个行业的状况，他的勤劳、他的睿智、他人格的内在力量和他异常坚定的意志，像缕缕阳光，我们在得此恩泽的同时，真诚地祈愿他的情报生涯继续与日增长。

让我们记住包昌火老师，他的书，他的思想，他的理论，他的实践……

包昌火情报思想的剖析*

2013年正值包昌火先生从事情报工作50周年之际，《中国情报工作和情报学研究》的出版是对他毕生贡献的最好献礼。

1963年7月，毕业于北京大学化学系的包昌火先生就业于中国兵器工业集团科技情报研究所。他的情报工作论著是中国情报学百花园中的一簇奇葩，在中国情报工作发展进程中发挥了重要的作用。他撰写的近100篇学术论文和主编的900多万字的学术专著和专题是他一生勤奋耕耘的结晶和情报思想的闪光。据统计，他的发文量和被引率都位居我国情报界的前列[1-5]，这是对他辛勤劳作的褒奖，也是他对我国情报界影响力的佐证。因此，剖析包昌火先生的情报思想至今仍然具有重要的现实意义和理论价值。

50年来，包昌火先生在情报研究的现代化、竞争情报的推广、中国情报学学科方向的引领等三大领域做出了不可磨灭的贡献。而贯串于他的学术生涯的一条红线，他的情报思想的精华所在，他不断倡导并身体力行的基本点是information的intelligence化，即把信息转化为情报和谋略，努力为领导集团的科学决策服务，让情报引领决策，这既是情报人员的正业，也是情报工作贡献我国四化建设的支点。

具体说来，包昌火先生的情报思想集中表现在以下几个方面。

一、力主以情报研究为主导

情报研究是我国科技情报工作的基本任务之一。包昌火先生力主情报工作要以情报研究为主导，从事了《情报研究量化分析》的国家重点课题研究，主编了《情报研究方法论》学术专著，开展了国家重点课题《情报研究的国内外比较研究》，推动了量化分析在我国情报界中的应用，50年来孜孜不倦，为我国情报研究工作的开展做出了不懈的努力。

1990年，在《情报研究方法论》一书中，他对情报研究的基本含义做了如下的表述：情报研究是根据特定需要对情报信息进行定向选择和科学抽象的研究活动，是情报工作和科技工作相结合的产物，是一类科学劳动的集合。所谓定向选择，就是根据特定的需要进行的情报搜集和信息整序工作。所谓科学抽象，就是透过现象，揭示研究对象的本质、规律和联系的思维过程。定向选择和科学抽象的结果，必然形成新的情报或情报集合。没有定向选择就缺乏情报性，没有科学抽象就缺乏研究性。情报性和研究性的结合形成了情报研究的基本特色[6]。此论述表明，情报研究的基本含义就是对信息的获取和分析，并对分析的基本方法做了高度的概括，就是包含科学思维、文献计量、数理统计、专家调查和系

* 本文原载《情报杂志》，2013，6：1-5。作者：包琰（北京市科学技术研究院，北京，100089）。

统分析等在内的科学抽象，形成新的情报产品，因此是一种知识创造活动，并把课题选择、情报搜集、信息整序、科学抽象、成果表达和成果评价作为中国情报研究的基本程序，建立了情报研究方法论[6]。他认为，情报研究也是一种 information 的 intelligence 化活动[7]。情报研究的合理做法应当是科技情报与经济情报相结合、国外情报与国内情报相结合、文献调查与社会调查相结合、定性研究与定量研究相结合、自行研究与合作研究相结合、情报研究与咨询研究相结合[6]，大力推荐各级情报机构实行以情报研究为主导，信息资源建设为基础，信息技术为手段的情报工作模式[8]。

鉴于当前情报机构“鱼龙混杂”的局面，包昌火先生提出了区分情报机构和信息机构或图书馆机构的基本标准是情报产品的生产，把生产决策所需的分析性情报和可行性方案作为自己的主要任务，重点关注组织的战略和安全问题，而非生产一般的信息或信息技术产品则是情报机构的基本特性[9]。因而那些不以情报产品的生产为主要任务，不起领导集团的“耳目、尖兵和参谋”作用的一般研究或服务机构不应属于情报机构之列。

二、力推竞争情报的应用

竞争情报的崛起是国际情报界的一个重大事件，它顺应了世界经济的发展趋势，是人类社会在信息化的基础上向情报化和智能化发展的重要征兆，将会对全球经济发展与社会进步产生了重要的影响。

正当我国情报界开始偏离情报工作的正确定位，泛信息化思潮开始泛滥之时，包昌火先生力推竞争情报工作在我国的应用，组建中国科技情报学会竞争情报分会，推动北京市竞争情报示范工程，编撰“竞争情报丛书”，承接国家自然科学基金项目“企业竞争情报系统的模式和运行机制研究”等，是我国竞争情报事业的重要奠基人和领跑人，使竞争情报成为我国情报界在市场经济环境下崭新的科技和经济情报工作范式，功莫大焉。

包昌火先生认为，竞争情报是关于竞争环境、竞争对手和竞争策略的信息和研究，它既是一种过程，又是一种产品，主要涉及环境监视、市场预警、技术跟踪、对手分析、策略制定、竞争情报系统建设和商业秘密保护等领域，而竞争对手分析则处竞争情报的中心地位。包昌火先生在上述各领域都做出了开创性的贡献，奠定了我国竞争情报的理论基础和工作方法。

1）他主持编撰了《竞争对手分析》论著[10]，构建了竞争对手分析论纲，采取市场、能力和时间三种视角，将竞争对手分析方法以市场维、能力维和时间维相聚类，从而形成了分析竞争对手在一定时空条件下的状态和意图的知识体系，即三维分析法[11]，因而为竞争对手分析技术的研究和应用提供了思路和框架。

2）他高度重视情报系统建设在发展竞争情报工作中的基础性作用，提出了建立人机结合、具有三大网络、三个系统、一个中心和六大功能的竞争情报系统的基本框架[12]，以此为指导开展的国家自然科学基金项目《企业竞争情报系统的模式和运行机制研究》（项目编号 19770085）[13]，编撰《企业竞争情报系统》专著[14]，代表了当时国际上关于竞争情报系统建设的最新进展。

3）他十分关注人际网络在情报工作中的作用。1998 年，在我国情报界率先引进了人际网络理论[12,15]。2006 年，包昌火先生推荐了人际情报网络理论，系统提出了人际情报网络构成论、人际情报网络资源论和人际情报网络平台论[16]，大大提高了情报工作的科学性、特殊性和价值性，也将情报学和信息学相区别，进一步确立了情报学的社会科学属性，填补了我国情报学研究的一大空白。

他认为，人际情报网络是人际网络的一种表现形态，是应情报工作的需要而构建的一种人际网络，是竞争情报工作和竞争情报系统的一项基础建设，是情报从业者获取、分析和传播非公开信息和隐性知识的重要平台。

为此，他主持构建了小核心、大范围的人际情报网络和依据业务需求建立的人际情报网络结构，从而使人际情报网络具有高效性和可操作性[16]。

他认为，人际情报网络本质上就是关于“谁认识谁”和“谁知道什么”的知识，因此绘制人际资源地图是实施人际情报网络管理的重要措施。

三、构建信息分析的知识体系

随着全球信息化的兴起，信息分析开始崭露头角，成为情报界的新宠。

2003 年，在《竞争情报的崛起和发展》一文中[11]，包昌火先生认为，信息的序化和转化应是情报学研究的两大核心领域。信息转化又可称信息分析或情报研究。视角不同，称谓各异。视信息为始点和原料，对信息进行分析，称信息分析；视情报为终点和结果，把分析过程视作情报的生产过程，称情报研究。信息组织、信息检索、信息构建、信息管理等主要属信息序化的范畴；情报研究、竞争情报、数据挖掘、知识发现等主要属信息转化的范畴。

2006 年，包昌火先生进而认为，所谓信息分析就是通过系统化过程将信息转化为知识、情报和谋略的一类科学劳动的统称，从数据挖掘、市场调查、竞争情报到软科学研究，形成了一条很宽的研究谱带。intelligence 兼具信息、情报、谋略和能力的含义，因此从内涵上看，信息分析的本质也是 information 的 intelligence 化，这就是他把信息分析和情报研究看作同义词的基本依据。当前信息分析已越出了情报界的范围，广泛地进入了咨询、商务、金融、电信等领域，扩展至国民经济的各行各业，从而实际上成为我国情报研究的主要称谓[17]。

因此，包昌火先生编撰了“信息分析丛书”，并在丛书之一的《信息分析和竞争情报案例》一书中，继《情报研究方法论》之后，又构建了信息分析的知识体系，并附有详尽的案例，不能不说这是包昌火先生对我国情报学发展的又一大贡献[18]。

信息分析既是一门科学，又是一门艺术，因而具有很强的系统性，并遵循一定的程序和方法，为此，他将信息分析区分为经济学、系统学、计量学、社会学和统计学五大门类、34 小类，从定义、发展、流程和应用四个方面进行了深入浅出的概括，形成了关于信息分析方法的简明词条，构成了信息分析方法的知识体系。

经济学方法，包括最佳实践调查、竞争力评价、竞争态势分析、定标比超分析、价值链分析、情景分析、五种力量模型、竞争对手分析模型、博弈分析、投入产出分析、技术经济分析、数据包络分析。

系统学方法，包括层次分析法、系统动力学方法、综合评价方法、灰色系统方法、最佳化方法。

计量学方法，包括词频分析、引文分析、内容分析、专利分析、数据挖掘。

社会学方法，包括社会调查方法、市场研究方法、专家调查方法、人际网络方法、头脑风暴方法。

统计学法方法，包括多元分析、主成分分析、因子分析、聚类分析、时间序列分析、趋势外推法、指数平滑法。

这些分析方法与134个案例相配合，使全书更具科学性和可读性，是迄今为止关于信息分析方法和案例的集大成者。

四、建立情报研究和竞争情报学科

包昌火先生在其职业生涯中一直主张建立情报研究学科和竞争情报学科，反对把其排斥在情报学学科分支之外。

早在1990年，包昌火先生在《情报研究方法论》一书中就从情报学的重要分支、情报研究学的基本内容、情报研究学的理论基础和情报研究学的基本特征四大方面，系统地论述了建立情报研究学的主张[6]。他认为，情报研究学是以社会的情报研究活动为对象，以指导人们从事情报研究活动为己任，研究情报研究工作的理论和方法的一门科学，主要内容包括情报研究学的基础理论、情报研究方法论、情报研究系统、情报研究管理、情报研究的基本建设、情报研究的需求调查和情报研究学的应用研究。它的形成和发展将会大大促进情报研究工作的开展和情报研究方法的建设，使情报研究工作建筑在科学的基础上。

2003年，鉴于竞争情报在全球的蓬勃发展，包昌火先生又提出了建立竞争情报学科的主张[11]。认为全球竞争情报在理论、方法、技术、系统、文化等方面都取得了重要成果和骄人业绩，为构建竞争情报学科奠定了坚实的基础。

2012年，包昌火先生在总结竞争情报引入的历史贡献和回顾我国竞争情报发展历程的基础上。首先把竞争理论、情报理论、博弈理论、人际网络理论和信息转化理论视为竞争情报的基础理论，构建了以竞争情报循环为主线，竞争情报生产为核心，由理论、管理、方法、教育和应用五大模块构成的竞争情报学科体系，走在了国际竞争情报学术研究的前列[19]。

五、倡导中国情报学向 intelligence 回归

“耳目、尖兵和参谋”是国家赋予科技情报部门的历史重任和战略定位，凸显了情报工作的 intelligence 特性。但一些情报学家从一开始就将中国情报学与 information science 相联系，而1992年国家科委情报改信息的行政决定，更让中国情报学研究与 intelligence 分道扬镳，从而背离了我国情报工作的宗旨和实际，偏离了政府和企业的决策活动，偏离了情报生产这一核心领域，严重影响了我国情报事业的发展，削弱了我国情报机构在国家和企业在决策中的地位。

值得庆贺的是，包昌火先生不仅在情报研究和竞争情报两大领域做出了卓著贡献，而且还引领了我国情报学研究的 intelligence 方向，是中国情报学研究的 intelligence 范式的重要倡导者。

鉴于中国情报学情报缺失的重大弊端，早在1996年，他就提出了 intelligence 和中国情报学研究的重大命题[7]。2006年，他又明确地指出，情报总是与组织的战略和安全紧密相关并为之服务，成为它们的导向和基础。古今中外，政治经济，概莫能外。情报对组织战略和安全的导向和支撑作用，主要是通过信息的搜集和分析来实现的。因此，信息的序化

和转化应是我国情报学研究的两个基本问题[17]。实际上，早在1985年，包昌火先生就系统论述了情报部门应当把科技发展战略的研究作为主要任务[20]，并把自己的毕生精力贡献于常规兵器的发展战略和关键技术研究。2009年，包昌火先生发表了《这里的黎明静悄悄——再谈intelligence与中国情报学》一文[21]，指出intelligence的基本含义是对环境变化的认知和应对，非常贴切“耳目、尖兵和参谋”的功能，information难当此任。他认为，information的intelligence化简洁地表述了信息和情报的联系和区别，它既是一切情报活动的基本任务，也是我国情报学研究的核心问题。我们浓墨重彩研究的不应是information，而应是intelligence，不应是information science，而应是intelligence studies。2011年，他以老一辈情报人的执著，发出了还中国情报学以本来面目的呼唤：归去来兮，回归情报，回归intelligence，弘扬情报工作“耳目、尖兵和参谋”的作用，重视对竞争环境、竞争对手和竞争策略的研究，推荐以情报研究为主导，信息资源建设为基础，信息技术为手段的情报工作模式，转变我国情报工作的开展走向[22]。2012年，包昌火先生再一次提出：中国情报学是我国情报从业者的一个重大创举，它包含了信息序化和信息转化两大议题，为国际情报界所罕见。因此，正名和重构情报学是摆在21世纪我国情报机构和情报从业者面前的光荣使命[23]。

事实上，包昌火先生在文献［9］中，从科学定义情报概念、科学定义情报学的学科范围、重构科学的情报价值链、建立科学的情报活动流程、科学界定情报机构、建立科学的信息转化理论、重视对钱学森情报思想的研究、重视对intelligence studies的研究和重视对中国实际的研究等九大方面系统的提出了重构中国情报学的构想，勾画出中国情报的蓝图，这是对1996年提出的intelligence与中国情报学研究命题[7]的具体解答，是包昌火情报学主张的清晰表述。

总之，大道至简，包昌火先生在《中国情报工作和情报学研究》一书的序中对他的情报思想做了这样的归纳[24]。

我认为情报是一个组织对外部环境变化的感知和响应，是一切组织和个人的生存之道，是国家和企业的大计，不可不察和或缺。

我主张，中国情报学的英文表述不应是information science，而应是intelligence studies。中国情报学应当建立在information和intelligence两大基础，并把information的intelligence化，即把信息转化为情报和谋略作为我国情报工作和情报学研究的核心任务，而非信息和知识的组织，后者是图书馆的世袭领地。

总结我一生在情报科学方面的工作和贡献，可归纳为在我国情报界从事和推进information的intelligence化活动，促进我国情报工作和情报学研究向intelligence方向发展。

我坚信，随着我国经济市场化和情报需求社会化的发展，中国情报学一定会摆脱information science的迷思，走向intelligence studies的坦途。一个屹立于世界之林的中国情报界一定会发展出无愧于源远流长的中华文化、中国情报工作的伟大实践和风云多变的时代风貌的中国情报论。在中国，情报必将成为一项受人尊敬的职业，将会是国家和企业生死攸关的大事。

参考文献

[1] 邱均平，杨思洛，王红星．基于引文分析的竞争情报研究现状探析．情报学报，2010，(4)：734-737.

[2] 李颖，姚艺．对我国竞争情报研究最具影响的学术论著分析——基于 CSSCI（1998—2009 年）的数据．情报理论与实践．2011，(12)：64-68.
[3] 马海群，吕红．基于中文社会科学引文索引的中国情报学知识图谱分析．情报学报，2012，(5)：470-478.
[4] 李伟，姜志红，李沛，等．国内情报学领域文献计量学研究．情报学报，2012，(7)：737-747.
[5] 高小强，张昊．竞争情报领域作者的知识角色识别研究．情报杂志，2013，(3)：60-65，77.
[6] 包昌火．情报研究方法论．北京：科学技术文献出版社，1990：1-26.
[7] 包昌火．Intelligence 和中国的情报学研究．情报理论与实践，1996，(6)：6.
[8] 包昌火，王秀玲，李艳．中国情报研究发展纪实．情报理论与实践，2010，(1)：1-3.
[9] 包昌火，李艳．情报缺失的中国情报学．情报学报，2007，(1)：29-34.
[10] 包昌火等．竞争对手分析．北京：华夏出版社，2003.
[11] 包昌火，张燕，黄英．竞争情报的崛起和发展//情报学进展．2002—2003 年度评论．第五卷．北京：国防工业出版社，2003：310-374.
[12] 包昌火．加强竞争情报工作，提高我国企业竞争能力．中国信息导报，1998，(11)：33-36.
[13] 包昌火，等．企业竞争情报系统的模式和运行机制研究．北京：中国兵器工业集团第二一〇研究所，中国科技情报学会竞争情报分会，2000.
[14] 包昌火，等．企业竞争情报系统．北京：华夏出版社，2002.
[15] 包昌火，谢新洲，申宁．人际网络分析．情报学报，2003，(3)：365-374.
[16] 包昌火，李艳，王秀玲，等．人际情报网络．情报理论与实践，2006，(2)：129-141.
[17] 包昌火，谢新洲．关于我国情报学研究中若干问题的思考——写于“信息分析丛书”前言．情报理论与实践，2006，(5)：513-515.
[18] 包昌火，江洁，王秀玲，等．信息分析和竞争情报案例．北京：清华大学出版社，2012.
[19] 包昌火，李艳，包琰．论竞争情报学科的构建．情报理论与实践，2012，(1)：1-9.
[20] 包昌火．对科技发展战略研究的几点建议．兵工情报工作，1985，(5)：19，20.
[21] 包昌火．这里的黎明静悄悄——再谈 Intelligence 与中国情报学．图书情报工作，2009，(8)：5-7.
[22] 包昌火．让中国情报学回归本来面目．情报杂志，2011，(7)：1.
[23] 包昌火．对我国情报研究中若干问题的反思．图书情报知识，2012，(2)：4-6.

文献计量

基于引文分析的竞争情报研究现状探析*

一、前言

竞争情报活动产生于第二次世界大战时期，战后以美国为首的发达国家将其应用于商业领域，取得了很好的效果。目前，竞争情报的影响已经遍及世界各地，被视为经济学、管理学与情报学领域中的重大发展，成为人类在社会信息化基础上向情报（智能）化发展的重要征兆[1]。20 世纪 80 年代，我国转向市场经济后，竞争情报的理论探讨开始出现。自从 20 世纪 90 年代以来，随着我国经济技术竞争日益加剧、竞争理论研究不断深化及社会信息化的高度发展，我国竞争情报研究也呈现快速发展的态势。以“竞争情报”为关键词或标题在中国期刊数据库中检索，得到 2888 篇结果，最早是刘怀宝发表在 1987 年《图书情报知识》第 2 期的论文《略谈竞争情报及其搜集方法》。图 1 为论文年发表总篇数走势图，从图中可以看出，1993 年以前，我国竞争情报研究处于萌芽阶段，主要是松散、零星的探索性研究。从 1994 年开始进入系统研究时期，研究论文快速增长，1995 年达到发展高潮。1996 年后进入新的持续发展阶段，2003 年达到又一个高潮。到 2008 年论文 412 篇，达到新的高潮。总体上，相关研究论文呈增长趋势，竞争情报研究目前成为了情报学研究热点与重要领域。

---

* 本文原载《情报学报》，2010，29（4）：737-743。

作者：邱均平，杨思洛，王红星（武汉大学科学评价研究中心，湖北，430072）。

评论：论文认为，在竞争情报领域，被引量最多的为包昌火，共被引频次高达 423，篇均被引数和领域 H 指数为最高。因此，基于发文总数、被引篇数、被引篇数、总被引数、篇均被引、领域 H 指数等综合衡量，该研究领域最有影响力并且高产的作者首推包昌火。

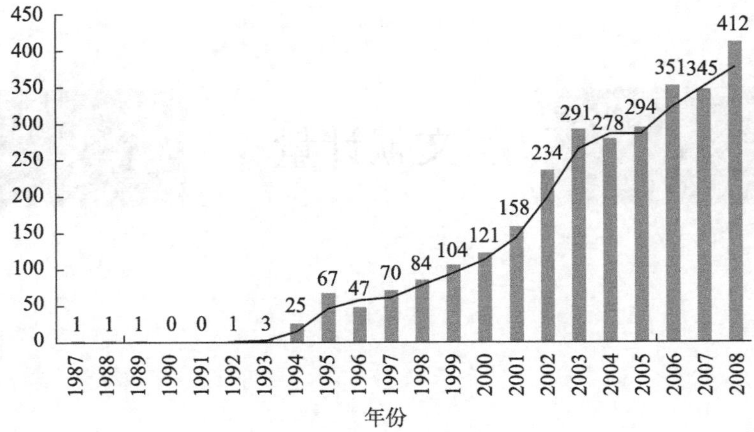

图 1　竞争情报论文的年度分布

目前，有众多对国内外竞争情报研究总结的论文，许多从发文的角度进行计量分析[1-5]还有一些定性的综述[6-8]。引文分析方法目前已被广泛应用于论文、期刊、科学家、学科评价和科研绩效评价等各个领域。我们认为从引文的角度，能较真实、客观、可靠地反映竞争情报研究与发展的状况。

研究的数据样本来源于中国引文数据库和中国期刊全文数据库。具体在两数据库“关键词”或“标题”检索项中输入“竞争情报”，检索时间段为 1979～2008 年，数据检索时间为 2009 年 4 月上旬。具体以 Excel2007 和 VBA 处理数据，其中用到 Pajek 进行可视化。

加利福尼亚大学圣地亚哥分校统计物理学家赫希（Jorge E. Hirsch）教授于 2005 年发明 H 指数，提供了使用论文被引信息的新方法。其核心思想是一个作者的 H 指数是指他至多有 H 篇论文分别被引用了至少 H 次[9]。在此基础上可扩展到期刊、学科等的 H 指数，在本文中我们专门分析竞争情报的领域 H 指数。

二、论著总体引用情况

得到被引一次以上的期刊论文共计 1216 篇，发表的时间为 1987～2008 年，总被引频次 6881 次，其他类型的如表 1 所示，另外会议类文献 1 篇被引 1 次，其他如报纸、专利、标准和年鉴类文献被引数为 0 次。总体上，我国竞争情报研究期刊论文中被引过的论文不到所有发表论文的一半，而且论文引用呈现一定的聚散分布。最高的被引 178 次，同时被引仅 1 次和 2 次的期刊论文分别有 319 篇和 191 篇，被引≤3 次的论文占了总数的一半多(668/1216)。

表 1　各类型论著被引总况

论著类型	被引次数	总被引频次	最高被引频次	平均被引频次	领域 H 指数
期刊论文	1216	6881	178	5.66	27
学位论文	37	76	6	2.05	4
图书	24	707	173	29.46	10

学位论文普遍被引次数较低，领域 H 指数为 4，即竞争情报的学位论文被引 4 次以上的仅有 4 篇。发表最早的是 2002 年重庆大学的马军所著《长安公司企业竞争情报体系的建

立与运行研究》，主要以长安公司为个案，探讨了竞争情报分析的一般进程，提出了具体的竞争情报体系的建设原则和体系框架，建立了长安公司竞争情报体系的组织模型、运行流程模型和协同框架模型。武汉大学江汶于2005年写的硕士论文《我国中小企业竞争情报调查及服务研究》在学位论文中被引最高（共6次），它主要针对当前我国中小企业的竞争情报现状，从企业竞争情报行为、需求、咨询的效率反馈和企业获取竞争情报所愿付出的代价等四方面进行调查，得出中小企业竞争情报需求特点与活动特征，并提出开展竞争情报工作的建议。总体上图书被引频次也不高，领域 H 指数仅为10。被引超过100次的有3种：郎诵真等于2001年编著的《竞争情报与企业竞争力》被引高达173次，包昌火等于2002年编著的《企业竞争情报系统》以被引137次居第二位，它与被引最高的《竞争情报与企业竞争力》都是由包昌火和谢新洲主编的"竞争情报丛书"之一，该丛书由八大分册构成，由华夏出版社出版。缪其浩于1996年主编的《市场竞争和竞争情报》以103次列第三位，它是国内出版较早的相关专著。下面主要针对期刊论文进行深入分析。

三、高被引竞争情报论文

表2为占被引论文总数约为1%的12篇高被引期刊论文，12篇论文约占总被引数的10%（679/6881）。在这些论文中，《情报学报》占有5篇，说明该期刊在竞争情报领域是最具影响力的；包昌火共著有6篇论文，无疑他是该领域最具影响力的专家，事实上他也是我国情报研究方法论建设和竞争情报应用的主要倡导者之一。这些论文大都是对竞争情报领域的基本概念、研究对象、学科体系、学科发展研究的综述性文献，这可能与我国竞争情报比较偏重于理论研究有关。其中，被引高达178次的论文《论知识管理与竞争情报》从知识管理和竞争情报的概念入手，着重讨论两者之间的关系，其内容有相当部分论述知识管理，所以其高被引除了反映其在竞争情报中的影响外，也涉及知识管理领域。排名第二的《人际网络分析》则认为人际网络是竞争情报和企业发展的一种社会资本。论文描述人际网络基本内容和构建，可为人际网络在竞争情报中的应用提供理论和方法上的参考。排在第三的《竞争情报——国外的发展动向及其对我国的影响》是专门叙述竞争情报的概念和内容，专业化竞争情报活动产生的背景，介绍全球竞争情报活动现状以及竞争情报概念进入中国的过程，还分析了我国开展竞争情报研究和应用的意义。

表2　我国竞争情报研究的高被引论文

序号	被引文献题名	被引文献作者	被引文献来源/年份	被引频次
1	论知识管理与竞争情报	邱均平，段宇锋	图书情报工作/2000	178
2	人际网络分析	包昌火，谢新洲，申宁	情报学报/2003	63
3	竞争情报——国外的发展动向及其对我国的影响	缪其浩	情报理论与实践/1995	53
4	论企业竞争情报系统的建设	谢新洲，包昌火，张燕	北京大学学报（哲学社会科学版）/2001	47
5	知识管理思想的起源——从情报学的发展看知识管理	丁蔚，倪波	图书情报工作/2001	47
6	我国竞争情报研究综述	邱晓琳	情报理论与实践/1999	44
7	竞争情报行为的正当性与灰色信息收集方式的研究	李正中，许蕾	情报学报/2000	43

续表

序号	被引文献题名	被引文献作者	被引文献来源/年份	被引频次
8	加强竞争情报工作提高我国企业竞争能力	包昌火	中国信息导报/1998	43
9	竞争情报的崛起——为纪念中国竞争情报专业组织成立10周年而作	包昌火，赵刚，李艳，黄英	情报学报/2005	42
10	竞争对手分析论纲	包昌火，谢新洲，李艳	情报学报/2003	41
11	略论竞争情报的发展走向	包昌火，赵刚，黄英，李艳	情报学报/2004	39
12	企业信息化与竞争情报系统	岳剑波	情报理论与实践/1999	39

四、基于关键词分析的竞争情报研究内容

高被引论文能反映竞争情报研究的关注热点，也反映了研究的主要内容。我们选取被引最高的前30篇论文（约占所有论文的1%，占所有被引量的17.32%（1192/6881））作关键词共现分析，根据关键词间的关系来确定具体内容，其中词间的共现频率以线条粗细表示。图2为Pajek可视化结果，我国竞争情报的论文分为三大类，第一类文章侧重于对竞争领域的基本概念、研究对象、学科结构、学科发展等基本问题的研究，还研究竞争情报与知识管理之间的关系。第二类文章主要是竞争情报技术与方法研究，涉及竞争情报研究的分析方法、分析软件与分析系统，信息的收集与处理技术，其中定标比超是一种探讨得最多的方法。第三类主要涉及竞争情报应用的内容，其中企业与服务是出现最多的词语，这也说明竞争情报研究的应该领域主要集中在企业中。这三大类别的文献分别从各角度对竞争情报领域的研究内容进行了诠释，其中前两大类占有明显优势。

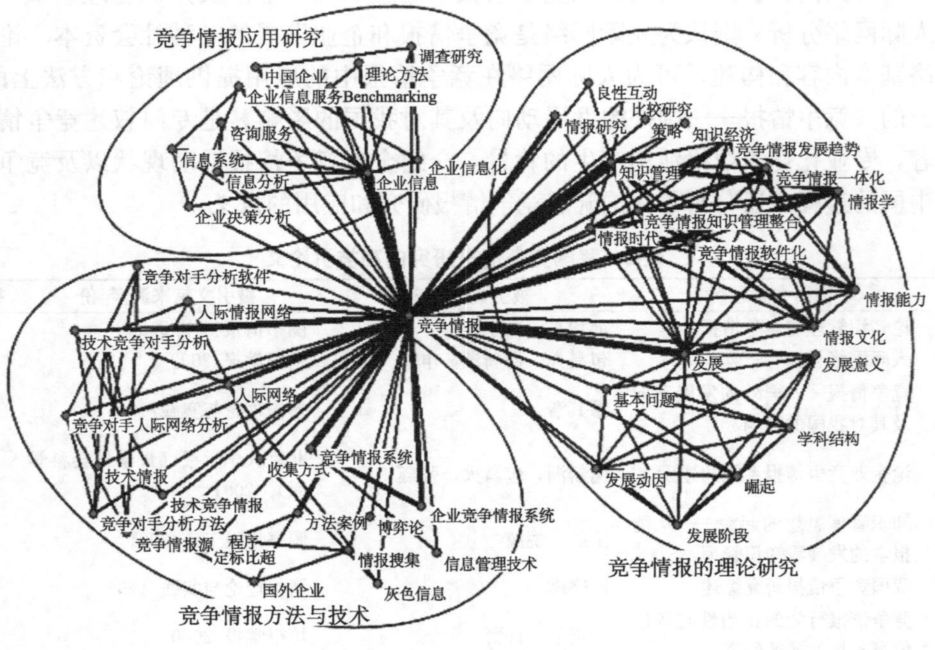

图2　Pajek可视化结果示意图

五、被引论文作者分析

在科学研究与交流中，作者的影响力主要是靠发表论著呈现的，衡量标准是发表数量与被引频次等的综合评价。以论著第一作者计算，竞争情报的所有被引论文中，无作者论文3篇，以课题组署名1篇，其余共涉及838位著者。仅发表1篇被引论文的作者有684人(81.62%)，发表2篇被引论文的也有92人。被引论文篇数在5篇以上的作者共25人（表3）。其中，领域H指数是指某作者以第一作者身份发表的竞争情报论文中，被引超过H次的有H篇。以第一作者身份发表竞争情报论文最多的为彭靖里研究员，工作单位为云南省科学技术信息研究所，现在仍然在该领域很活跃。但被引量最多的为包昌火老师，共被引频次高达423，其篇均被引数和领域H指数也最高（分别为28.20和12)。上海图书馆的缪其浩研究员也是我国引进、发展竞争情报理论和实践的先驱，其研究领域集中在国家竞争情报方面，对推动中国竞争情报的发展起了重要的作用，他在1995年发表的《竞争情报——国外的发展动向及其对我国的影响》被引达53次，但他发表的相关论文并不多，故H指数较低。谢新洲虽发文量不多，但其论文影响力较大，篇均被引有24.43次，另外陈峰共被引频次和篇均被引也较高，他们也是竞争情报界具有影响力的青年学者。目前，在我国，虽然形成了被引数量较多的作者，但有影响的作者很少，除少数几个人，其他人被引率普遍不高。

表3 被引论文作者分析

作者	论著总数	被引篇数	总被引量	篇均被引	领域H指数	最高被引论文/频次/所载年份（如频次相同，则选发表年份最晚的）	发表相关论文的年段
彭靖里	56	35	231	6.60	9	国内外竞争情报研究发展综述/39/情报科学/1998	1994～2008
陈峰	24	18	188	10.44	8	论定标比超文法在企业竞争情报实践中的应用/27/情报学报/2002	2001～2008
吴晓伟	18	17	130	7.65	8	基于人际网络节点中心度的竞争对手分析/21/情报学报/2006	2004～2008
包昌火	19	15	423	28.20	12	人际网络分析/63/情报学报/2003	1995～2008
秦铁辉	20	13	90	6.92	4	竞争情报与知识管理的互动关系/25/情报科学/2004	2001～2007
樊松林	11	10	79	7.9	6	我国近6年竞争情报研究审视/16/图书情报工作/2002	1995～2002
刘玉照	12	9	63	7.00	5	竞争情报和战略管理/20/情报学报/1998	1998～2008
冯维扬	9	7	71	10.14	5	竞争情报计算机系统模型分析/21/情报学报/2001	2001～2008
李建明	8	7	45	6.43	4	论企业竞争情报系统/13/情报学报/1999	1999～2003
卢青	10	7	25	3.57	2	略论我国的竞争情报研究/16/图书情报工作/2000	1999～2008
王知津	19	7	28	4.00	4	企业竞争情报研究的有力工具价值链法/10/情报理论与实践/2005	2003～2008
谢新洲	8	7	171	24.43	7	论企业竞争情报系统的建设/47/北京大学学报/2001	2001～2008
周九常	17	7	12	1.71	2	网络组织竞争情报的关键制约因素及其影响/3/图书馆理论与实践/2007	2004～2008
沈丽容	8	6	56	9.33	4	竞争情报在我国——与倪波教授的对话录/18/中国图书馆学报/2000	1998～2003
曾鸿	7	5	20	4.00	3	论企业竞争情报系统的建立/9/经济论坛/2004	2004～2007
董英利	6	5	40	8.00	4	20世纪末我国竞争情报研究的现状及发展真挚/13/情报理论与实践/2003	2000～2006
黄晓斌	7	5	30	6.00	4	试论新环境下我国竞争情报工作的发展方向/12/情报科学/2000	2000～2008
李国秋	7	5	20	4.00	3	非关税壁垒竞争情报研究/10/情报理论与实践/2005	2004～2008
刘春艳	6	5	11	2.20	1	21世纪我国竞争情报教育的理发思考/7/黑龙江高教研究/2005	2005～2007
缪其浩	5	5	64	12.80	3	竞争情报-国外的发展动向及其对我国的影响/53/情报理论与实践/1995	1995～2007
王翠英	6	5	15	3.00	2	企业内部人际情报网络初探/8/科技情报开发与经济/2005	2004～2007

续表

作者	论著总数	被引篇数	总被引量	篇均被引	领域 H 指数	最高被引论文/频次/所载年份（如频次相同，则选发表年份最晚的）	发表相关论文的年段
王琦	7	5	15	3.00	3	中小企业如何开展竞争情报工作/5/新材料产业/2002	2001～2003
王玉	7	5	32	6.40	3	网络环境下企业竞争情报的搜集策略/17/图书情报知识/2001	2001～2007
王曰芬	9	5	62	12.40	4	基于信息集成的企业竞争情报系统的构建研究/20/情报学报/2005	2001～2008
赵刚	6	5	26	5.20	3	建立国家竞争情报体系：目标与原则/17/情报学报/2004	2003～2004

从发表竞争情报论文的年段，可以得出作者在该领域的活跃时间。其中有些作者的影响力经久不衰，包昌火和彭靖里从20世纪90年代中期至今专攻竞争情报研究；也有许多青年学者是后来加入，还有一些学者则是中途转入此领域，如王翠英和李国秋等；另外，一些学者在竞争情报领域是昙花一现，如赵刚仅在2003年和2004年著有竞争情报论文。各作者发表的最有影响的论文大部分发表在情报学杂志，其中有32％（8/25）集中在《情报学报》上。

六、被引论文期刊分析

所有被引的竞争情报论文涉及264种期刊，发表被引论文1篇、2篇、3篇的期刊数量分别为179种、30种和18种。表4为被引10篇以上的17种期刊，发表总数中可能有少量会议报道或简讯，所以可被引的论文数量可能少于总数。领域 H 指数是在某期刊中，竞争情报论文有 H 篇被引 H 次以上。在所有期刊中，《情报学报》篇均被引遥遥领先，平均每篇被引近15次，领域 H 指数高达20。另外，《情报理论与实践》和《图书情报工作》在发文总数和篇均被引方面也具有影响力；相反《现代情报》发文较多，但被引却较低(4.24)。竞争情报研究论文主要集中在情报学和图书馆学期刊上。说明图书、情报界是我国竞争情报的最主要研究阵地。此外，在统计数据中，还包括经济学、计算机科学、高校学报、医学及冶金工业等多个领域的期刊。这表明我国的竞争情报研究已经引起了非专业情报领域的关注，并渗入了其研究和运用之中。

表4 被引论文期刊分析

刊名	发表总数	被引篇数	总引频次	篇均被引	领域 H 指数	刊名	发表总数	被引篇数	总引频次	篇均被引	领域 H 指数
情报杂志	196	128	752	5.88	13	情报资料工作	52	23	133	5.78	7
现代情报	224	119	505	4.24	9	图书情报知识	38	19	125	6.58	7
情报理论与实践	163	98	1068	10.90	18	农业图书情报学刊	32	14	42	3.00	4
情报科学	147	87	582	6.69	12	冶金信息导刊	24	14	42	3.00	3
图书情报工作	158	78	603	7.73	10	图书馆学研究	22	12	24	2.00	3
情报学报	109	70	1035	14.79	20	图书与情报	22	12	45	3.75	4
情报探索	90	44	152	3.45	6	图书馆理论与实践	15	10	54	5.40	4
科技情报开发与经济	103	40	140	3.50	6	现代图书情报技术	22	10	65	6.50	4
中国信息导报	53	34	258	7.59	9						

七、被引论文年代分析

被引的论文分布在15年中，2006年发表的论文被引最多，达到200篇，其主要原因是发表的论文数量较多，另外就是因为论文被引滞后性，峰值一般出现在出版后的两年。因为累积效应，发表年代越早的论文往往被引总数较多；另外，随着论文的逐年增长，被引论文数也相应增加，从表5来看，总体符合这一趋势，2008年度论文篇均被引最低。但具体到各年，论文质量及学科发展的阶段等多种因素影响，使得有些年份比较特殊，如1997年篇均被引就明显较低，其被引频次最高的也只有18次，而1996年和1998年被引最高的论文分别达到43次和37次。1994年平均被引仅3.6次，与前后两年也相差甚远。

表5 被引论文年代分析

发表年份	发表总数	被引篇数	总引频次	篇均被引	发表年份	发表总数	被引篇数	总引频次	篇均被引
1987	1	1	6	6.00	2000	121	66	762	11.55
1989	1	1	3	3.00	2001	158	80	714	8.93
1993	3	1	15	15.00	2002	234	100	649	6.49
1994	25	5	18	3.60	2003	291	144	944	5.56
1995	67	25	251	10.04	2004	278	150	820	5.47
1996	47	17	187	11.00	2005	294	173	813	4.70
1997	70	27	122	4.52	2006	351	200	678	3.39
1998	84	36	261	7.25	2007	345	120	214	1.78
1999	104	51	403	7.90	2008	412	19	21	1.11

八、结论

在本研究中，通过引文分析展示了我国竞争情报研究领域的论著、作者、期刊影响力分布情况及重点研究领域。根据高被引论文的关键词共词情况；竞争情报研究的内容可分为：①竞争情报理论研究。②竞争情报方法与技术研究。③竞争情报实践与应用研究。基于发文总数、被引篇数、总被引数、篇均被引、领域 H 指数等的综合衡量，研究领域最有影响并且高产的作者有：包昌火、缪其浩、谢新洲、彭靖里和陈峰等五位，他们也一直活跃在竞争情报研究的领域内。最有影响的期刊是《情报学报》，另外《情报理论与实践》和《图书情报工作》《情报杂志》等在发文量和篇均被引量方面也较高。竞争情报被引论文的年代分布在总体上符合一般的认知。

本文是利用中国引文数据库，基于引文从竞争情报这一主题角度作的探索性研究，但引文分析存在一些固有的缺陷，如高被引分析并不能很好地反映最新的发展，引证的行为和动机并不与论著的实际影响力完全吻合，故本论文结果只能从一定程度上反映实际情况。中国引文数据库具有收集论著数量多，跨越时间长，可检索项多并且使用简单等特点，相信在以后的文献信息计量中会得到推广普及。但同时，中国引文数据库仍存在许多的缺陷，其可靠性还有待进一步验证，如存在检索数据库结果不稳定和数据处理较为麻烦等问题。

参考文献

[1] 陈远，望俊成．近年来国内竞争情报研究述评．图书情报知识，2005，(6)：70-73.
[2] 李丹．2000—2004年我国竞争情报论文的统计分析．情报科学，2006，24 (1)：140-143.
[3] 郑玲，黄鹏．1987—1999年我国竞争情报研究论文的统计与分析．情报理论与实践，2000，23 (5)：369-371.
[4] 于静．1989～2003年竞争情报研究论文统计分析．图书馆杂志，2003，22 (9)：19-21.

[5] 王克平，梁战平，李勇，等．我国竞争情报研究论文的统计分析．情报学报，2006，25（3）：369-374.
[6] 刘冰，张洁．对十年来我国竞争情报文献的计量分析．情报科学，2006，24（10）：1527-1531.
[7] 秦铁辉，刘宇，仝丽娟．竞争情报活动中的人际网络研究综述．情报探索，2007，（11）：3-6.
[8] 邱晓琳．我国竞争情报研究综述．情报理论与实践，1999，22（3）：174，211-214.
[9] Hirsch J E. 衡量科学家个人成就的一个量化指标．科学观察，2006，（1）：2-7.

对我国竞争情报研究最具影响的学术论著分析——基于 CSSCI（1998—2009 年）的数据*

西方发达国家竞争情报研究在 20 世纪 80 年代取得飞速发展，我国竞争情报研究始于 20 世纪 90 年代，近 20 年来也取得了长足进步。目前，国内学者对竞争情报进展的研究多从发文量角度展开[1-4]，为了系统深入地了解我国竞争情报研究现状与发展态势，笔者以中文社会科学引文索引在 1998～2009 年 12 年间收录题名中出现“竞争情报”的论文 823 篇所附参考文献作为数据源，通过引文分析，揭示我国竞争情报领域产生重大学术影响的国内外论著、作者和期刊的分布状况，进而探究其学术来源。

一、引文总体状况

823 篇以“竞争情报”为题的论文共引用 7223 条参考文献，平均引文数为 8.78 条（不排除重复引用），这一数字远低于国外科技期刊的篇均引文数 20.8 条[5]。可见，虽然每年竞争情报研究的发文量可达百篇，如 2009 年为 127 篇，但真正有影响的论著还很有限，未来还有很大的发展空间。从引文类型看，论文因信息量大、内容新颖、周期快等特点占据引文的主体，达 65.7%；著作次之，占 24.5%。网络信息资源的地位逐步提升，占到了 9.8%。从引文语种看，中文论文在被引论文中占绝对优势（80.4%），中文著作在被引著作中所占比例稍低（66.7%）；外文论文和著作在引文总体中仅占 23.3%，表明我国目前 CI 研究层次较低，借鉴国外先进研究成果较少，跟进国外最新研究进展较慢。

二、国内学术论著对我国竞争情报研究的影响

1. 核心论文分析

1998～2009 年 12 年间 2194 篇中文论文被引 3818 次，平均被引 1.74 次。其中，被引

---

* 本文原载《情报理论与实践》，2011，34（12）：64-68。
作者：李颖，姚艺（南开大学商学院信息资源管理系、公司治理研究中心，天津，300071）。
评论：论文认为，在竞争情报领域，包昌火居被引次数排名前 10 位的国内作者之首；包昌火编著的《企业竞争情报系统》居被引次数前 8 种国内著作之首；包昌火撰写的论文有 4 篇入选被引次数前 10 篇的国内论文。

用1次的论文有1605篇，占总数的73.2%；引用1～2次的论文达1902篇，占总数的86.7%。这表明目前对我国竞争情报有影响的论文数量不多，其中排名前十位的论文如表1所示。

表1 被引次数排名前十位的国内论文

序号	篇名	作者	期刊	被引用次数
1	我国竞争情报研究综述	邱晓琳	情报理论与实践	25
2	人际网络分析	包昌火	情报学报	24
3	略论竞争情报的发展走向	包昌火	情报学报	21
4	企业反竞争情报研究	侯颖逢	情报理论与实践	20
5	竞争情报——国外的发展动向及其对我国的影响	缪其浩	情报理论与实践	19
6	竞争情报的崛起——为纪念中国竞争情报专业组织成立10周年而作	包昌火	情报学报	18
7	论企业竞争情报系统的建设	谢新洲	北京大学学报（哲学社会科学版）	18
8	国内外竞争情报研究发展综述	彭靖里	情报科学	17
9	竞争对手分析论纲	包昌火	情报学科	16
10	竞争情报的博弈论分析	董新宇	情报学科	15

排名第一的《我国竞争情报研究综述》与排名第五、第八的《竞争情报——国外的发展动向及其对我国的影响》和《国内外竞争情报研究发展综述》属于研究综述，与此类似的还有《略论竞争情报的发展走向》与《竞争情报的崛起——为纪念中国竞争情报专业组织成立10周年而作》，综述性论文占据半壁江山的情形与我国竞争情报较偏理论研究有关。这表明一方面大多数学者以综述作为获取理论背景的途径，虽不失为一条捷径，但易造成研究者对背景文献以偏概全、断章取义，甚至以讹传讹；另一方面也表明国内研究者似乎对综述类研究情有独钟，缺乏深入的专题性理论与实证分析。排名第二的《人际网络分析》提出人际网络是竞争情报和企业发展的一种社会资本[6]，紧密结合企业和实践，为人际网络在竞争情报中的应用提供理论和方法上的参考。在以理论研究为主导的氛围中，让人眼前一亮。排名第三的《略论竞争情报的发展走向》从发展情报能力，实行组织、流程、技术、决策和文化的一体化，实现竞争情报和知识管理的整合，加速竞争情报流程的软件化四个方面论述了竞争情报的发展走向[7]，为我国竞争情报研究从理论化转变为实践化提供了方向。简而言之，我国竞争情报的研究偏重理论，应用研究相对较少，具有影响力的论文有限。

2. 核心著作分析

537本中文著作被引1178次，平均被引2.19次，大于论文平均被引次数2，在一定程度上说明国内著作对我国竞争情报的影响力度大于论文。其中，被引1次的著作有396本，占总数的73.7%；被引1～2次的著作有461本，占总数的85.8%。这表明目前对我国竞争情报有影响的著作也不多，且出版时间相对久远（表2）。

表2 被引次数排名前八位的国内著作

序号	作者	书名	出版单位	出版年代	被引次数
1	包昌火	企业竞争情报系统	华夏出版社	2002	80
2	缪其浩	市场竞争和竞争情报	军事医学科学出版社	1996	63
3	刘诗章	竞争情报与企业信息化	中国计量出版社	1998	60

续表

序号	作者	书名	出版单位	出版年代	被引次数
4	王知津	竞争情报	科学技术文献出版社	2005	53
5	包昌火	竞争对手分析	华夏出版社	2003	34
6	曾忠禄	情报制胜——如何搜集、分析和利用企业竞争情报	企业管理出版社	2000	29
7	陈峰	竞争情报与战略管理	科学技术文献出版社	2004	16
8	张建华、王立文	企业生存的第四种理由：企业竞争情报的成与败	海南出版社	2002	10

排名前三的《企业竞争情报系统》《市场竞争和竞争情报》《竞争情报与企业信息化》属于国内出版较早的著作，说明这些论著在推动我国竞争情报研究发展中起着不可替代的作用，也从侧面反映了我国近年来没有出现影响力较大的著作，国内学者大都还在借鉴、消化、反复以往的研究成果，鲜有新的突破。2005 年出版的《竞争情报》距今时间最短，属于情报学研究生教材。以上情况在一定程度上说明我国竞争情报研究领域的中坚力量很薄弱，难以肩负我国竞争情报发展的重任。但表 1 的论文和表 2 的著作相比，著作在内容上更偏向于实践，显示了我国竞争情报研究在逐步从理论研究向实践应用转化，但近年来没有产生出有重大影响的著作，竞争情报在我国的发展任重而道远。

3. 核心作者分析

以论著第一作者计算，竞争情报 4996 篇被引中文论著中（无作者 28 篇），论文作者 1625 人，著作作者 479 人，论文和著作作者共有 2026 人，有 78 个作者相同，引用 1 次的作者有 1441 人，占 71.1%，引用 1～2 次的作者累计达 1717 人，占 84.7%，说明本领域有影响地位的作者并不多，其中被引次数排名前十位的作者如表 3 所示。

表 3　被引次数排名前十位的国内作者

序号	作者	期刊论文被引次数	著作被引次数	合计
1	包昌火	179	179	358
2	陈峰	90	18	108
3	缪其浩	31	67	98
4	彭靖里	91	0	91
5	吴晓伟	78	0	78
6	王知津	21	52	73
7	秦铁辉	51	3	54
8	樊松林	39	12	51
9	谢新洲	51	0	51
10	曾忠禄	11	34	45

居榜首的包昌火作为中国科学技术情报学会竞争情报分会名誉理事长，是我国竞争情报应用的主要倡导人，其论著对社会的影响颇深，从表 1 和表 2 中可见一斑。排名第三的缪其浩作为主要倡导者之一，目前担任上海市科技情报学会理事长、中国科学技术情报学会竞争情报分会副理事长，且为我国首个美国竞争情报从业者协会主席杰出成就奖获得者。其他排名前十位的作者像彭靖里、王知津、秦铁辉等都是我国引进、发展竞争情报理论和实践的带头人。排名第二位和第五位的陈峰和吴晓伟是为数不多的中青年学者，代表着我国竞争情报的未来，但目前中青年骨干太少，易造成我国竞争情报研究断层。此外，以上 10 人均来自情报研究所和高校，其中排名前四位的学者都来自情报研究所，其余学者来自

北京大学、南开大学、上海大学、暨南大学。可见我国竞争情报研究阵地集中在情报研究所和高校，这些高校或部分情报研究所（如中国科学技术信息研究所）也均在硕士或博士培养层次上设立了竞争情报方向。

4. 核心期刊分析

1998～2009 年近 12 年来，被引论文源自 654 种中文期刊，其中被引 1 次的期刊有 399 种，占总数的 61%；被引 1～2 次的期刊有 497 种，占总数的 76%，这说明竞争情报领域的论文主要集中发表在为数不多的期刊上，排名前十位的期刊如表 4 所示。《情报理论与实践》《情报学报》《情报杂志》位居前三位，其影响因子在图书情报领域均处于较高水平，说明情报学界是我国竞争情报研究的主要阵地，这也间接反映了我国竞争情报研究与图书情报学科存在千丝万缕的联系，对现代意义上的国民经济运行和企业管理中竞争情报运用体现不足。同时，也发现《商场现代化》《商业研究》《企业经济》《经济论坛》《经济师》《经济管理》等商学和经济学期刊发表竞争情报论文的数量在逐渐增多，预示着新的增长点。

表 4 被引次数排名前十位的国内中文期刊

个数	期刊名	被引次数	影响因子
1	情报理论与实践	484	1.5
2	情报学报	461	2.416
3	情报杂志	328	0.951
4	情报科学	254	1.112
5	图书情报工作	210	1.193
6	中国信息导报	126	0.581
7	现代情报	114	0.801
8	情报资料工作	75	1.169
9	图书情报知识	66	1.583
10	情报探索	51	0.697

注：影响因子来源于中国知网

三、国外学术论著对我国竞争情报研究的影响

1. 核心论文分析

1998～2009 年 12 年来，国外竞争情报领域的 665 篇论文被国内学者引用了 930 次，平均被引 1.398 次，低于中文论文，表面上看似乎国外论文的影响力没有国内论文大，其更深层次的原因是国内学者对国外相关论文关注不够，如前所述，学者多通过文献综述获取国外研究进展。引用次数最多的只有 9 次，被引用 1～2 次的占到总数的 91%，进一步说明国外论文对国内竞争情报研究的影响不大（表 5）。

表 5 竞争情报领域被引次数排名前十位的外文论文

序号	篇名	被引次数
1	CI and KM convergence：a case study at shell services international	9
2	Key intelligence topics：a process to identify and define intelligence needs	7
3	Past’ present’ and future directions for technical intelligence	7
4	Putting competitive technology intelligence to work	7
5	Competitive intelligence：lessons from the trenches	6

续表

序号	篇名	被引次数
6	Gauging the returns on investment in competitive intelligence: a three-step analysis for executive decision makers	6
7	Leveraging information for action: a look into the competitive and business intelligence consortium benchmarking study	6
8	Toward global competitive advantage-creation, competition, cooperation, and co-option	6
9	CI spider: a tool for competitive intelligence on the Web	5
10	Competitive intelligence adds value: five intelligence attitudes	5

排名第一的论文是一篇案例研究，论述如何通过知识管理使竞争情报活动在壳牌石油国际战略服务中发挥更好作用[8]，将知识管理引入竞争情报研究中，为我国知识管理在竞争情报领域的运用提供了参考。排名第二的论文为如何确定企业和组织的情报需求而苦恼的国内学者提供了建议[9]，这也间接表明国内竞争情报的研究才刚刚开始，关注的问题还是国外竞争情报初始阶段关注的焦点。并列排名第二的 Past，present，and future directions for technical intelligence 和 Putting competitive technology intelligence to work 都是关于竞争情报技术应用与发展的研究[10,11]，对国内竞争情报由传统的理论研究向实际的操作转移起到了一定的影响。国内学者引用的研究成果多数发表于 2000 年之前，说明这一阶段国外研究成果对我国竞争情报研究影响颇深，但也表明我国的竞争情报刚刚起步，还在消化、吸收国外竞争情报领域早期的研究成果，这也间接解释了近年来国内学者对国外最新研究进展关注不够的原因。

2. 核心著作分析

358 本国外著作被国内学者引用 590 次，平均 1.64 次低于中文著作的 2.19 次，高于外文期刊的 1.398 次，表面上看国外著作对我国竞争情报的影响力大于外文期刊，低于国内著作更深层次的原因是国内学者对国外著作关注不够。其中，888 本著作被引 1～2 次，表明影响国内竞争情报发展的国外著作也集中在少数几本（表 6）。

表 6　竞争情报领域被引次数排名前十位的外文著作

序号	作者	书名	译者	出版单位	出版年份	被引次数
1	普赖斯科特	竞争情报应用战略——企业实战案例分析	包昌火等	长春出版社	2001	18
2	Kaha-Nerl	Competitive Intelligence		Simon&Schuster Ine	1997	14
3	米勒	新千年情报：数字时代理解与实施竞争情报	刘敏等	科学技术文献出版社	2004	14
4	沙克尔	企业竞争情报作战室	王知津等	人民邮电出版社	2005	9
5	Tyson	Complete Guide to Competitive Intelligence		Kirk Tyson International Ltd	1998	8
6	Ashton	Keeping Abreast of Science and Technology: Technical Intelligence for Business		Battelle Press	1997	8
7	泰森	竞争情报完全指南	王玉等	中国人民大学出版社	2005	8
8	波特	竞争战略	陈小悦	华夏出版社	1997	8
9	波特	竞争优势	陈小悦	华夏出版社	2005	7
10	罗宾斯	组织行为学	孙健敏等	中国人民大学出版社	1997	7

引用次数最多的是普赖斯科特的《竞争情报应用战略——企业实战案例分析》，这与他是国内学者关注最多的学者相吻合。该书介绍了竞争情报在世界500强如宝洁、IBM、壳牌、施乐等公司的运用，展示了具有可操作性的、实践证明的竞争情报方法[12]，这对国内重理论轻实践的竞争情报界影响深远，也反映了国外竞争情报已经在广大企业中得以应用，而国内的主体研究还停留在以图书情报为背景的研究人员进行的理论研究。波特竞争三部曲中的《竞争战略》《竞争优势》对国内竞争情报的影响也很大，为竞争情报在企业中的运用提供了丰富的理论基础。综上，出版年代显示影响我国竞争情报发展的著作属于早期经典之作，从内容看我国竞争情报的研究正处在理论向实践的转型初期，从引用次数看我国竞争情报领域学者对国外著作的关注程度还很低。尤其要引起关注的是著作的语种问题，七本为中译本，其中排在第七的《竞争情报完全指南》就是排名第五位的中译本，说明国内学者碍于语言、获取途径等障碍无法充分利用国外论著，在一定程度上阻碍了国内外学术交流，使国内学者无法及时、有效地跟踪国外研究进展。

3. 核心作者分析

152C篇被引外文论著以第一作者计算：无作者的18篇；论文作者572人，89%被引1～2次；著作作者345人，89.6%被引1～2次。被引1～2次的作者人数接近总数的90%，说明国外活跃在竞争情报领域的学者可能不是很多，对我国竞争情报有影响的作者更集中在少数几个人，也说明国内学者对国外竞争情报的关注范围较狭窄，关注度不够，没有全面、广泛地了解国外竞争情报的研究群体与组织并及时跟踪。被引篇数排名前十位的论文和著作作者如表7所示。

表7 竞争情报领域被引次数排名前十位的外文作者

论文			著作		
序号	作者	被引次数	序号	作者	被引次数
1	Presoott J E	35	1	普赖斯科特	24
2	Herting J P	18	2	波特	19
3	Calof J	16	3	米勒	16
4	Breeding B	9	4	Mcgonagle J J	14
5	Granovetter M S	9	5	Tyson K W M	14
6	Norling P M	8	6	Prescott J E	13
7	Pepper J E	7	7	Ashton W B	10
8	Fuld L M	6	8	Kahaner L	9
9	Hjorland B	6	9	沙克尔	9
10	Lichtenthaler E	6	10	Han J	7

普赖斯科特是国内竞争情报领域最受关注的学者，他是美国匹兹堡大学商业管理学院教授、SCIP前主席兼创始人、竞争情报和战略管理领域的国际专家，研究领域主要是竞争者分析、网络和竞争情报流程的设计，主要著作有《竞争情报的进展》《竞争情报全球展望》《竞争情报应用战略》[13]，其中《竞争情报应用战略》是国内学者引用最多的著作。波特被引次数排名第二位，作为商界公认的"竞争战略之父"，其竞争三部曲《竞争战略》《竞争优势》《国家竞争优势》被国内竞争情报领域作者广为引用，对我国竞争情报的影响不言而喻。此外，国内竞争情报领域学者引用的作者年龄都比较大，这说明国内学者很少关注国外竞争情报领域现阶段活跃的青年学者的研究成果，且从这些影响国内竞争情报领域发展的国外作者的背景可以看出，他们都有正统的商学背景，而我国竞争情报领域的研

究学者大多是传统的图书情报出身，这也是制约我国竞争情报发展的因素之一。

4. 核心期刊分析

外文参考文献主要来源于345种外文期刊，81.8%的期刊被引1～2次，表明国内学者引用的外文文献来源的期刊比较集中（表8）。其中，Competitive Intelligence Review是国内竞争情报界最常关注的期刊，被引次数领先第二名近200次，是国外竞争情报界的核心期刊。这就表明国外竞争情报界早已形成自己独立的研究团体并拥有独立的核心刊物，而国内的竞争情报研究成果多发表在传统的图书情报类期刊上，在一定程度上表明我国竞争情报定位不明确。此外，引用率较高的国外期刊还有Harvard Business Review、Strategic Management Journal、Management Science等，再次说明了国外竞争情报的研究更偏向于商业应用，研究人员都具有深厚的商学背景。

表8　竞争情报领域内被引次数排名前十位的外文期刊

序号	期刊名	被引次数
1	Competitive Intelligence Review	233
2	Competitive Intelligence Magazine	28
3	American Journal of Sociology	13
4	International Journal of Information Management	13
5	Harvard Business Review	11
6	Strategic Management Journal	11
7	Proceeding of the International Forum of Technical Innovation and Competitive Technical Intelligence	10
8	Research Technology Management	10
9	Management Science	9
10	Communications of the ACM	8

四、结束语

1）从论文与著作引用的角度看，影响我国竞争情报研究的国内论文以综述为主，应用类较少；而具有影响力的国外论文数量很少，大多数发表于2000年之前。近年来，国内也没有出现有重大影响的著作，影响力度大的著作出版时间较早；而影响我国竞争情报发展的国外著作数量少，且为国外竞争情报领域早期经典之作，但内容更加关注竞争情报在企业的运用。综上，我国竞争情报研究还处于初期，仍在消化、吸收国外早期研究成果，对国外最新研究进展关注不够。研究内容偏理论，初现从理论向实际应用转变的态势，鲜有新的突破与创新，未来发展依旧任重而道远。

2）从作者引用的角度看，有影响的国内作者都是将竞争情报引入我国的老一辈先驱，国外作者也都是老一辈的全球竞争情报鼻祖。说明我国学术界和企业界对竞争情报领域的关注度不高，重视程度不够，竞争情报研究队伍逐渐出现断层；同时，国内学者还是在借鉴引用国外老一辈竞争情报研究者的成果，没有及时跟进国外目前活跃的竞争情报研究者的成果。研究队伍的薄弱和对国外竞争情报的最新动向关注不够是制约我国竞争情报发展的重要原因。

3）从期刊引用的角度看，国内研究成果主要发表在图书情报学领域的核心期刊上，而国外竞争情报界有独立的核心期刊，且多发表在商业期刊上。说明我国竞争情报主要的研究团队以图书情报背景为主，与现代意义上的国民经济运行和企业管理中竞争情报的运用存在差距。而国外竞争情报领域的研究人员多具有商学背景，研究内容也都与企业运营管理有关。国内商业期刊的加入也反映了我国竞争情报领域的研究正逐步深入到国民经济和企业管理和运营中，需要广大具有商学和经济学背景的学者以及企业人士加入其中。

参考文献

[1] 李丹 . 2000—2004 年我国竞争情报论文的统计分析 . 情报科学，2006，24 (1)：140-143.

[2] 郑玲，黄鹏 . 1987—1998 年我国竞争情报研究论文的统计与分析 . 情报理论与实践，2003，23 (5)：369-371.

[3] 于静 . 1989—2003 年竞争情报研究论文统计分析 . 图书馆杂志，2003，22 (9)：10-21.

[4] 王克平，梁战辉，李勇，等 . 我国竞争情报研究论文的统计分析 . 情报学报，2006，25 (3)：369-374.

[5] 刘雪立，李胜利，谭豫川 . 科技期刊参考文献的研究现状 . 中国医学期刊研究，1996，13 (1)：11-14.

[6] 包昌火，谢新洲，申宁 . 人际网络分析 . 情报学报，2003，(3)：365-374.

[7] 包昌火等 . 略论竞争情报的发展走向 . 情报理论与实践，2004，25 (3)：352-366.

[8] Breeding B. CI and KM convergence：a case study at shell services international. Competitive Intelligence Review，2000，11 (4)：12-24.

[9] Herring J P. Key intelligence topics：a process to identify and define intelligence needs. Competitive Intelligence Review，1999，10 (2)：4-14.

[10] Kosenkrans J W A. Past，present，and future directions for technical intelligence. Competitive Intelligence Review，1998，9 (2)：34-39.

[11] Norling P M. Putting competitive technology intelligence to work. Research Technology Management，2000，43 (5).

[12] 约翰 · E. 普赖斯科特，斯蒂芬 · H. 米勒 . 竞争情报应用战略——企业实战案例分析 . 包昌火等译长春：长春出版社，2004.

[13] http：//baike. baidu. cmo/view/3471983. htm.

基于中文社会科学引文索引的中国情报学知识图谱分析*

一、引言

情报学是 20 世纪 40 年代中期为克服大科学时代的情报危机而发展起来的新兴学科，其基本目标和任务是提供知识信息组织的理论方法，并将知识和信息组织有序化，以用户

---

* 本文原载《情报学报》，2012，31 (5)：470-478。

作者：马海群，吕红（黑龙江大学信息资源管理研究中心、黑龙江大学信息管理学院，哈尔滨，150080）。

评论：论文认为，包昌火在情报学领域被引作者中居第二位；认为对中国情报学有重大影响 10 篇奠基性文献中的第 7 篇是 1990 年出版的《情报研究方法论》，该书为情报研究方法论的发展做出了重要贡献，是中国情报学方法研究的奠基文献。

认为方便的形式提供有效利用[1]。发源于图书馆学和文献学的情报学是研究有效地运用信息、知识和情报的规律性的一门科学[2]。通过对学科的回顾与展望，以及对研究前沿、热点的追踪，不仅有利于深入揭示学科发展的轨迹、特征和规律，还有助于学者更好地把握本学科的研究动态和发展趋势[3]。近年来，国际上新兴的科学知识图谱研究是以科学学为研究范式，以引文分析方法和信息可视化技术为基础，涉及数学、信息科学、认知科学和计算机科学诸学科交叉的领域，是科学计量学和信息计量学的新发展[4]。本文利用可视化技术对中国情报学近 10 年中社会科学引文索引来源文献进行分析，以期对中国情报学的发展脉络和演化进程有一个较为整体、全面的认识和把握。

二、数据来源与研究工具

CSSCI 的来源期刊具有权威性和代表性[5]。本研究数据来源于 CSSCI，检索表达式：LY01，LY02，LY03，LY04，LY05，LY06，LY07，LY08，LY09，LY10，XK＝图书馆、情报与文献学，XW ＝120 502＄，文献检索所选数据库为 2001～2010 年来源数据库，学科类别选择图书馆、情报与文献学，命中 8290 篇文献，检索时间为 2011 年 6 月 26 日。

本文采用的研究工具是用来分析和可视共引网络的信息可视化软件 CiteSpace。CiteSpace 可用于探测和分析学科研究前沿的变化趋势，为知识领域动态演进的可视化研究提供了新的平台，它能够在绘制的知识图谱上显示一个学科在一定时期中形成若干研究前沿领域的演进历程[6]。CiteSpace 最新版本 CiteSpace 11 的下载地址为 http：//cluster. ischool. drexel. edu/～cchen/citespace/current/citespace. jnlp[7]。

三、中国情报学的研究主体分析

在 CiteSpaceⅡ软件界面，将时区跨度分割设为 2001～2010 年，单个时间分区为 1 年，主题聚类词来源为标题、摘要、系索词与标识符，阈值选择各时区前 30 个高被引或高频现节点，选择最小生成树算法和路径网络简化算法，可视图显示为静态聚类视图和合并网络视图。最小生成树是指所有生成树中，根据各节点之间的距离建立不同的连通网络，最后选择的总线路距离最短的连通网络，Samoylenko 等用最小生成树算法对 1994～2001 年度 SCI 期刊之间的引用数据进行分析，成功绘制了基于最小生成树的期刊引用关系知识图谱[8]。路径网络简化是依据一个三角不等式检验以决定是保留还是删除某个连接，其标准是一个单连接路径的长度不能超过其他多个连接的路径长度[9]。

1. 合著者网络分析

按上面设置的参数，并选择网络节点类型为作者，进行合著者网络分析，合著者知识图谱反映作者间的合作情况，如图 1 所示。

图 1 显示出几个比较大的作者聚类群，如分别以邱均平、王知津、张玉峰、郑彦宁、包昌火、张晓林、彭靖里为中心的作者群。图中节点大小同发文频次成正比，节点年环代表这位作者的发文历史，一个节点年轮的厚度与某个时间分区内发文数量成正比，从 CSSCI 来源文献看，我国情报学近 10 年发文频次较高的前二十六位作者有邱均平、王知津、张玉峰、赖茂生、苏新宁、冷伏海、朱庆华、马海群、周九常、夏立新、韩毅、毕强、文庭孝、郑彦宁、侯汉清、陈峰、靖继鹏、陈文勇、梁战平、彭靖里、吴晓伟、陆伟、焦玉英、

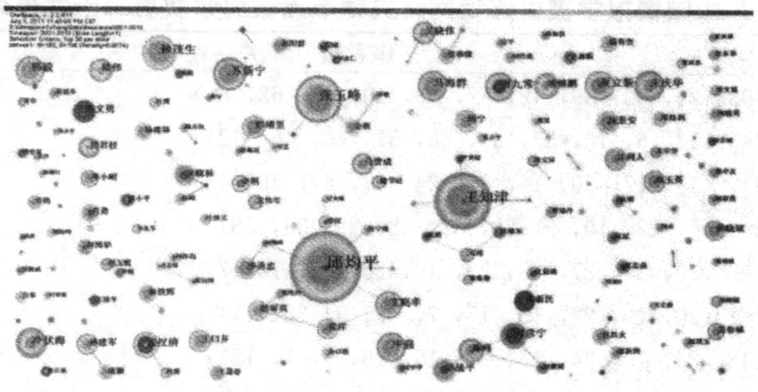

图 1　中国情报学合著者共现知识图谱

庞景安、甘利人、周宁；图中的红色点代表近 10 年 CSSCI 来源文献发文突增率较高的作者，突增率前十五位作者有张晓林、陈文勇、程刚、张新民、耿骞、赵星、郑彦宁、赵筱媛、徐仕敏、邹志仁、张志强、李江、王建冬、樊松林、成波。

2. 被引作者网络分析

按上面设置的参数，选择网络节点类型为被引作者，进行被引作者网络分析，被引作者知识图谱反映出作者被引频次的情况，如图 2 所示。

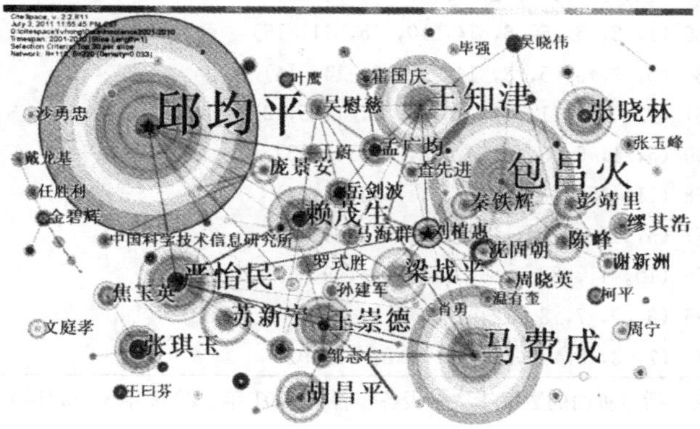

图 2　中国情报学领域被引作者知识图谱

作者被引突显率是反映被引频次增长快慢的指标，作者被引突显率越高表明其被引频次增长越快。图 2 中红色节点是指突显率较高的节点，从 CSSCI 来源文献看，近 10 年中国情报学领域作者被引突显率较高的作者有孟广均、邹志仁、陈光祚、霍国庆、张琪玉、贺德方、乌家培、卢泰宏、严怡民、刘军，突显率分别是 13.78，12.82，12.03，10.71，10.53，9.59，9.47，9.22，8.84，8.17，他们是近 10 年作者被引频次增长较快的作者。从图 2 和表 1 中可以看出，基于 CSSCI 来源文献，近 10 年中国情报学领域作者被引频次高于 73 次有的 26 位作者，他们在中国情报学领域具有重要的地位。邱均平和刘植惠的中心性分别是 0.15 和 0.10，是中心性最高的两位作者，在图中以中心为五角星的紫色节点显示，另外中心性较高的作者还有马费成、王知津、严怡民、庞景安、王崇德、吴慰慈、孟广均、沈固朝、邹志仁、包昌火、梁战平、马海群，中心性分别是 0.09，0.09，0.08，0.08，0.07，0.05，0.04，0.04，0.04，0.03，0.03，0.03，他们基本上也都是高被引作者，如表 1 所示。

表 1　中国情报学被引作者网络关键节点被引频次前二十六位列表

排名序号	作者被引频次	作者
1	493（25，33，39，42，67，39，49，53，62，84）	邱均平
2	345（13，6，16，33，31，56，57，45，46，42）	包昌火
3	317（13，17，29，16，35，24，47，47，46，43）	马费成
4	234（7，12，10，9，23，32，38，29，36，38）	王知津
5	190（19，27，27，15，27，16，26，12，14，7）	严怡民
6	162（20，19，22，15，17，7，19，9，23，11）	赖茂生
7	148（24，10，24，15，20，15，16，5，7，12）	王崇德
8	147（9，10，19，25，19，17，17，7，11，13）	张晓林
9	139（2，10，9，11，21，11，26，13，25，11）	梁战平
10	136（4，5，3，14，17，17，14，27，18，17）	苏新宁
11	135（13，14，17，13，13，14，9，12，15，15）	胡昌平
12	125（15，9，22，24，16，9，10，6，8，6）	张琪玉
13	102（0，0，2，12，13，11，15，13，15，21）	陈峰
14	96（7，2，4，8，8，10，12，10，15，20）	彭靖里
15	86（16，15，16，8，5，9，5，2，5，5）	孟广均
16	86（6，7，10，18，9，7，8，9，7，5）	焦玉英
17	86（13，3，9，8，17，7，7，5，7，10）	缪其浩
18	85（1，2，5，5，6，14，10，15，11，16）	庞景安
19	84（0，3，5，5，8，14，12，9，14，14）	秦铁辉
20	81（12，12，11，11，10，9，8，1，5，2）	岳剑波
21	80（5，1，5，3，4，9，18，4，18，13）	沈固朝
22	78（11，15，12，7，8，6，7，3，5，4）	卢泰宏
23	77（5，11，3，9，14，9，7，7，8，4）	吴慰慈
24	76（10，11，8，5，6，8，12，4，9，3）	刘植惠
25	75（6，9，7，8，12，10，7，8，5，3）	马海群
26	73（7，3，5，10，5，7，8，8，11，9）	谢新洲

注：作者被引频次列表中括号里面的数字依次代表各作者在 2001 年、2002 年……2010 年各个年度的被引频次

3. 研究机构网络分析

按上面设置的参数，选择网络节点类型为研究机构，运行 CiteSpace 进行作者研究机构网络分析，可将近 10 年中国情报学 CSSCI 来源文献体现的主要研究机构共现情况显示出来，如图 3 所示。

图 3　中国情报学主要研究机构共现知识图谱

图 3 中每一个节点代表一个研究机构，节点越大，代表该研究机构发文频次越高。从 CSSCI 来源文献来看，近 10 年我国情报学的主要研究机构有武汉大学信息管理学院（及武汉大学信息资源研究中心）、南京大学信息管理系、中国科学技术信息研究所、北京大学信息管理系、中国科学院文献情报中心、吉林大学管理学院、华中师范大学信息管理系等。机构突显率是反映机构发文量增长快慢的指标，机构突显率越高表明其发文量增长越快，在图 3 中以红色突显点的形式出现。机构突显率较高的前三位有中国科学院国家科学图书馆、南开大学国际商学院、中山大学信息管理系，机构突显率分别是 17.41，17.09，16.67。

四、中国情报学研究的知识基础分析

知识基础是一个有利于进一步指明研究前沿本质的概念，它可由共引聚类来表示，随着不断降低共引聚类阈值，共引聚类中的文章会不断增多，从而相应的知识基础也逐渐增大，并且知识基础在相当长的一段时间内会保持非常稳定[10]。通过绘制文献共被引网络知识图谱，对被引文献进行时间、被引频次和中心性的相关分析，可分别发现早期奠基性文献、高频被引文献、高中心性文献三类文献是情报学的知识基础，构建中国情报学的研究脉络和研究基础。

1. 早期经典文献

设置讨区分割为 2001～2010 年，单个时间分区为 1 年；主题聚类词来源选择为标题、摘要、系索词与标识符，网络节点类型选择被引参考文献，设定调整聚类节点与研究等关系连线的阈值凋谐（C，CC，CCV）前中后阈值均为（4，4，30），其中，C 为文献被引频次，CC 为两篇文献的共引频次，CCV 为文献的共引系数，选择路径搜索算法和路径网络简化算法。探索关键路径的路径算法最初应用于作者共引分析，后被应用于一般的网络共引分析，它用一种较最小生成树算法更复杂的连接删除算法，经过模型运算剪切网络中大部分连接，只保留最重要连接，同时所有节点保持不动，最大程限地简化网络，得到一个最小值网络[11-13]。

按上述参数运行 CiteSpace，再选择时间线视图，绘制早期奠基性文献时间序列知识图谱，如图 4 所示。图中每个节点代表一篇文献，节点越大，表示该文献被引频次越高，每个节点圆圈显示的不同颜色年环表明该节点文献在不同年份的引文时间序列，节点颜色年环的厚度与相应年份的引文数量成正比。

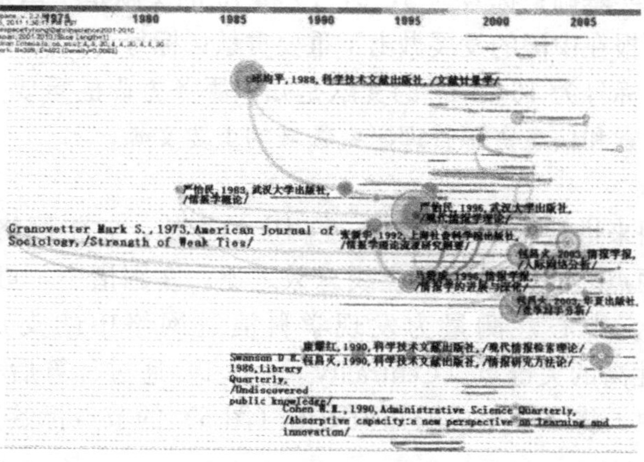

图 4　对中国情报学有重大影响的早期经典奠基性文献时间序列知识图谱

文献时间序列知识图谱中，越靠近左边的节点出现时间越早，图 4 显示，第一篇对中国情报学有重大影响的奠基性文献是 Mark S. Granovetter 于 1973 年在 American Journal of Sociology 上发表的 Strength of Weak Ties，该文提出了关系强度理论[14]。包昌火于 2003 年在《情报学报》发表的《人际网络分析》和华夏出版社出版的《竞争对手分析》与其联系紧密。第二篇对中国情报学有重大影响的奠基性文献是严怡民 1983 年出版的《情报学概论》，这是我国第一部情报学专著[15]。该文献与张新华 1992 年的《情报学理论流派研究纲要》，严怡民 1996 年的《现代情报学理论》和马费成 1996 年在《情报学报》发表的《情报学的进展与深化》有紧密联系，对中国情报学的学科发展和理论建设具有重大作用。第三篇对中国情报学有重大影响的奠基性文献是 Don R. Swanson 于 1986 年在 Library Quarterly 上发表的 Undiscovered public knowledge，此文为非相关文献分析研究奠定了基础[16]。第四篇对中国情报学有重大影响的奠基性文献是邱均平 1988 年出版的《文献计量学》，全书阐述了文献计量学的基本定律、理论基础及主要的定量分析方法[17]。第五篇对中国情报学有重大影响的奠基性文献是 1990 年 Wesley M. Cohen 在 Administrative Science Quarterly 发表的 Absorptive Capacity：A New Perspective on Learningand Innovation，该文为知识管理研究提供了理论支持[18]。第六篇对中国情报学有重大影响的奠基性文献是康耀红 1990 年版的《现代情报检索理论》，该文献为我国信息检索理论发展做出了重要贡献[19]。第七篇对中国情报学有重大影响的奠基性文献是包昌火于 1990 年出版的《情报研究方法论》，该书为情报研究方法论的发展做出了重要贡献，是中国情报学方法研究的奠基文献[20]。文献被引半衰期是衡量文献老化速度的指标，文献被引半衰期越长，其老化速度越慢，文献影响力更深远，同一文献被引半衰期在不同年度是不同的，通常取其平均值[21]。这七篇早期奠基性文献的文献被引半衰期都较长，分别是 33，18，23，13，17，14，16，进一步证明这七篇文献对我国情报学相应研究领域起着重要的奠基性作用。

2. 高被引文献

调整（C，CC，CCV）前中后的阈值均为（3，3，30），选择最小生成树算法，生成 cluster view 视图，在图谱可视化窗格中将节点标签选择为按被引频次显示，如图 5 所示。在图 5 中，标号为 1，4，9 和 13 的文献推动了中国情报学的理论研究和学科发展；标号为 2，5，8 和 11 的文献是我国文献计量学和信息计量学领域重要的基础性文献，为中国“三计学”的发展打下坚实基础；标号为 3，6，10 和 15 的文献是中国情报学竞争情报领域的重要文献，为竞争情报在中国的发展做出了重要贡献；标号为 7 和 18 的文献是有关社会网络分析的重要文献；标号为 16 和 17 的文献是知识服务方面的重要文献；标号为 12 和 14 的文献分别是情报检索和信息资源管理研究领域的重要文献。

3. 高中心性文献

节点中心性是用来进行网络节点中心性测度的指标，它指网络中经过某点并连接两点的最短路径占这两点之间的最短路径线总数之比。在图谱中，可很容易看到具有较高中间中心性的节点。中心性测量为发现学科演进网络中的支点提供了依据[22]。在 CiteSpace 中，中心性高的关键点（Centrality＞＝0.1）通过计算后在图谱中以紫色显示。在图谱可视化窗格中，将 4.2 生成的知识图谱（图 5）的节点标签选择为按中心性显示，如图 6 所示。

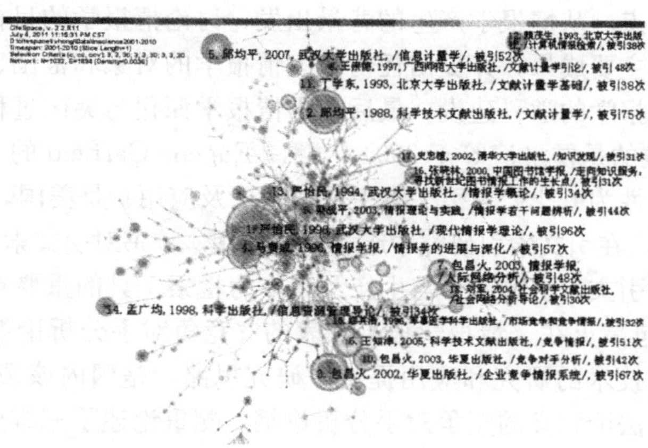

图 5 中国情报学高被引文献知识图谱

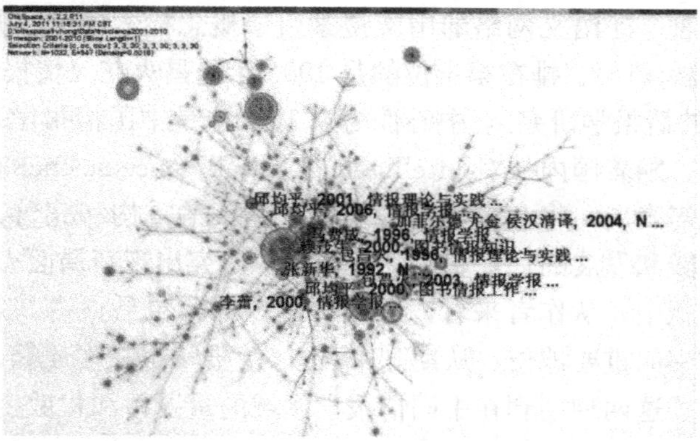

图 6 中国情报学高中心性被引关键节点文献知识图谱

从图 6 可知，中国情报学高中心性节点有 10 个，并分别连接着不同的研究网络群体。中心性排第一位的是 2001 年邱均平在《情报理论与实践》发表的《网络信息计量学及其应用研究》，中心性为 0.25。这是中国网络信息计量学研究领域的关键文献，为国内该领域的研究指明了方向[23]。排在第二位的是 1992 年张新华出版的《情报学理论流派研究纲要》，中心性为 0.19。该书为我国情报学理论研究领域的关键文献[24]。排在第三位的是 2006 年邱均平在《情报学报》发表的《搜索引擎用于测定网络影响因子时的一致性比较及原因分析》，中心性为 0.18，这是国内有关网络影响因子测度方面的关键文献。该文用熵值法和非参数假设检验法比较测定 Google、Alltheweb 及 Altavista 检索结果的一致性，并提出适用测定网络影响因子的搜索引擎应满足的条件[25]。排在第四位的是 2000 年赖茂生在《图书情报知识》上发表的《情报学的发展观》，中心性为 0.18。这篇文章对中国情报学的学科建设及其发展起着关键作用。该文分析了情报学的诞生背景，探讨了情报学的内容结构，论述了情报学与相关学科的关系及其发展前景[26]。排在第五位的是 2000 年邱均平在《图书情报工作》发表的《论知识管理与竞争情报》，中心性为 0.16，这是连接中国知识管理和竞争情报研究的知识拐点。该文提出狭义知识管理和广义知识管理的概念，并从知识管理和竞争情报的概念入手，着重讨论了两者的关系[27]。排在第六位的是 1996 年马费成在《情报学报》发表的《情报学的进展与深化》，中心性为 0.15，该文是中国情报学学科建设及其发展的又一个重要知识拐点。从情报学产生的背景出发，讨论情报学的目标与基本任务，回顾情报学的发展历程及主要成果，并提出任何扩大情报学的对象和范围、偏离基本任务和目标的倾向都不利于情报学的学科建设，最后指出情报学深化与突破过程中需要解决的关键问题[28]。排在第七位的是侯汉清等于 2004 年翻译 Eugene Garfield 的《引文索引法的理论及应用》一书，中心性为 0.13，《引文索引法的理论及应用》是美国著名情报学家 Eugene Garfield 的经典之作，在引文索引研究中起着重要作用。该书对引文索引法的概念和历史进行了阐述，并分析了引文索引的设计与生产及其作为检索工具的重要意义和应用[29]。排在第八位的是 2003 年包昌火在《情报学报》发表的《竞争对手分析论纲》，中心性为 0.12，该文为竞争对手分析技术的研究和应用提供了研究思路，是国内该领域的重要知识拐点。文中试图建构具有方法论意义的竞争对手分析论纲，侧重论述了三维分析法、竞争对手分析流程和竞争对手分析软件[30]。排在第九位的是 2000 年李蕾在《情报学报》发表的《基于语义网络的概念检索研究与实现》，中心性为 0.10，这是国内语义网在检索研究领域的重要文献。该文介绍了一种基于语义网络的中文搜索引擎概念检索模型，并应用此模型初步实现了特定领域的概念检索[31]。排在第十位的是 1996 年包昌火在《情报理论与实践》发表的《Intelligence 和我国的情报学研究》，中心性为 0.10，这是中国情报学理论建设方法的一篇关键文献。该文指出，随着国内外对 intelligence、intelligence science 概念与活动的深入研究及竞争情报的出现与发展，将会推动情报学理论框架的重构和完善，使情报学真正成为指导我国信息工作实践和发展的理论基础，使情报学研究出现新局面[32]。中国情报学 10 篇高中心性关键节点文献中，从作者来看，邱均平占 3 篇，包昌火占 2 篇，进一步印证了他们在中国情报学领域中的重要地位；从期刊来看，《情报学报》占 4 篇，《情报理论与实践》占 2 篇，从侧面说明了这两种期刊在中国情报学领域的重要性和权威度。

五、中国情报学研究热点与前沿的知识图谱分析

1. 中国情报学研究热点的知识图谱

关键词是作者对文献核心的精炼表述，在学科领域里高频出现的关键词常被视为热点研究领域[33]。另外，中心性高的关键词易成为关键词网络图谱演进的拐点，也在一定程度上代表学科的研究热点。因此，我国情报学研究热点是指高频关键词和高中心性关键词，可借助 CiteSpace 可视化软件绘制关键词聚类图，来确定中国情报学的研究热点领域。

在 CiteSpace 中，选择关键词作为网络节点类型，设置（C，CC，CCV）前中后阈值分别为（3，3，25）、（3，3，30）和（3，3，35），选择最小生成树算法，分别绘制中国情报学高频关键词聚类图和高中心性关键词聚类图，这两幅图可视为中国情报学研究热点图谱，如图 7 和图 8 所示。图 7、图 8 中，每个节点代表一个关键词，节点大小表示关键词出现的频次高低，节点间连线表示关键词间的共现关系，紫色光圈节点是高中心性点（centrality＞＝0.1），该类节点与其他节点间存在紧密联系，是连接不同研究领域的关键节点。从高频次关键词的角度分析，整个视图可以分成 11 个较大的研究主题，分别是竞争情报、信息检索、情报学理论研究、知识管理、搜索引擎、信息服务、文献计量学、本体、数据挖掘与数据库、信息资源管理、信息管理与信息组织，这些研究主题是中国情报学的研究热点领域。从高中心性关键词的角度分析，可看出中国情报学研究的热点领域有信息计量学、个性化信息服务、用户与系统模型、信息过滤。另外，图 8 显示出一条由高中心性关键词构

成的演化路径：知识服务—个性化信息服务—系统模型—信息过滤—用户模型—个性化服务—PageRank—链接分析—网络信息计量学—信息计量学—SCI，这条路径打通了图谱的上下两个部分，这 10 个高中心性节点是中国情报学十分重要的知识拐点。

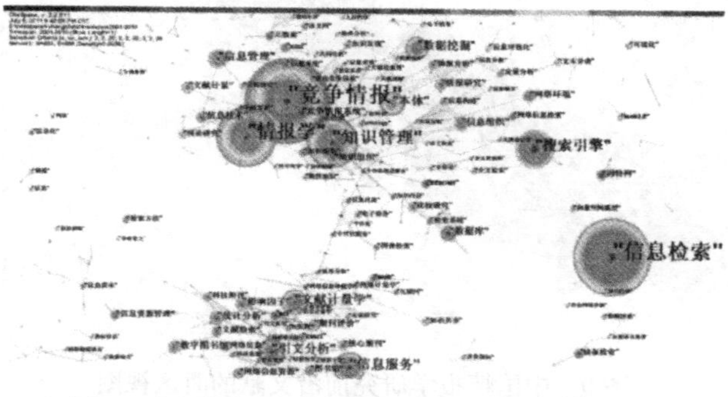

图 7 中国情报学研究热点视图——高频关键词

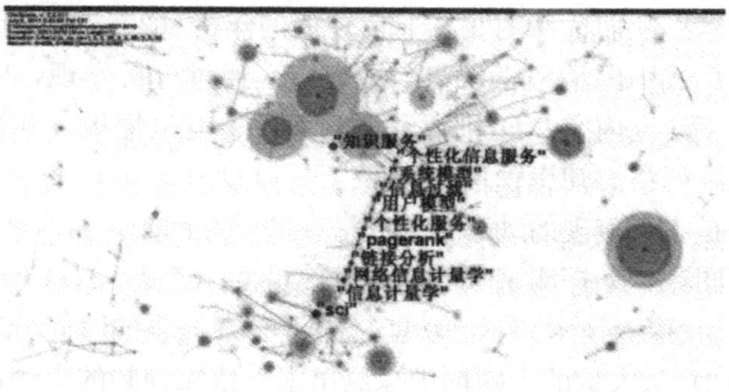

图 8 中国情报学研究热点视图——高中心性关键词

2. 中国情报学研究前沿的知识图谱

普赖斯注意到在科学引文网络中，越是频繁被引用的文献越可能是新近发表的文献，即科学家似乎倾向于引用最新发表的文献，并将其称为即时因子，他提出了用来描述学科研究领域过渡本质的概念——研究前沿，某个领域的研究前沿由科学家积极引用的文献来体现[34]。Small 和 Griffith 将共引聚类视为研究前沿[35]。Garfield 将共引聚类与引文的总和定义为研究前沿[36]。陈超美认为研究前沿是一组突现的动态概念和潜在的研究问题，是正在兴起的理论趋势和新主题的涌现，出现频次增长率快速增加的专业术语将被确定为研究前沿术语[37]。研究学科领域研究前沿对该学科领域的研究者有重要意义，使研究者及时准确地把握研究前沿和学科研究的最新动态，预测学科发展方向和需要进一步研究的问题[38]。探测研究前沿，可用 CiteSpace Ⅱ强调研究前沿和其知识基础间顺时模式的时区视图功能，来获取一组最新热点研究文献构成的研究前沿[39]。时区视图由一系列表示时区的条形区域组成，时区按时间顺序从左向右排列，因而研究前沿指向知识基础，视图可显示学科最近几年的发展脉络及研究前沿与知识基础间千丝万缕的联系[40]。因此，研究前沿是指时区视图中位于图谱右上角的出现频次增长率快速增加的文献节点。

在 CiteSpace 中，网络节点类型选择被引参考文献，设置（C，CC，CCV）前中后阈值均为（3，3，30），选择 Pathfinder 算法，绘制中国情报学研究前沿文献的时区视图，如图 9 所示。

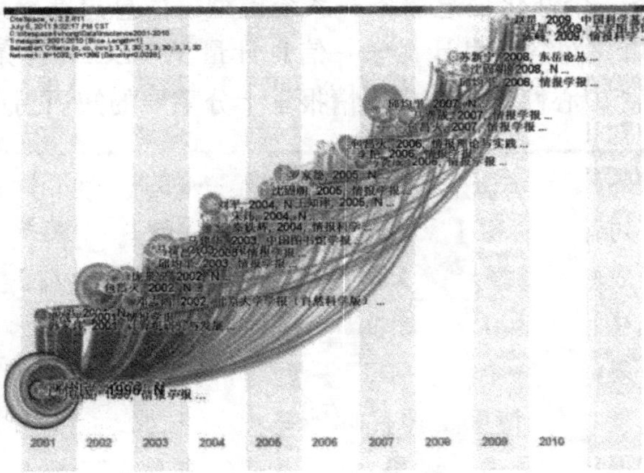

图 9　中国情报学研究前沿文献的时区视图

图谱右上角显示的是由一组最新热点研究文献构成的研究前沿，选取每年度被引频次前三位的文献进行显示。我们选择图 9 右上角较近的年份（2005～2009 年）每年度被引频次前三位的文献作为构成中国情报学研究前沿节点。通过分析发现，中国情报学研究前沿文献节点主要涉及以下研究内容：*H* 指数及期刊评价、竞争情报、共被引分析与文献计量学、情报学理论、人际网络、知识管理。

研究前沿关键词是一组突现的动态概念和潜在的研究问题，可利用 CiteSpace 软件绘制前沿关键词共现网络图谱，来探测某领域的研究前沿演化趋势[41]。CiteSpace 软件中提供膨胀词（burst detection）探测技术和算法功能，通过考察词频的时间分布，将其中频次变化率高的词（burst term）从大量的主题词中探测出来，依靠词频的变动趋势，而不仅仅是频次的高低，来确定前沿领域和发展趋势[42]。存 CiteSpace 中，选择术语类型为膨胀词，网络节点类型为关键词，设置（C，CC，CCV）前中后阈值分别为（3，3，25）、（3，3，30）和（3，3，35），选择最小生成树算法，绘制中国情报学研究前沿关键词的时区视图，如图 10 所示。

图 10 显示，从 CSSCI 来源文献来看，近 10 年中国情报学研究大致经历了三个时期。第一，2001～2004 年的繁荣期，大量高频关键词聚集在这个时段，说明此时间段是中国情报学研究的繁荣时期。竞争情报、信息检索、情报学、知识管理、信息服务、文献计量学、引文分析、数据挖掘、本体、数据库、信息资源等关键词都出现在这个时期，形成了中国情报学研究的高潮时期。这些关键词大部分仍是目前中国情报学的研究热点，结合前文对研究主体研究内容的分析，发现大部分研究主体都从事了这些关键词的相关研究，说明这些研究内容在中国情报学研究中占有重要位置。第二，2005～2008 年的稳定期，这一时期醒目的关键词主要有内容分析、可视化、*H* 指数、社会网络分析等，它们为后期相关研究内容的兴起做铺垫。第三，2009～2010 年是新一轮繁荣期的孕育期，在这一时期可以看到知识图谱醒目地进入情报学研究者的视野，CiteSpace 作为用来分析学科领域的研究进展和研究前沿的知识图谱模型及应用工具得到了我国情报学研究者很大的关注。另外，社会化标签分析、信息生态系统、产业竞争情报、概念格也得到较大关注。可以预测，可视化知识图谱研究、社会化标签分析、信息生态系统、文献计量学、技术竞争情报、产业竞争情报、H 指数、期刊评价、情报学理论研究、引文分析、概念格、开放获取、知识管理与服

务将会引领一次我国情报学领域新的研究高潮，情报学将在继续进行情报学理论研究的同时，更多地转向定量评价分析与应用研究，中国情报学研究即将进入新一轮的繁荣期。

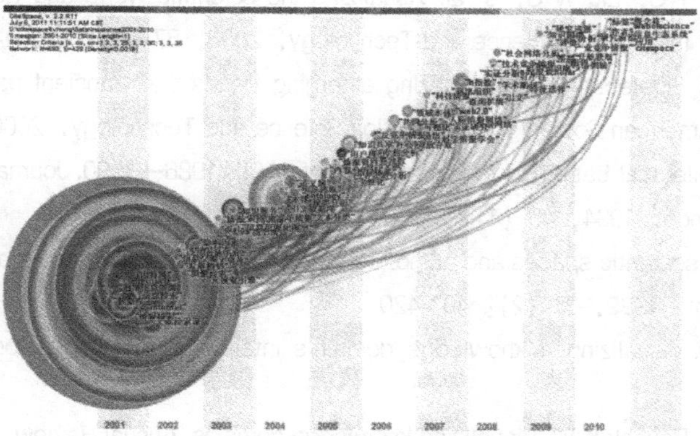

图 10　中国情报学研究前沿关键词的时区视图

六、结语

基于 CSSCI 2001～2010 年来源数据库，利用 CiteSpace Ⅱ绘制科学知识图谱来对近 10 年中国情报学的研究主体、知识基础、研究热点和研究前沿进行可视化分析，得出以下研究结论：首先，通过绘制相关研究主体知识图谱，得出近 10 年中国情报学研究领域的 26 位高发文作者、26 位高被引作者及一些主要研究机构，详见图 1、图 2、图 3。他们在中国情报学研究领域中表现极为活跃，不仅推动了中国情报学的学科建设与发展，还在一定程度上引领着未来中国情报学的研究前沿与趋势。其次，中国情报学研究的知识基础集合由 7 篇对中国情报学有重大影响的早期奠基性文献、18 篇高频被引文献、10 篇高中心性的关键文献组成，是中国情报学的研究基石和重要支柱，对中国情报学相关领域的研究发展起着不可磨灭的重要作用，详见图 4、图 5、图 6。再次，从高频关键词和高中心性关键词两个角度分析了中国情报学的研究热点，这些关键词是中国情报学重要的研究领域，详见图 7、图 8。最后，从研究前沿和研究关键词两个方面分析了中国情报学的研究前沿领域，这些研究内容将不断拓展、创新和深化，代表着中国情报学的研究前沿与发展趋势，将在未来中国情报学研究领域引发新一轮的研究高潮，详见图 9、图 10。

参考文献

[1] 马费成．情报学的进展与深化．情报学报，1996，15（5）：338-344.

[2] 梁战平．情报学若干问题辨析．情报理论与实践，2003，26（3）：193-198.

[3] 邱均平，温芳芳．近五年来图书情报学研究热点与前沿的可视化分析——基于 13 种高影响力外文源刊的计量研究．中国图书馆学报，2011，37（2）：51-60.

[4] 刘则渊，王贤文，陈超美．科学知识图谱方法及其在科技情报中的应用．数字图书馆论坛，2009（10）：14-34.

[5] 苏新宁．中国社会科学引文索引设计．情报学报，2000，19（4）：290-295.

[6] Chen C. Searching for intellectual turning points：progressive knowledge domain visualization. Proceedings of the National Academy of Sciences，2004，101（S1）：5303-5310.

[7] Chen C. CiteSpace：visualizing patterns and trends in scientific literature. http：//cluster. cis. drexe1. edu/ ～cchen/citespace [2011-06-28] .

[8] Samoylenko I，Chao T C，Liu W C，et al. Visualizing the scientific world and Its evolution. Journal of the American Society for Information Science and Technology，2006，57 (11)：1461-1469.

[9] Chen C. CiteSpace II：Detecting and visualizing emerging trends and transient patterns in scientific literature. Journal of the American Society for Information Science and Technology，2006，57 (3)：359-377.

[10] Persson O. The Intellectual base and research fronts of JASIS 1986—1990. Journal of the American Society for Information Science，1994，45 (1)：31-38.

[11] Chen C. Visualising semantic spaces and author co-citation networks in digital libraries. Information Processing and Management，1999，35 (2)：401-420.

[12] Chen C，Paul R J. Visualizing a knowledge domain's intellectual structure. Computer，2001，34 (3)：65-71.

[13] Börner K，Chen C，Boyack K W. Visualizing knowledge domains. Annual Review of Information Science and Technology，2003，37 (1)：179-255.

[14] Granovetter M S. The strength of weak ties. American Journal of Sociology，1973，78 (6)：1360-1380.

[15] 严怡民．情报学概论．武汉：武汉大学出版社，1983：7.

[16] Swanson D R. Undiscovered public knowledge. The Library Quarterly，1986，56 (2)：103-118.

[17] 邱均平．文献计量学．北京：科学技术文献出版社，1988：12.

[18] Cohen W L，Levinthal D A. Absorptive capacity：a new perspective on learning and innovation. Administrative Science Quarterly，1990，35 (1)：128-152.

[19] 康耀红．现代情报检索理论．北京：科学技术文献出版社，1990：3.

[20] 包昌火．情报研究方法论．北京：科学技术文献出版社，1990：9.

[21] 罗式胜．文献半衰期的类型及其应用．情报学报，1997，16 (1)：62-67.

[22] Freeman L C. Centrality in social networks conceptual clarification. Social Networks，1979，1 (3)：215-239.

[23] 邱均平，陈敬全．网络信息计量学及其应用研究．情报理论与实践，2001，24 (3)：161-163.

[24] 张新华．情报学理论流派研究纲要．上海：上海社会科学院出版社，1992：5.

[25] 邱均平，李江，于琦．搜索引擎用于测定网络影响因子时的一致性比较及原因分析．情报学报，2006，25 (6)：686-694.

[26] 赖茂生．情报学的发展观．图书情报知识，2000，(4)：2-4，9.

[27] 邱均平，段宇锋．论知识管理与竞争情报．图书情报工作，2000，(4)：11-14.

[28] 马费成．情报学的进展与深化．情报学报，1996，15 (5)：338-344.

[29] 尤金·加菲尔德．引文索引法的理论及应用．侯汉清，陆宝树，马张华译．北京：北京图书馆出版社，2004：1.

[30] 包昌火，谢新洲，李艳．竞争对手分析论纲．情报学报，2003，22 (1)：103-114.

[31] 李蕾，王楠，钟义信，等．基于语义网络的概念检索研究与实现．情报学报，2000，19 (5)：525-531.

[32] 包昌火．Intelligence 和我国的情报学研究．情报理论与实践，1996，19 (6)：6.

[33] 赵蓉英，许丽敏．文献计量学发展演进与研究前沿的知识图谱探析．中国图书馆学报，2010，36 (5)：60-68.

[34] Price D D. Networks of scientific papers. Science，1965，(149)：510-515.

[35] Small H G，Griffith B C. The structure of scientific literatures I：identifying and graphing specialties. Science Studies，1974，4 (1)：17-40.

[36] Garfield E. Scientography：Mapping the tracks of science. Current Contents：Social & Behavioural Sciences，1994，7 (45)，5-10.

[37] 陈超美. CiteSpace Ⅱ：科学文献中新趋势与新动态的识别与可视化. 陈悦，侯剑华，梁永霞译. 情报学报，2009，28（3）：401-402.
[38] 侯剑华，陈悦，王贤文. 基于信息可视化的组织行为领域前沿演进分析. 情报学报，2009，28（3）：422-430.
[39] 刘泽渊，陈悦，侯海燕. 科学知识图谱：方法与应用. 北京：人民出版社，2008：60-70.
[40] 赵蓉英，王菊. 图书馆学知识图谱分析. 中国图书馆学报，2011，37（2）：40-50.
[41] 唐俊，詹佳佳. 基于信息可视化的国内竞争情报领域前沿演进分析. 图书情报工作，2010，54（16）：73-77.
[42] 栾春娟，侯海燕，王贤文. 国际科技政策研究热点与前沿的可视化分析. 科学学研究，2009，27（2）：240-243.

国内情报学领域文献计量研究*

引言

我国情报学历经 50 多年的发展[1]，逐步建立了较为完备的学科体系和理论体系，形成了一定规模的科技情报系统，培育了一批以学科带头人为主体的专业从事情报学科研究的机构和梯队状况良好的情报研究人员[2]，为情报学的研究发展提供了极为有利的客观人才环境。随着 Web2.0 时代的来临，依托计算机网络的情报内涵不断延伸，相关从业人员极大拓展，情报来源更趋多元化，情报分析方法也不断丰富，应用范围涉及商业、教育、科技、公安、外交、社会管理、国防军事等社会的各个部门和行业。面对海量的情报学科信息，对于长期从事情报学科与正欲从事该学科研究的科技工作者来说，传统的综述性小范围的研究方法面临较大困难，如何以宏观角度从海量的学科信息中较为完整的获得该领域内活跃的研究专家、核心研究团队、学科领域研究热点及学科成果的网络传播模式等有效信息，对初步涉足该领域和其他广大情报科技工作者的进一步研究工作无疑是有益的。

国内外对于某学科领域有效信息挖掘都有较为深入的研究。一种是从综述角度通过跟踪该领域内的核心作者的相关文献，获取该领域的最新学科动态和研究进展；另一种是基于计算机技术的大数据量学科数据统计分析，挖掘其中的有用信息[3,4]。邱均平等[3,4]以《情报学报》20 年发表文献量数据作为研究对象，从发文的栏目设置、来源、时滞、作者队

---

* 本文原载《情报学报》，2012，31（7）：737-747。

作者：李伟，姜志宏，李沛，王晖（国防科学技术大学信息系统与管理学院，长沙，410073）。

评论：论文认为，在国内情报学领域，包昌火发表的文献数量（1991～2011 年）居第二位；作者文献被引数量并列一、二、三位（1991～2011 年）。说明他是国内最具影响力的作者之一。

伍的生产率与分布状况、引用文献的数量、语种、类型、年代分布、学科分布、来源期刊、自引等情况做了深入统计分析；杨华等[5]对《情报杂志》、施必青[6]对《情报理论与实践》；王芳等[7]对《情报学报》不同、时间段内所发表的文献量从引文率、引文类型及研究方法等方面做了相关分析；邓辉[8]利用“中文科技期刊数据库”的标准检索所得的303篇文献，从发表年代、来源期刊及主题内容三个角度分析竞争情报领域的研究现状；化柏林[9]从维普数据库中人工选取了部分情报学科文献标题，从标题长度、标题句型两方面进行统计分析。可以看出国内情报学科文献研究数据对象主要针对特定的刊物和特定的时间段，数据量一般较小，此外也少有情报文献从复杂网络角度对情报文献引用关系进行测量分析。国外则侧重于学科领域的可视化研究，Reid 等[10]对反恐学科研究领域、Eggers 等[11]对医学领域分别从基本分析、内容图分析、共引网络分析三方面通过领域可视化技术和自组织图（SOM）技术挖掘相关研究领域内的核心作者、研究热点、引用关系，并通过内容图引用拓扑等直观形式表现；Xia 等[12]设计实现了一种基于作者共引关系分析的文献搜索系统（author link），这种系统能够从海量文献数据库中自动形成有共引或共同作者（co-author）关系的学科作者群图、分析作者之间的协作关系。本文借鉴以上学科领域研究的部分方法，从数据统计分析、网络测量、协作可视化几个方面来分析国内情报学领域的研究现状。

一、数据获取与预处理

1．*数据源的选定和爬行策略*

国内某大型电子数据库网站是国内最大的电子学术资源网站，涵盖并收录了国内绝大多数的情报学期刊和会议学术资源，本文以该典型的深度数据库网作为数据对象采集源，用C++语言编写了一个针对该网站页面特点的深度网爬行器。深度网是爬行器采用垂直搜索的重要数据来源之一，在采集深度网信息的时候，基于 Web 页面对象分析方法，可以设计隐藏 Web 页面中信息的检测和索引方法。在 Web 页面分析中，加入页面对象分析技术，从页面表单对象中发现可能构成隐藏 Web 的数据类型，提取这些数据类型的属性，获得属性关系描述，进行索引标注，并将该页面加入隐藏 Web 索引库中，作为采集的查询入口。

本文编写的爬行器以关键词“情报”作为查询条件，并采取相关度优先的策略，网站返回大约12万条“情报”的相关信息，通过提取第一条查询结果的 URL 作为查询入口，模拟人工的一系列查询操作如查询、翻页、查看具体的结果信息，从而获取查询结果。在具体实现过程中，借助网站本身的搜索引擎，利用特定关键词“情报”和站内搜索采集其他符合条件的数据信息，分析页面板块的特点，对每条信息的具体内容，按照标题、作者信息、参考文献进行结构化板块抽取并存储。该部分学术信息的抽取、存储的具体形式，在数据采集完成后再分别对三个板块信息再做进一步的数据解析，根据具体分析内容的不同，调用不同的属性列表，数据具体存储格式如表1所示。

表1　数据采集初始信息及解析数据库表单设计表

初始结构	标题	作者（个人信息）						内容（引用文献信息）			
解析后存储结构	文章标题	姓名	单位	时间	关键词	资助情况	发表期刊	姓名（引）	标题（引）	期刊（引）	出版时间（引）

2. 解析数据的调用

本文将数据分为基本数据信息（标题和作者表）和引用数据信息（内容表），设想通过对这些情报相关文献的分析，从不同角度来反映该学科的发展状况。因此，针对不同侧重点的研究，对应的调用表 1 中的数据属性也有所不同。此外在具体应用中，通过定义数据有效性及用途，将对涉及数据属性做进一步处理，如表 2 所示。

表 2 调用数据说明表

信息	调用属性	用途说明
情报文献基本分析	基本数据和引用数据	按照年份统计量的增长情况，初步确定该领域内的核心作者和文献
引用拓扑分析	基本数据文章标题和引用数据标题	定义有效具体的基本数据和引用数据，对不符合设定条件的数据进行过滤处理，通过分析引用之间的拓扑结构，对该典型性复杂网络进行基本分析
地理展示分析	基本数据信息中单位属性	根据单位属性中的地理信息，映射为相应的经纬度坐标；若出现不同地点的共同作者，将其定义为一种协作关系
资助分析	基本信息中资助情况	对所采数据中被国家或地方基金资助的文献做统计分析，通过对这些文献数据的关键词提取，直观体现近年来国家对于情报学科的导向性和热点应用方向

二、情报文献基本分析

1. 情报学文献的数量增长情况

鉴于社会网络规模的巨大性和结构的动态性，在学科领域测量研究和其他社会网络中想要获取整个网络的拓扑数据是十分困难的，因此在实际研究中，通常都会对所研究的对象做一定的简化，希望通过较小样本的获取与分析研究，能够很好地反映研究对象整体的特性和特质。本文所采数据采取基于相关度大小的策略获取，随着获取数据和网页深度的不断增加，所获取数据与“情报”学科相关度也越来越小，在该网站所返回的总计 12 万条查询结果中，采集到了约 1/6 的数据，且所采数据中的引用数据有部分也属于该学科类。因此，本文认为，针对所采集的 20 383 条相关“情报”文献数据（包括 162 603 条引用文献数据，本文于 2011 年 2 月采集数据，因此所采数据中包含极少一部分 2011 年的数据，该部分数据也一并做统计分析）做有针对性的研究，能够反映该学科的现状与结构特性，揭示整体范围内一些有用信息。

情报学文献量的增长情况最直观反映出该学科的发展情况。本文将所采的 20 383 条数据及其引用数据均定义为与情报学科相关的文献，通过对数据做数量统计，按照年份显示如图 1 左所示。截取分析了 1978～2011 年时间段的文献数量，观察该直方图可以发现，在 2006 年前，文献量增长情况良好，但从 2006 年开始，数据量有一定的下降，但量上还是保持较大的数值。分析造成这种结果的原因有以下几点：一是有效统计数据定义过于宽泛，没有对该部分数据进一步处理；二是大量的引用文献中包含部分与情报学科相关性较小的文献也统计进来；三是近几年内所发文献的引用还没有达到一个峰值，存在滞后效应。为了更准确了解情报学科文献的增长情况，本文将有效数据范围进一步缩小，在所采 20 383 条基本文献数据中，规定标题或关键词中均须含有“情报”关键字，且在此部分处理得到的文献的对应的引用数据中，将标题不含“情报”关键字的引用文献也过滤（我国情报学科归属在图书馆类学科下，因此该部分剔除数据中包含大量此类文献，另外也包含国外文献和中文文献中正文出现“情报”关键字，但标题和关键词中没出现的文献），最后得到有效基本数据信息共 20 603 条（包含基本数据和与之对应的引用文献，该部分引用文献已作去重处理，对于多次被引用的文献，将多个引用关系同时映射到该引用文献上），再通过对 20 603 条文献按年份统计，显示如图 1 右，通过该图可以明显看出，情报学科文献的数量呈现良好的增长趋势，也反映出情报学科在国内的良好发展状况，此外左图出现的 2005 年后情报相关文献急剧下降的问题也得到了较好的解释，进一步印证了对左图的分析。

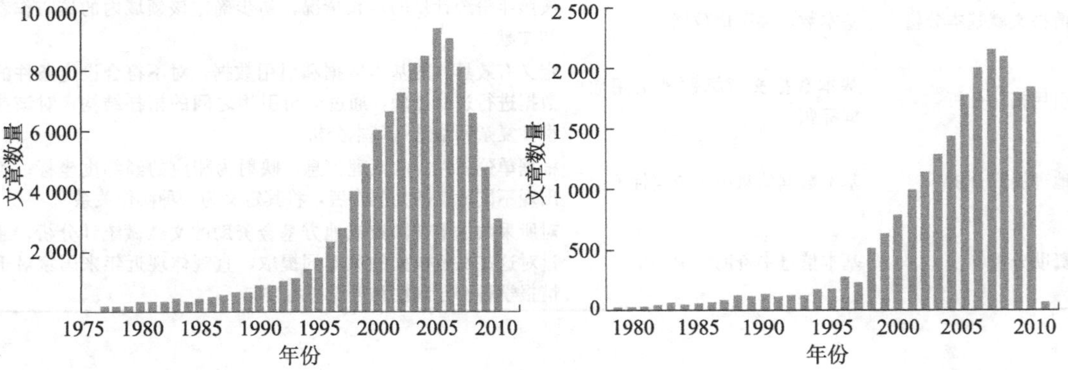

图 1　情报文献数量统计图

2. 情报学关键作者和论文的确定

以科技信息资源中的学术文献资源为主要对象，运用社会化智能采集科技工作者发表的学术文献信息，对该领域人员、机构资料信息尽可能搜集，通过定义相关概念，统计文献发表数量和相互引用情况，挖掘特定学科领域内核心人物及核心研究团队，及时发现新兴的研究团队和核心人物之间的关联网络变化情况。本节的关键作者和文献以上述定义有效数据为基础，根据发表文献的数量和被引用次数来确定，为了体现引用关系，将“1. 情报学文献的数量增长情况”部分 20 603 条数据做进一步处理，将基本数据中孤立文献节点（“1. 情报学文献的数量增长情况”处理后无引用的文献）剔除，得到 11 329 条数据信息，其中包含 4424 条去重基本数据信息 76 905 条去重引用数据信息，该部分数据包含 1124 条重复信息（即发表同时也被引用），处理后确定 10 205 条唯一数据（基本数据中标题和关键词，对应的引用数据中标题均含有“情报”关键字）。发文数量根据 10 205 条数据按照人名出现次数统计排序，对于一篇文献中出现多个人名，本文视为同时归属多人，对作者排名做均等处理，结果如表 3 所示；被引次数统计在保留了引用关系的 6905 条引用数据基础上做统计，结果见表 4 所示。

表 3　作者发表文献数量 Top30（1996～2011 年）　　（单位：篇）

序号	姓名	文献数量	作者单位	序号	姓名	文献数量	作者单位
1	王知津	104	南开大学	7	陈峰	50	中国科学技术信息研究所
2	包昌火	100	中国兵器工业情报研究所	8	严怡民	48	武汉大学
3	邱均平	84	武汉大学	9	陈文勇	46	吉林农业大学
4	马费成	61	武汉大学	10	梁战平	46	中国科学技术信息研究所
5	彭靖里	61	云南科技情报研究所	11	谢新洲	46	北京大学
6	王崇德	51	天津师范大学	12	白国应	40	中国科学院文献情报中心

续表

序号	姓名	文献数量	作者单位	序号	姓名	文献数量	作者单位
13	靳娟娟	40	中国人民武装警察部队学院	22	沈固朝	31	南京大学
14	张滇玉	40	空军政治学院	23	王惠翔	28	青岛建筑工程学院
15	秦铁辉	39	北京大学	24	吴慰慈	27	北京大学
16	刘植惠	38	国家科技部西南信息中心	25	吴晓伟	27	同济大学
17	周晓英	35	中国人民大学	26	胡昌平	26	武汉大学
18	李国秋	33	华东师范大学	27	李艳	26	北京城市学院
19	肖勇	33	华南师范大学	28	倪波	26	南京大学
20	缪其浩	32	上海科学技术情报研究所	29	彭知辉	26	中国人民公安大学
21	赖茂生	31	北京大学	30	汪冰	26	中国科学院文献情报中心

表 4　作者文献被引次数 Top20（1996～2011 年）　（单位：篇）

序号	文献标题	文献作者	被引次数	序号	文献标题	文献作者	被引次数
1	情报学概论	严怡民	159	11	情报学基础	邹志仁	39
2	现代情报学理论	严怡民	136	12	市场竞争和竞争情报	缪其浩	38
3	情报学的进展与深化	马费成	70	13	国外图书馆学情报学研究进展	孟广均 徐引篪	37
4	企业竞争情报系统	包昌火，谢新洲	64	14	科学交流与情报学	徐新民 张国华	37
5	竞争情报	王知津	61	15	计算机情报检索	赖茂生 王延飞	36
6	竞争情报与企业竞争力	包昌火，谢新洲	58	16	人际情报网络	包昌火	36
7	情报学若干问题辨析	梁战平	55	17	走向知识服务：寻找新世纪图书情报工作的生长点	张晓林	36
8	军事情报学	闫晋中	52	18	论知识管理与图书情报学的变革	邱均平 段宇锋	35
9	情报研究方法论	包昌火	49	19	情报学的学科地位问题	岳剑波	34
10	情报学的新发展	梁战平	40	20	情报学理论流派研究纲要	张新华	32

通过对两个表的观察，可以很清楚地看到发文数量排名前五位的科技人员与文献被引次数排名前五位的科技人员有王知津、包昌火、马费成三位重叠，说明在本数据集中这三位科技工作者既是高产作者，同时也是具有较高学术影响力的作者；在被引用的前二十名作者中，还有谢新洲、梁战平、邱均平、赖茂生四位同时也表现出这种特征，其他的作者在本数据集中均只表现为单一特征，该领域还有哪些数量多同时影响力较高的作者，是下一步数据完备后待研究的问题。同时通过引用表 4 也可以初步了解这些具有较高影响力文献作者的大致研究方向，如严怡民侧重于情报理论方面的研究。包昌火、谢新洲倾向于人际网络情报、竞争情报与企业商界的系统结合研究；闫晋中主要研究军事领域中情报的学科地位、作用、应用等方面；赖茂生则研究如何通过计算机技术来更好地处理大规模的情报信息和有效提炼分析。了解这些具有较强方向性且有影响力的文献作者，可以更加快速的把握该领域内更精细研究方向的核心圈子，使得广大的情报科技工作者能够紧跟国内先进水平，也能够使不同研究方向初入门者在选择参考文献时能够有的放矢。此外，还可将表 4 初步分为理论研究类竞争情报类、图书馆类、计算机类、人际网络类、军事类等六大应用类别，这也一定程度反映目前情报研究主要涉及领域、热门方向与其学科地位（图书

馆）和实际应用密切相关（商业、计算机、人际、军事）。

三、情报文献引用复杂网络拓扑分析

近年来，复杂网络作为重要的研究热点，广泛受到来自科学与工程各个领域研究者的强烈关注。通过研究学科文献引用关系网络的平均路径长度、聚集系数、节点度分布等物理性质，从而得到情报领域学科文献之间相互引用网络的基本属性，能够为该实际复杂网络整体拓扑的生成与相关应用研究奠定基础。

1. 小世界效应

小世界效应普遍存在于各种真实复杂的网络中，如通信网、互联网、人际关系网等，其主要特征表现为该网络拓扑具有较小的平均路径长度[13]（也有文献认为还需要具备较大的聚集系数[14]），具有这类性质的网络就被称为小世界网络。那么情报学科研究领域文献之间的引用关系网络这一特定对象是否也存在这种小世界效应现象？它们之间的拓扑结构如何？为了解答以上问题，本文首先对上文数据处理后的 10 205 条基本数据进行最大连通图的提取，通过聚类分析，该部分文献节点共划分为 837 个子团，提取其中最大一个连通团包含 8007 个文献节点，并将此子团作为该复杂网络的研究基础运用 Pajek 软件提取其拓扑结构如图 2 所示。

图 2　情报文献引用网络拓扑图

平均最短路径长度（average short path length）是指网络中所有节点对之间最短路径的平均值，而网络直径则是指网络中任意节点对之间最短路径的最大值。网络的平均最短路径长度和网络直径与网络的连通性、可达性及传输延迟等特征密切相关，是用于研判该网络小世界特性的主要属性；平均最短路径长度的计算采用如下公式

$$1=1/[N(N-1)]\sum_{i\neq j}d_{ij} \tag{1}$$

式中，d_{ij} 为网络中节点 i 和节点 j 之间的最短路径长度；N 为网络中节点数量。

集聚系数（clustering coefficient）用于描述一个节点邻居之间的相互连接的紧密程度，即网络的集团化程度，是网络拓扑的重要参数之一。集聚系数的计算方法包括局部集聚系数、平均集聚系数与全局集聚系数，全局集聚系数能够最准确地从全局刻画网络的集聚特性，因此本文采用与文献［13］相同的全局集聚系数来描述网络集聚性能，其计算公式如下

$$C=\frac{(3\times \text{number of triangies in the network})}{\text{number of connected triples of vertices}} \tag{2}$$

根据公式（1）、（2）定义，通过 MATLAB 编程，网络参数计算结果如表 5 所示。

表 5　文献引用网络参数表

连通网络规模	节点边数	最短路径长度	全局集聚系数	Log（网络节点）
8 007	12 846	6.403 0	0.000 260 33	8.988 1

从表 5 可以看出，该复杂网络的平均最短路径较小，其数值与同等网络规模的对数结果处于同一个数量级，且大致相等。根据文献［13］的定义，表明情报文献引用网络也具有明显的小世界特性。这一方面解释了随着近年来情报科研人员队伍迅速扩展，但研究的应用领域却相对集中的现象；另一方面也有利于国内情报学科的最新成果与理论方法在整个学科领域内的迅速传播和普及，加速向应用转化。

一般来说，当网络规模充分大时，SW 模型和 BA 模型的集聚系数趋向于零，而许多大规模的实际网络通常都具有明显的聚类特性，他们的集聚系数尽管远小于 1，但是却比 $O(N^{-1})$[14]要大得多而通过本数据集得到的全局集聚系数却与 $O(N^{-1})$ 大致相等，且每个节点含边数仅为 1.6043，结合表 4，说明该数据集网络不具备明显的聚类特性，不具备全局的相互引用关系，文献与文献之间相互引用抱团效应不是很明显，反映该领域学科存在着极小部分有影响力的相互引用圈子，其他学者主要关注此类核心作者，对其他科研人员成果引用相对较少，具备典型的短路径、低聚集系数科研引用网络特性，而这种情况是否在更大的数据集中仍能表现出来，这种学科内存在的小部分抱团现象对情报学科发展有何影响，是下一步需要研究和验证的工作。

2. 节点度分布

在情报文献引用关系网络中，节点之间的连接关系可表示为两类：“引用”和“被引用”，其对应的网络关系表现为文献节点的“出度”和“入度”关系。网络中节点度是指与该节点相关联的边的条数，而度分布函数为网络中度数为 k 的节点的个数占节点总个数的比例，即在随机一致的原则下挑选出的节点其度数为 k 的概率。在分析情报文献引用关系网络节点度分布时，分别对节点的出度和入度概率分布通过 MATLAB 编程进行了计算，如图 3 所示。

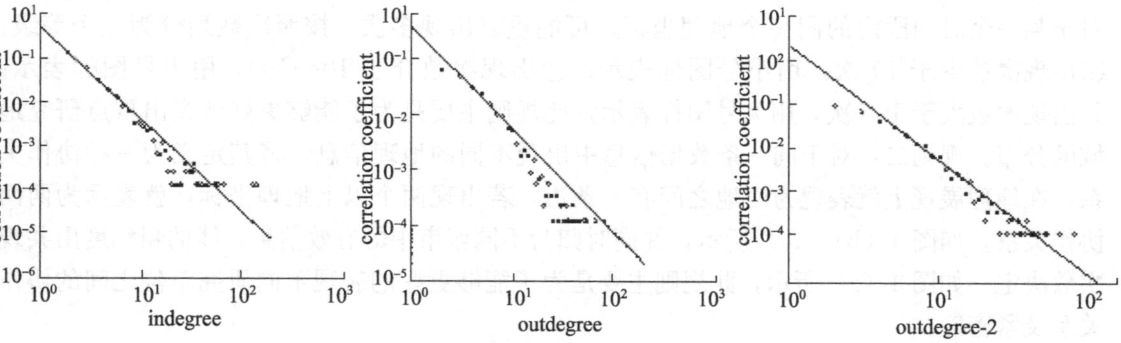

图 3　情报文献引用网络节点出入度分布

从图 3 中可以看出，前两个图像曲线尾部明显向右倾斜，这表明其分布的右边尾部较长且其值远大于平均数，说明网络的出入度分布均具有明显幂次分布特征。在图 3 的 indegree 中，其度分布函数幂指数为－2.098，其拟合曲线表达式为

$$P_{in}(k) = 0.5151 \times k\^{}(-2.098) \quad (3)$$

可以看到该曲线拟合情况良好，这种现象再一次表明在情报学科引用网络关系中，存在着一小部分核心的文献，具有量小被引次数多的特征。

在图 3 的 outdegree 中，通过最小二乘法对曲线进行拟合，发现拟合度不是很高，且出度曲线上出现了“平头”现象，出现这种非随机现象的原因一方面可能是文献在发表后，通常都会将所参考的一些文献列为引用；另一方面一些杂志在发表文章时对引用参考文献有一定的要求，规定须引用一定数量期刊文献，可能导致曲线出现“平头”现象。本文将出度曲线中的“平头”部分忽略，对曲线尾部用最小二乘法再次进行拟合，表达式见公式(4)，得到拟合度良好的图 3 的 outdegree－2，该图表明曲线尾部具有明显的幂率特征。

$$P_{out-2}(k) = 1.991 \times k\^{}(-2.581) \quad (4)$$

四、情报学科研究团队地理分布、演化与协作分析

1. 协作关系的定义与数据预处理

按照时间序列，结合地理信息系统进行空间分布及其协作关系的研究，不仅能够直观地表现出情报学科研究机构的具体分布及变迁情况；通过协作关系的定义分析，还能够更好地解释学术交流的不断增多对合作研究的促进作用。本节所采用数据仍以所采集的 20 383条基本数据为基础，大部分数据中包含作者单位或者城市，或者两者兼有。此外在数据集中同时也包含一部分缺失地理信息或者地理信息在国外的数据，因此在做可视化展现时，本文将该部分数据剔除，最后得到包含地理信息有效数据为 18 275 条。

该部分数据集中文献包含 1996～2011 年的文献，为了更好地展示情报学科动态变迁，将该部分有效数据按照每三年一个阶段划分为五个部分：1996～1998 年；1999～2001 年；2002～2004 年；2005～2007 年；2008～2011 年。有效数据文献在不同期刊上所包含的地理信息也通常有差异，会出现大学名、研究机构名、城市名或兼有几个，为了将该部分地理信息转换成统一的可利用的格式，本文将大学、机构所在的地点用所在城市代替，并结合已经表示为城市的数据，按照编号、年份统一转换成对应的经纬度坐标。

在地理可视化实现过程中，本文定义两个规则以区别和突出重点区域和联系。规则一：对于某一个时间段内的同一个地理坐标，可能重复出现多次，按照次数划分为三个等级：①出现次数少于 10 次，用小号图标表示；②出现次数介于 10～100，用中号图标表示；③出现次数大于 100 次，用大号图标表示，此规则主要是为了能够更好地突出重点研究地域的分布。规则二：对于同一条数据信息中出现不同的地理信息，将其定义为一种协作关系，在地理展现上就表现为两地之间有一条边，若出现两个以上地理坐标，就表示为两两协作关系，如图 4（b)、(c) 所示，并同时归为不同城市中的有效信息，线的粗细度由共现次数决定，如图 4（a）所示，此规则主要是为了能够更好的表现不同研究单位之间的协作关系及紧密度。

2. 情报学科研究团队地理可视化分析

在本文中，情报学科文献机构的地理空间可视化采用了谷歌地图（Google Map）[15] 技术。通过谷歌地图提供的免费地图应用接口服务 Google MapAPI，使用 GoogleMap ApI，可以在 JavaScript 和 XML 的基础上开发各种地理信息应用。

通过应用 Google Map 技术及图 4 定义的规则，对国内多个不同时间段内发表的有关情

报学科文献的地理分布和覆盖网进行可视化分析。图 5 是在五个不同时间段内，对国内发表文献地理坐标进行处理后的可视化结果，图标表示研究机构的地理位置，连线表示研究机构的协作关系从图 5 可以看出，本文所采的数据反映出情报学科良好的发展情况，随着时间的推移，文献的数量和协作关系呈现出迅速增长的趋势，并表现出以下几个特征。

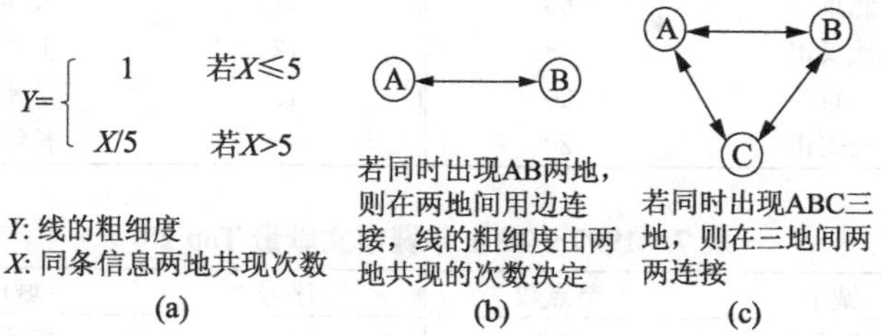

图 4 规则的定义

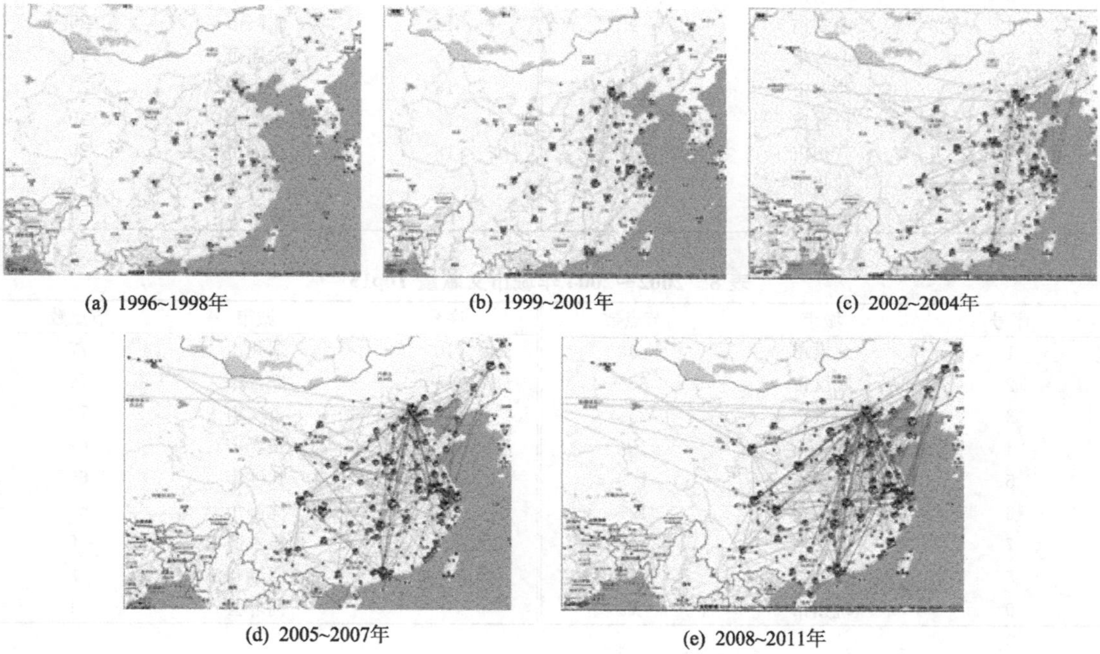

(a) 1996~1998年 (b) 1999~2001年 (c) 2002~2004年

(d) 2005~2007年 (e) 2008~2011年

图 5 文献地理分布情况

1）情报文献数量伴随社会经济的发展表现出持续稳定的增长。在所采数据中，五个阶段的文献量从第一阶段的 346 条增长至第五阶段的 6957 条，增长了 19 倍。基于本文所采数据策略是基于相关性优先的原则，从文献数量产出上可以看出该学科良好的发展情况。

2）情报学科不同研究机构之间的合作交流日益增多。按照图 5 的顺序可以看到，各个不同城市之间的协作研究随时间发展不断增多，相比通过共同作者角度来表现其协作关系，通过地理可视化的方式能够更加直观地反映出不同研究机构之间的协作及其紧密度。在图 5（a）、（b）地理表示中，20 世纪末情报学科研究大部分表现为各个机构的各自为战，而 21 世纪的前 10 年，协作研究表现出迅速增长的态势，反映出学术交流、人才交流的增多对于学科发展的重要性。

3）情报学科研究中心的相对稳定。将图 5 中节点数排名靠前的城市列入相对应的表6～

表10中，通过观察这些表，可以发现在表中排名前五位的城市，随着时间的推移，其作为研究中心的地位保持相对稳定，尤其是北京作为全国性的研究中心地位得到不断巩固和增强。

表6 1996～1998年城市文献量Top 8

序号	城市	节点数	序号	城市	节点数
1	北京市	66	11	天津市	19
2	武汉市	43	12	上海市	16
3	南京市	20	13	广州市	14
4	西安市	20	14	长沙市	10

表7 1999～2001年城市文献量Top 20

序号	城市	节点数	序号	城市	节点数
1	北京市	283	11	杭州市	35
2	武汉市	202	12	哈尔滨市	34
3	南京市	170	13	重庆市	31
4	西安市	98	14	沈阳市	25
5	上海市	88	15	大连市	24
6	西安市	56	16	合肥市	23
7	长春市	47	17	中山市	20
8	广州市	43	18	青岛市	20
9	郑州市	37	19	廊坊市	20
10	成都市	36	20	南昌市	19

表8 2002～2004年城市文献量Top15

序号	城市	节点数	序号	城市	节点数
1	北京市	530	10	郑州市	77
2	武汉市	336	11	成都市	74
3	南京市	251	12	重庆市	72
4	上海市	181	13	长春市	69
5	天津市	169	14	长沙市	65
6	广州市	127	15	沈阳市	61
7	西安市	109		乌鲁木齐市	6
8	哈尔滨市	81		昌吉回族自治州	2
9	杭州市	79		柯坪县	1

表9 2005～2007年城市文献量Top20

序号	城市	节点数	序号	城市	节点数
1	北京市	1066	13	杭州市	114
2	武汉市	501	14	太原市	96
3	南京市	457	15	哈尔滨市	91
4	上海市	359	16	沈阳	87
5	广州市	285	17	济南市	86
6	西安市	228	18	兰州市	79
7	长春市	220	19	大连市	70
8	天津市	213	20	石家庄市	67
9	郑州市	171		……	……
10	成都市	151		乌鲁木齐市	11
11	长沙市	135		阿克苏地区	3
12	重庆市	121		台北市	2

表 10　2008～2011 年城市文献量 Top20

序号	城市	节点数	序号	城市	节点数
1	北京市	1124	13	重庆市	145
2	南京市	517	14	太原市	142
3	武汉市	508	15	长沙市	140
4	上海市	388	16	兰州市	125
5	广州市	319	17	合肥市	121
6	西安市	281	18	济南市	113
7	长春市	242	19	福州市	106
8	天津市	226	20	杭州市	100
9	郑州市	208		……	
10	成都市	180		乌鲁木齐市	14
11	哈尔滨	180		柯坪县	5
12	大连市	155		阿克苏地区	4

4）全国性研究中心之间协作研究的增多和区域性中心城市之间合作的抱团效应增强。通过图 5（d）、（e）中连线的粗细度可以看出，节点数排名靠前的北京、西安、武汉、南京、上海、广州几个城市之间的直接联系（线宽）也同样靠前，说明全国性区域内主要的几个情报研究机构非常注重保持学术沟通，同时也使得学术资源进一步向这几个城市聚拢。在图 5 中还可以看出，根据我国的地理区域，以北京为中心，根据交流紧密度（线宽）可以将全国划分为三条主线，六个抱团区域。西线：北京—西安—成都；中线：北京—武汉—广州；东线：北京—南京—上海；这三条主线将国内的几个主要研究机构以北京为中心串联起来。同时，在区域性地域上，也形成了区域性的抱团现象，从图中可以看出六个区域：京津地区、西安成都重庆地区、武汉长沙中部地区、广州深圳珠海珠三角地区、南京上海杭州长三角地区、吉林哈尔滨长春东北三省地区。这些不同层次的地域划分表明我国情报学科的研究既注重全国范围内的合作研究，同时也包含区域性的中心带动辐射作用，而且这些区域同时也是我国经济较为发达的地区，客观上也保证了学科研究的必要资助和研究成果的实际推广应用。

5）西部新疆和台湾有关情报研究成果也开始在国内出现，从图中可以看到国内西部新疆的情报研究也开始得到发展，进入 20 世纪以来，以乌鲁木齐、昌吉回族自治州、柯坪县、阿克苏地区为代表的新疆地区推动了西部情报学科的良好发展；同时台湾地区的情报学研究学者的研究成果也开始出现在大陆地区的刊物上，表明情报学科研究开始出现两岸交流。

五、情报学科研究基金资助情况分析

国家和地方对于学科研究的资助，往往具有学科导向作用，或是体现了当下该学科的最前沿性理论研究，或是有重大的实际应用需求，两者都代表了该学科的发展方向。通过对情报学科领域科研支持辅助信息如基金、专利等信息进行广泛搜集，通过有效地聚合和分析，能够有效地把握该学科领域的发展动向。本文所用数据中部分文献包含资助情况信息，通过对该部分数据的提取，对资助量上按照国家和地方两个层次按照年份分别进行统计，如图 6 所示。从图中可以直观地看出，在本数据集内不管是国家层面或是地方层面，情报资助量都保持了较好的增长态势，充分说明了国家和各级地方政府对情报学科的重视，同时结合目前社会管理的现状，也表明了在商业和政府社会管理中，对各类情报成果有着急切的应用需求，迫切需要理论上、获取方法上、分析手段上的创新。

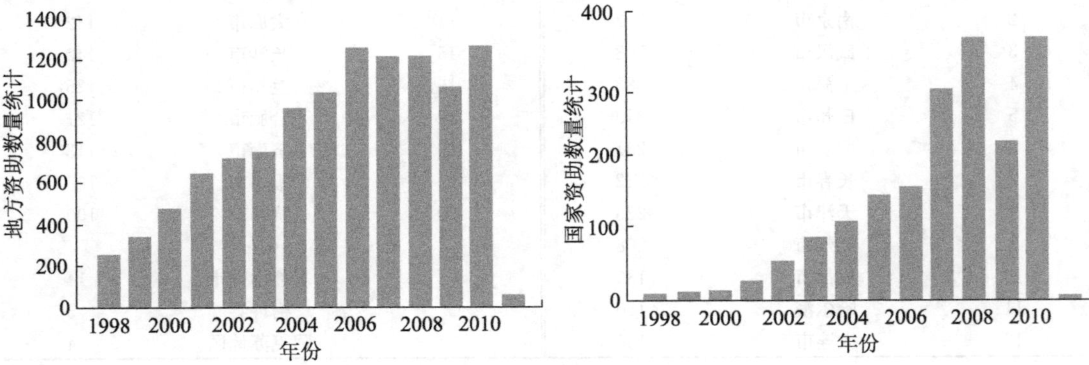

图 6　基金资助数量统计

针对包含基金资助文献的数据做进一步处理，将每年含有资助的文献中的关键词提取出来，按照年份和关键词出现次数，对近 10 年来的关键词做一个统计排序，结果如表 11 所示。从该表中可以看出其具有以下几个特征：一是热点关键词和我国情报学科门类的归属密切相关（图书馆类）；二是基于计算机技术的情报管理，信息检索，有用信息提炼分析，海量数据统计结合数学模型在情报学科研究中越来越得到重视（知识管理、情报检索、信息服务、文献计量、引文分析、数据挖掘、指数分析等）；三是互联网成为情报的一个重要来源（网络环境）；四是竞争情报在情报学的研究中始终保持较高的热度，主要是通过和商业、企业的实际结合应用（企业，竞争情报）。本文只是针对部分包含基金资助的文献关键词做了一个简要统计，并对该部分热点关键词做初步的分析，如何通过提取文献摘要，结合自然语言处理技术，更加精准地提炼目前情报学科研究的重点、热点是下一步的研究内容。

表 11　基金资助年度热点关键词 Top10　　(单位：次)

关键词	[2001]	关键词	[2002]	关键词	[2003]	关键词	[2004]	关键词	[2005]
情报学	(69)	情报学	(72)	情报学	(118)	情报学	(110)	情报学	(161)
图书馆	(36)	图书馆学	(42)	竞争情报	(55)	图书馆	(105)	图书馆	(132)
图书馆学	(31)	图书馆	(38)	图书馆	(47)	知识管理	(64)	竞争情报	(105)
竞争情报	(27)	情报	(31)	情报	(38)	信息服务	(61)	知识管理	(73)
情报	(24)	信息服务	(31)	知识管理	(34)	信息检索	(57)	信息服务	(64)
数字图书馆	(20)	知识管理	(29)	网络环境	(19)	竞争情报	(55)	信息检索	(55)
信息	(18)	竞争情报	(27)	信息检索	(15)	网络	(41)	信息资源	(50)
信息服务	(17)	图书情报学	(25)	分析	(13)	理论研究	(31)	理论研究	(38)
知识管理	(15)	引文分析	(13)	情报服务	(13)	统计分析	(29)	引文分析	(28)
边防情报	(10)	情报检索	(12)	企业情报	(12)	比较研究	(25)	文献计量	(24)

关键词	[2006]	关键词	[2007]	关键词	[2008]	关键词	[2009]	关键词	[2010]
图书馆	(137)	情报学	(185)	情报学	(181)	图书馆	(133)	图书馆	(146)
情报学	(133)	竞争情报	(144)	图书馆	(167)	情报学	(114)	竞争情报	(126)
竞争情报	(102)	图书馆	(132)	竞争情报	(117)	竞争情报	(108)	高校图书馆	(87)
知识管理	(80)	知识管理	(108)	信息服务	(63)	信息服务	(45)	情报学	(74)
数字图书馆	(61)	信息服务、检索	(97)	机构知识库	(45)	文献计量	(44)	知识管理	(73)

续表

关键词	[2006]	关键词	[2007]	关键词	[2008]	关键词	[2009]	关键词	[2010]
信息服务	(53)	数字图书馆	(40)	文献计量	(43)	情报分析	(43)	信息服务	(59)
信息检索	(40)	本体	(39)	开放存取	(34)	开放存取	(32)	企业	(44)
文献计量	(39)	企业	(35)	统计分析	(34)	引文分析	(31)	引文分析	(41)
本体	(32)	引文分析	(35)	信息构建	(33)	指数分析	(24)	统计分析	(36)
信息组织	(23)	统计分析	(33)	数据挖掘	(30)	知识服务	(23)	网络环境	(26)

六、结束语

本文主要是针对国内某电子数据库网站中情报学科文献数据的客观统计和计量分析。主要包括：①区别于国内其他情报领域学科研究数据获取的相对单一和被动，本文选取了一个特定的数据库网站作为数据源，并针对该网站特定的页面格式和有效页面信息，设计并实现了一个特定结构网站数据爬行器，可以为情报学科研究方向不同的科研人员应用需求提供针对性的数据获取方式和渠道。②发文数量和核心作者的统计分析，可以反映出国内情报学科发展情况及研究的主要核心力量。③通过对情报学科引用网络拓扑的测量分析，从复杂网络的角度对该网络的参数进行计算，验证了该网络的小世界特性及出入度分布符合幂率分布的特点，入度表明该网络中大部分节点主要引用领域内的经典文献，不具有很强的抱团效应；此外文献发表时总是存在主动或被动添加一定数量的引用文献，导致出度分布曲线出现“平头”现象。④定义研究机构之间的协作关系，分析共同作者所属机构地理位置之间的连接关系，直观地表现出协作关系的演化和学科研究学术交流的发展水平，确定国内情报领域研究的主要中心机构和协作紧密度。⑤基金资助及其文献关键词的统计分析，可以从一定程度上反映学科研究内容的发展变化，反映国家对该领域学科研究的引导作用，突显当前社会应用中对学科研究的重大理论和现实需求。

参考文献

[1] 马德辉．1991—2000 年我国情报学理论研究论文统计分析．情报资料工作，2002，(1)：48-50.

[2] 严怡民．建国四十年来我国情报学理论的发展历程．图书与情报，1989，(3)：1-6.

[3] 邱均平，王宏鑫，冯新霞．《情报学报》与我国情报学发展（Ⅰ）——《情报学报》创刊 20 年来发文的计量分析．情报学报，2002，(5)：514-523.

[4] 邱均平，王宏鑫，冯新霞．《情报学报》与我国情报学发展（Ⅱ）——《情报学报》创刊 20 年来发文的计量分析．情报学报，2002 (6)：642-655.

[5] 杨华，张静海．《情报杂志》2001—2003 年引文分析．情报杂志，2004，(11)：30-32.

[6] 施必青．情报理论与实践 1997—2001 年引文分析．情报理论与实践，2003，(2)：159-162.

[7] 王芳，王向女．我国情报学研究方法的计量分析：以 1999—2008 年情报学报为例．情报学报，2010，(4)：652-662.

[8] 邓辉．1989—2003 年我国竞争情报领域论文的计量研究．图书情报工作，2005，(5)：22-25.

[9] 化柏林．图书情报学核心期刊论文标题计量分析研究．情报学报，2007 (3)：391-398.

[10] Reid E，Chen H. Terrorism Informatics Knowledge Management and Data Mining for Homeland Security. London：Springer，2008：1-26.

[11] Eggers S，Huang Z，Chen H C，et al. Mapping medical informatics research. Medical Informatics，2005，

(8)：35-62.

[12] Xia L，Howard D，White J B. Real-time authorco-citation mapping for online searching. Information Processing and Management，2003，(39)：689-706.

[13] Newman M E J. The Structure and Function of Complex Networks. SIAM Review，2003，45 (2)：167-256.

[14] 汪小帆，李翔，陈关荣．复杂网络理论及其应用．北京：清华大学出版社，2006.

[15] Google Map. http：//ditu. google. com［2010-10-15］.

掠影和荣光

1963 年 7 月，北京大学毕业照

1993 年 9 月 2～5 日，日本竞争情报专业人员协会会长中川十郎先生来京进行学术交流

1994年9月21~23日，在北京香山卧佛寺召开由竞争情报分会发起的“全国竞争情报与企业发展研讨会”，这是我国竞争情报业发展进程中的重要里程碑

1996年3月24日，摄于北京大学未名湖畔

1998年3月27日～4月13日，包昌火率团参加美国竞争情报从业者协会（SCIP）第13届年会，并对美国有关情报研究机构进行了访问。图为会议期间中美两会领导交流，美方出席会议的为SCIP主席Ava D. Youngblood女士、前主席Wayne A. Rosenkrans先生和执行主席Guy D. Kolb先生

1998年3月31日，中国代表团拜访了位于美国首都华盛顿的SCIP总部，并签署中美两会长期交流与合作意向书

1998年4月10日，中国代表团访问了美国兰德公司总部，并与波拉克高级顾问 James Mulvenon 研究员和童道弛博士就咨询研究进行交流，图为洛杉矶兰德公司外景

1998年3月31日，包昌火在美国白宫前留影

SCIC 国际顾问、SCIP 前主席、美国匹兹堡大学商学院 John E. Prescott 教授应邀于 1998 年 10 月 6～7 日在北京大学光华管理学院学术报告厅作“企业竞争战略决策与竞争情报活动”主题报告

2000 年 7 月，摄于瑞士阿尔卑斯山

2003 年 7 月 21 日～27 日，“2003 中国竞争情报应用战略高级培训研讨会”在北京图书馆召开，发展了与中兴新景信息技术研究院等民营咨询公司的合作

2006 年 8 月，中国科技情报学会、中国国防科技信息学会等单位在北京联合召开了“中国情报学学科发展学术研讨会”，包昌火在会上作题为“情报缺失的中国情报学”的学术报告

2000 年 9 月 17 日，包昌火 65 岁寿辰，全家摄于北京紫竹院公园

2005 年 9 月 17 日，包昌火 70 岁华诞，与孙女和外孙摄于寓所

2010 年 4 月 10 日，摄于日本皇宫广场

2010 年 10 月，北京大学 0357 级聚会于北京市政府宽沟招待所

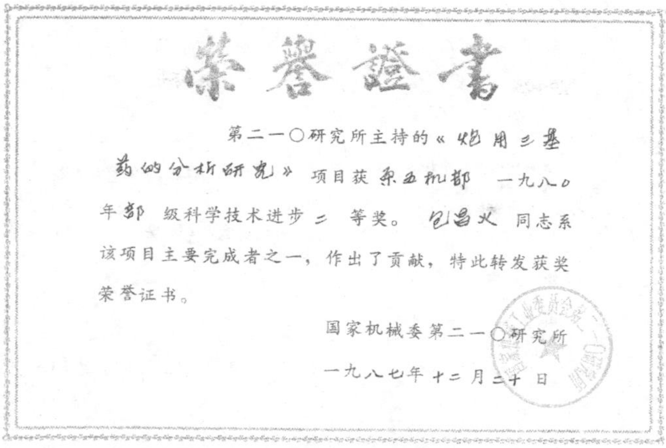
荣誉證書

第二一〇研究所主持的《炮用三基药的分析研究》项目获原五机部一九八〇年部级科学技术进步二等奖。包昌火同志系该项目主要完成者之一，作出了贡献，特此转发获奖荣誉证书。

国家机械委第二一〇研究所

一九八七年十二月二十日

1980年荣获五机部科学技术进步二等奖

奖 状

为表彰在国防科学技术工作中取得重要成果者，特颁发此奖状，以资鼓励。

成果名称：复合改性双基推进剂

奖励等级：重大科技成果二等奖

受 奖 者：375厂、北京工业学院、二〇四所、二一〇所

中华人民共和国国防科[illegible]员

一九八五年[illegible]月

1985年荣获国防科工委重大科技成果二等奖

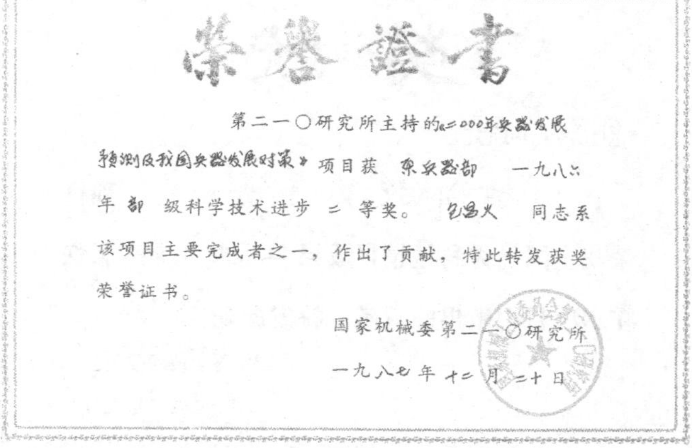
荣誉證書

第二一〇研究所主持的《2000年兵器发展预测及我国兵器发展对策》项目获原兵器部一九八六年部级科学技术进步二等奖。包昌火同志系该项目主要完成者之一，作出了贡献，特此转发获奖荣誉证书。

国家机械委第二一〇研究所

一九八七年十二月二十日

1986年荣获兵器工业部级科学技术进步二等奖

證 書

为表彰在促进科学技术进步工作中做出贡献，特颁发此证书，以资鼓励。

奖励日期：一九九一年十二月

证 书 号：91-BJ11-2-04-01

获奖项目 情报研究量化分析

奖励等级：二等奖

主要完成者：包昌火

中国兵器工业总公司

1991 年荣获中国兵器工业总公司二等奖

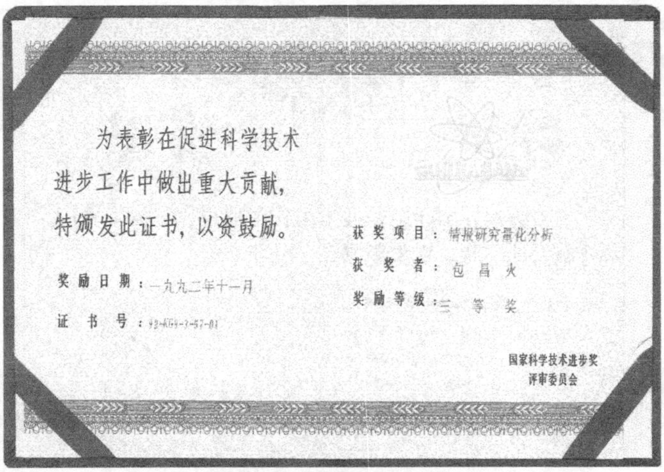

为表彰在促进科学技术进步工作中做出重大贡献，特颁发此证书，以资鼓励。

奖励日期：一九九二年十一月

证 书 号：92-KG9-3-57-01

获奖项目：情报研究量化分析

获 奖 者：包 昌 火

奖励等级：三 等 奖

国家科学技术进步奖
评审委员会

1992 年荣获国家科学技术进步奖三等奖

奖 状

包昌火同志：

《 世界弹药手册 》项目荣获全国优秀科技情报成果二等奖。为表彰您在本项目中做出的贡献，特发此证。

国家科学技术委员会

一九九二年九月

1992 年荣获国家科学技术委员会全国优秀科技情报成果二等奖

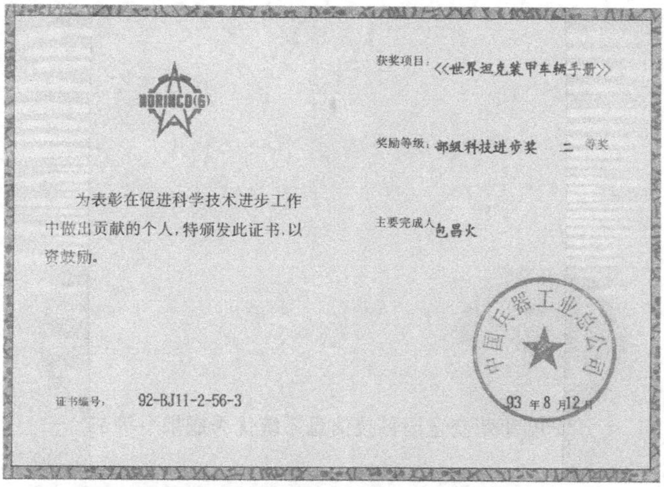
获奖项目：《《世界坦克装甲车辆手册》》

奖励等级：部级科技进步奖 二 等奖

主要完成人 包昌火

为表彰在促进科学技术进步工作中做出贡献的个人，特颁发此证书，以资鼓励。

证书编号： 92-BJ11-2-56-3

中国兵器工业总公司

93 年 8 月 12 日

1993 年荣获兵器工业部级科技进步奖二等奖（一）

获奖项目：《海湾战争研究》

奖励等级：部级科技进步奖 二 等奖

主要完成人：包昌火

为表彰在促进科学技术进步工作中做出贡献的个人，特颁发此证书，以资鼓励。

证书编号： 93-BJ11-2-28-2

中国兵器工业总公司

12月 11 日

1993 年荣获兵器工业部级科技进步奖二等奖（二）

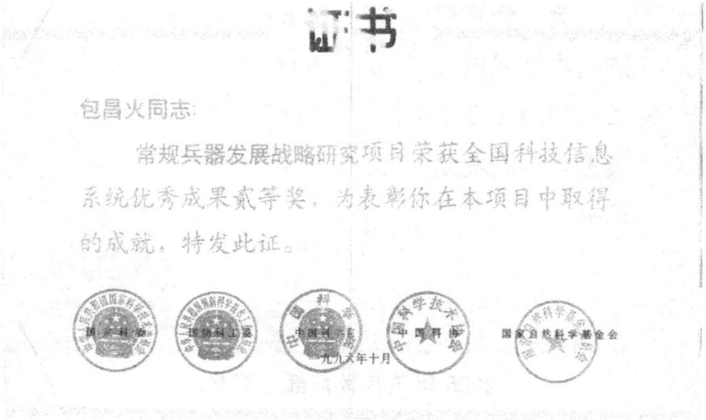
证书

包昌火同志：

常规兵器发展战略研究项目荣获全国科技信息系统优秀成果贰等奖，为表彰你在本项目中取得的成就，特发此证。

国家自然科学基金会

一九九六年十月

1996 年荣获全国科技信息系统优秀成果二等奖

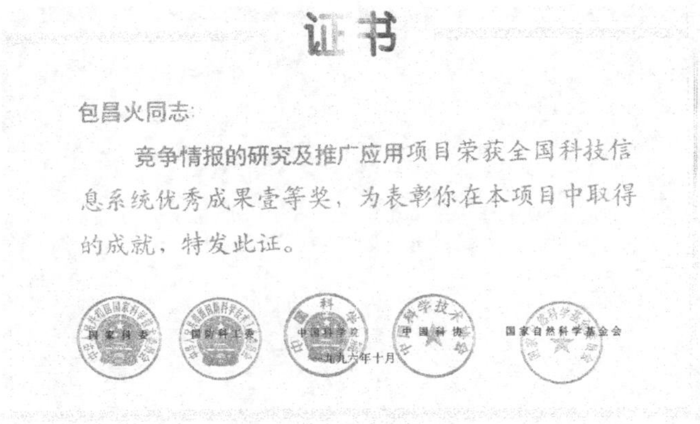

证书

包昌火同志：

竞争情报的研究及推广应用项目荣获全国科技信息系统优秀成果壹等奖，为表彰你在本项目中取得的成就，特发此证。

国家自然科学基金会

一九九六年十月

1996 年荣获全国科技信息系统优秀成果一等奖

全国优秀科技图书 二等 奖

书　名 情報研究方法論　　作　者 包昌火 主编

出版者 科學技术文献出版社　　责任编辑 众 耕

第六届全国优秀科技图书评选委员会　　中华人民共和国新闻出版署主办

主任 卢嘉锡

副主任 刘 杲 吴阶平 高景德

卢良恕 卢鸣谷

1992 年荣获全国优秀科技图书二等奖

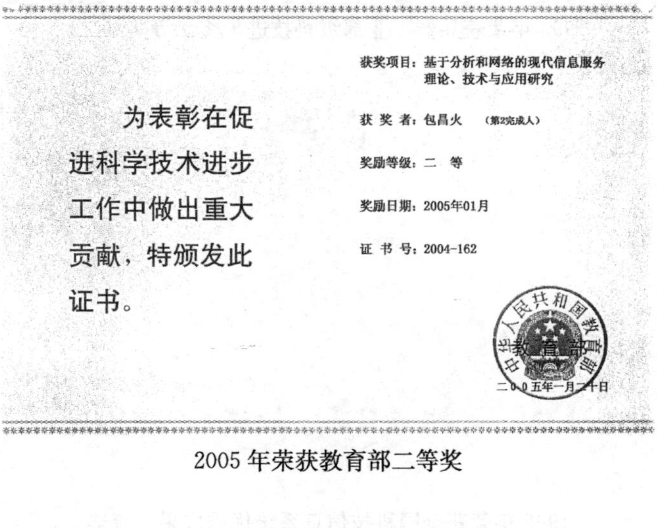

为表彰在促进科学技术进步工作中做出重大贡献，特颁发此证书。

获奖项目：基于分析和网络的现代信息服务理论、技术与应用研究

获 奖 者：包昌火　（第2完成人）

奖励等级：二　等

奖励日期：2005年01月

证 书 号：2004-162

教育部

二〇〇五年一月二十日

2005 年荣获教育部二等奖

北京市科学技术奖

No 2005软-2-005-02

为表彰在推动科学技术进步、对首都经济建设和社会发展作出贡献者，特颁此证，以资鼓励。

获奖项目：

现代信息分析的理论和应用研究

获 奖 者：包昌火

获奖等级：贰等奖

北京市人民政府

二〇〇六年二月

2006 年荣获北京市科学技术奖二等奖

包昌火 同志

荣获兵工情报事业先进工作者称号，

特此表彰。

兵工情报事业创建三十周年纪念大会

一九八六年十一月

1986 年荣获兵工情报事业先进工作者称号

证　书

包昌火 同志：

为了表彰您为发展我国 科学技术 事业做出的突出贡献，特决定从九四年十月起发给政府特殊津贴并颁发证书。

国务院

政府特殊津贴第(94)5510018号

一九九四年十月一日

1994 年荣获国务院政府特殊津贴